기독교 변증학

Christian Apologetics

김향주 지음

하나님의 사람을 만들어 가는 **엘맨** ELMAN

기독교 변증학
Christian Apologetics

초판 1쇄   2020년 12월 10일

지은이   김향주
펴낸이   이규종
디자인   최주호(Ernst Peter Choi)
펴낸곳   엘맨출판사
주 소   서울시 마포구 토정로222
         한국출판콘텐츠센터 422-3
전 화   (02) 323-4060, 6401-7004
팩 스   (02) 323-6416
이메일   elman1985@hanmail.net

www.elman.kr

ISBN 978-89-5515-699-7 03230

값 45,000 원

기독교변증학

김향주 지음

CHRISTIAN APOLOGETICS

Aurelius Augustinus   John Calvin   Cornelius Van Til

하나님의 사람을
만들어 가는 **엘맨**
ELMAN

머리말

1885년 한국 땅에 복음의 씨가 뿌려진 후 한국교회가 교회의 외적 성장을 자랑하지만 내적으로 반석처럼 다져진 교리를 자랑할 수 있는가? 2017년 종교개혁 500주년 기념행사에 많은 심혈을 기울이고 있었지만 종교개혁의 뿌리가 되는 교리는 얼마나 다져졌는가? 한국교회의 신학은 구미의 신학과 비교해 볼 때 기독교 변증학(Apologetics)이 거의 전무한 상태이다. 거기에는 그만한 이유가 있다고 본다. 첫째, 교회사를 통해 고백되어진 신앙고백의 교육에 너무나 무관심 하고 있으며 둘째, 한국 땅에는 유교나 불교의 종교적 배경이 깊이 뿌리 내리고 있어서 기독교 교리에 습득될 수 있는 지적 여건이 형성되어 있지 못했기 때문이라고 생각된다. 만약 혹자가 세속철학자들이나 타 종교가들이 주장하는 신 존재 증명과 성경에서 말씀하는 인격적인 삼위일체 하나님의 존재에 관한 차이를 질문해 올 때 우리는 성경이 말씀하는 교리적 내용을 확실히 증명해 주어야 한다. 이러한 증명을 바로 논증하는 학문이 기독교 변증학(Christian Apologetics)이다.

이 책에서 다루고자 하는 내용은 다음과 같다. 제1장에서는 기독교 변증학(Christian apologetics)의 원리를 백색주의(성경을 전제로 한 개혁파 신학의 신앙고백주의), 회색주의(인간 이성을 강조하는 복음주의), 그리고 흑색주의(세속철학과 타종교)로 규정한 후 하나님의 존재 증명과 함께 성경에서 말씀하고 있는 교리를 요약하여 변증 신학의 이슈가 되는 내용들을 설명하였고, 제2장에서는 기독교 변증학의 역사를 백색주의 입장에서 회색주의와 흑색주의를 비평하면서 개혁파 신앙고백주의에 기초한 기독교 교리를 변증하였고, 제3장에서는 하나님에 관한 인식론을 다루면서 성경이 말씀하는 인격적인 삼위일체 하나님의 인식론을 변증하였으며, 제4장 기독교 변증학의 방법론에서는 하나님의 존재를 증명하기 위해 수많은 방법론을 도입할지라도 무익한 것이 되고 말 것이며 결국 성경 말씀을 이해하지 못하면 인격적인 하나님을 인식할 수 없다는 전제론을 논증하였으며, 그리고 마지막 제5장에서는 성경의 전제주의(Presuppositionalism)와 교회사적 신앙고백에 의한 기독교 변증학을 논증함으로 이 책을 마감하고 있다. 그러므로 이 책의 전체적인 변증학의 맥락은 성경과 교회사적 신앙고백에 기초한 객관주의(Objectivism)를 강조하고 있다.

독자들에게 이해를 구하는 것은 이 책에서 객관주의 기독교 변증학(Objectivism of Christian Apologetics)에 대하여 그 내용이 여러 번 반복되고 있다는 점이다. 성경에도 같은 단어와 내용이 수없이 반복되는 것처럼 개혁파 신학은 타 종교나 세속철학이 아무리 이상한 말로 우리를 유혹할지라도 정해진 성경과 신앙고백의 틀 안에서 성경에 대한 신앙을 변호해야 하기 때문이다.

1980년. 밴틸 박사의 특강이 끝난 후, 미국 유학 시절 저자와 함께.

목차

서론

개혁파 신학에 대해 자주 질문을 받는 내용이 있다. 그것은 "개혁파 신학은 어떤 노선의 신학이냐?"라는 질문이다. 즉 "어떤 내용이 개혁파 신학이냐?"라는 질문이다. 그 질문에 대한 대답은 여러 가지가 있다. "성경주의 신학" "정통주의 신학" "신앙고백주의 신학" 등으로 정의하고 있다. 그러나 여기서 기독교 변증학적 입장에서 강조하고자 하는 개혁파 신학은 철학자들이 주장하는 이성주의적 신 존재 증명에 대항하여, 자유주의자들이 주장하는 주관주의 신학에 대항하여, 그리고 인간 이성을 강조하는 복음주의자들이 주장하는 지엽적 교리에 대항하여 교회 역사를 통해 고백된 신앙고백주의 신학이라고 강조하고 싶다. 그런 의미에서 교회사를 통해 성경대로 고백한 교리학이 개혁파 신학이다.

여기서 기독교 변증학(Christian Apologetics)이 어떤 학문인가? 라는 질문이 나오게 된다. 그 대답은 성경을 전제로 고백되어진 교회사적 신앙고백을 변호하는 작업을 기독교 변증학이라고 말할 수 있다. 그 이유는 역사적 신앙고백이 기독교 변증학을 포함하고 있기 때문이다. 역사적 신앙고백은 이교도 사상이 기독교에 침투해 들어올 때 오직 성경을 하나님의 말씀으로 고백하는 전제 위에 성경 전체의 교리를 집대성해 놓았기 때문에 변증학적 요소를 떠나서는 그 교리가 형성될 수 없었다. 이러한 신앙고백은 교회사를 배경으로 집대성한 내용이기 때문에 전체적이며, 심오하고, 그리고 일관성 있는 객관주의 신학이다.

자유주의자들이나 로마 교조주의(Catholicism)가 주장하는 신학을 보면 전혀 일관성이 없는 잡다한 조각들을 모아 만든 조잡한 판잣집과 같다고 말할 수 있다. 개혁파 신학은 전체적이며 객관적인 신앙고백의 기초위에 형성한 신학이기 때문에 웅대하고도 섬세한 건축물을 형성하고 있는 것과 같다. 판잣집은 일시적으로 사용하다가 허물어버릴 수 있는 것과 같이 자유주의 신학이나 로마 교조주의(Catholicism) 신학은 시대적 변화에 따라 일시적으로 일어났다가 금방 사라져 버리지만 개혁파 신학은 크고 튼튼한 건물을 영구적으로 사용하기 위해 땅속 깊이 기초를 세우는 것과 같이 모세, 선지자들, 그리고 사도들의 신앙을 전수 받아 2천년 교회사를 통해 고백되어진 교리를 집대성한 신학이다.

오늘날 신학의 객관성과 주관성의 차이점이 자꾸만 희미해져 가고 있다. 그것은 신앙고백에 기초를 둔 객관주의 신학과 일시적 적용에 기초를 두고 개인적 신학을 표출하는 정도에 끝나는 주관주의 신학이 혼합되어 가기 때문이다. 혹자는 신학에 있어서는 다양성 있는 여러 가지 개념을 받아들여야 한다고 주장한다. 즉 복음주의도, 근본주의도, 그리고 고등비평주의도 신학으로 받아들여야 한다는 혼동을 일으키는 목소리를 높이는 자들이 있다. 이는 신학의 객관성을 바로 인식하지 못하는 어린아이의 수준에 머물러 있는 자들의 말이다. 그것은 비성경주의 신학과 성경주의 신학의 공통분포를 형성하여 회색주의적인 혼합주의를 만들겠다는 애매한 주장이다. 그런데도 그들은 스스로 객관주의 신학을 추구하는 자들이라고 목소리를 높인다. 그들의 객관주의는 성경을 하나님의 말씀으로 믿는 전제를 무시하고 신학이 아닌 비성경주의 사상까지 모두를 망라하여 신학이라고 이름 지어 혼합주의를 만들겠다는 위험천만한 생각이다. 신앙고백의 객관성보다 비성경적인 주관주의적 표현까지라도 끌고 들어와 영적 병을 일으키는 회색주의 신학을 만들겠다는 혼미한 객관주의를 만들겠다는 의도이다. 이는 객관이라는 미명 아래 성도들을 태우고 항해하는 교회라는 선박 밑에 어뢰를 설치하여 영적 대 학살극을 획책하는 위험천만한 생각이다. 개혁파 신학은 성경을 하나님의 말씀으로 고백하는 절대주의 계시관을 전제로 하여 고백주의적 객관주의 신학을 형성하기 때문에 신학의 잡동사니를 배격하고 있다.

교회사는 교리신학의 투쟁사로 점철되어 있다. 즉 교리를 변증하는 역사이다. 세상의 모든 사상은 변해가고 있지만 성경 말씀은 변할 수 없다는 사실을 교리사가 명확히 증명하고 있다. 이는 객관주의적 신앙고백은 비성경주의적 주관주의와 접촉점(Point of Contact)이 없다는 것을 말해주고 있다. 접촉점(Point of Contact)을 만들면 결국 교리적 혼합주의가 되고 말 것이기 때문이다. 이는 성경대로 믿는 신앙고백의 순수성을 강조하는 고백주의 위에 객관적 신학을 형성해야 한다는 말이다. 다시 말하면 참된 신학의 객관성은 비성경적인 신학과 접촉점(Point of Contact)을 형성할 수 없으며 성경의 절대성을 고백하는 신학을 전제로 하여 객관주의적 신학을 형성하는 것을 의미한다.

만약 객관주의적 신학을 만들기 위해 성경을 하나님의 말씀으로 고백한 신학과 다른 이설을 혼합하여 기독교와 비기독교의 공통분포를 형성한 객관주의를 만들려고 한다면 이는 객관주의적 신학이 되기는 고사하고 기독교의 탈을 쓴 비기독교적 혼합주의(Syncretism)로 떨어지고 말 것이다. 이는 교회 역사를 보면 약간의 세속철학이 가미된 기독교 교리가 후에는 교리적 혼합주의로 변해 버린 것을 보면 알 수 있다. 그렇게 되기를 원한다면 아예 처음부터 비기독교주의로 돌아가는 것이 마음 편할 것이다. 그것은 기독교의 탈을 쓰고 비기독교 교리와 야합을 하는 신학이 되는 것이므로 순수한 기독교 교리를 말하는 신학이 될 수 없기 때문이다. 기독교 교리는 순수한 신앙고백을 지키는 곳으로부터 형성되어 왔다. 교회사는 신앙고백의 교리를 지키기 위해 순교자들이 이 땅위에 피를 적신 역사이다. 지상교회가 정결하게 유지되는 길은 순수한 신앙고백을 지키는 길이다. 정결한 교회는 성경을 하나님의 말씀으로 믿는 신앙으로 연결된다. 그러므로 지상교회는 하나님의 말씀을 순수하게 지키기 위해 몸부림칠 때 가장 영광된 교회로 승화되어갔다. 우리는 순교자의 희생이 교회의 역사를 지배해 온 사실에 영혼의 옷깃을 여미고 우리의 심령을 조아려야 할 것이다. 교회사에 나타난 역사를 보자. **천재가 교회의 역사를 지배하지 못했다. 그러나 돈이 그 천재를 지배했다. 돈은 정치의 힘에 의해 지배되었다. 일반 역사에서도 수많은 사람들이 돈과 정치의 힘에 의해 지배되어 왔다. 그러나 그 정치의 힘은 순교자들을 제압하지 못했다. 교회의 역사는 성경을 하나님의 말씀으로 고백하는 순교자들의 피를 바탕에 두고 성장해 왔다.**

우리가 주장하는 객관주의 신학은 은사의 다양성과 사역의 다양성을 부인하는 것이 아니다. 성경을 하나님의 말씀으로 믿는 우리는 성경에서 말씀하고 있는 모든 은사와 사역을 수용하여 객관적인 신앙고백을 형성하자는 주장이다. 모세와, 선지자들과, 그리고 사도들로부터 전수된 모든 신앙을 통일성 있게 그리고 종합적으로 정립하자는 주장이다. 우리는 예수님과 사도들이 모세와 선지자들이 전하는 바 그들의 말을 들어야 한다고 누차 강조한 그 말씀에 귀를 기울여야 할 것이다. 성경의 저자들은 직업의 다양성, 지적 수준의 다양성, 그들이 처한 환경의 다양성, 그리고 그들이 받은 은사의 다양성에도 불구하고 예수 그리스도를 구세주로 고백하고 삼위일체 하나님을 고백하는 신앙고백에는 다 같이 동일하며 정확했다. 이는 삼위일체 하나님을 고백한 절대적 신앙고백 아래 은사의 다양성과 사역의 다양성을 수용하고 있었기 때문이다.

때로는 교리에 대해 무지한 자들로부터 유식한 것처럼 들리는 묘하고 잡다한 소리들을 자주 접하게 된다. 그것은 "신학과 신앙은 다르다. 성경적이든 비성경적이든 신학교육은 다양해야 한다. 교리는 사람이 만든 것이므로 오직 성경이면 다 된다. 신학교에서 배운 신학을 목회에 적용하면 교회 부흥이 잘 안 된다." 는 등의 그럴듯하고도 매력적인 말들이다. 그러나 이는 성경과 교리와의 관계에 대해 그리고 신학과 목회의 관계에 대해 무지를 드러내면서 아는 체하는 자들의 항변으로 밖에 들리지 않는다. 분명히 경고하는 것은 **"신학의 타락은 목회의 타락으로 이어질 수밖에 없다. 신학의 타락은 목회자의 신앙을 타락시키는 중요한 원초가 되므로 신학의 타락은 바로 윤리의 타락으로 이어지게 되고 이 윤리의 타락은 바로 교회를 사탄의 소굴로 만들게 된다."** 는 것이다.

그렇다면 우리는 신학의 객관성을 어디서 찾아야 하는가? 이는 주는 그리스도이시며 살아계신 하나님의 아들임을 믿는 신앙고백으로부터 찾아야 한다. 성경은 하나님의 말씀이요, 우리는 삼위일체 하나님을 참으로 신앙하면서 인간은 전적으로 부패한 존재요, 오직 성령님의 공작에 의해서만 객관적으로 완성하신 그리스도의 구속이 죄인의 심령에 적용되며, 그리고 성도는 하나님 나라의 모형인 교회에서 교제의 생활을 하다가 예수님께서 재림하실 때 영원한 하나님 나라를 유업으로 받게 된다는 신앙고백을 절대화한 전제 아래 신학의 객관성을 형성해 나가야 한다. 객관이라는 이름으로 비성경적인 신학과 절대주의 신앙고백을 협상의 테이블로 이끌어 들여 접촉점(Point of Contact)을 만들려고 하면 하나님의 자녀인 성도가 영생을 길을 가로막는 악마와 더불어 같은 식탁에서 독약이 섞인 음식을 먹기 위해 야합을 시도하는 수작에 불과할 것이다. 이는 신학의 객관성이 형성되기는 고사하고 기독교도 아니고 우상 종교도 아닌 혼합주의(Syncretism) 종교가 되고 말 것이다.

만약 우리가 불신자를 향해 전도한다고 가정하자. 불신자를 향해 "예수님은 구세주가 될 수도 있고 안 될 수도 있다. 성경은 하나님의 말씀이 아닐 수도 있으며 말씀일 수도 있다."라고 말하면서 성경대로 예수 믿으라고 권한다면 우리 스스로 자가 모순에 빠지게 된다. 기독교의 절대성을 주장할 때만이 전도가 되며 믿음으로 구원 얻게 되고 삶이 변화될 것이다. 그러나 로마 교조주의(Catholicism), 자유주의 신학, 그리고 인간의 의지를 강조하는 복음주의는 기독교의 본질을 가감하여 불신자들의 생각과 공통분포를 형성해야 전도가 가능하다는 모호한 생각을 가지고 있다. 이는 기독교 변증학적으로나 현실적으로 전혀 앞뒤가 맞지 아니한 생각이다. 결국 그들의 신학은 기독교 변증학을 성립시킬 수 없게 만들고 있다. 만약 그들이 기독교 변증학을 주장하게 된다면 그들의 신학은 신학이 아닌 잡다한 종교 혼합주의 내지 자연주의로 떨어지는 철학에 불과할 것이다.

또한 그들이 하나님의 존재를 주장할지라도 성경에서 말씀하는 인격적인 삼위일체 하나님을 주장하는 것이 아니고 세속철학에서나 타 종교에서 말하는 이성주의에 기초한 하나님의 존재를 말하는 정도에 끝나고 말 것이다. 죄인이 하나님의 양자가 되어 하나님 아버지와의 인격적 교제를 말하는 실재론(Realism)이 아니다. 그들이 말하는 신에 대한 존재론은 하나님을 향해 신앙고백을 함으로 그 하나님은 나의 아버지가 되시는 인격적 교제의 하나님을 증거 할 수 있는 존재론이 아니다. "신은 있다(being)." 는 정도의 애매한 존재적 증명에 불과하다. 이러한 철학적 증명은 아주 추상적이며 보편주의적인 신 존재 증명에 불과하다. 그러면서 더욱 문제가 되는 것은 그들의 신 존재 증명이 자체 모순을 가지고 있다는 점이다. 즉 인간의 주관적 이성에 의하여 하나님의 존재를 증명하려는 여러 가지 주장이 일관성을 벗어나고 있다. 도덕론적 증명(Moral Argument), 존재론적 증명(Ontological Argument), 목적론적 증명(Teleological Argument), 역사적 증명(Historical Argument), 그리고 우주론적 증명(Cosmological Argument)

들이 서로 일관된 개념을 가지고 있는 것이 아니다. 이러한 증명들은 아주 협소한 인간의 이성을 통해 하나님을 찾아가고 있기 때문에 아주 부분적 존재 증명을 표출하고 있어서 서로가 자체 모순을 나타내고 있다. 그와 같은 이론은 협소한 인간의 이성을 초월한 지혜 무한하시며, 능력 무한하시며, 전지전능하시며, 그리고 초자연적 하나님을 증명한다는 것은 개미가 전 우주의 세계를 이해하려는 것보다 더 무모한 짓이다. 그렇기 때문에 세속철학이 주장하는 신 존재 증명은 다양한 이론을 말하고 있지만 결정적이며, 구체적이며, 그리고 인격적인 하나님의 존재를 증명할 만한 내용이 없다.

만약 세속철학에서 말하는 신 존재 증명이 기독교가 주장하는 인격적 하나님의 존재 증명과 같은 내용이 있다고 가정 할지라도 예수님을 구세주로 신앙하는 문제에 들어가면 전혀 다른 주장이 대두된다. 그것은 개혁파 신학이 간직해 온 역사적 신앙고백이 말하는 삼위일체 하나님을 어떻게 믿느냐?에 따라 구원에 관한 결정적 차이점이 발생하기 때문이다. 또 한 걸음 더 나아가 자유주의 신학은 말할 것도 없거니와 기독론과 인간론에 기초를 둔 인간의 의지를 강조하는 복음주의 신학과 개혁파 신학을 비교해 보면 구원을 받아들이는 데 있어 인간의 자유의지가 어떻게 작용하느냐? 하는 문제로 들어가면 역시 큰 차이를 드러내게 된다. 구원문제에 있어 로마 교조주의(Catholicism), 자유주의, 그리고 인간의 의지를 강조하는 복음주의는 교회사적 신앙 고백주의를 아예 무시하는 방향으로 신학의 키를 돌리고 있다. 개혁파 신학은 "인간은 자력으로 전혀 하나님의 선을 행할 수 없는 전적으로 타락(Total Depravity)한 존재이며, 그러한 존재가 어떻게 구원을 받게 되며, 누구의 예정으로 구원이 정해지며, 누구로부터 부름을 받았으며, 어떻게 성화 되어가며, 그리고 율법을 어떻게 선용하는가?"를 명확하게 밝혀주는 신학이다. 그러한 신학이 가르치는 중요한 요소는 무엇인가? 인간은 사악한 존재이며, 인간의 의지로 하나님께서 정하신 구원에 동참할 수 없으며, 오직 성령님의 사역으로만 죄인의 심령 속에 구속이 적용되며, 모든 역사는 하나님의 주권 아래 진행되고 있으며, 그리고 심지어 일반노동과 악마의 세계까지도 하나님의 허용 가운데 하나님을 위해 존재한다는 교리를 가르치고 있다. 그러나 로마 교조주의(Catholicism), 자유주의 신학, 그리고 인간의 의지를 강조하는 복음주의 신학은 올바른 신학의 위치를 떠나 성경적 교리를 흔들어 세속철학으로 인도하는 길을 터주는 역할을 하고 있다.

우리가 성경 교리를 바로 세우며 성도의 전 생활 영역에 이르기까지 성도에게 맡겨진 사명을 성공적으로 감당하기 위해서는 신학적 개념의 정리가 아주 중요하다. "보수주의"라는 이름 아래 교권주의적이고 권위주의적인 위치에서 연약한 사람들을 억누르고 자신의 영예와 안일을 위해 줄달음치는 일들을 행하는 것이 보수주의자들의 삶이 아니다. 그러한 일들을 내동댕이치고 자신의 잘못을 회개하는 삶을 살아야 한다. 잘못 인식된 보수주의는 일반은총의 사명인 문화노동의 일부를 자유주의에게 넘겨준 결과를 가져왔다. 그러한 보수주의 개념은 개혁파 신학의 문화관을 잘못 인식한 소치의 결과이다. 그것은 정치, 문화, 사회, 경제, 그리고 교육 분야에 이르기까지 무관심을 넘어 이원론(二元論, Dualism)적인 신앙생활을 주창하는 편협한 보수주의가 되어서는 안 된다는 것을 지적한 말이다. 영의 왕국인 교회와 힘의 왕국인 국가는 서로의 견제와 협력의 관계를 유지해 나가면서 하나님의 작정에 따라 지배되기 때문에 성도는 두 영역인 종교 노동과 문화 노동을 통해 하나님께 영광을 돌리는 삶을 살아야 한다.

보수주의를 주장하면서도 객관적 신앙고백에 기초한 개혁파 신학을 이해하지 못하는 이들을 접할 때마다 답답함을 금할 수 없다. 그와 같은 일들은 신학의 정확한 개념조차도 모르는 데서부터 시작된 것으로 보인다. 더욱이 오늘날 사상의 줄기를 잡을 수 없는 시대에는 개혁파 신학을 수호하기 위해 기독교 변증학(Christian Apologetics)이 얼마나 귀중한 학문인데도 오히려 무시를 당하는 일들을 자주 보게 된다. "꿩 잡는 것이 매"라는 저속한 속담을 자주 쓰는 그들을 보면 기독교 본질을 무시하는 처사로 밖에 생각할 수 없다. 교인의 수만 늘려 참된 기독교 교육은 무시해도 된다는 말로 들린다. 또한 불신자를 향해 전도해야 할 처지를 당할지라도 성경 교리를 제쳐놓고 혼합주의 기독교를 전파할 수 있다는 말로 들린다. 그것은 로마 카톨릭, 자유주의, 그리고 알미니안주의(Arminianism)자들이 주장하는 이성에 기초한 신학을 받아들이고 있다는 말이다. 그러한 이성주의에 기초한 신학은 잡동사니 혼합주의와 공통분포를 형성하는 것으로 볼 수밖에 없다. 즉 버틀러(Joseph Butler)의 종교 유비론(Analogy)과 토마스 아퀴나스(Thomas Aquinas)의 이방인에 대한 반론(Contra Gentiles)이라는 사상은 회색주의적인 기독교 변증학 인데도 불구하고 보수주의를 추구하는 신학계에서도 신학의 한 체계로 수납하고 있다.[1] 그들은 또한 하나님의 존재 증명에 있어 이성주의적 신 존재 증명을 여과 없이 수용하고 있는데 놀라지 아니할 수 없다. 이러한 무지한 사상적 수용은 보수주의 교회가 자유주의로부터 공격당할 수밖에 없는 빌미를 제공하고 있다. 자유주의자들은 보수주의 교회를 향하여 "교회의 매카띠즘(Mcarthism)[2]을 신봉하는 자들의 모임"이라고 공격하고 있다. 모르는지 아는지, 자유주의 사상을 수용하면서 보수주의라는 이름 하나 때문에 차별화를 시도하여 자신들의 신앙적 우월성을 강조하는 자들을 향해 자유주의자들과 인간의 의지를 강조하는 복음주의 개념에 취한 자들이 보수주의자들을 향해 교회의 매카띠즘(Mcarthism)에 취한 자들이라고 공격하고 있다.

명심해야 할 것은 순수한 개혁파 신학만이 교회의 매카띠즘(Mcarthism)을 방어하는 유일한 수단이라는 사실이다. 교회의 역사를 보면 성경교리를 파괴하기 위해 돈, 청치, 그리고 사악한 사상들이 끊임없는 도전을 시도해 왔다. 그래서 교회의 매카띠즘(Mcarthism)이 지배하던 시대는 수많은 인명이 억울하게 피해를 당해 왔다. 더불어 이상한 사상들이 교회를 혼미의 도가니 속으로 이끌어 들이고 있었다. 그 혼미의 원인은 자유주의자들이나 인간의 의지를 강조하는 복음주의자들이 부르짖는 "교회를 개방하여 매카띠즘(Mcarthism)을 방어해야 한다." 라고 주장하는 곳으로부터 시작한다. 그들은 강조한다. 보수주의는 교회의 매카띠즘(Mcarthism)이라고 주장한다. 그들의 타당성 있게 들리는 주장은 매카띠즘(Mcarthism)을 알지도 못하고 매카띠즘(Mcarthism)에 취하여 **보수주의에 휩쓸린** 자들을 끝없이 혼돈 속으로 몰아넣고 있다. 개혁파 신학이 주장하는 성경의 무오성에 대해 구체적 내용을 알지도 못하고 보수주의의 절대화에 취한 교회

---

1) Cornelius Van Til, The Defence of the Faith, (Presbyterian and Reformed Publishing Co, New Jersey, 1980), p.4.
2) 매카띠즘(Mcarthism)은 미국의 공화당 상원의원 Joseph Mcarthy(1908-1957)에서 따온 사상이다. 1950년대 초엽 극우파 매카띠(Mcarthy)에 의해 수많은 소위 좌파 고위 공직자들이 숙청당한 사건이다. 이 사건은 확실한 증거도 없이 일방적인 이데올로기로 공직자들을 몰아넣었기 때문에 동료 의원들까지도 비난의 화살을 주저하지 아니했다.

를 향하여 매카띠즘(Mcarthism)의 장소라고 강조하는 자들로부터 동정심을 유발하고 있다.

분명히 묻고 싶다. 어떤 것이 교회의 매카띠즘(Mcarthism)인가? 파헤치고 싶다. 교회의 매카띠즘(Mcarthism)에 관한 무지를! 자유주의, 보수주의, 사악한 인간의 의지를 강조하는 복음주의자들이 강조하는 매카띠즘(Mcarthism)의 본질을 어디서부터 논증해 낼 수 있는가? 교회의 매카띠즘(Mcarthism)이 일어날 수밖에 없는 살인마적 음모를! 그것은 상대주의적이며 지엽적인 신학을 절대화할 때 교회의 매카띠즘(Mcarthism)이 생겨났던 일들을 교회사는 증명하고 있다. 그것이 바로 세속철학과 인간의 의지를 강조하는 신학이 절대화될 수 없었음에도 불구하고 절대화될 때 수많은 신앙인들이 희생의 제물이 되어왔다. 절대주의가 될 수 없는 교리가 절대화될 때 바로 교회의 매카띠즘(Mcarthism)이 일어난 것이다. 그러므로 오직 교회에서 신학적 매카띠즘(Mcarthism)을 방어할 수 있는 방법은 절대주의를 절대화하고 상대주의를 상대화할 때 가능한 것이다. 성경이 교회의 절대 경전으로 자리 잡고 주관적 개인주의 신학이 굴절될 때 교회의 매카띠즘(Mcarthism)을 방어할 수 있다. 그러므로 개혁파 신학만이 교회의 매카띠즘(Mcarthism)을 방어하는 원리이다. 개혁파 신학은 지금이라도 성경에 더욱 합당한 교리가 등장할 때 그 신학을 받아들일 수 있도록 개방되어있는 신학이기 때문에 과거뿐만 아니라 미래에도 가장 객관적 고백주의 신학이 될 수밖에 없다. 문제는 형식주의 내지 권위주의적 보수주의자들에 의해 참된 개혁파 신학을 멀리하여 외형적인 보수주의를 절대화하는 데서 교회의 매카띠즘(Mcarthism)이 발생하는 것이다. 교회의 매카띠즘(Mcarthism)을 방어하기 위해서는 성경을 하나님의 말씀으로 신앙하는 고백주의 신학을 우선으로 하는 개혁파 신학을 고수하는 길밖에 없다.

신정통주의(Neo-Orthodoxianism)가 정통주의 신학의 일부를 받아들이면서 초월주의(Transcendentalism)를 첨가함으로 결국은 또 다시 자유주의에게 문을 열어줌으로 신학적으로 혼돈의 첩경을 열어놓았다. 정통주의(Orthodoxianism)를 벗어난 신학적 혼란은 역사교회의 입장에서 보면 교회의 매카띠즘(Mcarthism)을 형성하는 원조가 된다. 신정통주의(Neo-Orthodoxianism)의 초월주의(Transcendentalism)는 생명의 말씀인 성경을 신뢰하는 데 있어 항상 애매한 입장을 취하고 있다. 이로 인하여 현대 교회는 성장이라는 이름 아래 기적을 매개로 하여 성도들을 하나님과 직접 만나는 대중 심리적 요법을 사용하는 방향으로 인도되고 있다. 교회 성장이란 이름 아래 성경 말씀이 도마 위에서 난자 당하고 있는 이때, 오직 교회 성장은 말씀과 기도를 통한 복음전파에 달려있다는 것을 명심해야 하며, 역사교회가 고백한 신앙고백에 의해 체계적인 신앙교육이 교회를 튼튼하게 유지 시킨다는 것을 명심해야 할 것이다. 교회 성장의 방법론 우선주의에서 벗어나 성경대로 교육하고, 성경대로 복음을 전하고, 성경대로 치리하고, 그리고 성경대로 성례를 집행해야 교회가 튼튼하게 성장할 것이다. 방법론 우선주의는 세속철학과 신학을 같은 협상 테이블 위에 놓고 스스로 결론을 내리지 못하고 눈먼 장님이 되어 소경이 소경을 인도하는 교리적 부재를 만들어내고 말 것이다. 튼튼한 교회는 성경대로 교육하고 전하는 그곳에서만 가능한 일이다.

제 1 장
기독교 변증학의 원리

　기독교 변증학을 다루기 위해 먼저 연구해야 할 예비과정이 있다. 그것은 역사적 교회를 통해 체계적으로 고백 되어진 신앙고백서를 먼저 교리적 기준문서로 수용해야 한다. 그 교리는 성경의 영감론, 신론, 인간론, 기독론, 구원론, 교회론, 그리고 종말론을 주제로 하여 성경의 뼈대를 형성하고 있다. 기독교 변증학은 위의 교리들을 기준으로 하여 기독교를 변호함과 동시에 세속철학이나 타 종교를 역공하여 기독교화 하는 학문이다. 위의 7가지 교리학 분야에서 신론(神論)이 기독교 변증학의 중요한 요소로 등장한다. 물론 세속철학이나 타 종교도 하나님의 존재는 부정하지 아니한다. 그러나 기독교가 주장하는 하나님의 존재론은 여타의 사상들과 전혀 다른 내용을 가지고 있다. 기독교 변증학의 가장 기본적인 요점은 성경이 말씀하는 삼위일체 하나님의 인격론과 세속철학이나 타 종교가 주장하는 하나님의 존재론과의 근본적 차이점이 무엇인가?를 증명하는 데 있다.

　종교 혼합주의(Syncretism) 내지 종교 다원주의(Pluralism)가 주장하는 신의 존재론은 종교사학파(Religionsgeschichtliche schule)를 기점으로 인격적인 하나님의 존재를 무시하고 만유내재신론(Panentheism) 내지 범신론(Pantheism)에서 주장하는 신의 존재론까지 인정하는 입장이다. 이러한 그릇된 사상이 신학이란 이름으로 구미 지역을 방황하며 떠돌아 다니다가 한국교회에까지 침투해 들어왔다. 그런데도 교회는 이러한 사악한 생각들을 제거하는 기독교 변증학(Christian Apologetics)에 너무나 무관심한 입장에 처해 있다. 교리적 정화 운동을 무시한 결과 "꿩 잡는 것이 매다. 교리가 무슨 중요한 문제이냐? 교회로 사람만 끌어오면 된다. 교회 와서 복 받으면 된다." 는 이러한 교회의 현실주의적 실리주의는 결국에 가서 성도들을 타락의 늪으로 끌고 가는 앞잡이가 되고 만다. 이러한 작태는 오늘날 교회에서 기독교 변증학을 무시한 결과 나타난 하나의 원인이라 말할 수 있다.

　사도시대 이후 400년간 교부들의 신학은 헬라주의 철학을 기독교 변증학 (Christian Apologetics)의 방법론으로 채택하느냐? 배격하느냐? 의 요소를 가지고 방황했다. 그런데 알렉산드리아(Alexandria) 학파에서는 헬라주의 철학을 기독교 변증학의 방법론으로 채택한 결과 참된 변증 신학의 노선을 상실하고 말았다. 알렉산드리아(Alexandria) 교부들이 기독교 변증학을 전개하기 위해 헬라주의 철학을 방법론의 재료로 채용한 이유는 헬라철학을 방어하기 위해 헬라철학을 도입한 것이 그 원인이었다. 이것은 자체 모순을 드러내고 있었다. 종교 개혁 시대에는 중세를 지배했던 스콜라주의(Scholasticism) 사상을 격파할 무기가 필요했다. 그것이 신앙고백서이다. 칼빈(Calvin)은 스콜라주의(Scholasticism)에 기반을 두고 있었던 로마 교조주의(Catholicism)를 대항해 싸울 때 신앙고백의 교리를 동원하여 강력하게 성경을 변호하였다. 종교개혁 이후 17세기 이성주의(Rationalism), 18세기 계몽주의(Enlightenment), 19세기 자연주의 (Naturalism)를 거쳐 오면서 성경 교리에 기반을 둔 기독교 변증학은 획기적인 발전을 이루지 못한 상태였다. 18세기 버틀러(Joseph, Butler) 감독은 헬라주의, 스콜라주의, 그리고 합리주의와 접촉점을 찾아 회색주의 변증학을 전개하는 데 그쳤다. 20세기를 넘어와서 메이첸(Gresham Machen)박사를 시발점으로 하여 밴틸(Cornelius Van Til) 박사에 이르러 회색주의적 고전적(Classical) 기독교 변증학의 개념을 깨고 성경 교리에 기초한 전제주의(Presuppositionalism) 기독교 변증학이 성립되었다. **성경 전제주의 기독교 변증학은** 성경을 전제로 하여 역사교회가 고백한 객관주의적 신앙 고백주의 기독교를 변호하는 학문이다.

　조직신학의 3분야는 교리학, 변증학, 그리고 윤리학으로 이어진다. 교리학은 이미 언급한대로 성경의 영감론으로부터 종말론을 규명하는 성경의 기본 원리이다. 기독교 변증학(Christian Apologetics)은 정립된 교리학을 근거로 하여 비기독교 교리가 교회를 공격하여 들어올 때 기독교 교리의 순수성을 지키는 방어적 역할을 하며 비기독교 교리를 역공하여 불신자를 기독교화 하는 작업에 공헌하는 학문이다. 더불어 비기독교 교리를 역공할 때 변증학을 지적(知的) 전도에 응용한다. 윤리학은 기독교 기본 교리를 생활에 적용하는 원리를 제공하는 학문이다. 이는 도덕론과 차이를 가지고 있다. 도덕론은 실천에 대한 문제를 다루지만 윤리학은 주로 실천에 대한 원리를 규명하는 학문이다.

기독교 변증학(Christian Apologetics)은 변증법(Dialectics)하고 근본적인 차이가 있다. 기독교 변증학(Christian Apologetics)은 기독교 교리를 바로 세우며, 방어하며, 그리고 비성경적인 주장들을 역공하여 불신자를 기독교인으로 교화시키는 작업을 하는 학문이다. 그러나 변증법(Dialectics)은 아리스토텔레스(Aristotle)로부터 칸트(I. Kant)를 거쳐 19세기 헤겔(Hegel) 등이 주창한 역사철학의 개념이다. 이는 "절대적 관념론"에 의한 정(Thesis, 正), 반(Antithesis, 反), 그리고 합(Synthesis, 合)이 역사적 과정을 거치면서 변천된 합(Synthesis, 合)이 새로운 형태로의 사상이 역사적 발전과정을 주도한다는 의미이다. 기독교 변증학(Christian Apologetics)은 수동적으로는 성경 교리를 순수하게 보존하기 위한 방어의 역할을 하는 학문이다. 그리고 능동적으로는 비기독교 사상을 깨트리는 지적 전도의 역할을 하는 학문이다. 이는 사도행전 17장에 사도 바울이 에피큐리안(Epicurean) 철학자들 및 스토익(Stoic) 철학자들과 논쟁하여 기독교인으로 교화시킨 사건은 하나의 좋은 예증이다. 헤겔(Hegel) 철학에서 말하는 절대적 관념론은 역사적 발전과정의 대립과 통일, 양과 질의 변화, 부정의 부정, 그리고 이론과 실천의 통일 등을 논증하는 철학적 개념이다. 기독교 변증학(Christian Apologetics)과는 전혀 다른 개념이다. 어거스틴(Augustine)은 로마 정부의 이교도들이 로마의 멸망을 기독교인들의 탓으로 돌릴 때 하나님의 도성(The City of God)을 저술하여 "세상 국가는 일시적이며 하나님의 나라는 영원하다."는 변증을 통해 교회인 영적 왕국을 옹호한 사건은 오늘날까지 귀감으로 남아있다. 그러므로 기독교 변증학(Christian Apologetics)은 역사의 종말이 올 때까지 **성경을 하나님의 말씀으로 고백하며 하나님의 주권적 사역을 변호하는** 신앙 고백주의 신학의 중요한 분야가 되어야 할 것이다.

I. 기독교 변증학의 총체적 개념

기독교 변증학(Christian Apologetics)은 사도들이 하늘나라로 떠나고 2세기를 지나면서 기독교를 변호하기 위한 학문으로 헬라주의 철학을 방법론으로 끌어들여 기독교의 절대성 및 우수성을 강조하는 데서 시작되었다. 당시 여러 교부들은 소크라테스(Socrates)의 변증론을 방법론으로 채용하여 기독교를 변증하였다. 이러한 기독교 변증은 헬라 철학과 기독교 사이에 접촉점(Point of Contact)을 형성하게 되어 순수한 기독교 입장에서의 변증학이 구성되지 못하고 후에 헬라 철학과 기독교 신앙과의 공통 분포(Common Ground)가 형성되고 말았다. 이러한 회색주의적 기독교 변증학은 20세기에 들어와서도 고전적(Classical) 또는 전통적(Traditional) 변증학으로 자리를 잡게 되었다. 헬라 철학을 배경으로 한 기독교 변증학은 중세 토마스 아퀴나스(Thomas Aquinas)의 스콜라주의(Scholasticism) 변증학으로 이어져 내려오게 되었고 18세기 조셉 버틀러(Joseph Butler)에게까지 연장되었다. 버틀러(Butler)가 저술한 자연종교 및 계시종교의 유비(The Analogy of Religion, Natural and Revealed, to the Constitution and Course of Nature)라는 저술에서는 자연종교에 대항하여 계시종교에 관한 변증을 시도했으나 이러한 고전적(Classical) 변증학은 교회사적 신조주의(信條主義, Catechism) 기독교 변증학이 되지 못하고 세속철학과 타 종교에서 주장하는 신 존재 증명과 공동분포를 형성하는 회색주의 변증학을 전개하는 정도에서 멈추고 말았다. 2천년 교회사에서 지속적으로 나타났던 고전주의(Classical or Traditional) 변증학은 20세기에 들어와 미국 웨스트민스터 신학교 교수인 밴틸(Van Til) 박사로 말미암아 획기적인 전환점을 맞이하게 되었는데 성경을 전제로 하는 신앙 고백주의 기독교 변증학(Christian Apologetics)을 새로 정립하게 되었다.

기독교 변증학(Christian Apologetics)의 개념을 전체적으로 간단하게 정의하면 **"기독교 진리를 변호한다."** 는 의미이다. 그러나 그 한 문장 속에 포함된 구체적인 내용은 간단하지 않다. 역사 선상에서 기독교를 말살시키기 위해 돈, 정치적 힘, 그리고 사상적으로 얼마나 많은 박해가 강행되었던가? 성경은 그런 일들을 예상하고 베드로전서 3장 14-16절에 "의를 위하여 고난을 받으면 복 있는 자니 그들이 두려워하는 것을 두려워하지 말며 근심하지 말고 너희 마음에 그리스도를 주로 삼아 거룩하게 하고 너희 속에 있는 소망에 관한 이유를 묻는 자에게 대답할 것을 항상 준비하되 온유와 두려움으로 하고 선한 양심을 가지라. 이는 그리스도 안에 있는 너희의 선행을 욕하는 자들로 그 비방하는 일에 부끄러움을 당하게 하려 함이라."고 우리에게 전해준 말씀임에 틀림없다. 위의 성경 말씀은 "기독교를 핍박하고 기독교 교리에 대항해 질문을 하는 자에게 첫째; 대답할 것을 항상 준비하고, 둘째; 온유와 두려움으로 선한 양심을 가지고, 셋째; 선행을 통하여 그들이 부끄러움을 당하게 하라."는 권면을 하고 있다. 이러한 권면은 기독교 변증학(Christian Apologetics)이 언어의 전달에서 끝나는 것이 아니고 신앙 양심의 발로에서 시작하여 성도의 생활 전체를 통해 변증해야 함을 포함하고 있다.

사도들의 뒤를 이어 교회의 역사 선상에서 잊을 수 없는 하나님의 사람들이 있었다. 우리가 본받아야 할 순교의 신학을 펼쳐온 사람들이다. 그들의 면면들을 살펴보면 그들은 비기독교에 대항하여 명확한 노선을 구분하여 기독교의 절대성을 명시하여 주었다. 그들이 주장한 기독교 변증학적 요소를 살펴보면 깊은 신앙심으로부터 피를 토하는 심정으로 성경의 교리를 신앙고백으로 표현하였다. 그 교리는 성도들의 심장을 파고 들어와 삶의 영역을 점령하고 있었다. 사도들이 흘린 순교의 피가 후대를 지배하고 있었다. 어거스틴(Augustine)과 칼빈(Calvin)의 저술을 정독할 때 그냥 앉아서 읽을 수 없는 강렬한 영적 반응을 일으킨다. 악마를 쳐부수고 싶은 욕망이 심령 속 깊은 곳으로부터 솟아올라오는 것을 느끼게 된다. 어거스틴(Augustine)은 당시 로마 제국이 멸망할 때 "세상 나라는 일시적이지만 하나님 나라는 영원하다"는 하나님의 주권주의 신앙을 변호하고 있었고 칼빈(Calvin)은 중세를 호령하였던 로마 카톨릭을 대항해 "성경이 가는 데까지 가고 서는 데서 서는" 성경 우선주의 기독교를 변호하고 있었다. 그들의 신학은 전 삶을 통한 신앙고백을 체계화한 신앙고백주의로 가득 차 있다. 그러므로 기독교 신학은 신앙고백주의(Confessionalism)에 관한 학문이다. 하나의 진술(Statement) 또는 확언(Affirmation)이 아니다. 한 가지 주장을 이론적으로 정리하는 정도에 머무는 학문이 아니다. 합리적 체계화만 주장하는 학문이 아니다.

논리적 순서만을 주장하지 않는다. 그렇다고 무의미하고 역사적 근거 없이 허공을 치는 믿음만을 주장하는 것은 더욱 아니다. 신앙고백주의 신학은 합리적 논리(Logic)와 역사적 사건(Fact)을 배제하지 않는다. 신앙고백주의 기독교 변증학(Christian Apologetics)은 합리성뿐만 아니라 역사적 사실과 삶의 영역을 포함한 객관적 신앙고백주의 신학을 기초로 하고 있다.

1. 기독교 변증학의 정의

기독교 변증학(Christian Apologetics)은 하나님의 존재를 증명하는 작업을 기초로 하고 있다. 그렇기 때문에 하나님의 존재 증명 자체를 기독교 변증학으로 보는 사람들이 상당수에 이른다. 심지어 보수주의 신학을 추구한다는 사람들까지도 이성주의(Rationalism)에서 주장하는 신에 대한 존재 증명인 우주론적(宇宙論的, Cosmological) 증명, 목적론적(目的論的, Teleological) 증명, 존재론적(存在論的, Ontological) 증명, 도덕적(道德的, Moral) 증명, 그리고 역사적(歷史的, Historical) 증명 등을 기독교 변증학에 접목 시키려는 경향을 강하게 나타내고 있는 실정이다. 이러한 이성주의(Rationalism)적 신 존재 증명은 세속철학자들이 주장해 온 이론에 불과하다. 그러나 기독교 변증학(Christian Apologetics)이 하나님의 존재를 기본으로 하고 있는 것은 사실이지만 하나님의 존재 증명 자체만으로는 기독교 변증학(Christian Apologetics)을 성립시킬 수 없다. 그 이유는 인격적인 삼위일체 하나님의 사역이 성도의 인격과 교통이 이루어져야 하기 때문이다. 그 인격적 교제는 먼저 그리스도를 중보자로 믿는 신앙고백이 이루어져야 한다. 나아가 중보자의 재림을 고대하며 삼위의 하나님과 깊은 교제의 삶이 형성되어야 한다. 삼위일체 교리는 하나님의 존재뿐만 아니라 하나님과의 인격적 교제를 증명하는 절대 전제가 된다. 그러나 우리는 삼위일체 하나님을 이론으로 완전하게 증명하기 어렵다. 그런데 신비스러운 것은 하나님과 깊은 교제로 들어갈수록 삼위일체 하나님에 대한 신앙이 더욱 깊어진다. 그렇기 때문에 성경의 전제에 의한 삼위일체를 신앙으로 고백하는 것은 기독교 변증학을 성립시키는 가장 기본적인 교리이다.

그런 의미에서 볼 때 기독교 변증학(Christian Apologetics)은 구약부터 하나님의 백성이 이방인들과의 대립적 관계에서 인격적인 하나님에 대한 교리를 어떻게 설파할 것인가를 가르쳐 오고 있는 신학이라고 볼 수 있다. 모세가 애굽으로부터 이스라엘 백성을 인도해 낼 당시 이스라엘 백성들이 모세를 향하여 "하나님의 이름이 무엇이냐?"라고 하나님에 대한 실체를 알기 원하는 질문을 던졌다. 그때 하나님께서는 모세에게 "하나님은 스스로 있는 자이며 스스로 있는 자가 너희에게 보내셨다(출3:13)."라고 대답할 것을 명하셨다. 이어서 하나님께서는 "아브라함의 하나님, 이삭의 하나님, 그리고 야곱의 하나님께서 너희에게 보내셨다 하라(출3:15)."라고 명하셨다. 만약 삼위일체의 하나님과 깊은 교제 속에 들어와 있는 성도라면, 하나님의 존재에 대한 독립적 자존(Independent Aseity)을 신앙할 수밖에 없으며 그 하나님과 맺은 아브라함, 이삭, 그리고 야곱의 언약은 반드시 성취되었다는 것을 신앙할 수밖에 없다. 이스라엘 백성과 한번 맺은 언약이 반드시 성취된 것 같이 우리와 맺은 백성의 언약은 반드시 성취될 것을 믿는 신앙이다.

　　오늘날 성도들은 물론 당시 모세도 언약적 명령을 통해 하나님의 실체를 보여주는 일에 있어 대단히 어려웠음을 겪었다는 것을 출애굽기 3장에서 나타내 보여주고 있다. 그래서 모세는 출애굽기 4장에서 이스라엘 백성이 "모세의 말을 듣지 않고 여호와께서 모세에게 나타나지 아니했다"라고 주장하면 어떻게 대답할 것인가를 다시 하나님께 질문하였다. 즉 모세는 당시 하나님의 실체에 대한 증명을 보여 달라는 것이었다. 거기서 하나님께서는 하나님의 실체에 대한 증명을 이론적이며 합리적 주장을 통해 보여주신 것이 아니었다. 그리고 하나님의 존재를 실물(Material)로 보여주신 것은 더욱 아니었다. 만약 그러한 증명들이 시도되었다면 그 이론은 하나님의 존재를 설명하기에 터무니없이 부족하였으며 그 실물(Material)은 우상이 되어버리고 말았을 것이다. 당시 하나님께서 증명해 주신 것은 시공간의 역사 선상에서의 기적을 통하여 하나님의 부분적 요소만을 보여주신 것이다. 지팡이가 뱀이 되고 손이 나병으로 변하는 기적의 역사였다. 그러므로 하나님께서는 변화의 지팡이를 의지하고 이스라엘을 구원하러 나가라고 명령을 하신 것이었다. 그 지팡이를 의지하는 것이 하나님을 의지하는 것이었다. 여기서 우리는 중요한 사실을 발견하게 된다. 하나님의 존재 증명은 존재론적(Ontological)으로 불가능하다는 것을 말해주고 있다. 과거 아브라함에게 역사하신 언약의 하나님을 믿는 것이 하나님의 존재를 아는 것이다. 한번 맺은 언약을 반드시 성취시키는 하나님을 믿는 것이 하나님의 존재를 증명하는 길이다.

신약으로 들어와 바울을 예증으로 들어보자. 그는 이론적으로 그리고 체험적으로 어느 사도보다 능력이 축출한 사람이었다. 이론적으로, 하나님의 존재 증명에 있어, 로마서 1장 18절 이하에 "불의한 자들에게도 하나님을 알만한 증거를 나타내 보이셨다."라고 논증하고 있다. 그러나 기독교인으로서 하나님을 아는 일에 있어서는 구원론을 통해 하나님께서는 어떤 분이신가를 갈라디아서를 통해 논증해 보이고 있다(갈4:1-7). 이는 하나님을 아바, 아버지로 부를 수 있는 성도가 바로 진정한 하나님의 존재를 알고 있다는 것을 증명해 준다. 이는 존재의 하나님만을 아는 것이 아니고 **교제의 하나님 즉 아버지로서의 하나님을** 아는 것이 하나님을 바로 아는 것으로 규정하고 있다. 그러므로 개혁파 신학에서 주장하는 하나님의 인식론은 삼위일체 하나님을 인격적으로 아는 것을 말해주고 있다. 나의 아버지로서의 하나님, 구세주로서의 아들 하나님, 그리고 구속의 공작자로서 나의 심령을 변화시키는 성령의 하나님을 교제의 관계를 통해 아는 데에다 초점을 맞추고 있다. 기독교 변증학(Christian Apologetics)에서 주장하는 하나님의 실재(Reality)는 영적으로 우리와 교제하는 인격적 삼위일체 하나님을 증명하는 일이다. 그러면 기독교 변증학(Christian Apologetics)이란 무엇인가? 그 정의를 구체화하여 정리하면 다음 세 가지로 말할 수 있다.

1) 증거로서의 기독교 변증학

증거로서의 기독교 변증학(Christian Apologetics)이란 기독교가 진리임을 이성적 이해에 기초하여 복음이 진리라는 것을 믿을 수 있도록 증명하는 학문이다. 이는 요한복음 14장 11절, 20장 24-31절, 고린도전서 15장 1-11절에 기초하여 불신자가 복음을 수납할 수 있도록 대화를 통하여 증거 하는 작업을 하기 위해 변증학을 도구로 사용한다는 의미이다. 또한 교회에서 신앙의 확신이 없는 사람들에게 신앙의 확신을 시켜주는 작업을 하기 위해 기독교 변증학(Christian Apologetics)이 아주 중요한 역할을 한다.[3]

2) 방어로서의 기독교 변증학

기독교 변증학(Christian Apologetics)은 불신자들이 기독교를 공격해 올때 기독교만이 절대 진리의 종교라는 것을 증명하는 학문이다. 바울은 복음을 방어하는 역할과 튼튼하게 하는 역할에 대하여 빌립보서 1장 7절 이하에서 논증하고 있는데 그것은 기독교 변증학(Christian Apologetics)은 첫째; 신앙을 튼튼하게 세우는 역할을 하며, 둘째; 외부의 공격으로부터의 기독교 교리를 방어하는 역할을 한다. 로마서에는 더 많은 변증학적 요소가 나타나 있다(롬2:1-29, 3:9-18, 8:31-39, 9:14-33, 11:1-32). 또한 예수님께서는 요한복음에서 유대인들을 향해 자신에 대한 변증을 강화하면서 기독교 교리를 정립해 주셨다.[4] 즉 예수님께서는 스스로 하나님의 아들로서 완전한 신성을 가지고 계시면서 인간으로 나타나심을 증명해 주셨다(요1:1-14, 2:13-22, 7:28-30, 8:48-59, 10:22-39).

3) 공격으로서의 기독교 변증학

기독교 변증학(Christian Apologetics)은 어리석은 자를 공격하는 역할을 한다(시14:1, 고전1:18-2:16). 어리석은 자는 불신자이다. 즉 하나님이 없다고 말하는 자이다. 기독교 변증학(Christian Apologetics)의 역할은 방어에서 끝나지 않고 불신자의 공격을 받을 때 역공하는 역할을 한다. 사도 바울 역시 고린도후서 10장 4절부터 6절에 "하나님을 대적하는 자를 하나님에게 복종하도록 해야 할 것"을 강조하고 있다. 기독교 변증학(Christian Apologetics)이 해야 할 중요한 역할 중 하나는 불신자 즉 어리석은 자들의 생각을 드러나게 하여 하나님

---

3) John M. Frame, Apologetics to the Glory of God, (Presbyterian and Reformed Publishing Co, New Jersey, 1994), p.2.

4) Ibid, p.2.

에게 굴복시키는 작업이다.[5]

위의 세 가지 기독교 변증학(Christian Apologetics)의 관점은 서로 연관성을 가지고 있다. 독자성을 가지면서 다른 두 가지의 임무를 수행하도록 돕는 역할을 한다. 1)번은 신앙에 관하여 이성적 논증을 제공하며 2)번은 기독교를 반대하는 자들에 대한 이성적 변호를 담당하며 3)번은 불신자들을 변화시키는 사역을 감당한다. 만약 기독교를 변호하는 일을 시행하게 될 때는 자연히 1)번에 의해 기독교의 진리를 증거 하게 되고 더불어 3)번에 의해 불신자를 변화시키는 일을 동반하게 된다. 역시 불신자를 변화시키기 위해서는 1)번에 의해 기독교의 진리를 증거 해야 하고 2)번에 의해 기독교를 방어 하는 역할을 동반하게 된다. 결론적으로 기독교 변증학(Christian Apologetics)을 종합적으로 규정 함에 있어 건설적 변증학은 규범적이며, 공격적 변증학은 상황적이며, 그리고 방어적 변증학은 실존적이다.[6] 라고 말할 수 있다.

2. 기독교 변증학의 노선

신약은 물론 구약에서도 순수한 기독교를 지키기 위해 선지자들, 사도들, 그리고 그들을 따르는 참신한 성도들은 항상 이교도들의 교리적 공격을 방어하며 복음전파에 심령을 바쳤다. 복음전파의 기준문서는 하나님으로부터 계시 된 성경 말씀이다. 그 계시는 구약과 신약이다. 신구약 성경은 선지자들과 사도들을 통해 우리 손에 들어오게 되었고 선지자들과 사도들을 따르는 신앙의 조상들에 의해, 교회사를 통해, 제2의 신앙문서로 신앙고백서를 우리에게 남겨 주었다. 그런 의미에서 우리는 선지자들과 사도들의 신앙고백을 따르는 계보주의 신학을 주장하게 된다. 그것이 정통을 따르는 신학이다.

계보주의 신학 즉 정통신학은 개혁파 신학이다. 개혁파 신학은 교회사적 신앙고백주의(Catechism)를 신학의 원조로 삼고 있다. 성경으로 돌아가기를 원하

---

5) Ibid, p.2.
6) Ibid, p.3.

는 신학은 교회사적 신앙고백에 기초를 둔 신학이다. 성경이 신학의 제1문서이며 교회사적 신앙고백은 신학의 제2문서이다. 성경으로 돌아가기를 원하는 신학은 신앙고백의 정통성을 강조한다. 그 정통성은 삼위일체 하나님과의 교제 관계를 유지하는 고백주의이다. 그런 의미에서 개혁파 신학은 신앙고백의 백색주의를 추구한다. 개혁파 신학의 변증학은 회색주의를 배격한다. 또한 흑색주의는 근본적으로 기독교를 반대하는 이념이기 때문에 더더욱 배격할 수밖에 없다. 그런데 백색주의는 절대적 독자성을 간직하고 있기 때문에 흑색주의와 접촉점(Point of Contact)을 형성할 수 없다. 물론 하나님의 존재론에 있어서는 하나님의 존재만을 말할 때 불신자와 기독교인과의 접촉점을 형성하고 있다. 그럼에도 불구하고 회색주의는 하나님의 존재론 이외의 교리에까지, 즉 복음전파나 인간 이성에 의한 하나님의 존재론에 이르기까지, 흑색주의와 공통분포를 형성하기 위해 항상 접촉점(Point of Contact)을 찾아 헤매고 있다.

그 결과 회색주의는 종국에 가서는 흑색주의로 변질되어 버린다. 회색주의는 기독론을 중심으로 복음 전파의 영역에 있어서는 개혁파 백색주의와 일부 공통분포를 형성한다. 그러나 신론에 들어와 예정론(Predestination)에 있어 하나님의 주권적 교리에 들어오면 그들은 인간의 의지를 우선으로 한다. 이러한 사상은 흑색주의와 동질성을 가지고 있기 때문에 회색주의를 지속적으로 유지할 수 없게 되고 결국은 흑색주의로 기울어져 버리고 만다. 그렇기 때문에 기독교 변증학(Christian Apologetics)은 언제나 순수한 기독교 교리를 유지하기 위한 백색주의에 서서 방패 역할을 해야 한다. 또한 불신자의 주장을 역공하여 기독교화 하는 역할은 방패의 역할만큼 중요하다. 그렇기 때문에 기독교 변증학(Christian Apologetics)의 노선을 구분하는 일은 매우 중요한 분야이다. 여기서 백색, 회색, 그리고 흑색의 3가지 노선을 세분하여 정리함으로 기독교 변증학(Christian Apologetics)의 확실한 입장을 정리하는 데 도움을 얻고자 한다. 다만 백색주의를 대항하는 회색주의와 흑색주의는 서로의 공통분포를 형성하고 있기 때문에 이 두 가지 노선을 동질성을 가진 부류로 정리하고자 한다.

1) 회색주의 또는 흑색주의 노선

세속철학에서나 타 종교에서 하나님의 존재 자체를 부인하는 경우는 거의 희박하다. 근대 이후 현대주의 사상에서는 하나님의 존재를 부정하는 철학이 나타나고 있지만 사실상 그들은 하나님의 존재 자체를 스스로 부정하기보다는 하나님의 사역에 대한 회의주의가 더 강하다고 말할 수 있다. 19세기 이전까지의 세속철학에서는 하나님의 존재를 전제로 하는 철학과 더불어 인간의 인식론을 다루는 철학이 주류를 이루었다. 그러나 19세기 말 리츨(A. Ritschl)의 영향을 받은 니체(Friedrich Wilhelm Nietsche)로 말미암아 사신주의(死神主義) 철학이 등장하게 되었고 20세기에 들어와 사르트르(Jean Paul Sartre)에 의해 무신론적 실존주의(Existentialism)가 유럽을 강타하게 되었다.[7]

구약에 나타난 인격적인 하나님에 관한 증명은 참 하나님과 거짓 우상주의 신들과의 대립을 통해 나타나고 있다. 물론 신약에 들어와서도 같은 형태의 대립적 관계를 구약과의 연장 선상에서 인격적인 삼위일체 하나님을 논증하고 있다. 그러나 중세 교회는 스콜라주의(Scholasticism)를 기반으로 하여 이성적 신 존재 증명에 초점을 맞추고 있었다. 중세의 교회 권위주의 정치체제 아래에서는 하나님의 존재 증명까지도 교황의 권위에 의해 결정되었다. 16세기 종교개혁 이후 구약의 신정정치(神政政治, Theocracy) 제도를 답습하지 않은 정교분리(政敎分離, Separation of State and Church)의 전초전을 일으키면서 교회가 제왕들을 대항하여 대립과 협력 관계를 유지해 왔다. 그 와중에 하나님 존재에 관한 논증은

---

7) 여러 철학 서적들을 참고하여 요약한 사신주의(死神主義) 철학의 두 철학자들을 소개하면 다음과 같다. 니체(1844-1900, Friedrich Wilhelm Nietsche)는 많은 저작을 남겼으나 그 저술들이 당시의 사람들로부터 외면을 당했다. 평생을 여러 가지 병과 싸우며 살았고 1889년 1월 정신 착란증을 일으켜 모친과 여동생의 간호를 받으며 여생을 마쳤다. 그의 사상은 근대 유럽의 정신적 위기를 "기독교적 신은 죽었다." 라는 발상에 기초하여 사상적 공백상태(Nihilismus)를 새로운 가치창조로 전환시키려는 의도라고 정의할 수 있다. 이러한 사상은 현대 허무주의를 배경으로 하는 실존주의(Existentialism)의 선구자 역할을 하게 되었다.
　　뒤를 이어 20세기 초엽에 나타난 사르트르(1905-1980, Jean Paul Sartre)는 무신론적 실존주의의 중심인물이 되었는데 헤겔(Hegel), 키엘케골(S. A. Kierkegaard), 하이데거(M. Heidegger)등의 영향을 강하게 받았다. 그는 만물의 존재를 규명함에 있어 근원적 존재인 신을 배제시킴으로 신에 대한 무 존재 자체를 존재의 개념으로 규정했다. 즉 신에 대한 존재를 인간의 존재 속에 끌어 들이는 것은 인간이 스스로 하나님이 되려고 하는 불가능한 이상에 불과하다고 주장했다.

스콜라주의(Scholasticism)적 요소를 바탕에 깔고 있었다. 세속철학과 종교의 이념을 합리적으로 해석하려는 스콜라주의(Scholasticism)의 원조는 헬라철학이다. 거기에는 아리스토텔레스(Aristotle)의 논리적인 지적 개념(Noetic Idea)이 기초를 이루고 있다. 종교개혁 이후에는 교리적으로 하나님의 주권 사상과 인간 이성주의와의 대립을 보여주는 역사였다. 근대를 넘어 현대에 이르기까지 줄기를 잡을 수 없는 이성주의의 분리는 상상을 초월할 정도로 다양하게 형성하게 되어왔다. 이에 대한 파생으로 현대에 들어와 하나님의 존재에 대한 회의주의 철학이 나타나게 된 것이다. 그러나 백색주의는 성경에 기록된 대로의 인격적인 삼위일체 하나님의 존재와 사역을 지속적으로 신앙해 오면서 그 교리를 강조해 오고 있다. 그 신앙주의는 고백론으로 이어진다. 그 고백론은 인격적 삼위일체 하나님을 논증하는 것을 기본으로 하고 있다.

여기에서 우리가 생각을 요구하게 되는 것이 있다. 백색주의는 언제나 시대와 환경의 변화에 그리고 인간의 의지와 이성에 관계 없이 처음부터 동일한 노선을 걸어왔다. 그러나 회색주의와 흑색주의는 변화무쌍한 길을 걸어왔다. 항상 회색주의와 흑색주의는 공통분포를 형성하여 서로의 접촉점을 찾아 교류하며 지내왔다. 그 교류는 회색주의가 흑색주의로 변하고 흑색주의가 회색주의를 변질시키는 지조 없는 노선을 걸어왔다는 뜻이다. 그렇기 때문에 세속철학에서나 기타 종교에서 하나님의 존재를 말하면 회색주의 기독교 이념을 가진 자들은 거기에 귀를 기울이며 공통분포를 찾아 헤매게 된다. 그러나 세속철학에는 인격적인 삼위일체 하나님의 교제가 빠져있기 때문에 사실상 기독교와 공통분포를 형성하지 못하고 있는데도 불구하고 회색주의자들은 흑색주의자들과의 접촉점을 찾으려고 온갖 정성을 기울이고 있는 형편이다. 변증학적으로 백색주의 입장에서 볼 때 회색주의나 흑색주의는 동질성을 가진 입장으로 취급할 수밖에 없다. 역사적으로 볼 때 오히려 회색주의가 백색주의 기독교를 가장 괴롭힌 사상이었다. 하나님의 이름으로 참된 기독교인들을 수없이 박해한 사상이 바로 회색주의이다. 많은 순교자들은 흑색주의자들에 의해 주님께 생명을 바치기보다 오히려 회색주의자들에 의해 주님께 생명을 바치는 일이 더욱 많았다. 이제 여기에서 흑색주의를 포함한 회색주의 노선을 규명해 보자.

예수님께서 초림하시기 전 3대 철학자들을 빼놓을 수 없다. 그 이유는 그들의 사상이 기독교에 많은 영향을 끼쳤기 때문이다. 소크라테스(Socrates)는 지적 행동주의 이념에 기초하여 인간의 무지를 깨우치는 의미에서 "무지(無知)의 지(知)라는 의식에 관한 모순성의 자연인이야 말로 인간이 소유하고 있는 지성의 자기 부정을 의미한다."라고 주장함으로 인간의 본질을 파헤치려고 했다. 그러나 그는 인간의 자력으로 인간의 부패성을 알 수 있는 길을 제시하지 못했다. 소크라테스(Socrates)의 제자인 플라톤(Plato)은 이데아(Idea)론을 신의 개념과 연결시켜 범신론적 신관(神觀)을 주장하였다. 플라톤의 제자인 아리스토텔레스(Aristotle)는 철학에 관한 합리적 논리를 주장함으로 후에 헬라문화에 지대한 영향을 끼치게 되었을 뿐만 아니라 기독교 변증학(Christian Apologetics)에 많은 영향을 끼치게 되었다. 플라톤(Plato)의 이데아(Idea)론은 수직적 개념으로 하나님의 존재를 인식하는 데 많은 영향을 끼쳤으나 그의 범신론주의(Pantheism) 사상으로 인하여 인격적인 삼위일체 하나님의 인식론이 아닌 이교도 사상들이 교회에 들어오게 하는 역할을 하였다. 아리스토텔레스(Aristotle)의 논리학은 기독교 변증학에 많은 영향을 끼쳤는데 그 영향력은 후에 합리주의적 헬라주의에 기초를 둔 회색주의 변증학을 형성하도록 하였다. 나아가 로마 교조주의(Catholicism)의 뼈대를 형성한 스콜라주의(Schololasticism)의 원조가 되기도 했다. 이러한 사상은 회색주의 변증학을 교회에 도입시킴으로 성경을 전제로 하는 삼위일체 하나님의 인식론을 흐리게 하는 역할을 하였다.

　　신약 초대 교회가 형성되기 직전 예수님께서 활동하시던 당시 유대주의와 헬라주의를 기독교에 접목하려는 시도가 있었다. 이러한 시도는 기독교와 기타의 사상과 혼합형태의 종교를 만드는 운동이 벌어지게 하는 역할을 하였다. 이 운동에 주도적인 역할을 한 사람은 필로(Judeus Philo, BC20-AD40?)였다. 즉 플라톤(Plato)의 이데아(Idea) 사상과 헬라철학의 중요한 위치를 점하고 있었던 스토아(Stoic)주의가 주장하는 내재주의(Immanence) 신의 관념을 혼합하여 기독교와 접목을 시도하였다. 그 결과 유대주의 사상을 기독교와 혼합한 이단 사상인 에비온파(Ebionites)와 엘케사이파(El Kesaites)들이 나타났다. 헬라주의적 이단 사상은 그노시스(γνωσίς) 주의를 통해 교회로 침투해 들어왔다. 헬라주의가 교회에 침투해 들어옴으로 사도 교부들 이후 헬라 교부들인 이레네우스(Irenaeus), 알렉산드리아 클레멘트(Clement), 그리고 알렉산드리아 오리겐(Origen) 등은 헬라철학과 기독교 교리를 접목시킨 기독교 변증학(Christian Apologetics)을 전개하게 되었다.

중세 스콜라주의(Scholasticism)는 실제로 헬라주의 철학사상을 바탕에 깔고 있었으며 로마 교조주의(Catholicism)의 배경이 되었다. 그 사상은 회색주의 기독교 변증학의 배경이 되었다. 스콜라주의(Scholasticism) 사상을 형성하는데 공헌한 주요 인물들은 안셈(Anselm), 아퀴나스(Aquinas), 그리고 오캄(Occam) 등이다. 스콜라주의(Scholasticism)는 11세기 이후 종교개혁시대까지 로마 카톨릭의 신학사상을 지배하고 있었다. 이러한 사상은 종교개혁의 이념에까지 영향력을 행사하게 되었다. 에라스무스(Erasmus)가 기독교적 인문주의 사상에 물들어 있었던 이유가 바로 스콜라주의(Scholasticism)의 영향 때문이었다. 종교개혁자 루터(Luther)도 종교개혁 사상 안으로 인문주의가 들어올 수 있도록 뒷문을 열어놓은 것은 시대적 배경을 말해주는 한 가지 예라고 말할 수 있다. 하나님께서 루터(Luther)로 하여금 종교개혁의 문을 열게 해 주시고 뒷문의 단속을 잘하도록 칼빈(Calvin)을 세워 주신 것은 큰 섭리로 말할 수밖에 없다.

17세기로 넘어와 이성주의의 발흥이 시작되어 데카르트(Decartes), 스피노자(Spinoza), 라이프니츠(Leibniz), 그리고 파스칼(Pascal) 등이 등장하게 되었다. 18세기로 넘어와 이성주의의 꽃을 피우자는 경험주의(Empiricism)와 계몽주의(啓蒙主義, Enlightenment)가 등장하여 로크(John Locke), 흄(David Hume), 루소(Rousseau), 그리고 레싱(Lessing) 등이 나타나게 되었다. 19세기로 넘어오는 길목에서 칸트(Immanuel Kant)의 불가지론(不可知論, Agnosticism)이 등장함으로 철학계의 격동을 일으키는 축이 되었다. 뒤를 이어 슐라이어마허(Schleiermacher)의 절대의존감정(絶對依存感情, Feeling of Absolute Dependant)과 헤겔(Hegel)의 관념론(觀念論, Idea)이 나타나 기독교에 사상적 갈등을 부채질하였다. 그 여파로 하이데거(Heidegger)와 키엘케골(Kierkegaar)의 실존주의(實存主義, Existentialism)가 등장함으로 허무주의가 유럽과 미국을 강타하게 되었다. 이어 포이에르바하(Feuerbach)의 무신론적 불가지론(Agnosticism)이 등장하게 되었다. 이는 마르크스(Marx)의 변증법적(辨證法的, Dialectics) 유물론을 탄생시키는 근원이 되었다. 무신론적 불가지론(Agnosticism)은 유물론으로 이어지고 하나님을 부정하는 사상으로 이어지게 되어 니체(Nietzsche)의 사신주의(死神主義) 철학(哲學)이 등장하게 되었다. 또한 동시에 콩트(Conte)의 실증주의(Positivism), 밀(Mill)의 공리주의(Utilitarianism), 그리고 퍼스(Peirce)의 실용주의(Pragmatism)가 등장하여 신학과 철학이 현실의 실리주의(實利主義) 개념으로 변해 버렸다.

19세기 다윈(Darwin)의 진화론은 하나님의 실재(Reality)를 말살시키게 되었고 더불어 일어난 자연주의 사상은 자유주의가 마음대로 춤출 수 있는 무대를 제공하고 있었다. 이어서 복음서에 나타난 초자연적 요소를 제거한 신학 아닌 신학을 제시한 스트라우스(Strauss)와 르낭(Renan)이 등장하였고 이어 20세기를 넘어오기 전 기독교 사랑의 윤리주의를 최우선으로 하는 리츨(Ritschl)의 영향을 받은 트뢸치(Troeltsch)는 종교사학파(宗敎史學派, Religionsgeschichtliche Schule)를 제창하고 나와 역사교회가 쌓아온 교리에 대한 무용론을 주장하였고 교리 무용론과 불가지론(不可知論, Agnosticism)을 주장한 하르낙(Harnack)은 예수님의 육체적 초림을 부정하는 지경에 까지 이르렀다. 같은 종교사학파로 등장한 웰하우센(Wellhausen)은 성경의 영감론을 부정하는 고등비평가로 활약하기 시작했다. 뒤이어 등장한 슈바이처(Schweitzer)는 예수님의 역사적 사건에서 초자연적 요소를 제거해 버렸다. 또한 새로 등장한 양식비평(Form Criticism)과 문서설(文書說, Documentary Hypothesis)은 성경을 소설보다 못한 서적으로 전락시켜 버렸다.

20세기 현대신학으로 넘어오면 신학이 신학 아닌 적그리스도 사상으로 둔갑하여 신학의 이름으로 기독교를 파괴하는 일에 열을 올리기 시작했다. 현대신학에 있어 새로운 노선을 제공한 칼 발트(Karl Barth)는 실존주의(Existentialism) 철학의 영향을 받아 정체된 변증법을 통한 초월주의(超越主義, Transcendentalism) 신학을 주장하여 신정통주의(Neo Orthodoxianism) 신학자로 등장하게 되었다. 뒤를 이어 불트만(Bultmann)의 비신화론(Demythologization)이 나와 성경의 초자연적 역사를 신화적 내용으로 폄하시켜 그 사건들을 제거하자는 운동을 주도하였다. 더불어 몰트만(Moltmann)의 소망의 신학이 등장하여 과거의 역사성을 무시한 미래 종말론 획일주의를 강조하였다. 이러한 반기독교적 사상은 급진주의(急進主義, Radicalism)를 일으키게 되어 틸리히(Tillich)와 본회퍼(Bonhoeffer) 등의 사상으로 전수되어 기독교의 경전인 성경 파괴주의를 제창함으로 과정신학(Process Theology), 해방신학(Liberation Theology), 세속화 신학(Secular Theology), 사신신학(死神神學), 한국의 민중신학(民衆神學), 여성신학, 흑인신학, 축제의 신학, 놀기신학, 그리고 급진신학의 한 축을 담당한 북한의 주체사상까지 등장하였다. 20세기 말로 접어들면서 자유주의 신학으로부터 파생된 급진주의(Radicalism)는 갈 길을 헤매고 종교 혼합주의(Syncretism)에 기반을 둔 종교 다원주의(Pluralism)를 향해 줄달음치게 되어 뉴 에이지(New Age)운동을 양산해 내기까지 했다.

혹자는 회색주의와 흑색주의는 다르다고 말할 것이다. 겉으로 보기에는 확실히 다른 요소들이 있다. 그러나 근원을 캐면 질적 동질성을 가지고 있다. 회색주의는 하얀 색깔에 약간의 검정 색깔이 들어 있기 때문에 대부분 교리적으로 대수롭지 않게 생각할 수 있다. 그러나 백색주의를 주창하는 개혁파 신학에서 볼 때는 까만색의 바탕에 흰색이 가미된 것으로 생각할 수밖에 없다. 맑은 물에 약한 검정 잉크색이 들어 있기 때문에 약간은 그 물을 마실 수 있다고 생각하는 사람은 없을 것이다. 성경에 관한 전체적 교리를 무시하고 부분적 교리만을 강조하는 인간 이성을 강조하는 복음주의는 결국 회색주의로 변질되고 그 회색주의는 흑색주의로 변질되어 버리고 만 역사를 교회사가 증명해 주고 있다. 교회는 항상 회개를 무기로 삼아야 한다. 그 회개는 성경으로 돌아가기를 고대하는 교리적 회복운동이다. 그것이 교회를 정결하게 지키는 길이다. 그 작업이 백색주의 운동가들의 사명이다. 예수님의 재림 때까지 그 작업을 계속해야 한다. 교회는 항상 회색주의의 유혹이 달콤하게 접근해 오는데 익숙해져 있다. 회색주의 유혹은 교회를 사탄의 소굴로 이끌고 가는 원조이다.

2) 백색주의 노선

성경의 절대주의를 무시하면서 객관적인 신학을 신봉한다고 떠벌리는 사람들은 신학의 다양성을 강조한다. 그러나 개혁파 신학은 오직 한 가지 노선을 주장한다. 그것이 정통주의이다. 그것은 교회사적 신앙고백주의이다. 그것은 성경을 하나님의 말씀으로 신앙하는 노선이다. 그것은 고백된 신조를 사수하는 신학운동이다. 그것은 교회사적 교리주의이다. 간단하고 심오하다. 만약 개혁파 신학의 교리 즉 개혁파의 조직신학을 어렵다고 주장한다면 문제가 있는 목회자이다. 개혁파 교리는 성경을 이해하는 길잡이다. 개혁파 교리의 요리문답은 남녀노소를 불문하고 이해할 수 있도록 쉽게 정리되어 있다. 회색주의자들이 너무나 이상하고도 야릇한 말장난으로 성경 말씀을 설파하면서 하나님과 예수님을 신앙하도록 하는 논증을 사용하여 애매한 말들을 늘어놓기 때문에 개혁파 신학이 주장한 신앙고백서가 어렵게 느껴지는 것이다. 때로는 그들의 사악한 말장난을 방어하기 위해 기독교 변증학(Christian Apologetics)에서 그들이 사용하는 철학적 용어를 사용할 때 개혁파 변증학이 어려워 보이는 것이다. 성경 말씀을 설명하는 신앙고백의 교리는 간단하고, 체계적으로, 그리고 심오하게 정리되어 있기 때문에 아주 이해하기 쉽다. 성경을 하나님의 말씀으로, 예수그리스도를 구세주로, 그리고 삼위일체 하나님을 신앙하는 성도는 웨스트민스터(Westminster) 신앙고백서를 쉽게 이해하고 있다. 개혁파 교리를 통해 성경을 하나님의 말씀으로 신앙하면 어떠한 철학적 사상가도 신앙인을 꺾을 수 없다. 이단에 넘어가는 사람들을 보면 개혁파 교리를 제대로 인식하지 못하는 사람들임을 알 수 있다. 회색주의 이념에 의존하여 성경 교리를 부분적으로 집착하는 사람들이 이단 사설에 쉽게 넘어가는 것을 보게 되는데 그것은 회색주의가 변질된 신학이라는 한 가지 예를 대변해 주는 실증이다.

회색주의는 신학의 다양성을 강조한 나머지 상대방의 신학 사상에 대한 배려를 강조한다. 그러나 거기에는 신학의 객관성을 간직하기보다는 함정이 도사리고 있다. 그런데 우리가 명심할 것은 그 회색주의 주장들 가운데 객관적 통일성을 찾을 수 있는 성경 교리는 아무것도 없다는 것이다. 객관적 교리의 공통점이 있는 것처럼 보이지만 그 배경에는 세속철학과의 동질성을 강조하는 사상으로 빠져들어 가고 있는 것을 볼 수 있다. 2천년 교회사를 통해 수많은 회색주의가 나타났다 사라지곤 했다. 한 가지 통일된 사상이 있다면 그것은 인간의 이성과 경험을 주요한 원리로 삼고 있다는 것뿐이다. 그러나 인간의 이성주의도 경험주의도 각자 인간의 주관주의에서 나왔기 때문에 객관성이 결여되어 있어 신뢰할 수 없다. 오직 하나님의 말씀인 성경만이 종말이 올 때까지 객관성을 소유하고 있는 계시이다.

그렇기 때문에 백색주의는 회색주의나 흑색주의에 비해 교리가 단순하며, 깨끗하고, 심오하고, 그리고 정확하다. 개혁파 조직신학이 어렵다고 말하는 것은 성경 교리를 신앙하지 못한다는 증거이다. 백색주의 기독교 변증학(Christian Apologetics)의 입장에서 교회사에 나타난 인물들을 나열해 보면 그들의 신학이 일관된 공통점을 가지고 있다는 것을 알 수 있다. 회색주의 기독교는 시대에 따라 각기 다른 사상의 옷을 입고 기독교에 세속철학을 가미했기 때문에 기독교를 도전해 오는 사상에 대하여 도전에 대한 응전이 공통분포(Common Ground)로 나타날 뿐이다. 그러므로 개혁파 신학은 교리사적 정통을 유지하여 성경이 말씀하는 기독교 교리의 원리를 제공하기 때문에 기독교 변증에 있어 신앙고백주의 노선을 유지하고 있다.

기독교 변증학(Christian Apologetics)에서 백색주의 인물을 나열하면 구약의 모세와 선지자들, 신약의 사도들, 사도적 교부들인 로마의 클레멘트(Clement), 익나티우스(Ignatius), 폴리캅(Polycarp), 교부들의 변증가로서 저스틴(Justin), 아테나고라스(Athenagoras) 정통주의 교리를 정립하는데 공헌한 교부들로 터툴리안(Tertullian), 키프리안(Cyprian), 중세의 정통신학을 지배했던 어거스틴(Augustine), 종교개혁의 터를 닦은 위클립(Wycliffe)과 후쓰(Huss), 종교개혁자 루터(Luther), 쥬잉글리(Zwingli), 칼빈(Calvin), 17세기 정통신학을 정립한 프랜시스 튜레틴(Francis Turretin), 18세기 프린스톤 신학의 기초를 세운 아키발드 알렉산더(Archibald Alexander), 19세기 3대 칼빈주의 신학자인 아브라함 카이퍼(Abraham Kuyper), 벤자민 워필드(Benjamin Warfield), 허만 바빙크(Herman Bavinck), 20세기 개혁파 신학의 선구자 그레샴 메이첸

(Gresham Machen), 조직신학자 루이스 벌코프(Louis Berkhof), 변증신학자 코넬리우스 밴틸(Cornelius Van Til), 한국 개혁파 신학의 주자 박형룡, 박윤선 등으로 이어진다.

위에 나열한 인물들의 신학을 구체적으로 점검해 보면 때로는 그 시대의 영향 때문에 어느 부분에 있어서는 시대적 관점에 의지하여 교리를 전개한 부분도 가끔 발견된다. 예를 들면 칼빈(Calvin)의 신학은 로마 교조주의(Catholicism) 사상을 공격하는데 많은 부분을 할애한 것을 보게 된다. 그러나 그러한 칼빈(Calvin)의 신학이 문제가 있는 것으로 생각해서는 안 된다. 칼빈(Calvin)이 주장한 교리의 노선이 교회사의 신앙 고백주의를 바탕으로 전개되었다는데 관점을 두어야 한다. 특히 고대 신조가 형성되기 이전에 변증 신학자들의 교리를 보면 부분적으로 미완성의 요소들이 발견된다. 그러나 그 미완성의 부분적인 요소들이 있음에도 불구하고 전체적인 교리의 조정을 통하여 고대 신조를 형성하였고 그 고대 신조의 틀을 기초로 하여 종교개혁의 신조들을 구성하게 되었다. 그러므로 개혁파 신앙고백은 사도신조의 확대해석이라고 말해도 과언이 아니다. 성경적 신학의 기초는 사도신조를 기본의 틀로 하고 있으며 또 그렇게 되어야 바른 신학이라 말할 수 있다.

개혁파 신학이 주장하는 교회사적 신앙 고백주의는 어떤 신조들을 그 기본 틀로 하고 있는가? 가 중요하다. 그 신조들은 고대 신조인 사도신조(Apostles Creed), 니케아(Nicaea) 신조, 니케아 콘스탄티노플(Nicaea Constantinople) 신조, 칼케돈(Chalcedon) 신조, 그리고 아타나시우스(Athanasius) 신조이다. 그리고 종교개혁 신조로 넘어와 제네바 교리서(The Catechism of Geneva), 스코틀랜드 신앙고백서(The Scotch Confession), 벨직 신앙고백서(The Belgic Confession), 하이델베르그 교리문답(The Heidelberg Catechism), 제1, 제2 스위스 신앙고백서(The First and Second Helvetic Confession), 도르트 신조(The Canons of Dort), 그리고 웨스트민스터 신앙고백서(The Westminster Confession)이다.

개혁파 신학은 성경을 신앙과 생활의 제1의 규준으로, 신앙고백서를 제2의 규준으로 삼는다. 교회사를 보면 이성주의자들, 자유주의자들, 그리고 기타 이교도들이 교회를 파괴하려는 작전을 시도할 때 먼저 신앙고백서를 시비하고 나섰다. 그들은 성경을 하나님의 말씀이라고 말하면서 또 다른 교묘한 말들을 늘어놓고 철학적 이념과 사회적 개념들을 개입시켜 성경을 난도질 하였다. 사악한 그들의 전술은 먼저 신앙고백서를 시비 걸고 들어 왔으며 그 후에 성경을 누구보다 강조하면서 성경의 부분적인 요소만을 들고나와 전체적인 것처럼 확대 해석하였다. 회색주의는 부분적인 교리를 전체적으로 확대하여 비성경적인 요소들을 개입시켜 전개한 것을 볼 수 있다. 그리고 종국에 가서는 성경의 영감론을 부정하기에 이르렀다. 그러나 백색주의는 시대가 변하고 인물들이 변할지라도 하나님의 말씀인 성경에 대한 신앙고백을 변함없이 지켜오고 있다. 그렇기 때문에 기독교 변증학은 백색주의 교회사적 신앙 고백주의를 변호하는 학문이라고 말할 수 있다.

3) 여러 변증 신학자들의 노선

종교개혁 이후 정통 개혁파 신학을 주도했던 17세기 튜레틴(Tureetine)과 18세기 아키발드(Archibald)의 활약에도 불구하고 기독교 변증학(Christian Apologetics)의 노선에 있어서는 개혁파 신학이 회색주의를 벗어나지 못하고 고전적(Classical) 변증학의 개념을 벗어나지 못하고 있었다. 19세기 정통 개혁파 신학 안에서도 사실상 거의 일치하게 회색주의 노선을 벗어나지 못하고 있었다. 그런데 19세기 프린스턴(Princeton) 신학의 노선이 스코틀랜드(Scotland)의 상식철학(Common Philosophy)을 신학의 방법론으로 도입한 후 기독교 변증학(Christian Apologetics)을 전개하는 데 있어 약간의 변화가 찾아오기 시작했다. 공동인식(共同認識)이라는 개념을 신학의 인식론(Epistemology)으로 받아들이기 시작한 미국의 프린스턴(Princeton) 신학은 합리적 개념의 인식론(Epistemology)에 강조점을 두기 시작했다. 신앙 인식의 합리적 개념을 무시하고 무조건 믿을 것을 강요하는 신앙주의를 무식한 신학으로 치부하였다. 당시 개혁파 신학자로서 합리적 개념을 중요시하였던 신학자는 찰스 하지(Charles Hodge)였고 성경의 원리적 고백주의를 더 중요시하는 신학자는 벤자민 워필드(Benjamin Warfield)였다. 20세기 초 프린스턴(Princeton) 신학이 좌경 되기 시작한 원인은 신학의 방법론으로 채택된 상식철학(Common Philosophy)이 그 뿌리가 되었다고 볼 수 있다. 상식철학(Common Philosophy)의 뿌리를 좀 더 깊이 파고 들어가면 그 사상의 저변에는 보편실재론(Universal Realism)이 깔려있다.[8] 보편실재론(Universal Realism)의 저변에는 중세 스콜라주의(Scholasticism) 철학이 깔려있다.

프린스턴(Princeton) 신학이 좌경되기 시작한 20세기 초엽 메이첸(G. Machen)박사는 역사적 신앙 고백주의를 옹호하는 변증학을 주장하고 나왔다. 그 뒤를 이어 밴틸(Van Til) 박사는 성경의 전제주의(Presuppositionalism)를 주장함과 동시에 신앙고백주의를 옹호하는 기독교 변증학(Christian Apologetics)을 주창하여 상식철학(Common Philosophy)의 개념을 신학의 인식론으로 도입하는 방법론을 격파하게 되었다. 밴틸(Van Til) 박사는 인격적인 하나님의 존재를 인식하는 데 있어 성경이 전제(前提, Presupposition)가 돼야 한다고 강조하였다. 기독교의 진리체계를 바로 세우고 방어하기 위해서는 성경의 전제를 떠나서는 불가능하다는 주장이다. 그의 기독교 변증학(Christian Apologetics)을 자세히 살펴보면 세속철학을 통해서는 성경이 말씀하는 전제의 개념을 이해할 수 없다는 것을 시사하고 있다. 그 이유는 세속철학의 개념은 어떤 경우에든지 절대적 전제를 인식의 원리에서 배제하고 있기 때문이다. 그렇기 때문에 세속철학의 인식론을 방법론으로 채택하여 성경 말씀과의 접촉점을 형성하는 기독교 변증학은 성립될 수가 없다는 주장이다. 세속철학의 개념을 통하여 성경의 전제론(Presupposition)을 이해할 수 있는 길은 없다는 말이다. 그가 주장하는 기독교 변증학을 살펴보면 철저하게 성경과 교회사적 신앙 고백주의에 입각하여 기독교를 변호하고 있다. 그의 전제주의(前提主義, Presuppositionalism)

---

8) 보편 실재론(Universal Realism)은 인식의 대상이 우리가 가지고 있는 인식작용의 주관적 관점으로부터 독립하여 존재한다는 실재론(Realism)이다. 보편적 즉 우주적(Universal) 관점이란 의미는 객관적 파악에 의해서만 인식이 성립한다는 주장이다. 중세철학의 스콜라주의 (Scholasticism) 가운데 두 가지의 주장이 있는데 하나는 실재론(實在論, Realism)이며 또 하나는 유명론(有名論, Nominalism)이 있다. 유명론의 관점은 "보편이 개물(個物)의 뒤에 존재하는 하나의 이름뿐이다."라는 사상이다.

는 근거 없이 무조건 성경 신앙만을 강조하는 신앙주의(Fideism)라고 생각하면 큰 오해를 불러일으킨다. 그의 기독교 변증학(Christian Apologetics)은 대전 제를 말할 때는 성경 계시주의에 입각한 변증학이다. 나아가 교회사적 입장에 서 보면 역사적 신앙 고백주의를 전제하고 있다. 또한 교리학적으로 보면 어거 스틴(Augustine), 칼빈(Calvin), 그리고 카이퍼(A. Kuyper)로 이어지는 철저한 개혁파 신학자들의 노선을 따르고 있다. 밴틸(Van Til) 박사의 전제론(前提論, Presupposition)은 어느 한 사람의 신학적 표출 또는 일시적인 교리에 의존하 지 않고 개혁파 신학이 주장하는 교회사적, 전체적, 구체적, 그리고 체계적 계시 의존주의 사상에 기초를 두고 있다.

개혁파 신학은 철저하게 계시 의존주의 사상을 신학의 기초로 삼고 있다. 그 계시 의존주의 사상은 교회사적으로 신앙 고백주의를 신학으로 연결시키고 있 다. 그런데 교회사적으로 볼 때 종교개혁 이후 20세기 이전까지 기독교 변증학 (Christian Apologetics)은 그 노선에 있어 신앙 고백주의 노선과는 다른 회색 주의의 길을 따라왔다. 즉 교리학에 있어서는 계시 의존주의 신학에 따라 정통주 의 노선을 지켜 왔으나 기독교 변증학(Christian Apologetics)에 있어서는 회 색주의 노선을 따라왔다. 그 노선은 19세기 프린스턴(Princeton) 신학이 헬라 주의 철학과 연관된 상식철학(Common Philosophy)을 기독교 변증학의 방법 론으로 채택하였다는 데서 그 근원을 찾을 수 있다. 즉 프린스톤(Princeton) 신 학이 20세기 이전까지 교리학에 있어서는 개혁파 정통신학을 유지해 오면서 한 편으로는 합리주의에 입각한 고전주의 기독교 변증학(Classical Apologetics) 을 도입하고 있었다. 이러한 회색주의 변증학의 노선은 언제인가 신학적 타락을 유발할 수 있다는 것을 말해준다. 결국 20세기를 넘어와 프린스턴은 신학적 타 락을 가져왔다.

이제 우리는 조셉 버틀러(Joseph Butler)[9]의 종교 유비론(Analogy of Re-

---

9) 조셉 버틀러는 18세기(1692-1752) 회색주의 변증신학자로서 최고 정상에 올라있었다. 1718 년 영국 국교인 성공회의 신부가 되었고 후에는 수석 참사회원으로 또한 주교로 활약하였다. 그 의 인격은 남의 실수에 대해 관대하며, 부끄러움을 타고, 내성적이며, 예민한 성격의 소유자이 며, 그리고 독서보다 사색을 좋아하는 성격의 소유자였다. 평생을 독신으로 살면서 당시에 그는

ligion)을 통해 회색주의 변증학을 탐구해 봄으로 19세기까지 계시 의존주의 변증학이 빈곤 상태에 머물러 있었음을 알게 될 것이다. 버틀러(J. Butler)의 종교 유비론(Analogy of Religion)을 살펴보면 자연주의 종교를 자연의 구성과 과정에 대입하여 유비적(Analogical)으로 분석하고 있다. 이는 자연주의 종교를 역사적 종교개념으로 이해하려는 의도가 엿보인다. 하나님의 존재를 역사적 (Historical) 종교 즉 일반적 종교의 개념으로 입증하려는 것으로 볼 수밖에 없다. 버틀러(Butler)가 이신론(理神論, Deism)을 공격할 때 "내재적 하나님보다 초월의 하나님을 주장하는 이신론 주의자들(Deists)에 대한 해답이 바로 기독교 변증학이다."라고 주장함으로 하나님의 존재를 역사 속으로 끌어내리는 오늘날 과정신학(Process Theology)의 할아버지가 되고 말았다. 이는 극단적인 방법으로 이신론(理神論, Deism)을 공격한 나머지 자연주의 종교를 역사적 종교개념과 일치시키는 우를 범하고 만 것이다. 하나님, 자연주의 종교, 그리고 역사적 종교개념에 있어 공통점을 찾으려고 하였다. 자연의 구성과 과정을 계시종교에 대입하여 유비(劉備, Analogy)적으로 분석하려는 의도는 다분히 하나님의 존재를 자연주의 종교를 통해 입증하려는 것으로 볼 수밖에 없다.

성경은 언제나 하나님의 존재와 그 인격에 있어 연관성과 독자성을 주장하고 있다. 삼위일체 하나님의 존재는 그 인격과 동일 선상에서 이해되어야 한다. 하나님의 존재를 무시하고 그분의 인격을 이해할 수 없으며 그분의 인격을 이해하지 못하고 그 존재를 인식할 수 없다. 그러므로 인간이 인격적인 하나님을 인식하는 일에 있어 어떤 다른 유비적(劉備的, Analogical) 증명을 요구하지 않는다. 그런데 혹자는 "만약 하나님의 존재증명에 있어 하나님의 인격과 연관성을 소유하고 있는 존재의 독자성을 강조한다면 인간이 하나님을 인식할 수 있는 길은 없지 않은가?"라고 반문할 것이다. 그러나 성경은 분명히 대답하고 있다. 그 대답

감히 엄두도 낼 수 없는 이신론(理神論) 및 종교 부정론자들을 대항해 싸웠다. 당시 그러한 투쟁을 할 수 있다는 것은 대단한 용기였다. 그러나 그의 기독교 변증학(Christian Apologetics)이 결국에 가서는 다시 스콜라주의적(Scholastic) 회색주의를 벗어나지 못하고 말았다. 그것은 19세기 자연주의를 공격하고 나선 칼 발트(Karl Barth)가 후에 실존주의(Existentialism)와 통하는 초월주의(Transcendentalism) 신학으로 돌아간 것과 비슷한 양상이다.

은 "하나님의 존재에 있어서도 그 인격에 있어서도 하나님의 인식은 독자적이어야 한다." 라고 주장한다. 그 인식의 공작자는 성령님이시다. 인간의 전적 타락은 모든 영역을 점령하고 있다. 그것은 하나님에 대한 인식론에 있어서도 예외일 수 없다. 성경에 기록된 하나님은 인격적 교제의 하나님이다. 그러므로 인격적 하나님의 인식은 삼위일체 하나님을 인식하는 것이다. 그 인식은 위로부터 절대적으로 찾아오는 인식이지 인간으로부터 올라가는 인식이 아니다. 하나님께서는 자연주의 내지 역사주의적 유비(劉備, Analogy)를 통해 인식할 수 있는 존재가 아니다. 성경에서 말씀하는 하나님은 성령님의 사역에 의해 인격적으로 인식되는 존재이다. 오직 성령님의 단독 사역에 의해 삼위일체 하나님을 인격적으로 인식함으로 그 존재를 인식하는 것이다.

이제 19세기 이후 기독교를 변호하는 여러 기독교 변증신학자들의 입장을 간추려 소개하고 성경과 신앙고백에 입각한 기독교 변증학(Christian Apologetics)을 어떻게 정립할 것인가를 생각해 보려고 한다.

(1) 스프롤, 걸스트너, 린슬리(R.C. Sproul, John Gerstner, Arthur Lindsley)들이 주장하는 고전적인 변증학(Classical Apologetics)

이들은 전통적으로 내려온 합리주의적 기독교 변증학을 주장하는 자들이다. 헬라철학, 스콜라주의(Scholasticism) 등의 사상을 방법론으로 도입하는 기독교 변증학을 주장하는 자들이다. 이들은 밴틸(Van Til) 박사의 전제주의(Presuppositionalism) 변증학을 비판하는 부류로 미국 필라델피아 지역 리고니어 밸리(Ligonier Valley)에서 그들이 주장하는 학파의 모임을 가져 연구를 지속해 왔기 때문에 리고니어(Ligonier) 학파라고도 부른다. 이들은 스스로 기독교 교리를 변호함에 있어 **합리주의 개념을** 기독교 변증학의 방법론으로 도입하여야 할 것을 주장한다. 이들 스스로 고전적(Classical) 또는 전통적(Traditional) 기독교 변증학이 가장 합리적인 변증학이라고 주장한다. 그런데도 한국교회 안에 일부에서는 스프롤(R.C. Sproul)이 정통주의 신학자로 알려지고 있는데 대해 우려를 금치 못하는 바이다.

그들의 주장은 다음과 같다. 기독교 변증학(Christian Apologetics)은 기본적으로 철학적 개념을 떠나서 성립이 불가능한데도 밴틸(Van Til) 박사는 철학적 개념을 거절하여 이성의 활동영역을 배제하는 신앙주의로 떨어져 이성주의를 필요로 하여야 하는 기독교 변증학(Christian Apologetics)의 개념을 흐리게 한다고 주장한다. 이들은 밴틸(Van Til) 박사를 신앙주의(Fideism)자로 공격하면서 이성주의에 기초하고 있는 전통주의 변증학(Traditional Apologetics)을 주장하고 나섰다.[10]

그러나 그들은 자체 모순적인 기독교 변증학(Christian Apologetics)을 전개하고 있다. 한편으로는 세속주의를 비평하면서 또 한편으로는 하나님의 존재증명에 있어서는 세속철학이 주장하는 합리주의에 바탕을 둔 존재론적(Ontological), 우주론적(Cosmological), 목적론적(Teleological), 역사적(Historical), 그리고 도덕적(Moral) 신 존재증명을 하나님의 인식론으로 받아들이고 있다. 그러면서 성경에 기반을 둔 계시주의가 주장하는 하나님에 대한 존재 증명과의 일치점을 찾으려는 무모한 시도를 하고 있다. 그들이 주장하는 기독교 변증학(Christian Apologetics)이란 소위 "이성이냐? 비이성이냐?"에 강조점을 두고 있다. 그들은 기독교에 대한 이성적 변호가 바로 기독교 변증학이라고 주장한다. 물론 그들도 기독교인은 기본적으로 기독교에 대한 기초적 신앙이 확실하게 형성돼야 한다고 주장한다. 거기에다 믿음에 대하여 이성이 가미되어야 한다고 주장한다. 즉 "믿음은 이성과 혼동을 일으켜서는 안 된다. 또한 이성과 분리되어서도 안 된다. 합당한 이성에 의한 기독교 변호가 바로 변증학이다."[11] 라고 주장한다.

그러나 우리가 개혁파 신학의 입장에서 생각할 것은 기독교인이 하나님 즉 인격적인 삼위일체의 하나님을 인식하는 매개체는 이성이냐? 이성을 넘어 믿음이냐? 의 개념으로 규정지을 수 없다는 것이다. 삼위일체 하나님을 인식하는 인격적 교제는 성령님께서 죄인의 인격에 속해 있는 이성, 감성, 그리고 의지까지 동

---

10) R.C. Sproul, John Gerstner, Arthur Linsley, Classical Apologetics, (Academic Books, Grand Rapids, Zondervan Publishing House, 1984), pp.184-185.

11) Ibid, pp.93-136.

원하여 그분의 뜻대로 인식의 영역 안으로 이끌고 들어오는 사역이기 때문이다. 인간의 이성에 의존하여 삼위일체 하나님을 인식할 수 있다는 생각 그 자체가 문제가 있다. 이는 이해 불가능한 개념과 이해 가능한 개념 사이의 접촉점(Point of Contact)이 없는데도 불구하고 인식에 대한 가능성의 영역을 주장하고 있는 셈이다. 이해 영역이 다른 개념을 통해서는 인격적인 하나님의 인식에 도달할 수 없는데도 가능하다는 억지 주장을 하고 있다. 이성은 언제나 인간의 편협한 주관적 개념에 한정되어 있기 때문에 전지전능(全知全能, Omniscience and Omnipotence)의 하나님을 인간의 의지에 따라 인격적으로 알 수 있다는 것은 전혀 불가능한 일이다. 하나님을 인식하는데 이성이 요구된다는 말은 성령님께서 이성을 주도할 때만 가능한 말이다. 사실상 세속철학의 이성주의를 통한 하나님의 인식은 오직 하나님의 존재개념만을 말할 뿐이다. 하나님을 성령님의 사역에 의한 인격적으로 인식하는 개념이 아니다.

(2) 에드워드 카넬(Edward John Carnell)

카넬(Carnell)은 20세기 초엽 북미의 근본주의(Fundamentalism) 신학이 복음주의로 변하는 과정에서 근본주의 신학이 보수주의 신학을 대변할 수 없다고 주장함으로 신복음주의적 좌파의 경향으로 기울어진 신학자였다. 그가 주장한 신학의 배경에는 극우적인 근본주의(Fundamentalism) 신학에 대한 회의적인 요소를 깔고 있었다. 즉 사회와 문화를 배격하는 이원론(Dualism)에 대한 회의적인 요소가 깔려 있었다. 그 결과 그는 신복음주의적 좌파 경향성으로 기울어진 신학자가 되었다. 그는 풀러 신학교(Fuller Theological Seminary) 교수로 재직할 때 기독교 변증학(Christian Apologetics)을 전개했는데 **신학적 지식의 방법론**을 우선으로 선택해야 한다고 주창하였다. 그의 저서 "기독교 변증학 개론 및 기독교인의 사명(An Introduction to Christian Apologetics and Christian Commitment An Apologetics)"에 기술된 대로 이성에 기초한 주관주의 신학을 기본으로 하여 기독교 변증학을 전개해야 한다고 주장하고 있다. 개혁파 신학의 기독교 변증학이 주장하는 인격적 삼위일체 하나님의 존재와 그에 따르는 객관적 신앙고백의 교리를 우선으로 하는 원리를 벗어나 주관주의적 신앙인식에 초점을 맞추고 있다. 주로 주관주의를 강조하는 복음주의에 초점을 맞추고 있다. 즉 카넬(Carnell)은 구원론을 중심으로 죄의 인식, 율법과 회개, 그리고 하나님의 사랑과 공의 등에 기초를 두고 있는 주관주의적 신학에 기초를 둔 기독교 변증학(Christian Apologetics)을 전개 하고 있다.

그는 기독교 변증학(Christian Apologetics)의 임무에 대해 하나님에 관한 정확한 증거를 제시하는 사명을 격하시키는 말을 했다. 즉 회색주의적 타협점을 선호하는 기독교 변증학(Christian Apologetics)을 전개하고 있다. 그의 저서 "기독교인의 사명 변증학(Christian Commitment An Apologetics)"의 서문에서 기독교 변증학의 개념을 다음과 같이 정의하였다. "기독교 변증학이란 조직신학의 한 부분으로 '기독교가 왜 진리인가?'를 보여주는 학문이다. 변증학의 임무는 자연과학적 학문이라기보다 인문과학적 학문성이 더 강하다. 기독교 신앙을 방어하는 일에는 사무적(Official)이거나 판사와 같은 심판관이 되어서는 안 된다."[12] 라고 주장했다. 그러한 주장의 배후에는 회색주의가 자리 잡고 있다는 증거이다. 기독교 변증학은 성경과 교회사적 신앙고백에 따라 정확한 판단을 내려야 하는 학문인데도 자연과학과 인문과학의 비교론을 통해 심판관의 입장을 벗어나야 할 것을 강조하고 있다. 인간의 의지를 강조하는 복음주의를 통해 하나님에 관한 인식을 찾아가는 사람들의 입장을 옹호하고 있다. 그 결과 카넬(Carnell)은 버틀러(Butler)의 내재주의(Immanence) 신 존재 증명을 선호하는 입장에 서게 되었다.

카넬(Carnell)의 신학을 분석해 보면 그의 글에 나타난 대로 인간이성을 강조하는 복음주의적 주관주의 신앙을 강조하고 있다는 것을 알 수 있다. "기독교가 진리임을 보여주는 것이 변증학의 임무이다." 라는 그의 말은 옳다. 한편 그의 기독교 변증학(Christian Apologetics)을 논할 때 고전적(Classical) 입장에서 탈피하려는 노력도 엿보인다. 전통적 변증학(Traditional Apologetics)이 다루고 있는 귀납적(Inductive) 방법론을 배격하려고 노력한 점이 그것을 증명해 주고

---

12) Edward John Carnell, Christian Commitment An Apologetics, (New York, The Macmillan Company, 1957), p.7.

있다. 그러나 그 외의 기독교 변증학적 방법론에 있어서는 전통주의(Tradition-alism)의 주장을 답습하고 있다. 결국 고전적 즉 전통적 변증학을 벗어나지 못하고 말았다. 카넬(Carnell)과 리처드슨(Richardson)의 변증학적 관계에 있어 서로 공통점이 있다는 증거를 내세운 밴틸(Van Til) 박사는 "카넬(Carnell)과 리처드슨(Richardson)이 도입하고 있는 고전적 변증학(Classical Apologetics)의 방법론은 타당성 있는 논증을 제시하지 못하고 있다. 리처드슨(Richardson)이 주장하는 여러 종류의 통일성을 인정하는 한, 카넬(Carnell) 자신이 신앙하는 기독교의 특수한 사건과 사실을 포기하는 결과가 된다. 한편으로 리처드슨(Richardson)이 신앙하는 기독교의 사건들과 사실들을 수납하고 신앙할 때 개혁파 정통주의(Orthodox) 신앙인이 신앙하는 통일성을 포기하는 결과를 가져오게 된다."[13] 라고 주장했다.

기독교 변증학(Christian Apologetics)은 기독교의 절대성을 강조하지 않으면 성립이 불가능하다. 사무적이거나 심판적인 사역 이상의 절대성을 강조해야 기독교 변증학이 성립된다. 타협점을 찾아 설득의 작업을 통한 기독교의 사명을 주장하게 될 때 기독교의 본질을 저버리게 되는 방향으로 전환 된다. 기독교 변증학적 복음 전도는 기독교의 객관적 진리를 절대화해야 한다. 기독교의 절대 진리를 객관화 하지 못할 때 결국 그 진리는 주관주의에 고착되어 버리고 만다. 이는 주관주의적 이성이나 경험에 의존한 기독교 변증학으로 떨어져 버리게 된다는 말이다. 그렇게 되면 역사적으로 고백한 객관적 신앙고백이 무너지게 된다. 나아가 객관적 진리를 명시하는 성경의 명제적 신앙문서를 부정하게 된다.

(3) 알렌 리처드슨 (Alan Richardson)

리처드슨(Richardson)은 1905년 영국 태생으로 근대 자유주의자들은 물론 발트(Karl Barth)의 잘못된 신학을 지적하였다. 그는 계시우선주의 변증신학자로서 계시와 이성의 사이에서 접촉점(Poing of Contact)의 가능성을 시도하는

---

13) Cornelius Van Til, The Defense of the Faith, (Presbyterian and Reformed Publishing Co, Phillipsburg, New Jersey, 1980), p.206.

자들을 비평하였다. 권위와 이성의 관계에 있어 믿음이 이성보다 우선한다고 주장하였다. 즉 믿음에 의한 계시우선주의 변증학을 주장하였다. 교회사적 신앙고백주의 신학을 강하게 주장하지는 않았으나 세속철학, 경험주의, 일반 과학, 그리고 일반 역사주의 관점을 공격하면서 계시적 입장에서의 변증학을 강조하였다. 그는 공격으로서의 변증학 보다 방어로서의 계시론적 변증학을 더 강하게 주장하고 있다. 그는 "변증학의 기본적인 임무는 방어에 있다. 변증학은 비 기독교인들에 대한 방어적 대답이다. 변증학이란 기독교 진리와 세속적인 사상과의 관계를 취급하는 학문이다. 모든 분야에 있어서 인간의 세속적 지식인 철학, 과학, 역사, 그리고 사회학 등을 계시적인 입장에서 취급하는 학문이다. 이는 현대주의 사상의 기조를 대항해 방어적으로 계시주의를 변증하는 학문이다. 나아가 신앙이란 진리와 함께 하는 것이며 변화에 따라 요동하는 것이 아니라는 것을 보여주는 것이다."[14] 라고 주장하였다.

리처드슨(Richardson)의 기독교 변증학은 계시주의를 강조하는 입장이라고 명명할 수 있다. 방법론에 있어서는 현대주의 사상의 공격에 대항해 기독교 계시관을 방어 하는 입장이다. 그는 사건계시를 중요시하기 때문에 기독교에 나타난 특수한 사건들과 사실들을 신앙한다고 주장하였다. 그의 "신앙한다."는 요점은 현대주의의 기조를 이루고 있는 세속철학, 과학, 역사, 그리고 사회학을 통해 기독교 계시관을 공격해 올 때 성경의 사건계시를 방어하는 입장이다. 어떤 의미에서 성경을 전제로 하는 밴틸(Van Til) 박사와 통하는 점이 있으나 변증학의 범위에 있어서는 밴틸 박사보다 광범위하지 못한 점이 있다고 봐야 할 것이다. 기독교 변증학(Christian Apologetics)을 기독교 계시관을 방어하는 입장에만 한정하고 있기 때문이다. 밴틸(Van Til) 박사는 변증학의 범위에 있어 하나님의 존재, 기독교 윤리, 그리고 일반 은총까지 포함하여 광범위하게 기독교 변증학을 전개하고 있다. 밴틸(Van Til) 박사의 뒤를 이은 프레임(John Frame) 교수는 변증학의 범위를 방어는 물론 상대의 비신앙적인 요소를 역공하고 나아가 지적 전도에 까지 범위를 확대하고 있다. 즉 기독교 변증학은 전도에 있어 지적 소총부

---

14) Alan Richardson, Christian Apologetics, (New York and London, Harper & Brothers, 1947), p.19.

대 역할까지 감당해야 한다는 주장이다. 그러나 리처드슨(Richardson)은 현대주의의 공격에 대해 사건계시에 의한 방어적 역할을 강조하는데 초점을 두고 있는 변증신학자이다.

(4) 놀만 가이슬러(Norman Geisler)

이성주의 또는 합리주의적 기독교 변증학을 전개하는 가이슬러(Geisler)는 "기독교적 내용뿐만 아니라 비기독교적 내용을 포함한 세계관에 대한 진리검증을 기독교 변증학의 범위로 생각하고 있다. 한편으로는 유신론 검증에 있어 철학적 세계관이 진리를 검증하는 방법론에 문제가 있기 때문에 부적절하다고 주장하였다. 이 문제를 극복하기 위해 한 단계 전진하여 진리검증을 다양한 세계에 적용하여 유신론을 검증하는 것이 유용하다고 주장하였다. 또 한편으로는 같은 유신론을 주장한다 할지라도 참된 유신론적 세계관에 관한 진리는 예수님의 신성과 성경의 권위만을 의지할 때 입증된다고 주장하였다."[15] 그러면서 한편으로 그는 기독교 변증학(Christian Apologetics)의 범위를 너무 넓게 정하고 있기 때문에 방법론 적용에 있어 세속철학의 개념과 신학적 개념을 동일하게 사용하여 적용하기까지 하였다. 한 가지 예로 "합리주의 변증신학의 방법론 자들을 규정함에 있어 이성주의 철학자들인 데카르트(Descartes), 스피노자(Spinoza), 라이프니츠(Leibniz), 그리고 합리주의를 강조하는 개혁파 신학자로 볼 수 있는 클락(Gordon Clark) 등을 한 범주 안에 포함 시키고 있다."[16]

여기서 그의 기독교 변증학(Christian Apologetics)에 관한 개념정의를 살펴보면 방법론 도입에 문제가 있다고 말할 수밖에 없다. 가이슬러(Geisler)가 "철학적 세계관이 진리를 검증하는 방법론에 문제가 있다." 라고 주장한 반면 "진리검증을 다양한 세계에 적용할 것"을 주장한 것은 자체 모순을 일으키고 있다. 최종적인 진리 검증인, 특히 기독교 변증학(Christian Apologetics)에서 인격적인

---

15) Norman Geisler, Christian Apologetics, (Baker Book House, Grand Rapids, Michigan, 1976), p.368.

16) Ibid, pp.30-37.

하나님의 존재증명은 성경의 계시주의로 들어가지 아니하면 검증 자체가 불가능한 것이다. 여기에 나타난 가이슬러(Geisler)의 문제점은 진리검증에 대한 객관주의를 추구하고 있지만 절대 진리를 전제하지 않은 객관주의는 아무리 다양성을 추구해도 검증 자체가 불가능하다는 것을 간과하고 있다. 하나님의 존재를 물리학적으로, 문학적으로, 예술적으로, 그리고 우주과학에 의해 입증할 수 있다고 가정해 보자. 삼위일체의 인격을 소유하고 있는 하나님의 존재를 확실하게 증명할 수 있다고 보는가? 증명이 불가능한 일이다.

가이슬러(Geisler)의 기독교 변증학(Christian Apologetics)의 방법론을 살펴보면 부분적으로 고전주의 변증학(Classical Apologetics)을 수용하고 있다. 결론에 가서는 "예수님의 신성과 성경의 권위만을 의지할 때 유신론적 세계관에 관한 진리를 입증할 수 있다."[17] 라고 주장하고 있다. 그러한 주장은 단편적으로 볼 때 성경 전제주의와 통한다고 말할 수 있다. 그러나 그의 변증학의 방법론에 들어가 보면 세속철학의 세계관과 기타 다양한 세계관의 공통분포를 형성하려는 의도를 드러내고 있다. 개혁파가 주장하는 성경의 관점을 보면 하나님에 관한 진리검증에 있어 중립적 위치(Neutral Position)를 거절하고 있다. 변증학의 방법론에 있어 세속철학의 개념을 개입시키는 것을 거절하고 있다는 말이다. 기독교 변증학(Christian Apologetics)이 중립적 위치(Neutral Position)를 용납하게 될 경우 오직 혼돈만을 야기 시키기 때문이다. 가정해 보자. 구원의 하나님을 발견하기 위해 과학, 문학, 예술, 세속철학, 그리고 기타의 종교를 탐구하고 그 후에 기독교의 경전인 성경을 비교 대조하여 탐구할 때 기독교의 진리를 입증할 수 있단 말인가? 절대 아니다. 다양한 세계관을 거치지 않고도 기독교의 참된 진리를 입증할 수 있는 길은 하나님께서 인간에게 보여주신 성경계시를 통해서만 가능하다고 명시하고 있다(마13:22-23, 딤후3:16-17). 그 성경계시를 인식하는 길은 성경을 기록하신 성령님의 사역에 의해서만 가능하다. 기록하신 성령님께서 죄인의 심령 속에 하나님에 관한 인식의 공작을 건설할 때만 가능하다. 가이슬러(Geisler)는 예수님을 구세주로 인식하는 것과 성경을 하나님의 말씀으로 인식하는 것이 진리 인식의 중심으로 결론지었다. 물론 잘못 된 주장이 아니다. 그러

---

17) Ibid, pp.329,353.

나 이는 신론중심의 기독교 변증학(Christian Apologetics)이 아니다. 그의 기독론 중심의 변증학은 회색주의 변증학을 방법론으로 도입하는 문을 열어주는 방향으로 기울어지게 하고 있다. 그의 기독교 변증학(Christian Apologetics) 서문에 "성경과 역사적 신앙고백주의 입장에 입각하여 기독교 이외의 유신론 사상을 검토하고 지적한다는 내용은 찾아볼 수 없고 오히려 아퀴나스(Thomas Aquinas)의 스콜라주의(Scholasticism)의 사상을 어거스틴(Augustine)의 사상과 일맥상통하는 입장으로 변증학적 노선을 이해하려 하고 있다."[18] 이는 어거스틴(Augustine)의 신앙고백주의 신학을 회색주의 변증학에 편입시키려는 의도를 드러내고 있다는 말이다.

교회사의 신앙고백주의 신학은 언제나 성경계시의 전제에 다른 잡다한 사상을 개입 시키는 것을 배격한다. 역사적 신앙고백은 부분적인 신앙고백이라 할지라도 성경 전체와의 통일성 내지 일관성을 유지하도록 조직화 되어야 함을 강조한다. 교회사적 신앙고백은 역사교회의 검증을 거쳐 객관적 교리형성을 유지하도록 성경의 주제에 따라 전체적이며 체계적으로 교리를 구성해 왔다. 이 교리는 그 자체가 조직적으로 학문성을 내포하고 있다. 이것이 교리학이다. 객관성을 유지하기 위해 개인의 주관적 신앙고백이 우수할지라도 역사교회의 검증을 필요로 하여 학문적이며 조직적 체계화의 과정을 거쳐야 했다. 조직적 체계화의 과정을 거치게 됨으로 세속철학과 이교도들의 논박을 꺾을 수가 있다. 그렇기 때문에 고백주의 신학은 그 자체가 기독교 변증학(Christian Apologetics)을 포함하고 있다. 이 신앙고백 즉 교리는 역사적으로 외부의 잡다한 공격을 굴복시키는 작업을 게을리 하지 아니했다. 이 작업은 고백자들의 생명을 담보로 할 때가 허다했다. 그리고 교회를 바로 세우기 위한 잣대로 사용하였다. 교회를 정화하는 잣대이다. 이러한 고백주의 신학은 기독교 변증학의 입장에서 보면 다른 잡다한 논증을 필요로 하지 아니했다. 신앙고백 자체가 하나님의 실재(Reality)를 논증하고 있으며, 교리적 학문이 갖추어져 있으며, 그리고 기독교 변증학이 되어 왔다.

그러나 우리가 세속철학이나 이교도들의 사상을 연구해야할 이유가 있다. 사

---

18) Ibid, Preface.

실 그 연구는 기독교 교리를 인식하기 위해서는 아무런 도움이 되지 못할 뿐더러 전혀 불필요한 시간 낭비이다. 기독교 진리를 사수하는데 잡다한 사상을 도입하는 작업은 기독교 교리를 더욱 혼돈의 도가니 속으로 빠지게 할 뿐이다. 그러나 연구해야 할 이유는 그들이 우리의 참된 진리를 흐리게 하는 이상하고도 야릇한 논증을 가지고 교회의 저변으로 파고들기 때문이다. "종교는 다 같은데, 왜 예수님만 믿어야 구원 얻을 수 있는가? 하나님을 보여 달라, 그러면 믿겠다." 등등의 무지하고도 사악한 말들을 쏟아내고 있기 때문에 그들의 잘못된 사상을 연구하여 기독교 진리를 사수하며 그들의 잘못된 생각들을 역공하여 기독교화 시키는 작업이 필요하다. 여기에서 기독교 변증학(Christian Apologetics)이 중요한 위치를 차지하게 된다. 결국 기독교 변증학은 **성경을 전제로 한 역사적 신앙고백 사수주의로** 돌아가게 되고 그 신앙고백을 사수하기 위해서는 **계시의존주의**로 돌아가게 된다. 그런 의미에서 기독교 변증학은 전제(Presupposition)를 필로로 할 수 밖에 없다. 기독교 진리를 사수한다는 말은 절대적으로 성경의 전제 (Presupposition)를 필요로 한다는 말이다. 더불어 그 성경을 사수하기 위해서는 신앙고백이 뒷받침 되어야 한다.

(5) 코넬리우스 밴틸(Cornelius Van Til)

밴틸(Van Til) 박사의 신학적 배경은 구 프린스톤(Old Princeton)이다. 그러나 그의 기독교 변증학(Christian Apologetics)적 입장은 구 프린스톤(Old Princeton) 신학이 추구해 왔던 스코틀랜드(Scotland)의 공통인식에 기초를 둔 상식철학(Common Philosophy)을 방법론으로 적용하는 19세기 신칼빈주의 신학을 뛰어 넘어 새로운 전제주의 변증학(Presuppositional Apologetics)을 전개하였다. 19세기 당시 미국의 보수신학의 보루였던 프린스톤(Princeton) 신학교는 밀려오는 자연주의와 그의 반동으로 일어나는 신비주의를 격파하기 위해 신학적 수준을 높일 것을 요구 받고 있었다. 물론 당시의 프린스톤(Princeton) 신학은 역사적 신앙고백주의 개혁파 신학을 고수하고 있었다. 동시에 신학적 수준을 높이기 위한 방법으로 스코틀랜드(Scotland)의 공유적(公有的) 개념인 상식철학(Common Sense Philosophy)을 도입하고 있었다. 이 상식철학의 개념은 18세기 영국에서 인간이성을 높이는 계몽주의(啓蒙主義, Enlightenment)에 뿌리를 둔 사상이다. 이러한 계몽주의는 16세기 말부터 발흥하기 시작한 이성주의 철학의 영향을 받은 사상이다. 17세기에 이성주의를 극대화 시킨 철학자들은 데카르트(Decartes), 스피노자(Spinoza), 라이프니즈(Leibniz), 그리고 파스칼(Pascal)등이다. 이들의 영향을 받아 18세기에 이르러 이성주의의 꽃을 피운 계몽주의(Enlightenment)가 발흥하게 되었다.

사실상 이런 이성주의 철학은 중세의 스콜라주의(Scholasticism)에 뿌리를 두고 있다. 공유적(共有的) 개념의 상식철학(Common Philosophy)은 합리주의적 공통인식의 개념을 포함하고 있다. 그러나 상식철학(Common Philosophy)을 정의하자면 로크(John Locke)나 흄(David Hume)이 주장하는 연합개념(Association)의 철학에 대항하는 개념으로 정의해야 할 것이다. 즉 로크(Locke)는 경험주의적 관념론이, 그리고 흄(Hume)은 경험주의적 회의론이 그 주류를 이루고 있음에 반하여 공유적(共有的) 개념의 상식철학(Common Philosophy)은 공통적 상식을 인식의 원리로 삼고 있다. 공통적 상식을 진리의 원리로 삼아 상식의 이성을 강조한다. 이성은 논리적이어야 하며 상식의 원리는 "깨닫는 것이 바로 상식이다."라고 강조한다. 나아가 진리를 논증할 때는 자체적으로 밝히는 원리에 기초를 두고 있다. 이 원리는 공유적(共有的) 개념으로 연결된다. 대표적인 철학자는 비티(J. Beatie)와 오스왈드(Oswald)였는데 오스왈드(Oswald)는 이 원리를 종교적 진리증명에 적용하였다. 성경을 증명하기 위해서는 성경 자체가 가지고 있는 논리성과 더불어 공유적(共有的)으로 깨닫는 상식에 기초하여 합리적 원리를 도출해 내는 신학적 개념이다.

그러나 성경에 기초를 둔 교회사적 신앙고백의 내용을 탐구해 보면 상식철학(Common Philosophy)의 방법론 적용은 문제가 있음을 발견하게 된다. 합리적 상식을 주장하게 되면 성경에 나타난 사건(Fact)의 실체를 어떻게 증명할 수 있는가? 라는 문제가 발생하게 된다. 웨스트민스터(Westminster) 신앙고백은 천지 창조를 사건(Fact)에 따라 고백적으로 나열하였다. 신적작정(Decree)의 교리는 시공간에서 성취되는 사건이 이루어지기 이전에 영원세계에서 설립된 하나님의 원격의지(Remote Will)이다. 그 계획이 시공간에서 성취되는 구체적인 사건(Fact)을 합리적으로 어떻게 설명할 수 있는가? 의 문제에 들어가면 해결이 불가능하다. 그 내용은 합리적 상식을 필요로 하지 않고 있다. 성경은 사건을 결과적으로 설명할 뿐이다. 성경에 나타난 사건들은 시공간의 순서에 따라 나열되었다. 우리가 신앙고백의 교리를 체계적으로 설명할 때 성경이 말씀하는 내용, 범위, 그리고 사건 등에 대해 상상의 날개를 펴서 성경 이상의 의미를 이론화 하여 추가하거나 아니면 축소하는 일은 하나님의 말씀을 거역하는 죄를 범하는 일이다. 사건(Fact)을 이해하는데 있어 합리적으로 설명이 불가능 한데도 논리화 하는 것은 안 된다. 또 합리적 설명을 할 수 있는 교리에 대해 그 내용을 무시하고 무조건 믿으라는 식의 강권도 문제가 있다. 현대에 들어와 문서설(文書說), 과정신학(Process Theology), 사회 복음주의(missio dei) 그리고 상황주의적 내용(Contextualism)을 신학의 이념으로 삼고 있는 자들은 성경의 내용을 가감하는 악습을 버리지 못하고 나름대로의 대단한 것처럼 야릇한 논리에 의거하여 신학을 전개하고 있다.

상식철학(Common Philosophy)을 방법론으로 채택한 구프린스톤(Old Princeton) 신학자들인 알렉산더(Archibald Alexander, 1772-1851), 하지(Charles Hodge), 그리고 워필드(Benjamin Warfield) 등은 합리주의를 방법론으로 적용하는 개혁파 신학을 전개해 나갔다. 그들은 이신론(理神論, Deism)을 이성주의 사상이라고 공격하면서 성경 자체의 영감설을 강조하고 있었다. 동시에 성경의 합리적 해석을 강하게 주장하였다. 그 중에서도 아키발드(Archibald Alexander)는 합리적 해석에 집착하고 있었다.[19] 그 이유는 17세기 이성주의로 말미암아 정통주의 개혁파 신학이 강한 도전을 받게 될 때 개혁파 신학의 선구자가 된 튜레틴(Francis Turretin)의 영향을 받았기 때문이다. 튜레틴(Turretin)은 이성주의를 격파하기 위해 합리적 개혁파 신학을 전개하게 되었고 이어 18세기 정통 개혁파 신학이 계몽주의(Enlightenment)의 도전을 받게 될 때 개혁파 신학의 기수가 된 아키발드 알렉산더(Archibald Alexander) 역시 이성주의를 격파하기 위해 합리주의적 개혁파 신학을 전개하였다. 알렉산더(Archibald

---

19) 조석만, 기독교신학서설, (대한신학대학원 대학교, 경기도 안양시, 2009), pp.190-191.

Alexander)는 프린스톤(Princeton) 신학교의 초대 신학교수가 되어 그 학교의 신학을 주도하였으므로 그 후예들은 그의 발자취를 따를 수밖에 없었다.

이어 프린스톤(Princeton) 신학교에서 조직신학 교수를 역임한 하지(Charles Hodge, 1797-1878)는 스콜라주의적(Scholastic) 칼빈주의자인 튜레틴(Tureetin)과 알렉산더(Archibald Alexander)로부터 큰 영향을 받았는데 계몽주의(Enlightenment)적 보편실재론(Universal Realism)을 신학의 방법론으로 받아들인 면이 강하다.[20] 하지(Charles Hodge)는 성경의 영감교리를 신앙하면서 웨스트민스터(Westminster) 신앙고백서를 신조의 기본으로 삼고 있었지만 신학적 방법론에 있어서는 스코틀랜드(Scotland)의 보편주의적 실재론(Universal Realism)에 기초를 둔 상식철학(Common Philosophy)을 신학해석의 방법론으로 채택하였다.[21] 워필드(Benjamin B. Warfield), 카이퍼(Abraham Kuyper), 그리고 바빙크(Herman Bavinck)는 당시 19세기 3대 신 칼빈주의 신학자로 명명되었는데 성경이 하나님의 말씀으로 오류가 없다는 주장을 역설하는데 심혈을 기울였다. 그러나 당시 바빙크(Bavinck)와 카이퍼(Kuyper)는 스코틀랜드의 상식철학의 방법론을 도입하는 일에 있어서는 거리를 두고 있었다.

20세기로 넘어와 미국의 프린스톤(Princeton) 신학교가 좌경의 길로 들어설 수밖에 없었던 이유는 이미 19세기 상식철학(Common Philosophy)이 신학에 영향을 끼치고 있었기 때문이었다. 20세기에 메이첸(Machen) 박사를 중

---

20) Ibid, p.189. 이 책에서 조석만 교수는 아키발드 알렉산더(Archibald Alexander)를 보편실재론(Universal Realism)의 대가로 보고 있다. 보편실재론을 논하려면 13세기 아퀴나스(Thomas Aquinas)와 스코투스(John Scotus)의 스콜라주의 실재론(Realism)으로 올라가 그 개념들을 분석해야 이해가 된다고 말하고 있다. 보편실재론(Universal Realism)은 개별자에 관한 인식론을 유사성으로 해결하려고 한다. 형상(관념, Idea)들 가운데 가장 보편적인 존재가 궁극적 실재(Reality)가 된다는 주장이다. 잘못 생각하면 창조론과 일맥상통하는 개념으로 오해될 수 있으나 그 내용을 분석하면 전혀 다르다. 즉 창조는 영원 전에 인격적인 하나님의 깊은 계획 가운데 종말을 바라보는 시원적(始原的, Basis of Beginning) 입장에서 행하신 삼위일체 하나님의 사역이었다. 그러나 플라톤(Plato)은 이데아(Idea) 사상을 배경으로 한 실재론자(Realist)로 알려져 있다.

21) Ibid, pp.191-192.

심으로 자유주의를 대항해 신학적 전투가 벌어질 수밖에 없는 토양이 형성되었다. 그 결과 메이첸(G. Machen) 박사가 세운 웨스트민스터(Westminster) 신학교가 역사적 개혁파 신학을 전수하는 보루로 자리 잡게 되었다. 당시 프린스톤(Princeton) 신학교에서 신약학 교수로 재직하고 있었던 메이첸(G. Machen) 박사는 기독교 변증학(Christian Apologetics)도 가르치고 있었다. 메이첸(G. Machen) 박사 역시 구 프린스톤(Old Princeton) 신학의 영향아래 있었지만 스코틀랜드(Scotland)의 보편주의적 상식철학(Universal Common Philosophy)의 방법론을 응용한 흔적을 찾을 수 없다. 오히려 그는 자유주의자들을 향하여 성경에 무지한 자들, 또한 신학에 무지한 자들로 몰아 세웠다. 그의 기독교 변증학(Christian Apologetics)은 구 프린스톤 신학과 상당한 차이점을 보이기 시작했다. 그 이유는 성경에 대한 영감설을 논증할 때 논리적 증거보다 성경자체에 중점을 둔 본문위주(Textualism)의 영감설을 강조했기 때문이다. 상식철학(Common Philosophy)을 도입한 구프린스톤(Preceton)신학의 방법론과 거리를 두고 있었다.

메이첸(Machen) 박사의 뒤를 이어 혜성처럼 떠오른 밴틸(Van Til) 박사는 완전히 상식철학(Common Philosophy)의 방법론에서 탈피하여 독자적 성경의 전제(Presupposition)에 입각한 기독교 변증학(Christian Apologetics)을 전개했다. 그는 기독교 변증학이란 개념을 신앙의 방어(The Defence of the Faith)의 개념에다 중점을 두었다. 철저한 성경 본문에 기초를 둔 교회사적 신앙고백주의 기독교 변증학으로 탈바꿈 하였다. 즉 성경의 전제론(Presupposition)이 기독교 변증학의 방법론으로 등장한 것이다. 이는 교회사적 신앙고백을 중요하게 생각하지 않은 근본주의(Fundamentalism) 신학이 주장하는 성경의 문자주의적 본문주의(Textualism)하고는 다른 개념이다. 성경의 전제론(Presupposition)은 칼빈이 주장한 "성경이 가는데 까지 가고 성경이 멈추는데서 멈추는" 사상을 말한다. 거기에 역사적 신앙고백을 신학적 해석방법의 기준으로 삼고 있다. 즉 성경을 교리화 할 때는 반드시 역사적 신앙고백을 기준으로 삼고 신학을 전개해 나가야 한다고 주장했다. 그의 전제론(Presupposition)을 집약하면 성경이 주장하는 삼위일체 하나님의 인격적 존재와 그 하나님께서 세우신 신적작정에 의한 하나님의 주권과 더불어 인간론, 기독론, 구원론, 교회론, 그리고 종말론 등을 2천년 교회사가 고백한 신앙고백에 의해 기독교를 변증하는 입장이다.

밴틸(Van Til) 박사의 전제론(Presupposition)은 "성경의 하나님은 다른 신들과 비교할 수도 비교 될 수도 없다." "하나님께서는 그의 작정에 의해 만물을 다스린다." "만물은 무에서 창조되었다." "인간은 전적 부패로 인하여 자력으로 하나님의 선에 전혀 도달할 수 없다." "그리스도와 그의 사역은 예정에 의해 이 땅에 오시고 그의 의를 이루시었다." "죄인은 오직 그리스도를 믿음으로만 구원 얻는다." "이 구원은 예정된 자에게 성령님의 사역에 의해 그리스도께서 완성하신 구속을 적용하심으로 이루어진다." "교회는 예정된 하나님의 백성들의 모임이다." "종말은 창세전에 정하신 시원적(始原的) 계획에 의해 성취된다." 등의 성경을 전제로 하여 교회사적 신앙고백에 기초를 두고 기독교를 변호하는 신학이 그의 전제주의(Presuppositionalism) 변증학이다. 밴틸(Van Til) 박사는 "인간의 이성은 위의 교리들에 의해 굴복되어져야 하며 성령님에 의해 바로 그 이성이 사용되어질 때만 인간의 이성이 이성답게 사용될 수 있다."[22]고 주장한다.

밴틸(Van Til) 박사가 주장하는 하나님의 인식론을 보면 인간의 이성에 의해 아무리 확실하게 신이 존재한다는 것을 증명한다고 할지라도 성경이 말씀하고 있는 인격적인 삼위일체 하나님과 교제의 인식을 배제하고 참다운 하나님의 존재증명은 불가능하다는 입장이다. 인격적인 하나님의 인식은 성경계시주의에 의존해야 한다는 주장이다. 이는 경험주의적 실존주의(實存主義, Existentialism)나 이성주의적 합리주의(Rationalism)의 신 존재 증명을 거부한다. 경험주의(經驗主義, Experientialism)나 이성주의(理性主義, Rationalism)는 인간의 주관적 인식을 바탕으로 신을 증명하기 때문에 객관주의에 의존하는 신 존재 증명이 아니다. 경험주의나 이성주의적 신의 인식론은 주관주의적 철학에 바탕을 둔 신 존재 증명이다. 이러한 세속철학에 기초를 둔 신 인식론은 사실상 하나님의 존재만을

---

22) Cornelius Van Til, The Defence of the Faith, (Presbyterian and Reformed Publishing Co, New Jersey, 1980), p.148.

찾아 미로를 헤매는 인식론이다. 또 다시 강조하는 것은 세속철학은 물론 이교도들 까지도 하나님 존재인식을 강조하지만 참된 인격적 삼위일체 하나님을 인식함으로 얻어지는 것과는 거리가 먼 인식론이다. 인격적 하나님의 인식은 오직 성령님의 사역을 통해서 성경을 하나님의 말씀으로 인식할 때 가능한 것이다.[23]

나아가 밴틸(Van Til) 박사가 주장하는 기독교 변증학(Christian Apologetics)의 독특한 내용 가운데 하나는 세속철학이나 타종교와 기독교 사이의 접촉점(Point of Contact) 내지 공통분포(Common Ground)를 배제하는 일이다. 계시, 구원, 그리고 삼위일체 하나님 등에 관한 권위를 전제할 때 신자와 불신자 사이에는 전혀 공통분포(Common Ground)가 형성될 수 없다는 주장이다.[24] 그는 기독교 변증학(Christian Apologetics)이 성립될 수 없는 로마 교조주의(Catholicism) 알미니안주의(Arminianism) 그리고 기타 비개혁파 신학의 부류를 개혁파 신학과 같은 선상에 두고 기독교를 전파하기 위해 공통분포를 형성하려고 하는 기독교 변증학은 아무 쓸모가 없으며 도리어 기독교에 혼란만 가중시키는 신학으로 규정하고 있다. 그러나 밴틸(Van Til) 박사는 비록 하나님의 백성 안에서 들어오지 못한 자라도 누구나 하나님의 존재를 인식하고 동등하게 일반 은혜를 입고 사는데 있어 신자와 불신자 사이의 공통분포를 거절하는 것은 아니다.

밴틸(Van Til) 박사는 교회사적 개혁파 신학의 전통을 고수하면서 2천년 교회사에 새로운 기독교 변증학(Christian Apologetics)의 길을 열어 놓았다. 사실 그의 새로운 기독교 변증학이란 2천년 동안 유지해 온 기독교 변증학의 발전과정에서 볼 때 새로운 기독교 변증학이 아니다. 사실상 2천년 교회사는 성경을 교리화한 신앙고백을 양산해 냈기 때문에 그 고백 자체가 기독교 변증학(Christian Apologetics)으로 정착되어 온 것이다. 밴틸(Van Til)박사의 새로운 기독교 변증학이란 개념은 구 프린스톤(Old Princeton) 신학의 공통인식을 주체로 하는 상식철학(Common Philosophy)의 방법론을 적용하는 논리주의(Logicism)를 벗어나 성경의 본질로 돌아가는 기독교 변증학을 제시했다는 뜻이다. 2천년 동안

---

23) Ibid, p.32.
24) Ibid, p.92.

회색주의 기독교 변증학이 고전적 전통주의 변증학(Classical Traditionalism Apologetics)으로 고착화 된 벽을 뚫고 성경과 교회사적 신앙고백으로 돌아가는 기독교 변증학을 제시했다는 말이다. 그렇다고 전제주의(Presuppositionalism) 기독교 변증학이 학문적 요소가 모자라거나 성경의 원리로부터 빗나간 것은 더더욱 아니다. 역사철학에 대한 밴틸(Van Til) 박사의 풍부한 지식과 상대의 의중을 정확하게 파악하고, 분석하고, 그리고 역공하는 그의 번뜩이는 해학 능력은 타의 추종을 불허한다. 깊은 기독교 철학의 요소를 활용하여 성경의 전제를 변호하여 깊이가 없는 세속철학의 개념을 산산 조각나게 만들고 있다. 그의 깊고 방대한 기독교 변증학을 이해하지 못한 변죽만 울리는 기독교 변증학자들은 밴틸(Van Til) 박사를 향해 무조건적 성경신앙주의(Bible Fideism)자라고 비평들을 하고 있다. 그것은 역사교회를 통해 개혁파 신학이 지켜온 **성경계시의존주의** 사상에 기초한 신앙고백주의를 이해하지 못하고 있다는 증거이다.

밴틸(Van Til) 박사가 주장하는 기독교 변증학의 기조는 신론 중심의 신학이다. 인간의 의지를 강조하는 복음주의가 추구하는 인간론 내지 기독론 중심의 신학은 그 범위와 깊이에 있어 신론 중심의 신학을 능가할 수 없다. 그의 신론 중심적인 기독교 변증학의 뼈대는 하나님의 인식론으로부터 시작된다. 하나님의 인식론은 역사교회가 고백한 인격적 삼위일체 하나님의 인식론으로 이어진다. 하나님의 인식론을 논증할 때 인격적 삼위일체 하나님의 인식론에서 중요하게 다루고 있는 내용은 신적작정(Decree)의 교리이다. 세속철학은 신의 인식을 시공간 세계에서 지엽적으로 다루고 있다. 밴틸(Van Til) 박사는 신적작정(Decree)의 교리를 원리로 하여 깊이가 없는 세속철학의 신 인식의 원리를 격파하고 있는 점이 특이하다. 밴틸(Van Til) 박사는 세속철학자들이 말하는 단어에 까지 그 내용을 분석하고 그들이 응용하고 있는 신 인식에 대한 저급하고 일관성이 없는 요소들을 격파하고 있다. 기독교의 실재론(Realism)을 논할 때 하나님의 인식에 관한 기독교 철학은 삼위일체론의 신적작정(Decree)에 기초해야 한다고 주장한다. 신적작정의 교리는 창세 이전의 영원한 단일성과 복수성(Eternal Unity and Plurality)을 시원적(始原的, Basis of Beginning)으로 계획하신 것이라고 강조한다. 그리고 그 계획에 의해 시공간 세계에서의 단일성과 복수성(Temporal

Unity and Plurality)에 따라 하나님의 사역이 집행된다는 것을 명확하게 설명하고 있다. 그리고 성경에 의한 시공간 세계에서의 하나님의 인식론을 통하여 방황하는 세속철학의 이론을 분쇄하고 있다.[25]

밴틸(Van Til) 박사의 기독교 변증학(Christian Apologetics)은, 2천년 교회사가 걸어온, 교리적으로는 성경대로 믿는 신앙고백을 지켜오면서 기독교 변증학에 있어서는 회색주의 노선을 걸어온 아쉬움을 씻어 버리는 진지를 구축했다. 밴틸(Van Til) 박사의 변증학적 주장을 총괄적으로 요약하면 이렇다. "기독교와 가까운 것 같으나 기독교를 가장 혼란스럽게 만들며 교리적 파산의 굴속으로 끌고 가는 회색주의 변증학을 분쇄해야 올바른 개혁파 변증학을 성립시킬 수 있다."는 주장이다.

(6) 존 프레임(John Frame)

프레임(John Frame) 교수는 미국 웨스트민스터(Westminster) 신학교에서 재직했는데 밴틸(Van Til) 박사의 후계자였다. 전제주의(前提主義, Presuppositionalism) 기독교 변증학(Christian Apologetics)을 강조하는 점에 있어서는 거의 밴틸(Van Til) 박사의 노선과 대등하다. 그는 성경 구절을 구체적으로 인용하여 세속철학과 타 종교에 대항해 기독교를 변증하는 입장에서는 밴틸(Van Til) 박사보다 앞선 면이 있다고 말할 수 있다. 그러나 기독교 철학을 정립하는 입장에 들어가면 교회사적 신앙 고백주의 입장을 변호하는 데 있어서, 즉 기독교 철학을 정립하는데 있어서는, 밴틸(Van Til) 박사의 입장에 못 미치는 경향이 있다. 그 결과 세속 철학과의 접촉점을 시도하는 경향성을 나타내는 것 같은 느낌이 들기도 한다. 그러나 그의 기독교 변증학을 깊이 탐구해 보면 철학적 접근보다 성경 본문을 전제로 하는 접근법을 우선으로 하기 때문에 기독교 철학에 근본이 되는 교회사를 통해 나타난 고백주의를 강조하지 아니한 느낌이 들 뿐이다. 밴틸(Van Til) 박사는 성경을 전제로 하되 교회사적 고백주의에 기초한 기독교 변증학을 강조하고 있으며 프레임(Frame) 교수는 성경을 전제로 하되 본문 중심에

---

25) Ibid, pp.25-26.

대한 강조점을 강조하고 있다.

3. 이성주의 신 존재증명의 변증학

기독교 변증학(Christian Apologetics)의 시발점은 하나님 존재증명이다. 예수님과 거의 동시대 사람 필로(Philo)부터 중세 토마스 아퀴나스(Thomas Aquinas)를 거쳐 18세기 종교 유비론(Analogy of Religion)을 저술한 조셉 버틀러(Joseph Butler)에 이르기까지 기독교 변증학(Christian apologetics)의 영역에서 신 존재증명에 초점을 맞추고 있는 고전적 변증학(Classical Apologetics)이 주류를 이루고 있다. 이러한 흐름은 세속철학 세계에서는 물론 기독교에서도 하나님 존재증명 자체가 기독교 변증학(Christian Apologetics)으로 자리 잡아 왔다는 것을 증명해주고 있다. 심지어 현대 보수파 교단에서조차 세속철학이 주장하는 신 존재증명을 기독교 변증학과 연관시키는 경향이 있다는데 놀라움을 금할 수 없다. 이러한 고전적 변증학(Classical Apologetics)은 아퀴나스(Thomas Aquinas)의 이교도 반대론(Contra Gentiles)에도 강하게 나타나고 있으며, 로마 교조주의(Catholicism)에서도 동일한 사상의 기조를 이루고 있으며, 펠라기우스(Pelagius) 노선을 따르고 있는 알미니안주의(Arminianism) 사상을 전수받은 사람들 가운데에서도 명백하게 드러난 이념이다. 특히 인간의 자율적 이성을 앞세워 하나님의 존재를 찾아 헤매는 가설(Hypothesis)이나 심리적 접근법을 통한 애매한 이론 가운데서도 고전적 변증학(Classical에서 강조하는 하나님의 존재 인식론과 동일한 주장을 하고 있다. 그들은 소위 유신론 증명이라고 말하면서 본체론적 즉 존재론적 증명(Ontological Argument), 우주론적 증명(Cosmological Argument), 목적론적 증명(Teleological Argument), 도덕론적 증명(Moral Argument), 그리고 역사적 증명(Historical Argument) 등을 통해 하나님의 존재를 증명할 수 있다고 주장한다. 물론 하나님의 존재증명은 말할 수 있을 것이다. 그러나 인격적 삼위일체의 하나님을 증명할 수 있는 것은 아니다.

위에 열거한 유신론적 증명은 모호한 이론이다. 성경이 말씀하는 인격적 삼위일체 하나님을 증명하는 기독교 변증학(Christian Apologetics)을 오히려 혼잡하게 만드는 역할을 하는 것들이다. 이는 아리스토텔레스(Aristotle)가 주장한 "하나님의 존재를 증명함에 있어 우주 가운데 일어나는 우발적인 사건들을 필요로 하는 신에 대한 관념을 인간의 자율로 인식한다."는 이론에 불과하다. 성경이 말씀하는 인격적 삼위일체 하나님을 인식하기 위해서는 하나님으로부터 인격적인 사역자가 필요하다. 하나님의 존재 자체를 인식할 수 있다고 해도 하나님의 백성인 성도들에게는 인격적인 하나님의 인식이 가능해야 한다. 인격적 삼위일체 하나님께서는 존재의 개념을 넘어 피와 살을 나누는 것보다 더 깊은 인격적 교제를 통해 그의 백성에게 다가오시는 분이시다. 그 인격적 교제가 성경에서 말씀하시는 하나님을 증거 하는 기본적 요소이다. 그 교제의 사역자는 바로 성령님이시다.

그런데 깜짝 놀라운 사실을 발견한 것은 총회신학교 조직신학 교수였던 박형룡 박사의 기독교 변증학(Christian Apologetics)이 회색주의에서 주장하는 인간의 자율을 통해 하나님을 인식하는 유신론적 인식론의 방법론을 따르고 있다는 데 있다는 점이다. 오히려 버틀러(Butler)의 고전적 변증학(Classic)보다 더 회색주의적인 방향으로 흐르는 경향이 있다. 심지어 슐라이어마허(Scheiermacher)의 절대의존감정의 신 존재증명을 기독교 변증학으로 채용하기까지 하였다. 즉 성경이 말씀하는 인격적 교제의 삼위일체 하나님을 증명하는 것보다 철학에서 주장하는 신에 관한 유신론적 존재증명을 기독교 변증학으로 규정하고 있다. 박형룡 박사의 기독교 변증학은 이성주의 입장에서의 유신론적 인식론을 기독교 변증학으로 전환 시키고 있다. 물론 기독교 변증학은 유신론 증명이 중요한 위치를 차지한다. 그러나 기독교 변증학의 범위는 성경이 말씀하는 삼위일체 하나님의 인격적 존재를 증명하여 세속철학이나 타 종교에서 나타난 문제점들을 지적하여 기독교 교리를 변호할 뿐만 아니라 그들의 사상들을 역공하고 지적(知的) 전도의 역할을 할 수 있는 내용을 제시해야 한다. 거기에는 기독교 변증학의 방법론은 물론, 역사교회가 고백한 신앙고백서에 대한 해석, 그리고 기독교 철학을 확고하게 정립해야 할 책무도 포함된다. 박형룡 박사는 말하기를 "기독교 변증학(Christian Apologetics)의 시작은 기독교 이전의 주장들 가운데에서도 찾을 수 있다. 기독교 변증학의 기원은 기독교의 출현을 기다리거나 특별계시의 빛을 받은 지역에 국한되지도 않았다."[26] 라고 주장하고 있다. 이러한 주장은 이교도나 세속철학에서 유신론적 신 존재증명을 논증하려고 하는 내용 모두를 기독교 변증학에 포함 시키고 있다는 말이다. 그의 기독교 변증학은 인간의 자율을 통해 하나님을 찾아가는 이성주의적 세속철학을 기독교 변증학(Christian Apologetics)이 주장하는 모든 증명에 혼합시키고 있다는 말이다. 이러한 주장은 사실 기독교적 변증학과는 거리가 멀다고 밴틸(Van Til) 박사는 주장하고 있다. 밴틸(Van Til) 박사는 인격적 하나님을 증명하는 데 있어 인간의 이성을 통한 유신론 증명은 피조물로서는 불가능하다고 말한다. 밴틸(Van Til) 박사가 그렇게 말하는 이유는 "인격적 하나님의 존재 자체는 하나님의 지식과 동일 선상에 있기 때문이다. 영원한 피조 세계는 존재하지도 않았고 또 유신론에 반대된다는 것을 가정할 때 이 세계의 포괄적인 지식은 물론 하나님에 대한 판단의 기준이 애매하다. 우주에 대한 지식은 인간의 지식에 의존하고 있다. 하나님께서는 외부적인 존재로서 인간을 살펴보고 계신다. 그렇다면 인간이 자신의 지식에 의해 하나님을 찾아갈 수 있는가? 그것은 불가능하다."[27] 라고 말하고 있다.

또한 박형룡 박사의 아들 되시는 박아론 박사의 기독교 변증학(Christian Apologetics)을 살펴보면 역시 세속철학에서 주장하는 이성주의적 유신론 증명을 기독교 변증학(Christian Apologetics)으로 채용하고 있다. 즉 세속철학에서 결론도 없이 논쟁거리로 지속되어 온 유신론적 인식론을 기독교 변증학으로 이해하고 있다는 말이다. 더욱이 세속철학에서 말하는 유신론적 인식론과 기독교에서 말하는 유신론적 인식론과의 접촉점(Point of Contact)을 찾으려고 애쓰는 점을 볼 수 있다. 그러나 박아론 박사는 박형룡 박사가 세속철학에서 주장하는 이성주의적 유신론 증명을 성경이 말씀하는 삼위일체 하나님의 논증과 연관시키는 데까지는 진전시키지 않고 있다. 박아론 박사는 기독교 변증학을 하나님의 존재증명에만 국한 시키고 있다. 그러나 하나님의 존재 인식에 있어서는 근본적으로 양자 간의 공통점을 형성하고 있다.

---

26) 박형룡 박사 전작 전집 XI, 변증학, (한국기독교 교육연구원, 1981), p.21.
27) Cornelius Van Til, The Defence of the Faith, (Presbyterian and Reformed Publishing Co. Phillipsburg, New Jersey), 1980, p.38.

밴틸(Van Til) 박사가 주장하는 기독교 변증학(Christian Apologetics)의 범위는 매우 넓고 깊다. 밴틸(Van Til) 박사의 기독교 변증학은 유신론적 증명 외에 기독교적 인식론을 포함하여 성경의 전제에 의한 기독교 교리인 신앙고백주의를 변호하며, 세속철학의 문제점을 지적하며, 기독교 철학의 지식론, 기독교 윤리, 그리고 일반은총에 관한 문제 등 아주 많은 분야에서 기독교를 변증하고 있다.

성경이 말씀하는 삼위일체 하나님을 믿는 성도들을 가장 괴롭게 하였던 이론 가운데 하나가 이성주의 유신론 증명이다. 이는 하나님의 존재를 인정하면서도 삼위일체 하나님을 거절한 이교도들과 세속철학자들의 입장이다. "왜 우리는 기독교를 믿는가?" 라는 박아론 박사의 저서인 "기독교 변증학(Christian Apologetics)"은 유신론적 증명을 말하고 있지만 성경에서 말씀하는 인격적 삼위일체 하나님을 증명하는 내용과는 거리가 멀다. 더욱이 주시할 점은 박아론 박사의 저서 서문에 "전제주의자인 밴틸(Cornelius Van Til) 박사의 저서 변증학(The Defence of the Faith)과 함께 같은 전제주의자인 박형룡 박사의 변증학을 자신의 신학적 노선으로 삼았다."[28] 라고 말하는데 있다. 물론 그의 저서를 자세히 살펴보면 박형룡 박사의 이성주의적 유신론 증명을 벗어나려는 흔적이 보인다. 그렇다고 해서 그 내용이 밴틸(Van Til) 박사의 전제주의(前提主義, Pre-suppositionalism)와 일치된 기독교 변증학을 논증한 내용은 아니다. 박아론 박사가 저술한 기독교 변증학(Christian Apologetics)의 내용을 자세히 살펴보면 밴틸(Van Til) 박사의 변증학과는 전혀 거리가 먼 내용이다. 박형룡 박사의 변증학을 전제주의(Presuppositionalism)로 규정하고 있는 것도 밴틸(Van Til) 박사의 전제주의(Presuppostiionalism)를 전혀 이해하지 못하고 있다고 말할 수밖에 없다. 밴틸(Van Til) 박사와 박형룡 박사의 기독교 변증학을 동일한 사상으로 규정한 것은 서로의 불일치한 내용을 억지로 합리화한 것으로 볼 수밖에 없다.

우리가 불신자에게 전도할 때 그들이 우리에게 "하나님을 보여주면 믿을 수 있다."는 반문을 자주 듣게 된다. 우리는 "우리가 믿는 하나님은 분명히 존재한

---

28) 박아론, 왜 우리는 기독교를 믿는가?(기독교 변증학), (세종문화사, 서울시 서대문구, 1981), 머리말.

다."라고 말한다. 그런데 그 존재증명이 어떻게 변증되어야 하는가? 많은 기독교인들이 현상세계의 변화를 통해, 합리적 논증을 통해, 그리고 우주의 신비적 운행을 통해 하나님의 실재(Reality)를 증명하려고 한다. 그러나 그러한 논증은 아주 희미한 미봉책에 불과하다. 인격적인 삼위일체 하나님의 경세적(Economical) 입장에서 생각해 보자. 하나님의 존재를 인식하기 때문에 예수 그리스도를 구세주로 믿는 신앙으로 들어갈 수 있는가? 그 대답은 "아니다." 이다. 우리는 먼저 예수 그리스도를 구세주로 인식하고 다음에 하나님을 아버지로 인식한다. 예수 그리스도의 인식과 하나님 아버지의 인식은 기독교인의 심령 속에서 성령의 사역으로부터 시작된다. 성도가 예수 그리스도를 구세주로 인식하게 되면 죄인이라는 인식이 더불어 따라오게 된다. 그런데 그 인식의 공작자는 성령님이시다. 하나님을 극단적으로 부인하던 자가 인생의 비참한 처지에 떨어져 자신의 존재에 대한 회의를 느낄 때 전도자가 찾아와 예수님을 전하여 기독교인이 되는 경우를 우리는 종종 목격하게 된다. 이는 이야기가 아니고 우리 주위에서 자주 일어나는 실제적인 현상이다. 그때 그는 하나님의 존재, 하나님의 사역, 그리고 창조주를 모두 인식하고 기독교인이 된 것은 아니다. 그러므로 삼위일체의 하나님을 인식하는 유신론주의는 성령님의 사역에 의해 예수 그리스도를 구세주로 인식하고 하나님을 아버지로 인식하는 개념이다. 그러므로 고전적 변증학(Classical Apologetics)에서 이성주의적 유신론 증명과 공통분포(Common Ground)를 형성하려는 주장들은 성경이 말씀하는 인격적인 하나님을 인식하는 데 있어 의미가 없다. 그렇다면 이성주의 유신론 증명들을 소개하고 그 문제점을 지적해 보자.

1) 존재론적 증명(Ontological Argument)

이 증명은 중세 스콜라 철학의 기초를 놓은 안셈(Anselm)과 근대 이성주의 철학의 주도자였던 데카르트(Decartes) 등에 의해 논증되었다. 이 논증의 개략은 "절대적이며 완전한 신 존재의 개념을 인간이 가지게 된 원인은 그러한 존재가 실재하기 때문이다." 이러한 증명에 대해 안셈(Anselm)은 두 가지 형식으로 논증하고 있다.[29]

---

29) Norman Geisler & Winfried Corduan, Philosophy of Religion, (Wipf and Stock

첫째, 완전한 존재의 가능성을 긍정해야 한다는 주장이다. 이러한 주장은 가장 완전한 존재의 가능성을 부정하는 상상을 할 수 없다는 것을 말한다.[30]

둘째, 완전한 자의 객관적 증명은 논리상 필연적으로 긍정적이다. 이 논리적 필연성은 부정적으로 불가능하다. 존재의 개념은 논리상 필연적이기 때문이다. 그러므로 필연적인 존재의 객관적 실존을 부정하는 것은 논리적으로 불가능하다.[31]

위의 주장에 대한 아퀴나스(Thomas Aquinas)의 반증이 다음과 같이 진술되어 있다. 안셈(Anselm)이 주장하는 신의 관념은 "객관적 실재(Reality)로 존재하는 증거를 말하기 이전에 오직 인간의 관념 속에 존재할 뿐이다. 그 이유는 우리는 필연적인 존재로서 존재하는 신의 본질을 알 수 없기 때문이다. 오직 그 창조의 결과를 통해서만 간접적으로 알 수 있는 것이다." [32] 라고 반론을 제기했다.

안셈(Anselm)과 아퀴나스(Aquinas)는 스콜라주의(Scholasticism) 철학자들인데 그들 사이에 논쟁이 일어난 것은 오늘날 자유주의자들이 서로의 신학적 일치감을 형성하지 못하고 집안싸움을 하는 것과 같다. 그런데 개혁파 신학은 신론에 있어 하나님의 존재개념을 삼위일체 하나님과 인격적 교제의 인식을 우선으로 삼고 있다. 그리고 역사적인 객관적 신앙고백에 의한 하나님의 존재개념을 강조한다. [33]

17세기 이성주의 철학자인 데카르트(Decartes)는 중세 스콜라주의(Scholasticism)의 존재론적 증명(存在論的 證明, Ontological Argument)을 발전된 형태로 진술하고 있다. 그의 주장은 가정설(Hypothesis)이 주류를 이룬다. 즉 "비존재를 생각할 수 없다고 한다면 이는 존재를 생각한다는 것은 필연적이다.

Publishers, Eugene, Oregon, Jan 2003), p.124.

30) Ibid, p.124.

31) Ibid, p.125.

32) Ibid, p.127.

33) Westminster Confession Ch II-V.

사람이 필연적으로 하나님을 생각하는 것은 아니다. 그러나 사람이 자신을 생각하거나 하나님을 생각할 때는 신이 필연적으로 존재하고 있다고 생각해야 한다. 필연적인 존재를 존재하지 않은 것으로 생각한다는 것은 모순이다."[34] 라고 주장하였다.

존재론적 논증(Ontological Argument)에 의해 인격적 하나님의 존재증명이 명확하게 우리의 인식 속에 들어올 수 있는가? 성경적으로 볼 때 불가능하다. 만약 인간이 우주 밖에 어떤 다른 존재가 있다는 것을 상상하고 있다면 그 상상대로 어떤 존재를 명확하게 논증해 낼 수 있는가? 그것은 불가능하다. 다만 하나님의 존재에 대한 관념을 가지고 있을 뿐이다. 만약 그 하나님께서 존재한다고 가정할 때 그 존재에 대한 구체적인 진술이 가능한가? 그것은 불가능하다. 즉 존재의 가정설(Hypothesis)에 그치고 만다. 이론적으로 추리하여 존재에 대한 어떤 가정(Hypothesis)을 말할 뿐이다. 만약 존재의 가정을 통해 객관적 실재(Reality)를 말할 수 있다면 그 실재에 대한 완전한 신뢰를 사실상 잃어버리게 된다. 그렇기 때문에 성경을 하나님의 말씀으로 신앙하는 신자는 물론, 일부 다른 철학자들과 마찬가지로, 존재론적 증명(Ontological Argument)에 대한 반론을 제기할 수밖에 없다. 아퀴나스(Aquinas)는 존재론적 증명(Ontological Argument)이 플라톤(Plato)의 이데아(Idea) 사상으로부터 유추(類推, Analogy)된 것으로 정의하고 있다. 사물의 본질에 대한 인간의 통찰이 실재(Reality)에 관한 지식을 양산해 낼 수 없다는 주장이다. 상당히 의미 있는 주장이다. 또한 19세기 칸트(Kant) 이후에 다양한 철학이 돌출되어 나온 것들 중의 하나가 "존재에 관한 실재론인데" **존재한다(exist)의** 문제에 있어 존재론적 사실(fact)을 통해 신을 논증하는 것이 아니라 단지 논리적 사고에 불과한 것이라는 주장이다. 이러한 존재에 대한 형이상학적(形而上學的) 주장은 현대철학 세계에서는 전혀 용납되지 못하고 있다. 이러한 주장에 대해서는 신에 대한 확실한 명제와 실체가 정의되지 못하고 있기 때문에 필연적인 존재가 성립될 수 없다고 말할 수밖에 없다.[35]

---

34) Norman Geisler & Winfried Corduam, Philosophy of Religion, (Wipf and Stock Publishers, Eugene, Oregon, 1988), p.128.

35) Ibid, pp.135-137.

인격적인 삼위일체 하나님을 신앙하는 기독교인으로서는 위의 진술된 존재론적 신 증명을 수납할 수 없는 이유는 간단하다. 그들이 주장하는 존재증명에 대한 추상적인 논리를 신뢰할 수 없기 때문이다. 그들이 주장하는 존재에 대한 관념은 객관적이지 못하며 구체적이지 못하다. 더구나 그들에 의해 논증된 하나님의 존재론은 아주 애매한 주관주의 논증에 불과하다. 인격적 하나님의 존재는 객관적 사실이 주관적으로 그리고 구체적으로 인식되어야 한다. 또 하나 고려해야 할 것이 있다. 인간은 사건(Fact)에 관한 현상을 놓고도 완전한 객관성을 증명해 낼 수 없다. 인간은 같은 시간과 장소에서 같은 물건을 놓고도 각기 다른 인식을 하기 때문이다. 그러므로 인격적 하나님의 존재를 인식하는 길은 주관적 추상적 논리에 의해서도 객관적 사실 증명을 통해서도 불가능하다. 하나님과의 통할 수 있는 속성(Communicable Attribute)을 통해 인식되어야 한다. 하나님과 통할 수 있는 속성(Communicable Attribute)인 사랑, 공의, 은혜, 그리고 자비 등을 통해 하나님을 아는 것이어야 한다. 그 인식도 오직 성령님의 공작에 의해서만 가능한 일이다. 하나님과 통할 수 없는 속성(Incommunicable Attribute)을 접하게 되면 우리는 전혀 하나님을 알 수가 없다.

모세는 가시 떨기나무의 불꽃을 통해 하나님의 부분적 모습을 감지했을 뿐이다. 그러나 우주를 통치하시는 하나님의 본질을 모두 알 수 없었으나 부분적 속성만을 알고 있는 모세를 통해 하나님께서는 이스라엘 백성을 애굽에서 구해내도록 강권하셨다. 즉 속성의 부분적인 인식을 통해 객관적인 하나님의 존재를 인식할 수 있다는 말이다. 모세가 "이스라엘 백성을 구하러 가라." 는 하나님의 명령을 받았을 때 그 백성에게 하나님을 어떻게 설명하느냐? 하는 문제는 그의 큰 짐이었다. 그래서 모세는 "그들에게 하나님을 무엇이라고 말하리까?" 라고 하나님을 향해 출애굽기 3장 13절에 반문하였다. 모세는 얼마 전 호렙산에서 가시 떨기나무의 타지 않은 불길을 보았음에도 그렇게 반문하였다. 그때 하나님의 대답은 간단하였다. **"스스로 있는 자가 보냈다(출3:14) 하라."** 라고 명하셨다. 모세는 아직도 하나님의 실체에 대해 이스라엘 백성에게 설명할 자신이 없었다. 그는 다시 질문했다. "그들이 내 말을 듣지 아니하며 여호와께서 내게 나타나지 아니했다(출4:1)." 라고 반문하면 어떻게 대답해야 되느냐? 라는 것이었다. 하나님께서는 "지팡이가 뱀이 되고 손이 나병으로 변하는 기적을 보여주심으로" 하나님의 존재를 확인시켜 주셨다. 거기서 하나님께서 기억하여야 할 이름을 모세에게 다시 확인시켜 주셨는데 "아브라함의 하나님, 이삭의 하나님, 야곱의 하나님"이었다. 이 확인은 반드시 언약을 집행하시는 하나님의 인격을 보여준 것이었다. 그래도 모세는 확신이 없었다. 그래서 이스라엘 백성을 구하기 위해 "주여 보낼만한 자를 보내소서." 라고 항거하였다. 그때 여호와께서 노를 발하시며 언변에 능한 모세의 형 아론을 붙여주셨다.

기독교인들은 하나님의 존재론적 증명을 통해 인격적 하나님을 인식할 수 있는 것이 아니다. 하나님과 인격적 교제의 인식이 우선되어야 하나님의 참 존재를 인식한다. 그 인식은 삼위일체 하나님을 인식하는 길이다. 삼위일체의 인식은 하나님의 인격을 인식하는 것이다. 인격적 삼위일체 하나님을 인식할 수 있는 길은 하나님과 인간이 통할 수 있는 속성 즉 공유적 속성(共有的 屬性, Communicable Attribute)을 통해서 가능한 것이다. 그 인식도 오직 성령님의 공작에 의해서만 이루어지는 것이다.

2) 우주론적 증명(Cosmological Argument)

이 증명의 기원은 플라톤(Plato)이 주장한 "원인 추리론"이라고 볼 수 있다. 우주론적 증명(Cosmological Argument)의 본질이 인과율의 법칙에 의존하기 때문에 단순한 생성의 원인을 찾아감으로 원인과 결과(Cause and Effect)를 통해 신의 존재를 증명하는 것이다. 이 증명은 이렇다. "우주는 상호 관련된 연합체로 되어있다. 우주는 생성하고 변하는 원인이 있다. 그 원인을 찾아가면 우연이 아닌 필연에 도달하게 된다. 이 필연은 제약받지 않은 절대적 존재이다. 절대적 존재는 신이다." 라고 주장한다.

플라톤의 제자 아리스토텔레스(Aristotle)는 좀 더 세밀하게 이 증명에 대한 논증을 제시했다. "모든 사물은 변화하는데 이 변화는 개연성(Potentiality)으로부터 실현성(Actuality)에 이르는 하나의 과정이다. 이 변화의 과정을 통해 하나님의 존재를 인식한다고 주장한다."[36] 이 내용을 좀 더 구체적으로 설명하면 다음과 같다. "변화하는 물체에는 유한한 존재가 있다. 유한한 존재는 기원을 그 자체 안에 소유할 수 없다. 사물의 결과를 보고 원인을 찾아갈 수밖에 없다. 그러므로 변화하는 유한한 존재는 다른 원인으로부터 기인한다. 현 존재에는 제 1원인이 있다. 제1원인을 신으로 추정한다."[37] 라고 주장한다.

그러나 위의 주장을 우주론적 증명(Cosmological Argument)이라고 말하지만 우주의 존재를 증명함에 있어 존재론적 증명에 기초하고 있기 때문에 우주의 원인을 찾아가도 사물의 원인이 되는 신을 밝혀 낼 수 없다. 이러한 논증은 공상에 지나지 않으며 실재의 물(物)을 증명할 수 없다. 과학적으로 설명해도 마찬가지이다. 물(物)에 대한 확실하고 독점적인 원인이 되는 사건이나 물체를 발견할 수 없다. 예를 들어 보자. 전기의 빛은 열로 인해 발생한다. 그 열의 근원은 어디에 있는가? 또한 태양의 열에 대한 실체적 논증을 열거해 보자. 열은 태양에서 나온다. 그 태양은 열에 대한 원인과 결과(Cause and Effect)를 규명해 내는데 연쇄적 관계를 무한하게 연장 시킬 뿐이며 원인이 되는 최초의 열에 대한 발단을 찾을 수 없다. 그러므로 우주적 원인을 찾아가면 자연세계에서 원인과 결과(Cause and Effect)를 찾아낼 수 없다는 결론에 도달하게 된다. 존 로크(John Locke)도 이 주장에 동의하였다. 이성주의 철학자 라이프니츠(Leibniz)도 이 주장에 동조하면서 존재를 증명하기 위해서는 존재로부터 시작해야 한다고 주장했다. 그는 이것이 바로 우주론적 증명(宇宙論的 證明, Cosmological Argument)의 할 일이라고 말했다. 즉 세계의 개별적인 존재로부터 시작하여 전체적인 존재가 충족되어져야 존재의 원인을 알 수 있다는 주장이다. 그러므로 우주의 궁극적 존재를 추정하면 존재의 원인을 찾을 수 없다는 것이 영원한 숙제로 남는다.

여기서 우리가 깊이 생각할 것이 있다. 유한을 통해 무한을 추론한다는 것은 논리적으로 또한 현상학적으로 전혀 합당하지 않다는 주장이다. 유한을 통해 무한을 접촉하는 일은 한계에 부딪치게 된다. 관념적으로 신의 존재를 추정할 뿐이

---

36) Ibid, p.152.
37) Ibid, pp.152-153.

다. 실체를 아는 것은 불가능하다. 무한이 유한에게 접촉할 때는 무한이 사용할 수 있는 방법을 동원할 때만 가능하다. 그 방법론이 바로 계시의존 사상이다. 무한자 되시는 하나님께서 유한자에게 무한의 세계를 보여주실 때 무한한 하나님을 알 수 있는 것이다. 그 무한을 알려주는 계시는 객관적 기록으로 우리에게 주어진 성경이다.

나아가 우리가 처한 물(物)에 대한 경험을 통해 논리적 적용을 역학적으로 시도할 때 전혀 다른 결과를 초래할 수 있다. 이는 세속철학 세계에서도 인정하고 있는 논증이다. 이론적으로는 합당한 결과를 기대할 수 있으나 그 이론대로 실험을 시도하는 경우 전혀 다른 결과가 나타나기 때문이다.

한 가지 예를 들면 $H2O$는 물의 원소이다. 수소 두 개와 산소 하나를 합하면 물이 되어야 한다. 그러나 실제로 물이 되기 위해서는 $2H2O$가 합해져야 물이 된다. $H2O$로 합해지면 물이 되지 않는다. 논리적으로 $H2O$나 $2H2O$는 수소와 산소가 2:1의 비율이기 때문에 어느 형태로 합해도 물이 되어야 한다. 논리적으로 볼 때 2:1이나 4:2는 같은 비율이기 때문에 어느 것을 적용해도 물이 되어야 한다는 논리이다. 그러나 실제의 실험에서는 $H2O$를 합하면 물이 안 되고 $2H2O$를 합하여야 물이 된다. 그렇기 때문에 하나님을 증명하기 위해 합리적 이론에 근거하여 우주의 물(物)을 통해 존재의 원인을 찾아가는 증명은 하나의 가정설(Hypothesis)로 끝나고 만다.

또 한 가지 예를 더 들어보자. 공기 속에는 만물이 소유하고 있는 다양한 원소가 들어 있다. 아주 간단한 원소를 가지고 있는 생물을 만들기 위해 공기 가운데 있는 원소를 뽑아 그 생물이 가지고 있는 원소의 비율에 맞추어 배합시키면 현재 생존하고 있는 생물을 만들 수 있다고 생각되어진다. 그러나 그와 같은 시도는 실패한다. 이유는 간단하다. 모든 생물은 그 생물이 가지고 있는 특성중의 하나인 DNA가 존재하기 때문이다. DNA의 존재는 창조론을 논증해 주는 실체이다.

성경에 나타난 창조론은 사건의 현상이기 때문에 우주의 신비에 대해 논리적 설명으로 이해될 수 있는 것이 아니다. 창조에 대한 설명은 사건(Fact)의 결과에 대해 존재를 보여 주는 것으로 끝난다. 방대한 우주를 시공간의 제한적 존재인 인간이 경험을 통해 우주와 우주를 지으신 하나님의 인격적 사역을 알 수 있는 길은 없다. 말씀으로 천지를 창조했다는 것은 현재 존재하는 우주를 보고 성경에 기록된 말씀을 믿는 길 외에는 설명이 불가능하다. 설명이 가능한 길은 한 가지 있다. 하나님의 본체로 오신 예수님의 초자연적 사건의 간접경험을 통해 아는 길 뿐이다. 자연이 예수님에게 복종하는 것을 보고 그가 창조주임을 알 수 있다. 자연법칙을 방법론으로 도입하여 우주를 종이로 깔아 기록해도 하나님과 창조의 존재를 다 기록할 수 없다. 그렇기 때문에 세속철학에서 하나님의 존재를 증명하고 있는 논증은 겨우 존재 자체를 가정할 뿐이며 실체를 아는 길은 불가능하다. 그러므로 우리는 삼위일체 하나님을 인격적으로 신앙할 때 하나님을 안다고 말하게 된다. 예수 그리스도를 구세주로 믿을 때 아버지 되시는 하나님을 성령님께서 믿도록 인도 하시는 길이 바로 우주의 창조주를 아는 길이다. 성령님의 인도에 따라 예수 그리스도를 하나님과 동등한 분으로 믿을 때 아버지께서 만물을 창조하신 능력을 알게 된다. 창세기 1장의 창조 사건은 각 사건들을 나열한 내용으로 끝나고 있다. 그 창조를 논리적으로 또는 합리적으로 설명하지 않고 있다. 그것은 시공간의 사건으로 끝난 기록이지 합리적 설명으로 우리에게 접근하는 방법은 아니다. 그러므로 삼위일체 하나님을 인식할 때 우주를 창조하신 하나님을 아버지로 믿게 된다. 여기서 우주론적 증명(Cosmological Argument)에 대한 몇 가지 문제점을 지적해 보자.

첫째- 시공간에 존재하는 것은 존재하고 있는 실체가 있기 때문에 존재 자체의 사실(Fact)을 인정할 수밖에 없다. 이는 경험적인 사실이다. 이 세상에 태어난 사람은 자기 자신의 존재를 부인할 사람은 없다. 그렇다면 자신의 존재를 부정하는 일은 모든 존재를 부정하는 결과를 가져온다. 이러한 존재의 경험은 실존적(Existential)이지 논리적(Logical) 진술에 의존할 수 없다. 그러므로 우주론적 존재는 실체론적 즉 존재론적(Ontological) 증명을 전제하고 있다. 우주의 존재도 나의 존재와 마찬가지로 실존적(Existential)이다. 우주와 나의 변화 과정도 마찬가지다. 변화는 변화의 실체를 경험함으로 설명되어진다. 논리적 설명에 의해 설명되어지는 것이 아니다. 변화하는 존재는 변화하기 이전의 존재의 원인을 상정하게 된다. 즉 변화는 유한한 존재를 상정하게 되고 유한한 존재의 변화를 통해 무한을 상정하게 된다. 유한과 무한 사이는 시공간의 입장에서 볼 때 논리적으로 설명할 수 없는 절대 모순이 존재한다. 즉 신적작정(Decree)의 입장에서 볼 때 영원과 시간 사이에서 영원은 시간을 다스리고 섭리한다. 영원은 시공간의 절대 전제가 된다는 의미이다. 그러나 일시적 시간은 영원을 이해할 수 없다. 이것이 모순이다. 우리가 영원한 작정을 계획하신 인격적인 하나님을 신앙할 때 시공간의 사건이 영원으로부터 기원된 것을 알 수 있는 것이지 미래에 어떠한 사건이 일어날 것까지 이해하는 것은 아니다. 이는 성경이 말씀하고 있다. 영원의 세계에서는 삼위일체 하나님의 인격적 존재를 전제한다. 그 인격적 존재는 시공간의 유한 세계에서 일어날 사건들을 설계했다. 그러므로 인간은 무한세계의 설계가 유한 세계에서 집행되는 과정을 경험함으로 무한세계를 인식하게 된다. 그 인식은 오직 성령님의 사역에 의해 영원 세계의 인격적인 하나님을 신앙할 때만 가능한 것이다.

우주의 존재를 통해 무한의 존재를 알 수 있는 가능성은 슐라이어마허(Schleiermacher), 프로이드(Freud), 그리고 어거스틴(Augustine) 등도 인정한 증명들이다. 그런데 문제는 존재의 경험을 합리적으로 설명하려고 할 때 시비가 일어나게 된다. 그러므로 존재에 대한 경험은 합리적 설명을 배제한다. 그렇기 때문에 성경은 창조에 관한 합리적 설명을 첨가하지 않고 사건(Fact)의 나열로 끝나고 있다. 과거에 일어난 사건이지만 후세대에 사는 우리가 경험하지 못하고 있기 때문에 믿음으로 받을 때 과거의 역사를 이해하게 된다. 그 믿음은 성령님께서 예수님의 구속사역을 죄인의 심령 속에 공작하고 적용함으로 형성된다. 구원의 경험은 예수님을 구세주로 신앙하게 될 때 일어나는 현상이다. 그 경험은 하나님께서 우주를 창조하심을 믿게 되는 길로 연결된다.

둘째: 우주론적 증명(Cosmological Argument)에 있어 또 다른 문제점은 존재가 의존하고 있는 원인들에 대한 무한한 소급이 불가능하다는 데 있다. 존재의 원인을 추론하기 위해서는 오직 존재라는 전제가 있어야 한다. 그러므로 유한존

재를 통해 무한존재를 추론하는 것은 개념상으로 또한 실체적 존재를 통해 불가능한 일이다. 인간이 유한한 존재라는 것을 인식할 때 반대급부로 무한 존재를 인식할 수 있지만 그 무한 존재의 구체적이며 인격적인 하나님을 인식할 수 있다는 의미는 아니다. 반대급부로 나타나는 현상은 단순하게 존재한다는 개념에 불과하다. 즉 제1원인이 존재한다는 것을 인식할 뿐 인격적 창조주 하나님의 인식이 불가능 하다는 말이다. 구체적으로 무한성, 필연성, 영원성, 불변성, 그리고 주권성을 가지고 계시는 인격적인 하나님을 인식하는 것은 전혀 불가능한 일이다. 즉 말씀으로 천지를 창조하신 하나님을 신앙하는 자만 가질 수 있는 인격적 인식을 전제하지 않고 무한한 존재를 추론한다는 것 자체가 처음부터 잘못된 시도이다. 무한한 존재인식은 유한한 존재의 전제가 될 수 없다는 논증이 따르기 때문에 결국 유한한 존재를 인식하는 논증을 통해 무한한 존재를 인식하려고 하는 작업은 무위로 끝나고 만다. 무한한 존재가 무한한 방법을 동원하여 유한한 존재에게 인식시키는 그 길만이 무한한 하나님을 아는 방법이다. 그것이 바로 성경에서 말씀하는 계시론적 존재 인식이다. 무한한 하나님을 아는 방법은 무한한 인격을 계시한 성경을 통해 무한 세계에 존재하는 하나님을 아는 유일한 길이다. 그리고 무한의 인격을 소유하고 계시는 성령님을 통해서 무소부재(無所不在)의 하나님을 인식하게 된다.

3) 목적론적 증명(Teleological Argument)

목적론이란 말은 텔로스(Telos)에서 기인된 것인데 "제안된 목적 또는 완성된 결과"라는 의미를 포함하고 있다. 만물은 혼돈되지 않고 질서와 조화를 유지하면서 진행되는 목적에 대한 원인들이 존재한다. 그 원인에 대한 세력이 신의 존재를 유추하게 한다. 우주론적 논증(Cosmological Argument)은 존재의 원인을 규명하는데 초점을 맞추고 있지만 목적론적 논증(Teleological Argument)은 우주 전체를 유지하기 위한 목적은 물론 그 목적에 대한 원인까지 규명하고 있다.[38]

기독교인들이 우주를 볼 때 그 우주가 실제로 존재하기 전에 이미 전체로서 하

---

38) 박형룡 박사 저작전집, Volume XI, 변증학, (한국기독교 교육연구원, 1981), p.99.

나님의 계획 속에 그 우주가 설계되어 있었다는 것을 확신한다. 목적에 대한 원인은 동작의 의도와 동작이 가져올 목적과 관계를 가지고 있다. 우주의 조화를 형성하는 혼연일체(渾然一體)는 만물의 전체적인 형상의 원인과 그 안에 존재하는 목적과 원인들이 함께 작동하고 있다는 의미이다. 그러나 짚어 볼 것이 있다. 시편19편1-2절과 94편8-9절에 "만물이 하나님의 영광을 나타내고 그의 하신 일을 나타낸다." 는 내용은 만물에 관한 하나님의 다스림을 나타낸 증명이다. 상당수의 사람들이 목적론적 논증(Teleological Argument)에 대하여 찬사를 보내고 있는데 소크라테스(Socrates), 플라톤(Platon), 시세로(Cicero), 안디옥 감독 데오필루스(Theophilus), 라틴 교부 터툴리안(Tertullian), 그리고 심지어는 불가지론(不可知論, Agnosticism)자인 칸트(Kant) 까지도 이 논증을 지지하고 있다고 박형룡 박사는 말하고 있다.[39] 박형룡 박사는 이 논증을 성경과 일치시키려는 시도를 하고 있다. 그 시도는 시편 19편을 들어 목적론적 논증(Teleological Argument)을 뒷받침하고 있다고 주장한다. 그러나 이 문제를 깊이 있게 다루지 아니하면 목적론적 논증(Teleological Argument)을 신적적정(Decree)론에 나타난 시원론적(始原論的, Basis of Beginning) 입장으로 오해할 수 있다. 그러므로 다음의 설명에 주의를 기울일 필요가 있다.

기독교 변증학(Christian Apologetics)에서 볼 때 목적론의 주장은 상당한 문제점을 가지고 있다. 물론 세속철학에서 주장하는 유신론 증명 가운데 기독교에 가장 가까운 이론은 목적론적 증명(Teleological Argument)이라고 말할 수 있다. 그러나 그 이론이 기독교에 가장 가깝다고 해서 기독교와 같은 색깔로 간주하는 것은 절대 금물이다. 회색주의 기독교 변증학(Grey Christian Apologetics)은 오히려 기독교 교리를 더욱 혼란스럽게 만들어 왔기 때문이다. 혹자들은 목적론적 증명(Teleological Argument)을 합리화 시키려는 의도를 가지고 헤겔(Hegel)의 관념주의를 기독교와 접목시키기 위해 신적작정의 교리와 정(Thesis). 반(Antithesis). 합(Synthesis)의 역사적 변증법(辨證法, Dialectic)을 결합시켜 공통점을 찾으려는 경우를 자주 접하게 된다. 이러한 위험한 시도는 신적작정(Decree)과 목적론적 증명(Teleological Argument)을 올바로 이해하지

---

39) Ibid, pp.100-104.

못하는 원인으로부터 나타난 결과이다. 그런 시도는 오히려 기독교를 타락시키는 아주 교묘한 술책의 한 방법이다. 목적론적 증명은 현상세계에 나타난 우주의 조화와 질서를 통해 신의 기원을 추론하는 일이며 또 만물의 목적과 결과에 대한 실체를 추정하는 데에는 한계를 드러내고 있다. 신적작정이 말하는 창조 이전의 인격적 삼위일체 하나님의 계획에 대해서는 전혀 언급을 못하고 있다. 더구나 목적론은 만물에 대한 하나님의 보전, 다스림, 그리고 섭리에 관한 내용은 전혀 언급할 수조차 없는 이론이다. 만약 목적론에서 우주의 기원과, 조화와, 질서를 주장하며 또한 그 목적과 결과까지 말할 수 있다면 그와 같은 일들이 자연적으로 발생되며 자연적으로 결과가 일어날 것으로 믿는가? 거기에는 어떤 원인과 결과가 작용하며 무슨 힘에 의해 그런 일이 일어나고 있는지 구체적인 증명이 있어야 하지 않는가? 목적론적 증명(Teleological Argument)에서는 그러한 대답이 없다. 그러나 신적작정(Decree)은 말한다. 하나님께서는 성경을 통해 만물에 대한 계획을 가지시고, 창조하시고, 만물을 통치하시고, 만물을 보전 하시고, 만물을 섭리하시며, 그리고 종말에 가서는 예수님의 재림으로 인해 인류를 그 행위대로 심판하시며 새 하늘과 새 땅을 구성하시고 통치자가 될 것을 선언하고 있다.

헤겔(Hegel)의 변증법(Dialectic)에 의한 역사의 진행 과정은 정(正, Thesis), 반(反, Antithesis), 합(合, Synthesis)에 의해 역사가 진전 되는데 합(Synthesis)이 다시 새로운 정(Thesis)으로 등장함으로 역사의 개념이 된다고 말한다. 아주 호감이 가는 말이다. 그러나 합리적으로 볼 때, 역사의 절대변수를 생각해 보면, 이러한 법칙은 전혀 이론적으로도 맞지 아니할 뿐 더러 현실적으로도 부당한 주장이다. 역사의 흐름을 보면 절대변수가 존재한다는 것은 분명코 절대자가 역사를 주관하고 있음을 말해주고 있다. 그 절대자는 신적적정(Decree)의 주인임을 알 수 있다. 역사의 흐름을 단순한 정(Thesis), 반(Antithesis), 합(Synthesis)의 이론에 귀착 시킨다면 사실상 역사에 관한 해석 자체가 불가능한 곳으로 떨어져 버리게 된다. 역사는 심오한 뜻이 들어 있을 뿐만 아니라 다양성에 있어서도 무한한 사건들이 돌출 되고 있다. 거기에는 하나님의 주권적 사역이 작용하고 있기 때문이다. 역사는 인간의 합리적 해석이 빗나갈 때가 허다하다. 그 이유는 하나님의 통치가 인간의 상상력을 초월하기 때문이다. 초자연적 존재인 하나님께서 주권적 다스림으로 역사를 주관하시기 때문에 섭리적으로 역사를 해석하지 못하면 참된 역사해석이 불가능하다.

목적론적 증명(Teleological Argument)이 만물에 관한 원인과 목적을 언급한다고 해서 기독교가 주장하는 신적작정(Decree)의 교리와 연관을 시키는 일은 매우 위험천만한 일이다. 목적론적 증명(Teleological Argument)에서는 만물에 대한 기원을 어디에 두느냐? 하는 문제와 목적을 종말적인 입장에서 어떻게 해석하느냐? 하는 문제에 대해서는 정확한 대답이 없다. 그런 해답이 없는 애매한 증명은 범신론에서나 자연신론에서도 말할 수 있다. 우주에 대한 인간의 지식은 빈약하기 짝이 없다. 얇은 인간의 지식으로 광대한 하나님을 증명하려는 수작은 변죽만 울리다가 마는 일이 될 것이다. 인간은 지식의 한계가 있기 때문에 자신의 주위에 관계된 내용만을 지식의 근거로 삼고 있다.

그러나 주위와 관계된 환경은 인간의 지식을 앞서고 있다. 즉 우주는 주위 환경과 동일 선상에 있다는 의미이다. 그렇기 때문에 광대한 우주를 인간이 이해하지 못하는 것은 하나님을 이해하지 못하는 길로 연결된다. 하나님께서는 우주의 근원적인 배경을 조성하시고 다스리신다. 이 근원적인 배경을 통하여 인간은 자신과 주위 환경을 해석하는 자료를 얻게 된다. 이 자료들은 궁극적으로 인간이 인격적인 원인을 요구하는 것들이다. 모든 만물들은 비인격적인 사물들이다. 그러나 그것을 다스리시는 인격체가 있기 때문에 인간이 비인격적인 요소를 통하여 인격적인 해석을 요구하고 있다. 이 말은 인간의 근본적인 인격체의 요구는 하나님을 요구하고 있다는 뜻이다. 결국 우주와 인간은 하나님에 의해 해석되어져야 한다는 말이다. 이 해석은 하나님의 계획인 신적작정(Decree)에 의해서만 가능하다. 그렇다면 목적론적인 하나님의 존재증명은 신적작정(神的作定, Decree)에서 볼 때 아무 의미가 없는 이론에 불과하다.

신적작정(Decree)은 시간 이전의 영원 세계에서 성립된 만물에 관한 완전한 설계도인데 삼위일체 하나님께서 세우신 불변의 계획이다. 이 계획은 시간과 공간의 세계에서 기계론적 법칙들(Mechanical Laws)에 의해 하나님의 뜻을 따라 실행되어지고 있다. 기계론적 법칙(Mechanical Law)이란 의미는 이미 정해진 설계도에 의해 진행된다는 뜻이다. 그러나 그 기계론적 법칙들(Mechanical Laws)은 목적론적 법칙들(Teleological Laws)보다 앞서지 못한다.[40] 이러한 목적론적 법칙들은 우연이나, 임시방편이나, 그리고 자연 법칙 또는 기계적 법칙(Mechanical Law)에 의해 형성된 것이 아니다. 이 목적론적 법칙들(Teleological Laws)은 창세이전의 시원적 예정(始原的 豫定, Predestination of Basis of Beginning)에 의해 종말이 이루어지는 목적론적 법칙이다. 세속철학에서 말하는 목적론적 논증(Teleological Argument)은 우주의 조화와 혼연일체를 통한 목적의 원인을 찾아감으로 신에 대한 증명을 시도하고 있다. 이러한 논증은 시원적 신적작정의 계획에 의해 세워진 종말적 목적론하고는 전혀 다른 내용이다. 하나님께서는 창세전에 우리의 구원계획을 포함하여 우주에 대한 모든 계획을 작정하셨다. 그 계획은 영원에 있어 단수성(Unity)과 복수성(Plurality)을 포함한다.

단수성(Unity)과 복수성(Plurality)의 인격체는 영원한 삼위일체 하나님이다. 이러한 인격체인 영원한 **단수성(unity) 즉 삼위일체 하나님은 영원한 복수성(Plurality) 즉 신적작정(Decree)**의 계획을 설계하셨는데 이 계획은 시공간 세계에서 사건들이 완성되어질 절대 전제가 된다. 세속철학의 세계에서 아무리 이 문제를 해결하려고 해도 불가능한 일이다. 세속철학에서 목적론적 논증(Teleological Argument)을 통해 하나님을 증명하려고 해도 영원한 단수성(Unity)과 복수성(Plurality)을 해결하지 못한다. 이 문제는 창세 이후의 시공간 세계에 들어와서도 같이 적용된다. 유한 세계에서 시공간의 사건들을 다스리시는 삼위일체 하나님께서는 창세전의 계획된 설계도에 따라 전혀 오차 없이 계획을 집행하신다. 즉 유한 세계에서의 단수성(Temporal Unity)과 복수성(Plurality)은 영원 세계에서의 단수성(Eternal Unity)과 복수성(Plurality)의 계획에 따라 모든 일들이 집행되어지고 있다. 그 집행된 일들은 영원전의 목적론이 영원 후의 목적론과 동일 선상에서 이루어진다. 이것이 세속철학에서 말하는 목적론적 증명(Teleological Argument)과 기독교에서 말하는 시원론(Basis of Beginning)

---

40) Cornelius Van Til, The defence of the faith, (Presbyterian and Reformed Publishing Co, New Jersey, 1980), p.27.

에 의한 종말적 목적론과의 근본적인 차이이다.

4) 도덕론적 증명(The Moral Argument)

칸트(Immanuel Kant)는 실천 이성 비판(Critique of Practical Reason)을 통해 신에 대한 논리적 증명을 거부하고 도덕적 체험을 통해 신을 가정하는 유신론적 논증을 피력했다. 이러한 주관적 체험을 통한 가정설(Hypothesis)은 신에 대한 필연성을 거부하게 만들었다. 칸트(Kant)의 가정설(Hypothesis)은 불가지론(Agnosticism)으로 유도되고 말았다. 불가지론(Agnosticism)의 입장에 기반을 둔 가정설(Hypothesis)은 도덕률을 통한 최고의 선(善)인 성경에서 말씀하는 하나님을 무시하게 만들어 버렸다.

한편 솔레이(W.R. Sorley)는 칸트(Kant)의 논증에 반대되는 주장을 펴고 있다. "객관적인 도덕률이 인간의 의식 속에 독립되어 있으며 인간이 그 도덕률을 준수하지 못함에도 불구하고 그 도덕률이 존재하고 있다는 것을 인식하고 있다. 그러한 도덕률은 모든 유한한 정신보다 더 뛰어나고 더 앞서며 독립된 하나의 도덕법칙이기 때문에 이러한 객관적인 도덕률을 파생시킨 절대정신이 있어야 한다. 절대정신은 신을 말하지 않고는 불가능한 논증이다."[41] 라고 주장하였다.

이에 대하여 박형룡 박사는 그의 기독교 변증학에서 도덕에 관하여 양심을 개입시켜 다음과 같은 내용으로 신의 존재를 논증하고 있다. 솔레이(Sorley)가 주장하는바 "도덕률과 절대정신의 연관성을 통해 신의 존재증명을 밝혀내려고 하는 입장과는 차이가 있는 논증이 있는데 그것은 도덕률과 절대정신의 연관성에 양심을 개입시키는 문제이다. 즉 도덕적 논증은 하나님의 존재와 도덕성에 대한 양심의 증거로부터 출발하여 도덕을 통하여 하나님의 존재를 증명하는 입장이다. 양심의 증거를 통해 신의 존재를 증명하는 주장은 이렇다. 즉 우리가 만일 세계의 도덕적 사실들을 양심 이외의 견지에서 고찰하면 선과 악을 동일한 근원

---

41) Norman Geisler and Winfried Corduan, Philosophy of Religion, (Wipf and Stock Publishers, Eugene, Oregon. Jan 2003), pp.109-111.

으로 생각하기 쉽다. 그것은 선과 악이 서로 섞여 있기 때문이다. 그러나 양심은 선과 악이 반대됨을 명시하여 선은 하나님의 표현이지만 악은 그 반대의 세력이다."[42] 라고 박형룡 박사는 솔레이(Sorley)의 주장을 소개하고 있다.

그러면서 박형룡 박사는 칸트(Kant)가 도덕론적 증명(Moral Argument)을 명백히 진술한 최고의 학자라는 모순적인 진술을 드러내고 있다. 그는 칸트(Kant)가 주장한 최고의 선(Summum Bonum)에 관한 논설을 다음과 같이 설명하고 있다. "최고의 선은 두 요소로 구성되어 있는데 하나는 완전한 덕(Virtue)으로 하나님을 의미하고 둘째는 완전한 행복인데 영생을 의미한다." 여기에서 칸트(Kant)는 세 가지의 가정설(Hypothesis)을 들어 하나님의 존재를 설명하고 있다. "그것은 영생, 자유, 그리고 하나님의 존재 세 가지이다. 이 세 가지는 지적(知的)으로 이해 될 수 있는 최고의 선(Summum Bonum)이 존재할 수밖에 없다는 필연적 상태에 의해 최고의 독립적 선이 존재함을 추측한 것이다."[43] 라고 말했다.

기독교인으로서는 위의 논증을 받아들일 수 없는 이유가 있다. 칸트(Kant)의 실천이성(實踐理性, Practical Reason) 비판은 인간이 가지고 있는 선에 대한 의지를 선(善) 자체로 인정하고 있기 때문이다. 신에 대한 합리적 증명을 거부한 것은 어느 부분 옳은 생각이다. 그러나 도덕적 체험을 통해 신을 알 수 있다고 가정하는 것은 역시 근거 없는 존재증명에 끝나고 말 것이 명확하다. 하나님의 존재는 가정을 필요로 하지 않는다. 존재는 존재로 끝난다. 하나님에 대한 존재의 전제가 없이 창조가 성립될 수 없다. "내가 존재 한다"는 것은 내가 존재하기 이전의 존재의 원인이 있기 때문에 내가 존재 하는 것이다. 여기에서 말하는 "존재 이전의 존재의 원인"에 대해서 하나님 존재의 원인은 어떤 존재이냐?를 유추하는 논증은 성립될 수 없다. 즉 만물에 관한 존재의 원인은 하나님이시라는 의미이다. 오직 하나님만 스스로 존재하시는 모든 존재의 원인이시다. 그러므로 칸트(Kant)가 말한 존재의 가정설(Hypothesis)은 일고의 가치가 없는 주장이다.

---

42) 박형룡 박사 저작전집, Volume XI, 변증학, (한국기독교 교육연구원, 1981), p.146.
43) Ibid, p.148.

또한 칸트(Kant)는 인간의 의지를 규정하는 것은 개체적이며 경험적인데 있다고 말했다. 동시에 이러한 개체적 경험은 자기를 사랑하고 자기 행복을 추구하기 때문에 참된 도덕적 영역에서 제외 시켰다. 그리고 경험에 의존하지 않고 있는 순수한 의지는 이성적 존재자의 의지에 따라 보편타당의 법칙에만 따라야 한다고 말했다. 또한 그는 인간의 의지는 보편타당의 법칙을 자기 스스로 만들어 냄으로 자율(自律)을 획득한다고 말했다. 이러한 자율적인 입법자는 자기 목적적인데 공동체로서의 왕국을 형성하는 것이 우리들의 이상이라고 주장했다.[44] 결국 그의 실천 이성 비판(Critique of Practical Reason)은 선에 대한 인간의 의지에 대하여 오해와 실천에 관한 오해를 불러일으키는 데에 끝나고 말았다.

칸트(Kant)의 이러한 주장은 자체 모순을 드러내고 있다. 인간의 의지는 인격이 형성될 때 창조주로부터 받은 고유한 특성이다. 개체적이며 경험적인 부분으로부터 의지를 결정한다면 짐승보다 못한 경험을 개체적으로 체험한 사람은 그의 의지가 많은 사건들을 접할 때 포악한 의지만 작용하고 말 것이다. 그렇다면 그의 의지는 최고의 선(Summun Bonum)이라는 목표에 전혀 도달하지 못할 것은 당연한 이치이다. 그렇기 때문에 칸트(Kant)는 자기행복을 추구함에 있어 개체적 경험을 참된 도덕적 영역에서 제외시켰는지 모른다. 그러나 비 기독교인들은 물론 우리 기독교인들 역시 행복을 추구하고 있다. "그것이 어디로부터 나온 것인가? 그리고 행복의 목적이 어디에 있는가?" 하는 문제는 일반인들이 말하는 도덕론적 입장과 기독교인들의 도덕론적 입장 사이에 근본적인 차이가 있다. 하나님의 영광을 외면하면 아무리 자기 자신을 버리고 공공의 유익을 추구한다고 해도 그것은 자아에 의존한 자기행복을 추구하는 것뿐이다. 거기에는 창조주와의 관계가 형성되어 있지 않기 때문에 참된 행복이 없다. 인간의 의지는 본래적으로 창조가 그 기원이다. 칸트(Kant)의 주장대로 개체적이며 경험적으로 의지가 규정 된다면 인간의 의지는 도덕론적 논증을 통해 하나님을 증명하려는 시도는 아예 처음부터 불가능한 일이다. 그것은 인간이 이미 하나님의 영역을 벗어나 있어 인간의 자아가 의지의 주체가 되어 있기 때문에 하나님의 도덕률과 무관하다.

---

44) 철학대사전, (학원사, 서울시, 영등포구 양평동, 1974년 10월), p.659.

인간이 가지고 있는 선(善)에 대한 의지는 하나님의 선(善)과 연관하여 생각해야 한다. 그러나 세속철학의 영역에서 그리고 기타 종교에서는 자율적 도덕관념에다 선(善)을 생각하고 있을 뿐이다. 거기에는 사실상 인간이 하나님을 향한 선(善)에 대한 의지가 없다. 더구나 실천적 의지는 전혀 불가능하다. 칸트(Kant)가 주장하는 개체적 실천에 따라 의지가 결정된다면 하나님을 증거 하는데 있어 역기능을 발생할 뿐이다. 전적타락(Total Depravity)의 존재인 인간이 실천에 의한 의지를 밝게 하여 하나님의 존재를 증거 한다는 것은 전혀 현실적으로도 합당하지 않는 주장이다. 기독교인이 주장하는 전적타락은 인간의 자력으로 하나님의 선에 도달할 수 없다는 의미이다. 전혀 하나님의 선(善)에 대해 의지뿐 아니라 실천은 불가능하다. 그런 의미에서 칸트(Kant)는 인간이 추구하는 선(善)에 대한 의지와 실천적 면을 전혀 현실적으로 이해하지 못하고 있다. 그 이유는 인간의 의지를 결정하는 것은 경험에 의존하고 있다는 것을 말하고 있기 때문이다. 사실 인간의 의지가 경험에 의존된다면 인간의 태생적 의지를 부정하게 된다. 창조될 때 인간이 하나님으로부터 받은 본능적 의지를 거역하는 것이기 때문이다.

또한 칸트(Kant)가 말하는 타당한 보편적 법칙에 대한 존재자의 개념이 대단히 애매하다. 존재자의 개념을 말할 뿐 존재자의 구체적 정의가 나타나지 않고 있으며 또한 존재자의 인격적 언급이 없다. 그 이유는 존재자의 가정설(Hypothesis)을 주장하기 때문이다. 칸트(Kant)가 주장하는 존재자의 가정설(Hypothesis), 실천이성(Practical Reason), 그리고 타당한 보편적 법칙은 사실상 허구적인 이론에 불과하다. 존재자의 가정설(Hypothesis)은 실천으로 연결 될 수 있는 것이 못된다. 실천은 존재의 확실성을 요구하기 때문이다. 나아가 타당한 보편적 법칙은 객관적 존재와 실천을 요구한다. 기독교는 시공간의 사건에 기초를 둔 객관적 역사에 의해 예언이 형성된 종교이다. 그리고 그 예언이 객관적 성취와 구체적 역사관을 가지고 있기 때문에 객관적 도덕률에 대한 구체적 인격자가 존재하는 종교이다. 기독교의 도덕적 개념은 도덕적 창시자의 인격적 존재를 전제한다. 그 전제는 시공간의 역사에서 예언과 실천으로 구체화 되었다. 예수님께서는 완전한 하나님의 인격을 소유하시고, 인간의 육을 취하시고, 그리고 시공간의 역사 선상에 오셔서 하나님의 인격을 나타내는 도덕률을 완성하신 분이다. 즉 기독교만 존재자의 실체와, 도덕률과, 그리고 보편적 법칙의 완성에 관한 일관성을 소유하고 있다.

칸트(Kant)는 인격적 하나님을 전제하지 않고 인간들이 추구하는 유토피아(Utopia)를 공동체의 왕국과 동일시하고 있다. 이러한 사상을 가지고 있는 실용주의적(實用主義的, Pragmatism) 자유주의자들은 그 유토피아에 정신을 잃을 만큼 매혹되고 있다. 그렇기 때문에 예수님께서 이 땅에 오셔서 아담이 실패한 도덕률의 완성을 통해 메시아 왕국의 심판주가 되셨다는 신학적 주장에 대해서는 펄쩍 뛰며 반대하고 있는 실정이다.

우리는 최고의 선(Summum Bonum)으로서 하나님의 존재에 대한 인식을 말할 때 칸트(Kant)의 사상을 원천적으로 침몰시키고 기독교의 참된 윤리적 실천이념을 말해야 한다. 칸트(Kant)가 최고의 선(Summum Bonum)을 주장했다고 해서 성경이 말씀하는 내용과 접촉점(Point of Contact)을 찾으려 한다면 살아계신 인격적 하나님께서 계시하신 최고의 선(Summum Bonum)인 성경의 도덕률을 대항하는 자가 될 수밖에 없다. 칸트(Kant)처럼 창조를 전제하지 않고 도덕률을 생각해 보자. 하나님께서 주신 도덕률에 대한 인간의 인식이 피조 된 위치를 무시하고 경험에 의한 자기 의지에 따라 도덕률을 규정한다고 할 때 인간 스스로 하나님의 피조물이라는 것을 거역할 뿐 아니라 하나님과의 언약적 관계를 형성하고 있는 객관적 자아의 도덕성과 기준이 파괴되고 말 것이다. 그러한 자기 의지는 관념론적 자기 아집주의의 의지에 불과한 것이다. 총체적으로 생각해 볼 것은 비기독교인들이 주장하는 주지주의, 의지주의, 민족주의, 이기주의, 공리주의, 행복주의, 도덕주의, 그리고 모든 윤리학의 관점은 전혀 자기 위주의 주관적인 주장에 불과하다. 그러한 주장은 하나님과 인간을 대등한 위치에 두고 연관관계를 형성하는 정도에 불과하다. 그리고 특히 칸트(Kant)의 사상은 하나의 가정설(Hypothesis)에서 시작하여 가정설(Hypothesis)로 결론 짓고 있다. 이러한 가정설(Hypothesis)에 기초한 도덕론적 증명을 예언과 역사의 일치를 이루고 있는 기독교와 연관시킨다는 것은 전혀 불가능한 일이다. 우리가 도덕론적 증명과 기독교의 접촉점을 찾기 시작하면 시작하는 그 순간부터 이미 회색주의 기독교로 변질된 길을 걷게 된다. 그런 의미에서 우리는 칸트(Kant)의 도덕론이 반 기독교적이라는 것을 알아야 한다.

5) 역사적 증명(Historical Argument)

이 증명은 일명 종족적 증명(Ethnological Argument)이라고도 말한다. 그 이유는 인간은 모든 종족에 따라, 각기 신의 관념이 다르지만, 신에 대한 감정을 가지고 있기 때문이다. 역사 선상에 나타난 모든 종교의 외적 의식(External Cultus)은 종족에 따라 다르게 나타나 있다. 이러한 현상은 보편적으로 나타나고 있지만 사람의 본성에 속해 있는 종교적 의식이 본능적으로 존재하고 있다는 사실을 말하고 있다. 이러한 본능적 존재현상은 사람이 종교적 존재로 구성되어 있다는 지고의 실유(Higher Being)에서 그 원인을 찾을 수 있다.[45] 라고 벌코프(Louis, Berkhof)가 그의 조직신학에서 설명하는 내용이다.

그러나 박형룡 박사는 그의 기독교 변증학의 [역사적 논증]에서 다른 의견을 피력하고 있다. 종교적 논증의 제목 아래 종족적 논증을 말할 수는 있으나 보다 더 넓은 의미에서 역사적 논증은 하나님의 존재를 추론해야 한다고 주장했다. 즉 세계의 역사는 세계를 통치하는 초자연적 권력의 존재를 암시한다고 주장했다. 박형룡 박사는 또 한 가지 다른 논증을 개입시키고 있는데 역사적 논증에 도덕론을 개입시키고 있다. 역사 선상에 나타나고 있는 목적 있는 진행과 도덕정치의 원리들은 신의 존재를 말하고 있다고 주장한다. "역사는 사변(事變)의 도덕성을 가지고 있다. 인류역사를 전체적으로 볼 때 도덕적 진보와 성장의 과정으로 볼 수 있다. 자유, 정결, 공의, 그리고 자선에 관하여 인생들의 사상이 넓어지고 통일화 되어가고 있다. 이로 인하여 법과 제도가 개선되어가고 있다."[46] 고 말하고 있다. 또 한편으로 박형룡 박사는 도덕적 사변에 대한 발전을 맥킨토쉬(James Mackintosh)의 예를 들어 회의적인 면을 소개하고 있다. 즉 인간은 도덕적으로

---

45) Louis, Berkhof, Systematic Theology, (Eerdmans Publishing Co, Grand Rapids, Michigan, 1977), p. 27.
46) 박형룡박사 전작전집 XI, 변증학, (한국기독교 교육연구원, 1981년 7월), p.168.

보다 더 타락의 길을 걷고 있다는 주장이다. 그러면서 역사 선상에 나타난 도덕적 진보에 대하여 구체적인 가부의 언급이 없이 동의하는 것 같이 보이는 내용을 피력하고 있다.[47]

벌코프(Berkhof)는 역사적 증명을 비평적으로 수용하고 있다. 역사적 증명은 하나의 보편적인 현상으로 나타나는 원시 조상들의 종교를 잘못 이해하고 있는 데서부터 기인하고 있다고 주장한다. 원시종교들은 문명이 발달되지 못했을 때는 강하게 나타났지만 문명이 발달되면 사라진다는 주장이다. 이러한 주장은 박형룡 박사의 의견과 부분적으로 상치되는 내용이다. 그러나 우리가 객관적으로 인류의 역사와 종교의 관계를 살펴보면 역사 선상에 나타난 각종 종교의 종류나 현재 널리 퍼지고 있는 종교와 사회현상을 살펴보면 문명의 발달과 상관없이 모든 사회 각 분야에 걸쳐 갖가지 종교는 깊고 그리고 넓게 퍼져 있음을 알 수 있다. 즉 전 일류는 기독교 아니면 타종교를 신봉할 수밖에 없는 인간의 종교적 본성을 나타내고 있다.

기독교인은 언제나 최고의 선(Summum Bonum)으로서 하나님의 계시와 그의 나라를 전제하는 도덕론과 역사성을 유지해야 한다. 이 의미는 비기독교인들이 주장하는 도덕론적 하나님의 인식론과 공통분포가 형성될 수 없다는 말이다. 비기독교인들의 윤리는 하나님 나라의 윤리학과는 전혀 다른 내용을 주장하기 때문에 기독교에서 주장하는 인격적 하나님에 관한 윤리학과는 근본적인 차이가 있다. 비기독교인들이 그들의 도덕론을 통한 하나님에 대한 존재증명은 존재 이상 어떤 인격적인 교제는 전혀 생각할 수 없는 논증이다. 기독교의 윤리는 하나님의 존재뿐만 아니라 하나님의 인격적 통치와 교제를 통한 도덕론을 명확하게 제시하고 있다. 아담이 받은 도덕률은 창조주와 피조 된 인간 사이의 절대적 질서유지의 한계선이다. 그 명령은 "지키면 살고 어기면 죽는다." 는 절대 절명의 생명을 전제한 도덕률이다. 그 명령은 생명의 예수 그리스도와 상관관계에 있었다. 오직 예수님만 그 생명을 전제한 절대 명령을 능동적으로 수행할 수 있는 유일한 분이다. 그리고 예수님의 능동적 순종(Active Obedience)은 언약의 백성

---

47) Ibid, pp.170-171.

에게 완전하고 충분한 효과를 가져다준다. 그러나 비기독교인들은 그 중요한 도덕률을 하나의 이야기 거리 내지 관념적 윤리의 기준으로 치부해 버린다. 비기독교인들의 도덕론적 신에 대한 존재증명은 자기 관념론에 의지한 도덕적 초월자를 말할 뿐이다. 즉 그들의 도덕적 관념론은 실현되어 가는 자아에 대해 자기개념에 기반을 둔 비인격적 유신론을 말할 뿐이다.

성경에서 말씀하는 최고의 선(Summum Bonum)은 인간이 소유하고 있는 자기 관념론적 절대자의 개념이 아니다. 성경은 절대적인 이상(理想)이 존재하고 있는 윤리를 명령하고 있다. 이 절대적 이상은 하나님 나라를 수행하는 도덕률이다. 문제는 타락한 인간이 도덕률을 수행할 능력을 상실해 버렸다는데 있다. 그런데도 성경은 각자의 인격에 깊숙이 파고들어 온 악을 근본적으로 멸절 할 것을 성경은 요구하고 있다. 악을 멸절 시킨다는 문제는 자기 관념론에 취한 자들이 생각하는 것과 본원적인 차이가 있다. 그러므로 최고의 선(Summum Bonum)에 도달하는 문제는 악을 멸절 시키는 그 자체에 있는 것이 아니라 하나님의 선물을 수용하는 곳에 있다. 모순처럼 보이는 이 문제는 인간에게 임무가 주어지되 결국 은혜의 선물에 의한 임무를 수행할 수밖에 없다는 말이다. 이것이 하나님 나라를 수행하는 최고의 선(Summum Bonum)이다. 그것은 하나님께서 명하신 도덕률을 선용하는 방향으로 가게 된다. 하나님의 존재를 인격적으로 받아들이는 기독교인은 최고의 선(Summum Bonum)인 하나님의 나라를 이룩하기 위해 도덕률을 수행하되 목숨을 걸고 수행하려고 한다. 그 수행은 스스로 순교라는 제물이 되는 길이다. 구원의 선물을 받았기 때문에 순교의 제물이 되려고 하는 것이지 도덕률을 수행함으로 구원의 선물을 받을 수 있는 것이 아니다.

II. 기독교 변증학의 전제

이미 언급한 대로 19세기까지 기독교 변증학(Christian Apologetics)의 주류는 초대교회로부터 회색주의에 기반을 둔 기독교 변증학의 전통을 이어 왔었다. 20세기에 들어와 메이첸(Gresham Machen) 박사는 성경의 전제를 중요시하는 사상을 드러내기 시작했다. 뒤를 이어 밴틸 박사(Cornelius Van Til)는 성경의 전제주의(Presuppositionalism) 사상을 확고하게 정착시켰다. 고전적 변증학(Classical Apologetics) 즉 전통적 변증학(Traditional Apologetics)으로는 인격적인 삼위일체 하나님을 성경대로 논증할 수 없다고 주장하는 것이 전제주의(Presuppositionalism) 기독교 변증학(Christian Apologetics)의 입장이다. 고전적 변증학(Classical Apologetics) 즉 회색주의 기독교 변증학은 스콜라주의(Scholosticism)를 배경으로 하여 성경에 기록된 하나님의 존재를 인간의 심리에 기반을 두고 합리적으로 인식하는 선에서 머물고 있다. 그러나 전제주의 변증학(Presuppositional Apologetics)은 성경이 말씀하는 인격적 삼위일체 하나님을 논증하는 교리에다 기반을 두고 있다.

개혁파 신학의 기독교 변증학(Christian Apologetics)은 하나님께서 인간을 창조하시고, 만물을 다스리시고, 섭리하시고, 창세전에 만물에 대한 계획을 정하시고, 예정에 따라 예수 그리스도를 구속주로 보내시고, 그리고 그리스도 안에서 인간들을 구원하시기로 예정하신 하나님의 계획을 강조하는 신학에 기초를 두고 있다. 이러한 교리는 하나님의 말씀인 성경을 전제하고 있다. 이 교리는 성도들로 하여금 하나님의 말씀을 그들의 심령 속에서 말씀과 함께 그리고 말씀에 의해 증거 하시는(bearing witness by and with the Word in their hearts) 성령님의 내적 공작에 의해 말씀을 수용한다는 것을 우선으로 하고 있다.[48]

위에 진술된 교리는 전제(Presupposition)를 배제하고 성립될 수 없는 신앙

---

48) Cornelius Van Til, The Defence of the Faith, (Presbyterian and Reformed Publishing Co, Phillipsburg, New Jersey, 1980), p.179.

고백이다. 이 전제적 교리는 그 이전에 또 하나의 전제가 있는데 그것은 절대적인 성경의 권위이다. 그 절대적 권위는 성경이 하나님의 말씀이라는 독자적인 위치에서 변함이 없기 때문에 신구약 성경을 통하여 사실계시는 설명계시를 증명하여 왔다. 또한 설명계시는 사실계시를 해석해 주고 있다. 만약 성경에 관한 전체적인 교리에 있어 절대적 전제를 무시하고 단 한가지의 교리만을 수정하려 한다고 가정하자. 그 가정은 성립될 수 없는 교리를 수반하게 된다. 즉 단 한 가지 삼위일체 교리를 거부한다고 할 때, 그 한 가지 교리를 거부하면서 성경이 말씀하고 있는 다른 교리를 신앙한다고 하면 이는 자체적 모순을 범할 수밖에 없다는 말이다. 삼위일체 교리는 신적작정의 교리, 창조의 교리, 섭리의 교리, 구속의 교리, 그리고 종말의 교리까지 필연적 관계를 형성하고 있다. 삼위일체의 교리는 종말론까지 연결되어 있기 때문에 구원 얻은 성도는 성경에 기록된 한 가지의 교리를 신앙하게 되면 성경의 모든 교리를 신앙할 수밖에 없다. 기독교 교리는 하나의 논증이 다른 여러 가지의 논증을 증명하는 연결고리로 형성되어 있기 때문이다.

인간 이성에 기초한 논증은 최종적으로 인간의 의지가 전제될 수밖에 없다. 그러나 기독교 교리는 성경이 기본적 전제가 된다. 성경의 기록은 제1의 저자인 성령님에 의해 이루어졌다. 그러므로 죄인이 성경을 하나님의 말씀으로 수용하는 신앙은 성령님의 감동으로 기록된 성경의 내용을 성령님에 의해 하나님께서 전해 주신 계시의 말씀으로 믿을 때 형성된다. 성경의 저자인 성령님께서 죄인의 심령 속에 성경을 하나님의 말씀으로 믿도록 공작함으로 말씀을 신앙하게 된다. 개혁파 신학의 구원론에 있어 죄인이 예수 그리스도를 구세주로 받아들이는 전제는 말씀과 성령님의 합작이다. 성령님께서 말씀을 사용하시어 죽어있는 죄인의 심령 속에 새 생명을 탄생시킨다.

만약 우리가 불신자와 신학적 논쟁을 한다고 가정하자. 성경의 권위를 조건 없이 받아들이는 성도와 성경을 믿지 않은 불신자가 대화를 할 때 기독교인이 전제(Presupposition)에 입각하여 "오직 그리스도만을 믿을 때 구원 얻을 수 있다."고 전도하면 불신자와 대화가 단절 될 것을 우려하는 사람들이 많을 것이다. 그러나 사실상 정 반대의 현상이 일어난다. 불신자는 그 심령 속에서 구원에 관한 의문이 일어나게 될 것이고 그 의문을 풀기 위해서는 질문을 던질 수밖에 없을 것이다. 질문은 대화를 유도하는 좋은 매개물이다. 만약 전제를 무시하고 공통분포를 찾아 대화를 모색하게 되면 기독교 외에 세속철학과 타 종교에 대한 이야기로 꽃을 피우다가 구원의 문제와 인격적인 하나님에 관한 내용은 머릿속에서 사라지고 진리를 증명해야 할 시간과 내용을 놓쳐 버리고 말 것이다.

하나님의 실재론(Reality)에 들어가 인격적인 하나님의 존재에 대해 대화를 이어나간다고 생각해 보자. 불신자들은 신적작정, 창조론, 하나님의 주권적 통치, 그리고 섭리론 등을 거역하는 입장에 서서 논증을 이어갈 것이다. 그렇다면 종국에 가서는 인간이 처하고 있는 사건들을 하나님의 섭리로 해석하는 문제를 거절하고 말 것이다. 즉 자신이 태어나 삶을 유지한 사실에 대해 하나님과 관계를 가지고 있다는 것을 부정하게 된다. 인간이 우연히 존재한다는 애매한 생각밖에 주장할 것이 없다. 부모와 조상까지 거절해야 하는 문제에 봉착하게 된다. 선재(Pre-Existence)하고 있는 부모와 조상들의 실재를 어떻게 이론적으로 사건적으로 증명할 수 있는가? 비기독교인들은 오직 한 가지 내가 부모로부터 태어났다는 현존의 사건을 가지고 자신의 존재를 증명할 수밖에 없다.

불신자와 신자 사이에는, 기독교 교리를 벗어나 보편적인 삶을 말하게 될 때, 실재론(Reality)에 들어가면 공통 분포를 형성하게 될 수밖에 없다. 인간이 사악하기 때문에 불신자들은 의식적으로 자기 자신이 하나님과 관계를 가지고 있다는 원리를 거역한다. 나아가 창조와 섭리를 부정하고 있기 때문에 기독교가 주장하는 구원론, 그리스도론, 그리고 천국에 관한 교리와의 접촉점(Point of Contact)을 형성하지 못하고 있다. 그렇다면 전제가 되는 기독교 교리를 불신자에게 전달할 때 일어나는 마찰은 대화의 단절을 가져 오는가? 아니다. 그 반대이다. 모든 인간은 하나님으로부터 창조되었다는 공통 분포를 가지고 있음에도 불구하고 오직 불신자는 그 진리를 모르고 있기 때문에 신자와 접촉점을 형성하지 못하는 것으로 보일 뿐이다. 신자가 기독교 교리의 전제(Presupposition)를 불신자에게 던져 줄 때 그 불신자의 반발은 사실상 접촉점을 형성하려는 의도를 드러낸 것이다. 그렇기 때문에 신자는 성령님의 사역을 의지하고 성경대로 복음을 전해야 한다.

전제론(Presupposition)에서 생각할 것은 모든 사람들이 전제를 가지고 있으면서 전제론(Presupposition)을 거절하는 우를 범하고 있다는 사실이다. 불신자라 할지라도 신에 대한 존재 관념을 가지고 있다. 그들이 가지고 있는 신에 대한 존재관념은 인격적인 하나님을 알지 못하기 있기 때문에 무신론자처럼 느껴지는 것뿐이다. 그렇기 때문에 성도들은 자신이 가지고 있는 유신론에 대한 전제를 충실하게 드러내어 전도해야 한다. 그 충실한 자세로 불신자와 대화에 임할 때 전제주의(Presuppositionalism)에 입각하여 주도권을 잡을 수 있으며 인격적인 삼위일체 하나님을 그들에게 인식 시킬 수 있다.

이제 밴틸(Van Til) 박사의 전제주의 변증학(Presuppositional Apologetics)에 나타난 중요한 교리들을 점검하여 요약해 보려고 한다. 여기에서 설명하려는 전제적 교리는 구 프린스톤(Old Princeton) 신학에서 상식철학(Common Philosophy)의 방법론을 도입한 찰스 하지(Charles Hodge)와 벤자민 워필드(Benjamin B. Warfield)의 견해에 대한 반론을 제기한 부분이 상당히 존재하며, 또한 밴틸(Van Til) 박사는 사건(Fact) 중심의 신학을 전개한 버스웰 2세(Oliver Buswell Jr.)의 주장을 그의 전제주의적 입장에서 분석하고 비평하고 있다는 것을 미리 말해 둔다.[49] 그리고 필자의 견해를 첨가하려고 한다.

1. 성경의 하나님은 다른 신들과 비교할 수 없다.

도대체 성경에서 말씀하는 하나님은 어떤 분이신가? 창조된 현상세계에 나타난 것들로 말미암아 인격적 하나님의 인식을 가능케 할 수 있다는 말인가? 밴틸(Van Til) 박사는 강조한다. 그것은 성경이 말씀하는 인격적인 하나님에 관한 인식에 도달할 수 없다고 주장한다. 창조된 현상세계 이전의 **영원세계에 존재하신 하나님을** 인식하는 것이 인격적 하나님을 인식하는 것으로 정의하고 있다.[50] 그러므로 개혁파 신학에서는 인격적인 삼위일체 하나님의 존재를 바로 인식하기 위해서는 존재론적 삼위일체(Ontological Trinity)와 경세론적 삼위일

---

49) Ibid, p.181.
50) Ibid, p.181.

체(Economical Trinity)를 구별하여 이해해야 한다고 주장한다. 존재론적 삼위일체(Ontological Trinity)는 세 위(位)가 관계하고 있는 내적 위격(位格)을 말한다. 경세론적 삼위일체(Economical Trinity)는 피조 된 세계와 관계하여 세 위(位)의 하나님께서 활동하는 위격(位格)을 의미한다. 존재론적 삼위일체(Ontological Trinity)에 있어 세 (位)는 어떤 종속적인 관계를 허락하지 아니한다. 이는 칼빈이 말 한대로 "성부, 성자, 성령은 각기 한 하나님의 인격을 가지고 계시며 그 각각의 존재가 완전한 신적 본질이다."[51] 라는 주장을 따르게 된다. 칼빈(Calvin)의 주장은 아타나시우스 신조에서[52] 밝힌 영원 전에 존재하신 삼위일체 하나님은 동일권능, 동시존재, 동등영광, 그리고 동일본질로 존재하심을 말하고 있다. 그러나 경세론적 삼위일체(Economical Trinity)에서는 아버지 하나님께서는 만물을 창조하시고 구속을 예정하시고, 아들 하나님께서는 예정된 구속을 완성하시고, 성령 하나님께서는 그리스도께서 완성하신 구속을 죄인의 심령에 적용하시는 사역을 행하신다.[53]

밴틸(Van Til) 박사가 하나님과 우주와의 사이를 규명하는 문제에 있어 철학적 용어인 상호관계주의(Correlativism)라는 단어를 사용하였다고 해서 버스웰(Buswell Jr.) 박사는 밴틸(Van Til) 박사를 향해 "헤겔(Hegel)의 정(Thesis), 반(Antithesis), 그리고 합(Synthesis)의 사상과 상통한다고"[54] 비평하였다. 그러

---

51) Calvin and Calvinism, p.232 ; Cornelius Van Til, The Defense of the Faith, (Presbyterian and Reformed Publishing Co, New Jersey, 1980), p.181.

52) 아타나시우스 신조(The Athanasian Creed) 4조, 6조, 11조, 26조, 36조 등을 정리한 내용이다.

53) Ibid, 5조, 15,조, 16조, 17조, 23조, 31조, 24조, 27조, 37조, 등과 관계된 내용이다.

54) 미국 북부에 자리 잡고 있는 언약 신학대학원(Covenant Theological Seminary)에서 교수로 재직하고 있었던 버스웰 II세(Dr. J. Oliver Buswell Jr.)는 밴틸 박사를 헤겔(Hegel)의 역사철학의 사상을 추종하고 있다고 비평하였다. 버스웰 II세(Buswell, Jr.)는 당시 사건(Fact) 중심의 신학을 전개한 신학자였다. 이에 반하여 당시 합리적 논리주의를 추구하는 신학자는 클락(Gorlden Clark) 박사였는데 버스웰 II세(Buswell, Jr.) 박사와 함께 개혁파 신학을 추구하였지만 전자는 논리(Logic)로 후자는 사건(Fact)을 중심으로 신학을 전개함으로 서로 상반된 관점을 나타내 보이고 있었다. 그러나 밴틸(Van Til) 박사는 성경을 이해하기 위해 논리적 해석이냐? 아니면 사건(Fact) 중심의 해석이냐? 의 문제에 있어 논리적 내용을 사건(Fact)으로, 사건(Fact)을 논리적으로 해석해서는 안 된다는 주장이다. 성경이 지시하는 대로 논리는 논리로, 사건은 사건으로 해석해야 한다는 주장이다.

나 밴틸(Van Til) 박사는 상호관계주의(Correlativism)를 설명할 때 하나님과 우주는 독립적이지만 상호의존관계(Interdependent)를 말할 때 "남편과 아내 사이의 관계를" 예로 들어 설명하였다. 성경에서 말씀하고 있는 인격적인 삼위일체 하나님을 증명함에 있어 창조 이전 영원세계에서 독자적으로 존재하신 삼위일체 하나님께서는 세 위가 종속적(Subordinate)으로 존재하거나 세 인격의 하나님께서 아버지의 하나님, 아들의 하나님, 그리고 성령의 하나님으로 따로 존재하고 있는 것이 아니다. 독자적으로 존재하신 하나님께서는 그의 존재와 계획이 동일연장선(Conterminous)에 있는 것이다.[55] 라고 주장했다.

우리가 하나님과 만물의 관계를 성경대로 정의할 때 종속적인(Subordinate) 관계냐? 아니면 동일선상(Conterminous)의 관계냐? 하는 문제는 서로가 다른 존재의 개념을 말하고 있지만 또한 밀접한 종속적인 개념을 가지고 있다는데 주의를 기울여야 한다. 만물은 피조된 존재이기 때문에 하나님에게 종속적이지만 독립적이다. 여기서 독립적이란 말은 피조된 존재로서 삼위일체 하나님의 존재와 다른 존재의 개념을 말한다. 그러나 모든 만물은 하나님의 주권아래 다스림을 받으면서 역사의 진행과정에 놓여 있기 때문에 삼위일체 하나님과의 관계를 떠나 독자적으로 존재할 수 없다. 이 점에 있어 버스웰(Buswell Jr.) 박사는 밴틸(Van Til)박사의 논증을 잘 못 이해하고 있음에 틀림없다. 밴틸(Van Til) 박사가 주장한 만물에 관한 신적작정(Decree)의 교리를 목적론(Teleology)으로 이해하고 있음에 틀림없다. 그렇기 때문에 헤겔(Hegel)의 주장과 일치한 생각이라고 잘못 평가하고 있다고 본다. 즉 버스웰(Buswell Jr.) 박사는 신적작정(Decree)의 교리와 헤겔(Hegel)의 변증법(Dialectics) 철학을 혼동하고 있음에 틀림없다.

2. 하나님의 작정(Decree)이 만물을 지배한다.

인격적 삼위일체 하나님께서는 필연적으로 신적작정(Decree)의 사역과 연관을 가지고 있다. 그 이유는 삼위일체 하나님께서는 인격적으로 만물을 다스리는

---

55) Cornelius Van Til, The Defense of the Faith, (Presbyterian and Reformed Publishing Co, Phillipsburg, New Jersey, 1980), p.182.

계획을 수립하고 계셨기 때문이다. 하나님의 인격은 그의 사역과 필연적인 연관성을 구성하고 있다. 그러므로 만물에 관한 궁극적 원인은 삼위일체 하나님이다. 이는 칼빈(Calvin)의 신론은 물론 웨스트민스터(Westminster) 신앙고백서 제3장 1절과 대(大)요리 문답 12항에 "영원 전부터 세상에서 일어나는 모든 일들은 그 자신의 뜻에 따라 가장 지혜롭고 거룩하신 계획에 따라 그의 영광을 위하여 자유롭게 그리고 불변하게 정하셨다."[56] 라고 기록되어 있는 내용과 같다.

이 문제에 있어 칼빈(Calvin)은 우리가 놀랄만한 신학적 진술을 내 놓고 있다. 그것은 원격원인(Remote Cause)과 근접원인(Proximate Cause)에 관한 내용이다. 원격(Remote)이란 의미는 만물에 관한 궁극적 원인은 삼위일체 하나님이시란 말이다. 그러나 근접원인(Proximate Cause)은 섭리적 사건에 개입하시는 하나님의 의지를 말한다. 심지어 악마의 사역까지도 하나님의 뜻에 의해 일어난다고 말한다. 악마를 사용하시는 하나님의 지혜가 만물을 다스리는 섭리 속에 포함되어 있다고 말한다. 그러나 인간의 범죄에 관하여 하나님을 죄를 짓게 하는 원인으로 만들어서는 안 된다고 단언한다. 칼빈(Calvin)은 "인간의 잘못을 하나님께 돌리는 것은 하나님을 죽음의 원인을 제공하는 자로 생각하는 것이다." 라고 주장함으로 피기우스(Pighius)의 주장에 대한 반론을 제기하였다.[57]

밴틸(VanTil) 박사가 때로는 철학적 용어를 도입한 의도를 우리는 정확히 알아야 한다. 세속철학자들은 수다스런 말장난을 잘 일으킨다. 그러나 그들은 하나님에 대해 아주 무지하기 때문에 어쩔 수 없이 그들을 이해시키기 위해 그들의 언어를 사용할 때가 있다는 것이 밴틸(Van Til) 박사의 주장이다. 그런데도 불구하고 세속철학자들은 현상세계에서 실존적 경험주의, 심리적 접근법, 그리고 합리주의적 이성주의 등을 동원하여 하나님의 존재를 찾으려고 허둥대고 있다. 먼저 하나님의 존재를 인식하기보다 하나님의 인격을 인식하는 것이 우선이라는 것을 성경은 말씀하고 있는 데도 그들은 차선을 우선적으로 취급하고 있다. 그들

---

56) 웨스트민스터 신앙고백서 3장 1절, 대(大)요리 문답 12항, 그리고 소(小)요리 문답 7항을 참조 할 것.

57) Calvin's Calvinism, p.127 ; The Defense of the Faith, (Presbyterian and Reformed Publishing Co, Phillipsburg, New Jersey, 1980), p.183.

의 철학으로 영원 전에 존재하신 삼위일체 하나님을 인식한다는 것은 100년 전에 죽었던 사람이 부활하는 것보다 더 신기한 일이다. 개혁파 신학은 신론 중심의 신학에 강조점을 둔다. 즉 기독론 중심의 신학에 기초를 두고 구원론에 강조점을 두고 있는 복음주의 신학보다 창세 전에 그리스도를 예정하신 하나님 중심의 신학을 강조한다.

세속철학, 로마 교조주의(Catholicism), 그리고 자유주의 신학에서는 예수 그리스도를 절대적 신앙의 대상으로 인식하는 것이 날개 없이 하늘을 나는 사람을 보는 것보다 더 신기한 일로 여겨질 것이다. 하물며 그리스도를 예정하시고, 선택과 유기를 예정하시고, 그리고 만물을 다스릴 계획을 설계하신 영원한 인격적 삼위일체 하나님의 주권적 신학을 이해한다는 것은 상상조차 할 수 없는 일이다. 그런 의미에서 우리는, 칼빈(Calvin)이 신적작정에 대한 **원격원인(遠隔原因, Remote Cause)과 근접원인(近接原因, Proximate Cause)**을 구분해 줌으로, 삼위일체 하나님만이 유일하신 만물의 모든 포괄적 원인(All Inclusive Cause)에 대한 인격적 실체임을 명백히 인식할 수 있게 된다.[58]

칼빈(Calvin)의 주장을 소개할 중요한 내용이 또 있다. 그것은 근접원인(Proximate Cause)에 있어 하나님께서 허락하신 허용적 자유의지를 잘못 사용한 책임은 전적으로 인간에게 있다는 것이다. 자유의지를 허용한 원격원인(Remote Cause)의 하나님을 향해 책임을 돌릴 수 없는 이유는 허용적 자유의지는 인간에게 주어진 엄청난 복이기 때문이다. 엄청난 복이 되는 근접원인(Proximate Cause)의 자유의지를 잘못 사용한 인간은 당연히 그 책임을 져야 한다. 일단 하나님께서는 원격의지(Remote Will)를 제정하실 때 인간이 도덕률을 지킬 수 있는 능력과 함께 "지키면 살고 어기면 죽는다."는 상벌에 대한 법칙을 정하셨다. 그 법칙 속에는 근접원인(Proximate Cause)을 통해 인간이 스스로 자유의지(Free Will)를 사용할 수 있는 허용적 계획이 포함되어 있었다. 하나님께서는 계획하신 제정을 철회할 수 가 없다. 하나님께서는 한번 정하신 계획을 변경하시는 분이 아니시기 때문이다. 허용적 자유의지는 인간에게 주어진 최

---

58) Ibid, p.183.

대의 복이다. 인간이 인격이 없는 기계나 컴퓨터처럼 되기를 바란다면 "하나님에게 우리에게 왜 자유의지를 주셨느냐?" 고 항거할 수 있다. 칼빈(Calvin)은 이 문제에 대해 "근접원인(Proximate Cause)의 근원이 되는 만물에 대한 포괄적 원인이 존재하지 않는다면 책임을 져야 할 근접원인(Proximate Cause)이 존재할수 없다. 이 교리는 값없이 주시는 하나님의 은혜에 관한 교리로 연결된다. 근접원인(Proximate Cause)을 뒷받침하는 원격 즉 궁극적 원인이 되는 은총의 교리를 전제하지 않고는 근접원인(Proximate Cause)이 존재할 수 없다."[59]라고 정의하고 있다. 하나님께서는 창세 전에 사랑 안에서 그리고 그리스도 안에서 그의 백성을 구원 하도록 예정하셨기 때문이다(엡1:4).

밴틸(Van Til) 박사가 칼빈(Calvin)의 주장을 인용하여 정리한 내용을 요약하여 소개하면 다음과 같다.

이렇게 높고도 깊은 신성에 관한 내용 전체를 정신을 차리고 다시 검토하여보면 **"하나님의 뜻이 하늘과 땅에서 이루어지는 만사의 가장 유일한 원리이며 가장 높은 원인이 바로 원격원인(Remote Cause)이다.**[60] 그러나 하나님의 뜻은 절대적 공의에 대한 가장 명확한 규칙임으로 우리에게는 그 뜻이 원리가 되는 교리이다. 이 규칙은 세상의 어떤 도리보다 가장 으뜸 되는 교리이다."[61] 라고 칼빈(Calvin)은 말했다. 그러므로 칼빈(Calvin)은 원격원인(Remote Cause)과 근접원인(Proximate Cause)에 관한 구분이 바로 인식되어 지기를 원했다. 그러나 칼빈(Calvin)의 반대론자들은 치명적인 문제점을 가지고 있었는데 그것은 칼빈(Calvin)이 너무나 중요하게 생각한 두 가지의 구분을 염두에도 두지 않았기 때문이다. 칼빈(Calvin)은 첨가하여 말하기를 "우리의 적대자들은, 하나님의 뜻에 의해 세상만사의 일들이 일어난다고 주장하는 우리들의 원격원인(Remote Cause)에 대한 정확하고도 확실한 성경교리에 대해 우리가 하나님을 죄의 원

---

59) Ibid, pp.185-186.
60) Calvin's Calvinism, p.246 ; Cornelius Van Til, The Defence of the Faith, (Presbyterian and Reformed Publishing Co, Phillipsburg, New Jersey, 1980), p.187.
61) Ibid, p.247.

인을 제공하는 자로 만들고 있다."고 비난함으로 우리에게 편협하고도 수치스런 모략을 가하고 있다. [62] 는 주장을 했다고 밴틸(Van Til) 박사가 소개하고 있다.

칼빈(Calvin)의 신학에 대해 비방과 중상을 즐겨하는 어리석고, 무지하고, 그리고 사악한 자들의 주장을 살펴보면 여러 가지의 양태로 나타난다. 그 내용들을 자세히 살펴보면 그들의 심령 속에 무지와 악의가 가득 차있다. 칼빈(Calvin)의 깊은 교리적 내용을 전혀 이해하지 못할 뿐더러 그의 방대하고도 수준 높은 교리를 탐구하지도 않은 게으른 태도로 일관하며 또한 미리부터 비평을 위한 비평의 선입관념을 가지고 일방적이며 표리부동한 비판과 중상을 가하는 펠라기안주의(Pelagianism) 내지 알미니안주의(Arminianism) 사상과 후기 근대주의(Post Modernism) 사상을 기반으로 하여 급진주의(Radicalism) 사상에 까지 물들어 있는 자들이 파렴치한 생각을 가지고 너무나 가볍게 비평해 버리는 경향이 20세기 이후에 수없이 나타나고 있다. 칼빈(Calvin)이 원격원인(Remote Cause)과 근접원인(Proximate)을 구분지어 설명함으로 비성경적인 인간의 자율적인 요소를 신학에 개입시키는 무지몽매(無知蒙昧)한 자들에게 하나님의 뜻이 이 세상에 나타나는 모든 사건들의 기본이 되는 신적작정(Decree)을 우리가 제시함과 동시에 우리는 하나님께서 오래 참으시고 다스리시는 섬세함을 올바로 이해할 수 있을 것이다.[63]

칼빈(Calvin)의 신론 중심의 신학은 어거스틴(Augustine) 이후 천년동안 로마 교조주의(Roman Catholicism)에 짓밟혀 있다가 기지개를 켜고 활보할 수 있는 보루를 만들었다. 칼빈(Calvin)의 덕분으로 우리는 성경을 마음대로 탐구할 수 있는 특권을 누리고 있다. 그런데도 현재 21세기 세계 교회의 형편은 어떤가? 로마 카톨릭에서 칼빈을 비평하는 소리는 점차 사라져 가고 있는데도 불구하고

---

62) Ibid, p.251.

63) 밴틸 박사는 피기우스(Pighius)와 버스웰 박사(Dr. Oliver Buswell. Jr.)가 주장한 내용에 대하여 해답으로 칼빈(Calvin)의 원격원인(Remote Cause)과 근접원인(Proximate Cause)을 제시하였다. 그 내용은 "Calvin's distinction between God the remote or ultimate cause and man the immediate or proximate cause answers my present critics as it did Pighius and Dr. Buswell Jr."에 관한 것이다.

칼빈(Calvin)으로 말미암아 특혜를 누리는 개신교 내에서 칼빈(Calvin)의 신학을 마구 난도질 할 뿐만 아니라 칼빈(Calvin)의 신학을 이해하지도 못하면서 아는 척하며 마음대로 혹평하는 무지하고 완악한 자들을 볼 때마다, 성경을 하나님의 말씀으로 신앙하는 신도라면, 참을 수 없는 분노가 끓어오르기 까지 할 것이다. 물론 칼빈Calvin)의 신학을 오늘의 상황에 비추어 볼 때 너무 로마 교조주의(Catholicism)를 비평하는데 치우치고 있다는 느낌을 지울 수 없다. 그러나 당시의 서슬이 솟아있는 로마 카톨릭을 향해 누가 감히 목숨을 걸고 그처럼 엄청난 신학을 전개할 수 있었단 말인가? 성경을 하나님의 말씀으로 믿는 신앙인이라면 칼빈(Calvin)의 신학을 이해할 수밖에 없을 것이다. 칼빈(Calvin)의 신학은 그 자체가 역사교회의 신앙고백을 해석한 신학이다. 칼빈(Calvin)의 신학을 배타적으로 보는 사람은 사실상 성경을 하나님의 말씀으로 고백한 교회사적 신앙고백서를 배격하는 자이다. 즉 성경을 신앙고백주의에 입각하여 해석하는 것을 배격하는 사람이다.

3. 무(無)로부터의 창조

밴틸(Van Til) 박사는 창조론에 있어서도 역시 교회사적 신앙고백을 기본으로 하여 신학을 전개하고 있다. 그는 창조론을 전개함에 있어 "영원하신 권능과 지혜와 선하신 영광을 나타내시기 위하여 태초에 무로부터 모든 것, 즉 보이는 것이나 보이지 않는 것을 엿새 동안에 걸쳐 지으시기를 기뻐하셨으며 이 지은 바 된 모든 것들은 다 선하였다."[64] 는 웨스트민스터(Westminster) 신앙고백서를 소개하고 있다. 이 창조교리는 삼위일체 교리와 연관된 사역을 말한다. 삼위일체 하나님은 완전히 자족적이다. 이 교리에 반대되는 어떤 능력의 존재를 불허한다. 이 교리는 일종의 반 존재(半 存在, Half Existence)나 무 존재(無 存在, Non Being)를 불허한다. 그러므로 하나님께서는 자의로 어떤 것은 할 수 있고 어떤 것은 할 수 없다는 명령을 할 만한 논리적이며 비인격적인 존재를 불허하고 있다. 하나님께서 창조를 결정하셨을 때 하나님의 뜻을 거역할 어떤 능력도 불허하

---

64) 웨스트민스터 신앙고백 4장 1절

고 있다. [65] 이것이 창조론에 대한 전제적 입장이다.

밴틸(Van Til) 박사는 이러한 전제주의(Presuppositionalism) 창조교리를 그대로 믿고 또 기독교 창조론을 변증하고 있다. 합리적 논리를 주장하는 자들을 향해 이 교리를 변증해 왔다. 더불어 파르메니데스(Parmenides)가 무에서부터의 창조를 논리적으로 증명이 불가능한 일이라고 우기는 것에 대해서도 기독교 창조론을 변증하고 있다. 이 창조교리에 있어 특별히 헤겔주의(Hegelian)나 발트주의(Barthianism)가 주장한 변증법적(辨證法的, Dialectic) 철학을 대항해 기독교를 변증하고 있다. [66]

혹자들이 밴틸(Van Til) 박사를 비평하면서 그의 사상은 일종의 플라톤적 실재론주의자(Platonic Realism)라고 공격할 수도 있을 것이다. 혹자는 밴틸(Van Til) 박사가 주장하는 "자율적 인간"은 "사실로 존재하는 실질적 실체(實體)로서의 인간(Man as an actually existing substantive entity)"을 의미한다고 간주할 수도 있을 것이다. 그래서 "그와 같은 인간은 실질적 실체(Substantive Entity)로서 창조된 것이 아니다."라고 생각하게 될 수 있다. 그러나 밴틸(Van Til) 박사는 **인간의 자율성에** 대해 실질적으로 인간이 "피조 된 존재임"을 **부인하는 사람의 개념에** 대항해 강조한 내용은 "에덴동산에서 창조된 인간은 하나님과 구분된 존재론적 실재(Reality)였다. 여기에는 필연적으로 따라오는 언약이 있었다. 지키면 살고 어기면 죽는다는 이 도덕률은 창조주 하나님과 피조 된 인간을 구분하는 언약의 법칙이었다. 인간은 하나님께서 만드신 이 존재의 법칙에 따라 언약을 성실하게 지킴으로 창조주와 피조 된 자의 질서를 유지하게 되었다. [67]" 고 주장했다.

문제는 인간에게 불순종을 촉발 시키는 죄의 침입이었다. 이 침입으로 말미암

---

65) Cornelius Van Til, The Defense of the Faith, (Presbyterian and Reformed Publishing Co. Phillipsburg, New Jersey, 1980), p.188.

66) Ibid, p.188.

67) Ibid, p.188.

아 하나님께서 명령하신 언약의 법을 순종하지 않게 된 것이다. 인간이 스스로 법의 주인이 되기를 원했으며 이것이 바로 자신이 자율적인 인간이 되기를 원한 것이었다. 자율적인 인간은 자신이 실질적으로 창조된 인간을 부정하거나 창조된 존재가 아니라고 전제하는 것을 말한다. 여기서 시공간 세계에서의 창조와 존재론적 삼위일체론(Ontological Trinity)을 설명할 필요가 있다. 창조에 대한 존재론적 삼위일체론은 플라톤적 실재론(Realism)과는 전혀 다른 내용이다. 플라톤(Platon)의 이데아(Idea)론은 영원 전의 인격적인 존재를 부정한다. 그렇기 때문에 인격적 계획에 의한 창조를 부정한다. 로마 교조주의(Catholicism)나 알미니안주의(Arminianism)가 예수 그리스도를 구세주로 인정한다고 말할지라도 인격적인 삼위일체 하나님으로서 창세 전의 계획에 참여했다는 신적작정(Decree)론에 들어가면 칼빈(Calvin)의 신학과는 거리가 먼 다른 내용으로 빠져 들어가고 만다.[68] 이제 연이어 죄의 문제를 다루게 되면 인간의 자율성에 대한 내용을 명백하게 이해할 수 있을 것이다.

4. 죄와 그 함축적인 의미

죄에 대해 밴틸(Van Til) 박사는 웨스트민스터(Westminster) 신앙고백서, 대(大), 소(小) 요리(要理) 문답을[69] 동원하여 죄에 대한 정의를 이끌어 냈다. 밴틸(Van Til) 박사는 죄에 대한 문제에 있어 창세기 기록의 역사성을 변증하고 나섰다. 이러한 변증은 칼 발트(Karl Barth)나 브루너(Emil Brunner) 등이 주장한 초월주의(超越主義, Transcendentalism)적 역사관에 대항해 언약 신학(Covenant Theology)을 등장시켜 아담의 역사성(Historie)을 강조하였다. 창세기 2장 15-17절에 기록된 인간은 자유의지를 행사할 기회를 부여 받았다. 거기에는 "지식, 공의, 그리고 거룩을 통하여 하나님의 형상가운데 존재하는 인간성을 보게 된다." 고 말하고 있다. 이 내용은 창조 받은 최초의 인간이 후대의 모든 인류와 관계되는 대표성을 말해주고 있다. 후대의 사람들은 아직 개인적으로 시공간

---

68) Ibid, p.189.

69) 웨스트민스터 신앙고백서 제 6장 1절-6절, 대(大)요리 문답 21항-29항, 그리고 소(小)요리 문답 12항-20항의 내용은 인간의 타락, 죄, 그리고 형벌에 관한 교리이다.

에서 역사성을 가지고 태어나기 이전이지만 하나님의 뜻 가운데 이미 역사적으로 계획된 존재들이다. **역사적으로 계획된 존재라는** 의미는 어떤 오차도 없이 계획에 의해 시공간 세계에서 이루어진다는 말이다. 에덴동산에서는 모든 인류가 아직 나타나지 아니했다. 그러나 그 역사적 개개인들은 이미 하나님의 계획 가운데 존재하고 있었다. 그들은 그들의 대표자인 아담 안에 존재하고 있었다. 그 개개인의 존재는 아담이 범죄 함으로 그와 동일한 위치에 처하게 되었다.[70]

창세기의 역사성은 아담의 범죄와 관계를 가지고 있다. 성경을 오류가 없는 하나님의 말씀으로 믿는다면 아담의 역사성을 부정할 수 없다. 더불어 범죄한 인간의 역사성을 인정함과 동시에 모든 인류는 죄인으로 태어난 역사적 존재라는 사실을 인식해야 한다. 아담은 당시 하나님의 궁극적 목적에 관해 범죄한 후에 보여준 계시에 의해서만 하나님의 실재를 나타낼 수 있는 것이 아니었다. 아담이 알고 있었던 것은 그가 범죄 하기 이전에 미래의 모든 역사가 그의 순종과 불순종에 의해 좌우된다는 사실을 알고 있었다. 아담의 역사성에 대해 말하면 "인간은 원래 범죄의 가능성을 소유한 채로 선하게 창조되었다. 범죄의 가능성과 함께 선하게 창조된 위치는 그의 순종 또는 불순종에 대한 **대표성**을 예측하고 있었다. **대표성**은 모든 인류에게 동일하게 취급 될 수 있는 성질이 아니다. 그러나 선택받은 자와 유기된 자와의 관계에 있어 역사적으로 아담은 모든 사람의 공동 **대표**가 되어 인류가 행할 모든 것들을 함께 소유하고 있었다. **대표성**이라는 말은 아담 한 사람만의 행위였다. 그러나 범죄한 역사적 사건은 아담 안에 모든 인류의 범죄를 포함하고 있었다. 즉 아담이 범죄한 사건은 아담 개인의 역사적 사건이지만 모든 인류가 범죄할 역사적 사건을 포함하고 있었다."[71]는 말이다.

아담이 처음 죄를 범하고 난 후 그는 오늘날 우리가 성경을 통해 하나님을 아는 것처럼 하나님의 실체를 충분히 알지 못했다. 그러나 아담은 하나님을 알고 있는 그 정도에서는 분명히 하나님은 어떤 분이신가를 정확하게 알고 있었다. 그

---

70) Cornelius Van Til, The Defense of the Faith, (Presbyterian and Reformed Publishing Co. Phillipsburg, New Jersey, 1980), p.190.

71) Ibid, pp.191-192.

리고 하나님을 대적하여 죄를 범한 것은 구원 얻기로 택함 받은 무리들뿐만 아니라 유기되어 저주받은 인류 전체를 역사적으로 포함하고 있었다. 역사적이란 의미는 아담 개인이 죄를 범했지만 아담 이후에 태어날 모든 사람들은 시공간에서 본질적 죄인의 상태로 태어난다는 말이다. 아담 안에서 아담 이후 죄를 범한 채 각 개인들이 역사적으로 태어났고 또 태어나게 될 모든 인간들은 에덴에서 역사적으로 아담을 공동 대표자로 포함하고 있었다는 말이다.[72]

5. 그리스도와 그의 사역

아담의 죄론을 말하면서 그리스도의 사역을 함께 강조해야할 이유가 있다. 그리스도를 구세주로 믿는 신앙인은 구약의 역사성을 인식해야 하며 구약의 역사성은 창세기의 역사성을 포함하고 있다는 것을 인식해야 하기 때문이다. 나아가 창세기의 역사성을 인식하지 못한다면 그리스도의 역사성을 인식할 수 없다는 말이다. 그 역사성은 그리스도의 성육신으로 연결된다. 성경이 일관되게 가르치고 있는 것은 시공간에서의 창조와 시공간 세계에 예수 그리스도께서 도성인신(Incarnation) 하신 교리이다. 그리고 종말에 예수 그리스도께서 역사적 심판주로 재림 하신다는 교리이다. 이 교훈은 거룩한 공식서한의 교리로서 전체를 하나의 구조로 집약하여 가리키고 있는 성경의 내용이다.[73] 그러므로 그리스도의 사역은 일시적인 시공간에서의 사건이 아니다. 시간 이전의 영원에서의 사건이 시공간의 사건으로 연결되고 시간 이후의 영원을 다스리는 사건으로 연결된다. 영원전의 계획에 의해 그리스도의 구속사역이 집행되어졌고 그 사역에 의해 종말의 주인이 되어 그 사역에 대한 값을 지불받는 심판을 집행하러 오실 것이다.

6. 그리스도는 누구를 위해 죽으셨는가?

밴틸(Van Til) 박사는 피기우스(Pighius)와 논쟁한 칼빈(Calvin)의 주장을 재론하여 그리스도의 사역이 선택의 교리와 연관 되어 있다는 내용을 강조하였

---

72) Ibid, p.192.
73) Ibid, p.192.

다. 피기우스(Pighius)는 모든 사람에 대한 복음의 공정한 제공을 주장하여 선택의 교리를 부정하였다. 이에 대해 칼빈(Calvin)은 선택의 교리에 대한 제한적 속죄와 복음의 공정한 제공 두 가지 모두를 모순되지 않게 설명하는 논증을 펼쳤다. 그것은 바로 이미 언급하였거니와 원격원인(Remote Cause)과 근접원인 (Proximate Cause)을 구분하여 설명한 것이었다. 그리스도는 모든 사람들을 다 구원하시기 원하셨기 때문에 모든 사람들을 위해 죽으신 것이 아니다. 모든 사람들을 구원하시기 원하시는 것과 모든 사람들을 위해 죽으신 것과는 차이가 있다는 말이다. 그러나 선택 받은 자들에게는 그리스도의 사역이 외적소명(External Calling)을 공허하게 만드는 것이 아니고 특별한 의미를 가지는 중생(Regeneration)으로 이어진다는 것을 강조하고 있다. 신자들은 물론 불신자들에게도 복음은 공정하게 제공되고 있다. 그러나 유효소명(Effective Calling)은 성령님의 특별한 사역에 의존하기 때문에 선택된 백성에게만 주어지는 특권이다.[74] 예수 그리스도는 인류를 위해 죽으신 것이 아니고 하나님의 백성으로 선택된 자들을 위해 죽으신 것이다(마1:21). 나아가 예수 그리스도의 제사직의 관점에서 보면 그리스도께서는 그의 백성을 위하여 중보자가 되어 즉 스스로 제물이 되어 십자가에서 죽으신 것이다(히5:1-10, 8:1-13, 10:1-18).

지금까지 여섯 가지의 주제를 따라 밴틸(Van Til) 박사가 주장한 전제주의 변증학(Presuppositional Apologetics)에 대한 교리적 내용을 살펴보았다. 교리학으로 볼 때 조직신학의 서론에서 **성경의 영감설**, 신론에서 **하나님의 인격적 존재와 신적작정**, 기독론에서 **2성1인격**, 구원론에서 **성령님의 사역**, 교회론에서 **백성의 문제**, 그리고 종말론에 있어 **천년설**, 등이 기독교 변증(Christian Apologetics)에 있어 전제주의의 이슈로 떠오르게 된다. 밴틸(Van Til) 박사는 위의 여섯 가지 제목을 가지고 전제론을 전개하였다. 그것은 이유가 있는데 바로 전제론에 있어 버스웰(Oliver Buswell. Jr.)박사[75]와의 신학적 논쟁에 나타난 주

---

74) Ibid, p.194.

75) 버스웰 박사(Dr. Oliver Buswell. Jr.)는 밴틸 박사와 동 시대 사람으로 미국 북부지역 언약 신학교 (Covenant Theological Seminary) 교수로 재직하고 있었는데 웨스트민스터 (Westminster) 신학교 교수로 재직하고 있었던 밴틸(Van Til) 박사와 변증학의 신학적 논쟁을 벌였다. 버스웰(Buswell Jr.) 박사는 사건(Fact)을 중요시 하는 개혁파 신학자로 알려져

제를 중심으로 변증학을 전개했기 때문이다. 사건(Fact)을 기본으로 하여 기독교를 변증하는 버스웰(Dr. Oliver. Buswell. Jr) 박사가 밴틸(Van Til) 박사의 전제론(Presupposition)이 고전적 변증학(Classical Apologetics)과 어떤 차이가 있는지 전혀 언급이 없이 신학적 진술의 지엽적인 요소들을 발췌하여 비판한 것들에 대해 밴틸(Van Til) 박사는 그 지엽적인 논제들에 대한 변증을 시도하였기 때문에 위의 여섯 가지 주제가 나타난 것이다.

7. 전제주의적(Presuppositional) 기독교 변증학

밴틸(Van Til) 박사의 전제론(Presupposition)은 우선 로마 교조주의(Catholicism) 신학의 뼈대를 이루고 있는 토마스 아퀴나스(Thomas Aquinas)와 펠라기우스(Pelagius), 알미니안(Arminian) 그리고 버틀러(Joseph Butler) 감독 등의 고전적 변증학(Classical Apologetics)의 방법론을 강하게 반대하고 있다. 그 이유는 성경이 인격적인 하나님에 관한 전제를 말씀하고 있으며 실제로 전도에 있어 불신자를 구원으로 이끌기 위해서는 전제주의 변증학(Presuppositional Apologetics)이 더 효과적이기 때문이다.[76] 라고 주장한다.

우선 성경이 말씀하는 하나님에 대한 문제를 상고해 보자. 기독교 변증학(Christian Apologetics)에서는 성경이 전제하고 있는 인격적인 하나님에 관한 존재론을 우선으로 취급하고 있다. 성경은 그 자체의 권위를 앞세워 하나님과 우주와의 관계를 역사적 사실로 증명하고 있다. 하나님께서는 우주를 초월하여 그 위에 존재하고 계시며, 만물에 대한 그의 계획을 수립하시고, 나아가 세상에서 일어나는 모든 일들을 통치하시고 계심을 믿을 것을 강권하고 계신다. 세상에서 일어나는 모든 일들은 하나님의 계획에 의해 수립된 것들이며 또한 그 계획에 의해 만물을 다스리시고, 보존하시고, 그리고 섭리하심을 나타내 보이고 있다. 만물의 존재와 그 존재와 더불어 일어나는 사건들을 보면 하나님의 존재하심

있다. 그러나 밴틸(Van Til) 박사는 어떤 논증이 이슈로 등장할 때 성경이 말씀하는 대로 그 주제들을 중심으로 전제주의(Presuppositionalism)를 강조하였다.

76) Cornelius Van Til, The Defense of the Faith, (Presbyterian and Reformed Publishing Co, Phillipsburg, New Jersey, 1980), p.194.

과 하나님께서 다스리고 계심을 삼척동자라도 알 수 있다. 모든 인간들은 이 증거를 결코 벗어날 수 없다. 심지어는 인간들의 신체 구성을 보고도 하나님의 존재를 알 수 있다. 인간은 하나님으로부터 창조되어 자신도 모르게 육체의 기관이 움직이고 있다는 것을 누구나 알고 있다. 그러므로 인간이 자신을 의식한다는 것은 하나님을 의식한다는 말이 된다.[77] 문제는 이러한 사건들을 보고 플라톤주의(Platonism)나 아퀴나스(Aquinas)주의의 사상에 입각하여 하나님의 존재인식에서 머무는 생각을 넘어 인격적인 삼위일체 하나님을 인식하는 것이 올바른 하나님의 인식론인데도 불구하고 회색주의 변증학을 선호하는 자들은 이를 등한시하고 있다는 점이다.

여기서 한 가지 강조해야 할 문제가 있다. 그것은 인류가 오늘날 죄를 범하게 된 것은 역사의 시초에 일어났던 사건에 그 원인이 있다. 인간은 어떤 경우를 막론하고 자연을 통해 나타내 보이신 인격적 하나님에 관한 구체적 지식을 획득할 수 없다. 이것이 인간의 자율성이 가지고 있는 한계이다. 자연을 통해 하나님의 존재는 알 수 있지만 또 다른 하나의 계시 즉 초자연적 계시를 통하지 않고는 하나님의 정하신 뜻을 알 수 없다. 그러나 우리가 절대 지나치지 말아야 할 것은 **자연계시가** 처음부터 하나님과 인간사이의 언약관계 속에 포함되어 있었다는 점이다. 그러므로 태초부터 피조 된 모든 세계를 다스림에 있어 하나님과 인간 사이에는 인격적 관계로 맺어졌음을 알 수 있다. 목적론적으로도, 영적인 것뿐만 아니라, 그리고 우주의 기계적인 것 까지도 언약 속에 포함되어 있었던 것이다. 그러므로 에덴동산에서는 초자연계시가 자연계시와 연관되어 있었다. 처음부터 자연계시는 초자연계시를 동반하지 않고는 불완전한 것이었다.[78]

여기서 또 한 가지 주목할 사실은 특별계시와 다르게 타락이후에도 자연계시는 본질적으로 명료한 위치를 유지한다는 것이다. 인간은 전적으로 타락한 지경에서 "정녕 죽으리라"는 하나님의 저주를 벗어날 수 없었다. 그러나 자연계시는 인간을 향해 "땅이 가시덤불과 엉겅퀴(창3:18)를 낼 것이라" 는 정도의 변화

---

77) Ibid, p.195.

78) Ibid, p.196.

를 가져온 것이다. 또한 성경에서 말씀하는 하나님은 특별계시를 통해 보여주시는 하나님과 자연계시를 통해 보여 주시는 하나님은 같은 분이시라는 점을 강조하고 있다. 성경은 하나님의 초자연적 계시와 자연적 계시를 모두 나타내 보이고 있으며 언약을 파괴해 버린 사악한 인간을 향해 극진한 은혜의 계시를 명료하게 나타내 보이고 있다. 여기에서 우리는 고전적 변증학(Classical Apologetics)은 성경계시가 보여주는 삼위일체 하나님의 존재에 대한 명확성과 특별계시와 자연계시의 차이점에 대해 애매한 입장을 나타내고 있다는 점을 주시해야 할 것이다. 다음에 서술된 밴틸(Van Til) 박사의 주장을 자세히 탐구해 볼 필요가 있다.

(1) 인생에 관한 모든 해석을 이끌어 낼 근원은 절대적 권위인 성경으로부터 공공연하게 출발해야 한다. 로마 교조주의(Catholicism)나 알미니안주의(Arminianism) 교회에서도 인생에 관한 해석을 성경에 호소하지만 절대적 권위는 부정한다.[79)]

(2) 성경에 대한 전제(Presupposition)를 말할 때, 계시가 나타나는 곳은 어디든지, 하나님의 계시는 객관적 명료성을 가지고 있다. 아퀴나스(Aquinas)나 버틀러(Butler)는 이점에 있어 회색주의를 추구하고 있기 때문에 백색주의에서 주장하는 명확성이 없다. 그들은 말하기를 "아마 하나님이 존재할 것이라는 결론에 도달하면 그 증거를 바로 알 수 있을 것이라." 는 모호한 주장을 하고 있기 때문에 성경이 말씀하는 명확성에 도달하지 못하고 있다. 하나님의 존재에 대한 애매한 주장은 하나님의 인격적 존재를 모독하는 것이며 성경계시가 말씀하고 있는 객관적 진리에 대한 명확성을 가능성의 개념으로 무시하는 결과를 가져오는 주장이다. 확실한 인격적 삼위일체 하나님의 존재에 대해 우리가 나약해져 애매한 그들의 입장에 말려들게 되면 우리 자신들이 인간들에게 해야 할 하나님의 권위를 스스로 떨어뜨리게 된다. 우리는 성경에 명시한 인격적 하나님을 분명하게 성경대로 제시함으로 삼위일체 하나님의 존재를 억지로나마 알게 하는 성령님의 사역을 기대할 수 있다. 그러므로 유신론적 증거들은 성경대로 입증되어야 한다. 유신론의 증거가 성경대로 올바르게 형성되면 그 증거를 대하게 된 사람의 입장

---

79) Ibid, p.197.

과는 상관없이 객관적으로 타당하다.[80]

(3) 불신자에게 복음을 제시할 때 접촉점(Point of Contact)에 관한 문제가 대두된다. 칼빈(Calvin)과 동일한 신학적 입장을 유지하고 있는 밴틸(Van Til) 박사는 "인간은 누구나 하나님의 형상으로 지은바 되었기 때문에 신성의 감각을 가지고 있다. 복음이 외적소명(External Calling)을 통해 전해 질 때 자연적인 인간은 하나님을 배타적으로 생각한다. 그러나 인간이 자신을 아는 문제에 들어 가면 결국은 하나님을 알게 되어 있다. 칼빈(Calvin)이 그의 강요 서두에서 말한 것처럼 '인간이 피조물인 것을 알지 못하면 자아의식은 완전히 텅 빈 껍데기에 불과하다.'는 것을 알아야 한다. 그리고 아무도 그 자신 안에 있는 참되신 하나님의 계시활동을 부인할 수 없기 때문에 무신론적 인간은 존재하지 않는다."[81]는 것을 강조하고 있다.

그러나 인간의 자아의식이 하나님의 의식 없이도 이해될 수 있다고 주장하는 것은 아퀴나스(Aquinas)나 버틀러(Butler)의 입장이다. 이 두 사람은 신자와 불신자 사이의 공통분포를 주장하고 있는데 그 이유는 신자와 불신자 사이의 자아의식에 대한 접촉점(Point of Contact)을 강조하고 있기 때문이다. 그들은 적어도 사물의 영역에 있어서는 신자들이 불신자들과 중립적 위치(Ground of Neutrality)에 서서 논쟁의 출발점으로 삼아야 한다고 주장한다. 그리고 인간의 자아의식은 하나님을 멀리하고 있지만 인간 자신은 하나님을 이해할 수 있는 것으로 생각하는 것이 불신자들의 핵심이라는 입장에 동조하고 있다. 결론적으로 로마 교조주의(Catholicism), 알미니안주의(Arminianism), 그리고 버틀러(Butler)는 인간의 자아의식을 통하여 피조물의 위치를 벗어나도록 종용하고 있는 입장이다.[82]

아퀴나스(Aquinas)나 버틀러(Butler)는 자연인으로서 하나님의 존재를 인식

---

80) Ibid, p.197.

81) Ibid, p.198.

82) Ibid, p.199.

하는 문제를 신자가 인격적인 하나님을 인식하는 문제와 동일선상에 놓고 이해하려는 우를 범하고 있다. 또한 일반은총(Common Grace)에 있어서 신자와 불신자 사이의 하나님에 관한 인식의 차이점과 공통점을 혼동하고 있다. 하나님의 존재인식에 있어 신자나 불신자를 막론하고 존재 자체를 부정하는 일은 거의 없다. 그러나 구원주로서 인격적인 삼위일체 하나님을 인식하는데 있어서는 신자와 불신자 사이는 넘을 수 없는 차이점을 가지고 있다. 물론 일반 은총에 있어 신자나 불신자 모두 자연을 인식하는 문제와 더불어 인간이 자아를 인식하는 문제에 있어서는 공통점을 가지고 있다. 이러한 공통점을 통하여 인격적인 삼위일체 하나님을 인식하는 문제에 있어 중립적 위치(Ground of Neutrality)를 형성할 수 있다는 것은 전혀 타당성이 없는 말이다.

(4) 밴틸(Van Til) 박사는 하나님의 인식론에 있어 연역적(Deductive) 방법과 귀납적(Inductive) 방법을 억지로 분리하거나, 통합하거나, 추론하여 증명하기보다 자연스럽게 역사적 기독교 신앙고백에 초점을 맞추려고 한다. 그가 철학에 아주 깊은 조해를 가지고 있음에도 불구하고 철학적 사고를 무시하는 것은 참으로 하나님의 말씀에 집착하고 있다는 증거이다. 역사적 기독교 신앙고백이란 의미는 언약을 파기한 아담의 실체와 피조물로서 창조주를 거역하는 역사적 사실과 역사 선상에서 구속을 완성하신 예수 그리스도의 사역을 통하여 하나님의 인식론에 접근하고 있다는 말이다. 즉 모세, 선지자들, 그리고 사도들의 신앙으로 돌아가자는 주장이다. 불신자들은 하나님을 인정하되 신의 내재적(內在的, Divine Immanence) 관념을 통하여 신의 인식론으로 들어간다. 그렇기 때문에 우리가 그들과 접촉점(Point of Contact)을 확보하기 위해 성경이 말씀하는 초자연적 하나님을 배제하는 내재적 하나님의 인식을 매개로 삼게 되면 하나님 없이 모든 만물을 해석할 수 있다는 미궁에 빠져 버리고 만다. 칼빈(Calvin)이 주장한 "하나님에 대한 존재가 풍성하고 확실함으로 인간이 하나님을 믿는 것은 당연하다는 것과 그럼에도 불구하고 어떤 죄인도 하나님의 계시에 올바로 응답하지 못하고 있다." 는 것을 밴틸(Van Til) 박사는 강조하고 있다.[83] 칼빈(Calvin)과 밴틸(Van Til) 박사의 주장은 부패한 인간이 인격적인 하나님의 존재를 반드

---

83) Ibid, p.200.

시 인식해야 함에도 불구하고 인간은 삼위일체 하나님의 인격을 보여주는 계시에 응답할 수 없기 때문에 하나님을 인식할 수 없는 무모한 내재적(Immanent) 인식론에 빠져버리고 만다는 주장이다.

신자와 불신자 사이의 공통점을 가질 수 없다는 밴틸(Van Til) 박사의 주장은 구체적으로 무엇을 의미하는가? 모든 죄인들은 그들의 색안경을 쓰고 사물을 탐구한다는 주장이다. 이 색안경은 그들에게 강하게 집착되어 있다. 그것은 바로 하나님을 인식하지 않고도 자신을 인식할 수 있다는 망상에 사로잡혀 있다는 것이다. 그리고 사람에게 제시되는 사실들(Facts)과 법칙들을 해석하는데 있어 **가정(Hypothesis)**이라는 불확실한 요소를 동원한다는 것이다. 그렇게 무모한 일을 행하는 원인은 **언약의 파괴로 부터** 온다는 사실을 전혀 깨닫지 못하고 있기 때문이다. 인간은 새사람이 되어야 함을 모른 채 살고 있다. 새사람이 되는 길은 위로부터 거듭나서 창조주를 모시고 섬기는 삶을 말한다. 이 문제에 있어서 불신자들은 새사람의 표준을 정하지도 못하기 때문에 변화된 생활은 엄두도 내지 못한다. 그런데 밴틸(Van Til) 박사가 아퀴나스(Aquinas)나 버틀러(Butler)를 변증학적으로 동일한 노선으로 규정한 후 그들을 비평하고 나선 이유는 그들이 **창조주와 피조물 사이의 구별을 절대적인 요소로** 정의하지 않고 있기 때문이라고 주장하고 있다.

만약 우리가 불신자에게 복음을 전한다고 생각해 보자. 아퀴나스(Aquinas)나 버틀러(Butler)의 입장에서 복음을 전하게 되면 하나님의 절대성을 강권할 수 없다는 말이 된다. 하나님께서 사람을 창조하셨으나 하나님의 계획을 제쳐두고 인간이 스스로 일을 계획하고 그 일에 착수할 수 있는 존재로 만드셨다고 주장하는 것이 그들의 신학적 입장이다. 그렇게 인간의 자율성을 강조하게 되면 "하나님을 의지하라."는 전도가 약해질 수밖에 없다. 이러한 점 때문에 로마 교조주의(Catholicism)나 알미니안주의(Arminianism)는 성경적 기독교 변증학(Christian Apologetics)을 성립시킬 수 없다. 고전적 변증학(Classical Apologetics)은 불신자들이 잘못된 생각을 가지고 있다는 것을 알면서 그들의 생각을 고치려고 하는 작업보다 우선 그들과 접촉점(Point of Contact)을 형성하기 위해 잘못된 생각에 동조하는 무모한 일을 시도하고 있다. 그들의 신학은 타협적이며 절충적이다.[84] 그 절충점은 종교개혁의 기초가 되었던 오직 예수 그리스도, 오직 믿음, 그리고 오직 성경이라는 절대적 요소를 제거하는 무익한 기독교 변증학(Christian Apologetics)이 될 수밖에 없다.

아퀴나스(Aquinas)나 버틀러(Butler)는 칼빈주의자가 생각하는 자연인 즉 언약의 파괴자는 인격적인 하나님을 알 수 없는데도 불구하고, 즉 교제의 하나님과 루비콘 강을 건넜음에도 불구하고, 우주론에 의해 스스로 하나님을 해석할 수 있는 것으로 잘못 알고 있다. 하나님을 통해 우주를 해석하는 것이 아니고 우주를 통해 하나님을 해석할 수 있다는 무모한 생각을 하고 있다. 그리고 그 자연인은 하나님에 관한 정확한 개념을 가지고 있다고 생각한다. 여기서 **하나님에 관한 개념**이라 함은 형식에 관한 것뿐만 아니라 내용에 관한 것까지도 정확한 해석을 내릴 수 있는 개념을 말한다. 고전적 변증학(Classical Apologetics)은 하나님이란 용어를 사용할 때 가정설(Hypothesis)을 전제한다. 그 가정설(Hypothesis)은 하나님에 관해 어느 정도 정확한 사고를 가지고 있다는 것을 시사한다. 그러므로 아퀴나스(Aquinas)나 버틀러(Butler)가 하나님을 생각할 때 자연인이 생각하는 하나님이기 때문에 유한한 하나님을 인식하는 선에서 머물고 만다. 그것은 성경계시가 지시하는 인격적인 삼위일체 하나님을 벗어나 버리고 만다. 자연인의 신론은 하나님을 규명하는데 있어 성경계시를 대할 때 결정적인 문제에 부딪치게 된다. 그들이 성경계시를 떠나 하나님을 규명한다면 하나님께서는 자연인보다 훨씬 뛰어난 능력 있는 실재(Reality)를 인식하는 정도에 머물게 되고 말 것이다. 아퀴나스(Aquinas)나 버틀러(Butler)는 탈레스(Thales)를 인용하여 피조물을 인식하는데 있어 "만물은 물이다."라고 말하는 정도에 머물 것이다. 또 아낙시메네스(Anaximenes)를 인용하여 "만물은 공기다."라고 말하는 정도에 머물고 말 것이다. 그리고 물과 하나님과의 관계를 논증하기 위해 고심하다가 정확한 하나님을 규명하지 못하고 스스로 지쳐 넘어지고 말 것이다. 그들은 또 엉뚱하게 이해할 수도 없는 애매하고 야릇한 이론들을 따라 이원론자(二元論者, Dualist)이거나, 다원론자(多元論者, Pluralist)이거나, 원자론자(原子論者, Atomist)이거나,

---

84) Ibid, p.202.

실재론자(實在論者, Realist)이거나, 또한 실용주의자(實用主義者, Pragmatist) 임을 스스로 드러내고 말 것이다. 이러한 고전적 변증학(Classical Apologetics) 은 불신자를 향해 기독교를 설득할 수 있는 일은 아무것도 없다. 애매한 기독교 변증으로 떨어져 오히려 기독교의 명백한 진리를 혼란 속으로 몰아넣는 원조가 되어버릴 것이다. 사실상 신자와 불신자는 자신들이 가지고 있는 넘을 수 없는 주 장이 확립되어 있다. 그럼에도 불구하고 고전적 변증학Classical Apologetics) 이 억지를 부리는 문제가 있는데 그것은 불신자와 신자 사이의 사고 영역을 무조 건적으로 공유해야 한다는 착각에 사로 잡혀있다는 점이다.[85]

고전적 변증학(Classical Apologetics)이 좌절에 빠질 수밖에 없는 문제를 제시해 보려고 한다. 고전적 변증학에서는 기독교 변증학(Christian Apologet-ics)을 귀납적(Inductive)인 요소의 방법론을 도입하는 경우를 자주 보게 된다. 그렇다면 귀납적인 요소를 구체화 해보자. 그 귀납주의자는 틀림없이 "역사적으로 형성된 변증학과 고고학 연구"에 착수할 것이다. 하나님의 존재를 입증하기 위해 사건들(Facts)에 관한 모든 자료들을 수집할 것이다. 문제는 회색주의자가 귀납적 설득을 위해 아무리 많은 자료들을 수집하였을지라도 설득하려는 상대 즉 불신자가 **가정설(Hypothesis)을** 전제하여 기독교를 폄하할 때 기독교인이 역 공할 수 있는 도전을 가할 수 없다는 문제에 봉착하게 될 것이다. 이 불신자의 가 정설(Hypothesis)은 이미 고전적 변증학(Classical Apologetics)의 공격에 대 항하기 위해 방어논리가 정해져 버렸기 때문이다. 불신자는 고전적 변증 신학자 가 던지는 질문의 공을 받아서 다시 되받아 치는 것이 아니라 바닥도 없는 웅덩 이 속에 계속 던져 넣어버릴 것이다. 그런데도 불구하고 이 회색주의에 기반을 둔 고전적 변증 신학자는 계속 동정녀 탄생, 십자가의 죽음, 그리고 부활 등에 관 한 증거들을 던져줄 것이다. 그러나 이 불신자는 예의 바르고 완전무결한 방어논 리를 스스로 개발하고 있기 때문에 고전적 변증신학자가 던져준 증거의 공을 자 신의 가슴속에 몰래 숨겨 두었다가 무저갱의 웅덩이 속에 통째로 집어 던져 버리 고 말 것이다. 그 때 불신자는 스스로 다음과 같은 질문을 자신에게 던질 것이다. "실재(Reality) 속에 이런 이상한 일이 벌어진 것은 놀라운 일입니다. 당신은 기

---

85) Ibid, p.203.

묘한 일의 수집가처럼 보입니다. 내 자신이 그러한 일이 벌어졌다는데 대해 매우 흥미를 느끼고 있습니다. 그러나 나는 내가 지금까지 일해 오면서 찾아낸 법칙들과 일치하도록 당신이 언급한 사실을 설명하기에 확실히 어려운 점이 있습니다. 아마도 우리는 그 법칙들은 단순한 통계학적 평균치에 불과하거나 어떤 특별한 사건이 나타나기 이전에 말할 수 있는 것은 아무것도 없다고 말할 것입니다. 아마도 그 특별한 사건(Fact)은 실재(Reality)에 있어 매우 비정상적인 것들임에 틀림없습니다. 그런데도 당신의 관점이 진리라는 것을 어떻게 증명할 수 있는지요?"[86]라고 반문할 것이다.

창조와 섭리를 신앙하는 길의 앞잡이는 그리스도의 대속적 죽음과 부활의 신앙을 기초로 삼는 것이다. 그러나 자연인은 기독교인이 창조와 부활의 신앙을 소유해야 하는 이유도 모르고 있다. 그렇기 때문에 기독교인은 불신자에게 그리스도의 대속적 죽음과 부활의 절대성을 강조하여 전도해야 한다. 그러면 그 불신자는 당연히 부활을 믿을 수 없다는 마음속의 갈등을 일으킬 수밖에 없다. 그리고 기독교인을 향해 반항을 일으킬 것이다. 그 반항은 구세주를 갈망하는 문이 될 것이다. 그런데도 이상한 것은 고전적(Classical) 변증 신학자는 불신자에게 기독교의 역사적 사건들을 나열하는 일조차 주저하고 있다. 그러나 명심해야 할 것이 있다. 바로 우주 가운데 일어나는 모든 사건들이 하나님의 계획안에 이미 설계 되었다는 사실은 인간이 전혀 예측할 수 없는 사건들이 일어날 수 있다는 것을 말해주고 있다. 그 불신자가 그리스도를 영접할 수 있는 기회를 얻었기 때문에 하나님의 선택 안에 존재한 자이면 성령님께서 그의 심령 속에서 구원의 공작을 시작할 것이다. 그런데 그 불신자는 회심한 후에야 하나님의 계획이 시공간 속에서 집행되었다는 것을 깨닫게 된다. 그것이 성령님의 신비적 사역이다. 기독교인들은 바로 이점을 주시하고 기독교의 원리를 바로 전해야 한다. 그것이 기독교의 유신론을 증명하는 방법이다. 기독교인은 기독교 유신론을 설명하는 성경의 내용들을 실제적으로 이해할 수 있기 때문이다. 이러한 사실들을 통해 기독교 유신론을 증명하는 기독교 변증가는 귀납주의(Inductivism)만을 추구하는 자가 아니라는 사실이다. 그러므로 기독교인은 사건(Fact) 속에 포함된 기독교 원리를

---

86) Ibid, p.204.

제시해야만 한다. 동시에 기독교 역사 선상에 나타난 시공간의 사건들(Facts)을 제한시킬 필요는 없다.[87]

다음 단계로 넘어가서 고전적(Classical) 변증 신학자를 귀납주의자(Inductivist)가 아닌 선험론자(先驗論者, Priori Reasoner)의 입장에서 생각해 보자. 이 선험론자(Priori Reasoner)는 논증에 들어갈 때 같은 동역자인 고전적 기독교 변증가인 귀납주의자(Icductivist)에게 자신의 목적을 버렸다는 것을 보여줄 것이다. 이 선험론자(Priori Reasoner)는 가정설(Hypothesis)을 주장하는 비기독교인 친구들을 대항해 도전하지 않았기 때문에 그 자신을 불가피하게 로크(Locke)와 버클리(Berkeley)를 거쳐 최대의 회의주의자인 흄(Hume)의 입장에까지 도달했다는 자신의 입장을 비기독교인에게 보여줄 것이다. 그 다음에는 자신의 원리를 주장하기 위해 플라톤(Plato)이나 데카르트(Descartes)가 주장한 선험주의(先驗主義, Priori Reason) 증명에 의존할 것이 뻔하다. 그는 부정적이든 긍정적이든 스스로 모순되는 논리에 의존하여 자신의 주장을 부합시키려고 상대에게 도전장을 보낼 것이다. 그러면서 기독교를 중심으로 일어난 사건들은 우수한 입장이라고 주장할 것이다. 선험주의(Priori Reason) 변증가는 "인간이 신성을 소유한 존재임을 기꺼이 증명해야 영혼의 불멸성을 입증할 수 있다." 는 플라톤(Plato)의 주장을 되풀이 할 것이다. 그는 또 "오직 우주의 질서 원리가 하나님이라는 것을 증명해야 우주의 질서가 존재하는 것을 입증할 수 있다." 는 스토익(Stoic) 철학자들의 주장을 되풀이 할 것이다. 그는 또 "성경의 사실들 뿐 아니라 성경과 정 반대되는 사실들까지도 우주의 여러 국면들 속에 짜깁기 형태로 집어넣고 난 후에 그것은 진리다."라고 증명하려는 헤겔(Hegel)주의 관념론자들의 주장을 되풀이 할 것이다.[88]

---

87) Ibid, pp.204-205.

88) Ibid, p.205. 위의 Paragraph 에 나타난 철학자들의 이념을 설명하여 그 뜻을 이해하는데 도움이 되기를 바란다. 밴틸(Van Til) 박사는 그 철학자들의 이념을 요약 정리해 두지 않았기 때문에 독자들을 위해 요점만을 다음과 같이 정리하여 첨가하려고 한다.
　　로크(John Locke, 1632-1683)는 알미니안주의(Arminianism) 자들과 친하게 지낸 인연으로 말미암아 그의 인식론은 "인간의 지식은 감각을 통하여 얻어지는 외부세계에 대한 경험에 의존한다. 또한 내적 반성도 경험에 의존한다." 라고 주장함으로 **경험론 철학자**로 등극했다. 특히 **연역적(Deductive) 추론**에 있어 지식은 관념들 사이의 지적 직관에 의해서만 이해될 그리고 고전적 변증(Classical) 신학자들은 순수한 귀납주의자(歸納主義者, Inductivist) 또는 선험론자(先驗論者, Priori Reasoner)는 아니지만 귀납주의(Inductivist)나 선험론(Priori Reasoner)과 접촉점(Point of Contact)을 형성하고 있는 자들임에는 틀림없다. 그들이 귀납주의자들(Inductivists)과 관계되어 그들 자신이 하나님에 대한 인식이 잘못되었다는 것을 깨닫지 못할 뿐만 아니라 그 가정설(Hypothesis)이 틀렸다는 것을 수긍하지 아니할 때 그들은 실제로 불신자들의 주장이 옳다는 것을 인정하는 결과를 가져왔다. 기독교 유신론주의 기

수 있다고 주장했다. 그의 경험론과 연역적 추론에 있어 올바른 인식을 얻기 위해서는 선입관이 없는 의심으로부터 시작해야 한다고 주장했다.

버클리(George Berkeley, 1685-1753)의 인식론은 시초에는 "의식하고 있는 사물들 외에는 존재하지 않는다."고 주장했으나 그는 사상의 변화과정을 거쳐 마지막에는 "우리 자신들 외에도 다른 것이 존재한다." 라고 주장했다. 그의 **감각주의적 관념론**은 인식과 의지작용에 있어 능동적인 영역과 인식 가능한 관념들 즉 감각자료와 또는 상상이 가능한 관념들에게 수동적으로 파악되는 대상들에 바탕을 둠으로 존재 인식에 대한 한계를 드러내고 말았다. 결국 그의 하나님에 대한 인식은 회의론에 빠질 수밖에 없었다.

흄(David Hume, 1711-1776)은 **경험주의 철학자**로서 귀납적인(Inductive) 요소를 포함하고 있었다. 지식을 획득하는데 있어 마음의 작용을 기술하려고 했다. 실재(Reality)에 관한 이론의 정립은 불가능하며 경험을 초월한 지식은 불가능하다고 주장했다. 하나님의 실재를 인식하는 것은 아예 불가능하다고 주장했다.

플라톤(Plato, BC 428?-347?)은 **형상이론자로 이데아(Idea)론**을 주장하였는데 그의 변증론(Apology)은 대부분 비역사적인 내용들이었다. **형상은 이데아**(εἶδος)의 개념을 번역한 말로 어떤 사물을 다른 사물과 구별하는 본질적 특징을 말한다고 주장했다. 그의 **이데아(Idea)론은** 이성에 관계된 영원불변의 실재를 의미한다.

데카르트(Rene' Descartes, 1596-1650)는 중세 스콜라주의(Scholasticism)와 충돌되는 **회의주의(懷疑主義)** 철학에 입각하여 종합과 분석의 방법과 확실하고 증명을 요하는 방법에 의해 물질적인 형상을 취급하였다. 이 회의주의는 로크(Locke), 버클리(Berkeley), 그리고 흄(Hume)으로 내려왔는데 "증명할 수 있는 인식을 얻기 위해서는 일체의 선입감을 버리고 조금이라도 불확실하다고 생각되는 것은 의심해야 한다." 는 사상이다.

플라톤(Plato)이나 데카르트(Descartes)의 **선험적(先驗的)** 사상은 칸트(Kant)가 주장한 근본 개념의 하나인데 초월주의(Transcendentalism)와 구별하여 선천적인 대상인식의 가능성을 선험적 초월(先驗的 超越, Priori Transcendence)의 인식으로 규정했다. 이러한 선험적 개념은 인격적 하나님의 존재 개념을 가능성으로 대치시키고 있다.

스토익(Stoic) 철학은 에피큐리안(Epicurean) 철학과 함께 로마 시대의 대표적인 그리스 철학으로 자연, 논리, 그리고 윤리를 주로 다루었다. 하나님을 단순한 우주의 질서 원리로 생각하여 하나님을 로고스(λόγος)로 규정하여 인간을 작은 우주로 생각했다.

헤겔(Hegel)을 중심으로 퍼져 나간 관념론(Idealism)은 이데아(Idea) 즉 형상(形相)을 사물의 본질로 보고 있다. 이데아(Idea)를 참된 실재(Reality)로 보고 만물이 변천해 가는 현상계와 영원불멸의 세계가 있다고 주장한다.

초위에 하나님을 말하지 아니하면 어떤 근거를 주장할지라도 사건들(Facts)을 논리와 연결시킬 가능성이 없다는 것조차 생각하지 못하고 있다. 하나님의 창조, 통치, 보존, 그리고 섭리를 믿지 않은 불신자가 시공간의 사건들(Facts)에 대해 "틀렸다 또는 맞다." 라고 말하는 것 자체가 허공을 치는 일과 다름없는 것이다.[89] 왜 허공을 치는 일을 할 수 밖에 없는가? 고전적 변증학을(Classical Apologetics) 통하여 기독교를 전파하게 되면 스스로 자기 모순에 빠질 수밖에 없기 때문이다. 자신이 기독교의 절대성을 알고 있으면서 회색주의 변증학을 방법론으로 채택하고 있기 때문에 절대적 기독교 교리를 확신 있게 전파하는데 주저할 수밖에 없다. 종국에 가서는 자신도 모르게 귀납주의(Inductivism) 또는 선험론(Priori Reason)에 빠지게 되어 로크(Locke), 버클리(Berkeley), 흄(Hume), 그리고 데카르트(Descartes) 등의 철학적 생각으로 말려들어갈 수밖에 없다.

토마스 아퀴나스(Aquinas), 인간의 의지를 강조하는 알미니안(Arminian), 그리고 회색주의 변증신학자인 버틀러(Butler) 감독이 주장하는 고전적 변증학(Classical Apologetics)을 도입하는 경우 불신자가 자신이 받아 들여야 할 구체적인 복음의 내용을 혼동할 수밖에 없다. 만약 칼빈(Calvin)의 주장을 따르게 되면 복음에 대한 애매한 문제는 발생할 수가 없다. 칼빈(Calvin)의 신학은 하나님과 만물에 대한 인식이 처음부터 성경이 말씀하는 대로 믿음이 생겨나게 되든지 아니면 반대하게 될 수밖에 없다는 것을 강조하고 있다. 그렇기 때문에 우리는 온유하면서도 단호하게 인간에게 요구하시는 하나님에 대한 입장을 말씀대로 전하여야 한다. 인간은 언약의 파괴자로 결코 다른 방법으로는 구원의 길이 없다는 것을 명시하여야 한다. 어떤 가정설(Hypothesis)이나 과학적 증거가 하나님의 말씀을 능가할 수 없다는 것을 확실히 전해야 한다. 인간이 경험하고 증거 하는 논리는 인간 스스로 조작한 방어논리이기 때문에 기어를 풀어놓은 채 엔진만 홀로 돌고 있는 공회전과 같다.

밴틸(Van Til)박사는 2천년 동안이나 전통주의(Traditional) 즉 고전적 변증

---

89) Cornelius Van Til, The Defense of the Faith, (Presbyterian and Reformed Publishing Co, Phillipsburg, New Jersey, 1980), pp.203-204.

학(Classical Apologetics)의 노선을 이어온 잘못된 신학의 개념을 깨고 개혁파 변증학의 새로운 장을 여는 전제주의(Presuppositionalism) 변증학을 제시하였다. 그는 성경을 옹호하는 일에 스스로 무모할 정도의 용기를 가져야 한다고 주장했다. 그러나 밴틸(Van Til) 박사는 자신이 우연하게 스스로 그런 기독교 변증학(Christian Apologetics)을 제시한 것이 아니고 개혁파 신학의 정통성을 따라 칼빈(Calvin)으로부터 가깝게는 19세기 신 칼빈주의 신학자인 카이퍼(Kuyper)와 바빙크(Bavinck)의 신학을 탐구함으로 생겨난 것임을 강조하였다.[90] 이러한 주장은 교회사적 신학을 강조하는 사상이다. 이제 변증학의 전제가 되는 기본적인 기독교 교리를 정립할 때가 되었다. 이 교리들은 2천년 교회사를 통해 고백되어진 신앙고백서 가운데 기독교 변증학적으로 절대 필요한 부분만을 간추려 다음과 같이 설명하려고 한다.

---

90) Ibid, p. 208.

III. 기독교 변증학의 전제가 되는 교리

역사적 기독교 교리는 순교의 피가 맺어준 열매이다. 고대신조는 300년이라는 간헐적이고 기나긴 박해로 인해 흘린 순교의 피를 통해 맺어진 열매이다. 종교개혁의 신앙고백서 역시 로마 교조주의(Catholicism)를 대항해 싸운 순교자들의 피로 맺어진 열매였다. 그 신앙고백서들은 기독교를 변증하는 교리였다. 그러므로 교회사적 교리를 변증하는 작업이 바로 기독교 변증학이다. 혹자들의 무지하고, 피상적이고, 그리고 상식 이하의 생각들을 마구 쏟아 놓은 말들이 있다. 개혁파 신학을 신봉하는 자들을 향해 교리에 취한 자들, 교리는 사람이 만든 것이므로 무용한 것, 그리고 오늘날 사회의 발전이 초고속 전진을 하는 마당에 칼빈(Calvin)의 신학을 위시하여 골동품으로 남아야 할 앞뒤가 막힌 통조림과 같은 교리들은 아무 소용이 없다는 등의 허무맹랑한 말들을 쏟아내고 있다.

2천년 교회사를 살펴보면 초대교회로부터 교리파괴주의적인 주장들이 마구 쏟아져 나왔다. 그 주장들은 교회 안에 헬라주의, 유대주의, 그리고 이교도사상 등을 몰래 유입하려는 악마의 계교가 숨어 있었다. 오늘날도 똑같은 현상이 나타나고 있다. 기독교의 이름으로 무종교적 기독교, 연합이란 이름으로 무교리적 혼합운동, 그리고 하나 되기 위한 이름으로 로마 카톨릭과의 직제 연합운동이 벌어지는 망측한 일들이 벌어지고 있다. 이러한 악마의 계교에 쐐기를 치고 교회의 본질을 회복하여 성경적 교회를 튼튼하게 세우는 길은 교리를 바로 정립하여 기독교를 변증하는 길이 너무나 중요하다. 악마는 교회의 약점을 너무 잘 알고 있고 그 약점을 너무 잘 이용하고 있다. 악마는 교리에 대한 무관심을 유도하기 위해 성도들로 하여금 현실주의, 안일주의, 무교리적 연합주의, 그리고 외적 번영주의에 귀를 기울이게 만들고 있다. 그러나 교회사를 살펴보면 교회가 외적 번영에 복음의 잣대를 조정할 때 타락의 늪으로 빠져들어 갔다. 교회는 성도들이 하나님의 말씀을 지키기 위해 주님께 피를 바칠 때 가장 영광되고 승화된 하나님의 지체로 남아 있었다.

교회를 수호하기 위한 교리적 변증은 선지자들과 사도들로부터 지금까지 지속되어 온 작업이다. 속사도 이후 4세기 까지 교회가 간헐적이면서도 극심하게 박해를 받고 있을 때 헬라주의가 교회 안에 파고들어 왔고 그런 와중에도 교부들의 기독교 변증은 지속 되었다. 물론 알렉산드리아(Alexandria)학파에 속한 교부들의 다수가 헬라철학을 방법론으로 채택하여 기독교 변증학을 전개한 자들도 있다. 5세기 이후 기독교가 세계의 종교로 국가의 정치권과 동반 자세를 취하게 되자, 불행하게도 중세 천년동안 기독교는 교리적 본질과 윤리 도덕에서 정도를 벗어나게 되었고, 기독교 변증학(Christian Apologetics)은 회색주의 노선에서 발을 빼지 못하게 되었다. 사도들로부터 어거스틴을 이어온 사상은 칼빈에 와서 교리적 정립을 세우게 되었고 그 여파로 개혁자들의 후예들에 의해 주제에 따라 잘 정립된 교리가 오늘날 우리 손에 들어와 있다. 종교개혁이 일어나기 이전까지 성경교리를 제대로 가르칠 수 있는 교재 한 장도 없이 우민정책에 속아 길고 긴 천년의 세월을 거쳐 오면서 로마 카톨릭의 압제 밑에서 재산을 빼앗기고, 고문당하고, 그리고 생명을 잃어버리는 일들이 지속되어 왔다. 그 원인은 말할 것도 없이 교리적 정립이 주님의 이름으로 세상의 허영과 권세아래 매몰되었기 때문이다. 종교개혁의 피 값은 교리적 정립이라는 열매를 맺어 주었다. 그러나 종교개혁 이후 기독교의 극단적인 자유화는 갖가지 망측스러운 신학 아닌 신학이 독버섯처럼 돋아났다. 17세기 이성주의, 18세기 계몽주의(Enlightenment), 그리고 19세기 문서설과 자연주의는 정통신학을 난도질 하고 말았다. 20세기에 들어와 급진주의는 개혁파 신학에 메스를 가하는 독극물로 등장했다. 참으로 기독교 변증이 절실하게 요구되는 현실 앞에 서 있게 되었다. 이렇게 절급한 때에 교회가 번영주의에 취해 있다는 것은 영적 멸망을 자초하는 길로 들어서고 있다는 증거이다. 교회를 살리는 길은 윤리적 개혁에 앞서 우선 교리적 변증을 냉철하게 정립하는 작업이다.

종교개혁의 중심교리를 형성한 칼빈(Calvin)을 함부로 비평하고, 심지어 저주하고, 욕하는 자들은, 이교도 사상이 뿌리내린 로마 교조주의(Roman Catholicism)에 의해 가식으로 가득 찬 교리를 강요하고, 생명을 빼앗고, 그리고 재산을 탈취하였던 로마 카톨릭으로 미련 없이 돌아가야 한다. 종교 개혁자들의 피나는 노력으로 우리가 이처럼 좋은 교리를 손에 넣을 수 있다는 것이 얼마나 행복한가? 행복에 넘쳐 개혁자들을 함부로 비평하는가? 개혁파 신학은 피의 신학이다. 그 신학은 순교의 신학이다. 그렇다면 칼빈(Calvin)을 비평하는 자들이 WCC 운동을 위해 순교의 제물이 될 수 있는가? 동성애와 사회 복음주의(Missio dei) 운동을 위해 순교의 제물이 될 수 있는가? 교회가 타락 할수록 교리 무용론으로 빠지게 된다. 그리고 현실 실리주의로 기울어진다. 교리가 정립되지 못한 교단들이 실리주의에 따라 우후죽순처럼 나타났다 사라지는 현실교회가 정결한 신부의 교회로 자리 잡을 수 있는가?

이제 기독교 교리 가운데 특히 변증의 요소가 되는 교리들을 뽑아 7가지 주제에 따라 분석 정리해 보려고 한다. 이러한 교리들은 2천년동안 쌓아온 교회의 금자탑이다. 그럼에도 불구하고 앞으로 계속 교리적 논쟁은 지속 될 것이다. 2천년 교회사가 그랬던 것처럼 피의 논쟁이 계속 될 것이다. 이제 기독교 변증학(Christian Apologetics)에서 이슈가 될 수 있는 중요한 교리들을 골라 다음과 같이 설명 하려고 한다.

1. 성경의 영감론(Infallible Inspiration)

성경의 영감론은 모든 신학의 기초가 되는 교리이다. 개혁파 신학은 성경을 오류 없는(Infallible) 하나님의 말씀으로 신앙한다. 성경을 어떻게 믿어야 할 것과 어떻게 신앙생활 해야 할 기준 문서로 받아들인다. 개혁파 교회는 성경을 하나님께서 계시로 기록해 준 제1문서로 받아들이고 있다. 이에 더하여 역사교회가 고백한 신앙고백서를 제2문서로 받아들인다. 제 1문서인 성경을 하나님의 말씀으로 신앙하기 위한 객관적 고백서가 교회사를 통해 고백되어진 신앙고백서이다. 성경이 하나님의 말씀이라는 것을 객관적으로 증명하기 위해 역사교회는 체계적이고, 전체적이고, 그리고 구체적으로 제 2문서인 신앙고백을 구축해 왔다. 그러므로 개혁파 신학은 성경을 하나님의 말씀으로 신앙하는 고백주의 신학이다. 고백주의 신학은 변증적 요소를 동반하고 있다. 그렇기 때문에 개혁파 변증학(Reformed Apologetics)은 성경이 하나님의 문서계시임을 변호하는 학문이다.

신자나 불신자나 성경을 대할 때 종이 위에 히브리어, 아람어, 그리고 헬라어로 기록된 2천여 쪽에 가까운 큰 책이라는 느낌을 받는다. 이스라엘 역사와 로마의 역사를 배경으로 아주 옛날의 사적을 기록한 책으로 인식할 수 있다. 그 책 속에는 인간의 합리적 사상으로 볼 때 전혀 이해 불가능한 내용들이 수없이 기록되어 있다. 만물이 무로부터 만들어지고, 죽었던 사람이 살아나고, 사람이 물위로 걸어 다니고, 사람이 3일간이나 큰 물고기 뱃속에 들어갔다 살아 나오고, 그리고 십자가에 처형당한 분이 3일 만에 다시 살아나고 40일 후에 구름을 타고 하늘로 올라간 기묘한 사건들이 기록 되어 있다. 도대체 오늘날 과학문명이 초고속으로 발전하고 있는 첨단의 시대에 어떻게 이 책이 하나님의 말씀이 될 수 있단 말인가? 과학적으로 이해할 수 없는 이 책이 하나님의 말씀인 성경이라는 것을 우리가 어떻게 신앙해야 한단 말인가?

문제는 합리적으로 이해할 수 없는 이 책이 세상에서 가장 많이 읽혀지고 또 거기에 나타난 기적의 사건들을 사실로 믿는 사람들이 너무도 많다는데 있다. 그것은 성경이 하나님의 말씀이라는 것을 증거 하고 있기 때문이다. 과학적 합리주의를 넘어 이 책이 무오한(Infallible) 하나님의 말씀이라는 것이 논리적으로, 사실적으로, 그리고 역사적으로 증명되고 있기 때문이다. 개혁파 신학이 주장하는 성경의 영감론은 "성경이 무오한(Infallible) 하나님의 말씀이라는 것을 변증하는 교리이다." 로부터 시작한다. 하나님의 말씀인 성경에 흠집을 내기 위해 갖가지 억측을 들이밀고 있는 조잡한 생각들을 초토화 시키는 작업이 성경 무오설(Infallible)을 변호하는 일이다. 이는 성경의 영감론을 정립하여 성경 무오설(Infallible)을 변증하는 작업이다.

1) 완전 영감설(Perfect Inspiration)

성경의 영감설은 신학서설(Prolegomena)에서 가장 비중 있게 다루어지는 과목이다. 성경은 오류 없는 하나님의 말씀이라는 것을 자체적으로 증명하기 때문이다. 개혁파 신학에서는 성경을 오류 없는 하나님의 말씀으로 신앙하고 있다. 문서계시로서 하나님의 뜻을 전달하는데 오류가 없다는 말이다. 우리가 하나님을 바로 아는 유일한 길은 성경계시를 통해 아는 일이다. 계시의 하나님을 잘못 오인하게 되면 초월주의(Transcendentalism) 인식론으로 떨어지는 경우가 허다하다. 또한 기적을 체험하는 것이 계시의 하나님을 접하는 것으로 오인하는 경우가 허다하다. 초월주의(Transcendentalism)나 기적주의는 발트(Karl Barth)나 신비주의 사상에 바탕을 두고 있기 때문에 주관주의적 하나님의 인식론으로 떨어진다. 그러한 것들은 계시주의적 하나님의 인식론이 아니다. 인간의 체험이나 기적을 매개로 하여 하나님을 인식하는 개념은 인식의 주체가 하나님으로부터 기인되는 것이 아니고 인간의 주관으로부터 기인되기 때문에 객관적 계시의 하나님을 부정하는 인식론으로 떨어진다.

반대로 하나님을 인식하는 방법에 있어 인간의 이성에 기초를 둔 합리주의가 있다. 이것 역시 주관주의적 방법이다. 중세 아퀴나스(Aquinas)의 스콜라주의(Scholasticism)적 인식론이나 근대 칸트(Kant)의 불가지론(Agnosticism)의 인식론이 그것들이다. 스콜라주의(Scholasticism) 기독교 변증학은 헬라주의의 과학적 방법론이 저변에 깔려있기 때문에 신학의 합리성을 강조하는 경향성으로 기울어져 있다. 불가지론(Agnosticism)은 현상세계에서 직관(Intuition)을 통해 들어오는 인식의 한계를 강조한다. 그 인식은 현상세계 이외에는 인식이 불가능하다고 강조한다. 문제는 그 인식의 시발점이 이성에 기초하고 있다는 점이다. 결국 이성에 기초를 둔 주관주의적 인식론(Epistemology)은 초자연성을 포함하고 있는 계시에 관한 인식을 불가능하게 만든다.

계시의 객관성은 성령사역의 객관성을 전제한다. 그 객관성은 기적이나 이성을 매개로 하는 주관주의 인식론을 뒤로 돌린다. 성령님의 감동으로 기록된 성경은 시간적으로나 사건적으로나 초월주의(Transcendentalism)의 제한을 받지 아니하며 현상세계에 대한 이해의 인식론에 있어서도 제한을 받지 아니한다. 성령님께서는 하나님의 단독적인 결정에 따라 하나님에 대한 인식을 성도에게 주권적으로 적용한다. 성령님의 객관사역은 역사를 섭리적으로 다스리시며, 만물을 조화적으로 보존하시며, 그리고 종말을 향해 정해진 설계도를 적용하는 일이다. 거기에는 특별계시를 문서로 기록하는 중요한 작업을 포함하고 있다. 성령님에 의해 기록된 특별계시인 성경은 성도가 하나님의 뜻을 충분히 이해할 수 있도록 전달하고 있다. 성경에는 중보자 그리스도, 구원, 그리고 하나님 나라 등을 충분히 인식하도록 기록되어 있다. 그렇기 때문에 인격적인 삼위일체 하나님을 인식하는 길은 문서 계시인 성경을 통해 하나님을 인식하는 일이다. 기적을 매개로 하는 체험주의나 합리주의를 인식의 도구로 하는 주관주의는 인격적인 삼위일체 하나님을 올바로 인식하는데 아주 미흡하다.

성령님의 주관 사역은 객관적으로 영감 된 성경의 내용을 수단으로 하여 구원받기로 선택된 각자의 인격에 구속을 적용하는 일이다. 그리고 주위의 환경, 사람, 그리고 언어까지 동원하여 하나님의 백성으로 선택 된 자의 인격에 합당하게 말씀을 은혜의 방편으로 사용하여 구속을 적용하신다. 성령님의 인격과 선택받은 자의 인격은 특별계시인 성경말씀을 도구로 삼아 삼위일체 하나님과 깊은 교제의 영역으로 들어간다. 성령님께서는 정확하고 신실한 인격을 가지고 계시기 때문에 선택 받은 자의 인격을 고려하여 가장 합당한 동원력을 발휘하신다. 성령님께서는 하나님 아버지의 인격과 선택 받은 자의 인격적 교제를 통해 특별계시의 내용을 올바로 인식하게 만드신다. 모든 사람들의 인격이 각자 다르게 형성되어 있기 때문에 성령님도 구원 받을 자의 인격에 따라 특별계시인 하나님의 말씀을 각자의 인격에 맞도록 적용 하신다.

개혁파 신학이 주장하는 완전영감론(Perfect Inspiration)은 두 가지의 영감설을 포함하고 있는데 하나는 축자영감설(Verbal Inspiration)이며 다른 하나는 유기적 영감설(Organic Inspiration)이다. 혹자들은 위의 두 가지 영감설을 오해하는 경우가 있어 이에 대한 문제를 정립해야 할 필요를 느낀다. 위의 두 가지 영감설 모두가 완전 영감론(Perfect Inspiration)을 지원하고 있다. 영감의 범위에 있어서는 축자적(Verbal) 영감설을 방법에 있어서는 유기적(Organic) 영감설을 취하는 것이 완전 영감론(Perfect Inspiration)이다.

(1) 축자영감설(逐字靈感設, Verbal Inspiration)

축자영감설(Verbal Inspiration)은 성경이 글자에 오류가 없는 하나님의 말씀이라는 말이다. **글자에 대한 오류를** 잘못 이해하여 기계적 영감설(Mechanical Inspiration)로 생각하는 사람들이 의외로 많다. 기계적 영감설(Mechanical Inspiration)은 전달된 글자를 받아쓰기(Dictation) 식으로 기록했다는 의미이다. 기계적 영감설은 문제를 발생시킬 소지가 있다. "했다." 와 "하였다." 라는 두 단어 가운데 어느 것이 맞는가? 라는 문제에 직면하게 되면 그 해답이 없다. 물론 의미로 볼 때 두 단어가 다 맞다. 그러나 받아쓰기의 개념으로 들어가면 문제가 발생한다. 좀 더 깊이 생각해 보면 공관복음서에 나타난 마태, 마가, 그리고 누가복음의 차이점을 해소할 길이 없다. 똑같은 사건을 놓고 글자를 사용하는 문자가 다르기 때문이다. 그러나 하나님의 뜻을 전달하는 내용은 전혀 오류가 없다. 그렇다면 기계적 영감설(Mechanical Inspiration)로 볼 때 공관복음 가운데 한 가지의 복음서만을 경전으로 받아들여야 할 것이다. 그러므로 축자영감설(Verbal Inspiration)은 하나님의 뜻을 전하는 내용에 있어 사용되는 글자의 오류가 없다는 말이지 받아쓰는데 있어 글자의 오류가 없다는 말이 아니다. 예를 들면, 만약 "예수님께서 물 위로 걸었다." 라는 내용을 "걸을 수 있다." 라는 내용으로 바뀌게 되면 하나님의 뜻을 올바로 전달하지 못한 것이다. 그러나 존댓말을 사용해 "예수님께서 물 위로 걸으셨다." 라고 번역해도 그 의미에 있어 변화가 없다. 만약 번역의 문제로 들어가면 헬라어나 영어에는 존댓말이 따로 존재하지 않기 때문에 "예수가 물위로 걸었다." 라고 번역해야 원문의 입장에서 볼 때 정확한 문장이 될 것이다. 우리는 "예수님께서 물위로 걸으셨다." 라고 번역함이 좋을 것이다. 그러나 한국말에 의해 존댓말을 사용하여 번역하든지 헬라어의 어법으로 번역하든지 그 의미는 변화가 없다.

또한 "축자(逐字, Verbal)"라는 단어를 오해하여 혹자는 글자 자체를 우상화하는 경우가 있다. 예수님께서 광야에서 40일 금식기도를 마치신 후 마귀에게 시험을 받으실 때 "마귀가 한 말이 왜 하나님의 말씀으로 간주 되어야 하느냐?" 라고 부분 영감설(Partial Inspiration)주의자들은 시비하고 나선다. 또한 구약의 역사서에 기록된 "다윗과 주위 사람들과의 대화"가 어떻게 하나님의 말씀이 될 수 있느냐? 의 질문을 들고 나온다. 그와 같은 내용은 하나의 역사적 기록에 불과하다 고 주장한다. 이로 말미암아 부분 영감설(Partial Inspiration)과 역동적 영감설(Dynamic Inspiration)이 매력 있게 등장한다. 성경에 기록된 "교훈이 되는 부분만 영감 되었다는 주장과 제 2의 저자에게 기록할 수 있는 성령님의 감동이 주어졌으나 구체적인 글자에까지 영감이 주어진 것이 아니다." 라는 애매한 주장들이 바로 그런 것들이다. 다시 강조하건대 축자(逐字, Verbal)라는 의미는 언어로 하나님의 뜻을 전달할 때 **"하나님의 뜻을"** 전달하는 데 있어 글자의 오류가 없다는 말이므로 **"예수님께서 시험을 이기심"**이 계시의 내용으로 받아 들여져야 한다. 만약에 마귀가 예수님을 시험할 때 "돌로 떡을 만들 수 있으면 만들어도 되지만 그럴 수 없다면 다른 어떤 방법으로 만들도록 하라." 는 식으로 잘못 표기되었다면 축자영감설(Verbal Inspiration)에 어긋나는 기록이 된다. 성경에 기록된 모든 역사적 사건은 사건의 내용을 틀림없이 성령님께서 글자를 사용하여 사실대로 전달하고 있다. 그 전달의 내용에 대하여 글자의 오류가 없다는 의미에서 축자영감설(Verbal Inspiration)을 말하는 것이다.

(2) 유기적 영감설(有機的 靈感設, Organic Inspiration)

유기적 영감설(Oranic Inspiration)은 영감의 범위를 다루는 문제이다. 제1저자인 성령님께서 제2저자인 선지자들과 사도들의 인격, 주위 환경, 그리고 언어를 성령님의 뜻대로 사용하시어 오류 없이 기록하게 하셨다는 의미이다. 영적으로 무식한 자연주의자들이나 자유주의자들은 모세 5경의 문서설을 주장한 나머지 각 책에 대한 문장 형태의 차이와 각 책에 대한 역사적 배경 등을 시비하고 나섰다. 그리고 문장의 차이점과 역사적 배경의 차이점을 꼬집어 성경의 영감설을 부정하는 무식한 우를 범하고 있다. 성경의 예언에 관한 성취만 보아도 감히 그런 주장을 할 수 없다. 그들이 정말 하늘나라 영생 얻기를 싫어한 나머지 성경을 올바로 연구 하였는가? 캐묻고 싶다. 그들이 합리적 사고에 맞지 아니한다고 성경의 영감설을 부정하는 이유가 무엇인가? 영혼에 대한 내세를 버리기로 작정한 사람들만이 행하는 작태가 아닌가? 성경을 전체적으로 교리화 하고 역사적으로 예언과 사건들을 비교 대조해 보면 감히 그런 말이 나올 수 없는 일이다. 제1저자인 성령님께서 제2저자인 선지자들과 사도들을 사용하시어 성경을 기록 하실 때는 주위의 모든 언어와 환경을 동원하시기 때문에 사람들의 주위 여건, 사건, 그리고 수신자의 입장에 따라 내용이 다르게 나타날 수밖에 없다. 그 성령님 사역의 다양성을 좁은 인간의 관념으로 영감설을 거역하는 행위는 아주 괴팍한 범죄에 해당된다.

2) 왜 성경은 하나님의 말씀인가?

성경을 탐구해 보면 그 깊이, 넓이, 그리고 높이를 측량할 길이 없다. 측량할 수 없다는 범위는 영적인 깊이, 우주적인 영역, 그리고 역사적인 사건 모두를 포함한다. 만약 어떤 사람이 성경을 깊이 읽고 영적 감동이 없다면 그는 이미 유기(遺棄, Reprobation)된 자이다. 성경을 너무 쉽게 그리고 가치 없이 취급하는 사람은 진정 하나님을 쉽게 그리고 가치 없이 취급하는 자이다. 만약 불신자가 "하나님을 보여 주면 믿겠다."고 주장할 때 하나님을 어떻게 만나게 해줄 수 있는가? 그 방법은 성경을 통해 하나님을 발견할 수 있으니 성경을 읽으라고 권해야 한다. 성경 속에서 하나님의 인격, 인간의 죄악성, 그리스도의 신인(神人) 양성(兩性)의 예수님, 만물에 관한 하나님의 섭리, 그리고 하나님 나라의 영생 등 모두가 구체적으로 기록돼 있기 때문이다. 그렇기 때문에 성경은 하나님의 말씀이다.

(1) 성경의 예언성

창세기부터 예수님에 대한 예언이 나타나고 있다(창3:15). 그리고 종말에 관한 예언이 나타나고 있다(창6:1-9:17). 이 예언은 점쟁이가 어떤 감각에 의해 우연의 일치를 두고 말하는 것과 전혀 다르며 통계학적으로 미래를 예측하는 미래학에 근거한 것도 아니다. 성경의 예언은 역사적 실체에 근거를 두고 있다. 아담이라는 역사적 인물은 역사 선상으로 내려오신 제2의 아담인 신인(神人) 양성(兩性)의 예수님을 예표(Typology)한 인격체이다. 이스라엘 신정국가(神政國家, Theocracy)의 역사를 통해 역사적 예수님을 예언한 사건은 종말의 역사를 실제로 보여주는 확신을 일으킨다. 그 역사는 역사적 예언을 성취함으로 예언이 역사적으로 성취될 것을 미래적으로 증거하고 있다. 성경의 예언성은 가정설

(Hypothesis)이나 가능성에 기초를 둔 예측을 불허한다. 확실한 역사적 사건을 100% 근거로 취급하고 있다. 구약에서는 역사를 통해 이스라엘 국가의 흥망성쇠를 예언하였고, 그 이스라엘 역사를 통해 예수님을 예언하였고, 그리고 그 예언대로 예수님께서 역사 선상으로 내려 오셨다. 시공간의 역사 속에서 예수님께서는 "자신이 어떻게 되어 질 것인가?" 에 대한 사건 모두를 예언하셨다. 그 예언은 예수님의 말씀대로 성취되었다. 그리고 종말을 예언하셨다. 그 종말은 예언대로 역사적 사건으로 반드시 성취될 것이다.

(2) 성경의 저작성과 통일성

제2의 저자가 되는 선지자들과 사도들의 면면을 살펴보면 지식과 신분에 있어 매우 다양하다. 아주 낮은 신분으로부터 나주 높은 신분에 이르기까지 성경을 기록한 인물들은 너무나 다양하다. 그럼에도 불구하고 그들의 신분에 상관없이 그 기록들을 살펴보면 내용의 일관성을 유지하고 있다. 성경내용의 일관성은 예수님을 어떤 분으로 보느냐? 인격적인 삼위일체 하나님을 어떻게 고백하느냐? 하나님의 자녀로서 하늘나라의 영생을 어떻게 소망하느냐? 등의 문제에 있어 동일한 신앙고백을 유지하고 있다. 역사적으로, 지적 수준으로, 그리고 신분상의 차이를 불문하고 신앙고백의 차이가 없다는 말이다. 역사적으로 1,500년 이상의 시간을 통해 다양한 신분의 저자들에 의해 기록된 성경말씀의 내용은 일관성 있는 신앙고백과 예언으로 기록돼 있다. 제1저자인 성령님은 제2저자를 사용하시어 성경을 성령님의 감동으로 기록했기 때문에 성경의 내용은 기록자들의 직업과 지적 수준을 초월하여 동일한 내용을 계시하고 있다. 저자들의 다양한 직업적 위치에도 불구하고 1,500년이란 긴 세월을 통해 문화적 배경과 시대적 배경을 극복하고 동일한 계시의 내용으로 기록되었다는 것이 기적이다.

(3) 성경의 감동성

성경을 읽을 때 확실하게 드러나는 두 갈래의 길이 있다. 성령님의 감동으로 감화를 받은 사람은 성경을 하나님의 말씀으로 믿는다. 이 사람은 하나님의 백성으로 선택된 사람이다. 이 사람은 유효 소명(Effectual Calling)으로 인하여 하나님의 말씀이 그의 심령 속에서 영혼의 양식으로 공급되고 있다. 그러나 유기(Reprobation)된 자는 아무리 성경을 깊이 연구해도 하나님의 말씀이 그 영혼을 자극하지 못한다. 그 이유는 성령님의 사역이 그의 심령 속에 작용하지 않고 있기 때문에 성경을 하나님의 말씀으로 수용하는 자세가 될 수 없다.

미국 남북전쟁 당시 유명한 장군이며 천재적 문학가인 루 왈래스(Lew Wallace, 1827-1905)는 무신론자이며 회의주의자인 로버트 잉거솔(Robert Ingersoll)과 함께 기독교야 말로 잘못된 신화를 섬기는 종교로 생각하고 기독교 말살 운동을 함께 전개하기로 의기투합했다. 도서관을 찾아다니며 반기독교에 관한 자료들을 수집하기 시작했다. 책을 쓰다가 사리에 맞지 않은 성경을 바로 알아야 기독교를 말살 시킬 수 있다는 생각에 사로잡혀 성경을 정독하기 시작했다. 그러던 어느 날 왈래스(Wallace)는 갑자기 무릎을 꿇고 엎드려 "당신은 나의 주 나의 하나님" 이라고 부르짖었다. 예수 그리스도의 구세주는 신화가 아니고 역사적 인물이라는 사실 앞에 무릎을 꿇고 회개하기 시작했다. 그는 2주후 벤허(Ben Hur)를 집필하기 시작했다. 예수 그리스도의 구세주 되심과 하나님의 주권사상을 적나라하게 펼치고 있는 이 소설은 소설 이상의 신앙 간증을 내포하고 있으며 영화로도 세계 최고의 명작에 올라있다. 그 외에도 수많은 성도들이 성경을 읽음으로 그들의 삶이 변화되어 하나님의 자녀가 된 사건은 여기에 모두 나열할 수 없을 정도이다. 아무리 완악한 마음을 가지고 있는 사람이라도 성령님께서 그 심령 속에 말씀을 적용하게 되면 회개하고 거듭난 하나님의 자녀가 된다. 누가복음 24장 32절에 "성경을 풀어 주실 때에 우리 속에서 마음이 뜨겁지 아니 하더냐?" 라고 기록되어 있고 사도행전 16장 11절 이하에는 "주께서 루디아의 마음을 열어 바울의 말을 따르게 하였다." 라고 기록되어 있다. 성령님에 의해 기록 된 하나님의 말씀인 성경을 대할 때 성령님의 비추임을 통해 감동되어 마음이 뜨거워지는 것은 성도들이 수없이 체험하는 일들이다.

2. 신론(Doctrine of God)

하나님은 어떤 분이시며, 무슨 일을 하고 계시며, 그리고 어떻게 존재하시는가? 이러한 주제들은 기독교인들을 향해 비 기독교인들이 무수히 던진 질문이다. "하나님은 어떤 분인가?" 라는 질문에 대해서는 **인격적인 삼위일체 하나님께서** 가지고 계신 본성(Nature)과 속성(Attribute)을 정의해 주는 것이 그 대답이며, "무슨 일을 하고 계시는가?" 라는 질문에는 하나님께서는 그의 **신적작정(Decree)에** 따라 만물을 창조하시고, 다스리시고, 보존하시고, 그리고 섭리하시는 하나님의 **주권적 사역이** 그 대답이 될 것이며 그리고 "어떻게 존재하시는가?" 라는 질문에는 스스로 계시며, 무소부재(無所不在) 하시며, 그리고 초자연적으로 **하늘에 계신 하나님**이시며 성도와 관계된 실재론(Reality)에 있어서는 **삼위일체론적 교제의 하나님으로** 존재하심이 그 해답이 될 것이다.

1) 하나님의 절대적 존재와 관계된 속성(God as the absolute being with the attributes)

개혁파 신학이 강조하는 특성중의 하나는, 신론에 있어, 하나님의 주권사상인 신적작정(Decree)과 연관된 인격적 삼위일체 하나님의 실재론(Realism)이다. 개혁파 신학은 기독교 교리의 정통을 이어온 교리의 역사를 지켜온 신학이다. 개혁파 신학은 모세, 선지자들, 그리고 사도들의 뒤를 이어 터툴리안(Tertullian), 어거스틴(Augustine), 쥬잉글리(Zwingli), 그리고 칼빈(Calvin)의 사상에 깃들어 있는 고백적 내용이다. 로마 교조주의(Catholicism), 알미니안주의(Arminianism), 웨슬리안주의(Wesleyanism), 그리고 기타 인간의 의지를 강조하는 복음주의는 인격적 삼위일체의 실재론(Realism)을 신적작정과 관련하여 구체화하지 못한 신학을 형성하고 있기 때문에 사실상 기독교 변증학(Christian Apologetics)을 정립할 수 있는 신학적 정체성을 갖추지 못하고 있다. 오직 개혁파 신학만이 기독교 교리의 원칙을 확실하게 정립하고 있기 때문에 불신자들을 향해 정확한 하나님의 존재와 더불어 인격적인 삼위일체 교제의 하나님을 제시할 수 있다. 하나님의 존재를 존재에만 한정을 두고 규정하는 것은 이방종교나 세속철학에서도 무수히 강조하는 일이다. 기독교가 타종교나 세속철학에서 주장하는 신에 대한 존재의 공통점을 가지고 있다고 주장한 나머지 그들과 하나님의 존재에 대해 공통분포를 형성하고 있다고 생각하면 큰 오산이다. 기독교에서 말하는 하나님의 존재는 성경이 가는데 까지 가고 멈추는데 멈추는 범위에 의존한다. 그렇다면 성경에서 말씀하는 하나님의 존재는 어떤 분으로 이해해야 하는가?

불신자들이나 세속철학자들이 결정적으로 하나님의 존재에 대해 잘못된 시도를 하고 있는 관점은 인간 자신에 관한 규명을 뒤로 하고 하나님에 관한 존재여부를 우선적으로 규명하려는 점이다. 성경은 하나님의 존재여부를 먼저 설명하기 전에 "하나님은 어떤 분이신가?"를 먼저 설명하고 있다. 즉 성경은 인격적인 교제의 하나님을 먼저 말씀하고 있다. 철학적 용어를 사용하여 설명하면 하나님 존재의 내연(內延, Connotation)이 외연(外延, Denotation)에 앞선다는 말이다. 참 하나님을 알기 위해서는 성경이 말씀하는 그 분의 인격을 먼저 인식해야 된다는 말이다. 그러나 우리가 교제를 매개로 하여 하나님의 본질과 속성을 모두 인식할 수 있는 것은 아니다. 죄인 된 우리는 하나님의 실체를 보면 그 자리에서 죽고 만다. 오직 속성(屬性, Attribute)을 통해 하나님을 인식하는 정도이다. 그것도 통할 수 있는 속성(Communicable Attribute)으로만 가능하다. 하나님의 사랑, 공의, 그리고 거룩 등을 통해 하나님을 인식할 수 있다. 그리고 시공간 세계에서의 섭리적 사건을 통해 하나님을 인식하는 정도이다.

통할 수 있는 속성(Communicable Attribute)으로 하나님을 인식하게 되면 후에는 통할 수 없는 속성(Incommunicable Attribute)까지도 인식하게 된다. 통할 수 있는 속성들(Communicable Attributes)은 사랑, 공의, 자비, 그리고 은혜 등이다. 통할 수 없는 속성들(Incommunicable Attribute)은 자존성(自存性, Aseity), 불변성(不變性, Immutability), 무한성(無限性, Infinity), 영원성(永遠性, Eternity), 그리고 편재성(遍在性, Omnipresence) 등이다.

하나님의 자존성(自存性, Aseity)은 독립성(獨立性, Independence)이라고도 말한다. 독립성의 존재의식은 어떠한 존재도 의지하지 않을 뿐더러 대등한 다른 존재도 허락하지 않는다는 뜻이다. 하나님은 절대자이시며 존재에 있어 타의 도움이 필요 없는 자신만으로 충분하다.[91] 불변성(不變性, Immutability)은 스스로 정하신 계획은 변함없이 그대로 집행하시는 하나님(막3:6, 약1:7)을 의미한다. 하나님께서는 어떤 환경이나 조건에 의해 돌이키는 일이 없으시다. 무한성(無限性, Infinity)은 시간과 관계된 영원을 의미한다. 공간에 관해서는 편재성(遍在性, Omnipresence)인데 계시지 않은 곳이 없다. 영원이란 말은 하나님의 존재나 의식(Consciousness)에 있어 시작과 끝이 없으며 시간적인 진행이 없다는 뜻이다(시90:2, 벧후3:8).[92]

영원에 관한 문제를 깊이 인식하기 위해서는 역사철학에서 시간론을 다루어야 하는데 이 문제는 기독교 변증학(Christian Apologetics)의 중요한 부분을 차지한다. 시간 속의 존재에 관한 개념은 철학의 분야에서도 깊이 다루는 문제이다. 개혁파 신학은 역사를 다루는 문제에 있어 창조 이전에 영원한 신적작정(Decree)에 의한 원인과 결과를 해석한다. 시간 속에서 일어나는 모든 사건은 하나님께서 계획하신 신적작정(Decree)의 설계를 떠나 발생하는 일은 없다. 그러나 구속사(Heilsgeschichte)의 문제를 다룰 때 자유주의자들이나 신복음주의자들은 기독론 중심으로 구속에 관한 문제와 사건을 강조한다. 창세로부터 종말까지의 시간을 중심으로 역사 속에서 성취된 구속에 관한 사건들에 중점을 두는 역사관이다. 즉 시공간 속에서의 예수 그리스도의 사역에 중점을 두는 역사관이다. 독일의 오스카 쿨만(Oscar Cullmann, 1902-?)은 그리스도를 역사의 중심으로 보고 그리스도가 오시기 이전의 역사는 2천년 전에 오신 그리스도를 바라보고 역사가 진행되었고 예수 그리스도가 오신 이후에는 미래 종말의 역사가 오실 그리스도를 중심으로 형성되는 역사관을 강조한다. 이는 불트만(Rudolf Bultmann, 1884-?)의 실존주의적 역사관과 상반되는 개념이다. 쿨만(Cullmann)이 객관주의 역사관을 주장하였으나 신적작정(Decree)의 역사관을 인식하지 못함으로 하나님의 사역을 예수 그리스도를 통해 시간 속에서만 성취되는 제한적인 역사관을 피력하여 결국에 가서는 주관주의 역사관으로 떨어져 버리고 말았다. 이는 서

---

91) Cornelius Van Til, The Defense of the Faith, (Presbyterian and Reformed Publishing Co, Phillipsburg, New Jersey, 1980), p.9.

92) Westminster Confession Chapter 2, 1-2항.

양철학에서 주로 다루어지고 있는 역사관은 직계(直系, lineal)의 시간론(時間論)을 중심으로 구성되어 있는데 이는 신적작정(Decree)의 시간론을 무시한 이론이다. 이러한 시간론은 영원에 대한 개념을 시간의 끝없는 연장으로만 생각하게 만든다. 창세 전의 계획이 종말에 완성되는 역사관이 아니다.

개혁파 신학에서 구속사(Heilsgeschichte, The History of The Redemption)의 개념을 올바로 정의 하려면 신적작정(Decree)의 역사관을 기본으로 하여 시원론(始原論, Basis of Beginning)의 종말관을 정립해야 한다. 시간 속에서 일어나는 구속사(Heilsgeschichte)의 사건을 시원(始原)과 종말(終末)의 연결선 안의 과정으로 보아야 한다. 창세전 영원한 3위1체 하나님의 설계도에 의해 종말이 실현화 되는 영원을 완성하는 과정으로서의 구속사(Heilsgeschichte)로 보아야 한다는 말이다. 예수님의 사역을 역사의 중심으로 보게 되면 예수님께서 오시기 이전의 역사는 창세전 하나님의 계획하고는 무관하게 진행되는 역사가 되어 버리고 만다. 또한 예수님의 사역이 역사의 중심이 될 때 예수님께서 완성하신 하나님을 향한 공의(Righteousness)가 우연의 사건으로 치부될 수 있다. 예수님께서는 하나님의 계획에 의해 실현된 공의(Righteousness)의 완성자이다. 개혁파 신학이 주장하는 시원적(始原的) 종말론(終末論)은 원인, 과정, 그리고 종말에 관해 하나님께서는 창세전 불변의 계획을 수립하시어 그 계획이 시공간 속에서 집행되고 그 계획대로 완성될 종말을 강조한다. 예수님의 사역도 그 계획에 의해 시공간 속에서 실현화 된 구속 사역이었다. 그러므로 시공간 속에서 진행되는 역사는 시공간 안에서의 사건으로만 생각할 수 있는 것이 아니다. 구속사(Heilgechichte)의 개념은 시간 이전의 영원 속에서 하나님 아버지께서 수립하신 계획에 의해 사건이 진행 되는 역사관이 되어야 한다. 그런데도 쿨만(Cullmann)은 창세 이전의 영원한 작정과 종말 이후에 성취될 영원을 배제하고 있다.

시공간 안에서의 하나님의 편재성(偏在性, Omnipresence)이란 의미는 하나님께서 시공간 안에만 계신다든지 아니면 시공간을 떠나 초자연적으로만 계신다는 그런 의미로 생각하는 것을 배제한다. 시공간을 초월하여 계시면서 시공간의 모든 사건을 다스리고 계시며 시공간 어디에도 계시지 아니한 곳이 없다는 것을 알아야 한다. 만물을 다스리시며 섭리하시는 인격적인 하나님께서 초자연적으로 계시면서 만물이 존재하는 모든 부분에 시공간적으로 빠짐없이 임재하고 계신다는 의미이다(왕상8:27, 행17:27). 성도들의 각자 개인에 있어서도 하나님의 인격이 각자의 인격에 적합하게 교제하는 존재로 계신다(요17:21-22, 고후15:5, 롬8:10). 그러므로 하나님께서는 초자연적으로 존재하실 뿐만 아니라 그리고 모든 역사를 다스리시며 역사 속에서 일하고 계신다.

개혁파 신학의 변증학은 하나님의 존재 증명에 있어 인격적인 삼위일체 하나님에 의해 계획된 신적작정(Decree)을 강조한다. 인격적인 삼위일체와 신적작정(Decree)은 필연적인 관계를 가지고 있다. 경세적 삼위일체(Economical Trinity)는 세 위의 하나님께서 신적작정(Decree)의 계획에 의해 담당된 사역을 집행하심을 의미한다. 그러므로 신적작정(Decree)에 기초한 하나님의 존재론은 영원에 있어서의 하나님의 사역과 시공간에 있어서의 하나님의 사역을 혼동 없이 명확하게 설명하고 있다. 창조 이전에 존재하신 인격적인 삼위일체 하나님께서는 유일성(唯一性, Unity)과 단순성(單純性, Simplicitatis)을 포함하고 계신다. 이는 하나님의 존재 이전에 어떤 존재의 요소가 모아져서 하나님의 존재를 형성할 수 없다는 것을 의미한다(렘10:10, 요1:5).[93] 하나님의 유일성(唯一性, Unity)은 스스로 계신 한분 하나님의 존재를 강조하며 단순성(單純性, Simplicitatis)은 하나님께서는 이전에 존재했던 어떤 요소로부터 구성될 수 없다는 것을 의미한다(렘10:10, 요1:5).[94] 세속철학에서는 하나님의 존재를 무수히 강조하고 있지만 유일성(Unity)과 단순성(Simplicitatis)에 관하여 명확한 해답을 내 놓지 못하고 있기 때문에 우왕좌왕하다가 스스로 불가지론(Agnosticism)으로 떨어져 버리고 만다. 그것이 칸트(Kant)의 철학이다.

전체적 개념으로 볼 때 하나님의 유일성(唯一性, Unity)과 다양성(多樣性, Diversity)은 근본적으로 일치선상에 있으며 피차 의존적 관계를 형성하고 있

---

93) Cornelius Van Til, The Defence of the Faith, (Presbyterian and Reformed Publishing Co, Phillipsburg, New Jersey, 1980), p.10.

94) Ibid, p.10.

다. 이 교리는 세속철학이 가지고 있는 여러 가지의 문제점들을 기독교 변증학(Christian Apologetics)으로만 해결할 수 있는 유일한 길이다. 즉 각자의 여러 사물이 가지고 있는 다양성(多樣性, Diversity)과 개체 위에 존재하는 보편타당한 유일성(唯一性, Unity)과의 관계에 있어 얽힌 문제들을 종합하고 축소하는 논증을 통해 하나님의 존재를 논증할 수 있다. 신적작정(Decree)의 교리는 인격적인 삼위일체 하나님의 교리와 필연적인 관계를 가지고 있기 때문에 하나(One)와 여럿(Many)의 문제를 정확하게 해결할 수 있다. 그러나 세속철학에서는 항상 여럿(Many)의 문제를 통해서만 하나(One)의 문제를 해결하려는 역기능을 강조하고 있기 때문에 하나님의 존재에 관한 유일성과 다양성(Unity and Diversity)의 관계를 해결할 수 없다.

인간은 통할 수 없는 속성(Incommunicable Attribute)을 통해서는 하나님과 교통이 불가능하다. 이 속성들은 오직 하나님의 초자연성(超自然性, Supernaturalism)을 두드러지게 나타내고 있기 때문이다. 이 속성들 속에는 하나님의 주권(Sovereignty)이 숨겨진 의지로 존재하고 있다. 이 숨겨진 거룩한 계획은 하나님을 대적하는 반대세력들을 압도하며 섭리적으로 통치하신다. 통할 수 있는 속성(Communicable Attribute)들은 하나님의 내재성(Immanence)을 나타내고 있다. 그러나 이 내재성(Immanence)은 독자적 속성이 아니다. 초자연적(Supernatural) 하나님의 존재와 내재적 하나님의 존재는 서로가 함께 동류(Concurrence)하고 있다. 초자연성에 대한 하나님의 인식과 내재성에 대한 하나님의 인식은 보조를 같이 하고 있다. 범신론(Pantheism)은 하나님의 내재성(Immanence)을 강조하지만 만유내재신론(Panentheism)은 하나님의 초자연성을 강조한다. 기독교 하나님의 존재론은 초자연성(Supernaturalism)과 내재성(Immanence)을 모두 포함하고 있다. 그러나 기독교가 주장하는 하나님의 초자연주의(Supernaturalism)는 만유가 하나님 안에 존재한다는 개념이 아니며 하나님의 내재성(Immanence)은 만유 속에 하나님이 존재한다는 개념과 전혀 다른 내용이다. 인격적 삼위일체 하나님의 존재는 인격적 교제의 하나님이시기 때문에 존재 그 자체만으로는 하나님에 관한 완전한 정의를 내릴 수 없다. 범신론(Pantheism)의 내재성(Immanence)은 하나님과 만물과의 동일성(同一性,

Identification)을 말하며 만유내재신론(Panentheism)의 초월성은 하나님과 만물과의 분리를 말하고 있다.[95] 기독교가 말하는 하나님의 존재는 하나님과 만물 사이에 창조주와 피조물이라는 명확한 구분을 가지고 있으면서 하나님의 계획에 의해 만물을 다스리고, 보존하고, 섭리하시는 과정을 통해 작정된 뜻에 따라 종말을 성취시키는 시원적(Basis of Beginning) 입장이다. 이러한 교리는 인격적인 삼위일체 하나님을 필연적으로 개입시키고 있다.

2) 인격적 삼위일체 하나님

삼위일체 하나님께서는 절대적 인격체를 가지고 계신다. 그 인격체는 속성을 통해 우리에게 증명된다. 즉 통할 수 있는 속성(Communicable Attribute)은 우리가 하나님의 인격을 접할 수 있는 매개이다. 이 속성들은 자아 의식적이며 도덕성을 가지고 있다. 삼위일체의 인격은 우리로 하여금 하나님을 아버지로, 예수님을 구세주로, 그리고 성령님을 내주하시는 교제의 하나님으로 인식하게 한다. 세속철학 세계에서는 하나님의 인격을 인정하는 것 같이 보이지만 사실상 절대적 인격의 하나님을 부정하고 있다. 개혁파 신학에서는 인간이 하나님의 부분적인 형상을 소유하고 있기 때문에 하나님의 인격과 우리의 인격이 인격체의 본질로 볼 때 동질성을 가지고 있는 신으로 말해진다. 그러나 삼위일체 하나님의 절대적 인격을 우리의 제한된 인격에 수용할 수가 없다. 절대적 인격과 제한적 인격은 차이가 있다.

기독교인은 하나님을 인식하는데 있어 존재인식을 하나님의 인식으로 말하지 않는다. 또한 능력의 하나님을 인식했다고 해서 인격적 실재(Reality)를 인식했다는 말도 틀린 표현이다. 하나님에 관한 존재 자체의 인식이나 그의 능력을 체험하는 인식론은 세속철학에서나 무당종교에서도 주장하고 있다. 개혁파 신학에 있어서는 삼위일체의 인격적 하나님과의 교제의 인식론을 하나님의 인식으로 주장하는 이유가 있다. 우리가 하나님 아버지를 인식하는 데는 먼저 예수 그리스도를 구세주로 인식해야 한다. 예수 그리스도로 말미암지 않고는 아버지께로 올

---

95) Ibid, pp.11-12.

자가 없기 때문이다(요14:6). 인격적인 관계에 있어 예수 그리스도를 구세주로 인식이 되어야 하나님을 인격적인 아버지로 인식하게 된다. 그러면 죄성을 가지고 있는 인간이 자력으로 예수 그리스도를 인격적으로 인식할 수 있는가? 그것은 전혀 불가능한 일이다. 오직 성령님으로만 가능한 일이다. 성령님께서는 예수님의 구속사역을 적용하는 절대 사역자이시다(고전12:3, 마12:31-32, 요14:26, 15:26, 16:13). 성령님께서는 죄인의 심령 속에 내주하시어(요14:17, 빌2:13) 예수 그리스도를 구세주로 인식하게 하시는 사역자이시다. 우리가 예수 그리스도를 구세주로 인식하는 데는 성령님께서 우선적으로 사역하셔야 하며 예수 그리스도를 구세주로 인식하고 나면 자연히 하나님을 아버지로 인식하게 된다. 이것이 삼위일체 하나님의 인격적 인식론이다.

삼위일체 교리는 기독교에만 존재하는 하나님의 칭호이다. 이 교리는 인격적인 하나님을 표현하는 기독교 교리의 중요한 핵심이다. 유일하신 하나님이신데 세 위(位)의 인격체로 존재하신다. 세 위는 본질상 동일권능, 동등영광, 동시존재로 계신다. 이러한 세 위의 본질은 한 위 또는 다른 위가 우위에 있거나 본질로부터 파생되는 것이 아니다. 그러면서 세 위가 경세적(Economical)으로 존재한다. 즉 아버지 하나님께서는 창조하시고 구속을 계획하시고, 아들의 하나님께서는 계획된 구속을 완성하시고, 성령의 하나님께서는 완성된 구속을 죄인의 심령에 적용하시는 일을 하신다. 삼위일체 하나님을 인식하는 교리는 신비에 속한다. 논리적으로 과학적 근거에 의해 완전하게 설명하기 어려운 문제를 가지고 있다. 그러나 예수님을 구세주로 믿어 구원받은 성도는 삼위일체 교리를 액면 그대로 받아들인다. 신앙이 깊어 가면 갈수록 삼위일체 하나님에 대해 신비로운 은혜를 접하게 된다.

3. 인간론(Doctrine of Human Relation to God)

신론 다음에 인간론이 대두되는 데는 논리적 의미가 있다. 하나님께서는 창조주시요 인간은 피조물이라는 인식이 선험(先驗, Transcendental Cognition)되어야 하기 때문이다. 연하여 하나님께서는 절대 거룩하신 분이시요 인간은 완전 부패한 존재이기 때문에 신론 다음에 인간론이 나와야 한다. 인간론에 관한 기독교 변증학(Christian Apologetics)은 인간을 칭호하거나 변호하는 학문이 아니다. 인간의 죄악을 파헤쳐 인간을 더욱 무능의 코너로 몰아세우는 학문이다. 로마 교조주의(Catholicism)나, 알미니안주의(Arminianism), 자유주의, 그리고 인간의 의지를 내세우는 복음주의에서는 인간의 죄악성을 과소평가하여 사악한 습성을 방치하는 역할을 하고 있다. 거기에는 인간론에 관한 기독교 변증학(Christian Apologetics)이 성립될 수 없다. 그러므로 그들의 신학에 의하면 하나님을 높이는 일에 인간의 권위가 대체되고 있다. 하나님의 권위가 인간의 사악한 괴리에 의해 점령당하고 있다.

인간론은 죄론이다. 인간론을 규명할 때 하나님과의 관계에서 인간의 죄악상을 다루는 교리이다. 인간의 타락을 아는 것은 죽음의 문제를 해결하는 실마리가 된다. 인간이 자아를 아는 일은 자신의 죄를 깨닫는 일이다. 자신의 죄를 깨닫는 일은 하나님과의 교제관계가 끊어진 상태를 아는 일이다. 그 교제관계는 언약론에 근거를 두고 있다. 즉 인간은 하나님과의 언약으로부터 끊어진 존재이다. 인간은 하나님과 "지키면 살고 어기면 죽는다."는 행위언약(Moral Rule)을 맺었다. 이 언약은 생명을 전제로 맺었기 때문에 인간에게는 한없는 복이다. 하나님께서는 평화의 동산을 만들어주시고, 만물을 다스릴 수 있는 능력을 주시고, 만물에 대한 이름을 지을 수 있는 지혜를 주시고, 그리고 동산의 실과를 마음대로 먹을 수 있게 하시고 마지막 단 한 가지 동산 가운데 있는 실과만 먹지 못하게 명하셨다. 이러한 복의 은혜는 아버지가 자식에게 100억을 주고 단 1원만 돌려 달라는 것 보다 더 엄청난 유익을 주는 언약이다. 생명을 전제로 맺은 언약이기 때문에 은혜가 우선적으로 주어진 것이다. 그리고 더불어 일반은총의 은혜를 넘치도록 부여해 주셨다. 그런데 인간은 그 언약을 어기고 말았다. 인간이 죄인 된 자신을 아는 것은 거룩한 하나님을 아는 첩경이다. 율법에 자신을 비춰 볼 때 우리는 하나님의 완전한 거룩을 알게 되고 자신에 대해서는 비참한 존재임을 알게 된다. 칼빈(Calvin)은 주장했다. "하나님을 하는 길은 죄인 된 자신을 아는 길이며 죄인 된 자신을 아는 길은 하나님을 아는 길이다."라고 말했다.

언약론(Covenant Theory)은 행위언약, 구속언약, 그리고 은혜언약으로 구분된다. 첫째, 행위언약 안에 있는 인간은 하나님과 교제관계에 있는 상태다. 자력으로 하나님께 영광을 돌릴 수 있는 상태다. 그러나 범죄의 가능성을 가지고 있었다. 둘째, 행위언약에서 끊어진 인간은 타락한 인간이다. 타락한 인간은 자력으로 하나님께 영광을 돌릴 수 없다. 이는 전적 타락의 인간이기 때문에 하나님과 교제 관계가 끊어진 상태다. 셋째, 은혜언약 안에 있는 인간은 하나님과 교제가 회복되어 가는 상태다. 그러나 죄의 잔재가 그대로 남아 있다. 오직 성령님의 능력으로만 일시적으로나마 하나님께 영광을 돌릴 수 있다. 아직 성화의 단계에 있기 때문에 완전 성화는 하늘나라에 들어 갈 때 완성된다.

로마 교조주의(Catholicism), 자유주의, 그리고 인간의 의지를 강조하는 복음주의에서는 인간의 전적 타락을 부인하려는 경향성을 띄고 있다. 고장 난 인간 또는 수양이 덜 된 인간을 강조한다. 이는 하나님과의 언약 관계를 형성하고 있는 인간론을 무시하는 교리를 추종하고 있기 때문이다. 인간의 이성을 찬양하려고 애를 쓴다. 인간의 이성을 높이면 높일수록 하나님을 올바로 인식하는 길은 멀어진다. 하나님을 바로 알게 되면 인간은 자신을 극도로 비하시킬 수밖에 없다. 하나님의 완전한 거룩하심과 무한한 능력 앞에 무릎을 꿇을 수밖에 없다(사6:1-6). 인간에게 구원의 손길이 내릴 때는 바로 자신을 비하(卑下, Humiliation)시킬 때이다. 자신의 죄를 고할 때 하나님께서는 그에게 가까이 하신다. 사악한 인간은 스스로를 찬양할 때 교만이 하늘을 찌르고 날아다닐 것 같은 자세를 취한다. 하나님께서는 하나님의 존귀하심을 무시하는 자를 아주 싫어하신다. 순종하는 자를 긍휼히 여기신다. 인간은 하나님의 형상으로 지음을 받았기 때문에 성령님께서 그 심령 속에 구속을 적용시키는 사역이 시작되면 하나님의 형상을 닮아가는 교제의 길로 접어든다. 성령님께서는 죄인을 말씀에 순종하도록 강권하신다. 인간은 정죄 된 상태에서 자력으로 하나님과 교제하는 길을 스스로 열수 없다. 성령님께서는 죄인의 심령 속에 하나님의 사랑, 공의, 진실, 그리고 거룩 등을 심어주어 하나님과 교제의 관계를 이끌어 가신다.

그러나 구원받은 인간이라 할지라도 하나님의 자존성(Aseity), 불변성(Immutability), 무한성(Infinity), 영원성(Eternity), 그리고 유일성(Unity) 등을 통해 하나님의 본질을 모두 경험할 수가 없다. 오직 하나님만 그러한 속성을 가지고 계신다는 것을 인식할 따름이다. 인간이 창조될 때 하나님의 형상으로 지음을 받았으나 하나님의 온전한 지식에 도달할 수 있는 피조물이 아니었다. 하나님의 존재와 하나님의 지식은 절대적으로 일치선상에 놓여있다. 하나님의 존재는 모든 우주와 계획을 포괄(包括, Inclusive)하고 계신다. 그러나 인간이 가지고 있는 하나님의 형상에 관한 지식은 지엽적이므로 하나님의 완전에 도달할 수 없다. 하나님께서는 하나님과 인간 사이의 질서를 유지하는 경계선이 되는 선악과로 말미암아 통할 수 있는 속성(Communicable Attribute)과 통할 수 없는 속성(Incommunicable Attribute)의 한계를 정하여 주셨다.

인간의 전적 타락에 관하여 특별은총(特別恩寵, Special Grace)의 영역과 일반은총(一般恩寵, Common Grace)의 영역을 구분하여 생각할 문제가 있다. 타락한 인간은 특별은총(Special Grace)으로부터 오는 유익을 자력으로 얻을 수 있는 길은 전혀 없다. 그러나 하나님께서는 일반은총(Common Grace)의 영역에서 인간에게 자연을 다스릴 수 있는 능력, 사회와 국가의 질서를 유지할 수 있는 도덕과 윤리, 그리고 인간의 삶을 유지하기 위해 자연을 개발할 수 있는 약간의 능력을 타락한 인간에게 남겨주셨다. 그러므로 일반은총(Common Grace)의 영역 안에 있는 도덕률은 국가와 사회질서를 유지하기 위한 수단이 된다. 그리고 국가와 사회의 질서는 하나님의 교회를 유지하고 발전시키는 보좌역할을 한다. 때로는 국가는 교회를 핍박하는 연단의 수단으로 등장하기도 한다. 그러나 일반은총(Common Grace)의 영역에 해당되는 국가의 법이나 사회의 도덕과 윤리는 영적 구원의 영역인 특별은총(Special Grace)의 사역과 구분되어져 있다. 일반은총(Common Grace)의 사역은 특별은총(Special Grace)의 사역을 돕는 보조 역할을 하지만 창세 전 선택된 자에게 구원을 적용하는 특별은총(Special Grace)의 사역에는 직접 동참하지 못한다. 특별은총(Special Grace)의 영역에서 일하시는 성령님께서는 선택된 백성 각 개인에게 구원을 적용하시는 특수 사역을 집행하신다. 일반은총(Common Grace)의 영역에서 일하시는 성령님의 사역은 구원을 적용하시는 특수사역과 구분하여 만물을 이끌어 가시고 국가를 통치하시고 사회의 질서를 유지하는 일을 관장하신다. 불신자는 일반은총(Common Grace)과 특별은총(Special Grace)의 두 영역의 사역에 다 함께 동참하지 못한다. 일반은총(Common Grace)의 영역에서 주어진 사역에만 동참할 뿐이다. 그러나 신자는 두 영역 모두에 동참하여 그 사역을 감당한다. 그러므로 불신자는 일반은총(Common Grace)의 능력이 아무리 특수할 지라도 특별은총(Special Grace)의 영역에 해당되는 영적 구원에 전혀 동참할 수 없다. 그런데도 불구하고 로마 교조주의(Catholicism)나 알미니안주의(Arminianism) 요소를 소유하고 있는 여러 교파에서는 일반은총(Common Grace)의 세계에서 나타나는 선과 전적 타락(Total Depravity)의 무능력을 구분하지 못하여 인간의 자유의지를 통해 구원에 동참할 수 있다는 잘못된 생각을 하고 있다. 인간은 구원에 관한 하나님의 인식이 완전히 어두워져 인간에게 주어진 자유의지로 구원에 동참한다는 것은 전혀 불가능하다. 일반은총(Common Grace)의 영역에서 나타나는 선은 하나님께서 예정하신 구원의 사역에 아무런 도움이 되지 못한다.

구속언약(Redemptive Covenant)은 창세 전에 하나님 아버지와 아들 사이에 맺어진 언약이다. 아버지께서는 아들이신 예수님께서 집행하실 구속사역을 예정하시고 또한 구원받을 백성을 선택하셨으며 아들 되시는 예수님께서는 구속을 집행하시는 언약이다. 인간의 의지 밖의 일이다. 이 언약은 시공간 세계에서 집행되는 구속에 관계된 모든 사건들이 창세전에 예정 된 계획에 의하여 집행되는 것을 말한다. 여기에서 인간의 타락은 구속언약(Redemptive Covenant)과 어떤 관계를 가지느냐? 가 중요한 문제로 대두된다. 구속언약(Redemptive Covenant) 안에 인간의 타락이 예정되어 있었다면 하나님을 최종 죄의 책임자로 규정하는 무식한 사람들이 있기 때문이다. 구속언약(Redemptive Covenant)의 당사자는 하나님 아버지와 그의 아들이지만 예수님께서 완성하신 구속사역은 선택된 하나님의 백성에게만 적용되도록 제한되어 있기 때문에 이미 아담의 타락은 예견된 것이었다. 그러나 인간은 하나님으로부터 행위언약(Moral Rule)을 맺을 때 이미 선악과를 먹을 수도 있고 먹지 않을 수도 있는 자유의지가 함께 포함되어 있었다. 하나님께서 하락하신 자유의지는 허용적으로 주어져 있었기 때문에 인간이 자발적 복종으로 하나님께 영광을 돌려야 할 절대 임무가 포함되어 있었다. 불변의 하나님께서는 한번 허용한 자유의지를 돌이킬 수가 없다. 이 허용적으로 주어진 작정은 인간에게 엄청난 복이었으나 인간은 그 복을 악용함으로 결국 하나님과 소원(疏遠, Alienation)관계를 형성하고 말았다. 이것이 전적 타락이다.

인간의 사악성은 하나님과 교제의 단절이 근본 원인이다. 인간은 자기의 뜻대로 하나님을 제쳐두고 자신의 의지대로 행하여 목적을 성취하려는 자아의존주의에서 벗어나지 못하는 악습에 젖어있다. 하나님께서는 먼저 에덴에서 만물을 지키고 다스리는 은혜를 베푸신 후에 마지막 도덕률의 언약을 맺으셨다. 동산 나무의 모든 실과는 마음대로 먹되 동산 가운데 선악과만 먹지 말라고 명하셨는데도 불구하고 사악한 인간은 주의의 모든 은혜의 복을 박차고 하나의 실과를 탐냄으로 범죄하고 말았다. 그럼에도 불구하고 인간은 하나님을 죄의 제공자로 공격하고 있다. 에덴에서의 인간은 자연을 다스리는 중보자 역할을 부여 받았다. 만물에 대한 지식과 해석의 능력을 거의 무한대에 해당될 수 있을 정도로 부여 받았다. 너무나 크고 넓은 은혜이다. 하나님의 명령을 받아 수행하는 한계 내에서 금하는 한 가지 일이 있었다. 그 한 가지 일은 선악과를 지키는 일이었다. 아담은 선악과를 지키는 일과 함께 하나님께서 만물을 다스리고 지키는 대리자 역할을 수행해야만 했다. 선악과를 범한 사건은 두 가지의 형언할 수 없는 불행한 결과를 가져왔다. 첫째, 하나님과의 교제 단절이며 둘째, 만물이 인간을 향해 엉겅퀴를 일으키는 일이었다. 이 두 가지의 결과로 인하여 사악성을 벗어 버리지 못한 인간은 항상 오만한 자세를 취하고 악의 책임을 하나님에게 돌리는 습관이 뿌리 깊이 들어 있으며 만물에 대한 그릇된 지식을 옳은 것으로 착각하는 생활을 습관화 하고 있다. 나아가 자신이 한갓 전적타락(Total Depravity)의 위치에 있다는 것을 모르고 자신을 왕으로 모시고 사는 절대자로 오인하는 존재가 되어 버리고 말았다.

이에 인간은 은혜언약 속으로 들어올 때 하나님과 올바른 교제를 유지하게 된다. 은혜언약 안에 들어오게 되면 만물에 관한 해석의 관점이 달라진다. 인간은 그 때 창조주를 인식한다. 그 인식은 전혀 성령님의 사역에 의존한다. 성령님의 사역은 구원을 인식하는데 있어 신비적 결합(Mystical Union)의 사역이기 때문에 누구도 개입할 수 없는 오직 하나님과 성도 사이에 이루어지는 직접적인 결합의 관계이다. 그 때는 죄에 대한 인식이 이전과는 전혀 다르게 나타난다. 인간이 자신을 위해 사용하고 있는 지식이 그릇된 이상이라는 것을 깨닫게 된다. 인간이 죄에 대한 책임을 느끼지 못하기 때문에 자신의 유한성(有限性, Finite Character)을 깨닫지 못한다.

4. 기독론(Doctrine of Christ)

예수 그리스도의 인격론(人格論, Personality)과 사역론(使役論, Redemptive Work)은 기독교 변증학(Christian Apologetics)에 있어 아주 중요한 역할을 한다. 신론과 인간론 사이에 있어 중보자(Mediator)의 사역은 대리속죄의 사역이다. 하나님과 인간사이의 중보자(Mediator)를 배제하면 성도가 삼위일체 하나님을 인식하는데 있어 기본적 요소를 배제하는 격이 된다. 그 이유는 죄가 하나님과 인간의 두 주체 사이를 가로막아 교제 관계를 형성할 수 없기 때문이다. 그 두 주체 사이는 반드시 화목(Reconciliation)이 성립되어야 교제의 관계를 형성하게 된다. 죄인의 구원은 하나님과 화목이 절대적 요건이다. 이 화목의 중보사역을 집행하신 분이 예수 그리스도이시다. 이 화목의 중보자는 한 편 만을 위한 것이 아니며(갈3:20) 하나님과 죄인 모두를 교제 관계로 이끌어 들일 수 있는 사역을 감당하신 분이다. 이 화목의 사역을 수행할 수 있는 분은 오직 완전한 하나님이어야 하며 완전한 인간의 모양을 취해야 가능한 일이다. 그래서 그리스도는 오직 한 분 하나님께서 인간이 되셨다. 여기서 예수님의 본질 문제가 대두된다. 회색주의 변증학에 속한 여러 부류의 아리송한 기독교 교리를 주장하는 자들은 예수님의 본질, 신분, 그리고 사역에 대해 아주 애매한 입장을 내 놓고 있다. 우리는 이 문제를 다음과 같이 명확히 규명해야 한다.

1) 예수님의 2성1인격

인류 역사를 통하여 **예수님이 누구인가?** 라는 물음은 수많은 사람들의 마음을 흔들어 놓았다. 인간들은 예수님을 최고의 도덕가로, 혁명가로, 그리고 사회주의자로 그 외에 여러 가지 무수한 평가를 내 놓았다. 예수님 자신이 제자들에게 "너는 나를 누구라 하느냐?(마16:15)"라고 물으신 것이 예수님 스스로에 대한 너무나 중대한 질문이었다. 이 문제는 단순한 도덕적 질문이 아니었다. 전인격적이며 전 삶을 변화시키는 질문이었다. "주는 그리스도시요 살아계신 하나님의 아들이시니이다(마16:17)." 라고 고백한 베드로를 향하여 예수님께서는 "바요나 시몬아 네가 복이 있도다(마16:17)." 라고 대답하셨다. 나아가 "천국의 열쇠를 주리니...음부의 권세가 이기지 못하리라(마16:18)" 라고 말씀하셨다. 예수님께서 직접 그 제자를 향해 **"복이 있도다."** 라고 말씀하신 곳은 여기 한곳 밖에 없다.

예수님이 누구신가? 이 질문은 흉악범이 사형선고를 면할 수 있는 질문을 받는 것 보다 더 중요하다. 시몬 베드로와 같은 대답이 나오지 않은 사람은 어쩔 수 없이 영원한 형벌을 면할 수 없다. 기독교 변증학(Christian Apologetics)의 역사를 보면 예수님을 어떤 인격으로 보느냐? 의 문제는 수많은 신학의 갈래를 만들어 놓았다. 개혁파 신학의 기초가 되는 고대신조는 삼위일체론과 더불어 예수님의 인격론이 주류를 이루고 있다. 사도신조는 3분의 2가 넘는 양이 기독론으로 구성되어 있다. **구세주 예수 그리스도,** 이 한 가지 신앙고백을 떠나 곁길로 가게 되면 어떠한 경우를 막론하고 올바른 신학을 정립할 수 없을 뿐더러 영원한 형벌의 길을 벗어날 수 없다. 오직 한 가지 **"주는 그리스도시오 살아계신 하나님의 아들이시니이다."** 라는 신앙고백을 하는 자만이 영원한 구원의 길로 들어서게 된다.

예수님께서는 삼위일체에 있어 제 2의 인격에 해당된다. 그러면서 그 본체는 하나님이시다. 이 예수님의 2성1인격은 삼위일체와 필연적인 관계를 가지고 있다. 고대 신조인 니케아(Nicene) 신조, 콘스탄티노플(Constantinople) 신조, 칼케돈(Chalcedon) 신조, 그리고 아타나시우스(Athanacius) 신조는 예수님의 2성1인격과 삼위일체를 정확히 고백한 신조이다. 이 신조들은 예수님의 인격론과 삼위일체론의 관계를 성경에 기초하여 조직화 하고 체계화 하였다. "예수님의 한 인격 속에 신성과 인성이 존재한다." 는 교리는 아주 간단하다. 그러나 올바른 신앙을 소유하지 못하면 대단히 이해하기가 어렵다. 조금이나마 이해를 돕기 위해,

이미 일부 요약하여 언급한 내용인데, 삼위일체론과 관계된 예수 그리스도의 인격론을 좀 더 구체적으로 설명해 보려고 한다.

먼저 존재론적 삼위일체(Ontological Trinity)에서 예수님의 인격론을 생각해 볼 필요가 있다. 창세전에 제2의 인격을 가지고 계신 예수님께서는 동시에 본질적으로 하나님 아버지와 동등하게 존재하고 계셨다. "태초에 말씀이 계셨다. 이 말씀은 하나님과 함께 계셨는데 그 말씀이 육신이 되어 우리와 함께 계셨다(요 1:1, 14)."에서 이 말씀(λόγος)은 예수님을 지칭하는 말이다. 인간의 본성을 취하신 예수님은 창세전 분명히 하나님 아버지의 인격과 함께 계셨다. 이러한 존재론적 입장은 창세 전 영원 세계에서 3위가 동일 권능, 동시 존재, 동일본질, 그리고 동등 영광으로 존재하고 계셨다는 것을 말해준다.

경세론적 삼위일체(Economical Trinity)에 들어가면 아버지, 예수님, 그리고 성령님의 사역이 구분된다. 예수님께서는 이 땅에 오셔서 구속사역을 행하신 하나님이신데 우리는 그분을 인간의 모습으로 보게 된다. 그 모습은 시공간 세계에 존재하신 하나님이시다. 우리가 듣고, 보고, 그리고 만질 수 있는 하나님이시다(요일 1:1). 그러나 그분은 하나님의 본체이시다(빌2:6). 예수님께서는 아버지께서 예정하신 구속사역의 실행자이시다. 아버지로서의 하나님은 구속을 예정하시고, 창조하시고, 만물을 다스리시고, 보존하시고, 그리고 섭리하신다. 아들의 하나님은 예정된 구속사역을 완성하셨다. 성령님의 하나님은 예수님께서 완성하신 구속을 죄인의 심령 속에 공작 적용하신다. 우리가 시공간 세계에서 예수님을 생각할 때 "하늘의 보좌를 버리셨다." 라는 의미는 예수님의 신성이 없어졌다는 의미가 아니다. 또한 예수님의 인격이 점진적으로 하나님의 인격으로 성장했다는 의미도 아니다. 언제나 예수님의 신성을 깎아 내리려는 악마적 요소를 가지고 있는 자유주의자들이나 인간의 의지를 강조하는 복음주의자들은 예수님의 신성을 중간 개입설로 마무리하려는 사특한 수단을 부리고 있다. 예수님께서는 베들레헴 구유에 누워 계실 때도 하나님이셨다. 그러나 예수님께서는 하나님의 본체이시지만 시공간 세계에 존재하신 하나님이셨으며 우리와 똑 같은 인간이었지만 죄가 없으신 인간이셨다. 오히려 그분은 인간 이하의 멸시와 천대를 받으셨다. 그러한 시공간 세계에서의 모습은 하늘의 보좌에 계셨던 위치와 너무 상치되는 사건이다.

예수님의 신인 양성에 관하여 칼케돈(Chalcedon) 신조는 전혀 혼돈되지 아니하며, 전혀 혼합되지 아니하여, 전혀 변화되지 아니하며, 전혀 분리되지 아니한다고 고백하고 있다. 그러면서 두 가지 성품은 독립적이지만 밀접하게 연관되어 있다고 고백하고 있다. 완벽한 하나의 인격 속에 완벽한 두 가지의 성품이 존재한다는 것은 신비적 신앙고백이 없이는 이해하기 불가능하다. 성령님의 감동으로만 가능하다.

2) 예수님의 직무론

예수님의 직무는 구약에 미리 모형론(Typology)으로 예언된 3직에 관한 사역이다. 예수님께서는 참 선지자이시며, 참 제사장이시며, 그리고 참 왕이시다. 웨스트민스터(Westminster) 신앙고백 소요리 문답(小要理, Shorter Catechism) 24문에 "그리스도께서 어떻게 자신의 선지자 직을 수행 하시는가?"에 대한 답은 "그리스도께서 우리를 구원하시고자 하시는 하나님의 뜻을 **그 말씀과 성령으로** 말미암아 우리에게 나타내시는 것이다." 라고 대답하고 있다. 그리스도의 선지자 직은 하나님의 말씀을 대언하시어 우리에게 구원의 도를 나타내 주시는 사역이다. 선지자 직은 예언자 직으로 미래를 말하는 사역이라기보다 구원에 관한 하나님의 뜻을 전달해 주시는 사역이다.

소요리문답(小要理, Shorter Catechism) 25문에는 "그리스도께서는 그의 제사장직을 어떻게 수행하시는가?" 라는 질문에 "그리스도께서는 단번에 자신을 제물로 드려 하나님의 공의(Righteousness)에 만족하게 하시며, 우리를 하나님으로 더불어 화목하게 하시고, 또 우리를 위하여 항상 간구하시는 일이다." 라고 대답하고 있다. 여기에 나타난 하나님의 공의(Righteousness)는 아담이 범한 죄의 값을 지불한 것을 말한다. 아담의 범죄로 말미암아 하나님과 인간 사이에 두가지의 해결할 수 없는 문제가 발생했다. 하나는 하나님과 인간 사이의 도덕률이 깨져 버렸다. 도덕률이라는 법의 회복이 문제이다. 이 도덕률을 원리대로 회복하기 위해서는 율법의 완성 자가 무죄한 중보자로 나타나 죄인인 인간을 대신하여 도덕률을 복구해야 한다. 예수님께서는 하나님의 본체이었음에도 불구하고 머리 둘 장소도 없는 인간의 모습으로 율법에 순종하셨다. 이것이 예수님의 능동적 순종(Active Obedience)이다. 또 한 가지 아담이 범죄 함으로 율법을 어긴 죄의 대가를 지불해야할 형벌이 남아있다. 죄의 대가를 지불할 능력이 없는 죄인을 대신하여 예수님께서는 무죄한 죄수가 되었다. 그 예수님께서 죄의 값을 지불하셨다. 예수님께서는 무죄한 죄인이 되어 십자가에 스스로 비참하게 처형되었다. 이것이 바로 수동적 순종(Passive Obedience)이다. 예수님께서는 두 가지 순종을 통해 하나님의 마음을 유화(宥和, Propitiation)시켜 주셨다. 이는 하나님과 죄인 사이의 화목(Reconciliation)을 가져오게 하였다.

우리가 그리스도를 구세주로 "안다"는 것은 자신이 죄인이라는 인식과 연관을 가진다. 인간의 죄는 아담의 범죄와 관계를 가지고 있다는 것을 아는 일이다. 그리고 나아가 무죄한 예수 그리스도께서 그 죄를 감당하셨다는 것을 아는 일이다. 여기서 "안다"는 것은 지적 개념에 한정된 뜻을 말하는 것이 아니다. 인격적 교제를 포함하여 "안다"는 것을 말한다. 하나님과의 인격적 교제는 사랑과 경외를 포함한다. 사실(fact)에 대한 욕망을 말한다. 모든 삶에 있어 우선권을 하나님에게 두는 것을 말한다. 물을 떠난 물고기가 살 수 있을지라도 하나님을 떠난 성도는 살 수 없다는 강렬한 집착이 있을 때 하나님을 깊이 아는 것이다. 이러한 신앙고백을 무시하고 하나님을 안다고 말하는 것은 모두가 거짓이다.

소요리문답(Shorter Catechism) 26문에 "그리스도께서 어떻게 왕의 직임을 수행하시는가?" 라는 질문에 "그리스도께서는 우리로 하여금 자기에게 복종하게 하시고 우리를 다스리시며, 보호하시고, 자기와 및 우리의 모든 원수를 막아 이기시는 것이다." 라고 대답하고 있다. 이 왕의 직임은 선지자 직이 제사장 직과 분리될 수 없는 것처럼 앞의 두 직분과 분리될 수 없다. 그리스도의 3직은 서로 유기적인 관계를 가지고 있다. 구약에 모형론(Typology)으로 나타난 3직을 행하는 자들은 오직 하나님의 주권에 복종한 직무 수행자들이었다. 3직의 수행자들은 유기적 관계를 가지고 서로 하나님의 뜻에 따라 자기의 직무를 수행하였다. 마찬가지로 예수님은 하나님의 말씀을 전달하면서(선지자 직) 죄인을 대신하여 희생의 제물이 되었고(제사장 직) 하나님의 권위를 가지고 교회의 머리가 되셨고 만물을 다스리시며 마지막 심판자(왕직)로 오실 것이다. 하늘의 나팔 소리를 들으며 우리는 주님을 맞이할 것이다. 그날은 영광의 날이며 고생과 수고가 끝나고 영원한 영광의 나라로 들어가는 날이다. 그날은 눈물을 씻어내고 한량없는 기쁨의 환호를 올리는 날이며, 원망과 시비가 끝나는 날이며, 그리고 천사들의 보호를 받으며 그리운 주님의 얼굴을 뵈옵는 날이다.

3) 그리스도의 상태론(State of Christ)

예수님의 상태론은 지상에서의 비하(卑下, Humiliation)의 위치와 하늘에서의 승귀(承句, Exaltation)의 위치를 진술하는 내용이다. 예수님께서 비하(卑下, Humiliation)와 승귀(承句, Exaltation)의 두 가지 위치에 계셨다는 의미는 하늘의 영광을 떠날 수 없는 분이 인간 이하의 가장 낮은 곳에 처하게 되었다는 것을 말한다. 한없이 낮아지시고 한없이 높아지신 위치에 처하게 되었다. 선택된 백성을 대신(Substitute)하여 속죄를 감당하시기 위해 필연적으로 비하(Humiliation)와 승귀(Exaltation)의 위치에 처하게 되었다. 비하(Humiliation)는 구유에 탄생, 율법아래 순종, 십자가에 죽으심, 그리고 무덤에 내려가신 일이다. 승귀(Exaltation)는 부활, 승천, 하나님 우편에 계심, 그리고 심판주로 재림하심이다.

하나님의 백성에 관한 교리는 언약론(Covenant Theory)이 그 뿌리이다. 백성에 관한 언약은 구약에서 아브라함이 대표자로 나타난다. 아브라함은 모형론(Typology)에서 볼 때 하나님 백성의 조상이다. 그러나 실제로 하나님의 백성은 창세전에 이미 구원 받기로 예정된 자들이다. 이는 아담의 행위언약 속에 하나님의 백성이 포함되어 있었다는 말이다. "행위언약 속에 포함되어 있었다."는 말은 제2 아담인 예수님께서 행하신 대리속죄의 사역을 통해 아담이 파괴한 율법을 **그 백성을 대신해** 완성했다는 뜻이다. 이 예정의 교리는 쌍방(Both Predestination)으로 정해진 것이다. 범죄자들 가운데 믿을 백성들만을 선택하기로 예정했다고 주장하게 되면 이는 일방예정이 되어버리고 만다. 아담의 행위언약 속에 선택된 하나님의 백성들과 유기(遺棄, Reprobation)된 자손들이 다 함께 포함되어 있었다. 즉 하나님께서는 어떤 자는 하나님의 백성으로 선택하고 어떤 자는 버림받은 자로 선택했다는 말이다. 일방예정론은 하나님의 주권주의 사상을 흐트러지게 만든다. 범죄한 죄인들 가운데 하나님의 백성들만 골라 구원받을 수 있도록 선택했다면 유기(遺棄, Reprobation) 된 자들은 하나님의 주권 밖에 존재한다는 말이 된다. 만물은 물론 사탄도 하나님의 주권아래 존재하고 있다. 유기(遺棄, Reprobation) 된 자들이 하나님 백성의 밖에 존재하지만 하나님의 뜻을 준행하도록 예정되었다. 일방예정은 마귀도 하나님의 허용 가운데 하나님의 뜻을 수행하기 위해 존재하며 그 뜻대로 사역 한다는 주권사상을 희미하게 만든다.

알미니아주의(Arminianism)와 웨슬리안주의(Wesleyanism)나 기타 인간의 의지를 강조하는 복음주의자들도 하나님의 은혜로 구원 받는다는 사실을 강조한다. 또한 그 은혜의 구원은 예수 그리스도의 공로에 의지한다는 사실도 강조한다. 그러나 그 은혜와 그 공로는 전적으로 하나님의 예정에 의해 결정되느냐? 아니면 인간의 의지에 의해 결정되느냐? 또한 신인 협력에 의해 결정되느냐? 의 문제에 들어가면 주장하는 교리가 구체적으로 다르게 나타난다. 개혁파 신학에서는 은혜의 구원은 전폭적으로 하나님의 예정에 의해 이루어진다고 강조한다. 그 예정의 교리는 인간의 의지가 구원에 동참하는 것을 배격한다.

칼빈을 비롯한 개혁파 신학에서는 쌍방예정(Both Predestination)을 주장하기 때문에 백성에 관한 언약의 교리를 구원론의 기초로 삼고 있다. 그렇다면 예수님의 구속사역이 인류를 구원하기 위한 무한정한 사랑에서 기인한 것이냐? 아니면 제한속죄(制限贖罪, Limited Atonement)에 해당되는 하나님의 선택된 백성들을 위한 아버지의 계획으로부터 기인한 것이냐? 의 문제에 봉착하게 된다. 예수님의 구속사역을 만인구원설에 적용한다면 십자가에서의 죽으심은 실패작이다. "하나님의 계획은 실패나 변경이 없다." 는 것이 성경의 가르침이다. 인류를 위해 예수님께서 십자가에서 죽으셨다면 믿지 않고 죽는 사람이 없어야 하나님의 계획이 완전한 것이다. 예수님의 구속사역이 만인을 위해 이루어 놓은 작품이라면 하나님의 능력이 오차가 생겨 어떤 사람은 믿게 되고 어떤 사람은 안 믿게 되는 결과를 가져오게 된다. 나아가 인간이 협력하여 구원을 이루게 된다면 하나님 능력의 한계를 인간이 채워주는 결과가 된다. "하나님의 완전한 능력에 한계가 있다." 는 말이다. 그렇기 때문에 예수님은 오직 그의 선택된 백성만을 위해 구속사역을 완성하신 것이다(마1:21).

예수님께서 완성하신 구속사역의 공의(Righteousness)는 사랑의 의냐? 아니면 계획의 의냐? 라는 문제가 생긴다. 죄인을 사랑했기 때문에 성취된 의를 말하면 인간을 향한 감성적 동정에 의해 구속사역을 성취했다는 말이 된다. 구속사역의 공의(Righteousness)는 창세 전 예정에 기초를 두고 있으며 그의 백성을 향한 사랑을 동반하고 있다. 그리고 그 예정은 중보자 예수 그리스도를 동반하고 있다(엡1:4-5). **"그리스도 안에서, 사랑 안에서, 우리를 예정하사"** 라는 말씀은 창세 이전에 계획하신 하나님의 사역이기 때문에 우리를 예정하셨다는 문제에 관하여 "사랑 안에서 그리고 그리스도 안에서" 라는 주제를 시간적으로 순서를 정하는 것이 불가능하다. 예정은 그리스도와 사랑을 동반하고 있다. 논리적으로는 그리스도가 예정과 사랑보다 우선이다. 그리스도는 삼위일체 하나님으로서 제2의 인격을 가지신 하나님의 본체이기 때문이다.

5. 구원론(Doctrine of Application of Holy Spirit)

예수 그리스도를 믿어야 구원을 얻는다. 아주 단순한 교리이다. 그러나 너무 무겁고 중대한 교리이다. 그리고 그 깊이와 넓이는 엄청나다. 이 교리는 기독론 다음에 구원론이 등장하게 되는 것이 논리적 순서로 맞다. 구원론은 성령사역의 교리이다. 예수님께서 완성하신 구속사역을 예정된 백성의 심령 속에 공작하고 적용하는 사역을 하시는 분이 성령님이시다. 인간은 본래 태어날 때부터 영적으로 죽은 상태다. 성령님께서는 죽은 영혼에 새 생명을 불어 넣어 거듭나게 하신다. 성령님의 사역은 신비적으로 이루어지기 때문에 구원의 실체를 깊은 성화의 단계에 들어가 깨닫는 경우가 허다하다. 오늘날 "구원의 확신이 있어야 천국 간다." 는 주장들이 각처에서 간단없이 나타나는데 이는 성령님의 신비적 사역을 무시하는 말이다. 칼빈(Calvin)은 "아무리 작은 믿음이라 할지라도 하늘나라 가는 데는 아무 염려가 없다." 고 말했다. 구원의 확신을 강조한 나머지 인위적인 확신을 주장하여 시간+말씀+성령의 사역+회개=구원이라는 등식을 성립시켜 성도들을 미혹하는 경우가 많이 일어나고 있다. 그래서 어느 날 어느 시에 구원을 얻었느냐? 고 묻고 대답이 명확하지 못할 경우 구원받지 못했다고 강조하여 기성 교인들을 미혹하고 있다. 이러한 이교도 사상은 성령사역의 신비적 결합을 전폭적으로 인간의 의지에 의해 "구원 받았다. 또한 못 받았다."라고 결정하여 성령님의 사역을 인간의 의지 아래 눌러버리고 있다.

성령님께서 예정된 하나님의 백성에게 구원을 적용하는 순서는 벌코프(L. Berkhof)에 의하면 예정(Predestination)된 자를 소명(召命, Calling), 중생(重生, Regeneration), 회심(回心, Conversion), 칭의(稱義, Justification), 양자(養子, Adoption), 성화(聖化, Sanctification), 견인(堅忍, Perseverance), 그리고 영화(榮化, Glorification)로 말해지고 있다. 소명(Calling)은 외적 소명(External Calling)과 내적 즉 유효소명(Effectual Calling)으로 나누어지는데 외적 소명(External Calling)은 선택된 자와 유기(遺棄, Reprobation)된 자를 불문하고 복음이 모두에게 전해지는 것을 말한다. 그러나 유효소명(Effectual Calling)은 구원 받기로 선택된 자에게 하나님의 말씀이 성령님에 의해 효과 있게 적용되는 경우를 말한다. 중생(Regeneration)은 성령님의 주권적 사역에 의존한다. 죄인은 구원 얻는데 있어 수동적 입장에 서있게 된다. 회심(Conversion)은 회개(Repentance)와 신앙(Faith)으로 나누어지는데 이 두 가지는 성도의 심령 속에서 교차적으로 이루어지는 사역이며 서로 연관성을 가지고 있다. 즉 깊은 회개는 깊은 신앙으로 이어지며 깊은 신앙은 더 깊은 회개로 이어진다. 칭의(Justification)와 양자(Adoption)는 하나님의 단독 사역이다. 죄인의 의식 밖의 사역이다. 성화(Sanctification)는 성도의 의식을 통해 이루어지고 있으나 성령님의 주권적 사역에 의해 진행된다. 칭의(Justification)가 믿음으로 이루어지는 것처럼 성화도 믿음에 의해 이루어진다. 그러므로 성화(Sanctification)의 실체 변화는 보다 더 깊은 회개와 보다 더 깊은 은혜에 들어가는 것을 말한다. 견인(Perseverance)은 한번 선택된 자는 결코 구원의 반열에서 떨어질 수 없다는 교리이다. 그 구원은 죄인의 의지에 의해 소멸되거나 다시 회복되는 것이 아니다. 그렇기 때문에 성도가 범죄 할 때 성령님께서는 깊은 탄식에도 불구하고 무서운 죄에 빠진 자를 회개로 인하여 하나님과의 관계를 다시 회복시켜 결코 영원한 멸망에 빠지지 않게 하신다.

이러한 구원의 차서(次序, Ordo Salutis)는 시간적 순서가 아니고 성경에서 말씀하는 그대로 진술된 논리적 순서이다. 이 차서대로 구원을 받는 순서라고 착각해서는 안 된다. 유효소명(Effectual Calling)이 이루어지면 이미 중생, 회심, 성화 그리고 견인을 동반하고 있다고 보아야 한다. 그리고 칭의(Justification)와 양자(Adoption)는 하나님의 단독 사역이므로 구원 받은 자의 의식으로는 그 내용을 감지한 수가 없다. 물론 유효소명(Effectual Calling), 중생(Regeneration), 회심(Conversion), 성화(Sanctification), 그리고 견인(Perseverance)도 하나님의 주권적 사역이기 때문에 성도는 신비적으로 성령님의 인도에 끌라가는 입장이다. 그러면서 성도는 구원에 관한 의식을 감지한다. 이때는 성령님께서 선택된 자의 의지를 사용하여 그의 사역에 굴복할 수 있도록 만든다. 성령님께서는 하나님의 존재론적(Ontological) 입장에서 볼 때 창세 전 영원 세계에서 3위의 하나님으로 존재하고 계시면서 예정의 사역에 참여하고 계셨다. 성령님께서는 시공간 세계에서 근접원인(Proximate Cause)의 주권적 사역자이시다. 예정(Predestination)에 의해 선택된 죄인의 의식을 그분의 뜻대로 조정하시고 사용하신다. 구속을 죄인의 심령 속에 적용하시는 사역자이시다. 성도가 하나님과 관계되는 일이라면 아무리 작은 것이라도 그의 행동에는 성령님의 세심한 배려와 인도가 작용하고 있다. 이것이 바로 그리스도께서 완성하신 구속사역을 성령님의 사역이 없이 인간의 자력으로 인식이 불가능하다는 것이 성경의 가르침이다. 만약 성령님의 사역을 구원론과 연결시키지 못하고 인간의 자유의지를 강조하는 알미니안주의(Arminianism), 웨슬리안주의(Wesleyanism), 그리고 인간의 의지를 강조하는 복음주의자들의 주장을 받아들인다면 죄에 대한 저항력을 잃어버린 인간이 스스로 구원의 길을 열어간다는 말이 된다. 이는 정말 뼈만 앙상한 시체가 스스로 살과 피를 만들어 무덤을 파헤치고 살아 나오는 것과 같은 양상이다. 어떻게 영적으로 완전히 죽은 인간이 스스로의 자유의지를 동원하여 구원에 동참할 수 있단 말인가? 구원은 성령님의 전폭적 사역으로만 가능하다.

6. 교회론(Doctrine of Church)

구원받은 성도는 교회에서 영적 양육을 받으며 삶을 살아가야 한다. 그래서 구원론 다음에 교회론이 등장하게 된다. 예정된 하나님의 백성에게는 교회가 신앙의 어머니라고 칼빈(Calvin)은 말했다. 교회의 본질을 규명할 때 예정론(Pre-destination)에 기초하지 않고 교회론을 말한다는 것은 불가능한 일이다. 교회는 하나님께서 창세 전에 선택하신 그의 백성을 회원으로 정하여 확장 시켜 나가고 있다. 천상의 교회인 보이지 않는 교회(Invisible Church)를 기초삼아 설립된 교회가 지상교회이다. 천상의 교회는 우주적(Universal) 교회로 구원받은 하나님의 백성들만 참여하는 교회이다. 한편 지상에 존재하는 보이는 교회(Visible Church)는 미완성의 교회로 세상의 풍파에 시달리며 교회로서의 정결을 잃어버리기도 한다. 또한 하나님의 백성으로 선택 되지 않은 불신자가 교회의 회원으로 들어와 교회를 어지럽게 만들기도 한다. 그러나 지상교회 즉 미완성의 교회는 예수님 재림 때 완전한 교회로 승화되고 영원한 하나님과의 교제로 들어간다.

웨스트민스터(Westminster) 신앙고백서 25장 제1항에는 "그 교회는 그리스도의 신부요, 몸이며 모든 것을 충만하게 채우는 그리스도의 충만이다." 라고 고백되어져 있다. 이 고백서를 분석하면 그리스도와 성도는 떨어질 수 없는 머리와 몸의 관계를 형성하고 있는데 그 머리는 그리스도이며 몸은 성도이다. 이 그리스도와 성도는 몸의 관계로 존재하면서 만물과의 필연적인 관계를 형성하고 있다. 그리스도의 다스리는 영역은 우주 만물에까지 미치지 않은 곳이 없다. 그런 의미에서 교회를 다스리는 그리스도의 영역은 우주론적이다. 시공간 속에서 넓이로 볼 때는 만물 안에 교회가 존재하고 있다. 그러나 하나님의 예정에서 볼 때는 교회는 만물의 중심에 존재하고 있다. 역사 선상에서 일어나는 모든 사건들에 대해서는 교회가 역사의 중심축을 형성하고 있다. 영원과 영원 사이에 시공간이 존재하고 있는데, 그 시공간 세계에서 일어나는 모든 사건들은 창세전의 작정에 의해 발생되고 있으며, 시공간에 존재하는 교회의 역사와 일반 역사는 필연적으로 연관관계를 가지고 하나님의 계획을 실행해 나가고 있다. 이 계획의 실행은 그리스도의 왕권을 성취시키는 종말을 향해 설계도의 지시대로 역사를 완성해 가는 과정이다. 설계도의 완성은 영원세계에서 성취되는 그리스도의 왕국이다. 이 왕국은 우주적 교회의 완성이며 선택 받은 자는 단 한사람도 오차 없이 구원을 얻고 유기(Reprobation)된 자 역시 단 한 사람도 오차가 없이 구원의 영역에서 제외된다. 종말에는 우주의 모든 만물은 그리스도의 발 앞에 굴복하게 되고 그의 통치권 안에 들어가게 된다.

그렇다면 그리스도의 주권적 통치를 주장할 때 교회 밖에도 구원이 있느냐? 라는 문제에 봉착하게 된다. 교회론에 있어 예정론과 관계를 가지고 있는 천상교회 즉 보이지 않는 교회(Invisible Church)에 대한 하나님의 절대 주권을 올바로 인식하지 못한 사람들은 교회 밖에도 구원이 있다는 점을 주장하고 있다. 이 문제를 해결하기 위해 이미 언급한 대로 보이는 교회(Visible Church)와 보이지 아니하는 교회(Invisible Church)의 개념을 먼저 확실히 구분해야 한다. 보이는 교회(Visible Church)는 지상교회로 미완성의 교회이며 유기(Reprobation)된 자들도 교회의 회원으로 활동하기도 한다. 그러나 보이지 않은 교회(Invisible Church)는 천상의 교회로 완성의 교회이며 하나님의 백성으로 선택된 자들만 속해 있는 교회이다. 어떤 경우를 막론하고 유기(Reprobation)된 자는 천상의 교회에 들어올 수 없다. 결론은 확실하다. 지상의 교회 즉 보이는 교회(Visible Church)의 입장에서 볼 때 교회 회원으로 가입되지 못했을지라도 구원받기로 선택된 성도가 교회의 비회원으로 존재하는 경우 교회 밖에도 구원이 있다고 말할 수 있다. 그러나 천상교회의 회원으로 예정된 자라 할지라도 보이는 교회(Visible Church)의 회원으로 참여하지 못하는 경우가 있다. 또한 유기(Reprobation)된 자가 지상교회의 회원으로 가입된 경우도 있다. 그리고 비록 보이는 교회(Visible Church)의 회원이 못되어도 하나님의 백성으로 선택된 자는 보이지 않은 교회(Invisible Church)의 일원으로서 교회의 한 회원이다. 그러므로 완성의 교회는 천상교회 즉 보이지 않은 교회(Invisible Church)를 지칭하는 말이다. 오직 구원 받기로 예정된 자들의 모임이 참된 교회이다. 그 외에는 구원이 불가하다. 그런 의미에서 교회 밖에는 구원이 없다.

7. 종말론(Doctrine of Last Thing)

종말론은 말세의 징조에 관한 교리이다. 그래서 어떤 분은 **말세론**이라고도 지칭한다. 말세는 우연한 사건에 의해 완성되는 것이 아니다. 말세는 정확한 하나님의 계획에 의해 완성되는 것이다. 종말에 관한 교리를 다룰 때 개혁파 신학에서는 신적작정(Decree)의 교리와 필연적인 연관성을 주장한다. 신적작정(Decree)의 교리는 신론에서 다루어지고 있다. 종말론의 교리는 창세 전 하나님의 예정에 기초를 두고 있다. 예수님께서 재림 하실 때 이루어질 하나님의 사역을 말한다. 그러므로 개혁파 신학이 주장하는 종말의 교리는 시원적(始原的, Basis of Beginning) 입장의 역사관을 가지고 있다. 창세와 종말 사이의 역사는 창세 전의 계획에 의해 진행되는 과정이다. 오늘날 자유주의자들이 구속사(Heilsgeschichte)를 말하면서 시간 이전의 하나님 계획을 무시하고 구속사역의 사건을 기독론 중심으로 다루는 것은 성경에서 강조하는 하나님의 계획인 창세 전 신적작정(Decree)의 교리를 무시하는 우를 범하는 일이다. 특히 자유주의 신학자인 오스카 쿨만(Oscar Culmann)은 역사적 해석을 기독론 중심에다 강조점을 두기 때문에 하나님의 예정에 의해 그리스도께서 구속사역을 완성하는 교리를 거절하고 있다. 이러한 역사관은 결국에 가서는 삼위일체 하나님의 인격과 그의 작정에 까지 흠집을 내는 결과를 가져온다. 삼위일체 하나님의 인격은 신적작정(Decree)과 그분의 사역을 동일선상에서 보아야 한다. 신적작정(Decree)에 의존하지 않은 시간 속에서의 구속에 관한 사건만을 강조하게 되면 사실상 구속사(Heilsgeschichte)의 근원을 배제 하는 셈이 된다. 신적작정에 의한 하나님의 주권적 구속사(Heilsgeschichte)가 형성될 수 없기 때문이다. 그런 의미에서 구속사(Heilsgeschichte)를 종말론적으로 올바로 정의하기 위해서는 창세 전의 **하나님의 계획에 의한 종말론적 구속사(Heilsgeschichte)**가 되어야 한다.

기독교 변증학(Christian Apologetics)에서 종말에 관한 교리를 다룰 때 성도가 재림의 신앙을 가지고 있느냐? 없느냐? 가 중요한 문제로 대두된다. 성도에게는 예수님의 재림을 고대하는 삶이 소망으로 환원된다. 그 고대하는 소망은 예수님께서 언제 재림하시느냐? 의 구체적 시간에 관심을 두는데 있지 않다. 역사적 종말을 강조하게 되면 오히려 성도들을 미혹하는 교리로 둔갑해 버린 예가 허다하다. 사실 성경에서 강조하는 종말론은 개인적 종말에 관한 문제에다 강조점을 두고 있다. 즉 성도가 재림의 신앙을 가지고 있느냐?의 문제가 중요하지 예수님께서 언제 재림하느냐?의 문제가 중요한 것이 아니다. 그럼에도 불구하고 역사적 종말론이 성도를 미혹케 하는 이상한 교리로 둔갑하여 2천년 교회사에서 성도들을 수없이 미혹해 왔다. 우리가 비록 역사적 종말을 정확하게 안다고 해도 개인적 종말에 있어 천국의 소망이 없는 성도는 그의 마지막 생이 멸망의 지옥으로 가게 될 것은 명확한 사실이다. 예수님께서 종말에 관한 때를 오직 아버지만 아시고 자신도 모른다고 강조한 의미를 깊이 상고해야 한다. 2천년 교회사를 거쳐 오면서 예수님께서 재림하는 날을 맞추는 이상한 예언들이 성도들을 혼미의 상태로 몰아넣은 적이 수없이 많았기 때문이다. 그 이상한 일들은 주로 세대주의적 전 천년설(Dispensational Pre-millenarianism)에 기반을 두고 나타났다.

예수님께서 재림을 예언한 문제에 있어 두 가지의 관찰 사항이 큰 이슈로 대두 된다. 하나는 예수님의 재림이 어떻게 이루어지느냐? 하는 사건의 문제이다. 다른 하나는 그 사건이 언제 이루어지느냐? 의 시간에 관한 문제이다. 이 두 가지의 문제가 역사적 종말론을 다루는데 있어 큰 이슈로 등장한다. 이 역사적 종말론은 천년설(Millenarianism)로 이어진다. 그것이 전 천년설, 후 천년설, 그리고 무 천년설로 집약된다.

1) 전 천년설(Pre-millenarianism)

전 천년설은 예수님의 공중 재림과 함께 교회의 휴거(Rapture), 천년왕국의 혼인잔치, 그리고 마지막 예수님의 지상 재림과 더불어 영원무궁 세계가 이루어진다는 것을 그 기본적 교리로 삼고 있다. 전 천년설은 세대주의적 전 천년설(Dispensational Pre-millenarianism)과 역사적 전 천년설(Historical Pre-millenarianism)로 나누어진다. 세대주의(世代主義)라는 말은 언약을 시대별로 구분하여 분할된 시대마다 언약을 다르게 적용한다는 뜻이다. 그래서 일명 "언약기별 분할론" 이라고도 말한다. 역사적 전 천년설은 예수님의 공중 재림 이후 천년이라는 시간을 문자적으로 한정할 필요는 없으나 예수님의 공중 재림 때 휴거(Rapture)가 일어난 후 천년이라는 정해진 기간이 지나고 예수님의 지상 재림이 이루어진 후 영원무궁 세계가 이루어진다는 주장이다.

(1) 세대주의적 전 천년설(Dispensational Pre-millenarianism)

이를 "언약기별 분할론" 이라고 말하는데 그 주장에 따라 약간의 차이가 있으나 주로 다음과 같이 성경의 7세대를 분할한다. (1)아담을 대표로 한 무죄시대, (2)노아를 대표로 한 양심시대, (3)아브라함을 대표로 한 족장시대, (4)모세를 대표로 한 율법시대, (5)엘리야를 대표로 한 선지시대, (6)예수님을 대표로 한 복음시대 즉 성령시대, (7)예수님의 재림과 더불어 천년시대 등으로 나누어 시대마다 언약의 대표와 연약의 내용의 변천 과정을 주장한다. 그리고 마지막 종말에 나타날 천년은 휴거(Rapture)를 기점으로 천년이 시작 되는 때 교회가 공중으로 들려 올라가서 예수님과 혼인잔치를 벌리는 기간을 주장한다.

이러한 세대주의적 종말론주의 자들로부터 예수님의 재림 날짜를 예측하는 주장이 자주 나타났다 사라지곤 하였다. 교회사를 통해 나타난 예수님의 재림 날짜 예측은 한 두 번이 아니었다. 2세기 중반 몬타누스(Montanus)는 성령시대에 나타날 약속된 성령님(요14:16,26)의 대변자로 자처하고 다녔다. 이 때 소아시아 지역에서 여자 선지자로 자처한 프리스길라(Priscilla)와 맥시밀라(Maximil-la)라는 두 여인이 몬타누스(Montanus)와 합세하여 종말의 날짜를 예고하였다. 이 때 로마 황제의 심한 박해로 많은 사람들이 순교하게 되었는데 그들이 "종말이 곧 닥쳐오니 천년왕국에 들어갈 준비를 하라"는 설교를 하고 다닌 결과 많은 성도들이 미혹 되었다. 그러나 천년왕국은 이루어지지 않았다. 한국 교회에도 천년왕국 공중 휴거설이 수없이 나타났다가 사라졌다. 특히 제 2차 세계 대전이 끝나면 천년왕국이 임한다는 설이 파다하였으며 당시 유명한 부흥사들은 종말론을 설교할 때 거의 세대주의적 전 천년설(Dispensational Pre-Millenarianism)을 배경으로 요한계시록을 해석하는 설교를 하였다. 오늘날은 세대주의적 전 천년주의(Dispensational Pre-Millenarianism) 재림사상이 거의 사라져 가고 있으나 아직도 일부 근본주의(Fundamentalism) 사상에 기초를 둔 사람들이 그 교리를 따르고 있다.

한때 한국의 모 대형교회 목사는 유럽연합(EU)에 10개국이 가입되었을 때 요한계시록 13:1절을 인용하여 10뿔이 유럽 유럽연합(EU) 국가이므로 금방 아마겟돈을 중심으로 세계 전쟁이 일어난다고 야단법석 이었다. 그러나 이미 오래전 15국가가 유럽연합에 가입하게 되었고 앞으로 더 가입할 기미가 보인다. 그런 주장대로라면 성경은 거짓말을 한 셈이 된다. 성경의 예언은 한번 성취되는 일로 전에도 그리고 앞으로도 번복도 없고 미뤄지는 일도 없다. 다미선교회의 1992년 10월 예수님의 재림설은 숫자 맞추기 놀이로 수많은 사람들을 미혹에 빠지게 하였다. 이들은 주로 성경의 역사를 6천년으로 보고 구약을 4천년 신약을 2천년으로 볼 때 7을 완전수로 보고 마지막 1천년을 요한계시록 20장 1-10절까지의 내용에 적용하여 예수님의 공중 재림 즉 휴거(Rapture)와 함께 천년이 시작되어 총 7천년의 역사가 끝나면 마지막 예수님의 지상재림이 이루어진다고 해석하였다. 이러한 일시적 적용을 위해 억지로 숫자를 맞추는 일에 성도들이 미혹 당하여 가정이 깨지고 평생 모은 재산을 잃어버리고 교주들은 엄청난 재산을 모아 방탕한 생활을 하는 예가 수없이 일어나고 있다.

30-40년 전 많은 사람들을 미혹케 하였던 바코드(Bar Code)에 나타난 666 문제도 일시적 적용으로 숫자 맞추기 해석을 한 것이다. 신용카드나 기타 신분 카드에 666이 나오면 짐승의 표를 받아 저주의 대상에 오른 사람이라고 난리 법석 이었다. 그런 미신적인 회오리가 사라지고 이제는 666이 베리 칩(Veri Chip)으로 옮겨왔다. 하나님의 말씀은 예언이 한번 적용되는 것으로 끝나는 것이지 다시 변경되거나 실패되어 다른 방법으로 옮겨지는 것이 아니다. 좁쌀 정도 크기의 구조장치에 자신의 신상에 관한 모든 정보를 입력시켜 손이나 이마에 주입시켜 두면 잃어버릴 염려 없이 신용카드 대신 구매활동에 보다 더 정확하고 빠르게 사용할 수 있다는 것이 일부 과학계의 주장이다. 과학적으로 맞는 말이다. 더 좋은 것은 신용카드는 잃어버릴 염려가 있지만 베리칩(Veri Chip)은 그럴 문제가 없다는 것이다. 그런데 문제는 베리칩(Veri Chip)을 가진 사람이 돌아다니다가 자신

도 모르게 신상 정보가 여기저기 찍혀 유출되어 버린다는 점이다. 결국 베리 칩(Veri Chip) 시스템을 국가에서나, 공공기관에서나, 그리고 회사에서 적용하는 문제도 어려움에 봉착해 있다.

문제는 그 666의 상징인 베리칩(Veri Chip)을 요한 계시록 13장에 나오는 짐승의 표로 지칭하고 베리칩(Veri Chip)을 받으면 지옥에 간다는 미신적인 허무맹랑한 주장이다. 짐승의 표가 666과 연관된 근거를 성경에서 찾을 수 없다. 전혀 근거도 없고 논리적으로도 상상에 못 미치는 그런 일시적 적용이 사람들을 미혹하고 있다. 어떻게 되어 베리칩(Veri Chip), 짐승의 표, 그리고 666을 근거도 없이 연결고리를 만들어 그것을 몸에 착용하면 역사적 종말이 오는지 정신이 혼미할 따름이다. 더 가관인 것은 그러한 컴퓨터 조작을 통하여 형성된 시스템은 세계 지배전략의 한 가지 방법이 되어 지구의 종말을 재촉한다는 허무맹랑한 주장이다.

바코드의 666은 컴퓨터학으로 볼 때 6은 2로 또는 3으로 나눌 때 짝수로 또는 홀수로 나누어지는 시간이 어느 숫자보다 빠르다. 그래서 바코드에 6이란 숫자를 많이 넣을 수밖에 없다. 종말론하고 하등의 관계가 없다. 그리고 성경에서 말씀하는 6의 개념은 상징적 의미로 인간의 수를 지칭한다. 그렇다면 인간이 짐승처럼 무지하고 포악하다는 뜻을 말한다. 더욱이 베리칩(Veri Chip)하고는 어떤 연결 고리도 없다.

구약의 연대수를 인물중심으로만 계산하여 4천년을 잡고 있는 것도 너무나 비상식적이거니와 벧후3:8의 "천년이 하루 같고 하루가 천년 같다"는 말씀을 해석하는데 있어 하루를 천년으로 계산하여 직설 문장으로 간주하는 무지한 일을 행하고 있다. 천년에 관한 말씀은 종말을 바라보는 시간론에 있어 하나님의 시간 계산과 인간이 계산하는 시간의 차이점을 교훈하고 있다. 천년이라는 시간의 비교를 "천년동안의 휴거"에 맞추고 있으니 성경말씀의 뜻을 바로 해석하는 눈이 어두워진 것이 틀림없다. 또한 구약의 히브리 민족은 "할아버지가 나를 낳았다"고 말해도 뜻이 통한다. 그 이유는 조상들을 모두 아버지의 개념으로 생각하고 있기 때문이다. 그렇기 때문에 마태복음 1장에서 예수님에 대한 족보에는 아브라함부터 다윗까지 14대이며, 다윗부터 바벨론 이주할 때까지 14대이며, 그리고 바벨론 이주 이후 예수님까지 14대의 조상들을 열거하고 있는데 중간에 빠진 조상들이 많이 있지만 모두 낳았다고 기록하고 있다. 또한 구약의 인물들은 연대 측정을 위해 기록된 것이 아니며 오직 역사적 사건을 위해 꼭 필요한 인물들만을 기록한 것이다. 구약의 인물에 의한 연대 측정은 불가능하다. 요즈음은 컴퓨터 학과 유전공학이 발달하여 과거의 연대 측정에도 상당한 기여를 하고 있다. 성경의 역사를 증명하는데 많은 도움을 주고 있다. 구약의 연대를 측정하는데 있어 미토콘드리아(Mitochondria)는 세포 조직 속에서 에너지를 생산하는 인자인데 여성에게는 남성과 달리 일생에 한번 생산되었다가 사라지는 시기가 정해져 있다. 그로 인하여 구약의 여성들을 대상으로 하여 연대를 측정해 보면 놀랍게도 1만년이 넘는 숫자가 나온다. 그렇다면 구약의 역사를 4천년으로 측정하는 것은 아주 잘못된 계산이라는 말이다.

종말에 대한 근본적인 성경의 가르침은 역사적 종말에 대해 정확한 날짜를 우리에게 알려주지 않고 있다는 점이다. 오직 재림사건의 징조만을 알려주고 있다. 그 이유는 간단하다. 예수님께서 우리에게 주지시키고 있는 내용은 개인적 종말에 관한 문제이다. 내일 예수님이 재림하시든지 천년 후에 재림하시든지 중요한 것은 시대의 악함을 깨닫고 내 자신이 죽음으로부터 해방될 수 있는 영생의 신앙을 갖추고 경건하게 근신하며 살아가야 한다는 교훈이다. 요한계시록 22장 마지막은 결국 개인적 종말을 강조하고 있다. "내가 속히 오리니 행한 대로 갚아 주리라." "내가 진실로 속히 오리라." 주 예수여 오시옵소서. "주 예수의 은혜가 모든 자들에게 있을지어다." 로 끝나고 있다.

(2) 역사적 전 천년설(Historical Pre-millenarianism)

역사적 전 천년설은 천년에 관한 기간을 중요하게 생각하지 않고 사건을 어떻게 보느냐? 의 문제에 집중하고 있다. 즉 천년에 관한 기간을 정확한 천년으로만 생각하지 않고 사건을 중요하게 생각하고 있는데 첫째, 예수님의 공중 재림과 더불어 지상 교회의 휴거를 강조하되 둘째, 세대주의와는 다르게 시대에 따라 언약기별 분할론을 주장하지 않으며 천년에 대한 시간을 숫자적으로 제한을 두지 않고 있다. 꼭 천년이라는 시간에 얽매이지 않고 있다. 셋째, 천년이라는 기간이 10년이 되었든지 아니면 1,000년이 되었든지 정한 시간이 지나면 예수님이 지상으로 재림하여 영원 무궁세계가 이루어진다는 주장이다. 이는 요한계시록 20장의 내용을 역사적 순서로 받아들이고 있다는 말이다. 단 하나 천년이라는 시간을 숫자적로 인정하기 보다는 하나님께서 정해 놓은 시간이 있다는데 중점을 두고 있다.

2) 후 천년설(Post Millenarianism)

후 천년설은 주로 두 가지의 주장이 대두된다. 첫째, 영원한 천국의 왕으로 오시는 예수님을 신앙하지 않는 자유주의 영역에서는 예수님의 재림과 천년 왕국의 연관성을 부정한다. 실용주의(Pragmatism) 신학에 기초를 둔 자유주의 신학에서는 항상 예수님의 신성을 제거하고 사람으로서의 선구자 역할을 한 위대한 인물에 초점을 맞추고 있기 때문에 그들은 역사적인 천년 왕국의 도래를 거절하고 지상천국주의를 천년의 개념으로 해석 한다. 예수님의 가르침에 충실하여 서로를 사랑하고 지상의 구조악(構造惡)을 깨고 평화로운 지상 천국이 건설되는 것이 바로 천년 왕국이라고 말한다. 즉 성경이 강조하는 예수님의 재림에 의한 종말을 부정한다.

이러한 이교도적인 생각은 이미 예수님 당시로부터 시작된 비기독교적 사상이다. 영혼 불멸과 내세를 부인하는 사두개파(Sadducees)는 재림으로 완성될 하나님의 왕국을 부정하는 오늘날 자유주의와 같은 사상을 가지고 있었다. 예수님 당시 한 종교적 당파로 군림했던 사두개파는 영혼 구원과 천국을 부인할 뿐 아니라 하나님의 섭리를 부인하고 인간의 자유의지를 강조하고 있었다. 또한 초대교회 유대주의적 기독교에서 파생된 에비온파(Ebionites)는 "가난하다."는 뜻을 따라 가난한 삶을 이상으로 살아가고 있었다. 그들은 그리스도의 처녀 탄생과 신성을 부인하고 모세의 율법을 지킴으로 구원을 얻을 수 있다고 주장했다. 또 다른 이교도적인 엘 케사이파(El Kesaites)에서는 유대교와 이방 사상과 심지어 점성학(占星學)까지 첨가한 혼합종교를 만들어 기독교에 침투해 들어왔다. 이들은 모세의 율법을 따랐으며 그리스도는 천사였는데 육체를 입고 나타났다고 주장했다. 이러한 이교도 교리는 후에 무하마드(Mohammed, 570-632)가 주장한 이슬람교의 발생에 큰 영향을 끼쳤다. 이러한 사상들은 오늘날 그리스도의 신성과 인성에 대한 신앙고백을 흐트러뜨리는 사악한 생각을 기독교회에 침투시켜 적그리스도적인 활동을 하는 자유주의자들과 하등의 다를바 없는 자들이다.

개혁파 신학의 영역에서 소수의 학자들이 후 천년설을 주장하는 분들이 있다. 예수님께서 영적으로 재림한 상태, 즉 공중 재림한 상태가 이미 성취되어 천년왕국이 이루어 졌다는 주장이다. 그리고 지금 복음이 전 세계로 편만하게 그리고 강하게 전파된 후 예수님께서 마지막 재림하여 영원 무궁세계가 온다고 주장한다. 여기에서 질문이 생기게 되는데 예수님의 영적 재림이 어느 시점이며 복음이 전 세계에 편만하게 전파되는 기점은 어디를 두고 하는 말이냐? 하는 문제이다. 그런데 개혁파 신학자의 한 사람인 로레인 보에트너(Loraine Boettner)는 후 천년설에 가까운 주장을 피력했지만 이미 예수님의 공중 재림 즉 휴거(Rapture)가 이루어 졌다는 데는 동의하지 않고 있다. 그 이유는 천년의 시작을 개인적 종말로 보고 있기 때문이다.

3) 무 천년설(A-millenarianism)

무 천년설(A-millenarianism)은 천년이 없다는 의미의 종말론이 아니다. 계시록 20장에 나타난 천년의 기간을 천년에 한정하기 보다는 신약교회 역사를 천년으로 보고 예수님의 재림을 단회적으로 보는데 초점을 맞추고 있다. 혹자는 천년 전(前) 공중 재림을 예수님의 초림으로 보는 사람도 있으며 혹자는 행전 2장의 오순절로 보는 사람도 있다. 전 천년설(Pre-Millenarianism)에서 주장하는 천년을 중심으로 천년 전(前) 공중 재림과 더불어 교회의 휴거(Rapture)가 이루어진 후 천년이 지나고 예수님께서 지상 재림한다는 주장에 대해 강조점을 두지 말자는 주장이다. 천년이란 말은 오직 요한계시록 20장에만 나타는 내용이며 종말을 예고한 마24장, 데살로니가 전서 4장, 베드로 후서 3장 등에는 예수님의 2중 재림이 없고 단회적 재림만을 언급하고 있기 때문에 전 천년설은 성경의 전체적 맥락으로 볼 때 신빙성이 떨어진다는 주장이다. 그래서 요한계시록 20장의 천년에 대한 사건을 문자적으로 볼 수 없다는 주장이다.

　　우리가 역사적 신앙고백이 주장하고 있는 종말론이 무엇인가? 라는 문제에 들어가면 대부분의 개혁파 신학을 추종하는 자들은 무 천년설주의를 신봉하고 있다. 그러나 개혁파 신학을 따른다고 자처하는 혹자들은 역사적 전 천년설을 수용하는 자들도 있다. 역사적 신앙고백에서는 개인적 종말론을 강조하여 예수님의 재림 이후 하늘나라에 관한 내용을 집중적으로 다루고 있다. 이러한 설명은 천년설과 상당부분 거리가 있는 내용이다. 그러므로 우리는 종말론에 관한 절대적 주장을 내 세울 수 없다. 우리가 예수님께서 재림하실 날을 모르는 입장에서 종말론에 관한 절대주의를 강조하게 되면 성경에 계시된 하나님의 말씀을 가감하는 결과를 가져오게 될 가능성이 있다. 역사적 신앙고백이 보여주고 있는 대로 개인적 종말을 강조하여 우리가 하늘나라를 준비하는데 초점을 맞추어야 할 것이다. 확실한 것은 반드시 예수님의 재림과 함께 영원한 하나님의 나라가 임한다는 것이다.

제 2 장
기독교 변증학과 세속철학의 역사

기독교 변증학의 역사는 세속철학과의 깊은 관계를 형성하면서 오늘날에 이르렀다. 세속철학은 기독교에 긍정적인 영향은 물론 부정적인 영향을 끼친 양면성을 가지고 있다. 그런데 그 세속철학은 기독교에 많은 악영향을 끼쳐 왔다. 현대에 많은 기독교를 변증한다는 신학자들이 세속철학의 개념에서 벗어나지 못한채 기독교 변증학을 논하고 있는 것이 그 증거이다. 사실상 그러한 변증학은 기독교를 변증하기 보다는 기독교를 회색주의로 만들어 버린 결과를 가져왔다. 타종교와 기독교를 혼란스럽게 만드는 혼돈의 밤을 주도해 왔다. 혹자는 세속철학이 기독교를 증명하는데 있어 방법론으로 아주 유용한 사상이라고 말하기도 한다. 그러나 그러한 철학의 원리는 하나님의 계시인 성경과 전혀 줄기가 다르기 때문에 기독교를 변증하는 도구역할을 할 수가 없다. 기독교 변증학(Christian Apologetics)을 바로 세우기 위해서는 오히려 세속철학의 개념을 깨트리는 임무가 필수적이다. 그런 의미에서 세속철학의 사상을 분석한 후 그 문제점들을 지적하고 분쇄하여 성경에 기초한 기독교 변증학을 굳건히 세워 나가야 한다.

세속철학에서 하나님과 우주에 관한 인식론을 수없이 논증해 왔다. 그러나 그 논증은 우리에게 시원한 해답을 주지 못하고 애매하고도 의심스런 관념만을 주지시켜왔다. 그 이유는 여러 가지 색깔을 띤 신에 대한 주관주의적 관념을 내세우는 세속철학 세계에서 사상적 집안싸움을 하고 있었기 때문이다. 세속철학의 개념을 통하여 하나님과 우주에 대한 인식론을 아무리 정확하고도 세밀하게 논증하다 해도 아주 미세하고 부분적인 것들뿐이다. 그 논증은 하나님의 인격과는 아무런 관계가 없는 인식론이기 때문에 인격적인 하나님과 우주에 관한 존재인식을 정확하게 증명해 낼 수가 없다. 성경은 하나님과 인간이 통할 수 있는 속성(Communicable Attribute)을 통해 통할 수 없는 속성(Incommnunicable

Attribute)에 속한 무한의 하나님과 그 세계를 알 수 있는 길을 제시하고 있다. 그러므로 우리는 애매하고도 불확실한 세속철학의 논증에 귀를 기울일 것이 아니라 성경계시가 지시한 대로 하나님과 통할 수 있는 인식의 방법을 도구로 하여 무한한 하나님을 인격적으로 인식하는 것이 유일한 방법이다.

기독교 변증학(Christian Apologetics)의 노선을 규명하는 문제는 역사 선상에 나타난 변증학의 입장을 백색주의, 회색주의, 그리고 흑색주의로 구분하려고 한다. 기독교 변증학의 개념을 역사적으로 규명하려면 우선 기독교와 일치하지 않은 철학적인 노선을 확실히 분리해야 한다. 기독교 변증학을 정의할 때 철학적 요소를 신학적 요소와 동일시하거나 공통 분포를 형성하려고 하면 이미 그 논증은 신학의 순수성을 포기하는 길로 접어들게 된다. 기독교 변증학(Christian Apologetics)을 세 가지로 분류할 때 백색은 개혁파 신학의 고백주의이며, 회색은 세속철학과 신학의 접촉점을 형성하는 사상이며, 흑색은 세속철학이나 타종교에서 신의 존재론을 논증하는 이론을 말한다. 기독교 변증학을 역사적으로 규명하려면 구약으로부터 노선의 근원을 찾아 기독교의 진리를 밝혀내야 할 것이다. 구약은 이방신과의 투쟁의 역사를 계시하고 있다. 거기에는 하나님의 절대성을 논증하는 변증학적 요소가 포함되어 있다. 특히 선지서들을 보면 이스라엘 백성을 향해 하나님을 변호한 내용뿐만 아니라 이방 나라들을 향해 하나님을 변호한 내용들이 수없이 나타난다. 기독교 변증학(Christian Apologetics)의 입장에서 보면 모세와 선지자들의 신앙을 따르는 사람들을 백색주의로, 유대주의 민족주의의 배경을 둔 이스라엘 백성들을 회색주의로, 그리고 이방인들을 흑색주의로 구분할 수 있다. 그러나 구약에 나타난 이스라엘 백성들은 신약교회 이후에 나타난 회색주의와 다른 양상을 띠고 있었다. 예수 그리스도를 구세주로 신앙하는 입장에서 색깔을 규정하자면 구약의 이스라엘 백성들은 오히려 그리스도를 배격하는 흑색주의로 규정해야 옳은 입장이다. 그렇지만 하나님 나라와 예수 그리스도의 모형으로 이스라엘 백성을 택하시고 구약의 많은 신앙인들을 이스라엘 백성에서 택하신 입장에서 회색주의로 규정할 수 있다.

변증학(Apologetics)이라는 개념은 이미 헬라철학에서부터 시작되었는데 그 기원은 플라톤(Plato)이 소크라테스(Socrates)의 변증론을 인용하여 사용한 아폴로기아(ἀπολογία)라는 말에서 유래한 것인데 이는 **변증** 또는 **변호**라는 의미를 가지고 있다. 기독교 변증학(Christian Apologetics)은 2세기부터 기독교 철학자들에 의해 제창 되었는데 실제로는 기독교 교리를 변증하기 위해 헬라철학을 방법론으로 채택한 것으로부터 시작되었다.

신약교회의 교부들 시대에 넘어 와서는 회색주의의 색깔이 분명하게 나타났다. 기독교를 변호하기 위해 일반 철학과 타 종교의 이념을 방법론으로 채택한 많은 교부들이 등장하게 되었다. 회색주의가 생겨난 이유는 인간의 상대주의 사상을 종합하여 객관화 하려는 세속철학을 방법론으로 도입했기 때문이다. 기독교 절대주의를 고백한 신앙의 기초위에 객관주의 신학을 형성하는 교리를 무시한 처사였다. 그래서 신약시대의 기독교 변증학(Christian Apologetics)의 역사는 백색주의와 회색주의가 교차된 역사라고 말해도 무방할 것이다. 거기에는 사도바울이 강하게 질책한 "공허한 철학 사상을 배격하라(골2:8)"는 말씀을 상고해 보면 회색주의가 기독교에 얼마나 많은 악영향을 끼쳤다는 것을 알 수 있다. 또한 유대주의적 회색주의는 기독교로 전향한 후에도 할례를 받아야 구원을 얻을 수 있다(행15)는 주장을 들고 나왔다. 그럴 때 기독교의 우위성과 절대성을 구체적으로 변호하는 신학이 기독교 변증학(Christian Apologetics)이다.

2천년 동안 신약 교회의 기독교 변증학(Christian Apologetics)은 주로 회색주의의 방법론을 적용하여 기독교를 변호해 왔다. 20세기에 들어와 메이첸(Machen)박사로부터 밴틸(Van Til) 박사로 이어지는 성경 전제주의 변증학(Presuppositional Apologetics)의 탄생을 보게 되었다. 전제주의 변증학은 초대교회 사도들의 기독교 변증신학의 전통을 이어 받았다고 볼 수 있다. 물론 교회역사를 돌이켜 보면 터툴리안(Tertullian), 어거스틴(Augustine), 그리고 칼빈(Calvin) 등의 기독교 변증은 백색주의 변증학에 많은 공헌을 하였음에 틀림없다. 그러나 2천년 기독교 변증학의 노선을 전체적으로 규명할 때 그 주류는 회색주의 노선이었다. 신앙고백에 의한 교리는 교회사를 통하여 잘 설명되어졌으나 타 종교와 세속철학에 대항하는 기독교 변증학(Christian Apologetics)이 약했던 것임에 틀림없었다. 이제 세속 철학의 개념과 교회사적 신앙고백주의의 사상을 비교하여 기독교 변증학의 역사를 살펴 보아야 할 시점이다.

I. 고대 헬라 철학

색깔을 비유로 들어 변증학의 노선을 정하는데 있어 필수적으로 등장하는 내용은 세속철학의 개념을 어떻게 취급하느냐? 이다. 기독교 신앙고백은 성경의 교리를 바탕으로 형성 되어 있지만 세속철학은 전폭적으로 인간의 합리적 이성주의나 인간의 실존적 또는 경험을 바탕으로 형성되어 있다. 세속철학은 크게 두 가지로 말할 수 있는데 이성주의에 근거를 둔 합리주의(合理主義, Rationalism)와 경험에 근거를 둔 실존주의(實存主義, Existentialism)로 분리할 수 있다. 모든 세속철학이 역사적으로 고대 희랍 철학으로부터 위의 두 가지 노선을 크게 벗어나지 않고 현대까지 이어오고 있다.

소크라테스(Socrates) 이전의 고대 희랍철학은 주전 약 700년 전부터 내려오는 신화적 사상에 그 뿌리를 두고 있다. 신화를 통한 인생관과 세계관을 논증한 것들이 철학적 학문으로 정립된 것이다. 신화를 철학적으로 진술한 것은 한국의 헌법 전문에 기록된 홍익인간의 사상이 신화로부터 나온 것과 흡사하다. 곰이 환생한 신화에서 나온 것을 인도주의 사상으로 전환하여 헌법 전문에 기입한 것과 일맥상통한 것이다. 여기에서 우리는 고대 희랍철학의 학파들을 잠시 생각해 볼 필요가 있다. 고대 희랍 철학은 3대 철학자인 소크라테스(Socrates), 플라톤(Plato), 그리고 아리스토텔레스(Aristotle)가 철학의 꽃을 피우게 하였다. 이 3대 철학자들의 기초를 놓은 철학자들을 잠시 짚고 넘어가 보자.

1. 밀레토스(Miletos) 학파

식민지 지배를 받았던 도시인 밀레토스(Miletos)에서 일어난 철학적 사상을 말한다. 주전 약 600년 전부터 발흥한 철학이다. 세 사람의 중요한 철학자가 있는데 탈레스(Thales), 피타고라스(Pythagoras), 그리고 헤라클레토스(Heracleitos)가 있다.

1) 탈레스(Thales, B.C 624-546)

탈레스(Thales)는 서구철학의 선구자로 일컬어졌는데 밀레토스(Miletos)에서 탄생하였으며 최초로 헬라주의 철학적 내용을 정립한 사람이다. 그는 일식(日蝕, Sola Eclipse)을 발표한 사람으로 알려져 있으며 만물의 근원을 물(水)로 규정한 사람이다. 그가 우주를 설명함에 있어 하나의 원리(Arche)를 추구한 철학자로 "만물의 원리는 물이다."라고 규정하였다. 이 물의 원리에 입각하여 우주를 해석하려고 하였다. 이 물의 원리는 베드로 후서 3장 5절의 "땅이 물에서 나와 물로 성립된 것"이라는 내용과 일치 한다고 말하는 사람들이 있다. 그러나 성경은 이 물도 **"하나님의 말씀으로 된 것이다."** 라고 강조하고 있다(벧후3:5절 하). 탈레스(Thales)는 "물은 신화적인 물이 아니고 만물의 근원이 되는 질료로서 물을 말하고 있다. 그러므로 이 물은 죽은 물이 아니고 스스로 활동하는 물활론(物活論, Hylozoismus)에 근거를 둔 동력적인 개념이다. 따라서 물질적인 면과 정신적인 면의 구별을 두지 않고 서로의 동질적 활동의 영역을 차지하는 물활론이다."[96]

물의 원리(Arche)에 대해 정통주의 기독교를 주장하는 자들 가운데 어떤 무지한 자들은 기독교 교리와 탈레스가 주장한 물의 원리와의 공통분포를 형성하고 있다고 말한다. 그러나 이는 아주 빈약한 근거를 가지고 쉽게 결론지으려는 사람들의 생각이다. 그 내용은 베드로후서 3장5절에 "땅이 물에서 나와 물로 성립한 것도 하나님의 말씀으로 된 것을 너희가 일부러 잊으려 함이로다. 이로 말미암아 그때 세상은 물의 넘침으로 멸망하였으되..." 라는 말씀과 탈레스(Thales)의 물의 원리와의 접촉점을 강조하고 있는데 이는 잘못이다. 성경에서 만물의 원리를 물로 규정하고 있기 때문에 탈레스(Thales)의 물의 원리가 되는 철학이 기독교를 이해시키는데 보조적인 역할을 한다는 주장이다. 그리고 성경 창세기 1장 2절에 "하나님의 신은 수면에 운행 하시니라." 라는 말씀을 인용하여 신 즉 성령과 물의 연관성을 강조하여 만물을 통치하는 하나님께서 자연 가운데 역사하시는 성령을 통해 만물의 기원이 되는 물을 창조하시고 그 물로 땅을 형성하게 만들었다는 주장이다. 말씀으로 만물을 구체적으로 창조하신 하나님 아버지의 사역을 무시하고 있다.

---

96) 철학대사전, (학원사, 영등포 양평동, 1974), p.1125.

위의 주장은 세속철학의 관점에서 볼 때 아주 긍정적으로 수긍이 가는 부분이 있다고 말하지만 순수한 기독교의 관점에서 신학적 현미경과 망원경을 동시에 동원하여 비추어 보면 엄청난 괴리를 발견할 수 있다. 탈레스(Thales)가 주장하는 물의 원리는 이미 창조된 세계에 나타난 사건에 초점이 맞추어져 있기 때문이다. 현상세계에 나타나기 이전에 말씀으로 창조된 물의 전제를 생각하지 못하고 있다. 모든 종교는, 심지어 이방 종교는 애매하게 영원의 세계를 추구하고 있는데 반하여, 기독교에서 강조하는 신적작정(神的作定, Decree)의 교리는 창조된 세계의 모든 만물의 전제는 창세 전 계획에 의해 **"말씀으로 창조되었음을"** 강조하고 있다. 이는 기독교와 타 종교와의 공통 분포가 없다는 말이다. 지상에 존재하는 모든 종교는 미지의 세계를 추구하는 인간의 본질적 종교 관념에 의하여 만물을 신비의 세계로 생각하고 있다. 타종교뿐 아니라 세속철학과 차이점을 강조하는 기독교에서는 창조된 세계가 창조 이전의 영원세계에서 삼위일체 하나님의 인격적 사역에 의해 형성되었다는 것을 말하고 있다. 그 계획에 의해 하나님께서는 말씀으로 만물을 창조 하셨는데 물은 물론 각종의 생물과 우주에 속한 모두를 창조하시고 다스리시는 사역을 당당하고 계심을 성경은 말씀하고 있다. 탈레스(Thales)가 말하는 물의 원리는 물활론(Hylozoismus)적 사상이기 때문에 만물 속의 신을 강조함으로 창조사역과 만물에 관한 일반은총의 사역을 거절한다.

"피조세계에서 만물의 기원이 되는 물의 원리를 규명했다."는 말과 "창조이전에 계신 삼위일체 하나님께서 물을 말씀으로 창조 하셨다."는 말은 그 차이가 하늘과 땅의 차이보다 더 크다. 탈레스(Thales)의 물의 원리는 물 이전의 기원을 말하지 못하고 있다. 이는 창세 이전 만물에 대한 계획의 교리가 되는 신적적정(Decree)을 말하지 못하고 있다는 말이다. 베드로후서 3장 5-6절과 창세기 1장 1-2절은 분명히 **하나님의 말씀으로** 창조된 물을 말씀하고 있다. 오히려 베드로후서 3장 5절에는 인간의 못된 근성을 드러내어 말씀하기를 "하나님의 말씀으로 된 것을 잊으려 함이로다." 라고 강조하고 있다. 물의 원리는 창조이전의 하나님의 계획에 의해 창조 된 실체임을 알아야 한다.

창조이전의 하나님의 계획을 무시하게 되면 만물의 근원이 되는 물의 원리를 유물론(唯物論, Materialism)으로 기울어지게 만들며 창조를 무시하고 물을 살아 있는 모든 만물의 근원으로 주장하게 되고 물활론(物活論, Hylozoismus)으로 빠지게 된다. 즉 물이 만물의 근원이 된다는 동력적인 원인으로 생각하게 되어 자연히 물과 종교의 관계를 일치시켜 생각하게 되는 것은 필연적인 귀결로 연결되게 한다. 그렇기 때문에 탈레스(Thales)는 물과 정신세계와의 일치를 주장하였다. 이러한 위험한 생각은 물을 신의 존재로 연관시키게 되어 물신과 바다 신을 섬기는 범신론(Pantheism) 사상이 나타나게 된다.

2) 피타고라스(Pythagoras, B.C 570-490)

그는 수학자였다. 그의 수학적 원리는 현대에 이르기까지 많은 영향을 끼치고 있다. 또한 종교적 이념에 깊은 관심을 가지고 인간의 영혼불멸설을 주장했다. 그가 주장하는 영혼불멸설은 불교에서 말하는 윤회설(輪回說)과 거의 동일하다. 사후의 응보가 있기 때문에 현세에서의 금욕을 강조하였으며 계율에 따라 복종할 것을 강조하였다. 원시적 타부(Taboo)의 흔적을 나타내는 10여 개 조의 계율에 의해 아폴론(Apollon) 숭배의 주요 관념인 결신(潔身)을 강조하였다. 또한 그는 종교에다 일반적인 학문을 접목하려고 노력했다.[97]

그는 공기를 무한자로 생각했다. 또한 사물이 발생하는 과정을 설명할 때 한계가 있는 것이 한계가 없는 것에 형식을 부여하는 것으로 생각했다. 영혼은 육체 안에 존재하지만 다른 불멸의 신적인 세계가 존재한다고 주장했다. 영혼에 대하여 불교에서 말하는 환생의 원리와 거의 같은 주장을 했기 때문에 이 원리로부터 파생된 종교관은 인간의 영혼이 살아있는 다른 생물체로 전가(轉嫁)될 수 있다는 윤회설(輪回說)을 말했다. 그러므로 불교에서 주장하는 바와 같이 살아있는 동물을 죽이는 일을 금했다.[98]

또한 그가 주장하는 우주론은 수적 기원에서 실재(Reality)를 찾으려 했다. 현

---

97) Ibid, p.1167.
98) Ibid, p.1167.

재 존재하는 우주의 구조는 이전 세계의 원리에서 나온 것인데 단 하나의 구조적 원리로 되어있다고 주장했다. 그러므로 이 세계의 모든 현상들이 다양한 수를 나타내는 것 같으나 유사성과 동질성을 내포하고 있다고 주장했다.[99]

기독교는 영혼의 불멸설을 하나님과의 영원한 교제관계에다 근원을 두고 말한다. 그 영원한 교제관계는 창세이전의 예정과 구속언약의 교리에다 그 기원을 둔다. 이를 다시 강조하면 삼위일체 하나님의 인격적 결정에 의해 그의 백성인 자녀들과 맺어진 언약에 기반을 둔 영혼불멸설이다. 피타고라스(Pythagoras)나 불교에서 말하는 윤회설은 전혀 근거 없는 공상적인 고민으로부터 파생된 이교도적 괴변이다. 기독교는 과학적 근거도 말을 못하게 하는 역사적 증거를 가지고 성경에서 예언을 말씀했으며 그 예언은 그대로 성취되었으며 역사 선상에 나타난 예언의 성취는 창세전 삼위일체 하나님의 계획을 확증하고 있다.

윤회설(輪回說)은 어떤 역사적 근거나 과학적 근거가 없는 허공을 치는 이교도적 공상에 불과하다. 더구나 사후의 응보를 위해 현세에서의 금욕을 강조하는 것은 기독교에서 강조하는 믿음의 교리와 대치되는 사상이기 때문에 더 이상 논증의 대상이 되지 못한다. 언약의 교리는 인간이 하나님의 백성으로서 인격적인 하나님과 교제 관계를 어떻게 형성하느냐? 에 초점을 두고 있다. 범죄한 인간은 하나님과의 언약에서 떨어진 인간 즉 타락한 인간이다. 전적으로 부패했다는 것은 자력으로 하나님의 선을 전혀 행할 수 없다는 말이다. 믿음만이 하나님께 도달할 수 있는 유일한 통로이다. 사후의 응보를 위해 현세에서 금욕과 규율의 생활을 강조한다고 하면 본질적으로 타락한 인간이 고행만을 자초하게 되고 사후에 아무런 보상이 없다는 것은 자명한 진리이다(골2:21-23).

공기를 무한자로 생각하고 우주의 기원을 수적 원리에서 찾는다는 것은 창조의 원리와 대치되는 주장이다. 이신론(理神論, Deism)과 더불어 범신론(Pan-theism) 내지 만유내재신론(Panentheism)에 해당되는 이론이다. 창조는 심오한 역사적 사건이다. 과학이 발달되지 않았던 고대에는 공기를 신으로 생각하는

---

99) Ibid, p.1167.

미신적 요소가 있었다. 그러나 오늘날 과학적 원리에서 볼 때 공기를 무한자로 생각한다는 것은 아주 저급한 미신을 섬기는 자들의 생각이다. 과학적 원리는 창조의 실체를 전제하지 않고는 성립될 수 없는 학문이다. 또한 우주의 기원을 단 하나의 수적 원리에다 기초를 두는 것은 종류별로 창조된 우주의 질서를 거절하는 사상이다. 창세기 1장1절은 원리적 창조라고 보고 그 이후는 종류별 창조로 말하는 신학계의 주장이 설득력을 얻고 있다. 이러한 창조의 교리는 하나의 원리로부터 만물을 파생시키는 것처럼 보인다. 그러나 성경에서 말씀하는 창조론은 수적 원리에서 찾을 수 없는 하나님의 직접사역이며 종류별로 단계적 창조를 말씀하고 있다. **무에서 말씀으로 각 종류별로 창조** 된 사실을 명시하고 있다.

3) 헤라클레이토스(Heracleitos, B.C 535-475)

그는 밀레토스(Miletos) 학파에 속해 있으면서 독자노선에 가까운 철학을 전개했다. 만물에 관한 해석에 있어 외관상 다양한 것들도 본질에 있어서는 하나이며 현상의 잡다한 것들 속에 상호간에 아름다운 조화가 있다고 주장했다. 만물은 시시각각으로 변화하는 유전(流轉)이야 말로 만물의 실상이라고 규정했다. 만물은 유전(流轉) 즉 전환되어 흘러가되 같은 흐름으로 다시 들어갈 수 없다. 그러므로 만물의 흐름에는 반대 경향이 나타나기 마련이다. 이 반대 경향은 당연히 변화를 일으키게 되어 있다. 반대가 있음으로 물체는 조화를 이룬다.[100] 라고 주장했다.

그가 우주의 자연을 설명할 때 **로고스**(λόγος, 이성, 사유, 법칙)를 들어 사람들을 이해시키려고 하였다. 자연은 이 **로고스**를 통해 사람들에게 실체를 보여주고 있다고 말했다. 이 **로고스**라는 이성을 통해서만 자연을 인식할 수 있다고 주장했다. 그는 첨가하여 만물은 하나의 원리로 구성되어 있다고 주장했다. 그러나 그 만물은 흐른다고 생각했다. 그 흐르는 만물은 변화를 말한다. 그래서 그 변화의 흐름은 자연의 원리인 **로고스**의 법칙에 의해 진행된다고 주장했다. 만물은 불의 변화로 이루어지고 있다고 말했다. 열을 잃으면 물과 흙이 되는데 생성과정에 있

---

100) Ibid, p.1226.

어 이 법칙은 이성의 대상인 동시에 **로고스**이다. **로고스**는 물질세계에서 뿐만 아니라 인간의 일(人事) 안에서도 활동한다. 그러므로 인간은 **로고스**에 따르는 것만이 최고의 생활이다.[101] 라고 주장했다.

고대 헬라어에서는 **로고스**라는 의미를 **이성의 법칙**으로 생각했다. 그리고 그 **로고스**를 철학 세계에서 이성주의적 해석의 원리로 삼는 경우가 헤라클레토스(Heracleitos) 뿐만 아니라 고대 헬라 철학에 만연되어 있었다. 이러한 사상은 헬라주의 철학의 기초가 되어 중세에 까지 막대한 영향을 끼쳤다. 그러므로 우리는 성경에서 말씀하는 **로고스** 사상과 헬라주의 로고스 사상과의 차이를 분리해서 이해해야 한다. 요한복음 1장 1절의 **로고스**는 제2인격의 하나님 예수님을 지칭하고 있다. 예수님을 창조주로 말씀하고 있는 **로고스**는 헬라주의가 말하는 법칙의 개념하고 분리되어야 한다. 만물에 대한 올바른 인식은 헬라주의의 개념으로 불가능하다. 직관(直觀, Intuition)을 통해 들어오는 만물에 대한 올바른 인식은 지식의 근본이 되는 삼위일체 하나님으로부터 기인된 인격적 교제의 인식을 전제로 해야 가능하다. 그 인식은 창조의 인식으로부터 기인되어야 한다.

위와 같은 탈레스(Thales) 학파의 주장들은 오늘날까지 내려오는 세속철학의 입장인 흑색주의 사상의 저변에 흐르는 원리가 되었다. 이 탈레스(Thales) 학파의 사상은 헬라 철학은 물론, 중세 스콜라주의(Scholasticism) 철학과 근대 이성주의 철학, 그리고 19세기 자연주의 철학에까지 영향을 끼친 원리이다. 헬라 철학의 합리주의 사상은 신비적 요소를 함께 포함하고 있었기 때문에 초대교회 시대에 신 플라톤주의(Neo Platonism)가 신비적 요소를 포함한 철학을 형성하는데 후견인 역할을 한 셈이다. 중세의 스콜라주의(Scholasticism) 철학은 유명론(唯名論, Nominalism)과 실재론(實在論, Realism)이 공존하는 철학으로 발전하였다. 이로 인하여 근대 사상의 기조를 이루고 있는 이성주의(理性主義, Rationalism), 계몽주의(啓蒙主義, Enlightenment), 자연주의(自然主義, Naturalism) 등의 다양한 철학적 사상들도 헬라주의에 기초를 둔 스콜라주의(Scholasticism)에 근거를 두고 있다. 더욱이 근대에 있어 신학계와 철학계를 혼

---

101) Ibid. p.1226.

돈의 도가니 속으로 밀어 넣은 칸트(Kant)도 헬라철학을 벗어나지 못하였으며 칸트(Kant)로부터 파생되어 19세기 사상계를 소용돌이치게 만든 헤겔(Hegel)의 사상과 슐라이어마허(Schleiermacher)의 사상도 헬라주의에 뿌리를 두고 있다. 오늘날 과정신학(Process Theology)의 내재론(Immanent Theory)을 보면 신학이라고 말할 수 없는 범신론적 헤겔주의라고 규정지을 수밖에 없는 괴물 같은 주장도 헬라주의의 틀을 벗어나지 못하고 있다. 그런 의미에서 모든 이교도 사상은 사실상 그 궤도를 같이 하고 있는데 그 뿌리는 헬라주의 철학이라고 볼 수 있다. 기독교 이외의 종교는 물론 세속철학들도 다 같은 사상의 궤도를 맴돌고 있다.

2. 엘레아(Elea) 학파

엘레아(Elea) 학파는 이탈리아 엘레아(Elea) 지방에서 형성된 철학 학파로 밀레토스(Miletos) 학파와 상당한 차이점을 나타내고 있는데 그 내용은 우주와 인생의 세계관과 종교를 어떻게 연관 시키느냐? 이다. 만물을 하나의 원리로 규정하고 그 원리로부터 변화를 추구하는 헤라클레이토스(Heracleitos)의 사상과 반대로 존재에 관한 문제만을 규명하는 철학이다. 즉 존재의 기원과 변화과정을 무시하는 존재론이다. 이 학파의 대표자는 파르메니데스(Parmenides)로 존재 자체를 종교적 의미로 해석하였다.

1) 파르메니데스(Parmenides, B.C. 544-501)

파르메니데스(Parmenides)는 이탈리아 엘레아(Elea)에서 출생하였다. 그는 자연에 대해 존재의 사유(思惟)는 존재 그 자체와 똑 같은 것으로 규정했다. 존재는 생성도 없고 소멸도 없다. 존재는 영원이라는 현재로부터 결코 분할되지 않는다. 기원도 없고 전혀 굳어있는 연관 속에 존재한다. 인식의 대상은 유일한 유(有)에 지나지 않는다. 이러한 유(有)의 특징은 활동이 없다. 활동은 시공간을 전제하고 있는데 이 유(有)에는 시공간이 없기 때문에 활동이 없다. 유(有)는 지각의 대상으로서 생성, 소멸, 장소, 그리고 색체의 변화 등을 말하고 있는데 이 유(有)의 특성은 시공간이 없다. 오직 현재만 있을 뿐이라고 주장했다. 이러한 유(有)의 사상은 후에 플라톤(Platon)에게 많은 영향을 끼쳤다.[102]

이러한 괴변의 철학은 과학적 개념으로 보거나 또한 창조적 개념으로 볼 때 전혀 공상적인 주장에 불과하다. 시공간은 이미 과학적 증명을 필요로 하기 이전에 성경이 말씀하고 있는 창조 기사에 확실하게 언급되어 있다(창1:2-31). 시공간은 피조물이다. 과학은 시공간의 개념을 만들어 내는 학문이 아니다. 과학이 성립되기 위해서는 창조되어진 시공간 안에서의 존재가 전제되어야 한다. 물(物)로 형성된 실체는 시공간의 개념을 증명하는 자료이다. 시공간을 초월한 영원은 창조 이전과 예수님의 재림 이후에 존재하는 실체이다. 창조된 만물은 시공간의 제한 속에 있다. 파르메니데스(Parmenides)는 창조를 부정할 뿐 아니라 일반계시를 통해 들어오는 자연에 관한 모든 인식을 부정하는 괴상하고도 묘한 인식론을 가지고 있다. 전혀 자신만 이해하는 상상의 날개를 펴는 객관성 없는 주장을 늘어놓고 있다.

2) 제논(Zenon, B.C 490-430)

제논도 엘레아(Elea)에서 태어났으며 독재자들을 대항해 정치적 투쟁을 하다가 비참한 죽음을 당했다. 파르메니데스(Parmenides)의 수제자로 참 실재(Reality)는 오직 하나이며 불생(不生), 불멸(不滅), 불변(不變), 그리고 부동(不動)의 총 실체를 주장한 파르메니데스(Parmenides)의 이론을 변호하였다. 물체는 자기 자신과 동등한 공간을 차지하고 있을 때 정지 상태를 유지한다고 주장했다. 그의 괴변은 이론적으로 사람들을 매혹시켰다. 그는 "날아가는 화살은 사실상 순간마다 장소를 차지하고 있기 때문에 화살이 점령한 공간은 동등한 위치에 있다. 그러므로 날아가는 화살은 정지하고 있다."[103] 라는 괴변을 토로했다.

이러한 괴변은 화살이 시간 속에서 장소의 이동을 진행하고 있는 사건을 부

---

102) Ibid, p.1142.
103) Ibid, p.980.

정하고 있다. 그러나 성경은 시공간의 창조를 말하고 있다. 시공간의 사건은 하나님께서 영원 가운데 설립하신 계획에 의해 일어나고 있다. 영원과 영원의 사이에 존재하는 시공간 세계에서 일어나는 사건은 창세전 계획에 의한 역사이다. 시공간의 사건을 무시하면 객관적 사건의 역사(Historie)가 형성될 수 없고 오직 주관적 해석의 역사(Geschichte)만 남게 된다. 이러한 주관적 해석의 역사는 시공간 사건의 역사를 무시하기 때문에 영원에서 영원만 존재하는 초월적인(Transcendental) 역사라고 말할 수 있다. 즉 객관적 역사관을 무시하기 때문에 모든 만물에 관한 사건을 해석하는데 있어 시공간을 무시한 실존적(Existential) 공상에 의존한 주관적 관점을 합리적 방법으로 설명하는 역사관이다. 여기서 우리가 주시할 점은 시공간의 역사는 절대 불변의 법칙을 가지고 있다는 점이다. 그것은 시간의 길이와 공간의 범위이다. 하나님께서 시공간을 창조하신 역사는 시공간을 초월한 창세 전의 계획을 시공간에서 그 뜻을 적용하신 후 시공간을 초월한 종말을 성취시키는 목적 있는 역사관이다. 그러므로 피조 세계에서 일어나는 모든 시공간의 사건들은 종말을 예비하고 있는 실체들이다. 우리가 인격적인 삼위일체 하나님을 모르면 창조와 종말의 사건들을 모르기 때문에 시공간 세계에서 이루어지는 하나님의 통치와 섭리를 무시하는 무지를 드러낼 수밖에 없다.

제논(Zenon)이후에 소크라테스(Socrates)의 철학이 나오기까지 고대 철학은 만물에 대한 해석에 초점을 맞추고 있었다. 신적작정(Decree)에 의한 창조론을 인식하지 못한 상태에서 만물과 관계된 신의 존재를 증명하기 위해서 실재론(Realism), 목적론(Teleology), 그리고 우주론(Cosmology) 등을 통해 만물을 해석하려는 경향이 나타날 수밖에 없었다. 만물의 존재를 통해 신의 존재를 연관시켜 해석했기 때문이다. 이러한 존재론은 범신론(Pantheism)과 만유내재신론(Panentheism)을 내포하고 있다. 이러한 신의 존재론은 후에 헬라철학의 기초가 되었다. 즉 플라톤(Plato)의 이데아(Idea) 사상과 아리스토텔레스(Aristotle)의 우시아(Ousia) 사상의 기초가 되었다. 이렇게 우주의 본질을 생각하는 헬라 철학자들은 당시의 문화를 지배하는 사상가들이 되었다. 후에 기독교에 많은 회색주의 사상을 침입시킨 기원이 되기도 했다. 예수님 당시 필로(Philo)가 혼합주의 종교관을 주장하게 된 원인도 헬라주의 철학을 선호했기 때문이다. 필로(Philo) 이후에 플로티누스(Plotinus)는 플라톤(Platon)의 사상에 신비주의를 첨가하여 신 플라톤주의(Neo Platonism)철학을 선보이게 되었다. 중세의 스콜라주의(Scholasticism)와 동양의 신비주의를 첨가한 로마 교조주의(Catholicism)는 헬라철학에 기인하고 있다는 사실은 우리가 다 아는 바이다.

한편으로 고대 헬라 철학은 만물의 원인을 규명하는데 있어 일원론(一元論)이냐? 다원론(多元論)이냐? 의 논증에 머물러 있었다. 만물의 원인을 정확하게 규명해 주는 가르침은 기독교뿐이다. 일원론(一元論)과 다원론(多元論)의 논증은 우주의 아주 미세한 부분을 인식함으로 전체를 인식하려는 시도라고 볼 수밖에 없다. 현상 세계에서 존재하는 억만 가지 가운데 하나를 규정함으로 모든 것을 규정하려 드는 무지한 생각이다. 그러므로 현상 세계에 존재하는 여러 가지 가운데 하나를 규정함으로 만물의 본질을 규정하려는 시도는 우주의 기원을 해결할 수 없는 논증이다. 만물의 기원이 삼위일체 하나님이시며 만물에 대한 지식이 인격적인 삼위일체 하나님을 아는 지식으로부터 나온다는 가장 근본적인 인식론이 없었기 때문이다. 이는 창조의 근원을 모른다는 말과 통한다.

II. 예수님 이전의 헬라철학

예수님께서 초림 하시기 이전의 3대 철학자들은 기독교에 많은 영향을 끼쳤다. 세속철학과 기독교를 구분하지 못하는 혼돈의 도가니 속으로 밀어 넣도록 만드는 많은 영향을 끼쳤다. 소크라테스(Socrates)의 도덕론은 기독교에 지적 행동주의에 강력한 영향을 끼쳤고, 플라톤(Plato)의 이데아(Idea)론은 하나님의 존재론에 있어 인격적인 삼위일체 하나님과 우주론적 신의 존재론과의 차이를 구분할 수 없게 만들어 기독교인들로 하여금 혼돈을 일으키게 하였으며, 그리고 아리스토텔레스(Aristotle)의 합리적 개념은 기독교를 이성주의의 테두리 안에 가두기 위한 합리주의를 도입하도록 유도하는 앞잡이가 되었다.

현대 철학은 합리주의적 이성주의(Rationalism)와 경험주의적 실존주의(Existentialism) 두 분야의 철학이 서로 분리 또는 혼합적인 요소를 구성하고 있다. 그러나 헬라철학은 우주에 관한 신비적 요소, 합리적 이성주의에 기초한 과학적 연구, 신의 존재, 그리고 인생에 관한 삶의 규정 이 모두를 하나의 범주(Category) 안에 통합하여 연구하고 있었다. 그러므로 헬라철학에는 신비적 요소, 합리적인 과학적 요소, 그리고 삶의 원리에 관한 요소들이 모두 포함되어 있었다. 로마가 세계를 점령하고 나서 헬라 사상을 받아들일 수밖에 없었던 이유는 정치 철학에서부터 사회학, 정치학, 문학, 의학, 천문학, 미신적 종교, 그리고 과학적인 분야에 이르기까지 모든 사상과 학문이 헬라철학 속에 포함 되어 있었던 내용들을 유입했기 때문이다. 로마의 황제 집무실에는 수천가지의 미신적 종교가 득실거리고 있었던 것은 헬라철학 속에 포함된 전 세계의 모든 미신적 종교들을 인정했기 때문이었다. 헬라의 3대 철학자들을 살펴보면 종교적 관념, 도덕적 관념, 문화, 예술, 그리고 과학적 요소 등이 복합적으로 연계되어 있었다.

1. 소크라테스(Socrates, B C 469-399)

소크라테스(Socrates)는 지적 행동주의 철학자이다. 그의 지적 논리는 제논

(Zenon)의 변증법(Dialectics)에서 그 기원을 찾을 수 있다.[104] 가정(Hypothesis)을 설정하고 상대와의 문답을 통해 부정적인 요소를 결론으로 이끌어내는 방법이다. 주관적인 요소를 배제하고 객관적인 요소를 배경으로 하여 전체적인 진리를 탐구하려고 시도하는 철학적 방법론이다. 객관적인 요소를 이끌어 내기 위해서는 존재에 관한 자기모순이나 무지를 찾아내는 것을 결론으로 삼는 방법론이다. 인간의 존재를 객관적으로 보증해 주는 윤리적 문제를 제시하여 무지를 이끌어내고 인간이 가지고 있는 의식의 모순을 자인하도록 한다. 무지(無知)의 지(知)라는 모순적 의식의 자아인식이야 말로 지성의 자기부정을 의미한다. 그런 의미에서 "너 자신을 알라." 라고 강조한다. 자신을 아는 것은 자신을 바로 평가하라는 말보다 자신의 무지를 아는 것이 올바를 지성인을 말하는 것이라고 주장이다.[105]

소크라테스(Socrates)의 철학은 해학적(諧謔的)이며 희극적이다. 소크라테스(Socrates)는 자신이 스스로 모른다고 말하면서 상대의 무지를 꼬집어 비웃는 모순의 철학자이다. 종국에 가서는 상대를 무식한 사람으로 자신을 유식한 사람으로 규정한다. 결국 "너 자신을 알라." 라는 말은 상대보다 자신이 지적인 사람으로 나타내 보이기 위한 대화의 원리이다. 그러나 우리는 항상 성경에 귀를 기울여야 한다. 성경이 말씀하는 인간론은 죄인의 모습을 하나님 앞에 완전하게 드러내어 사악하고 추한 자신을 인식하게 한다. "나는 누구인가?" 라는 질문 앞에서 미지의 세계를 찾아 헤매는 인간이 아니라 자신과 하나님과의 관계에 있어 인간은 전적으로 타락한 존재를 인식해야 된다는 것이 성경의 가르침이다. 그러므로 자신을 아는 길은 하나님과의 관계를 바로 정립하는 길이며 하나님을 아는 길은 바로 자신을 아는 길이다. 인간 자신에 대한 인식은 해학적(諧謔的) 질문에서 나오는 것이 아니다. 인간이 자신을 아는 길잡이는 해학적(諧謔的)이며 희극적인

---

104) Samuel Enoch Stumpf, Philosophy History & Problems, (Mcgraw-Hill Book Company, New York, 1983), p.18. Zeno's의 4대 파라독스(Paradoxes) 이론이란 피타고라스의 이론을 이용하여 1) 경주장의 이론으로 단수는 다수로 분할 할 수 없으며 2) 아킬레스와 거북이 이론으로 거북의 끈기는 빠른 토끼를 앞서며 3) 화살의 이론으로 궁수가 화살을 쏠 때 화살은 특별한 공간을 차지하고 있으며 4) 움직임의 관계성에 있어 정확한 정의가 성립되지 않는다는 주장을 피력했다.

105) 철학대사전, (학원사, 서울시 영등포구 양평동 5가, 1974), p.576.

모순의 철학에서 나오는 것이 아니다. 자신을 비추는 성경이라는 길잡이가 있어야 한다. 성경은 인간을 정확하게 알 수 있는 진단서이다. 그러므로 소크라테스(Socrates)의 해학(諧謔)은 인간에 대한 혼동을 가져오게 한다. 인간이 자신을 바로 아는 길은 하나님 앞에서 비참한 자신을 발견할 수 있는 성경을 접하는 일이다. 비참한 인간의 모습을 발견할 때 참 하나님을 알게 된다. 하나님을 안다는 것은 하나님의 거룩을 인식한다는 말이다. 하나님의 거룩 앞에서 떨지 아니할 인간은 없다. 인간의 본질이 너무 더럽고 추하기 때문이다. **너 자신을 알라!** 성경이 말씀하는 인간의 죄악성을 바로 아는 길이 자신을 아는 길이다.

2. 플라톤(Platon, B C 427-347)

플라톤의 철학은 이데아(Idea)론에 기초를 둔 이론이다. 그의 철학은 초기에 소크라테스(Socrates)의 문답형을 방법론으로 채택하였다가 후기에 들어와서는 혼합형의 이론을 주장하였다. 올바른 혼합을 선(善)으로 보고 그 선(善)은 정신(Nous)인데 이 정신을 신으로 생각했다. 지식은 엄밀성을 표준으로 하여 분류되고 혼합되고 올바른 혼합이 윤리학, 정치학, 그리고 자연학 등의 원리가 된다는 주장이었다. 이데아(Idea)의 원 뜻은 눈에 보이는 형상인데 사유의 개념으로 들어간 후 관찰하여 얻어지는 사물에 관한 진, 실, 재(眞, 實, 在)를 의미한다고 주장했다. 사물에 관한 실재(Reality)는 동시에 초실재성(超實在性)을 가지고 있는데 이것이 바로 선(善)의 이데아(Idea)이다.[106] 라고 말했다. 이러한 선(善)의 이데아(Idea)론이 초실재성(超實在性)으로 연결되어 하나님의 존재를 추정하게 만들었다.

이러한 이데아(Idea)론의 신 존재론은 선(善)이라는 개념으로 인하여 후에 기독교에 많은 악영향을 끼쳤다. 이 선(善)의 개념은 지적 요소와 연관을 가지고 있다고 말한다. 지적 선(善)의 개념은 하나님의 존재로 연결된다. 그의 동굴 비유 이론은 무지에서 탈출할 것을 촉구하는 지식에 관한 이론이다. 좀 더 세밀하게 분석하면 지적 세계는 목적론적으로 볼 때 선(善)의 형태가 수학(數學)의 목적으

---

106) Ibid, p.1184.

로 존재하며 또 한편으로 사상의 형태가 사고와 지식으로 구성되어 있다고 주장한다. 보이는 세계는 목적론적으로 볼 때 물질과 형상으로 구성되어 있으며 사상의 형태로는 믿는 것과 사고로 구성되어 있어 총체적 의견으로 집약된다.[107]고 주장했다.

이러한 이데아(Idea)론은 초대교회는 물론 중세 교회에까지 지대한 영향을 끼쳤다. 예수님 당시 철저한 회색주의를 공공연하게 주장하고 나온 필로(Philo)는 플라톤(Platon)의 초실재성(超實在性)에 기반을 둔 이데아(Idea)론의 신관을 가지고 있었다. 신약 초대교회 당시 플라톤(Platon)의 사상에 신비주의를 가미한 신플라톤주의(Neo-platonism) 사상은 일자(一者) 주의로 창조를 거부하고 유출설을 주장했다. 즉 만물이 샘에서 물이 흘러나오듯이 돌발적인 원인으로부터 유출했다는 주장이다.[108] 만유내재신론(Panentheism)은 플라톤(Platon)의 이데아(Idea)론에서 그 기원을 찾을 수 있다. 플라톤(Platon)의 우주론은 발생의 기원을 우연의 돌발 사건에서 찾고 있다. 더욱이 그는 시간론을 현상학의 개념으로 정의하고 있다. 즉 질료와 시간을 우연에 의해 발생된 것으로 간주한다.[109] 이는 신적작정(Decree)에 의한 시간의 창조를 부정한다. 시간의 창조는 시간 이전의 영원한 계획에 의한 삼위일체 하나님의 사역이다. 신적작정(Decree)의 설계는 만물을 창조해 둔 후에 자연 법칙이나 우연의 사건에 버려둔다는 의미가 아니다. 시간을 창조하신 하나님께서는 시간과 함께 공간에서 일어난 모든 역사에 관계 된 인간, 사물, 그리고 사건들을 다스리고 보존하고 섭리하시어 그의 뜻대로 이끌어 가신다는 의미이다. 그런 의미에서 플라톤(Platon)의 사상은 신의 존재를 말하지만 결국 인격적인 하나님의 존재와 그의 사역을 부정하고 있다.

3. 아리스토텔레스(Aristotle, B C 384-322)

---

107) Samuel Enoch Stumpf, Philosophy History & Problems, (Mcgraw-Hill Book Company, New York 1983), pp.45-52.
108) 철학 대사전, (학원사, 서울시 영등포구 양평동 5가, 1974), p.1186.
109) Samuel Enoch Stumpf, Philosophy History & Problems, (McGraw-Hill Book Company, New York, 1983). pp.45-52.

아리스토텔레스(Aristotle)는 플라톤(Platon)의 철학을 수집하는 일도 했으나 비평도 서슴없이 했다. 그는 수학, 물리학, 생물학, 연역법, 질료와 형상, 심리학, 윤리학, 정치학, 예술, 그리고 논리학 등 수많은 분야의 논술을 발표하였다. 그는 논리학의 창시자로 헬라 철학의 이성주의에 기초를 둔 합리주의의 대가가 되었다. 논리학에 있어 그의 범주론(帆柱論, Kategoriai)과 명제론(命題論, Apophantic)은 문장과 판단에 대해 논하고 있으며 그의 형이상학에 있어서는 우주를 목적론적(Teleological)으로 해석하여 플라톤의 다(多)를 추월한 제1의 원리를 반박하여 개물(個物) 속에 내재하는 하나의 원리를 주장했다. 플라톤(Platon)의 이데아론(Idealism)은 만물을 초월한 제1의 개념이지만 반대로 아리스토텔레스(Aristotle)는 개체에 대한 실재론주의자(實在論主義者, Realist)로 인식되고 있다.[110] 개체에 대한 실재론은 필연적으로 범신론을 등장시킨다. 그의 다양한 학문적 천재성은 헬라철학을 문명의 국가로 만드는 시조가 되었다. 헬라철학은 인생론에 머물지 않고 모든 과학, 문학, 수학, 천문학, 그리고 예술에 이르기까지 학문의 범위 전체를 철학이라는 범주 안에서 연구하게 만들었다. 헬라철학은 헬라문명 자체를 말하는 학문이 되었다. 이러한 헬라문명은 아리스토텔레스(Aristotle)의 철학을 기초로 하고 있다.

만물에 관한 그의 잠재성(Potentiality)과 실현성(Actuality)의 이론은 변화의 과정에 있어서의 진행을 설명하고 있다. 각 개물은 목적을 향해 조성된 형태를 이루기 위한 힘을 가지고 있다. 만물은 잠재성(Potentiality)과 실현성(Actuality)을 가지고 있는데 이 둘의 구분은 변화와 발전의 과정으로 설명되어진다. 예를 들면 도토리의 목적은 나무가 되는 것이다. 여기서 도토리는 잠재성(Potentiality)이고 나무는 실현성(Actuality)으로 말할 수 있다. 그러므로 실현성(Actuality)은 잠재성(Potentiality)으로 부터의 변화이다. 그러나 우리가 생각할 것이 있다. 잠재성(Potentiality)을 하나님으로 볼 수 있느냐? 이다. 신학적 입장에서 이러한 허무맹랑하고도 야릇한 철학적 이론을 대할 때 우리는 확실한 신적작정론Decree)을 정립해야 한다는 것은 물론이다. 아리스토텔레스(Aristotle)의 잠재성(Potentiality)에 관한 내용을 살펴보면 아지랑이를 연기처럼 생각하게

---

110) 철학대사전, (학원사, 서울시 영등포구 양평동 5가, 1974), p.685.

되고 미로를 따라나서는 방랑자의 느낌을 받는다. 그것은 잠재성(Potentiality)에 관한 구체적이고 인격적인 원인을 규명해 내지 못하고 있기 때문이다. 도토리가 나무의 잠재성(Potentiality)이라면 도토리는 어디서부터인가 또 다른 잠재성(Potentiality)을 가지고 있어야 한다. 아리스토텔레스(Aristotle)에 의하면 도토리 이전의 잠재성(Potentiality)은 범신론(Pantheism)으로 귀결 될 수밖에 없다. 여기서 기독교인은 만물에 대한 창조주 하나님을 잠재성(Potentiality)의 원인으로 주장할 수밖에 없다. 만물의 실현성(Actuality)에 대한 제1원인은 인격적인 삼위일체 하나님이며 그 하나님에 의해 세워진 계획이 바로 신적작정(Decree)이다. 이 신적작정(Decree)은 만물에 대한 잠재성(Potentiality)이다.

더 나아가 실현성(Actuality)에 관한 문제도 깊이 고려해야할 것이 있다. 만물에 관한 재창조설을 주장하는 자들이나 만물의 변화 과정을 자연법칙에 의존하는 것을 주장하는 이신론자들(理神論者, Deists)은 하나님의 인격적 의지가 만물을 통치, 보존, 그리고 섭리하는 일을 부정하고 있다. 철학적으로 이상한 말을 늘어놓기를 좋아하면서 철학의 맹점을 모르는 자들을 위해 철학적 언어를 빌려 설명하자면 신적작정(Decree)을 잠재성(Potentiality)으로 대입하고 시공간 세계에서 나타나는 섭리를 실현성(Actuality)으로 대입해 설명하면 이해 될 수 있을지 모르겠다. 창세 전에 하나님께서는 만물에 관한 설계도를 완벽하게 갖추고 계셨다. 그 설계도는 잠재성(Potentiality)의 기능이었다. 그리고 시공간 세계에서의 만물의 창조는 오직 설계도에 의해 완성되었다. 그리고 그 잠재성(Potentiality)인 계획에 의해 역사와 만물의 과정이 실현성(Actuality)으로 진행되고 있다. 그 실현성(Actuality)은 영원전의 삼위일체 하나님 안에 잠재성(Potentiality)으로 존재한 설계도가 시공간 속에서 진행되고 있는 사건이다. 창조 이전의 인격적인 삼위일체 하나님께서 설계하신 잠재성(Potentiality)이 창조 이후의 시공간 세계에서는 모든 만물을 보존, 통치, 그리고 섭리하시는 실현성(Actuality)으로 진행되고 있다.

예수님께서 오시기 이전에 나타난 3대 철학자들은 만물의 근원, 신의 존재, 그리고 과학에 관한 합리적 이론들을 마구 쏟아냈다. 그 가운데 공통 헬라어는 초대교회 기독교 전도에 많은 도구로 사용되었다. 그러나 기독교 변증학적 입장에서 보면 헬라철학은 기독교 교리와 상치된 부분이 많아 깊이 고려해야 할 문제들을 발견하게 된다. 사도 바울이 행전 17장에서 스토익(Stoic) 철학자들은 물론 에피큐리안(Epicurean) 철학자들과 논쟁이 일어날 때 그들은 바울의 복음전도를 이상한 말로 들었다. 중세 스콜라주의(Scholasticism), 17세기 이성주의 철학, 18세기 계몽주의(Enlightenment), 19세기 자연주의(Naturalism), 그리고 20세기 급진주의(Radicalism) 사상들이 헬라주의에 뿌리를 둔 것을 생각하면 고전적 변증학(Classical Apologetics)의 입장에 서있는 자들은 전제주의(Presuppositionalism) 기독교 변증학(Christian Apologetics)을 이상하게 생각할 것임에 틀림없다.

소크라테스(Socrates)는 지적 행동주의 철학자였기 때문에 수평주의(Horizontal) 철학을 주창하는 입장에 서 있었다고 말할 수 있다. 그의 제자 플라톤(Platon)은 소크라테스(Socrates)에 대해 반동적으로 만물에 관한 이데아론(Idealism)을 주장하였기 때문에 수직주의(Verticality) 철학을 주창하는 자로볼 수 있다. 또 다시 플라톤(Platon)의 제자 아리스토텔레스(Aristotle)는 플라톤(Platon)에 대해 이데아(Idea)의 개념을 반동적으로 생각하여 합리적 방법을 동원하여 만물을 해석하려고 했다. 즉 수평적 입장에서 합리적 이성주의로 만물을 해석하려고 시도했다. 다시 수평주의(Horizontal) 철학으로 돌아온 셈이다. 소크라테스(Socrates) 이후 지금까지 철학의 개념을 살펴보면 현상세계에 나타난 실재(實在, Reality)를 규명하기 위해 수 천년 동안 서로 갑론을박 하다가 스스로 지쳐 낭떠러지에 떨어지고 말았는데 그것은 바로 수평주의냐? 수직주의냐?, 합리주의냐? 실존주의냐?, 그리고 형이상학이냐? 형이하학이냐? 의 정도에서 헤매는 철학이 되고 말았다. 이 얼마나 무가치하고 헛된 일인가?

골로새서 2장 8절에 철학과 헛된 속임수에 주의할 것을 경고하고 있지 않은가? 개혁파 신학은 우주론적이며, 영구적이며, 그리고 인격적인 하나님과 우주에 관한 원인과 종말을 명쾌하게 증명하고 있다. 그렇기 때문에 불멸의 학문이며 생명을 걸고 신봉해야 할 신학은 신앙고백주의에 기초하고 있는 개혁파 신학이다. 이 신학은 멸망해 가는 인간을 살릴 최후의 보류이다. 칼빈(Calvin)은 썩어가는 유럽을 건졌다. 개혁파 신학만이 썩어져 가는 21세기 교회를 살릴 최후의 보류이다. 이제 신약교회의 기독교 변증학을 생각해 보아야 할 때이다. 이상하게도 헬라주의 철학이 신약교회에 침투하여 회색주의가 끈질기게 교회의 사도들의 순수한 신앙고백을 흔들어 대고 있었다. 그 기간이 장장 19세기까지 이어졌다. 역사교회가 고백한 순수한 개혁파 신앙고백을 지키기 위해 영적 긴장의 허리띠를 졸라 매야 할 때이다.

III. 신약 초대교회의 기독교 변증학

신약의 초대교회는 기독교를 대항하는 두 가지의 비기독교적 사상에 직면하고 있었다. 그것은 유대주의(Judaism)와 이교도주의(Paganism) 즉 헬라주의였다. 유대주의와 헬라주의는 로마의 정치세력과 서로 얽히는 3각 관계를 형성하고 있었다. 유대주의는 민족종교 숭배사상으로 인하여 로마정부와 적대관계를 유지해 오고 있었다. 그렇지만 유대주의 고위층 종교 지도자들은 로마 정부와 뒷거래를 하여 나름대로 부를 누리고 있었다. 그러나 예수님을 십자가에 못 박아 죽이는 일에는 로마 정부와 동지가 되었다. 예루살렘 고위층 유대주의자들은 뒤로는 로마정부와 교류를 형성하면서 민족주의를 고수하기 위해서는 로마 집권자들과 반목을 일삼아 왔고 한편으로는 일반 백성들의 세금을 착취하는 역할을 주도했다. 헬라철학은 로마정부의 사상적 지주역할을 해 오면서 기독교를 배격하는 데는 유대주의자들과 로마 정부와 동맹 관계를 맺을 수 있는 사상적 역할을 하고 있었다. 유대주의의 표적주의와 헬라주의의 지적 합리주의 사상에 직면한 초대교회는 "예수 그리스도가 누구인가?" 라는 구세주로서의 인격을 인식 시키는데 초점이 맞추어져 있었다. 고린도전서 1장 18-25절에 유대 표적주의와 헬라 지혜주의를 공박하고 예수 그리스도의 십자가를 전하는 지혜를 강조한 사도 바울의 변증을 보면 초대 교회의 변증학적 입장을 잘 간파 할 수 있다. 즉 예수 그리스도께서 메시아임을 논증하는 것이 당시의 기독교 변증이었다. 그 변증은 예수님의 대속적 죽음과 부활에 대한 사건을 확증하는 일이었다. 그 변증은 구약의 예언을 기초로 하여 예언이 성취된 예수 그리스도의 사건을 소개하는 데 초점이 맞추어져 있었다. 즉 케리그마(κήρυγμα, Kerygma)[111] 중심의 설교가 바로 변증적 복음 전도였다. 구약의 예언대로 예수 그리스도의 탄생, 십자가의 죽음, 부활, 승천, 그리고 승천하신 대로 재림하실 것을 강조한 설교였다.

---

111) 케리그마는 헬라어 케루소(κηρύσσω)에서 명사형으로 채택된 단어이다. 그 의미는 기독교의 중심적 교리를 논증하는 "선포"라는 뜻이다. 그 단어는 계시를 설명하기 위한 핵심적 교리들을 말할 때 사용된다. 이 단어는 실질적 행위와 교리적 메시지 모두를 의미하는 "연설" 또는 "큰 소리로 외침" "소환" 등을 말한다. 복음을 전파하는 입장에서는 "설교"라는 의미로 통한다.

여기에서 언급해야 할 중요한 문제는 케리그마(Kerygma)에 관한 신학적 해석이다. 사도들이 사용한 케리그마(Kerygma)의 개념을 신정통주의 신학자들 가운데 한 사람인 불트만(R. Bultmann, 1884-1976)은 성경에 기록된 사건의 역사(Historie)를 해석할 때 주관주의적 역사관(Geschichte)을 통해 실존주의적(Existential) 입장에서 재해석하는 케리그마(Kerygma)를 주장하고 나섰다. 그러나 성경에서 말씀하고 있는 케리그마(Kerygma)의 개념은 그러한 주관적 역사관을 통해 해석할 수 있는 내용이 아니다. 사도들은 사도행전에서 예수님의 구속사역에 관한 시공간의 사건을 객관적으로 설명하면서 성령에 의해 주관적으로 죄인의 심령에 적용되도록 설교하였다. 즉 **예수님의 사역과 인격을 동일선상에 두고** 설명하였다. 불트만(Bultmann)은 예수님의 사역에 관한 해석을 이중적으로 적용하였다. 즉 케리그마(Kerygma)에 대한 객관적 역사를 주관적 인식을 통한 재해석을 시도하였다. 재해석의 배경에는 실존주의적(Existential) 사상이 깔려 있다. 사도들의 케리그마(Kerygma) 사상은 변증학적 전도방법으로 없어서는 안 될 중요한 요소로 자리 잡고 있었다. 그 내용은 구약의 예언대로 오신 예수님, 예언에 의해 다윗의 후손으로 탄생하신 예수님, 구약의 성경대로 죽으시고 부활하신 예수님, 그리고 승천하시어 하나님 우편에 앉아 계시다가 심판주로 재림하실 예수님 등에 관한 내용이다. 이러한 역사적 요소는 객관적 인식에 기초를 둔 개념이다. 이러한 객관적 요소가 죄인의 심령 속에서 인식될 때는 예수 그리스도의 사역과 인격이 주관적으로 적용되어 신앙화 된다. 사도들의 복음전도는 그 객관적 역사관에 의한 주관적 인식을 강조한 기독교 변증이었다. "예수 그리스도를 누구라 하느냐?" 에 대한 논증이 변증학의 중심으로 떠올랐다. 결국 구약의 마가서 5장 1-2절의 예언이 마태복음 2장 5-6절에서 성취된 사건이 마태와 누가의 설명으로 증명하는 일이 기독교 변증의 주제가 되었다. 구약의 역사를 통해 예언된 베들레헴에서의 탄생과, 나사렛에서 자란 역사적 사건과, 그리고 부활 승천하신 예수님에 관한 역사적 성취가 케리그마(Kerygma)이다.

예수님께서 행하신 기적에 관하여 4복음서는 자세하게 설명 설명하고 있다. 이는 예수님께서 하나님의 아들이심을 증명하기 위한 역사적 사실계시를 기록한 사건들이다. 이러한 기적의 역사는 사도행전으로 이어졌는데 특히 사도행전에 기록된 기적의 역사는 기독교를 변증하는데 사건에 대한 중요한 의미를 담고 있다. 예수님께서 부활 승천하시기 이전 이미 제자들도 예수님과 같은 기적을 행할 것을 예언하셨기 때문이다. 예수님께서 하나님의 아들이라는 인격적 인식은 예수님께서 전하신 설교에 명시된 설명계시 뿐만 아니라 시공간 세계에서 집적 행하신 사건계시인 기적을 통해 이루어졌다. 그러한 계시의 위탁을 사도들이 받아 예수님과 같이 기적을 행하고 말씀을 전하면서 기독교를 변증하는 역할을 담당하였다. 즉 설교와 기적의 역사는 기독교를 바로 인식하는 일에 있어 예수님의 인격, 사역, 그리고 복음전도가 일치됨을 보여주는 일이었다. 이러한 확증은 스데반을 위시하여(행 7장) 사도들을 순교의 자리에 이르도록 하였다. 그러므로 사도들이 행한 케리그마(Kerygma)에 의한 복음전도는 예수님께서 행하신 기적, 인격적 인식, 그리고 설교의 범주 안에서 실행된 것들이다. 불트만(Bultmann)처럼 이러한 요소들을 객관적 인식과 주관적 인식을 분리하여 주관적 해석에 중점을 두게 되면 예수 그리스도께서 기적을 행하시고 설교하신 참된 복음의 요소가 되는 케리그마(Kerygma)의 본질이 깨지게 된다.

변증학적 복음전도자 바울은 사도행전 17장에서 헬라주의의 스토익(Stoic)과 에피큐리안(Epicurean) 철학자들에게 복음을 전할 때 강렬한 기독교 변증학을 적용했다. 헬라주의 철학자들이 우상을 섬기는 일에 대해, 하나님께서 지으신 만물과 사람이 만든 조각을 대비해서 비교우위를 설명했을 뿐만 아니라 예수님의 부활 승천을 설명함으로 기독교의 우위성을 강조하였다. 히브리서는 히브리인들이 숭상하는 조상들의 믿음에 대해 섬세하게 나열하였는데 그 조상들의 믿음을 예수 그리스도에 대한 믿음으로 귀결시켰다. 즉 히브리서는 예수 그리스도께서 살아계신 하나님의 아들로서 유일한 믿음의 대상임을 변증하였다.

예수님 당시를 전후하여 유대주의 자들에게 복음을 전할 수 있는 접촉점을 만들기 위하여, 또한 헬라주의자들에게 복음을 전할 수 있는 접촉점을 만들기 위하여, 그리고 유대주의와 헬라주의를 기독교에 접목시키기 위해 기독교와, 헬라주의와, 그리고 유대주의와 공통분포(Common Ground)를 형성한 필로(Philo Judeus, B.C.20-A.D.53?)는 알렉산드리아에서 태어난 유대인으로 유대교의 전통적 가정에서 성장했다. 당시 성행하였던 헬라주의 교육적 배경에서 자랐기 때문에 후에 유대주의와 헬라주의 사상의 접합을 시도할 수밖에 없는 배경을 가지고 있었다. 그가 저술한 12권의 저서가 거의 유실되지 않고 남아있다. 첫째 부류로 유대교의 본질을 파헤쳐 역사적, 율법적, 그리고 철학적 관점에서 분석한 저서가 유명하다. 이 저서들은 주로 헬라주의 자들을 향해 유대주의를 설명하고 있으며 이교도들을 향한 변증서로서도 유명하다.[112] 둘째 부류로는 유대인들을 위해 집필한 것인데, 특히 창세기 2장-20장까지를 축자적으로 주석하였고, 70인역을 대본으로 하여 율법을 비유적으로 주석하여 내면적 의미를 파악하는데 중점을 두었다.[113] 구약성경의 권위를 주장하였으나 성경의 기본적 원리에 의해 교리를 적용하는 작업과는 거리가 먼 이론을 주장했다. 성경의 교리와 일치하는 원리를 찾아내기 위해 인간의 경험에 기초를 둔 해석의 뼈대를 구성하였다. 즉 인간의 자율적 경험을 강조한 헬라철학에 기초를 둔 구약의 해석 방법을 적용하였다. 그는 자신의 경험에 비추어 우의적 해석방법(Allegorical Interpretation)을 적용하였다. 그는 하나님의 뜻을 나타내는 역사(Historie)에다 성경이 말씀하는 부분적인 내용을 동일하게 취급하는 것은 불가능하다고 주장했다. 즉 제한적인 세계의 역사는 전폭적으로 비이성적인 부분으로 형성되어 있다. 제한적 세계는 질적인 요소가 없는 물질로 형성되어 있다. 이러한 물질의 세계에서 일어나는 역사적 사건은 하나님께서 인간에게 나타나기 위해 중간의 계시가 되도록 하는 사건은 불가능하게 만들어졌다.[114] 라고 주장했다.

필로(Philo)의 이와 같은 주장은 하나님께서 성경을 기록하기 위해 그의 뜻대로 사용하시는 인간, 우주만물, 그리고 기적에 응용된 모든 재료의 운영을 반대하는 입장이다. 그는 인간의 자율, 역사관, 그리고 하나님의 주권과의 관계에 있어 창세전에 하나님의 작정에 의한 창조, 창조된 만물을 다스리시고 보존하시고 섭리하시는 하나님의 의지와 관계된 역사관, 그리고 인간이 만물을 통해 알 수 있는 하나님의 존재에 대한 인식론을 거절하고 있다. 그러나 성경은 제한적 세계

---

112) 그리스도교 대사전, (기독교서회, 삼화인쇄 주식회사, 서울시 종로구 종로 2가, 1977), p.1127.

113) Ibid, p. 1127.

114) Cornelius Van Til, A Christian Theology of Knowledge, (Presbyterian and Reformed Publishing Company, New Jersey, 1969), p.73.

에 나타나는 만물과 사건은 신적작정(Decree)으로 볼 때 모두가 하나님의 계획과 연관되어 있다고 말씀한다. 즉 영원에 있어서 하나님의 통일성은 유한 세계에서 일어나는 다양한 물질과 사건들의 설계도에 포함되어 있다. 필로(Philo)가 물질세계와 사건들을 헬라철학의 자율적 인식에 기초하여 구약을 우의적 해석방법(Allegorical Interpretation)에 의해 해석하는 것은 바로 하나님의 주권적 역사관을 부정하는 것이다.

그의 저술로 미루어 볼 때 그는 유대주의와 헬라철학을 절충하기 위해 각고의 노력을 기울인 흔적을 발견하게 된다. 또한 그가 창조주 하나님을 헬라철학속에 깃들어 있는 플라톤(Platon)의 이데아(Idea) 사상과 절충하려고 심혈을 기울인 흔적을 발견할 수 있다. 하나님께서는 이 세상의 창조자이시지만 초자연적으로 계시기 때문에 로고스(λόγος)를 통하여 세상을 창조하시고 질서를 확립했다고 생각했다. 여기서 말하는 로고스(λόγος) 사상은 성경이 말씀하는 삼위일체의 2인격인 예수 그리스도를 말하는 것이 아니고 고대 헬라주의 사상인 "진리의 도(道)"에 기초를 둔 철학적 개념을 의미하고 있다. 이 로고스(λόγος)에 대한 그의 설명은 다음과 같다.

첫째, 세상을 창조하려는 신의 선의성(善意性) 인데 이는 신의 내부에 잠재해 있는 선한 의지의 성질을 말한다.

둘째, 내재의 순수한 관념으로 세상을 창조한 로고스(λόγος)는 이데아(Idea)의 총체를 의미한다.

셋째, 창조된 세계를 보존하는 법칙도 역시 로고스(λόγος)이다. 이러한 사상은 후에 알렉산드리아(Alexandria) 지역의 교부들에게 결정적인 영향을 끼치게되어 그 지역의 교부들은 헬라주의 철학 사상을 방법론으로 도입한 기독교 변증학을 발전시키게 되었다.

예수님께서 이 땅에 계시던 당시에는 서로를 견제하는 세 가지 사상적 집단인로마의 정치사상, 유대주의의 메시아 대망 사상, 그리고 헬라주의 문명이었다. 로마의 정치로 인하여 세계가 통일되어 장기간 땅 위에 평안이 깃들어 지상 안락주의가 팽배하여 가고 있었다. 한편 헬라주의 철학사상 속에 뿌리박혀 있는 스토익(Stoic) 철학과 에피큐리안(Epicurean) 철학은 "인간이 어떻게 평안하게 살아가느냐?"의 생각이 사람들 마음속에 파고 들어가는 역할을 하고 있었다. 반면에 로마 정부는 무기로 세계를 점령하여 폭력적인 오락을 즐기는 일에 길들여져 있었다. 또 한편으로는 민족주의 종교를 통해 다윗왕국의 재건을 갈망하는 정치적 메시아 대망 사상이 유대인들의 피 속에 흐르고 있었다. 로마정부로부터 압박을 받고 있었던 유대인들은 로마정부에 내는 세금과 유대 회당에 내는 2중과세로 인하여 불만이 고조되어 있었다. 평안을 추구하는 헬라주의 그룹과, 폭력을 즐기는 로마주의 그룹과, 그리고 압박에서 해방되기를 갈망하는 유대주의 그룹이 확연하게 구분되어 있었으나 모든 지방 정부는 로마의 정치적 연방제도에 의해 지배당하고 있었다. 그러면서 서로가 자신들의 영역을 양보할 수 없는 세 가지 세력은 항상 폭발의 위험을 안고 있었다.

이런 상황에 처해 있을 때 영적인 메시아 예수님께서 탄생한 것이다. 위에 말한 세 가지 세력은 메시아 탄생에 대해 충격적인 뉴스로 들렸다. 로마 정부에서는 **유대인의 왕**이란 말에 신경이 곤두서게 되었다. 혹시라도 유대인의 왕이 되어 로마정부를 격파할 수 있는 일이 생길까 노심초사하게 되었다. 역사적으로 유대인들을 중심으로 형성된 이스라엘 나라는 언제나 이웃 국가들과 극심한 대립을 형성하여 전쟁을 일삼아 왔기 때문이었다. 거기에다 헬라주의 사상은 유일신주의를 절대화하여 민족주의 종교로 뿌리 내리게 된 유대주의와는 전혀 다른 개인주의적 보편주의를 추구하고 있었다. 그런데 갑자기 예수님의 탄생으로 인하여 로마 정부, 유대주의, 그리고 헬라주의와는 전혀 다른 신앙적 이념이 많은 사람들에게 심령의 변화를 일으키고 있었다. 이상하게도 정치적 칼날로, 고상한 철학적 이념으로, 그리고 민족주의적 종교 사상에 물들어 있었던 많은 사람들이 예수님을 구세주로 신앙하는 종교관을 꺾을 수가 없었다. 유대인의 왕이란 죄목으로 십자가에서 비참하게 처형당한 예수님의 죽음은 부활이란 역사적 사건을 통해 영생의 복음이 되어 튀기는 불꽃처럼 사방으로 퍼져 나가기 시작하였다.

이 복음은 철저하게 독자적인 변증신학을 가지고 있었다. 유대주의와 헬라주의의 이념은 로마의 정치와 결탁하거나 유착이 가능하였을 지라도 기독교는 기타의 이념과 전혀 타협이 불가능한 신앙의 변증을 가지고 있었다. 그 변증은 역사적 사건에 있어, 합리적 이론에 있어, 그리고 삶의 실천에 있어 인간의 의지를 뛰어 넘는 독자성을 유지하고 있었다.

기독교는 역사적인 예수님의 탄생을 과거, 현재, 그리고 미래의 일치선상에서 증명하고 있다. 그 역사적 기원은 창세 이전의 시원적(始原的, Basis of Beginning) 원인에다 기초를 두고 있다. 그리스도의 탄생을 보조하는 모든 역사선상의 사건은 창조 이전의 계획에 기초를 두고 있다. 로마의 정치, 헬라주의 철학, 그리고 유대주의 민족종교가 예수님의 탄생을 준비해 놓고 있었다. 그 역사는 우연의 사건을 배제한다. 예수님께서 이 땅에 오심은 시공간의 역사를 주관하시고 모든 사건을 섭리하시는 하나님께서 "때가 차매(갈4:4)" 그를 이 땅에 보내시기로 예정하심에 기초를 두고 있다. 이 예정은 이미 구약의 역사적 예언으로부터 실행되어지고 있었다. 예수님께서 자주 인용하신 **"성경을 응하게 하려 하심이라."** 는 말씀은 이미 구약의 예언이 예수님의 사역과 일치 선상에 있다는 것을 말씀해주고 있다. 예수님의 공생애 사역은 계획된 종말의 사건으로 연결된다. 종말을 예언하신 예수님은 우연에 의한 사건을 배제한다. 예수님 스스로에 대해 되어 질 일을 예언하셨고 예언대로 사건이 성취되었다. 그리고 그 사건에 의해 종말을 예언하셨다. 그 예언은 우리로 하여금 종말로 연결된다는 확신을 가지게 한다. 그 종말은 우연에 의해 완성되는 것도 아니고 과학적 또는 자연적 원인에 의해 완성되는 것도 아니다. 그 종말은 시원적(始原的, Basis of Beginning) 계획에 기인하고 있다.

빌라도가 예수님을 향해 "유대인의 왕이냐?" 고 물었을 때 예수님은 "네 말이 옳도다(마27:11)."라고 대답했다. 더욱이 주시할 것은 심문을 당하는 입장에서 수많은 고발을 당하여도 예수님께서는 한 마디도 대답을 하지 아니하셨다. 이 사실에 대해 총독 빌라도가 크게 놀라워했다. 이 내용은 우리에게 시사하는 바가 크다. 예수님께서는 아버지의 계획을 알고 계셨고 아버지의 계획에 따라 사역을 감당하셨기 때문이다. 그러므로 그의 사역은 삼위일체 하나님의 인격과 일치된 사역이다. 예수님의 사역은 계획된 의를 집행하고 계셨다는 의미이다. 하나님의 계획, 예수님의 사역, 그리고 예수님의 인격은 일치선상에서 이루어지는 사역이다. 아무리 부활의 사건을 역사 선상에서 지우려고 발버둥 쳐도 불가능한 일이며 이 사건은 승천으로 이어지고 재림으로 이어진다는 사실은 명명백백하다.

예수님의 케리그마(Kerygma)는 예수님께서 행하신 시공간의 역사적 사건, 가르침, 그리고 인격을 포함하고 있다. 예수님께서 행하신 기적의 사건은 복음을 전하신 말씀과 동일 선상에서 해석되어져야 한다. 예수님께서 가르치신 예언의 말씀은 빠짐없이 시공간의 사건으로 이어졌다. 예수님께서 전하신 종말에 대한 천국의 복음이 시공간의 사건과 관계없이 실존적(Existential)으로만 우리의 관념 속에 남아있다면 부활과 승천의 사건과 재림의 사건은 모두 사건으로서의 존재가 무너지게 된다. 설명계시와 사건계시는 떨어질 수 없는 복음에 대한 변증을 소유하고 있다. 그 변증은 시간적으로, 장소적으로, 그리고 교훈적으로 불변이다. 절대주의적 고백의 변증을 가지고 있다. 이 백색주의 기독교 변증은 헬라주의적 색깔이나 유대주의적 색깔의 침입을 불허한다. 천국과 지옥이라는 영역에 있어 천국과 지옥이 공존하는 영역은 없기 때문이다. 필로(Philo)는 천국과 지옥이 공존하는 영역을 만들기 위해 억지 주장을 하였다. 그러한 회색주의는 반드시 기독교를 타락의 길로 들어서게 한다.

신약 초대 교회의 기독교 변증학(Christian Apologetics)은 사도들이 기록한 성경과 신앙고백으로부터 시작되었다. 기독교가 유대주의의 종교적 압박과 헬라주의와의 사상적 대립 상태에서 로마 정부로부터의 박해를 견디어 내야 하는 위기 상황에서 교회를 사수하는 길은 오직 사도들의 신앙을 따라 생명을 걸고 신앙을 지키는 길이 유일한 방법이었다. 교회를 사수하기 위해 사도들이 전하는 메시지로부터의 반영을 신앙고백으로 표현하여 기독교를 변증하였다. 사도들의 서신이 신약으로 집약 되었고 이 서신들은 유대인들과 이방인들을 향한 변증적 요소를 제공하였다. 이 변증적 요소는 헬라주의에 기초를 둔 합리적 논증이라기보다 사도 요한이 요한 1서에 기록한 대로 보고, 듣고, 그리고 만질 수 있는 사건에 관한 변증인데 이는 예수 그리스도의 십자가 위에서의 죽음, 부활, 그리고 승천을 증거하고 있다. 이 사건을 설명할 때 사도들은 구약의 예언을 예로 들어 증명하고 그 예언대로 오신 메시아를 설명할 때 예수님의 신인(神人) 양성(兩性)을 확증하였다. 사도들이 주 예수 그리스도 메시아에 관하여 설교할 때는 기적의 사역이 첨가 되었는데 그 기적적인 사건에는 성령의 강권적인 사역이 동반되었다. 또한 사도들의 설교에 포함된 메시지는 메시아가 종말에 심판주로 오실 역사적 재림이었다.

복음서는 각자의 특징을 나타내고 있는데 마가복음은 인성을 가지고 계신 하나님의 아들로서의 예수 그리스도를 소개하고 있고, 마태복음은 유대주의로부터 젖을 떼지 못한 기독교인들을 향해 기독교를 변증하는 내용인데 예수 그리스도의 모형인 모세를 설명하면서 새로운 모세는 예수 그리스도임을 증명하고 있다. 누가복음과 사도행전은 예루살렘과 로마와의 연결 고리가 된 세상 역사 가운데서 기독교인들이 성령 충만한 공동체가 형성되어 새로운 역사를 이룩할 것을 말씀하고 있다. 그리고 요한복음은 예수님만이 하나님의 신성을 가지신 분이 세상에 빛으로 오셔서 하나님의 자녀들에게 생명의 자유와, 진리와, 그리고 풍성한 사랑을 나누어 줄 것을 말씀하고 있다.

4복음서에 기록된 예수 그리스도는 그가 전한 복음, 복음과 더불어 나타난 정죄, 그의 사역, 사역과 더불어 전해진 미래의 종말, 그리고 그의 대속적 죽음과 부활 등은 그리스도의 신성과 인성을 입증하는 근거이다. 그리스도가 구세주임을 입증하는데 있어 4복음서는 그리스도의 인격과 사역을 일치선상에 두고 유대주의와 헬라주의를 대항해 하나님의 아들로서 예수 그리스도를 변증하고 있다. 그 변증은 빌라도 법정에서 사건화 되었다. 예수님 스스로가 하나님의 아들임을 변증하였고, 그 변증은 예수님을 십자가에 처형한 백부장에 의해 하나님의 아들임을 확인받게 되었고, 무덤을 지킬 것을 명령받은 로마 병정이 예수님의 부활을 확증하는 증인이 되었고, 문을 잠그고 두려움에 떨고 있었던 제자들이 부활체로 나타나신 예수님을 만나고 나서 부활을 입증하는 변호인들이 되었다. 이에 사도들은 성경대로 십자가에 죽으시고 다시 살아나신 예수 그리스도를 기적으로만 소개하는 것이 아니었고 그 부활이 나의 부활이라는 사실을 순교로 입증하였다.

사도들의 변증은 합리적 설명과 사건적 설명을 통하여 주 예수 그리스도를 하나님의 아들로 입증함과 동시에 순교를 몸소 실천함으로 그리스도를 변증하였다.

기독교 변증학(Christian Apologetics) 입장에서 보는 구약은 하나님의 백성인 이스라엘 민족을 그의 백성으로 택하여 모형(Typology)으로 세우시고 주위의 여러 이방 나라들을 대항해 참 하나님에 대한 변증을 기록한 서신이다. 신약은 헬라주의 문화와, 정치적 메시아사상에 물들어 있는 유대주의와, 그리고 로마 정부가 인정한 수천가지의 이방신(異邦神)들을 대항해 삼위일체 하나님에 대한 변증을 기록한 서신이다.

IV. 교부들 시대의 기독교 변증학

예수님께서 승천하신 후 사도들 시대가 사라지고, 로마의 박해는 간헐적으로 지속되고, 그리고 사상적으로 유대주의와 헬라주의의 도전이 계속되고 있을 때 교부들은 "기독교만 영생의 종교임을 어떻게 변증해야 하느냐?" 의 필요를 절실하게 느끼고 있었다. 교부들의 신학을 탐구해 보면 기독교를 변증하기 위해 나름대로 각고의 노력을 기울인 흔적들이 수없이 발견된다. 사도들은 물론 속사도들 역시 논증을 통해서는 물론이고 몸으로 즉 순교로 기독교를 변호하는 일에 심혈을 기울였다. 그러나 상당수의 교부들은 방법론 적용에 있어 헬라철학의 이념을 도입하여 기독교 사상과 접촉점(Point of Contact)을 형성한 기독교 변증학(Christian Apologetics)을 전개하였다. 주로 알레산드리아(Alexandria) 교부들이 그랬다.

1. 속사도 교부들

속사도 교부들은 사도들과 교분을 가진 자들만을 지칭하는 것은 아니다. 주로 2세기에 활동하였던 교부들을 지칭하고 있다. 그들 가운데 기독교 변증가로서 활동하던 자들은 순교자 저스틴(Justin, Martyr 125-166)과 아테나고라스(Athenagoras) 등이다. 당시의 기독교인들은 목숨을 걸고 복음을 변증해야 할 처지에 있었다. 변증의 내용은 주로 예수님의 인격과 사역에 대한 것들로 한정되어 있었다. 초대 교회 사도들은 "예수님께서 하나님의 아들이시며 죄인의 구세주이시며 신성과 인성을 가지신 분이시라"는 것을 증거 하다가 모두 순교하였고 그 후 속사도들이 교회를 지도하게 되었다. 사도시대 이후의 변증신학자들은 순교자 저스틴(Justin)으로부터 시작되었다고 말할 수 있다. 기독교를 변증해야 할 상대는 주로 네 부류로 나누어져 있었다.

첫째, 헬라주의 철학에 물들어 있는 사람들이었다. 그들은 "예수 그리스도가 구세주다." 라는 복음과 예수님께서 행하신 기적에 대해 매우 회의적이었다. 이들에게 복음을 전하기 위해 2세기 당시 순교자였던 로마의 교부 저스틴(Justin)

은 "누구든지 진리를 말할 수 있으며 이 일에 실패할 경우 하나님으로부터 정죄를 받을 것이라." 고 강력하게 기독교를 변증 하였다. 그러면서도 한편으로는 헬라철학 사상을 변증학의 방법론으로 도입하는 우를 범했다. 오늘날 복음주의 신학을 추구하는 자들 가운데 "죄에서 구원하실 분은 오직 예수님 뿐이라고" 말하면서 복음전달의 방법론에 있어서는 교회 밖의 사상을 도입하는 현상과 비슷한 양상을 나타내는 것과 같다, 저스틴(Justin)은 성경이 말씀하는 기독론에 관한 관점과 인간론에 관한 관점을 정확하게 정리하지 못했다고 볼 수 있다. 거기에는 헬라철학이 주장하는 인간의 자율성에 관한 사상을 버리지 못했기 때문이다. 기독교인은 "예수 그리스도가 하나님의 아들이라고 믿는 것과 함께 예수님이 창조주이심을 믿어야 한다." 고 성경에 명백하게 말씀하고 있는데도 "필로(Philo)의 예수 그리스도에 대한 변증은 모든 사람의 기초가 되는 이성의 원리에 대한 수준에 머물러야 된다."[115]는 주장을 저스틴(Justin)이 수용하였다. 거기에는 사도들이 사라진 후 기독교의 교리적 정립이 완성되지 못했기 때문이라고 볼 수도 있다. 그러한 사상을 가지고 순교의 자리에 나아갈 수 있었던 것은 오늘날 개혁파 신학적 입장으로는 이해가 되지 않는다. 그러나 초대 교회의 복음은 오직 "예수 그리스도가 누구인가?" 라는 기독론에 한정되어 있었기 때문에 순교가 가능하다고 생각되어진다.

둘째, 당시 헬라철학자들로부터 기독교를 공격하는 일이 시간이 갈수록 강도를 더해가고 있었다. 2세기부터 4세기를 정점으로 사상적으로 기독교를 폄하하고 박해하는 일이 강렬하게 일어날 때 기독교 신앙에 대한 주장을 아주 조심스럽게 그리고 변증학적으로 옹호하는 방향으로 전환되고 있었기 때문이다.

셋째, 로마 황제의 박해가 간헐적으로, 강하게, 또는 약하게 300년 동안 지속될 때 기독교 변증가들은 합리적인 논증을 통해 기독교 교리를 설명함으로 황제를 감화시킬 필요가 있었다. 기독교 변증을 통해 황제 주위의 관료들까지 설득할 수 있는 기회를 얻을 수 있었는데 많은 교부들이 황제에게 보낸 편지가 기독교 변증학(Christian Apologetics)이 되었다.

---

115) Ibid, p.78.

넷째, 교회를 향한 유대인들의 박해가 지속되었다. 이에 대한 대처로 기독교 변증학(Christian Apologetics)이 필요하게 되었다. 고대 이스라엘 민족이 원하는 소망의 성취가 정치적 메시아에 있는 것이 아니고 재림할 영적 메시아에 있음을 강조하였다.

2세기에 들어와 속 사도들이 교회를 다스리던 때는 부분적으로 그리고 단편적으로 헬라철학과 접촉점(Point of Contact)을 형성하여 기독교를 변증하는 정도에 머물렀다. 그 결과 자연스럽게 헬라 철학과 유대주의 사상이 기독교를 변호하는 방법론으로 채택되어 기독교 안으로 들어오게 되었다. 당시 2세기 로마의 순교자 저스틴(Justin, Martyr)이 이교도 철학에 기독교를 연결시키는 일을 시도했던 것은 시대적 변화에 적응 했다고 말할 수 있다. 즉 헬라 철학자들의 합리주의와 기독교인들이 강하게 믿는 신적인 계시와의 합일점을 찾아내려고 했다. 그러나 이러한 시도는 모순을 드러내고 말았다. 당시 순수한 기독교인들은 헬라철학과 유대주의 민족종교를 이해할 수 없어서 저스틴(Justin)의 기독교 변증론을 상당부분 도외시 하고 있었다.[116]

저스틴(Justin)의 또 다른 변증서로 "유대인들에 대한 변증서"가 있는데 "유대인 트라이포와의 대화(Dialogue with Trypho with the Jew)"라는 저서이다. 유대인을 상대로 예수 그리스도에 대한 구약의 메시아 예언 성취를 강조한 저서이다. 유대인들은 구약에 대한 집착력의 강도가 일반인으로서는 이해의 도를 넘고 있었다. 그러나 그 도는 영적인 메시아가 아닌 정치적 메시아사상으로 로마로부터 유대 민족을 해방시키는 구원자로서 그리스도를 신봉하였으므로 저스틴(Justin)은 예수 그리스도의 초림이 유대인을 넘어 이방인에게까지 영적 구원자로 오심을 강조하였다. 구약의 예언과 신약의 성취를 일치선상에서 보고 기독론을 다루었다. 유대인을 향한 그의 변증은 구약에 기록된 모세의 율법은 신약의 성취로 폐기 되었기 때문에 기독교인들은 히브리 성경을 바로 해석할 수 있다고 주장하였다. 그는 2세기의 가장 중요한 변증신학자로 자리매김 하였으나 아

---

116) Avery Dulles, Theological Resources, A History of Apologetics, (Corpus of New York, 1971), p.26.

쉽게도 그의 문장은 무질서하고 장황한 나열이 주류를 이루었고 같은 내용을 반복하는 예가 많았다. 그러나 그는 신실하고 고상한 특성을 가진 성품의 소유자로 솔직하고 열린 마음으로 유대인 신학자들과 이교도들 철학자들에게 영적 관점을 명시하였다.[117]

2세기 말에 등장한 아테나고라스(Athenagoras)는 아테네의 기독교 철학자로 마르쿠스 아우렐리우스(Marcus Aurelius, 121-180) 황제에게 기독교인들을 위한 변증서를 보냈다. 그의 변증학적 사상은 저스틴(Justin)의 입장을 벗어나지 못했다. 그의 기독교 변증학(Christian Apologetics)은 로고스(λόγος) 신학에 집중되어 있었다. 플라톤(Platon)의 사상으로부터 유추된 신의 존재론을 인정하였다. 그러면서 하나님은 한분이라고 주장했다. 그러나 인간이 필요한 세상의 진리를 기독교인들이 발견할 수 없는 이유는 성령님에 의해 하나님에게 인도되어 있기 때문에 그 진리를 발견할 수 없다는 주장을 펼침으로 이원론(二元論, Dualism) 사상을 인정하여 헬라주의 철학을 더욱 더 신봉하게 만드는 결과를 가져오고 말았다.[118] 즉 일반은총(Common Grace)에 해당되는 진리와 특별은총에 해당되는 진리를 하나님의 주권적 차원에서 다루지 않았다. 그러나 그의 기독교 예배론과 윤리학의 변증은 주목할 만한 내용이 있다. 기독교인들은 철저한 유신론주의자들로서 카니발(Carnival)이 아닌 예배로서 성례식을 거행해야 하며, 예배를 위해 질서 있게 남녀가 모여야 하며, 혼란한 남녀교제가 없어야 하며, 그리고 도덕적 수준이 높은 삶을 살아야 하기 때문에 살인, 인공낙태, 그리고 짐승과 싸우는 경기를 경계해야 한다고 강조했다.[119] 이러한 점은 높이 평가 되어야 할 것이다.

2세기까지의 기독교 변증학(Christian Apologetics)은 헬라철학을 방법론으로 도입하는 벽을 넘지 못하였다. 필로(Philo)로부터 시작된 헬라주의 철학과, 유대주의와, 그리고 기독교와 공통분포(Common Ground)를 형성한 신학적 입

---

117) Ibid, pp.26-27.
118) Ibid, p.79.
119) 김의환 전집, 기독교회사, (총신대학교 출판부, 서울시 동작구 사당동, 1998). p.106.

장은 수세기에 걸쳐 그대로 유지되고 있었다. 저스틴(Justin)이 기독교를 변증하기 위해 바울의 사상보다 플라톤(Platon)의 사상을 더 인용한 이유는 바로 플라톤(Platon)이 모세와 선지자들의 사상을 받아들였기 때문이라는 것이었다.[120] 저스틴(Justin)은 기독교 변증서에서 "그리스도는 하나님의 피조물이며 그 분 속에 만인이 참여하는 하나님은 로고스이다."[121] 라고 주장함으로 요한복음 1장에 나타난 로고스를 피조물이라고 까지 언급하였다. 더욱이 그는 로마 황제에게 편지를 보낼 때 "플라톤(Platon)의 사상은 선지자들에게서 따온 것임을 알게 될 것입니다. 그러므로 당신은 모세가 말한 대로 하나님의 말씀으로 세상이 만들어진 것을 받아들일 수 있기를 바랍니다."[122] 라고 기록하였다.

저스틴(Justin)이 순교자로서 이러한 주장을 했다는데 의심이 갈 수밖에 없다. 황제에게 기독교를 인식시키기 위해 그런 시도를 했다고 볼 수 있으나 너무 도가 지나친 것이 아닌가? 라는 생각이 든다. 이러한 사상은 기독교를 회색주의로 떨어지게 만들어 이질화를 촉진시키는 기반이 될 수밖에 없었다. 그러나 당시 신학적 토지가 전혀 개발되지 않았던 시대에 그러한 시도는 어느 정도 이해가 되고 로마 정부의 극악한 박해 속에서 공개적으로 기독교를 변증하려는 시도는 가상하기도 하지만 조금이라도 사도 바울이 고린도전서 1장에서 주창한 헬라인과 유대인의 이념을 배격하고 미련하게 보이는 십자가의 도를 전하는 그의 심정을 읽었더라면, 순교를 각오한 마당에, 플라톤(Platon)을 앞세우는 기독교변증은 하지 아니했을 것으로 보인다.

몸을 던져 순교로서 기독교를 변증한 사도들의 뒤를 이어 속사도들도 순교로서 실천적으로 기독교를 변증하였다. 그러나 기독교 변증학(Christian Apologetics)의 교리적 미성숙은 회색주의 전통을 유지하게 하여 2천년 교회사에 아주 간악한 잔재로 남아 정통주의 교리를 흠집 내고 고질적인 중병을 일으키는 역

---

120) Ibid, p.106.
121) Justin, First Apology. p.46 ; 김의환 전집, 기독교회사, (총신대학교 출판부, 서울시 동작구 사당동, 1998,) p.107.
122) Justin, First Apology. p.46 ; Ibid, p.107.

할을 자행했다. 속 사도들이 기독교 교리를 정립하지 못한 일로 인하여 신앙고백 주의 교리가 정립되지 못한 결과 1세기가 지난 후 여러 이단들이 속속 등장하게 되었다. 회색주의 기독교 변증학이 점점 더 기승을 부리기 시작한 1세기 말부터 흑색주의 사상이 기독교에 들어올 수 있는 터전이 교회 안에 마련되기 시작했다. 그것은 사도 시대부터 마수를 뻗치던 이단들이 사도들이 사라진 1세기 말부터 2세기에 걸쳐 그 뿌리를 교회 안에 내리기 시작하였다.

여기에서 주시할 기독교 변증가가 있었다. 이단들을 대항해 싸운 이레네우스 (Irenaeus, 120?-202?)이다. 그는 사도 요한의 뒤를 이어 성경 우선주의 신학을 표방한 소아시아 학파에 속해 있었다. 그는 그노시스(Gnostic, γνωσις) 파를 대항해 싸운 기독교 변증가이다. 영지주의 즉 그노시스주의(Gnosticism)가 주장한 "영원한 존재로 그리고 악마의 출처로서 물질을 주장한 개념"을 공격했다. 특별히 그는 지식주의 구원론(영지주의에 의한 구원론)을 공격하였다. 영지주의 구원론은 헬라주의로부터 유추된 지식이라는 개념의 그노시스주의(Gnosticism)이다. 구원에 관한 지식주의를 주장함으로 성경이 말씀하는 예수님의 2성1인격의 기독론과 전혀 다른 헬라 철학에 기초를 둔 구원 사상이다. 이레네우스(Irenaeus)는 "진리를 알게 되면 구원의 주님 예수님이 이 땅에 오실 필요가 없다."고 주장한 지식주의 구원관을 공격하여 성경이 말씀하고 있는 구원은 오직 "하나님과 인간 사이의 중보자인 그리스도에 의해서만 이루어진다."[123]고 강조하였다.

이레네우스(Irenaeus)는 역사의 사건을 해석하는데 있어 우주 그 자체 안에 있는 우주의 과정에 관한 내용을 찾아내려고 해서는 안 된다고 주장했다. 그러한 작업은 발렌티누스(Valentinus)와 그노시스주의(Gnosticism)가 이미 해온 일이기 때문이라고 주장했다. 또한 그 외의 이교도들이 창조에 관한 교리를 왜곡하고 거절해 왔기 때문에 교부들의 신학을 거역한 결과를 낳게 된 것이라고 주장했다. 특별히 이레네우스(Irenaeus)는 플라톤(Platon)의 회상(Reminiscence)에 관한 원리를 공격하였는데, 플라톤(Platon)은 "인간이 창조될 때 즉 하나님으로부터 태어날 때 본래적으로 육체와 지식을 가지고 있었다고 주장함에 대항하여

---

123) 기독교 대백과사전 Vol XII, (기독교문사, 서울시 종로구, 1984), p.1140.

창조 당시에 인간이 영혼을 가지고 있었다."[124]고 주장하였다.

2. 초대교회의 이단들

그노시스주의(Gnosticism)는 이미 지적한 대로 "지식(γνωσις)"이라는 말에서 유래한 것인데 지적신앙이 높아짐으로 구원에 도달한다고 가르치는 영지주의이다. 이는 헬라 철학과 기독교 교리를 절충하여 혼합적 교리를 만든 것이다. 이들이 만든 교리는 주로 신플라톤주의(Neo Platonism)와 저스틴(Justin)의 기독교 변증서를 교재로 하여 기독교와 헬라철학을 절충한 사상이다. 그들의 교리는 물질세계를 죄악시 하여 이원론(二元論, Dualism) 주의에 집착해 있었으며, 예수님의 육체적 탄생을 부정하는 가현설(假現說, Docetism)을 주장했으며, 유대주의 사상을 반대했으며, 그리고 영적 지식주의를 강조하였다.

또 다른 이단으로 말시온(Marcionism)파를 들 수 있는데 그노시스(Gnostic)파와 비슷한 점은 물질세계를 적대시 하였으나 한편으로는 바울의 믿음 사상을 크게 존중하였다. 그 결과 구약과 신약의 관계를 대립적으로 보고 바울 서신 10편과 누가복음만을 정경으로 인정했다. 말시온(Marcion)은 신앙생활의 참된 이상을 추구했는데 물질세계를 무시한 결과 금욕생활에서 신앙생활의 이상을 실현하려 했다.

그 외에 삼위일체를 잘못 받아들인 이단으로 모나키안(Monarchianism)파를 들 수 있는데 기독론에 있어 구체적인 신인양성의 교리가 정립되지 못한 때를 틈타 예수님의 2성 1인격과 삼위일체론에 관한 고백을 교리적으로 모순되게 주장하는 사상들이 일어나기 시작했다. 즉 다이나믹 모나키안주의(Dynamic Monarchianism)는 "하나님은 한분이시지만 예수 그리스도는 인간으로 존재했는데 하나님의 능력이 그의 안에 다이나믹하게 머물러 있었다."고 주장했다. 또 한편으로는 양태론적 모나키안주의(Modalistic Monarchianism)가 나타났는

---

124) Cornelius Van Til, A Christian Theory of Knowledge, (Presbyterian and Reformed Publishing Company, 1969), pp.80-81.

데 "예수 그리스도는 성부이신 하나님과 동일한 인격을 가지고 있었지만 모양만 다르게 나타나 있었다."는 주장이다.

3. 알렉산드리아(Alexandria) 교부들

3세기 알렉산드리아(Alexandria) 지역은 헬라주의 영향권 아래 유대주의가 진을 치고 있었던 지역이었다. 기독교가 헬라철학의 후예들과 교통함으로 신학적 다양성을 표출한 지역이었다. 아데네의 아테나고라스(Athenagoras) 학파를 이어 최초로 교리문답 신조 학교를 설립한 지역이었다. 아테나고라스(Athenagoras)는 기독교와 헬라주의의 공통분포(Common Ground)를 형성하여 협력적인(Irenic) 변증신학을 주창하였다. 이러한 영향으로 기독교와 헬라주의가 접촉점(Point of Contact)을 형성하는 기독교 변증학이 성행할 수밖에 없었다. 거기에는 대표적인 두 사람 알렉산드리아(Alexandria) 클레멘트(Clement)와 오리겐(Origin)이 있었다.[125]

1) 알렉산드리아 클레멘트(Clement, 150-214)

알렉산드리아 클레멘트(Alexandria Clement)는 기독교에 헬라철학을 도입하여 신학을 전개하였다. 그는 말씀(λόγος)을 우주의 빛으로 보았다. 그 빛을 하나님과 본질적으로 동등한 예수 그리스도로 인정하지 아니했다. 그 빛을 이성으로 보았다. 말씀을 이성(理性)으로 보고 그 이성이 성육신한 것으로 보았다. 이러한 사상은 순수한 백색주의 기독교 변증학(Christian Apologetics)과는 거리가 먼 것으로 아리스토텔레스(Aristotle)의 사상에 근거를 둔 변증학이었다. 아리스토텔레스(Aristotle)의 사상은 헬라주의 철학의 근저가 되었고 후에 로마 제국은 헬라주의 철학, 헬라철학을 배경으로 한 신화, 그리고 그 신화를 배경으로 한 종교의식으로부터 생산된 잡다한 사상들을 수용하였다.[126] 이러한 헬라주의의 잘

---

125) Avery Dulles, Theological Resources, A History of Apologetics, (Hutchinson & Co LTD, 1971), p.31.

126) Ibid, pp.32-33.

못된 사상을 기독교에 유입하게 됨으로 기독교 변증학이 변증의 역할을 하기는 고사하고 교회 역사가 흘러감에 따라 후에는 도리어 기독교를 흑색주의로 변질시키는 원인을 제공하였다. 오늘날 성경 전제주의(Presuppositionalism)와 교회사적 신앙고백에 기초한 기독교 변증학의 입장에서 보면 감히 상상할 수도 없는 내용이다. 당시 이러한 공통분포를 형성한 사상이 고전적(Classical) 또는 전통적(Traditional) 기독교 변증학(Christian Apologetics)의 옷을 입고 오늘날까지 흘러 내려왔다.

만약 1세기 속사도 시대가 지난 후 곧바로 사도신조(Apostles Creed)가 확고부동하게 정립되고 기독론의 2성1인격과 하나님의 삼위일체론이 정립 되었으면 3세기가 지나도록 많은 이단들이 발흥한 것을 막을 수 있었을 뿐만 아니라 교회 안에서 교리적 정립을 확실하게 하여 교회의 혼란을 막을 수 있었으리라는 생각을 지을 수 없다. 4세기와 5세기에 들어와서 2성1인격의 기독론과 하나님의 삼위일체론이 완성된 것은 너무 늦은 감이 없지 않았다는 것은 혼자만의 생각일까? 그러나 모든 역사는 하나님의 섭리아래 이루어진다는 것을 부인할 사람이 있겠는가? 4세기 이후에 들어와 정립된 니케아 신조(Nicene Creed), 칼게돈(Chalcedon) 신조, 그리고 아타나시우스 신조(Athanacius Creed)는 기독론과 삼위일체 교리에 대한 명확한 성경적 해답을 주고 있다.

물론 중세신학의 대부 역할을 했던 어거스틴(Augustine)이나 종교개혁의 대부 역할을 했던 칼빈(Calvin)의 변증학(Apologetics)이 중세의 스콜라주의(Scholasticism) 개념과는 다르다는 것을 우리는 알고 있다. 당시 그들은 백색주의 변증학의 입장에 서 있었다. 그들은 이교도적 사상을 역공하여 기독교를 변호한 일뿐만 아니라 당시의 교회와 국가가 정치적 대립 상태에 처해 있을 때 교회 안에 잠재해 있었던 비기독교적 정치이념에 대항해 국가에 대한 하나님의 주권 사상과 정교분리(政教分離, Separation of the State and the Church)에 관한 교리를 정립하였다. 19세기 이후 구미와 한국에서는 정교분리에 대한 교리가 정착되어 기독교 안에서만 교리적 이슈로 등장했다. 이제 우리는 기독교주의냐? 비기독교주의냐? 의 교리적 선택을 해야 할 때 구체적인 기독교 변증학(Christian

Apologetics)을 세속 철학이나 타 종교를 대항해 정립해 두어야 할 필요성을 절실히 느끼게 된다.

겨우 20세기에 들어와 메이첸(G. Machen) 박사를 기점으로 하여 밴틸(C. Van Til)박사에 이르러 성경의 전제(Presupposition)를 기초로 한 변증학(Apologetics)이 정립된 것은 다행으로 생각되어진다. 19세기 프린스톤(Princeton) 신학이 개혁파 보수신학의 보루로 남아 있었으나 당시 스코틀랜드(Scotland)의 공통인식에 기초한 상식철학(Common Philosophy)을 신학의 방법론으로 도입하여 개혁파 신학을 전개한 것은 변증학적 입장에서는 환영할 수 없는 일이다. 20세기에 넘어와 교리학적으로 교과서적인 조직신학은 벌코프(L. Berkhof) 교수의 것이 표준화 되어있다. 그러나 그가 슐라이어마허(Schleiermacher)와 발트(K. Barth)의 사상을 비평할 때는 중세의 스콜라주의(Scholasticism)를 비평의 방법론으로 도입한 내용을 종종 엿볼 수 있다. 그는 교리학을 전개하면서 교리 자체의 개념에만 집착하지 않고 변증학적인 요소를 도입하여 비정통적 신학을 파헤쳐 비평한 것은 주시할만한 관점이라 생각된다.

19세기 미국 프린스톤(Princeton) 신학교 찰스 하지(Charles Hodge) 교수의 조직신학을 자세히 탐구해 보면 수집학적인 면에서 대단히 광범위한 면을 감지할 수 있다. 그런데 교리학의 전개 방법이 상식철학(Common Philosophy)의 논법에 의존하고 있는 면을 직감하게 된다. 기독교 변증학(Christian Apologetics)은 인식론(Epistemology)에 있어 성경이 주장하는 독자적인 인식을 주장해야 절대주의가 성립된다. 상대방의 무지를 깨우치기 위해 상식철학(Common Philosophy)을 동원해야 한다고 혹자는 주장할 것이다. 그러나 성령님의 사역은 기독교 교리를 인식하는데 있어 독자적 입장을 유지하고 있다. 교회사를 통해 내려오는 고백주의는 독자적 노선을 강조하고 있다. 교회사적 신앙고백의 기독교 변증은 절대주의 신앙고백을 변호하는 독자성을 소유하고 있다.

2) 알렉산드리아 오리겐(Origen, 184-253)

알렉산드리아(Alexandria) 학파는 오리겐(Origen, 185?-254)이 활동하던 시대에 들어와서 헬라철학을 방법론으로 도입한 기독교 변증학이 정점을 이루게 되었다. 오리겐(Origen)이 어린 소년이었을 때 그의 아버지가 순교의 제물이(202) 되었다. 그의 주요 연구는 성경해석에 집중되었다. 박해로 인해 신학교 교사들이 흩어지자 겨우 18세에 교리 문답학교를 인수하여 가르치면서 배우는 일에 집중하였다. 박해로 인해 오는 극한 가난과 싸우며 저술과 교수 일에 집중하였다. 그가 헬라철학을 방법론으로 도입하는 변증학자가 될 수밖에 없었던 원인은 신 플라톤주의자의 아버지 격인 암모니우스 삭카스(Ammonius Saccas, 175-242)에게서 신플라톤주의 철학을 배웠기 때문이었다.[127] 후에 그는 두로 감옥에서 극심한 고문을 받아 그 후유증으로 253년 순교했다.

그의 기독교 변증서는 셀수스(Selsus)에 대한 반박문이 대표적이다. 500쪽이 넘는 방대한 작업이었다. 약간 무질서하게 나열된 부분이 있다. 서론에서 "믿음은 철학적 논증에 의해 증명되는 것이 아니다." 바울이 말한 대로 "성령님의 능력에 의해 증명되는 것이다."[128] 라고 주장했다. 그럼에도 불구하고 그는 헬라철학의 이성주의에 기초한 기독교 변증학(Christian Apologetics)을 탈피하지 못했다. 그 이유는 신플라톤주의(Neo platonism)의 사상과 스토익(Stoic) 철학 사상을 방법론으로 채택하여 합리적 논증을 통해 기독교를 변증하였기 때문이다.[129] 오리겐(Origen)은 알렉산드리아(Alexandria) 클레멘트(Clement)로부터 가르침을 받았으나 클레멘트(Clement)의 로고스 개념을 답습하지 아니했다. 그런 의미에서 클레멘트(Clement) 보다는 좀 더 기독교 교리에 가깝게 변증학을 전개했다고 볼 수 있다. 그러나 사색주의를 강조하는 스토익(Stoic) 철학의 영향을 받은 오리겐(Origen)은 기독교적 사색주의를 강조하여 영혼의 선재설과 만물의 회복설을 주장하기까지 하였다.

---

127) Ibid, p.34.
128) Ibid, p.35.
129) Ibid, p.38.

4. 라틴(Latin) 교부들

라틴 교부들의 기독교 변증학(Christian Apologetics)은 알렉산드리아(Alexandria) 교부들의 기독교 변증학과 상당한 차이점을 형성하고 있었다. 성숙되고 정립된 교리를 형성하지 못한 점이 있으나 기본적으로 성경의 본문(Test)에 충실 하려고 애쓴 흔적이 강하게 남아있었다. 당시 북 아프리카 칼타고(Carthage)와 이태리 지역은 서부 변증학의 본부라고 칭할 정도로 라틴 신학의 성황을 이루고 있었다. 알렉산드리아(Alexandria) 지역에서는 헬라철학의 영향을 강하게 받고 있었으나 칼타고(Carthage) 지역 라틴 교부들은 헬라주의 철학의 영향을 거의 받지 않고 성경에 기초한 신학을 전개하는데 많은 심혈을 기울이고 있었다. 당시 헬라주의의 영향을 받은 알렉산드리아(Alexandria) 지역은 형이상학적 합리주의에 취해 있었다. 반면에 라틴 교부들은 알렉산드리아(Alexandria) 교부들과 다르게 헬라주의 철학을 배격하고 성경에 기초한 기독교 변증학(Christian Apologetics)을 전개하고 있었다.

1) 터툴리안(Tertullian, 150?-220?)

터툴리안(Tertullian)의 변증학은 로마 제국의 사법주의 원리에 대항해 빛나는 기독교 변증을 남겼다. "왜 로마 정부가 기독교인들의 구체적인 신앙과 행동을 조사도 하지 않고 일방적인 범죄자로 낙인찍었는가?"하는 문제를 제시하여 로마 황제를 향해 기독교를 강하게 변호하였다. 그는 저스틴(Justin)이 주장한 "이방인들이 계시에 상관없이 진실한 종교의 수용능력이 있다."고 주장한 신학에 대항하여 다른 관점을 피력하였다. 그는 "구약을 읽어보면 하나님께서 선지자들을 일으키신 이유는 예수 그리스도를 전파하고 그의 심판을 유대인들에게 알리기 위함이었다. 계시에 상관없이 이방인들이 참된 종교의 인식 안으로 들어온다는 것은 불가능하다."[130]고 주장했다.

한편으로 유대인들에 대해서는 구약의 예언은 오직 예수 그리스도의 성취를

---

130) Ibid, pp.40-42.

위해 기록되었다는 것을 강조한 반면 이방인들에 대해서는 믿음의 교리를 변증하는데 열정을 쏟았다. 그 결과 세속철학과 신학의 접촉점을 거절하였다. "아덴과 예루살렘이 무슨 상관이 있느냐? 아카데미와 교회와 무슨 일치점이 있느냐?"[131]고 반문했다. 기독교는 일상적인 지혜의 문제를 다루는 것이 아니고 죄의 문제를 다루는 종교라고 강조했다. 그렇기 때문에 기독교는 세상의 지혜를 사랑하는 철학과 다를 수밖에 없다고 강조했다. 그는 철학에 대한 논증에서 번뜩이는 파라독스(Paradox)를 전개했다. 하나님의 심오한 신비 앞에서 인간의 지적인 초상화를 경외하는 무지에서 떠날 것을 강조했다. 하나님의 진리를 이해하는 것은 오직 신앙의 우수성을 심령에 간직할 때 가능하다고 강조했다.[132]

2) 키프리안(Cyprian, ?-300?)

터툴리안(Tertullian)의 뒤를 이어 키프리안(Cyprian)은 249년부터 258년까지 칼타고(Carthage)의 감독으로 일하면서 박해와 분열주의자들의 방해를 잘 견디면서 업무 수행에 충실을 기하였다. 끝내 그는 순교하였다. 그의 뛰어난 논문은 우주적 교회의 일치론(On the Unity of the Catholic Church)으로 기독교를 변증하는 요소보다 목회 실천에 관한 내용이 더 강하게 나타나 있다. 교회의 분열을 극히 견제하여 박해보다 더 악한 것이 갈라지는 것이라고 주장했다. 교회 밖에는 구원이 없으며 교회를 성도의 어머니라고 주장했다. 그의 기독교 변증은 247년에 저술한 우상의 허구(On the Vanity of Idols)에서 강하게 표출되었는데 "성경의 하나님만이 참 하나님이다."라는 계시의존주의 하나님을 강조하였다. 키프리안(Cyprian)은 성경의 하나님은 그의 존재뿐만 아니라 인격적인 면도 논증되어야 함을 주장했다. 반면에 터툴리안(Tertullian)은 "우상은 하나님이 아니며 오직 성경에서 말씀하는 한 분 하나님만 존재한다."고 강조함으로 하나님의 존재론(Ontology)을 강조하였다. 또한 이교도의 유죄성과 기독교인들의 순수성을 강조하는 논증을 피력하였으나 하나님의 존재를 증명하는 기독교 변증학

---

131) De Praescriptio 7-3 ; 김의환 전집 I, 기독교회사, (총신대학교 출판부, 서울시 동작구 사당동 1998), p.114.
132) Every Dulles, Theological Resources, A History of Apologetics, (Hutchinson & Co LTD, 1971), p.43.

(Christian Apologetics)의 궤도를 벗어나지 못했다.[133]

3) 아타나시우스(Athanasius, 295-373)

4세기 라틴 교부들의 기독교 변증신학자로서 알렉산드리아(Alexandria)의 아타나시우스(Athanasius, 295-372)를 빼 놓을 수 없다. 유세비우스(Eusebius)와 동 시대 사람으로 기독교를 변호하는데 큰 공헌을 남긴 인물이다. 당시 알렉산드리아(Alexandria)에서 가장 유명하다는 신조학교에서 교육을 받았으며 318년 23세의 나이에 "이교도에 대항한 논문(Treatise Against the Pagans)"과 "하나님 말씀의 도성인신(The Incarnation of the Word of God)"을 저술하여 이미 기독교 변증에 족적을 남길만한 싹을 틔우고 있었다.[134] 325년 세계 교회 니케아(Nicaea) 총회에 참석하여 예수님의 신성과 인성에 관하여 2성1인격(二姓 一人格)을 강력하게 주장하였다. 그가 반 아리우스(Arius)파에 속해 있었다는 이유 때문에 황제로부터 4번이나 추방당해 17년간 유리하는 수난을 겪었다. 381년 콘스탄티노플(Contantinople) 회의에서 그의 주장이 받아들여져 정통교리 수호에 큰 기여를 하게 되었다. 그가 저술한 기독론과 삼위일체론에 관한 **44개 조항**[135] 들을 살펴보면 "아들은 아버지의 본질에서 나온 존재이며 아버지와 동일 본질이다." 라고 주장하고 있으며 반대로 당시 아리우스는 "아들은 신이 아니므로 불변적인 존재가 아니며 성부보다 늦게 존재하였다." 라고 주장하였다. 이에 대항해 아타나시우스(Athanasius)는 그리스도의 양성론과 삼위일체론의 교리를 굽히지 않았고 성경의 원리에 기반은 둔 교리들을 주장하였다. 그의 기독론과 삼위일체론은 서방교회에 널리 소개 되었을 뿐만 아니라 고대신조의 총 집합체가 되었으며 역사적 정통교회는 변함없이 그의 교리를 따르고 있다.

---

133) Ibid, p.44.

134) Ibid, p.54.

135) 아타나시우스(Athanasius)신조 44개 조항은 예수님의 2성1인격과 삼위일체의 교리에 관한 내용이다. 사도 신조(Apostles Creed), 니케아 신조(Nicene Creed), 칼케돈 신조(Chalcedon Creed), 그리고 콘스탄티노플 신조(Constantinople Creed)들은 그 내용이 거의 대동소이한 것들이다. 그러나 아타나시우스(Athanasius) 신조는 조항마다 구체적으로 예수님의 인격과 삼위일체의 인격을 진술하고 있다.

이교도를 대항해 기독교를 변증하는 절대적인 위치를 차지하는 교리는 예수 그리스도의 2성 1인격과 삼위일체론이다. 고대신조들은 이 교리들을 바로 세우는 작업에 집중하였다. 종교개혁에 이르기까지 이러한 교리들의 기반위에 어거스틴(Augustine)의 하나님 주권사상이 첨가되어 중세를 지배하였다. 애석하게도 중세 로마 카톨릭 교회의 윤리적 타락과 더불어 제도적 타락으로부터 파생 된 교리적 타락은 종교개혁이 일어날 수밖에 없는 원인을 제공하고 말았다. 그 역사는 교회의 뼈아픈 기록으로 남을 수밖에 없다. 뼈아픈 기록이라는 말은 이 교리를 지키기 위해 너무나 많은 순교자들의 피가 유럽 땅을 적셨다는 뜻이다. 이 교리적 타락은 괴팍한 인간의 합리주의가 중세교회를 지배하는 원인을 제공하고 말았다. 나아가 12세기 스콜라주의(Scholasticism)는 교리적 타락을 부채질 하였다. 스콜라주의(Scholasticism)는 멀리 헬라주의가 그 원조이다.

교회사의 사건을 교리사적으로 탐구하면 하나님의 주권주의 입장에서 볼 때 절대 우연한 일은 없다는 것을 알 수 있다. 초대 교회 300년 이상 간헐적이며 잔혹한 박해로 말미암아 헤아릴 수 없는 순교자들의 피가 교회 발전의 원동력이 되었기 때문에 기독교가 전 세계로 퍼져 나가게 되었고 그 때를 기점으로 고대신조들이 작성된 것은 우연의 일치가 아니다. 또 중세 로마 카톨릭에 의해 약 7천만명의 생명이 희생당하고 종교개혁이 일어남으로 수많은 종교개혁 신앙고백이 쏟아져 나온 것도 우연의 일치가 아니다. 이러한 교회의 역사적 발자취를 따라 양산된 신앙고백서는 우리의 가장 귀중한 유산이다. 우리는 정통주의 개혁자들의 신학을 머릿돌로 삼아 성경적 교리를 바로 세우는 신앙고백의 기치를 튼튼하게 올려 세워야 한다. 흑색주의와 회색주의 기독교에 대항하는 백색주의 변증신학은 언제나 역사교회가 고백한 신조주의로 돌아가야 할 것을 주장해 왔다. 그리고 그 신앙고백주의는 성경의 전제를 기반에 두고 형성되어 왔다. 신앙고백 무시주의 자들은 개혁파 신학을 신봉하는 우리들을 향해 **교리 즉 도그마(Dogma)**에 취한 자들이라고 공격하고 있다. 그렇다면 그들은 교리 반대주의에 취한 자들인가? 기독교 자체가 교리교육을 강조하고 있다. 특히 사도바울은 디모데에게 올바른 교리교육을 강조했다. 창조부터 종말까지 즉 창세기부터 계시록까지 성경은 교리로 형성되어 있다. 교리 무용론주의는 사실상 성경 무용론으로 귀결된다. 개혁파 신학은 믿음과 신앙생활에 있어 성경을 기준으로 형성된 신앙고백을 어떻게 취하느냐? 에 초점을 맞추고 있다. 그 신앙고백의 교리는 역사교회가 고백한 고대 신조로부터 종교개혁 신조들을 총체적으로 결집하고 있다.

고대신조는 사도 신조(Apostles Creed)를 기본으로 하여 형성된 교리이다. 아타나시우스(Athanasius) 신조는 사도 신조를 구체적으로 세분하여 설명하고 있다. 이 아타나시우스(Athanasius) 신조는 예수님의 2성 1인격과 삼위일체론을 구체적으로 고백하여 비교, 분석, 그리고 대비 형대로 구성되어 있다. 사도 신조는 기독론 중심의 신조이다. 그 이유는 예수님의 초림과 더불어 초대교회의 가장 큰 이슈는 **"예수 그리스도가 누구인가?"** 이었다. 그렇기 때문에 예수 그리스도를 올바로 고백하는 것이 기독교로 입문하는 첩경이다. 그 외의 고대 신조들은 사도 신조를 수정 보완하는 정도에 그치고 있다. 오직 아타나시우스(Athanasius) 신조만 예수님의 2성1인격과 삼위일체 교리를 자세하게 설명하고 있다.

고대신조에 대해 좀 더 생각할 문제가 있다. 기독론과 삼위일체론의 균형을 갖추고 있는 아타나시우스(Athanasius) 신조를 제외 하고 4개의 신조는 사도 신조의 틀을 거의 벗어나지 못하고 기독론 중심의 신앙고백으로 형성되어 있어서 신론과 성령론이 빈약하게 고백되어 있다. 삼위일체 교리가 불균형을 이루고 있다는 느낌을 받게 된다. 그것은 이유가 있다. 초대교회의 지대한 관심은, 기독교와 유대주의와의 관계에서, 헬라철학과의 관계에서, 그리고 로마정부와의 관계에서, **"예수 그리스도가 누구인가(마16:16-17)?"** 라는 것이 너무나 큰 이슈로 대두 되었기 때문이다. 예수님을 구세주로 고백하는 신조는 세 가지 적대적 산을 넘어야 할 조직이 있었는데 하나는 정치적 메시아를 고대하는 유대주의였고, 다른 하나는 헬라철학이었고, 또 다른 하나는 정치적 지상 낙원주의 국가인 로마였다. 이 세 가지 조직과 사상은 예수님을 십자가에 못 밖아 죽이는 원조들이었다. 거기에다 신앙고백주의를 허물어 버리려는 사상적 태산이 앞을 가로막고 있었는데 그것이 바로 헬라철학이었다. 예수님께서 유대인의 왕이라는 제목을 십자가에 달고 처참하게 처형당한 원인이 바로 **"예수님이 누구냐?"** 의 문제였다. 예수님을 구세주로 고백하는 인격적 신앙고백은 당시 순교를 각오하는 문제였다. 2세기에 형성되어 8세기가 되도록 수정을 가하며 형성된 사도 신조(Apostles Creed)는 생명을 담보로 하여 기독론 중심의 신앙을 고백하는 교리였다. 그래서 고대신조들은 기독론 중심의 신앙고백으로 형성될 수밖에 없었다. 초대교회의 기독교는 헬라철학의 사상적 공격, 유대주의 민족종교의 박해, 그리고 로마의 정치적 압박으로부터 극심한 박해를 받고 있는 처지였다. 그렇기 때문에 단순하고, 절대적이며, 그리고 명확한 신앙고백인 **"주 예수님은 그리스도시요 구세주이며 살아계신 하나님의 아들이다."** 라는 교리를 절대화 할 수밖에 없었다.

만약에 사도 신조에 나타난 삼위일체론을 종교개혁 이후의 신조에 맞도록 균형 있는 신앙고백서를 만든다고 하면 신론에 있어 **천지를 창조하시고, 다스리시고, 보존하시고, 섭리하신 하나님 아버지를 믿사오며...** 라는 대목과 성령론에 있어 **아버지의 예정에 따라 완성하신 그리스도의 구속을 죄인의 심령에 적용하신 성령을 믿사오며...** 라는 대목을 첨가하면 더욱 좋을 것이다. 사도 신조에는 예수 그리스도의 비하(Humiliation)의 신분과 승귀(Exaltation)의 신분을 세밀하게 설명하여 구속사역을 정확하게 고백하고 있다. 그러나 아버지 하나님에 대한 사역과 구속을 적용하시는 성령 하나님에 대한 사역을 설명할 수 있는 경세론적 삼위일체(Economical Trinity)에 관한 신앙고백이 구체적으로 나타나 있지 않다. 웨스트민스터(Westminster) 신앙고백서 "2장의 삼위일체에 관하여, 3장의 신적작정(예정)에 관하여, 4장의 창조에 관하여, 5장의 섭리에 관하여, 8장의 중보자 그리스도에 관하여, 그리고 10장부터 18장까지 성령님의 구속사역에 관하여" 에서는 정확하고도 세밀하게 삼위일체 하나님의 사역을 설명하고 있다. 그러므로 종교개혁 이후에라도 사도 신조를 삼위일체론에 입각하여 균형 있게 고백되어진 하나님의 사역과 성령님의 사역을 좀 더 명확하게 첨가하여 표현하는 것이 필요하다고 생각되어진다. 그러나 초대교회 사도들이 세상을 떠나고 공동으로 신앙고백이 필요할 때 당시 로마 정부의 압정 밑에서 구성된 공동고백은 **구세주 예수 그리스도** 중심의 신앙고백이 형성 될 수밖에 없었던 역사적 배경을 우리는 알아야 할 것이다.

사도 신조(Apostles Creed)는 신약성경의 편집이 이루어 질 때 함께 형성되었다. 사도 신조(Apostles Creed)는 사도들의 신앙을 전수 한다는 의미에서 "사도"라는 말이 첨가 되었다. 암브로스(Ambrose)는 주장하기를 "사도 신조는 사도들에 의해 전수되어 왔다."고 하였는데 특히 교황권을 주장하기 위해 로마 카톨릭 교회는 사도들의 작품임을 강조하였다고 말했다. 사도들이 예루살렘을 떠나기 전 기독교 교리를 작성하는 가운데 베드로가 성령님의 영감을 받아 기록한 것이라고 주장하지만 이는 근거 없는 카톨릭 교회의 주장이다. 로마 카톨릭 교회는 자기들의 허황되고 무의미한 교황의 권위를 추켜세우기 위해 성경의 역사와 신앙고백을 왜곡되게 가르치는 일을 양심의 가책도 없이 뻔뻔스럽게 자행하고 있다. 사도 신조는 2세기경부터 세례식을 거행할 때 기독론 중심의 문답을 시행하여 신앙고백을 하게 한 것이 그 기원이 되었다. 그 후에 360년에 "음부에 내려가사"가 첨가되었고, 650년 교회론에 "카톨릭" 이란 말이 첨가되었고, 그 후에 "성도의 교제"가 첨가되었다.[136] 이 신조는 세례식을 행할 때 신앙고백의 문답으로 사용 되었던 것은 물론 이단을 가려내는 지침서로 사용하기도 하였다.

5. 어거스틴(Augustine, 354-430)의 기독교 변증

어거스틴(Augustine)을 교부들의 신학자로 보느냐? 아니면 중세 신학자로 보느냐? 하는 문제가 대두 된다. 많은 사람들이 교부들의 신학자(Patristic Theologian)로 보고 있다. 그 이유는 중세교회의 교황제도가 발전하기 이전의 신학자로 즉 초대 교황으로 일컬어지는 그레고리(Gregory) I 세 이전에 활동한 신학자였기 때문이다. 그러나 어거스틴(Augustine)은 중세신학을 지배한 인물이다. 중세신학의 조상은 어거스틴(Augustine)이다. 그런 의미에서 중세 신학자로 지칭하는 사람도 있다. 그러나 시대적으로 봐서 교부들 신학의 최종 주자로 보는 것이 적합할 것이다. 여기에서 어거스틴(Augustine)의 변증학을 한 단원으로 정한 이유는 그의 신학적 무게가 너무 막대하기 때문이다. 그의 변증학은 인간론, 기독론, 삼위일체론, 신론, 그리고 교회와 국가론에서 지대한 영향을 끼쳤다. 그의 예정론, 하나님의 은총론, 교회론, 그리고 역사관 등의 기독교 변증은 사도

---

136) 김의환 전집 1권, 기독교회사, (총신대학교 출판부, 서울시 동작구 사당동 2002. 11월), pp.120-121.

바울 이후 가장 많은 신학적 영향을 교회사에 끼쳤다. 칼빈(Calvin)이 그의 저술에서 어거스틴(Augustine)의 신학을 많이 인용한 것을 보아도 그의 신학이 중세에 얼마나 많은 영향을 끼쳤는지를 알 수 있다.

어거스틴(Augustine)과 펠라기우스(Pelagius)와의 논쟁은 루터(Luther)의 종교개혁 이후 하나님의 주권을 강조한 칼빈주의와 인간이성을 강조한 알미니안주의(Arminianism)와의 논쟁을 연상하게 하는 기독교 변증학(Christian Apologetics)을 수놓은 한판이었다. 어거스틴(Augustine)은 형이상학적 기독교 지식을 고차원적으로 발전시켰고, 구조화시키고, 그리고 신앙화시키는 일을 자리 잡게 한 인물이었다. 특히 하나님의 인식론(Epistemology)에 관하여 권위(계시)와 이성과의 관계를 설명할 때 신앙과 이성이 인식의 도구로 사용되는데 있어 쌍방이 상호관계를 가지고 있다고 주장함으로 기독교 인식론(Christian Epistemology)을 전통적으로 자리 잡도록 만든 인물이었다.[137]

1) 권위와 이성

기독교 철학에 있어 권위와 이성은 중요한 논쟁거리로 등장해 왔다. 많은 사람들이 권위와 이성의 관계를 대립적인 면으로 규정했다. 그러나 어거스틴(Augustine)은 창조적 입장에서 신앙은 권위에 예속되어 있으며 이성은 인간이 계시의 권위를 인식하기 위한 선험적 능력으로 규정하였다. 시간적으로는 권위가 앞선다고 말했다. 그러나 인간이 인식하는 입장에서 볼 때는 이성은 논리적으로 인간이 계시를 받기 위한 선험적(先驗的) 능력으로 규정하였다. 이성은 인간이 창조의 개념을 이해하는 중개자 역할을 하는 도구이므로 인간의 존재를 이해하는 기반으로 규정하였다. 신앙을 가지지 아니하면 안 되는 위치에 올려놓는 도구가 이성이다. 그러나 시간적으로는 신앙을 가지게 하는 권위 즉 계시가 앞선다.[138] 그렇지만 이성은 신앙이 없는 인간의 합리주의가 그 마음속에 자리 잡고 있는 한

---

137) Every Dulles, Theological Resources , A History of Apologetics, (Hutchinson & Co Ltd. 1971), p.60.

138) Augustine, De Ordine II, C.IX, N, 26.

제 2 장 기독교 변증학과 세속철학의 역사 215

죄악의 암흑이 그 인격을 지배하게 됨으로 창조적 질서와 자연세계의 영역에 있어 혼돈을 가져오게 만든다. 그럴 경우 결국 자연주의에 기반을 둔 이성의 원리가 그 인격을 지배하게 된다.[139)

만약 사람의 인격이 신앙에 의해 권위에 복종하는 인식으로 변하게 되면 신앙은 계시에 의해, 지식은 이성에 의해, 신앙과 이성의 조화를 회복하게 된다. 신앙은 권위의 계시를 인식하는 도구가 되고 이성은 신앙을 이해하는 도구가 된다. 방법론적인 관점에서 보면 양자는 독자성을 소유하고 있으면서 서로 조화의 관계를 유지하고 있다. 죄악의 암흑에서 머물고 있을 때 권위를 인식하는 신앙은 이성보다 우월하기 때문에 하나님의 초자연적 인식을 수납하는 방법으로 사용된다. 그러나 이러한 신앙의 본질이 이성과의 관계를 가질 때 권위를 수납하는 구체적인 신앙적 존재를 인식하는 도구가 된다. 어거스틴(Augustine)이 즐겨 사용한 성경 구절 이사야 7장 9절을 인용한 "믿지 아니하면 알 수 없다." 라고 주장한 신앙은 아는 것의 우위를 차지한다는 내용이다. 한편 성령님에 의해 믿어지도록 인도되고 이해되기까지의 상승효과를 일으키는 도구는 이성이라고 보았다. 이러한 이성은 맹목적인 신앙의 이해가 아니라 신앙을 동반한 높은 이성(Ratio Superio)이라고 말할 수 있다.[140)

어거스틴(Augustine)은 인간 이성이 하나님을 통하여 하나님의 존재를 확립시키는 능력이 있다고 주장했다. 그러나 그는 자연주의 신학에서 말하는 이성주의자가 아니다. 이성은 하나님의 존재를 아는 능력의 원리를 가지고 있다는 말이다. 그가 주장하는 하나님의 존재에 관한 이성은 하나님 자신에 의해 조명 되어진 하나님을 찾는 인간의 본질적인 생각이 존재한다는 것을 말한다. 그것은 고작해야 하나님에 관한 지식은 하나님을 아는 긍정적인 요소보다 존재를 의심하는 부정적인 요소가 더 강하다는 주장이다. 이 말은 인간의 이성을 통하여 하나

---

139) Augustine, De Libero Arbitrio, II, ii, 6.

140) Augustine, De Trinitate, XIII 3, 4,에서 주장하는 이성은 실질적으로는 하나로 규정할 수 있으나 기능적으로는 두 가지로 규정할 수 있다. 이성은 이성 자체로 규정할 수 있으나 높은 이성은 신앙을 동반할 때 등장하게 되고 낮은 이성은 신앙을 동반하지 못할 때 나타나게 된다고 말하고 있다.

님에 관한 참된 존재의 지식을 취득하는 일에 실패한다는 뜻이다. 심지어 하나님의 존재에 관한 인식을 주장하는 철학자들 가운데서도 여러 하나님, 한 분의 하나님, 그리고 하나님의 존재를 부정하는 이론들이 등장하고 있기 때문이다. 결국 어거스틴(Augustine)은 인간이 이성의 지배를 받은 때는, 물론 권위에 의해 그의 영혼을 진리로 인도 하여, 하나님을 바로 알게 하기 이전까지는 회의주의로 기울어져 있다고 주장했다.[141] 그러므로 성령님께서 이성을 주관할 때에 성경이 말씀하는 하나님을 바로 알 수 있다는 말이다. 이러한 주장은 이성주의 철학자들이 하나님의 존재를 증명하려고 주장하지만 완전한 하나님의 인격체를 증명하지 못하기 때문에 결국 하나님의 존재를 증명하려 할 때 구체적 증명이 불가능하다는 말이다. 결국 일반 철학자들은 하나님의 존재를 인정하지만 구체적 논증을 할 수 없다는 말이다.

권위와 이성의 관계에 있어 하나님의 인식론으로 들어가면 세속철학에서는 하나님의 인격적 인식에 관해서는 전혀 언급조차 못하고 만다. 오직 존재의 개념만 거론하다가 그것도 완전한 존재론을 성립시키지도 못하고 스스로 지쳐 포기하기까지 한다. 기독교에서는 하나님의 인식론이 인격적 교제의 인식론으로 귀결된다. 여기에서 권위와 이성의 관계를 정립해야 할 필요가 있다. 이성을 통한 하나님의 인식론을 강조할 때 계시의 권위가 배제되면 인격적 교제에 관한 하나님의 인식이 불가능하게 되기 때문이다. 이성만을 통한 하나님의 인식은 그 존재만을 말할 수밖에 없다. 존재만을 주장하는 하나님의 인식은 참된 하나님의 인식이 될 수 없다. 성경계시의 권위를 통한 인식이 인격적 하나님을 인식하는 참된 인식이기 때문이다. 참 하나님을 아는 길은 성경계시를 통하는 길이다.

권위와 이성의 관계는 기독교 변증학(Christian Apologetics) 분야에서 심도 있게 다루어야 하기 때문에 각 계파에서 주장하는 내용들을 다음 단원에서 분석해 볼 필요가 있다.

---

141) Every Dulles, Theological Resources, A History of Apologetics, (Hutchinson & Co LTD, 1971), p.61.

2) 권위와 이성에 관한 세속철학자들의 입장

무신론자들이나 불가지론(不可知論, Agnosticism)자들은 하나님의 존재를 이성에 의해 입증되어야 한다고 주장한다. 그러나 불가지론(不可知論, Agnosticism)의 대가였던 칸트(Kant) 역시 이성을 통해 신의 존재를 입증하려고 시도했으나 결국에 가서는 하나님에 관한 인식이 불가능하다는 입장으로 전환되고 말았다. 거기에는 이성 위에 존재하는 권위는 없다는 주장으로 결론지어졌기 때문이다. 그와 같은 주장은 이성으로만 하나님을 인식하려고 시도했기 때문이다. 그렇다면 이성주의자들은 이성 이외의 권위를 인정하지 않는다는 말인가? 아니면 시공간에서 일어나는 모든 사건들 속에 포함된 요소들을 나의 이성으로 다 알 수 있다는 말인가? 시공간의 세계를 나의 이성으로 다 인식해야 그 사건들을 인정한다는 말인가? 칸트(Kant) 이후로 현대 철학에서 강조해온 **시간의 궁극성과 사실의 궁극성**에 대한 미지의 세계를 규정하는 일은 끝도 없고 한도 없이 논쟁에서 논쟁으로만 이어지다가 미궁으로 빠져버리고 말았다. 이러한 논쟁은 이성의 한계를 극복하지 못한 결과 무수한 불가지론(不可知論, Agnosticism)이 존재하고 있다는 말이다. 17세기 철학자들인 데카르트(Decartes), 스피노자(Spinoza), 그리고 라이프니즈(Leibniz)로 대변되는 이성주의 철학자들의 사상들이 후에 경험주의 앞에서 한풀 꺾인 것은 바로 시공간에서 일어나는 사건들이 이성으로 극복될 수 없는 우연의 궁극으로 인식되었기 때문이다. 이는 이성으로 알 수 없는 실재(Reality)의 양상들을 이성 이외의 감정이나 의지를 통해 알 수 있다는 추리를 일으키게 되었다. 즉 이성은 인간이 인식할 수 있는 유일의 수단이나 궁극적인 수단이 아니라는 말이다. 더욱이 종교론으로 들어가면 이성을 넘어 도덕적 절대자의 세계가 존재하며 체험과 과학의 실재가 공존하고 있다는 것을 인식하게 된다.[142] 이성주의자들과, 불가지론(Agnosticism)을 신봉하는 자들도, 그리고 자연과학을 선호하는 자들도 신비의 세계가 존재한다는 것을 인정하고 있다. 그러면서 그 세계에 대한 원인과 실체를 규명하지 못하고 있다.

---

142) Cornelius Van Til, The Defence of the Faith, (Presbyterian and Reformed Publishing Co, Phillipsburg, New Jersey, 1980), p.125.

헬라철학은 이성주의에 기반을 두고 신비의 세계를 탐구하는 학문이었다. 플라톤(Platon)과 아리스토텔레스(Aristotle)가 그런 철학자들이었다. 헬라철학의 이성주의 사상에 나타난 순수 비존재(non-being) 라는 의미는 플라톤(Platon)이 주장한 억압된 타자(他者, Otherness)가 존재한다는 말이다.[143] 헬라철학에서 말하는 타자(他者, Otherness)의 개념은 현상세계에 대한 반동적 개념으로 신의 존재를 애매하게 정의하는 정도에 불과하다. 하나님의 인격에 관한 정의는 찾아볼 수 없다.

현대철학에서는 비이성주의가 이성의 영역을 크게 점령하고 있다고 말하지 않는다. 이성적으로 비이성이라는 영역을 용납하는 정도에 그치고 있다. 칸트(Kant)가 주장하는 "물(物) 자체에 관한 영역(Realm of Noumenal)은 이성이 역량을 발휘할 최신의 무기를 갖추게 되면 그 영토를 현상의 영역(Realm of the Phenomenal)에 양보한다."는데 합의하고 있다. 여기서 우리가 깊이 생각해야 될 점은 "우리는 시공간 세계에서 일어난 창조의 역사와 예수님의 십자가에서 죽으심과 부활을 현상세계의 영역에서 체험할 수 있는가?" 이다. 밴틸(Van Til) 박사의 주장을 참고해 보자. "순수 사건(Fact)에 대한 개념이나 우연처럼 보이는 개념은 인간의 창조주이시며 심판주이신 하나님의 권위와 같은 참된 권위가 사람에게 전혀 알려진 바 없다는 사실을 보증하고 있다."고 말했다. 나아가 그는 주장하기를 "알려진바 없는 그 사건(Fact)은 우리가 자율적인 이성에 의해 거대한 현상세계를 이성으로 모두 개발하여 인식할 수 없다는 것을 말해주고 있다."[144] 라고 주장했다. 이러한 주장은 창조와 부활의 사건은 이성으로 인식할 수 없다는 주장이다.

이성의 합리성과 시공간의 사건을 연관시켜 진리를 논증할 때 그 논증에 관한 증명은 합리적으로 볼 때 비인격적인 요소를 포함하고 있다. 그러나 시공간 세계에서 일어나는 사건(Facts)을 다스리는 주관자의 인식은 인격적인 요소를 포함하고 있다. 즉 우연처럼 보이는 사건이나 실재(Reality)를 설명하기 위해서는 시공

---

143) Ibid, p.125.
144) Ibid, p.126.

간을 초월한 논증을 사용해야 한다는 말이다. 이러한 시도는 이성주의 입장에서 보면 자체모순에 빠지고 만다. 그 이유는 불가사의한 것처럼 보이는 사건(Facts)이나 실재(Reality)에 대해서는 논리적인 설명이 불가능하기 때문이다. 일어난 사건은 현상학적으로 말할 뿐 논리적 설명이 불가능하다. 그 사건은 비이성적이기 때문이다. 어떻게 비이성적 사건을 이성적으로 설명할 수 있는가? 현대철학은 물론 현대 과학을 포함하여 그것들의 학문은 현상학(Phenomena)에 불과하다. 이는 현대철학의 영역에서 궁극적 실재인 하나님을 알 수 없다는 것을 스스로 자인하는 증거이다.

3) 권위와 이성에 관한 근대 신학(Modern Theology)의 입장

칸트(Kant)로부터 그 사상의 일부를 물려받은 슐라이어마허(Schleier-macher)는 "종교적 인간은 하나님을 절대적으로 의존한다."는 것을 강조하고 있다. 이 의존은 감정에 의해 형성된다고 말한다. 이성에 의한 하나님의 인식을 부정하는 것처럼 느껴진다. 그러나 이러한 주장은 하나의 종교적 현상론을 말할 뿐이다.[145] 자율적 감성론주의자는 자율적 이성주의와 주관주의적 관점을 동일 선상에 놓고 생각하고 있다. 위로부터 내려오는 객관적 계시에 의한 하나님의 인식론이 아니다. 마찬가지로 슐라이어마허(Schleiermacher)의 주관주의를 따라 실존적(Existential) 인식을 하나님의 인식론에 대입시키는 칼 발트(Karl Barth)와 에밀 부루너(Emil Brunner)같은 사람들은 절대타자(Absolutely Other)의 하나님을 주장한다. 그러나 이들이 말하는 절대타자(Absolutely Other)라는 개념은 신이 인간에게 전혀 알려지지 아니할 때만 절대적인 존재로 남아 있게 된다는 주장이다. 이러한 하나님은 신비의 영역에만 존재하는 신이 되고 만다. 하나님께서 자신을 알려 주실 때만 인간이 하나님을 인식한다는 말이다. 신이 신비에 싸여 있기 때문에 계시를 통해서 나타날 경우에만 그 신은 인식으로 다가온다는 주장이다. 권위인 성경은 하나님의 말씀이 피조물인 인간에게 인식되어질 때만 하나님을 인식하는 말씀으로 존재한다는 말이다. 주관적 체험을 매개로 하여 하나님을 인식하는 자들은 성경의 권위를 하나님의 말씀이 될 때만 말씀으로서 기

---

145) Ibid, p.129.

능의 역할을 한다고 주장한다. 반면에 급진주의(Radicalism) 자들은 성경의 영감설 자체를 거절함으로 말씀이 체험을 매개로 하여 인식되는 것까지 부정한다. 하나님의 말씀으로서 성경의 역할을 거부하고 있다. 그들은 성경을 이야기, 기록된 기자의 견해, 또는 문서의 개념으로 보기 때문에 아예 하나님의 말씀으로서 권위 자체를 거부한다.

4) 권위와 이성에 관한 로마 카톨릭의 입장

로마 교조주의(Catholicism)의 뿌리는 사실상 헬라철학이다. 중세 로마 카톨릭의 신학은 토마스 아퀴나스(Thomas Aquinas)의 스콜라주의(Scholasticism)에 기초하고 있다. 아퀴나스(Aquinas)의 변증학인 "이교도에 대한 반론(Contra Gentiles)"을 보면 이론의 방법론이 아리스토텔레스(Aristotle)의 그것과 상통함을 알 수 있다. 밴틸(Van Til) 박사는 이 문제에 대하여 정확하게 요점을 정리하여 말하기를 "존재에 관한 모든 문제들을 이성이 없이 해결할 수 있었을까? 믿음 때문에 추상적인 본질의 영역에서 존재의 영역으로 넘어갈 수 있었는가? 이러한 문제를 해결할 수 없었다고 본다. 그 이유는 아리스토텔레스(Aristotle)의 신관은 기독교에서 말하는 하나님과는 전혀 다른 신으로 말하고 있기 때문이다. 한마디로 창조주의 신관을 배제했기 때문이다. 그러한 신관이 믿음에 의해 조명되지 아니할 때 이성이 활동한 결과를 추적해 보면 하나님을 바로 인식하지 못하고 있는 입장이다. 아퀴나스(Thomas Aquinas)는 자율주의 철학을 기초로 하여 신학을 전개하고 있다."[146] 라고 말하고 있다.

로마 교조주의(Catholicism)의 핵심을 대변하는 트렌트 회의(the Council of Trent)는 정경에 관한 법령(Decree Concerning the Canonical Scriptures)을 선포 했는데 기록되지도 않은 전통들을 마구잡이로 쓸어 모아 성경과 같은 권위를 부여하기 위해 안간 힘을 쓰고 있었다.[147] 그러나 개혁파 신학에서는

---

146) Ibid, p.134.

147) 1545년 12월 13일부터 1563년 12월 4일까지 트렌트(Trent)에서 로마 카톨릭의 세계적인 회의를 개최한 교리적 종교회의였다. 종교개혁에 대한 반종교개혁 회의였다. 4회기인 1546년 4월 8일에는 지금까지 내려온 전승이 성경과 동등한 위치에 서게 됨을 결정한 치욕적인

66권의 정경만을 성경의 권위로 인정하며 세계교회가 기록으로 남겨놓은 신앙고백만이 성경을 해석하는 도구가 될 수 있다고 주장한다. 이에 반해 로마 카톨릭은 권위의 문제에 있어 교황을 성경과 동일한 입장으로 끌어올리기 위해 불합리한 이성을 동원하여 근거 없는 전통을 만들어 진정한 권위인 성경을 인간 이성의 수준까지 끌어내리고 있다. 이는 참된 권위가 되는 성경을 부정하게 만들어 버렸다. 이성이 그것도 불합리한 이성이 참 된 권위를 깨부수고 있다.

5) 권위와 이성에 관한 알미니안주의(Arminianism)의 입장

권위와 이성에 있어 인간의 자율성을 강조하는 사상은 20세기에 들어와, 순수한 개혁파 교회 이외에, 전 세계적으로 만연되어 있다. 특히 한국교회 안에 스스로 보수주의 또는 개혁파라고 자처하는 자들까지도 권위와 이성의 문제에 있어서는 혼동 또는 불이해의 도를 더해 가고 있는 실정이다. 많은 사람들이 기독교 신학을 기독론과 구원론에 한정하여 버리고 성경의 영감론, 신론, 그리고 교회론 등에 관한 무시주의로 변해가고 있다. 성경을 전체적이며 구체적으로 보는 관점을 멀리하고 있기 때문에 구원에 있어 이성을 앞세우는 알미니안주의(Arminianism)에 빠져 버리는 결과를 초래하고 있다. 그러면서 구원을 강조한다는 이유 한 가지 때문에 스스로 개혁주의자라고 자칭하고 있다. 미래에 대한 하나님 나라를 고대하는 자들이 하나님의 예정과 섭리를 부정하는 자기무순을 범하고 있는 형편이다.

권위와 이성의 문제에 있어 알미니안주의(Arminianism)의 사상은 로마 교조주의(Catholicism)와 유사한 입장을 취하고 있다. 권위와 이성에 있어 양자가 서로 유사한 교리를 취하고 있지만 예배의식, 교회의 제도, 그리고 고해성사(告解聖事)의 문제에 있어서는 로마 교조주의(Catholicism)와 알미니안주의(Arminianism)의 견해가 일치하지 않고 있다. 그러나 권위와 이성에 있어 그들

회의였다. 더욱 기가 막힌 결정은 구약의 외경이 정경으로 인준되었으며 벌게이트(Vulgate)를 성경의 본문으로 인정한 회의였다. 또한 성경의 해석은 교회의 특권으로 인정되었으며 교부들의 일치된 의견에 포함되어 있다고 주장했다.

의 교리는 서로 일치되는 점이 많다. 그들이 인간의 이성을 앞세우고 있다는 의미는 개혁파 신학이 주장하는 예정의 교리를 무시한 나머지 인간이 책임져야할 죄악의 교리를 너무 가볍게 처리하고 있다는 뜻이다. 개혁파 신학에서는 예정이라는 원인 때문에 인간의 자유의지를 박탈하거나 억누르는 교리를 주장하지 않고 있다. 인간의 자유의지를 살려 주면서 동류(Concurrence)적으로 예정을 적용한다고 주장한다. 섭리는 모든 사건을 포괄하고 있다고 가르친다. 그러나 알미니안주의(Arminianism)는 이성적으로 해석이 불가능한 사건(Brute Fact)을 하나님의 뜻과 분리하고 있다. 이러한 사고는 하나님을 "전지전능 하시다." 라는 성경의 말씀 밖으로 하나님의 주권 사상을 쫓아내 버리고 있다. 예정을 말씀하는 성경의 교리를 하나의 가식으로 받아들이고 있다.[148]

알미니안주의(Arminianism)가 로마 교조주의(Catholicism)를 반대한다고 겉으로는 말하면서 내용에 들어가서는 동등한 교리를 주장하는 이성주의의 동질성을 강조하여 결국 회색주의의 범주에서 벗어나지 못하고 있다. 결국 칸트(Kant)나 발트(Barth) 등과 함께 공통분포를 형성하여 결국 회색주의로 떨어져 버리고 있다. 역사의 절대 변수를 하나님의 주권적 원리의 입장에서 해석하지 못하기 때문에 이성적으로 해석이 불가능한 사건(Brute Fact)을 불가사의한 역사로 치부해 버리고 만다. 결국 칸트(Kant)의 불가지론(Agnosticism)과 공통 분포를 형성하는 꼴이 되어 버리고 역사적 사건을 시공간의 사건과 무관하게 치부해 버린다. 불가지론(Agnosticism)은 이성적으로 해석이 불가능한 사건(Brute Fact)을 취급하는 면에 있어서는 발트(Barthe)의 초월주의(Transcendental-ism)와 공통점을 유지하고 있다. 한편 알미니안주의(Arminianism)는 합리적으로 이해할 수 없는 기적의 사건을 신화 내지 이야기 거리로 치부해 버리는 급진주의(Radicalism) 신학이 들어올 수 있는 문을 열어주고 있다. 자율적 인간을 주장한다는 점에서 로마 교조주의(Catholicism)와 서로의 접촉점(Point of Contact)을 형성하고 있다.

---

148) Cornelius Van Til, The Defence of the Faith, (Presbyterian and Reformed Pub-lishing Co, Phillipsburg, New Jersey), p.140.

그렇다면 성경의 영감설을 전면 부정하려고 드는 급진주의(Radicalism) 자들이나 합리적 이성주의를 앞세우는 현대 자유주의자들과 알미니안주의(Arminianism) 자들과의 공통 분포를 형성할 수 있느냐? 의 내용을 깊이 있게 다루어야 할 문제가 대두 된다. 여기에서 우리는 아래와 같은 밴틸(Cornelius Van Til) 박사의 논증을 참고할 필요가 있다.

　　첫째, 알미니안주의(Arminianism) 자들은 성경을 아예 의심하거나 부정하는 현대인들이나 급진주의(Radicalism)자들을 향해 공통분포를 찾으려 하기 때문에 성경이 말씀하는 복음을 정확하게 그리고 확신 있게 전하고 싶어도 흑색주의자들의 눈치를 봐야 하므로 올바로 전하지 못하고 만다. 또한 인간이성의 주관에 의해 지배를 받고 있는 자율성이 하나님의 계획과 상관없이 독단적으로 행동할 수 있다고 생각하기 때문에 그들은 성경에 의존한 변증학을 성립시킬 수 없는 입장으로 떨어지고 만다. 결국 백색주의와 흑색주의 사이에서 타협점을 찾으려고 노력하다가 자율성을 주장하는 로마 카톨릭이나 발트(Bartjh)의 후예가 되어 버리고 만다.[149]

　　둘째, 알미니안주의(Arminianism) 자들은 초자연적 계시에 대해 절대적 필연성을 떠나 가능한 개연성(蓋然性, Probability)에 의존하여 자연인에게 복음을 설명하려고 한다. 신자와 불신자는 개연성(蓋然性, Probability)을 접할 때 그 의미를 다르게 인식하게 된다. 불신자는 가능성의 개념으로 인식하고 있기 때문에 "우연의 개념이 주어지면 어떤 사건이 일어나게 된다."는 식의 가정을 주장하게 된다. 즉 초자연적 사건이 하나님의 계획에 의한 시원적(始原的, Basis of Beginning) 원인과 목적에 기인하고 있는 사실을 무시하게 된다. 이는 흄(David Hume)이 주장한 우연의 개념을 적용하여 "기독교를 경험주의적 개연성에 의하여 어떤 일은 발생하고 어떤 일은 발생하지 않게 된다."는 가정을 전제하게 된다. 이렇게 애매한 사상은 인간에게 나타날 하나님의 초자연적 계시를 사실상 무시할 뿐만 아니라 계시의 개연성(Probability of Revelation)조차 존재할 수 없다

---

149) Ibid, p.143.

는 입장으로 떨어지고 만다.[150]

셋째, 알미니안주의(Arminianism) 자들이 성경 계시의 역사적 사건(Fact)들을 어떻게 보고 있는가? 의 문제이다. 즉 예수님의 부활과 승천의 사건이 시공간의 사건이냐? 아니면 증거로서의 주제냐? 의 갈림길에서 우왕좌왕 하고 있는 자들이 알미니안주의(Arminianism)자들이다. 이 문제는 비록 자연주의자들이 부활과 승천의 사건을 시공간에서 성취된 사건으로 인정 한다고 할지라도 기독교인들이 믿는 부활과 승천에 관한 인식과 같은 내용의 것으로 받아들일 수 없는 문제이다. 부활과 승천의 사건을 시공간의 사건으로만 받아들이고 있는 자연주의자들은 그 사건이 가지고 있는 하나님의 계획하신 뜻을 모르고 있기 때문이다. 부활 승천의 사건을 시공간의 사건으로만 받아들이는 자연주의자들은 하나의 이야기 거리로만 인정할 수 있다. 이에 대해 알미니안주의(Arminianism) 신학에서는 기독교 교리가 가지고 있는 부활 승천에 대한 의미는 사건의 역사(Historie)뿐만 아니라 우리가 믿어야 할 주관적 신앙의 역사(Geschichte)로 해석해야 하는 것을 소개하는데 주저하고 있다.[151]

넷째, 알미니안주의(Arminianism) 자들도 성경은 하나님의 말씀이라고 주장한다. 성경은 이 세상에서 가장 놀라운 기록을 담고 있는 책이며 영구적으로 빛나는 책이라고 말한다. 그런데 문제는 불신자들이 이러한 알미니안주의(Arminianism) 자들의 견해를 들을 때 성경 말씀에 순종해야 하겠다는 결단을 내리거나 아니면 이러한 주장에 반발을 일으켜 도전을 일으키거나 어느 것을 택일하는 경우가 거의 없이 그들의 주장을 모두 용인한다는 점이다. 거기에는 불신자들과 알미니안주의(Arminianism)자들과의 동질적 인식이 깔려있기 때문이다. 물론 불신자들도 성경은 성스러운 경전임을 어느 정도 알고 있다. 그러나 불신자들은 성경이 주장하는 하나님의 절대 전지전능(全知全能, Omniscience and Omnipotence) 무소부재(無所不在, Omnipresence), 창조 사역, 그리고 그리스도를 절대 구세주로 믿고 인격적인 하나님에 대한 신앙고백과는 거리를 두고

---

150) Ibid, p.144.
151) Ibid, p.145.

있다. 그 이유는 자연인의 심령 속에 깊이 뿌리박고 있는 죄의 개념이 성경을 하나님의 계시로 인식 못하도록 방해하고 있기 때문이다.[152]

우리는 권위와 이성에 관한 회색주의의 대표 격인 알미니안주의(Arminian-ism)의 입장을 밴틸(Van Til) 박사를 통해 점검했다. 이제 하나님의 작정과 개인의 위치에 관하여 밴틸(Van Til) 박사의 주장을 참고하여 애매하고도 모호한 알미니안주의(Armininism)의 입장을 벗어나 성경이 가르치는 내용을 교리로 정립한 개혁파 신학의 입장을 살펴보자.

6) 권위와 이성에 관한 개혁파 신학의 입장

개혁파 신학이 주장하는 기독교 변증학은 출발점과 방법론에 있어 일관성 있는 성경의 전제와 역사적 신앙고백주의를 강조한다. 개혁파 변증학은 불신자인 흑색주의 자들이나 회색주의인 알미니안주의(Arminianism) 자들을 향해 계시의 사실을 그대로 전하여 그들의 색안경을 벗어 버릴 것을 강요 한다. 그들에게 도전을 가해 자연인이 죄인임을 깨닫게 하고 성경이 제시한 인격적인 삼위일체 하나님의 본질을 인식하도록 복음을 제시한다.[153]

개혁파 신학의 변증학이 자연인에게 제시해야 할 사실들이 몇 가지 있다. 그것은 신론에 있어, 하나님의 자아에 포함된 존재, 만물의 창조와 함께 인간을 하나님의 형상으로 지으신 사실, 그리고 창조된 만물을 다스리시며, 보존하시며, 그리고 섭리하시기 위한 포괄적 계획이다. 그리고 인간론에 있어 인간의 타락과 그로 인하여 따라오는 죄악의 사건들이다. 나아가 기독론에 있어 그리스도의 구속사역은 하나님의 예정과 인간의 죄악에 관한 연관성을 가지고 있다는 사실을 명확히 제시하는 일이다. 위의 실제적 사건들은 가상의 옷을 입히거나 꾸며진 것이라면 역사 선상의 실제적 사건들이 모순의 사건으로 나타날 수밖에 없다. 역사 선상의 모든 개별적 사건들은 하나님의 전체적 다스림의 섭리적 사건들 속에

---

152) Ibid, pp.145-146.
153) Ibid, pp.146-147.

들어있다. 기독교인들에게 나타나는 개별성의 원리는 바로 하나님의 섭리적 사건들이다.[154]

　　인간의 개인적 활동은 섭리적 체계 안에서 나름대로의 위치를 가지고 있다. 그러나 인간의 개체적 활동은 궁극적 결정을 이끌어 내지 못한다. 인간의 의지는 종속적이며 파생적이기 때문이다. 우연이라는 개념이 기독교의 체계 안에서 구성될 수 없는 것같이 인간의 자율적 이성 역시 마찬가지이다. 인간이 하는 일 모두가 독창적이라기보다 유추적이다. 하나님의 초자연적 계시만이 인간의 본질적인 체계를 알려줄 수 있는 유일한 길이다. 자연인은 자족적이신 하나님께 돌려야 할 영광을 자신들에게 돌리고 있다. 결국 싸움은 절대적으로 자족적이신 하나님을 주장하는 기독교와 스스로 자족을 주장하는 자연인의 둘 사이에서 벌어지고 있다. 이 둘 사이에는 어떤 타협도 불가능하다. 자연인은 죄악에 억눌려 있다. 그렇기 때문에 정확 무오한 하나님의 말씀을 거역할 수 있는 의지는 인간의 힘으로 꺾을 수 없다. 자연인은 하나님을 증오하기 때문에 하나님의 말씀인 성경을 거역하는 것은 아주 자연스러운 일이다. 인간의 자율에 의해 하나님의 존재와 권위에 순종한다는 것은 언어도단이다. 인간의 자율성을 꺾고 권위에 순종하게 하는 길 한 가지는 오직 성령님의 중생케 하시는 능력만이 가능하게 하는 일이다.[155]

　　로마 교조주의(Catholicism) 자들이나 알미니안주의(Arminianism)자들이 중립적 위치(Neutral Position)를 점하여 불신자들과의 접촉점(Point of Contact)을 만들어 신자들과 불신자들이 평행선을 달리는 난국을 피해 보려고 하는 의도를 우리는 잘 알고 있다. 그러나 그 의도는 전도의 효과가 미미한 접촉점(Point of Contact)을 만들기 위한 얄팍한 수단에 불과하다. 인간은 영의 눈이 멀어 눈이 있어도 볼 수 없고 귀가 있어도 들을 수 있는 귀가 없기 때문에 성경 말씀이 제시하는 계시적 진리를 근원적으로 거역하는 본질을 가지고 있다. 이러한 인간의 본질은 변증학적 논증으로 들어가면 서로 건널 수 없는 대립을 형성할 수밖에 없다는 것을 알 수 있다. 이는 복음의 사실을 변질 시켜 불신자들의 환심을

---

154) Ibid, p.147.
155) Ibid, p.148.

사기위해 접촉점(Point of Contact)을 만들면 오히려 복음이 올바로 전달되지 못하는 난제에 부딪치게 된다. 개혁파 신학에 기반을 둔 기독교 변증가는 죄인이 하나님의 선을 할 수 없다는 무능을 깨우쳐 주어야 하며 하나님의 거룩에 전혀 도달할 수 없는 존재임을 알게 하여 중보자인 예수 그리스도로 말미암아 구원에 이루도록 인도하는 작업을 행해야 한다.[156]

이제 나아가 어거스틴(Augustine)이 하나님의 주권사상을 논증하고 있는 기독교 변증학(Christian Apologetics)을 생각해 보자.

어거스틴(Augustine)의 하나님에 관한 주권사상은 사도들의 신앙에 기초를 두고 있다. 만물의 역사를 다스리는 하나님의 사역에 대한 변증이다. 이는 개혁파 신학의 뿌리를 형성하고 있는 사상이다. 그의 저서 하나님의 도성(City of God)은 로마 국가의 지상 왕권주의에 대항하여 기독교의 영원한 왕권인 영의 왕국에 대한 변증서이다. 5세기 초 고오트 족이 로마를 침공하여 약탈이 절정에 달할 때 민심이 동요하였고, 사상적 줄기를 잡을 수 없었고, 그리고 콘스탄틴(Constantine) 대제 이후 기독교가 국가의 종교로 지정 되었는데도 로마의 멸망으로 기독교인들의 낙심이 깊어가고 있었다. 이 때 불신자들이 기독교인들을 다시 박해하기 시작함으로 평온하던 그들의 마음이 불안의 늪으로 빠져들기 시작하였다. 이 때 하나님 나라만이 영원한 왕국의 실체임을 변증하게 된 저서가 **하나님의 도성**이다.

하나님의 도성[157]은 5장으로 기록되어 있는데 머리말에는 인간은 순례의 길을 걷고 있는 존재에 불과하므로 하나님의 도성에 가서 편히 쉴 곳을 찾아야 한다고 강조하고 있다. 하나님의 도성만이 최후에 획득할 장소이므로 변화무쌍한 이 세상의 것을 가지고 교만하고 욕심을 부리는 자태를 버릴 것을 강조하고 있다.

---

156) Ibid, p.149.

157) St. Augustine, City of God, (Image Book Edition 1958, by special arrangement with Fathers of the Church Inc. 1958).

제 1장에서는 로마의 멸망에 대하여 기독교인들에게 그 원인을 돌리지 말라. 이방의 신들이 인간의 영혼을 결코 보호하지 못한다. 역사 선상에 있는 국가의 흥망성쇠는 하나님의 주권에 달려있다. 인간의 사악한 본성은 잡다한 신들에 의해 보호되거나 흥망성쇠의 근원으로 작용할 수 없다. 악마까지도 다스리시는 참된 하나님을 이방신들과 비교하여 인간의 평안을 깨트리는 주범으로 돌려 기독교인들을 괴롭히지 말라. 하나님의 정의 측면에서 볼 때 로마 제국의 성장은 하나님의 섭리에 매여 있다. 국가의 흥망성쇠를 주관하는 하나님의 뜻은 인간이 보는 원인과 결과(Cause and effect) 또는 합리적 증명에 의해 판단되는 것과는 전혀 다른 양상으로 나타날 때가 있다. 역사는 하나님의 주권에 의해 결정되기 때문에 현상세계에서의 미신적 원인에 의해 결정되는 것이 아니다. 이 세상에서의 행복은 로마의 지상주의에 있는 것이 아니라 하나님의 은혜의 선물에 따라 나타난다. 악한 인간이 하나님의 은혜를 덧입지 않고는 결코 이 세상에서의 행복은 없다. 인간은 죄인이기 때문에 하나님의 은혜를 덧입어야 참된 행복을 소유하게 된다.[158]

제 2장에서는 이교도들이 주장하는 하나님과 미래의 행복에 대해 논하고 있는데 영원한 생명이신 하나님과 다신교의 비교를 통해 전혀 의미 없는 다신교를 신봉하지 말 것을 강조하고 있다. 이방신을 섬기는 자연주의 신학은 전혀 인간의 오류로 꽉 찬 생각으로부터 나온 허망한 것 들 뿐이며 목적도 의미도 없이 신을 만들어 자신들 스스로 생명이 없는 허공으로 빠져들고 있다고 비평하고 있다. 헬라주의로부터 내려오는 전통적인 철학과 이교도주의 사상을 뿌리 뽑아 정결케 하지 못하면 인간은 영원한 생명을 얻을 수 없다고 단언하였다. 이교도 신들, 마귀, 그리고 기독교의 천사들을 논하면서 사람의 마음을 미혹하여 사람들을 속이고 더욱 멸망하게 하는 것들은 오직 이교도 신들과 마귀들의 역사인데도 사악한 인간은 거기에 속아 넘어가고 있다. 이 세상의 사악한 영들에 속아 철학이라는 이름으로 하나님의 사역자인 천사들의 사역을 무시하는 사상이 세상에 침범해 들어오고 있다. 여기에서 기독교 예배가 플라톤주의(Platonism) 신학과 무슨 차이가 있는지 올바로 비교하고 그 정체를 알아야 한다. 우리는 예배의 의미와 예배의 자세를 정확히 정의하여 이교도들이 행하는 예배의식에는 악한 속임수가 있

---

158) Ibid, pp.39-118.

다는 것을 알고 구분하여 예배를 하나님께 드려야 한다.[159]

제 3장에는 두 도성의 기원에 대해 논하고 있다. 또한 하나님의 창조와 천사에 관한 두 집단을 논하고 있다. 즉 타락한 천사의 집단과 선한 사역을 감당하고 있는 천사의 집단을 논하고 있다. 두 집단이 모두 하나님의 뜻에 의해 형성된 집단이다. 그러므로 하나님은 창조된 만물을 다스리시고 보존하실 뿐만 아니라 통치하시며 악한 집단까지라도 섭리하시는 창조의 뜻이 있다고 주장한다. 창조의 뜻은 선과 악의 구분이 있다. 선과 악을 동등한 위치에 두고 다스리시는 것이 아니다. 아담의 죄와 그 결과는 도덕률을 범한 범죄의 열매이므로 필연적으로 사망을 가져올 수밖에 없다. 그 사망은 인간의 타락한 본래적 원죄의 값이다. 그러므로 인간은 본래적으로 두 가지의 다른 도성을 사랑하는 부류로 나누어진다. 하나는 세상의 도성이며 또 하나는 하나님의 도성이다. 하나님의 도성에 들어가도록 예정된 자와 세상의 도성을 사랑하다가 멸망당하도록 예정된 자가 있다.[160]

제 4장에는 두 도성의 발전에 대해 논하고 있다. 구약성경의 역사를 통해 두 도성을 논하고 있다. 구약 창세기 1장부터 5장까지 아담의 타락으로 인하여 영원한 도성을 잃어버렸으나 아벨의 족속으로 내려오는 영원한 도성으로 들어갈 자들을 예정하신 것 외에 가인의 족속을 통해 내려오는 버려진 멸망의 도성이 존재하고 있다. 노아의 홍수 이후 다윗 왕국으로 이어지는 영원한 도성은 방주에서 구원 받은 가족으로부터 아브라함, 이삭, 그리고 야곱의 족속으로 이어지고 있다. 이 족속은 예수그리스도의 선조들로 이어지고 있다. 이러한 이스라엘 육신의 역사는 선지자들을 통해 예수 그리스도의 탄생을 예언한 하나님의 도성에 관한 시공간의 역사이다. 그러나 버려진 인간의 도성은 타락한 바벨탑, 이스마엘 족속, 다윗을 무너뜨리려는 사악한 무리들, 그리고 선지자들을 돌로 치고 죽이는 자들이었다.[161]

---

159) Ibid, pp.119-204.
160) Ibid, pp.205-322.
161) Ibid, pp.323-426.

제 5장에는 두 도성의 마지막은 어떻게 나타나는가? 에 관한 논증이다. 인간 역사의 끝에는 반드시 비기독교 영역과 기독교의 영역이 판이하게 갈라지게 되어 있다. 판이하게 드러나는 두 도성의 역사는 각각 심판대에 설 때를 말하는 것이다. 그 심판대는 이 땅의 도성을 심판으로 끝내는 일이며 하나님의 도성은 영원한 생명의 축복으로 이어진다. 이 세상의 도성은 역사가 끝날 때 형벌을 받아야 할 도성이 되며 하나님의 도성은 영생의 복이 이어지는 도성이 된다. 그러므로 우리는 이 땅의 도성에 소망을 두는 사람이 되어서는 안 된다. 이 세상의 변화무상한 일들을 보고 동요하지 말고 오직 하나님의 도성을 바라보고 믿음을 지키는 기독교인이 되어야 한다. 이 세상의 도성은 잠깐이지만 하나님의 도성은 영원하다.[162] 라는 말로 마무리하고 있다.

어거스틴(Augustine)의 참회록은 인간의 사악하고 추한 모습을 정연하게 드러내고 있다. 총 13권으로 되어 있는데 그의 삶을 연대별로 기록하고 있다. 마니교에서 방황하던 모습, 어머니의 애절한 기도, 그리고 자신의 깊은 심령으로부터 끓어오르는 죄악성을 모두 토해내고 있다. 그가 흠도 티도 없는 하나님의 거룩함에 몰두할 때와 그의 자신을 돌아보고 비참을 고백할 때는 죽음을 목전에 두고 땅에 떨어져 울부짖는 한 마리의 새끼 새와 같은 모습이었다고 고백하고 있다. 그가 회개하고 하나님을 알았을 때 고백한 그의 신학은 은혜론, 삼위일체에 대한 고백, 하나님의 말씀인 성경에 대한 신뢰, 그리고 그리스도 구세주에 대한 확신 등등 수많은 교리를 수록해 놓았다.[163]

칼빈(Calvin)은 신론과 인간론을 논할 때 사악한 인간을 발견하는 길은 하나님을 바로 알 때라고 강조했으며 하나님을 아는 길은 인간의 처참한 죄악의 모습을 발견할 때라고 말했다.[164] 사도들의 행적을 보면 자신의 비참한 모습을 통해 하나님을 인식했다. 구약의 모세를 위시하여 선지자들은 인간의 능력이 한계점

---

162) Ibid, pp.427-545.

163) The Confessions of St. Augustine, Translated and Annotated by J. G. Pilkington, (New York, Boni & Liveright, 1927).

164) Calvin, Institutes of the Christian Religion, Edited by John T. Mcneill, (Philadelphia, The Westminster Press, Chapter IV). pp.47-50.

에 달할 때 주님 앞에 자신을 굴복시켰다. 이사야 6장을 보면 선지자가 하나님의 거룩한 모습을 보고 자신을 망한 존재로 고백하였다. 하나님을 아는 길은 인간이 자신의 비참함을 아는 길과 연결된다. 어거스틴(Augustine)과 칼빈(Calvin)의 인간론은 죄악론이다. 개혁파 신학의 인간론은 죄론이다.

어거스틴(Augustine)의 기독교 변증학은 하나님의 주권사상으로부터 기인하고 있다. 그의 인간론은 사악한 인간의 죄악을 일관되게 진술하고 있다.[165] 기독론과 삼위일체론은 터툴리안(Tertullian)의 노선을 따라 아타나시우스(Athanasius) 입장을 변호하고 있다. 물론 터툴리안(Tertullian)의 삼위일체론은 아타나시우스(Athanasius) 신앙고백서와 비교하면 섬세한 부분에 있어 부족한 부분이 있지만 속사도 시대에 헬라주의가 판을 치고 있었던 시대적 배경으로 볼 때 그의 기독론과 삼위일체론은 성경대로 고백한 교리이므로 높이 평가하지 아니할 수 없다. 어거스틴(Augustine)의 예정론(Predestination)과 신적작정론(Decree)은 신론을 논할 때 하나님의 사역에 관하여 우리가 반드시 알아야 할 교리학으로 평가 받고 있다. 칼빈(Calvin)은 신론에서 신적작정론(Decree)을 전개하면서 어거스틴(Augustine)의 주장을 참조하라고 강조하고 있다.[166]

교부들의 기독교 변증학(Christian Apologetics)에 있어 어거스틴(Augustine)이 종합적 결론을 맺었다고 볼 수 있다. 사도들 이후 터툴리안(Tertullian), 어거스틴(Augustine), 그리고 칼빈(Calvin)의 신학이 오늘날까지 정통적 노선을 유지하는데 큰 기여를 한 것이다. 그 이유는 모세와 선지자들과 사도들의 신

---

165) 칼빈(Calvin)은 The Institutes of the Christian Religion Book I. Chapter XV. 8. Free Choice and Adam's Responsibility 란 제목에서 어거스틴(Augustine)의 저서 On Genesis, Against the Manichees II. vii. 9(MPL 34. 200 f)의 논증을 예로 들어 인간의 범죄는 영적 파멸을 가져왔다고 주장한 내용을 소개하면서 인간의 선에 대한 자유의지의 박탈을 강조하고 있다.

166) 칼빈(Calvin)은 The Institutes of the Christian Religion Book I. Chapter XVI. 8.에서 운명론을 배격할 것을 주장하여 우연에 관한 사건을 설명하면서 어거스틴(Augustine)의 저술 Against Two Letters of the Pelagians II. v. 10-vi. 12(MPL 44. 577ff.; tr. NPNF V. 395f.)와 Retractations I. i 2(MPL 32. 585)와 Against the Academics I. i; III. ii. 2-4(MPL 32. 905f.; tr. ACW XII. 35f., 98-101)을 인용하여 어거스틴(Augustine)의 주장에 동조하고 있다.

앙고백에 기초했기 때문이다. 그러나 헬라주의에 기초를 둔 스콜라주의(Scho-lasticism) 노선을 따라 내려온 고전적 변증학(Classical Apologetics)은 합리주의에 기초를 둔 버틀러(Joseph Butler)로 이어졌다. 이는 펠라기안주의(Pe-lagianism)와 아퀴나스(Aquinas) 주의를 기점으로 형성된 회색주의 기독교 변증학을 말하고 있다. 이는 오늘날 리고니어(Ligonier)파의 변증학으로 이어지고 있는데 뒤돌아보면 회색주의에 기초를 둔 알렉산드리아 클레멘트(Clement)나 오리겐(Origen)이 주장한 변증학의 노선이다. 이러한 노선에 대항해 터툴리안(Tertullian), 아타나시우스(Athanasius), 어거스틴(Augustine), 그리고 칼빈(Calvin)으로 이어지는 변증학의 노선을 지키는 일은 성경계시의 변호를 책임지는 중요한 임무를 담당하고 있다는 것을 명심해야 할 것이다.

교부들의 기독교 변증학(Christian Apologetics)을 총체적으로 볼 때 3세기부터 6세기까지 교부들의 신학을 총칭해서 변증학이라고 말할 수 있다. 그러나 그 기독교 변증신학의 기초는 이미 2세기부터 시작된 것이라고 말할 수 있다. 교부들의 변증신학은 당시에 자신의 개인적 신앙에 관계된 문제였다. 어거스틴(Augustine)이 로마 정부를 향해 그 자신이 개인적으로 기독교를 변증하였으나 니케아(Nicene) 회의에서는 세계교회의 객관적 신앙고백을 도출해 내기 위해 모였던 교회사의 문제였다. 예수님 당시와 마찬가지로 2세기 이후에도 두 분야의 기독교 변증이 요구되고 있었는데 하나는 유대인을 향한 기독교 변증과 다음으로 이방인들을 향한 기독교 변증이 절실하게 요구되고 있었다. 거기에다 로마의 태평성대로 인하여 수세기 동안 인간의 도덕적 타락은 극에 달하고 있었다. 당시 로마의 압정으로 말미암아 주후 70년 이전까지는 예수님의 십자가의 죽음과 부활의 사건이 예루살렘을 넘어 널리 퍼져 나가지 못하고 있었다. 예루살렘의 멸망과 함께 유대인과 기독교인들이 흩어짐으로 말미암아 복음이 점점 이방으로 확대되면서 교부들은 예수 그리스도의 부활 사건을 조금씩 부각시키는 작업을 조심스럽게 실행해 나갔다. 그리고 복음으로 인해 성도들의 심령을 강하게 하며 전도의 열매를 맺어가는 작업이 충실해졌다.

교부들의 기독교 변증학(Christian Apologetics)을 총체적으로 요약해 보면 구체적인 기독교 변증학의 노선이 형성된 시기는 3세기부터 조심스럽게 일어나기 시작했다. 이미 언급한대로 알렉산드리아(Alexandria) 학파에서는 헬라주의 사상을 도입하여 기독교를 변증하였으나 라틴 교부에 속한 터툴리안(Tertullian)이나 어거스틴(Augustine)은 성경을 전제로 한 기독교 변증학을 전개하였다. 문제는 신플라톤주의(Neo Platonism)로부터 파생된 다양한 철학 사상들과의 논쟁이었다. 다양한 헬라주의 문화를 기반으로 하고 있는 철학적 사고에 대항해 성경적으로 어떻게 변증하느냐? 에 고심해야만 했다. 그 결과 일부 변증학이 기독교를 변증하는 신학이라기보다 모호한 종교적 전통을 말하는 기독교적 이방종교로 변질되어 가고 있었다. 그러나 3세기 터툴리안(Tertullian)으로부터 5세기 어거스틴으로 이어지는 기독교 변증은 기독교 정통을 이어가는 입장으로 자리 매김하고 있었다. 그와 반면에 일부 철학적 방법을 도입해야 기독교 변증학이 성립된다고 주장하는 자들은 성경을 통해 기독교를 변증하기에는 자료 부족과 합리적 설명의 미숙함을 내 세워 성경의 전제를 무시하고 헬라주의를 도입하는 변증학을 강조함으로 결국 기독교를 흑색주의로 만드는 앞잡이가 되고 말았다. 이것이 바로 중세의 스콜라주의(Scholasticism) 변증학의 기반이 된 것이다.

V. 중세시대의 기독교 변증학

6세기 이전은 교부들의 신학이 사도들의 전승을 이어온 시대였다. 그러나 사도들의 신앙고백을 온전하게 전수해온 것은 아니었다. 알레산드리아(Alexandria)교부들은 헬라주의를 방법론으로 이끌어 들여 기독교 변증학(Christian Apologetics)을 전개하였다. 7세기부터 12세기까지의 중세시대는 스콜라주의(Scholasticism)가 나타나기 이전 헬라주의 철학이 기세를 부리는 시대였다. 기독교가 이교도 헬라주의에 흡수되어가는 시대를 맞이하게 된 것이다. 신플라톤주의(Neo Platonism)와 줄리어스 시저(Caesar)의 태양 종교 사상이 혼합된 엘사츠(Ersatz) 종교보다 더 호소력을 가진 새로운 기독교 헬라주의로 변해버린 이교도적 기독교 입장을 나타내고 있었다. 중세의 신학은 그레코 로마(Greco Roman) 문화와 기독교 신앙이 혼합된 이념을 융합적으로 나타내고 있었다. 이 시대의 사도적 기독교는 점점 더 쇠퇴해 가고 있었다. 팔레스타인을 중심으로 서부에서는 모세의 율법과 탈무드에 의해 생활의 기준을 삼고 있는 유대주의가 순수한 기독교로 전향하지 못한 채 그 지역을 점령하고 있었다. 동부에는 기독교 국가를 대항하는 종교적 도전과 함께 문화적 군사적 급성장을 일으켜온 이슬람의 시대를 맞이하고 있었다. 한편 기독교 안의 일부 세력은 유대주의와 아랍권의 문화를 대항하기 위하여 강력한 기독교 변증학을 정립하려는 노력을 기울였다. 이러한 여파로 말미암아 기독교에 대한 이성주의의 터를 마련하려는 스콜라주의(Scholasticism) 철학의 도입은 회색주의 기독교 변증학을 더욱 왕성하게 만들었다.[167]

중세 기독교 변증학의 뿌리는 초대교회 사도들의 신앙고백과 어거스틴(Augustine)의 신학에 뿌리를 두고 있었다. 그럼에도 불구하고 헬라주의, 유대주의, 그리고 잡다한 이교도주의를 뒷문으로 유입하고 있었다. 순교자 저스틴(Justin Martyr)은 기독교인이 되기 전 헬라철학을 공부한 사람이었기 때문에 그가 기독교인이 된 후에도 철학의 외투를 벗어 던지지 못했다. 그러면서 "기독교 신학이

---

167) Avery Dulles, A History of Apologetics, (Hutchinson of London and Corpus of New York, Hutchinson & Co LTD, 1971), p.72.

야 말로 가장 확실하고도 유일한 철학이다."라고 말했다. 저스틴(Justin) 이상으로 헬라철학에 심취한 알렉산드리아(Alexandria)의 교부 클레멘트(Clement)와 오리겐(Origen)은 하나님의 인식, 그리스도에 대한 신앙고백, 그리고 구원에 관한 교리들을 재해석 하는데 있어 플라톤(Platon)의 철학을 채용 하였다.

초대교회 안에 침투한 영지주의(Gnosticism)는 헬라철학의 많은 부분을 차지하고 있는 플라톤주의(Platonism)로부터 유래된 사상이다. 이러한 영지주의(Gnosticism)는 오늘날의 이단 여호와의 증인(Jehovah's Witnesses)과 신지식철학(Theosophy)등의 종파들과 같은 이념을 가지고 있으며 3세기경 마니교로[168] 이어진 이단 종파들이다.

1. 사라센주의와 유대주의의 논쟁(A.D 600-1100)

중세 저술가들은 아랍 사람들을 지칭하여 사라센 사람들(Saracens)이라고 말했다. 후대에 이르러서는 신앙이 없는 이교도들과 십자군을 대항해 싸웠던 마호메트교 사람들을 지칭하였다. 그들은 7세기 어간에 형성된 이슬람교 국가를 사라센 제국으로 말했다. 사도시대로부터 교부들의 신학이 지배했던 북 아프리카는 6세기 이후 이슬람교의 지배권 아래로 예속되어 버렸다. 기독교 신앙은 어느 정도 유지 되었으나 사라센 제국 내의 부족과 민족 사이의 투쟁이 계속되었고 15세기 말에 사라센 제국은 멸망했다. 주시할 것은 헬라철학과 로마제국주의 사상을 계승하여 기독교와 세속철학을 화해시킨 사라센주의 철학은 중세 기독교 철학에 막대한 악영향을 끼쳤다.

중세기에 들어와 우리가 정통적인 기독교 변증학을 유추해 내기 어려운 이유는 잡다한 사상이 기독교에 침범해 들어와 기독교의 역사적 정통교리가 혼합종교로 변해 버렸기 때문이다. 한마디로 말하면 잡다한 그레코(Greco) 로마 문화

---

168) 마니교는 마니(Mani, 215-275))가 창설한 종파로 그 교리는 빛과 어두움 간에 가상적인 원초적 갈등 즉 투쟁을 바탕으로 종교의 이원론을 주장하고 있다. 그 결과 마니교의 구원론은 육체라는 감옥에서 영혼이 탈출하는 것이어야 한다고 주장했다. 물질적인 악으로부터 탈출하여 영적인 지식을 소유하는 것만이 구원의 길이라고 가르치고 있다.

와 기독교가 동침해 버렸기 때문이다. 만족들이 로마 제국을 침범하여 기독교는 교리적 순수성을 잃어버렸고 야만족들의 예술과 문화의 전당으로 변해 버렸다.

혼돈된 중세의 기독교 사상사에 그나마 기독교 변증학에 공을 세운 사람은 존 다마센(John Damascene, ? -754)과 그의 제자인 데오도르 아부 큐라(Theodore Abu Qurrah, 740-820)로 볼 수 있다. 당시에 기독교가 여러 종교를 접하게 되었는데 그 종류는 조로아스터교(Zoroastrianism), 사마리아 종교(Samaritan Religion), 유대주의(Judaism), 마니주의(Manichaeism), 말시온주의(Marcion), 그리고 모하멧(Mohammed)교 등이었다. 이러한 잡다한 종교들에 대항해 아부 큐라(Abu Qurrah)는 "오직 기독교만 하나님을 가장 잘 나타내는 종교이며 인간이 필요한 가장 실제적인 종교이며, 그리고 인간을 가장 합당하게 변화시킬 수 있는 종교이다." 라고 논증 하였다. 여기에서 기독교 변증학(Christian Apologetics)의 방법론으로 채택된 이론은 우의적(Allegorical) 비교론이었다. 종교를 선택하는데 있어 비교론을 적용하되 합당한 우의적(Allegorical) 요소가 적거나 없는 다른 종교를 버리고 합당한 우의적 이론을 가지고 있는 기독교를 택할 것을 주장하였다.[169]

그러나 이러한 우의적(Allegorical) 비교론은 종교와 종교를 대비하여 한쪽의 우수성을 나타내는데 있어서는 하나의 방법론이 될 것이다. 이러한 우의적(Allegorical) 비교론을 통해서 기독교가 다른 종교보다 더 낫다는 정도는 알 수 있는 방법론으로 등장할 수 있다. 그러나 기독교는 절대성을 가지고 있는 종교이기 때문에 다른 종교에 대해 하나의 종교적 비교론을 통해 정의를 내릴 수 있는 것은 아니다. 다른 종교는 사실상 기독교와 비교 대조가 불가능하기 때문이다. 그 이유는 기독교만 가지고 있는 교리와 역사가 다른 종교에는 없기 때문이다. 비교 또는 대조가 불가능하다. 즉 기독교는 우의적(Allegorical) 비교론이 적용될 수 없는 계시를 가지고 있다. 창조, 예수님의 부활 승천, 예언성, 그리고 종말론 등은 기독교만 가지고 있는 절대주의적 교리이다. 이러한 교리는 다른 종교보다 더

---

169) Avery Dulles, Theological Resources, A History of Apologetics, (Hutchinson of London and Corpus of New York, 1971), p.74.

우수하다는 정도의 개념으로 해석되어서는 안 된다. 다른 종교에는 전혀 존재가 불가능한 교리를 기독교만 가지고 있는데 그 교리는 가르침에 머물러 있는 것이 아니고 시공간의 역사성을 가지고 있으며 사실계시가 설명계시로 연결되어 성취의 절대성을 계시하고 있다.

11세기에 들어와서는 유대주의 사상과 모슬렘 종교에 대항하는 기독교 변증학(Christian Apologetics)이 급속도로 증가하기 시작했다. 이러한 기독교 변증학은 서부지역에서 부분적 발전을 보았는데 헬라주의 철학의 복고(復古, Restoration)를 배경삼아 시작되었다. 이는 11세기(1095-99)에 일어난 최초의 십자군전쟁이 그 원인이었다.[170] 동서양을 막론하고 13세기까지 지속된 십자군 전쟁은 헬라문화와 성경의 원문을 유럽으로 유입해 오는 통로가 되었다. 모슬렘 영역에 속한 성지 탈환을 목적으로 이루어진 장기간의 십자군 전쟁은 실패하고 말았다. 그러나 십자군 전쟁을 통한 국가적 문화적 교류가 확산되어 동서양의 지적 요소와 기독교의 뿌리를 유통하는 길이 열리게 되었다. 이로 인하여 스콜라주의(Scholasticism)가 발달하게 되었고 종교개혁의 원리를 정립하는데 중요한 자료를 제공하게 되었다.

2. 안셈(Anselm, 1033-1109)

안셈은 독백(Monologium), 대화(Prosologium), 그리고 성육신(Cur Deus Homo)등의 저작을 남겨 "스콜라 신학의 아버지" 라는 칭호를 받았다. 그는 신앙과 이성의 관계를 반영한 기독교 변증학(Christian Apologetics)을 논증하는 입장보다 믿음을 전제로 하는 기독교 변증학을 전개했다.[171] 그는 교회의 교리와 계시관을 일치시키려고 노력했다. 그가 말한 "나는 이해하기 위해 믿는다. 믿기 위해 이해하려고 하지 않는다."라는 고백은 그의 신학적 입장을 잘 대변하고 있다. 그의 속죄론은 하나님의 영광을 중심으로 전개하고 있으며 만족설(Satisfaction Theory)에 입각하여 그리스도의 보상설(補償說)을 설명하고 있다. 즉 인간의 범

---

170) Ibid, p.76.
171) Ibid, p.77.

죄는 하나님의 영광을 훼손시켰으나 보상할 힘이 없는 인간을 대신하여 하나님께서 인간이 되어 속죄의 죽음을 통해 인간의 죄를 보상했다는 주장이다. 하나님께서는 그 보상을 받으시고 만족하셨다는 주장이다. 이러한 주장은 하나님의 공의를 만족케 하는 행위언약의 완성 즉 율법의 완성자인 예수님의 사역을 설명하는 교리에는 미흡함을 드러냈다. 그러나 이러한 합리적 설명은 중세 신학의 큰 비중을 차지했다.

그러나 그는 하나님의 존재증명을 논증하는 독백(Monologium)에서는 인간이 가지고 있는 하나님의 개념 자체가 하나님의 실재(Ontology)를 내포하고 있다고 주장하였으며 또한 대화(Prosologium)에서는 하나님의 존재를 증명하는 데 있어 존재론적 증명(Ontological Argument)을 주장하였다. 그의 기독론과 속죄론은 당시의 신학적 발달 상황으로 볼 때 아주 우수한 것으로 평가할 수 있다. 그러나 기독교 변증학(Christian Apologetics)의 중요한 부분을 차지하는 "하나님의 존재"에 대해서는 존재론적 증명(Ontological Argument)을 강조함으로 헬라주의 철학에 기초를 둔 스콜라주의(Scholasticism)의 이념을 벗어나지 못하고 있음을 알 수 있다.

존재론적 증명(Ontological Argument)은 인간이 마음속에 간직하고 있는 심리적 작용에 의해 형성된 신에 대한 애매한 가정설(Hypothesis)을 추론하게 만드는 증명에 불과하다. 즉 불신자에게도 그런 마음이 발동하는 것은 하나님께서 인간을 창조하실 때 인간에게 주어진 하나님의 형상이 존재하기 때문이다. 그러나 하나님을 아버지로 인식하는 것과는 전혀 다른 존재 개념의 인식이다. 인격적인 교제의 하나님을 인식하는 것은 전혀 특별은총을 부여하시는 성령님의 공작에 의해서만 가능하게 된다. 특별은총의 하나님을 인식하는 일은 만물이 창조되기 전 예정(Predestination)에 의해 선택된 자를 성령님의 특별 사역에 의해 죄인의 심령 속에 하나님의 말씀을 도구로 삼아 구세주 예수 그리스도를 인격적으로 심어 주셔야 가능하다. 신자나 불신자를 막론하고 하나님에 관한 존재의 관념은 누구나 가지고 있다. 그 존재의 관념이 실재론에 해당되는 존재론적(Ontological) 하나님으로 인식된다고 해서 인격적인 삼위일체 하나님을 알 수 있는 것이 아니다. 기독론이나 속죄론에 있어 성경말씀에 의해 예수 그리스도를 구세주로 고백한 성도가 하나님의 존재에 있어서는 존재론적(Ontological) 하나님의 인식론을 절대화 한다면 이는 자기모순에 빠지고 말 것이다. 그 이유는 명확하다. 일단 성령님의 사역에 의해 예수 그리스도를 구세주로 영접한 성도는 하나님의 실유(實有)를 존재론적으로만 아는 입장이 아니다. 그 성도는 하나님의 존재를 삼위일체론적 입장에서 인격적으로 인식하는 입장이다. 그렇게 될 때 예수 그리스도를 구세주로 영입하게 되는데 이 말은 인격적으로 그리스도가 내 안에서 내가 그의 안에서 교제의 관계로 들어가는 것을 뜻한다. 그리고 이러한 교제의 공작은 성령님께서 인격적으로 죄인의 심령 속에서의 사역으로 성취된다. 그것은 하나님을 실유(實有)로만 아는 것이 아니라 아버지와의 인격적 교제관계로 아는 것이다.

신에 관한 심리적 입장에 기초한 존재론적(Ontological) 인식론을 철학적 입장에서 합리적으로 설명하려 할 때는 키엘케골(Kierkegaard)이나 하이데거(Heidegger)의 실존주의(Existentialism) 사상으로 연결되며, 종교적으로는 절대의존 감정주의자인 슐라이어마허(Schleiermacher)의 사상으로 연결되며, 그리고 신학적으로는 칼 발트(Karl Barth)의 초월주의(超越主義, Transcendentalism) 사상으로 연결 된다. 이 내용을 심리적으로 설명하자면 직관(直觀, Intuition)을 통해 들어오는 사물에 대한 인식을, 신의 존재에 대입시켜, 주관주의로 해석하는 관점이다. 이러한 해석은 논리적이며 합리적 설명까지도 주관주의에 의존한다. 이러한 직관(直觀, Intuition)에 의한 주관적 인식을 타인에게 주지시키기 위해 합리적 설명을 도입하고 있다. 존재론적(Ontological) 신 인식은 합리적 설명에 의존하지만 인간의 심리적 요소에 기초를 둔 주관적 해석 방법이다. 주관적 관점에 의존하여 객관적인 하나님의 존재를 찾아 올라가는 신 인식은 인격적인 삼위일체 하나님을 인식할 수 없다. 기독교가 말하는 인격적인 하나님에 관한 인식론은 성경이 말씀하는 사건역사에 의존하며, 그 사건역사에 의한 예언에 의존하며, 그리고 객관화된 설명계시에 의존한 주관적 성령님의 공작에 의한 인식이어야 한다. 객관화 된 역사적 사건(Historie)에 기반을 둔 주관적 역사(Geschichte)인식에 의해 예수 그리스도를 인격적인 구세주로 신앙해야 한다.

그 인식은 기록된 계시인 성경을 방편으로 삼아 성령님께서 죄인의 심령 속에 공작함으로 일어난다. 성경이 말씀하는 하나님에 관한 인식은 신론, 기독론, 속죄론, 그리고 종말론에 있어 일치된 교리를 요구한다. 안셈(Anselm)이 말하는 신의 인식론과 속죄론이 모순적이라는 의미는 이미 헬라철학을 통해 전해 내려오는 플라톤(Platon)과 아리스토텔레스(Aristotle)의 상대주의 사상이 깃들어 있다는 것을 말하고 있기 때문이다. 성경은 하나님의 존재에 대해 명확하게 가르치고 있는데 **하늘에 계신 하나님**(요1:1-2, 히1:1-3)의 개념은 객관적 존재에 대해 말씀하고 있다. 그 객관적 존재는 권능과 초자연성을 강조하는 말씀이다. 주관적 인식에 대해서 **내가 너희 안에 너희가 내 안에**(요14:10-11)라는 말씀은 하나님과 성도는 분리할 수 없는 교제 관계의 형성을 강조하는 말씀이다.

3. 토마스 아퀴나스(Thomas Aquinas, 1225-1274)

토마스 아퀴나스(Thomas Aquinas)는 스콜라주의(Scholasticism)의 꽃을 찬란하게 피운 사람이다. 그의 신학대전 (Summa Theologiae)은 중세 스콜라주의(Scholasticism) 신학의 기둥이라 말할 수 있으며 인간 이성을 강조하는 로마 교조주의(Scholasticism)의 근간을 떠받드는 저서이다. 이러한 저서를 남기게 된 원인은 그가 아리스토텔레스(Aristotle)의 사상에 심취했기 때문이다. 그는 아리스토텔레스(Aristotle)의 철학 사상을 신학에 적용한 실재론자였다. 이러한 실재론(Realism)은 그의 기독교 변증학인 이방인에 대한 반론(Summa Contra Gentiles)이라는 저술에 세밀하게 나타나 있다. 그는 신비적 경향을 가지고 있었으나 기독교 변증학(Christian Apologetics)의 방법론에 있어서는 아리스토텔레스(Aristotle)의 철학을 인용하였다. 그 내용을 따져보면 신학은 신비적 요소를 내포해야 하지만 그 신비적 요소는 이성과는 상치되는 것이 아니라고 주장했다. 그가 논증한 보편개념의 문제에 들어가면 온건한 실재론(Realism)을 주장하고 있다. 이러한 사상은 이미 신플라톤주의(Neo Platonism) 에 나타나 있는 실재론(Realism)이 그 원조가 된다. 신의 존재론에 있어 누스(物, Nous)설은 물질세계로 이어지는 유출설을 말하지만 누스(物, Nous) 이전 단계는 실재론(Realism)을 포함하고 있다는 주장이다.

이런 사상은 이미 3세기 플로티누스(Plotinus, 204-270)에 의해 제창된 헬라철학에 신비주의를 첨가한 신플라톤주의(Neo Platonism)로부터 전해져 내려온 것이다. 이러한 사상은 플라톤(Platon)을 중심하여 피타고라스(Pythagoras), 아리스토텔레스(Aristotle), 스토아(Stoic) 주의 철학들에게 뿌리를 두고 있었다. 그런 의미에서 이성주의적 합리주의, 과학적 실험주의, 증거주의, 그리고 종교적 신비주의 모두를 총망라한 철학적 기조를 이루고 있는 것이 신플라톤주의(Neo Platonism)이다. 종합적 헬라철학과 고대 종교의 종착지라고 말해도 무리가 없을 정도의 신비주의적 종합 철학이라고 말할 수 있다. 신플라톤주의(Neo Platonism) 후기에 들어가면 필로(Philo)의 사상까지 첨가된 것을 볼 수 있다. 신플라톤주의(Neo Platonism)에서 말하는 신의 실재론(Realism)은 유출설에 입각한 범신론(Pantheism)적 요소를 지니고 있었다. 이 사상은 중세신학에 많은 영향을 끼쳤는데 신플라톤주의(Neo Platonism)에 포함되어 있던 하나님의 초월성, 불가지론(Agnosticism), 그리고 무시간(無時間)에 관한 이념은 어거스틴(Augustine)에게 까지 영향을 끼쳤다.

13세기 십자군 전쟁의 패전으로 기독교 사상의 터로 자리 잡고 있었던 동로마 지역이 점차 모슬렘 국가로 변해가고 있었고 거기에 더하여 아랍국가의 문화가 점차 서구권의 제국들 속으로 침투해 들어가기 시작했다. 거기에다 아리스토텔레스(Aristotle)의 철학이 코란(Koran)의 배후에서 사상적 역할을 하면서 기독교 교리를 위협하고 있었다. 아리스토텔레스(Aristotle)의 철학과 코란(Koran)이 합작된 파도는 유럽의 대학들 속으로까지 물결치고 있었다. 이러한 위급한 상황에 처한 교회는 새로운 기독교 변증학(Christian Apologetics)의 줄기를 세울 터를 마련해야 할 절박한 시대를 맞이하게 되었다. 때를 같이 하여 아리스토텔레스(Aristotle)의 철학에 심취한 아퀴나스(Aquinas)는 아랍권의 사상에 대항하여 기독교를 변호하기 위해 변증가의 혜성으로 떠올랐다. 아리스토텔레스(Aristotle)의 철학을 배경으로 한 기독교 변증학(Christian Apologetics)을 통해 모슬렘의 맹점을 공격하였다.[172] 그러나 그의 기독교 변증학은 중세 로마 카톨릭의 전체주의를 굳히는 회색주의 신학의 기둥이 되어 버렸다. 그가 주장한 하

---

172) Ibid, p.86.

나님의 인식론에 들어가면 아리스토텔레스(Aritotle)의 실재론(Realism)을 방법론으로 채택하여 성경의 교리와 일치시키기 위해 하나님을 창조주로 말하기보다 만물에 관한 제1원인으로 생각하였다. 그 결과 신의 존재인식에 있어 실재론적(Realistic) 입장보다 점차 우주론적(Cosmological) 입장을 더 강하게 주장하는 방향으로 흘러가 버렸다.

아퀴나스(Aquinas)의 기독교 변증학인 이교도에 대한 반론(Summa Contra Gentiles)에 나타난 몇 가지 중요한 요점을 소개하면 다음과 같다.

첫째. 지혜의 인간은 초자연적 진리의 빛 앞에서 모든 것을 생각하는 존재이다. 그 진리는 모든 실재(Reality)로부터 유추된 제1원리에 속해 있다. 그러므로 신학자는 신적 지혜의 빛 앞에서 실재(Reality)를 심사숙고하는 자이다. 신학자는 종교적 가르침에 있어 오류를 논박하는 직무를 가지고 있다.[173]

위에 진술된 제1원리 이론은 아리스토텔레스(Aristotle)의 우주론적(Cosmological) 신 존재 증명으로부터 유추한 내용이다. 시간 이전의 영원 가운데 존재하신 창조주 되시는 삼위일체 하나님에 관한 존재론은 아퀴나스(Aquinas)의 제1원리 존재론과 근본적인 차이가 있다. 창조주를 만물의 제1원인으로 보는 관점은 성경에서 말씀하고 있다고 생각할 수 있다. 그러나 성경에서 말씀하는 하나님은 영원한 유일성(Unity)으로 존재하신 분이다. 한편 아리스토텔레스(Aristotle) 철학이 주장하는 제1원리 이론은 신을 인과(因果, Cause and Effect)의 법칙에 의한 최초의 완전한 지식으로 규정하고 있다. 이러한 생각은 운동의 궁극적 원인 즉 신은 자신이 운동하는 자가 아니며 다른 운동하는 것들에 대한 원인이 되는 부동(不動)의 동자(動者)를 말할 뿐이다. 움직이는 만물은 무엇인가에 의해 움직이고 있지만 움직이는 원인과 결과를 끝까지 유추하면 궁극에는 움직이지 않는 원인이 존재한다는 생각이다.[174]

---

173) Ibid, p.87.
174) 철학대사전, (학원사, 서울시 영등포구 양평동 5가 106, 1974년 10월), p.984.

이러한 사상은 전지전능(全知全能, Omniscience and Omnipotence) 무소부재(無所不在, Omnipresence)의 인격적인 하나님을 제1원인으로 신앙할 수 없다는 생각으로 귀결된다. 그러므로 아리스토텔레스(Aristotle)의 철학에서는 인격적인 삼위일체 하나님께서 만물을 창조하고, 다스리고, 그리고 섭리하신 분과는 다른 원인을 추리하고 있다. 성경은 제 1원인을 삼위일체 하나님으로 말할 때 인격적인 세 위가 동시존재, 동등영광, 그리고 동일권능으로 존재하심을 가르치고 있다. 제1원인의 존재론은 제1인격인 아버지께서 일하심으로 제2인격인 아들도 일하시고 계심(요14:10)을 가르치고 있다. 삼위일체 하나님께서는 부동(不動)의 동자(動者)가 아니고 시간 이전에 영원세계에서 만물에 관한 설계도를 작성 하신 인격적 사역자이시며 시공간의 세계에서 섭리하시는 일을 하고 계시는 모든 만물을 보존하시고 다스리시는 인격적인 하나님이다.

둘째. 아퀴나스(Aquinas)가 스페인계 유대인 신학자인 마이모니데스(Maimonides, 1135-1204)로 부터 사상을 이어 받은 것으로 보이는데 그는 하나님의 존재에 관한 변증학의 기본원리를 성립 시킨 사람이다. 마이모니데스(Maimonides)는 "만물에 관한 신적인 토양을 발견하려는 노력에 있어서 인간의 마음은 제한적인 능력을 가지고 있다. 그것은 한 분의 인격적인 하나님의 존재와 다른 많은 종교적 진리를 성립시킬 수 있으나 계시에 의해 알려주시기를 기뻐하시는 하나님 없이는 사람에게 뚫고 들어갈 수 있는 더 높은 진리의 영역이 존재하지 않는다.[175]"라고 말했다.

여기에서 언급한 내용 가운데 인간이 제한적인 능력을 가지고 있다는 말은 보편적으로 타당성 있게 들린다. 그러나 하나님의 인격적인 존재와 다른 종교적 진리를 병행하여 진리의 영역에 관한 공통분포를 형성하려고 하는 시도는 기독교의 독자적 절대성을 무시하는 시도이다. 그리고 동시에 다른 종교에 대한 계시를 말하면서 그 계시의 하나님 없이는 더 높은 진리의 영역이 존재하지 않는다는 말은 스스로 모순적인 말이 될 수밖에 없다. 다른 종교는 계시적 진리가 없기 때문

---

175) Avery Dulles, A History of Apologetics, (Hutchinson of London & Corpus of New York, 1971), p.88.

이다. 그리고 다른 종교는 진리의 영역이 사실상 존재하지 않는다. 이러한 주장은 인간을 제한적으로 본다는 의미에서 전적타락을 개입시키지 않고 인간 능력의 한계점을 어디에다 두느냐의 문제를 지시하고 있을 뿐이다. 문제가 되는 것은 특별계시를 통해 알 수 있는 하나님의 영역과 일반계시를 통해 불신자라도 하나님의 존재만을 알 수 있는 영역을 동일시하고 있는 점이다. 일반계시를 통한 하나님에 관한 인식과 특별계시를 통한 하나님의 인식은 근본적인 차이가 있다. 계시론에 대한 무분별한 적용은 자칫 잘못하면 기독교의 진리와 타종교의 진리를 공통 분포의 선상에 두고 진리의 전제를 무시한 무의미한 진리를 말할 수 있다. 이러한 생각은 하나님의 계시와 진리의 영역을 말하지만 우리의 죄악으로부터 해방을 주는 참 진리의 전제가 되는 특별계시를 무시한 일이 된다. 이러한 무전제의 계시주의나 진리주의는 삼위일체 인격적 하나님을 아는 문제에 있어서 인식의 접촉점이 애매하게 된다.

셋째. 아퀴나스(Aquinas)는 자신의 이성을 사용함으로 진리에 도달할 수 있다는 점을 강조하고 있다. 기독교 중심교리가 되는 삼위일체, 예수님의 도성인신(Incarnation), 육체적 부활, 그리고 재림에 의한 심판 등을 다루는데 있어 기독교 변증학(Christian Apologetics)의 방법론을 사용하고 있지만 사실상 상반되는 전환법을 적용하고 있다. 이성을 강조하지만 변증학의 방법론 적용에 있어서는 이성으로 이끌지 아니하고 권위로 이끌어가고 있다. 즉 "계시에 의존하지 않고는 진리를 알 수 없다. 진리를 철학적으로 증명하는 일은 무익하다. 기독교 변증학은 교회의 가르침을 우선으로 해야 한다. 이 가르침은 성경으로부터 인용해야 한다. 그 후에 이교도들에게 논박을 해야 한다."[176]는 주장이다.

그런데 아퀴나스(Aquinas)가 주장하는 권위주의적 변증학의 방법론 적용은 사실상 성경의 전제를 떠나 로마 카톨릭에서 표방하는 교황주의를 교회의 가르침으로 대치시키고 있다. 당시 교회의 가르침을 우선하는 사상은 교회사적 신앙고백주의를 말하는 것이 아니고 교회의 머리라고 주장하는 교황을 염두에 두고 하는 말이다. 이미 언급한대로 중세의 신학은 헬라주의 철학에 기초를 둔 이성주

---

176) Ibid, 89.

의 신학이 깊이 뿌리박고 있었다. 6세기를 넘어 초대 교황이라고 불리어지는 그레고리 1세는[177] 북방선교에 심혈을 기울이고 있었으며 교회 행정제도를 전 세계화 하는데 공을 세운 사람이다. 당시 전쟁에서 피를 흘리고 교회로 찾아온 병사들을 치료하고 음식을 제공함으로 어느 쪽에도 적대감정을 가질 수 없도록 한 후 그들에게 복음을 전하였다. 문제는 말을 타고 다니며, 활을 쏘고, 칼을 휘두르는 일에 능숙한 그들이 글자를 잘 읽을 수 없었다. 이에 그레고리 1세는 병사들에게 복음을 전하기 위해 우선 성찬을 강조하기 시작했다. 글자를 통한 인격적 인식을 중요시 하는 복음전도 방법에서 눈으로 보고 느끼는 전도 방법을 우선으로 하는 방향으로 전환된 것이다. 기독교 인식론에서 생각할 것은 합리적 인식이냐? 아니면 사건(Fact)적 인식이냐? 라는 문제가 대두된다. 합리적 인식은 이해를 돕기 때문에 이성적 이론이 작용하게 된다. 사건(Fact)적 인식은 보고 만지는 일에 기반을 두기 때문에 역사적 인식을 중요시 할 수 있다. 그러나 양자는 서로 동 떨어진 인식으로 존재하기보다 서로 협력 관계를 유지해야 한다. 로마 교조주의(Catholicism)는 신학을 특히 변증학을 헬라철학에 기초한 인간 이성주의를 강조하고 있다. 그러나 로마 교조주의(Catholicism)의 성례관에 들어가면 가시적 경험에 중점을 두는 화체설(Substantiation)을 강조한다. 이는 기독교 교리와 성례관 사이에 양자가 서로 모순되게 작용한다. 이로 인하여 구원론, 마리아론, 그리고 교황 무오설(無誤說) 등에 들어가면 성경하고는 거리가 먼 모순투성이 신학이 존재하고 있다.

아퀴나스(Aquinas)는 교회의 권위를 강조하고 있다. 그 교회의 권위는 천상

---

177) 그레고리 1세(Gregorius I, 540?-604)는 로마 카톨릭의 초대 교황으로 로마 카톨릭 교회에 많은 업적을 남긴 사람이다. 그의 또 다른 호칭은 "교회박사, 최후의 라틴교부"로 불리어졌다. 그는 로마 시장으로 지내다가 부친이 세상을 떠나자 모든 가산을 정리하여 구제 사업에 힘쓰기도 했다. 교황으로 피선 된 후 왕권과 같은 정치적 힘을 행사하였다. 그 힘의 원인은 "로마의 주교는 베드로의 후계자" 라는 주장으로부터 기인하였다. 그는 현명한 정치가였을 뿐만 아니라 사상적 통합의 기묘자로 지칭을 받을 수밖에 없었던 것은 그가 영국 선교를 실현 시켰고, 카톨릭 교회의 제도를 확립 시켰을 뿐만 아니라, 또한 신학의 혼합적 요소를 가미 시켰기 때문이었다. 그의 신학적 근본은 반펠라기우스(Semi-Pelagius) 요소를 기반으로 하고 있다. 또한 어거스틴(Augustine)의 신학에 이교도적인 요소를 가미하였고, 한편 성경과 고대 4대 신조를 전승으로 인정하였고, 삼위일체론과 예수님의 2성 1인격을 인정하였다. 그러나 연옥설, 죽은자를 위한 미사, 그리고 전승을 성경과 같은 권위로 인정했다.

의 교회 즉 보이지 않은 교회(Invisible Church)를 두고 하는 말이어야 한다. 그러나 로마교회에서는 보이는(Visible) 교황중심의 교회를 두고 하는 말이다. "교회의 가르침을 우선으로 하되 그 가르침은 성경으로부터 나와야 한다."라고 말하고 있지만 그 교회의 가르침은 교황을 중심으로 하는 말이지 성경의 전제와 역사 교회의 신앙고백을 두고 하는 말이 아니다. 그의 "이교도에 대한 반론(Summa Contra Gentiles)"이란 저술에 나타난 변증학을 보면 교황우선주의를 강조하는 내용으로 가득 차 있다. 그러나 교회사적 신앙고백주의는 성경 자체에 대한 신앙고백을 교리화 또는 체계화 했다는 사상이다. 교황중심의 교회론을 주장하는 것은 이미 회색주의 변증학을 넘어 흑색주의로 전환하고 있다는 말이다.

나아가 아퀴나스(Aquinas)는 권위와 이성에 있어 질서 있는 종합적 관계를 설정하지 못하고 있다. 하나님의 인식론에 있어 권위를 강조하는 한편 인식에 대한 이성의 역할을 열등하게 취급함으로 인식에 관한 역할을 주장하기보다 상하의 관계를 설정하도록 만들고 있다. 헬라철학의 이성주의에 신학을 도입하고 있지만 한편으로는 이성에 의한 신의 인식론을 저급하게 취급하고 있기 때문이다. 어거스틴(Ausustine)은 권위와 이성에 있어 하나님을 인식하는데 창조론을 전제하였다. 인간이 창조 될 때 신앙은 권위에 예속된 것이며 이성은 계시와 권위를 인식하기 위한 선험적 능력으로 규정하였다. 그러나 아퀴나스(Aquinas)는 하나님을 인식하는데 있어 우선적으로 권위를 강조하고 있다. 그러면서 이성이 하나님을 인식하는데 있어 선험적 능력의 역할을 하는 일을 배격하고 있다. 즉 이성이 성령님의 주권아래 하나님을 인식하는 기능적 역할을 하는데 대해 배타적 입장을 취하고 있다. 이성을 중요시하는 스콜라주의(Scholasticism)의 대가가 신의 인식론에 있어 이성의 기능적 역할을 배제하는 자체 모순을 취하고 있다. 그것은 하나님의 존재에 대한 증명이 로마 교조주의(Catholicism) 신학과 상통하고 있다는 말이다. 로마 교조주의(Catholicism)의 신 존재 증명은 우주론적 증명(Cosmological Argument)과 목적론적 증명(Teleological Argument)이 주류를 이루고 있기 때문이다. 그런데 이상한 것은 이러한 증명들은 이성으로 접근할 수 없다고 아퀴나스(Aquinas)는 모순적인 주장을 하고 있다.

이러한 주장은 아리스토텔레스(Aristotle)의 부동(不動)의 원동자(原動者)라는 제1원인과 제2원인의 원리를 인용하는데서 부터 그 원인을 찾을 수 있다. 어떤 것도 물(物, Nous) 자체로는 원인이 될 수 없다는 실재론(Realism)에 그 기원을 두고 있다. 그렇다면 우리는 결국 제1원인 즉 만물의 원동자(原動者)를 인정할 수밖에 없게 되는데 기독교에서 말하는 창조주로서 인격적인 삼위일체 하나님께서 제1원인이 될 수 있는가? 라는 문제가 대두된다. 결론부터 말하면 아퀴나스(Aquinas)의 제1원인의 신 존재 증명이 기독교와 일치하지 않는다는 점이다. 기독교에서는 설계자인 제1원인과 만물을 다스리는 통치자를 동일선상에 두고 생각해야 된다는 점이다. 즉 제1원인으로부터 유추된 다른 만물의 개념을 고려하지 않는다는 말이다. 좀 더 첨가하여 말하면 원인의 원인을 고려하지 않고 원인으로부터의 또 다른 유추된 사물을 생각할 수 없다는 말이다. "만물은 오직 창조주 하나님의 피조물이다."라는 성경 교리가 결론이다. 그러나 아리스토텔레스(Aristotle)와 아퀴나스(Aquinas)가 주장하는 제1원인으로서의 신 존재 증명은 만물의 설계자와 통치자의 관계를 일치하지 않게 보고 있다.[178] 결국 이러한 주장은 창조에 대한 신앙을 거절하게 만들며 결국 만물에 대한 인식을 하나님의 인식과 연관 시킬 때 잡다한 신의 개념 또는 만물의 유출설을 말할 수밖에 없는 철학으로 빠져버리게 만든다. 이러한 주장은 무(無)로서의 원인 즉 하나님을 거절하게 만든다. 결국 아퀴나스(Aquinas)가 신의 존재를 말할 때 합리적 증명을 저급하게 취급함으로 이성적 인식을 무시해 버리고 말았다. 이성주의를 강조한 그가 스스로 이성주의를 무시하는 모순을 범하고 말았다. 문제는 신학과 철학의 방법론에 있어 이성을 강조하는 스콜라주의(Scholasticism)의 대부로 등장한 그가 하나님의 존재를 증명하는 일에 있어서는 이성의 역할을 저급하게 취급함으로 스스로 모순을 드러내고 말았다. 이는 성령님께서 이성을 사용하여 하나님의 존재를 인식하게 하는 어거스틴(Augustine)의 입장과는 다른 방향을 제시하고만 것이다. 어거스틴(Augustine)은 권위와 이성은 기능과 방편에 있어 각자의 역할을 하고 있으나 서로 협력관계를 가지고 있다고 주장했다. 권위에 신뢰를 보내는 신앙의 기능으로서의 믿음과 이해의 기능으로서의 이성을 강조하고 있다.

---

178) Colin Brown, Philosophy & The Christian Faith, (The Tyndale Press, London. Published in America by Inter Varsity Press, 1968), p.27.

4. 윌리엄 옥캄(William Occam, 1280-1347))

그는 영국 특색을 지닌 실천적이며 비판적인 보수주의를 함께 소유하고 있으면서 이성주의를 배격하는 신학자였다. 스콜라주의(Scholasticism) 신학에 속하였지만 유명론(唯名論, Nominalism)을 주창하였기 때문에 파리 대학을 위시하여 유럽에 막대한 사상적 영향을 끼친 나머지 그로 인하여 스콜라주의(Scholasticism) 신학이 와해되기 시작했다.

유명론(唯名論, Nominalism)과 실재론(實在論, Realism)은 스콜라주의(Scholasticism) 신학의 영역 안에서 논쟁의 불을 붙이는 역할을 했다. 두 학설은 서로의 상반(相反)되는 요소를 지니고 있었다. 유명론(Nominalism)은 옥캄(Occam)에 의해 완성단계에 들어섰다. 이미 헬라철학의 스토익(Stoic) 학파에서도 유명론(Nominalism)과 유사한 사상이 나타나고 있었다. 이는 보편의 실재론을 부정한 사상이었다. **"보편 즉 신(神)은 물(物, res) 뒤에 있는 이름(nomina post res)에 지나지 않는다."**는 주장이다.

옥캄(Occam)에 의해 제창된 유명론(唯名論, Nominalism)을 정의하면 "개체란 나눌 수 없는 존재로 보편으로부터 연역하여 증명할 수 없는 성질이다."라는 이론이다. 이는 감각적 자연을 신으로부터 분리시켜 독립적으로 파악하려는 시도이다. 감각적으로 자연을 파악하는 기초는 감각적 경험 이외의 것은 없다는 주장이다. 직관적(直觀的) 인식(cognitio intuitiva)을 모든 지식의 기초로 규정한 이론이다. 그러나 이러한 직관적(直觀的) 인식(cognitio intuitiva)은 그대로 지식으로 연결되는 것은 아니다. 여기에서 추상이라고 하는 참된 지식인 추상적 인식(cognitio abstractiva)이 형성되어지는 것이 바로 이성이라고 주장했다. 이는 신과 개물 사이의 관계를 규명하는데 있어 신 자체의 본질이 의지로서의 신과 이성으로서의 신이 대립적 관계를 형성하고 있다고 말한다. 즉 신은 감각적 개물에 대하여 보편으로서 실재가 부정되고 있다는 주장이다. 이는 이성으로서의 신 즉 보편적 의지로서의 신을 부정한다. 신은 개성적인 의지로서 실재한다는 말이다. 신의 존재는 이성적인 보편으로서가 아니라 개별적인 의지로서 실재

하는데 신의 존재를 파악하려는 의도는 신앙으로 나타나고 있다는 주장이다.[179]

유명론(Nominalism) 철학은 보편과 감각적 자연과의 관계에 있어 불가지론 (不可知論, Agnosticism)적인 요소를 내포하고 있다. 사실 철학의 역사를 살펴 보면 신의 존재를 수없이 논증해 왔으나 인격적인 하나님을 교제의 관계에서 증 명한 사실은 성경밖에 없다. 미세하나마 이성주의적 관점에서 존재의 개념정도 를 말할 뿐이다. 결국 보고 만질 수 있고 교제할 수 있는 인격체로서의 하나님을 증명 하는 일에 있어서는(요14:8-9, 요일1:1-3) 불가지론(Agnosticism)으로 떨 어지고 말았다. 심지어 이성주의 입장에서 신의 존재를 증명하려고 몸부림치다 가 신 존재 증명 자체를 불가지론(Agnosticism)으로 몰아넣고 말았다. 스콜라 주의(Scholasticism) 속에 숨어 있었던 불가지론(Agnosticism)은 근대철학에 들어 와서 노골적으로 싹트기 시작했다. 존 로크(John Locke)와 칸트(I. Kant) 두 사람은 불가지론(Agnosticism)을 강하게 주장했는데 칸트(Kant) 이후 불가 지론(Agnosticism)의 파생으로 실재론(Realism)이 철학계에 범람 하게 되었는 데 실상은 유명론(Nominalism)의 반대급부로 나타난 현상이다. 그러나 불가지 론(Agnosticism)을 추구하는 입장에서는 실재론(Realism)과 유명론(Noninal-ism) 두 사상 모두가 인식의 궤도를 같이 하고 있다.

유명론(唯名論, Nominalism)에서 "개체를 보편으로부터 연역하여 증명할 수 없다."고 말한다면 우주에 대한 유신론적 지식을 배격한다는 말이 된다. 우주 는 우리의 주위 환경까지를 포함하고 있기 때문이다. 성경은 인간의 인식, 우주의 존재, 그리고 하나님의 인격적 인식을 동일선상(Cotermination)에서 보아야 할 것을 말씀하고 있다(창1:1-2, 욥39:1-30, 40:15-24, 41:1-34, 시4:8, 66:1-4, 막13:24-27, 벧후3:5-13). 인간의 존재와 우주의 존재는 궁극적으로 하나님의 존재를 인식할 때 올바른 인식으로 들어간다. 우리 주위에 존재하고 있는 지식은 인간 자신을 주위의 환경과 비교 대조 할 때 생겨난다. 그 지식은 궁극적으로 하 나님의 존재 인식으로 연결된다. 인간 주위에 존재하고 있는 우주적 환경은 인간 의 존재에 선행하고 있다. 그 선행은 하나님을 전제하고 있다. 하나님께서는 인

---

179) 그리스도교 대사전, (대한기독교서회, 서울시 종로구 종로 2가, 1977), p.822.

간 존재의 가장 근원적 원인이다. 인간은 우주를 전체적으로 올바르게 인식할 수 없다. 나아가 하나님을 올바르게 그리고 완전히 인식하지 못한다. 그러나 하나님께서는 우주와 모든 인간을 정확하게 인식하시고 인도하신다. 다른 말로 말하면 인간이 인식하고 있는 존재인식은 완전한 인식이 아니다. 하나님과의 인격적 인식이 이루어 져야 우주와 하나님을 올바로 인식하게 된다. 그럼에도 불구하고 그 인식은 양적인 면에 있어 전 우주를 다 인식할 수 없으며 하나님과 통할 수 없는 속성(Incommunicable Attribute)에 도달할 수 없다. 인간이 인식할 수 있는 한계에서 우주와 하나님을 질적인 면에서 부분적으로 인식할 수 있다는 말이다. 인간의 사악한 생각은 항상 아집에 사로잡인 주관적이기 때문에 우주와 하나님을 정확하게, 완전하게, 그리고 전체적으로 인식하지 못한다. 그러나 하나님께서는 전지전능의 인격을 가지고 계시기 때문에 우주와 인간을 정확하게 그리고 모두를 인식하고 있다. 그 인격은 우주와 인간을 정확하게 인식할 뿐 아니라 만물을 보존하고, 통치하고, 그리고 섭리하시는 절대적 요소이다.

유명론(Nominalism)에서 주장하는 개체를 보편으로부터 연역(Deductive)하여 증명할 수 없다는 주장은 인격적인 하나님의 존재를 궁극적으로 부정해 버리는 생각이다. 감각적 인식을 지식의 기초로 하여 감각적 자연을 파악하는 근원은 감각적 경험을 우선으로 하되 직관적 인식(cognitio intuitiva)을 지식의 기초로 삼고 있다는 말인데 이는 지식의 기초를 하나님의 인식론에 의존하지 않고 있다는 말이다. 이것이 바로 불가지론(Agnosticism)으로 연결된다. 감각적 경험과 지식의 연결은 인식의 한계를 드러낼 뿐 완전하고 올바른 인식의 불가능을 말할 뿐이다. 성경이 말씀하는 인격적 하나님의 인식은 인간 자신과, 우주와, 그리고 하나님의 인식을 동일선상에 두고 생각하기 때문에 우리는 하나님을 모두 인식할 수 없고 우주를 모두 인식할 수 없음에도 불구하고 부분을 정확하게 인식함으로 하나님과, 우주, 그리고 나 자신을 올바로 알 수 있다는 말이다. 즉 하나님께서는 어떤 분이신가? 그분이 어떻게 일하고 계시는가? 그리고 우주와 나 자신은 어디에서 왔는가? 를 정확하게 알고 계신다는 말이다.

또 다른 문제가 유명론(唯名論, Nominalism)에서 제기 되는데 그것은 신과 개물 사이의 인식론에 있어 의지의 하나님을 강조하여 "이성을 의지와 대립적인 관계로 보고 있다."는 점이다. 그렇다면 창세 전에 존재하신 하나님께서는 의지로서만 존재하신다는 말이다. 의지의 신을 강조함으로 신의 존재를 파악할 수 있다는 주장은 일맥 성경적인 것처럼 보이지만 문제는 보편과 개물 사이의 인식론에 있어 의지로서의 하나님을 강조함으로 이성과 의지를 대립적인 관계로 보는 신의 존재론으로 기울어져 버리는데 문제가 있다. 하나님의 인격은 완전한 이성과 완전한 의지를 포함하고 있다. 유명론(唯名論, Nominalism)의 의지주의는 보편의 의지를 강조함으로 전지전능의 하나님을 부정하는 결과를 초래한다. "신은 개성적인 의지로 실재한다."고 주장하게 되면 하나님의 인격은 물론 인간의 인격이 우주와 관계가 없다는 말로 귀결된다. 그것이 바로 **보편은 물(物, res) 뒤에 있는 이름에 지나지 않는다**는 주장이다. 즉 하나님께서는 인격적으로 **물(物, res)을 다스리고 섭리하지 못하신다**는 말이 된다. 나아가 창조함을 받은 인간의 의지와 지식이 인격적 요소라는 주장을 배격하게 된다.

그러나 우리가 여기서 주의할 점은 인간의 주위에 존재하는 모든 것들이 인격적이라는 말은 아니다. 기독교인들은 인간의 주위에 있는 인격적인 존재와 비인격적인 존재를 다스리는 절대적인 인격체는 하나님이시라는 신앙을 고백하고 있다. 유명론(唯名論, Nominalism)이 주장하는 "하나님께서 개성적인 의지로 실재한다는 말 즉 보편은 물(物, res) 뒤에 있는 이름에 지나지 않는다."는 말은 우주와 인간이 하나님의 인격에 의해 형성되고, 다스려 지고, 그리고 섭리되어짐을 배격하기 때문에 보편과 물(物, res) 사이 즉 창조주와 만물의 사이를 필연적인 인격적 주권에 의해 형성되어 있음을 부정하는 주장이 되고 만다.

인간을 해석하는 근원과 우주를 해석하는 근원은 인격적인 하나님이시다. 이 해석에 있어 우주의 외연(外延, Denotation)은 하나님의 내포(內包, Connotation)에 의존한다. 즉 모든 만물과 인간을 해석하는 원리는 하나님의 작정(Decree)에 의존한다는 말이다. 유명론(唯名論, Nominalism)에서 보편과 개물의 필연적인 창조주와 만물의 연관관계를 부정하는 주장은 바로 하나님의 내포(內包, Connotation)에 의한 우주와 인간에 관한 섭리를 부정하는 주장이다. 이는 역사적인 사건을 해석의 근원으로 삼는 것이 아니고 자아논리에 의존한다는 말이다. 신적작정(Decree)은 시간 이전의 영원에 있어서의 계획인데 이는 사건에 해당한다. 영원과 영원 사이의 역사는 시간적 사건으로 정의할 수 있다. 창세전의 영원과 우주의 종말 이후의 영원이란 관점에서 볼 때 유명론(Nominalism)에서 말하는 보편과 물(物 res)의 관계는 전혀 성립될 수 없는 인식론이다. 유명론(Noninalism) 철학에서 말하는 보편과 물(物, res)의 관계는 제한적이며 지엽적인 인식을 통해 영원 전의 사건과 영원 후의 사건을 인식하려는 무지한 생각에 불과하다. 물(物, res)의 개념은 우주에 관한 지엽적인 부분까지도 정확하게 정의할 수가 없기 때문이다. 그 이유는 보편의 개념을 떠나 물(物, res)을 생각하고 있기 때문이다. 그것이 바로 불가지론(Agnosticism)으로 연결되는 개념이다. 성경은 하나님의 인격, 그분의 사역, 그리고 그분이 심판할 종말을 일치선상에 있다는 것을 말씀하고 있다. 그러므로 우리는 우주에 관한 자신의 작은 부분이라도 거기에 하나님의 뜻이 존재한다는 것을 인식하게 되면 성경에서 말씀하는 하나님에 관한 정확한 부분을 인식할 뿐 더러 우주를 다스리시는 하나님의 전체적인 부분을 인식하게 된다.

유명론(唯名論, Nominalism)에 대해 반대의 개념을 말하는 실재론(實在論, Realism)을 분석하면 인식의 대상이 우리의 의식과 주관을 초월한 독립된 실체가 존재한다는 주장이다. 객관적 파악에 의해서만 참다운 인식이 존재한다고 보는 입장이다. 중세의 실재론(實在論, Realism)은 인식에 있어 주관에 대한 객관적 독립성을 인정하기보다 관념적으로나 정신적으로 보는 견해가 강했다. 이는 객관을 포착하는 인식이 실체를 보는 견해에 따라 여러 종류로 나누어 질 수 있다는 주장이다. 여기에서 말하는 객관이나 실재(Reality)는 관념적 또는 의미적 대상을 말하고 있다. 보편 논쟁에 있어 유(類)와 종(種)의 개념이 개물에 대하여 시간적으로 선재한다는 주장이다.[180]

실재론(實在論, Realism)에 대한 문제점을 지적해 보자. 실재론(Realism)이 객관적 인식론을 주장하고 있지만 결국에 가서는 유명론(唯名論, Nominalism)

---

180) 철학대사전, (학원사, 서울시 영등포구 양평동 5가, 1974년 10월), p.651.

과 마찬가지로 불가지론(不可知論, Agnosticism)으로 떨어지고 말았다. 이러한 불가지론(Agnosticism)은 객관에 대한 주관적 인식의 관계가 잘못 설정되어 있기 때문이다. 이러한 인식론은 객관에 대한 파악은 주관적 정신이나 관념으로 이루어지는 것을 강조하고 있다. 그러나 그러한 주관적 인식에 의해 객관에 대한 파악이 일어나는 것이 아니다. 객관적 인격체로 말미암아 객관적 실재(Reality)를 인식해야 가능한 것이다. 주관을 초월한 독립된 실체를 객관적으로 인식해야 된다는 말이다. 만약 인식론에 들어가 주관적 관념과 정신에 의해 객관의 실재(Reality)를 인식할 수 있다고 가정하게 되면 개개의 주관적 관점에 따라 객관적 실재(Reality)를 각자 다르게 정의할 수밖에 없다. 이는 객관적 실재(Reality)를 정확하게 인식하지 못한다는 말이 된다. 즉 종국에 가서는 불가지론(Agnosticism)으로 떨어질 수밖에 없다. 그렇다면 주관에 의한 객관적 인식은 전혀 불가능한 것인가? 주관에 의해 객관의 인식을 바로 세울 수 있는 길은 객관적 인격에 의해 객관적 인식을 주관자에게 주지시켜 줄 때에 가능하다.

그것이 바로 성경이 말씀하는 인식론이다. 삼위일체 하나님을 인식하는 것이 객관적 하나님을 바로 인식하는 근본 원리가 된다. 인격적인 삼위일체 하나님께서는 객관을 인식하도록 하는 방법에 있어서 인격적인 하나님께서 스스로 인격적 접촉을 통해서만 객관적 인식을 가능하게 만드신다. 삼위일체 하나님을 고백하는 사람들은 객관적인 하나님을 동일하게 인식하고 있다. 즉 객관적으로 존재하는 실재(Reality)는 인식의 방법에 있어서도 객관적 사역에 의해 주관적으로 적용된다. 인식하는 각자의 주관이 시공간의 사역에 따라 다르게 나타나지만 인격적 하나님에 대한 인식은 삼위일체 교제의 하나님으로 동일하게 고백되어진다. 성령님은 객관적 사역을 주관적으로 적용하실 때 하나님의 인격과 구속 사역을 모든 성도에게 동일하신 하나님과 동일하신 예수님을 인식하도록 적용하신다. 역사를 다스리시고, 만물을 지배하시며, 그리고 섭리적 사역에 있어 사역의 주관자로 일하시는 성령님께서는 객관적 사역을 통해 하나님의 초자연성과 일반은총의 오묘한 사역을 나타내 보이신다. 그러나 각기 인격적 특성을 지니고 태어난 각 사람들에게는 각자가 가지고 있는 인격을 이용 하시어 그 인격에 알맞게 구속을 적용하시며 각 인격의 특성을 살려 하나님의 섭리에 응하도록 주관적으로 적용하신다. 이러한 구체적 사역은 하나님과 인격적 교제를 전제로 하기 때문에 삼위일체 하나님께서는 실재론(Realism)에서 말하는 관념적이며 의미적 대상이 될 수가 없다. 쉽게 설명하면 우리가 태어나고 예수님을 구세주로 받아들이고 하늘나라에 가서 영생을 누리는 일이 공상에 머무는 이념이 아니고 지도를 보고 목적지를 향해 찾아가는 것보다 더 정확한 시공간 세계에서의 구체적 사역을 성령님께서 주관하고 계신다는 말이다. 객관적이며 주관적 사역자인 성령님께서는 객관적 설계자인 하나님 아버지에 의해 객관적으로 이루어 놓은 예수님의 구속사역을 주관적으로 죄인의 심령 속에 공작하시는 분이시다. 이것이 실재론(Realism) 철학과 근본적으로 다른 점이다.

다시 유명론(唯名論, Nominalism)에 대한 문제를 생각해 보자. 유명론(Nominalism)은 이성주의와 관계가 있다. 중세 스콜라주의(Scholasticism)는 합리적 이성주의를 철학과 신학 속에 뿌리 내리게 하는 사상이었기 때문에 기독교 변증학(Christian Apologetics)의 입장에서는 예민하게 다루어야 할 문제이다. 옥캄(Occam)의 주장을 좀 더 탐구해 보자. 그는 이성을 통해서는 초자연적 사물의 인식이 불가능 하다고 주장했다. 이성과 계시를 이원적(二元的)으로 양분하여 신에 대한 지식은 오직 신앙을 통한 계시의존적일 때 가능하다고 말했다. 그러므로 이성은 신의 존재를 증명할 수 없을 뿐만 아니라 제1원인인 신의 지식도 증명이 불가능한 것으로 보았다.[181] 이는 이성에 의한 신의 존재증명까지 부정한다는 말이 된다. 맞는 말로 들릴 수 있다. 그러나 이러한 주장은 이성에 의한 신의 인식론을 불가지론(Agnosticism)으로 떨어지게 만들었다.

결국 옥캄(Occam)은 불가지론(Agnosticism)의 선구자 역할을 했다. 삼위일체론, 창조론, 영혼불멸설 등의 교리에 대한 진리의 증명까지도 불가능하다고 주장했다. 그의 유명론(唯名論, Nominalism)은 일방적인 신앙의 주체성을 강화함으로 신학을 의지중심으로 전환 시키게 하였다.[182] 그의 스승인 존 둔스 스

---

181) 김의환 전집, 기독교회사, (총신대학교 출판부, 서울시 동작구 사당동, 2002년 11월), p.206.

182) Ibid, p.207.

코투스(John Duns Scotus, 1266-1308)는 비평적인 사상가였는데 아퀴나스(Aquinas)를 예리하게 비판하여 신앙과 이성에 대한 조화를 형성하려는 시도를 억지주장이라고 말했다. 성경에 기록된 하나님의 의지를 강조함으로 하나님의 존재를 합리적으로 증명하는 사변으로부터 탈출하여 성경의 권위에 입각한 존재 인식을 강조하였다. 옥캄(Occam)은 스콜라주의(Scholasticism)의 대부인 아퀴나스(Aquinas)의 신과 우주와의 관계를 유비론(類比論, Analogy)으로 설명하려는 방법론을 배격하고 하나님과 인간과의 인격적 관계를 상호 의지적 차원에서 설명하려는 실존주의적(Existential) 실재론(Realism)을 제창하였다.

옥캄(Occam)은 지적 개인주의와 성경의 권위를 교황보다 더 강조하였다. 합리적 이성에 의해 신 존재의 가능성을 증명하는 철학적 방법론을 거절 하였고 로마 카톨릭 교회의 교리에 회의주의를 제창함으로 교황의 권위를 성경 밑으로 끌어 내리는 작업을 시도한 것이 스코투스(Scotus)와 다른 점이었다. 그는 성경이 진리라고 말할 수 있는 이유는 영감으로 기록되었기 때문이라고 주장했다. 이러한 사상은 후에 종교개혁의 씨앗이 되었다. 루터(Luther)가 옥캄(Occam)의 저서를 밤새도록 읽었다는 사실은 주시할 대목이다.[183]

하나님의 존재를 증명하는 일에 있어 스콜라주의(Scholasticism) 철학에서는 하나님의 속성(Attribute)을 증명하는 일을 거절했다. 삼위일체 하나님의 속성을 통한 인식론을 부정하게 만들었다. 스콜라주의(Scholasticism) 철학이 **삼위일체 하나님의 인격**을 인식하는 교리를 거절함으로 하나님과 물(物, res) 사이의 관계를 영원한 계획과 시공간의 연장선상(Cotermination)에 놓여있는 점을 거절하는 결과를 가져왔다. 물(物, res)의 관념을 통한 신에 대한 인식은 신비의 세계를 올바로 해석하지 못하기 때문에 불가지론(Agnosticism)에 떨어질 수밖에 없다. 그 결과 신이 물(物, res)과 관계되는 인식론을 배격하게 된다. 즉 스콜라주의(Scholasticism)의 주관적 인식을 통해 하나님에 관한 객관적 인식을 규명하는 노력은 실패된 인식론이 되어 버리고 말았다. 그러므로 객관을 증명하는 주관주의의 무용론이 대두될 수밖에 없다. 그럼에도 불구하고 범신론(Panthe-

---

183) Ibid, p.207.

ism), 만유내재신론(Panentheism), 그리고 이신론(Deism) 등은 신의 존재를 물(物, res) 자체에서 찾으려는 노력을 버리지 못하고 있다. 그들은 시간 이전에 영원한 유일성(Unity)과 복수성(Plurality)으로 존재했던 하나님의 설계를 이해하지 못하고 있다. 신적작정(Decree)의 교리는 원인만을 제공하는 기계주의 사상인 이원론주의(Dualism)와 전혀 다르다. 영원의 원인은 시공간에서의 과정과 일치된 설계도이며 시공간에서 일어나는 과정은 종말에 완성될 영원과 일치한다. 그러므로 우주와 인간에 대한 인식은 영원 안에 존재했던 계획을 인식할 때 가능한 것이다.

중세 시대는 사실상 기독교 변증학(Christian Apologetics)이 사장되었던 시대였다. 6세기부터 11세기까지에는 일반 문화가 침체기를 맞이하여 헬라주의 문화가 퇴보하는 시기였다. 사회는 불안하였고 신학은 정착할 수 있는 기회마저 상실해 가는 시대였다. 그 원인은 로마의 멸망과 각 나라 제왕들 간의 극심한 갈등이었다. 그 결과 미신적 요소와 교리적 잡동사니를 끌고 들어온 로마 교조주의(Catholicism)가 전 유럽을 점령하게 되었다. 로마 교조주의(Catholicism)는 사람들의 정치적 입지와 사회의 문화적 생활을 침체 시키는 근원이 되었고 신앙적 교류를 할 수 없도록 사람들의 생각을 묶어버리는 족쇄가 되었다. 일부에서는 기독교와 유대주의 논쟁이 극심하게 일어나기도 했는데 일부 기독교 신학자들은 랍비들이 저술한 교재를 연구하는데 엄청난 시간을 낭비하기도 하였다. 문화적 사회적 퇴보는 모슬렘 교도들이 일어나는 원동력이 되었다. 기독교 변증학(Christian Apologetics)은 모슬렘을 대항하여 기독교 교리를 바로 세우는데 실패했다. 그 이유는 로마 교조주의(Catholicism), 사회적 혼란, 그리고 문화의 퇴보가 배후에서 작용함으로 기독교 변증학의 발전에 찬 물을 끼얹어 모슬렘의 발흥을 돕는 역할을 하고 있었기 때문이었다. 이러한 지적 요소를 짓이겨 버리는 모슬렘 종교와 함께 살아있는 기독교가 퇴보에 퇴보를 거듭하면서 죽음의 기독교로 변해가는 동안 반동적으로 나타난 사상이 바로 스콜라주의(Scholasticism)였다.

13세기에 저술된 토마스 아퀴나스(Thomas Aquinas)의 이방인에 대한 반론(Summa Contra Gentiles)은 기독교 변증학(Christian Apologetics)을 건설하는데 있어 많은 반응을 일으켰으나 14세기와 15세기를 거치면서 참된 기독교를 변증하는 일에 실패하고 말았다. 오히려 그 회색주의 변증학은 너무나 많은 철학적 요소를 가미하였기 때문에 기독교를 변호하는 역할에 있어 오히려 교리적 타락을 불붙게 만드는 주범이 되고 말았다. 스콜라주의(Scholasticism) 신학자였던 아벨라드(Peter Abelard, 1079-1144)[184] 역시 기독교를 변증하는 역할에 많은 영향을 끼쳤음에도 불구하고 참된 기독교 변증가가 되지 못하고 오히려 기독교를 폄하하는 역할을 하게 되었다. 그는 종교의 비교론을 통해 많은 종교 가운데 기독교를 하나의 종교로 간주하여 19세기 종교사학파(Religionsgeschichtliche Schule)가 주장하는 내용과 같은 종교학을 펴냄으로 이는 기독교 변증학이라기 보다 기독교를 폄하하는 종교비교론이 되고 말았다. 13세기 십자군 운동과 더불어 이교도 사상을 포함하고 있는 헬라주의가 유럽에 들어 올 때 함께 동반되어 들어온 아랍주의 철학은 아퀴나스(Aquinas)의 사상과 혼합되어 합(合, Synthesis)의 철학을 형성하여 기독교의 교리를 더욱 혼란스럽게 만들어 버렸다. 이어 종교개혁이 일어나기 전 15세기 로마 교조주의(Catholicism)는 콘스탄티노플(Constantinople) 지역의 타락한 기독교와 더불어, 고대 이교도주의(Paganism)와 함께, 인도주의(Humanism) 사상에 심취해 들어가고 있었다. 교회 안에서는 기독교 변증학(Christian Apologetics)이 절대적으로 필요한 시대에 회색주의에 고착된 스콜라주의(Scholasticism) 이념을 깨트릴 수 있는 신학이 그 어디에도 나타나지 못하고 있었다. 이는 결국 흑색주의 기독교로 전환시키는 발 돋음이 되고 말았다. 16세기로 들어와서는 기독교는 흑색주의 교리 앞에서 서성이는 신세가 되고 말았다. 흑색주의에 대한 반동(Reaction)은 다시 백색주의 신학을 일으키게 되었다. 그것이 바로 종교개혁 운동이다.

---

184) 기독교 대백과사전, 제 10권, (기독교문사, 서울 종로구 충신동 1993년 4월) p.975.에 수록된 내용인데 아벨라드(Abelard)는 유명론(Nominalim)과 실재론(Realism) 사이에서 갈등을 일으키다가 독립적인 논리를 개발해 냈다. 그 내용은 "사물들(res)의 진리는 논증할 수 없다."는 결론에 도달하게 되었다.

VI. 종교개혁시대의 기독교 변증학

중세 로마 교조주의(Catholicism)의 중추가 되었던 스콜라주의(Scholasticism)는 근본적인 기독교 교리를 병들게 하는 무서운 전염병을 퍼트리고 있었다. 중세 기독교 변증학(Christian Apologetics)에 있어 기독교와 적대적인 관계를 형성한 교리적 원인을 찾아내려면 유대주의, 사라센주의, 그리고 스콜라주의(Scholasticism) 등을 파헤쳐야 한다. 16세기 종교적 논쟁은 기본적으로 기독교 내부의 문제만이 아니고 전 유럽에 산재해 있는 정치, 경제, 교육, 문화, 그리고 사회적인 문제까지 포함하고 있었다. 개신교와 로마 카톨릭과의 교리적 전투는 교회 역사를 통해 내려온 신앙고백을 사수하느냐? 아니면 빼앗기느냐? 의 기로에서 피를 짜내는 신학적 전투였다. 연이어 교회와 국가의 정치제도를 개혁하기 위한 교황과 제왕들의 세력 다툼 사이에서 헤아릴 수 없는 생명을 희생하고 교회권력과 국가권력의 제도를 재정립하고 개혁하는 운동이었다.[185] 16세기 종교개혁은 종교의 영역을 넘어 국가의 정치제도, 문화, 그리고 사회에 까지 엄청난 파장을 일으켰음에도 불구하고 근원적인 개혁의 대상인 로마 교조주의(Catholicism)의 뿌리는 그대로 지금까지 남아 있으며 교회에 악영향을 행사하고 있다.

로마 교조주의(Catholicism)는 스콜라주의(Scholasticism)를 저변에 깔고 있는 반면에 교황권 강화를 위한 이성적 합리화는 물론 동방의 신비주의를 가미한 수직주의(Verticalism)를 추구하고 있었다. 중세의 실재론(Realism)은 로마 카톨릭 교회의 성례관에 영향을 끼쳐 그들의 교회를 떠나서는 구원이 없다는 전체주의(Totalism)를 강조한 반면 유명론(Nominalism)은 전체주의(Totalism)의 제도에서 벗어나 개인이 성경을 해석할 수 있다는 자유를 강조하였다. 14세기 문예부흥(Renaissance)을 통하여 사람들의 마음속에 각인되기 시작한 인간의 자율성을 강조한 이성주의는 성경을 자율적으로 해석할 수 있는 길을 열어주었다. 문예부흥(Renaissance)은 1350년 이후 약 300년 어간에 종교적 획일주의로부터 인문주의의 다양성을 개척한 시대를 여는 지주가 되었다.

---

185) Avery Dulles, A History of Apologetics, (Hutchinson of London & Corpus of New York Co LTD, 1971), p.112.

로마 카톨릭 교회는 중세를 거쳐 오면서 내적으로는 유명론(Nominalism)에 입각한 개인주의 성경해석의 원리를 제공하였다. 수도원 대학에서 갖가지 학문이 가르쳐진 것을 보면 알 수 있다. 문학과 어학은 물론 천문학, 일반 과학, 수학, 그리고 의학을 가르치며, 라틴어와 성경 원어 공부에 심혈을 기울였다. 그러나 아이러니한 것은 평신도들을 향해서는 무조건 로마교회의 전통에 복종할 것을 강요하였다. 수도원 대학에서는 인간 이성주의를 불태우는 아궁이에 연료를 계속 공급하였고 교회에서는 재도와 의식을 강조하여 그 열을 억누르는 솥뚜껑에 무거운 압력을 더하여 갔다. 인간이성을 불태우는 문예부흥(Renaissance)은 로마 교회처럼 억누르는 뚜껑이 없었기 때문에 14세기에 이르러 이성의 불길이 먼저 터져 나왔다. 수도원과 교회 내에서 신도들을 억누르던 전체주의의 뚜껑도 한계점에 도달하자 2세기를 지나는 시점인 16세기에 종교개혁이 터진 것이다.

종교개혁시대의 변증학을 논하자면 중세의 대학을 살펴보아야 한다. 또한 중세의 대학 가운데 흐르고 있는 신학의 주류를 알기 원하면 십자군 운동으로 형성된 동서 문화의 교류를 살펴보아야 한다. 동서 문화의 교류는 십자군 운동을 통해 형성되었다. 십자군 운동을 통해 동방의 문명과 더불어 헬라철학이 서방으로 유입되었고 헬라주의 철학을 통하여 플라톤(Platon)의 철학과 아리스토텔레스(Aristotle)의 철학이 유입되었다. 이 철학적 사상은 스콜라주의(Scholasticism)의 탑을 쌓는 주춧돌이 되었고 나아가 문예부흥(Renaissance)의 원인이 되었으며 그 문예부흥은 종교개혁의 뒷받침이 되어 개인적인 성경연구를 불태우는 용광로 역할을 하였다. 중세대학은 수도원을 중심으로 확장되어 나갔다. 거기에서는 언어학, 고대 문헌, 논리학, 수사학, 수학, 천문학, 음악, 그리고 미술 등 모든 학문과 예술을 연구하는 종합적인 학문의 전당으로 자리매김 하고 있었다. 학문의 절정은 12세기 이후 14세기를 기점으로 이루어졌고 유럽 전역은 각 지역에서 명문대학을 설립하기에 이르렀다. 각 학과가 증설되었고 신과, 의과, 그리고 법과가 전문화 되어갔다. 그런데 기이한 것은 모든 학문을 신학에 의존하고 있었다. 다른 학문을 연구할 지라도 신학의 일부분으로 생각했다. 즉 모든 학문이 신학에 종속되어 있었다. 이는 스콜라주의(Scholasticism)와 신학의 밀애를 의미하는데 후에 두 사상이 별거 상태가 될 때는 한쪽으로는 문예부흥으로 또 다른 한쪽으로는 종교개혁으로 나누어졌다. 14세기 문예부흥(Renaissance) 이후 교회는 제동장치 없이 위기를 향해 줄달음치고 있었다. 내적으로는 이성주의적 인문주의가 이미 오래전부터 수도원 대학을 점령하여 신학적으로 혼란을 일으키기 시작하였고 외적으로는 무거운 종교세가 유럽을 강타하여 모든 지역 국민들의 불평은 하늘을 찌르기 시작하였다. 이때 종교개혁을 일으키기 위해 세례요한의 역할을 하였던 종교개혁 이전의 개혁자들을 살펴 볼 필요가 있다.

1. 종교개혁 이전의 개혁자들

종교개혁은 하루아침에 일어난 쿠데타의 개념으로 그 의미를 평가할 수 없다. 예수님께서 이 땅에 오실 때 로마가 세계를 통일하고, 코이네 헬라어를 세계 공통 언어로 사용하고, 유대인들이 메시아 대망에 목말라 있을 때 세례 요한이 예수님께서 오실 길을 닦아 놓은 후 "때가 차매(갈4:4)" 예수님께서 육신을 취하시고 이 땅에 오신 것처럼 16세기 종교 개혁은 종교 개혁의 예비자들이 신학적 씨를 준비된 토양에 뿌리는 헌신적인 사역으로부터 시작되었다. 사도들과 바울로부터 이어온 어거스틴(Augustine)의 신학은 14세기 이후 스콜라주의(Scholasticism)로 인해 거의 아사상태를 벗어날 수 없을 정도로 죽어가고 있었다. 이를 안타깝게 여기며 종교개혁의 터를 닦은 샛별들이 있었다. 그런 의미에서 사실상 종교개혁은 이미 루터(Luther) 이전 14세기부터 시작된 것이나 다름없다. 종교개혁의 터를 닦은 이들을 종교개혁의 변증신학자로 합류시킨 이유가 있다. 그들은 로마교조주의(Catholicism)를 대항해 성경의 교리를 변호했기 때문이다.

1) 존 위클립(John Wycliffe, 1324-1384)

그는 영국 태생으로 명문 옥스퍼드(Oxford) 대학을 졸업한 후 모교에서 강의하면서 목회에 전념하였다. 위클립(Wycliffe)은 하나님의 주권사상을 신봉하는 신학자였으며 어거스틴(Augustine)의 신학에 탐닉되어 깊은 감화를 받았다. 그러나 개혁의 실제적인 내용은 교리적인 면보다 교황청의 무거운 세금 부과에 대한 항의를 강력하게 주장하는데 중점을 두었다. 교황청의 재정적 횡포를 막기 위

해 영국에서 대륙으로 건너가 교황의 이권개입을 공격하기까지 했다.[186]

위클립(Wycliffe)은 또한 문서운동을 통해 교황의 문제점을 지적하였다. 그가 주장한 하나님의 주권신학은 소유에 대한 교황의 주권주의를 공격하는 큰 무기로 등장했다. "모든 소유는 하나님께 속한 것이다. 사람들에게 일시적으로 위탁한 물질은 하나님을 위해 사용하도록 허용한 것뿐이다. 만일 사용하는 자가 그 사용의 권한을 남용했을 때 세속의 권력이 교회의 재산을 몰수 할 수 있다. 이 원리는 비록 재산 관리에만 적용될 뿐 아니라 교회정치에도 적용되어야 하며 만일 교황이 정치를 잘 못할 때에는 물러나야 하며 교황도 잘못을 저지를 수 있다. 그러므로 세속적이며 타락한 교황은 이단이 될 수도 있다."[187]고 주장했다.

교회론에 있어 참 교회의 회원은 예정된 자뿐이므로 보이는 교회의 직분을 받은 자가 함부로 교인들을 축출할 수 없다고 주장했다. 교황도 누가 참 교회 회원인줄 알 수 없기 때문에 교황이 발부한 파문장은 무효라고 주장했다. 성자숭배나 유물숭배를 배격하고 성지순례를 공로로 삼는 일을 비난했다. 성례에 있어 7가지 예식은 인정하되 화체설을 부정했다. 면죄부 판매와 죽은 자를 위한 미사를 반대했다. 이러한 교리들은 성경을 바로 알 때 더욱 정확하게 파악할 수 있다는 생각으로 그는 라틴어 성경을 모국어로 번역하는 일에 심혈을 기울였다. 시편 일부를 제외하고 성경 모두를 번역했다. 이 번역 성경을 전하는 젊은 전도자들을 모아 전도하였는데 그들은 가난을 삶의 목표로 삼고 각처로 다니며 전도하였다.[188]

이 전도운동을 막기 위해 결국 로마교회는 박해의 수순을 밟기 시작했다. 때는 1384년 위클립(Wycliffe)이 숨질 무렵이었다. 그 박해는 1401년 이단 대책회의가 열림으로 시작 되었고 1406년에 위클립(Wycliffe)을 반대하는 법안이 통과되었고 이어 1409년에는 위클립(Wycliffe)의 교리를 정죄하고 성경의 번역과

---

186) 김의환 전집, 기독교회사, (총신대학교 출판부, 서울시 동작구 사당동, 2002년 11월), pp.242-243.

187) Ibid, p.243.

188) Ibid, pp.244-245.

거리 전도를 금지했다. 이어 1415년에는 위클립(Wycliffe)을 260개 종목으로 정죄하고 그의 저서 모두를 불태웠다. 1428년에는 교황의 명령에 의해 위클립(Wycliffe)의 유해를 파내어 불태우고 그 재를 강물에 뿌렸다.[189]

2) 존 후쓰(John Huss, 1369-1415)

체코의 귀족 청년들이 영국에 유학의 기회를 얻어 위클립(Wycliffe)의 사상을 전수받고 보헤미아(Bohemia)로 돌아와 개혁의 깃발을 들기 시작했다. 그때 대학 교수이며 설교가로 명성을 떨치던 후쓰(Huss)가 개혁의 선구자로 나섰다. 그는 설교가로 더 유명했다. 프라하(Prague) 대학에서 가르치면서 사제 서품을 받고 프라하(Prague)에 있는 예루살렘 성당의 설교자로 임명되었다. 교회의 개혁이 점차 확대되자 1408년 개혁의 반대파인 고위 성직자들이 대주교들을 자기편으로 끌어들여 후쓰(Huss)를 이단자로 정죄하고 사제직을 빼앗고 바로 그날 콘스탄츠 근교에서 화형에 처했다.[190]

3) 지롤라모 사보나롤라(Girolamo Savonarola, 1452-1498)

사보나롤라(Savonarola)는 이탈리아에서 출생해 23세에 수도원 생활을 시작했다. 거기서 성경을 깊이 연구하면서 구원에 관한 교리를 깨달았다. 그 교리는 로마 카톨릭이 주장하는 공로주의 사상과는 전혀 상관이 없는 오직 하나님의 은혜로만 구원이 이루어진다는 사실을 깨닫게 되었다. 1491년 성 마가 수도원장이 되면서 개혁운동을 주도했다. 그는 당시의 정치적 부패와 도덕적 타락을 과감하게 비판하고 대안을 제시함으로 피렌체(Florence) 시에 큰 영향을 끼치게 되었다. 당시 교황은 사보나롤라(Savonarola)의 개혁운동을 무마시키기 위해 그를 추기경으로 임명했으나 그는 다음과 같이 말했다. "나는 추기경의 모자를 받지 않겠소. 그 대신 나는 붉은 피로 물들인 순교자의 모자를 쓸 것이오." 그리고 교황을 향해 "교황은 하나님을 모독하고 성직을 매매하는 자이며, 무신론자이며,

189) Ibid, p.245.
190) Ibid. pp.246-247.

그 밖의 여러 가지 죄를 범한자이다." 라고 공격하였다.

그는 말년에 "십자가의 승리"라는 저서를 저술하였는데 이 책은 기독교의 변증서로 문예부흥(Renaissance)의 이교성(異敎性)과 피렌체(Florence) 시 위정자들의 세도와 법정의 횡포를 비판한 책이다. 옥중에서 시편 51편의 미완성의 강해를 통해 이신칭의(以信稱義)의 교리를 천명하였다. 교황 알렉산더 6세는 사보나롤라(Savonarola)를 두려워하여 1497년에 그를 파문시켰지만 사보나롤라(Savonarola)는 이를 무효라고 선언하고 개혁의 투쟁을 계속하였다. 결국 사보나롤라(Savonarola)는 체포되었고 카톨릭 교회를 비난했다는 죄명으로 1498년 5월 23일 교수형에 처해졌고 시체는 시 정부에 의해 불태워졌다.[191]

종교개혁 이전 개혁자들의 기독교 변증학은 학문적 요소에 있어서도 많은 공헌을 남겼으나 순교의 제물로 기독교를 변호하는 일이 더 많았다. 영원한 구원은 모세와 선지자들의 말씀을 듣는데서 부터 시작된다(눅16:29-31). 그 말씀을 전하는 선지자들은 얻어맞으며, 능욕을 당하며, 그리고 죽임을 당하기까지 했다(막12:5). 구약에 나타난 그 사건들의 역사는 예수님의 실체와 연관된 그림자(골2:16-17)로 시공간에서 실현되었다. 드디어 그림자의 모습 그대로 실체가 되어 예수님께서 이 땅에 오셨다. 구약에 예언된 왕, 선지자, 그리고 제사장의 모습이 실현되고 있었다. 예수님의 실체를 기록한 신약성경이 구약의 연장선상에서 결실을 맺었다. 초대교회의 사도들은 예수님께서 위탁하신 교훈을 준수하는데 순교의 피를 주님께 드렸다. 그 피 값으로 신약성경, 사도 신조, 그리고 고대신조가 형성되었다. 역사는 아이러니를 반복하는가? 순교의 피와 신앙고백은 필연적인 연관성을 가지고 교회사를 주도해 왔다. 피 값으로 얻어진 신앙고백이 사방으로 퍼져 나갈 때 비약적인 교회의 발전을 가져왔다. 그 발전은 중세의 제왕들을 지배할 정도로 엄청난 세를 과시했다. 교회의 힘이 세상 국가를 억압하려 들자 타락의 고속도로는 속도제한이 없을 정도였다. 교황청의 지나친 과세와 돈 벌기 위한 수단으로 전락한 면죄부 판매는 일반시민들 까지 원성을 자아내게 되었다.

---

191) Ibid. p.248.

종교개혁 운동은 초대교회의 신앙고백을 다시 찾으려는 운동이다. 북유럽을 기점으로 신앙고백을 회복하려는 종교개혁의 불길은 수많은 순교자들을 양산해냈다. 이 복음이 세계의 구석구석을 찾아가기 위해 초대교회처럼 순교자들의 피를 요구하고 있었다. 그들은 코람 데오(Coram Deo)를 외치며 뜨거운 불길 속에서 숨겨갔다. 유럽에서 시작하여 동방으로 찾아온 복음이 한국교회를 이처럼 성장하게 만든 하나님의 뜻은 어디에 있는가? 특히 한국교회 많은 성도들이 순교의 제물이 된 하나님의 뜻이 어디에 있는가? 심오한 하나님의 뜻이 있을 것인데 왜 우리는 선조들이 고백한 신앙고백에 무관심하고 현실의 실리주의 기독교로 변해가고 있는가? 이는 종교개혁의 뜻을 저버리는 교회로 전락하고 있다는 말이다. 기독교가 **평안을 누리는 무시험이 가장 위험한 시험이라는** 루터의 말을 연상케 한다.

당시 종교개혁이 일어날 수밖에 없었던 요인들이 있었다. 첫째는 도덕적 요인이었다. 교회가 물질을 받은 대가로 신령한 축복을 파는 장사의 소굴로 변한 것이다. 그런데도 로마 카톨릭 교회는 스스로를 정화하기는 고사하고 그 장사하는 일을 교묘한 수단으로 하나님의 이름을 빌려 변호함으로 많은 사람들의 원성을 사게 되었다. 거기에 더하여 비싼 값을 지불 받으며 성직 매매를 시행한 것이다. 더하여 신부들의 독신생활이 문란해짐으로 사회인들까지 원성을 드높이기 시작했다.

다음으로 지적 수준의 발달이 크게 작용했다. 문예부흥(Renaissance) 운동은 중세 교황으로부터 지시를 받는 수직주의에 바탕을 둔 교권주의를 흔들어 놓았다. 그 교권주의는 헬라문화의 복귀, 개인적 지적주의 팽배, 중세 봉건제도의 몰락, 그리고 스콜라주의(Scholasticism)의 몰락과 함께 옥캄(Occam)의 사상이 유럽에 파고들었기 때문에 바닥부터 흔들리기 시작했다. 더불어 이러한 사상적 변화를 전 유럽에 쉽게 퍼지게 하는 역할을 한 인쇄술의 개발이 종교개혁의 또 다른 원인이었다.

또 하나 사회적 요인으로 문예부흥(Renaissance)이 농경사회를 산업사회로 바꾸어 버렸기 때문이다. 산업사회는 국가와 국가 사이의 교류가 빨라지는 변혁을 가져오게 함으로 각 제왕들이 교황의 단일 체제의 지배권으로부터 벗어나려는 용트림을 하고 있었다. 산업의 발달로 인한 각 국가와의 상업적 교류는 각 국가들이 경제적 유익을 얻기 위해 서로의 교류를 강화해 나가면서 도덕적으로 문란한 교황청에게 세금 내기를 꺼려하고 자신들이 속해있는 국가의 부흥에 초점을 맞추려는 서민들의 마음이 교황청과 멀어지게 되었다. 거기에다 교황청의 사치생활은 더욱 국민들의 원성을 사게 되는 촉매제 역할을 하였다.

2. 에라스무스(Erasmus)와 루터(Luther)

근대 신학의 기간을 규정할 때 루터(Luther)의 종교개혁 이후부터 시작하는 것이 통례로 되어있다. 그러나 여기서 에라스무스(Erasmus)를 루터(Luther)와 함께 취급한 이유는 기독교 변증학(Christian Apologetics)을 규정하기 위해서 정통주의 기독교 교리와 회색주의 요소를 띤 기독교 교리들을 다루어야 하기 때문에 기독교 인문주의 사상가인 에라스무스(Erasmus)를 말하지 아니할 수가 없다. 에라스무스(Erasmus)를 언급함으로 기독교 변증학(Christian Apologetics)의 입장을 정리하는데 도움이 되기 때문이다. 에라스무스(Erasmus)와 루터(Luther)는 사상적 뿌리를 함께 가지고 있었다. 그러나 에라스무스(Desiderius Erasmus, 1466-1536)는 화란의 인문주의 신학자였고 루터(Martin Luther, 1483-1546)는 독일의 종교 개혁자였다. 두 사람 다 신학에 열정을 가지고 교수로서 활동한 사람들이었다. 그러나 말년에 가서는 서로 신학적 논쟁으로 결별하게 되었을 뿐만 아니라 후에 에라스무스(Erasmus)는 로마 카톨릭과 프로테스탄트 모두로부터 배척을 당하게 되었고 루터(Luther)는 역사에 남은 종교 개혁자가 되었다. 두 사람 모두 로마 카톨릭의 스콜라주의(Scholasticism)와 교회의 외형주의를 공격한 사람들이었다. 둘 다 종교개혁에 뜻을 두고 있었다. 그리고 중요한 저서들을 남겼다. 그런데 에라스무스(Erasmus)는 종교개혁을 말하면서 로마 카톨릭을 떠나지 아니했고 루터(Luther) 역시 로마 카톨릭 교회로부터 파면 당하기를 원하지 아니했으나 성경의 원리를 굽히지 아니함으로 파문을 당하고 종교개혁의 불길을 당기게 되었다.

종교개혁은 피할 수 없는 기독교 변증학을 동반할 수밖에 없었다. 로마 교조주의(Catholicism)가 스콜라주의(Scholasticism)와 동방의 미신주의를 동시에 흡수하고 있었기 때문이다. 종교개혁은 성경의 교리적 원리로 돌아가려는 운동이었다. 그러나 당시 로마 카톨릭은 전 유럽의 문화, 교육, 경제, 사회, 그리고 정치제도에 까지 깊은 영향력을 행사하고 있었다. 그 이유는 로마 카톨릭이 천년이란 긴 세월을 통해 전 유럽을 지배하고 있었기 때문이었다. 더욱이 종교개혁은 헬라주의의 복고(復古, Restoration - Back to the Greek)를 외쳤던 문예부흥(Renaissance)과 궤도를 같이 하고 있었다. 복고적인 의미에서 볼 때 종교개혁은 초대교회 성경으로 돌아가자는(Back to the Bible) 운동이었다. 14세기 문예부흥(Renaissance)은 헬라문화로 돌아가는(Back to the Greek) 운동이었다. 그런 의미에서 문예부흥(Renaissance)은 종교개혁(Reformation)의 후원자 역할을 하고 있었다. 종교개혁은 국가에 속한 모든 분야의 문화에 까지 지대한 영향을 끼치게 되었으므로 단순한 기독교에만 속한 개혁운동이 아니었다. 종교개혁은 기독교 교리적 개혁을 넘어 교회 정치제도의 개혁, 교회와 국가의 제도적 분리, 그리고 사회의 윤리적 개혁까지 그 영향력을 행사하게 되었다. 그리고 굽힐 줄 모르는 개혁자들의 신학적 신념은 개신교인들의 수없는 순교의 피를 요구하고 있었다. 피의 싸움은 유럽의 30년 전쟁을 통해 잠잠해 지기 시작 하였으나 증오의 여운은 그 후에도 기독교 사상을 갈기갈기 찢어놓고 말았다.

1) 에라스무스(Desiderius Erasmus, 1466-1536)

인문주의자 에라스무스(Erasmus)는 로마 카톨릭을 대항해 종교개혁을 시도했다. 그리고 여러 가지 로마 카톨릭의 비 성경적인 요소들을 지적한 저술을 남겼다. 그러나 그는 인문주의 기독교인으로 평가될 수는 있었으나 종교 개혁자는 못되었다. 그것은 그의 유약하고 이중적인 성격으로 인해 종교개혁에 대한 의지가 그의 지적요소를 충족시킬 수 있는 실천이 따르지 못했기 때문이었다. 또한 그가 그렇게 될 수밖에 없었던 요인은 태생이 화란이었기 때문이었다. 당시 화란은 독일처럼 종교적 대립이 형성될 이슈가 크게 나타나지 않았다. 독일은 당시 세금문제로 농민들의 불만이 극에 달하고 있었으나 화란은 어느 정도 평온한 상태를 유지하고 있었다. 당시 독일은 연방제 정치제도를 시행하고 있었으므로 교황의 세력이 왕권을 직접 지배하지 못했다. 또한 화란에서는 문예부흥(Renaissance)을 통해 인문주의적 영향력이 유럽의 다른 어느 지역보다 강하게 나타났다. 그러나 독일은 종교개혁의 행동이 저변으로부터 끓어오르고 있었다.

또 한 가지 교육적 배경이다. 에라스무스(Erasmus)는 인문주의자들과 많은 교류를 하고 있었다. 특히 1499년 영국에서 수학할 때 인문주의자들과 깊은 교분을 나누게 되었다. 그리고 그의 학문 연구가 인문주의에 해당되는 분야가 많았다. 헬라어를 주로 연구하였고 더하여 고전 작가와 교부들의 저서를 많이 탐독하였다. 그는 헬라어를 라틴어로 번역한 저술도 많이 출판했다. 시문학 작성과 수사학에도 관심이 많았고 그 과목들을 대학에서 강의하였다. 그 결과 그의 인문주의 사상은 후에 회색주의 기독교 변증학을 성립시키는 일에 많은 영향을 끼치게 되었다. 또한 그가 인문주의에 빠질 수밖에 없었던 여건은 기독교 교리 형성에 있어 지적 학문의 중요성을 강조하였기 때문이다.[192]

하나 더 첨가한다면 시대적 상황이다. 루터(Luther)보다 17년 먼저 태어나서 종교개혁의 발판을 들어 올릴 시기와 장소가 마련되지 못했기 때문이다. 당시의 그가 처한 입장에서 종교개혁의 깃발을 드는 일은 오늘날 미개한 나라에서 군사정권에 대항해서 싸우겠다는 소수의 무리들과 같은 처지에 있었다. 에라스무스(Erasmus) 역시 로마 카톨릭의 스콜라주의(Scholasticism)와 교회의 의식적 외형주의의 맹점을 누구보다 잘 알고 있었다. 그리고 그 맹점들을 파헤쳐 공격하였다. 비 성경적인 요소들을 지적하여 저술하기도 했다. 그러나 당시 서슬이 시퍼런 로마 카톨릭을 향해 개혁의 화살을 쏜다는 것은 생명을 포기해야 하는 입장이었다. 거기에 화란은 독일처럼 시기적으로 사회적 여건이나 교리적 입장에 있어 로마 카톨릭에 대항하는 세력이 극단적인 대립상태로 치닫지 않고 있었다. 그러나 한 가지 생각할 중요한 사항은 에라스무스(Erasmus)의 이념이 배후에서 종교개혁의 불쏘시개 역할을 했다는 점이다. 많은 사람들이 그의 저술을 읽고 로마 카톨릭의 문제점을 인식하게 되었다. 에라스무스(Erasmus)는 종교개혁의 불씨

---

192) 그리스도교 대사전, (대한기독교서회, 서울시 종로구 종로 2가, 1977년 7월), p.706.

를 던졌다면 루터(Luther)는 그 불을 지른 사람이다. 모든 일에 있어 "만사에 때가 있으며 모든 역사가 하나님의 주권 아래 있다."는 섭리적 진리를 거역할 자는 아무도 없을 것이다.

그의 기독교에 대한 변증은 인문주의에 기초한 독자적 노선을 걷고 있었다. 그는 수도원 생활에 염증을 느끼고 그 속박에서 벗어나기를 원했으며 로마 카톨릭이 가지고 있었던 스콜라주의(Scholasticism)적인 요소를 배제하고 있었다. 교회의 웅장함에서 오는 세속주의를 보고 분노를 느꼈으며 더욱이 교황의 외교정책이 극단적인 세속주의에 빠져 피비린내 나는 전쟁을 유도한 사건들을 보고 교회에 대한 배신감을 감출 수가 없었으며 그 결과 로마교회의 우상주의와 헌금 탈취를 공격하기에 이르렀다.

그의 신학적 사상은 주로 신약 편집에 집결되어 있었는데 교부들의 신학을 많이 인용하였다. 그의 헬라어 번역 신약은 교황 레오 10세에게 헌정되어 받아들여졌으나 그를 반대하는 다른 신학자들로부터 강렬한 공격을 받았다. 그 이유는 번역과 신학적인 문제에 있어 많은 오류가 있었기 때문이었다. 또한 복음서와 바울 서신에 있어 너무 많은 의역을 가했기 때문이었다. 이로 인하여 후기의 편집자들이 많은 수정을 가하게 되었다. 오늘날 자유주의자들이나 회색주의 변증학을 선호하는 자들은 이러한 의역을 더욱 귀하게 취급할 것이다. 에라스무스(Erasmus)는 성경교리를 하나님의 권위에 입각한 계시론적 입장에서 생각하기보다 문학적으로 보는 경향이 강했다. 그러므로 그의 종교를 개혁하려는 신학적 입장은 역사적 신앙고백주의에 기초를 두기보다 일시적 사건중심의 부조리를 지적하는 입장이었다.

종교개혁이 일어나자 로마 카톨릭의 교회론을 비판한 그의 논설들은 혹독한 반대에 부딪치게 되었다. 로마 카톨릭으로 부터 교회를 분열시키는 악한 조성자라고 혹평을 받았다. 칼빈(Calvin)은 교회가 비록 부조리할지라도 하나님의 나라로서 섭리를 인정하고 그 교회 안에서 개혁을 시도할 것을 주장하였다. 에라스무스(Erasmus)는 교회에 나타난 부조리 자체만을 공격하는데 초점을 맞추었다.

교회사적 입장에서 보는 신앙고백주의 사상보다 현세에 나타난 교회의 부조리에만 초점을 맞추어 로마 카톨릭을 공격하였다. 여기에서 그의 기독교 변증학으로서 문제점이 드러난다. 개혁파 신학이 강조하는 신론중심의 신학이 아니라는 것이다. 기독교 변증학(Christian Apologetics)은 신론중심의 하나님의 주권주의 신학이어야 한다는 주장이 설득력을 가지게 된다. 역사교회가 고백한 하나님 주권주의 중심의 신학이어야 한다. 선(善)의 기준이 하나님 중심이냐? 아니면 사회학 중심이냐? 그리고 국가 중심이냐? 등의 원리를 상정할 때, 악마도 하나님의 주권아래 허용적으로 사용되고 있기 때문에, 교회의 부도덕한 부분을 지적할 때, 교회가 하나님의 나라임을 알고 잘못을 지적하는 데만 끝나서는 안 되고 하나님 나라 건설을 위한 개혁에 초점을 맞추어야 할 것이다.

에라스무스(Erasmus)는 루터(Luther)와 만난 적은 없지만 서신으로 신학적 논쟁을 격하게 벌였다. 그는 "루터(Luther)가 어거스틴(Augustine) 보다 제롬(Jerome)을 더욱 지지한다."고 주장함으로 루터(Luther)가 주장한 신학과 심각한 견해 차이를 보였다. 그럼에도 불구하고 1519-1521년 기간에는 에라스무스(Erusmus)가 루터(Luther)를 공격하지 않고 오히려 옹호하면서, 프레드릭(Fredrik)과 면담 중에, 루터(Luther)가 보름스(Worms) 국회에서 발언할 기회를 주어야 한다고 역설하였다.[193] 그러나 에라스무스(Erasmus)는 사상적으로 루터(Luther)의 종교개혁에 큰 도움을 준 자였다. 특히 교회론에 있어서 큰 도움을 주었다. 그는 이성주의 입장에서 로마 카톨릭 교회의 맹점을 파헤치면서 교회의 의식과 헌금 수탈에 대한 문제점을 예리하게 밝혀냈다.

2) 루터(Martin Luther, 1483-1546)

1517년 루터가 로마 카톨릭을 향해 던진 95개 조항의 항의문은 전혀 예상치 못한 반응을 일으켰다. 당시 루터(Luther)는 한갓 무명의 수도사에 불과 했는데 계란으로 바위를 치는 일보다 더 무모한 일을 감행한 것으로 평가할 수 있다. 그러나 당시 독일의 종교적 압제와 국가에 대한 국민들의 불만은 폭발 직전에 처해

---

193) 기독교 대백과사전, (기독교문사, 서울시 종로구 종로 5가, 1996년 11월), p.175

있었다. 또한 전 유럽에 널리 퍼진 인문주의 사상과 이미 여러 예비 종교 개혁자들의 순교가 많은 성도들과 국민들의 마음속에 인식전환을 할 수 있도록 심령의 토양을 개발해 놓은 상태였다. 거기에다 성직자들의 돈과 명예에 대한 탐닉, 수도원에서의 부의 축적, 그리고 과중한 세금 등으로 인하여 민심은 폭발 직전에 있었다. 누가 불쏘시개만 갖다 대면 폭발의 불꽃은 하늘을 찌를 정도였다. 그런데 아주 미미한 수도원의 한 수도사가 이 불을 당기게 된 것이다.

루터(Luther)는 당시 교회 타락의 상징인 속죄권 판매에 대한 도전으로 95개조의 항의문을 게재하였다. 항의문 연구가인 본캄(Heinrich Bornkam)은 이 항의문을 "세계의 역사적 혁명"을 불러일으킨 문서라고 평했다.[194] 이 항의문은 속죄권 판매의 남용을 막기 위해 판매 책임자인 테젤(Tetzel)에게 공개 토론을 유도하기 위해 학문적 도전용으로 써 붙인 것이었다. 로마 카톨릭 교회를 향해 공개적으로 항의문을 써 붙인 것을 아니었다. 루터(Luther)는 선동이 일어나지 않도록 조용하게 개혁 작업을 시도하려는 의도였다. 그 문장은 평민들이 알 수 없도록 독일어로 쓰지 아니하고 라틴어로 써서 붙인 것이다. 이로 인해 물의가 일어날 때 루터는 메인즈(Meinz)의 감독인 알브레트(Albreght)에게 편지를 보내 "자기의 진의는 절대 선동을 위한 것이 아니고 조용하게 신학적 원리를 규명하여 개혁할 것을 원한다."고 말했다.[195]

루터(Luther)의 생애를 보면 그가 혁명적 기질의 소유자는 아니었다. 섬세하고 자상한 예술가의 기질을 가지고 있었다. 비오는 어느 날 비를 피하여 친구와 함께 나무 밑에 있다가 낙뢰로 친구가 죽자 심각한 고민에 빠졌다. 보름동안 고민 끝에 1505년 스토피츠(Johann Von Staupits) 감독이 일하는 수도원으로 들어가 버렸다. 그의 아버지는 실망에 빠졌다. 법학을 공부하여 출세하기를 원했기 때문이었다. 그러나 루터(Luther)는 인생의 죽음이라는 현실 앞에서 해결점을 찾아 성경을 연구할 것을 결심하고 스토피츠(Staupits)에게 교육을 받은 후 신임을 얻어 신부로 안수 받고 말았다. 스토피츠(Staupits)는 루터의 영적 아버지

194) Luther's World of Thought, p.45.
195) 김의환 전집, 기독교회사, (총신대학교 출판부, 서울 동작구 사당동, 2002년 11월), p.256.

이며, 복음의 빛으로 인도한 자이며, 그리고 성경의 본질을 알도록 인도한 스승이었다. 죄인은 예수 그리스도의 공로로 구원을 얻게 된다고 강조하여 역설하였으며, 어거스틴(Augustine)의 신학을 강조하여 가르쳤으며, 그리고 진정한 회개는 자신이 고행의 역경을 경험함으로 얻어지는 것이 아니라고 가르쳐 주었다.[196]

루터(Luther)는 로마를 여행하는 도중에 로마 카톨릭의 타락을 목격하고 심한 충격을 받고 돌아왔다. 스토피츠(Staupits)에 의해 비텐베르그(Wittenberg) 대학 교수로 임명된 이후 시편, 로마서, 그리고 갈라디아서 연구에 몰두하게 되었는데 어거스틴(Augustine)의 은총의 신학에 더욱 심취하게 되었다. 더욱이 스토피츠(Staupits)의 가르침 때문에 로마 카톨릭의 비리를 깊이 인식하게 되었고 은혜의 교리에 심취하게 됨으로 고행을 통해 하나님의 용서를 구하는 것이 아니고 믿음으로 하나님으로부터 용서를 받을 수 있다는 확신을 얻게 되었다.

당시 100년 동안이나 끌어온 베드로 성당의 공사비를 완결하기 위해 수도사 테젤(Johann Tetzel, 1465-1519)이 속죄권 판매의 대사로 나선 일이 루터(Luther)의 심령을 흔들어 놓았다. 테젤(Tetzel)은 당대의 달변가이며 학자로서도 명성을 떨치고 있었다. 그는 주장하기를 "속죄권을 사서 연옥에 있는 자를 위해 헌금함 속에 은화를 떨어뜨릴 때 떨어지는 소리가 나는 순간 그 영혼이 천국으로 올라간다." 라는 가증하고도 터무니없는 연설을 하고 다녔다.[197]

루터(Luther)와 테젤(Tetzel)의 불꽃 튀기는 신학적 투쟁의 날은 오고 말았다. 루터(Luther)는 로마 카톨릭의 고행주의에 회의를 느끼고 있던 중에 믿음으로 구원 얻는다는 교리에 심취되어 후진들을 가르치고 있었다. 때를 같이 하여 테젤(Tetzel)은 열을 올려 속죄권 판매를 외치고 다녔다. 이를 보고 참을 수 없었던 루터(Luther)는 결국 95개 조항의 항의문을 써서 대학교회 게시판 문짝에 붙였다. 이 소식은 독일에 한정된 지역에만 퍼질 줄 알았는데 뜻밖에 유럽 전역으

---

196) Philip Schaff, History of the Christian Church, (WM. B. Eerdmans Publishing Company, Grand Rapids, 1987, Volume VII, The Modern Christianity), p.119.

197) 김의환 전집, 기독교회사, (총신대학교 출판부, 서울 동작구 사당동, 2002년 11월), p.259.

로 퍼져 나가고 말았다. 결국 항의문 때문에 숙죄 권 판매 실적이 급속히 떨어지고 말았다. 이러한 속죄권 판매는 이미 13세기 십자군 전쟁이 일러날 때 군비 차출을 위해 시행되었던 일인데 1506년에 다시 재개된 것이다. 95개 조항의 항의문을 요약하면 다음과 같다.

(1) 속죄권이 죄를 속할 수 없다.
(2) 속죄권이 죄의 형벌을 면하게 할 수 없다.
(3) 속죄권이 연옥에 있는 영혼을 구해낼 수 없다.
(4) 회개한 자는 속죄권과 관계없이 이미 죄 용서함을 받았다.[198]

이제 기독교 변증이 본격적으로 불꽃 튀게 되었다. 로마 카톨릭을 변호하는 엑크(John Eck)와 루터(Luther) 사이에 불꽃 튀기는 논쟁이 일어나게 되었다. 루터(Luther)의 예리한 변증에도 불구하고 엑크(Eck)는 루터(Luther)를 이단으로 정죄하고 말았다. 이에 루터(Luther)는 1520년 자신의 신학을 확실하게 밝힐 때라고 생각하여 세 가지의 논문을 써서 개혁의 박차를 가하기 시작했다. 첫째 논문의 내용은 "독일의 크리스천 귀족에게(To the Nobility of the German Nation)" 인데 그 내용은 다음과 같다.

(1) 신자들이 모두 다 제사장이므로 교황권의 우월권이 없다.
(2) 신자들이 모두 다 제사장이므로 교황만 성경해석의 권한을 가질 수 없다.
(3) 신자들이 모두 다 제사장이므로 교황만 교회회의 소집권을 가질 수 없다.[199]

두 번째 논문은 "교회의 바벨론 포로(Babylonish Captivity of the Church)" 인데 그 내용인즉 성례는 오직 세례와 성찬 두 가지 뿐인데 하나님의 약속을 증명하는 표시이며 은혜의 방편이다. 루터(Luther)는 공재설(Consubstantiation)을 주장함과 동시에 로마 교조주의(Catholicism)의 화체설(Transubstantia-

---

198) Ibid, p.259.
199) Ibid, p.261.

tion)을 거절하였다. 교황이 분잔의 수여를 결정하여 평신도가 잔을 받지 못하게 하는 것은 잘못이라고 지적하였다.[200]

세 번째 논문은 "그리스도인의 자유(On Christian Liberty)" 인데 그리스도 인은 율법에 매여 있지 않고 믿음으로 구원을 얻었기 때문에 자유를 누린다. 하나님의 사랑을 받았기 때문에 스스로 이웃을 섬기게 된다. 그렇기 때문에 성도는 자유로운 종이다 라는 역설(逆說, Paradox)적인 논증을 설파했다.[201]

루터(Luther)는 자신에게 닥칠 풍파를 이미 예상하고 있었는데 1520년 6월 15일 파문장이 발행되었고 교황의 사절들이 파문장을 들고 같은 해 12월 비텐베르그(Wittenberg)에 도착해 루터(Luther)에게 전해졌다. 루터(Luther)는 기다렸다는 듯이 12월 10일 대학생들과 시민들이 보는 앞에서 주저 없이 파문장과 교회 법전을 불태워 버렸다. 교황청은 2차의 파문장을 보내고 독일 국회에 압력을 넣어 루터(Luther)를 속히 정죄하여 처형하도록 독촉했다.[202]

당시 독일은 정치적으로 신성 로마 제국에 속해 있었다. 스페인, 네덜란드, 그리고 일부의 오스트리아 등 광범한 지역을 다스리고 있었던 젊은 황제인 찰스 5세(1500-1558)는 야심이 넘치는 로마 카톨릭 신자였으므로 루터(Luther)를 쉽게 처리할 수 있었으나 당시 불란서와의 싸움은 물론 터키와의 싸움에서 프로테스탄트(Protestant) 세력의 도움이 필요했기 때문에 독일로 하여금 보름스(Worms)에서 1521년 국회를 소집하여 루터(Luther)의 문제를 처리하도록 위탁했다. 1521년 황제는 루터(Luther)에게 4월 17일 보름스(Worms) 회의에 출두할 것을 명령했다. 친구들은 가는 것을 극구 만류하였으나 이미 루터(Luther)는 결심이 서 있었다. "원수들이 보름스(Worms)의 기왓장만큼 많아도 나는 가리라." 라는 말을 남기고 길을 떠났다. 비텐베르크(Wittenberg) 에서 보름스(Worms)까지 행하는 도로가에는 격려와 환송의 행렬이 넘실거렸다. 루터

---

200) Ibid, p.262.

201) Ibid, p.262.

202) Ibid, p.262.

(Luther)가 보름스(Worms)에 도착했을 때 국민들의 환영은 황제를 영접할 때보다 더 많은 사람들의 물결로 넘쳐났다. 국회는 열리게 되고 황제는 적의에 가득 찬 어조로 루터(Luther)에게 질문을 퍼부었다. "너는 이 책의 내용을 취소할 것인가? 아니면 끝까지 고집할 것인가?" 라고 물었다. 그 때 루터(luther)는 하루 생각할 시간을 달라고 요청하고 다음날 엄중한 목소리로 대답했다. "나는 여기에 굳게 서있습니다. 그리고 절대로 변경할 수 없습니다. 하나님께서 나를 도우실 것입니다. 아멘. (Ich Kann Nicht anders sein, Hier stehe Ich, Gott Helfe mir. Amen)." 곧 이어 황제의 정죄 선언이 내려지고 회의는 끝났다.[203]

다행이도 프레드릭(Fredrik) 공(公)이 귀로에 루터(Luther)를 발트부르크(Wartburg)로 몰래 인도하여 은신처를 만들어 주었다. 거기서 약 1년 동안 신약 성경을 독일어로 번역 하는 일을 하였고 후에 찰스 황제와 교황과의 사이가 나빠지면서 국회는 종교개혁을 관용하는 법령을 내려(1526년) 영주의 선택에 따라 신교나 구교를 마음대로 선택하도록 결정했다. 개혁 운동이 점점 호전되자 1529년 국회에서는 루터파가 용인된 지역 이외에서도 개혁운동을 허락하게 되었다. 이후 로마 카톨릭 교회는 개혁자들을 향하여 항의자들(Protestants)로 지칭하여 사람들로 하여금 거부감을 느끼도록 하였다. 이러한 대립은 피의 일전을 예고하고 있었다. 종교개혁의 확산을 두려워한 로마 카톨릭은 군사동맹을 결성하여 개혁교회의 팽창을 저지하려고 하였다. 동시에 신교의 영주들은 신교 동맹군을 결성하여 일전 불사를 각오하고 있었다.[204]

이러한 와중에 불행하게도 성찬의 문제에 있어 루터파의 공재설(Consubstantiation)과 쥬잉글리(Zwingli)의 상징설(Symbolism) 논쟁은 힘을 합쳐 로마 카톨릭을 무너뜨려야 하는 일에 방해요소로 등장하게 되었다. 루터(Luther)는 카톨릭의 예배의식에 대해 성경에서 확실하게 금하지 않은 한 반대할 필요가 없다고 주장한 반면 쥬잉글리(Zwingli)를 위시하여 스위스의 개혁파는 성경이 명하지 않는 한 로마 카톨릭 교회의 모든 의식을 개혁해야 한다고 주장하였다.

---

203) Ibid, pp.262-263.
204) Ibid, p.264.

루터는 정교분리(政敎分離, Separation of State and Church)의 원칙에 있어서 로마 카톨릭이 주장한 교회 주권주의를 반대하여 국가 주권주의의 교회론을 주장했다. 즉 교회는 제도에 있어서도 국가의 간섭과 보호를 받아야 할 것을 주장했다. 심지어 교회의 행정도 국가로부터 조직된 위원을 통해 운영해야 한다고 주장했다. 재정에 관한 문제에 있어서도 국가는 종교세를 징수하여 교회를 보호하며 행정도 직접 집행해야 한다고 주장했다. 이러한 로마 카톨릭의 교회 주권주의에 대한 루터파의 강한 반발은 재세례파(Anabaptist)의 역 반발(Counter Reaction)을 가져오게 하였다. 당시 재세례파(Anabaptist)에 속한 사람들은 국가에 대한 하나님의 주권적 다스림을 거절하고 정부에 대한 일방적인 반발 의식을 가지고 국가 정책에 대해 반대만 주장하고 나섰다.

정교분리(政敎分離, Separation of State and Church)의 원리에 대하여 칼빈(Calvin)으로 말미암아 국가의 행정제도와 교회의 행정제도의 분리를 정립하게 되었다. 칼빈(Calvin)은 "세상정치와 영적인 정치에 있어 제도적 차이점이 있지만 서로 대치하여 가는 것이 아니라 서로 보완하며, 견제하면서, 그리고 협력관계를 유지해 나가야 한다." 라고 주장하였다. 칼빈(Calvin)은 당시의 재세례파(Anabaptist) 사람들이 국가에 대해 하나님의 지배권을 무시하고 악한 정부에 대해 타도만 외치는 자들을 향해 하나님의 주권을 무시한 처사라고 비평하였다. 이 세상 국가의 정치가 악하게 보일 지라도 그리스도의 왕국을 유대주의적인 정치적 메시야 사상에서 찾을 것이 아니고, 영적 왕국과 시민적 왕국의 차이점을 알고, 나아가 두 왕국을 인정해야 하며 두 왕국은 하나님의 뜻을 이루어 나가는 일에 있어 공동보조를 취하여 나가고 있다고 주장했다.[205]

또한 칼빈(Calvin)은 시민정치의 필요성을 강조했다. 시민정치는 악하고, 두렵고, 그리고 야만적인 제도로 치부할 것이 아니라 부조리가 많을지라도 인간이 필요한 빵, 물, 그리고 살 수 있는 보금자리를 공급해 주는 기관이기 때문에 절대 필요한 것이다. 그러나 악한 정부를 필요로 한다는 말과는 다르다. 모든 정부는 청렴하고 질서가 있어야 한다. 국가와 관직은 하나님에 의해 제정되었기 때문

---

205) Calvin's Institutes, Volume IV, Chapter 20.

에 기독교인을 포함하여 모든 국민은 공공질서의 법을 지키며 국가의 법에 순종해야 한다고 주장했다. 나아가 때로는 국가와 관직을 가진 사람들에 대한 불복종은 하나님을 거역하는 행위에 해당된다. 관리들의 무력행사를 왜 하나님께서 허락 하셨는가? 그 이유는 인간은 사악하기 때문에 포악한 행위를 일삼게 되어 있다. 이 포악을 압제하기 위해서는 관리들은 무기를 소유해야 한다. 그러므로 무력행사는 범죄를 소탕하기 위해 필요한 조치이다. 관리의 무력은 청렴과 양립한다. 포악한 살인자를 처벌하기 위해서는 국가는 책임지는 관리를 정하여 처벌하는 일을 행사하도록 해야 한다. 때로는 국가를 위험에서 건지기 위해 전쟁을 행사할 수밖에 없다. 여기에 전쟁의 정당성이 성립된다.[206]

그런데 문제는 악한 정부에 대한 기독교인이 무력으로 집단적인 도발을 행사하는 일이 가능한가? 여러 가지 의견들이 나왔으나 이에 대한 지금까지의 확실한 결론을 찾을 수가 없다. 정부를 향하여 독설에 가까운 말들을 쏟아 놓았던 스코틀랜드(Scotland)의 종교 개혁자 녹스(John Knox, 1515-1572)도 사실상 기독교인의 무력행사를 거절하였다. 무력행사에 대하여 상당히 모호한 주장들이 여러 곳에서 돌출되고 있었는데 그것은 국가와 교회가 위기에 처하기까지 정부가 부패하여 도저히 교회와 국가의 존속이 어렵고 정부의 통치권이 상실 되었을 때는 기독교인들이 봉기하여 국가를 전복 시킬 수 있다고 주장하는 견해도 있다. 그렇다면 그 위기의 시기와 정도를 어느 수준으로 보아야 하느냐? 하는 문제는 대단히 규정하기 어렵다. 어떤 견해는 "무력으로 정부를 대항해 싸우기보다 순교로 싸우는 편이 더 낫다." 라고 주장하는 사람들도 있다. 어느 주장을 옳은 것으로 확실하게 결정할 수 없는 형편이다. 그러나 한 가지 "무력으로 정부를 전복할 수도 있다." 라는 가능성은 항상 잠재되어 있다. "그 가능성은 어느 정도에 한정하느냐?" 하는 문제는 2천년 교회사를 통하여 교훈을 삼아야 할 것이다.

국가의 전쟁으로 말미암아 기독교 신앙을 빼앗길 수 있는 위기에 처할 때 우리는 그 신앙을 지키기 위해 총칼을 들고 싸워야 할 것이다. 종교 개혁자 쥬잉글리(Zwingli)가 전쟁에 나가 전사한 예가 그것이다. 그러나 우리 한국이 조선 말

---

206) Ibid, Chapter 20.

기에 왜인들로 말미암아 침략을 당했을 때 우리 신앙의 선조들은 순교의 길을 가면서 제1계명과 제2계명을 사수하였다. 조국 땅에서 쫓겨난 우리 독립군들은 만주에서 독립을 위한 전투를 벌이고 있었다. 3.1 만세운동은 3,000여명의 생명을 앗아간 우리 민족의 한으로 남아 있다. 이러한 투쟁은 한편으로는 순교로 그리고 한편으로는 무력으로 교회와 국가를 지키기 위한 역사로 볼 수 있다.

또 한 가지 생각해 보자. 과거 우리 한국에 군사 독재정권이 지배하던 시기에 독재자들은 많은 기독교인들을 투옥하고 고문했다. 기독교인들이 독재정권에 항거했기 때문이다. 그 기독교인들은 대부분 자유주의 신학에 물들어 있었던 인사들이었다. 군사독재 정권은 많은 수의 인권을 박탈하고, 투옥하고, 그리고 고문하였다. 심지어는 여러 지식인들과 종교인들이 고문으로 단 하나밖에 없는 생명을 잃기까지 했다. 그럴 때 보수교단에서는 정교분리라는 이름아래 정부를 비평하는 것을 금하고 정부에 복종할 것을 종용했다. 어느 모로 보든지 당시 군사정권은 불법을 행하는 자들이었다. 천하보다 귀한 한 생명을 죽일지라도 독재정권의 유지를 위해 "위정자들에게 복종하라."는 일방적인 강요를 보수 기독교인들이 옹호하고 들었다. 이로 말미암아 개혁파 신학을 신봉하는 자들이 행해야 할 일반은총의 분야를 자유주의자들에게 내어준 꼴이 되고 말았다. 또한 자유주의 진영에서는 사회주의 선교(misssio dei)에 신학의 기반을 두고 사회 정의를 위해 투쟁하는 것이 바로 선교와 직결되는 것으로 생각하고 독재정권에 항거하여 싸웠다.

이러한 일은 어느 쪽으로 생각해 보아도 보수주의와 자유주의가 서로의 결점을 가지고 일방적 흑백 논리에 젖어 있었다고 보여 진다. 교회의 정화는 사회의 정화와 연결되고 나아가 인권과 연결되고 국가의 존립에 있어 중대한 역할을 하게 된다. 교회의 타락은 사회의 타락을 부추기게 되고 사회의 타락은 정부를 부패하게 만든다. 또한 정부와 교회 지도자들의 타락은 저변에 흐르는 사회의 질서를 문란하게 만드는 원인이 된다. 그럴 때 교회는 정부를 향해 도덕과 윤리의 경고를 보내야 한다. 만약 정부와 교계의 지도자들이 연루되어 악을 행할 때 국가와 교회의 타락은 급속도로 깊어지게 된다. 교회가 악한 정부를 향해 경고 할 때는 항상 성경의 도덕률을 기반으로 하여 도덕적이며 윤리적인 기준을 제시해야 한다. 만약 어쩔 수 없이 전쟁을 해야 하는 17세기 영국의 시민전쟁이나 종교개혁시대 로마 카톨릭과의 전쟁과 같은 상황에 처할 때는 기독교인들 역시 총을 들고 싸워야 한다. 만약 우상을 강요하는 국가와 전쟁을 해야 할 때는 당연히 총을 들고 싸워야 한다. 그러나 국가와 함께 성경적 교회가 존속하는 한 폭력적인 방법이 아닌 평화로운 방법으로 싸워야 한다.

교회사를 통해 하나님의 주권적 섭리를 배우게 된다. 때로는 수없는 순교의 제물이 씨가 되어 교회를 부흥시켰고 때로는 종교적 전쟁으로 나라와 나라가, 나라 안에서 시민전쟁으로, 그리고 교파간의 전쟁으로 수없는 피를 흘리며 2천년을 내려왔다. 또한 정부에 의해 무고한 성도들이 피를 흘린 역사를 보아왔다. 그러한 피의 역사를 거쳐 교회는 우후죽순처럼 성장했다. 한국교회도 예외가 아니다. 교회와 국가는 상호 견제하면서 그리고 협력하면서 각 제도권의 도덕정치를 위해 각고의 노력을 기울여야 한다. 국가 위정자들과 교회 성직자들의 비도덕성은 국가와 교회를 병들게 하는 가장 큰 요인이다. 힘의 왕국인 국가는 총칼을 선하게 사용하여 극악무도한 인간들을 징벌해야 사회 질서를 바로 잡을 수 있으며 영의 왕국인 교회는 영적 치리권을 강하게 행사하여 말씀대로 교회가 성장할 때 교회의 영광이 빛나게 될 것이며 부흥의 역사가 이어질 것이다.

루터의 신학을 변증학적으로 논하자면 우선 3대 종교개혁의 기본 교리인 **성경의 권위, 오직 믿음, 그리고 만인제사직에** 근거를 두고 로마 교조주의(Catholicism)를 비교 분석하는 곳에서부터 시작해야 할 것이다. 즉 기본적으로 로마 교조주의(Catholicism)가 어느 이념에 기초를 두고 있는가를 생각해야 할 것이다. 로마 교조주의(Catholicism)는 신학적으로 오늘날 이성주의에 기반을 둔 자유주의 사상과 같은 맥을 가지고 있다. 그 신학은 중세 스콜라주의(Scholasticism) 사상이 대세를 이루고 있기 때문이다. 거기에 신플라톤주의(Neo Platonism)의 신비적 요소를 가미하고 있었으며 일부분은 어거스틴(Augustine)의 교리를 받아들이고 있다. 이성주의와 신비주의의 혼합형의 신학은 공로주의를 불러오게 되어 있다. 루터(Luther)는 이러한 혼합주의에 기반은 둔 공로주의 신학을 반대하여 이신득의의 교리를 주장한 것이다. 하나님과 인간 사이에 어떤 합리적 개념이나 신비적 요소를 통한 구원의 매개물이 개입될 수 없다는 사상이다. **오직믿음**의 교리는 하나님과 인간사이의 직접적인 교류를 통해서만 구원이 이루어진다는 사상이다. 이는 이미 사도들과 어거스틴(Augustine)으로부터 이어온 은총의 교리와 일치된 사상이다.

로마 카톨릭에서는 제2바티칸 공의회 문서들이 나오기 이전까지는 주로 지적 동의에 초점을 맞추어 그들의 교리를 주장하였다. 제2바티칸 공의회 문서들은 신앙을 정의하기를 "인격적 하나님께 충성스럽게 매달리는 것을 인식하는 신앙관"을 주창하고 있다.[207] 그러나 그들이 말하는 인격적인 요소는 성경에서 말씀하는 교제의 인식과 다른 내용이다. "충성스럽게 매달린다."는 문제에 들어가면 스콜라주의(Scholasticism)적으로 합리적인 설명이 불충분하게 되고 "선행을 해야 한다."는 점에 들어가면 역시 신앙의 동의를 얻어내는 문제에 있어 설명이 불충분하게 된다. 루터(Luther)의 종교개혁 이전에 로마 교조주의(Catholicism)가 가지고 있었던 스콜라주의(Scholasticism)는 오늘까지 자체적으로 변화를 시도해 왔으나 결국 정체상태의 걸음을 걷고 있는 입장을 벗어나지 못하고 있다. 로마 카톨릭 교회의 자체 변화는 단지 종교개혁에 대한 반동운동에 그치고 있었기 때문이다.

또한 그들이 동방사상의 신비주의를 받아들이고 있다는 근거는 마리아론에서 극명하게 나타나고 있다. 마리아의 승천설, 마리아의 처녀론, 그리고 천국의 여왕설이다. 전혀 터무니없는 마리아설은 예수님의 신성을 격하시키는 교리이다. 이러한 로마 교조주의(Catholicism)의 허구적인 가르침은 스쳐 지나가는 일설에 끝나는 내용이 아니다. 그들 신조의 1/5 이상이 마리아설로 점령되어 있다.[208] 로마 교조주의(Catholicism)는 스콜라주의(Scholasticism)에 신학적 기반을 두고 한편으로는 동방의 미신적 요소를 입수하였기 때문에 마리아 미신론으로 발전된 것이다. 헬라철학이 이성을 기반으로 합리주의를 추구하였지만 동시에 플라

---

207) 기독교 대백과사전 5권, (기독교문사, 서울 용산구 용산동 2가, 1983년 4월), p.131.

208) Catholicism of the Church, (The Wanderer Press, St. Paul, Minnesota, 1994), p.251-264.

톤(Plato)의 만유내재신론(Pannentheism)과 아리스토텔레스(Aristotle)의 범신론(Pantheism) 사상을 포함하고 있었던 것과 같은 양상이다. 로마 카톨릭은 오늘날 까지 괴팍한 마리아 숭배 사상을 버리지 못하고 있다.

　　루터(Luther)의 기독교 변증학(Christian Apologetics)은 로마 교조주의 (Catholicism)를 비평하는데 집중되어 있다. 당시 교회적으로 볼 때 로마 교조주의(Catholicism)를 공격하여 기독교 교리를 바로 세우는 작업은 작은 호미 하나를 들고 태산을 무너뜨리는 것과 같은 일이었다. 천년이란 긴 세월을 지나면서 비 성경적인 교리를 조작하고, 수많은 성도들을 박해하며, 생명을 빼앗았고, 그리고 재산을 탈취하여 주님의 이름으로 자신들의 영달을 위해 각 제국들까지 짓눌렀기 때문에 당시의 종교개혁은 교회는 물론 국가, 사회, 경제, 문화, 그리고 교육 등 제반 문제들을 바로 잡는 역사의 전환기를 조성하는 작업이었다.

　　루터(Luther)는 신학을 전개할 때 기독교 변증학에 관한 형식을 갖추지 못했다. 그 이유는 로마 교조주의(Catholicism)를 대항해 부분적으로 성경의 교리를 바로 세우는데 집중되어 있었기 때문이었다. 때로는 루터(Luther)는 유대주의에 대항해 논쟁을 벌이기도 하였다. 또한 그는 신앙과 이성사이의 관계에 대해, 오캄(Ockham)의 사상에 동조하였기 때문에, 땅의 영역인 현세의 세계와 하늘의 영역인 영원한 세계를 이원론(二原論)적으로 구분하였다. 이성이 주관하는 땅의 영역은 사람이 소유하고 있는 자연주의 사상을 더욱 예리하게 발전시켜 시민사회를 공의로 이끌게 한다고 말했다. 그러나 하늘의 영역에 있어 이성은 무익한 것이며 이성을 하늘의 영역에서 사용되는 방편으로 생각할 때 극심한 교만에 사로잡히기도 한다고 주장했다. 오직 이성이 계시에 사로잡혀 복종될 때 믿음에 관해 유용한 도구로 사용된다고 말했다. 루터(Luther)는 믿음과 이성의 문제에 관한 인식론을 구원론보다 더욱 중요하게 생각하지 아니했다.[209] 루터(Luther)가 자연주의 사상을 전격적으로 거절함으로 그의 기독교 변증학적 구조는 아마도 신앙이라는 테두리 안에서만 형성 된 것으로 보인다. 이러한 신학적 관점은

---

209) Avery Dulles, A History of Apologetics, (Hutchinson of London and Corpus of New York, LTD, 1971), p.113.

오직 내적 신앙의 능력을 보여주는 일에 강조점을 두고 있다고 말할 수 있다. 이는 후에 키엘케고르(Kierkegaard)나 발트(Barth)의 저서에 나타난 루터의 사상에 관한 "이성에 대한 역동적(Dynamic)이며 실존적(Existential) 개념"에 의해 그들이 루터로 부터 강한 영향을 받아 실존주의(Existentialism)와 초월주의(Transcendentalism)를 주장한 것은 내적 신앙의 강조점으로부터 기인되었다는 것을 잘 설명해 주는 표증이다.

루터(Luther)가 유럽을 장악한 로마 카톨릭을 대항해 종교개혁을 시도한 것은 특별한 하나님의 뜻이 그에게 작용한 것으로 볼 수밖에 없다. 로마 교조주의(Catholicism)는 수평주의적 공로주의(Horizontal Meritoriousness)에 기초하고 있었다. 종교개혁의 교리는 그것과 반대되는 수직주의적 신앙주의(Vertical Fideism)이다. 이러한 교리적 관점 때문에 루터(Luther)는 권위와 이성에 있어 어거스틴(Augustine)이 주장한 신앙과 이성의 역할론 하고는 다른 견해를 표출하였다. 즉 신앙의 절대성 쪽으로 기울어지고 있었다. 이성의 역할론을 무시하게 되었다. 이는 권위와 이성에 있어 신앙 우선주의로 떨어진 점은 로마 교조주의(Catholicism)의 이성주의 신학사상에 대한 반동 때문이라고 말할 수 있다. 로마 카톨릭의 신학은 합리주의적 스콜라주의(Scholasticism)에 근거하여 교조주의(Catholasticism) 체계를 수립하였으나 교회의 의식적인 문제에 들어가면 동양의 신비주의를 포용하여 여러 가지 형상을 만들어 계명을 범하는 일을 행했다.

개혁파 신학에서 주장하는 구원론에서는 물론 신앙을 중요하게 다룬다. 그러나 구원에 관계된 신앙의 문제는 발트(Barth)가 주장한 주관주의적 관점을 우선시 하는 문제와 다르게 취급한다. 칭의(Justification)에 있어서 믿음을 강조한 것처럼 성화(Sanctification)에 있어서도 믿음을 강조한다. 이 믿음을 인간의 주관적 실존주의(Existentialism) 개념으로 규정하지 않는다. 객관적인 하나님의 독자적 사역인 예정(Predestination)에 의해, 객관적인 칭의(Justification)와 양자(Adoption)에 의해, 그리고 성령님의 객관적이며 주관적 사역을 통한 구속의 적용을 주장한다. 성령님의 사역은 인간의 주관적 자유의지에 의해 사역이 규정되거나 성취되는 것이 아니다. 성령님의 의지에 따라 인간으로 하여금 믿음을 일으키게 하신다. 그 때 인간의 이성, 감정, 그리고 의지 모두를 그분의 뜻대로 사용하신다.

3. 쥬잉글리(Urich Zwingli, 1484-1531)

쥬잉글리(Zwingli)는 루터(Luther)보다 한해 늦게 태어났다. 1484년 1월에 태어난 그는 실제로는 루터(Luther)보다 2개월 늦게 태어났다. 종교개혁의 과업은 두 사람 모두 거의 같은 시기에 종사하게 되었다. 당시 루터(Luther)는 독일을, 쥬잉글리(Zwingli)는 스위스를 종교개혁의 무대로 삼았다. 당시 스위스는 부유하고 지적 수준이 높은 사람들이 모여 살고 있었다. 유럽에서 가장 오래 된 대학이 있었으며 거기서 신비적인 사상가들이 강의하고 있었다. 이러한 배경 때문에 쥬잉글리(Zwingli)는 문예부흥에 관한 지식을 상당부분 소유하고 있었다. 1506년 목사로 임직을 받은 후 많은 사람들이 마리아 묘 앞에서 참배하는 것을 보고 개혁의 필요성을 깊이 인지하게 되었다.[210] 쥬잉글리(Zwingli)가 목회와 학문에 다 함께 종사한 일은 이례적인 일이었다.

개혁의 불쏘시개는 면죄부였다. 이 문제는 쥬리히(Zurich)라는 작은 도시에서 토론이 일어나기 시작했다. 쥬잉글리(Zwingli)는 67개 조항의 논제를 제출하게 되었고, 개혁의 불길이 당겨지게 되었고, 결국 여기서 그는 승리의 깃발을 올리게 되었다. 이 결과 쥬잉글리(Zwingli)는 루터(Luther)보다 한 걸은 더 앞서 당시 가장 중요한 이슈가 된 면죄부에 관한 개혁의 불길을 일으키게 되었다. 스위스 국민들의 지적 재정적 배경은 쥬잉글리(Zwingli)를 루터(Luther)보다 더 성경적 개혁으로 이끄는 원동력이 되었다. 루터(Luther)는 예배의식에 있어 로마 카톨릭의 수준을 탈피하지 못했다. 그러나 쥬잉글리(Zwingli)는 스위스에서 승리의 여세를 몰아 예배의식까지 개혁을 단행하여 로마 교조주의(Catholicism)의 잔재를 청산하는 개혁을 밀고 나갔다. 그의 예배의식에 대한 개혁은 유럽을 거쳐 영

---

210) Thomas M. Lindsay, A History of the Reformation, Volume II, (Edinburgh T & T Clark, 38 George St), p.26

국 그리고 미국 오늘날 한국에 까지 영향을 끼쳤다.[211]

쥬잉글리(Zwingli)는 교회와 국가의 정치 제도에 있어서도 정교분리(政敎分離, Separation of State and Church)의 교리를 제창했다. 루터파 에서는 제도적으로 교회가 국가의 지배를 받는 국가 주권주의 교리를 제창했다. 이는 로마 카톨릭의 교회 주권주의 교리에 대한 강한 반동으로 일어난 운동의 열매이다. 쥬잉글리(Zwingli)는 교회의 주권은 영적 왕국에 속해 있기 때문에 국가의 정치적 제도로부터 분리할 것을 주장했다. 모든 목사와 교회의 대표는 대회(오늘날의 총회의 역할)에 속해야 한다고 주장했다. 더하여 그는 루터(Luther)보다 더 좋은 정치적 기량과 입지를 소유하고 있었다. 당시 스위스의 정치적 구조는 독일과 달리 민주제도를 형성하고 있었기 때문에 국민들의 찬성을 얻으면 주저 없이 개혁을 단행할 수가 있었다.[212] 루터(Luther)는 독일에서 제왕적 정치제도로부터 분리하여 개혁을 해야 할 불리한 조건에 처해 있었기 때문에 항상 신변의 위협을 느끼고 있었다. 또한 쥬잉글리(Zwingli)가 개혁을 지체 없이 단행하게 된 원인중의 하나는 그의 인격과 지적요소가 강하게 작용했기 때문이다. 그의 인격은 냉정하고 거침없는 추진력의 소유자였다. 그는 지적 요소를 배경으로 정당한 일이라면 주저 없이 개혁을 단행하는 인물이었다.

뒤를 이어 칼빈(Calvin)이 스위스를 중심으로 종교개혁의 불길을 당길 수 있었던 것은 하나님의 깊은 섭리가 간섭하고 있었다. 쥬잉글리(Zwingli)는 교리적 개혁, 의식적 개혁, 그리고 정교분리(政敎分離, Separation of State and Church)에 있어 제도적 개혁에 대한 주춧돌을 칼빈(Calvin)에게 놓아준 인물이었다. 또한 칼빈(Calvin)이 종교개혁을 강하게 밀고 나갈 수 있었던 것은 쥬잉글리(Zwingli)와 마찬가지로 스위스의 정치적 뒤 바침이 큰 역할을 했기 때문이었다. 많은 사람들이 칼빈(Calvin)의 종교개혁은 루터(Luther)와 연결된 것으로 생각하고 있으나 사실상 교리적으로, 제도적으로, 정치적으로, 그리고 지역적으로 쥬잉글리(Zwingli)와 연관을 맺고 있었다. 물론 에라스무스(Erasmus), 루터

---

211) Ibid, pp.33-35.

212) Ibid, p.29.

(Luther), 쥬잉글리(Zuingli), 그리고 칼빈(Calvin)은 종교개혁이라는 큰 틀에 있어서는 서로 교류하며 관계를 유지하기도 했으나 좀 더 구체적인 교리적 문제에 들어가면 그들 서로가 화해할 수 없는 깊은 앙금을 만들어 헤어지기도 했다. 교리적으로 볼 때 에라스무스(Erasmus)와 루터(Luther)는 인문주의에 승선하고 있었고 쥬잉글리(Zwingli)와 칼빈(Calvin)은 성경교리에 입각한 신앙고백주의에 승선하고 있었다.

기독교 변증학(Christian Apologetics)의 입장에서 볼 때 쥬잉글리(Zwingli)는 성경의 원리에 충실한 신학자였다. 그는 직설적인 설득력을 가지고 있었기 때문에 공개 토론에 임했을 때도 자신의 입장을 굽히지 않고 거침없이 자신의 신학을 전개해 나갔다. 정통주의 변증가인 라틴교부 터툴리안(Tertullian)을 연상케 했다. 지적인 요소, 불타는 웅변, 그리고 꺾일 줄 모르는 의지 등이 흡사하다. 쥬잉글리(Zwingli)는 로마 교조주의(Catholicism)의 문제점을 파헤치면서 성경교리를 변호하였다. 전반적으로 볼 때 성경교리에 있어서 칼빈(Calvin)의 선구자 역할을 하였다. 로마 카톨릭의 교황제도로부터 예배 의식, 성찬, 면죄부, 구원관, 그리고 공로주의(Meritoriousness) 등에 관한 제반 문제를 루터(Luther)보다 폭 넓고 더 깊은 신학을 전개했다. 그의 변증신학은 로마 카톨릭의 신학을 공격하는 기독교 변증으로 일관하고 있었다. 그러면서도 낙오되거나 시험에 빠진 자를 돌보는데 그의 정성을 아끼지 않은 동정적인 인격의 소유자였다. 또한 항상 자신을 정결케 하는 경건에 대해 전심을 다해 노력하는 개혁자였다. 그러면서도 타인에 대해서는 루터(Luther)나 칼빈(Calvin)보다 더 이웃을 사랑하는 인격을 소유하고 있었다.[213]

그러나 한 가지 지적하고 넘어갈 것이 있다. 성찬에 관한 루터(Luther)와의 논쟁이다. 로마 카톨릭이 취한 화체설(Substantiation)은 루터(Luther)는 물론 쥬잉글리(Zwingli)의 성찬론을 정죄한 입장이었다. 그러나 루터(Luther)는 성찬에 있어 로마 카톨릭이 가지고 있었던 신비적인 요소를 완전히 배제하지 못했다. 그것은 예수 그리스도의 살과 피는 떡과 포도주 속에 잔재해 있다는 생각 때문이었

---

213) Ibid, p.37.

다. 그래서 루터(Luther)의 성찬론은 공재설(共在說, Consubstantiation)로 나타나게 되었다. 이에 반해 쥬잉글리(Zwingli)는 예수님께서 성경에 "기념하라"는 말씀을 남겼기 때문에 상징설(象徵說, Symbolism) 이상의 의미를 첨가하면 안 된다고 주장하여 기념설(記念說, Commemoration)을 제창했다. 이러한 주장은 중세 로마 교조주의(Catholicism)가 성경 본문으로부터 떠나 있는데 대한 반동으로 나타난 교리들이었다.

이러한 주장에 대해 칼빈(Calvin)은 성찬에 있어 루터(Luther)나 쥬잉글리(Zwingli)와 다른 견해를 피력했는데 그것은 성찬의 **실체에 대한 장소의 영역을** 어떻게 정의 하느냐?의 문제로 이어졌다. 루터(Luther)는 성찬에 있어 예수 그리스도의 몸이 실제적으로 나타난다는 주장이었고 쥬잉글리(Zwingli)는 그와 반대로 예수님의 몸이 공간적으로 전혀 무관하기 때문에 기념적 예식에 그쳐야 한다는 주장이었다. 이에 대해 칼빈(Calvin)은 성찬을 통한 성령님의 동참에 강조점을 두었다. 그것이 바로 성찬에 대한 성령 임재설이다. 예수님의 피와 몸에 관한 성찬을 장소의 차원에서 논할 것이 아니라 성령님의 사역에 강조점을 두었다. 성찬을 은혜의 방편(Means of Grace)으로 규정하여 성령님의 사역에 따라 예수 그리스도와 영적 교제의 관계를 형성하는데 초점을 맞추었다.[214]

루터(Luther)와 쥬잉글리(Zwingli)는 성찬에 있어 거리가 좁혀질 수 없는 길로 접어들고 있었다. 1525년부터 1528년까지 두 개혁자는 격한 논쟁을 계속했다. 쥬잉글리(Zwingli)를 지지하는 사람들이 늘어가게 되었고 두 개혁자 사이가 점점 멀어져 가고 있었다. 때를 같이 하여 프로테스탄트의 정치적 힘이 결집되지 못하여 위급한 상황에 빠져가고 있었다. 당시 헷세(Hesse)의 필립(Philip)공(公)의 권고로 합의점을 찾도록 회담을 열기로 했다. 1529년 말브르그(Marburg)에서 하나님이 주신 절호의 기회가 되는 연합의 회담이 열렸다. 루터(Luther)는 처음부터 할 발자국도 물러서지 않고 강경입장을 고수했다. 15개 조항을 열거한 것 가운데 14개 조항까지 합의했으나 루터(Luther)는 마지막 조항인 공재설(共在說, Consubstantiation)을 고수함으로 쥬잉글리(Zwingli)의 기념설(記念說,

---

214) Ibid, p.59.

Commemoration)과 접촉점을 찾을 수 없게 되었다. 결국 합의점은 태양 앞의 안개가 되고 말았다. 말브르그(Marburg) 회의는 프로테스탄트(Protestant) 교회의 비극을 예고하고 있었다. 이 후로 개혁교회들은 나누어지는 일에 습관화 되어 쉽게 교회를 분리하는 악순환의 전철을 밟아왔다.

당시 종교개혁 운동이 확산되는 것을 두려워한 로마 카톨릭은 군사동맹을 결성하여 프로테스탄트(Protestant) 진멸작전에 돌입했다. 이에 반하여 개신교의 각 영주들도 개신교 동맹군을 결성하여 일전 불사를 치를 수밖에 없는 처지에 직면하게 되었다. 쥬잉글리(Zwingli)는 군목으로 전투에 임하게 되었다. 참으로 아까운 나이 47세를 일기로 주님을 위해 장렬한 죽음으로 이 땅 위에서 짧은 생을 마감했다. 그가 좀 더 살아서 개혁의 작업에 종사했더라면 유럽에서 더욱 효과 있는 종교개혁이 이루어졌을 것으로 생각된다. 그 이유는 칼빈(Calvin)의 신학과 동질성 있는 교리를 전개했기 때문이다. 칼빈(Calvin)의 선구자 역할을 한 것은 틀림없지만 너무 아쉽다. 그를 먼저 젊은 나이에 데려간 하나님의 뜻을 거역할 자 누구인가? 한 가지 주시할 것은 쥬잉글리(Zwingli)는 신학적으로 칼빈(Calvin)의 선구자 역할을 한 것은 틀림없는 사실이다.

4. 칼빈(John Calvin, 1509-1564)

칼빈(Calvin)은 루터(Luther)와 쥬잉글리(Zwingli)보다 한세대 늦게 태어났다. 칼빈(Calvin)의 신학은 성경의 전제와 교회사적 신앙고백주의에 기초하여 로마 교조주의(Catholicism)를 공격하는 전사로 등장했다. 어거스틴(Augustine) 이후 신앙고백주의 기독교 변증학을 가장 체계 있게 정립한 개혁자이다. 칼빈(Calvin)은 법학과 문학을 공부하면서 인문주의 학자들의 저서에 많은 감화를 받았으며 고전을 연구하면서 헬라어와 히브리어를 공부하게 되었다. 23세 약관의 나이에 고전 연구의 결정체가 되는 세네카의 관용론(De Clementia)에 관한 주해를 출간하여 그의 천재성을 드러내기 시작했다.

그의 개혁신학의 불씨는 1533년 24세의 나이에 일기 시작했다. 11월 1일

그의 친구 니콜라스 콥(Nicholas Cop)이 파리 대학 학장 취임 연설문은 칼빈(Calvin)에게 의뢰한 것이 발단이 되어 그 사건 이후 그는 파란 만장한 삶을 이어나갔다. 칼빈(Calvin)은 종교적 평화를 깨는 죄목으로 투옥되고 말았다.[215] 그러나 이 투옥이 칼빈(Calvin)의 신앙을 더 불타게 만들었을 뿐만 아니라 그를 더욱 강한 종교개혁의 투사로 만들고 말았다. 그는 석방 된 후 미사를 반박하는 글을 쓴 되 1535년 바젤을 향해 망명길을 떠났다. 당시 미사 반박문의 파도는 로마 카톨릭을 너무나 강하게 강타했다. 프랑스의 왕 프랜시스 I 세는 남아있는 개혁자들을 박해하기 시작했다. 칼빈(Calvin)과 관계를 가졌던 포르쥬(Forge)를 비롯하여 25명의 순진한 하나님의 사람들을 화형에 처했다. 그 외에도 수많은 성도들을 찾아내 투옥하여 말로 할 수 없는 고문을 가했다.[216] 이처럼 로마 카톨릭이 칼빈(Calvin)의 잔재를 없애는데 극단적인 강수를 던진 이유가 있다. 극렬하게 악랄한 방법을 동원하여 박해한 이유는 루터(Luther)의 신학보다 칼빈(Calvin)의 신학에 원인이 있었다. 거기에는 로마 교조주의(Catholicism)의 교리적 문제보다 더 민감하게 반응하는 종교적 의식 때문이었다. 속죄권 판매, 미사에 있어서의 의식, 그리고 교회 안에서의 우상 등은 그들이 교인들로부터 헌금을 수탈하는 가장 유용한 수단이 되었기 때문이다. 교리는 숨어있는 뼈대와 같아서 우리 몸을 지탱하는 아주 중요한 역할을 하지만 겉으로 볼 수 있는 것은 아니다. 그러나 미사에 관한 의식, 교회 내에서의 우상, 그리고 성례는 신앙생활에 있어 우리 몸의 피부나 외적 기관과 같아서 당장 우리가 보고, 느끼고, 활동하는데 직접적인 역할을 한다. 헌금을 수탈하는 사악한 외적 수단이 바로 의식으로부터 나오기 때문이다.

루터(Luther)는 미사와 성례에 관한 개혁에 손을 대지 못하고 있었다. 그러나 쥬잉글리(Zwingli)와 칼빈(Calvin)은 "성경에 구체적으로 명시하지 않는 의식을 실행해서는 안 된다."는 주장이었다. 그러므로 의식에 있어서 로마 카톨릭과 루터(Luther)는 어느 정도 접촉점(Point of Contact) 즉 공통분포가 형성될 수 있다. 그러나 쥬잉글리(Zwingli)와 칼빈(Calvin)은 로마 교조주의(Catholi-

215) Philip Schaff, History of the Christian Church, Volume VIII, Modern Christianity, (Eerdmans Publishing Company, Grand Rapids, Michigan, 1989) pp.318-319.

216) Ibid, p.321.

cism)와는 전혀 접촉점을 형성할 수가 없다. 그런 의미에서 로마 카톨릭은 루터(Luther)보다 쥐잉글리(Zwingli)와 칼빈(Calvin)을 극도로 적대시 할 수밖에 없었다. 여기에서 우리는 로카 카톨릭의 의식(미사)과 성례에 대항해 성경적 변증학이 필요하다는 것을 절실히 느끼게 된다. 예배 즉 로마 카톨릭의 미사에 포함된 형상을 만들어 섬기는 문제와 성례에 있어 화체설(Transubstantiation)을 주장하는 문제는 개혁파 신학의 입장에 있어서는 전혀 용납할 수 없는 의식이다. 그들의 우상주의 예배는 동방의 신비주의에 기초한 것들로 포장되어 있기 때문에 떡과 포도주 속에 예수님의 몸과 피가 실체로 존재한다는 허구에 찬 소리들을 퍼뜨리며 교인들을 미혹의 영역으로 이끌어 가고 있다. 사람이 만들어 인격이 없는 형상에 절하고 섬기는 사악한 발상을 고안해 낸 교회이다. 그들의 사악성을 고발하고 있기 때문에, 악마가 성령님을 가장 혐오하듯이, 쥐잉글리(Zwingli)와 칼빈(Calvin)을 루터(Luther)보다 더 증오하는 것이 그들의 입장에서는 당연한 처사였다.

칼빈(Calvin)이 바젤(Bazel)로 망명하여 1536년 라틴어로 된 "기독교 강요"의 첫 출판을 보게 되었다. 그는 로마 카톨릭에 굴하지 않고 서문에서 프랜시스 I세에게 종교개혁의 절대 필요성을 강조하여 애석하게 순교한 친구들의 입장을 변호하였다. 첫 번째 발간된 "기독교 강요"는 개혁파 신학의 신앙고백주의 변증학이 되었다. 이 저술은 1559년 잘 다듬어진 증보판으로 발간하게 되었는데 이 불후의 명작은 종교개혁의 역사에 길이 남게 되었다. 신학적 포괄성과 심오한 사상은 2천년 교회사에 길이 남을 대작이었으며 정확한 성경 구절 인용은 어떤 신학적 추종을 불허한 내용들이었다.

칼빈(Calvin)과 파렐(William Farel, 1529-)의 만남은 제네바를 종교개혁의 도시로 변화시키는 요인이 되었다. 칼빈(Calvin)은 기독교 강요를 출판하고 1536년 이태리의 종교개혁을 지원하기 위해 여행하던 도중 하룻밤을 묵어 갈 계획으로 제네바를 들렀다. 파렐(Farel)은 칼빈(Calvin)을 주저앉히기 위해 저주스런 말까지 동원하여 설득하였다. 하나님의 섭리는 인간의 의지를 꺾어 그분의 뜻대로 사용하심을 누가 부정하랴? 여기에서 칼빈(Calvin)이 시편주석 서문에 기록한 내용을 발췌하면 다음과 같다.

> "파렐은 복음사업을 위한 비상한 열심에 불타 있었다. 그는 나를 붙잡기
> 위해 몹시 애를 썼다. 나의 뜻은 조용히 학문 연구에 뜻을 두고 있었기 때
> 문에 다른 사업에 관여하지 않겠다는 말을 듣자 그는 간청만 가지고 목적
> 을 이룰 수 없음을 알고 드디어 저주하는 말을 쓰기 시작했다. 내가 이렇
> 게 절박한 필요를 눈앞에 보면서도 도움을 주지 않는다면 하나님께서는
> 반드시 나의 조용한 생활과 학문 연구를 기뻐하지 않으실 것이라고 협박
> 하기까지 하였다. 나는 이 말을 듣고 두려움을 느껴 계획했던 이태리의 여
> 행을 포기하고 말았다."

제네바 개혁운동은 칼빈(Calvin)으로 인하여 박차를 가하게 되었다. 외롭게
투쟁하던 파렐(Farel)은 20세 아래 패기가 넘치는 명장을 얻어 전열을 가다듬게
되었다. 제네바 시에서는 개혁당이 유리한 대세를 몰아가기 시작했다. 1535년 8
월 드디어 200명의 시 의회는 미사를 금하기로 결정하고 개혁파 진영이 제네바
시를 장악하게 되었다. 칼빈(Calvin)은 처음부터 시 의회의 주역이 된 것은 아니
었다. 시 의회에 소개되어 파렐(Farel)의 조수 역할을 하고 있었다. 1537년 칼빈
(Calvin)에 의해 시 의회에 세 가지의 개혁 안이 제출 되었는데

첫째; 신앙 요리 문답이었고
둘째; 신앙 요리문답에 동의하지 못할 때는 추방 조치할 것이며
셋째; 성찬식을 매월 실행할 것이었다.[217]

제네바 교리 문답서를 살펴보면 종교개혁 신조들의 기초가 된 것을 알 수 있
다. 웨스트민스터(Westminster) 신앙고백서, 소(小) 요리(要理)와 대(大) 요리(要
理) 문답서는 그 형식에 있어서도 칼빈의 제네바 교리 문답서의 형식을 따르고 있
다. 칼빈(Calvin)은 이 교리 문답을 가르치고 믿을 것을 요구하는데 그치지 않고
수용하지 못할 경우 추방조치까지 취할 것을 요청하였다. 이러한 그의 강력한 개

---

217) Ibid, pp.276-277.

혁운동은 큰 반발을 일으키게 되었고 결국 1538년 4월 가슴 아프게도 시 의회는 칼빈(Calvin)과 파렐(Farel)의 추방을 결의하고 말았다.[218]

칼빈(Calvin)과 파렐(Farel)이 강력한 개혁운동을 일으킨 의도는 정교분리(政敎分離, Separation of State and Church)의 교회관을 염두에 두고 시 당국의 간섭으로부터 독립된 교회의 정치제도를 수립하기를 원했기 때문이었다. 추방이 결정되자 그 꿈은 산산조각이 나고 말았다. 이러한 정교분리(Separation of State and Church)의 제도적 개혁의 시도는 칼빈(Calvin)의 천재성이 또 다시 입증된 증거였다. 당시 로마 카톨릭을 대항해 개혁의 싸움도 버거울 때 정교분리형의 교회관을 수립하고자 하였던 일은 범인으로서는 감히 엄두도 낼 수 없는 일이었다. 루터(Luther)가 종교개혁을 한 독일의 교회관은 국가 주도형 교회로 정착해가고 있었다. 그것은 로마 카톨릭에 대한 반발로 형성된 교회관이다. 사실 정교분리형(Separation of State and Church)의 교회관은 수세기가 지난 후 18세기부터 기초를 놓기 시작하여 19세기에 와서 정착하기 시작했다. 그런데도 로마 카톨릭은 아직까지 교회주도형 기독교가 세계를 지배해야 된다는 착각을 버리지 못하고 있다. 더욱이 오늘날 로마 카톨릭을 분쇄해야할 기독교 변증학이 절실하게 요구되는 이때 일부 몰지각한 개신교 목회자들이 로마 카톨릭과의 연합운동의 일환으로 직제 일치운동을 벌리는 것을 볼 때 심장의 피가 멈추는 것 같은 느낌을 억제할 수가 없다. 우상화 종교, 성찬의 화체설 등을 차치하고라도 로마 카톨릭이 주장하는 마리아 승천설, 마리아 처녀론, 그리고 마리아 여왕설을 개신교 목회자들이 모른단 말인가?[219]

칼빈(Calvin)의 방랑길이 시작되었다. 파렐(Farel)은 뇌샤텔(Neuchatel)의 목사로 부임하였고 칼빈(Calvin)은 불란서 피난민이 사는 스트라스벅(Strasbourg)으로 갔다. 이때 칼빈(Calvin)은 로마교회 주교 사도레토(Jacopo Sad-

---

218) Ibid, p.277.

219) Catechism of the Catholic Church, (The Wanderer Press, St. Paul, Minnesota, 1994), 에 나타난 로마 카톨릭의 신조에는 교회의 어머니로서의 마리아를 고백할 것을 강요하고 있다(pp.251-254). 그리고 800여 쪽에 달하는 그들의 신조 집에는 성례론과 공로에 대한 내용들이 거의 반을 차지하고 있다.

oleto, 1477-1547)에게 보낸 기독교 변증론은 대단히 가치 있는 저서인데 로마 카톨릭을 대항해 성경 교리를 요약한 저서이다. 사도레토(Sadoleto)는 정통 교리를 왜곡하여 로마 교조주의(Catholicism)를 변증하기 위해 그의 설득력을 동원하였다. 그의 논증은 오직 칼빈주의의 전파를 차단하기 위함이었다. 교황의 권위를 사도 베드로부터 찾아야 한다고 주장하여 초대 교황이 베드로라고 주장했다. 나아가 이신득의의 교리만으로 구원을 얻을 수 없고 공로가 첨가되어야 한다고 주장했다.[220]

이에 칼빈(Calvin)은 로마 카톨릭 교황의 무흠(無欠)을 주장하는 교회관을 공격하면서 교회는 그리스도를 머리로 하여 사도들의 신앙고백으로 돌아가야 할 것을 강조했다.[221] 동시에 그는 무명의 과부인 부레(Idelette de Bure)와 결혼하여 아들을 낳았으나 곧 아들이 죽고 9년 후 아내도 죽고 평생을 홀몸으로 남은 여생을 보냈다. 루터(Luther)는 가정에서 즐거운 농담을 섞어 시적인 내용에 노래를 부르며 활기차게 생활했다. 그러나 칼빈(Calvin)은 조용하며 하나님을 두려워하는 마음으로 가정생활에 임했다.[222] 칼빈(Calvin)은 아내가 죽은 후 아내에 대한 그리움을 애절하게 파렐(Farel)과 그의 친구 비레트(Viret)에게 누차 편지로 전했다. 아내의 죽음은 칼빈(Calvin)을 너무나 마음 아프게 만들었다. 그는 슬픔의 고뇌를 말로 표현하기 어려울 정도였다고 술회했다. 하늘나라에 가서 만날 아내를 기리며 아내에 대한 그리움을 잠시 잊어버리는 방법으로 사역에 심취하곤 했다. 엄격하게만 느껴진 칼빈(Calvin)의 마음에 그처럼 정겨운 인간애의 모습이 숨어 있었던 것이다.[223]

칼빈(Calvin)을 추방한 제네바는 평온을 회복 하기는 고사하고 더욱 혼란에 휩싸였다. 때를 같이하여 칼빈(Calvin)을 추방한 강경파가 실권하고 온건파가

---

220) Philip Schaff, History of the Christian Church, Volume VIII, Modern Christianity, (Eerdmans Publishing Company, Grand Rapids, Michigan, 1989) pp.400-405.

221) Ibid, p.408

222) Ibid, p.417.

223) Ibid, p.418-423.

승리하여 다시 칼빈(Calvin)의 귀환을 서둘렀다. 금의환향한 칼빈(Calvin)은 교리 문답서를 작성하여 성도들을 훈련시켰으며 성경적 생활이 전 시민들에게 적용되도록 개혁운동을 강력히 추진하였다. 그러나 그의 엄격한 신앙적 강요는 심한 도전에 직면하게 되었다.

칼빈(Calvin)의 개혁에 도전한 대표적인 인물들은 카스텔리오(Sabastian Castellio, 1415-1563), 볼섹(Jerome Bolsec, ?-1584), 그리고 셀베투스(Michael Servetus, 1519-1553) 등이었다. 카스텔리오(Castellio)는 "셀베투스(Servetus)에 대한 죽음의 역사"를 기록할 때 사건을 일부 조작하여 칼빈(Calvin)이 셀베투스(Servetus)를 죽였다고 말했다. 그는 칼빈(Calvin)의 친구였는데도 불구하고 "아가서는 음란하고 추한 시"라고 악평하여 성경의 정경성을 부인했다. 볼섹(Bolsec)은 1577년 "칼빈(Calvin)의 생애"를 저술했는데 칼빈(Calvin)은 신성모독자이며 불경스런 신학을 전개했으며 하나님의 저주를 받아 죽었다고 혹평했다. 특히 칼빈(Calvin)의 예정론을 반박하면서 하나님을 죄의 책임자로 만들었다고 주장했다. 칼빈(Calvin)을 가장 괴롭힌 자가 셀베투스(Servetus)였는데 의사이며, 법률가이며, 그리고 천문학자로서 스스로 천재적인 소질을 과신한 신학자였다. 그는 혈액 순환을 처음으로 발견한 유능한 의사였다. 그는 항상 자신의 천재성을 과시하여 남을 무시하는 언사를 함부로 지껄이는 성품의 소유자였다. 거기에다 과격한 언어를 사용하여 타인에게 감정을 유발 시키는 성격의 소유자였다. 그러한 성격으로 인하여 그가 스스로 화형을 자처했음이 틀림없다. 그는 1531년 삼위일체의 오류(De Trinitatis Erroribus)라는 책을 저술하여 정통신학을 공격하였는데 이 책을 칼빈(Calvin)에게 보냈다.

이 책이 칼빈(Calvin)에게 보내짐으로 신학적 논쟁은 불붙기 시작했다. 칼빈(Calvin)은 셀베투스(Servetus)를 적대적으로 대하기보다 그의 잘못된 신학을 수정시켜 개심하도록 노력했다. 그러나 셀베투스(Servetus)는 칼빈(Calvin)을 제네바에서 추방하려고 칼빈(Calvin)과 반대되는 사람들을 종용하여 세를 모으기 시작했다. 삼위일체론의 부정으로 인하여 로마 카톨릭에서는 이미 그에게 사형언도를 내려놓은 상태였다. 칼빈(Calvin)이 그를 죽인 것이 아니라 사실상 살인의 원조는 로마 카톨릭이었다. 결국 셀베투스(Servetus) 사건은 시 의회로 넘어오게 되었다. 시 의회는 오랫동안 셀베투스(Servetus)의 회심을 기다리며 그를 설득했으나 효과가 없자 지역 교회들에게 편지하여 의견 청취에 들어갔다. 교회들의 회답은 모두가 일치된 내용으로 되돌아 왔다. 화형에 처하라는 주장이었다.

당시 시 의회와 칼빈(Calvin)은 외길의 수순을 밟을 수밖에 없는 입장에 처하게 되었다. 즉 삼위일체를 부정한 셀베투스(Servetus)를 로마 카톨릭이 화형 언도를 내렸는데 개혁교회에서 이를 거절하면 로마 카톨릭은 개신교를 이단의 집단체로 정죄 할 수밖에 없었기 때문이었다. 이 문제로 인하여 지역 교회들은 강렬하게 셀베투스(Servetus)를 화형에 처하라고 원성이었다. 당시 지역교회로부터 온 편지의 내용 일부에는 다음과 같은 말로 칼빈(Calvin)을 종용하였다.

"이 사건에 있어 귀하가 위대한 신앙과 열심을 보여 주어야 합니다. 지금 카톨릭 교회에 의하여 우리 교회는 이단이라는 악평, 특히 이단에 동정한 다는 악평이 넓게 퍼지고 있기 때문입니다."[224]라고 기록되어 있었다.

칼빈(Calvin)은 고뇌에 차 있었다. 그는 로마 카톨릭의 잔재를 없애기 위해 갖은 수단을 동원하여 셀베투스(Servetus)의 회심에 전심을 기울였다. 칼빈(Calvin)이 셀베투스(Servetus)와 신학적 논쟁을 통해 주고 받은 편지의 내용은
(1) 예수 그리스도는 하나님의 아들이시며
(2) 인간이 거듭날 때 심령 속에 하나님의 나라가 임하며
(3) 세례는 믿음을 전제한다.
는 교리를 수용할 것을 당부했다. 그러나 칼빈(Calvin)의 고심에 찬 노력은 수포로 돌아가 버리고 말았다.

이러한 생명을 건 신학적 논쟁은 셀베투스(Servetus)가 먼저 논쟁의 문을

---

224) 김의환 전집 I권, 기독교회사, (총신대학교 출판부, 서울시 동작구 사당동, 2002년 11월), p.280.

열었기 때문에 시작되었다.[225] 그러나 칼빈(Calvin)은 셀베투스(Servetus)의 잘못된 교리를 철회할 것을 고대하면서 지속적으로 편지를 보냈다. 칼빈(Calvin)의 편지에는 그를 해하려는 어떠한 의도도 엿볼 수 없었다. 그런데도 셀베투스(Servetus)는 회답의 편지를 통해 정통교리를 혹평한 내용을 칼빈(Calvin)에게 보냈다.[226] 언제나 셀베투스(Servetus)는 거만하고, 자극적인 언어를 사용하여, 상대를 모욕하는 말로 칼빈(Calvin)에게 편지를 보냈다. 그러다 갑자기 칼빈(Calvin)과의 편지 교환을 끊어버리고 말았다. 그리고 그의 친구인 포우핀(Abel Poupin)에게 1548년경 편지를 보냈는데 그 내용은 제네바의 개혁교회 기독교인들은 하나님도, 복음도, 그리고 선함도 없는 잘못된 복음을 가지고 있다고 혹평하였다.[227]

시 의회는 최종 사형집행을 결정할 수밖에 없었다. 칼빈(Calvin)은 사형을 집행할지라도 고통스런 화형을 면하게 해 달라고 간곡히 탄원하였다. 그러나 시 의회와 각 지역 교회들은 로마 카톨릭이 개신교를 이단의 단체로 매도하는 일에 민감해 있었기 때문에 이단을 처형하는 방법으로 셀베투스(Servetus)를 화형에 처하는 일 외에는 도리가 없다고 주장했다. 칼빈(Calvin)은 정교분리(政教分離, Separarion of State and Church)의 제도를 추진할 것을 계획하고 있는 입장에서 너무나 고통스러운 문제에 당면하게 되었다. 칼빈(Calvin)의 의도와는 전혀 다르게 교회 안에서의 교리적인 문제가 시 의회라는 세속정치의 재판을 통해 형벌을 가하게 된 것에 대해 비 성경적이라는 주장이었다. 교회 안에서 교리적 문제는 세속정치를 통해 재판할 수 없다는 주장이었다. 오직 교회의 영적 재판에 의존해야 한다는 주장이었다.

칼빈(Calvin)도 한 때 파렐(Farel)에게 보낸 편지를 통해 "셀베투스(Servetus)에게 적어도 사형 언도가 내려지기를 바란다." 라고 언급한 적이 있었다. 그

---

225) Philip Schaff, History of the Christian Church, Volume VIII, Modern Christianity, (Eerdmans Publishing Company, Grand Rapids, Michigan, 1989) p.727.

226) Ibid, p.728.

227) Ibid, p.731.

러나 그렇게 말할 수밖에 없었던 배경이 있었다. 당시 칼빈(Calvin)은 셀베투스 (Servetus)를 향해 신학적 입장을 바꾸기를 간곡히 요청했다. 그러나 셀베투스 (Servetus)는 도리어 칼빈(Calvin)의 반대파를 부추기어 칼빈(Calvin) 추방운동 을 벌려 나갔다.[228] 칼빈(Calvin)은 그대로 있다가는 봉변을 당할 수밖에 없었다. 그는 방어수단을 강구할 수밖에 없었다. 로마 카톨릭도, 시 의회도, 그리고 개혁 파 교회들도, 셀베투스(Servetus)의 사형을 결정한 시기에 어떻게 칼빈(Calvin) 혼자 이단이라는 누명을 뒤집어쓰면서 까지 그의 사형을 반대할 수 있었을까? 그 것은 불가능한 일이었다. 사형 언도에 동조하는 언급을 할 수밖에 없었다. 그리 고 칼빈(Calvin)은 사형에 대한 **언도**만을 언급한 것을 보면 그의 내심을 알 수 있 다. 당시의 교리문제로 판결이 난 후에라도 셀베투스(Servetus)가 정통교리를 수 용하면 칼빈(Calvin)은 그의 구명운동을 하려는 의도가 숨어 있었던 것임에 틀림 없었다. 그리고 칼빈(Calvin)이 "가혹한 방법으로 대하지 말기를 바랍니다."[229] 라고 언급한 것을 보면 사형 언도가 내려진 다음에도 칼빈(Calvin)은 셀베투스 (Servetus)를 구명하려는 의도가 숨어 있었다. 사형 언도는 **언도에서** 그치게 하 고 뒤에서 구명운동을 하려는 의도가 숨어 있었음을 알 수 있다. 그 증거로 수차 에 걸쳐 셀베투스(Servetus)에게 편지를 보내 삼위일체를 인정하면 구명할 수 있 도록 탄원하겠다고 언급한 것이다. 그러나 그 시도는 셀베투스(Servetus)의 오 만과 자기과시로 말미암아 수포로 돌아가고 말았다.

교회사를 살펴보면 교리적 논쟁이 벌어질 때 공개적 토론을 통해 이단을 확정 했다. 공개적 토론 중 자신의 교리가 잘못되었다는 것을 인정하고 정통 교리를 수 납하는 경우 그를 정죄하지 않고 같은 정통교리를 신봉하는 동지로 인정했다. 그 러나 끝까지 자신의 잘못된 교리를 주장하는 경우 그를 정죄했다. 칼빈(Calvin) 은 그 교회사적 전통을 이용하려는 의도가 숨어 있었음이 틀림없었다. 그러나 셀 베투스(Servetus)는 당시 칼빈파의 사람들과 서신을 교환할 때 그는 오만하고 과 격한 언어를 동원함으로 제네바 사람들의 분노를 자아내게 만들었다. 물론 칼빈 (Calvin)도 셀베투스(Servetus)가 남을 무시하는 언사와 성경교리를 무시하는

---

228) Ibid, p.279.
229) Ibid, p.279.

태도에 대해 분개하고 있었다. 그런데도 불구하고 셀베투스(Servetus)는 삼위일체 교리를 교회의 변조와 함께 생겨난 것이라고 주장했다.[230]

칼빈(Calvin)이 사람을 죽였다고 마구 말해 버리는 일부 무식한 자들의 허황된 말들을 들을 때 어떤 역사적 근거에서 그렇게 떠드는지 알 수가 없다. 여러 종교 개혁사를 읽어 보아도 칼빈(Calvin)이 셀베투스(Servetus)를 죽였다는 내용을 찾을 수가 없다. 특히 필립 사프(Philip Schaff)의 방대한 교회사를 아무리 뒤져보아도 그런 내용을 전혀 발견할 수가 없다. 아쉬운 점이 있다면 로마 카톨릭, 시 의회, 그리고 개혁교회들의 비난을 각오하고라도 칼빈(Calvin)이 셀베투스(Servetus)의 처형을 공개적으로 반대했으면 하는 아쉬움이 있다. 그러나 당시의 정교분리(政敎分離, Separation of State and Church)의 제도는 꿈을 꿀 수조차 없었던 상황이었고 개혁교회는 시 의회의 판결을 따를 수밖에 없었다. 당시에는 세속정치와 종교의 단일체제 아래에서 전통적으로 내려오는 이단자들의 처형 방법을 개혁교회들도 답습하고 있었던 상황에서 칼빈(Calvin) 혼자 정교분리의 입장에 서서 교리적으로 잘못된 자들의 처형을 반대하기는 너무나 역부족이었다. 아마도 당시 감히 그 누구도 생각할 수 없었던 정교분리(政敎分離, Separation of State and Church)를 칼빈(Calvin)이 강력하게 피력했던 이유는 셀베투스(Servetus)의 사건과 관계가 있지 않았나? 추측되어진다. 왜 교회에서 판단해야 할 교리적인 문제를 국가의 법정에서 판결하느냐? 의 문제였다.

칼빈(Calvin)의 신학에 대해 무지한 자들의 공격거리는 "칼빈(Calvin)의 신학이 완전한 것이 아니다. 칼빈(Calvin)의 신학은 너무나 딱딱하다. 칼빈(Calvin)의 신학은 선교에 적용할 가치가 없다. 그리고 칼빈(Calvin)의 신학은 영성이 뒤 떨어진다." 는 등등의 근거 없는 자기 독백에 취해 허황된 말들을 마구잡이로 쏟아내는 것들이다. 그렇게 말하는 자들은 영혼의 옷깃을 여미고 칼빈 강요(Calvin's Institute)를 정독하면 다 읽기도 전에 가슴의 저변에서 영혼이 불타오르는 느낌을 받을 것이다. 칼빈(Calvin)은 사악한 로마 카톨릭에 대해 칼날처럼 날카로운 신학적 비평을 가했지만 그의 글 속에 나타난 인격은 너무나 섬세하고 부드러운

---

230) 기독교 백과사전 9권, (기독교문사, 서울 종로 5가, 1983년 6월), p.471.

인간임을 알 수 있다. 그리고 그의 겸손한 언어는 사람을 깊이 감동시키는 매력을 지니고 있다. 모든 신학은 완전한 작품이 될 수 없다. 신학은 역사적 배경과 저술하는 인물의 생각이 첨가되어 있기 때문이다. 신학은 지구의 종말이 올 때까지 성경을 올바로 고백하는 개혁 작업을 지속해야 할 숙제이다. 칼빈(Calvin) 스스로도 자신의 신학을 과시하지 않았다. 칼빈(Calvin)을 존경하는 후예들도 그의 매력적인 신학에 심취해 있을 지라도 그 신학의 완전성을 배제한다. 칼빈(Calvin)은 2천년 교회사에서 가장 뚜렷하게 성경대로 신학을 전개한 사람 가운데 한 사람으로 존경하는 것이지 그의 완전성을 말하는 것이 아니다. 칼빈(Calvin)의 신학을 이해하지 못하기 때문에 그의 신학에 대해 가당치 않은 이론으로 "딱딱하다. 영성이 부족하다." 등의 의미 없는 말들을 해대고 있다. 영적 내용이 너무 크고 넓어 이해할 수 없다는 고백이 더 솔직하고 합당한 말이 될 것이다. 읽으면 읽을수록 심오한 그의 영적 깊이는 끝이 없을 정도이다. 그는 구원론에서 성령님이 아니고는 구원에 관한 어떤 작은 일이라도 일어날 수 없다고 주장했다. 칼빈(Calvin)은 성령에 취한 사람이다. 그의 신학은 선교의 방법론이나 토론하는 수준에서 벗어나 죽느냐? 사느냐? 가장 근본적인 영적 문제를 다루었다. 당시의 역사적 상황을 고려해 보면 감히 아무도 생각해 낼 수 없었던 일반은총(一般恩寵, Common Grace)의 문화관이나 정교분리(政敎分離, Separation of State and Church)형에 대한 신학적 입장을 피력할 수 있었다는 것은 보통 사람으로서는 도저히 상상할 수 없는 내용이었다.

1559년 칼빈(Calvin)이 아카데미 운동을 일으킨 이래 유럽 각국에서 1천명 이상의 제자들이 모여들어 그의 강의를 듣고 모국으로 돌아가 종교개혁운동을 일으키며 수없는 순교자들을 양산해 냈다. 대표적인 제자는 스코틀랜드(Scotland)의 순교자 낙스(John Knox)였으며 프랑스에서는 칼빈(Calvin)의 사상을 받아들인 위그노(Hugnots) 운동으로 1552년 파리 대회에서 칼빈주의 신앙고백서를 채택했다. 화란에서는 칼빈주의 신학자 부라이(Guy de Bray)의 수고로 1561년 벨직 신앙고백(Belgic Confession)이 채택되었다. 영국교회는 장로교 국가로 변한 원인이 칼빈주의 영향을 입은 39개 신조를 채택하였기 때문이다. 후에 일어난 청교도 운동은 칼빈주의의 영향 아래 일어난 운동이었다. 독일 남부지역에서도 프레드릭 3세의 도움으로 칼빈(Calvin)과 불린저(Bullinger)의 제자인 우르시너스(Zacharias Ursinus, 1534-1583)와 올레비아너스(Casper Olevianus, 1536-1587)에 의해 1563년 하이델베르그(Heidelberg) 교리문답(Catechism)이 채택되었다.[231]

이처럼 칼빈(Calvin)이 전 유럽의 개혁교회에 막대한 영향력을 끼치게 된 원인은 그의 심오하고 다양한 신학적 관점 때문이었다. 거기에다 후진 양성에 심혈을 기울였기 때문이었다. 가장 기본이 되는 원인을 분석해 보면 하나님의 주권주의 신학이 작용하고 있었기 때문이었다. 루터(Luther)는 개혁의 돌을 들어 올렸고 쥬잉글리(Zwingli)는 칼빈(Calvin)에 앞서 개혁의 기초를 놓았고 칼빈(Calvin)은 종교개혁의 금자탑을 쌓아 올렸다고 볼 수 있다. 칼빈(Calvin)의 순교적 신앙의 가르침이 후세대에 수많은 신앙인들에게 그들의 생명을 분토같이 버리고 주님을 위해 순교와 헌신의 길을 가도록 길잡이가 되었다. 그는 온 몸에 병을 가지고 다니는 병원이라고 일컬어졌다. 그는 항상 여호와의 이름을 영광되게 하는 일에 생명을 걸었다. 그의 삶은 투옥되고, 추방되고, 방랑 생활의 연속이었는데 어떻게 기독교강요와 신구약 성경주해의 대 과업을 이루었는지 신비스럽기만 하다. 지극히도 하나님을 공경하는 사람, 개혁자로서의 거인은, 그리고 너무나 큰 체력 소모를 감당하지 못하여 뼈만 남은 사람으로 변해가고 있었다. 1564년 5월 27일 55세를 일기로 하나님께서는 애지중지 아끼는 살아있는 순교자를 하늘나라로 영접해 가셨다. 그는 죽어서까지 하나님의 영광을 가로챌까 염려하여 자신의 무덤에 비명(碑銘)을 없이 해 달라고 부탁했다. 그의 생은 죽어서까지 일관되게 하나님께 영광을 돌리는 신앙의 족적을 남겨 놓았다. 그는 자신을 분토처럼 생각하고 오직 하나님의 영광을 위해 자신이 흙으로 돌아가는 길을 기쁨으로 선택하였다. 그의 순교적 삶, 희생, 그리고 그의 업적은 하늘나라 천사들의 나팔소리와 함께 주님께서 재림하시는 날, 그날이 올 때, 환희의 영광으로 빛날 것이다.

이제 칼빈(Calvin)의 신학적 뼈대를 이루고 있는 기독교강요가 내포하고 있는 기독교 변증학을 생각해 볼 때가 되었다. 기독교 역사상 최초로 신론, 인간론,

---

231) 김의환 전집 1권, (기독교회사, 총신대학교 출판부, 서울 사당동, 1998), pp.282-283.

기독론, 구원론, 그리고 교회론을 교리학적으로 표명한 신학자이다. 물론 어거스틴(Augustine)의 신학 역시 하나님의 주권 사상에 기초한 변증학적 요소를 많은 부분 포함하고 있다. 그러나 성경 교리를 신학적 주제에 따라 체계적으로 전체적으로 조직화한 신학자는 칼빈(Calvin)이 최초이다. 그리고 로마 카톨릭의 교조주의(Catholicism)가 가지고 있는 스콜라주의(Scholasticism)와 동방의 신비주의를 정확하고도 면밀하게 파헤쳐 성경교리를 변증하고 있는 내용을 읽으면 독자 스스로 몰입되어 버리고 만다. 그의 기독교 변증학은 성경교리를 주축으로 로마 교조주의(Catholicism)를 공격하고 있다. 성경 전제주의 변증신학자 밴틸(Van Til) 박사가 그의 변증학에서 칼빈(Calvin)의 주장을 자주 인용하는 이유는 성경 우선주의 신학자 칼빈(Calvin)과 상통하는 관점이 있기 때문이다.

칼빈 강요(Calvin's Institute)는 전 4권으로 되어 있으나 사실상 로마 교조주의(Catholicism)에 대항하는 기독교 변증서라고 말할 수 있다. 교리학적으로 체계화 한 성경의 영감론, 신론, 인간론, 기독론, 구원론, 교회론을 총망라해 논증하고 있다. 칼빈주의 교리학은 성경이 가는데 까지 가고 성경이 멈추는 데서 멈추어야 할 것을 강조하고 있다. 제 1권 신론에 있어서는 인간론을 연관시켜 설명하고 있다. 그 이유는 완전 거룩의 하나님과 전적 부패의 인간을 비교 대조하여 인간의 사악성을 드러내며 하나님의 완전무결, 무한 능력의 인격을 소개하기 위함이다.

제 2권에서는 기독론을 논증하고 있다. 역시 기독론에서도 인간론을 포함시키고 있다. 타락한 인간을 하나님과 교제의 관계로 이끌어 들이기 위해서는 하나님과 인간 모두를 만족시키는 중보자가 필요하기 때문에 하나님과 인간 사이의 중보자의 관계를 논증하고 있다. 여기에서 언약론과 도덕률의 설명은 읽는 자들로 하여금 깊은 감명을 자아내게 한다.

제 3권에서는 구원론을 논증하고 있다. 구원론은 성령론으로 규정하고 있다. 믿음, 중생, 칭의, 그리고 소명 모두를 성령님의 사역에 근거하고 있다고 강조하고 있다. 칼빈(Calvin)은 참으로 성령에 취한 신학자이다. 그 성령님을 구원 받기로 선택된 자에게 특별 은혜의 사역을 행하시는 제3의 인격자인 하나님의 사역자로 규정하고 있다.

제 4권에서는 교회론을 논증하고 있는데 로마 교조주의(Catholicism)의 잘못된 교회관을 뿌리채 파내어 성경적으로 입증하고 있다. 훼손된 교회의 본질, 잘못된 교회의 제도, 인간을 신격화한 교황의 권위, 성례의 미신주의, 그리고 교회에서 행해지는 재판의 횡포 등을 파헤쳐 성경적으로 입증하고 있다. 특히 칼빈(Calvin)이 가슴에 깊이 묻어 두었던 교황에 대한 제도적 문제점을 파헤쳐 성경적 입장에서 교회의 제도를 바로 제시한 내용은 오늘까지 불후의 명작으로 남아 있다. 그것은 "왜 세상 법정에서 다루어야 할 재판을 교황이 집행하는가?" 이다. 그리고 "성경 교리에 관한 문제를 왜 세상 법정에서 다루어야 하는가?" 이다. 칼빈(Calvin)은 기독교강요 4권 8장 25항에 적그리스도의 왕국을 "로마 교황"으로 규정하고 이는 불경스럽고 증오스러운 왕국이라고 혹평하였다. 이러한 사상은 로마 카톨릭이 셀베투스(Servetus)에게 사형을 언도했을 때 심한 고뇌에 빠졌음을 입증하는 증거가 된다.

VII. 17세기 이성주의의 발흥과 경험주의

16세기 종교개혁은 성경교리의 원리를 찾으려는 운동이었다. 16세기 종교 개혁의 교리적 운동은 웨스트민스터(Westminster) 신앙고백으로 이어졌고, 그 신앙고백과 함께 일어난 청교도 운동은 17세기 정통주의 신학자 프랜시스 튜레틴(Francis Turretin)으로 이어지고, 나아가 18세기 아키발드 알렉산더(Archibald Alexander)로 이어지고 후에 유럽과 미국의 복음주의 운동에까지 그 영향을 끼치게 되었다. 반면에 스콜라주의(Scholasticism)에 기초를 둔 철학적 이성주의는 17세기 데카르트(Descartes), 스피노자(Spinoza), 라이프니쯔(Leibniz), 그리고 파스칼(Pascal)로 이어졌다. 문제는 이 철학자들이 기독교를 말하면서 중세 스콜라주의(Scholasticism)적 이성주의를 강조하는데 있다. 17세기 이성주의는 후에 18세기 이성에 기초한 계몽주의(Enlightenment) 철학의 원흉이 되었다. 그리고 18세기 계몽주의(Enlightenment)는 19세기 자연주의(Naturalism)의 원흉이 되었다.

17세기 이후에 변질된 이성주의 철학자들 가운데는 하나님의 존재 자체를 부정하는 자들까지 생겨나게 되었다. 즉 중세시대에 성행했던 하나님의 존재 증명에 대한 논증을 반박하는 철학자들이 생겨나게 되었다는 의미이다. 그 예로 데카르트(Descartes)는 아퀴나스(Thomas Aquinas)의 철학적 체계를 뒤집어 놓고말았다. 그는 하나님을 증명하기 위해 세상의 존재를 사용하기 보다 세상의 존재를 증명하기 위해 하나님을 사용하였다. 이러한 하나님 존재증명의 방법론은 하나님께서 점점 세상의 주변으로 밀려나 종국에 가서는 완전히 사라져 버린 유럽 사상의 대 변화를 대변해 주고 있었다. 이제 이성주의 철학자들의 비틀거리는 생각들을 요약하여 비평하면서 기독교 변증을 논증해 보자.

1. 데카르트(Rene Descartes, 1596-1650)

데카르트(Descartes)는 이성주의 철학자로 분류된다. 그는 프랑스 태생으로 중세철학의 형이상학에 깊은 관심을 두고 있었다. 그는 혼자 골방에 들어가 깊이 사색하기를 좋아했다. 그는 하나님의 존재에 대한 중세의 사상을 일신하려는 노력을 기울였으나 결국에 가서는 다시 중세의 스콜라주의(Scholasticism)로 회귀하고 말았다. 하나님에 대한 존재를 증명하는데 있어 존재론적 증명(Ontological Argument) 즉 본체론적 증명을 강조하였다.

데카르트(Descartes)는 철학적 제1원리로 "내가 분명히 알지 못하는 것에 대해서는 결코 진리로 허용할 수 없다." 라고 강조하였다. 인간의 사고를 통해 하나의 진리를 다른 진리로부터 연역(Deductive)해 낼 때 절차를 잘 보존하게 되면 인간이 도달하지 못할 어떤 것도 없다는 주장을 했다.[232] 이러한 주장은 어느 경우에든지 진리를 찾아낼 수 있다는 의미가 아니고 의심함으로 불가능한 것이 존재 하는데 "의심하고 있다"는 사실이 존재한다는 것이다. 여기에서 그는 "나는 생각한다. 그러므로 나는 존재한다(Cogito ergo sum)."라는 진리에 대한 회의적인 말을 남겼다. 즉 그가 생각하고 있다는 것은 의심하고 있다는 사실을 입증하는 것을[233] 강조하는 말이다.

다음 제2의 원리로 하나님께서 존재한다는 것을 보여주는 원리이다. 그 존재론은 인과관계론적(因果關係論的) 논증과 존재론적 논증(Ontological Argument) 사이의 조화를 형성하려는데 있다. 유한자의 인과관계(因果關係)를 통하여 무한자의 실체론에 도달하려는 시도이다. 자신은 유한하지만 그 유한은 무한자의 존재를 의미하는 것으로 파악하고 있다. 유한자가 완전한 자에 대한 개념을 가지고 있다는 사실은 완전한 자에 대한 존재를 내포하고 있다는 뜻이다.[234]

다음 제3의 원리로 하나님께서는 스스로 완전하시기 때문에 결코 우리를 속이지 않는다는 주장이다. 만약 하나님께서 실제로 존재하지 않는다면 우리들이 존재에 대한 분명한 사고를 가질 수 있도록 허락되지 않는다는 뜻이다. 그래서

---

232) Colin Brown, Philosophy & Christian Faith, (Inter Varsity Press, Downers Grove, Illinois, 1968), p.50.

233) Ibid, p.51.

234) Ibid, p.51.

하나님에 대한 존재론적 증명(Ontological Argument)을 찾아내기 위한 논리적 연역(演繹, Deductive)은 모두가 정당하다.[235]라는 주장이다.

그러나 이러한 데카르트(Descartes)의 사상은 이미 오래전부터 내려온 하나님에 대한 존재론적 증명(Ontological Argument)을 인간의 의식 속에서 찾으려는 무모한 생각을 "회의(懷疑)"라는 언어적 유희를 통하여 반복한 것에 불과하다. 즉 하나님에 대한 회의(懷疑)가 "하나님의 존재를 확증한다."는 것은 전혀 존재증명의 근거가 되지 못한다. "의심이 존재한다." 라는 것 외에는 하나님의 존재에 대한 증명이 실재(Reality)로 이루어질 수 없다. 데카르트(Descartes)가 주장한 회의와 존재에 대한 전후관계가 논리적으로 뒤 바뀌었다. 즉 회의가 존재의 전제가 될 수 없다. 존재가 회의의 전제가 되어야 한다. "나는 생각한다. 그러므로 존재한다(Cogito ergo sum)." 라는 주장은 **생각**이라는 **회의**로부터 존재를 추론한다는 말인데 이는 앞뒤가 뒤바뀐 공식이다. 존재는 시공간의 사건을 전제하고 있다. 그러므로 회의라는 생각을 통해 사건을 추론할 수 없다. 간단히 말해서 시공간의 사건을 통한 존재가 우선 되어야 그 존재를 통해 생각하는 회의(懷疑, doubts)가 형성되어야 한다는 말이다. 데카르트(Descartes)가 이 세상에 태어났기 때문에 그의 존재를 통해 회의라는 생각이 형성된 것이다. 존재라는 전제는 합리적 사고와 직관(直觀, Intuition)을 통해 들어오는 인식을 제공한다. 그런 의미에서 회의적 생각을 통해 존재를 유추한다는 것은 전혀 전제(Presupposition)의 개념으로 볼 때 앞뒤가 뒤바뀐 논리이다.

우리의 지식이 어디로부터 오는가? 의 문제에 있어 지식의 전제는 하나님을 떠나서 생각할 수 없다. 지식에 관한 근접원인(近接原因, Proximate Cause)은 창조된 시공간의 존재를 떠나서 생각할 수 없다. 이는 피조 세계의 만물이 지식의 원인을 제공하기 때문이다. 그렇다고 피조 세계의 모든 것을 우리가 분석할 수 있는 능력을 가지고 있다는 말도 아니다. 우리는 존재 그 자체를 인식할 뿐 만물이 품고 있는 원인과 요소를 완전무결하게 분석하여 응용할 수가 없다. 그것이 우리 지식의 한계이다. 그리고 창조 된 만물의 존재를 전제하지 않고 지식을 얻

---

235) Ibid, p.51.

을 수 있다고 가정한다면 인간이 창조 이전 삼위일체 하나님의 계획에 대한 모든 지식을 습득할 수 있다는 말이 된다. 즉 창조 이전에 인간은 하나님과 같은 능력을 소유하고 있었다는 당치도 않는 말이 된다.

비기독교인들이 지식을 규정할 때 성경에서 말씀하는 삼위일체 하나님의 창조를 무시하고 지식을 언급함을 인하여 그들 나름대로 옳다고 억지 주장을 할 것이다. 그러한 주장은 자신이 하나님으로부터 온 사실을 부정하기 때문에 자신에 대한 자아인식이 올바로 성립되어 있지 않다는 말이 된다. 자신의 근본 원인을 하나님의 형상으로부터 떠나서 생각하기 때문에 자신에 대한 의미를 찾지 못하고 있다. 만약 어린아이가 태어나 성장하면서 함께 살고 있는 부모와의 관계를 추구할 때 그가 어느 부모로부터 태어났으며 그 부모가 누구인가를 알려고 한다면 어린아이와 부모와의 관계에 있어 부모는 중립적 위치(Neutral Position)에 존재하는 것이 아니다. 낳아주고 키워준 부모로서만 존재한다. 즉 부모는 자기들의 자녀를 절대적으로 자신들로부터 태어났다고 주장한다. 그러므로 중립적 위치(Neutral Position)의 인식은 부모를 모욕하는 결과를 가져온다. 그 중립적 위치(Neutral Position)는 부모가 아닐 수도 있고 부모가 될 수도 있기 때문이다. 인간이 성경에서 말씀하는 삼위일체 하나님께서 존재하는지 아니 하는지를 묻는다면 이는 언약을 깨트린 인간으로 말할 수밖에 없다.[236]라고 밴틸(Van Til) 박사는 주장한다. 이러한 밴틸(Van Til) 박사의 주장은 창조주의 전제적 지식이 없이는 모든 지식이 곡해된 지식으로 변한다는 뜻이다.

언약을 파괴한 인간은 시공간의 사건과 삼위일체 하나님과의 관계를 설정하는데 있어 오류를 범하고 있기 때문에 종국에 가서는 하나님을 경멸하는 입장을 취하고 만다. 즉 인간은 창조주로서 만물을 다스리고 섭리하시는 하나님을 배격하고 있기 때문에 인간이 가지고 있는 하나님에 대한 지식은 언제나 혼돈으로 귀결되고 만다. 만약 언약을 파괴한 인간을 향해, 성경에서 말씀하고 있는 하나님에 대한 질문이 들어올 때, 하나님께서는 사람이 소유하고 있는 마음의 법칙을 창조

---

236) Cornelius Van Til, A Christian Theology of Knowledge, (Presbyterian and Re-
formed Publishing Co, New Jersey, 1969), p.263.

하신 분이시며 인간을 둘러싸고 있는 우주의 법칙을 만드신 분이신가? 라고 묻는다면 인간은 분명 하나님을 모욕하는 말을 할 것임에 틀림없다.[237]

데카르트(Descartes)의 어리석은 말을 분석해 보자. "자신이 어떻게 존재 하는가?" 에 대한 회의(懷疑)가 존재를 말한다고 하면 부모를 앞에 두고 부모에 대한 회의(懷疑)를 표시함으로 자신의 존재를 인식하는 것과 같다. 지식을 회의(懷疑)로부터 유추하는 것은 전혀 모순의 논리에 해당된다. 우주에 대한 객관적인 지식은 하나님으로부터 오는 인식이 전제 되어야 하기 때문이다. 즉 창조주의 인식이 만물에 대한 객관적인 인식의 전제이다. 데카르트(Descartes)가 평생을 카톨릭 교도로 지내면서 스콜라주의(Scholasticism)를 잘못 답습한 결과 자아의 주관적 인식을 모든 지식의 근본으로 착각하는 철학자가 되었다.

2. 스피노자(Benedictus de or Baruch Spinoza, 1632-1677)

스피노자(Spinoza)는 유대인으로 화란에서 태어났다. 그는 자유분방한 생각을 펼침으로 유대인 회당에서 추방되었다. 그의 저술을 살펴보면 성경을 비평한 선구자였음을 알 수 있다.[238] 좀 더 구체적 표현을 하자면 그는 가증한 무신론자로 하나님을 제 멋대로 조롱하며 지껄이는 자였다. 그의 하나님을 조롱하는 묘사는 범신론(Pantheism)에 기초를 두고 있다. 합리주의적 범신론자로서 실체적 개념(Substantial Idea)을 다음과 같이 정의 하였다. "스스로 존재하는 것으로서 그리고 스스로를 통해 나타내는 것은, 즉 그것의 어떤 개념이 다른 존재의 형성을 요구하지 않는 어떤 것"[239] 이라고 말했다. 이러한 주장은 하나님의 실체를 논증함에 있어 초자연적 하나님의 개념을 무시하고 자연 속에 내재(Immanent)하는 범신론(Pantheism)의 개념을 통해 하나님의 존재를 증명하는 이론이다. 스

---

237) Ibid, p.263.

238) E. G. Kraeling, The Old Testament Since the Reformation, (Lutterworth Press. 1955), pp.45f.

239) Spinoza의 윤리학 Part 1, Definition iii; Colin Brown, Philosophy & Christian Faith, (Inter Varsity Press, Downers Grove, Illinois, 1968), p.54.

스로의 자율적 존재를 강조한다고 해서 기독교에서 말하는 스스로 존재하시는 하나님의 개념으로 이해하면 안 된다. 스피노자(Spinoza)가 "하나님은 만물의 내재적인 원인이다. 초월적 원인이 아니다."[240] 라고 주장함으로 그는 스스로 자신이 합리주의적 범신론자임을 구체적으로 증명하고 있다. 헬라주의에서는 범신론(Pantheism)을 신비적 관념으로 말하고 있다. 만물의 개체가 가지고 있는 각자의 신을 강조하고 있다. 이는 신비적 상상력에 기초를 둔 범신론(Pantheism)이다. 그러나 스피노자(Spinoza)는 만물 안에 스스로 존재하는 실체는 하나의 존재만 가능하다고 강조함으로 개체적 범신론주의자임을 증명하였다.

그의 엉터리 주장은 이상하게도 18세기 19세기 사상가들을 매혹시켰다. 엉터리 주장에 매혹된 이유는 간단하다. 하나님의 존재에 대한 잘못된 주장을 교묘한 말장난으로 사람들을 매혹시켰기 때문이다. 그는 하나님, 인간, 그리고 만물을 하나의 범주(Category) 속에 묶어 신의 개념을 정의하였기 때문에 내재적(Immanent) 하나님을 주장하게 된 것이다. 즉 창세 전의 인격적 삼위일체의 하나님께서 만물을 창조하시고, 창조하신 만물을 초자연적 능력으로 다스리시고, 보존하시고, 섭리하시는 하나님을 인식하지 못하는 무지를 드러냈기 때문이다. 성경에서 말씀하시는 하나님의 존재는 초자연적으로 하늘에 계시는 하나님이시면서 피조 된 우리, 즉 성도와 교제하시는 하나님으로 우리 안에 계시는 하나님이시다. 또한 우리는 하나님과의 교제를 통해 만물 가운데 역사하시는 하나님을 인식하고 있다. 그 인식은 시공간 세계에서 경륜(Administration)을 통해 일하시는 하나님을 체험하게 한다. 그 체험은 하나님께서 무소부재(無所不在, Omni Presence)하시며, 만물을 통치하시며, 그리고 전지전능(全知全能, Omniscience and Omnipotence) 하신 분이시라는 것을 인식하게 한다.

스피노자(Spinoza)의 합리적 범신론은 후에 "신에게 솔직히(Honest to God)"라는 저술을 펴낸 로빈슨(John Robinson)이 하나님께서는 초자연적으로 존재하심을 거역하게 하는데 선구자적 역할을 했다. 또한 자유주의자 틸리히

---

240) Spinoza's ethics Part 1, Proposition XVIII; Colin Brown, Philosophy & Christian Faith, (Inter Varsity Press, Downers Grove, Illinois, 1968), p.55.

(Paul Tillich)는 로빈슨(Robinson)에게 선망의 찬사를 보냈다.[241] 20세기에 들어와 내재주의(Immanent)에 기초를 둔 과정신학(Process Theology)을 주창한 화이트헤드(Whitehead)와 코브(John Cobb)는 스피노자(Spinoza)의 생각을 벗어나지 못하고 사람들의 머리를 혼동시키는 신학 아닌 신학을 말하는 자들이 되었다. 그들은 역사 속에 존재하는 하나님, 만물 속에 존재하는 하나님, 그리고 역사의 제한적인 과정 속의 하나님을 강조하였다.

3. 라이프니츠(G. W. Leibniz, 1646-1716)

라이프니츠(Leibniz)는 개신교인이었으나 데카르트(Descartes)와 스피노자(Spinoza)의 사상을 벗어나지 못한 철학자였다. 한 때는 로마 카톨릭과 개신교와 화해를 시도한 적이 있었다. 그는 미적분을 발견해 냈고 계산기도 발명하였던 천재적인 우주 과학자였다. 우주는 "무한히 많은 단자(單子, monad)들을 가지고 있는데 거기에는 들어가고 나올 수 있는 창문이 없고 부분도 없는 단일한 실체들로 구성되어 있다." 라고 주장했다. 그 단자(單子, monad)들은 모든 존재들을 반영하는데 최저 차원의 단위로부터 최고 차원의 하나님까지 위로 계열을 형성하고 있다고 말했다. 그는 하나님의 존재를 필연적 존재에 근거하여 존재론적 논증(Ontological Argument)으로 증명하려 했다. 필연적 존재에 근거한 존재론적 논증(Ontological Argument)은 창조되고 유출된 모든 단자(單子, monad)들을 산출하는 근원적인 단일의 실체를 통해 하나님의 존재를 추론하는 이론이다.[242]

라이프니츠(Leibniz)의 단자론(單子論, monad)은 그의 핵심적인 철학 사상을 말해주고 있다. 이는 형이상학적 입장에서의 단자론(單子論, monad)을 말하고 있는데 실체(Substance)와 존재의 모양(Modes of Being)에 대한 내용이 주류를 이루고 있다. 단자(單子. monad)는 합성체를 이루는 단순한 실체에 불과

---

241) Colin Brown, Philosophy & Christian Faith, (Inter Varsity Press, Dowers Grove, Illinois, 1968), p.56.

242) Ibid, p.56.

하다. 그리고 이 합성체는 단순한 것들의 집합체에 불과하다. 이 집합체의 사물에는 관념과 물체가 존재하는데 이들은 서로 나누어 질수 없는 속성을 지니고 있다. 이 존재는 비물질적 요소를 포함하고 있는데 이 요소가 그 존재성을 드러내어 활동하는 힘이며 본질적으로 활동하는 그 힘은 단자(單子, monad)이다. 이 세상의 모든 종류의 실체는 그 실체만이 가지고 있는 단자(單子, monad)라는 의식을 소유하고 있다. 이 단자(單子, monad)의 합성체가 현상계의 물체이다. 이러한 단자론(單子論, monad)은 초자연적인 외적 원리에 기반을 두고 우주의 질서를 지배한다는 과거의 형이상학을 배격한다. 이 단자(單子, monad)들은 서로 차별성을 지니고 있으면서 자연 속에서 계열을 이루어 존재하는데 스스로 완전성을 지닌 상태로 동일한 목적을 가지고 활동하고 있다. 여기에서 완전성은 신의 존재를 추론하게 만든다. 완전성은 신의 선한 의지를 포함하고 있는데 단자(單子, monad)의 의식적인 활동에서 신의 의지를 발견하게 된다.

위에 설명되어진 존재론적(Ontological) 증명은 기계론적(Mechanical) 실체를 통해 하나님의 존재를 추정하는 증명이다. 인간의 심리적 존재인식을 통해 하나님의 실체를 증명하는 것이 아니다. 철학적인 의미에서는 객관적인 신의 존재증명이라고도 말할 수 있다. 그러나 이러한 범신론적 존재론은 만물 속에 깃들어 있는 단자(單子, monad)를 신의 개념과 연관시키고 있다. 이는 스콜라주의(Scholasticism)의 터를 닦은 안셈(Anselm)의 실재론적 증명을 닮은꼴이다. 단자(單子, monad) 속에 들어있는 정신을 하나님의 존재와 연결시키는 범신론(Pantheism)의 이론을 말하고 있다. 기독교에서 말하는 인격적인 삼위일체 하나님의 존재증명과 비교해 볼 때 단자론(單子論, Theory of Monad)을 통해 하나님의 실체가 입증된다고 가정하면 하나님께서 만물의 각 개체에 존재하고 있는 세포가 하나님의 실체를 증명하는 꼴이 된다. 삼위일체 하나님의 존재증명은 창세 전에 하나님의 3위(三位, Three Person)로서 존재하고 계셨다는 성경에서 그 근거를 찾아야 한다. 그 존재는 인격적인 요소를 동반하고 계셨다. 만물의 단자(單子, monad) 속에 인격적으로 존재할 수 있는 하나님이 아니다. 3위의 유일하신 하나님은 초자연적으로 계시면서 만물을 창조하시고, 다스리시고, 섭리하시는 하나님이시다. 그러면서 편재(偏在, Omnipresence)하신 하나님이시다.

이 편재(Omnipresence)는 내재적 단자론(單子論, Theory of Monad)과는 전혀 다른 존재를 말한다. 만물 속에 깃들어 있는 신의 개념과 만물을 다스리며 편재(偏在, Omnipresence)하신 하나님의 존재는 전혀 다른 개념이다. 모든 만물은 하나님의 통치와 섭리에 의해 진행되어 가고 있기 때문에 내재적(Immanent) 존재를 통해 인격적인 삼위일체 하나님의 실체를 알 수 있는 것이 아니다.

4. 파스칼(Blaise Pascal, 1623-1662)

파스칼(Pascal)은 17세기 이성주의 철학의 정점에 서 있었다. 그는 과학자이며, 수학자이며, 그리고 카톨릭 신자였다. 그는 1646년 로마 카톨릭 교회 안에서 어거스틴(Augustine)의 "은혜주의"를 추구하는 잔센주의(Jansenism)자들과 접촉하여 회심의 기회를 가지게 되었다. 아브라함의 하나님, 이삭의 하나님, 그리고 야곱의 하나님이신 언약의 하나님을 체험하게 된 것이다. 이러한 체험으로 말미암아 그는 자유주의자들을 향해 기독교 변증서를 쓰기로 결심하였다. 그것이 팡세(Pensees) 즉 생각들(Thoughts)인데 기독교의 변증서로 정확한 성경의 의미를 변호하지는 못하였다. 그 이유는 그 저서에서 인간을 허무주의 또는 무가치한 존재로 표현하였기 때문이다. 인간을 좌절과 절망의 존재로 표현하였다. 인간이 절망에 이를 수밖에 없는 존재를 말하면서 죄인의 속성을 성경대로 파헤치지 못하였다.[243]

파스칼(Pascal)의 종교적 체험은 가설(Hypothesis)에 의존하거나 합리적 증거에 의존하지 아니했다. 인간은 무가치하고, 무력하고, 공허하고, 그리고 무익한 존재임을 자각해야 한다고 말했다. "인간의 심연(深淵)으로부터 나오는 연약성, 우울함, 비참함, 절망, 그리고 좌절이 그 본질이라고 말했다. 그러므로 인간은 하나님을 이성으로 알 수 있는 분이 아니다. 인간은 체험으로 하나님을 알 수 있기 때문에 마음을 통해 하나님을 인식해야 한다. 이는 심리학의 개념으로 하나님을 알 수 있다. 즉 직관(Intuition)을 통해 하나님을 알 수 있고 이성을 통해 하

---

243) Colin Brown, Philosophy & Christian Faith, (Inter Varsity Press, Downers Grove Illinois, 1968), p.58-59.

나님을 알 수 있는 길은 없다."[244] 고 주장했다.

그가 팡세(Thoughts, Pensees)를 통해 기독교 변증학을 전개한 것들 가운데 주시할 것은 "하나님의 존재는 이성적 증명에 의해 입증되는 것이 아니고 사건의 계시를 통해 증명하고 있는 성경에 의존해야 한다."고 주장했다. 당시의 이성주의가 판을 치던 시대에 이러한 기독교 변증을 시도한 것은 놀라운 일이 아닐 수 없다. 더욱이 "죄인인 인간이 전능하신 하나님을 알 수 있는 길은 제한적인 인간의 이성을 통해 알 수 있는 것이 아니고 신성과 인성을 함께 소유하고 계신 예수 그리스도를 통해서 알 수 있다."라고 강조한 점은 그의 신앙적 체험에서 나온 것으로 볼 수 있다. 그는 계속하여 "성경의 저자들은 이성주의에 기초하여 합리적으로 하나님의 존재를 증명하고 있지 않다. 이는 인간이 하나님의 존재 자체를 전혀 알 수 없다는 말은 아니다. 아브라함, 이삭, 그리고 야곱의 하나님께서는 자신이 스스로 인간에게 그의 존재를 계시해 주시기 때문에 인식이 가능한 것이다." 라고 말했다. 그가 주장한 "인간은 생각하는 갈대(Man is a thinking reed)" 라는 의미는 인간이 오직 사고(thinking)에만 머물러 있다는 뜻이 아니다. 사고하는 인간의 존재가 연약한 갈대라는 말이다. 인간은 흔들릴 수밖에 없는 연약한 존재로서 생각이 수시로 변화하는 신뢰의 대상이 되지 못하고 허무와 절망으로 뭉쳐져 있다는 것을 강조하고 있다.

파스칼(Pascal)은 인간의 본성을 갈대로 보고 하나님의 절대적 무한성과 대조적으로 비유하고 있다. 그 절대적 무한성의 하나님은 오직 한 분의 하나님이신데 이 하나님을 타락한 인간의 본질과 대조시킴으로 인간은 하나님 앞에서 유한한 존재임을 드러내고 있다. 인간의 유한존재를 규명하는 정의가 바로 인간의 허무, 우울, 비참, 좌절, 절망, 외로움, 비관, 그리고 염세라는 것이다. 그러나 그는 인간의 존재를 일부분만을 들어 규명함과 동시에 하나님을 한 분으로만 규정할 뿐 인격적인 하나님을 인간과의 교제를 연관시켜 규명하지 못하고 있다. 그가 인격적인 삼위일체 하나님에 대한 규명을 하지 못하는 이유는 하나님의 근본적인 본질에 대해 무지했기 때문이다. 그는 인간이 하나님의 본성을 알 수 없으며 인

---

244) Ibid, p.59.

간의 타락으로 인하여 지성이 파괴되어 버렸기 때문에 전혀 하나님을 알 수 있는 지식이 인간의 심령 속에 존재하지 않는다고 주장했다.

파스칼(Pascal)의 하나님에 대한 인식론은 실존주의적 경험론의 할아버지 역할을 하였다. 아퀴나스(Aquinas)나 칸트(Kant)는 이성주의에 기반을 두고 합리적인 하나님의 인식을 강조하지만 파스칼(Pascal)이나 발트(Barth)는 반대로 실존주의적 경험을 통한 하나님의 인식을 강조한다. 그러나 개혁파 신학에서는 계시론적 입장으로 성경계시를 통한 하나님의 인식을 강조한다. 그런데 주시할 내용은 파스칼(Pascal)이 "인간은 하나님을 인식할 수 없기 때문에 성경에 기록한 내용을 따라야 한다."라고 주장한 부분이다. 아주 개혁파 신학에 가까운 것처럼 보인다. 그러나 파스칼(Pascal)의 철학을 현미경 식으로 들어다 보면 모순점이 드러나게 되는데 사실상 성경에서 말씀하는 인격적인 삼위일체 하나님의 인식을 강조하는 것이 아니고 인간의 주관적 인식에 의한 유일하신 한분 하나님을 인식하는데 초점을 두고 있다. 그 인식은 인간의 우울, 무상과, 좌절과, 그리고 비참을 통해서 가능하다고 주장했다. 성경은 인간의 우울, 무상, 좌절, 그리고 비참을 말씀하고 있는데 이들을 통해 하나님을 인식한다는 주장이다. 이것도 결국 인간이 하나님을 찾아 올라가는 주관적 인식론이 될지언정 성경 계시에 의한 객관적이며 주관적 인식론이 되지 못한다.

칼빈(Calvin)은 하나님의 인식에 관하여 인간이 자신을 인식하는 것을 하나님을 인식하는 것과 연관시키고 있다. 그 인식론은 인간이 자신을 아는 지식과 하나님을 아는 지식이 연관되어 있다는 주장이다. 그리고 그 지식은 성경을 통해 삼위일체 하나님의 인격과 교제 관계를 형성하는 것과 연관되어 있다는 주장이다.[245] 인간의 주관적 무상과 비참을 통해 하나님을 아는 지식의 개념이 아니다. 물론 인간의 무상과 비참을 통해 자신이 죄인이란 것을 알고 하나님의 존재를 알게 되면 정상적인 인식론이라 말 할 수 있다. 그러나 인간의 무상과 비참을 통해

---

245) Cavin's Institutes Voume I, Ch I 에는 하나님을 아는 지식과 우리 자신을 아는 지식과의 상호관계를 말하고 있는데 인간을 아는 것이 하나님을 아는 길로 연결되며 하나님을 아는 것이 인간을 아는 길로 연결된다는 것을 강조하고 있다. Ch II 에서는 하나님을 아는 것은 인격적인 교제 관계를 형성하는 일인데 경외와 참된 예배를 통해 알 수 있다고 말한다.

하나님을 알되 인간이 하나님을 경배하는 자로서의 하나님을 알지 못하면 참 하나님을 알지 못한다는 말이다. 즉 인격적 삼위일체 하나님을 바로 알고 인간의 본질을 바로 아는 지식이 못 된다는 말이다. 인격적인 하나님을 안다는 말은 교제의 하나님을 안다는 말이다. 인간의 자력으로 허무와 비참을 통해 하나님을 알 수 있다면 인간에게 위안의 존재로서 하나님을 알 수는 있다. 그러나 문제는 성경에서 말씀하는 삼위일체 하나님을 인격적으로 아는 지식이 존재하느냐? 이다. 인격적 하나님을 교제 관계로 인식하는 사역자는 오직 성령님뿐이시다. 파스칼(Pascal)의 문제점은 바로 여기에 있다. 성경을 통해 유일하신 한분 하나님을 알 수 있다고 강조하고 있으나 인격적인 삼위일체 하나님을 말하지 않고 있으며 그것도 인간의 경험을 통해 허무, 좌절, 비참, 그리고 염세를 통해 알 수 있다고 주장하는 데에 문제가 있다.

인간은 창조 받을 때 만물을 다스려야 할 중보자적 위치에 서 있었다. 그 중보자적 위치는 일반은총의 엄청난 능력을 부여 받은 은혜였다. 그러나 타락으로 말미암아 만물을 다스리는 지혜를 거의 상실하고 약간의 부분만 남아있다. 파스칼(Pascal)이 인간을 갈대로 비유할 때는 인간에게 주어진 일반은총의 개념을 무시하고 오직 흔들리는 무상과 비참의 상태만을 강조하고 있다. 이러한 개념은 사실상 인간으로 하여금 합리적 사고를 무시한 실존주의(Existentialism)를 상상하게 만든다. 그러나 인간의 비참함을 인식하는 파스칼(Pascal)의 기본적 인식론은 이성으로부터 시작하고 있다. 이성에 의해 인간의 무상을 깨닫고 그 무상을 통해서 하나님과 인간이 단절된 사실을 인식하게 된다는 주장이다. 그리고 성경의 교훈을 따라 하나님을 인식해야 한다고 주장한다. 이러한 인식의 기원은 결국 인간의 생각(Pensees)하는 이성으로부터 시작되며 그 이성에 의해 경험이 파생되고 그 경험이 원인이 되어 하나님을 인식하는 방향으로 귀착 된다는 주장이다.

개혁파 신학이 주장하는 하나님의 인식론은 객관적인 계시론에 의존한다. 즉 성경이 말씀하는 하나님을 인간에게 어떻게 보여 주었느냐? 에 따라 그 인식이 규정된다. 그 성경계시에 따라 인간이 하나님을 인식하게 되면 자신의 죄인 됨을 알 수 있다. 역으로 생각하면 인간이 자신의 전적타락(Total Depravity)을 인식하게 되면 인격적인 삼위일체 하나님을 인식하게 된다는 말이다. 이 인격적인 삼위일체 하나님을 알 수 있는 길도 인간의 자력으로 성경을 통해 가능하게 되는 것이 아니고 성령님께서 성경말씀을 하나님의 말씀으로 인식하도록 하시어 가능하게 되는 것이다.

파스칼(Pascal)을 이성주의 철학자가 아니고 신앙인이며 경험주의 철학자라고 혹자는 말한다. 그의 신앙의 체험론을 보면 그렇게 생각할 수도 있다. 그러나 그런 생각은 파스칼(Pascal)을 너무나 피상적으로 보기 때문이다. 그의 "팡세(Pensees) 즉 생각"에 나타난 이념은 성경에 의한 계시의존주의 사상이 아니며 그의 경험론도 이성으로부터의 파생을 의미하고 있다. 칸트(Kant)나 발트(Barth)를 말할 때 그들의 철학적 사상을 구체적으로 표현하면 칸트(Kant)는 불가지론(不可知論, Agnosticism) 주의자이며 발트(Barth)는 초월주의(超越主義, Transcendentalism) 자로 말하게 된다. 그러나 그들의 저변에 흐르는 기본적 생각은 이성으로부터 유추된 사상이다. 그러므로 파스칼(Pascal)의 경험주의는 이성으로부터 나온 체계적 실현을 의미한다. 그는 경험이 오는 경로는 다양하다고 말한다. 이성이 저변에 깔려 있기 때문에 그 경로를 통해 경험이 발생한다고 주장한다. 또한 그 경험을 표현하는 방법은 이성을 근거로 하여 체계적으로 설명해야 한다고 말한다. 칸트(Kant) 역시 이성의 방법론을 동원하여 하나님에 관한 인식을 시도하였다. 그러나 하나님을 인식할 수 없다는 종점에 도달하고 말았다. 그가 주장한 불가지론(Agnosticism)의 저변에는 이성이 잠재하고 있었다. 즉 이성을 통해 하나님을 알 수 없다는 주장이다. 발트(Barth)는 19세기 자연주의(Naturalism)를 공격하는 방법에 있어 이성을 동원한 합리적 설명을 중요시했다. 그 반동으로 인하여 후에 초월주의(超越主義, Transcendentalism)가 파생되었다. 즉 시공간의 세계에 나타난 사건(Fact)에 대해 이성을 방법론으로 택하여 합리적 개념을 동원한 해석에 의해 초월(超越, Transcendence)의 역사관을 주장하게 된 것이다.

파스칼(Pascal)의 사상은 결국 17세기를 넘어 오면서 경험주의를 낳게 만드는 씨앗이 되었다. 특히 영국에서 발발한 경험론은 오늘날까지 한 학파로서 철학적 사상의 한 줄기가 되어 전해지고 있다. 귀납법(Inductive Method) 또는 연역법(Deductive Method)으로부터 철학적 구조를 형성하려는 합리주의자들과 달리 경험주의자들은 지식의 기반을 형성하는데 있어 경험의 역할을 강조하였다. 한편에서는 경험론을 불가지론(Agnosticism)으로 규정하는 일부 철학자들도 있었으나 이는 너무 지나친 표현이다. 그러나 경험론은 현대 불가지론(Agnosticism)을 형성하는데 지대한 역할을 한 것은 틀림없다. 바로 17세기 말 경험론의 대표자 영국의 로크(John Loke)가 불가지론(Agnosticism)의 씨를 뿌리고 있었다.[246]

5. 로크(John Locke, 1632-1704)

로크(Locke)는 시골에서 법률가의 아들로 태어났다. 그는 한창 영국의 청교도 운동이 발발할 때 영국 옥스퍼드(Oxford) 대학에 재학하고 있었다. 그는 의학자로 박사학위까지 받았다. 그는 데카르트(Descartes)의 저서를 읽고 많은 감동을 받았다. 그러나 그의 철학은 정 반대 방향으로 나타났다. 그는 경험론의 개척자로서 지식으로 다가가는 접근은 경험으로부터 온다고 강조하였다. 인간의 생각을 백지로 비유하여 백지 상태인 인간의 마음에 수많은 지식과 상상력은 경험으로부터 그려진다고 말했다.[247]

로크(Locke)는 신앙과 이성을 구분하여 정의하였는데 "어떤 명제나 진리에 대한 확실성이나 개연성을 찾아내는데 있어 인간의 마음속에는 이미 그 관념으로부터 형성된 영역에 도달하려는 의지가 발생하고 있다. 그 의지는 이성으로부터 발흥한 것이다. 신앙은 이성의 추리적 도구를 필요로 하지 않고 하나님께서 전달하시는 특수한 방법에 의해 형성되는 것인데 창조주에 대한 신뢰를 바탕으로 하여 신앙의 주제에 대한 긍정적 인식이다. 인간이 진리를 아는 방법을 '계시'라고 말할 수 있다." 라고 주장했다. 이러한 신앙 우선주의는 권위와 이성에 있

---

246) Colin Brown, Philosophy & the Christian Faith, (Inter Varsity Press, Downers Grove Illinois, 1968), pp.60-61.

247) Ibid, p.61.

어 어거스틴(Augustine)이 주장하는 기능의 역할보다 신앙우선권의 역할을 강조하고 있다. 권위(신앙)를 이성보다 우선권의 위치에 두고 하나님으로부터 직접 전달되는 증거로 말미암아 진리를 보증한다고 주장한다. 이러한 주장은 이성을 자연에 대한 인식의 도구로 생각하고 있다는 증거다. 하나님께서는 이성을 통해 자연을 인식할 수 있는 능력을 정한 범위 안에서 허락한 것이다.[248] 라고 말했다.

로크(Locke)가 주장한 신앙과 계시 우선주의는 하나님에 대한 인식론을 경험에 기초를 두고 있다는 증거이다. 그 권위 우선주의는 기능으로서의 역할을 주장하기보다 경험을 우선으로 하는 인식론을 강조하고 있다.[249] 로크(Locke)는 하나님에 대한 인식은 권위가 되는 신앙에 의해서 형성되고 우주에 대한 인식은 이성에 의해 형성된다고 규정하고 있다. 이러한 경험주의 사상은 후에 실존주의적 하나님의 인식론을 주장하는 발트(Barth)주의의 기반이 되었다. 19세기 슐라이어마허(Schleiermacher)는 절대의존감정(Feeling of Absolute Dependence)을 통한 하나님의 인식을 내세워 종교적 감정에 의한 경험주의를 강조함으로 로크(Locke)와 발트(Barth)의 연결고리 역할을 했다.

인간에게는 이성의 원인이 되거나 경험의 원인이 되는 인식능력의 기관은 하나님의 창조에 의해 그 기능이 정해져 있다. 그 기능들은 하나님의 섭리를 이루는데 사용되는 도구이다. 사람의 인격에 따라 각기 다른 강점과 약점이 주어진 것은 하나님의 뜻을 이룩하기 위함이다. 이성적인 사람, 감성적인 사람, 의지적인 사람, 경험을 중요시 하는 사람, 증거를 중요시 하는 사람, 합리성을 중요시 하는 사람, 그리고 종합적 판단을 중요시 하는 사람 등등 모든 사람들은 각각 자기의 인격을 가지고 태어났다. 하나님의 주권적 개념에서 볼 때 모든 기능들이 모든 사람에게 동일하게 주어져 있지 않다. 그런 의미에서 경험은 아주 작은 분야의 인식론에 속한다. 어거스틴(Augustine)과 칼빈(Calvin)은 권위와 이성에 있어 그 기능의 역할에 따라 하나님의 인식을 분리하여 정의 하였다. 어거스틴(Augustine)은 신앙과 이성에 대해 기능의 분담역할을 강조하였는데 신앙은 하나님을 신뢰하는

---

248) Ibid, p.64.
249) Ibid, p.63.

기능을 이성은 하나님을 아는 기능을 논증하였다. 칼빈(Calvin)은 인간이 하나님을 아는 일에 있어 주권적 사상을 강조하고 있다. 신적 지혜를 받은 피조물은 인간이다. 인간의 기능 속에는 하나님에 대한 인식이 깃들어 있다. 범죄한 인간은 이성을 통해 하나님의 존재만을 인식할 수 있으나 인격적인 참 하나님을 아는 일에 있어서는 권위가 되는 성경 즉 특별계시를 통해서만 가능하다고 강조했다. 인간은 만물을 통해 하나님의 존재를 알 수 있지만 본질적으로는 하나님을 대항해 그 은혜를 모르고 살아가는 존재들이다고 주장했다.[250]

6. 버클리(George Berkeley, 1685-1753)

버클리(Berkeley)는 아일랜드에서 태어났으며 로크(Locke)의 접근법을 확장시키려 하였다. 그는 만물에 대한 존재인식을 감각에 기초를 두어야 한다고 말했다. 감각은 물질적인 것에 대한 외계를 말하는 것이 아니고 개념(Idea) 또는 지각(Perception)이라고 주장했다. 사물에 대한 인식은 지각되는 한계에서만 가능하다고 논증하였다. 그러나 이 감각에 의한 인식은 그 대상들 주위에 어떤 것도 존재함을 알지 못할 때 단순히 존재하기를 멈춘다는 의미는 아니다. 왜냐하면 영원한 마음이 되는 하나님에 의해 지각되어지는 존재가 있기 때문이다. 이 논증에 대한 예를 들었는데 "내가 글을 쓰고 있는 이 책상은 존재한다. 그리고 그 책상을 보고 있고 감지하고 있다. 만약 내가 연구실에서 나가 밖에 있다고 할지라

---

250) Calvin's Institutes, Book I. The Knowledge of God the Creator. Chapter V. The Knowledge of God shines forth in the fashioning of the universe and the continuing government of it 와 Chapter VIII. So far as human reason goes, sufficiently firm proofs are at hand to establish the credibility of Scripture... 란에 "하나님은 그의 주권에 의해 하나님에 관한 지식을 우주와 인간에게 비추어 주시고 계시며 인간의 이성이 도달하는 한 성경에 대한 신뢰는 충분히 증명된다." 라고 말하고 있다. 이러한 칼빈의 논증은 하나님에 관한 지식에 대해 권위에 속하는 성경과 인간의 이성과의 관계를 어떻게 설정 하느냐? 의 문제에 있어 인간의 주관적 판단이나 경험에 의존하지 않고 하나님의 주권을 행사하는 일에 있어 인간의 심령 속에 작용하시는 성령님의 사역에 기준을 두고 있다. 하나님의 존재는 일반 역사를 통해서도 능히 알 수 있으며, 자연세계의 움직임을 통해 명백하게 나타나며, 또한 인간의 구조와 사회를 통해서도 분명하게 드러내고 있다. 그러나 확실한 인격적인 하나님의 존재는 성경을 통한 특별계시의 인식으로만 가능하다. 이는 구약의 예언으로 볼 때 더욱 그 증거가 확실하다고 논증하고 있다.

도 그 책상이 존재한다고 말해야 한다. 이 의미는 내가 연구실에 있었다면 책상을 지각하고 있었을 것이며 아니면 어떤 생각이 실제로 그 책상을 지각하게 될 것이다."[251]라고 말했다.

버클리(Berkeley)가 주장하는 존재인식과 사물에 대한 지각을 연관 시키는 문제는 하나님의 인식에 대한 제한적인 영역을 증명하는 저급한 수준에 머물게 하며 인식의 한계를 말할 뿐이다. 그는 하나님의 존재는 인정하면서 사물에 대한 존재 즉 질료에 대한 존재는 완전하게 증명을 하지 못하고 있다. 우리가 창조론을 인식하게 되면 하나님에 대한 인식은 물론 만물에 대한 인식을 바로 하게 된다. 버클리(Berkeley)는 주관적 감각에 의해 질료(matter)에 대한 인식이 가능하다고 주장함으로 유한한 인간의 인식을 통해 무한한 하나님의 인식이 가능하다는 이론을 억지로 관련지으려 하기 때문에 영원한 인격적인 하나님에 대한 존재의 인식을 분명하게 증명하지 못하고 있다. 종국에 가서는 만물에 대한 인식도 애매하게 만들어 버렸다.

버클리(Berkeley)는 만물이 다양성을 나타내며 존재한다는 논증을 대비적으로 증명함으로 실재(Reality)가 소유하고 있는 비물질적 요소를 논증하는 데 실패했다. 즉 수평적 존재 증명을 통해 수직적 존재증명이 가능하다고 생각하는 우를 범하고 있다. 18세기 말까지 만물에 대한 존재증명은 주로 이성과 경험을 통한 논증이 주를 이루었는데 이러한 사상은 오늘날 과학적 입장에서의 만물에 대한 증거주의에 기초한 객관적 존재증명과 큰 차이를 나타내고 있다. 18세기 말 이전 까지는 실체를 실체로 인식하지 못하고 신의 존재 또는 미지의 세계에 존재하는 실체를 합리적 이성이나 직관(直觀, Intuition))을 통해 들어오는 경험으로 신의 존재를 인식하려 했다. 그러나 오늘날에는 이전에 알지 못했던 미지의 세계에 너무나 많은 실체가 존재하고 있다는 것을 과학이 증명해 내고 있다. 그 증명은 우주의 신비를 밝혀내려 하고 있다. 그러한 객관적 증명은 오히려 하나님의

---

251) Colin Brown, Philosophy & Christian Faith, (Inter Varsity Press, Downers Grove, Illinois, 1968), p.64. 에 기록된 그의 저서 "The Principles of Human Knowledge, I. iii," Three Dialogues Between Hylas and Philonous 라는 책은 [A New Theory of Vision and Other Select Philosophical Writings]로 다시 출판 되었다.

창조를 인식하게 만들고 있다. 태양, 달, 그리고 만물을 신의 개념으로 생각했던 로마 시대의 철학이 18세기까지 흘러왔다고 생각할 수 있다. 그러나 문제는 로마 시대로부터 18세기까지의 하나님과 만물에 대한 인식론이 지금의 비기독교인들과 거의 같은 생각을 가지고 있었다는 점이다. 그것은 성경을 전제로 하는 창조론에 기초한 인식론과 전혀 다른 관점을 가지고 있었다.

버클리(Berkeley)가 만물에 대한 존재 인식을 논증할 때 지식에 관한 표상적 관점(Representative View of Knowledge)[252]에 관한 논리적 결론이 종국에 가서는 유아론(唯我論, Solipsism)으로 빠져 버리고 말았다. 모든 인식의 기능은 인간의 지각에만 의존하는 극단적인 주관주의 감각이론에 근거한다고 말했다. 자신 이외의 어떤 객관적인 하나님으로부터 오는 인식의 기능을 거부하고 말았다. 창조주가 되시는 하나님께서 인간에게 하나님과 만물에 관한 객관적 인식의 기능을 열도록 주관하시는 사역을 거절하고 있다.

7. 흄(David Hume, 1711-1776)

영국 에딘버그(Edinburg)에서 태어나 여러 공직 생활을 통해 많은 제도적 경험을 쌓았다. 그 결과 그는 철학자로서의 평가를 받기보다 역사가로 간주되었다. 18세기 이성주의의 꽃을 피우게 했던 계몽주의(Enlightenment)의 뿌리 역할을 한 철학자이다. 흄(Hume)은 이성주의적 회의주의자로 간주된다. 그 이유는 이성의 한계를 입증하기 위해 대립적인 이론으로 극단적인 회의주의적 이론을 논증했기 때문이다. 그 이론의 요점은 지식에 관한 표상이론(表象理論, Representative Theory of Knowledge)에 나타나 있다. 표상이론(表象理論, Representative Theory of Knowledge)이란 개념은 "사람이 자기 자신의 외부에 존재하

---

252) 표상(表象, Idea Representation)이란 철학적 의미는 일반적으로 관념(觀念)과 같은 뜻으로 쓰인다. 이 말은 감각과 대립되는 의미이다. 에빙하우스(Ebbinghaus)는 객관적 자극에 의해 일어나는 단순한 의식 내용을 감각이라 말했다. 반대로 표상(表象)이란 말은 외적 원인 없이 순전히 내적 원인으로부터 일어나는 중추감각 같은 것이라고 정의 하였다. 또한 표상적 관념설(表象的 觀念說, Theory of Representative Ideas)은 데카르트(Descartes)에 의해 설정된 이론인데 지각, 기억, 그리고 그 밖의 지식 형태에 있어 정신은 대상을 집적 알 수 있는 것이 아니라 대상을 표상하고 있는 객관의 매개를 통해서만 알 수 있다는 이론이다.

는 사물에 관한 실체는 물론 자기 자신에 관한 존재도 그 증명이 불가능하다. 실체의 개념은 단지 단순한 관념들의 집합체에 불과하다. 생각에 의해 통합되고 개개의 물체에 대한 명칭이 붙여져 모든 사람들에게 수집을 연상하게 하는 것에 불과하다. 그러므로 사물에 대한 인식은 표상(表象)에 대한 인식(認識)에 불과하다. 우리는 사물에 대한 지각을 인식하지만 그 인식의 배후에 어떤 것이 존재 하는지 알 수가 없다. 자아 인식도 마찬가지로 알 수가 없다. 내 자신에 대한 어떤 지각이 없을 때는 자신을 알 수가 없다. 자신에 대해 지각 이외의 어떤 존재도 인식할 수가 없다." 는 주장이다.

그의 극단적인 회의주의적 역설은 "자기 자신에 대해 증명이 불가능하다면 자기 자신도 믿지 않았을 것이다."[253]라고 말했다. 그는 기적에 대해서도 회의적이었다. 기적은 자연법칙에 반대되는 것으로 기적에는 어떠한 증거를 댈 수 없는 약점이 있다고 주장했다. 특별히 종교적으로 이적을 주장하는 부류에 대해 회의적이었다. 그는 "종교에 관한 자연적 역사(The natural history of religion)"라는 제목에서 "인류가 소유하고 있었던 원래의 종교는 합리적이고 도덕적인 일신교(Monotheism)였다."[254]고 막무가내로 우겨댔다.

흄(Hume)은 이성을 사용하여 이성에 대한 합리성을 무지막지하게 공박했다. 이성을 사용하여 합리적 철학에 메스를 가한 것이다. 그는 자신에 대한 지각을 논증할 때 충분한 경험에 기초하여 합리적 논증을 하는 것도 아니며 이성적 합리주의를 동원한 논증도 아니었다. 허세적인 언어를 동원하여 감각적인 환심을 사기 위한 파괴적인 논법을 통해 자신의 회의주의를 막무가내로 진술한 것들에 불과했다. 기적에 대한 그의 회의주의는 로크(Locke)의 주장과 차이가 있다. 로크(Locke)는 "기적은 믿음을 증진시키기 위해 증거를 제공하는 것이다."라고 말했다. 그러나 흄(Hume)은 "기적들이 너무나 상식적인 면을 떠나 있기 때문에 신앙을 소유한 사람에게만 수납되어진다."라고 말했다. 그런데 흄(Hume)은 예수님

---

253) Colin Brown, Philosophy & Christian Faith, (Inter Varsity Press, Downers Grove, Illinois, 1968), pp.67-68.

254) Ibid, pp.69-70.

의 육체적 부활에 대한 논증에 있어 언급을 회피하고 말았다.

우리가 기적에 대해 깊이 고려할 점이 있다. 기적에 대한 입증은 합리적 논증보다 역사적 사건에 대한 입증이 앞선다. 논리적(Logical) 입증보다 사건적(Factual) 입증이 우선이다. 특히 예수님의 육체적 부활은 사건에 대한 입증이기 때문에 역사적 증거를 요구한다. 이성주의에 기초한 합리적 논증을 우선으로 취급하지 않는다는 말이다. 즉 합리적 선입관념은 부활에 대한 역사를 왜곡되게 만든다. 기적은 시공간 세계에서 일어나는 자연법칙에 대한 초자연적인 작용이다. 역으로 생각하면 기적의 입장에서 볼 때 자연법칙은 일반적인 작용법칙에 불과하다. 그러나 자연법칙은 사실상 기적에 기초하고 있다. 공중에 떠 있는 지구와 달이 홀로 공전과 자전을 하고 있는 사실은 엄청난 기적이다. 자연법칙이지만 기적이다. 자연법칙의 원인을 분석해 보면 모두가 기적이다. 우리가 공중에 떠있는 지구라는 별을 타고 날아다니면서 생활하고 있다. 이것이 큰 기적이다. 그런데 모든 사람들이 이 현상을 자연법칙으로만 받아들이고 있다. 창조의 의미를 모르고 있기 때문이다. 규칙적으로 움직이기 때문에 자연법칙으로만 생각한다면 사실상 이는 논리적 모순이다. 해, 달, 그리고 지구를 위시하여 모든 별이 아주 규칙적으로 공중에 떠돌아다니며 그 가운데 지구에는 물과 공기를 통해 많은 생물이 자라고 있으며 사람의 인체 속에 피가 영양을 공급하고 생명을 유지하게 만들고 있다. 이러한 사건들을 과학적으로는 그렇다는 사실만을 입증할 뿐이다. 그렇게 존재하게 된 원인과 그 존재를 존재되게 한 원인을 규명하지 못한다. 그러나 분명한 것은 그 만물들이 존재하고 있다는 사실이다. 만유인력이 존재하는 것은 분명하다. 만유인력은 과학적 입장에서 볼 때 인력의 존재만을 입증할 뿐이다. 과학은 해와 지구와 달 사이에 힘이 존재한다는 사실에 대해 그 원인을 즉 그 만물을 만든 창조자를 입증할 수가 없다. 더구나 그 힘이 어디서부터 나왔으며 누가 제공하고 있느냐? 의 문제는 과학이 입증할 수 없다.

18세기 말 이전의 철학 세계에서 합리적 또는 경험적 증명을 기초로 하여 만물에 대한 인식을 여러 방면에서 규명하려고 했다. 그러나 그 규명은 허공을 치는 바람에 불과했다. 지금 과학적 입장에서 생각하면 그 철학자들의 규명이 얼마나 어리석은 공상을 하고 있었는가를 알 수 있다. 과학이 발달 될수록 철학의 공상주의는 쓰레기통으로 들어가고 성경이 하나님의 말씀이란 것을 더욱 공고하게 증명하고 있다. 수많은 철학자들의 만물에 대한 공상적인 존재증명은 과학이란 증명 앞에 맥없이 무너져 내리고 있다. 그 중에 한 사람이 흄(Hume)이다. 그는 불가지론(不可知論, Agnosticism)의 아버지 역할을 했다. 흄(Hume)은 어떠한 양과 수에 관한 이론도 제공하지 못했으며 사건(Fact)에 대한 구체적인 증거를 들어 경험이나 합리적인 요소에 기반을 둔 실험에 의한 논증도 제공하지 못했다. 이러한 공상적인 자기 합리주의는 논리적 실증주의(Logical Positivism)를 양산해 낼 수 있는 기반을 제공하고 있었다. 오직 그는 형이상학에 의한 공상적인 말을 진술한 것밖에 없다. 즉 논리적인 괴변으로 일관하고 있다. 이러한 역사적 증거를 무시한 공상주의적 괴변은 현대 회의주의를 싹트게 하는 선구자 역할을 했다.

과학적 입증이 성립되기 이전의 철학자들은 만물에 대한 인식론을 전개할 때 미지의 세계에서 범신론(Pantheism) 또는 만유내재신론(Panentheism)주의에 취해 있었거나 자아의 이념에 취해 공상적인 춤을 추고 있었다. 과학의 발달로 말미암아 그러한 미신의 세계가 차츰 허물을 벗고 나와 실체를 보여줌으로 창조의 원리를 더욱 공고히 하였다. 부활과 승천의 사건은 역사적 사건임을 과학적 세계에서도 더욱 공고하게 입증하고 있다. 예수님의 유물을 통한 DNA의 입증이나 컴퓨터 학문을 통한 과거의 역사를 추적한 결과 모세가 해를 멈추게 한 사건과 예수님의 부활이 시공간에서 실제로 성취되었다는 것들을 증명해 주는 시대가 되었다. 신랑 되신 예수님의 재림은 어느 때 인지 알 수 없으나 재림은 확실하다는 사실을 증거하고 있다. 성경은 하나님의 말씀이라는 것을 증명하고 있다.

VIII. 18세기 계몽주의

18세기 계몽주의(Enlightenment) 사상은 인간의 이성을 꽃피우자는 이념이다. 그 전초전은 여러 곳에서 발아되기 시작했다. 그 가운데 하나가 자연신학의 성장과 더불어 나타난 합리적 유신론 사상이다. 이 사상은 논리적으로 많은 사람들을 유혹하고 있었다. 그것이 이신론(理神論, Deism)이었다. 이러한 이신론(Deism)은 오늘날 까지 교회 안에 상당 부분 잔재해 있다. 그러나 한편으로는 이신론(Deism)이 18세기 이후에 많은 반대에 직면하기도 했다. 이신론(Deism)의 개념은 "하나님을 신뢰하고 창조주를 믿기는 하되 우주가 자연 법칙에 의해 운행하도록 구성되어졌다."는 주장이다. 최초에 이러한 주장을 제시한 사람은 허버트 경(Lord Herbert of Chebury, 1583-1648)이었다.[255] 이러한 사상은 아퀴나스(Aquinas)의 자연주의 신학을 재생 시키는 결과를 가져왔다.

1. 자연주의 신학과 이신론(理神論, Deism)의 발흥

이신론(Deism)의 근저에는 과거 여기저기서 제시되었던 자연주의 신학이 자리 잡고 있었다. 이신론(Deism)이 발전하여 19세기에는 자연주의 꽃이 만발하게 되었다. 자연주의는 성경에 기록된 기적의 사건을 시공간의 사건으로만 해석하려는 수작이었다. 18세기 신학계에서는 하나님의 존재를 믿는 일, 경배하는 일, 악을 회개함으로 속죄 받는 일, 그리고 사후에 천국에서 상벌이 존재하는 일 등으로부터 벗어나려는 경향성으로 기울어지고 있었다. 계시종교와 자연종교를 혼동하고 있었다. 이러한 사상은 이미 플라톤주의(Platonism)로부터 발원하여 신플라톤주의(Neo-Platonism) 그리고 데카르트(Descartes)의 사상을 이어 받아 인간 이성을 통하여 계시종교와 자연종교 모두를 진리로 간주할 수 있다고 생각했다.[256] 이러한 사상은 혼합주의(Syncretism) 종교를 만드는 원조가 되었다. 17세기 18세기 이성주의자들은 칼빈주의를 혐오하는 방향으로 급선회 했다. 칼빈주의 하나님은 독선적이며, 합리적인 하나님이 아니며, 좋은 그리스도인

---

255) Ibid. p.74.
256) Ibid, p.75.

이 되는 것은 하나님의 합리성을 소유하는 것이라고 강조했다. 이성과 반대되는 경향성을 가진 종교는 하나님을 반대하는 길이라고 벤자민 위치코트(Benjamin Whichcote, 1609-1683)가 주장했다.[257]

자연주의 신학을 배경으로 나타난 이신론(理神論, Deism) 사상은 하나님께서 만물에 대한 계획을 세우시고, 창조하시고, 그리고 섭리하시는 신적작정(Decree)의 교리를 거절하고 있다. 이신론(Deism)은 창조와 섭리를 2중 구조로 분리하여 계획에 따라 창조하신 만물을 다스리고 섭리하시는 하나님의 일치된 사역을 거절한다. 만물에 관한 운행과, 인류 역사와, 그리고 땅 위의 모든 사건을 합리주의에 의존하여 해석함으로 하나님의 경륜(Adminstration)을 거절한다. 그렇기 때문에 우주와 역사에 관한 정의를 아주 좁은 지엽적 관점으로 규정하고 있다. 전체적이며 통일성 있는 창조와 섭리를 부정하고 있다. 이신론(Deism) 사상 가운데는 하나님의 내재론(內在論, Immanent Theory), 역사의 변증법(Dialectics), 그리고 사건을 해석하는데 있어서의 실존주의(Existentialism) 등을 내포하고 있다. 이러한 사상들은 아주 협소한 관점으로 하나님과 만물에 관계된 역사를 평가하기 때문에 지엽적이며 편파적인 해석으로 끝나고 만다. 하나님의 주권 사상은 창조로부터 종말까지 존재하고 일어난 사건의 원인과 결과를 영원전의 계획에 원인을 두고 있으며, 시공간에서의 사건들을 창세전의 계획과 일원화 시켜 그 의미를 해석하고 있으며 그리고 종말에 성취될 사건들을 창세 전의 계획에 기원을 두고 있다. 그 해석은 하나님의 계획과 역사적 사건에 있어 2중 구조를 배격한다. 만약 2중 구조를 인정하게 되면 창조주 하나님과 창조된 피조물을 인식하는 일에 있어 혼동을 가져 오게 된다. 즉 피조물을 하나님으로 인식하고 하나님을 피조물로 인식하는 오류를 범하게 된다. 창세 전에 스스로 계신 하나님의 실체와 그 계획에 의해 창조되어 존재하는 우주의 실체를 구분하여 정의해야 하지만 계획과 섭리를 따로 분리하여 2중구조로 인식하게 되면 이교도주의에 빠지고 만다. 즉 하나님의 계획과 창조된 세계의 섭리는 일원화 된 하나님의 주권적 입장에서 이해하여야 한다는 말이다. 이러한 정의를 이해하지 못하면 하나님과 만물을 섭리하시는 사역을 분리하여 이신론(Deism) 주의자들과 같이 만

---

257) Ibid, p.75.

물을 다스리는 다른 힘이 존재하는 2중 구조로 역사를 인식하게 된다. 즉 하나님께서 만물을 창조하셨으나 또 다른 법칙에 의해 피조 된 만물이 운행되고 있으며 역사가 진행되고 있다는 이교도적인 생각을 가지게 만든다.

당시 허버트 경(Lord Herbert)과 케임브리지(Cambridge) 대학의 플라톤주의(Platonism) 자들이 일으킨 자연주의 신학을 배경으로 형성된 이신론(Deism)은 사실상 기독교를 옹호하기 위해 나타난 사상이었다. 그러나 얼마 가지 못하여 이신론(Deism)에 대한 회의가 나타나기 시작했다. 그 이유는 이성적 진술에 의한 계시에 대한 종교론이 논증된 것이 차츰 회의적인 요소로 등장했기 때문이었다. 이신론(Deism)이란 신학은 이성주의(Rationalism)를 바닥에 깔고 있었기 때문에 계시론을 해석하는 내용이 애매할 수밖에 없었다. 당시 기독교가 이성적인 종교냐? 아니면 비이성적인 종교냐? 의 해답이 정확하지 아니했다. 이에 대한 여러 가지 논증이 제시되었다. 이러한 와중에 이신론(Deism)에 대한 답변으로 더함(Durham)의 주교직을 역임했던 버틀러(Joseph Butler, 1692-1752)감독이 종교 유비론(Analogy of Religion)이란 **기독교 변증학**을 출간하게 되었다.

버틀러(Butler)는 성경의 전제를 내세워 변증학을 논증한 것이 아니며 전통적 변증학(Traditional Apologetics) 즉 중세의 스콜라주의(Scholasticism) 사상에 기초하여 기독교 변증학을 출간한 것이다. 혹자는 그가 저술한 책들을 기독교 변증학으로서 가치 있는 것으로 말할지 모르지만 사실 그의 "자연에 관한 구성과 과정, 자연과 계시, 그리고 종교의 유비론(The Analogy of Religion, Natural and Revealed, to the constitution and course of Nature)"이라는 책의 내용을 살펴보면 기독교 신앙과 자연의 작용 사이의 개연성(蓋然性, Probability)을 강조하여 기독교 하나님과 자연 사이의 실질적인 유사성을 가지고 있다고 말했다. 또한 이 개연성(Probability)은 생의 참된 안내자라고 말했다. 물론 이 신앙과 자연의 작용 사이에는 한 분의 창조주만이 존재한다는 것을 보여주고 있다고 강조했다. 그러나 이러한 사상은 세속철학과 기독교 신앙의 2층 구조(Two-Story-View)를 말하는 것이 되고 말았다.[258]

---

258) Ibid, pp.79-80.

버틀러(Butler)는 이신론(Deism)에 대한 답변으로 기독교 변증학을 전개했으나 그가 주장한 개연성(蓋然性, Probability)을 구체화 하면 "기독교 신앙과 자연의 작용에 있어서 실제적인 유사성"을 강조하고 있기 때문에 기독교에 대한 이교도적인 철학 사상을 섞어 회색주의 변증학을 강조하는 결과를 가져오게 만들었다. 세속철학이 주장하는 개연성(Probability)은 사실에 대하여 완전하고도 확실한 지식을 획득하기 어려운 상태에서 확실성 있는 지식을 갈망하기 위해 시도하는 학문이다. 이러한 갈망은 근사치를 근거로 하여 관찰, 실험, 그리고 분석 등을 통하여 결론에 도달한다. 이 결론은 비진리가 진리로 둔갑할 수도 있다. 사실상 기독교는 세속철학에서 주장하는 자연주의와 기독교 절대주의 사이에 있어 개연성(Probability)을 거절한다. 기독교는 공통 분포를 형성할 수 있는 하나님의 주권 아래서만 개연성(Probability)을 허용한다. 그렇다면 버틀러(Butler)가 종교적 유비론(Analogy of Religion)의 개연성(Probability)을 기독교 변증학의 방법론으로 채택하여 성경의 하나님과 자연의 작용을 대비(Analogy)한 것은 사실상 기독교 교리를 흠집 내는 결과를 가져오고 말았다. 그 이유를 밝히자면 기독교 신앙과 자연의 작용 사이에는 실제적인 구속에 관한 유사성이 존재하지 않기 때문이다.

자연을 통해 하나님의 존재를 인식한다는 주장은 범신론(Pantheism)이나 만유내재신론(Panentheism)의 입장에서 보는 신의 존재인식이다. 그러나 인격적인 창조주를 인식한다는 것은 특별계시인 성경에 의한 인식으로만 가능한 일이다. 그것도 성령님의 사역이 작용할 때만 가능한 일이다. 그러므로 기독교 신앙과 자연의 작용 사이에 인격적 하나님의 인식론에 관한 실질적 유사성은 존재하지 않는다. 버틀러(Butler)가 주장한 변증학의 문제점은 자연종교와 계시종교의 유비론(Analogy)이다. 인격적인 하나님의 사역론에 있어 특별계시인 성경은 자연종교와의 유사성을 배제하고 있다. 오히려 성경은 기타 종교나 다른 신에 대한 극심한 배타성을 강조하고 있다. 신자와 불신자 사이에 유사성이 존재하는 영역은 일반은총의 영역에서 공통분포가 형성될 때이다. 신자나 불신자나 양자 간에 인격적인 삼위일체 하나님을 배제한 신의 존재만을 논증한다면 그 역시 공통분포가 형성될 수 있다. 그리고 일반 계시의 영역에서 자연에 관한 주제를 가지고 논증한다면 역시 공통분포가 형성될 수 있다. 그러나 창조주 하나님을 아버지로 인식하는데 있어서는 전혀 접촉점이 형성될 수 없다. 버틀러(Butler)는 다른 구조의 인식을 공통분포의 영역에다 짜깁기 하여 **기독교 신앙과 자연주의를** 억지로 엮어 양자 간의 차이점을 무시하고 기독교 신앙과 세속주의 철학을 하나의 범주에다 묶으려는 수작을 부리고 있다.

그의 논증은 흑색주의에 가까이 가려는 이신론(理神論, Deism)을 공격하여 무너뜨리기 위한 고심에서 나온 것이었다. 그러나 결국 그의 기독교 변증학(Christian Apologetics)은 회색주의로 떨어지고 말았다. 그는 기독교적 신앙을 바로 세우려는 고심에 고심을 한 결과 그러한 주장을 펴낸 것을 알 수 있다. 그러나 그의 논증은 철학적이며 추상적인 논증에 머물 때가 많았다. 기독교 신앙은 주관적 확실성을 요구하지만 그 확실성은 객관적이며 역사적 근거에 의지해야 한다. 공상적인 추상이 아니다. 구약의 역사는 신약의 예수그리스도의 역사적 사건들을 예언했다. 그리스도께서 사역하신 시공간의 역사는 종말의 재림을 역사적으로 예언하고 있다. 그 재림은 추상적이 아니며 역사적이다. 기독교 신앙은 시공간의 역사를 정확하게 증명하고 있다. 모든 우주는 하나님의 주권에 의해 다스려지고 보존되어 가고 있다는 것을 역사를 통해 나타내 보여주고 있다. 구약의 역사와 예언, 예수님의 역사와 예언, 그리고 예언의 성취가 하나님의 주권을 정확하게 보여주고 있다.

2. 계몽주의(Enlightenment)와 회의주의

17세기 이성주의 철학은 기독교를 합리주의로 논증하려는 시도였다. 17세기 기독교 저변에 흐르고 있었던 이성주의는 18세기를 넘어오면서 이성주의 꽃을 활발하게 피우려는 발 돋음을 하고 있었다. 당시 한갓 소규모에 그쳤던 합리적 이성주의가 17세기 이후 2세기동안 유럽 사회에 뿌리를 내리는 철학으로 자리 잡아 가고 있었다. 이러한 합리주의적 이성주의는 오늘날 21세기를 넘어와서도 그 영역을 확장해 가고 있는 실정이다. 합리주의적 이성주의가 극에 달하면 사건(Fact)에 대한 해석이 불가능 할 때 회의주의가 나타나기 마련이다. 여기에서 18세기 계몽주의와 회의주의를 대표하는 불가지론(Agnosticism)의 생성은 필연적이라고 말할 수 있다.

우리가 성경을 탐구할 때 물론 합리적으로 신앙고백을 정리해야 할 필요가 있다. 무질서한 고백주의는 신앙의 객관적 정돈을 흐리게 하기 때문이다. 그러나 사건(Fact)에 해당된 성경의 내용을 합리적으로 정리하려고 하면 성경계시의 내용을 흠집 내게 한다. 창조, 기적의 역사, 그리고 인물들에 관한 성경의 내용을 논리적으로 정리할 수 있는 길이 없다. 그러므로 역사 가운데 일하시는 하나님의 사역을 사건(Fact) 그대로 신앙해야 한다. 성경이 말씀하는 사실계시와 설명계시를 기록된 그대로 받아 들여야 한다. 그 계시를 그대로 받을 수 있도록 적용하시는 사역자는 우리 자신이 아니고 인격적인 성령님이시다.

18세기 전 유럽을 휩쓸었던 계몽주의(Enlightenment)는 전통적인 기독교 교리를 거부했다. 계몽주의(Enlightenment)는 인간의 행위, 지식, 도덕, 그리고 모든 사회에 까지 그 영향력을 끼치고 있었다. 영국의 이신론(Deism)자들의 사상이 전 유럽으로 유입되어 계몽주의(Enlightenment)가 판을 치고 있었는데 프랑스에서는 루소(Rousseau)와 볼테르(Voltaire)가 독일에서는 레싱(Lessing)과 칸트(Kant)가 주도적인 역할을 하였다.

1) 루소(J.J. Rousseau, 1712-1778)

루소(Rousseau)는 다재다능한 사람이었다. 그는 개신교도였으나 후에 로마 카톨릭 신자로 개종한 후에 이신론자(理神論者, Deist))가 되었다. 악보 기록법을 고안해 냈으며 오페라를 작곡하였고 교육, 정치, 그리고 문학 분야에서도 활동한 다재다능한 사람이었다. 그의 종교론은 이율배반적인 요소를 보여주고 있었다. 즉 종교 자체를 부정하지는 않았으나 종교가 가지고 있는 외적인 요소를 반대했다. 외적인 요소를 반대했다는 말은 내재 속의 하나님만을 주장한다는 말이다. 즉 인간의 존재 속의 하나님만을 강조한다는 말이다. 한편으로는 합리적인 자연주의 신학을 부정하고 또 다른 한편으로는 계시종교를 부정하는 모순을 드러냈다.

계시종교를 부정한 이유는 "감정에 기초한 자연종교"를 변호하기 위해서였다.

루소(Rousseau)는 "하나님은 논증으로 증명하는 존재가 아니다. 하나님은 우리 존재 속에 알려져 있다. 하나님을 사변적으로 논증하는 일은 아무 의미가 없고 위험한 일이다."라고 주장했다. 루소(Rousseau)의 주장은 다음과 같다.

"만약에 내가 절대 이념을 소유하지 않은 채 그 속성들을 구분하는데 성공했다면, 그것은 피할 수 없는 한 가지 연역(Deduction)의 형식일 뿐이고, 나의 이성을 올바로 사용했기 때문이다. 그러나 나는 그것들을 이해하지 못한 채 긍정했다면 그것을 본질적으로 완전히 긍정한 것이 아니다. 그것은 '나는 하나님을 완전히 이해하지 못한 채 하나님께서는 이러 이러한 분이다.' 라고 말하며 나는 하나님을 경험한다고 말한 것과 같다. 그러나 나는 하나님께서 어떻게 그렇게 할 수 있는지에 대해서는 아무것도 모른다."259) 라고 말했다.

이러한 그의 사상은 하나님의 인식론을 이성주의에 기초를 두고 있기 때문에 나타난 개념이다. 그런데 그 이성주의 인식론은 하나님의 무한한 본질에 대한 직면(直面, Confrontation)을 이해하지 못하는 선에서 마감하고 있다. 즉 하나님 앞에서의 이성적 활동과 포기를 하나님의 인식론과 연관 시키고 있다. 이성적 포기가 무한한 하나님을 인식한다는 생각이다. 이는 회의주의로 이끌려 들어가는 문이 된다고 말할 수밖에 없다. 우리는 유한한 존재이지만 하나님과 통할 수 있는 속성으로 인하여 무한한 하나님을 모두 체험 할 수는 없으나 그 하나님의 인격을 인식하고 있다고 말한다. 루소(Rousseau)는 한편으로 하나님의 인식에 대해 내재적(Immanent) 경험을 강조함으로 전통적인 자연주의 철학의 개념을 받아 들였다. 이러한 주장은 급진주의(Radicalism) 신학의 발판이 된 19세기 자연주의 신학의 뿌리가 되었으며 20세기에 중반에 들어와 발흥한 내재주의(Immanent) 신학에 기초를 둔 과정신학(Process Theology)의 원조가 되었다.

---

259) Ibid, pp.81-83.

2) 볼테르(Francois Voltaire, 1694-1778)

볼테르(Voltaire)는 섭정(Regent)을 비웃었다는 죄목으로 감옥에 갇히게 되었고 또한 개인적인 싸움으로 또 감옥에 갇히게 되었다. 그는 50년간이나 프랑스의 연극 무대를 지배하였다. 그는 철학 사전을 폐 낼 만큼의 폭넓은 지식을 가지고 있었다. 전 생애를 통해 로마 카톨릭을 강력하게 비난했는데 주로 교회의 제도, 기만, 그리고 부패를 공격하였다.[260]

그럼에도 불구하고 그는 자연신학을 선호하였다. 그러면서 자신을 유신론자로 자처하였다. 그는 스스로 섭리에 순종한다고 주장했다. 그 섭리는 하나님께서 이전 세상과 당시의 시대를 지배하고 있음을 믿는다고 말했다. "선을 행하는 것이 그의 예배이고 하나님에게 순종하는 것이 그의 교리이다." 라고 말했다. 어느 누구든지 "나는 여러분을 사랑합니다." 라고 말하는 사람을 향해 유신론자로 지칭했다. 그 유신론자는 모든 만물을 만드시고 다스리시며, 책망하시되 덕행에 따라 보답하시는 초자연주의 자로 존재하시는 분을 믿는 자이다.[261]라고 주장했다.

이제 그가 주장하는 내용을 면밀하게 분석할 필요가 있다. 겉으로는 하나님의 작정과 섭리를 모두 믿는 주권사상을 신봉하는 자처럼 보인다. 그러나 그는 유신론(Theism)과 이신론(Deism)을 구분하지 못하고 자연주의 신학의 입장에서의 섭리론을 말했다. 신적작정(Decree)의 입장에 따라 하나님의 주권(Sovereignty of God)이 만물에 영향을 행사하는 신앙의 발로에서 나온 것이 아니다. 그리스도인이 아니라도, 로마서 1장 18절 이하에 보면, 만물의 흐름을 보고 자연적 개념에 의한 하나님의 섭리를 알 수 있다고 말했다. 그러한 비기독교적인 자연주의적 섭리관은 인격적인 하나님께서 만물을 다스린다는 개념과는 전혀 다른 의미를 가지고 있다. 이신론(Deism)에 가까운 섭리관이다. 기독교인으로서 섭리론을 신앙한다는 내용은 예수 그리스도의 인격과 사역을 동일 선상에서 신앙하고 창세 이전의 하나님과 창세 이후의 하나님에 관한 섭리를 동일 선상에서 신앙해

---

260) Ibid, p.86.

261) H. N. Brailsford, Voltaire, 1963, pp.122-123.

야 한다는 성경 말씀을 전제한다. 나아가 삼위일체 하나님의 인격을 신앙하는 것과 그 인격에 의한 섭리를 신앙하는 것을 동일 선상에서 이해해야 한다는 말이다.

그러나 일반 은총의 영역에서 선을 행하고 하나님의 존재만을 알고 어떤 하나님이든지 구체적인 믿음의 대상도 모르고 자연주의적 섭리사상을 신봉한다고 해서 그것이 **하나님의 자녀로서** 유신론을 말하는 것은 아니다. 물론 하나님은 덕행에 따라 책망하시며 보답하시는 분이다. 그것도 섭리에 속한 내용이다. 그러나 우리가 보기에 그런 책망과 보답은 하나님의 주권에 따라, 우리가 보기에, 어떤 성도에게는 혹심하게 어떤 성도에게는 가볍게 주어지기도 한다. 그러나 하나님의 공평은 우리가 알 수 없는 분야에서 집행되고 있는 일들이 허다하다. 하나님의 뜻이 있기 때문에 그렇게 하신다. 그 뜻은 창세전 계획에 의해 성취되며 시공간에서 섭리로 집행된다. 영원세계에서 유일성(Unity)인 삼위일체의 하나님의 인격은 영원 세계에서 만물에 관한 설계도인 복수성(Plurality)과 통일성을 이루고 있었다. 또한 시공간 세계에서 유일성(Unity)인 삼위일체 하나님의 인격은 만물을 다스리고 섭리하시는 복수성(Plurality)과 통일성을 이루고 있다. 하나님의 주권적 계획은 시간 이전 영원의 세계와 시공간 안에서의 제한된 세계와 일치되게 뜻이 집행된다. 불신자들은 무엇인가 인간의 의지에 의한 합리적 개념으로 해결할 수 없는 사건에 대해 초자연적인 능력에 의해 재배되고 있다는 애매한 섭리론을 주장하지만 예수 그리스도를 구세주로 신앙하는 일을 배격하는 자들은 자연적 섭리론을 말할 수밖에 없다. 그러므로 우리의 주관에 의해 자연주의 입장에서 자연의 흐름을 보고 섭리를 알 수 있다고 해서 하나님의 주권적 신앙을 소유하고 있다고 말할 수 없다. 불교나 이교도들도 자연주의적 섭리를 말한다. 이는 구세주로서 예수님의 신성과 인성에 관한 신앙을 거절하고 인격적인 삼위일체 하나님에 대한 신앙을 거절하는 사람도 자연주의 입장에서 섭리를 알 수 있기 때문이다. 심지어 무신론자라고 스스로 자처하는 사람들도 "모든 세상만사는 인간의 생각대로 되는 것이 아니다." 라고 말한다. 이러한 언급은 자연주의적 섭리론에 기인하고 있기 때문이다. 그러므로 기독교는 예수 그리스도를 신앙하는 문제, 삼위일체 하나님을 신앙하는 문제, 그리고 신적작정(Decree)과 섭리(Provedence)를 신앙하는 문제는 일치선상에 있는 교리이다.

3) 레싱(G. E. Lessing, 1729-1781)

레싱(Lessing)은 문학가로서 더 알려진 사람이다. 그가 단편집으로 "예수와 그의 제자들에 관한 의도에 대하여(On the Intentions of Jesus and his Disciples)"라는 단편들을 1778년에 출판했는데 "성령님과 그 능력에 관한 증거에 대하여(On the Proof of the Spirit and of Power)"라는 소논문에 [성령님과 능력의 관계]를 초대교회 당시의 상황과 현재의 상황을 비교하여 다르게 해석할 것을 주문하였다. 즉 "초대교회 제자들에게는 예언의 성취와 기적을 행하는 것이 중요한 일이었으나 현재에는 그러한 기록만 가지고 있을 뿐이다."라고 말했다. 한편으로는 "그 기적을 우연적 진리로 규정하고 반드시 이성으로 증거를 도출할 필요는 없다."[262] 라고 주장했다.

또한 레싱(Lessing)이 잘못 주장하고 있는 문제는 역사와 수학적 관계이다. "역사는 2+2=4라는 등식과 다른 순서를 가지고 있다. 수학적 진술은 스스로 명백한 증거를 가지고 있다. 그러나 역사는 배후에 그 사건을 지지하고 있는 증거의 확실성에 따라 진리가 증명된다. 그러므로 역사는 수학과 동등한 질서를 유지하지 못하기 때문에 체계의 기초를 제공할 수가 없다. 역사와 수학의 양자를 결부시켜 서로 도약을 일으킬 수 없다. 종교적 진리는 역사적 사건에 의존하고 있는 것이 아니라 그 가르침이 가지고 있는 교훈적 진리에 의존하고 있다. 그러므로 진리는 현재의 생활에서 경험할 수 있는 것이어야 한다."[263] 라고 주장했다. 성경의 역사성을 부정한 사특한 주장을 내 세웠다.

이와 같은 성경의 역사성을 부정하는 단편집은 레싱(Lessing) 자신이 저술한 것이 아니고 레이마루스(H.S. Reimarus)의 글을 출판한 것에 불과 했다. 이 저술은 19세기 자연주의에 큰 영향을 끼치고 20세기 문턱에 들어서면서 슈바이쳐(Albert Schweitzer)에게 큰 영향을 끼쳐 역사적 예수에 대한 연구(The

---

262) Colin Brown, Philosophy & Christian Faith, (Inter Varsity Press, Dowers Grove, Illinois 1968), p.88.

263) Ibid, pp.88-89.

Study of Historical Jesus)를[264] 저술하게 하는 근원이 되었는데 레이마루스(Reimarus)는 "예수님을 그의 백성을 죄에서 구원할 구세주로 말한 것이 아니고 로마 정부 관리에 의해 죽임을 당한 한 사람의 열정적인 종교가로 묘사했다. 예수님의 제자들은 자신들이 선한 일을 해 왔다고 생각했으나 예수님의 죽음으로 한동안 의기소침해 있었다. 그러나 곧 예수님께서 부활하시고 승천하셨다고 위장술을 썼다. 그렇기 때문에 기독교는 역사적으로 볼 때 기만을 기반으로 하는 사기극이고 이제는 폭로되어야 할 때가 되었다."[265] 고 주장했다.

이에 따라 슈바이쳐(Schweitzer)도 예수님의 신성에 대한 모든 증거는 후에 착색된 것으로 생각하여 부활승천을 관심 밖에 두었다. 제자들로 하여금 종교적으로 제도화 한 기독교는 엄청난 실책을 범한 종교라고 규정하였다. 그러나 종교적 열광에 대해서는 무엇인가 교훈을 얻을 수 있다고 생각했다. 그는 레이마루스(Reimarus)와 같이 초자연적인 사건이 시공간의 역사 속에서 일어날 수 없다는 것을 강조하였다. "역사의 수레바퀴는 예수님의 몸을 십자가 위에서 갈기갈기 찢어 버렸다." 라는 슈바이처(Schweitzer)의 표현은 하나님의 아들 예수님에 대한 무지를 그대로 드러내고 말았다.

위의 사특한 진술들은 18세기 계몽주의(Enlightenment)가 얼마나 기독교 신앙을 폄하 했다는 것을 단적으로 보여주는 내용들이다. 우리가 역사로서의 기독교를 생각할 때 성경의 역사는 성경이 말씀하는 설명계시를 증거 해주고 있으며 설명 계시는 역사 속에서 일어난 사건계시를 해석해 주고 있으므로 성경의 역사와 교리는 동일선상에서 인식되어야 한다. 예수님의 인격과 사역이 동일선상에서 해석 되어야 하는 것과 같이 성경의 교리와 역사도 동일선상에서 해석되어야 한다. 시공간 속에 나타난 예수님의 인격과 그분의 사역도 이미 창세전에 설계되어 있었던 역사였다. 예수님 스스로 "이렇게 된 것은 다 선지자들의 글을 이

---

264) Albert Schweitzer, The Quest of the Historical Jesus, (A Critical Study of its progress from Reimarus to Wrede, Translated by W. Montgomery, Black, 1954), pp.13-26.

265) Colin Brown, Philosophy & Christian Faith, (Inter Varsity Press, Downers Grove, Illinois, 1968), p.87.

루려 함이니라(마25:56)."고 말씀하심은 구약의 예언이 역사적으로 이루어 질 것을 이미 다 아시고 예언하신 것이다. 성경의 역사는 시공간의 사건만을 다루고 있지 않다. 시간 이전의 계획된 영원한 역사를 말씀하고 있으며 종말 이후의 영원한 역사를 미리 보여주고 있다. 시공간에서 일어난 사건은 영원 전의 사건과 필연적인 관계를 가지고 있다. 그리고 이 세상에서 일어난 모든 사건들은 창세 이전의 계획과 종말 이후의 영원한 사건과 필연적인 관계를 가진다. 그 사건은 구약에서 모세와 선지자들이 가르쳐 준 복음과 예수님을 중심으로 교훈하고 있는 사도들의 복음과 과거는 물론 미래와 연결된 관계를 가지고 있다. "주는 그리스도시오. 살아계신 하나님의 아들" 이라는 신앙고백은 전 우주의 영원한 세계와 필연적인 관계를 가진다. 이 고백은 영원전과 영원 이후의 사건들과 필연적인 관계를 가진다.

18세기 계몽주의(Enlightenment) 사상은 19세기에 이르러 극단적인 시공간의 사건만을 중요시 하는 자연주의의 늪으로 빠져들도록 유도했다. 더불어 18세기 신학은 역사적 기독교를 무시하고 도덕적 교훈만을 종교의 이념으로 간주하였다. 레싱(Lessing)은 기독교만 아니라 어떤 종교이든 간에 사랑을 통해 삶을 변화시키는 능력에 따라 종교의 진수가 결정된다는 엉터리 주장을 하였다. 기독교의 역사적 사건계시를 무시해 버렸다. 오직 도덕적 교훈만을 우선시 하여 유대교, 기독교, 그리고 이슬람교의 보편적 사랑이 종교의 진수를 나타낸다고 주장했다. 모든 종교는 인간과 하나님을 화해시키는 동일한 능력을 가지고 있다.[266]는 혼합주의(Syncretism)를 주장했다.

자연주의적 개념에서 사랑을 논하면 그 개념은 전혀 이기적 사상으로 기울어지고 만다. 인간의 의지에서 나오는 사랑은 가증하기 짝이 없다. 자기 위주의 욕심이다. 참 사랑은 하나님의 사랑을 체험할 때만 사랑의 진수를 알 수가 있다. 예수님의 아가페(ἀγαφη) 사랑은 베드로가 이해하지 못하는 인간적인 사랑인 필로(윗사람의 사랑, φίλω)의 사랑하고는 개념 자체가 다른 것이다(요21:15-17). 하나님의 참 사랑은 영적 메시아를 중심으로 양을 치고 먹이는 사랑으로 귀결된다. 창세전에 그리스도 안에서 그리고 사랑 안에서 우리를 택하사(엡1:4) 흠이 없게

---

266) Ibid, p.89.

하시는 하나님의 예정을 알아야 하나님의 참 사랑을 알게 된다. 사랑의 근원은 하나님(요일4:7-10)이시기 때문에 삼위일체 하나님을 인격적으로 교제의 관계에서 인식하지 못하면 하나님의 사랑을 모른다. 이러한 하나님의 사랑도 교훈만을 주지시키는 것이 아니다. 이 사랑은 사건과 절대적인 관계를 가지고 있다. 시공간 속으로 내려오신 주 예수님은 사랑의 실체이다. 교훈과 심리적 관념의 인식으로 끝나는 사랑이 아니고 만질 수 있고 느낄 수 있는 사랑의 실체이다. 그 사랑의 실체는 예정(Predestination)에서 시작되어 종말 이후의 영원한 교제로 이어진다. 너무나 오묘한 하나님의 사랑이다.

4) 칸트(Immanuel Kant, 1724-1804)

19세기로 넘어오는 길목에서 칸트(Kant)의 철학은 18세기의 모든 철학인 이신론(理神論, Deism), 자연신학(自然神學), 유럽의 계몽주의(啓蒙主義), 18세기에 싹트기 시작한 합리주의(合理主義), 경험주의(經驗主義), 그리고 회의주의(懷疑主義) 등을 총망라하여 철학의 종합을 형성하였다고 볼 수 있다. 이 종합의 철학은 인간 이성을 극대화 하여 합리적 인식을 강조했으나 사물을 넘어서 어떤 것도 인식할 수 없다는 회의론을 강조함으로 종국에 가서는 불가지론(不可知論, Agnosticism)으로 떨어져 버리고 말았다. 처음에는 만물에 대한 인식(Epistemology)에 있어 인간 이성을 강조하였으나 후에는 이성으로 인식에 도달 할 수 없다는 결론을 내리고 말았다. 즉 우주에 대한 인식(Epistemology)에 있어 사물에 대한 어떤 것도 알 수 없다고 결론 내렸다.

칸트(Kant)의 생애는 평온 하면서도 역설적인 면을 보여주고 있다. 동 프러시아의 코니스버그(Konigsberg)에서 태어나 거기서 생애를 마쳤다. 코니스버그(Konigsberg) 대학을 다녔고 거기서 논리학을 가르치면서 교수생활을 하였다. 그는 스코틀랜드(Scotland) 조상의 부모로부터 태어나 청교도적인 가정에서 매우 경건한 신앙의 양육을 받으면서 성장했다. 그런 그가 후에 불가지론(不可知論, Agnosticism)의 철학자가 된 것은 역설적 모순이 아닐 수 없다. 그는 여행에 관한 서적을 탐독했으나 멀리 여행을 하지 않았다. 사람들과 사귀기를 좋아했으나

결혼은 하지 않았다. 그는 엄격한 규율의 생활을 준수했다.[267]

(1) 칸트(Kant)의 지식에 대한 관점

칸트(Kant)의 사상은 대표작이라 말할 있는 순수이성비판(Kritik der reinen Vernunft, 1781)과 실천이성비판(Kritik der praktischen Vernunft, 1788)에 잘 나타나 있다. 칸트(Kant)의 철학사상은 계몽주의(Enlightenment)를 바탕에 두고 주지주의(主知主義, Intellectualism)에[268] 치우치고 있었다. 그의 순수이성비판(純粹理性批判, Critique of Pure Reason)은 이성을 강조하면서 이성으로 인한 인식론을 거부하고 있다. 또한 그의 실천이성비판(實踐理性批判, Critique of Practical Reason)은 경험론을 강조하면서 경험에 대한 비판의식을 강조하는 내용이다. 즉 "모든 지식은 경험에서 시작한다고 말하고 후에는 모든 지식이 경험으로부터 오는 것은 아니다." 라고 말함으로 스스로 모순을 드러냈다.[269] 그의 이성론은 자아에 근거를 두고 있다. 자아는 인식의 주체이며 실천의 주체이다. 의지에 바탕을 둔 인격적 이성이 주체의 최고이다. 인간 이성이 자연 법칙을 부여하는 것이지 자연으로부터 이성을 흡수해 들이는 것이 아니다. 그러나 인간이성에는 한계가 있다. 하나님과 영생에 관한 요구를 외면하고 인식의 원리를 확대할 수는 없다.[270] 라고 말했다.

이러한 그의 모순적인 논증은 종합(Synthesis)과 분석(Analytics)이라는 판단이 가능한가? 라는 문제를 제기하는 원인이 되었다. 그는 말하기를 "분석적 지

---

267) 그리스도교 대사전, (대한기독교서회, 서울시 종로구 종로 2가, 1977년 7월), p.1014.

268) 우리가 쉽게 생각하여 계몽주의(啓蒙主義)와 주지주의(主知主義)에 대해 혼동하는 경우를 더러 보게 된다. 계몽주의는 사조(思潮)적인 의미를 포함하고 있는데 반 기독교적이며 반 형이상학적(形而上學的) 의미를 자연인식의 영역과 사회인식의 영역에 까지 확장시켜 보급함을 말하고 있다. 즉 현세적이며 과학적 사고방식을 확장시키는 사조를 의미한다. 주지주의는 지성적인 면을 강조하여 감각주의(感覺主義), 경험주의(經驗主義), 직관주의(直觀主義), 그리고 신비주의(神祕主義) 등을 대항해 실재(實在)는 이성에 의해 파악된다는 합리주의(合理主義)의 입장을 강조한다.

269) Critique of Pure Reason, Introduction, p.41.

270) 그리스도교 대사전, (대한기독교서회, 서울시 종로구 종로 2가, 1977년 7월), p.1014.

식은 선험적 지식일 수도 있다. 그 지식은 용어와 개념에 대한 논리적 정의를 정하는 문제이다. 종합적 지식 역시 후천적일 수도 있다. 그 지식은 감각을 통한 관찰과 경험을 포함하고 있다. 그러나 지식이란 종합적이면서도 선천적(Priori)이어야 한다." 라고 주장했다. 이러한 칸트(Kant)의 생각은 형이상학(形而上學, Metaphysics)을 무시하는 철학으로 종결되었다. 그의 형이상학의 무시주의는 인간의 정신을 이해하는 철학의 탑을 허물어버렸다. 그의 지식론은 외부세계를 구성하고 있는 지식의 원 질료(質料, Matter)가 감각의 원인이 되는 종합적 요소에 의해 지각된다고 주장했다. 그럼에도 불구하고 이는 인간정신에 기초한 선천적 요소에 의해 처리 된다고 말했다. 원 질료(Matter)를 지각하는데 있어 인간의 정신은 시공간(Time and Space)이라는 형태를 응용한다. 그 인간의 마음은 양이나 질과 같은 오성(悟性, Understanding)의 순수개념 또는 범주(範疇, Categories)들을 이용한다.[271] 그 결과 인간의 마음이 그 자체의 것들을 실제로 인지하지 못한다는 주장이다. 그 이유는 나타나 있는 형태에 관하여 기본적인 요소로 말해질 수 있는 것은 무엇이든지 그 자체에 관하여 단언할 수 없기 때문이다. 우리가 붉은 색안경을 통해 사물들을 볼 때 모든 사물들을 붉은색으로 보게 되는 것과 같다.[272] 라고 주장 하였다. 이러한 불가지론(Agnosticism)은 만물을 올바로 인식하는데 있어 인격적인 하나님의 인식과 하나님으로부터 만물이 창조 되었다는 인식이 우선되어야 하는 성경교리를 거절하게 만들고 있다.

그가 주장한 종교론은 기독교를 이성에 의해 판단해야 한다는 이성주의에 한정해 버렸다. 18세기 계몽주의(啓蒙主義, Enlightenment)를 더욱 강화시키고 있었다. 18세기 계몽주의(啓蒙主義, Enlightenment)는 사람의 오성(悟性, Understanding)을 사용하는 것을 강조하였는데 칸트(Kant)는 이를 종교에 적용하였다. 그는 틀에 박힌 교리에 얽매이지 말고 계몽시대에 살고 있는 인간은

---

271) Transcendental Analytic, pp.111-119, Kant listed twelve such categories in four groups of three: Quantity (Unity, Plurality, Totality), Quality (Reality, Negation, Limitation), Relation (Inherence and Subsistence, Causality and Dependence, Community), and Modality (Possibility-Impossibility, Existence-Non-existence, Necessity-Contingency).

272) Colin Brown, Philosophy & Christian Faith, (Inter Varsity Press, Downers Grove, Illinois, 1968), p.96.

이성에 의해 종교적 판단을 해야 한다고 주장했다. 과거의 신조나 교리에 구속되면 인간은 발전 도상에 있는 본성의 운명을 스스로 거스르는 악한 일이다. 인간이 성숙해 지기 위해 스스로 오성(悟性, Understanding)에 따라 모든 것을 판단하고 외적 권위가 되는 것들을 청산해야 한다고 주장했다.[273] 그의 외적 권위를 청산해야 한다는 말은 사실상 참 권위가 되는 성경말씀, 하나님의 주권, 절대적 신앙을 요구하는 그리스도의 인격론을 배제한다는 말이다. 무서운 음모를 드러내는 주장이다.

칸트(Kant)가 저술한 문제의 저작은 **오직 이성의 한계 안에서의 종교인데** 당시 프러시아 왕에 대해 사적인 비난을 취하고 있었다. 이 일로 종교론에 있어 기독교를 비평한다는 이유로 함구령이 내려졌다. 칸트(Kant)는 당시 그 함구령으로 말미암아 애매한 입장으로 돌아섰다. 그는 "기독교를 정죄하기 위해 그 저술을 한 것이 아니라 기독교를 찬양하기 위한 것이었다." 라고 말을 바꾸었다. 그는 "성경은 참된 도덕 종교에서 볼 때 공동의 교훈이 되는 최고의 운반수단이다."[274] 라고 주장했다.

칸트(Kant)의 회의주의적 불가지론(Agnosticism)은 처음부터 이성주의를 부정하고 시작한 것은 아니다. 그는 이성을 통해 하나님과 우주에 대한 인식을 추론해 내기 위해 혹독한 고뇌에 빠지게 되었다. 그 결과 지식의 궤변론으로 빠져들고 말았다. 우리는 오늘날 과학의 발달로 많은 실체들이 질료(Matter)에 의해 규명되어지고 있다는 것은 상식적으로도 알고 있는 사실이다. 그러나 그 개념은 그 물체들 안에 존재하는 원소들에 의해 결정되어진다. 그러므로 사물에 대한 존재의 원인 규명은 전제를 떠나서는 불가능한 일이다. 나무에 대한 존재를 규명할 때 나무 자체가 존재하지 않은 상태에서 나무의 원소를 찾아낼 방법은 없다. 그렇다면 나무에 대한 인식은 존재 자체로부터 시작된다. 나무 이전의 존재에 대한 원인 규명은 나무가 어디서부터 왔느냐? 의 문제로 들어간다. 그렇다면 과학이 존재의 원인에 대한 규명을 확증한다는 것은 불가능하다. 결국 창조의 문제로

---

273) Ibid, p.91.
274) Ibid, p.92.

들어갈 수밖에 없다. 칸트(Kant)가 사물이 존재하는 그 이전의 존재를 회의적으로 보았다는 것은 당연한 결과다. 그가 삼위일체로 존재하는 인격적인 하나님을 모르기 때문에 그렇게 볼 수밖에 없다. 당연한 귀결이다. 즉 질료(Matter)를 창조하시고 초자연적으로 계시는 인격적 존재를 모르기 때문에 궁극적 질료에 대해서 회의적인 개념을 진술할 수밖에 없다. 모든 존재는 질료 이전의 존재를 알 수 있는 길을 알려주지 않고 있다. 그러나 질료는 존재한다. 그러므로 그 질료가 존재하기 이전의 존재는 삼위일체 하나님을 알 때에 그 인식이 가능하다. 존재 이전의 존재를 합리적 사고를 통하거나 또는 경험적 실천을 통해 알아내려고 하면 그것은 당연히 불가지론(不可知論, Agnosticism)에 떨어지고 말 수밖에 없다.

(2) 하나님의 존재에 관한 전통적 증거를 거부한 칸트(Kant)

칸트(Kant)가 근대 이후 고전적 변증학(Classical Apologetics)에서 하나님의 존재를 증명하기 위해 도입한 존재론적 증명(Ontological Argument), 우주론적 증명(Cosmological Argument), 목적론적 증명(Teleological Argument) 등 몇 가지의 전통적인 주장들을 거부한 것은 그가 얼마나 이 문제에 대해 고심했는가를 알 수 있다. 사실 위의 주장들은 이성주의에 기반을 둔 자연신학에서 하나님의 존재증명을 발굴해 낸 이론들이다.

칸트(Kant)는 존재론적 증명(Ontological Argument)에 있어 필연적인 존재에 대한 단순한 정의는 그 존재를 내포하고 있다는 데카르트(Descartes)의 주장을 거절하고 있다. 만약 우리가 하나님의 존재를 가정설(Hypothesis)에 의존하지 않고 참 하나님의 실체를 인식하고 있다면 우리가 가정하는 존재론적(Ontological) 개념에 의해 하나님의 존재는 전혀 성립될 수 없다고 말할 수밖에 없다. 즉 어떤 사물에 대한 존재를 증명할 때 가정설(Hypothesis)의 생각만 가지고 그 사물의 존재를 확실하게 증명할 수 없기 때문이다. 은행에 100달러를 저축해 두었다고 생각한다고 해서 실제로 100달러가 저축되어 있는 것은 아니다. 실제로 100달러를 입금하고 그 후에 100달러를 저축해 두었다고 생각하는 것

이 순서이다.[275)]

칸트(Kant)가 이러한 인간의 관념으로부터 하나님의 존재를 찾아 올라가는 것이 잘못되었다고 지적한 일은 칭찬받을 만하다. 그러나 하나님의 계시관을 염두에 두지 않았기 때문에 그는 하나님 스스로 그 존재를 보여주시는 하나님에 대해 전혀 언급을 할 수가 없었다. 성경에서는 하나님의 존재증명을 논할 때 인격적인 삼위일체의 하나님과 그의 백성과의 교제관계를 구체적으로 보여 주고 있다. 인간의 능력으로는 어떤 경우에도 인간의 자력적인 인식을 통해 인격적인 삼위일체 하나님을 안다는 것은 불가능하다. 오직 계시된 하나님의 말씀을 통해 성령의 특수한 공작으로만 가능하다.

칸트(Kant)는 우주론적 증명(Cosmological Argument)에 대해 "만약 어떤 실물이 존재한다면 절대적으로 또 다른 필연적인 존재가 실재해야 한다고 말했다. 그런데 자연 속에는 어떤 결과를 통해 존재를 보여주는 여러 가지 요인들이 있지만 인간에게는 알려지지 않은 요인들이 존재한다. 그 이유는 인간은 관찰을 넘어 존재하는 요인들을 알 수 없기 때문이다."[276)] 라는 인식 불가론을 주장했다. 이러한 불가지론(不可知論, Agnosticism)은 존재의 궁극적인 존재를 만물의 존재 이전의 존재를 추궁함으로부터 해결하려는 의도에서 나온 것이다. 만물의 존재를 하나님의 창조로부터 시작하지 못하기 때문이다.

칸트(Kant)가 추적한 필연적 존재를 주장한 것은 아주 적절한 지적이다. 우주에 대한 필연적 실재(Reality)가 존재한다고 믿었기 때문이다. 그러나 칸트(Kant)는 창조 이전에 영원한 세계에 존재하신 인격적인 하나님을 필연적인 실재로 말하지 않고 있다. 아니 말을 할 수가 없다. 그것은 우주의 기원에 대해 필연적인 실재를 이성적으로 애매하게 어떤 존재를 추리할 수는 있어도 인격적인 실재를 구체적으로 인식하지 못했기 때문이다. 또한 그는 "관찰을 넘어 존재하는 요인들을 알 수 없다." 라는 인식 불가론을 주장했다. "인간이 관찰을 넘어 존재

---

275) Ibid, p.98.
276) Ibid, p.98.

하는 요인들을 알 수 없다." 라는 주장은 바로 성경이 말씀하는 필연적인 존재의 궁극적인 원인이 되는 인격적인 하나님을 배격하고 있다는 증거다.

칸트(Kant)는 목적론적 증명(Cosmological Argument)에 큰 관심을 기울였다. "즉 우주의 질서와 목적은 하나님의 실재를 증명한다. 그리고 그 목적은 분명하며 다른 어떤 질서도 존재할 수도 없으며 어떤 것도 그 목적을 만들어 낼 수도 없다. 더욱이 그 목적은 스스로 되어가는 것이 아니며 우주의 존재를 넘어 지식과 목적을 운행하시는 자유로운 존재가 있기 때문이다.[277] 라고 말했다. 칸트(Kant)는 이러한 목적론적 증명(Ontological Argument)을 우주론적 증명(Cosmological Argument)과 연관시켜 생각하고 있었다. 그러면서 우주론적 증명(Cosmological Argument)은 위장된 존재론적 증명(Ontological Argument)으로 생각하는 모순을 드러내고 있었다.

칸트(Kant)가 하나님의 존재에 대해 존재 자체를 거부한 일은 없다. 자연신학에 의해 논증된 하나님의 존재론을 "공허하고 헛된 것"으로 치부해 버렸으나 좀 더 구체적인 하나님의 실재(Reality)를 입증하기 위해 고심한 증거가 여기저기에 나타난 것을 볼 수 있다. 문제는 칸트(Kant)가 구체적인 하나님의 실재(Reality)를 알고자 하여 인간의 이성과 경험의 한계 안에서 하나님의 실재를 찾으려 했다는데 있다. 그렇기 때문에 결국 불가지론(不可知論, Agnosticism)으로 떨어질 수밖에 없었다. 그러므로 인격적인 하나님의 실재를 인간의 이성과 경험으로 인식한다는 것은 불가능한 일이다. 하나님과 통할 수 없는 속성을 제한적인 인간의 이성과 경험으로 인식할 수 없는 것은 당연한 이치이다. 인간의 이성과 경험을 성령님께서 사용하시어 초자연적인 하나님의 실재를 인식하도록 해야 한다는 것을 모르기 때문에 회의주의적 불가지론(Agnosticism)으로 떨어질 수밖에 없었다.

칸트(Kant)는 그의 실천이성(Practical Reason) 비판에서 자신의 철학과 하나님을 조화시키려 하였다. 그는 "인간의 자유를 사실적으로 증명할 수가 없다. 그 이유는 도덕론과 하나님의 실재(Reality)를 연관시켜 존재를 증명하려는 시도

---

277) Ibid, p.99.

였기 때문이다. 과학적인 관점에서 볼 때 인간의 자유는 인과율(Causality)에 종속된다. 그러나 도덕적인 의무는 새로운 요소를 도입하고 있으며 그 의무는 도덕률에 불복종할 수 있는 자유를 함축하고 있다. 최고의 선(Summum Bonum)이라 말할 수 있는 궁극적 선은 하나님과 관계된 불멸설과 연관되어 있다. 그 선은 덕과 행복이 함께 존재하는 이상적인 위치이다."[278] "그러나 그것은 이 세상의 삶에 있어 함께 일어날 수 없는 너무나 고통스런 존재이다. 거기서 사람이 무한 존재를 인정한다면 성취할 수 있는 일이다. 행복과 덕을 일치시키기 위해 모든 자연의 원인이 되는 존재를 추정해야 하고, 자연 그 자체와 구별해야 하고, 이러한 관계의 원리를 포함해야 하고, 그리고 도덕과 행복의 정확한 조화를 이루어야 한다."[279] "다른 말로 하면 그것이 하나님이다."[280]라고 주장했다.

칸트(Kant)가 최고의 선(Summum Bonum)을 논할 때 하나님의 존재와 도덕과의 관계를 연관시켜 하나님의 실재를 입증하려고 하면서 도덕과 행복의 일치를 하나님의 실재와 연관 시킨 것은 정말 이교도적인 증명에 불과하다. 성경이 말씀하는 도덕의 기준이 되는 십계명은 율법을 사용하는 유익(The Use of the Law)을 내포하고 있다. 그 도덕률은 하나님을 아는 길이 되며, 회개의 길이 되며, 성도 생활의 기준이 되며, 그리고 모든 시민법의 기본이 된다. 도덕과 행복의 일치는 계명을 통해 하나님을 인식하고 그 도덕률 앞에 자신을 굴복시켜 율법이 가져다주는 비참을 알아야 가능하다. 그 비참의 인식도 자력으로 이루어지는 것이 아니고 성령님의 사역으로 이루어진다. 인격적인 삼위일체 하나님께서는 그분의 도덕률을 통해 하나님 자신의 거룩함을 인간에게 인식 시키고 있다. 인간의 이성과 실천적 경험을 통한 도덕률의 인식은 인간 속에 갈등만 일으킬 뿐이다. 이 세상에서 도덕과 행복의 일치는 없다. 인간은 극도로 사악한 존재이기 때문에 자신의 작은 도덕적 행위를 최고로 생각하여 타인의 도덕을 무시한다. 그렇기 때문에 인간은 십계명의 도덕률을 통해 하나님에게만 영광을 돌릴 때 참된 행복을 찾

---

278) Immanuel Kant, Critique of Practical Reason, Translated by T.K. Abbott, pp.229.

279) Immanuel Kant, Religion within the Limits of Reason Alone, pp.4f, p.40 p.123. p.152.

280) Colin Brown, Philosophy & Christian Faith, (Inter Varsity Press, Downers Grove, Illinois, 1968), p.103.

을 수 있다. 모든 인간은 십계명의 도덕률에 굴복되어야 하며 그 굴복은 참 하나님을 인식함으로부터 오는 행복으로부터 발원된다. 그런데 만약 인간이 자력으로 도덕과 행복의 일치를 추구할 경우 그 일은 전혀 불가능하며 그 불가능한 일을 하나님의 실재를 인식하는 일과 연관 시킨다면 하나님을 거절하는 일로 귀결될 수밖에 없다. 칸트(Kant)의 주장대로 말하면 하나님의 존재를 말하면서 하나님의 존재를 거절하고 있다.

(3) 기독교에 대한 칸트(Kant)의 평가

칸트(Kant)는 이성의 메아리로 기독교를 정의하고 있다. 동시에 기독교를 도덕종교의 기준으로 평가하고 있다. 도덕은 종교를 필요로 하지 않으나 종교를 향해 열려있다는 비상식적인 말을 했다. 그는 종교가 보다 고상하고, 도덕적이고, 그리고 가장 거룩하고 전능한 존재를 전제해야 더욱 최고의 선(Summum Bonum)의 이념으로 이끌 수 있다고 주장했다. 이는 칸트(Kant)가 종교를 최고의 선(Summum Bonum)의 도덕론에 기초하여 새로 평가하는 시발점이다. 종교를 도덕론에 기초한 계몽주의(Enlightenment) 사상에 입각하여 인간에게 적용하려는 시도였다.[281] 결국 이신론(理神論, Deism)을 변형시켜 자연법칙과 인간 이성과의 혼합주의 종교를 만들려는 시도였다. 인격적 삼위일체 하나님께서 만물을 창조하시고 다스리시며 모든 만물과 인간을 섭리 가운데 이끌어 가시는 분이라는 교리를 제거하는 작업을 시도한 것이다.

이러한 주장은 그의 계시관 속에 잘 나타나 있다. 개인의 이성주의와 실천적 경험에 의존하여 성경을 해석하려 하고 있다. 이성주의와 경험주의는 하나님의 인식에 있어 주관주의에 초점을 맞추고 있기 때문에 객관적 계시인 성경을 뒤로 돌리고 있다. 그래서 칸트(Kant)는 성경의 기사들을 역사적 사건계시로 인정하지 않고 대중에게 도덕을 가르치는데 있어서는 유익하다고 말했다. 시공간을 통해 객관적으로 사역하시는 하나님의 통치를 무시하고 있다. 나아가 칸트(Kant)는 최고의 명령원리는 보편적인 인간이성에 기반을 둔 도덕적 원리에서 찾아야

---

281) Ibid, p.103.

한다고 말했다. 그는 구원의 은혜, 믿음으로 인한 속죄, 그리고 하나님과 죄인과의 교제회복을 가르치고 있는 성경의 가장 중요하고 본질적인 교리를 제거하고 있다.[282] 칸트(Kant)가 언급한 기독교에 대한 주장을 인용해 보면 다음과 같다.

"진정한 종교는 하나님께서 우리의 구원을 위해 무엇을 행하셨거나 행하시고 계신 것을 알거나 고려함으로 구성되는 것이 아니고 하나님께서 행하신 일에 대한 가치가 진리로 나타날 수 있도록 실행하는 일이 필요하다. 인간은 자신이 악하거나 선하거나, 선하든지 선해야 하든지를 불문하고 도덕적 의미에 있어, 그 자신이 선을 행해야 하고 또 그렇게 되도록 만들어졌다."[283]

칸트(Kant)의 사상을 비평하려면 칸트(Kant)가 저술한 책만큼 많은 양의 저술이 요구된다. 그 이유는 칸트가 너무나 많은 모순적인 말들을 나열했기 때문이다. 그의 불가지론(不可知論, Agnosticism)은 언어의 장난에 춤추는 생각들을 추적할 수가 없을 정도이다. 그의 언어는 항상 긍정 이후에 부정이 따라오고 부정 이후에 긍정이 따라와 어느 주장이 그의 주장인지 알 수가 없다. 그의 종교관도 전혀 감을 잡을 수가 없다. 그의 종교관에 관한 모든 진술들을 종합적으로 집합해 정의해 볼 때 기독교적 요소를 배제한 비기독교를 설파하고 있을 따름이다.

위에 진술한 칸트(Kant)의 종교관은 예수 없는 기독교 즉 죄에서 그의 백성을 구원해야 할 필연적 사역자 구세주 없는 기독교를 말하는 도덕주의이다. 칸트(Kant)는 일반적 종교관을 말할지언정 기독교를 절대적으로 신앙해야할 종교관을 논하지 않고 있다. 이상하게도 칸트(Kant)는 "오직 이성의 제한 안에서의 종교(Religion within the Limits of Reason Alone)" 라는 저술에서 **예수라는** 이름을 공개적으로 거론한 적이 없다. 그는 추상적이고도 근거가 빈약한 논리를 혼자만의 역설적(逆說的, Paradoxical)인 입장에서 하나님을 논하면서 **하나님**

---

282) Religion within the Limits of Reason Alone, p.152, p.123.
283) Ibid, p.123. p.40.

을 기쁘게 하는 인간의 이념을 말하였다.[284] 그가 도덕의 실천을 말하지만 도덕의 절대 기준이 되는 십계명을 배제하고 있다. 칸트(Kant)는 "종교는 오직 실천적인 목적을 위해 필요한 것뿐이다."라고 말했다. 이러한 종교관은 하나님을 필요로 하지 않은 도덕실천의 종교 즉 종교 없는 종교(A Religion without Religion)를 주장한 것에 불과하다. 하나님을 도덕에 따라오는 부차적인 요소로 취급하였고 구원을 위해 필요한 절대적 인격을 요구한 요건을 부정하고 있다. 칸트(Kant)에 의하면 하나님을 경외하는 인격적인 예배가 필요 없다. 종교인이 되었든 아니되었든, 기독교인이 되었든 아니 되었든, 그리고 영원한 생영에 관한 의식이 있든 없든 상관없이 누구든지 행사할 수 있는 아주 저차원적 도덕론을 말할 뿐이며 종교관 즉 기독교적 종교관은 전혀 찾아볼 수 없다.

이상한 것은 칸트(Kant)가 자연신학을 거부한 일이었다. 그가 말한 자연주의 신학은 19세기 자연주의 신학과 약간 다른 의미를 내포하고 있다. 19세기 이전의 자연주의 신학은 하나님의 존재에 관한 우주론적 증명(Cosmological Argument), 목적론적 증명(Teleological Argument), 그리고 존재론적 증명(Ontological Argument) 등에 관한 제 증명들을 거부한 것들이다. 오랫동안 지속되어 왔던 위에 거론된 하나님에 관한 존재 증명론은 이성주의적 사고에서 시작하였지만 사실상 창조된 인간이 본질적으로 부여받은 심리적 종교 관념으로부터 생겨나온 것이므로 자연주의 신 존재 증명이라고 말할 수 있다. 그러나 19세기로 넘어와서 자연주의 신학은 성경에 기록된 기적의 사건들을 제거하고 시공간

---

284) Colin Brown, Philosophy & the Christian Faith, (Inter Varsity Press, Downers Grove, Illinois, 1968), p.104. "기독교와 종교"의 관계를 말할 때 칸트(Kant)가 사용한 종교(Religion)라는 말은 19세기 이후 오늘날 우리 기독교인들이 인식하고 있는 기독교와 타종교와의 차이점을 두고 하는 말이 아니다. 신학이라고 말할 수 없는 신학이 19세기에 나타난 신학의 한 가지가 종교사학파(Religionsgeschichtliche Schule)이다. 이 학파는 19세기 말부터 20세기 초에 독일에서 일어난 **계시종교로서의 기독교를** 파괴하자는 운동이었다. 이 학파에 속한 사람들은 웰하우센(Julius, Wellhausen), 하르낙(Adolf, Harnach), 그리고 궁켈(Johann Gunkel) 등이다. 기독교를 다른 종교와 비교 대조하여 그 우위성을 격하시키는 운동이었다. 모든 종교를 같은 등급으로 취급하고 기독교만 구원의 계시성을 강조하는 일에 철퇴를 가하는 신학운동이었다. 이러한 신학운동의 토대를 마련한 사람이 바로 칸트(Kant)라고 말 할 수 있다. 칸트(Kant)는 기독교를 계시종교로서의 절대성을 도덕종교의 일반적 관념으로 해석하기 위해 인간의 이성과 경험을 대입시킨 사람이다.

의 세계에서 일어나는 자연법칙으로만 해석하려는 경향으로 기울어 졌다. 성경에 나타난 기적을 자연법칙의 원리에 의해 해석할 길이 없었으므로 아예 삭제하자는 운동으로 번져 나가기 시작했다. 이러한 신학이라 말할 수 없는 신학운동은 후에 20세기에 들어와 발트(Karl Barth)의 제자인 불트만(Rudolf Bultmann)에 의해 비신화 운동(Demythologization Movement)으로 연결되었다. 비 신화 운동은 성경에 기록된 기적이나 아담의 실체설 등을 제거하자는 운동이다.

칸트(Kant)가 주장한 이성에 관한 중심 사상은 데카르트(Descartes)의 노선을 따르고 있다. 그 구조는 합리적 사상에 따라 사유에 관한 전체 구조를 형성하여 그 구조를 종교에 적용하는 방법론을 취하고 있다. 칸트(Kant)의 12 범주(範疇, Category)론의 구조는 이미 헬라 철학의 합리주의 사상가였던 아리스토텔레스(Aristotle)의 존재론에 관한 분류법인 실체, 분량, 성질, 관계, 장소, 시간, 위치, 상태, 능동, 그리고 수동 10가지를 분류한 **"술어와 존재의 최고 분류법"**과 상통한 내용이다. 물론 과학이 발달된 오늘날 만물에 관한 구조를 범주론으로 다룬다는 인식론은 대단히 저급한 수준의 것이다. 더욱이 기독교를 범주론과 비교 대조하여 기독교의 인식론을 다룬다는 것은 참으로 기독교 신앙 자체를 말살 시키는 결과를 가져오게 한다. 범주론(Category) 철학과 기독교 인식론은 전혀 공통분포가 형성될 수가 없다. 엄청나게 다양한 만물에 관한 구조를 단 몇 가지의 범주를 통해 규정 한다는 것도 한심한 일이거니와 더욱이 성경에 기록된 셀 수 없는 우주의 객체와 사건들(Facts)에 대한 규정을 범주론을 통해서는 도저히 정립할 수 없다.

만약 어떤 사건을 접했다고 가정해 보자 그때 우리는 그 사건에 대한 설명을 더불어 접하게 된다. 즉 사건에 대한 원인, 과정, 그리고 결과를 추리하게 된다. 더불어 사건을 분석하는 이론이 따라오게 된다. 그 이론에 따라 그 사건에 대한 인식을 각자의 생각에 따라 무시하든지, 중요하게 생각하든지, 아니면 어느 것이든지 선택하게 된다. 그런데 성경에 나타난 기사와 이적을 볼 때 칸트(Kant)의 이론을 적용할 수 있느냐?의 문제를 생각하지 아니할 수가 없다. 칸트(Kant)는 사건의 전제와 그 사건 이전의 기원을 무시한 주관적 인식론을 강조하고 있다. 성경에 기록된 역사적 증거를 무시하고, 그 역사에 관한 예언과 성취를 무시하고, 그리고 역사 가운데 나타난 인물과 시공간의 사건을 무시하고 종교적 인식론을 전개하고 있다. 그것은 대양의 바다를 염두에 두지 않고 오대양에 관한 역사를 쓰는 것과 마찬가지이다. 그러므로 그는 결국 불가지론(不可知論, Agnosticism)에 떨어질 수밖에 없게 되어 있다. 신학적 입장은 물론 철학적으로 봐도 사상적인 마아의 토굴에서 허덕이는 자임에 틀림없다.

19세기는 종교개혁 이후 상상할 수 없는 사상들이 홍수처럼 쏟아져 나온 시대였다. 중세는 정치적, 사회적, 사상적 그리고 종교적 획일주의 시대를 형성하고 있었다. 종교개혁 이후 자신의 종교관과 사상적 이념을 마음대로 발표할 수 있는 시대로 접어들었기 때문에 여러 가지 신학적 그리고 철학적 사상은 광야의 들풀처럼 솟아나기 시작 했다. 교회는 여러 가지 교파로 분열을 거듭하였고 철학은 합리주의와 경험주의를 바탕으로 하여 수많은 생각들이 도출되어 나왔다. 기독교 내에서는 성경을 토대로 하는 기독교 변증학이 뒤로 후퇴하여 기독교를 변호하는 역할을 제대로 하지 못하고 철학을 방법론으로 채용한 중세의 스콜라주의(Scholasticism) 변증학이 변형된 이름을 뒤집어쓰고 발흥하게 되었다. 그 스콜라주의적(Scholastic) 고전적인(Classical) 변증학을 역사적으로 간단하게 세 갈래로 나누어 생각해 보자.

첫째; 12세기 이후 종교개혁시대의 기독교 변증학(Christian Apologetics)의 입장이다. 종교개혁기까지 가장 두드러진 변증신학자 어거스틴(Augustine)이 성경주의 하나님의 주권을 변호한 이후 정통 신앙고백주의는 로마 교조주의(Catholicism)에 억눌렸기 때문에 참된 기독교 변증학이 거의 전무한 상태였다. 13세기에 아퀴나스(T. Aquinas)는 스콜라주의(Scholasticism)를 배경으로 하여 회색주의 기독교 변증학을 펴낸 것이 중세의 변증학을 대변하고 있었다. 종교개혁 당시 기독교 변증학 역시 발전이 지지 부진한 상태를 벗어나지 못했다. 소수의 종교개혁자들을 제외하면 기독교를 변증하는 저술을 펴낸 신학자들이 거의 전무한 상태였다. 그 가운데서도 칼빈(Calvin)이 로마 카톨릭을 대항해 기독교를 변증한 이래 이성주의와 경험주의가 기독교 영역을 점령하고 있었다.

둘째; 종교개혁 이후 기독교 변증학(Christian Apologetics)의 입장이다. 여기저기서 여러 가지의 철학적 사상이 돌출되어 나와 기독교에 침투되어 회색주의적 변증학이 간헐적으로 나타났다. 그러나 그러한 회색주의 변증학은 기독교를 방어하는데 역부족이었다. 칼빈(Calvin) 이후 17세기 튜레틴(F. Turretin)과 18세기 알렉산더(A. Alexander)는 거센 이성주의의 파도를 저지하기 위해 기독교 변증학을 정립하는 일보다 정통 개혁파 교리학을 고수하는데 온 심혈을 기울일 수밖에 없었다. 그 이유는 17세기 너무나 허황된 철학들이 쏟아져 나왔기 때문이었다. 즉 헬라철학으로부터 기원된 이성주의 및 경험주의 철학에 기초를 둔 신학들이 쏟아져 나왔기 때문이었다. 그 회색주의는 전 유럽의 교회 안에 신 플라톤주의(Neo-Platonism)와 아리스토텔레스(Averroistic Aristotle)의 사상을 이어 내려온 아퀴나스(Aquinas) 사상이 판을 치고 있어서 성경의 전제에 의한 신앙고백주의 변증학을 도출해 낼 엄두도 내지 못한 상태였다.

셋째; 18세기 이후에 기독교 변증학(Christian Apologetics)의 진행은 신학적 다양성의 영향을 받아 여러 가지 단편적인 형태로 밖에 나타날 수 없었는데 그 주제들은 변증학적 증거주의(Apologetical Evidence), 역사에 기반을 둔 주관적 또는 객관적(Subjective or Objective), 논리에 있어 귀납적 또는 연역적(Inductive or Deductive), 그리고 역사적(Historical) 방법론으로 분리되어 나타나고 있었다. 기독교 진리를 증거함에 있어 확실한 증명을 내 놓지 못했을 뿐만 아니라 외견상 신학계에 영향력을 행사하는데 있어 사실상 실패작을 내 놓은 형편이었다. 교회 안에서 진리를 가르치는 인간 이성의 문제점을 해결할 방도는 나타나지 않았고 아주 위험한 방법론만 돌출되어 신앙의 터를 허무는 사상들이 기독교 변증학의 도구로 등장하였다. 파스칼(Pascal)은 믿음에 대한 회의주의를 건설하는 자였는데도 변증학에 있어서는 "심장의 이성(Reasons of the Heart)과 마음(지성 또는 본정신)의 이성(Reasons of the Mind) 사이를 비교하는 단 한가지의 능력을 정립하는 것은 과학적 영역에 근거를 두어야 한다."고 말했을 정도였다. 이러한 사상을 이어받아 영국과 독일에서 이신론(理神論, Deism)이 일어나게 되었고 더불어 18세기 영국에서는 회색주의 변증신학자인 버틀러(Butler)가 등장했다. 버틀러(Joseph Butler) 감독은 로크(Locke)와 흄(Hume)의 경험주의를 강화시켰고 개연성(Probability)과 추정(Presumption)을 효과 있게 사용하는데 공헌하였다. 이러한 감각적 인식론은 현실주의적 실재론(Realism)에 깊이 접근하는 원리를 제공하고 있었다.

　이러한 사상적 흐름은 비극적인 성경 비평주의로 들어가는 문이 되고 말았는데 스피노자(Spinoza)와 레이마루스(Reimarus)가 17세기와 18세기 초에 근대 성경 비평주의를 개발해 내는 못된 망아지 역할을 하게 되었다. 이는 후에 기독교를 과학적 방법에 의해서만 규정해야 한다는 논리주의 변증학을 전개하는 원인이 되었다. 이러한 과학적 방법론은 사료편집 내지 역사편찬(Historiography)의 방법론을 도입한 증거자료에 의한 성경 해석방법을 주장함으로 결국 성경을 난도질하는 사악성을 드러내는 기독교 파괴주의 신학으로 전락해 버리고 말았다. 18세기에 들어와 변증학에 대한 가장 위험하고 괴물과 같은 사악한 기독교 증거주의가 나타났는데 성경에 대한 역사적 증거주의이다. 계시의 사건에 대한 주관적 신학의 적용이 바로 그것이다. 신앙에 관한 이성을 하늘과 같이 떠받들어 책에 대한 학식만 의존하는 신학으로 변질시키고 말았다. 즉 정통적으로 내려오는 신앙고백을 내 동댕이치고 교회에서 각자가 탐구하는 일반 서적을 기준으로 하여 개인적 학적 표출에 기원을 두고 신학을 전개한 지엽주의에 치우치고 말았다. 아무리 위험한 사상을 가지고 정통주의 신앙고백을 난도질 할지라도 그들 자신의 개인적 신학의 표출을 우선으로 취급하였고 검증되지 않은 개인적 체험을 성령님의 사역이라고 주장하면서 개개인의 신앙 표출로 용납하여 신학의 난장판을 이루어 나갔다. 요약하자면 객관적 신앙고백주의 신학이 사장되어가는 역사를 맞이하게 되었다. 종교개혁 시대 이후 20세기 이전까지의 기독교 변증학은 성경의 전제에 입각한 신앙고백주의 변증학이 일어나지 못하고 있었다.

IX. 19세기의 소용돌이 철학

혹자는 말한다. 19세기 빅토리아(Victoria) 시대[285] 이전에는 획일화 된 도덕률과 종교가 지배하던 시대였다고 말한다. 이로 말미암아 미신적인 철학이나 종교가 미사어구를 도배하여 대중을 매혹시키게 되면 아무 비평 없이 액면 그대로 수용하는 우를 범하는 시대였다고 말한다. 철학과 신학의 테두리 밖에서 하는 말이 있었는데, 일부의 사람들은 철학은 사람들을 혼동의 도가니 속으로 끌고 들어가며 신학은 망상의 안개 속으로 밀어 넣고 있다고 말했다. 교회 내부에서도 어떤 사람들은 기독교가 기존의 신학과 생활의 방법을 답습하게 되면 믿을 수 없는 사교의 종교로 전락할 것이라고 말했다. 이러한 견해는 다분히 중세의 로마 교조주의(Catholicism)로부터 유래된 반발 의식이 저변에 깔려 있다고 볼 수 있다.

19세기에 들어오면서 수없는 학문적 방법과 고등비평이 성경과 교회를 도마 위에 올려놓고 말할 수 없이 난도질 하였다. 정통교리는 소멸되어 가는 것처럼 보였다. 종교개혁 이후 갈기갈기 찢어진 교단들과 교리들은 19세기에 들어와 깨어지고 부서지는 수난의 시대를 맞이하게 되었다. 그 뿌리는 칸트(Immanuel Kant)의 사상에서 유래된다. 칸트(Kant)의 뒤를 이어 나타난 헤겔(Hegel)과 슐라이어마허(Schleiermacher)는 19세기 신학을 난장판으로 만들었다. 20세기 후반기에 들어와서도 극소수의 무리들이 아직까지 칸트(Kant), 헤겔(Hegel), 그리고 슐라이어마허(Schleiermacher)를 칭송하는 것을 볼 때 참으로 시대의 흐름을 직시하지 못하고 있다는 통탄을 금할 수 없다. 더구나 신학을 말하면서 성경계시를 무시하는 자들을 볼 때 그들의 영적 무지에 대해 할 말을 잊어버리게 한다. 신학은 성경을 하나님의 말씀으로 신앙하지 못하면 성립될 수 없는 학문인데도 성경의 영감설을 부정하면서 신학이라고 말하는 것을 볼 때 그들의 무지

---

285) 빅토리아 시대(Victoria Era)는 영국의 빅토리아(Victoria, 1819-1901) 여왕의 이름을 따서 19세기를 포함하여 영국이 가장 산업을 발전시키고 외세를 확장 시킨 시기를 말한다. 당시 영국 사람들은 신사도를 발휘하였으며, 스스로의 의를 자랑했으며, 그리고 근면하였다. 빅토리아(Victoria) 여왕은 영국의 군주정치를 가장 오랫동안 63년(1837-1901)이나 다스렸으며 당시 영국은 의회주의 군주정치를 제도화 하고 있었기 때문에 빅토리아(Victoria) 여왕은 충고자의 입장에 있었다. 그러나 그녀가 장기간 자신의 위치를 지킬 수 있었던 것은 정치적 지혜를 소유하고 있었다는 말이 된다.

함을 경고하고 싶은 마음뿐이다. 칸트(Kant)의 불가지론(Agnosticism), 헤겔(Hegel)의 역사주의, 그리고 슐라이어마허(Schleiermacher)의 절대의존감정(Feeling of Absolute Dependence) 등의 사상이 사장 된지가 언제인데 아직도 그러한 공상주의 철학에서 깨어나지 못한 사람들이 있다는 것은 참으로 안타까운 일이 아닐 수 없다.

그럼에도 불구하고 그들이 발표한 이상하고도 교묘한 말장난은 사람들에게 매력을 주고 있다. 아직도 자신들이 모르는 말을 지껄이는데도 사람들이 그 교묘한 표현에 매혹되어 끌려가는 현상이다. 스스로 정확히 인식할 수 없는 말에 현혹되어 가는 현상이다. 분명코 질문을 던지고 싶은 것은 죄인으로 출생한 인간이 영적으로 죽어있는 상태에서 어떻게 성경이 말씀하는 의미를 올바로 인식할 수 있느냐? 의 문제이다. 아주 간단하면서 어려운 문제라고 생각되어 진다. **성령님의 사역에 의해 예수 그리스도를 구세주로 믿는 자는 성경을 하나님의 말씀으로 신앙한다.** 이 교리는 너무나 간단하다. 그러나 그렇기 못한 자는 생명을 떠난 사망의 늪에서 헤매다가 언제인가는 형벌의 용광로 속으로 빨려 들어갈 것이다. 그런 사람은 결코 성경을 하나님의 말씀으로 믿을 수가 없다. 그렇기 때문에 하나님을 말하지만 전혀 이해할 수 없는 하나님의 이야기를 수없이 늘어놓아 사람들의 정신을 혼미하게 만들어 버린다. 이것이 19세기 철학의 역사였다.

이제 신학계로 눈을 돌려 신학의 관점들을 구체적으로 점검해 볼 필요가 있다. 18세기의 계몽주의(Enlightenment)에 근거를 둔 이성주의는 사람의 생각을 근거 없는 논리의 함정 속으로 몰아넣었다. 이성에 기초한 끝없는 논리는 공상을 만들어 내고 있었다. 현상세계에 나타난 존재의 근거를 무시하게 만들었다. 그 존재는 존재 자체가 전제를 가지고 있는 데도 그 존재를 무시하게 됨으로 모든 만물에 대한 불신사상을 낳게 만들었다. 이에 대한 반발은 근원을 찾아 헤매는 이데아(Idea)의 광야를 마련하게 만들었다. 더불어 이 근원은 현상세계의 자연주의로 돌아가게 했다. 그래서 19세기 신학은 성경에서 기적의 사건을 제거하는 자연주의 신학이 판을 치게 되었다. 즉 시공간의 존재와 사건을 탐구하는 방향으로 철학과 신학의 키를 잡게 만들었다. 만약 시공간의 존재와 사건 연구에 있어 줄기를 잡지 못하게 되면 시공간의 사건을 무시하는 주관주의 철학인 실존주의(Existentialism) 철학으로 떨어질 수밖에 없었다. 즉 자연주의 철학은 뒤이어 반동으로 나타난 실존주의 (Existentialism) 철학을 불러오게 만들었다. 신학적으로 시공간의 사건계시를 뒤로 돌리는 초월주의(Transcendentalism)로 떨어지고 말았다. 이러한 와중에 문서설이란[286] 사특한 이론이 등장하여 하나님의 말씀으로서의 성경계시를 난도질하여 말살시키려는 음모를 드러냈다.

1. 슐라이어마허(Friedrich Schleiermacher, 1768-1834)

슐라이어마허(Schleiermacher)는 실레시아(Silesia) 북부에서 군목의 아들로 태어났다. 그의 아버지는 물론 할아버지도 목사였다. 그의 아버지는 경건한 사람으로 그의 아들이 경건한 모습으로 성장하여 경건하게 삶을 영위하기를 원했다. 그래서 모라비안 신학교로 수학하도로 배려하였다. 그런데 그의 아버지는 모순적인 일을 저질렀다. 칸트(Kant)의 저서를 읽도록 권고하였다. 슐라이어마허(Schleiermacher)는 칸트(Knat)의 저서를 읽고 전혀 아버지의 기대와 다른 반응을 나타내 보일 수밖에 없었다. 그는 경건한 가정교육에 대한 반발이 일어나기 시작했다. 그럴 수밖에 없는 것은 칸트(Kant)의 사상에는 경건의 개념과는 전혀 다른 만물에 대한 불가지론(不可知論, Agnosticism)이 깃들어 있었고 그 불가지론(Agnosticism)은 이성을 기초하여 인식의 불가(不可)를 말하기 때문에 후에 그는 절대의존감정(絶對依存感情, Feeling of Absolute Dependence)으로 기울어질 수밖에 없었는데 그것은 이미 정해진 사상의 철로를 달릴 수밖에 없었다. 그의 아버지는 경건을 강조하였기 때문에 의존감정이 이미 그의 사상의 배경에 깔려 있었다. 그의 아버지는 한 손에는 지적 불가지론(Agnosticism)을 담을 그릇을 쥐어주고 또 다른 한 손에는 경건을 담을 감정의 그릇을 쥐어준 격이 되

---

286) 문서설은 일종의 "문서가설"이란 말로 대치되기도 하는데 모세 5경을 연대순으로 배열하여 모세의 저작을 부정하였다. 이러한 모세의 저작 부정은 성경의 무오설을 반대하는 입장으로 연결된다. 연대순 배열은 J는 야외 문서, E는 엘로힘 문서, D는 신명기 문서, P는 제사장 문서 순으로 말하고 있다. J문서는 BC 10세기경에 기록된 것으로 간주하고, E문서는 BC 7세기경에 기록된 것으로 간주하고, D문서 역시 BC 7세기경에 기록되었으나 BC 6세기경에 J와 E와 D를 결합시킨 것으로 보고 있다. 마지막 P문서는 포로기 시대인 BC 5-6세기경에 제사직을 편집한 것으로 보고 있다.

었다. 더구나 경건주의 종교경험을 강조하는 모라비안파에 가서 수학하도록 권한 일은 당연히 절대의존감정(絶對依存感情)의 철학을 말할 수밖에 없는 환경을 만들어 준 격이 되었다.

19세기에는 시공간을 강조하는 자연주의적 방법을 동원하여 하나님을 인식하려고 시도하였다. 그러나 종교개혁 이후 칼빈(Calvin)을 중심으로 개혁파 신학의 노선을 걷고 있는 자들은 인격적인 교제의 하나님을 아는 길은 오직 성경계시를 통해 가능하다고 강조하여 왔다. 그것은 오직 종교개혁 시대만의 주장은 아니다. 모세, 선지자들, 사도들, 정통주의 교부들, 어거스틴(Augustine), 그리고 칼빈(Calvin)으로 이어지는 개혁파 신학의 노선이다. 슐라이어마허(Schleier-macher)는 종교의 본질을 논할 때 객관적 계시관은 무시한다. "하나님의 본질은 체험가운데 직관과 감정가운데 존재한다." 라고 주장했으며 "종교는 우주의 직관이다." 라고 주장했다. 하나님을 인격적인 신으로 말하면서 스피노자(Spinoza)처럼 범신론(Pantheism)적 경향을 뚜렷하게 나타냈다.[287]

시공간을 강조하는 자연주의 신 인식론은 객관적 과학의 방법에 의존한 것도 아니며 계시의 객관성에 의존한 것도 아니다. 오직 인간의 심리적 추론에 의해 애매한 추상적 논리에 바탕을 두고 신의 존재를 입증하려는 방법론이다. 이러한 방법론은 주로 두 가지의 양태로 나타났는데 하나는 슐라이어마허(Schleier-macher)처럼 감성에 기초한 의존감정(Feeling of Dependence)을 주창한 자연신학이다. 이러한 의존감정주의는 경험적 신 존재증명을 강조한다. 또 다른 한 편에서는 아퀴나스(Aquinas)의 스콜라주의(Schlolasticism)적 사상에 기초를 두고 합리적 이성에 의해 신의 존재를 인식하려는 자연주의 개념이다. 감성주의적 경험주의와 합리주의적 이성주의는 서로 대립되는 인식론이다. 이 두 가지의 자연주의적 신 존재증명은 인간의 주관적 관점만을 강조하고 있기 때문에 증명자체의 한계점을 드러낸다. 즉 성경이 말씀하는 하나님의 영원성(Eternity), 무한성(Infinity), 자존성(Self Existence), 그리고 편재성(Omnipresence) 등을 증명할 수가 없다. 그들은 애매한 존재론을 가정적으로 말하기 때문에 구체적인

---

287) 철학대사전, (학원사, 서울시 영등포구 양평동, 1974년 10월), p.606.

증거를 말할 수가 없다. 한편으로는 이러한 모호성을 극복하려는 엉뚱한 시도가 있었다. 즉 슐라이어마허(Schleiermacher)의 절대의존감정을 받아들이면서 개혁파에서 주장한 성경계시 우선주의와 접촉점을 찾아 헤매는 일이 벌어졌다. 이것이 바로 실증주의(Positive Theology) 신학이다.

그러나 슐라이어마허(Schleiermacher)와 연관된 실증주의 개념은 성경의 계시론을 거절하는 데서부터 시작한다. 성경의 기록을 하나님의 직접적인 개입에 의한 사건이나 언어로 취급할 수 없다는 주장이다. 성경은 종교적 경험을 기록한 책이며 그 종교적 경험은 모든 신학적 문제를 해결할 수 있는 열쇠가 된다고 주장했다. 그리고 그 종교적 경험은 신자나 불신자를 막론하고 서로가 공통분포를 형성할 수 있는 근거가 되어야 한다고 주장했다. 이러한 주장은 고전적 변증학(Classical Apologetics)의 위치를 더 확고하게 만들어 주었다. 종교적 경험으로부터 종교의 본질과 하나님의 존재를 입증하려는 시도는, 역사적 정통주의 신앙고백주의에서 볼 때, 만남을 매개로 하는 주관적 신학을 양산해 내는 결과를 초래하게 되어 객관적 하나님의 존재증명을 뒤로 돌리게 된다.

슐라이어마허(Schleiermacher)의 괴변을 몇 가지 분석해 보자. 그는 "종교의 본질은 활동도 아니며 지식도 아닌 양자의 공통점을 가지고 있는 어떤 규정이다."[288] 라고 말했으며 여러 가지 경건한 표현을 나타낼 때 그 표현의 공통적인 요소가 있는데 **절대의존적인 인식** 즉 하나님과의 관계에 있어 **존재인식**이 그것이다."[289]라고 주장했다. 그의 저서 "종교에 있어(On Religion)" 라는 책에서 "종교의 본질을 무한자(The Infinite)를 향한 감각(Sense)과 경험(Taste)으로 규정했다."[290] "종교의 본질은 인간의 절대 의존 감각(Sense of Absolute Dependence)에 있다. 그러나 일반적으로 생각하는 종교의 본질은 예배와 도덕률에 의한 삶을 포함하고 있다."[291]라고 말했다.

---

288) The Christian Faith by Schleiermacher, pp.5-12.

289) Ibid, p.12.

290) On Religion, p.39.

291) 슐라이어마허(Schleiermacher)가 사용한 말 "절대 의존 감각(Sense)"을 어떤 이들은 "

354 기독교 변증학 (Christian Apologetics)

성경을 하나님의 말씀으로 신앙하는 기독교에서는 도덕률에 따른 하나님과의 언약(Covenant)이 인식론에 필수적으로 등장한다. 아담의 언약은 모세의 언약, 아브라함의 언약, 그리고 예수 그리스도를 중보자로 세운 하나님과 맺은 백성의 언약으로 이어진다. 그런 의미에서 슐라이어마허(Schleiermacher)의 종교관은 일반 토속종교의 개념보다 더 수준이 낮은 개념으로 치부할 수밖에 없다. 교묘한 말로 사람을 호리는 수작이 있어 사람의 눈과 귀를 흐리게 하는 것 외에 아무것도 없다.

슐라이어마허(Schleiermacher)는 구속론(Redemption)에서 "절대의존 감각(Sense of Absolute Dependence)의 회복"이라는 이해할 수 없는 말을 등장시키고 있다. 그는 "기독교에 대한 경험이 그리스도의 인격과 관련되어 절대의존 감각(Sense of Absolute Dependence)을 일으키도록 하는 것이다. 인간의 신에 대한 의식이 인간의 본성 안에서 하나님의 존재로 인식 되도록 그리스도를 통해서 이루어진다면 예수 그리스도만이 이 세상 안에서 하나님의 존재를, 이 세상을 통해서 하나님의 계시를, 그리고 자신 안에서 중재한 분이다."[292] 라고 말했다.

이러한 슐라이어마허(Schleiermacher)의 신에 대한 인식론은 오직 하나님에 대한 **존재 자체의 인식을** 구속론(Redemption)과 연결시키고 있다. 구속을 통한 하나님의 인식이 아니고 하나님 존재인식이 구속으로 연결된다는 주장이다. 그 존재 인식의 중재자가 그리스도라고 주장한다. 이러한 존재론은 이교도들도 주장할 수 있는 이론이다. 그리스도의 구속사역은 신의 존재 인식론하고는 신학적 범주가 다르다. 그리스도의 구속사역을 인식하는 문제는 삼위일체 하나님의 인격을 인식하는 문제로 직결된다. 하나님의 존재만을 인식하는 문제는 구속을 깨닫는 문제로 바로 연결되는 인식론이 아니다. 그리스도의 인격을 신앙하는 문제를 하나님의 존재 인식론과 연결시키는 문제는 예수님의 완전한 신성과 완전한 인성의 인격을 세속철학이나 타종교에서 신의 존재를 증명하는 문제와 연

절대의존 감정(feeling)"으로 번역하고 있다. 그러나 "감정(Feeling)"이란 말은 너무 강한 의미를 지니고 있다. 슐라이어마허(Schleiermacher)가 나타내고자 하였던 의도는 자각(Awareness)이나 감각(Sense) 정도의 의미를 나타내려고 했던 것으로 생각된다.

292) The Christian Faith by Schleiermacher p.388.

결시키는 회색주의 기독교 운동이다. 환원하여 말하면 역사적으로 객관적 신앙 고백을 통해 내려오는 예수님의 신인(神人, the God-Man)양성에 관한 교리와 유일하신 삼위일체 하나님의 인격을 신앙으로 고백하는 교리를 절대화 하여 연결할 필요가 없다는 말이다. 슐라이어마허(Schleiermacher)가 말 한대로 구속론을 논하면 예수님을 절대자로 인식하되 하나님의 본체로 인식하기보다 하나님과 가까운 분으로 인식하여 우리도 예수님을 통해 하나님의 존재 인식으로 들어가면 구속의 인식으로 들어간다는 말이 된다. 슐라이어마허(Schleiermacher)는 "예수님의 구속사역은 단지 사람들로 하여금 하나님의 존재인식능력을 가지도록 고무 시키는 사역이지 예수님 자신이 하나님의 본체로서 인성을 취하신 중보자로서의 인격과는 상관이 없는 사역이다. 오직 예수님의 사역은 사람들로 하여금 자신의 사역을 통해 예수님이 가지고 있는 동기 원리(Motive Principle)가 전이되도록 하는데 그 목적이 있다."[293]라고 말했다.

슐라이어마허(Schleiermacher)는 삼위일체에 대한 중요성을 강조하고 삼위일체라는 말을 사용하였으나 이교도적인 생각에서 벗어나지 못하고 있다. 즉 **세 위가 가지고 있는 본질적 통일성과 세 위에 대한 인격적 사역을** 거부하였다. 그는 주장하기를 "왜 하나님 한분을 이원론으로 규정하느냐?" 라고 반문하였다. 즉 유니태리안(Unitarian) 사상의 개념을 가지고 있었다. "예수님께서는 하나님의 본체라기보다 하나님에 대한 의존감정을 가장 깊이 느끼는 분이며 성령님은 교회 안에서 하나님에 대한 경험을 사람들에게 묘사하는 하나의 방편이지 인격이 아니다. 만약 우리가 하나님의 존재를 인식하지 않았다면 예수 그리스도를 알 수 없다"[294] 라고 말했다.

슐라이어마허(Schleiermacher)의 종교론은 전혀 기독교를 떠난 온갖 잡다한 추상논리의 조각들을 억지로 꿰맞추어 놓은 판잣집과 같은 것들이다. 신의 존재 관념에 있어 "하나님 존재를 먼저 인식하고 그 후에 예수 그리스도의 인격을

---

293) The Christian Faith by Schleiermacher, p.457.

294) Colin Brown, Philosophy & Christian Faith, (Inter Varsity Press, Downers Grove, Illinois, 1968), p.113.

알 수 있다는 주장은 성경의 가르침이 아니다. 예수 그리스도를 구세주로 믿은 후 하나님께서는 만물의 창조주요, 우리의 인도자이시며, 역사를 다스리시며, 섭리 하시며, 세상의 모든 일에 관여하시면서, 이 세상을 초월하여 초자연적으로 존재 하시는 분이다." 라고 인식하는 것이다. 나아가 슐라이어마허(Schleiermacher) 는 인간론에 대해서는 죄악론의 관점에서 보는 하나님과의 언약관계를 부정한 다. 그는 "죄는 하나님에 대한 절대의존감각을 방해하는 것이다. 하나님과 하나 가 되어야 할 때 벗어나려는 욕망이다."라는 당치도 않은 말을 했다. 이는 종교 적 경험만을 강조하는 생각에서 벗어나지 못하고 있다는 증거이다. 그래서 우리 가 잘못하면 슐라이어마허(Scheiermacher)가 추상적 사고를 부정하고 종교적 경험에 기초를 둔 신학을 전개하는 자로 오해할 수 있다. 그러나 구체적으로 그 의 주장을 분석해 보면 실제적으로 충분하고도 확실한 경험주의에 정착하지 못 하고 있다는 점이다. **절대의존감각**(Sense of Absolute Dependence) 이라는 그의 주장은 사실상 종교적 경험에 의존한 내용이 아니고 추상적 관념론으로부 터 추적해 낸 종교론이다. 이러한 주관적 관념론은 교회사가 고백한 객관적인 신 앙고백에 자신의 주장을 예속시킨 것이 아니고, 성경과 역사적 신앙고백은 아예 염두에도 없고, 오직 감각(Sense)에 의한 종교론을 전개한 것에 불과하다. 변경 할 수 없는 성경의 원리를 자신이 주장한 감각적 세계관에 굴복시켜 기독교 신앙 을 파괴하고 있다.[295]

우리는 신학적 적용에 대한 방법론을 다룰 때 객관성을 주장해야 한다. 그러 나 그 객관성을 주장하는 방법론은 조건 없는 연역법(Deductive)이나 귀납법 (Inductive)을 채용해야 한다는 말이 아니다. 신학적 방법론 적용은 성경의 절대 성을 전제로 하여 객관적 신앙고백을 채용해야 한다. 과학적 방법에 있어서도 새 로운 개발을 시도할 때 전제가 되는 선험적(Priori) 요소가 필요하다. 이 선험적 요소는 절대적 존재와 법칙을 변함없이 유지해야 한다. 즉 물은 처음부터 물이 다. 한동안 물이 사라져 질소가 되었다가 다시 물로 변할 수 있는 질적 변화의 요 소를 배격한다. 그러나 물로부터의 수소와 산소의 유출을 위해서는 물(2H2O)의 원소로부터 분리를 적용해야 한다. 그것은 변함없는 전제의 법칙이다. 인간이 태

---

295) Ibid, pp.114-115.

어날 때 자기만 고유적으로 가지고 있는 DNA가 있다. 그렇기 때문에 가족관계와 자신의 신분을 규명하는데 절대 법칙으로 작용한다. 신학적 방법론에 있어서도 기독교를 변증하기 위해서는 다루어지는 주제에 대한 선험적 전제가 요구된다. 즉 만물의 기원을 다룰 때 과학이나 철학에서는 기원의 기원을 따지다가 결론을 내지 못하고 스스로 지쳐 포기하고 만다. 성경만이 모든 기원의 전제인 창조를 말씀하고 있다. 슐라이어마허(Schleiermacher)가 말하는 "절대의존감각(Sense of Absolute Dependence)"의 내용은 절대를 말하지만 절대적 신앙의 대상인 인격적인 삼위일체 하나님을 신앙하고 규정하는 성경의 원리를 무시하고 있다. 우리가 삼위일체 하나님의 인격을 신앙하는 일에 있어 그 신앙은 창조와 섭리를 포함하고 있다. 그리스도께서 기적을 행하신 사역은 그분의 인격, 창조, 섭리와 일치된 사건이다. 그리스도를 구세주로 신앙하게 되면 선험적(Priori) 요소가 전제로 등장하게 되는데 그 선험적 전제는 삼위일체의 하나님, 예수그리스도의 2성1인격, 창조주 하나님, 그리고 종말의 심판 등 모든 역사와 구원에 관한 내용들이다. 그 신앙의 내용은 세속철학이나 과학이 증명할 수 없는 역사의 기원을 알려주고 있다. 역사의 주관자가 인격적 삼위일체 하나님이시라는 것을 알려주고 있다. 성도가 현재 고통 중에 삶을 살아가고 있을지라도 주님의 재림을 고대하며 살 수 있다는 것이 얼마나 소망이 넘치는 일인가?

2. 헤겔(Friedrich Hegel, 1770-1831)

19세기 신학은 슐라이어마허(Schleiermacher)와 헤겔(Hegel)에 의해 혼돈의 도가니로 접어들었다. 슐라이어마허(Schleiermacher)의 철학은 까다로운 독일어를 사용하였기에 영어로 번역이 되기까지 시간이 요구되었다. 그러나 이 두 사람으로 말미암아 유럽의 근대 자유주의는 날개를 펴고 창공을 나르고 있었다. 헤겔(Hegel)의 철학을 이해하는데 있어서도 많은 난제가 있었다. 그는 많은 저술을 남겼는데 우리가 주시해야 할 책들은 "역사철학(The Philosophy of History)", "철학사(The History of Philosophy)", 그리고 "종교철학(The Philosophy of Religion)"[296] 등이다. 그가 처음 저술한 [기독교 신학]을 위시

---

296) Ibid, pp.119-120.

하여 [예수의 생애]와 [기독교의 적극성] 등에는 이미 그의 변증법(Dialectic)이 등장했다. 그는 칸트(Kant)의 영향을 많이 받아 정신(Geist) 또는 마음(Mind)을 강조하는 사상이 저변에 깔려있었다. 이 정신은 절대적 관념론(Absolute Idealism)의 철학을 형성하는데 중요한 요소로 작용했다.[297]

1) 관념론(Idealism)

관념론(觀念論, Idealism)은 광범위한 내용을 포함하고 있다. 18세기 철학 세계에 이 단어가 등장했는데 철학적 의미로 볼 때 하나의 이념으로만 생각할 수 없는 말이다. 칸트(Kant)도 이 말을 사용했는데 초월적 관념론(超越的 觀念論, Transcendental Idealism)에 초점을 맞추어 자신의 철학을 전개했다. 칸트(Kant)의 관념론은 합리적 이성을 통해 만물에 대한 인식이 불가능하기 때문에 초월적 자아(Transcendental Self)를 신뢰함으로 하나님의 존재, 자유, 그리고 영혼의 불멸을 추구한다는 생각이다. 19세기로 넘어와 칸트(Kant) 이후의 철학 세계에서는 칸트(Kant) 철학에 대한 반발이 일어났고 또 일부는 칸트(Kant)의 영향을 받아 "초월적 자아(Transcendental Self)"라는 철학적 의미가 "절대 관념론(Absolute Idealism)"으로 인식되기 시작했다. 절대관념론(Absolute Idealism)에 관한 포괄적 의미는 모든 정신적 가치를 물질적인 면보다 더 기본적으로 생각한다는 말이다. 자연주의가 근본이 되어 정신적인 가치를 설명할지라도 그 정신적 가치를 자연주의의 개념보다 더 중요하게 생각하는 관념론(Idealism)이다.

관념론(Idealism)의 의미는 "정신은 실재(Reality) 그 자체이다."라는 말이다. "관념론(Idealism)은 세계의 내적 존재이다. 그것은 필연적인 존재이며 존재 자체(per se)이다. 그러나 정신은 실재(Reality) 자체와 관계하고 있는 존재로 들어간다. 정신은 외적 존재인데 타자(Otherness)이다. 그것은 스스로 존재한다. 그러나 이러한 존재의 타자(Otherness)는 자신 스스로를 포함하고 있으며 자신과 하나이다. 그것은 바로 정신인데 그 정신은 실체(Substance)이다. 그 정신은

---

297) 철학대사전, (학원사, 서울시 영등포구 양평동, 1974년 10월), p.1229.

스스로 함축성(Implicity)을 가지고 있다. 정신의 함축성은 자연에 있어서의 함축성인데 실체적 정신이다. 그러므로 모든 실체는 정신에 관한 사역의 돌출이다. 인간의 역사나 사상에 있어 자연에 관한 이념을 정의할 때 인간의 모든 지식은 인간의 마음을 통해 나오는 사상으로부터의 절대정신(Absolute Spirit) 이외의 어떤 것도 없다.[298] 라는 말이다.

이러한 정신의 실재론주의자들은 실재론(Realism) 자체가 역사적 진행과정에서 설명되어지는데 정(正, Thesis), 반(反, Antithesis), 그리고 합(合, Synthesis)이라는 변화과정을 거치게 된다고 주장한다. 이 변화과정은 단순한 역사적 진행과정을 표현하는 방법이다. 이러한 표현 방법은 피테(J.G. Fichte, 1762-1814)의 철학에서도 두드러지게 나타나고 있는데 헤겔(Hegel)은 모든 만물이 가지고 있는 정신에 관한 변증법적(Dialectical) 관념을 다음과 같이 소개하고 있다.

"세계의 역사는 통제되지 않은 자연적 의지의 전술이며 보편적 원리와 주관적 자유를 부여 하는데 대한 복종 안으로 그 전술을 이끌고 들어오는 것이다. 동양에서는 오직 한 사람만 오늘날까지 자유롭다고 말하고, 헬라인과 로마인들은 몇 사람이 자유롭다고 말하고, 독일 세계에서는 모든 사람이 자유롭다고 말한다. 그러므로 역사적으로 볼 때 첫번째의 정치제도는 전제정치(Despotism)이며 두 번째의 정치제도는 민주주의와 귀족정치(Aristocracy)이며 세 번째 정치제도는 군주정치(Monarchy)이다."[299]

헤겔(Hegel)이 위에 주장한 내용을 분석하면 "정(Thesis), 반(Antithesis), 합(Synthesis)의 역사는 세 번째 정치제도에 들어와 세계역사의 대 절정을 이루어 왔다고 주장한다. 그레코 로마의 정치와 그 이전의 고대로부터 프러시아의 군주 정치와의 연합이 합(合, Synthesis)의 역사적 형태라는 주장이다. 그러나 이

---

298) Colin Brown, Philosophy & Christian Faith, Inter Varsity Press, Downers Grove, Illinois, 1968, pp.120-121

299) Ibid, pp.121-122.

합(Synthesis)의 형태는 다시 정(正, Thesis)으로 나타나 역사의 진행에 있어 원리를 제공한다."는 주장이다. 그러나 하나님의 섭리를 믿는 사람들 가운에 이러한 역사를 인정할 사람이 몇 사람이나 될 지 의문이다. 인간이 보기에도 역사는 언제나 변수를 가지고 있기 때문이다. 역사는 정(Thesis), 반(Antithesis), 그리고 합(Synthesis)의 법칙에 머물러 있지 않았다. 그러나 헤겔(Hegel)은 종교론에서 다음과 같은 방법론을 적용하고 있다.

"신은 신 자신으로부터 그 자신을 구별하고 있다고 정의할 수 있다. 그 신은 자신과 동일하다는 의미에서 사실상 정신이다. 유한한 인식은 하나님께서 그 인식 안에서 그 하나님 자신을 아는 정도만 인식하게 된다. 그러므로 하나님께서는 정신이며 그 정신은 사실 교회의 정신이다. 즉 하나님을 예배한 사람들의 정신이다. 하나님은 더 이상 이 세상위에 존재하는 분이 아니다. 그것이 바로 유한한 인식의 개념이다. 그 이유는 하나님께서 인간들에게 그분이 어떤 분인가를 알리셨고 역사에 있어 단지 외부에 계신 것이 아니고 인식 안에 계시기 때문이다."[300] 라고 말했다.

이러한 범신론(Pantheism)적이며 이신론(Deism)적인 신의 관념은 과정신학(Process Theology)의 원초를 제공한 내재주의(Immanent) 신관을 배경에 깔고 있다. 이러한 신관은 하나님의 초자연적인 존재와 사역을 거절한다. 하나님의 사역을 자연주의 개념으로 치부해 버리고 있다. 그 내재주의(Immanent) 신관은 만물을 섭리하시는 하나님을 하나의 정신의 개념에 한정해 버렸다. 성경이 말씀하는 신적작정(Decree)의 역사관을 보면 원인, 과정, 결과에 이르기까지 모든 역사를 하나님의 주권에 기초를 두고 있다. 헤겔(Hegel)의 내재주의(Immanent)는 한편으로 이신론(理神論, Deism)이 주장하는 자연법칙의 역사관과 상통하는 개념이다. 신적작정론은 시간을 피조물로 보고 피조세계의 궁극적인 원인과 결과를 하나님의 계획에 두고 있다. 그러나 이신론(Deism)과 내재주의(Immanent) 신관은 하나님의 통치사상을 거절하기 때문에 만물 가운데 작용하고 있는 사건들을 원인과 결과(Cause and Effect)론으로 해석한다. 시공간

---

300) Ibid, p.122.

속에서 일어나는 사건들을 자연법칙의 원리로 해석한다. 헤겔(Hegel)이 말했다. "우리가 경험하는 모든 것들은 사실에 있어 신적 진화(Evolution)의 부분이며 전체이다. 우리는 신에 관한 생각을 이 세상의 위에 있거나 저 건너편에 있다고 생각해서는 안 된다. 내재적(Immanent) 하나님으로 인식해야 한다. 이것은 도성인신의 열쇠가 되는데 특수한 성령님의 나타남이 특수한 인간의 존재 안에 있는 것이다."[301] 라고 말함으로 초자연적으로 만물을 다스리는 통치개념의 하나님을 역사 속으로 끌어내려 버렸다.

2) 관념론(Idealism)의 확산

그럼에도 불구하고 헤겔(Hegle)은 자신이 기독교 철학의 종점을 찍었다고 확신했다. 이성주의의 세찬 공격이 기독교를 향해 도전해 오는 와중에 서서 자신이 사상적 구원의 정점에 있었다고 과신했다. 그는 기독교가 가져야 할 내적 의미에 대한 열쇠를 발견했다고 확신했다. 헤겔(Hegel)이 죽은 후 19세기 중반까지 그의 철학은 유럽과 북미에 널리 퍼지게 되었다. 특히 영국에서는 그의 관념론(Idealism)이 각 대학에서, 특히 옥스퍼드(Oxford) 대학에서 중요한 과목으로 채택되어 가르쳐지고 있었다. 17세기 청교도의 모체가 되었던 옥스퍼드(Oxford) 대학이 타락의 철로를 따라 나서고 있었다. 당시 영국의 철학적 흐름은 주로 플라톤(Platon)의 형상론(形相論)[302]을 벗어나지 못하고 있을 때였다. 그런데 헤겔(Hegel)의 절대적 관념론(Idealism)은 플라톤(Platon)의 이데아(Idea)론과 큰 차이가 없는 철학적 개념을 가지고 있었다. 그러면서 헤겔(Hegel)의 철학이 보다 더 동력적이며 진취적인 요소가 포함되어 있었기 때문에 유럽과 미국

---

301) The Philosophy of Religion II by Hegel, p.327 ; Colin Brown, Philosophy & Christian Faith, (Inter Varsity Press, Downers Grove, Illinois, 1968), p.122.

302) 형상이라는 철학적 의미는 눈에 보이는 모양을 구분할 때 어떤 사물을 다른 사물과 구별하는 본질적 특성을 말한다. 예를 들면 집의 질료는 목재요 형상은 집이라는 개념에 상응하는 구조상의 형태와 기능을 말한다. 이렇게 모든 사물은 질료(Matter)에 대한 형상을 가지고 있다는 이론이 형상론이다. 플라톤(Platon)은 이 형상을 이데아(Idea)와 같은 개념으로 생각했다. 그러므로 이 형상인 이데아(Idea)는 진실재(眞實在)를 의미한다고 말했다. 형상이 개개의 사물 속에 공동으로 존재하고 있으며 또 사물을 초월하여 자체적으로도 존재한다고 생각했다.

을 강타하게 되었다.[303] 이러한 현상은 18세기의 계몽주의와 경험주의로 말미암아 수직적인 철학에 대한 굶주림이 극에 달했기 때문에 일어난 반작용으로 보인다. 인간이 종교심을 가지고 태어난 이상 현실세계에서 합리주의와 경험주의에 깊이 빠질 지라도 종교적으로 심령의 만족을 느끼지 못하기 때문에 수직적 교류를 찾아 헤매게 되어 있다. 이 때 나타난 헤겔(Hegel)의 관념론(Idealism)은 이 신론에 빠졌던 영국, 합리주의에 빠졌던 유럽, 그리고 사상적 줄기를 찾고 있었던 북미를 휩쓸게 되었다.

그러나 그 관념론(Idealism)은 사상적으로 더 큰 문제점을 지니고 있었다. 증거의 부족이 그것이다. 관념론(Idealism) 철학은 광범위한 언어들을 연결 지어 늘어놓은 허상에 불과했다. 한 가지 개념을 정립하여 논리화 시키는 문제와 그 개념들이 참 진리라는 것을 보여주는 데는 서로 다른 의미를 가지고 있다. 관념(Ideal)과 실재(Reality)를 구분하여 정립해야 한다는 말이다. 버클리(Berkeley)의 말을 빌리면 "우리가 나무를 알 수 있다면 그 나무도 우리 마음속에 존재해야 한다."라고 말했을 때 실제로 우리 마음속에 나무에 관한 관념이 존재하고 있다는 것을 논증해야 한다는 말이다. 나무 자체가 우리 마음속에 존재해야 한다는 논증은 우리가 마음속에 품고 있는 그 나무는 우리의 마음속에 그 나무가 있다는 것을 논증하는 것과 같은 것이다.[304]라고 주장했다.

오늘날도 이러한 관념론(Idealism)을 가지고 기독교 역사관과 접목을 시키려는 무모한 일을 하는 사람들이 있다. 회색주의자들은 언제나 적과 친구를 구분하지 못하고 위장된 거짓 기독교를 기독교로 인정하려는 어리석은 일을 한다. 헤겔(Hegel)의 관념론(Idealism)은 경험론의 철학에서 볼 때 아주 애매하게 허공을 치는 공상적인 이론에 불과하다. 반대로 관념론(Idealism)의 철학에서는 "경험주의 철학을 제한적인 현상학에 치우치고 있다."고 주장한다. 이러한 철학적 논쟁에 대한 문제는 후에 실존주의(實存主義, Existentialism)와 초월주의(超越主

---

303) Colin Brown, Philosophy & Christian Faith, (Inter Varsity Press, Downers Grove, Illinois, 1968), p.124.

304) Ibid, p.124.

義, Transcendentalism)를 다룰 때 좀 더 구체적인 비평을 가하기로 하고 우선 관념론적 역사주의를 분석 비평해 기독교 역사관을 바로 세워야 할 것으로 본다.

기독교 신학에서 볼 때 단순 이론을 바탕으로 하여 형성된 헤겔(Hegel)의 공상적인 관념론(Idealism)은 객관적 대상의 전제를 무시한 주관적 논리에 빠져 버리고 마는 혼자만의 논증이다. 즉 헤겔(Hegel)이 주장한 정(正, Thesis)이라는 개념의 전제가 정확하지 않고 공상적이다. 그가 말한 대로 첫 번째의 정치제도를 전제정치(專制政治, Despotism)로 본다면 전제정치(Despotism)가 형성되기 이전의 역사는 어떤 것인가? 라는 질문이 자연히 일어나게 된다. 그 질문은 헤겔 주의의 정(Thesis). 반(Antithesis). 합(Synthesis)의 원리에서는 해답을 찾을 수 없다. 역사를 너무나 단순한 하나의 논리로 규정하고 있다. 역사의 다양성과 깊이를 무시하고 있다. 역사의 진행을 인간의 이념에 한정시켜 생각하면 너무나 많은 역사의 변수가 작용하고 있다는 것을 모르는 단순 논리이다. 그 역사의 절대변수는 하나님의 작정과 섭리를 대변한다. 헤겔(Hegle)에 의한 단순논리의 공상적인 관념론(Idealism)은 역사의 전제가 되는 원인과 결과를 규명하지 못하고 있다.

우리가 역사를 말할 때 단순 논리로 규명할 수 없다는 이유는 간단하다. 성경이 말씀하는 역사의 의미를 추구하면 한 사람의 사건은 전 우주와 관계를 가지고 있는 사건이다. 전 우주의 역사는 각 개인의 사건과 관계를 가지고 있다. 심지어 역사는 만물과 연관 관계를 가지고 있다. 이 세상의 셀 수 없는 작은 사건들은, 자연 세계에서 일어나는 사건이라 할지라도, 우주의 전체적인 역사와 관계를 가지고 있다. 그렇다면 그 전체적인 역사는 모든 우주의 사건들을 모두 포함하고 있다는 뜻이다. 이러한 모든 사건들은 우연에서 오는 것이 아니고 인격적인 하나님의 경륜에 의해 일어나고 있다. 그리고 그 인격적이며 통치적 경륜은 수많은 작은 사건들까지라도 창세전의 계획에 근원을 두고 운영하는 것을 말한다. 빌라도 앞에 서서 재판을 받았던 예수님은 단순한 **빌라도와 예수님과의 관계에 한정 된 사건이** 아니다. 주위의 유대인들, 예수님의 제자들, 로마의 병정들, 수많은 군중들, 로마의 국가, 그리고 종말의 심판과 관계되어 있다. 이 모든 것을 섭리하시며 결정하시는 분이 누구인가? 를 생각해야 한다. 그 결정이 역사의 전제이다. 그렇기 때문에 한 사람의 사건은 창세전의 거대한 신적작정(Decree)이라는 계획 속에 포함되어져 있는 일이다. 어떤 사건에 대한 계획의 전제를 무시하고 역사를 논하는 것은 전혀 무식하고도 저급한 역사의식이다. 그렇기 때문에 시공간 속에서 일어나는 한 사람의 사건은 전 인류와 관계를 가지고 있으며, 과거와 관계를 가지고 있으며, 미래와 관계를 가지고 있으며, 그리고 종말과 관계를 가지고 있다. 시공간의 사건들은 창세 이전의 설계에 따라 일어나고 있으며 시공간의 사건들에 대한 열매는 종말 이후에 상벌로 계산되어 진다. 그러므로 종말은 창세 이전의 설계도를 전제로 하여 결산되어지는 사건이다. 즉 시원론(始原論, Basis of Beginning)이 역사의 전제이다.

관념론(Idealism)의 역사관은 인간을 공허하게 만들었다. 단순한 논리주의자들은 합리적 이념이라고 강조할 수 있을 것이다. 그러나 역사의 객관적 근거를 정확하게 유출해 낼 수 없는 공상주의에 머물고 있다. 그렇다면 관념론(Idealism)은 또 다시 18세기 경험론으로 회귀해야 된다는 말이 나올 수 있다. 그런데 19세기 영국의 철학 세계에서는 18세기 경험론을 거부하는 현상이 나타났다. 그것은 칸트(Kant)의 사상에 기초를 둔 불가지론(不可知論, Agnosticism)의 철학 때문이었다. 경험론은 실재(Reality)에 있어 구체적으로 사실적 증거를 요하는 문제라고 일부에서 강력하게 주장하고 나섰기 때문이었다. 이러한 현상은 주관적 인식론을 흡입할 수 있는 철학적 토양을 개발하게 만들었다. 이에 대한 해답을 들고 나온 덴마크의 키엘케골(Soren Kierkegaard)의 실존주의(實存主義, Existentialism) 철학이 바로 그것이다.

3. 키엘케골(Soren Kierkegaar, 1813-1855)

키엘케골(Kierkegaar)은 코펜하겐(Copenhagen)에서 7남매 중 막내로 태어나 귀여움을 받으며 성장했다. 아버지가 루터교 신자였는데 부요한 사업가였다. 어려서부터 엄격한 기독교 금욕주의 교육을 받으며 성장했다. 그 엄격한 교육이 후에는 갈등을 일으키는 요소로 작용했다. 그의 어머니가 죽고 얼마 지나지 않아 아버지가 하녀와 관계를 맺어 어린 아이를 갖게 된 이후에 엄격한 금욕주의 기독교 교육에 대한 혹심한 고뇌에 휩싸이게 되었다. 거기에다 그가 12살 때부터 그의 아버지와 함께 황야에서 양을 치며 혹심한 고생을 함으로 그에게 닥쳐왔던 고생을 하나님께서 내린 가난과 비참으로 여기고 그 사실을 저주라고 생각하여 그 고생을 **심령의 대지진**이라고 명명하였다. 이 **심령의 대지진**을 통하여 자신의 죄의식을 더욱 깊이 간직하게 되었다. 계속하여 그의 마음속에 잠재했던 우울 증세가 심화되어 갔다. 1837년 5월 그는 올센(Regine Olsen)과의 사랑에 빠짐으로 우울증세로부터 벗어날 것을 기대했다. 그러나 우울증의 마수는 더욱 그를 옭아매고 있었다. 사랑의 끈을 이어 온지 3년 만에 약혼식까지 올렸으나 1년 후 1841년 파경을 맞이하게 되었다. 자신은 극단적인 회의주의에 빠져 사랑하는 여인을 행복하게 해줄 수 없다고 결론 짓고 그 사랑으로부터 퇴각하고 말았다. 그의 극단적인 회의주의는 걷잡을 수없는 심령의 소용돌이 속으로 그를 몰아가고 있었다. 세월이 지날수록 그의 우울 증세는 그를 실존주의(Existentialism)에 기초한 회의주의적 종교론으로 몰아가고 말았다.[305]

　　그의 주관주의적 실존주의(Subjective Existentialism)는 언제나 자기 자신으로부터 자기 자신을 위한 진리를 끌어낼 수 있다는 생각으로 몰입되게 만들었다. 1846년 풍자적 신문인 "해적(海賊, Korsar)"이 그의 논문을 혹평하고 나오자 사상전쟁은 불을 튀기기 시작했다. 그의 내면적 싸움이 공개적 논쟁의 장소인 언론으로 돌출되어 나온 것이다. 키엘케골(Kierkegaar)은 1854년에 죽은 민스터(J. P. Mynster) 감독을 진리의 증인이라고 추앙하는 사상에 대하여 반대 논문을 게재하여 철학적 사상전쟁은 용광로로 변해 갔다. 이 사상전쟁에서 키엘케골(Kierkegaar)은 지칠 대로 지쳐 건강이 악화일로에 놓여 있었다. 1855년 노상에 쓰러져 약 1개월 후에 세상을 떠났다.[306]

　　이성에 기초한 합리주의가 극단적인 객관주의를 제창하고 나오면 반대급부로 주관주의가 일어난다는 것은 철학세계에서는 극히 상식적인 일이다. 그것이 헤겔(Hegel)의 변증법(辨證法, Dialectics) 철학에 대한 반동으로 파생된 키엘케

---

305) 철학대사전, (학원사, 서울시 영등포구 양평동, 1974년 10월), p.1119.
306) Ibid, p.1120.

골(Kierkegaar)의 실존주의(Existentialism)이다. 헤겔(Hegel)이나 키엘케골(Kierkegaar)이나 그들의 사상을 정확하게 분석하는 일은 꼬인 실타래를 풀어내는 것만큼 어렵다. 어렵다는 말은 철학적 개념에 의지하여 그들의 철학을 정확하게 분석할 수 없다는 말이다. 신학적 입장에서 보면 세속철학은 너무나 저급하고 헛된 속임수(골2:8)에 불과하다는 것을 알 수 있다. 키엘케골(Kierkegaar)은 헤겔(Hegel)의 객관주의를 극렬하게 반대하여 "진리라는 것은 수고 없이 그저 객관적으로 주어지는 것이 아니다."는 것을 강조하기 위해 비아냥거리는 표현(Sarcastic Expression)을 자주 사용했다. 그런 표현의 배경에는 "진리라는 것은 오랜 과정과 깊은 고뇌에 빠져 자기분석의 투쟁을 통하여 주관적으로 발견되는 것이다."라는 주장을 강조함으로 그의 철학을 상황적으로 드러내 보이고 있다. 그의 심령 깊은 곳에서는 항상 전통적으로 흘러 내려온 철학과 헤겔(Hegel)의 객관주의에 대한 냉소가 자리 잡고 있었다. 그래서 그는 헤겔(Hegel)의 절대적 관념론(Absolute Idealism)을 오만한 허풍으로 결론 짖고 비아냥거리는 언어를 사용하여 풍자적으로 표현한 것이다.[307] 그는 항상 모든 철학과 신에 대한 인식을 자신의 실존으로부터 찾아가고 있었다. 그는 일기체 형식으로 그리고 단편적으로 그의 생각을 기록하였다. 1835년 초 그는 일기장에 다음과 같이 기록하였다.

> "자신을 이해하는 것은 사물(the thing)이다. 즉 하나님께서 진정으로 나에게 행하기를 원하시는 것을 보는 것이다. 진리를 찾아내는 것은 사물인데 그것은 나를 위한 진리라야 한다. 그리고 내가 그 진리에 대해 살수도 있고 죽을 수도 있는 진리를 찾아내야 한다. 진정한 진리는 부착된 것도 아니며 사색으로부터의 추리도 아니다. 그 진리는 오직 백지상태에서 마음으로부터의 탐구에서 오는 질료이다."[308]

케엘케골(Kierkegaar)은 추상적인 사변을 주관적으로 그것도 극단적으로 강

---

307) 키엘케골(Kierkegaard)의 Philosophical Fragments(철학의 단편집), 1844. Concluding Unscientific Postscript(비과학적 후기진술의 결론), 1846. 이란 두 권의 책이 D.F. Swenson과 W. Lowrie에 의해 영어로 번역되어 나왔다.

308) Colin Brown, Philosophy & Christian Faith, (Inter Varsity Press, Downers Grove, Illinois, 1968, p.126.에 케엘케골(Kierkegaar)의 일기장 p.44를 옮겨 놓은 내용이다.

조함으로 헤겔(Hegel)의 객관주의 철학을 무시하는 생각이 그의 인격을 삼켜버렸다. 그는 1848년 부활절에 하나님을 만난 체험을 회심이라고 고백했다. 그 체험은 **나의 모든 존재가 변화 되었다라고 말하고 그러나 죄의 용서를 믿는다는 것은 죄가 하나님에 의해 용서되었다는 그 장소와 그 시간 안에서 믿는다는 것을 의미한다**고 말함으로 객관적 성경의 말씀과 객관적 사역자인 성령님께서 주관적으로 인격에 적용하는 사역을 배격하고 있다. 시공간 안에서 주관적 개념의 실존적 만남을 강조하고 있다.

헤겔(Hegel)의 객관주의 철학은 이성에 기초한 합리주의적 논리를 강조한다. 그러나 이러한 합리적 논리는 결국 인간들의 주관적 이성주의 개념이 전제된 객관주의이다. 이러한 객관주의는 참된 진리가 될 수 없는 객관주의이다. 그 이유는 진리의 절대성을 전제하지 않고 저급한 상대주의의 조각들을 모아 인간 이성에 맞추어 이론화했기 때문이다. 논리적 조각들을 모아 짜깁기 해 놓은 상태를 객관주의로 잘못 인식하고 있다. 낡은 조각들을 새로 만들어진 조각들과 아무렇게나 섞어 붙여 놓은 조잡한 판자 집과 같은 이론이다. 진리의 객관성은 절대성을 전제로 하지 아니하면 성립될 수 없다. 그 진리는 불변이다. 그렇기 때문에 그 진리는 자유를 가져다준다. 그것이 바로 생명을 부여하는 그리스도이시다. 이 생명에 대한 전제는 하나님으로부터의 성경계시를 전제하지 아니하면 성립될 수 없다. 그 계시는 생명의 근원인 예수 그리스도, 창조, 삼위일체, 예정, 믿음, 은혜, 그리고 영생을 가르치고 있다. 이 진리를 믿도록 죄인의 심령 속에 공작하시는 분은 **보혜사 성령밖에** 없다.

헤겔(Hegel)의 객관주의는 전제를 올바로 제시하지 못하여 객관성을 상실한 객관주의이다. 합리적 이론은 절대적 전제가 결여된 조건하에서 대상을 연구하기 때문에 객관성이 성립될 수 없다. 만약 공기의 질료를 정의할 때 공기 속에 들어있는 원소를 전제하지 않고 공기의 본질을 정의할 수 없다. 공기 속의 원소는 공기를 정의하는 절대 전제이다. 그런 의미에서 헤겔(Hegel)의 객관주의는 기본 원리가 되는 절대성을 무시하고 상대성만을 강조한 객관주의이기 때문에 객관적 진리가 될 수 없다. 그러한 객관주의는 주관적 적용에도 문제를 발생하게 만든다. 애매하고 모호한 주관적 논리에 국한하여 객관적 철학을 전개하기 때문이다. 진리를 주관적으로 적용시키기 위해서는 객관성이 가지고 있는 절대성이 필수 조건이다. 헤겔(Hegel)은 바로 이것을 무시하고 주관적 공상에 의한 객관성을 강조하고 있다. 한낱 흠집이 많은 조각들을 모아 조잡한 모음집을 객관주의 철학이라고 말하고 있다.

헤겔(Hegel)에 대한 반동으로 키엘케골(Kierkegaar)은 실존주의(Existentialism) 철학을 전개했다. 그의 주관주의가 주관적 개체를 통해 진리를 밝힐 수 없다는 것을 간과하고 말았다. 주관주의의 근원은 객관적 진리에 의해 파생되어야 한다는 것을 간과하고 있다. 그는 항상 자신의 고뇌를 배경에 깔아 놓은 실존으로부터의 체험을 강조하고 있다. 이러한 실존주의(Existentialism)는 종국에 가서는 자기모순의 함정에 빠지고 말았다. 객관성 없는 자신의 함정에 스스로 빠져 해답이 없는 갈래 길로 들어서고 말았다. 자신이 스스로 진리의 깃발을 세우고 그 깃발에 의한 주관적 체험으로부터 주관적 확신을 이끌어 낸다는 생각이 그를 지배하고 있었다. 이러한 주관적 실존주의(Existentialism)는 시간과 공간의 객관성을 무시할 뿐 아니라 진리의 절대성을 무시하게 만들었다.

과학적 근거를 토대로 객관성과 주관성에 대한 진리검증을 시도해보자. 지구는 태양을 돌고 있다. 이것이 과학적 진리이다. 그러나 과거에는 태양이 지구를 돈다는 주장이 진리였다. 돈다는 것은 객관적 진리이다. 그러나 지구가 돌고 있는가? 또는 태양이 돌고 있는가? 라는 문제에 들어가면 시대에 따라 그 진리가 변하였다. 그런데 창조의 원리에 들어가면 진리는 하나이다. 그 진리는 과학적 증거 이전에 이미 존재하고 있었다. 그 진리는 지구가 태양을 돈다는 원리이다. 그 진리는 과학적 증거에 의해 결정되는 것이 아니다. 과학은 이미 존재했던 진리를 증거 한 것뿐이다. 그러므로 객관적 진리라고 말할 수 있는 과학적 진리뿐만 아니라 주관적 확신에 의해 적용된 철학 역시 시대에 따라 진리의 정의가 달라질 수밖에 없다. 지구가 태양을 돈다는 진리는 과학적으로 어떻게 증명이 되었든지 그 원리는 창조 이래 변함이 없다. 원리적으로 볼 때 진리 자체는 변함이 없다. 헤겔(Hegel)과 키엘케골(Kierkegaar) 둘 다 진리에 대한 절대성을 무시한 객관주의나 주관주의는 참된 진리를 캐낼 수 없는 철학이 되어 버리고 만다. 헤겔(Hegel)에 의한 객관주의의 공통분포를 주장하는 철학은 진리의 절대성을 벗어나 이성에 기초한 합리적 연합을 강조하기 때문에 언제든지 변질을 가져올 수 있는 개연성(Probability)을 가지고 있으며 키엘케골(Kierkegaar)의 주관주의 철학은 주관주의적 확신을 통하여 진리를 유추하는 개념이기 때문에 스스로 진리의 객관성을 무시하여 결국 자체 모순을 드러낼 뿐이다.

칸트(Kant)가 불가지론(不可知論, Agnosticism))에 떨어진 이유는 바로 진리에 대한 절대성을 발견하지 못한 것이 그 원인이다. 인간의 인식은 절대성과 객관성에 도달할 수 없는 한계를 지니고 있다. 그렇기 때문에 칸트(Kant)는 진리를 인식할 수 있는 거울을 발견하지 못함으로 하나님과 만물에 대한 인식에 있어 불가지론(Agnosticism)으로 떨어지고 만 것이다. 사실 헤겔(Hegel)도 객관성의 진리를 인식하는데 있어서는 키엘케골(Kierkegaar)과 마찬가지로 불가지론(Agnosticism)자이다. 그러나 그들은 잘 못된 인식을 가지고 있다는 것을 알지 못하는 오류에 빠지고 말았다. 이들의 사상적 선조였던 칸트(Kant)는 인식론에 있어 합리주의적 접근이 결국에 가서는 주관주의로 떨어져 버렸기 때문에 인식의 한계를 깨닫게 된 것이다. 그 인식의 한계는 바로 불가지론(Agnosticism)으로 연결된 것이다. 인간 이성의 한계를 스스로 깨닫고 인식의 불가능을 드러낸 것 이상의 아무것도 없다.

일반은총의 개념에서 볼 때는 신자도 불신자도 하나님의 존재 자체를 인식하는 문제에 있어서는 공통점을 가지고 있다. 그러나 인격적인 삼위일체의 하나님을 인식하는 문제는 신자와 불신자 사이에 서로가 접촉점을 가질 수 없는 노선으로 들어가게 된다. 하나님을 인식하되 "존재의 인식"과 "교제의 인식"은 전혀 그 차원, 내용, 그리고 실재(Reality)에 있어 근본적 차이가 있다. 신자도 불신자도 하나님에 관한 존재의 인식은 우주론(Cosmological) 또는 존재론(Ontological)적 차원에서 볼 때는 모두가 서로의 공통분포(Common Ground)를 가지고 있다. 그러나 하나님은 나의 아버지이며 나는 그의 자녀(창17:7, 렘31:1, 호1:10)가 되는 언약의 인식은 신자만 가지게 되는 하나님의 인식이다. 하나님의 아들인 예수 그리스도는 나의 구세주가 되며 성령님은 나의 심령을 다스리시며, 위로하시며, 그리고 인도자가 되시는 가장 가까운 내 삶의 주권자이시다. 이러한 교제의 인식은 불신자에게는 전혀 불가능한 일이다.

키엘케골(Kierkegaar)은 헤겔(Hegel)의 객관주의 철학이 인간을 격하 시켰다고 다음과 같이 비난을 쏟아 부었다.

"헤겔Hegel)은 인간을 야만인으로 만들어 버렸다. 즉 이성을 부여받은 동물로 만들어 버렸다고 내가 종종 말해왔지 않은가? 동물의 세계에서는 개인이 종족보다 덜 중요시 되기 때문이다. 그러나 인간은 하나님의 형상으로 창조되었기 때문에 개인이 종족보다 더 중요시 되어야 한다. 개인을 우선으로 생각하는 종교가 기독교이다. 이 문제에 있어 기독교는 투쟁해야 한다."[309]

키엘케골(Kierkegaar)은 말하기를 "헤겔(Hegel)이 객관성을 강조한 결과 인간의 본질적인 요소는 창조로부터 그 근원을 찾아야 할 것을 무시하여 인간과 하나님의 관계를 파괴시켰다."고 비판하고 있다. 즉 헤겔(Hegel)이 주장하는 진리의 객관성을 인격과 무관하게 취급하고 있는 단순논리의 사고를 비평하고 있다. 헤겔(Hegel)이 생각하는 진리개념이 현대 과학적인 의미에서는 객관성을 인정받을 수 있으나 하나님을 인식하는 문제에 있어서는 아무 의미가 없다는 말이다. 이러한 생각은 키엘케골(Kierkegaar)이 그의 실존주의적(實存主義的, Existential) 주관주의 철학의 입장에서 헤겔(Hegel) 철학의 문제점을 지적한 것이다. 그러나 헤겔(Hegel)과 마찬가지로 키엘케골(Kierkegaard) 역시 하나님의 계획과 사역의 객관성을 무시한 주관주의로 빠져버린 것이 또 다른 문제점으로 대두될 수밖에 없다. 키엘케골(Kierkegaar)은 "규격 없이 자유로운 객관성은 결코 좋은 것이 아니다. 유일한 구원은 주관성이다. 무한한 의무를 지는 주관성으로서

---

309) 1850년 키엘케골(Kierkegaar)이 자신의 일기장에 기록한 내용의 일부이다. 그의 Journals, p.187에 기록된 내용을 Colin Brown, Philosophy & Christian Faith, (Inter Varsity Press, Downers Grove Illinois, 1968), p.128.에 게재 하였다.

의 하나님이다."[310] 라고 주장하여 구원에 관한 하나님의 객관사역을 무시 했다.

　　구원에 관한 객관성과 주관성을 논할 때 객관주의만을 강조하면 죄인의 심령 속에 구원을 적용하시는 주관적 사역자이신 성령님을 무시하는 결과를 가져오게 되며 반대로 주관주의만을 강조하게 되면 객관적 사역자인 하나님 아버지의 계획에 관한 사역과 시공간 세계에서의 그리스도의 구속사역을 무시하게 된다. 사건을 객관적(Historie)으로 인식할 때는 시공간의 입장을 먼저 고려하게 된다. 그러나 사건을 주관적으로 인식할 때는 인식하는 각자의 주관적 해석(Geschichte)을 먼저 고려하게 된다. 신자가 구원에 관한 인식을 어떻게 받아들일 수 있는가? 이 문제에 있어서는 창조 이후의 시공간의 역사(歷史, Historie)는 창조 이전의 삼위일체 하나님의 계획에 의한 역사(役事)에 의존한다. 이는 객관적인 구속사적 역사관이다. 이 구속사관은 쿨만(Oscar Cullmann)이 주장한 "구속사(Heilsgeschichte)"의 개념과는 전혀 다른 의미이다. 쿨만(Cullmann)의 자유주의적 구속사관은 "그리스도와 시간(Christ and time)"이라는 그의 저서에서 신적작정(Decree)의 구속사관을 배제하고 창조 이후의 역사를 그리스도의 사역에 기초하여 구속의 역사를 해석하고 있다. 이러한 쿨만(Cullmann)의 생각은 "신자가 구원을 인식하는 것은 창조 이전의 계획에 의하여 시공간 세계에서 완성하신 그리스도의 의를 죄인에게 적용하시는 성령님의 사역에 의존하는 계획의 의"를 부정하는 결과를 초래한다. 시공간 세계에서의 구속에 관한 주관적 적용은 시공간 세계에서의 객관적 사역과 창조 이전의 계획의 사역을 배제하고는 성립될 수 없다는 것이 성경의 가르침이다.

　　비록 키엘케골(Kierkegaar)이 주관적 확신을 아무리 강조해도 시공간 세계에서 완성하신 그리스도의 객관적 사역에 기초하지 않는 구원에 관한 주관적 확신은 아무 소용이 없다. 또한 아무리 헤겔(Hegel)이 객관성을 강조할 지라도 **창조 이전의 계획에 의한** 시공간 세계에서의 객관적 사역을 무시하면 아무 의미가

---

310) 키엘케골(Kierkegaar)이 스피노자(Spinoza)의 과학적 입장을 진술한 내용 "과학과 객관주의"에 대한 인용을 Colin Brown, Philosophy & Christian Faith, Inter Varsity Press, Downers Grove Illinois, 1968) p.128에 게재한 내용이다.

없다. 구원에 관한 올바른 인식은 객관적(Historie) 사역에 의한 주관적(Ges-chichte) 사역이 성립되어야 한다. 다시 설명하면 성도가 예수 그리스도를 구세주로 믿게 되는 것은 주관적 사역자인 성령님의 사역에 의해 이루어진다. 그러나 그 주관적 사역은 시공간에서의 객관적인 그리스도의 구속사역에 의존하여 주관적으로 적용이 되어야 한다. 그 객관적인 그리스도의 사역은 창세전의 삼위일체 인격적인 하나님의 객관적인 계획에 의존하여 완성된 것이다. 그러므로 인간의 합리성에 기초를 둔 헤겔(Hegel)의 객관주의는 허공을 치는 객관성 없는 객관주의이며 키엘케골(Kierkegaar)의 주관적 확신은 시공간의 객관성을 무시한 주관주의이기 때문에 주관성이 없는 자기공상주의 생각에 빠진 주관주의이다. 더구나 창세전에 설립된 예정의 객관성을 무시하기 때문에 더욱 소용없는 쓰레기 철학에 불과한 이론들이다.

키엘케골(Kierkegaar)이 말하는 하나님에 대한 인식론은 기독교가 주장하는 **객관적 역사관**에 대한 부정론인데 이러한 부정론은 기독교의 역사 속에 불합리한 요소가 있기 때문이라는 주장이다. 즉 주관적 인식으로 불가능한 요소들이 많이 존재하기 때문이라는 말도 되지 않은 주장을 하고 있다. 즉 성경에 기록된 시공간에서 일어난 사건들에 대해 마법사들이 말한 내용과 상당히 공통점이 있다는 것을 발견하게 된다고 주장했다. 그가 실존을 말할 때 중요한 것은 "실존 자체가 아니고 실존에 대한 사고가 문제다."라고 했다. 이러한 생각은 인간이 하나님을 만나는 실존에 대한 정의를 **하나님과 자신의 만남에 대해** 관심을 두는 것이 아니고 **하나님에 관한 생각에** 더 관심을 두는 입장이다. 즉 성경에 기록된 사건들에 대해 인간이 이해할 수 없는 내용은 나의 실존과 아무런 상관이 없는 사건으로 규정하고 오직 그 사건이 가지고 있는 사건적인 지식(Factual Knowledge)에 관심을 둘 것이 아니고 자아의 존재에 대한 이해를 넓히는 범위에 초점을 맞추어야 한다고 주장하는 입장이다.

이러한 키엘케골(Kierkegaar)의 주장은 인간 존재에 대한 깊은 통찰을 요구하는 것처럼 보인다. 중세의 스콜라주의(Scholasticism)자들 보다 더 깊은 자아 성찰을 시도한 것은 사실이다. 그런데 문제는 하나님을 인식하는 문제와 자아를 인식하는 문제에 있어 하나님과 자아의 관계를 바로 설정하지 못하고 있는 점이다. 성령님을 통한 하나님의 인식은 그리스도의 성육신, 십자가의 죽음, 부활, 그리고 승천을 인식하는 것과 동일선상에 있다. 이것이 복음의 절대 명제다. 이 명제들을 도구로 하여 성령님께서 죄인의 심령 속에 인격적인 하나님을 인식하게 한다. 그러나 키엘케골(Kierkegaar)은 하나님을 인식하는데 있어 자아에 기반을 둔 실존주의(Existentialism)를 주장하고 있기 때문에 구체적인 인식론을 파헤쳐 보면 비성경적 요소가 너무 많이 포함돼 있어서 그를 따르는 후세대에 가서는 무신론적 실존주의(Existentialism)로 빠지고 말았다. 실존주의를 신학에 도입함과 동시에 19세기 자연주의에 반기를 든 발트(Karl Barth)는 유신론적 실존주의(Existentialism) 신학을 전개함으로 초월주의(Transcendentalism)로 빠지고 말았다. 이러한 발트(Barth)의 신학은 헤겔(Hegle)의 역사적 변증법(Dialectics)을 정체(停滯)된 변증법(Stagnant Dialectics)으로 전환하여 실존주의(Existentialism)를 적용함으로 초월주의(Transcendentalism) 신학으로 변질시켜 버렸다.

우리가 자칫 잘못하여 헤겔(Hegel)이나 키엘케골(Kierkegaar)의 생각에 말려들면 불신앙의 늪에서 빠져나오지 못한 철학자가 될 수밖에 없다. 차라리 무신론자라고 주장하는 편이 나을 것이다. 그 이유는 헤겔(Hegel)의 합리주의는 객관적 근거가 없는 자아 공상주의 논리에 불과하며 케엘케골(Kierkegaar)의 실존주의(Existentialism)는 비합리적 주관적 공상주의에 빠져있기 때문이다. 객관적 공상주의나 주관적 공상주의나 결론은 한 가지 인격적인 하나님을 올바로 인식하지 못하는 다 같은 공상주의이다. 그들은 하나님의 인식론에 있어 객관적 지식과 주관적 지식의 시발점을 혼동하고 있다. 하나님의 객관화로부터 오는 지식과 자아로부터 생겨난 주관적 지식을 혼동하고 있는 사람들이다.

4. 무신론과 불가지론(Atheism and Agnosticism)

무신론이란 말은 "하나님이 없다." 라는 말로 간단하게 이해할 수 있을 것으로 생각하는 사람들이 있다. 그러나 이 문제는 단순한 무신론주의라는 범주에 해당되는 말이 아니다. "무신론"이란 말은 16세기로부터 17세기로 넘어오는 어간에 생겨난 이론인데 본격적으로 이 말이 사용된 시대는 19세기 영국의 빅토리아(Victoria) 시대의 생물학자이며 실증주의(Positivism) 교육 철학자이며, 불가지론(Agnosticism) 주의자 이며, 진화론을 발표한 다윈(Charles Darwin)의 친구인 헉슬리(Thomas Henry Huxley, 1825-1895)에 의해 본격적으로 유행하기 시작했다.

칸트(Kant) 이후 불가지론(Agnosticism)은 성경의 초 자연성을 무시한 자연주의의 경향성을 강하게 띄게 되었고 이 경향성은 사신신학 또는 무신론주의로 변질 되었다. 19세기 철학은 하나님이란 말 자체를 거절하는 사상이 팽배한 시기였다. 미국에서는 프린스톤(Princeton) 신학교에서 화란에서는 캄펜(Campaign)신학교와 프리대학(Free University)에서 정통주의 개혁파 신학을 이어오고 있었다. 더불어 중세의 획일주의 사상에 의한 교회와 사회를 일원화 시키는 경향이 거의 사라지게 되었다. 중세의 획일주의는 정치, 사회, 그리고 경제에까지 일원화의 영향력을 행사하고 있었다. 그와 동시에 19세기 정통주의 개혁파 신학 사상은 신학교와 교회 내에서 자리를 굳히는 신학으로 정착되어 가고 있었다.

1) 포이에르바하(Ludwig Feuerbach, 1804-1872)

19세기 반(反) 종교적 운동의 근원은 헤겔(Hegel)로부터 시작되었다. 포에르바하(Feuerbach)와 마르크스(Karl Marx)는 유물론자들로서 헤겔(Hegel)의 뒤를 이어 반기독교 운동의 앞잡이들이 되었다. 포이에르바하(Feuerbach)는 초자연적 하나님에 관한 정통 기독교의 교리를 폐기하고 대신 그 자리에 자연주의를 대치하는 운동을 주도하였다. 그의 종교론에 있어 절대정신에 관한 개념은 초자연적이거나 미신적인 것이 아니라 자연이상의 아무것도 아니라고 주장했다. "자연은 인간의 근본이다."라고 주장했다. 그는 슐라이어마허(Schleiermacher)가 주장한 절대의존 감정에 대해 반대하지는 않았으나 "사람이 의존하고 느끼는 것은 오직 자연 이외의 어떤 것도 없다." 라고 주장했다. 나아가 "신적 존재는 인간 존재 이외의 아무것도 아니다. 도리어 인간의 본질이 정화되고 개인주의적 사람의 제한으로부터 자유로워지고 객관화 되어진, 즉 다른 존재로 여겨지고 존경되어진, 구별된 존재를 말한다."[311]라고 주장했다.

포이에르바하(Feuerbach)는 신적 존재를 초자연적으로 인식하는 문제에 반기를 든 사람이다. 즉 성경에 기록된 기적의 사건을 무시하고 있다. 하나님의 인식을 자신에 관하여 자연적 현상으로부터 찾으려 하고 있다. 하나님과의 관계에서 자연을 피조물로 보는 입장이 아니고 자연과, 하나님과, 그리고 자신과의 일치를 시도하여 자신으로부터 신의 관념을 인식해야 한다는 생각이 그를 지배하고 있었다. 자연과 자신을 신 인식의 근원으로 생각하고 있다. "창조주로서의 하나님께서 인격적으로 인간에게 교제의 수단을 통해 계시되는 분이 아니고 자연과 인간이 서로의 인격적 자아의식을 통해 용광로처럼 녹아 신성화의 과정 속에서 신을 인식하는 것이다."[312] 라고 주장했다. 이러한 생각은 자신과 자연을 인격화라는 말로 회색칠을 하고 있다. 성경을 보면 "인간의 인격과 자연과는 인격적 교류가 불가능하다" 는 점을 가르치고 있다. 한편 범신론(Pantheism)이나 만유내재신론(Panentheism)에서는 인간이 만물을 향한 공상에 의한 인격을 형상화함으로 자연을 통해 신을 인식 할 수 있다고 주장한다. 포이에르바하(Feuerbach)는 논리적으로 그의 철학을 진술하기 위해 애를 쓰고 있지만 범신론이나 만유내재신론에서 표현하고 있는 감성적 인식을 말할 뿐이다.

2) 마르크스(Karl Marx, 1818-1883)와 변증법적 유물론

기독교 하나님을 말하면서 적그리스도의 철학을 마음대로 지껄이는 시대가 왔다. 19세기 철학은 그렇게 변질되었다. 가관인 것은 하나님을 말하면서 하나님을 난도질하는 시대가 된 것이다. 이상한 것은 마르크스(Marx)가 유대인의 피를 받아 태어났고 루터 교회의 신자였는데 적그리스도적인 철학을 주장하였다. 마르크스(Marx)는 1840년경 엥겔스(Friedrich Engels, 1820-1895)를 만나 서

---

311) Ludwig Feuerbach, The Essence of Religion in Samtliche Werke VII, p.434.
312) Colin Brown, Philosophy and Christian Faith, (Inter Varsity Press, Downers Grove, 1968), pp.133-134.

로를 의지하며 많은 논문을 저술하였다. 마르크스(Marx)는 엥겔스(Engels)의 번창하는 직물사업 때문에 생계를 그에게 의탁하고 살았다.

마르크스(Marx)가 종교를 재해석함에 있어 종교를 모든 과정의 적으로 생각하여 종교 자체를 포기해야 한다고 주장했다. 그는 "사람이 종교를 만들었고 종교가 사람을 만들지 않았다. 종교는 우주 안에서 자신의 발자취를 깨닫지 못하는 한 사람의 자기의식이며 자기의 자각에 불과하다. 사람은 국가, 사회, 그리고 많은 사람들의 세계 안에 존재한다. 이 국가와 사회는 역행하는 세계이기 때문에, 역행하는 이 세계의 국가와 사회는 역행하는 세상의 의식이 있는 종교를 생산해 내고 있다. 동시에 종교적인 고통은 진실 된 고통의 표현이며 진실 된 고통에 대한 항거이다. 종교는 압박 받는 피조물의 탄식이다. 무정한 세계에 대한 감정이며 혼이 없는 상태의 혼이다. 종교는 사람들의 아편이다. 종교의 폐지는, 사람들의 환상적 행복을 추구함으로, 진정한 행복에 대한 요구이다."[313] 라고 주장함으로 종교 자체를 혐오하고 있었다.

그러나 인간은 태어날 때부터 본질적으로 하나님의 존재를 인식하고 살아간다. 이 본질적인 요소를 무시하고 억지주장을 내 세우는 마르크스(Marx)의 사악한 철학은 인간에게 주어진 종교 관념을 유물론으로 채워야 한다고 강조했다. 그의 유물론적 철학은 헤겔(Hegel)의 변증법적(Dialectical) 노선을 인용하여 역동적 유물론(Dynamic Materialism)을 전개 하였다. 이 변증법적 유물론(Dialectical Materialism)은 후에 엥겔스(Engels)와 레닌(Lenin) 등으로 이어졌으나 그들의 근본적인 철학적 개념은 마르크스(Marx)의 노선을 그대로 유지하고 있었다. 마르크스(Marx)의 주장을 정리하면 "실재(Reality)는 정적(靜的, Static)이 아니다. 실재(Reality)는 때로 파동이 있으나 위로 향하는 발전 과정을 따르고 있다"는 주장이다.

---

313) Ludwig Marx, Economic and Philosophical Manuscripts(1844), p.85 ; Colin Brown, Philosophy and Christian Faith, (Inter Varsity Press Downers Grove, 1968), p.136.

헤겔(Hegel)은 자본주의를 설명할 때 논리학에서 말하는 자연과학의 법칙을 적용하여 양적인 것이 질적인 것으로 전환된다는 이론이 사회경제학의 영역에서도 이루어진다고 확신했다. 즉 사회가 예기치 못한 도약에 의해 발전해 나가는데 있어 물이 일정한 온도가 올라가면 수증기가 되는 것처럼 도약의 발전을 한다. 같은 방법으로 사회가 봉건주의에서 자본주의로, 자본주의에서 사회주의로, 사회주의에서 공산주의로 발전해 나가고 있다. 이러한 변화는 계급투쟁을 통해 일어난다는 주장이다. 마르크스(Marx)는 공산당 선언문 서문에서 '지금까지의 모든 사회의 역사는 계급투쟁의 역사다.' 라고 선언했다. 그리고 마지막 공산당 선언문에서는 '만국의 노동자들이여 단결하라.' 라고"[314] 강조했다.

헤겔(Hegel)로부터 마르크스(Marx)에 이르기까지 형성된 무신론주의 역사관은 합리적으로 그리고 사실적(事實的)으로 어느 면으로 보아도 타당성 있는 주장이 될 수 없다. 오히려 중세의 스콜라주의(Scholasticism)가 보다 더 타당성 있는 합리주의이다. 역사를 말할 때 사건을 사실적(事實的)으로 논증한다면 사건이 일어나는 시공간에 존재하는 사람, 사건의 내용, 그리고 목적 등이 조건적으로 존재한다. 그러나 헤겔(Hegel)과 마르크스(Marx)는 전혀 위의 조건들을 무시하고 자아의 공상적인 논리를 주장하는 이론에 끝나고 있다. 즉 혼자만의 우주론적 낙관주의를 철학화 하고 있다. 인간이 가지고 있는 본질적 요소인 종교, 소유, 그리고 오성(悟性, Understanding)인 만물에 대한 이해의 개념을 무시한 자아의 공상에 사로잡힌 이론을 전개하고 있다. 이러한 공상적인 철학은 현실적 개념으로도 불합리하며, 과학적 입증으로도 불합리하며, 사회적 개념으로도 불합리하며, 역사적 개념으로도 불합리하며, 그리고 종교적 개념으로도 더욱 불합리성을 말하고 있다. 합리적으로 봐도 아주 비 과학적이며 비논리적이다. 마르크스(Marx)가 사회악에 대한 치유를 말하고 있지만 죄악성을 가지고 태어난 인간의 본질로 말미암아 치유는 고사하고 오히려 사회악을 더욱 팽창시키는 원인 제공자가 되어온 역사를 무시하고 있다. 이는 현재 공산주의가 망하고 그들이 점령하고 있는 사회가 얼마나 부패해져 있는가? 가 증명하고 있다.

---

314) Colin Brown, Philosophy & Christian Faith, (Inter Varsity Press, Downers Grove, Illinois, 1968), p.137.

인간은 하나님께서 허락하신 가장 기초가 되는 본성을 저버리고 살 수 없다. 인간의 삶은 하늘위의 공상을 취하고 사는 것이 아니다. 먹고, 자고, 일하고, 그리고 가족을 구성하고 위로 하나님을 경외하며 살도록 되어 있다. 이러한 가장 기초적인 삶의 요소를 통해 하나님을 알고 섬기며 사는 것이 인간이다. 먹고, 자고, 그리고 일하고 사는 그 시공간의 세계 가운데 하나님께서 살아계시며 우리를 돌보심을 인식하고 감사하며 사는 것이 인간이다(시4:8). 인류의 역사는 그 기초적인 요소를 자신의 의도대로 채우고 사용하기 위한 투쟁의 진행과정이다. 어떤 이념을 위해 목숨을 버린다는 것은 아주 허무한 맹목적인 이상에 불과하다. 목숨을 버린 후에라도 얻을 수 있는 목적이 존재하는가? 또한 목숨보다 더 귀한 실체를 얻을 수 있는 것이 무엇인가? 그것은 오직 기독교에만 존재하는 실체가 있다. 그 실체는 영생이다. 그리고 영생에 따른 상이 있다. 영생을 주신 은혜에 보답하기 위해 성도들이 하나님께 순교하는 것이다. 그러한 순교는 순교로 끝나지 않고 순교에 대한 보답이 하나님으로부터 내려온다. 공산당 선언문에서 "노동자여 단결하라." 는 말은 아주 저급하고 의미 없는 투쟁의 단결(Solidarity)만을 강조하여 허공을 치는 소리에 불과하다. 공산주의 사상을 맹목적으로 따라온 무리들도 작금에 와서는 공산주의가 망한 원인을 알지 못하고 있다.

3) 니체(Friedrich Nietzsche, 1844-1900)

쓰레기보다 못한 니체(Nietzsche)의 사상이 유럽의 대륙은 물론 심지어 나치(Nazi) 치하에서도 많은 지지를 받았다는 사실은 당시 인간의 마음이 얼마나 피폐해 있었으며 허무주의에 사로 잡혀 있었는가? 를 대변하고 있었다. 니체(Nietzsche)의 철학은 사회주의와 유물론주의에 대한 또 다른 반동으로 표현된다. 이 사상은 현대 인도주의(Humanism) 내지 허무주의를 배경으로 나타난 실존주의(Existentialism)로 집약된다. 또한 니체(Nietzsche)는 악마의 신학이라고 말할 수 있는 사신 신학을 수립한 사람이다. 그런데 그가 사신신학파의 대부로 등장하였다는데 의문을 품지 아니할 수가 없다. 거기에는 역사적 배경을 무시할 수 없다. 마르크스(Marx)와 마찬가지로 19세기 루터교의 신학은 좌측으로 기울어진 시대적 배경을 가지고 있었기 때문이다. 그는 바젤(Basel)대학 교수로 일하면서 건강이 악화되어 사임하게 되었고 평생 질병으로 고생하였다. 일부 주장에 의하면 그는 정신 착란증세가 그 원인이 되어 평생을 고생하였다고도 한다. 또한 매독에 감염 되었고 죽을 때까지 정신적 혼란이 가중되어 지내게 되었다고도 한다. 그가 공격의 목표를 삼은 것은 바로 하나님이었다.

니체(Nietzsche) 철학의 출발점은 비존재의 하나님(Non-Existence of God)이다. 그는 울부짖었다. 신은 죽었다. 기독교가 믿는 하나님은 이제 가치가 없다. 기독교에서 말하는 옛날의 하나님은 죽었다. 인간은 스스로 자신이 가야할 생명의 길을 고안해 나가야 한다. 그 이유는 하나님은 존재하지 않기 때문이라고 울부짖었다. 이러한 비존재의 하나님 사상은 허무주의로부터 일어났다. 허무주의는 하나님 존재 의식에 있어 인격적 교제를 배제하기 때문에 일어난 반작용이다. 그의 인생 고백론에 나타난 내용에 "인간이 내적 고통과 의심으로부터 멸망당하지 않은 시기는 사람이 엄청난 고통을 당하며 그 고통에 대한 울부짖는 소리를 들을 때이다. 바로 그것이 위대한 것이요, 그것은 위대함에 속한 것이다." 라고 주장함으로 인생의 고통과 위대함을 일치선상에 두고 공허에 빠질 때를 인간의 본질을 인식하는 것으로 해석했다.[315] 허무를 경험할 때 인간의 본질을 이해하는 것으로 해석하고 있다.

성경은 인간의 허무가 어디로부터 온 것인가? 를 말씀하고 있다. 물론 인간은 누구나 허무를 가지고 있다. 그 허무는 본질적으로 아담의 범죄로부터 기인하고 있다. 타락한 인간이 본 지위로 되돌아 갈 때 인간이 가지고 있는 허무를 극복할 수 있다. 아담과 맺은 행위언약은 "지키면 살고 어기면 죽는다."는 생명을 전제로 맺은 도덕률의 언약이다. 이 언약에서 실패한 인간은 인간이 소유해야 할 가장 귀한 생명을 잃어버렸기 때문에 허무가 그 심령을 점령하게 되어 있다. 도덕률의 언약은 하나님과 인간이 교제하는 방편이다. 도덕률의 실패는 하나님과의 언약에서 떨어져 버렸기 때문에 허무에 사로잡힐 수밖에 없다. 그러므로 인간은 은혜언약 안으로 들어와야 하나님과의 교제를 회복하게 된다. 인간이 하나님과의 교제에서 끊어지게 되면 만물에 대한 해석이 오류와 오해로 점철된다. 거기서

---

315) Ibid, pp.139-140.

는 행복이 없기 때문에 허무가 그 인격을 지배하게 된다. 하나님을 알만한 것이 인간들 속에 나타내 보이고 있지만 하나님의 진노가 나타나기 때문에 인간은 항상 두려움과 허무에 사로잡혀 있다. 인간은 만물을 사용할 때 썩지 아니할 하나님의 영광을 썩어질 사람, 새, 짐승, 그리고 기어 다니는 동물 모양의 우상으로 바꾸어 버리고 만다(롬1:18-23). 이것이 인간의 모습이다. 에덴의 회복은 범죄한 인간이 은혜언약 안으로 돌아오는 길이다. 이것이 허무를 정복할 수 있는 유일한 길이다. 거기에는 영원한 생명이 있기 때문이다.

니체(Nietzsche)의 무신론 사상은 사회주의 철학의 밑거름이 되었다. 그의 무신론주의 철학은 마르크스(Marx)의 변증법적 유물론과 사상적 궤도를 같이 하고 있다. 두 개념의 상호 교류가 형성될 수 있었던 이유는 인간의 허무를 유물론으로 해결할 수 있다는 공상적인 생각에 사로잡혀 있었기 때문에 공통분포를 형성하게 된 것이다. 좀 더 올라가면 포이에르바하(Feuerbach)의 유물론적 실증과학(實證科學, Positive Science)의 개념이 니체(Nietzsche)와 마르크스(Marx)의 사상적 배경을 만들어 준 원리라고 할 수 있다. 현세에서 물질은 결코 인간의 허무를 없앨 수 없다는 실제적 증거는 너무나 많이 일어나고 있는데도 마르크스Marx)와 니체(Nietzsche)는 성경적 진리에 역행하고 있었다.

4) 콩트(Auguste Comte, 1798-1857)와 실증주의(Positivism)

콩트(Comte)는 카톨릭의 가정에서 태어나 14세의 어린 나이에 "나는 자연적으로 하나님을 믿는 신앙을 잃어 버렸다." 라고 선언 하였다. 그의 저서는 전 4권으로 되어 있는데 실증철학 강의(Cours Dela Philosophie Positive)를 통해 기독교를 인도주의(Humanism) 종교로 전환하려고 시도했다. 하나님의 초자연적 존재는 불합리한 미신이기 때문에 사라져야 한다고 주장했다. 종교의 목표는 인간화이다. 이 인간화는 유럽의 연합적 복지로 이어져야 한다고 주장하였다. 자연적인 협동을 통하여 인간의 본질을 가장 평안하게 하는 사회적 입장을 만드는 것이 바로 실증주의 철학의 임무임을 강조하였다. 하나님은 하늘위의 왕위를 떠나, 예수님의 신인양성을 부정하는, 인간의 모습으로 내려와야 한다는 인도주의

종교를 강조했다.[316]

이러한 사상은 오늘날 남미의 해방신학과 한국의 민중 신학의 기초를 만들어 준 철학이 되었다. 실증주의(Positivism) 철학은 예수님의 사역을 인도주의에 초점을 맞추고 있다. 예수님을 고아, 과부, 그리고 세리들의 편이 되어 사회사업가(Social Worker)로서 로마의 왕권에 대항해 싸우다 십자가에 못 박혀 죽은 희생자로 간주하고 있다. 물론 기독교의 복음은 항상 어려운 사람들을 도와주는 인도주의를 동반한다. 복음을 전할 때 병원을 세우고 학교를 세워 어려운 사람들의 건강을 돌보아주고 문맹을 깨우쳐 주는 일에 앞장선다. 문제는 우선권의 문제이다. 모든 인도주의적 사역은 복음을 전하는 방편으로서 사용되어 질수 있으나 그 사역이 실증주의(Positivism) 철학의 옷을 입고 복음의 본질을 파괴하는 사상으로 둔갑해서는 안 된다. 영생의 복음은 모든 인도주의 사역에 앞서야 하며, 기초가 되어야 하며, 그리고 최후의 목적이 되어야 한다. 만약 우선권의 문제가 뒤바뀌게 되면 교회는 타락의 늪에서 헤어 나오지 못하게 된다. 그것은 교회가 범죄의 늪으로 빠져드는 길을 자초하게 된다.

2천년 교회의 역사를 보면 하나님의 말씀을 수호하기 위해 피를 아끼지 않고 순교의 제물이 늘어갈 때 교회는 하나님께 가장 영광을 높이 드러냈다. 그리고 그 교회로 인하여 사회가 정화되고 국가가 번영했다. 교회는 그 번영을 수단으로 하여 선교의 역할을 감당하였다. 여기서 번영을 잘 못 사용하게 되면 교회는 타락하여 성직자들이 범죄의 소굴로 빠져들게 되었다. 그 범죄는 사회와 국가를 부패하게 만들어 선교의 사명을 잃어버리게 되었다. 그 타락은 개혁을 불러 일으켰고 개혁을 위해 수많은 순교의 피가 주님께 바쳐졌다. 역사는 아이러니(Irony)를 반복한다는 말이 있다. 특히 교회의 역사는 더욱 그런 면을 보여주고 있다. 복음을 위한 순교의 피는 교회 부흥의 밑거름이 되었고, 교회의 부흥은 국가 발전의 밑거름이 되었고, 국가의 발전은 선교의 밑거름이 되었고, 국가의 발전을 통한 풍요는 성도들을 타락의 늪으로 몰아넣어 교회의 타락을 불러왔고, 교회의 타락은 국가의 타락으로 이어졌고, 국가의 타락은 수많은 성도들을 핍박하는 원흉이 되

었고, 그리고 성경을 수호하는 성도들은 다시 순교의 제물이 되었다. 풍요할 때 영적 긴장을 풀게 되면 사악의 마각을 품고 있는 인간들은 어쩔 수 없이 타락의 늪으로 빠져들게 되어 있다. 그렇기 때문에 인간을 찬양하는 철학적 요소를 뿌리 채 뽑아 제거해야 하며 개혁파 신학을 바로 세워야 한다.

5) 공리주의(功利主義, Utilitarianism)

공리주의(Utilitarianism)는19세기 영국에서 발흥된 윤리적 사상으로 공중 쾌락설(公衆 快樂說)과 같은 뜻을 가지고 있다. 공리적인 행복을 심리적이며 정신적인 쾌락에 기초를 두고 있다. 공리주의는 17세기 홉스(Thomas Hobbes)로부터 시작 되었으나 19세기 영국 빅토리아 시대에 들어와 공리주의를 건설한 사람은 밀(John Stuart Mill, 1806-1873)이다. 밀(Mill)은 아버지로부터 개인적인 교육을 받았다. 한때는 국회의원을 지내기도 했으며 젊었을 때는 벤담(Jeremy Bentham, 1748-1832)의 제자이기도 했다. 그런데 그의 철학과 생활은 전혀 조화를 이루지 못했다. 그의 생활이 공리주의적이지 못했다는 말이다.[317]

공리주의(Utilitarianism)는 오늘날 민주사회에서 아주 매력적인 철학으로 등장한다. 공리주의(Utilitarianism)는 오늘날 사형제도, 교도소에서의 범죄자를 교정하는 일, 그리고 낙태 등에 관한 문제에 있어 중요한 역할을 하고 있다. 그 이유는 민주주의 사회에서 여러 가지 의견이 대두되어 해결할 수 없는 기미가 나타나 객관적인 기준을 찾을 수 없을 때 공리주의(Utilitarianism)가 중요한 역할을 하기 때문이다. 의견 대립이 일어날 때 편리의 근거를 통해 문제를 해결하려는 공리주의(Utilitarianism)가 하나의 기준으로 대두 된다. 그러나 문제는 윤리적인 문제로 들어가면 혼돈의 도가니로 빠져들게 된다. 그것은 최대 공약수의 행복을 성취시키기 위해 내가 행동해야할 윤리적 기준을 정할 수 없기 때문이다. 개인적 입장에서 볼 때는 정직한 행동이 타인에게 행복을 줄 수 있다고 생각한다. 그러나 공리주의(Utilitarianism)에 들어가면 왜 내가 정직한 행동이 필요한가를 설명할 수 없는 경우가 있다. 공공의 이익이나 단체의 이익을 위해 나 개

---

317) Ibid, p.143.

인이 속이는 일을 해야 하는 잘못된 윤리가 적용되기 때문이다. 최대 다수의 행복을 추구한다는 의미는 서로의 행복을 위해 유익하다고 말할 수 있으나 다수의 행복을 위해 개인이 희생해야 된다는 윤리적 기준을 정하는 것은 불가능하다. 그렇기 때문에 다수의 행복을 추구하는 문제에 있어 공리주의(Utilitarianism)는 형이상학적 주장에 불과하며 구체적인 행복을 일으키는 의무에 대해서는 결론을 끌어내지 못하게 된다.

우리가 성경을 탐구해 보면 어떤 경우 적은 죄와 같이 보이지만 많은 사람을 죽이고 어떤 경우 큰 죄를 지은 사람에 대해 너무 관대하게 용서하시는 하나님을 우리는 불공평하다고 쉽게 평가해 버리는 경우가 많다. 공리주의(Utilitarianism)는 하나님의 숨겨진 깊은 의지를 폄하하는 잘못된 철학을 가지고 있다. 이러한 철학은 공산주의 사상을 끌어들이는 앞잡이가 되기도 한다. 하나님께서는 아무리 작은 죄를 범했을지라도 회개하지 않은 자를 용서하지 않으며 아무리 큰 죄를 범했을지라도 회개하는 자를 물리치는 일이 없다. 하나님의 공의와 사랑을 보여주는 아주 적절한 실증이다. 우리가 공리주의(Utilitarianism)의 잣대로 윤리적 기준을 삼을 경우 결국에 가서는 하나님의 뜻을 저버리는 입장에 서게 된다. 또한 그 뜻에 따르는 경륜을 거역하게 된다. 나타난 현세의 사건은 인간이 원치 않는 정 반대 방향으로부터 와서 하나님의 뜻을 성취시키는 경우가 허다하다. 그러나 인간이 보기에 부조리하게 보이지만 하나님의 뜻은 정한대로 이루어지진다. 그 부조리하게 보이는 부분은 사악한 인간의 주관주의에 의해 일어나는 착각일 뿐이다.

6) 실용주의(Pragmatism)

실용주의(Pragmatism)는 19세기 말 북미에서 일어나 1930년대 까지 미국의 철학계, 교육계, 그리고 정치계까지 강타했던 사상이다. 실용주의(Pragmatism)란 뜻은 행동, 직무, 그리고 사업 등을 말하는 헬라어 프라그마타(πραγματα)에서 유래된 말로 "진리는 편리한 것이다." 라는 뜻으로부터 유추하여 "사건(Fact)에 대한 믿음은 사건을 만들어 내는데 도움을 준다." 라는 철학으로 정착하게 된 사상이다. 이러한 철학을 시작한 사람은 피어스(Charles Sanders Peirce, 1839-1914)였다. 이 의미를 다시 세분하여 "하나의 개념을 가지고 있는 단어는 오직 삶의 행위에 포함된 것을 표현하고 있다."라고 설명하였다. 이러한 표현은 진리의 유일성을 말할 때 실천적 결과만을 중요시 하고 있다. 진리를 규정할 때 절대성을 거절하는 상대성을 우선으로 하는 철학이다. 이러한 실용주의(Prag-matism)를 종교에 적용할 때 "종교가 가지고 있는 경전을 무시하고 심리학적이며 도덕적 결과에 의해서만 평가 되어야 한다."[318] 라고 주장한다.

　　실용주의(Pragmatism) 철학은 세계 제2차 대전 이후 미국의 교육계를 강타했다. 문명이 발달된 시대에 현실에 적응하기 위해서는 기계교육과 직업적 기능교육에 중점을 두어야 하며 필요 없는 기독교 교리에 의한 도덕과 윤리교육을 강조하면 인간이 문명사회에서 뒤처지게 된다는 생각이다. 이로 인하여 2차 대전 후 미국의 도덕적 타락은 극도로 심화되어 갔다. 기술교육과 기능교육은 인간의 심령을 메마르게 만드는 원초적 역할을 하였다. 기독교를 형이상학적 공상주의로 치부해 버렸다. 기독교가 일반은총(Common Grace)에 있어 문화명령(Cultural Mandate)에 많은 기여를 하는 종교라는 것을 전혀 모르는 우를 범했기 때문에 실용주의(Pragmatism)는 타락의 첨단을 걸어가는 앞잡이 역할을 할 수밖에 없었다. 구약의 역사를 보면 하나님께서 이스라엘 백성에게 신정정치(神政政治, Theocracy)를 집행하실 때 시민법, 가족제도, 그리고 국가의 정치제도를 어떻게 실행할 것을 구체적으로 명하고 계신다. 그리고 아담이 선악과의 행위 언약을 맺기 전에 만물을 지키고 다스릴 문화명령을 먼저 받았기 때문에 인간은 본질적으로 하나님의 영광을 위해 문화명령을 수행해 나아가야 하며 하나님의 뜻에 따라 자연을 지키고 다스려야 한다. 그러므로 기독교 신앙을 가진 자는 특별은총(Special Grace)의 영역과 더불어 일반은총(Common Grace)의 영역이 동반되는 생활을 해야 한다는 것은 당연한 것으로 받아들여져야 한다. 문화명령인 기계를 올바로 다루고 직업에 대한 기능을 바로 수행하기 위해서는 먼저 문화에 대한 사명과 윤리를 바로 정립해야 한다. 기독교는 어떤 가설적인 이야기 거리를 근거로 하여 윤리나 도덕을 실행하는 종교가 아니다. 만물에 대한 바른 해

---

318) Ibid, p.145.

석을 정립해야 기계 교육에 적응할 수 있다. 문화명령에 있어 하나님과의 관계를 바로 설정할 때 노동에 대한 사명을 가지게 된다.

7) 다윈(Charles Darwin, 1809-1892)과 진화론

다윈(Darwin)은 진화(Evolution)란 말을 언급하지 아니했다. 그는 에딘버그(Edinburg) 대학에서 의학을 공부했으나 연구하는 괴목마다 실패하고 신학으로 전환하여 가까스로 마지막 시험에 통과 하였으며 스스로 성직자가 될 수 없음을 알고 후에 자연연구가로 변신하여 남미의 해변을 탐험하게 되었다. 이것이 진화론(Evolution)에 관한 기초재료를 얻는 계기가 되었다. 이 재료는 종의 기원(The Origin of Species)을 저술하게 된 원인이 되었다. 이 이론은 많은 논란을 거쳐 10년 후 공인된 학설로 등장하였다. 다윈은 이 이론에 대해 자신의 주장을 확신 있게 말하지 못했다. 많은 재료를 수집하여 여러 가지 실제적 사실들(Facts)을 집중하여 설명 하였지만 다윈(Darwin) 자신은 많은 의심을 가지고 있었다고 말했다. 그가 저술한 책들에 기술된 내용에 대한 다른 사람들의 평론을 읽으면서 "자신이 엄청난 실수를 저질렀다고 생각해 보는 시간을 수없이 가져 보기도 하였다."고 말했다. 당시의 전문성을 가진 자연 과학자들은 다윈(Darwin)의 견해에 전혀 동의하지 않았다. 그러나 그의 견해가 우매한 성직자들이나 독단주의적인 과학자들 보다는 상식적인 사람들의 눈에는 보다 더 합리적인 이론으로 비추어지게 되었다.

다윈(Darwin)의 주장은 두 가지 이론을 근거로 하고 있다. 첫째, 생명은 수백 만년을 거쳐 공동의 조상인 하나의 원형(原形, Prototype)을 통해 점차 발달되어 오는 존재라는 것이다. 둘째, 자연적 분리(Natural Selection)의 개념으로 적자생존을 말하고 있다. 자신의 생존을 위해 식물과 동물은 서로 잡아먹는 일을 한다. 환경에 빨리 적응하는 존재는 살아남는다. 살아남은 존재들은 새로운 환경에 적응하기 위해 발전의 방법으로 그 존재의 생을 유지해 나가게 되는 것이다. 환경에 적응하여 그 생을 유지하는 방법에 따라 환경에 맞는 새로운 종류의 특징을 형성하여 내려온 것이다. 이러한 형성은 새로운 종(種)이 되어 그 특성을 유지하게 되었다고 주장했다.

그러나 다윈(Darwin)이 주장한 진화의 문제는 생물의 발달 과정에 있어 어떻게 새로운 종이 되었는지 그 진행 과정을 설명하지 못하고 있다는 점이다. 즉 새는 파충류로부터, 포유동물은 네발 달린 짐승으로부터, 네발 달린 짐승은 물고기로부터, 그리고 척추동물은 척추가 없는 동물로부터 어떻게 무슨 과정을 거쳐 발달되어 왔는가를 설명하지 못하고 있다. 다윈(Darwin)이 스스로 모순된 말을 하고 있는 것은 그의 저술 마지막 부분에 와서 창조주에 대한 경외를 언급하고 있는데서 찾을 수 있다.[319] 이러한 언급은 스스로 진화론에 대한 갈등을 겪고 있었다는 것을 입증하는 증거였다. 그러나 그의 전체적인 맥락을 살펴보면 창조주 하나님을 경외하는 내용을 찾을 수 없다.

다윈(Darwin)의 종(種)의 기원은 가정설(Hypothesis)로 범벅이 되어 있기 때문에 과학적 논증도, 합리적 이론도, 통계학적 객관성도, 그리고 실체를 입증하는 사실(Fact)도 찾을 수 없다. 이러한 가정설(Hypothesis)은 불가지론(不可知論, Agnosticism)으로부터 그 근원을 찾을 수 있다. 1871년 그가 저술한 "인간의 몰락(The Descent of Man)"은 전혀 근거 없는 가정설(Hypothesis)로 하나님께서 명령하신 생육하고 번성하라는 명령을 거역하는 우를 범하고 있다. 당시 유물론을 주창한 마르크스(Karl Marx)는 인간의 영혼을 부정하고 인간의 정신까지도 물질로 보았기 때문에 다윈(Darwin)의 주장을 호의적으로 생각했다. 그는 종의 기원을 읽고 "다윈(Darwin)의 저서는 아주 중요한 것이다. 자연과학의 기초로서 나에게 역사 속에서의 투쟁에 대한 일에 큰 도움을 주었다."라고 평했다.

물론 당시 창조주 하나님을 믿는 신도들은 기독교 신앙과 진화론이 양립할 수 없다고 생각했다. 진화론은 다양한 종(種)들을 계열별로 볼 때 진화가 될 수 있는 각 종(種)들의 연결고리가 되는 자료를 재공하지 못하고 있다는 것이 그 이유였

---

319) The Origin of Species, Ch IV, on "Natural Selection; or the Survival of the Fittest," pp.80-127.

다. 이러한 논쟁은 계속되어 왔다. 논쟁이 계속 될 수밖에 없는 이유는 창세기에 기록된 창조기사에는 창조된 사건과 피조물을 나열한 내용만 나오기 때문에 과학적 추리가 불가능 하다는데 그 원인이 있었다.[320] 즉 창조기사는 과학적 입증의 관점에서 볼 때 원인과, 과정과, 그리고 결과를 추적해 낼 수 없기 때문이다. 그럼에도 불구하고 과학으로서 진화론이 객관적으로 입증되기 원한다면 과학적 승인이 보편적인 요소에 기인하여야 한다. "종의 기원"의 서문에 톰슨은(W .R. Thompson)은 말하기를 "다윈(Darwin)조차도 자신이 말하고 있는 사실에 대해 만족하지 못하고 더구나 과학적이고 객관적인 사고에 영향력을 끼친 것은 전혀 유익 없는 것들뿐이었다."라고 주장했다. 연이어 말하기를 "**종의 기원**이란 저서에서 종(種)들이 자연도태에 의해서 생성의 과정을 보여주는 것은 없었다. 오직 그가 밝힌 것은 어떤 사건들과 추정(Assumption)들에 기초하여 괴상한 일들이 일어날 것이라는 상상들만을 보여준 것뿐이다. 이러한 주장은 자신의 공상적인 생각을 다른 사람에게 사실인 것처럼 남들에게 확신을 시켜주는 잘못된 우를 범하는 것이다."[321]라고 말했다.

사실 "종(種)의 기원"은 과학자들을 오류의 강으로 인도하고 있었다. 과학자들이 많은 시간과 노력을 들여 무척추동물에서 척추동물까지 발달되는 진행 과정을 보여주는 계통수를 만들기 위해 그들의 많은 정력을 허비해 왔다. 결국 거기에는 입증이 불가능한 억측이 포함 되어 있다는 것을 증명할 뿐이었다. 오늘날 과학은 태생학(Embryology)으로 볼 때 진화론이 비과학적이며 허구의 이론이란 것을 증명하고 있다. 진화론의 증명은 너무나 막연하기 때문에 구체적인 증거들이 거의 전무한 상태이다. 진화론을 증명할 때 그 증거들의 내용을 분류하면 다음과 같다.

(1) 분류로부터의 증거
여러 가지 종류의 동물과 식물들을 종(Species), 속(Genera), 과(Families),

---

320) N. H. Ridderbos, Is There a conflict between Genesis I and Natural Science? (Eerdmans, Grand Rapids, 1957).

321) The Origin of Species, (Everyman's Library, 1959), pp.vii. xii.

그리고 목(目, Orders) 등으로 구분하여 범주를 정리할 경우 각 종류는 그 동물과 식물 사이에 태생적 유전의 관계가 있다는 것을 추정하고 있다.[322]

(2) 비교 해부학으로부터의 증거

골격 구조에 있어서 비슷한 것들을 추정하는데 원숭이, 사람, 말, 그리고 코끼리 등을 비교 분석하여 진화론적 혈연관계를 추적하는 방법이다.[323]

(3) 태생학(Embryology)으로 부터의 증거

태생학(Embryology)에 있어 다른 종류의 동물과 식물들을 비교하여 비슷한 것들은 태아로부터 진화적인 성장과 변화를 거치게 된다고 본다. 이러한 동물과 식물들은 지질학적 연대를 거쳐 현재의 형태로 진화되어 왔다고 추정한다.[324]

(4) 생화학으로부터의 증거

살아있는 모든 유기체들은 어떤 정해진 화학적 실체가 되는 아미노산, 단백질, 그리고 DNA(Deoxyribose Nucleic Acid, etc)들로 구성되어 있다는 사실은 살아있는 유기체가 하나의 공통적인 조상을 가지고 있다는 것을 추정하게 한다.[325]

(5) 생리학으로부터의 증거

생리학적인 요소들에 있어 혈청의 특성이나 행동하는 특성에 있어 비슷한 것들은 태생의 종류들이 유사하다는 것을 추정할 수 있다.[326]

(6) 지리학적 분포로부터의 증거

비슷한 종류들이 다른 지역에 분리되어 있을 때 지리학적 위치와 함께 특별히

---

322) Henry M. Morris, Evolution and the Modern Christian, (Bakers Book House, Grand Rapids, Michigan, 1981), p.16.

323) Ibid, p.16.

324) Ibid, p.16.

325) Ibid, p.17.

326) Ibid, p.17.

구분되는 성질을 가정하게 하는 특성을 나타내는 것들이 있다. 이러한 특성을 가진 동물과 식물들의 경향성은 진화를 나타내는 것으로 추정한다.[327]

(7) 퇴화 기관으로부터의 증거

현재는 필요 없다고 추정되는 어떤 기관들(예를 들면 인간의 맹장)이 이전에는 유용했고 또 과거 진화의 단계에서는 기능적으로 필요했던 특성들이 지금 퇴화된 것은 진화를 추정하게 한다.[328]

(8) 생육 실험으로부터의 증거

혼합 종자를 만드는 실험과 또 다른 생육의 기술에 의해 발달된 다양한 종류의 동물과 식물들은 진화 가능성의 근거가 되는 것이다. 이러한 진화의 가능성은 지질학적 연대를 거쳐 오면서 자연적 도태로 이루어진 것인데 인위적으로 새 품종을 만들어 내기 위해 도태 방법을 적용하는 것과 같은 이치이다.[329]

(9) 돌연변이(Mutation)로부터의 증거

같은 품종으로부터 전혀 새로운 우수한 변종이 돌연적으로 나타난 유기체(또는 유기체의 집단)에 나타나는 현상은 진화의 확실한 증거이다. 이러한 현상을 "돌연변이(Mutation)"라고 부르는데 이러한 특성은 도태되지 않고 지속적으로 보존될 것이며 장기적인 진화 과정에서 공헌하게 될 것이다.[330]

(10) 고생물학으로부터의 증거

퇴적된 지층의 암석에 보존된 이전 생물들의 화석은 유기체 진화의 산 기록이다. 지질연대가 경과함에 따라 다양한 화석이 축적되어 왔는데 이것은 현재 유기체의 세계가 약 십억년 전 초보적이고 단순한 기초로부터 점진적으로 발전되

---

327) Ibid, p.17.
328) Ibid, p.17.
329) Ibid, p.17
330) Ibid, pp.17-18.

어 온 것을 증명한다.[331]

사람이 단순한 생각을 가지고 위의 가정설(Hypothesis)의 논증에 몰입하게 되면 진화론이 그럴듯하게 여겨질 것이다. 그러나 오늘날의 지질학, 고고학, 유전공학, 생물학, 태생학, 그리고 컴퓨터 학문의 발달로 진화론이 비과학적 허구임을 속속 드러나게 하고 있다. 과학적 증거는 원인, 과정, 그리고 결과가 일치해야 한다. 또한 전제와 결론의 일치성은 물론 실험적 증거와 합리적 설명이 명백해야 한다. 진화론의 가정설(Hypothesis)은 이러한 과학적 증거주의에 턱없이 부족한 논증들이 드러나고 있다. 학교에서 어린 학생들에게 진화론을 과학적 학문이라고 가르치는 것은 허구의 학문을 가르치고 있는 셈이다.

위에 열거한 10가지의 진화론을 뒷받침하는 주장에 기초하여 헨리 모리스(Henry M. Morris)가 저술한 "진화와 근대 기독교(Evolution and the Modern Christian)"라는 책을 중심으로 진화론의 허구성을 파헤치고 기독교 입장을 비교 대조하여 창조론이 더 합리적이란 내용을 소개하려고 한다.

위의 10가지 주장 가운데 먼저 소개한 다섯 가지는 오늘날 과학적 입장에서 보면 너무 유치한 이론인데 동식물이 가지고 있는 아주 미미한 유사성을 진화론에 적용한다는 것은 전혀 비과학적이다. DNA를 적용할 때 짐승의 피와 사람의 피가 같은 혈류로 통할 수 없다는 것은 과학적으로 아주 상식적이다. 만약 다른 동물의 피가 뒤섞여 같은 형질의 피가 생산될 수 있다면 사람이 피가 모자라 죽을 지경에 있을 때 돼지의 피나 고래의 피를 주입하면 살 수 있다는 말이 된다. 심지어 사람끼리도 피가 모자랄 때 혈액형이 맞아야 수혈할 수 있다는 것은 간단한 의학적 상식이다. 비록 동속(Same Genera) 동과(Same Families)에 속한 식물이나 동물이라 할지라도 같은 형질의 DNA가 서로 통해야 새로운 식물이나 동물을 생산할 수 있다는 것은 과학적으로 아주 상식에 속하는 일이다. 같은 식물이라도 DNA가 틀리면 새로운 식물을 생산해 낼 수 없다. 즉 감나무는 감나무 과와 접을 붙여야 좋은 감을 생산해 낼 수 있다. 감나무와 바나나 나무는, 식물이라

---

331) Ibid, p.18.

는 종류 때문에, 서로 유전적인 교류가 이루어질 수 있다는 생각을 하는 사람은 없다. 감과 바나나가 연합된 과일을 맺을 수는 없다. 가능하다면 감과 바나나가 서로 유전적인 교류를 형성할 수 있는 유전인자를 생산해 내야 할 것이다. 생물학적으로 볼 때 모든 만물은 그 만물이 가지고 있는 고유의 DNA를 후대에게 물려주려는 원칙을 고수하고 있을 뿐 변화의 DNA를 발전시켜 온 예는 없다. 이러한 DNA 법칙은 창조를 설명하는 기초를 마련하고 있다. 진화를 거절하고 있다.

위에 열거한 10가지 가운데 여섯 번째 부터 4가지는 생물학적 발달을 설명하고 있다. 그런데 만물이 가지고 있는 유기체의 혈연 구조는 다른 환경에 적응할 수 있는 저력을 가지고 있는 것이지 그 자체가 변질되어 진화의 요소로 작용 한다는 주장은 전혀 근거 없는 비과학적인 주장이다. 극도로 환경이 변할 때 오늘날의 생물학, 동물학, 의학 등을 동원하여 유기체의 혈연을 아무리 조사해 보아도 혈연의 본질 변화는 불가능한 것으로 결론이 났다. 즉 사람은 사철이 교차하는 지방에 살게 되면 사철에 적응이 되고 추운지방에 살게 되면 추운지방에 적응이 된다. 추운 지방의 동식물은 그 지방에 살 수 있는 적응력을 가지고 있을 뿐이다. 환경의 변화는 동식물을 진화시키는 요소로 작용하는 것이 아니고 도리어 퇴화 작용을 일으키는 요소로 작용한다. 과거에 살아 있었던 공룡이 사라지고 지금은 존재하지 않는 이유는 환경에 적응하지 못했기 때문에 사라진 것이다. 진화의 법칙은 오히려 적용 불가능한 유전의 법칙이다.

마지막 10번째 지층과 화석의 연대 측정을 진화론에 적용하는 것이 약간의 과학적 증거로서의 의미가 있으나 이것 역시 터무니없는 주장이다. 즉 전혀 다른 지질 연대를 가진 두 집단의 유기체가 오랜 기간 존재했다는 사실은 한 집단이 다른 집단으로 진화 했다는 말인데 이러한 주장은 과학적으로 볼 때 증명을 불가능하게 만들고 있다. 지질학적 연대와 화석의 기록을 과학적으로 추정해 보면 지구의 연대를 50억년 생물은 10억년 등으로 추적하고 있다. 이러한 연대는 지층을 연구하여 연대를 측정한 결과이다. 그 연대를 고생대, 중생대, 그리고 신생대로 나누어 설명하고 있다. 여기에서 우리가 주시할 내용은 중생대를 파충류 시대로 말하고 있다는데 문제가 있다. 그런 이론을 주장하게 된 근거는 고생대의 암석은 단순한 유기체를 함유하고 있었으며 중생대의 암석은 보다 더 진화된 생명체들을 함유하고 있다는 것이다. 이러한 암석이 진화를 밝혀주는 기록으로 생각하고 있다는데 문제가 있다.

우리가 생각할 것은 이러한 가정설(Hypothesis)에 의한 추정을 과학으로 받아들이는 일부의 사람들은 신화를 사실로 믿는 것보다 더 허공을 치고 있는 셈이된다. 화석과 지층에 대한 과학적 증거는 지질학적 연대와 관계를 가지는데 50억년 이상 지구의 연대를 거치면서 생물이 존재하기 까지는 40억년 이상의 년대가 흘렀다고 추정한다. 또 생물은 10억년 이상의 년대를 거치면서 화학적 물질로부터 진화하여 존재했다는 가설(Hypothesis)에 의해 추정되고 있다. 단 하나 진화론에서 추적하는 과학적 논증은 "가장 아래층 암석 위에 축척된 퇴적암은 이들 최초의 유기체에서 진화한 것으로 보이는 동식물 잔해의 화석을 내포하고 있는데 약 10억년 전부터 축척되기 시작한 화석들을 내포하고 있다."는 주장이다. 이러한 지층은 고생대, 중생대, 그리고 신생대로 구분되어 진다고 주장한다. 고생대에는 양서류와 해양식물을 포함하고 있는데 그 시대의 암석은 단순한 유기체를 함유하고 있으며, 중생대의 암석은 좀 더 진화한 생명체들을 포함하고 있으며, 그리고 신생대의 암석은 고도로 진화된 형태의 생명체들을 포함하고 있다는 주장이다.

위의 가설(Hypothesis)에 의한 주장은 의미가 있는 것처럼 보인다. 그러나 이는 철저하게 과학적이며 역사적인 검증이 필요하다. 의문을 제기할 수 있는 아주 보편적인 내용은 다음과 같다.

첫째, 지질연대가 과학적 근거에 의해 정확한가? 그런데 그 연대도 가설(Hypothesis)에 의존하고 있다. 비록 그 연대가 정확하다 할지라도 화석의 기록상으로 볼 때 현재 존재하고 있는 여러 종류의 생물들이 나타내 보이고 있는 현상들과 큰 차이가 있다. 과학적으로 구체화 된 증거가 없다는 말이다. 즉 현재도 생존하고 있는 단 세포 생물과 다세포 생물의 진화 과정에 있는 중간 세포가 없으며, 개와 고양이, 말과 코끼리, 그리고 사람과 원숭이의 중간 동물을 나타내는 어떤 DNA나 형태도 없다. 다만 화석에는 공룡을 비롯하여 사라져 버린 소수의 화석만 존재하고 있다. 수많은 화석이 발견 되었지만 **개별종류를 나타내는 식물들과 동물들의 화석들만** 존재하고 있다. 식물에서 동물로 진화되는 중간을 나타내는 화석의 종류는 어디에도 발견되지 않고 있다. 파충류와 새를 연결해 주는 것처럼 보이는 조류의 선조라고 말할 수 있는 시조조(始祖鳥, Archaeopteryx)의 화석을 면밀히 분석하고 종류를 조사해 보면 깃털과 따뜻한 피를 가진 새의 종류로 구분될 뿐이다.

둘째, 지질연대에 대한 반론이다. 지질연대의 구조를 통하여 더구나 진화의 가정설(Hypothesis)에 의존하여 연대 추정이 가능한가? 라는 문제이다. 지구의 암석층은 그 연대를 측정하는데 어느 것도 기초적으로 과학적인 연대 측정을 나타내 보이지 않고 있다. 일부 지질학자들은 단순 논리로 가설적 추리를 이용하여 암석층에 포함된 화석에 의존하여 연대를 측정하고 있다. 화석이 해양 식물이면 단순하게 그 화석을 포함하고 있는 암석을 고생대의 지층에 속한 것으로 결정해 버렸다. 포유동물의 화석이 발견되면 그 화석이 박힌 암석의 지층을 신생대의 것으로 결정해 버렸다. 만약 10,000년 전의 포유동물이 화석으로 변화되어 암석에 나타났을 경우 그것도 신생대의 것으로 결정해야 된다는 말이다. 그렇다면 이집트의 미라가 화석의 형태로 나타난 경우를 우리가 접하게 되는데 그 경우 그 미라의 화석을 어느 때의 것으로 측정해야 되는가? 라는 의문이 생기게 된다. 그러므로 구체적 증명 없이 단순 논리로 화석이 새겨져 있는 암석의 년대를 정하는 것은 전혀 비과학적이다. 여기서 우리는 순환이론(Circular Reasoning)[332]의 극단적인 오류를 발견하게 된다. 즉 진화론이 주장하는 논점 차체가 현재 존재하는 생물로부터 역학조사를 해도 고생대, 중생대, 그리고 신생대의 화석과 암석의 적합성을 증명할 수 없는 가설(Hypothesis)로 끝나고 만다.

---

332) 순환이론이란 논점절취(論点截取)를 하는데 있어 오류의 한 종류를 말한다. 그 논증이론의 성질에 있어서는 선결문제의 요구에 있어 오류를 두고 하는 말이다. 즉 밝혀 나가야 할 논증을 근거로 하여 논증을 하는 이론이다. 예를 들면 "하나님의 말씀은 진리이다." 라고 주장할 때 "성경은 하나님의 말씀이다. 하나님의 말씀이란 내용은 성경에 기록 되어 있다. 그러므로 성경이 하나님의 말씀이란 주장은 진리이다." 의 논법을 말한다.

그렇다면 성경에서 말씀하는 노아의 홍수를 어떻게 증명할 수 있는가? 라는 문제가 제기 된다. 주시할 것은 대부분의 많은 화석들을 포함하여 퇴적암들이 흐르는 물 밑에 퇴적되었다는 것은 깊은 의미가 있다. 물로 지구를 심판할 때 범람하는 홍수와 또 그 홍수로 퇴적암들이 파괴되어 바다의 지층아래 매몰된 물질들이 진화에 의한 것들이 아니고 노아의 홍수 때의 것들이었다는 것이 과학적으로 증명되고 있다. 대 홍수로 인하여 노아의 방주에 들어오지 못한 많은 동식물들이 매몰되어 암석에 박혀 화석으로 남아 있었다는 것은 노아의 방주가 오히려 진화론보다 더 과학적임을 입증해 주고 있다. 이러한 입증은 성경 벧후3:6에 "세상은 물이 넘침으로 멸망함"을 증명하고 있으며 누가복음 17장27절에 "홍수가 나서 그들을 다 멸망시켰다."라는 말씀을 뒷받침하고 있다.

이제 창조론을 어떻게 설명해야 할 것인가? 라는 문제로 들어가야 한다. 진화론이 아주 비과학적인 가정설(Hypothesis)에 불과하다는 것을 증명했다면 당연히 노아의 홍수에 대한 증명이 더 합리적이라는 말을 해야 할 것이다. 이제 창조에 대한 합리성을 설명해야 할 차례이다. 오늘날 창조 과학회에 속해 있는 이론가들은 진화론 보다 창조를 신앙하는 사람들이다. 그러나 우리가 생각할 것은 창조냐? 진화냐? 의 이론을 선정하는 문제는 과학적 결정에 의해 이루어지는 것이 아니고 신앙문제가 우선되어야 할 문제이다. 이럴 때 우리는 과학적 원리의 본질을 생각해야 한다. 과학적 방법의 본질은 실험을 통한 재생산성을 전제한다. 그러므로 과학은 과거와 현재에 대한 재발견이다. 과학의 전제는 미래에 대한 추정을 우선으로 택하지 않는다. 과거에 대한 입증이 우선된다. 과거에 대한 입증이 우선되기 위해서는 그 전제가 역사적으로 그리고 본질적으로 어떤 사물의 증명을 필요로 한다. 그런 의미에서 진화론은 허구에 기초한 가설(Hypothesis)이다. 창조에 관한 합리적인 해설을 다음 단락에서 설명해 보자.

모든 만물은 일정한 공통적 특성을 지니고 있는데 그것은 **에너지와 엔트로피 (Energy and Entropy)**에 관한 상호작용이다. 에너지는 일을 성취시키는 현상의 능력을 측정하는데 사용된다. 아인슈타인(Albert Einstein, 1879-1955)이 주장한 에너지 법칙은 "만물은 에너지의 상호작용의 법칙에 의존한다."는 이론이다. **E=Mc2의 법칙이 그것이다.** 에너지는 그 물체의 조직이 가지고 있는 세포의 수를 제곱한 것과 비례한다는 이론이다. 이 에너지에 관한 법칙은 수많은 실험과 증명이 뒷받침되어 있다. 엔트로피(Entropy)의 개념은 하나의 조직체 내에 들어 있는 에너지의 결핍을 측정하는 단위이다. 에너지가 사용될 수 있는 능력이 크면 엔트로피(Entropy)는 낮은 상태이다. 만약 에너지가 사용될 수 있는 능력이 약하면 엔트로피(Entropy)는 높은 상태로 나타난다. 어떤 조직이 고도의 연합체와 잘 얽힌 상태를 유지하고 있으면 엔트로피(Entropy)는 낮은 상태를 유지한다. 예로 단단한 벽돌 건물이나 철제 건물은 낮은 엔트로피(Entropy)를 가지고 있다.

이러한 에너지 법칙은 제1법칙으로 에너지 보존 법칙이라고 말할 수 있으며 제2법칙으로는 엔트로피(Entropy)가 증가하는 법칙 즉 에너지가 결핍되어가는 법칙이라고 말할 수 있다. 제1법칙에서 볼 때 만물이 창조 되었다는 것은 **에너지**가 현재의 진행과정에서는 전혀 소멸되지 않고 있다는 것을 증명하고 있다. 그러나 제2 법칙에서 볼 때는 만물이 점점 더 무질서하게 무너지고 있다는 것을 증명하고 있다. 이 법칙은 만물이 점점 더 노쇠해지고 허물어져 가고 있다는 실증이다. **진화론은 이 두 가지 법칙에 전 반대 방향의 주장을 하고 있다.** 진화의 법칙에 의하면 만물의 에너지가 증가하고 엔트로피(Entropy)가 더욱 감소하는 법칙을 적용해야 과학적으로 맞는 말이 된다. 그러나 창조의 법칙에 의하면 지금 만물의 에너지가 감소의 진행과정에 놓여 있을지언정 새로 창조 되거나 진화하는 과정에 존재하고 있지 않다는 말이다. 아무리 단단한 조직체라 할지라도 긴 시간이 지나면 산화작용에 의해 엔트로피(Entropy)가 증가한다. 더욱 단단해 지거나 좋아지는 조직체는 없다. 동식물도 마찬가지이다. 광야에 나가보면 식물이 자꾸만 퇴보하고 동물들의 종류가 줄어드는 경향성이 나타난다. 그런데도 진화론의 이론은 근거도 없이 터무니없는 주장을 하는데 그것은 만물이 점점 고도화 되고, 특수화 되고, 그리고 발달되어 전혀 다른 환경의 변화에도 잘 적응하는 경향성을 나타낸다는 비과학적인 주장을 하고 있다.

진화론의 속임수에 넘어가는 사람들은 진화론이 과학적 근거를 가지고 있다고 생각한다. 반대로 기독교인들은 과학적 근거에 의해서가 아니고 그저 신앙에 의해서만 창조를 믿어야 한다고 생각한다. 그러나 그 반대로 진화론이 아주 애매한 비과학적 이론이며 창조를 과학적으로 분석해 보면 더욱 더 합리적이다. 만물이 변하는 모습은 제2의 법칙인 엔트로피(Entropy)의 법칙을 증명하고 있기 때문이다. 그 변화는 우주의 종말을 예고하고 있다. 언제인가는 에너지의 고갈로 지구는 종말을 고하게 될 것이다. 동식물의 퇴화는 지구의 종말을 재촉하고 있다. 그러므로 창조는 종말을 전제하고 있다. 종말은 창조를 전제하기 때문에 생물학적으로도 물리학적으로도 입증이 되는 사건이다.

은하계와 전 우주의 문제로 눈을 돌려보자. 은하계에 나타나는 혹성들과 태양의 퇴화는 언제인가 지구의 종말을 예고하고 있다고 보아야 한다. 과학의 관점에서 보는 우주의 존재법칙은 보존과 붕괴의 법칙을 에너지 법칙으로 증명하고 있다. 존재에 관한 적용법칙에 의해서 과거의 창조와 창세기에 나오는 물로 심판하는 과정을 설명할 수는 없다. 현재 존재하고 있는 만유인력의 법칙이나 자연 생성의 법칙을 통해 창조와 창세기에 나오는 물로 심판한 사건을 증명할 수 없다는 말이다. 그렇다면 진화의 과정을 설명한다는 것은 전혀 불가능한 일이다. 진화의 과정은 과거의 사건을 증명하는 것이지 미래의 일어날 일을 증명하는 작업이 아니기 때문이다. 즉 과거에 일어난 창조와 물로 심판한 사건을 증명할 수 없다는 것은 과거에 일어난 진화를 증명할 수 없다는 말이다. 그런데도 어리석은 사람들은 진화론을 과학적 개념으로 받아들이는 우를 범하고 있다. 에너지 제1법칙에 의하면 세계가 변함없이 과거와 똑같은 상태로 현재도 그대로 진행되어야 하며 제2법칙에 의하면 우주는 퇴보하는 변화의 과정 가운데 있다는 말이다. 그러므로 에너지 법칙에 성경을 대입하면 제1법칙은 창조의 법칙이며 제2법칙은 종말의 법칙이다. 우주는 시작이 있었고 종말이 있다. 즉 창조와 종말이 있어야 한다. 그것이 합리적으로 맞는 말이다.

과학적 개념으로 창조론을 사건적으로 설명한다는 것은 불가능한 일이다. 그렇다고 진화론을 과학으로 증명하는 것은 더더욱 비합리적이다. 창조론을 과학적 개념과 비교 대조하여 실체적 증명을 통하여 결론을 내려고 하면 평행선을 달리는 함정에 빠지게 된다. 그러나 한 가지 창조론과 진화론을 비교 대조해서 어느 쪽이 더 합리적 증명이 가능한가? 라는 질문에 직면하게 되면 창조론이 더 합리적이라고 말할 수 있다. 과거의 존재를 과학적으로 증명하는 길은 그 존재에 대한 원인을 분석하는 일이다. 진화론은 존재에 대한 원인 분석이 불가능하다. 과학 자체가 과거 또는 현재에 대한 재발견 내지 새로운 변형을 의미하기 때문이다. 진화론은 과거에 대한 발전 과정의 근거를 도출해낼 수 없기 때문에 절대 비과학적이다. 진화론은 만물에 관한 퇴화의 법칙이나 동식물의 DNA로 인한 자기 종족 보존의 법칙과 반대되기 때문에 과거의 존재에 대한 원인 분석이 절대 불가능하다. 만물의 퇴화의 법칙과 종족을 유지하는 DNA의 법칙은 역학적으로 추정하면 창조론 밖에 그 해답이 없다. DNA의 법칙은 같은 종족을 가지고 있는 사람과 사람, 또는 원숭이와 원숭이, 그리고 그 외의 같은 종족의 동물일지라도 한 개체가 태어날 때 그 한 개체만 가지고 있는 고유의 특성을 나타내 주는 유전의 법칙을 가지고 있다. 이 유전의 법칙은 그 한 개체만 가지고 있는 특성을 종족적으로 유지하고 있다. 즉 내가 가지고 있는 DNA는 유전적으로 내려오는 조상 이외의 전혀 다른 사람들의 DNA를 추정할 수 없다는 의미이다. 이러한 만물의 퇴화의 법칙과 DNA의 종족 유전의 법칙은 창조를 추정할 수밖에 없다. 끝을 말하는 것은 역 추적하면 시작을 말한다. 창조는 존재 자체를 통해 존재를 인식하게 한다. 존재하기 때문에 존재를 인식한다는 말이다. 존재의 원인을 과학적 입장에서 현재를 적용하여 과거를 증명하는 일은 불가능하다. 과학은 현재와 과거에 대한 재발견에 불과하기 때문에 최초의 존재에 대한 원인을 알아내는 일이 불가능하다. 즉 만물의 원인은 삼위일체 하나님으로 귀결된다는 말이다. 합리적으로 창조를 인식한다는 것은 오직 현재의 과학적 증명을 통해 역학적으로 추적하는 길 뿐인데 그 길은 퇴화의 법칙과 DNA의 법칙에 의존할 수밖에 없다. 그런데 퇴화의 법칙과 DNA의 법칙은 진화론을 불신하게 만든다. 우리는 만물의 존재를 통하여 존재만을 인식하고 있다. 그런데 존재의 원인을 제공하는 자료는 성경밖에 없다. 그렇다면 하나님의 존재를 인식해야 창조를 인식할 수 있다는 말이 된다. 과학적으로 하나님의 인격에 대한 존재를 증명하는 일은 불가능하다. 그러므로 만물이 어떤 질료로부터 창조 되었는가를 증명하는 일은 허상에 불과하다. 오직 성경을 하나님의 계시로 인식할 때만 가능하다. 성경은 하나님의 말씀으로 창조되었다라고 말씀하고 있다. 그것이 결론이다. 그 창조의 인식도 인간의 자유의지에 의존하는 것은 허공을 치는 일 뿐이고 오직 성령님의 사역에 의해서만 가능한 일이다.

존재의 인식을 과학적 증명에만 한정한다고 할 때 인식하지 못하면서 존재를 인식하는 것들이 이 세상에 수없이 많다. 공기를 본 사람이 없다. 공기의 존재를 과학적으로 설명할 때는 공기를 물리학적으로 또는 화학적으로 인식하게 함으로 인식 가능하게 하며 또한 실제 생활에서 호흡을 통해 공기를 인식하고 있다. 사람이 자신의 내장을 직접 볼 수 있는 것은 불가능하다. 간접적으로 X-Ray나 기타 수술을 통해 자신의 내장을 감지할 수 있다. 그리고 과학적 설명을 통해 우리가 내장의 존재를 확신한다. 그러므로 우리는 과학이 가지고 있는 인식론에 매우 다양하게 접근할 수 있다. 그런데 창조의 인식은 다양한 과학적 인식의 방법과 다르게 단 한 가지로 집약된다. 성경계시를 인식하는 길이다. 창조를 믿을 수 있는 길은 신적작정(Decree)에 있어 하나님의 주권사상을 인식할 때 가능하다. 그 주권사상은 역사 선상에서 예언과 경륜을 통해 나타난다. 구약에 나타난 백성의 언약은 예수님을 중보로 하여 역사 선상에서 믿는 성도에게 성취 되었다. 역사적 배경을 통해 예언한 사건은 역사적 사건을 통해 성취 되었다. 역사 선상이란 의미는 심오한 뜻이 있다. 시공간의 사건은 존재에 있어 절대요건이다. 즉 창조된 시공간은 존재를 증명하는 절대 요건이다. 시간과 공간을 창조한 사건은 창세기에 정확하게 기록되어 있다. 시공간의 역사는 하나님께서 만물을 창조하시기 전 계획한 그대로 진행되고 있다. 역사는 창조를 뒷받침하고 있다. 만물의 주권자이시지만 아들의 인격을 가지고 이 땅에 오신 완전한 신성이신 예수님께서 일어날 일을 구약의 예언에 맞추었다는 것은 시작의 역사와 종말의 역사를 일치선상에서 보시고 신적작정(Decree)의 주권에 따라 사역 하셨다는 뜻이다. 시공간을 창조하신 하나님의 작정을 무시하게 되면 하나님의 주권과 창조론을 무시하는 역사관으로 떨어지게 된다. 창조를 바로 인식한다는 것은 그 기원이 창조 이전의 신적작정(Decree)의 교리를 인식한다는 뜻이다. 창조의 인식은 종말을 바로 인식하는 기준이다. 그리스도를 바로 인식하게 되면 창조와 종말을 바로 인식하게 된다.

5. 자유주의 신학

19세기 자유주의는 갑자기 나타난 돌연변이 신학이 아니다. 가까이는 종교개혁 이후 17세기 이성주의와 18세기 계몽주의(Enlightenment)에 뿌리를 두고 있다. 멀리는 중세의 스콜라주의(Scholasticism)에 뿌리를 두고 있다. 더 멀리는 회색주의 변증학의 근간을 이루었던 헬라주의 사상에 뿌리를 두고 있다. 작은 교리적 타락은 보다 더 넓은 타락의 문을 열어주는 길이다. 19세기 자유주의 신학과 자연주의 신학은 성경의 본질적 교리를 난도질하는 마당을 만들었다. 18세기 후반기부터 시작된 자연주의를 배경으로 한 자유주의 신학은 성경이 말씀하는 초자연적 요소를 제거하는 작업에 열을 올리고 있었다. 18세기 이전까지의 자연주의는 신론에 한정된 신학을 전개 하였다. 즉 신론에 있어서의 자연주의 신학은 하나님의 존재론에 집중되어 있었다. 즉 하나님의 존재인식이 신학의 근간을 이루었다. 그런데 하나님의 존재인식에 대한 회의주의자들은 대부분 불가지론(不可知論, Agnosticism)으로 떨어져 버리고 말았다. 그러한 불가지론(Agnosticism)은 엄청난 회의주의를 몰고 왔다. 그러나 19세기 자연주의는 시공간의 역사(歷史, Historie) 속에 존재하는 예수님을 연구하는 쪽으로 신학의 방향키를 바꾸어 놓았다. 예수님의 사역에서 초자연적 역사를 제거하는 운동이었다. 이는 정통주의에서 볼 때 신학이 아니고 악마의 장난라고 말할 수밖에 없다. 그 주제는 **예수의 생애(The Lives of Jesus)**에 관한 연구인데 예수님을 합리적 개념에서 보는 인물 또는 소설의 개념에서 보는 가공인물로 전락시켜 버린 사악한 짓들을 신학이란 명목아래 행하고 있었다.

이러한 사악한 사상의 발흥은 영국의 이신론(理神論, Deism)으로부터 형성되었고 유럽 대륙에서는 레이마루스(H.S. Reimarus)와 레싱(G.E. Lessing) 등에 의해 퍼져 나가게 되었다. 이러한 사상은 20세기 초 슈바이쳐(Albert Sch-weitzer, 1875-1965)에게로 이어졌다. 슈바이쳐(Schweitzer)는 "역사적 예수에 관한 물음(The Quest of Historical Jesus)"이라는 저서에서 "예수님께서는 역사를 멈추기 위해 자신의 몸을 십자가에 던졌으나 역사의 수레바퀴는 그의 몸을 갈기갈기 찢어 버렸다."는 망령된 말을 토해 냈다. 이러한 극단적인 자연주의적 자유주의는 독일 신학자 스트라우스(D. F. Straus)와 프랑스 신학자 르낭(J. E. Renan)으로부터 전수되어 19세기 말에 절정을 이루었다.[333]

1) 스트라우스(David Friedrich Strauss, 1808-1874)

그는 독일에서 출생하여 튜빙겐(Tubingen) 대학에서 신학을 연구하였고, 베를린 대학에서 헤겔(Hegel)을 연구하였고, 후에 헤겔철학 강사로 일했는데 헤겔철학의 좌파로 활동하였다. 특히 예수전 연구로 명성을 날리게 되었고 그 연구는 모두 예수님의 초자연적 사역을 신화적 요소로 대체해 버렸다. 이사야 7장14절의 동정녀 탄생의 예언, 민수기 24장17절의 베들레헴의 별, 그리고 예수님의 오병이어의 기적을 하나의 신화(神話)로 치부해 버렸다. 그는 "그러한 신화들은 실제적 사건이 아니며 또한 어떤 목적이 있어서 기록한 것도 아니다. 오직 예수님의 강한 인상이 추종자들에게 임하여 발전된 개념에 불과한 것이다."라고 주장하였다. 그는 교회론에서 역사를 통해 내려오는 교회론적 신앙고백주의 신학을 전면 부정하였다. 유신론적 신의 개념은 불가능한 이론이며 이원론(二元論, Dualism)이라고 비웃었다. 인간은 죽으면 인격이 없어지며 신적 연합으로 돌아가는데 하늘나라의 개념은 자연과의 연합이라고 주장함으로 범신론(Pantheism)적 개념을 토해냈다. 기독교를 수정된 유대주의로 보았고 그리스도의 부활은 시공간의 사건이 아니며 단지 속임수에 의해 기록된 것으로 보았다. 인간은 내세의 소망이 없고 유물론만 존재의 가치를 부여한다고 주장했다. 그러므로 교회는 없어져야 하며 극장이나 음악당으로 전환해야 한다고 이교도들 보다 못한 주장을 내 놓았다.[334] 그럼에도 불구하고 이러한 사악한 생각을 피력하는 "예수전"이라는 저서가 후에 많은 영향을 끼친 것을 보면 19세기 신학이 얼마나 타락해 있었는가를 알 수 있다.

2) 리츨(Albrecht Ritschl , 1822-1889)

---

333) Colin Brown, Philosophy & The Christian Faith, (Inter Varsity Press, Downers Grove, Illinois, 1968), p. 152.

334) 그리스도교 대사전, (대한기독교서회, 서울시 종로구 종로 2가, 1977), p.587.

독일의 베를린에서 출생했는데 그의 아버지는 유명한 설교가였으며 루터교회 총회장을 지냈다. 1839년 본 대학에서 공부하고 다음 할레 대학에서 니체(Nietzsche)로부터 강의를 들었다. 후에 본 대학에서 교수가 되어 조직신학을 강의 하였다. 그 후 괴팅겐 대학 교수가 되어 죽을 때까지 봉직하였다. 그의 사상을 따랐던 대표적인 사람들은 하르낙(Harnack)과 헤르만(Herman)이었다.[335]

리츨(Ritschl)은 사변적 합리주의를 신학의 방법론으로 채용하였다. 그 결과 형이상학을 거절하였다. 기독교의 중심 사상은 윤리학에서 찾아야 할 것을 강조하였다. 그런 사상은 칸트(Kant)의 윤리학과 상통하는 점이 있다. 한편으로는 자연주의 신학과 계시주의 신학을 거절함으로 슐라이어마허(Schleiermacher)의 경험주의를 기본으로 채택하기도 했다. 그러나 슐라이어마허(Schleiermacher)의 절대의존감각(The sense of absolute dependence)을 통해 종교의 본질을 찾으려고 한 내용과는 달리 리츨(Ritschl))은 도덕의 영역을 통해 종교의 본질을 발견하려고 했다. 예수님의 사명은 예수님 자신이 인간들에 대한 하나님의 윤리적 주권을 통해 그 윤리적 주권을 인간들에게 드러내는 것이라고 주장했다. 그러므로 그 윤리적 주권을 드러내는 것이 그리스도의 사명일진대 그리스도의 죽음은 죄를 대속하는 일과는 무관한 것이며 그것은 그리스도의 윤리적 사명에 대한 최고의 시험이었다고 말했다.[336]

3) 르낭(Joseph Ernest Renan, 1823-1892)

프랑스에서 출생하였다. 신학교에 들어가 공부하다가 초자연적 요소에 회의를 느끼고 학교를 박차고 나왔다. 그러면서 그는 예수님에 대한 신앙은 변함이 없다고 스스로 다짐하는 모순적인 생각에 사로잡혀 있었다. 그러나 그 신앙은 정통성 있는 신앙을 벗어나고 말았다. 1861년 히브리어 교수 재임 첫 시간에 예수님에 대해 "그를 하나님이라고 불러도 좋을 만큼 위대한 인간"이라는 발설로 강

---

335) Ibid, p.281.

336) Colin Brown, Philosophy & The Christian Faith, (Inter Varsity Press, Downers Grove Illinois, 1968), p.155.

의 정지처분을 받았다. 그의 "예수전"이라는 저서는 유럽 대륙을 진동시켰다. 그러나 그 저서는 교회사가 고백한 정통 신앙고백을 완전히 떠난 것들로 꽉 차 있었다. 당시 정통주의 신학자들은 르낭(Renan)을 보고 악마, 가룟 유다, 그리고 위선자라고 독설을 퍼 부었다.[337]

그의 저서 "예수전"에서 예수님의 인간성을 묘사해 "사랑이라는 감미로운 신학"을 전파함으로 많은 사람들을 감동시켰다고 스스로 말했다. "예수님께서는 예루살렘에서 랍비들과 충돌함으로 유대주의에 대항해 혁명을 일으키려는 열정으로 가득 차게 되었다. 그리스도는 생의 마지막 부분에 이르러 핍박을 받으며 순교에 대한 이상한 동경에 사로잡히게 되었다. 비록 예수님은 이 땅 위에서 많은 오류를 범했지만 역사 선상에서 자신의 위치에 대해 감히 다른 사람이 넘보지 못할 만큼 영원한 지위를 보장받게 되었다."[338]는 괴팍한 주장을 했다.

4) 하르낙(Adolf Von Harnack, 1851-1930)

러시아의 도르파트(Dorpat)에서 출생하여 후에 독일 프로테스탄트 교회사가로 활동했다. 그는 50년 이상의 교회사 연구를 통해 많은 저작을 남겼는데 19세기 말부터 20세기 초엽까지 신학계를 넘어 일반 학계에까지 많은 영향력을 끼쳤다. 그의 역사비평은 튜빙겐 학파로부터 많은 영향을 받은 사상들이었다. 그가 특히 깊은 관심을 가지고 연구한 분야가 고대 교회사의 사료 검토였다. 거기서 그는 "그리스도의 교리는 헬라주의 사상과 복음이 결부된 것이다."라고 주장했다. 그러나 "중세의 로마 카톨릭의 교리형성의 과정은 광범한 문화와의 관계를 가지고 있다."[339]고 주장했다.

하르낙(Harnack)은 그리스도를 묘사하는데 있어 복음서에서 언급하고 있는 **신성을 가진 구세주**라는 개념은 초대교회 제자들이나 그 주위에 예수님을 따라

---

337) Ibid, p.227.
338) Ibid, p.153.
339) 그리스도교 대사전, (대한기독교서회, 서울시 종로구 종로 2가, 1977), p.1138.

다니는 사람들에 의해 형성된 경건의 소산이라는 주장을 하고 있다. 그러한 그리스도의 형상을 깊이 심어준 사람은 바로 바울이었는데 그는 육체로는 결코 예수님을 알 수가 없었다고 말했다. 예수님에 대한 경건의 상태는 하나님의 아들로서 그리고 구세주로서의 신앙고백의 대상이 아니고 예수님은 영혼의 안식과 평안을 가진 사람이며 생명과 용기를 불어 넣어줄 수 있는 한 사람의 모습으로 묘사했다. 예수님께서 전한 복음은 자신에 관한 것이 아니고 하나님 아버지에 관한 것이다. 그 복음은 천국, 하나님 아버지의 자격(Fatherhood), 인간영혼의 무한한 가치, 보다 더 높은 공의(Righteousness), 그리고 사랑에 대한 명령 등에 관한 것들이었다. 이러한 초자연적 요소를 배제한 윤리적 인간의 모습을 묘사한 신학은 리츨(Albrecht Ritschl)로 부터 전수 받은 내용이 대부분이다.[340]

5) 슈바이처(Albert Schweitzer, 1875-1965)

독일의 카이제르스베르그(Kaisersberg)에서 출생하였고 신학자이며, 철학자이며, 음악가이며, 그리고 의사였다. 그는 아프리카 선교를 위해 평생을 바쳐 일한 대가로 노벨 평화상을 받기도 했다. 그는 신약신학을 논할 때 예수님의 교훈 속에 포함되어 있는 묵시문학을 강조했다. 여기에서 그가 강조한 신학사상의 초점은 시공간 세계에서의 역사적 예수님에 관한 문제였다. 이 예수전 연구는 유대인으로서의 예수님을 이해하기 위해서는 당시의 특수한 역사적 배경을 통해 인간 예수님을 파악해야 된다고 강조했다. 인간 예수님께서 유대교의 묵시문학적 종말론의 배경에서 살았던 것을 파악해야 그가 선포한 하나님 나라를 이해할 수 있다[341]고 주장했다. 이러한 예수전 연구와 관계된 하나님 나라의 종말론 연구는 "하나님 나라의 신비(The Mystery of the Kingdom of God)"라는 저서에서 "예수님의 메시아직과 극심한 고통의 비밀(The Secret of Jesus' Messiahship and Passion)"이란 제목과 그의 학위 논문인 "역사적 예수님에 대한 탐구(The Quest of the Historical Jesus)"라는 제목에서 다루어지고 있다. 슈바이

---

340) Colin Brown, Philosophy & The Christian Faith, (Inter Varsity Press, Downers Grove Illinois, 1968), p.154.

341) 그리스도교 대사전, (대한기독교서회, 서울시 종로구 종로 2가, 1977년 7월), p.570.

처(Schweitzer)가 강조한 역사적 예수에 대한 주제는 18세기 레이마루스(H. S. Reimarus)와 동시대의 사람 브레데(W. Wrede)로부터 비평주의적이며 회의주의적인 신학을 이어받아 반동적 변화를 시도한 내용이다. 그런 의미에서 슈바이처(Schweitzer)의 저술들은 18세기 신학에다 여러 방면의 보완적인 요소를 첨가함과 동시에 변화를 시도한 것들이다.[342]

18세기 계몽주의(Enlightenment)의 영향을 받은 19세기 자유주의 신학은 예수님의 도덕적 교훈에 집착한 나머지 슈바이처(Schweitzer)로 하여금 역사적 예수와 종말에 관한 신학을 유추해 내도록 만들었다. 슈바이처(Schweitzer)는 "천국의 도래를 강조한 예수님은 얼마 지나지 않아 천국이 임할 것을 대망하고 있었다."고 주장했다. 천국이 임하게 되면 예수님 자신이 메시아로서 계시된 존재로 인식하고 메시아의 예비자로서 그의 제자들에게 사명을 부여할 것을 준비하고 계셨다. 그런데 예수님의 생각과 달리 천국이 도래할 기미가 나타나지 아니했다. 그때 예수님은 자신의 계획을 변경하고 스스로 메시아적 수난을 짊어지고 천국의 도래를 강제로 실현시켜 종말을 맞이하기로 결정했다. 그러나 그의 계획도 빗나가 버리고 그 결과는 예수님의 생을 희생시키고 말았다고 주장하였다. 즉 슈바이처(Schweitzer)는 예수님을 실패자로 묘사하는 신학을 전개하고 있다. 예수님의 삶이 종교를 도구화 한 정치가로서 종말을 선동하다가 실패자가 된 인간으로 묘사하고 있다. 슈바이처(Schweitzer)가 주장한 신학의 전제는 18세기 이성주의적 자유주의 개념이다. 18세기의 이성주의적 도덕론을 도덕론적 종말론으로 변형시켜 대체하고 있다. 슈바이처(Schweitzer)가 예수님으로부터 초자연적 요소를 제거하는 신학적 입장은 스트라우스(Strauss)나 르낭(Renan)의 노선을 벗어나지 못하고 있다. 그가 이상한 미혹의 말을 한 내용은 "예수님께서 우리에게 가르쳐 준 것은 그의 역사(歷史)가 아니고 그의 삶이다"[343]라고 말함으로 역사

---

342) Colin Brown, Philosophy & The Christian Faith, (Inter Varsity Press, Downers Grove Illinois, 1968), p.156.

343) Albert Schweitzer, The Quest of the Historial Jesus, (A Critical Study of its Progress from Reimarus to Wrede, Translated by W. Montgomery, Black, 1954), p.401.

선상에 나타난 예수님의 구속사역과 하나님 인격의 일치됨을 파괴하고 있다.[344]

19세기 신학은 예수님의 초자연적 역사를 마구 난도질 한 내용들로 가득 차 있다. 예수님의 초자연적 역사를 제거하고 시공간에서의 역사성을 해결하려고 발버둥을 쳤으나 예수님의 역사성에 대한 정확한 결론을 내리지 못하고 우왕좌왕 하다가 스스로 혼란에 빠지고 만 신학의 혼돈 시대였다. 그럴 수밖에 없는 것은 성경에 기록된 예수님의 역사성을 정확하게 인식하는 길은 먼저 그 인격을 인식하는 길인데도 그 인격의 인식론을 거절해 버렸기 때문이다. 2성1인격을 인식하지 못하면 예수님의 역사성을 인식하지 못한다는 말이다. 잘못된 예수님의 인격적 인식은 예수님의 탄생, 불치병을 고치심, 5병2어의 사건, 십자가의 죽으심, 부활, 그리고 승천을 신화로 보게 만든다.

예수님을 윤리와 도덕적 개념에다 신학의 초점을 맞추어 규정하려고 하면 예수님의 인격을 인식하는데 있어 결정적 미궁에 빠지고 만다. 기독교 윤리는 아담의 도덕률과, 십계명과, 그리고 예수님의 사역과 필수적인 관계를 가지고 있다. 아담의 도덕률은 성도와 맺은 은혜 언약과 뗄 수 없는 관계를 가지고 있다. 그 언약은 십계명으로 이어지고 예수님의 능동적 사역(Active Work)으로 이어진다. 예수님께서는 율법의 완성자로 즉 구속사역의 완성자로 시공간 세계에 내려 오셨다. 잘못된 윤리적 관점을 기준으로 삼아 지상 최고의 선(Sumum Bonum)에 맞추게 되면 절대 윤리의 기준이 파괴된다. 그러므로 기독교 윤리는 언약의 완성에서 찾아야 한다. 언약의 완성은 절대 윤리를 의미한다. 예수님께서는 인간이 파기한 도덕률의 언약을 완성 하신 분이다. 예수님께서 율법을 완성하신 사역은 능동적 순종으로서 윤리의 완성이다. 그 윤리의 완성이 구속사역의 완성이다. 지상 윤리주의 개념으로 해석할 수 없는 사역이다. 어떤 자유주의자들은 예수님의 감미로운 사랑을 윤리에 있어 최고의 정점으로 삼아 그 사랑이 기독교 윤리의 최고라고 말한다. 언약론을 배제하고 하나님의 윤리를 사랑의 개념으로만 규정하는 저급한 윤리론이다. 하나님의 사랑은 예정, 도덕률, 예수님의 구속사역, 선택,

344) Colin Brown, Philosophy & The Christian Faith, (Inter Varsity Press, Downers Grove Illinois, 1968), p. 157.

그리고 언약 등과 분리할 수 없는 관계를 가지고 있다.

　예수님을 구세주로 인식하지 못하게 되면 전혀 생각할 수도 없는 방향에서 신학적 접근을 하게 된다. 그런 접근 방법이 바로 예수님을 정치혁명가로, 사회사업가로, 도덕실천가로, 그리고 윤리주의자로 평가하게 만든다. 그러한 잘못된 사악한 인식은 예수님 자신이 스스로 **너는 나를 누구라 하느냐?** 의 질문에 대한 올바른 대답이 나오지 못하기 때문에 일어나는 현상이다. 베드로가 **주는 그리스도시오 살아계신 하나님의 아들**이라는 대답 이외의 어떤 대답도 주님께서는 원치 아니 하셨다. 예수님의 신인양성(神人兩性)을 신앙고백으로 받아들이지 못하면 온갖 잡동사니 이론과 주장들을 끌어 들여 예수님을 잘못평가 하게 만든다는 것이 교회사의 교훈이다. 이 신앙고백이 예수님을 바로 인식하는 절대 전제이다. 예수님에 대한 그 외의 어떤 평가도 허용하지 않고 있는 것이 성경과 역사교회의 명령이다.

　시공간의 역사 속에 내려오셔서 살아 계신 하나님의 아들 예수님께서는 무죄한 인간의 모습으로 나타나셨다. 완전한 하나님의 본질을 그대로 가지고 시공간에 계셨다. 이 두 가지 양성(兩性)인 하나님과 인간을 신앙하지 못하기 때문에 역사 선상에 내려오신 예수님으로부터 초자연적 요소를 제거한 나머지 예수님을 시공간의 인간으로만 평가를 내리게 된 것이 19세기 자연주의 신학이다. 반대로 예수님을 초자연적으로만 인식하려고 하면 한 때는 제자들이 유령으로 인식한 것과 같은 상태에 빠지게 된다. 우리가 얼굴을 맞대고 대화하는 사람 앞에서 상대를 향하여 **주는 그리스도시오 살아계신 하나님의 아들** 이라는 신앙 고백을 할 수 있다는 것은 전혀 인간의 생각으로 불가능하다. 오직 성령님의 사역에 의해서만 가능하다. 우리는 예수님께서 이 신앙고백을 들으시고 베드로를 칭찬하신 이유를 알아야 한다. 거기서 중요한 것은 이를 알게 한 이는 **혈육이 아니요 하늘에 계신 아버지**라는 말씀에 초점을 맞추어야 한다. 예수님을 바로 인식한다는 것은 전혀 성령님의 사역에 의존해야 하기 때문이다. 우리가 신앙을 고백할 때 초자연적으로 존재하신 하나님을 즉 **하늘에 계신 하나님**을 나의 아버지로 고백하지만 불신자들은 실용주의적 관점에서 보는 존재의 인식에서 끝나고 만다. 그러나 이 문제는 그렇게 간단하게 정의할 수 있는 문제가 아니다. **하늘에 계신 하나님을 아버지로 고백하는 문제에** 들어가면 신자와 불신자 사이에 하나님에 대한 인식이 판이하게 달라지기 때문이다. 역사 선상에 나타난 하나님의 본체를 가지고 계신 예수님에 관한 바른 인식이 이루어지지 아니할 때 하늘에 계신 하나님에 대한 올바른 인식이 불가능하게 나타난다. 예수 그리스도 하나님의 아들에 관한 인식은 하늘에 계신 초자연적 하나님을 인격적인 아버지로 인식하는 길이 되기 때문이다. 그 인식을 일으키는 공작자가 바로 성령님이시다. 그런 의미에서 유일하신 참 하나님의 인식은 삼위일체 하나님을 인식하는 것과 동일 선상에 있다. 이것이 기독교만 가지고 있는 삼위일체 하나님에 관한 인식론이다.

불신자들 특히 철학분야에서, 그리고 신의 존재를 믿는다고 말하는 타 종교에서 아무리 하나님에 관한 존재인식을 증명한다고 할지라도 그 논증은 한계에 직면하고 만다. 거기에는 삼위일체 하나님의 인격적인 교제의 관계를 인식하지 못하고 있기 때문이다. 신자는 특별은총(Special Grace)은 물론 일반은총(Common Grace)의 영역과 관계하여 모든 분야에서 삼위일체 하나님을 인식하고 있다. 불신자 즉 타종교인과 세속철학자들 모두는 특별은총과 일반은총의 두 영역이 삼위일체 하나님과 어떤 관계를 형성하고 있는지를 인식하지 못하고 있기 때문에 신자들이 인식하는 영역에 도달할 수가 없다. 신자는 불신자들의 인식영역을 이해하고 있다. 그러나 불신자들은 신자들의 인식영역을 이해하지 못하고 있다. 그렇기 때문에 불신자들은 항상 신자들에 대해 반항적이다. 그들은 기독교에 대한 인식의 곡해를 유지하고 있는 상태에서, 모든 종교를 같은 범주 안에 넣고 생각하기 때문에, 기독교에 대해 절대적 편견을 가지고 있다. 그 편견은 근본적으로 생명과 사망의 차이를 드러내고 있다. 신자와 불신자 사이에서 일어나는 일반은총의 공통분포는 생명을 전제로 맺어진 언약의 기독교를 이해하는 일과는 전혀 무관한 것들이다. 기독교가 말하는 구원에 관한 절대주의는 어떤 경우에 처하든지 조금이라도 훼손할 수 없는 교리이다. 신자와 불신자가 공통으로 누리고 있는 일반은총의 영역이나 이성적인 하나님의 존재인식에 있어 약간의 공통분포를 가지고 있다고 해서 영생에 관한 공통분포를 형성할 수 있다는 것은 생각조차 할 수 없다.

쌍방예정(Both Predestination)에 있어 선택(Selection)과 유기(Reprobation)의 교리는 공통분포의 중간 상태(Neutral Position)를 허용할 수 없는 교리이다. 신자와 불신자 간의 일반은총의 영역에서의 공통분포는 영생에 관한 교리가 되는 예정론에서 공통분포를 형성할 수 있다는 말이 아니다. 일반은총의 공통분포가 영생에 관한 독자적인 하나님의 주권을 신자와 불신자가 다 함께 인식할 수 있도록 허용하지 않고 있다는 말이다. 일반은총이라는 공통분포를 통해 특별은총의 공통 분포를 이해할 수 있는 영역을 성경은 전혀 허용하지 않고 있다. 그렇기 때문에 인간의 의지를 강조하는 복음주의자들은 쌍방예정(Both Predestination)을 전혀 이해하지 못할 뿐더러 그 교리에 대해 반항하고 하나님께서 정하신 예정론을 무시하기까지 한다. 애매한 양다리 걸치기 기독교인이 아닌 이상 참된 기독교인은 "창세전에 나를 하나님의 기쁘신 뜻대로, 그리스도 안에서, 그리고 그의 사랑 안에서 선택하여 하나님의 영광을 찬송하게 하시려고 영원한 생명을 부여하셨다(엡1:4-6)."라는 이 교리에 가슴 조이며 감격하여 영혼의 옷깃을 여미며 날마다 주님을 찬양하며 살아가게 된다.

예수님께서는 복음서에서 스스로를 강조한 내용이 있다. 그 강조점은 **예수님이 누구인가?** 라는 문제였다. 예수님 자신이 스스로 하나님이라고 강조하셨다. 하나님 아버지의 존재에 대한 질문이 들어 올 때도 "나를 보았은즉 하나님을 보았다(요14:9)."라고 말씀하셨고 하나님의 인식에 대해 아주 중요한 말씀은 **너희가 나를 알았더라면 내 아버지도 알았으리라(요14:7)** 라는 내용이다. 역사적 신앙고백은 기독론 인식을 기독교의 가장 기본적인 교리로 정의하였다. 사도 신조에 나타난 기독론은 기독교를 인식하는 가장 기초적이며 아주 중요한 교리이다. 이 세상의 모든 사상과 종교는 이 원리에서 벗어나면 하나님을 인식하지 못하는 결과를 초래한다. 17세기 후반에 일기 시작한 종교 혼합주의(Syncretism)는 19세기에 후반기에 들어와 독일에서 일어난 종교사학파(Religionsgeschichtliche Schule)가 주장하는 종교적 상대주의에 그 원리를 제공했다. 20세기에 들어와 나타난 종교 다원주의(Pluralism)는 하나님 아들로서의 그리스도, 삼위일체 신론, 그리고 구세주로서의 2성1인격의 교리를 산산 조각 나도록 만들어 버렸다.

6. 전제주의 기독교 변증학의 발판

19세기의 극좌파의 신학적 토양은 획기적인 백색주의 기독교 변증학을 일으킬 수 있는 기회를 제공하고 있었다. 그 기회는 획일적인 사상이 지배하던 중세의 제도적 환경으로부터 완전히 탈피해 있었고 종교개혁 이후 18세기가지 회색주의 변증신학이 주류를 이루고 있었던 시대와는 달리 기독교 신학이 점점 더 흑색주의로 변해가고 있었기 때문이다. 기독교 변증학이 빛을 발할 수 있는 기회는 해괴망측한 사상들이 다양한 방향에서 기독교를 공격해 올 때이다. 교회가 극심한 박해를 받을 때와 교리적 혼란기에 처해 있을 때 강한 기독교 변증학이 일어나게 된다. 19세기 말 기독교의 본질을 찾으려는 개혁파 신학계에서는 아무 근거도 없이 무식하게 지껄여대는 비 기독교인들의 사상을 대항하기 위해 각고의 노력을 기울이게 되었다. 역사적 개혁파 신학은 항상 회색주의 변증학으로부터 백색주의를 보존하기 위해 심혈을 기울여 왔다. 19세기도 마찬가지였다. 그것은 소위 절대의존 감각(Sence of Absolute Dependence)을 주장하는 슐라이어마허(Schleiermacher)까지도 기독교를 변증하는 자로 자처하고 있었고 그 외의 신학자들은 자기들의 생각을 아무렇게나 지껄이고 있었기 때문이었다. 칸트(Kant) 이후에 나타난 세속철학자들이 하나님을 말하면서 이상하고도 야릇한 비기독교주의의 말장난에 수많은 사람들이 속아 넘어가고 있었다. 그와 같은 사상에 대해 로마 카톨릭까지 칸트(Kant)의 불가지론(Agnosticism)을 거절하고 나섰는데도 많은 사람들이 칸트(Kant)의 후예인 리츨(Ritschl)이나 하르낙(Harnack)의 사상을 따라가고 있었다.

또한 19세기에 들어와 급격한 과학적 발달과 함께 학문적 개방주의는 하나님을 향한 신앙심을 끊어 버리는 계기를 마련해 주고 있었다. 더하여 진화론을 주장하는 무리에서는 기독교를 문명의 산물로 인해 형성된 한 가지 종류의 종교에 불과하다는 주장들이 나오기 시작했다. 즉 문화는 종교를 양산해 내는 원인이며 종교가 문화를 양산해 내는 기원이 아니라고까지 주장하는 시대가 되었다. 이런 와중에 기독교 변증학은 회색주의 노선으로부터 점점 더 흑색주의로 변질되어 가고 있었다. 이제 기독교 변증학은 자기 위치를 찾기 위해 신앙고백주의로 돌아와야 할 절대 절명의 위기에 처하게 되었다. 결국 19세기에 들어와 교부들로부터 중세를 거쳐 18세기까지 이어졌던 회색주의 변증학은 회색주의 자체를 상실해 가고 있었다. 변증학의 색깔이 백색주의와 흑색주의로 점차 양극을 치닫게 되었다. 즉 회색주의 변증학은 흑색주의로 변질되어 가고 있었고 이에 반발한 부류들은 백색주의 변증학을 찾아가고 있었다.

19세기 자유주의 신학을 변증학적으로 논할 때 회색주의냐? 흑색주의냐? 를 규정하는 것은 사실상 그 의미가 없다. 교회사를 통해 볼 때 신앙고백주의 신학을 떠나서는 회색주의와 흑색주의는 항상 공통 분포를 형성하고 있었기 때문에 회색주의는 신앙고백주의에 동조하지 않았다는 점에서 회색주의는 항상 흑색주의와 같은 공통분포를 형성하고 있었다. 19세기 기독교 변증학의 변혁기가 찾아왔다. 19세기 이전까지 고전주의(Classical) 즉 전통주의(Traditional) 변증학이 초대교회로부터 회색을 유지해 오면서 고백주의 신학에 대항해 역사적으로 항상 백색주의를 괴롭히는 최전방의 공격수 역할을 해 왔다. 그리고 종국에는 흑색주의로 변질되어 버리고 말았다. 그 역사는 우리가 너무나 잘 아는 로마 교조주의(Catholicism), 펠라기안주의(Pelagianism), 그리고 알미니안주의(Arminianism) 등이 개혁파 신학을 혐오해 온 사실이 증명하고 있다.

개혁파 신학에서는 역사적으로 신앙고백주의 신학을 변함없이 지켜오고 있다. 종교개혁 이후 그 노선은 17세기 튜레틴(Francis Turretin)으로 이어졌으며 18세기 알렉산더(Archibald Alexander)로 이어졌으며 19세기 신 칼빈주의 신학자인 워필드(Benjamin B. Warfield), 카이퍼(Abraham Kuyper), 그리고 바빙크(Herman Bavinck)로 이어져왔다. 그런데 19세기에 들어와 신앙고백주의 신학은 거센 자연주의에 봉착하게 되었다. 여기서 깊이 생각할 것이 있는데 19세기 이전까지의 기독교 변증학적 입장에 관한 노선의 문제이다. 개혁파 신학이 신앙고백주의 교리를 잘 간직해 오면서도 한편으로는 변증학적 입장에 있어서 중세의 스콜라주의(Scholasticism)를 일부 방법론으로 채택한 기독교 변증학(Christian Apologetics)을 유지해 왔다는 점이다. 즉 19세기 개혁파 신학은 신앙고백주의 입장에서는 정통주의 노선을 유지해 오면서 기독교를 변증하는 입장에서는 회색주의 노선을 수용했다는 점이다. 그 증거로 19세기 개혁파 신학의 보루였던 프린스톤(Princeton)신학교가 교리학의 저변에 스코틀랜드(Scotland)의 상식철학(Common Philosophy)을 방법론으로 채택하고 있었다는 점이다.

칼빈(Calvin)이 그렇게도 로마 카톨릭의 스콜라주의(Scholasticism) 신학을 공격했음에도 종교개혁 이후 일부 개혁파 신학자들이 기독교 변증학에 있어서는 헬라주의에 기반을 두고 있는 스콜라주의(Schlolasticism)를 신학의 방법론으로 채택하였다는 것은 참으로 아이러니가 아닐 수 없다. 17세기 튜레틴(Turretin)은 그가 저술한 "변증신학 강요"에서 일부분 스콜라주의(Schlolasticism) 사상을 방법론으로 채용하여 합리적 변증을 시도하고 있었음을 엿볼 수 있다. 그의 아들 진 튜레틴(Jean Turretin, 1671-1737)은 아버지의 사상을 그대로 이어 받아 합리주의적 정통주의를 강조하여 계시와 이성의 조화를 제시하였다.[345] 17세기 당시에는 종교개혁에 대한 로마 카톨릭의 극단적인 반(反)종교개혁 운동이 일어나고 있었으며 알미니안주의(Arminianism)의 도전과 이성주의의 발흥으로 개혁파 신학계에서는 이에 대처하는 기독교 변증신학이 절대적으로 요구되고 있었다. 그럼에도 불구하고 아이러니하게도 당시 정통주의 개혁파 신학계에서는 교리적으로 역사적 신앙고백주의를 고수하면서도 기독교 변증신학에 있어서는 중세의 아퀴나스(Thomas Aquinas)의 이방인에 대한 반론(Contra Gentiles)을 기독교 변증학의 방법론으로 채택하여 기독교를 변호하고 있었다.[346]

18세기로 넘어와서도 신앙고백주의 진영에서는 정통성을 유지하면서도 기독교 변증신학에 있어서는 중세의 스콜라주의(Scholastism)를 벗어나지 못하고 있었다. 18세기 알렉산더(Archibald Alexander)는 구프린스톤(Old Princeton)의 신학을 개혁파 신학의 보루로 세우는데 기둥의 역할을 했었지만 변증신학의 분야에 있어서는 회색주의의 개념을 넘어서지 못하고 있었다. 그것은 튜레틴(Francis Turretin)의 변증신학의 방법론을 그대로 유지하는데 머물러 있었

---

345) 그리스도교 대사전, (대한기독교서회, 서울시 종로구 종로 2가, 1977년 7월), p.1070.

346) Alexander Turretin, Institutio Theologiae Elencticae 라는 저서에는 아퀴나스(Aquinas)의 변증학적 방법론을 인용해 그의 기독교 변증신학을 전개하고 있다.

기 때문이다. 칼빈(Calvin) 강요나 웨스트민스터(Westminster) 신앙고백을 신학교재로 사용하기보다 튜레틴(Turretin)의 변증신학을 더 사용할 것을 주장하고 나섰다. 이러한 신학적 기류는 후에 찰스 하지(Charles Hodge)의 상식철학(Common Philosophy)에 기반을 둔 합리주의적 조직신학을 형성하는데 절대적인 영향을 끼쳤다.

19세기 당시 프린스턴(Princeton) 신학교는 스코틀랜드(Scotland)의 상식철학(Common Philosophy)을 신학의 방법론으로 채택하여 합리적 체계를 세우는데 집중하였다. 당시 이러한 합리적 체계를 건설하는 신학의 흐름은 타 신학을 무시하는 기류를 자아냈다. 또한 당시 프린스턴(Princeton) 신학교는 미국의 신학사상은 물론 일반 교육계에 까지 지대한 영향력을 행사하고 있었다. 프린스턴(Princeton)은 교리적 확신보다 신비적 체험주의를 강조하는 부류를 향해 무지한 신앙사상을 바로 잡아 주는 역할을 하고 있다고 자부했다. 합리성을 무시한 일방적인 신앙을 강조하는 자들을 향해 수준 높은 개혁파 신학을 주문하고 있었다. 이러한 상황을 고려하여 개혁파 신학의 수준을 높이기 위해 알렉산더(Archibald Alexander)는 튜레틴(Francis Turretin)의 저서 "변증신학 강요"를 교재로 채택하여 위더스푼(Witherspoon)에 의해 대중화 된 스코틀랜드(Scotland)의 상식철학(Common Sense Philosophy)을 방법론으로 채택하여 웨스트민스터(Westminster) 신앙고백을 해석하는데 심혈을 기울이고 있었다.[347]

위에 기술한 교리학적 신학의 입장과 기독교 변증학과의 관계를 심각하게 고

---

347) 김의환, 현대신학개설, (개혁주의 신생협회, 서울시 서대문구 충정로 3가, 1998), pp.85-86.
　　상식철학(Philosophy of Common Sense)이라는 개념을 더 쉽게 이해하려면 "공동인식 철학" 이라는 말이 타당하다고 생각한다. 이 단어는 "Common Sense"에 초점을 두고 있는 철학이기 때문이다. 영국의 계몽주의 (Enlightenment)철학의 한 부류로 스코틀랜드(Scotland)에서 발달된 철학이다. 인간이 가지고 있는 공통적 인식을 바탕으로 학문이나 진리의 규준을 정하는 철학의 개념이다. 버클리(G. Berkeley)의 관념론이나 흄(D. Hume)의 회의론에 반대하여 진리의 증명은 자명하며 이 진리를 인식하는 능력이 바로 상식의 개념(Common Sense)에 의존해야 한다고 주장했다. 오스왈드(J. Oswald)는 이 진리를 인식하는 원리에 의하여 종교적 진리를 인식할 수 있다고 강조하였다(철학대사전, 학원사, 서울시 영등포구 양평동 5가, 1974년 10월, p.527).

려해야할 문제가 있다. 19세기 프린스턴(Princeton) 신학교는 교리학적으로 웨스트민스터 신앙고백을 강조함으로 성경의 권위를 앞세우는 데는 정통주의 노선을 유지하고 있었다. 그러나 변증신학을 정립하는데 있어서는 18세기까지 성행하였던 자연신론(自然神論)을 배격하기 위해 상식철학(Common Philosophy)을 신학의 방법론으로 채택하였다는데 심각한 문제점이 있다. 이는 18세기 계몽주의(啓蒙主義, Enlightenment)에 기초를 둔 이성주의를 변증신학의 방법론으로 채택하였다는 말이 된다. 다음과 같이 알렉산더(Alexander)가 주장한 말을 인용하면 당시의 변증신학의 관점을 간파할 수 있다.

"이성 없이 우리는 진리에 대한 어떤 개념의 성립도 불가능하다. 어떤 사실의 진리를 확인하려 할 때 어떤 증거위에 확립되었든지 간에 반드시 그 진리성 여부는 합리성에 달려 있다. 진리와 이성은 아주 밀접한 관계를 가지고 있기 때문에 서로 분리할 수 없다."[348]

위의 진술은 자연신론을 반격하기 위해 이성을 강조한 그의 변증신학이 회색주의 관념에 머물러 있었다는 것을 증명해 주고 있다. 신앙고백주의 입장에서는 교회사의 정통을 유지하면서 변증신학에 있어서는 결국 중세의 스콜라주의(Scholasticism)를 답습하는 결과를 가져왔다는 말이 된다. 이러한 사상이 19세기 프린스턴(Princeton) 신학교 대표적인 조직신학자인 하지(Charles Hodge) 교수로 연결되었다. 그의 교리적 수집학과 해박한 신학적 나열은 2천년 교회사에서 찾아보기 힘들 정도의 정교한 면을 보여주고 있다. 그러나 그의 신학은 귀납법적(Inductive) 방법론을 이용한 교리적 구조를 형성 하고 있다. 이러한 방법론 수용은 상식철학(Philosophy of Common Sense)의 틀을 벗어나지 못한 결과이다. 그는 성경의 내용을 자연의 사실(Fact)들과 동일하게 취급되어야 한다는 주장하기까지 하게 되었다. 즉 "베이콘적인 귀납적 방법(Baconian Method of Induction)을 사용할 때 자연 과학자들이 과오를 범할 수 없는 것과 같이 신학자

---

348) Archibald Alexander, Evidences of the Authenticity, Inspiration and Canonical Authority of the Holy Scriptures(Phila; Presbyterian Board of Publication, 1836), p.10.

들도 주어진 제목에 대하여 성경적인 주장을 세심하게 다루기만 하면 오류를 범할 수 없다."[349] 고 주장했다.

수준 높은 개혁파 신학을 강조하는 것은 칭송할 일이다. 그렇다고 세속철학의 방법론을 채택하여 합리적 이성에 기초한 신학의 전개는 기독교 변증학적 입장에서 볼 때 종국에 가서는 회색주의로 떨어지게 만드는 결과를 초래하게 되는데 참신한 기독교 변증학(Christian Apologetics)을 추구하는 사람으로서 절대권장할 만한 것이 못된다. 프린스턴(Princeton) 신학교가 설립된 지 100년이 지나고 자유주의 사상으로 신학의 퇴락의 길을 걸을 수밖에 없었던 이유를 우리는 알아야 할 것이다. 신학의 방법론을 채택할 때 이성주의적 합리성이 요구될 때가 있는 것은 사실이다. 그러나 모든 분야에 있어 합리적 방법을 적용할 때 "창조를 어떻게 규명할 것인가?" 하는 문제에 들어가면 증명이 불가능하게 된다. 사건(Fact)에 대한 증명은 논리적으로 불가능하기 때문에 역사적 사실에 의해 증명할 수밖에 없다. 증명에 있어 이성적 이해를 필요로 할 때는 논리(Logic)를 사용한 합리적 논증이 요구된다. 그러나 성경을 하나님의 말씀으로 신앙하는 문제와 삼위일체 하나님의 인격을 인식하는 문제는 한 가지의 철학적 주제를 가지고 전체를 통일적으로 적용할 수가 없다. 성경에 기록된 역사와 교리는 그 다양성과 깊이를 단순한 한 가지 범주를 전체적인 내용에다 적용할 수가 없기 때문이다. 논리가 성립될 수 없는 사건을 억지논리로 증명하려고 하면 불합리가 따를 수밖에 없다. 인간의 모든 심령을 뚫어 보시는 성령님의 사역은 성경이 말씀하는 모든 교리를 각 사람들의 인격에 맞도록 합당하게 적용하고 계시기 때문에 초등학문에 머물고 있는 단순한 세속철학을 성경의 교리와 대비할 수 없다.

그런 의미에서 우리는 19세기 개혁파 신학자 두 거두가 주장하는 변증학을 탐구해 볼 필요가 있다. 그 탐구는 자연주의 신학에 대항했던 아브라함 카이퍼(Abraham Kuyper)와 벤자민 워필드(Benjamin B. Warfield)의 기독교 변증학에 관한 내용이다. 이 두 개혁파 신학자들의 기독교 변증학을 탐구해 봄으

---

349) Charles Hodge, Systematic Theology, Vol I, The Inductive Method as Applied to Theology, (Eerdmans Publishing Company, Grand Rapids, 1979), p.10.

로 소위 회색주의적인 고전주의 변증학(Classical Apologetics)의 개념과 밴틸 (Cornelius Van Til) 박사가 주장한 성경의 전제주의 변증학(Presupposition-al Apologetics)의 개념을 확실하게 분리할 수 있는 전초전(前哨戰)을 찾아낼 수 있을 것이다.

카이퍼(Abraham Kuyper)는 화란 암스테르담(Amsterdam)의 자유대학 설립자였다. 벤자민 워필드(Benjamin B. Warfield)는 미국 프린스턴(Princeton) 신학교에서 뛰어난 개혁파 신학자로 활동하였다. 위의 두 신학자들은 암스테르담(Amsterdam)의 변증학과 프린스턴(Princeton)의 변증학을 대변하는 거두로 등장했다. 위의 두 신학자들은 모두 칼빈(Calvin)의 신학적 노선을 따르고 있었다. 성경을 하나님의 말씀으로 신앙하는데 일치된 관점을 가지고 있었다. 그러나 기독교 변증학(Christian Apologetics)의 방법론으로 들어가 보면 두 신학자 모두가 어느 정도 자연주의적 관점을 방법론으로 수용하고 있었다. 문제는 "누가 보다 더 강하게 자연주의적 관점을 방법론으로 채용했느냐?" 에 초점이 맞추어져 있다. 그런데 워필드(Warfield)와 카이퍼(Kuyper)는 미국과 유럽의 개혁파 신학의 대표적 주자로 활동하고 있었는데 서로 비슷한 신학적 견해를 가지고 있었다. 그러나 기독교 변증학(Christian Apologetics)으로 들어가면 둘 사이에 부분적인 차이점을 발견할 수 있다. 여기서 깊이 생각할 점은 기독교 변증학(Christian Apologetics)에 있어 카이퍼(Kuyper)보다 워필드(Warfield)가 자연신학의 관점을 더 많이 적용하고 있었다는 점이다. 이 점을 예리하게 간파하고 있었던 변증신학자는 웨스트민스터(Westminster) 신학교 교수로 재직하고 있었던 밴틸(Van Til) 박사였다. 그는 비록 프린스턴(Princeton) 신학의 후예였으나 기독교 변증학(Christian Apologetics)에 있어서는 프린스턴(Princeton) 신학교의 워필드(Warfield)보다 자신과 인간적 관계가 없는 자유대학 설립자인 카이퍼(Kuyper)의 입장에 더 가까운 노선에 서 있었다. 물론 카이퍼(Kuyper)도 부분적으로 자연주의를 기독교 변증학의 방법론으로 채용하고 있었으나 워필드(Warfield) 보다는 더 성경의 전제론에 가까운 신학을 전개하고 있었다. 아무 선입관 없이 신학적 입장만을 가지고 평가한다면 밴틸(Van Til) 박사는 카이

퍼(Kuyper)의 입장에 가까운 변증신학을 전개하고 있었다고 말할 수 있다.[350]

프린스턴(Princeton)에서 30년 이상 기독교 변증학(Christian Apologetics)을 가르치고 있었던 워필드(Warfield)는 역사적 개혁파 신학을 변증하는 일을 큰 사명으로 생각했다. 당시 다윈(Darwin)의 진화론, 독일의 자유주의 신학, 그리고 슐라이어마허(Schleiermacher)의 내재주의(內在主義, Immanence) 등은 기독교를 공격하는 사상적 사냥꾼들로 등장하였기 때문이었다. 기독교 변증학(Christian Apologetics)이 교리학 보다 우선 되어야 한다고 주장했던 워필드(Warfield)는 교리학과 기독교 변증학의 순서를 정하는 문제에 있어 화란의 개혁파 신학자인 카이퍼(Kuyper)와 다른 견해를 피력하고 있었다. 카이퍼(Kuyper)는 교리적 정립에 따라 기독교 변증학을 차선에 두어야 할 것을 주장한 반면 워필드(Warfield)는 기독교 변증학을 가장 먼저 그리고 교리학 보다 더 중요한 위치에 두어야 한다고 주장했다. 그러나 카이퍼(Kuyper)와 워필드(Warfield)가 말하는 변증신학의 주장을 좀 더 세심하게 탐구해 보면 자연주의 철학을 방법론으로 취급하는 데서 그 차이를 보이고 있다.

카이퍼(Kuyper)는 하나님의 인식론과 구원론에 있어 신자나 불신자에게 자연주의에 관한 지식을 적용하는 범위를 구분하여 정의 하였다. 자연주의 신학을 일반적 개념 즉 **비구원계시(Non Soteriological Revelation)**라는 개념으로 취급했다. 자연주의로부터 오는 인간의 지식 역시 하나님의 주권에 의해 모든 사람에게 하나님의 형상을 따라 일반은총의 영역에서 각자에게 공평하게 주어진다는 주장이다. 카이퍼(Kuyper)는 벨직(Belgic) 신앙고백을 인용하여 일반은총이 신자와 불신자에게 효과적으로 적용되는 면을 구분하여 설명하였다. 즉 모든 사람들은 다 같은 하나님의 주권의 영역 안에 존재하고 있으면서 하나님을 인식하고 있지만, 불신자는 하나님의 존재만을 알 수 있는 자연주의의 영역 안에 있고 다른 한편으로 신자는 성경을 통해 인격적인 하나님을 인식할 수 있다는 두 가지 길이 정해져 있음을 주장했다. 비록 자연주의 신학이 하나님의 존재를 인

---

350) Cornelius Van Til, A Christian Theory of Knowledge, (Presbyterian and Reformed Publishing Company, New Jersey, 1969), p.230.

식하고 있다고 강조할지라도 결코 구원에 관한 지식을 제공할 수 없는 사상이라는 주장이다.[351]

한편 워필드(Warfield)는 자연신학의 개념을 "인간의 내부와 인간의 주위에 대한 자연계시(Natural Revelation within and about Man)"에 관하여 자주 설명하고 있다. 즉 일반적인 사람은 신자이든 불신자이든 모두가 자연계시에 참여하게 된다고 결론지었다. 그러나 자연신학의 관점에 예속되어 있는 주제는 불신자의 문제와 연관되어 있다는 주장이다. 자연신학을 자연계시와 다른 관점에서 보아야 한다는 말이다. 인간의 주위에 대한 문제를 다루거나 또는 인간 내부에 관한 문제를 다루거나 자연신학은 자연계시와 관계된 것이 아니라는 말이다. 이 자연신학은 내적이든지 외적이든지 사람이 자연 계시로부터 추론(Infer)하는 것을 연관(Refer)시키는 학문이 아니라는 말이다. 즉 구원받은 자가 성령님의 빛 가운데 거하게 됨으로 자연계시로부터 추론(Infer)하는 것을 연관(Refer)시켜야 하는 것은 아니라고 주장하였다.[352]

위의 두 신학자들의 자연계시에 대한 차이점은 변증학적 방법론을 채용하는 하나님의 인식론에 들어가면 상당한 차이점이 생긴다는 것을 말해주고 있다. 만약 워필드(Warfield)의 주장을 개혁파 신학이 수용한다면 문제를 일으키는 질문이 발생한다. 자연계시에 관한 해석을 어떻게 수용해야 하느냐? 하는 문제이다. 자연계시를 자연인의 외적에 두어야 하느냐? 내적에 두어야 하느냐? 누가 인간의 자율성을 주장하느냐? 그리고 그 자율성은 누구로부터 왔느냐? 의 문제에 봉착하게 된다. 또한 자연인과 신자를 다스리는 하나님의 주권을 어떻게 정의하느냐? 만약에 자연인과 신자가 하나님을 인식하는데 있어 차이점을 두지 않는다면 일반적인 자율성의 원리와 유신론적 기독교인의 자율성의 원리와의 차이점을 무시하게 됨으로, 인간은 자연계시의 문제를 하나님의 섭리와 관계된 것을 무시하고 하나의 과정이라는 의미로만 해석하려 하기 때문에, 자연신학의 주제를 불신자와의 관계에서만 일방적으로 결론지을 수밖에 없는 것을 어떻게 해결할 수

---

351) Ibid, p.230.
352) Ibid, p.231.

있는가?[353] 라는 난제에 봉착하게 된다. 즉 불신자와 신자 사이에 있어 일반계시에 관한 공통점을 무시하게 될 때 뒤따라오는 틈을 해결할 수 없는 수렁에 빠지게 될 것이다.

자율성에 관한 관점을 살펴보면 카이퍼(Kuyper)와 워필드(Warfield)는 자료 사용에 있어서도 차이점을 나타내고 있다. 자연신학의 자료와 자연계시의 자료를 사용하는 점에 있어 서로의 차이점을 극복할 수 없는 것으로 보인다. 우리가 여기서 생각할 것은 19세기 당시 워필드(Warfield)와 카이퍼(Kuyper)가 기독교 변증학(Christian Apologetics)을 전개하는데 있어서는 서로가 통일점을 이루지 못하고 있었을 뿐 아니라, 각자 미비한 점이 나타나고 있었으며, 2천년 교회사가 답습한 회색주의 변증학의 울타리를 벗어나지 못하고 있었다는 점이다. 그러나 카이퍼(Kuyper)는 워필드(Warfield) 보다 더 명확하게 기독교인의 자율성과 비 기독교인의 자율성을 구별하여 설명함으로 보다 나은 성경 위주의 기독교 변증학(Christian Apologetics)의 길을 터놓았다고 말할 수 있다. 카이퍼(Kuyper)는 "자연인 역시 우주에 대한 관찰력을 상당 부분 가지고 있으며 올바로 정리할 수 있는 능력도 어느 정도 가지고 있다. 그러나 그러한 해석을 통해 하나님을 위해 바로 쓸 수 있는 능력은 상실했다."[354]라고 주장했다.

워필드는 "변증신학을 기독교의 어느 한 부분에만 적용하여 생각할 것이 아니고 일반 학문에 까지 적용하여 전체적이며 가장 중요한 부분으로 간주하여 적용해야 한다고 주장했다. 그 내용에 있어 다섯 가지 중요한 요점을 정리하면 다음과 같다.

(1) 하나님의 존재에 대해서는, 철학적 변증학으로 명명할 수 있는데, 이는 하나님의 존재를 확립시키기 위해 그 증명에 착수하는 일이다.
(2) 인간이 가지고 있는 종교적 본질과 종교적 감각에 대한 근거를 확립하는 일을 착수하는 데 있어서는 심리학적 변증학으로 명명할 수 있다.

353) Ibid, p.231.
354) Ibid, pp.231-232.

(3) 역사적으로 초자연적 사건에 대한 실재(Reality)를 확립하는 작업에 있어 하나님께서 그의 세계에 대한 실제적 관계를 결정하는 것을 포함하는 것뿐 아니라 하나님의 합리적 피조물에 대한 통치의 방법과 특별히 피조물에 대하여 하나님 자신을 알리는 양식을 증명하는 변증학에 착수해야 한다.

(4) 소위 역사적 변증학이라고 명명할 수 있는데 하나님 말씀을 특별 계시로 믿는 종교로서 기독교의 신적 기원을 확립하는 일에 착수하는 학문이다.

(5) 죄인을 구원하기 위한 하나님에 대한 계시의 자료로서 기독교의 경전인 성경을 신앙하는 가치를 확립하는 일에 착수하는 학문으로서 성격적 변증학이라고 명명할 수 있다.[355]

이러한 워필드(Warfield)의 주장은, 계시 종교로서 성경을 신앙하는 변증학을 강조하지만, 하나님의 존재론에 있어 심리적 유신론 증명을 위주로 기독교 변증학(Christian Apologetics)을 전개하기 때문에 성경을 전제로 하여 인격적 하나님을 증명하는데 있어 한계점에 직면할 수밖에 없다. 즉 종교적 심리에 기반을 둔 유신론 증명을 기독교 변증학(Christian Apologetics)과 병합시키려 할 때 종교현상학(Religious Phenomenology)이나 종교철학에 의존한 유신론 논증으로 기울어지게 되어 기독교가 역사적으로 고백한 신앙고백을 뒤로 돌려놓고 하나님의 존재만을 증명하게 되는 회색주의로 변질되어 버리게 될 것이다.

그러나 워필드(Warfield)는 다음과 같은 내용에 있어 카이퍼(Kuyper)의 주장에 동조하고 있다.

(1) 카이퍼(Kuyper)는 자연인은 죄로 말미암아 죽은 상태임을 강조하고 있다. 이러한 주장에 대해 워필드(Warfield)는 카이퍼(Kuyper)의 죄론을 높이 평가하였다. 이는 카이퍼(Kuyper)의 기독교 변증학(Christian Apologetics)에 대하여 올바른 평가를 내리고 있다는 증거이다.

---

355) Ibid, p.242.

(2) 워필드(Warfield)는 기독교의 객관적 이성주의(Objective Rationalism)를 강조하고 있다. 이는 카이퍼(Kuyper)가 객관적 이성주의를 신뢰하지 않는다는 것을 거절하지 않는다는 주장과 상통한다. 이러한 주장은 기독교 신앙이 이성을 무시하는 눈먼 신앙을 따르는 종교가 아니라는 것을 의미한다. 카이퍼(Kuyper)는 자연인이 진리에 대하여 눈이 먼 것이라고 말했다. 워필드(Warfield)는 이성적으로 기독교를 방어해야 한다고 주장했다. 여기에서 밴틸(Van Til) 박사는 카이퍼(Kuyper)에 대해 "자연인은 진리에 대해 눈먼 존재이기 때문에 기독교 변증학(Christian Apologetics)이 아무 쓸모없다는 것을 논증하는 것처럼 보인다."고 말했다. 그러나 워필드(Warfield)는 카이퍼(Kuyper)의 주장을 따르지 않고 칼빈(Calvin)에 가까운 논증을 펴고 있다. 즉 인간은 "하나님만이 창조주요, 심판자요, 그리고 인간에게 은혜를 베푸는 자임을 증명하고 있다."[356]라고 주장했다.

(3) 기독교가 객관적 이성주의 사상을 가지고 있다고 강조할 경우 워필드(Warfield)는 자연인의 원리와 기독교인의 원리 사이의 차이점을 적합하게 분석하지 못하고 있다. 워필드(Warfield)는 "올바른 이성은 사람이 인간 속에 가지고 있는 신성의 감각으로부터 나오는 것이다."라고 생각하고 있다. 그는 올바른 이성이란 인간이 자연적 증여의 덕을 입었음으로 자연계시를 올바로 해석할 수 있다고 주장했다.[357]

워필드(Warfield)는 19세기 보수주의 개혁파 신학의 보루로 남아 있었던 프린스턴(Princeton) 신학교에서 재직하고 있었다. 그러나 프린스턴(Princeton)의 후예로서 웨스트민스터(Westminster) 신학교 교수로 재직한 밴틸(Van Til) 박사는 인간적 관계가 없는 화란의 카이퍼(Kuyper)의 "신에 대한 인식론"을 선호하고 있었다. 물론 카이퍼(Kuyper)도 자연주의의 틀을 완전히 벗어나지 못하고 있었으나 신자와 불신자 사이에 나타나는 인식론을 구분한 부분에 있어서는 확실히 워필드(Warfield)보다 더 성경적이라 말할 수 있다. 밴틸(Van Til) 박사는 카이퍼(Kuyper) 보다 더 명확하게, 성경의 전제를 기준삼아 신자와 불신자 사

---

356) Ibid, p.243.

357) Ibid, pp.243-245.

이에 있어, 하나님에 대한 인식의 차이점을 밝히고 있다. 차이점에 대한 구체적인 내용은 제3장, 하나님에 관한 지식과 제5장, 전제주의(Presuppositionalism)와 기독교 변증학(Christian Apologetics)이란 제목에서 설명되어질 것이다.

19세기 프린스턴(Princeton) 신학은 교리적으로는 개혁파 신학을 추구하고 있었으나 스코틀랜드(Scotland)의 공통인식을 기반으로 하는 상식철학(Common Philosophy)을 방법론으로 채택하여 교의신학을 전개하고 있었는데 그 절정은 조직신학 교수인 하지 박사(Charles Hodge, 1797-1878)로 말미암아 꽃을 피우고 있었다. 하지(Hodge)의 조직신학을 자세히 읽어보면 수집학적이며, 해석학적이며, 스콜라주의(Scholasticism)의 방법론에 따른 변증적 요소가 자주 나타나게 된 점은 상식철학(Common Philosophy)의 영향이 크다고 말할 수 있다. 개혁파 신학에서 추구하는 신앙고백주의 변증학적 입장에서 볼 때는 대단히 위태한 신학적 노선으로 빠져 들것 같은 조짐을 느낄 수 있다. 밴틸(Van Til) 박사의 저서들을 탐구해 보면 카이퍼(Kuyper)나 바빙크(Herman Bavinck)의 신학적 내용을 인용한 부분이 자주 나타나고 있으나 하지(Hodge)의 신학적 내용을 인용한 부분은 극히 적은 것은 그 이유가 있다고 본다. 밴틸(Van Til) 박사의 변증신학은 성경의 전제에서 시작하여 신앙고백주의로 결론지을 때가 많다. 그의 기독교 변증학(Christian Apologetics)은 성경 전제주의(Presuppositionalism)로서 20세기 초기 개혁파 신학을 강조하는 그룹 속에 숨어있는 씨앗으로 존재하고 있었다.

IX. 20세기 난장판 신학과 보수주의의 울타리

이제 우리가 생각할 점은 20세기 개혁파 변증신학의 줄기를 어디서 찾을 것인가? 의 문제이다. 19세기 자연주의 신학의 영향으로 20세기 신학은 난장판이 되었다. 즉 성경에 기초한 신학의 정통성을 잃어버린 시대가 되었다. 또한 성경에 기초한 수직주의 신앙고백이 난도질을 당하는 시대가 되었다. 고대신조와 정통주의 개혁파 신앙고백서를 제 멋대로 뜯어 고쳐 이해할 수 없는 야릇한 언어를 동원하여 성경의 교훈을 조작하여 장난질을 하는 시대로 변질 되어 가고 있었다. 20세기 중반에는 세계교회 각처에서 사도신조를 거부하거나 수정하려는 사태까지 벌어졌다. 이렇게 난장판이 될 정도에 까지 이르게 된 신학적 역사과정을 종교개혁 이후부터 간단하게 정리해 보자.

16세기 종교개혁은 중세 로마 교조주의(Roman Catholicism)가 주장하는 공로주의적(Meritorious) 수평주의 개념을 신앙 고백주의적 수직주의로 바꾸어 놓았다. 즉 행위에 의한 수평주의를 믿음에 의한 수직주의로 바꾸어 놓은 것이다. 이러한 신앙고백주의는 행위 우선주의가 아니기 때문에 신앙고백에 기초한 교리를 우선으로 하는 신조주의 시대를 열어 놓았다. 이러한 교리 중심사상은 신앙생활에 기초한 행위를 멀리하게 되므로 자연히 사고를 우선적으로 취급하는 합리적 요소를 끌어 들이게 되었다. 그 결과 17세기 신학은 스콜라주의(Scholasticism) 요소에 기반을 둔 이성주의의 시대로 접어들게 되었다. 더불어 신앙생활이 흐트러진 이성주의에 대한 반동으로 나타난 신앙사상은 경건주의(Pietism)이다. 경건주의는 신앙고백주의 개념에 치우쳐 사색에 중점을 둔 신앙으로부터 탈출하여 생활에 중점을 두는 신앙운동이다. 그러나 이 운동은 중세 로마 교조주의(Catholicism)가 주장하는 수평주의 개념과는 다른 신앙생활양식을 띠고 있었다. 이 신앙생활 운동은 수직주의 신앙생활 운동이었다. 즉 기도, 성경 읽기, 그리고 전도운동이었다. 그러나 교리 없는 생활운동은 인간에게 허무를 가져오게 만들었다. 이러한 신앙생활운동의 반동으로 생활에서 떠나 다시 사색주의 기독교로 전환하게 되었다. 즉 이성주의가 발 돋음 하게 되었다. 그 결과 18세기 인간 이성을 꽃 피우는 계몽주의(Enlightenment) 운동이 활발하게 전개 되었다. 그러나 아무리 인간 이성이 발달되어도 성경에 기록된 초자연적 요소를 합리적으로 해결할 길이 없었다. 이러한 계몽주의(Enlightenment) 사상은 시공간 세계에 나타난 초자연적 사건을 자연주의에 의존하여 해석해 보려는 무모한 방향으로 흘러가고 있었다. 19세기에 들어와 성경에 나타난 초자연적 요소와 기적의 요소를 제거한 자연주의적 방법으로 연구하는 방향으로 전환하게 되었다. 이 자연주의는 19세기 이전까지 하나님의 존재만을 연구하는 자연주의적 개념으로부터 전환하여 성경에 기록된 기적을 시공간에서 일어난 자연법칙에 의한 사건으로 해결하려는 경향성을 드러냈다. 동시에 성경에 기록된 초자연적 사건을 빼버린 자연주의는 그 반동적 개념을 불러올 수 있는 여건을 마련하고 있었다. 그것이 바로 초월주의(Transcendentalism), 신정통주의(Neo Orthodoxianism), 즉 발트(Barth)주의 신학이다. 즉 시공간 세계에서 일어난 객관적 사건을 주관적으로 해석하자는 운동이었다. 이제 우리는 발트가 주장한 신정통주의(Neo Orthodoxianism) 신학 즉 19세기 자연주의에 대한 반동으로 일어난 신학을 살펴보아야 할 차례이다.

1. 신정통주의 신학(Neo Orthodox Theology)

신정통주의 신학(Neo Orthodox Theology)은 19세기 자연주의 신학에 대한 반동으로 일어난 초월주의(超越主義, Transcendentalism) 신학이다. 시공간의 역사 선상에서 일어난 객관적 사건을 시공간과 관계없이 주관적으로 해석하는 신학을 말한다. 이러한 신학사상을 이해하기 위해서는 초월주의(Transcendentalism)가 배경에 깔고 있는 철학적 이념을 살펴보아야 한다. 그 철학적 이념은 바로 실존주의(Existentialism)이다. 실존주의(Existentialism)는 19세기 자연주의적 합리주의(Rationalism) 내지 실증주의(Positivism)의 반동으로 일어난 실존적 주체를 강조하는 철학이다. 엄밀한 의미에서 칼 야스퍼스(Karl Jaspers, 1883-1969)만 진정한 실존주의(Existentialism)를 표방하는 철학자이며, 하이데거(Martin Heidegger, 1889-1976)는 스스로 자신의 입장을 현상학적 존재론으로 말하고 있으며, 사르트르(Jean Paul Sartre, 1905-1980)는 자신에 관한 입장을 실존주의(Existentialism)라고 자칭했으며, 이 철학은 원래 헤겔(Hegel) 철학과 대치되는 입장에서 실존에 대한 개념의 터를 닦은 키엘케골(Soren A.

Kierkegaard, 1813-1855)로부터 발생의 원인을 말하고 있다.

　실존주의(Existentialism)의 개념을 구체적으로 정리하면 진리는 객관주의적 합리성에 의해 형성되는 것이 아니다. 진리는 개별적이며 주관주의적이라고 강조한다. 인간은 구체적인 주체로서 이것이냐? 저것이냐? 의 선택 앞에 서 있는 윤리적 존재이다. 이러한 존재는 고독한 존재이다. 이러한 사상은 관념론(Idealism)에 대항한 주관적 존재를 중요시 한다. 그러므로 실존에 관한 인식은 실증주의(Positivism)에 반대하여 주체적 내면성에 기초를 두고 있다. 키엘케골(Kierkegaard)의 실존주의(Existentialism)는 정적 변증법(靜的 辨證法, Static 또는 Silent Dialectic)에 의존한 인식론이다. 정적 변증법(Static Dialectic)이란 주관적 변증법이라 말할 수 있는데 헤겔(Hegel)이 주장하는 객관적 관념론(Idea)에 대한 반동의 인식론이다. 계속하여 발트(Barth)의 정적 변증법(Static Dialectic)을 생각해 보자.

1) 칼 발트(Karl Barth, 1886-1968)

　발트(Barth)는 변증법적(Dialectical) 신학자이다. 그의 변증법(Dialectic)은 헤겔(Hegel)의 객관적인 관념론(Idea)에 기초한 정, 반, 합(正, 反, 合, Thesis, Antithesis, Synthesis)에 의한 역사적 과정으로서의 철학을 정적(靜的, Static) 변형의 형태로 전환시킨 변증법에 의한 신학을 전개하고 있다. 그는 정적 변증법(靜的 辨證法)에 하나님의 말씀을 대입시킨 신학을 강조하고 있다. 여기서 우리가 조심해야 할 내용은 발트(Barth)가 말씀을 강조한다고 해서 역사적 신앙고백에 의한 말씀주의가 아니라는 것이다. 그가 주장하는 말씀의 신학은 수직주의(Verticalism)에 기초한 실존적(Existential) 경험의 방법론을 적용하여 성경을 해석하는 입장이다. 그의 말씀의 신학을 적용하는 방법론은 대립적인 요소를 끌고 들어오는 정체성을 강조한다. "처음과 나중, 직접과 간접, 삶과 죽음, 그리고 이쪽과 저쪽" 등의 갈림길에서 어느 것을 택하느냐? 에 있어 주관적 인식에 초점을 맞추고 있다. 이러한 주관적 인식은 객관성에 의존하지 않고 지금 여기에서 일어나고 있는 하나님의 실존적 계시에 의존하는 인식이다. 그 인식은 계시 즉 말씀이 현실적으로 주어지는 주관적 개념에 의존하는 것을 말한다. 말씀이 주관적으로 인식될 때만 하나님의 말씀이 된다는 주장이다. 이러한 주관적 인식론을 계시와 연관 시키고 있으며 또한 그 계시를 말씀과 연관시키고 있기 때문에 그 주관적 인식은 자신만 아는 일이다. 객관적으로 감을 잡을 수 없다. 즉 일치된 어떤 객관적 정의를 도출해 낼 수 없다. 이것이 발트(Barth)를 이해하기 어려운 점인데 그의 주장이 아리송하여 신학인지 철학인지 감을 잡을 수 없는 것이 되어 버리고 만다.

발트(Barth)의 신학은 실존주의(Existentialism)의 도입으로 인하여 하나님과 인간과의 차이를 강조하고 있는데 그것은 인식론에 있어 하나님과 인간이 서로 인식할 수 있는, 통할 수 있는 속성, 즉 공유적 속성(共有的 屬性, Communicable Attribute)을 사실상 부정하고 있다. 이러한 인식론은 키엘케골(Kierkegaar)의 정적 실존주의(靜的 實存主義, Static Existentialism) 철학으로부터 도입된 것이다. 인간과 하나님과의 통할 수 있는 속성(Communicable Attribute)을 부정하기 때문에 인간이 하나님에게 나아가는 길이 없다고 생각한다. 즉 하나님에 관해 말한다는 것은 "하나님의 말씀에 관한 언급이다."라는 전환적 어법을 사용한다. 발트(Barth)는 말하기를 "사실은 하나님과 인간 사이에 무한한 질적 차이가 있기 때문에 인간이 하나님의 말씀에 대하여 말한다는 것은 불가능하다."라고 주장한다. 그러므로 **계시된 하나님의 말씀이란** 하나의 사건을 포함한 주관적 내용을 의미한다. 그 주관적 내용은 "성경이 하나님의 말씀의 증언으로서 나에게 주관적으로 인식되어질 때 참된 하나님의 말씀이 된다."라고 주장한다. 이렇게 발트(Barth)가 주장하는 말씀의 신학은 **"성경이 하나님의 말씀이다."**라는 객관성을 무시하고 "성경이 나에게 하나님의 말씀으로 되어 진다."라는 주관적 요소만을 강조하는 실존주의(Existentialism)적 인식론이 되어 버리고 만다.[358]

---

358) Karl Barth, The Doctrine of the Word of God, Volume I(Second Half-Volume), (Edinburgh, 1980), pp. 45-65.에 논증된 "계시의 시간(The Time of Revelation)"이란 제목에서 "하나님의 시간과 우리의 시간(God's Time and Our Time)"에 관하여 "하나님께서는 우리를 위해 존재하는 시간은 바로 지금이 그의 계시의 시간이다(The time has for us is just this time of His revelation)" 라고 주장함으로 객관적인 하나님의 계시관을 거절하고 성경 말씀이 인간의 심령 속에 적용될 때(계시의 시간) 그때만 하나님의 말씀으로 인식된다고 말했다. 또한 "하나님께서는 그의 계시의 시간 외에는 우리를 위한 시간이 없다(God has no other time for us than the time of His revelation)" 라고 말함으로

그의 유비적 인식론(Analogical Epistemology)은 변증법적(Dialectic) 방법론 적용에 있어 변형된 신앙유비의 인식론을 말한다. "하나님의 말씀"과 "인간의 말" 사이에는 유비적(Analogical) 관계가 있다고 규정하고 긍정적 변증법(Dialectic)의 인식론을 전개하였다. 신앙의 인식에 있어 "믿어지게 되는 것"과 "인식되어지는 것" 사이에 하나의 유비(analogie)가 존재하고 있다는 주장이다. 즉 하나님과 인간은 전적으로 같다고 말할 수 없다. 또한 전적으로 다르다고 말할 수도 없다. 만일 하나님과 인간이 전적으로 같다고 하면 하나님께서는 하나님이 아니고, 만약 하나님과 인간이 전적으로 다르다고 하면 인간은 하나님을 인식할 수 없게 된다. 그러므로 하나님과 인간이 다르기도 하지만 유사성이 있다는 의미에서 유비(analigie)관계가 존재한다. 즉 인간은 직관(Intuition)이나, 개념이나, 그리고 말에 의해 얻어지는 진리는 유한한 것이며 상대적이다. 그러나 하나님께서는 자신의 진리를 표현하기 위해 인간의 진리를 사용하신다. 여기서 발트(Barth)는 말하기를 "그의 진리는 우리의 진리가 아니지만 우리의 진리는 그의 진리이다." 또한 "우리의 말은 우리 자신의 것이 아니라 그의 것이다." 라고 주장했다. 이러한 주장은 우리에게는 비본질적인 것이 하나님에게는 본질적인 것이라는 주장이다.[359]

이러한 발트(Barth)의 신앙 유비론(劉備論, Analogia)은 인간의 실존적 주관주의로부터 시작하고 있다. 이 유비론(Analogy)은 인간의 부정적 사고를 무시하고 하나님과 직접 통할 수 있는 매개를 통한 주관적 입장에서의 능동적 사고방식의 인식론이다. 실존주의(Existentialism) 철학은 그 철학 자체의 본질적인 요소를 분석해 보면 허무주의와 염세주의를 배경에 깔고 있다. 그러나 하나님 인식론을 전개할 때 발트(Barth)는 부정적 반응을 나타내는 허무주의를 능동적 방향으로 전환하여 기적이나 또는 하나님과 통할 수 있는 주관적 매개를 원인으로 하여 신앙의 인식으로 들어간다는 주장이다. 이러한 신앙의 인식론은 성도들이 현세의 어려운 문제를 하나님 앞에 토로할 때 허무주의를 배경에 깔고 있지만 하나님

실존주의(Existentialism) 철학과 헤겔(Hegel)의 변증법을 방법론으로 채택하여 하나님과 나와의 무한한 대결의 과정을 통해 하나님을 인식한다는 주관주의를 강하게 시사하고 있다.

359) 조석만, 기독교신학서설, (대한신학대학원대학교, 경기도 안양시 만안구 석수 1동, 2009년), pp.254-255.

을 인식할 수 있는 기적적 매개물을 통해 하나님에 대한 인식이 형성될 때 낙심된 상태에서 능동적 생활의 활력을 찾게 되는 것으로 말하고 있다. 여기에서 문제가 되는 신학적 관점은 하나님을 인식하는데 있어 성경이 주관적 하나님의 말씀으로 화해지는(becomes) 것에 한하여 우리가 말씀을 받아들이느냐? 아니면 성경은 하나님의 말씀이다(is) 라는 객관적 계시의 인식을 받아들이느냐? 이다. 대부분 기적을 매개로 하여 하나님을 인식하는 실존주의(Existentialism)적 개념을 가지고 있는 자들은 성경이 나에게 하나님의 말씀이 된다(becomes)는 그 순간 하나님을 인식하게 된다고 생각한다. 비록 성경말씀이 나에게 적용되지 않았을 지라도 성경을 기록하게 하도록 감동을 주시는 성령님의 사역을 객관적으로 받아 들여야 하는 영감설과는 거리를 두고 있다. "말씀이 된다." 라는 주관적 인식론의 위험이 바로 여기에 있는데 그것은 성경을 객관적 입장에서 하나님의 말씀으로 받아들이지 못하고 주관적으로만 받아들일 때 성경말씀을 일시적이며 부분적인 신앙의 매개물로 처리해 버리게 된다. 이는 디모데전서 3장16절에 기록된 성경의 영감설, 믿음의 절대 기준, 그리고 신앙생활의 절대 기준에 위배된다.

발트(Barth)가 신 정통주의(Neo Orthodoxianism)의 신학자가 된 근거는 19세기 자연주의를 공격한데서 그 원인을 찾을 수 있다. 당시 신학계에서 상당수 많은 신학자들이 발트(Barth)를 정통주의자로 인식하고 있었다. 그런데 당시 밴틸(Cornelius Van Til)박사는 발트신학의 문제점을 공격하고 나섰다. 한 세대가 지나가기도 전에 신 정통주의(Neo Orthodoxianism) 신학을 따르는 발트(Barth)의 제자들이 성경의 완전 영감설을 비평하고 나왔을 뿐만 아니라 성경의 비신화론(Demythologization)을 들고 나왔다. 밴틸(Van Til) 박사의 지적이 옳았다는 것이 증명되었다. 발트(Barth) 신학의 문제점을 지적한 내용의 중요한 부분을 발췌하여 필자의 소견을 첨가해 다음과 같이 논증해 보려고 한다.

(1) 시공간의 역사(Historie)와 해석의 역사(Geschichte)

발트(Barth)가 성경을 보는 역사관에 있어 주관적 해석의 역사(Geschichte)에 초점을 두고 있다는 말은 예수님께서 사역하신 시공간의 사건(Hisorie) 보다 해석의 역사관(Geschichte)을 우선으로 하고 있다는 뜻이다. 주관적 해석의 역사(Geschichte)에 초점을 맞추어 그리스도의 사역을 해석하고 있다는 뜻이다. 그러나 성경은 시공간의 역사(Historie)와 해석의 역사(Geschichte)를 분리시켜 말씀하지 않고 있다. **"믿음으로 구원 얻는다."**라고 말할 때 그 구원의 인식은 해석의 역사(Geschichte)에 해당된다. 그러나 믿음의 근원이 되는 예수 그리스도의 사역은 시공간의 역사(Historie)에 해당된다. 나아가 성도에게 주어진 **믿음과** 예수 그리스도의 **사역은** 예정(Predestination)이라는 계획의 역사관에 의존하고 있다. 그러므로 성도가 얻은 구원은 하나님의 주권에 의존한 우주적인 역사관을 포함하고 있다. 이는 나사렛 예수님께서 존재하신 시공간의 역사성은 하나님의 주권과 우주적인 역사성에 관계하고 있다는 말이다.[360] 그런데 발트(Barth)의 역사관은 하나님의 주권과 우주론적인 개념에 포함된 객관적 시공간의 역사성(Historie)을 무시하고 주관적 해석의 역사(Geschichte)관에 초점을 맞추고 있다. 즉 시공간에 존재하셨던 그리스도에 관한 역사성(Historie)을 무시하는 역사관이다. 그것이 바로 발트(Barth)가 주장하는 해석의 역사(Geschichte)에 기준을 삼아 그리스도에 초점을 두고 있는 역사관이다.[361] 그렇다면 그리스도께서 시공간 세계에서 사역하신 역사적 사건은 오늘 내가 믿는 믿음을 일으키는 원인과 무관한 역사로 취급될 수 있다. 또 현재 내가 소유하고 있는 믿음은 시공간을 초월하여 사역하시는 성령님에 의해 공작되어진 열매이다. 그 성령님께서는 시공간 세계에서 사역하신 예수님의 공로를 나에게 적용하시는 사역자이시다. 예수님께서 십자가에서 죽으시고 부활하신 사역은 시공간 세계에서의 역사적 사건이다. 이 역사는 우연한 사건이 아니고 태초에 계획하신 하나님의 예정에 의해 일어난 사건이다. 그런데도 불구하고 발트(Barth)는 그리스도께서 시공간 세계에서 사역하신 역사적 존재와 그리스도의 인격을 동일 선상에 두지 않을뿐더러 연

---

360) Cornelius Van Til, Christianity and Barthianism, (Presbyterian and Reformed Publishing Co, New Jersey, 1977), p.7.

361) Ibid, p.9. 예수님의 역사성은 시공간의 역사와 해석의 역사를 모두 포함하고 있다는 것이 밴틸(Van Til) 박사의 주장이다. 이 역사성은 우연의 결과로서의 역사성이나 또는 원인 없는 초월주의(Transcendentalism)의 역사성을 배제한다. 즉 원인으로서 하나님의 작정에 의한 역사성이며 만물을 다스리시고, 보존하시고, 그리고 섭리하시는 역사성을 가지고 있다는 것을 주장하고 있다.

관 시키지 않고 있다.[362] 비록 예수 그리스도의 사역이 시공간 세계에서 성취되지 못했다고 할지라도 주관적으로 구속의 역사관을 인식하고 있으면 믿음이 성립될 수 있다는 주장이다. 이러한 주장은 그리스도의 인성을 가진 본질과 신성을 가진 본질을 분리하는 신학으로 전개될 수 있다는 말이다. 그리스도의 역사성은 신성과 인성의 2성1인격이 시공간 속에 존재해야 하는데도 불구하고 이를 거절하는 초월주의(Trascendentalism)를 강조한다. 믿음은 우연한 사건이 내 마음속에 존재하는 것으로 정의되어질 수 없다. 내 심령속에 존재하는 믿음은 계획된 사건과 역사적 사건에 의해 존재하는 것으로 정의되어져야 한다. 그리스도의 신인 양성은 태초에 하나님의 계획 가운데 예정 되어 있었던 사건이다. 창세 전의 구속 언약에 의해 시공간 세계에서 은혜언약의 중보자로 존재하신 분이 예수 그리스도시다. 믿는 자는 하나님의 은혜언약에 의해 백성이 되었다.

(2) 해석의 역사로서 화목(Reconciliation as Geschichte)

발트(Barth)는 "그리스도는 해석의 역사이다(Christ is Geschichte)." 라고 단언하였다. 즉 기독론에 있어 그리스도의 객관적 사역(Historie)을 주관적 해석의 역사(Geschichte)에다 초점을 맞추고 있다. 예수님의 구속사역을 객관적 시공간의 역사에 의해 일어난 사건임을 부정한다. 먼저 해석의 역사(Geschichte)로서 예수님의 구속사역을 수납해야 할 것을 강조하고 있다. 즉 믿는 자는 해석의 역사(Geschichte)를 주관적으로 수납해야 한다는 주장이다. 이러한 생각은 성경에 기록된 시공간의 역사를 객관적으로 수용하는 역사관이 아니고 초월주의(Transcendentalism)에 의존한 주관주의 역사관을 수용할 것을 강조하는 입장이다.[363] 이러한 역사관은 시공간 세계에서 사역한 예수님의 사건을 무시하고 내심령 속에 실존적(實存的, Existential)으로만 존재하는 신앙을 받아들이게 되면 객관적 역사성이 없이 공상적으로 부활을 믿어도 된다는 말이다. 그러나 예수님께서는 스스로를 하나님의 아들로 증거 하실 때 구약의 역사성과 예언성을 들어 말씀하셨다. 구약의 예언은 역사성이 없는 예언이 아니고 이스라엘 백성과 아브

---

362) Ibid, pp.13-14.
363) Ibid, p.32.

라함, 이삭, 그리고 야곱의 역사적 언약을 통해 예수님을 예언한 것들이다. 만약 발트(Barth)와 같이 예수님께서 역사적으로 십자가에서 죽으시고 부활하신 객관적 사건의 역사를 무시하고 그 부활의 내용만을 내 심령 속에 신앙한다는 말은 구약의 역사에 기초한 예언, 하나님의 직접통치의 역사, 그리고 미래의 종말적 역사성을 무시하는 말이 된다. 사실(Fact)에 근거를 두지 않는 공상적인 부활의 개념만을 신앙한다는 말이 된다.

2) 브루너(Emil Brunner)

브루너의 신학을 논평하기 전에 필자가 브루너(Brunner)의 저술로 인하여 고통을 겪었던 경험을 약간 진술해야할 필요성을 강하게 느껴 여기에 몇 문장 적어보려고 한다. 12세 되던 해 겨울 이웃집 진섭이란 어린이가 갑자가 급성 디프테리아로 세상을 떠났다. 내 일생에 내가 아는 사람들 중에 처음으로 죽음을 당한 사람을 접하게 되었다. 나는 심한 고뇌에 빠지게 되었다. 그 어린이가 심히도 불쌍하거니와 정말 죽은 후에 인식이 전혀 없어져 버리게 되었는가?에 관심이 집중되었다. 그러나 중학교 입시 준비로 잠깐 인생의 죽음을 잊어버리고 지나다가 세월이 흘러 18세 되던 해 겨울 이웃집 할아버지가 세상을 떠났다. 그 할아버지의 죽음은 그의 죽음에 대한 불쌍함을 넘어 나에게 극심한 고통으로 변하여 나의 마음속으로 파고 들어왔다. 그의 죽음이 나의 죽음을 옭죄어 오는 사슬이 되었다. 나도 언제인가 죽어야 한다. 그렇다면 그 죽음을 해결할 길이 없는가? 그래서 서점에 가서 세계 사상전집에 나오는 "종교철학, 종교입문, 그리고 인생철학"에 관한 책들을 사다가 읽기 시작했다. 그 책들 가운데 하나가 에밀 브루너(Emil Brunner)가 저술한 "종교철학" 이란 책이었다. 처음에는 눈이 번쩍 뜨일 정도의 호감을 느끼게 되었다. 거기에 인생의 죽고 사는 문제를 해결할 길이 있는 것처럼 보였다. 그러나 읽어 갈수록 내 심령속에 혼란만 쌓여 갔다. 더욱이 한문이 많이 섞여 있는데다 어려운 철학적인 내용이 뒤섞여 있었기 때문이었다. 그러나 호감을 느끼게 하는 말들이 나왔다. 인생의 삶과 죽음에 대한 말이 나왔기 때문이었다. 그러나 그 책을 읽어 갈수록 혼란만 더 가중되었다. 사람이 죽은 후에 일어날 일에 대해 전혀 대답이 없었기 때문이었다. 거기에는 자유주의 신학이 배경에 깔려 있었기 때문에 도저히 이해할 수 없는 신학적인 말들만 늘어놓았다. 차라리 인간은 죽음으로 끝난다. 아니면 인간은 죽으면 천국에 못 갈지라도 어떻게 된다는 말이 있어야 할 것을 기대했다. 비록 내가 죽음에 대한 해결을 얻을 수 없었을지라도 제발 인생의 종말 즉 죽은 후의 일을 말해 주기를 그토록 원했으나 인생과 종교에 대한 변죽만 울리고 말았다.

나는 심히도 실망하고 말았다. 어떻게 해야 인생의 죽음을 해결할 수 있는가? 나는 어느 추운 겨울 저녁 헌 누더기 같은 이불을 뒤집어쓰고 내가 사는 동네 뒤에 흐르는 시냇가 돌덩이 위에 앉아 시냇물을 바라보고 하염없이 눈물을 흘렸다. "시냇물아! 너는 이 지구가 생긴 후에 끊임없이 흘러가는 물이 되었느냐? 네가 말을 할 수 있다면 나에게 말해다오! 왜 인생은 살다가 죽어야 하느냐? 너와 내가 삶을 바꾸어 10년을 지낼 수 있느냐? 그리고 내가 다시 살아난 후 그 10년 동안의 이야기를 나누어 보자."라고 슬픔에 젖은 독백을 하고 있는데 남풍을 타고 들려오는 교회당의 종소리가 내 귓전을 때리기 시작했다. 나는 생각했다. 예수쟁이들이 **천국과 지옥을 말하는데** 내일 교회 가서 인생에 죽음의 문제를 문의해 보자. 그리고 다음날 방과 후 교회 목사님을 찾아가 인생의 죽음에 관한 질문을 한 후 "죽지 않은 길이 있느냐?" 고 진중하게 질문을 여쭈었다. 그 대답은 간단하게 "영생의 길이 있다." 라는 것이었다. 그리고 죽음의 원인과 영생의 조건을 설명해 주셨다. 그리고 작은 신약성경 한권을 주시면서 읽어 보라는 것이었다. 이것이 내 평생에 주 예수 그리스도를 만나는 동기였다.

내가 기독교에 들어와 신앙생활 하면서 밤낮을 모르고 성경에 매달릴 때 처음에는 그 문장들이 쉬운데도 내용은 극히 이해하기 어려웠다. 그러나 성경은 사람의 죽음에 대한 문제를 명확하게 거론하고 있었다. **"하늘나라, 지옥, 그리고 영원한 생명"** 등에 관하여 확실하게 말씀해 주고 있었다. 처음에는 그러한 내용들을 전혀 이해할 수가 없었다. 그러다가 **"사람이 천하를 얻고도 그 생명을 잃으면 무슨 소용이 있느냐?"**라는 성경 말씀에 부딪치고 말았다. 이 절박한 고뇌 속에서 나를 구해 줄 어떤 이도 없다는 마음을 가지고, 물에 빠져 죽어가는 자가 지푸라기를 잡는 마음으로, 성경을 읽어내려 가기 시작했다. 차츰 차츰 성경이 이해되면서 나는 나의 생명이 나의 것이 아님을 깨달아 갔다. 나는 예수 그리스도와 접 붙임을 당한자라는 것을 깨닫고 난 후 우연히 에밀 브루너(Emil Brunner)가 지은 "종교철학"이라는 책을 다시 떠들어 볼 수 있게 되었다. 그 책의 내용이 아주 보잘 것 없는 내용으로 꽉 차 있는 것을 발견하게 되었다. 심지어 그 책은 인생을 망치게 하는 말장난만 늘어놓은 것으로 받아들여지게 되었다. 그러므로 나는 아예 자유주의, 세속철학, 그리고 타종교가 내 심령을 지배할 수 없도록 하나님의 주권 가운데 선택받은 사람이라는 생각이 들었다. 어떤 경우도 사람이 죽는 문제를 해결할 길은 오직 한길 성경에서 말씀하시는 구세주 예수 그리스도를 통하는 길 그 외에는 없다는 것을 깨달았다. 만약 어떤 사람이 인간의 자유의지를 강조하여 신인협력(神人協力)설을 통해 구원이 이루어진다고 주장한다면 "차라리 나는 예수님을 안 믿었으면 몰라도 그런 식의 예수님을 믿을 수 없다."고 단호하게 말하게 되었다. 지나온 일이지만 당시 내가 겪었던 그런 일들은 전혀 나의 의지와 상관없이 성령님의 강권적인 사역에 끌려가고 있었던 것이다. 그래서 나는 구원을 주시기 위한 **예정** 또는 **선택**이란 말을 들을 때마다 가슴이 메어지며 눈물을 글썽일 때가 한 두 번이 아니다.

에밀 브루너(Emil Brunner)의 신학은 "자연신학"에 초점을 맞추고 있다. 그 자연신학은 계시의 전제로서 내재주의(Immanent) 신학을 기본으로 삼고 있다. 즉 인간의 의식을 통한 신 인식을 강조한다. 그는 "신학은 종교를 문제 삼지 않고 계시를 문제 삼고 있기 때문에 종교철학은 기독교 신학의 기반위에 존재할 수 없다. 종교라는 것은 어떠한 종류이든 간에 인간적 생의 형식이다."[364] 라고 말했으며 나아가 그는 "모든 문제의 문제, 수수께끼의 수수께끼는 사람 자신이다."[365] 라고 말했다.

또한 브루너(Brunner)의 실존주의(Existentialism) 개념은 발트(Barth)의 그것과는 차이가 있다. 브루너(Brunner)는 실존적 개념을 하나님에게 나아가는

---

364) 에밀 브루너(Emil Brunner), 윤성범 역, (세계 사상 교양전집 제 2권, 종교철학, 을지문화사, 서울시 종로구 관철동, 1963년), p.287.

365) Ibid, p.387.

통로로 생각하고 하나님의 개념에 연결된다고 주장한다. 즉 발트(Barth)가 주장한 수직적 계시관을 수정한 실존주의(Existentialism)이다. 발트(Barth)는 타자(他者, the other)의 권위에 의해 실존적으로 일어나는 신앙을 강조하지만 브루너(Brunner)는 인간의 윤리적 결단에 의한 실존주의(Existentialism)를 강조한다. 브루너(Brunner)는 발트(Barth)가 주장한 말씀의 신학이 인간에게 접근하는 방법에 있어 회의적이라는 생각을 가지고 있다. 즉 초월적(Transcendental) 접근에 대해 부정적이다. 브루너(Brunner)는 발트(Barth)의 초월주의(Transcendentalism)를 거절하고 자연신학에 기초한 윤리적 실존주의(Existentialism)를 강조하고 있다.[366]

발트(Barth)는 수직주의적(Vertical) 실존주의(Existentialism)에 기초를 둔 초월주의(Transcendentalism) 신학이며 브루너(Brunner)는 수평주의적(Horizontal) 실존주의(Existentialism)에 기초를 둔 인간 윤리중심의 신학이다.[367] 계시론에 있어 발트(Barth)는 성경계시의 우선권을 강조하지만 개혁파 신학이 주장하는 객관적 성경계시주의가 되지 못하기 때문에 초월주의(Transcendental)로 전락해 버리고 말았다. 발트(Barth)보다 더 자유주의적인 요소를 내포하고 있는 브루너(Brunner)는 계시의 수평주의를 선호하는 경향으로 나타나 초자연적인 성경계시를 윤리적 방향으로 해석하여 하나님과 인간과의 수평적 관계에 관심을 집중시켰다. 이러한 브루너(Brunner)의 신학적 경향성은 실존주의(Existentialism)에다 기초를 둔 초월주의(Transcendentalism)적 신정통주의(Neo Orthodoxianism) 신학을 윤리적 실존주의(Existentialism)로 전환시켜 후에 급진주의신학(Radicalism)을 낳는 조부가 되는 결과를 초래했다.

---

366) 조석만, 기독교신학서설, (대한신학대학원대학교. 경기도 안양시 만안구 석수동, 2009년), pp.259-261.

367) 기독교 대백과사전(기독교문사, Volume VII, 서울 서초구 반포동, 1992, p.1422)에 브루너(Brunner)의 실존주의적 윤리학(Existential Ethics)을 소개하고 있다. 브루너(Brunner)는 하나님과 나와의 관계를 강조한 철학에 관심을 두었다. "인격체로서의 인간은 하나님 앞에 책임이 있다. 그러나 죄인으로서의 인간은 하나님에 대해 반역을 행하고 있다. 의를 행할 수 있는 힘은 인간을 신앙에 의해 새로운 피조물이 되게 하시는 그리스도의 내재하는 영으로부터 온다."라고 주장했다. 그러나 그가 주장하는 새로운 피조물이란 윤리적 관계를 말하는 것이며 영적 거듭남을 의미하는 것이 아니다.

3) 불트만(Rudolf Bultmann, 1884-1976)

불트만(Bultmann)은 "공관복음서 전승사"라는 저술에서 복음서의 성립과정을 "케리그마(선포 또는 선교, Kerygma, κήρυγμα)"의 의미로 해석하려고 했다. 역사적 예수님의 생애는 복음서를 통해 알 수 있는 것이 아니라고 말했다. 초대교회에서 예수님에 대해 하나님의 아들, 구세주, 메시아, 그리고 부활과 승천에 관하여 역사적 사실을 알 수가 없었으므로 제자들이 첨가한 내용에 불과하다는 주장을 했다.[368] 예수님께서 기적을 행하신 일들은 시공간에서 볼 때 사건적으로 그리고 현실적으로 불가능하다는 주장을 함으로 그러한 기적의 사건들을 신화로 치부해 버렸다. 그리고 그 신화들을 성경에서 제거하자는 비신화론 (Demythologization) 운동을 일으켰다.

비신화론(Demythologization)의 구체적인 내용들은 예수님의 처녀탄생, 십자가의 죽음, 부활, 승천, 그리고 재림 등은 예수님을 극히 숭배하는 제자들이 만들어 낸 신화적 작품에 불과하기 때문에 역사적 사건으로 재편하든지 아니면 제거해야 한다는 주장이다. 또한 신약성경에서 말씀하고 있는 3층 구조인 하늘, 땅, 그리고 지옥으로 나누어 놓은 계층을 받아들일 수 없다고 말했다. 더욱이 천사나 마귀의 존재를 무시했다. 성경에 기록된 기적을 역사적으로 받아들일 수 없기 때문에 현대인의 관점에서는 전혀 이해가 안 되는 부분이므로 신화로 보고 이것들을 제거해야 한다고 주장했다.[369]

이러한 케리그마(Kerygma)의 해석에 기초한 비신화론(Demythologization)은 성경에 나타난 기적의 사건을 신화로 만들어 이 신화를 제거함으로 성경에 나타난 메시지 즉 케리그마(선교의 내용, Kerygma)만을 중요시하여 성경이 말씀하는 진수를 찾아내야 한다고 강조했다. 이러한 사상은 예수님께서 사역하신 시공간의 역사성을 부정한 사악한 불신앙적 개념이다. 이는 예수님의 역사

---

368) 조석만, 기독교신학서설, (대한신학대학원대학교, 경기도 안양시 만안구 석수 1동, 2009년), p.262.

369) Ibid, p.263. ; Rudolf Bultmann, New Testament and Mythology in Kerygma and myth, (London, 1953), pp.1-44.의 내용을 번역 인용함.

(Historie)에 기초한 구속사역을 부정하고 실존적 만남을 매개로 하여 허공을 치는 초월주의(Existentialism)적 관념에 의존하고 있는 케리그마(Kerygma)주의 철학이다. 발트(Barth)는 예수님의 역사성을 멀리하고 먼저 초월적Transcendental) 실존주의(Existentialism)에 기반을 두고 있는데 반하여 불트만(Bultmann)은 케리그마(선교의 내용, Kerygma)의 실존주의(Existentialism)를 강조하고 있다.

4) 고가르텐(Friedrich Gogarten, 1887-1967)

고가르텐(Gogarten)의 신학은 세속주의로 명명할 수 있다. 그는 "기독교는 세속화의 토대이다. 이 세상에는 두 개의 세계관이 있는데 하나는 신비적이며 마술적인 사건들이다. 사람이 태양, 별, 나무, 심지어 돌을 섬기는 세계를 말한다. 또한 그와 반대로 성경이 주장하는 세계관이 그것이다. 창조주의 하나님을 믿는 세계관이다. 그러나 이러한 두 가지의 세계관을 비교해 볼 때 이 세상의 어떤 것도 하나님을 바로 섬기고 예배할 수 있는 현실은 못된다. 그러므로 우리가 참된 신앙의 눈으로 현실을 바라볼 때 세속화가 당연한 귀결이다. 그렇기 때문에 하나님을 하나님으로 인식하기 위해서는 모든 피조물이 세속화 되어야 한다. 피조물이 세속화 되기 위해서는 세속주의(Secularism)가 있어야 한다. 그러한 세속주의(Secularism)는 나치주의(Nazism) 또는 허무주의(Nihilism) 등이다. 이러한 사상들은 현세에 있어 눈에 보이는 것들에 초점을 맞추었기 때문에 세속주의(Secularism)라고 칭한다."[370]라고 주장했다.

고가르텐(Gogarten)의 세속화 신학은 하나님과 피조물의 관계를 잘못 인식하고 있기 때문에 기독교의 하나님과 세상과의 관계에 있어 하나님의 통치적 요소를 배제시켜 해석하고 있다. 그는 창조주 하나님과 피조물의 관계에 있어 인간은 하나님으로부터 사명을 받아 세상을 다스리는 존재라는 것을 무시하고 있다. 그러나 성경은 인간이 하나님으로부터 이 세상의 모든 것들을 다스리라는 명령을 받았다고 가르친다. 만물에 대한 중보적 사역을 임명 받았다. 하나님과 이 세

---

370) Ibid, p.266.

상 사이의 인간은 하나님 없이 존재할 수 없으며 만물 없이 존재할 수 없다. 인간은 하나님과의 관계를 정의할 때 아버지와 자녀와의 관계를 형성하여 하나님으로부터 이 세상을 상속 받아 세계를 다스리고 발전시켜야 할 책임이 있다. 또 인간은 하나님께 속하여 있는 동시에 세상에 속하여 있기 때문에 인간은 하나님과 세상에 대해 바른 위치를 정립해야 한다. 인간은 하나님과 피조물 사이에서 바른 위치를 확보해야 하며 그렇게 함으로 하나님과 인간과 세상의 관계를 올바르게 형성하게 되는 것이다. 그러므로 인간은 하나님의 상속자로 피조물의 주인이 된다. 이러한 아들의 위치를 지키는 일은 신앙의 능력을 통해서만 가능한 일이며 인간은 하나님으로부터 자유의지를 부여 받아 세상에서 자유를 누리며 활동할 수 있게 된다.[371]

고가르텐(Gogarten)의 세속주의 신학은 독일 이성주의의 전통으로부터 그 기원을 찾을 수 있는데 하나님의 초자연주의(超自然主義, Supernaturalism)를 포기한 국가사회주의 종교에서 하나님을 찾자는 주장이다. 하나님의 계시가 하나님 자신으로부터 기원된다는 생각을 없애고 계시가 국가의 역사 속에서 일어난다고 주장하기 때문에 세속주의 신학이다. 이러한 사상은 개혁파 신학이 말하는 일반은총의 개념에서 볼 때 하나님께서 자연과 역사를 통치하시는 주권적 교리와는 전혀 상반된 입장을 주장하고 있다.

5) 틸리히(Paul Johannes Tillich, 1886-1965)

그는 독일 히틀러 정권에 반기를 든 사유로 미국으로 이주하여 유니온(Union) 신학교 교수가 되었다. 처음에는 발트(Barth)에 관심을 가지고 접근하였으나 후에는 발트(Barth)의 신학에 회의를 느끼기 시작했다. 그 이유는 발트(Barth)의 신학에는 문화를 해석하는 관점이 존재하지 않았기 때문이었다고 불만을 나타내고 신학과, 철학과, 그리고 문화의 연결을 시도하는 철학적 종교관을 제시했다. 그의 궁극적 관념의 신학은 성경은 하나의 상징적인 이론에 불과하다는 주장이다. 그러므로 성경은 궁극적 관심을 가지고 읽어야 하는데 성경을 단순히 문자대

---

371) Ibid, pp.267-268.

로 읽어 신앙하는 것은 물론 그와 반대로 비신화론(Demythologization)의 방법
역시 잘못됐다고 주장했다. 그래서 성경을 철학적 방향으로 이해해야 한다고 주
장했다. 모든 종교적 개념은 상징을 가지고 있기 때문에 "하나님은 영원하시다,
살아계시다, 선하시다, 창조자이다, 그리고 인격적이다."라고 말하는 것에 대해
서는 모두 상징적인 의미로 받아들여야 한다.[372]고 주장했다.

　　그는 불교의 허무주의에 대해서도 깊은 관심을 가졌다. 불교에도 상징을 표하
는 궁극적인 요소가 많이 존재한다고 주장했다. 그는 모든 종교를 상대적으로 보
고 있었다. 종교의 상대적 개념의 배후에는 기독교의 초자연적 요소나 절대적 구
원관을 부정하는 사상이 깔려있기 때문이다. 그는 종교의 가르침으로부터 절대
성을 빼고 합성 또는 종합(綜合, Synthesis)이라는 이념을 투입 시키고 있다. 종
교를 문학, 정치, 예술, 그리고 일반 문화에까지 개입시켜 해석하려고 한다. 문화
는 인생의 모든 것을 포함하는 종합적 개념으로서 종교도 그 문화 속에 포함되어
있다.[373]고 말했다. 이는 종교로부터 파생되어 나오는 문화를 역으로 생각하고 있
다. 절대성인 기독교를 타 종교와 객관화시키는 일은 물론 일반문화에 까지 객관
화 시키려 하고 있다. 모든 문화의 파생이 기독교에 기원을 두고 형성되는 것을
반동적으로 생각하여 종교를 문화 속으로 흡수시켜 성도가 문화명령의 사명을 감
당해야 할 것을 거절하게 하는 불가사의(不可思議)한 발상을 하였다.

2. 급진신학(Radical Theology)

　　19세기 자유주의 신학은 자연주의로 표현된다. 그러나 20세기 자유주의 신학
은 급진신학(Radical Theology)으로 표현된다. 급진신학(Radical Theology)
은 20세기 세계 2차 대전이 끝나고 듣기도 거북한 괴상한 이름을 가지고 등장한
행동주의 신학들을 두고 하는 말이다. 이러한 급진신학(Radical Theology)은
19세기 자연주의적 자유주의 신학에 그 뿌리를 두고 있다. 한편으로 신정통주의
(Neo Orthodoxy)신학에 대한 여러 가지 돌출적인 견해들은 급진신학(Radical

---

372) Ibid, p.269.
373) Ibid, p.270.

Theology)의 원조가 되었다. 즉 발트(Barth)의 후예들인 브루너(Brunner), 불트만(Bultmann), 그리고 고가르텐(Gogarten) 등이 신앙고백주의를 무시한 돌출적인 신학들을 들고 나온 것이 바로 그것들이다. 자기들 마음대로 하나님에 대한 불경죄를 범하는 말들을 쏟아내고 그 내용들을 즐기는 사악한 신학이 급진신학(Radical Theology)이다. 성경을 난도질 하는 무엄한 말을 쏟아 내고 그것을 신학이라고 주장하는 망령된 죄를 범하는 시대로 전환된 것이다. 한마디로 20세기 신학은 난장판 신학의 시대를 맞이하게 되었다.

그러한 신학의 유형들은 정치신학, 혁명의 신학, 해방신학, 희망의 신학, 여성신학, 흑인신학, 역사의 신학, 과정신학, 상황윤리 등이다. 남미 해방신학의 유형들과 같은 사상을 가지고 나타난 한국의 민중신학, 미국의 여성신학과 흑인신학 등은 해방을 목표로 삼고 투쟁적인 행동주의 신학이다. 이러한 신학들은 억눌린 자들을 해방시켜야 한다는 이념적 투쟁에다 신학이라는 이름을 대입시켜 일반 대중으로 하여금 정치적 집단화를 꾀하는 운동이었다. 또한 종교 혼합주의, 종교 다원주의, 그리고 New Age운동 등은 기독교와 타 종교를 객관이라는 이름으로 동일 또는 동질 선상에 놓고 기독교의 구원관을 말살시켜 버린 망령된 일을 행하게 되었다. 나아가 쾌락주의를 종교와 연관시켜 극단주의적 탈(脫) 기독교 신학을 주장한 놀기 신학, 축제의 신학, Sex 신학 등은 기독교의 교리와 의식으로 부터 탈출하여 감각적인 즐거움에 기초를 두고 종교라는 이름으로 경외하는 마음을 가지고 교리를 연마하며 예배하는 삶을 파괴하는 운동으로 나타나고 있었다.

미치광이가 갈지자로 걸어가는 것과 똑 같은 20세기 자유주의 신학을 대항하기 위해 개혁파 신학을 중심으로 일어난 보수주의 신학은 자신들의 영역을 지키기 위해 강력한 신학의 울타리를 쌓아 올리는데 여념이 없었다. 그러나 그 개혁파 신학의 회복은 쉽게 이루어지는 것이 아니었다. 수난의 과정을 거쳐야 했다. 19세기 자연주의가 낳은 사생아적 신학이 20세기에 쏟아져 나와 난장판 신학이 된 것이다. 19세기 자연주의는 인간의 영혼을 생명으로 인도하는 줄기 자체를 파열 시키는 기둥이 되었다. 당시 많은 사람들은 허무로 그들의 심령을 채우고 있었다. "과거를 생각하라." 는 이스라엘 백성을 향한 하나님의 강권이 미국을 중심으로 다시 일어나기 시작했다. 성령운동을 중심한 신유의 은사주의 운동이 그중에 하나이며, 다른 하나는 복음적 교리를 중심으로 일어난 근본주의 운동이었다.

3. 전제주의 기독교 변증학의 태생

물론 19세기로부터 20세기를 넘어오면서 개혁파 신학은 프린스턴(Princeton) 신학의 위축으로 숫자는 많이 위축되어 가고 있었으나 교리적 노선은 어느정도 본 괴도의 상태를 유지하고 있었다. 그러나 우리가 간과해서는 안 될 신학적 문제가 존재하고 있었다. 기독교 변증학(Christian Apologetics)적 입장에서 꼭 짚고 넘어가야할 세속철학과 신학과의 관계이다. 즉 개혁파 신학의 입장은 성경과 신앙고백주의에 의해 변증학을 전개하되 세속철학의 방법론을 채용하지 않는다는 주장이다. 다시 강조하건대 세속철학과 신학의 접촉점을 형성하는 회색주의를 용인할 수 없다는 주장이다. 그런데 당시 프린스턴(Princeton) 신학은 교리적으로 개혁파 신학을 유지해 오고 있었으나 변증학에 있어서는 저변에 회색주의 노선을 깔고 있었다. 그 이유는 바로 스코틀랜드(Scotland)의 공동 인식을 강조하는 상식철학(Common Philosophy)을 신학의 방법론으로 도입하고 있었기 때문이었다. 이미 오래 전부터 자유주의가 들어올 수 있는 길을 저변에 닦아 놓고 있었다는 말이 된다. 물론 교리적으로는 정통 개혁파 신학을 추구하고 있었음에도 기독교를 변증하는 입장에서는 지적 요소를 우선으로 하는 개혁파 스콜라주의(Scholasticism)를 선호하고 있었다는 말이다.

그와 같은 개혁파 스콜라주의(Scholasticism)적 입장은 이미 하지(Charles Hodge)의 조직신학에 나타나고 있었다. 하지(Hodge)는 신학과 과학의 유비론(劉備論, Analogy)에 있어 과학의 합리적 부분을 신학의 방법론으로 채택하고 있었다. 즉 신학을 이론적 건설에 맞추어 구성할 것을 주문하고 있었다. 심지어는 성경에 나타난 시공간의 사건을 설명 할 때도 논리적으로 이론화하여 설명하려고 하였다. 즉 시공간의 사건을 사건 그대로 언어적으로 표현하는 일에 있어 다른 이론적 설명을 시도하고 있었다. 예로 누가복음 1장에 기록된 예수님의 탄생의 사건에 대한 진술을 근원부터 차례대로 기록하는 것 외에 사건에 대한 논리적 설명이 필요하지 않다[374]는 견해에 대하여 의문을 제기하고 나섰다.

드디어 20세기에 들어와 프린스턴(Princeton)에서 정통 개혁파 신학의 조종이 울리게 되었다. 애매한 회색주의 신학은 역사적으로 항상 자유주의 또는 이교도 사상이 들어올 수 있는 뒷문을 열어주었던 현상이 프린스턴(Princeton)에도 나타나고 있었다. 중도파 신학의 길을 걷고 있던 스티븐슨(Stevenson)이 교장으로 들어오자 프린스턴(Princeton) 신학이 급격한 자유주의화로 기울어져 가고 있었다. 호시탐탐 기회를 엿보던 자유주의는 약간의 틈새를 놓치지 않고 개혁파 신학을 공격하기 위해 숨겨 놓았던 사악한 발톱을 드러내기 시작했다. 19세기 프린스턴(Princeton)의 개혁파 신학은 스코틀랜드(Scotland)의 상식철학 Ccommon Philosophy)때문에 변증학적으로 개혁파적 스콜라주의(Reformed Scholasticism) 사상을 암암리에 심어준 하지(Charles Hodge)의 줄기를 이어오고 있었다. 20세기에 들어와 프린스턴(Princeton)에서 개혁파 신학이 무너질 때 메이첸(Machen) 박사가 개혁파 신학을 사수하기 위해 고군분투하고 있었다. 그러나 프린스턴(Princeton)은 중도파 신학에 머물러 있지 못하고 신학의 추는 급속히 자유주의로 기울어지기 시작했다. 이러한 현상은 기독교 변증학(Christian Apologetics)의 역사를 볼 때 과거의 전철을 답습한 닮은꼴이 나타났다는 역사적 증거였다. 프린스턴(Princeton)의 신학이 회색주의로 기울어졌다는 말은 자유주의화 되어가고 있다는 것과 통하는 말이다. 이때 메이첸(John Gresham Machen, 1881-1937) 박사는 자유주의를 대항해 고독한 싸움을 하게 되었다.

메이첸(Machen) 박사는 신약을 주로 가르치면서 기독교 변증학(Christian Apologetics)을 가르치고 있었다. 그의 변증신학은 기독교의 역사성을 강조함으로부터 시작되었다고 말해도 과언이 아니다. 성경에 기록된 역사성을 확증하기 위해 증빙문서에 의한 분석을 바로 증거하고 논증해야 할 것을 주장했다. 거기에다 성경의 문법적 해석에 의해 기독교의 진리를 변증해야 한다고 강조하였다.

---

374) John M. Frame, The Doctrine of the Knowledge of God, (Presbyterian and Reformed Publishing Co, New Jersey, 1987), pp.78-79.

이는 단순한 역사적 사건을 증거하는 입장으로부터 시작하여 나아가 성경말씀을 은혜의 방편으로 하여 하나님에 대한 인격적 신뢰를 바탕으로 형성된 신앙고백주의 신학을 강조한 것이었다.[375] 이러한 성경 본문 중심적이며 역사적 신앙고백에 의한 변증신학의 전개는 그 후예가 되었던 밴틸(Van Til) 박사에게 전달되어 성경 전제주의 변증학(Presuppositional Apologetics)을 형성하는 기초가 되었다고 볼 수 있다. 메이첸(Machen) 박사는 프린스턴(Princeton)에서 개혁파 신학을 계승하려고 몸부림을 치고 있는 가운데 이미 그의 신학사상은 자신도 모르게 프린스턴(Princeton)의 상식철학(Common Philosophy)에 의한 신학의 방법론을 떠나 성경 전제주의 변증학을 정립하고 있었다. 그러한 신학적 줄기는 그의 신학적 저술과 활동을 통해 쉽게 추적할 수가 있다. 19세기 자연주의적 자유주의 신학이 프린스턴(Princeton)을 점령하려는 시점에서 메이첸(Machen) 박사는 자유주의를 대항해 신학적 전투를 벌이게 됨으로 자연스럽게 오직 성경의 본문을 고수하는 변증학을 전개할 수밖에 없었다.

또 다른 한 가지 메이첸(Machen) 박사의 변증학적 입장은 신앙고백주의의 신학을 전제하고 있었다. 그는 후에 웨스트민스터(Westminster) 신학교 개교 예배에서 강조하기를 "기독교는 장로교회 신앙고백에 명시된 그대로의 진리를 보존해 나가야 한다."라고 강조했다. 그리고 기독교의 진리를 신앙고백에 의해 학문적 변증을 확증하는 것이 가능하다고 주장했다.[376] 이러한 신앙고백주의 신학은 후에 역사적 신앙고백을 기독교 변증학의 요소로 강조하는 밴틸(Van Til) 박사에게 큰 영향을 끼친 것으로 추적할 수 있다. 밴틸(Van Til) 박사의 기독교 변증학(Christian Apologetics)은 아주 간결하고, 정확하고, 그리고 확실한 성경적 증거와 교회사가 고백한 신앙고백주의를 전제로 삼아 비기독교적 요소를 역공하는 입장이다. 그리고 세속철학이나 타 종교의 주장이 아무리 어려운 내용이라 할지라도 아주 세밀하고 정확하게 진단을 내린 후 그 내용을 분석하여 성경적 교리를 통해 통렬하게 역공하고 있다. 그러한 내용 분석에 대해 독자들이 때로는 밴틸(Van Til) 박사의 변증신학을 이해할 수 없다고 말하는 경우를 접할 때

<hr />

375) 김의환, 現代神學槪說, 개혁주의 신생협회, (서울시 서대문구 충정로, 1998), pp.102-103.
376) Ibid, p.103.

가 많다. 그러나 그러한 일은 세속철학자들의 가증한 말장난 때문에 일어나는 문제이지 성경의 전제에 기초한 변증신학 때문에 생겨나는 것이 아니다. 밴틸(Van Til) 박사의 기독교 변증학 그 자체는 항상 성경과 교회사적 신앙고백을 전제함으로 칼빈(Calvin)의 노선을 벗어나지 않고 성경과 교회를 통해 내려오는 신앙고백에 충실하고 있다. 복잡한 것 같으나 신학의 노선이 명쾌하고 정확하여 하나님의 주권신앙을 가지고 접할 때 아주 확신 있는 변증신학이란 것을 깨닫게 된다.

이러한 밴틸(Van Til) 박사의 기독교 변증학적 입장은 메이첸(Machen) 박사보다 더욱 확실한 성경 전제주의(Presuppositional) 기독교 변증학(Christian Apologetics)으로 발전되었는데 미국 필라델피아 웨스트민스터(Westminster) 신학교 교수직을 수행하면서 기독교 변증학(Christian Apologetics)의 꽃을 피우게 되었다. 예수님께서 부활하시고 승천하신 후 2천년 동안 회색주의 변증신학 때문에 교회는 교리적으로 수없는 방황의 길목에서 서성이고 있었다. 예수님과 사도들은 유대주의와 헬라주의의 깃털 한 조각이라도 기독교에 붙어오는 것을 거절했다. 인간의 사악하고, 간교하고, 그리고 편협적인 생각은 항상 하나님의 거룩한 영역을 침범하려는 간악한 근성을 버리지 못하고 있다. 기독교인이라면 아무 흠도 없는 그리스도의 사역을 올바로 인식할 수 있는 길잡이가 되는 성경을 신앙하는 일에 모든 것을 투자해야 함에도 불구하고 인간의 잡동사니 사상을 성경에 접목시키려는 사악한 음모를 꾸미고 있다.

20세기에 들어와 전제주의 변증학(Presuppositional Apologetics)이 새로운 둥지 안에 안착하게 되었다. 웨스트민스터(Westminster) 신학교 설립자인 메이첸(Gresham Machen) 박사가 성경의 완전 영감설을 통한 기독교 변증학을 주창하고 나섰기 때문이다. 그런데 프린스턴(Princeton) 신학교에서는 좌경화에 대항하는 메이첸(Machen) 박사를 축출함으로 자유주의 길로 들어서는데 있어 거침돌을 제거한 셈이 되었다. 프린스턴(Princeton)에서 쫓겨난 메이첸(Machen) 박사는 웨스트민스터(Westminster) 신학교를 세울 수밖에 없는 형편에 처하게 되었다. 이때 그의 후예인 밴틸(Van Til) 박사가 메이첸(Machen) 박사의 변증학을 이어 받아 가르치게 되었다. 2천년 동안 세속철학을 동원한 회색주의 방법론을 탈피하고 성경의 전제론을 방법론으로 채택한 기독교 변증학(Christian Apologetics)을 가르치게 되었다. 이제 성경과 교회사적 신앙고백에 기초한 기독교 변증학(Christian Apologetics)을 정립하기 위해 우리가 제 신학의 개념들을 정리할 필요가 있다고 본다.

4. 20세기 각 신학들의 개념

개혁파 신학에서 정확하게 정립해야 할 기독교 변증학(Christian Apologetics)은 어떤 것인가? 무턱대고 "예수 십자가, 복음을 믿고 구원만 받으며 된다."라는 정도에서 끝나는 교리를 주장하는 것이 기독교 변증학인가? 그것은 아니다. 복음주의, 근본주의, 정통주의, 그리고 개혁파 신학을 총괄하여 같은 의미로 받아들인다면 아마 그런 애매한 신학적 개념이 허용될 것이다. 그러나 위에 열거한 여러 가지 신학적 개념들을 깊이 있게 살펴보면 상당한 차이가 난다는 것을 알 수 있다. 특히 변증신학의 입장에서 그 뿌리를 캐보면 더욱 그렇다. 그러므로 20세기에 거론된 제 신학의 개념들을 구체적으로 정리하여 기독교 변증학(Christian Apologetics)의 입장을 정립해야 할 필요가 있다.

1) 자유주의(Liberalism)

사실 자유주의라는 개념은 우리가 관심을 기울일 필요조차 없다. 자유주의는 신학이 아니기 때문이다. 그러나 알아야 할 이유가 있다. 자유주의 개념 안에 들어있는 사상을 격파함으로 개혁파 신학의 변증신학을 정립하기 위해서다. 적을 알아야 승리의 전략을 세울 수 있기 때문이다. 자유주의라는 개념은 근대주의적 개념을[377] 포함하고 있다. 근대신학(近代神學, Modern Theology)은 17세기부터 19세기에 이르기까지 주로 자유주의적 신학의 개념을 지칭하는 말이다. 근대

---

377) 근대주의(近代主義)는 현대주의(現代主義) 개념과 차이를 가지고 있다. 상당수의 사람들이 위 둘의 개념을 혼동하여 사용하는 경우를 종종 보게 된다. 특히 신학적 개념에서 그렇다. 근대신학(近代神學, Modern Theology)은 종교개혁 이후 19세기까지의 신학을 말한다. 정확하게 시대적으로 구분하려면 1914년 세계 제 1차 대전을 중심으로 그 이전을 근대신학(近代神學)의 시대로 말하며 그 이후를 현대신학(現代神學, Contemporary)의 시대로 말한다.

주의(Modernism)라는 의미는 독일 신학계에서 주로 사용했던 말인데 계몽주의 (Enlightenment) 시대 이후의 사상적 개념을 포함하는 말이다. 이 개념은 극단의 합리주의와 교리적 정통주의에 대한 반발운동을 지칭하는 말이다. 정통적 객관주의 교리에 대한 반발운동이므로 슐라이어마허(Schleiermacher)의 철학적 주관주의가 깃들어 있다. 그는 종교를 "독자적인 심적 활동이다." 라고 주장하여 "경건은 직관(直觀, Intuition)과 감정(感情)이며 절대의존감정(絶對依存感情, Feeling of Absolute Dependence)"[378] 이라고 주장했다.

교회사적으로 볼 때 자유주의는 정통주의에 대항한다는 의미를 가지고 있다. 성경과 신앙고백의 객관주의적 전제를 강제 또는 억압의 개념으로 해석하여 이성적 활동의 입지를 강조하는 개념이다. 이 개념은 성경 본문에 대하여 비판적 정신과, 과학적 연구와, 역사적 사건과, 종교적 체험과, 그리고 신앙의 실존적 파악 등을 통하여 주관적 해석에 초점을 맞추는 신학이다.[379] 이러한 사상은 성경의 하나님을 불신하는 개념까지도 신학이라는 한 범주로 받아들이고 있다. 이러한 자유주의 개념은 19세기에 절정을 이루었고 20세기에 들어와 급진주의 (Radicalism)로 발전하였다.

19세기 이후 자유주의 계보는 다음과 같다. 슐라이어마허(Schleiermacher) 이후 자유주의 신학을 영국과 미국에 소개하는데 많은 역할을 한 콜릿지 (Coleridge, 1790-1876), 신학의 형이상학적 개념을 배제하고 종교의 실천적 개념만을 중요하게 생각하여 예수 그리스도에 대한 역사적 계시와 하나님 나라에 대한 관념주의 개념을 강조한 리츨(Albrecht Ritchl, 1822-1889), 복음서의 초자연적 요소를 합리주의로 해석한 하제(Karl Von Hase, 1800-1890), 형이상학적으로는 헤겔(Hegel)의 사상을 적용시키면서 심리적으로는 슐라이어마허(Schleiermacher)의 사상을 인용하여 성경에 응용하려는 스위스의 비데르만(Alois Emanuel Biederman, 1819-1885), 그리스도의 역사성에 있어 리츨 (Ritchl)의 노선을 따르는 헤르만(Johann Wilhelm Hermann, 1846-1922)과

---

378) 김진수, 신학해설사전, (생명의말씀사, 서울, 1984), p.623.
379) Ibid, p.625.

하르낙(Adolf Von Harnack, 1851-1930), 성경의 영감설을 파괴하기 위해 구약의 모세 5경에 문서비평을 가하여 P문서, J문서 ,E문서 ,D문서의 순서를 J문서, E문서, D문서, P문서의 순서로 바꾸어 버린 웰하우센(Julius Wellhausen, 1844-1918), 그리스도의 초자연적 사역을 시공간의 역사 속으로 끌어내린 슈바이처(Alberto Schweitzer, 1875-1965)와 바이스(Johannes Weiss, 1863-1914), 성경의 종교사적 연구에만 치우친 군켈(Hermann Gunkel, 1862-1932)과 보우세트(Wilhelm Bousset, 1865-1920)와 트뢸치(Ernst Troeltsch, 1865-1923) 등이다.[380]

이러한 자유주의 신학을 개괄적으로 정리해 보면

첫째; 성경과 교리를 역사적 객관주의 입장에서 고백적으로 표출하는 정통성을 부정하고, 상대성을 주장하는 주관적 합리주의(Rationalism) 내지 실존주의(Existentialism)를 강조하는 신학이다.

둘째; 예수님의 인성을 강조하는데 치우친 기독론 중심의 신학이다. 이러한 신학의 양상은 주로 복음서의 자료에 근거한 신학으로 동정녀 탄생, 십자가의 대속적 죽음, 그리고 부활과 승천 등을 신앙의 근거로 삼는 일을 거절한다. 또한 하나님의 존재론에 있어 하나님의 내재성(Immanent)만을 강조하거나 초월성(Transcendental)만을 강조한다. 하나님의 주권에 의한 예정론은 부정하여 만물에 대한 다스림과 경륜을 부정한다.

이제 자유주의의 반동으로 나타난 또 하나의 신학적 운동이 있었는데 그것이 바로 근본주의(Fundamentalism) 운동이다. 이 운동은 19세기 "자유주의, 독일의 고등비평주의, 그리고 다윈(Darwin)의 진화론 등의 사상에 대항하여 반동적으로 일어난 신학운동이다. 이 운동의 뿌리를 다음과 같이 캐볼 필요가 있다.

2) 근본주의(Fundamentalism)

근본주의(Fundamentalism)란 말은 1920년 미국 침례교단의 기관지인

---

380) Ibid, pp.626-627

"The Watchman Examiner"의 편집자 로스(Curtis Kee Laws)에 의해 사용되기 시작했다. 그 후로 근본주의(Fundamentalism)라는 말이 불신자들에게까지 알려지게 되었고 우파인 보수주의자들 모두에게 근본주의자들(Fundamentalists)이라는 통속어가 적용되었다. 그러나 당시 개혁파 신학계에서는 근본주의(Fundamentalism)라는 말에 별로 흥미를 느끼지 못했다. 그 이유는 근본주의(Fundamentalism)라는 용어가 시대적으로 나타난 단편적인 신학운동에 그칠 우려가 있었기 때문이었다.[381] 이러한 견해가 옳았던 것은 근본주의(Fundamentalism)라는 신학의 범위는 신학의 범주가 좁은 19세기 자유주의에 대항하여 일어난 신학운동이었기 때문에 교리적으로 제한적 요소가 있었을 뿐만 아니라 역사적이며 객관적인 교리사적 신학에 비추어 볼 때 협소한 부분이 강조되어 있었기 때문이었다. 자유주의 신학은 언제나 성경을 교리적으로, 전체적으로, 그리고 객관적으로 표출할 수 없고 지엽적인 요소를 통해 성경을 비판하기 때문에 당시 이에 대항한 근본주의(Fundamentalism) 신학 역시 지엽적 요소를 표출할 수밖에 없었다. 그러나 개혁파 신학을 선호하는 자들은 근본주의(Fundamentalism) 신학을 배척할 수 없는 입장이었다. 그 이유는 싸워야 할 상대가 자유주의 신학이었기 때문이었다. 당시 자유주의 사상은 구미를 휩쓸고 있어서 보수주의자들은 약간의 신학적 차이를 극복하고 힘을 합쳐 자유주의를 대항해 싸워야 할 처지에 놓여 있었다.

19세기 말 진화론, 유니테리언주의(Unitarianism)의 삼위일체론 거부,[382] 그리고 지질학의 연대설에다 독일에서 유입된 성경 고등비평은 미국신학의 혼미를 가져오게 하였다. 성경의 무오설이 성경 고등비평주의에 의해 도마 위에서 난도

---

381) 김의환, 현대신학개설, (개혁주의 신생협회, 서울, 1898,9), p.188.

382) 유니테리언주의(Unitarianism)는 종교개혁이 일어나기 이전 16세기 초 유럽에서 일어난 반삼위일체 운동이다. 이 운동은 후에 인문주의자인 에라스무스(Erasmus)와 삼위일체론을 거절한 세르베투스(Servetus)에게도 영향을 끼치게 되었다. 후에 유니테리언(Unitarian) 운동은 교회를 조직할 때 교육과 자선사업에 적극적 활동을 전개함으로 유럽과 미국에서 영향력을 확대해 나갔다. 많은 사람들이 아리우스(Arius)주의를 거쳐 유니테리언주의(Unitarianism)로 합류하였으며 많은 재세례파들도 이에 가담하였다. 18세기 이후에 이 운동은 세계 각처에 영향력을 행사하기 시작했는데 역사적 교회의 신앙고백주의를 배격하고 시대정신과 연관된 맹세의 약속을 기초로 하여 교리의 원리를 삼고 있다.

질당하는 생선과 같은 신세가 되고 말았다. 여기에 대항하여 일어난 보수주의 운동이 바로 근본주의(Fundamentalism) 운동이었다. 1895년 나이아가라(Niagara)에서 모인 사경회에서 자유주의가 주창한 5대 고등비평의 비성경적 교리를 대항하기 위해 다음과 같은 성경의 근본 교리인 5가지를 발표하기에 이르렀다.

(1) 성경의 무오성
(2) 예수님의 동정녀 탄생
(3) 예수님의 대속적 죽음
(4) 예수님의 육체적 부활
(5) 예수님의 육체적 재림

위의 5가지 성경의 근본교리를 신앙하는 자들을 근본주의자(Fundamentalist)들이라고 지칭하게 되었다. 이들은 20세기에 들어와 활발한 문서운동을 전개했다. 그 가운데서도 특히 "근본주의들 : 진리에 대한 증거(The Fundamentals: A Testimony to the Truth)" 라는 12권의 신학 논문집은 당시 보수주의 신학을 대변하는 역할을 담당하고 있었는데 집필자들은 권위 있는 미국과 영국의 보수주의 신학자들로 구성되어 있었다.

그 논문집은 300만권 이상 보급 되었고 집필자들은 워필드(Benjamin B. Warfield), 존 라일(John C. Ryle), 카일(M.C. Kyle), 그리고 에드만(Charles Edman) 등이었다. 이 논문집에는 선교 분야에 대한 글도 실렸으며 자유주의 신학을 비평하는 글이 주류를 이루었다.[383] 이 논문집의 여파로 북미에서는 자유주의 대 보수주의의 논쟁이 격화되었고 그 신학적 대결은 큰 파장을 일으켜 신학적으로 그룹별 분파를 조성하게 되었다. 각처에서 보수주의 대 자유주의의 극한 대립이 돌출되었다. 지역마다 보수주의 신학대학과 신학대학원이 새로 세워지게 되고 그 학교들로 인하여 보수주의 신학운동은 말 그대로 보수를 강조하여 강력한 **보수주의 울타리를** 형성하게 되었다. 이러한 신학교들은 보수적 신학 연

---

383) George M. Marden, Fundamentalism and American Culture, (Oxford: Oxford University Press, 1980), p.118.

맹을 결성하게 되었고 가입된 신학교 수만 해도 100여 개가 넘을 정도였다. 이러한 울타리를 형성한 신학교들은 교단적 배경을 떠나 독립체제로 운영하게 되었고 졸업생들은 자신이 속한 교단으로 돌아가 보수주의 운동에 커다란 역할을 감당하였다.[384)]

1910년대 까지 프린스턴(Princeton) 신학교는 보수주의 개혁파 신학노선을 유지하고 있었으나 스콜라주의(Scholasticism)적 개혁파 신학을 저변에 형성하고 있었다. 이는 자유주의가 들어올 수 있는 뒷문을 열어놓은 상태였다. 1920년 대 들어와 신학적 중도파인 스티븐슨(Stevenson)이 프린스턴Princeton) 신학교에 교장으로 들어와서는 신학교 행정체제와 교수들을 바꾸기 위해 교단의 정치정서에 맞게 신학을 유지해야 한다는 명목으로 신약과 변증학을 가르치고 있었던 메이첸(Gresham Machen) 박사를 축출하고 말았다. 결국 메이첸(Machen) 박사는 1929년 독립으로 웨스트민스터(Westminster) 신학교를 세우게 되었고 정통장로교회(Orthodox Presbyterian Church) 라는 이름으로 그의 동조자들과 함께 교단을 창설하기에 이르렀다. 당시 웨스트민스터(Westminster) 신학교 교수들은 세대주의적(Dispensational) 전 천년주의자들(Premillennialists)과는 다르게 대다수가 무 천년주의자들(無千年主義, Amillennialists)이었다. 그런데 당시 근본주의(Fundamentalism)를 선호한 매킨타이어(Carl McIntire)를 중심으로 세대주의적(Dispensational) 전 천년주의자(前天年主義者, Premillennialists)들이 성경을 문자적으로 해석하는 경향성을 띄고 웨스트민스터(Westminster) 신학교를 공격한 후 성경장로교회(Bible Presbyterian Church) 교단을 설립함과 동시에 페이스(Faith) 신학교를 설립하게 되었다. 이들의 근본주의(Fundamentalism) 운동은 주관적이며 지엽적인 신학을 짙게 드러내고 있었으며 자신들의 성경의 문자주의에 치우친 신학적 우월주의를 강력하게 주장하여 자신들만의 울타리를 형성하게 되었고 분리주의 성격을 띠고 있었다. 그들은 자신들의 생각과 다르면 모든 것을 틀리게 보는 습관에 젖어 있었다.[385)]

---

384) 김의환, 현대신학개설, (개혁주의 신생협회, 서울, 1998, 9), p.191.
385) Ibid, p.196.

근본주의(Fundamentalism)가 주장하는 5대 교리 자체를 성경과 대조해보면 성경적으로 틀린 교리가 아니다. 그러나 성경이 가는데 까지 가고 멈추는데서 멈추는 기준을 채택하는 개혁파 신학에서 볼 때는 그 교리의 내용이 범위와 부분에 있어 일부만을 강조하고 있다는 것을 깨닫게 된다. 5대 교리는 성경의 영감론, 신론, 3위1체론, 인간론, 기독론, 구원론, 그리고 교회론 등 **성경이 포함하고 있는 전반적인 교리를 표출하는 것이 아니고** 부분만을 강조하는 교리로 구성되어 있다. 성경을 강조하는 신학은 언제나 성경 전체를 구조적으로 상고해야 하며 서로의 연관성 있는 성경 구절을 객관적 신앙고백에 의해 귀납적(inductive)이며 연역적(deductive)으로 연구하여 교회사적 규정으로 들어가야 한다. 그런 의미에서 5대 교리는 성경적으로 틀린 내용은 없지만 개혁파 신학에서 주장하는 객관적이며 교회사적 입장에 입각한 신앙고백주의에 훨씬 못 미치는 신학이며 성경 전체를 뒤로하고 부분적으로 나타내는 신학으로 규정할 수밖에 없다.

그럼에도 불구하고 근본주의(Fundamentalism)의 5대 교리가 20세기 중반 한 때는 북미에서 영향력을 발휘하게 된 이유는 유전공학(Generic Engineering)과 생태학(Ecology)의 발달로 자유주의자들이 인용한 진화론과 지질학의 연대가 하나의 가정설(假定說, Hypothesis)에 불과하다는 점이 드러났기 때문이다. 더구나 DNA의 발견은 생물 속에 진화적 요소를 나타내는 것이 아니고 종족 보존의 유전인자를 대변하고 있다는 사실이 밝혀졌기 때문이다. 또한 DNA 연구와 더불어 여성에만 존재하는 미토콘드리아 이브(Mitocondria Eve)라는 유전인자를 발견한 것이 진화론을 허구로 몰아넣었다. 이 연구는 여성이 태어나면서부터 죽을 때까지 그 성장 속도와 늙어가는 속도를 재어 본 결과 인류의 역사를 추정할 수 길을 열어 주었다. 놀랍게도 인류의 역사는 1만년이 넘지 않았다는 것을 발견하였다. 그러한 연구는 성경에 나타나지 아니한 인물까지 계산하여 인류의 역사를 추정하면 1만년이 넘지 않았다는 것을 증명하게 된 셈이다.

그럼에도 불구하고 20세기 말 근본주의(Fundamentalism)의 쇠퇴는 어디에 원인이 있는가? 라는 의문이 생긴다. 교리적 범주가 성경 전체를 통일성 있게 체계적으로 표출되지 못한데 있다고 볼 수 있다. 오직 5대 교리만을 성경의 전부로 생각하고 있었던 것이다. 특히 쇠퇴의 원인은 근본주의(Fundamentalism)가 추구하는 교리 가운데 세대주의적(Dispensational) 전 천년주의(Premillennialism), 극단적인 성경 문자주의, 그리고 상대방의 약점만 지적하는 분파주의로 말미암아 객관적 신앙고백의 교리를 무시한 곳에 있다고 볼 수 밖에 없다. 우리가 주시할 것은 근본주의(Fundamentalism) 운동은 개혁파 교회가 강조하는 역사적 정통성에 기초하여 교리적, 윤리적, 그리고 제도적 개혁을 시도하는 것이 아니고 시대적 상황에 대응하는 보수주의 운동에 한정되었던 것이다. 그것은 시대적 상황에 따라 종말을 강조하는 일시적 적응의 교리를 보면 알 수 있는 문제이다. 거기에다 객관성이 결여된 교리적 주관주의가 강하게 나타나 부정적인 사고가 습관화 되어 버렸다. 이러한 분리주의적 사고방식은 분파를 일으킬 수밖에 없는 환경을 만들어 주고 있었다. 결국 이러한 부정적 보수주의 울타리는 1960년대 이후에 근본주의(Fundamentalism) 체제가 무너질 수밖에 없는 상황을 맞이하게 되었다. 근본주의(Fundamentalism) 내부로부터 일어난 부정적인 배타적 사상 때문에 숨을 쉴 틈조차 얻지 못하고 숨어 있었던 일반 문화와의 공통분포를 찾으려는 부류가 복음을 전하기 위해 사회와의 접촉점을 가져야 할 것을 주장하고 나선 것이다. 이러한 운동은 개혁파 신학에서 강조하는 하나님의 주권주의 일반은 총론하고는 전혀 다른 이원론(Dualism) 사상에 기초를 두고 있었다. 근본주의(Fundamentalism) 안에 문화배타주의와 동시에 문화 공통분포주의가 공존하고 있었다. 근본주의(Fundamentalism)를 떠난 부류는 복음을 전하기 위해 문화와의 공통분포를 형성해야 한다고 강조했다. 이 부류는 후에 신복음주의(Neo Evangelicalism)로 기울어져 버리고 말았다. 처음에는 자유주의에 대항하는 세력으로 근본주의(Fundamentalism)가 큰 힘을 발휘하고 있었다. 그러나 이원론적 신학을 강조하여 일반 문화에 대한 배타적 생각을 품고 있었기 때문에 그와 반대되는 세력은 복음을 전하기 위한 문화와의 접촉점을 시도하여 신복음주의(Neo Evangelicalism)로 떨어져 버리고 말았다. 개혁파 신학이 주장하는 하나님의 주권아래 특별은총과 일반은총의 통치와 섭리를 간파하지 못한 결과이다.

3) 보수주의는 개혁파 신학(Reformed Theology)인가?

"개혁파"라는 말이 한국에서는 그렇게 쉽게 이해되지 못하고 있는 것으로 보인다. 대부분 **개혁주의** 또는 **개혁신학**이란 말로 통하고 있다. 박형룡 박사는 그의 교의신학에서 **개혁파**라는 말을 사용하고 있다. 김의환 박사는 이 **개혁파**에 대해 역사적 뿌리를 잘 설명하고 있다. **개혁파**는 "종교개혁 시대에 로마 교조주의(Catholicism)에 대항하는 프로테스탄트(Protestant) 교파를 지칭하여 사용된 말이다. 종교개혁자 루터(Luther)를 따라 형성된 부류를 '루터파'로 불리우게 되었고 이어 루터(Luther)가 미처 개혁하지 못한 부분을 쥬잉글리(Zuingli)와 칼빈(Calvin)에 의해 보완되고 개혁이 성취되었다는 의미에서 개혁 교리(Reformed Doctrine)를 주장한 부류를 **"개혁파"**라고 불리어지게 되었다.[386] 당시의 정황으로 볼 때 교리는 물론 교회의 정치제도까지 망라하여 **"개혁파"**라고 지칭한 것으로 볼 수 있다. 그러나 개혁파는 우선적으로 교리적 개혁에 중점을 두고 하는 말이다. 다음으로 윤리적 개혁으로 이어지고 그 다음 교회의 정치적 즉 제도적 개혁으로 이어져야 한다는 말이다. 한국에서 사용된 "개혁주의"라는 말이 어디서 어떻게 시발되었는지 아무리 찾아보아도 그 근원을 알 수 없다. 조석만 교수의 조직신학을 읽어 보아도 "개혁파"라는 단어를 주로 사용하고 있다.

 보수주의를 개혁파 신학이라고 단도직입적으로 말하는 것은 문제가 있다. 그러나 "개혁파 신학은 보수주의이다." 라고 말하는 것은 교리적 개념으로 볼 때 합당한 말이 된다. 보수주의라는 개념은 상당부분 주관적 요소를 포함하고 있다. 보수주의는 객관적 신앙고백주의라는 개념보다 전통주의(Traditionalism) 개념을 더 많이 포함하고 있다. 그러므로 신앙고백주의 입장에서 보면 보수주의는 개혁파 신학이라고 말할 수 없다. 구미의 경우 보수주의라는 개념이 상당히 넓게 사용되고 있다. 신학이나 교회의 전통을 수호하면 거의 보수주의로 간주하고 있다. 근본주의적 보수주의, 웨슬리안적 보수주의, 그리고 루터주의의 보수주의 등이 존재한다. 물론 개혁파적 보수주의는 교회사적 입장에서의 신앙고백주의를 말한다. 신앙고백의 전통을 지키는 정통주의(Orthodoxianism)를 지칭할 때 개혁파적 보수주의로 명명할 수 있다. 보수주의라는 울타리를 정할 때 자유주의

---

386) 김의환, 김의환 전집 I권, 교회사. (총신대학교 출판부, 서울시 동작구 사당동, 2002, 11), p.285.

를 반대하는 입장에 서있는 신학적 주장을 하는 경우 보수주의 영역 안에 존재한다고 말할 수 있다. 그러나 성경을 구체적으로 고백하는 신앙고백주의로 들어가면 개혁파 신학과 다른 신앙고백의 차이점을 드러내는 보수주의가 수두룩하다. 보수주의 하면 여러 울타리가 있다. 자기와 다르면 무조건 정죄하는 근본주의(Fundamentalism) 울타리는 한 시대의 배경을 따라 나타난 보수주의 신학이라고 말할 수 있다. 교회사적 역사성이 결여된 보수주의이다. 웨슬리안 보수주의와 복음주의적 보수주의는 신학의 지엽성(枝葉性)을 벗어나기 못하기 때문에 종국에 가서는 회색주의로 전락해 버린다. 교회와 인류의 소망은 오직 개혁파 신학뿐이다. 이 울타리 안에서 소망을 찾을 수 있다. 역사교회의 소망은 오직 성경대로 고백하는 신앙에 기초해야 영구적인 반석위에 터를 잡게 된다. 사람의 생명은 끝이 나고야 만다. 우주 역시 끝날 때가 반드시 오고야 말 것이다. 그 때는 새 하늘과 새 땅이 이루어질 날이다. 그날은 우리 주님 예수님이 재림하는 날이다. 하나님의 백성이 된 우리는 영원한 하늘나라에서 아버지 되신 하나님과 함께 영원한 교제로 들어가게 된다.

제 3 장
하나님에 관한 지식

하나님에 관한 지식은 예수님께서 승천하신 이후 19세기까지 기독교 변증학 (Christian Apologetics)의 영역에서 하나님 존재의 인식론에 머물러 있었다. 인격적 삼위일체 하나님과의 교제를 주장하는 인식론이 상당부분 위축되어 있었다. 그 이유는 헬라주의 철학, 동방의 신비주의, 그리고 유대주의가 기독교에 유입되어 순수 기독교를 유지하는 일에 방해 역할을 해왔기 때문이다. 하나님께서 이스라엘 백성을 직접 통치하시던 구약의 신정정치(Theocracy) 시대에는 하나님에 관한 지식을 선지자들이 전해준 말씀을 통한 교제관계에서 파악할 수 있었다. 인격적 하나님과의 교제관계를 통한 인식론을 깨트리려는 사상은 유대주의와 이방신으로부터 들어왔다. 20세기에 들어와 **삼위일체 하나님의 인격적 교제를 통한 인식론은** 성경 전제주의 변증신학자 밴틸(Cornelius Van Til) 박사에 의해 강하게 주창되었다. 그 기초는 메이첸(Gresham Machen) 박사가 놓았다고 볼 수 있다. 기독교 입장에서 하나님을 안다는 문제로 들어가면 "신의 존재만을 아느냐? 아니면 인격적 교제의 관계에서 하나님을 아느냐?"하는 영역에서는 너무나 큰 차이가 난다. 개혁파 신학에서 보는 하나님의 인식론은 신의 존재 개념을 넘어 삼위일체 하나님과의 인격적 교제로서의 하나님을 인식하는 문제로 들어가야 한다.

불신자에게 하나님의 존재만을 인식시켜 기독교인으로 교화시키겠다는 시도는 예수 그리스도를 바로 알리지 못하고 성경의 교리 밖에서 서성이게 만드는 결과를 가져오게 한다. 오히려 인격적 삼위일체 하나님을 인식시키는 효과를 감소시키게 한다. 인격적 하나님을 인식시키기 위해서는 반드시 하나님 말씀의 전제를 따라야 한다. 이러한 인식론은 어려운 것처럼 보인다. 그러나 전제가 명확하기 때문에 비기독교 입장에서 볼 때 어려운 것이지 기독교적 입장에서는 아주 간단명료한 문제이다. 기독교 변증학(Christian Apologetics)에서 다루는 하나님의 지식 즉 하나님에 관한 인식론이 대두될 때 인격적 삼위일체 하나님의 인식은 성경에서 말씀하고 있기 때문에 참 하나님을 아는 길은 성경이 전제가 되어야 한다. 하나님에 관한 인격적 인식론을 배제하고 오직 존재론에 의지하여 하나님의 인식론을 논증할 때 하나님을 알기 원하는 추적자의 주관적 관점만을 인용해야 하기 때문에 인식의 대상에 관한 정보를 정확하게 제공 수가 없다. 이러한 인식론은 일방적 추리의 관점에 따라 하나님의 존재만을 제시할 수밖에 없다. 즉 이방 종교나 세속철학에서도 얼마든지 신의 존재론을 제시할 수 있기 때문이다. 그 신의 존재론은 그리스도의 구속사역이나 성령님의 구원적용사역과 관계없는 논증이다. 신의 존재론에 있어 우주론적 증명(Cosmological Argument), 목적론적 증명(Teleological Argument), 도덕론적 증명(Moral Argument), 존재론적 증명(Ontological Argument), 그리고 역사적 증명(Historical Argument) 등의 제 증명들은 그 주장하는 바가 제각기 다른 색깔을 드러내고 있다. 그러나 성경은 삼위일체 하나님에 관한 인격적 인식론을 창세기부터 요한계시록까지 동일한 관점으로 말씀하고 있다. 역사적으로 정통성을 이어온 개혁파 신학은 성경이 말씀하는 인식론을 주장하는 이유가 여기에 있다.

2천년 교회사를 통해 신앙고백주의 신학을 주창해온 우리의 선조들은 변함없이 **하나님에 관한 지식을** 논증할 때 성경의 전제를 들고 나왔다. 그런데도 기독교 변증학(Christian Apologetics)으로 들어와서는 예수 그리스도를 구세주로 영접한 많은 신학자들이 한편으로 이성주의 철학을 개입시키는 우를 범했다. 그렇기 때문에 우리는 하나님 존재증명에 있어 칼빈(Calvin)을 따르지 아니할 수가 없다. 칼빈(Calvin)은 성경의 전제를 떠나서 인격적 하나님의 존재증명을 시도하지 않았다. 칼빈(Calvin)은 그의 기독교 강요에서 인간의 사악성을 수없이 지적하였다. 즉 "사악한 인간은 하나님께서 주가 되심을 너무나 잘 잊어버리기 때문에 하나님께서는 그분의 특별하신 초자연적인 능력과, 공의를 실행하심과, 그리고 긍휼을 베푸심을 통해 하나님을 인격적으로 알도록 인도하신다(출7:7, 7:5,17, 8:10,22, 9:14, 10:2, 14:4,18, 사49:23,26, 60:16)."[387]라고 말했다.

---

387) John M. Frame, The Doctrine of the Knowledge of God, (Presbyterian and Re-

그럼에도 불구하고 사악한 인간은 하나님을 쉽게 그리고 금방 잊어버리는 교활하고 사악한 습성을 가지고 있다. 인간은 하나님에 관한 지식 즉 인식론에 지대한 관심을 기울이는 한편 하나님을 경외하는 삶에 있어서는 포악한 늑대에 간악한 여우를 뒤집어쓰고 사는 교활함을 드러내고 있다.

이미 앞장에서 잡다하고 설득력이 없는 논증으로 하나님에 관한 인식에 대해 의문을 표시했던 흄(David Hume)과 칸트(Immanuel Kant)를 기독교 변증학(Christian Apologetics)의 입장에서 비평했다. 그들은 과학, 철학, 그리고 인간의 심리학 등을 방법론으로 채택하여 인간의 능력에 대해 깊은 의문들을 제기했다. 그 의문들은 성경이 주장하는 하나님에 대해 아주 거부반응을 일으키는 괴팍한 억지주장을 내세워 사람들의 생각을 혼돈스럽게 만들었다. 그러한 의문들은 성경이 명료하게 전해주고 있는 하나님의 말씀, 구원의 주 예수님, 하나님의 뜻, 그리고 믿음으로 구원받는 길 등 너무나 간단하고 명료한 문제들에 대항하여 괴팍하고 편견적인 생각을 총동원한 말장난들이었다. 그러한 생각들은 합리적이지 못할 뿐만 아니라 사건으로 취급될 수 없는 형이상학적인 것들이었다. 하나님을 인식하는데 있어 그와 같은 형이상학적인 문제는 공상적인 내용이기 때문에 성경에 기록된 기적의 사건들(Facts)에 적용될 수 없다. 성경은 역사와, 실체와, 사건과, 인물을 구체적으로 예언하고 있다. 즉 신적작정(Decree)은 시간 이전에 정해진 하나님의 결정이지만 그것은 반드시 역사적 사건으로 이어지기 때문에 공상적인 설계도가 아니다. 반드시 그 계획대로 이루어지는 설계도이기 때문에 형이상학적으로 해석할 수 없다. 그렇기 때문에 흄(Hume)이나 칸트(Kant)가 던진 하나님의 인식론에 관한 회의주의는 그 질문 자체가 우리들의 생각을 정립하거나 성경을 통하여 불신자에게 복음을 증거 하는데 도움을 주기는 고사하고 하나님을 인식하는데 있어서도 생각만 복잡하게 만들고 있다.

하나님에 관한 인식론은 성경의 인식론으로 연결된다. 그리고 성경의 인식론은 교회사를 통해 고백한 신앙고백주의로 연결된다. 교회사적 신앙고백은 하나님으로부터 새 생명을 얻은 성도들의 고백이며 하나님에게 자신의 생명을 내어주

---

formed Publishing Co, New Jersey, 1987), Introduction p.2.

었던 고백이다. 이 전통을 교회가 이어왔다. 그리고 이러한 신앙고백을 수호하기 위해서는 회색주의를 추구하는 고전적(Classical) 변증학을 내동댕이쳐야 한다. 성경으로 돌아가는 변증신학 즉 신앙고백주의 변증신학이 절대 필요하다. 이 점에 있어 20세기에 들어와 밴틸(Van Til) 박사가 그의 기독교 변증학(Christian Apologetics)을 통해 기독교 인식론을 새롭게 전개한 부분에 대해 깊이 고려해야할 점이 있다. 우리가 삼위일체 하나님과의 교제관계에서 구원론을 논증할 때 개혁파 교리학은 전 분야에 걸쳐 하나님의 인식론이 교제관계와 깊게 관계되어 있음을 알 수 있다. 성도가 거듭난 후 회심(Conversion), 성화(Sanctification), 그리고 견인(Perseverance)의 교리에 있어 전 생을 통해 하나님과 깊은 교제관계를 형성하는 것이 구원받은 성도의 삶이다. 이 말은 보다 더 깊은 하나님과의 교제는 보다 더 깊은 하나님을 인식하는 것을 의미하는 것으로 연결된다.

그런 의미에서 하나님에 관한 존재 증명만을 위해 철학적, 과학적, 그리고 합리적 방법을 동원하여 기독교 변증학(Christian Apologetics)을 성립시키는 일에 대해 개혁파 변증신학자들은 아주 싫증을 느끼며 그런 방법은 오히려 기독교 변증학을 퇴보하게 만드는 일에 불과하다고 주장할 것이다. 그렇다면 우리가 삼위일체 하나님을 인식하는 일이 최우선 되어야 그리스도를 구세주로 인식하는가? 하는 문제를 조심스럽게 탐구해야 한다. 하나님의 인식론에 있어 지식과 실행과의 관계에서 구체적인 지식이 우선되는 것이 아니다. 즉 창조와 우리의 지식과의 관계에 있어 어느 쪽이 선행하는가? 의 질문을 받을 때 우리는 쉽게 창조가 우선이라고 대답 할 것이다. 이 말은 창조를 집행하셨던 하나님께서는 그 창조 속에 이미 우리의 지식을 포함시켰다는 뜻이다. 그런 의미에서 집행은 지식에 선행한다는 의미이다. 우리는 피조세계에서 시공간(Time and Space)의 의미가 정의(定義, Definition)되기 전에 이미 시공간의 사건을 경험하고 있었다. 시공간의 경험은 태어나면서부터 주어진 활동 영역과 필연적인 관계를 가지고 있다. 이는 분명한 정의를 내리고 난 후 시공간의 경험에 대한 행동으로 이어지는 것이 아니라는 말이다. 우리가 신학을 접하게 될 때, 하나님에 관한 지식 즉 하나님에 관한 인식론을 접하게 될 때, 하나님의 존재에 관한 의미를 완전히 인식하고 신학을 접할 수 있는 것인가? 라는 질문 앞에 우리는 당연히 "아니다." 라고 주장할 것이다. 그것은 인격적인 하나님에 관한 인식론을 완전히 습득하고 신학을 정의할 수 있는 것이 아니기 때문이다. 사실상 인격적 하나님에 관한 인식론은 성도가 구원을 인식하는 서정(序程, Ordo Salutis)의 입장에서 보면 칭의(稱義, Justification)를 인식하는 문제에 해당되는 것이 아니다. 칭의 이후에 오는 회심(Conversion), 성화(Sanctification), 그리고 견인(Perseverance)의 과정에서 인격적인 하나님의 인식이 형성된다. 그 이유는 인격적인 하나님의 인식은 지속적이며 점진적인 교제 관계를 형성해야 하기 때문이다. 삼위일체 하나님을 완전히 인식하고 그리스도를 구세주로 영접하는 것이 아니라는 말이다. 인간이 경험하고 있는 하나님에 관한 인식은 통할 수 없는 속성(Incommunicable Attribute)을 포함하고 있기 때문에 하나님을 온전히 알 수가 없다. 오직 통할 수 있는 속성(Communicable Attribute)을 통해 부분적으로 하나님을 인식하지만 통할 수 없는 부분까지 하나님을 인식하게 된다. 그러나 중생한 성도는 하나님과의 교제가 깊어 갈수록 비례적으로 하나님을 깊이 알아가는 삶에 서있다.

I. 지식에 관한 규정

우리는 지식에 관한 규정을 자연 법칙에 의해 결정할 수 있느냐? 하는 문제에 의문을 던질 수밖에 없다. 그 이유는 창조 이전에 하나님께서는 신적작정(Decree)과 함께 "모든 것을 아신다(시139:1-4, 롬8:29-30)." 라고 성경이 말씀하고 있기 때문이다. 하나님에 관한 지식에 있어 기독교인과 비기독교인 사이에 넘을 수 없는 선이 존재한다. 기독교인은 하나님을 알되 그분의 인격에 포함된 능력, 사랑, 공의, 자비, 권능, 주권, 초자연성, 무소부재(無所不在, Omni-presence), 영원무궁, 그리고 전지전능(全知全能, Omnipotence)의 속성을 인식하고 있다. 기독교인은 하나님을 아버지로 모시는 교제의 관계를 인식하고 있다. 그러나 비기독교인은 하나님의 인식에 관한 지적(知的, Intellectual) 요소에 의해 존재를 인식하려고 부단한 노력을 시도하지만 애매한 존재론을 전개할 뿐이다. 하나님에 관한 지식을 성경 말씀에 의존하게 되면 과학적 증거와는 전혀 다른 양상으로 인식되어 진다. 세속철학이나 과학에서는 하나님의 존재에 관한 규정을 지적 요소에 호소하고 있지만 성경은 신앙인에게 전인격적 결단을 요구하고 있기 때문에 서로가 넘을 수 없는 인식론이 존재한다. 전인격적 결단이란 말은 하나님의 존재에 대한 이해의 각도를 넘어 성경에 기록된 시공간의 사건에 대한 전인적인 신앙을 요구하고 있다는 뜻이다.

만약 우리가 하나님의 인식에 대한 문제를 지적 요소에 의존하여 규정한다면 하나님을 **신앙**한다는 말을 제거해야 한다. 하나님의 존재에 관한 애매하고도 근거 없는 지식에 의존하여 연역적(演繹的, Deductive)이거나 귀납적(歸納的, Inductive)으로 규정하는 것은 오히려 인격적인 하나님의 존재를 흐리게 하는 논증으로 빠져 들고 말기 때문이다. 그 이유는 성경이 말씀하는 하나님의 존재에 대한 지식은 합리적 논증 이전에 인격적 교제가 선행되기 때문이다. 나의 의지와는 다르게 성령님께서 먼저 나의 심령을 감화시켜 인격적인 하나님을 인식하도록 하기 때문이다. 지적요소에 의지하여 하나님의 존재만을 증명하려고 시도할 때 하나님의 인격을 증명할 수 없다. 즉 세속철학이나 과학에서 주장하는 하나님의 존재에 대한 지적 요소는 신앙으로 이끄는 인격적 매개체가 아니다. 그 이유는 인격을 감화시키는 성령님의 공작이 없기 때문이다. 지식에 대한 신념은 하나의 사건이나 논리에 대한 인식에 불과하다. 세속철학이나 과학의 분야에서는 지식을 전달하는 인격이 존재한다는 것을 논증할 수가 없다. 궁극적으로 들어가면 창조된 만물에 대하여 보존하고 통치하는 인격을 지적으로 논증할 수가 없다는 의미이다. 더 궁극적으로 들어가면 창조하신 인격의 하나님을 배제한다는 의미이다. 어떤 시공간의 사건을 논증할 때 세속철학이나 과학에서는 사건 자체에 관한 지식만을 가지고 그 사건의 원인과 결과를 결론지어 버리는 근시안적인 견해를 피력하고 만다. 그 사건 배후에 존재하는 인격과 그 사건을 일으키는 원인을 규명하지 못한다. 세속철학에서 어떤 불가사의(不可思議)하게 보이는 사건에 접근하여 근본 원인을 규명하려고 할 때 원인과 결과(Cause and Effect)를 적용하는 방법론을 통하여 그 본질을 캐 보려고 하지만 그 사건의 주위를 맴돌다 결론을 얻지 못하고 만다. 원인의 입장에서 가정(if)을 대입시켜 만약 그 사건이 일어나기 전에 "어떻게 하였더라면 그 일이 안 일어났을 것인데…" 라는 아무 소용없는 과거의 가정을 도출해 내는 정도에 그치고 만다.

어떤 시공간의 사건이든지, 아니면 합리적인 지식이든지, 그 사건과 지식을 제공하는 인격적 존재를 인식한다는 것은 세속철학이나 과학에서는 논증이 불가능하다. 한 가지 예를 들어 보자. 대통령 선거가 한창일 때 어떤 사람이 "누가 대통령에 당선될 것인가?" 를 맞추었다고 생각해 보자. 그렇다면 당선자를 맞출 수 있는 두 가지 조건이 등장한다. 하나는 선거의 판도가 막상 막하일 때 점쟁이에 의해 예측하는 것이며 또 하나는 통계학 내지 논리적 접근법을 통해 판도를 분석하는 일일 것이다. 점쟁이의 경우를 생각해 보면 예측이 결과를 100% 알고 있었는가? 통계학이나 논리적 접근을 시도하는 사람에게 물어보면 "아니다." 라고 말할 것이다. 그 점쟁이는 자기만 확신하는 애매한 신념을 가지고 있었을 뿐 근거 있는 지식과 그 지식을 제공하는 인격적 존재를 인식하고 있었던 것은 아니다. 그 점쟁이는 자기만이 사용하는 방법론을 통해 신념에 의지하여 예측한 것뿐이다.[388] 역시 통계학이나 논리를 방법론으로 적용하는 합리주의자들도 결과

---

388) John Frame, The Doctrine of the Knowledge of God, (Presbyterian and Reformed Publishing Co, New Jersey, 1987). p.104.

를 100% 알 수 없다. 그러한 방법도 결론을 이끌어내는 인격적 지식의 제공자가 누구인가? 라는 질문이 들어올 때 그 인격적 존재를 확실하게 제시할 수 없기 때문이다.

개혁파 신학에서는 하나님에 관한 인식론을 제공하는 성경계시를 신뢰하는 계시의존주의 사상을 주장한다. 계시의존주의 사상은 인간이 계시를 의존할 때 신비적인 세계를 알 수 있다는 미신주의를 말하는 것이 아니다. 그럼에도 불구하고 사악한 인간은 과거, 현재, 그리고 미래에 대한 인식할 수 없는 하나님의 영역을 넘어서려는 유혹에 빠진다. 인간은 알 수 없도록 정해진 영역이 있다. 심지어 예수님께서도 종말의 시점을 알 수 없다고 단언했다. 그렇기 때문에 역사에는 항상 변수가 존재한다. 점쟁이의 입장이나 합리주의의 입장에서 볼 때에 변수가 존재한다는 말이다. 그 변수 배후에는 인격적 지배자가 존재한다는 것을 말하고 있다. 성경은 하나님에 관해 인격적 존재를 알기에 충분한 지식을 제공하고 있다. 그리고 인간이 알 수 없는 분야 즉 알아서는 안 될 분야를 정해주고 있다. 만약 인간이 알아서는 안 될 분야를 알게 되면 하나님과 인간들 사이의 질서와 인간과 인간들 사이의 질서가 혼돈으로 점철 될 것이다. 인간이 만물에 대한 지식을 얻는데 있어서도 역시 하나님께서는 한계를 정해 주셨다. 즉 인간은 전 우주의 존재를 다 알 수 없는 것이다. 그 한계는 타락 이전과 이후의 현격한 차이를 나타내 보이고 있다. 타락 이전에는 만물을 다스릴 능력을 소유하고 있었다. 타락 이후에는 일반은총의 영역에서 자연에 관한 지식과 그 자연을 다스릴 능력을 제한적으로 약간 소유하고 있을 뿐이다. 그 인식은 인격적인 하나님을 온전히 알 수 없는 제한적인 요소를 소유하고 있다. 다만 하나님의 존재 인식에 있어 애매한 인식의 가능성이 자연법칙을 통해 열려 있는 것뿐이다.

그러므로 우리는 세속철학이나 과학적 관점에 의한 하나님에 관한 인식론을 심각하게 분석하고 재조명해야 한다. 하나님에 관한 지식 즉 하나님의 인식론에 세속철학이나 과학적 방법을 적용시키려 할 때 성경계시와 관계를 가지는 문제로 들어가면 사실상 인식의 공통분포가 없다. 그 이유는 우리가 성경을 자세히 살펴보면 하나님을 인식하는 길은 그 인격을 접하는 문제와 관계를 가진다. 그러므로 하나님에 관한 인식론은 하나님의 인격을 접하는 문제에 뒤 따라오는 부차적인 문제로 돌려야 할 것이다. 거기에는 프레임(John Frame) 교수가 주장하는 다음과 같은 세 가지 이유가 있다.

(1) 하나님 인식론에 관한 문제는 실체적이거나 구체적인 내용에 관한 문제에 의존한다. 예를 들면, 하나님의 존재증명이 가능한가? 라는 인식론적인 문제는 존재증명 이전에 하나님은 실제적으로 존재한가? 라는 실질적인 질문에 의존한다.

(2) 하나님의 존재를 증명하기 위해 전제의 역할을 하는 몇 가지 지식을 가지기 전에는 하나님의 존재는 증명될 수 없다. 사람은 증거를 통해 알 수 있는 모든 것을 다 배울 수는 없기 때문이다.

(3) 또한 인식론은 너무나 기술적인 분야이며 너무나 얽혀 있는 분야이기 때문에 불확실한 분야이다. 그러므로 올바른 지식을 제공할 수 없다.[389]

세속철학이나 과학에서 주장하는 인식론은 성경계시 의존주의 사상과 일치될 수 없는 이유가 바로 거기에 있다. 즉 하나님의 말씀인 성경에 기초를 두고 인식론을 규정한다는 것은 세속철학이나 과학의 입장에서 생각하면 아예 합리적 논증 자체를 거절하는 결과를 가져온다. 거기에는 피할 수 없는 인식론적 차이점을 가지고 있기 때문이다. 성경은 처음부터 증거를 통해 하나님을 인식할 수 있는 존재로 나타내 보이고 있지 않기 때문이다. 존재 자체를 존재로 나타내 보이고 있기 때문이다. 모세가 이스라엘 백성을 구하기 위해 그들 앞에 나아갈 때 하나님을 어떻게 증명해야 하는가? 를 심히 고심한 증거가 성경에 나타나 있다(출3:1-18). 모세는 거기서 하나님께서는 어떤 분인가? 를 증명하는 일에 주저할 수밖에 없었다. 분명히 지금까지 자신이 걸어온 역사를 보면 하나님의 인도로 이끌려온 것은 틀림없었다. 그런데 문제는 이스라엘 백성을 애굽에서 탈출해 내기 위해 어떻게 하나님을 증거 해주어 탈출 시킬 수 있는가? 하는 문제에 들어가면 구체적인 설계도를 알 수 없었기 때문에 주저할 수밖에 없었다. "이스라엘 백성에게 하나님의 실체를 어떻게 보여 주느냐?"의 문제였다. 그 때 하나님께서는 언약을 들

---

389) Ibid, p.105.

고 나오셨다. 그것이 아브라함의 하나님, 이삭의 하나님, 그리고 야곱의 하나님이었다. 이 언약은 결코 변할 수 없는 하나님의 절대 의지임을 각인시켜 주신 것이다. 그런데도 모세는 "이스라엘 백성이 자신의 말을 듣지 아니하며, 믿지 아니하며, 여호와께서 나타나지 아니했다(출4:1) 라고 주장할 것이다."라고 항변하였다. 사실 완악한 이스라엘 백성을 생각하면 그 항변은 타당성을 기지고 있다. 이에 하나님께서는 그의 손이 나병으로 변하고 지팡이가 뱀으로 변하는(출4:2-7) 기적을 보여 주시며 이스라엘 백성에게 나아갈 것을 명령하셨다. 그런데도 모세는 자신은 말이 둔한 사람이므로 나아갈 것을 거절하였다. 그 때 하나님께서는 모세에게 노하여 가라사대 "지팡이를 잡고 이적을 행하라(출4:17)."고 명령하셨다.

기독교인이 하나님을 인격적으로 인식하는 문제에 들어가 합리적 논증에 의존하여 증거 한다고 가정하면 출애굽기에 기록된 하나님과 모세와의 대화는 전혀 이해할 수 없는 모순된 사건으로 등장하게 된다. 그렇기 때문에 성경이 말씀하는 하나님의 인식론은 증거나 논리에 의존하는 인식론이 아니고 하나님 스스로 세우신 언약론에 의한 인격적 인식이어야 한다. 이 언약론에 의존한 인식은 세속철학이나 과학적 규정하고 전혀 공통분포가 형성될 수 없다. 이 언약은 이미 창세전 예정에 포함되어 있었으며 시공간의 역사 선상에 나타난 행위언약과 은혜언약의 집행과정에서 인격적인 하나님을 인식하는 방편이다.

1. 윤리로서의 지식

조직신학 분야에서 첫째, 주제에 따라 성경을 체계적으로 학문화하는 교리학이 있고 둘째, 그 교리학을 기초하여 세속철학과 타 종교에 대한 문제점을 역공하여 기독교를 변호하는 변증학이 있고 셋째, 교리학에 기초하여 신앙생활의 규범을 정하는 윤리학이 있다. 윤리학은 도덕론하고 개념 자체가 다른 분야이다. 윤리학은 신앙생활에 대한 규범학이지만 "도덕론은 어떻게 생활하느냐?" 하는 실천적인 문제를 다루는 분야이다. 그러므로 윤리학은 하나님을 인식하는 문제와 직결되는 학문이다.

개혁파 신학에서 주장하는 윤리학은 하나님의 존재에 대한 규명하고는 집적적인 관계가 없다. 그러나 인간의 도덕률을 규정하는 원리를 제공함으로 하나님과의 인격적 관계를 규명하는 중요한 요소를 내포하고 있다. 그 주제는 **하나님의 영광을 위한 신앙고백으로** 부터 시작한다. 그 구체적인 내용은 구원받은 인간이 가장 보람된 최고의 선(最高善, Summum Bonum)을 추구하는 일은 이 땅 위에서 하나님 나라를 건설하기 위해 헌신하는 사역에 관한 것들이다. 이와 같은 사역을 실행하기 위해 인간은 스스로 그 윤리적 기준을 세울 수 없다. 그 윤리적 기준은 성경에서 말씀하는 도덕률에 기초를 두어야 한다. 성경을 신앙하는 절대성에 기초를 두어야 하나님 나라를 세우기 위한 노력에 착수 할 수 있다. 그 믿음도 인간의 자력으로부터 얻어지는 것이 아니다. 성령님의 사역에 의해 거듭난 사람만이 하나님 나라를 위해 헌신하게 된다.[390]

개혁파 신학에서 추구하는 윤리에 관한 신앙고백은 아주 간단하다. 이 신앙고백은 기독교에서 주장하는 인식론을 윤리학적 측면에서 어떻게 다루느냐? 하는 문제이다. 즉 기독교 윤리학에서 최고의 선(Summum Bonum)을 어떻게 다루느냐? 하는 문제로 이어진다. 기독교 윤리학이 기독교 인식론과 어떤 관계가 있느냐? 로 이어진다는 말이다.

1) 기독교 인식론과 윤리학

기독교 인식론을 다루기 위해서는 먼저 기독교 윤리학에 관한 문제를 다루어야 한다. 그 이유는 기독교 인식론으로 들어가기 위해서는 기독교 윤리학이 어떻게 우리와 직접적으로 연관이 되어 있는가? 를 알아야 하기 때문이다. 이를 위해 밴틸(Van Til) 박사의 강의 일부를 다음과 같이 인용한다.

"절대적 인격자로서의 하나님께서는, 존재에 관한 모든 관점에 있어, 인간에 관한 해석의 궁극적 범주가 되신다. 하나님의 모든 속성들은 모든 본

---

390) Cornelius Van Til, The Defence of the Faith, (Presbyterian and Reformed Publishing Co, New Jersey, 1980), p.51.

질에 있어 다른 모든 하나님의 속성들에게 기본적으로 반영되어 진다. 삼위일체의 세 인격은 관계에 있어 상호 완전한 관계를 형성하고 계신다. 결론적으로 삼위일체의 인격 가운데 어느 한 인격이라도 그 존재에 있어 신성을 넘어 어떤 다른 존재와 상관관계를 가지고 있다고 말할 수 없다. 이것이 사실이라면, 선이 선한 것으로 나타나게 되는 것은 하나님께서 인간에게 선을 정하여 주셨기 때문에 선한 것이 된다는 것을 의미한다. 이는 통상적으로 하나님께서 '이것은 선한 것이다.'라고 말씀하셨기 때문에 선한 것으로 나타난다. 이는 비기독교인과 아주 대조적인 현상이 나타나는데 선은 그 자체로서 선이며 '하나님께서 선에 대해 애쓰고 계신다.'는 입장과 극히 대조적이다. 기독교 입장에서는 하나님의 본질로부터 하나님의 뜻을 분리시키지 않고 있다. 하나님의 선은 궁극적으로 하나님의 뜻과 마찬가지로 하나님의 본질이다. 그러므로 하나님의 본질은 인격적이므로 선이 그 자체의 힘에 의해 존재한다고 말하는 것은 전혀 언어도단이다."[391]

하나님의 인격, 본질, 그리고 사역을 동일선상에 두고 윤리를 규정하면 성경에서 지시하는 도덕률을 통해 하나님의 인식론으로 연결된다는 말이다. 윤리를 실천으로 옮기게 되는 도덕률은 십계명인데 십계명은 하나님의 인격을 표현하고 있다. 십계명을 통해 하나님의 인격을 인식할 수 있다. 여기서 우리는 하나님에 관한 지식과 윤리를 규정할 수 있다. 이어 하나님을 인식하는 방편으로서 윤리학이 필연적으로 등장하게 된다. 그 규정은 규범적으로 우리에게 내려주신 십계명에 명시되어 있다. 십계명은 하나님을 사랑하고 이웃을 사랑하는 도덕률의 실천을 통해 하나님께 영광을 돌려야 할 것을 명하고 있다. 하나님께 영광을 돌리는 규정이 무엇인가? 라는 질문이 들어오면 우리는 그 규정을 정의할 수 있는 윤리적 기준이 무엇인가? 라는 질문에다 눈을 돌릴 수밖에 없다. 이러한 질문은 하나님께 영광을 돌리려는 기독교인에게 윤리적 가치판단을 요구하게 된다. 윤리적 가치판단은 도덕률의 실천으로 이어지게 된다. 도덕률의 실천은 하나님의 인식론과 관계를 가진다. 결국 기독교 윤리와 하나님의 인식론은 상관관계를 가지게

---

391) Ibid, p.52. 에 인용된 내용은 밴틸 박사의 윤리학 강의록(The Syllabus on Christian Ethics)의 일부이다.

된다. 그러므로 도덕률의 실천은 윤리적 가치판단을 전제하게 된다.[392]

(1) 죄를 범하기 이전의 인간

창조된 최초의 인간은 범죄 하기 이전의 인간이었으므로 하나님과 온전한 교제관계를 유지할 수 있었다. 그러나 범죄의 가능성을 가지고 있었다. 그는 유한한 존재였으나 하나님의 형상을 완전하게 이어받은 상태였다. 최초의 인간은 스스로 하나님께 영광을 돌릴 수 있는 완전한 도덕적 인식을 소유하고 있었다. 이러한 인식은 하나님과 인간 사이에 전혀 교제를 가로막는 벽이 없었다. 그러나 범죄한 인간은 하나님과의 교제인식에서 떠나 있는 상태이다. 하나님과의 교제인식을 윤리와의 관계에서 생각해 보면 비기독교인은 인간의 도덕적 활동이 독창적인 방향으로 향해가고 있다는 말이다. 그러나 기독교인은 윤리와 관계된 도덕적 활동을 수용적으로 받아 들여 하나님 나라를 재건설하는 방향으로 가고 있다고 주장한다. 그러므로 비기독교인은 도덕률에 대한 인격적 절대자를 거절하여 자율주의 내지 타율주의에 따라 선을 규정해 놓고 있다. 그들은 절대적인 도덕적 인격체를 거절하기 때문에 윤리적 규범이 항상 유동적이며 도덕적 실체를 보여주시는 계시를 부정하고 있다.[393]

(2) 타락한 인간

타락한 인간은 죄를 범한 인간이다. 이는 자력으로 하나님의 선을 행할 수 없는 존재를 말한다. 인간은 고장 난 존재가 아니고 하나님 앞에서 완전 타락한 존재이다. 자력으로 하나님의 선을 행할 수 없는 존재이다. 하나님과 인간 사이는 죄로 말미암아 교제가 완전히 단절된 상태이기 때문에 인간 스스로 생명에 관한 인식을 소유할 수 없다. 이것이 바로 전적 부패(Total Depravity)의 인간이다. 이는 하나님과의 언약에서 떨어진 인간이다. 인간은 윤리적 원리를 알지 못하며,

---

392) John Frame, The Doctrine of the Knowledge of God, (Presbyterian and Reformed Publishing Co, New Jersey, 1987), p.109.

393) Cornelius Van Til, The Defence of the Faith, (Presbyterian and Reformed Publishing Co. New Jersey, 1980), p.53.

지식의 원천을 알지 못하며, 그리고 어떤 선의 기준을 정할지를 알지 못하며, 또한 선을 위해 싸워야 할 의지를 바로 정하지 못하는 존재이다.[394]

오직 성경만이 기록된 계시로서의 윤리의 기준을 정확히 밝혀주고 있다. 우리가 오해하는 것 중의 하나는 계시에 대한 신뢰를 말하면서 일반은총의 세계에 나타난 중생하지 못한 자들의 자선을 선한 행위로 인식하고 있다는 점이다. 자연인이 일반은총의 세계에서 행하는 비기독교인들의 선은 윤리적 기준이 하나님과의 언약관계에서 벗어난 것이기 때문에 생명 없는 도덕률이 되고 만다. 불신자들이 행하는 일반은총의 선은 사실상 자신을 위해 윤리적 기준을 정하고 선으로 가장하고 있다. 일반은총의 세계에서 행해지는 법의 준수, 윤리, 그리고 질서는 그 자체로서 하나님의 선으로 간주할 수 없지만 그것들은 하나님의 나라 확장을 위해 보조역할을 하고 있다. 그들의 선은 결코 그 자체로서 선에 대한 어떤 보상을 받을 수 없다. 그러나 기독교인들은 중생한 사람으로서의 선을 행함으로 아무리 작은 선이라 할지라도 영원한 생명에 수반되는 보상이 주어지게 된다.

(3) 중생한 인간

중생한 인간은 하나님의 은혜언약 안에 들어온 상태를 말한다. 교제의 관계에서 볼 때 하나님과의 교제를 회복하는 과정에 있다. 인간이 아담과 같은 원래의 위치로 돌아온 상태이다. 그러나 완전한 회복의 상태로 돌아온 것은 아니다. 회복의 과정 가운데 처한 상태이다. 완전한 교제의 회복은 영원한 천국에서 완성된다. 중생한 사람은 윤리적으로 비기독교인과 근본적 차이를 드러내고 있는데 그것은 계명의 적용이다. 비기독교인은 도덕률인 계명을 무시하고 자율주의 내지 타율주의에 의존하여 윤리적 기준을 적용한다. 그러나 기독교인은 중생한 존재이기 때문에 계명을 윤리의 기준으로 삼고 살아간다. 중생하였기 때문에 참된 윤리의 기준인 계명을 의식하고 살아간다. 중생한 사람은 계시의존주의 윤리관을 가지고 살아간다. 계시적 윤리관을 가지고 있기 때문에 하나님과 교제의 관계를 유지하며 살아간다. 그 교제 관계는 이 세상의 어떤 관계보다 밀접한 관계이다. 하나

---

394) Ibid, p.54.

님을 나의 아버지요 나는 그의 자녀인 가족관계를 유지하는 삶이다.

2) 기독교 실재론과 윤리

웨스트민스터 신앙고백서 대요리(大 要理, Larger Catechism) 문답 7문에 "하나님은 어떤 분이신가?"라는 질문에 "하나님은 존재하심과, 영화로우심과, 복되심과, 완전하심에 본래 스스로 무한하신 영이시다. 또 자족하시고, 영원하시고, 불변하시며, 사람이 이해할 수 없는 분이시며, 어디든지 계시고 전능하시며, 모든 것을 아시고, 지극히 현명하시고, 지극히 거룩하시고, 지극히 공의로우시며, 지극히 자비로우시고, 은혜로우시며, 오래 참으시며, 선하심과 진리가 풍성하신 영이시다(요4:24, 출3:14, 행7:2, 고전6:15, 마5:48, 창17:1, 시90:2, 말3:6, 약1:17, 왕상8:27, 시139:1-13, 계4:8, 히4:13, 시116:5, 롬16:27, 사6:3, 계15:4, 신32:4, 출34:6)." 라고 대답하고 있다.

이는 하나님의 본질을 잘 설명하고 있는 문답이다. 이 문답이 설명하고 있는 내용은 하나님께서 선하게 되거나 완전하게 되는 과정이 없다는 말이다. 하나님께서는 영원에서 영원하신 분이시다. 하나님께서는 영원부터 완전히 선하시며 영원까지 완전히 선하신 분이시다. 하나님께서는 수동적으로 되어가는 과정이나 능동적으로 되어가는 과정이 없다. 이러한 주장에 대해 비 기독교인들은 쓰레기통으로 보낼 수밖에 없는 논증이라고 우겨댈 것이 뻔하다. 그런데 기독교인들은 비기독교인들과 정 반대로 십계명을 통해 하나님의 인격을 체험하고 있기 때문에 기독교인들만 하나님과 교제하는 독자성을 유지하고 있다. 기독교인들은 계시의존주의 사상을 절대적으로 신봉하고 있기 때문에 필수적으로 성경을 오류 없는 하나님의 말씀으로 믿는 전제를 따르고 있다. 여기에서 기독교인과 비기독교인의 윤리적 차이가 나타난다. 기독교인은 하나님과의 인격적 교제를 십계명을 통해 지속하고 있다. 그러나 비기독교인들의 윤리는 인격적인 교제에 바탕을 둔 윤리가 없다. 비기독교인들은 인간이 만든 행동주의에 윤리적 기반을 두고 있다. 그렇기 때문에 비기독교인들은 실재론(Realism)에 있어 인격적 윤리관이 없기 때문에 윤리에 관한 주장점이 제각각이다. 그들의 실재론(Realism)은 궁극적으로 미결정적인 실재론(Realism)에 기초하여 가설(Hypothesis)로부터 출발하는 윤리관이다. 윤리를 통한 하나님의 인격체는 파생적인 존재로 받아들일 뿐이다.[395] 그렇기 때문에 세속철학과 타 종교에서 하나님의 실재론(Realism)으로 들어가면 불가지론(不可知論, Agnosticism)으로 귀착되고 만다.

한 예로 관념주의자들(Idealists)의 생각을 짚어보자. 플라톤(Platon)이 영원한 선을 말할 때 그는 자기가 결정한 개념을 주장하는 선에서 그 이상을 넘어가지 못하고 있다. 즉 주관적 자기의식의 결정론에 한정하고 있다는 말이다. 여기에서 기독교인들은 다음과 같이 주장한다. 플라톤(Platon)의 영원한 선(善)에 대한 결정론은 근본적으로 파생된 어느 부분이라고 말한다. 그 이유는 윤리적으로 영원한 선의 개념이 궁극적으로 참 하나님에게로 연결되지 못했기 때문이다. 플라톤(Platon)의 생각에 따르면 선(善)이 궁극적 개념이지 인격적인 하나님이 궁극적 개념이 아니라는 말이다. 플라톤(Platon)의 철학이나 관념주의(Idealism)는 궁극적 하나님을 인격적으로 말한 것처럼 보이지만 그 주장은 은유적(Metaphorical)으로 자기 주관주의를 내 세우는데 그치고 있다. 즉 계시의존주의가 아니다. 그와 같은 사상은 객관적이거나, 계시 의존적이거나, 그리고 절대자에 대한 인격적 윤리관을 말하는 것이 아니고 단지 주관주의적 우연(Chance)의 요소에 의해 선(善)을 결정하는 정도에 그치고 있다.[396]

절대자에 대한 근대주의자들의 관념론(Idealism)을 지적해 보자. 관념론자들은 스스로 결정하는 경험주의(Self-Determinative Experience)에 의해 윤리를 결정하기 위해 절대자에 대한 집요한 노력을 기울여 왔다. 그러나 그러한 부단한 노력은 윤리에 대한 의미를 찾는데 실패했다. 관념론자(Idealists)들이 스스로 결정하여 행한 경험이 절대자에 대한 확신에 이르도록 접근시키지 못했기 때문이다. 그 이유는 인간의 윤리적 경험이 전제되지 않고는 아무 의미가 없기 때문이다. 그런 의미에서 관념론자들(Idealists)의 경험은 주관적 경험에 기초하고 있기 때문에 객관적이며 인격적 계시의 하나님을 경험할 수 없다. 인격적 하나님

---

395) Ibid, p.61.
396) Ibid, p.61.

을 절대자로 인식할 수 없다는 의미이다. 그들은 플라톤(Platon)의 선(善)에 관한 개념을 관념론(Idealism)과 연관을 시키기 위해 필사적인 노력을 시도해 왔다. 그러나 근대 관념론(Idealism)은 플라톤(Platon)의 윤리학에 내재하고 있는 난제들을 해결하지 못했다. 그 윤리적 미결정은 자아결정적인 하나님 대신 결정된 실재론(Determined Realism)에 머물고 말았다. 그들은 시공간(Time and Space)의 세계가 궁극적 존재의 한 개념 또는 한 분야라고 생각했다. 이는 시간을 피조물로 여기지 않고 궁극적인 영원으로 만들어 버렸으며 절대적인 인격의 하나님을 시공간의 기본으로부터 나올 수 있는 만물에 의존하는 존재로 만들어 버렸기 때문이다.

기독교 윤리학과 비기독교 윤리학의 근본적인 차이는 하나님께서 스스로 자기결정에 의해 만물을 창조하시고 다스리는 역사를 받아들이는가? 아니면 거부하는가? 에 달려있다. 기독교에서 주장하는 하나님의 주권의지에 대하여 오늘날 이상하고 괴팍한 비개혁파 신학을 주장하는 계파에서는 예수님을 구세주로 믿는다 하면서 예정론과 섭리론에 반항하여 인간의 자유의지에 의한 구원론을 강조하는 이율배반적인 신학을 주장하는 무리들이 우후죽순처럼 일어나고 있다. 그들은 인간에게 주해진 어떤 경험이라도 하나님의 절대적인 의지가 작용하여 존재하게 되며, 생겨나게 되고, 그리고 정해진 목표에 도달하게 된다는 성경말씀이 교훈하고 있는 하나님의 경륜을 배제하는 무리들이다. 우리가 경험한 모든 윤리적 사건은 하나님의 계획에 의해 집행되어 왔으며 그 계획이 없이는 아무것도 이루어질 수 없는 일들이다. 인간의 의지는 하나님의 의지를 전제한다.

어떤 무지한 세속철학자들이나, 타 종교인들이나, 그리고 기독교의 본질을 모르는 형식적인 기독교인들은 하나님의 주권을 잘 못 이해하여 윤리적 책임을 하나님에게 돌리는 무모하고도 배은망덕함 말들을 쏟아내고 있다. 그들은 "하나님께서 죄에 대한 원초적 책임이 있다. 왜 선악과를 만들었느냐? 인간이 죄를 범할 줄 알고도 버려둔 것은 하나님께서 모든 윤리적 책임을 져야 한다. 인간의 범죄를 막지 못한 하나님께서는 무능력자이다." 등의 당치도 않은 질문들을 생각 없이 던지고 있다.

인간은 사악하고, 교활하고, 가증하고, 그리고 추악한 존재이기 때문에 그런 말들을 함부로 쏟아낸다. 그러나 성령님에게 감동되어 예수님을 구세주로 믿는 사람은 현재 자신이 처한 위치를 알고 겸손하게 하나님 앞에서 자신의 비참한 존재를 파악하고 있다. 참으로 하나님께서 인간이 범한 죄의 책임을 져야 하는가? 완전하신 하나님께서 책임져야 할 일이 무엇인가? 그들에게 묻고 싶다. 행위언약(Moral Rule)은 윤리적 책임을 동반하고 있다. 그 윤리적 책임은 쌍방이 나누어 가질 수 있는 것이 아니다.

그 행위언약(Moral Rule) 속에는 인간이 누릴 수 있는 엄청난 복이 포함되어 있었다. 행위언약(Moral Rule) 속에는 인간이 만물을 다스릴 수 있는 자연에 대한 중보자 역할의 승패가 포함되어 있었고, 만물을 이름 짓도록 하는 지혜의 능력이 포함되어 있었고, 수고의 노동 없이 모든 동산의 실과를 먹을 수 있는 복이 포함되어 있었고, 그리고 하나님과의 교제를 나눌 수 있는 특권이 포함되어 있었다. 동산 한 가운데 있는 선악과만 먹지 말라고 금하는 것은 창조주와 피조물과의 질서를 지키는 최후의 경계선이었다. 한 예를 들어 설명해 보자. 어떤 사람이 와서 나에게 1조원을 주면서 "1년 후에 1원만 다시 돌려 달라."는 계약을 맺자고 하면 그대는 어떻게 하겠는가? 이 계약을 어떻게 받아들일 것인가? 사실 이보다 더 큰 유익을 인간에게 허락한 계약이 행위언약(Moral Rule)이다. 인간은 이 복을 박차 버리고 스스로 멸망의 길을 택했다. 만약 선악과의 행위언약(Moral Rule)이 없었다면 인간이 만물을 다스리는 능력이 애초부터 수여되지 않았다. 그것은 창조의 중심이 인간이었기 때문이다. 인간은 하나님과의 관계에서 만물을 다스리는 중보자 역할을 하고 있었다.

신적작정(Decree)은 만물에 관한 하나님의 계획이다. 그러나 예정(Predestination)은 구속에 관한 하나님의 계획이다. 그래서 구속언약은 하나님 아버지와 아들 예수님과의 약속이다. 그런 의미에서 모든 계획의 중심은 예정(Predestination)이다. 그 예정 속에 예수님과 인간이 포함되어 있다. 생각하면 심장이 멎을 것 같다. 그 세밀한 예정의 집행 속에 내 자신이 속해 있다는 것을 생각하면 심장이 멎을 것 같다. 주 예수님께서 나를 흑암의 권세에서 사랑의 아들의 나라로 옮기시고, 예수님은 모든 창조물 보다 먼저 나시고, 만물이 그를 위해 창조되고, 그런데도 십자가의 피로 화평을 이루시고 나를 책망할 것이 없는 자로 세우셨다고 말씀했으니(골1:13-22) 우리가 어떻게 하나님의 주권을 무시할 수 있는가?

또 한 가지 인간에게 주어진 자유의지에 관한 문제이다. 인간의 자유의지와 하나님의 주권은 모순이 아니다. 동류(Concurrence)의 개념으로 이해해야 한다. 하나님께서는 인간에게 선악과에 대한 선택의 자유를 허락하셨다. 하나님께서는 결정사항을 돌이키거나 다시 수정할 수 없는 절대 도안자이시다. 하나님께서는 도덕률의 언약을 계획하신 이상 그것을 변경하거나 철회할 수가 없다. 그렇게 될 경우 하나님께서는 전지전능의 절대자가 아니다. 그렇기 때문에 모든 것을 다 아시는 하나님께서는 행위언약의 타락을 미리 아시고 예수님을 중보자로 세워 은혜언약을 예정하신 것이다. 도덕률에 대한 인간의 자유의지를 예정하시지 않으셨다면 인간은 기계와 하등 다를 바가 없는 존재로 전락하게 될 것이다. 아니면 감각에 의지하는 짐승과 다를 바가 없는 피조물로 전락하고 말 것이다. 하나님과 인간의 관계는 언제나 지정의를 가지고 교제하는 인격적 관계이다. 하나님께서는 인간이 스스로 자유의지를 동원하여 영광 돌려드리기를 원하신다. 인간을 스위치만 누르면 움직이는 기계처럼 다스리시기를 원치 않으신다. 그렇기 때문에 구원을 얻는 문제에 있어서도 인격적 성령님의 감동을 통해 나의 인격이 움직여 하나님에게 스스로 복종하게 만든다. 그렇기 때문에 행위언약에 있어 범죄의 문제는 허용적 관점에서 다루어야 한다. 자유의지를 통해 선악과를 범하고 안 범하고 하는 문제는 인간에게 허용된 사항이다. 아담이 자유의지를 사용하여 먹을 수도 있고 안 먹을 수도 있는 위치에 있었다. 그럼에도 하나님께서는 그 모든 결과를 알고 계셨다. 그러나 한번 허용된 자유의지를 뺏어갈 수가 없었다. 만약 행위언약을 변경하게 되면 하나님께서는 계획을 변경하시어 후회하시는 분이 되어 버린다. 결국 모든 죄의 책임은 인간이 져야 한다. 만물을 다스릴 수 있는 에덴에서의 엄청난 복을 내 동댕이친 인간이 무슨 말을 할 수 있는가? 그럼에도 불구하고 그의 외아들 예수님을 중보자로 세워 그의 백성과 은혜언약을 맺은 사실은 또 다시 크고도 넓은 하나님의 긍휼이 아닐 수가 없다.

우리는 세속철학이나 타 종교에서 지껄이는 결정론(Determinism)을 성경이 말씀하는 절대적 하나님의 인격과 비교해서 하나님의 존재와 윤리에 대한 문제를 확실하게 구분하지 않고 공통분포를 찾으려 하면 기독교 교리에 치명적인 손상을 가하게 된다는 것을 명심해야 한다. 하나님의 존재를 증명함에 있어 이성주의 철학에서 주장하는 도덕론적 증명(Moral Argument)이나 목적론적 증명(Teleological Argument)이 기독교 유신론과 비슷한 점이 없는데도 있다는 것을 가정해서 그런 잡다한 주장들과 접촉점을 찾으려 하면 반드시 기독교를 타락시키는 결과를 초래하게 될 것이다. 우리가 하나님의 존재와 윤리의 문제를 깊이 생각할 것은 하나님의 인격을 증명하지 못하고 그 존재만을 증명한다고 해서 그 존재론이 기독교 하나님의 존재론에 합당한 증명이 되는 것이 아니라는 점이다. 기독교에서 말하는 하나님의 존재론은 인격적 교제 관계를 증명하는 윤리를 동반해야 한다. 우리는 십계명을 통해 하나님의 속성을 알 수 있다. 십계명 속에는 하나님의 인격이 나타나 있다. 그런데 박형룡 박사와 그분의 아들 되는 박아론 박사는 기독교 변증학에서 헬라주의 철학과 스콜라주의(Scholasticism) 철학에 기초하여 하나님의 존재만을 논리적으로 증명하려고 한 관점은 근본적으로 기독교 변증학(Christian Apologetics)에서 말하는 기독교 하나님의 존재론과 차이점이 있다.[397] 성경이 말씀하는 하나님의 인식론은 인격적인 삼위일체 하나님을

---

397) 박형룡 박사 전집, 변증학, XI권, (한국기독교 교육연구원, 1981)에 나타난 내용을 요약하면 다음과 같다. 박형룡 박사의 변증학은 사실상 세속철학 분야에서 논증하는 유신론 증명과 거의 다를 바가 없다. 물론 그의 아들 박아론 박사도 같은 입장의 내용을 말하고 있다. 박형룡 박사의 기독교 변증학(Christian Apologetics)은 초대교회로부터 중세와 현대에 이르기까지 회색주의와 백색주의를 구분 없이 받아들이는 경향성을 보여주고 있다. 밴틸(Van Til) 박사가 주장하는 전제주의(Presuppositionalism) 개념의 백색주의 기독교 변증학이 아니다. 그 이유는 삼위일체 하나님과의 인격적 교제의 변증학이 아니기 때문이다. 그리고 기독교 변증학의 구체적 논증을 세속철학의 신 존재 증명들과 성경을 억지로 맞추는 경향성을 나타내 보이고 있다. 그 제목들은 종교적 논증, 본체론적 논증, 우주론적 논증, 목적론적 논증, 심미학적 논증, 인론적(人論的) 논증, 도덕론적 논증, 그리고 역사적 논증으로 기독교 변증학을 말하고 있다. 이러한 주장은 헬라주의를 기초로 한 오리겐(Origen), 중세의 안셀무스(Anselmus)와 아퀴나스(Aquinas), 그리고 근대의 버틀러(Joseph, Butler) 등의 회색주의 변증신학자들이 주장하는 기독교 변증학(Christian Apologetics)이다.

　박아론 박사가 저술한 **기독교 변증학**(왜 우리는 기독교를 믿는가? 세종문화사, 1981.)에 나타난 내용도 박형룡 박사의 그것들과 대동소이하다. 특히 박아론 박사는 전제주의(Presuppositionalism)에 대한 밴틸(Van Til) 박사의 기독교 변증학(Christian Apologetics)을 전혀 간파하지 못하고 있음에 틀림없다. 그 이유는 하나님의 존재만을 전제하는 개념을 전

십계명의 윤리를 통해 인식하는 것이다. 그렇다면 이제 인간의 의지가 인간의 행동과 어떤 관계가 있는가? 를 살펴보아야 한다. 그것은 하나님 나라와 최고의 선(Summum Bonum)과 어떤 관계가 있는가를 아는 문제이다.

3) 최고선(Summum Bonum)으로서 하나님의 나라

최고의 선(Summum Bunum)이란 개념에 있어 기독교인과 비기독교인과의 차이는 윤리적 개념에서 확실하게 드러난다. 비기독교인들은 자아 의존적 윤리 개념에 따라 최고의 선(Summum Bonum)을 말한다. 그러나 기독교인들은 성경이 가르치는 계명을 통해 인격적인 삼위일체 하나님과의 관계에서 하나님께 영광을 돌려 드림으로 그의 나라를 성취하는 개념 안에서 최고의 선(Summum Bonum)을 말한다.

(1) 비기독교인들이 주장하는 최고의 선(Summum Bonum)

비기독교인들은 인간 스스로가 정한 윤리에 기초하여 인간 행위에 관한 도덕론을 주장하고 있다. 그러한 윤리는 세속철학이나 타 종교를 양산해 내는 원리로 작용한다. 그러한 윤리는 하나의 자아 윤리에 기초한 미지의 세계를 그려내는 정도에 그치고 있다. 인격적인 하나님과의 관계를 설정할 수 없기 때문에 하늘나라와 이생의 관계를 해결할 수 있는 윤리가 아니다. 자아 윤리는 망상의 세계를 논할 뿐이며 시공간의 역사와 사후(死後)의 관계를 전혀 해결하지 못하는 윤리를 가정하여 논할 뿐이다. 그렇기 때문에 그들은 성경에 나오는 에덴동산의 사건을 시공간의 사건으로 볼 수 없다고 주장한다. 또한 시내산에서 기적을 통해 받은 십계명의 도덕률과 윤리와의 관계를 설정하는데 실패하고 있다. 이생에서의 삶이 하늘나라의 사건과 관계된 윤리설정에 실패하고 있다는 말이다.

제주의(Presuppositionalism)라고 생각하고 있기 때문이다. 밴틸(Van Til) 박사의 전제주의(Presuppositionalism)는 칼빈이 주장한 "성경이 가는데 까지 가고 성경이 멈추는 곳에서 멈춘다." 라는 전제를 말하는 것이다. "기독교를 어떻게 변호해야 하는가?" 라는 구체적인 주제에 들어가면 **성경의 전제와 역사교회가 고백한 신앙고백서에 의해 기독교를 변호하는 것이 기독교 변증학이라고** 밴틸(Van Til)박사는 주장하고 있다.

세속철학의 윤리관을 말하는 그들이 하나님을 언급하지만 창조주와 피조물인 인간과의 사이에 질서가 존재하는 인격적 윤리관을 설정하지 못하고 있다. 그들은 주장하기를 상대적 객관주의가 인간의 윤리를 형성하고 있다고 주장한다. 창조주로부터 형성된 절대주의에 기초한 객관적 윤리가 아니다. 비기독교인들의 대부분은 관념론적(Idealism) 인식을 기반으로 하여 윤리를 형성하고 있기 때문에 그러한 인식론은 인간 의식의 발전적 윤리에 기초를 두고 있다. 실현되어져 가는 자기 발전적 인식을 근거로 하여 윤리를 형성하고 있다는 말이다. 그러한 윤리는 합리적 논증 아니면 경험론적 논증위에 세워진 것이다. 이러한 윤리는 주지주의(Intellectualistic) 윤리학과 의지주의(Voluntarism) 윤리학, 국가적(National) 윤리학과 국제적(International) 윤리학, 개인주의(Individual) 윤리학과 사회적(Social) 윤리학, 이기적(Selfish) 윤리학과 이타적(Altruistic) 윤리학, 행복과 선, 그리고 유용성(Usefulness)과 덕(Virtue) 등으로 나타나는 정도에 머물고 있다.[398] 그러한 사상은 창세기에 나타난 "지키면 살고 어기면 죽는다." 는 절대 절명의 언약론에 기초한 윤리관이 아니기 때문에 인간이 하나님과 상대적으로 동일한 입장에 서서 생각하는 윤리관이다. 인간의 상호 연관관계에 기초한 윤리이기 때문에 지속성이나 절대성이 결여되어 있을 뿐만 아니라 시대적으로 또는 환경에 의해 변질되는 윤리가 되어 버리고 만다. 비기독교인들은 제한적으로 상대적인 관점에서만 윤리를 측정하기 때문에 결국에 가서는 그 윤리가 상대적 객관적 역할을 하지 못할 때 주관주의 윤리로 기울어져 그 가치가 없어져 버리고 만다. 그 이유는 사회라는 집단 속에서 이익과 손해를 주고받는 원리아래 자신들의 존재를 인식하기 때문에 참된 윤리의 객관성이 사라져 버린다.

(2) 성경이 주장하는 최고의 선(Sunum Bonum)

성경이 말씀하는 최고의 선(Sumum Bonum)은 하나님께 영광을 돌리는 윤리에 기초하고 있다. 인간이 스스로 윤리를 규정할 수 있는 최고의 선이 존재하지 않는다는 주장이다. 하나님 자신이 인간들에게 계시해 주시는 규정에 따라 최

---

398) Cornelius Van Til, The Defence of the Faith, (Presbyterian and Reformed Publishing Co, New Jersey, 1980), p.63.

고의 선이 존재한다는 의미이다. 다음에 기술된 윤리관은 언약의 명령에 기초한 최고의 선(Sunum Bonum)을 지시하는 내용인데 그 내용은 하나님께 영광을 돌리는 윤리관을 말하고 있다.

A. 성경이 주장하는 윤리관은 하나님께서 내려주신 **절대명령**에 기초를 두어야 한다. 신구약 성경이 분명하게 보여주는 윤리는 "하나님의 형상으로 창조된 인간이 하나님의 **절대명령에** 순복하여 하나님께 영광을 돌리는 일이다."라고 가르치고 있다. 이 **절대명령**은 하나님 나라에 관한 내용이다.[399]

B. 인간은 죄인이기 때문에 인간이 성취 시켜야 할 **최고의 선**(Summum Bonum)인 하나님 나라의 사명을 수행할 전적 무능자이다. 오직 하나님으로부터 선물로 주어진 은혜를 통해 그 선을 일시적으로 수행할 수가 있다. 이 선물은 존재 자체로 유용할 뿐만 아니라 동시에 인간이 하나님의 뜻대로 행해야 할 의무(Aufgabe)를 부여 받은 존재이다.[400]

C. 성경이 말씀하는 최고의 선(Summum Bonum)은 개인의 심령 속에 존재하는 죄악과 사회 속에 내재하는 악을 근본적으로 제거할 것을 요구하고 있다. 이러한 요구는 신구약을 걸쳐 동일한 목표를 가지고 우리에게 접근하고 있다. 그러나 구약시대는 외적인 요소를 통해 우리에게 보여주고 있으며 신약시대에는 내적인 심령을 변화시킬 것을 요구하고 있지만 그 내용에 있어서는 동일한 요구이다. 이러한 요구는 우리가 실행하기에는 너무나 벅찬 일임에 틀림없다.[401]

기독교인이 악을 대항해 싸워 이기는 일은 자신의 생명을 버려야 할 입장에까지 나아가게 만든다. 이는 성령님의 강권적인 사역이 절실하게 요구된다. 절대적인 윤리가 되는 최고의 선(Summum Bonum)은 오직 성경이 말씀하는 하나님 나라 성취에 있다. 그런데 불행하게도 우리는 처음 창조된 인간의 본연의 위치를

---

399) Ibid, p.64.

400) Ibid, p.64.

401) Ibid, p.65.

잃어 버렸다. 에덴으로부터 추방당한 인간은 자제력을 잃고 방황하는 존재가 되었으며, 불안한 삶을 살아야 하며, 그리고 생존을 위한 투쟁을 지속해야 하는 저질스런 존재가 되어 버렸다. 우리 속에 뿌리내리고 있는 죄악을 극복하고 하나님 나라를 성취 시키는 최고의 선(Summum Bonum)을 행하는 일은 작은 삽을 들고 한강물을 막으려는 것보다 더 무모한 일이다. 인간은 하나님 나라의 선에 도달할 수 없다는 말이다. 그럼에도 불구하고 성도의 반석이 되시는 예수 그리스도를 믿는 그 믿음을 성령님께서 성도의 심령 속에 심어 주심으로 하나님 나라를 확장해 나가고 있다. 예수님께서 재림하시는 날 하나님 아버지의 작정에 따라 새 하늘과 새 땅이 이루어지고 성도들이 삼위일체 하나님을 찬양하는 영원한 천국이 어김없이 이루어질 것이다.

기독교만 확증할 수 있는 소망의 윤리가 있다. 이 세상의 어떤 윤리도 제한적 요소를 가지고 있다. 그 제한적 요소는 영원한 소망과 무관하다. 기독교 윤리는 영원한 소망에 기초한 윤리이다. 주님의 재림을 기다리는 윤리이다. 그날에는 완전 성화의 윤리에 도달한다. 죄인들이지만 하나님의 양자로 선택 받은 그의 백성들은 흠 없는 완전 성화의 상태로 들어간다. 이 세상에서 어떤 윤리도 완전을 말하는 윤리는 없다. 기독교는 하나님의 존재만을 주장하는 윤리를 넘어 하나님과의 교제관계를 주장하는 윤리이기 때문에 언약론과 관계를 가지는 최고의 선(Summum Bonum)을 준행하는 윤리이다. 이 최고의 선은 하나님과의 완전한 교제의 관계를 말한다. 그 교제는 영원한 하나님 나라에서의 완성을 목표로 한다. 그 교제는 죄악이 없는 사귐이다. 그 교제는 완전한 최고의 선(Summum Bonum)을 완성한 교제이다.

2. 지식의 규범

우리가 지식의 규범(Justification)을 다룰 때 하나님에 관한 지식을 행위언약과 관계하여 논증해야 한다. 그러므로 기독교에서 말하는 하나님에 관한 지식의 규범은 단순한 지적 인식에서 끝나지 않고 인격적 결단에 의한 전인적 인식을 지칭하고 있다. 성경이 말씀하는 하나님에 관한 지식은 인격적 신뢰에 바탕을 둔 지식이다. 그러므로 우리는 하나님에 관한 지식을 정의하기 위해 여러 가지 주장에 대한 관점들을 살펴보자.

1) 합리주의(Rationalism)

합리주의적 지식론은 감각경험을 배제한다. 그 이유는 감각적 경험은 주관적 느낌에 따라 왜곡될 가능성이 강하기 때문에 객관적 지식의 출처가 애매하다는 주장이다. 합리주의적 판단 기준은 경험에 의존하지 않은 객관적 지식을 강조한다. 합리주의적 지식을 강조한 플라톤(Platon)은 형상들(Forms)을 완전한 대상들이라고 규정할 때 합리적 논증으로부터 결론을 이끌어 낼 수 있는 대상에 대한 판단과 기준이 제공되어 진다고 주장한다. 예를 들면 원형(Circular)에 대한 판단 기준을 말할 때 경험적으로는 문제의 소지가 일어날 수 없다. 또한 원형에 대한 변화를 일으킬 수도 없고 오류가 일어날 수도 없다. 여기에서 플라톤(Platon)은 말하기를 "우리가 가지고 있는 판단기준의 지식은 감각경험 이전의 근원으로부터 와야 한다."고 주장한다. 이러한 주장은 "우리가 형상(Forms)들의 세계에서 살고 있을 때 우리의 지식을 방해하는 물질적 실체의 장애물이 없는 이전의 (Previous) 생애에서 표준을 알게 되었다."는 것을 말하는 것이다. 이러한 플라톤(Platon)의 생각에 개의치 않고 합리주의자들은 주장하기를 판단 기준은 인간의 지식을 형성하는데 절대적인 역할을 한다고 주장한다. 판단의 기준은 감각적 경험으로부터 오는 것이 아니고 반대로 판단 기준들을 감각경험으로 가지고 간다고 주장한다. 이러한 판단기준들은 선험적인 것으로 경험을 분석하는데 있어 이미 전제되어 있다고 말한다.[402]

여기에서 합리주의자들이 주장하는 전제주의적 연역법(Presuppositional Deduction)을 언급하지 아니할 수가 없다. 그러한 합리주의는 기준이 되는 진리로부터 연역적(Deductive) 논리를 통해 결과를 이끌어 낸다는 증명이다. 확실한 전제를 통해 그 전제들에 따라 논리적 단계를 전개하게 되면 그 결론이 확실

---

402) John Frame, The Doctrine of the Knowledge of God. (Presbyterian and Reformed Publishing Co, New Jersey, 1987), pp.111-112.

한 진리로 나타난다는 주장이다. 이러한 사유의 방법론은 자아로부터 시작하는 기준을 정해둔다. 자아의 기준만이 확실한 전제가 되기 때문이다. 자아로부터 하나님의 존재와 세계의 실재(Reality)를 얻을 수 있는 연역법(Deduction)을 적용하여 결론에 도달 한다는 주장이다.

이러한 연역적(Deductive) 합리주의는 이미 플라톤(Platon)의 사상을 이어받은 17세기 데카르트(Descartes)가 꽃을 피웠으나 지금은 사장되어 버리고 만 상태다. 그러나 우리가 고려할 내용은 하나님의 존재를 연역적 합리주의(Deductive Rationalism)로 증명할 수 있다면 실재(Reality)나 사건(Fact)을 연역법(Deduction)으로 추리할 수 있어야 할 것이다. 그러나 시공간의 사건은 그 자체가 현상세계에 나타난 그 이상도 그 이하도 아니다. 예수님의 실체를 논리적으로 설명할 때 사실상 존재 자체를 시공간의 사건에 따라 설명하는 것이 우선이 되어야 한다. 즉 예수님의 인격적 사역을 논리적으로 설명하는 데에는 한계가 있다는 말이다. 예수님을 구세주로 믿는 신앙이 전제되지 않고는 부분적 이해에 끝나고 말 것이다. 예수님께서 바다를 명하여 잔잔하게 하신 사건, 죽은 나사로를 살린 사건, 그리고 그의 겉옷만 만져도 불치병이 나은 사건을 믿는 것이 예수님을 하나님의 아들로 받아들이는데 확실한 방편이 될 수밖에 없다. 그렇기 때문에 자기보다 나이가 적은 예수님을 향해 "주는 그리스도시오, 하나님의 아들입니다." 라고 고백한 베드로의 신앙은 합리주의적 상상을 초월한 사건이다.

그러므로 우리가 지식에 대한 본질적인 요소를 여기서 각 분야별로 합리주의적 관점으로 잠시 생각해 볼 필요가 있다.

(1) 타고난 지식(Innate Knowledge)

우리가 가지고 있는 지식은 감각경험에서 오는 것인가? 아니면 감각경험 이전의 관념(Idea)으로부터 오는 것인가? 아니면 지식을 제공할 수 있는 다른 원인이 있는가? 어떤 사람들은 우리가 원형(Circular)을 말할 때 원형(Circular)은 언어적 정의의 산물이라고 주장하고 있다. 그러나 이러한 정의는 감각경험을 통해 발견되어질 수 있는 인간의 모든 기능으로부터 등장하게 된다고 말한다. 나아

가 그들은 수학이나 논리학에 있어서 사용되는 개념들도 그와 같이 이해되어져야 한다고 주장한다.[403]

이러한 주장에 대해 미국 웨스트민스터(Westminster) 신학교 프레임(John Frame) 교수는 다음과 같이 항변하고 있다.[404] 위에 진술된 내용은 양자택일의 접근법(Alternative Approach)에 있어 접근에 대한 기준(Normative)이 규범으로 정해진 것이 없다는데 문제가 있다. 정확한 기준(Normative)이 없다는 것은 인식론이 존재할 수 없다는 말이다. 그렇기 때문에 지식에 있어서의 기준이 합리주의자들의 방향으로 우리를 움직이도록 꼭 필요한 것이 될 수 없다는 것이다. 모든 법, 즉 하나님의 법은, 창조를 통해 모든 사람들에게 유용하다는 것을 성경이 말씀하고 있다. 감각적 경험을 통해 하나님의 법칙을 아는데 있어 부정하는 원인을 찾아낼 수가 없다. 감각적 경험으로부터 나오는데 대한 법칙들의 기원이 설명되어지지 않은 한 태생적 관념도 역시 설명되어질 수 없다는 말이다.[405]

성경에는 하나님의 심오한 숨겨진 의지가 포함되어 있다. 그것은 하나님의 신적작정(Decree)이 시공간 속에서 집행될 때 드러나게 된다. 그 신적작정은 만물에 관한 하나님의 계획이므로 모든 지식이 그 작정 안에 포함되어 있다. 그러므로 감각적 경험을 통해 지식을 얻을 수 있다는 말은 만물에 대한 지식의 한계를 말할 수 있을지언정 온전하고 참된 지식의 습득은 불가능하다. 감각경험 이전에 이미 하나님의 계획 속에는 창조와, 우주의 법칙과, 그 법칙을 통한 만물의 통치와, 그리고 만물을 보존하는 원리를 포함하고 있다. 창조라는 전제는 인식에 대

---

403) Ibid, .112.

404) Ibid, .112. 에서 논증하고 있는바 프레임(Frame) 교수는 "타고난 지식에 관한 문제"를 비평하고 있는데, 미국 웨스트민스터 신학교 교수로 평생을 재직하였던 밴틸(Van Til) 박사의 수제자로 전제주의 변증학(Presuppositional Apologetics)을 전승한 개혁파 신학자이다. 그러나 그의 논증을 자세히 살펴보면 전제주의를 강조하면서 세속철학에서 주장하는 신 존재 증명을 완전 배제하지 않는 인상을 풍기고 있다. 그 이유는 그가 많은 철학적 요소들을 공격하고 있지만 성경의 전제를 통해 세속철학을 역공하는 분야에 있어서는 밴틸(Van Til) 박사보다 약간 뒤 떨어지는 양상이 나타나기 때문이다. 그러나 프레임(Frame)교수가 성경을 인용하여 세속철학을 역공하는 부분에 있어서는 오히려 밴틸(Van Til) 박사보다 앞서는 경향을 나타내고 있다.

405) Ibid, pp. 112-113.

한 기원이다. 만물 속에 존재하는 모든 것들(all things)은 우리의 감각 이전에 이미 존재의 원인, 과정, 그리고 목적이 주어져 있었다. 그리고 그것들의 구성요소가 이미 감각 경험 이전에 존재하고 있었다. 즉 창조는 모든 인식의 전제이다. 만약 우리가 어떤 물체의 원소를 밝혀내기 위해 과학을 동원할 때 그 물체의 존재자체를 무시하고 원소를 알아낼 수 없다. 우리가 그 물체를 인식하기 이전에 이미 그 물체 자체는 지식을 포함하고 있었다. 무지한 인간이 모르고 있었을 뿐이다. 모든 인식과 지식의 전제는 창조임을 증거하고 있다.

(2) 감각(Sensation)과 이성(Rationality)

만약 감각에 의해 지식의 판단기준을 세우는데 부적절하다고 주장한다면 합리주의적인 판단 역시 감각 경험과 마찬가지로 오류가 발생하게 된다는 것을 주장해야 할 것이다. 감각경험이나 합리적 이성주의나 모두 인간의 주관주의적 요소로부터 발생하고 있기 때문이다. 또한 만유의 기원을 밝혀 낼 수 있는 객관적 사역인 창조를 배제하기 때문이다. 파르메니데스(Parmenides)는 합리적 이성과 감각경험을 모순으로 보고 있지만 우선순위를 정하는 문제에 있어서는 이성을 우선으로 생각하고 있다. 이성이 우주를 이해하는 근원이라고 주장하고 있다. 그러나 많은 사람들은 자신들이 가지고 있는 감각경험을 우선으로 하고 있다.[406]

소크라테스(Socrates)로부터 지금까지 철학의 이념을 큰 틀에서 짚어보면 합리주의(Rationalism)와 경험주의(Experientialism)로 집약할 수 있다. 합리주의는 이성주의, 논리적 연역법(Deduction), 그리고 귀납법(Induction) 등을 포함하고 있다. 경험주의는 실존주의(Existentialism), 의존감정(Dependant Feeling), 그리고 낭만주의(Romanticism) 등을 포함하고 있다. 기독교에서는 어떤 기준을 판단하는데 있어 이러한 합리주의나 경험주의를 표준으로 생각하는 것을 배제한다. 이미 그 합리주의나 경험주의를 생각하기 이전에 하나님을 인식할 수 있는 근본 지식을 하나님께서 인간에게 허락 하셨다. 하나님께서는 인간에게 하나님을 알만한 능력(롬1:19 이하)을 허락하셨으나 인간이 전적 타락(Total

---

406) Ibid, p.113.

Depravity)으로 인하여 하나님의 은혜를 올바로 사용하지 못하는 존재로 떨어져 버렸다. 합리주의적 개념이나 경험주의적 개념은 인식론에 있어 본래적 기원을 무시하고 후천적인 인간의 주관주의적 개념에 의지하여 인식론을 말하기 때문에 근원부터 잘 못된 개념이다. 감각적 개념이나 합리적 이성주의는 아주 제한적인 인간의 주관을 근원으로 하기 때문에 하나님을 인식하는 문제에 있어 정확한 개념을 정립하지 못한다. 논리적 법칙에 의해 창조를 인식할 수 있는가? 또 감각적 경험에 의해 삼위일체 하나님을 인식할 수 있는가? 창조나 삼위일체 하나님을 인식하는 일은 전 우주를 인식하는 것보다 더 높은 차원의 인식이다. 그 인식은 창조 이전의 영원한 세계는 물론 종말 이후의 영원한 세계를 인식하는 차원으로 연결된다. 그러므로 제한적인 합리주의(Rationalism) 내지 경험주의(Experientialism) 철학을 통해 우주론을 말하고 하나님에 관한 인식론을 말하는 것은 개미가 인간을 인식하려 드는 것 보다 더 무모한 짓이다.

사실 합리주의에 기초하여 인식론을 주장하게 되면 인식의 영역이 아주 좁다는 것을 실감하게 된다. 합리성에 해당되지 않은 현상세계가 너무나 많이 존재하기 때문이다. 또한 정신세계에 있어서의 무한한 상상력을 분석하는 일은 합리적으로 불가능하다. 그리고 객관적인 진리에 대한 지식을 정립함에 있어 선험적 관념(Priori Idea) 즉 태생적 관념(Innate Idea)으로부터 형성된 본질을 논리적 개념으로 풀어 나갈 수 없다. 한 예로 공기 가운데 존재하는 원소를 추출하여 쌀의 원소에 맞게 배합하면 쌀이 되어야 하는데 안 된다. 논리적으로는 그 이론이 맞다. 그러나 실제로는 불가능 하다. 그 이유는 쌀이 가지고 있는 태생적 DNA가 존재하기 때문이다. 이러한 현상은 창조로부터 이미 만물에 관한 본질이 사건(Fact)에 의해 주어진 것이기 때문에 논리적으로 풀 수 없는 사실을 말해주고 있다. 만물에 대해 제한적인 논리적 법칙을 인식론으로 적용하는 것을 허용하지 않고 있다.

합리주의에 대한 성경의 내용을 생각해 보자. 성경은 만물의 기원을 분명하게 제시하고 있다. 만물에 대한 기원을 단일성(Unity)의 개념으로 설명하고 있다. 단일성(Unity)의 개념은 삼위일체 하나님께서 만물을 창조하시고, 다스리시고, 보존하시고, 그리고 섭리하신 인격성에 의존하는 것을 말하고 있다. 단일성 (Unity)의 개념을 인식한다는 말은 만물의 기원을 인식한다는 말로 연결된다. 우리가 우리 주위의 존재(Being)를 인식한다는 말은 시공간의 존재를 알고 있다는 의미이지 그 존재의 기원, 과정, 그리고 목적을 다 알고 있다는 말이 아니다. 즉 고양이를 말할 때 고양이가 존재하고 있다는 말은 할 수 있으나 고양이의 기원과 목적을 구체화 하여 설명할 수 있다는 의미가 아니다. 그 이유는 단일성(Unity) 으로 존재하고 계신 삼위일체 하나님에 의해 창조된 만물이 복수성(Plurality)에 의한 하나님의 사역을 통해 다스려지고 있는 구체적 사건(Fact)을 이해하지 못하고 있기 때문이다. 이 말은 인간들이 창조를 인정하면서도 구체적인 사역의 복수성(Plurality)을 단일성(Unity)에 관련시켜 설명하려고 할 때는 전혀 다른 개념을 들고 나와 창조의 단일성(Unity)과 시공간 세계에서 이루어지는 복수성 (Plurality)의 관계를 무너뜨리려고 한다는 의미이다.

위의 내용을 좀 더 이해하기 쉽게 설명해 보자. 밴틸(Van Til) 박사의 기독교 변증학(Christian Apologetics)에 따르면 단일성(Unity)을 기독교의 실재론 (Reality)으로 다루되 구분해야 할 것이 있다는 뜻이다. 그 실재론(Reality)에 있어 인격적인 삼위일체 하나님과 우주의 실재를 동일시하면 안 된다는 주장이다. 즉 인격적인 자족의 하나님을 우주의 실재와 구분해야 한다는 말이다. 여기에서 단일성(Unity)의 문제는 영원 전의 삼위일체 하나님의 절대적 개별자로서 존재를 말할 때 적용되는 말이다. 하나님만이 유일한 개별자이시다. 그러나 그 유일하신 분에 속한 복수성(Plurllity)이 있는데 그것은 하나님께서 작정하신 만물에 관한 계획이다. 그리고 시공간 세계에서의 단일성(Unity)은 만물을 다스리는 인격적 삼위일체 하나님이시다. 더불어 시공간 세계에서의 복수성(Plurality)은 만물을 다스리는 하나님의 계획이 적용되는 모든 사건들을 말한다.[407] 문제는 많은 사람들이 복수성(Plurality)의 문제를 단일성(Unity)의 문제와 동일시하려는 노력을 철학 세계에서 수없이 시도해 왔다는 점이다. 즉 고양이를 연구할 경우 모든 동물을 포함시켜 생각하고 있다는 말이다. 이러한 시도는 우매하기 짝이 없는

---

407) Cornelius Van Til, The Defence of the Faith, (Presbyterian and Reformed Publishing Co. New Jersey, 1980), p.25.

데 존재(Being)는 모든 것을 포함하고 있지만 구체적인 개물에 대해서는 정의를 내릴 수 없다는 것을 인식하지 못하고 있다는 말이다. 즉 아무리 과학이 발달 되어도 만물에 대한 원소를 모두 분석해 낼 수는 없는 현상을 인식하지 못하고 있다는 말이다. 그러므로 세속철학에서 개물을 통해 단일성(Unity)의 하나님을 인식하려고 시도하는 것은 자체 모순을 드러내고 있는 것뿐이다.[408]

이제 우리가 만물에 대한 분석을 잘못하는 세속철학자들의 모순을 밝혀 내 볼 필요가 있다. 예를 들어 보자. 내가 캥거루(Kangaroo)를 연구한다고 가정하면 당연히 포유동물을 연상하게 될 것이다. 그리고 배에 주머니를 가진 포유동물을 연상하게 될 것이다. 나아가 캥거루(Kangaroo)는 오스트레일리아에서 자란 주머니를 가진 포유동물을 연상하게 될 것이다. 이러한 추리는 캥거루(Kangaroo)에 대한 올바른 지식을 얻기 위한 방법이 될 것이다. 그 추리는 캥거루(Kangaroo)를 인식하기 위해 캥거루(Kangaroo)로 돌아가 캥거루(Kangaroo)에 대한 인식을 가능하게 만들어야 한다. 즉 캥거루=오스트레일리아가 될 수 없다. 이러한 추리는 결국 모순에 빠지고 만다는 것이다. 그렇다면 캥거루(Kangaroo)를 정확하게 인식하는데 있어 포유동물, 주머니, 그리고 오스트레일리아는 캥거루에 대한 정확한 인식을 주는데 유용한 정보를 제공하지 못한다는 말이 된다. 결국은 캥거루(Kangaroo)를 통해서만 캥거루(Kangaroo)를 인식하게 된다는 말이다. 특히 하나님을 인식하는 일에도 같은 적용이 작용한다. 하나님께서는 절대적이며, 완전한 도덕률을 가지고 계시며, 그리고 그 도덕률을 집행하고 계시는 분이시다. 그러나 인간은 하나님의 도덕률을 실행할 능력이 전혀 없다. 무지만 드러낼 뿐이다. 그러면서 무지한 인간이 스스로 하나님을 인식하려는 모순을 범하고 있다. 합리주의 철학은 결국 비합리주의로 빠지게 된다. 바로 이것이 모순이다.[409]

2) 경험주의(Experientialism)

---

408) John Frame, The Doctrine of the Knowledge of God, (Presbyterian and Reformed Publishing Co, New Jersey, 1987), p.113.

409) Ibid, p.114.

경험주의(Experientialism)에서 볼 때 이성주의는 관념론(Idealism)에서 머물다 사라지는 안개로 취급될 수 있다. 그 이유는 경험주의는 실험주의(Experiementalism) 또는 증거주의(Evidentialism)를 포함하여 구체적 방법을 모색한다는 점에서 관념론(Idealism)을 무시하는 경향이 강하다. 고대와 중세에는 철학적 인식론이 전통과 사색에 중점을 두고 있었기 때문에 지식의 성장이 둔했다고 보는 것이 일반적인 견해였다. 이성의 추리를 통해 나타난 가정설(Hypotheses)들을 경험적 사실로 옮길 때 그 가정설(Hypothesis)들을 증명하는 관찰과 실험을 통해 신뢰할 수 있는 지식을 축적하게 된다는 생각이었다. 그러므로 경험주의(Experientialism)는 사색과 공상적인 이론을 탈피하여 실제적 사건(Fact)에 기초하여 모든 사고를 실험하려고 한다. 20세기 과학의 발달은 추리를 내세우는 합리주의 철학을 무너뜨리고 구체적 실험주의 사상을 창궐하게 만들었다. 그럼에도 불구하고 20세기 말에 들어와 경험주의(Experientialism)가 올바른 지식을 제공하는데 있어 회의를 일으키게 되었다.[410] 그 이유들을 생각해 보자.

(1) 검증(Verification)

우리가 어떤 것을 안다고 말할 때 사물을 경험적으로 검증한 후에 그 사물을 확인함으로 정확하게 알 수 있는가? 결코 아니다. 우리가 확인하지 않고도 확인할 수 없는 수많은 것들을 알고 있다. 고대의 역사, 의학에서 알려주는 건강에 관한 문제, 과학자들이 알려주는 핵의 분자, 그리고 보이지 아니하는 세계에 존재하는 우주의 많은 것들을 알고 있다. 그러한 것들은 우리가 검증하지 않고도 그것들의 존재를 확신하고 있다. 물론 검증이 필요할 때가 있고 지식에 대한 요건이 필요할 때가 있다. 그 검증은 의학적 또는 과학적 진행과정에서 절대적으로 요구될 때가 있다. 그러한 검증은 합당한 것이지만 지식의 습득이란 의미에서 검증을 절대적으로 요구하는 것은 아니다.[411]

우리는 눈으로 보고 만지는 확인절차가 정확하지 않은 경험을 수없이 하고 있

---

410) Ibid, p.115.
411) Ibid, p.116.

다. 경험으로 얻은 지식이 때로는 참된 지식이 되지 못한 경우가 허다하다. 경험에 대한 개인적 평가가 동일할 수가 없다. 과학적 적용도 절대적인 객관성을 유지하지 못한다. 의학적 적용도 마찬가지이다. 어떤 사람에게는 어떤 음식을 반드시 섭취해야 하지만 어떤 사람에게는 독이 되는 경우가 있다. 분명히 수많은 사람들의 검증을 통해서 객관적 입증을 근거로 하여 치료하지만 치료약이 어떤 사람에게는 탁월한 효과가 있는데 어떤 사람에게는 효과가 없어 병이 악화되는 경우가 나타난다. 이것이 경험적 지식의 한계이다.

그러므로 검증은 지식의 절대 필수 요건이 되지 못한다. 즉 경험밖에 검증되지 않은 절대적 객관성을 소유하고 있는 지식이 존재한다는 말이다. 물론 지식에 대한 경험적 검증이 필요할 때와 검증의 조건이 존재하는 것은 사실이다. 그러나 그 검증이 모든 지식의 필수 요건은 아니다. 그런데 검증이 기독교 교리에 합당한가? 라는 문제가 제기된다. 즉 기독교가 절대적 종교라는 것을 어떻게 검증하며 또 검증의 가능성이 존재하는가? 라는 문제가 제기된다. 비기독교인들 가운데 어떤 사람들은 기독교의 절대화를 주장하면 검증할 가능성이 존재하지 않기 때문에 고려할 가치조차도 없다고 말한다. 이러한 잘못된 사상은 실증주의(Positivism) 철학[412]에서 제기된 문제이다. 그 실증주의(Positivism)는 논리적 관점을 강조하고 있는데 자율에 기초한 과학적 방법을 검증에 적용한다. 물론 검증에 있어 자율에 기초한 과학적 방법이 필요할 때가 있다. 그러나 지식의 기초를 제공하는 원인이 될 수 없다. 모든 지식이 검증되어야 한다면 모든 검증의 대상은 모든 지식을 구성하고 있다는 말이 된다. 그러나 검증의 대상과 지식은 동일 선상에서 고려될 수 없다. 예를 들어 설명해 보자. 달이 초록색의 치스로 만들어져 있다면 잘

---

412) 실증주의 철학(Positivism)은 경험의 결과에 따라 증명을 국한하기 때문에 형이상학적 이론을 배제하고 있다. 이러한 철학은 경험주의(Experientialism) 철학자들이 즐겨 사용하는 개념인데 록크(John Locke)나 흄(David Hume)은 수학적 실증주의(Positivism) 개념을 중요하게 생각했으며 버클리(G. Berkeley)나 밀(John Stuart Mill)은 하나님의 존재와 영혼에 관한 지식의 경험론을 주장하고 있다. 이에 대해 실증주의 신학(Positive Theology)은 실제적 존재를 중요하게 생각함으로 이성주의 신학에 대항하여 역사적 계시에 의해 주어진 내용을 설명하는 것을 목적으로 하는 신학이다. 예로 슐라이어마허(Schleiermacher)가 교회라는 실제적 집단을 통한 경험주의 신학(Experiential Theology)을 주장할 때 실증주의 신학(The Theology of Positivism)이라고 명명할 수 있다.

못된 진술이다. 그러므로 지식의 종목이 되지 못한다. 그럴 경우 사실상 달에 대한 검증은 필요가 없다.[413] 그러므로 지식의 근원은 결국 창조론으로부터 시작해야 한다는 말이 된다. 만물은 창조될 때 피조물 자체가 가지고 있는 지식이 이미 부여되어 있었다. 인간의 지식은 습득의 그릇에 불과하다. 그렇기 때문에 인간이 알지 못하는 지식이 무수하게 존재하고 있다. 인간이 가지고 있는 지식을 통해 만물을 인식할 수 있다는 생각과 하나님의 존재인식에 도달할 수 있다는 생각은 그 자체가 틀렸다. 합리주의(Rationalism)는 물론 경험주의(Experientialism)도 지식에 대한 결론에 도달할 때는 이론을 정립하는 것을 주장하고 있다. 그러나 존재의 전제가 되는 원리를 이론적으로 말할 수 있는 이론을 없다. 즉 우주 가운데 존재하는 만물을 존재이론으로 증명할 수 있는 이론은 없다. 존재는 존재로 증명되어야 하기 때문이다. 만약 하나님에 관한 지식을 존재를 수단으로 하여 설명하려면 미세한 주관주의적 존재개념에 머물고 말 것이다. 또한 경험을 수단으로 하여 증명하려는 시도도 미세한 주관주의적 경험의 한계를 넘어설 수 없다. 그러나 성경의 역사를 보면 합리적 또는 경험적 주관주의로 설명할 수 없는 확실한 증거가 기록되어 있다. 이스라엘의 역사를 통해 예언한 사건들이 역사 선상에서 완성된 일들은 인간의 상상을 넘어 실제로 존재해 왔기 때문이다.

(2) 과학적 방법의 검증(Verifiability of the Scientific Method)

과학적 방법의 검증은 각 분야에서 여러 가지로 다양한 방법을 통해 시도된 수단이다. 감각기관뿐 아니라 자료, 관찰, 적용, 실험, 그리고 결과 등을 통해 우리가 모르는 내용을 밝혀내기 위해 무수한 노력과 재정을 투입해 왔다. 그러나 만물이 가지고 있는 지식의 아주 적은 분야를 밝혀내고 있을 뿐이다. 검증은 우주에 관한 무한의 세계를 완전히 인식할 수 있는 경지에 도달하기에는 전혀 불가능한 방법이다. 과학의 분야에서 사용하는 지식의 방법론을 몇 가지 정리해 보면 다음과 같다.

---

413) John Frame, The Doctrine of the Knowledge of God, (Presbyterian and Reformed Publishing Co. New Jersey, 1987), p.116.

A. 과학적 방법의 검증이라는 말은 증거주의(Evidentialism)에 한하여 제한적 요소를 생각나게 한다. 그러므로 그러한 증거주의(Evidentialism)는 너무나 단순한 방법론에 속한다. 과학적 방법은 하나의 감각적이거나 아니면 논리적 귀결에 따라 검증을 결정하지 않는다. 과학적 방법이란 여러 가지 기구나 재료들을 사용하는데 그 기구나 재료들 사이에 인간의 여러 가지 사고가 개입된다.[414]

B. 과학적 작업은 자료를 분석하고 평가하여 결론을 유추해 낸다. 이러한 결론은 우주 속에 존재하는 보편적인 법칙들을 발견해 내는 과정에 의존한다. 즉 우주에 대한 새로운 것들을 밝혀내는 법칙을 말한다.[415] 그러나 그러한 법칙들은 이미 창조의 세계 안에 존재했던 것들에 불과하다. 인간이 인식하지 못하고 있었을 뿐이다. 새로운 과학적 발견은 발견에 끝나고 만다. 그러한 새로운 인식은 새 창조나 발명의 개념 보다는 재 변형의 개념으로 인식해야 한다. 이미 존재한 재료를 통해 알지 못했던 법칙과 과정을 인식하고 변형시켰기 때문이다.

C. 그런 의미에서 우리가 감각을 통해 느끼는 것들은 인간이 원하는 기대치를 넘어설 수 없다. 인간이 원하는 기대치는 창조된 주위의 모든 여건에 의해 형성되는 것이다. 전제가 없는 순수한 경험적 탐구는 없다. 맹목적인 입지에서 존재하지 아니한 사건들을 접할 수는 없다. 즉 우리는 관심 있는 현존의 사건들에 따라 대상이 인식되어지고 해석되어 진다.[416] 이러한 과학적 방법은 창조된 전제 없이 만물을 인식할 수는 없는 것이다.

D. 이상한 일은 과학자들 스스로 문제가 제기된 이론에 대해 거기에 속한 자료들을 수용하기를 꺼려한다. 상반되는 이론을 버리는 것이 아니라 또 다른 이론으로 해결 되어야 할 문제를 구성하게 된다. 그 상반되는 문제의 잘 못된 이론이 수없이 지적되고 새로운 이론이 구체적으로 나타나게 되고 더 이상 필요 없다고 느껴질 때에 그것을 버리게 된다. 이러한 이유들로 인하여 과학자들의 작업은 단

---

414) Ibid, p.117.
415) Ibid, p.117.
416) Ibid, p.117.

지 사실(Fact)을 점검하는 것 이상의 아무것도 아니다. 그러므로 과학은 순수한 경험의 수단에 의해 운영되고 있지 않기 때문에 우리는 그러한 불안전한 과정을 신앙할 수도 없다.[417] 심지어 인간은 같은 환경, 같은 위치에서, 그리고 같은 대상을 놓고 다른 경험을 하는 일들이 수없이 일어나고 있다. 경험의 절대성과 객관성을 정의할 수 없다는 말이다. 예로 어느 한 물건을 두고 저울을 사용하지 않고 무게를 측정 할 경우 사람마다 측정의 도가 다르게 나타난다. 결국 객관성을 찾아내기 위해 저울을 사용할 수밖에 없다. 그러므로 각자의 경험에 의한 과학적 방법은 한계를 가지고 있다는 말이 성립된다. 그렇다면 이제 경험에 대한 문제를 생각해 볼 시간이다.

(3) 제한적 경험

우리가 인식론에 있어 경험주의만을 따라가게 되면 우리가 인식하고 있는 지식의 많은 분야를 쓰레기통에 버려야 할 형편에 처하게 된다. 경험을 하지 않고 인식하고 있는 지식이 경험을 통해 얻는 지식보다 훨씬 많기 때문이다.

A. 우리가 인식하고 있는 보편적 진리를 경험 없이 인식하고 있는 것 중의 하나는 **인간은 죽는다** 이다. 이러한 인식은 모두가 간접경험에 의해 다 알고 있다. "지구가 둥글다. 달과 지구가 돌고 있다." 는 등의 인식론은 각자의 경험을 필요로 하지 않고 우주적으로 이미 선재(先在) 되었던 진리가 과학에 의해 발견되고 우리에게 알려진 것에 불과하다.[418] 그렇게 발견된 명제적 진리는 경험으로 얻어지는 것이 아니다. 명제적 설명에 의해 인식되는 것이다. 그런데 그 인식은 과학적 원리에 기초하여 설명되어 진다. 결국 그 지식의 근원은 창조적 원리로 돌아가야 올바른 인식이 가능하게 된다.

B. 사람들은 감각적 경험을 가지고 미래를 알 수 없기 때문에 미래에 관한 진술을 정의하는 일을 포기할 수밖에 없는 이유는 경험주의에 의한 과학적 진술을

---

417) Ibid, p.117.
418) Ibid, p.117.

예언적으로 받아들일 수 없기 때문이다. 그렇다면 미래에 대한 지식의 내용과 경험 모두를 저버려야 한다는 말이 된다. 이것이 바로 경험주의의 한계이다.[419] 그래서 기독교의 역사성을 강조할 수밖에 없다. 그러므로 역사 속으로 내려오신 하나님의 본체이신 예수 그리스도를 주시해야 한다. 모세의 역사적 사건 속에 예수님이 예언되었고 더불어 이스라엘 역사가 예언으로 나타났다. 1,500 여년 동안 형성된 구약의 역사는 예수님을 예언한 역사였다. 그 예언에 의해 예수님께서는 역사 속으로 오신 하나님이시다. 그리고 그분이 역사 선상에서 미래를 예언하셨다. 구약의 역사적 예언이 틀림없이 성취된 것처럼 미래 종말의 심판과 하늘나라의 예언도 틀림없이 역사적으로 성취될 것이다. 이 역사관은 인간이 죽음을 경험한 인식을 뛰어넘는 진리이다. 반드시 하늘나라가 임할 진리이다. 그렇다면 하나님을 인식하는데 있어 합리주의나 경험주의를 넘어 하나님에 관한 지식을 어떻게 정의해야 할까? 이제 이 문제를 상고해 본다.

3) 하나님의 지식과 시공간 사건(Knowledge of God and Facts)

합리주의자들은 하나님의 존재를 이성적 논리에 꿰어 맞추려는 억지를 부린다. 이러한 부류들은 19세기 칸트(Kant) 이후 나타난 자연주의자들의 주장에 동조하는 자들이다. 역사 속에 내려오신 예수 그리스도를 포함하여 합리주의 개념에 맞지 아니한 기적의 사건들을 거절하는 우를 범하였다. 성경에 나타난 모든 기적들을 제거하고, 성경의 저작권을 왜곡하고, 그리고 본문을 비평하여 영감설을 부정하는 사악한 일들을 거침없이 행하였다. 그것도 기독교 신학이라는 이름으로 행한 것이다. 경험주의(Experientialism)에서는 하나님의 존재를 경험이라는 검증을 통하지 않고는 인식할 수 없다고 주장한다. 주관적 경험 속에 하나님의 존재를 가두어 버리는 인식론이다. 결국 경험 없는 하나님의 존재는 하나님의 인식을 거부하는 결과를 초래하게 만들고 있다.

이러한 주장들에 대해 우리는 성경에 기록된 **시공간의 사건들을** 분석해 볼 필요가 있다. 자연법칙으로 해결할 수 없는 사건들을 경험할 때 합리주의로 해석할

---

419) Ibid, p.118.

수 없는 불가사의(不可思議)한 일들을 우리는 많이 접하게 된다. 또한 그러한 일들을 우리가 다 경험한 바도 아니다. 아주 협소한 일부분을 경험했거나 겨우 간접 경험을 통해 듣거나 보아온 정도이다. 성경에 기록된 사건들을 우리가 일정하게 모두 확인할 수 없다는데 문제가 있다. 그러므로 그러한 간접 경험의 사건들은 옳을 수도 있고 틀릴 수도 있다고 말할 수 있다. 문제는 합리주의의 관점에서 볼 때 이론적으로 100% 옳지 않다는데 있다. 그렇다면 합리주의를 반대하기 위해 하나님에 대한 경험을 강조할 수밖에 없다. 즉 성경에 기록된 기적을 증명하기 위해 기독교적 체험을 더 강조할 수 있다. 그러한 체험주의는 이성을 앞세우는 합리주의자들 보다 더 확실한 하나님의 인식을 찾으려는 것으로 보인다. 그러나 그러한 노력은 오히려 하나님을 인식하는데 기준이 되는 성경계시를 더 혼란스럽게 만든다. 경험 자체도 인간의 협소한 주관주의에 따라 인식론을 정할 수밖에 없기 때문이다. 그러므로 우리가 이론을 내 세우거나 경험을 내 세우는 주장에 대해 그 어떤 것도 확실한 정의를 내릴 수가 없다. 합리주의와 경험주의 모두 아주 협소한 인간의 주관주의에 기초를 두고 인식론을 결정해 버리기 때문이다. 합리주의나 경험주의 두 가지 모두 방대한 하나님과 우주에 대한 성경의 인식론을 대입시키게 되면 아주 협소한 인간의 논리와 경험에 갇혀 버리게 된다. 하나님의 인식은 성경이 말씀하는 계시론적 입장으로 돌아가야 올바른 인식에 도달하게 된다. 성경에는 합리성과 경험론이 모두 굴복되는 인식론이 제공되어 있다.

우리가 시공간의 사건과 그 기준(Criteria)을 정하는 인식론에 들어가면 주관적 기준이 되는 합리주의(Rationalism)와 경험주의(Experientialism)에 의존하여 지식에 대한 문제를 확증하는 일이 매우 어렵다는 것을 알게 된다. 결국 주관적 경험과 합리성에 의해 시공간의 사건을 결정할 수 없는 문제가 생긴다는 말이다. 궁극적으로 내적 경험이나 주관적 합리성이 성경에 기록된 사건들(Facts)에 대한 해석의 기준이 될 수 없다는 주장이다. 아무리 객관주의를 주장한다 해도 성경의 모든 분야를 자신의 경험과 합리성에 맞게 해석할 수 있는 사람은 없다. 결국 자신의 주장이 성경의 내용과 맞지 아니할 지라도 객관주의 계시가 되는 성경에 우리의 인식을 굴복시켜야 한다. 결국 기독교가 주장하는 하나님의 인식론은 계시주의로 돌아가게 되는데 인식의 기준(Criteria)은 바로 성경이라는 말이다.

4) 주관주의와 기독교

기독교는 주관주의와 전혀 무관한 종교인가? 지금까지 기독교 인식론을 논증하면서 우리가 주관주의에 대해 배타적이 될 때 올바른 기독교를 정립 시킬 수 있는 것처럼 느껴질 것이다. 그 이유는 지금까지 논증해온 합리주의와 체험주의는 주관주의이기 때문에 객관성을 말씀하는 성경에 도달할 수 없기 때문이라고 생각할 수 있다. 그러나 하나님 아버지께서 예정하신 계획에 의해 2천년 전에 예수님께서 완성하신 구속사역을 성도의 심령 속에 적용하신 성령님의 주관적 사역을 무시하게 되면 기독교인으로서 참된 신앙고백을 거절하는 결과를 가져오게 된다. 그러므로 객관화 된 구속사역을 주관적으로 성령님께서 적용하심으로 삼위일체 하나님에 대한 올바른 인식론이 성립된다. 그렇다면 우주 안에 존재하는 절대적 객관성을 주관적으로 완전히 인식할 수 있는가? 하는 문제가 제기 된다. 사실 절대적 객관성은 하나님에게만 해당되는 말이다. 그렇다면 우주의 법칙에는 절대적 객관성이 없는가? 물론 존재한다. "지구는 둥글다."라는 과학적 인식은 절대화 된 객관적 법칙이다. 문제는 그러한 법칙을 통해 하나님의 절대적 객관성을 인격적으로 인식할 수 있느냐? 이다. 비기독교인은 "지구는 둥글다."는 인식이 마지막 객관적인 진리로 받아들이는 데서 정지하고 만다. 그러나 기독교인에게는 둥근 지구가 공중에 떠 있으면서 만유인력에 의해 스스로 움직이고 있는 배후에는 하나님의 능력이 작용하고 있다는 것을 인식하고 있다. 지구가 둥글다는 존재인식 그 자체를 넘어 만물을 다스리고 보존하시는 삼위일체 하나님의 인격적 존재 인식으로 연결된다. 그 인식은 어디서부터 오는 것일까? 먼저 성령님께서 성도의 심령 속에 예수 그리스도를 구세주로 인식 시키는 사역을 주권적으로 시행하셨다는 인식으로부터 온다. 그리고 나아가 그 예수님에 대한 인식은 하나님 아버지로 인식되어 유일하신 삼위일체 하나님을 인식하게 된다.

과학적 원리에 의해 둥근 지구가 태양을 돌고 있다는 것은 기독교인이나 비 기독교인이나 모두 다 같이 인식하는 문제이다. 이는 보편적으로 받아들일 수 있는 객관적 판단 기준이다. 그러나 그 지구가 태양을 스스로 돌고 있는 본질에 들어가 만유인력의 힘이 어디서부터 나오느냐? 의 질문에 들어가면 기독교인과 비기독교인의 견해가 전혀 다른 방향으로 나타난다. 비기독교인은 만유인력의 존재만을 인식의 기준으로 삼고 그 이상을 넘어서 어떤 결론도 유추해 내지 못한다. 즉 지구는 둥글고 만유인력에 의해 태양을 돌고 있다는 법칙에 머물고 만다. 자신이 알고 있는 지식의 한계에서만 인력의 법칙을 말할 뿐이다. 그것을 객관적 진리로 인식하고 있는 정도이다. 그런 의미에서 가장 궁극적 진리가 되는 창조의 원리에 도달하지 못하기 때문에 그들에게는 만물에 대한 객관적 진리가 존재하지 못한다. 오직 개인의 인식이 즉 주관적 인식이 객관화 되어 버리는 우를 범하고 있다. 그들만의 세계에서 인식의 공통 분포를 형성하고 있기 때문에 객관적 진리로 보일 뿐이다. 그러한 인식은 참된 객관적 진리가 되지 못한다.

그러므로 모든 철학과 일반적 학문의 인식론은 주관주의로 귀결된다. 참된 객관적 진리의 원인을 인식하지 못하고 있다. 혹자는 질문할 것이다. 그렇다면 우주의 법칙에 있어 객관적 진리가 없다는 말인가? 나는 대답한다. 물론 존재한다. 그러나 그 진리는 주관적 인식에 의해 객관적 진리를 발견한 것뿐이다. 객관적 진리가 우리 인식 속으로 들어와 주관적으로 깨닫게 되는 것뿐이다. 문제는 그러한 인식이 어디에서부터 시작하여 어디로 결론 지어 지는가? 라고 나는 반문할 것이다. 그리고 나는 결론적으로 대답할 것이다. **모든 우주의 객관적 법칙은 우연에 의해 형성된 법칙이 아니라 인격을 소유하신 진리의 주관자가 배후에서 다스리고 계신다.** 라고 대답할 것이다. 그 진리의 법칙은 절대적 객관성으로부터 기인된다. 즉 유일하신 삼위일체 하나님의 인격적 인식을 통한 창조, 통치, 그리고 섭리의 법칙이다. 우주의 법칙 안에 존재하는 객관적 진리는 삼위일체 하나님의 인격에 의해 다스려지는 존재의 법칙을 철학이나 일반 과학에서 부분적으로 밝혀낸 것들에 불과하다. 그들이 그 존재의 법칙을 인식하는 것은 절대적인 인격적 객관성을 인식하는 것이 아니고 존재 자체만을 인식하는 것뿐이다. 그들은 존재 자체만의 인식을 객관적으로 인식하고 있다는 착각에 사로잡혀 있다. 그러므로 그러한 존재인식은 절대적인 인격적 삼위일체 하나님을 인식하는 내용과 전혀 공통 분포를 형성하지 못하고 있다. 그러한 인식은 소수의 주관적 인식이 많은 사람들의 공통 분포를 형성하여 객관화 된 것처럼 인식하고 있는 것에 불과하다. 참된 인격적 절대성을 갖춘 객관적 진리가 아니다. 기독교가 주장하는 절대적 객관성의 인식론은 인격적 삼위일체 하나님의 절대적 존재와 창조라는 객관적 진리가 우리의 심령 속에 주관적으로 적용되는 인식이다. 모든 세속철학과 과학은 피조 세계의 전제 없이 학문을 전개시킬 수 없는데도 절대적 객관성의 인식이 참된 객관적 인식의 기초가 되는 것을 배제하고 있다. 그들은 자신들의 합리적 인식이나 주관적 경험이 평준화 되면 객관적 진리가 된다는 잘못된 생각을 하고 있다.

파르메니데스(Parmenides), 플라톤(Platon)의 철학, 중세의 스콜라주의(Scholasticism), 근대철학에 있어 불가지론(不可知論, Agnosticism)의 거두역할을 한 칸트(Kant), 그리고 현대철학의 무신론 주의자들에 이르기 까지 그들 모두는 합리주의(Rationalism)와 경험주의(Experientialism)에 기반을 둔 주관적주의적 인식론을 강조하고 있다. 그러한 주관주의는 대부분 중세 철학의 유명론(Nominalism) 내지 실재론(Realism)의 인식론에 집착되어 있기 때문에 불가지론(Agnosticism)이 나올 수밖에 없다. 만물을 다스리는 인격적인 하나님에 관한 인식론이 결여되어 있는 것이 결정적인 문제이다.

또 한 가지 생각할 것이 있는데 하나님의 객관적 인식만을 고집함으로 일반 과학이나 철학의 분야에서 주장하는 진리에 대한 증명을 무시할 수 있느냐? 라는 의심을 품게 되는 것은 당연한 이치이다. 이에 대한 대답은 물론 그들에게도 과학이나 철학의 관점에서 보는 객관적 진리가 있다는 것을 인정하는 바이다. 예를 들어 보자. 기계공학과 의학 사이에 객관적 공통분포를 찾을 수 있느냐? 의 문제가 제기 될 때 서로 공통분포를 형성할 수 있는 분야가 있고 그렇지 못한 분야가 있다. 과학이라는 전체의 큰 틀에서 볼 때 공통분포를 형성할 수 있는 분야가 있다. 모든 우주는 에너지에 의해 "움직인다."라는 법칙을 적용할 때 공통분포를 형성할 수 있다. 즉 "움직인다."라는 개념은 "우주가 움직인다."와 "사람이 움직인다."라는 주제는 "움직인다."라는 개념에 있어서는 공통분포를 형성할 수 있다. "움직인다."라는 힘의 원인은 "에너지"가 객관적 공통분포로 작용한다. 그것이 전체적인 틀에서의 공통분포이다. 그러나 움직이는 에너지를 일으키는 원리가 어디로부터 오느냐? 로 들어가면 전혀 다른 개념의 인식으로 들어가게 된다. 즉 우주의 움직임은 만유인력이 에너지의 원인이지만 사람의 움직임은 음식과 산소의 섭취가 에너지의 원인이다. 그런데 에너지의 가장 근원을 파고 들어가면 결국 만물의 존재 원리로 귀결될 수밖에 없다. 이러한 만물의 존재 원리는 바로 하나님께서 창조하신 원리를 말할 수밖에 없다. 창조 없이 에너지가 형성될 수 없기 때문이다. 그러나 에너지의 적용 분야에 들어가면 근본 원인과 실제적 움직임의 마지막 동력의 차이점을 발견하게 된다.

여기서 우리가 숙고하여야 할 문제가 있다. 즉 에너지에 대한 기계공학과 의학과의 공통분포와 차이점을 생각해 볼 수 있다. 자동차를 분석해 볼 때 엔진은 사람의 내장의 기관과 비교될 수 있다. 자동차는 가스를 흡수하여, 엔진을 통해 폭발시켜, 에너지를 발산하여, 기계를 움직이게 하고, 그리고 원하는 곳으로 가게 한다. 그렇다면 에너지가 사용되는 법칙을 통해 자동차를 인간에게 비교해 보자. 인간은 음식을 흡수하여, 소화기관을 통해 에너지를 발산하여, 몸을 움직이게 하고, 그리고 원하는 기능을 작용하게 한다. 자동차와 인간의 기능은 에너지를 발산 시키는 일에 있어 흡사하게 대조된다. 그렇다면 자동차와 인간은 에너지를 사용하는 과정에 있어 동질성을 형성하는 접촉점이나 공통분포를 형성하고 있는가? 원료를 소모시켜 에너지를 양산해 낸 대가로 목적을 위해 물체가 움직인다는 점에 있어서는 공통분포를 형성하고 있다. 그러나 에너지의 재료나 일하는 주체에 있어서는 전혀 다른 양상을 나타내고 있다. 이러한 예는 에너지 발산이라는 단순한 원리에 있어서는 공통점이 있지만 에너지로 변하는 구체적 과정으로 들어가면 창조된 각 종류마다 전혀 다른 양상을 나타내 보이고 있다. 다른 양상을 나타내는 분야가 따로 존재 한다는 의미는 바로 에너지의 영역 주권을 말하는 것이다. 자동차 가스를 사람의 몸에 주입하여 에너지로 전환시켜 기능 작용을 일으킬 수 없다는 말이다. 반대로 사람이 먹는 음식을 자동차에 주입시켜 에너지로 전환시킬 수 없다는 말이다. 에너지의 영역 주권은 창조론을 증명하는 원리가 된다. 하나님께서 만물을 창조하실 때 각 종류별로 창조하셨다. 각 종류는 에너지를 사용하는 절차가 각 종류마다 다르게 작용한다는 말이다. 소가 고기를 먹고 살 수가 없고 호랑이가 풀을 먹고 살 수가 없다. 이는 에너지를 흡수하여 발산하는 절차가 창조의 원리에 따라 진행된다는 의미이다. 그러나 창조의 근원을 찾아 올라가면 결국 하나님의 단일성(Unity)으로 귀착된다. 귀착점에 있어서는 에너지를 흡수하여 발산한다는 의미에서 만물의 동질성을 말할 수 있다. 그러나 각 종류마다 창조된 만물 속으로 들어가 보면 에너지를 흡수하고 발산하는 과정이 각기 다르게 나타난다.

아인슈타인(Albert Einstein, 1879-1955)의 주장에 의하면 "모든 만물은 에너지 법칙에 의해 유지되고 있다."고 말했다. 맞는 말이다. 그런데 이 에너지는 어디서부터 왔느냐? 의 질문이 발생한다. 에너지가 만물의 존재 속에 아무 원인 없이 그냥 존재하고 있었느냐? 만물의 형성 과정을 진화적으로 말하는 소위 과학자들이라고 하는 무식한 사람들의 변을 들어보면 실소를 금할 수 없다. 그들의 주장에 의하면 만물을 진화적으로 볼 때 이유 없이 에너지의 변화가 일어났다는 말이 된다. 즉 진화론은 과학적으로 볼 때 자체 모순을 드러내고 있다. 에너지 보존의 법칙이나 질량 보존의 법칙과 어긋나는 것이다. 에너지의 영역 주권의 개념으로 볼 때 처음 존재한 에너지는 그 영역 안에서만 변화 과정을 일으키고 있다. 즉 창조된 만물은 그 만물이 가지고 있는 영역 안에서만 에너지의 변화과정을 거치고 있다. 처음 창조된 우주의 에너지는 그 에너지를 그대로 유지하고 있다. 돌에 해당되는 에너지는 나무에 해당되는 에너지로 전환될 수 없다는 말이다. 즉 우리가 불을 붙일 때 나무와 똑같은 화력을 돌이 유출해 낼 수 없기 때문이다. 만물이 각자의 독자적인 에너지를 유지하게 되는 이유는 하나님께서 만물을 창조하시고, 보존하시고, 다스리시고, 그리고 섭리하신다는 하나님의 주권을 뒷받침하고 있기 때문이다.

에너지의 기본 법칙은 창조된 각 개체에 맞도록 이미 존재하고 있었다. 모든 만물 속에는 각 개체만이 가지고 있는 에너지 법칙이 존재하고 있다. 우주가 움직이는 모든 만물에는 그 움직임 속에 각 개체에 해당되는 에너지가 작용하고 있다는 것을 알 수 있다. 그렇다면 그러한 에너지 법칙이 객관적이며 절대적 진리가 되는가? 이다. 기독교인은 절대적 진리 라는 말을 깊이 생각하게 된다. 에너지의 기원을 생각하기 때문이다. 더불어 우리 몸의 구조를 생각하게 된다. 그 이유는 나의 인격으로부터 나오는 의지가 몸을 움직이게 만들고 그 몸이 에너지를 사용하여 나의 의도대로 목적을 이룰 수 있도록 만들기 때문이다. 그리고 그 인격에 의한 결단을 일으키는 에너지의 원천은 어디에서부터 오는가? 라는 질문이 생길 수밖에 없다. 기독교인은 사람의 인격 안에 작용하는 의지를 먼저 생각하게 된다. 의지에 의한 결단을 일으키는 것도 에너지가 있어야 된다는 것을 기독교인은 생각하게 된다. 그 의지작용이 자연법칙으로만 형성된 것이라면 우리의 생각과 인격이 한갓 에너지의 도구에 불과한 것인가? 라는 생각을 일으키게 된다. 그러므로 기독교인은 "인격에 속한 의지는 에너지를 사용할지언정 에너지의 도구는 아니다." 라는 생각을 하게 된다. 만물에 대한 인식과 하나님에 대한 인격적 인식은 인격이 에너지를 사용함으로 나타나는 현상이다. 에너지가 인격을 사용하여 인식에 도달하는 것이 아니다. 그러한 인격은 인간이 하나님의 인격에 의해 창조되었기 때문에 의지의 발동이 가능한 것이다. 에너지를 사용하게 하시는 하나님의 주권적 사역에 의해 인간이 태어나고 자라게 되며 인격적 하나님을 인식할 때 만물에 대한 올바른 인식이 가능하게 되는 것이다. 성령님께서는 인간에게 인격적 하나님과 만물에 관한 올바른 인식을 적용할 때 대상에 관한 인식이 나의 인격 속에서 주관화 되어진다. 그 인식은 성령님의 주관적 사역에 의해 성취되는 것이다.

II. 지식의 규범에 관한 관점들

하나님을 인식하는데 있어 어떤 규범이 존재 하는가? 라는 질문에 대답하기 위해 많은 사람들은 합리론의 이론이나 아니면 경험론의 이론에 바탕을 둔 주관적 규범을 들고 나올 것이다. 합리론자는 이론적 기준(Criteria)을 생각하게 될 것이고 경험론자는 실체적 사건들을 생각하게 될 것이다. 반면에 기독교인들이 생각하는 기준은 하나님의 말씀인 성경계시를 들고 나올 것이다. 성경은 하나님께서 만물을 창조하시고, 다스리시고, 그리고 섭리하신다는 전제를 제시하고 있다. 성경은 그 전제의 인식이 인격적인 하나님을 인식하는 규범이라고 가르치고 있다. 그렇다면 그 성경은 손에 쥘 수 있는 확실한 증거를 제시할 수 있느냐? 라는 질문이 따라온다. 계시의존주의 신앙은 불신자들에게 그저 애매하게 들릴 수도 있다. 그 애매한 울림은 하나님의 인격적 교제에 따라오는 주권적 신앙이 없기 때문이라고 기독교인들은 일축할 것이다. 우리는 여기에서 하나님의 주권을 가장 정확하게 명시하고 있는 기록된 계시를 제시해야 한다. 그것이 성경이다.

1. 기준이 되는 규범

성경은 하나님께서 인간에게 명령하시는 도덕률, 지식의 대상, 지식의 주체를 일관성 있게 교훈하고 계심을 보여주고 있다. 위의 세 가지를 이해함에 있어 하나는 명확하게 인식하고 다른 것들은 배제하는 그러한 상충된 견해는 용납될 수가 없다. 위의 세 가지 가운데 어느 것 하나만을 인식의 절대주의로 삼게 될 때 그것은 우상이 되어 버린다. 그것은 성경이라는 하나님의 말씀을 벗어나 성경 이외의 다른 기준을 오류 없는 진리로 인정하는 것이나 다름없기 때문이다. 기독교인 가운데 혹자는 성경은 하나의 진리를 터득하는데 원리만을 제공하는 재료에 불과하다고 생각하는 경우가 있다. 그런 생각을 품게 되면 하나님을 인식하는데 있어 회의주의로 떨어지게 된다. 인식의 규범이 확실하지 않기 때문이다. 결국에 가서는 인격적인 하나님을 인식할 수 없다는 회의주의로 떨어져 버리고 만다.[420] 성경계시는 모든 주관적 인식론, 합리론, 그리고 경험론에서 증명할 수 없는 하

---

420) Ibid, p.123.

나님과 만물에 대한 인식을 보여주고 있다. 성경계시는 우리에게 명하는 도덕률과 함께 하나님의 인격을 나타내 보여주고 있다. 거기에는 인식의 대상이 누구인가? 정확하게 명시되어 있다. 그리고 인식의 주체가 누구인가? 정확하게 명시하고 있다. 그 도덕률이 말씀하고 있는 인격적인 하나님은 사랑하시고 질투하시는 하나님이시다. 그 인격은 우리에게 사랑과 공의의 대상이다.

1) 인식론에 있어 하나님의 권위

성경은 하나님을 인식하는 절대 통로이다. 성경이 말씀하고 있는 하나님의 주권주의는 인간들의 모든 사고와 우주의 전 영역을 통치하고 계신다는 것을 가르치고 있다. 우주 가운데 일어나는 모든 사건이 하나님의 영역을 벗어나 발생하는 일은 없다. 그러한 사건들은 하나님의 사랑과 공의를 증명하는데 있어 절대 어긋남이 없다. 사악한 인간들은 자신의 괴팍한 고집을 내세우며 항의할 것이다. 자신에게 닥치는 불행에 대해 "왜 나에게 이렇게 불공평한 사건이 벌어지느냐?" 라고 말할 것이다. 전쟁터에서 어린 자식을 잃어버리고 울부짖는 어머니의 아우성이 바로 그 항의가 될 것이다. 그러나 하나님께서는 그러한 제소에 대해 묵묵부답이다. 거기에는 사악한 인간이 이해할 수 없는 하나님의 깊은 주권이 작용하고 있다. 한편으로 성경은 우리에게 명령하는 도덕률이 있다. 우리가 할 일은 오직 고아와 과부를 신원하는 일이라고 성경은 교훈하고 있다. 고아와 과부의 주위에 일어나고 있는 비참한 사건에 대한 하나님의 주권을 무시할 수 없다. 오직 우리의 눈에 불공평하게 보일 뿐이다. 하나님의 뜻은 우리가 생각하는 정 반대방향에서 들어오는 경우가 허다하기 때문이다. 또한 하나님의 주권에 따라 살기 위해 고아와 과부를 무시하는 행위를 성경은 허용하지 않고 있다. 하나님의 명령의지는 도덕률에 따라 살아갈 것을 요구하고 계신다. 그러나 하나님께서는 일어난 사건에 대해 하나님의 뜻을 거역하는 행위를 용납하지 아니하신다.

성경은 인간의 이성으로 이해할 수 없는 내용들을 보여주고 있다. 구약에 나타난 내용을 보면 작은 범죄를 행하는 자를 왜 하나님께서는 죽이도록 명령하셨는가? 그리고 큰 범죄를 행하는 자를 왜 하나님께서는 용서하셨는가? 우리가 알 수 있는 것은 단지 하나님께서는 엄청난 죄를 범해도 용서하시는 분이시고 아무리 작은 죄를 범해도 공의를 집행하시는 분이시라는 것이다. 그러한 형을 집행하는데 있어 하나님께서는 범죄자에 대한 구체적인 형량을 말씀하시지 않으셨다. 범죄자는 모두 사망의 길을 갈 수밖에 없다는 명제적 진리 앞에 "왜 어떤 사람은 비참하게 빨리 죽고 왜 어떤 사람은 지상의 행복을 누리며 오래 살다가 죽는가?"에 대한 설명을 하지 않고 계신다. 거기에는 하나님의 숨겨진 의지가 작용하고 있다는 뜻이다. 창세기 38장에 유다의 두 아들 엘과 오난이 하나님 앞에서 무슨 범죄를 행했는지 구체적인 죄목을 알 수 없지만 죽임을 당한 사건이 나온다. 우리는 알 수 없지만 하나님께서 죽여야만 되는 죄가 있었다는 것만 알 수 있다. 다윗은 충신을 죽이고 그 충신의 아내를 빼앗았는데도 죽임을 당하지 않았다. 거기에도 우리는 알 수 없는 하나님의 뜻이 숨겨져 있다는 것만 알 수 있다. 성경에 나타난 숨겨진 의지는 십계명에 나타난 의지처럼 밝히 인식될 수가 없다. 하나님의 예정(Predestination)은 후에 성취된 결과를 통해 인식되고 있을 뿐 무지한 인간은 숨겨진 의지를 미리 알 수가 없다. 그러나 우리는 모르지만 하나님의 예정에는 무궁한 뜻이 숨겨져 있다. 우리는 시간이 지난 후 결과를 통해 하나님의 뜻을 알게 된다. 그 뜻이 하나님의 권위이기 때문에 인간에게 그런 내용을 모두 설명해도 모르거니와 설명할 필요가 없다.

성령님은 인간의 지혜를 능가하여 어떤 경우에든지 하나님의 정하신 뜻대로 정해진 계획을 집행하신다. 성령님께서 예정된 백성들에게 구속을 적용하실 때는 인간의 의지가 전혀 굴복될 수밖에 없다. 이러한 생각은 합리적 지식으로는 도저히 이해가 불가능하다. 자유가 방종이 되어버린 이 시대에 "하나님의 법에 순종하라! 오직 성령님의 사역을 의지해야 한다."는 등에 관한 권위에 해당하는 규범을 알려 줄 때 현대인은 쉽게 이해하려 들지 않는다. 그러나 오직 하나님의 백성으로 택함 받은 자는 언제인가 때가 차면 2천년 전 완성하신 예수님의 구속이 적용될 때 그 내용들을 인식하게 된다. 오직 우리의 인식을 능가하는 성경말씀에 인간의 의지가 굴복될 때 하나님의 권위를 인식하게 된다.

2) 인식의 전제들

인간은 모든 일에 있어 전제(Presupposition)를 가지고 있다. 동시에 인간은 자신의 의지를 사용하여 원하는 바를 행하려고 한다. 그런데 우리가 신앙생활을 현실에 옮기는데 있어 어떤 것이 전제(Presupposition)이며 무슨 역할을 하는가? 라는 질문이 나오게 된다. 많은 사람들이 인간을 심리학적으로 다룰 때 인간의 마음을 백지로 생각하고 그리는 그림에 따라 인간의 마음이 결정되고 행동하게 된다고 생각한다. 이 언급은 인간이 마음속에 품고 있는 전제(Presupposition)를 무시하는 내용이다. 이러한 주장에 대해 밴틸(Van Til) 박사의 수제자였던 프레임(John Frame)교수 역시 전제주의(Presuppositionalism)를 신봉하면서도 밴틸(Van Til) 박사와 약간 다른 견해를 피력한 내용을 살펴보자.

프레임(John Frame) 교수의 주장에 의하면 "전제(Presupposition)"라는 말은 단편적으로 그리고 일률적으로 생각하게 되어 약간 혼돈을 일으킬 수 있다는 점을 제기하고 나섰다. 밴틸(Van Til) 박사의 전제주의(Presuppositionalism)에 대한 반론을 제기하는 여러 저술들이 나와 있는데 그 저술가들 중 하나(Mark Hanna), 스프롤(R. Sproul), 걸스트너(J. Gerstner), 그리고 린슬리(A. Lindsley) 등은[421] 밴틸(Van Til) 박사가 주장한 전제주의(Presuppositionalism)를 비평하여 말하기를 "전제"라는 말이 단지 "가정설"을 의미하는 이성적 근거를 무시하고 자기 마음대로 선정하는 신념을 말하는 것처럼 보인다고 말했다. 그러나 프레임(Frame) 교수는 그들의 주장에 동의하지 않고 있으며 그들은 밴틸(Van Til) 박사의 의도하는 내용을 간파하지 못하고 있다고 말했다. 프레임(Frame) 교수는 "전제(Presupposition)에 대해 자기 주관대로 근거를 설정하거나 불충분한 주제를 가상적으로 설정하는 것이 아니다."라고 주장했다. 동시에 "불신자들은 확실한 근거 없이 전제(Presupposition)를 내 세우고 있다."[422]라고 말했다.

---

421) Mark Hanna, Crucial Questions in Apologetics, (Baker Book House, 1981).
   R. C. Sproul, John Gerstner, Arthur Lindsley, Classical Apologetics, (Academie Books, Grand Rapids, Zondervan Publishing House, 1984).
   위의 두 권의 책은 고전적 변증학(Calssical Apologetics)에 입각하여 저술된 책들이다. 밴틸(Van Til) 박사가 주장하는 성경을 전제로 하는 변증학을 비평한 책들이다.

422) John Frame, The Doctrine of the Knowledge of God. (Presbyterian and Reformed Publishing Company, New Jersey), p.125.

프레임(Frame) 교수는 전제(Presupposition)라는 말을 사용하는 대신 "출발점(Starting Point)"이라는 말을 사용하기를 원했다. 그는 다음과 같이 논증했다. "어떤 사람들은 출발점(Starting Point) 이라는 말을 전제(Presupposition)라는 말과 동의어로 이해하기도 한다. 이러한 말들은 기독교 변증학(Christian Apologetics)에 있어 분명한 해석과 이해가 필요하다고 본다. 출발점(Starting Point)이란 말을 토론에 적용할 때, 첫째 ; 실제적으로 토론을 시작하는 점 즉 말을 시작하는 것 이외의 다른 것이 아닌 경우를 의미하며, 둘째 ; 토론에 있어 중요한 강조점을 의미하는 경우를 말하며, 셋째 ; 토론에서 평가 받게 되는 가정설(Hypothesis)을 의미하며, 넷째 ; 토론의 자료들을 제공하는 방법을 의미하며, 다섯째 ; 위의 둘째 번 것의 중요한 강조점이 필요가 없다는 확신을 의미하며, 여섯째 ; 먼저 다른 점들보다 잘 제시된 점을 의미하며, 일곱째 ; 논의되는 결론에 대한 충분한 조건을 의미하며, 여덟째 ; 그 외에 분석을 위해 제시된 자료들을 의미할 수 있다. 그런데 밴틸(Van Til) 박사의 어떤 제자들과 전제주의(Presuppositionalism)를 비판하는 사람들이 전제(Presupposition)에 대한 오해를 하고 있다."[423]라고 말했다. 이제 전제(Presupposition)라는 말에 대한 의미를 올바로 인식해야할 단계에 이르렀다.

이제 전제(Presupposition)에 대한 오해를 풀어 보자. 모든 사람들은 모든 일을 진행할 때 전제(Presupposition)를 가지고 있다. 어떤 문제가 제기 될 때 동의 의견이 나오거나 반대 의견이 나오는 것은 전제(Presupposition)가 작용하기 때문이다. 전제(Presupposition)가 없으면 가부를 말할 수 없다. 나아가 전제(Presupposition) 이전에 인간의 의식을 작용하게 하는 마음의 상태가 어떻게 형성되어 있느냐? 하는 문제도 결국 마음의 상태를 정하게 하는 전제(Presupposition)가 존재하기 때문이다. 이러한 전제(Presupposition)는 비기독교인들은 물론 기독교인들도 모두 소유하고 있다. 그러나 신학적으로 전제(Presupposition)에 관한 의미를 올바로 정의해야 한다. 인간이 인격적인 하나님을 떠나면 모두가 우상을 섬기는 추한 인간이 되어 버린다. 그렇게 될 수밖에 없는 이유는 신앙에 대한 전제가 잘못되어 있기 때문이다. 진정한 교훈이 되는 영

원한 삶을 얻는 기준을 저버리게 되면 멸망의 전제(Presupposition)가 그의 심령 속에 뿌리 내려 있다는 뜻이다.[424]

전제(Presupposition)를 선입관(先入觀, Prejudice)으로 생각하여 편견을 가진 인식으로 치부해 버리는 경우는 잘못된 생각이다. 인간이 아무리 객관적인 입장에 서서 판단을 하려고 해도 자신이 소유하고 있는 전제(Presupposition)를 개입시키지 않고는 사물에 대한 인식을 결정할 수 없다. 즉 인간은 절대적 편견이 없는 객관적 입장에 서 있다고 스스로 주장하는 선입관념(Prejudice)에 사로잡혀 또 다른 편견에 치우치는 경향이 있다. 그렇기 때문에 인간이 스스로 절대적인 중립적 위치(Neutral Position)에 서서 객관적인 판단을 하고 있다고 생각하는 것은 자신이 하나님이 되겠다는 선언으로 보아야 한다. 하나님과 악마의 사이에는 어떠한 중립적 위치(Neutral Position)가 허용될 수 없다. 만약에 절대적인 중립적 위치를 차지하려고 하면 반드시 거기에는 모순이 발생하게 되어 있다. 그럴 경우 전제적 입장으로 들어가 생각해 보면 중립적 위치(Neutral Position)는 사실상 하나님을 반대하는 위치로 규정될 수밖에 없다. 예수님께서 "나와 함께 아니하는 자는 나를 반대하는 자요 나와함께 모으지 아니하는 자는 헤치는 자니라(마12:30)." 라는 말씀은 자신을 객관적 중립주의자로 말하는 자에 대한 경고로 받아 들여야 한다. 그런 자는 자신을 과신하는 불신앙 인이며, 하나님의 진리를 가장 가까이서 반대하는 자이며, 그리고 하나님의 선한 목적을 자신의 것으로 변조시켜 스스로의 욕망을 채우는 자이다. 그러므로 우리는 이 전제라는 말을 "성경말씀대로 자신의 위치를 정하라."는 명령으로 받아야 한다.

3) 언어의 전제들

기독교에서 사용하는 언어 즉 성경적 언어를 어떻게 취급해야 할까? 라는 문제는 벌써 자유주의 영역에서 대두 된지 오래 되었다. 난장판 신학의 근저를 이루었던 19세기 자연주의적 자유주의는 자료설, 문서설, 그리고 종교혼합주의를 양산해 냈다. 근래에 들어와 WCC 의 배경이 된 종교사학파(Religionsgeschicht-

---

424) Ibid, P.126.

liche Schule)로 인하여 종교 다원주의(Pluralism)가 WCC 신학의 중추를 이루 었다. 거기에는 처음부터 신학적 언어의 전제(Presupposition)가 잘못되어 있 다는 것을 알 수 있다.

우리가 성경에 나오는 교리적 언어를 사용할 때 세속철학자들이나 타 종교에 서는 특히 자유주의자들은 항상 기독교의 언어에 대한 반발을 일으킨다. 그 이유 는 언어 속에 하나님의 의지가 들어 있는 내용을 반대하기 위해서이다. 그들이 성 경에 나오는 교리적 언어에 대해 반발하는 내용은 주로 첫째; 기독교에서 사용하 는 언어는 일반 언어보다 기독교적 확신만을 강요하는 언어를 사용하여 왜 타인 들에게 반발을 일으키는가? 둘째; 기독교에서 사용하는 교리적 언어는 어떤 과학 적 검증이나 일반 언어학적 검증을 거치지도 않고 왜 독자적 언어만을 사용하고 있는가? 셋째; 기독교에서 사용하는 언어는 기독교인들만을 공동체로 만들 수 있 는 언어로 타종교에 대해 불쾌감을 일으킨다. 넷째; 기독교에서 사용하는 언어는 종교에 대한 극단적인 열심, 하나님에 대한 경외심, 그리고 종교적 환희 등이 포 함되어 있기 때문에 비 기독교인들과 공통 분포를 형성할 수 없다. 그러므로 그 들은 성경에 기록된 기독교 언어를 고쳐 전제(Presupposition)에 대한 벽을 깨 야 한다고 주장한다. 이러한 언어의 장난 속에는 기독교가 소유하고 있는 구원의 교리와 하나님의 말씀인 성경의 영감설을 파괴하려는 음모를 드러내는 수작이 숨 어있다. 기독교에서 사용되는 언어에는 하나님께서 원하시는 뜻이 들어있기 때 문에 특히 성경에 기록된 언어는 일점일획이라도 가감할 수 없다. 성경이 말씀하 는 언어의 뜻 그대로 받아 신앙해야 참 영생의 진리를 깨닫게 된다.

프레임(John Frame) 교수는 그러한 언어에 대해 기독교 안에 존재하는 언 어의 전제적 특성을 설명하고 있다. 즉 기독교 교리의 언어 속에 하나님을 신앙 하는 인격적 교제를 나타내는 깊은 의미가 들어있다고 말한다. "그 언어는 기독 교만 소유하고 있는 확실성을 나타내주고 있다. 기독교가 소유하고 있는 언어의 전제(Presupposition)는 일반 학문과 철학의 세계에서 보여주는 애매한 상대적 언어가 아니고 절대를 전제한 언어이다. 일반적으로 사용하는 언어의 검증을 필 요로 하지 아니한다. 기독교적 언어를 통하여 인간의 인격을 섭리적으로 사용하시는 하나님께서는 인간의 감정까지 다스리시며 지배하시기 때문에 이에 응답하는 인간의 종교적 언어를 통한 신앙고백은 하나님에게 스스로 굴복하여 놀라운 열정의 근원을 일으킨다."[425]라고 강조했다.

그럼에도 불구하고 세속철학자들, 기타 종교가들, 특히 자유주의자들이, 기독교의 교리적 언어를 시비하고 나온 것은 큰 문제가 아닐 수 없다. 한 예로 **예정의 교리를** 이해하지 못하는 자들의 태도를 보자. 그들은 예정의 교리를 신앙하지 못하기 때문에 **"예정"** 이란 단어에 대해 알레르기적 반발을 일으키고 있다. 그러면서 그들은 신학 없는 신학을 말하고 있다. "무신론" "하나님이 죽었다." "세속도시" 등과 같은 비기독교적인 언어를 함부로 사용하고 있다. 그들은 언어로 하나님을 망령되게 하고 있다. WCC 선언문(Statement)에 나타난 내용이 그것을 대변해 주고 있다. 그 선언문은 신앙고백(Confession)이라는 말을 거절하고 있다. 우리 시대를 위한 선교의 어형변화(Mission Paradigms for Our Times)를 강조하며 타종교의 가르침을 듣고 배워야 한다는 어처구니없는 주장하고 있다.[426] 즉 함축된 종교관(Implicit Religion)을 강조하여 기독교와 타 종교와의 공통된 언어를 사용할 것을 주장하고 있다. 종교와 종교 사이의 공통된 언어사용을 시도하는 배후에는 기독교 교리를 표현하고 있는 언어를 없애려는 사악한 음모를 드러내고 있는 것이다. WCC는 범신론적 종교개념을 기독교에 유입시켜 다원주의(Pluralism) 종교관을 형성하기 위해 기독교적 언어를 말살시키려는 음모를 드러내는 수작이다. 궁극적으로는 기독교 교리를 말살시키는 작업을 하고 있다. 만약 성경이 말씀하는 하나님 나라, 영생, 그리고 구원 등에 관한 언어를 바꾸어 극락이나 윤회라는 말로 대치한다고 생각해 보자. 기독교 자체가 무너지고 말 것이다. 사악한 음모이다.

기독교는 기독교에서만 주장하는 교리적 언어를 바로 이해할 때 삼위일체 하나님을 바로 이해할 수 있다. 언어는 문화, 종교, 그리고 사상을 담고 있다. 특히

---

425) Ibid, p.127.

426) You are the Light of the World, Statements on Mission by the World Council of Churches, (Geneve, Switzerland, 1980-2005), 제 3항, Mission and Evangelism in Unity Today, p.72.

종교적 언어는 그 종교에 해당되는 교리, 의식, 그리고 종교적 삶을 포함하고 있다. 만약 기독교의 교리가 되는 예수님의 2성1인격(Two nature in One personality)을 나타내는 예수님의 탄생을 불교에 대입시켜 윤회설로 그 언어를 바꾼다고 생각해 보자. 끔찍한 일이다. 더욱이 타 종교에 절대 양보 불가능한 **"삼위일체 하나님"**에 관한 교리를 양보하여 접촉점을 시도하는 일은 가당치도 않은 일이다. 기독교를 설명하는 교리적 언어는 절대 전제(Absolute Presupposition)를 고수하고 있다. 만약 기독교의 교리적 언어를 바꾸려고 하면 아예 기독교 자체를 타종교로 바꾸어야 한다는 말이 된다. 그렇게 되면 기독교를 전파할 수 없는 현상이 일어날 수밖에 없다. 교리적 언어가 품고 있는 전제(Presupposition)를 무시하고 타 종교의 언어와 접촉점을 찾으려 한다면 기독교의 진리를 전면 포기하는 것이나 다름없다. 기독교만 가지고 있는 언어의 전제(Presupposition)는 성경이 말씀하고 있는 언어의 전제(Presupposition)이기 때문에 어떤 언어의 타협이나 공통분포를 불허하고 있다.

4) 인간이 하나님을 인식함은 신학적 사고에 의존한다.

하나님을 인식하기 위해 우리가 어떻게 하나님을 아는 지식을 소유하고 있는가? 라는 문제에 있어 이미 계시에 의존해야 된다는 입장임을 논증했다. 그 논증은 "성경이 하나님을 계시하여 우리에게 전달해 주고 있다."는 내용이다. 그러므로 성경은 하나님을 알게 하는 지식을 말씀해 주고 있다. 성경은 교훈과 시공간의 사건을 분리하지 않고 일치된 계시로 말씀하고 있다. 시공간의 사건계시로서 나타난 분이 바로 예수 그리스도 하나님의 아들이다. 이러한 사건 계시는 사건 계시 자체로 우리에게 바로 인식되어지는 것이 아니다. 거기에는 교리인 설명계시를 통해 죄인을 하나님의 아들로 인식하도록 하는 인격적으로 공작하시는 분이 계신다. 그분이 바로 **성령님**이시다. 사도들의 성경기록이 끝나고 신약교회시대가 시작된 이후 교회의 역사는 성경을 전체적으로 체계화 하여 구체적으로 고백할 신앙고백서가 요구되었다. 그러한 신앙고백서는 성경계시를 이해하기 위한 교리적 체계를 세우는 작업이었다. 성경의 교리를 엮어 연역해 낼 수 있는 신앙고백이 신학의 원리가 되었다. 성경계시를 교리화 한다는 말은 성경을 연역적

(Deductive)으로 또는 귀납적(Inductive)으로 신조주의화 한다는 말이 된다. 성경계시를 인식하도록 체계적 정비를 요하는 교리적 작업은 신학적 사고에 속하는 문제이다. 신앙고백을 성경에서 추출하여 내려면 신학적 작업이 필수적이다. 하나님을 인식하기 위해 신앙고백을 정립하는데 있어 성경이 모든 기초적 요소를 제공하고 있다.

그러나 여기서 언급하는 기초(Foundation)라는 말은 일반적 원리만을 제공하는 의미와는 전혀 다른 내용이다. 성경이 제공하는 **"기초"**라는 말은 성경의 확실한 모든 교리로부터 지식이 형성되어야 함을 말한다. 합리주의(Rationalism)나 경험주의(Experientialism)에서 말하는 "기초"라는 말과는 전혀 다른 내용이다. 이성주의에서는 이성적 선험(priori)으로부터 기초를 삼아 진리의 확실성을 찾아가는 기본적 사상을 말한다. 경험주의에서는 경험적 감각으로부터 기초를 삼아 진리의 확실성을 찾아가는 사상이다. 그러한 합리주의(Rationalism)와 경험주의(Experientialism)는 초보단계의 원리를 통해 진리의 확실성을 찾아가기 때문에 연역적(Deductive) 과정을 통해 결론에 이르게 되면 이상하게도 초보적 단계와 거의 일치하지 아니하는 결론이 나타난다. 성경이 말씀하는 **기초**는 성경에 기록된 역사적 사건과, 역사적 사건을 설명하는 교리와, 그리고 앞으로 일어날 예언이 성취되는 일에 대해 모두 일치되는 진리를 나타내 보이는 내용이다. 합리주의(Rationalism)와 경험주의(Experientialism)는 연역이나 귀납의 한계와, 시공간 사건을 해석하는 한계와, 역사적 사건을 정확하게 해석하는 한계와, 그리고 미래를 정확하게 예언하는 한계를 가지고 있다. 그러나 성경은 그러한 한계를 넘어 창조의 역사와 종말의 역사를 일치하게 말씀하고 있다. 오류가 없는 인식론을 확실하게 제공하고 있다.[427]

그러므로 성경말씀이 모든 지식의 **기초**가 된다는 주장은 신앙적 결단을 요구하고 있다는 말이 된다. "성경은 하나님의 지식에 관한 모두를 내포하고 있다."라는 의미에서 인식론을 주장한다면 이는 옳은 말이다. 그러나 하나님을 인식하

---

427) John Frame, The Doctrine of the Knowledge of God, (Presbyterian and Re-formed Publishing Company, New Jersey, 1987), p.129.

는데 기본을 제공하는 선에서 성경을 제한적으로 말한다면 이는 성경이 내포하고 있는 계시의 충족성과 완전성을 거역하는 행위가 된다. 그러므로 성경계시를 인간 이성이나 경험주의에 의해 폄하하는 것은 사실상 하나님의 인식을 거절하는 행위이다. 성경의 규범을 인간이 함부로 가감하는 것은 이미 인간의 심령 속에 자신을 우상화 하는 주관주의가 자리 잡고 있기 때문이다. 성경 그 자체가 하나님을 인식하는 규범을 충족하게 제공해 주고 있다. 만약 성경을 과학적으로 또는 논리적으로 검증하려고 하면 그들이 스스로 모순에 빠져 버리고 말 것이다. 모순에 빠질 수밖에 없는 이유는 언약론에 있어 아브라함과 예수님, 율법의 중보론에 있어 모세와 예수님, 그리고 구약의 역사적 예언에 따라 예언대로 오신 예수님 등을 과학적 방법과 논리적 방법으로 증명하려고 하면 성경의 교리와 역사적 사건의 일치성을 해결할 수 없는 미궁에 빠지고 말 것이다. 그 역사적 사실을 그들의 방법에 대입하여 증명하려 하면 모순만 발견하고 말 것이다. 그러나 성경이 하나님의 말씀으로 이해될 때는 과학적 방법 내지 논리적 방법에 의해 이해되는 것이 아니고 성령님의 사역에 의해 이해하게 된다. 여기서 성경계시의 인식은 삼위일체 하나님을 인식하는 방향으로 연결 된다. 성경은 성경을 증명하는 자체 권위를 가지고 있기 때문에 어떠한 합리성이나 경험을 통해 성경의 증명을 뛰어넘을 논증은 없다.

그렇다면 성경 이외의 합리적 방법이나 과학적 방법에 의존한 외적 증명이나 자료들을 무시해야 된다는 말인가? 그것은 아니다. 변증학의 입장에서 볼 때 가장 우선적으로 성경이 말씀하고 있는 내적 증거를 우선으로 하여 하나님의 인식에 도달할 수 있어야 한다는 말이다. 성경의 외적 증거는 내적 증거를 뒷받침 하는데 많은 증거 자료가 된다. 그 증거 자료들은 성경이 하나님의 말씀이라는 증거를 더욱 공고히 해주고 있다. 그러나 그러한 외적 증거는 성경이 자체적으로 증거하고 있는 내적 증거를 능가하지 못한다. 결국 외적 증거들은 내적 증거들을 보충하는데 머물고 있다.

2. 실존적 규범

인식론에 있어서는 항상 실존적(Existential) 규범이 따라온다. 왜냐하면 인식론에는 주체들(Subjects), 대상(Object)들, 그리고 규율이 포함되어 있기 때문이다. 그러나 기독교적 입장에서 규범을 말할 때의 실존적(Existential) 개념은 지식의 규범과 연관시키게 될 때 그 차원이 다르게 나타날 수밖에 없다. 실존적(Existential) 규범을 강조하면 주관적 인식을 강조할 수밖에 없는데 인식의 능력을 주관적 관점에 한정하여 절대적 존재를 제한적 테두리 안에 머물게 하는 것이 된다. 그렇기 때문에 기독교 입장에서는 실존적(Existential) 규범을 조심스럽게 다루어야 할 것이다.[428]

1) 지식과 생활 : 실용주의적 진리

실용주의적 인식론을 대할 때 기독교 윤리를 통해 하나님을 인식하는 원리와 연관을 시키는 것은 당연한 이치이다. 기독교 윤리가 생활에 적용되지 아니하면 하나님을 실제적으로 인식할 수 없다. 우리의 지식이 삶으로 연결되어 행동하는 일들과 조화를 이루어야 하기 때문이다. 하나님을 인식하는 자는 하나님에 관한 지식이 구체적으로 생활 속에서 실천되어야 한다. 윤리적인 측면에서 볼 때 불신자는 윤리적 하나님을 전혀 인식하지 못하고 있다. 그러나 하나님 나라는 십계명을 현세적이며 미래적으로 성도의 삶 가운데 적용하는 활동 영역이다. 그렇기 때문에 불신자가 체험적으로 하나님을 인식한다는 것은 부분적이다. 그러나 기독교인이 윤리를 통해 하나님을 인식한다고 말할 때 윤리적 완성을 의미하는 것은 아니다. 하나님을 향한 방향전환을 통해 회개와 은혜를 방편으로 하여 하나님 나라의 완성을 향해 헌신하는 진행형을 의미하는 것이다.[429]

기독교 윤리를 현세에 적용한다는 말은 계명이 주관적으로 성도의 생활 속에서 실천되는 것을 의미한다. 이러한 주관적 실천은 계명을 실용적으로 적용한다는 말이다. 객관적인 규범이 주관적으로 실천의 영역에서 적용될 때 하나님과 인격적 교제가 일어나게 되는데 그 관계가 실용적으로 형성된다. 이러한 **계명에 대**

---

428) Ibid, p.149.

429) Ibid, p.149.

한 **윤리적 실용주의**는 진리를 상대적으로 생각하여 실용적 결과에 따라 수용되는 방법론을 주축으로 형성된 실용주의 철학과 분리돼야 한다. 또한 경험의 결과에 따라 이론체계를 국한 시켜 형이상학적 공론(空論)을 배제하는 실증주의(實證主義, Positivism)와도 구별되어야 한다.

우리가 지식의 일관성(一貫性, Coherence)과 상관성(相觀性. Correspondence)을 생각할 때 세속철학자들이 주장하는 진리의 일관성(Coherence)은 사고의 구조상 논리적 일치성을 강조한다. 그들이 주장하는 진리의 일관성은 진리에 대한 통일성을 강조한다. 그 통일성은 이념과 실제와의 상관적(Correspondent) 일치성을 말한다. 특히 합리론을 주장하는 자들은 경험주의자들 보다 이념적 일치성을 더 강조한다. 그러나 기독교에서 주장하는 일관성(Coherence)과 상관성(Correspondence)은 "하나님은 인격적인 질서의 하나님이다." 라는 일관성(Coherence)을 강조하고 있다. 또한 삼위일체 하나님께서는 무한히 지혜로운 영원전의 계획, 시공간의 역사적 과정, 그리고 영원 후의 종말의 완성을 일치되게 연관시키는 상관성(Correspondence)을 기초로 하여 일하신다. 문제는 우리가 하나님을 인식할 수 있도록 성경이 하나님에 대한 계시를 일관성(Coherence) 있게 그리고 상관성(Correspondence) 있게 정확하게 나타내 보이고 있는데도 세속철학이나 타 종교에서는 이를 부인하고 있다는 점이다. 그들은 감히 성경의 기록은 모순으로 되어 있다는 말을 너무 쉽게 해 버리고 자신들의 아집에 따라 나타나는 문제점의 책임을 하나님께 돌리는 불경죄를 범하고 있다.

예를 들어 설명해 보자. 사람이 산에 사는 짐승을 사냥할 때 어떤 도구도 사용하지 않고 본성적인 의지만을 동원하여 목적을 성취할 수 있다고 생각하는 사람은 거의 없다. 즉 아무 무기 없이 뛰어가 짐승을 잡을 수 있는 길은 거의 불가능하다는 뜻이다. 짐승을 잡기 위해 여러 가지 무기와 사냥개와 기술을 동원하게 된다. 짐승이 포위당할 때 인간의 여러 가지 계획과 기술을 알고 도망가는 경우는 없다. 짐승은 오직 자기 본성적인 것들만을 동원하여 전심을 다해 도망할 것이다. 그러나 결국 사람의 기술과 무기에 굴복되고 만다. 이러한 예는 인간의 지식과 의지는 하나님의 계획과 사역에 비교하면 본질적인 차이를 가지고 있다는 것을 보여 주고 있다. 인간은 그 짐승을 잡으려는 계획, 과정, 그리고 잡은 후의 처리 등에 대한 설계를 가지고 있다. 그러나 그 짐승은 그 구체적인 설계의 내용을 알 길이 없다. 그러한 인식의 차이점은 이미 만물이 창조될 때 짐승은 지식의 한계를 가지고 태어난 것이기 때문에 사람의 지식을 따라 잡을 수 없다. 이와 같이 인식론의 전제(Presupposition)는 모든 피조물에 배당되어 있다. 서 있는 나무가 동물이 될 수 없고 메뚜기가 호랑이가 될 수 없다. 그러므로 창조의 전제(Presupposition)는 하나님께서 허락하신 지식의 범위이다.

그러므로 인간이 하나님을 인식한다는 말은 인간의 의식 속에 하나님에 관한 인식론(Epistemology)이 전제 되어 있다는 말이다. 그것이 바로 계시인 성경에서 인간의 의식 속에 인식론(Epistemology)이 존재하고 있다는 것을 말씀해 주고 있다는 사실이다. 성경은 하나님을 인식하도록 전제적으로 지식을 제공하고 있다. 인간이 하나님의 전지전능(全知全能, Amniscience and Amnipotence)과 무소부재(無所不在, Omnipresecne)를 관념적으로 알 수는 있다. 그러나 구체적 경험을 할 수는 없다. 이것은 하나님과 인간 사이에 통할 수 없는 속성(In-communicable Attribute)이 존재하기 때문이다. 그렇기 때문에 인간은 하나님의 법, 즉 십계명을 하나님과 교제의 수단으로 삼아 실행할 때 하나님의 거룩한 실체를 인식하게 된다. 십계명을 통해 하나님을 인식할 수 있다는 구체적인 인격적 교제는 통할 수 있는 속성으로 나타난다. 하나님의 거룩, 사랑, 공의, 그리고 진실 등으로 나타난다. 이러한 모든 통할 수 있는 속성은 성경에 정확하게 명시되어 있다. 이 명시되어 있는 계명은 우리가 순종해야할 법칙이다. 이 법칙이 바로 실존적 규범이다.

2) 성경에 실존적 일관성(一貫性, Coherence)이 있는가?

합리주의적(Rational) 입장과 경험주의적(Experiential) 입장에서는 성경을 하나님의 말씀으로 신앙하는 문제가 제기될 때 그것이 가능하다고 말할 수 있을까? 라는 질문을 먼저 제시할 것이다. 즉 성경을 삼위일체 하나님을 인격적으로 계시하는 문서로 신앙할 수 있느냐? 의 문제이다. 그럴 때 합리주의자나 경험주의자는 성경의 일관성(Coherence)을 문제 삼아 시비를 걸게 될 것이다. "왜 하나님은 작은 범죄에도 수많은 사람을 죽이고 큰 범죄를 행했던 다윗을 용서했는가? 예정론에 있어 선택(Selection)과 유기(Reprobation)는 불공평한 처사이다. 예수님 한 분이 수많은 죄인을 대신하여 죽임을 당함으로 어떻게 수많은 사람들의 죄를 단 한 사람에게 전가시킬 수 있는가? 하나님께서 만물을 다스리신다고 하면 어떤 사람은 혹심한 고생을 하며 인생을 살아가고, 어떤 사람은 부요하게 살아가고, 어떤 사람은 어렸을 때 생명을 잃어버리고, 어떤 사람은 장수하게 되고, 어떤 사람은 지적 수준이 낮게 태어나고, 그리고 어떤 사람은 지적 수준이 높게 태어나는가?" 라는 등등의 의문을 수없이 제기하게 될 것은 뻔한 이치이다.

불신자들은 모든 사건들을 세속철학의 개념과 인간이 만든 종교적 개념에 의존하여 해석하고 있다. 그러한 해석의 방법은 철저한 모순 덩어리를 안고 있다. 소위 그들이 주장하는 진리의 일관성은 인간이 소유하고 있는 사고의 조직이나 공통적 경험에 기초하여 인간의 생각이 미치는 한도에서 공통성을 유지할 때 인정받게 된다. 그러한 제한적 일관성에 의하면 성경은 확실히 모순투성이로 보인다. 어떤 부분들은 전혀 인간의 지식이 도달할 수 없는 내용들로 기록되어 있기 때문이다. 기적, 삼위일체 교리, 예수님의 2성1인격, 부활, 하나님의 주권, 그리고 아담과 예수님과의 관계 등이다. 거기에는 짐승과 인간 사이의 넘을 수 없는 인식의 한계가 존재하는 것처럼 인간과 하나님과의 넘을 수 없는 인식의 한계가 존재한다. 그러므로 인간이 생각하는 일관성은 너무나 지엽적이며 한계를 드러내고 있다. 인간이 주장하는 일관성에 의해 각자가 원하는 주관적 실존의 한계 안에 만물과 모든 역사가 존재한다고 가정하면 이 세상은 온통 혼란으로 점철 되고말 것이다. 그 이유는 인간이 주장하는 일관성은 전체적 통일성이 없는 부분적인 일관성을 주관적 개념에 의해서 주장하게 됨으로 부분과 부분이 서로 모순을 일으켜 혼란이 가중되기 때문이다. 왜 창조 이래 인류가 평화를 말하면서 끊임없는 전쟁을 일으키고 살아 왔는가?를 생각하지 아니할 수가 없다.

인간이 생각하는 범죄의 경중이 하나님의 측정과 다르다. 인간이 보기에 아무리 작을 범죄로 보일 지라도 하나님의 뜻을 집행하는데 있어서는 너무나 무거운 죄로 여김을 받을 수 있다. 인간이 보기에 아주 작은 범죄일지라도 그 범죄가 하나님의 뜻을 집행하는데 엄청난 걸림 돌이 될 때는 그 범죄에 대한 형벌을 가중하게 집행하게 된다. 하나님을 향해 선택(Selection)과 유기(Reprobation)를 시비하는 것은 하나님의 기쁘신 뜻(엡1:4)을 멸시하는 태도이다. 또한 인간은 처음 하나님과 행위언약을 맺을 때 인류를 대표하여 한 사람과 언약을 맺었기 때문에 당연히 한사람 은혜언약의 중보자 예수님께서 많은 사람의 죄를 대신하여 처형을 받아야 맞는 이치이다. 수많은 사람들이 똑같이 지적 수준을 가지고 태어나고, 똑 같은 경제력을 가지고 살아가고, 똑같은 지위에 머물러 삶을 영위하고, 똑같은 나이에 죽는다고 가정하면 모두가 1등 아니면 꼴등을 하는 일원화 된 사회가 되어 혼란만 가중될 것이다. 모두가 대통령이 되어야 하는 사회가 될 것이며, 모두가 부자로만 사는 사회가 될 것이며, 반대로 모두가 지도자 없는 무지한 사회가 될 것이며, 모두가 거지로 살아가는 사회가 될 것이다. 또한 모든 인류가 똑같이 100세에 죽는다고 가정하면 인간은 모두 자기의 죽는 날을 알고 있기 때문에 죽음에 대한 공포와 불안을 가중시켜 엄청난 사회적 문제가 대두될 것이다. 인간의 합리주의(Rationalism)와 경험주의(Experientialism)를 주장하는 자들은 무한히 깊고, 무한히 넓고, 그리고 무한히 오묘한 하나님의 섭리를 모르고 협소한 생각으로 공평주의를 지껄임으로 수많은 하나님의 백성들을 수렁으로 몰아넣으려는 공작을 부리고 있다.

3) 실존적 확실성

세속철학의 합리주의(Rationalism)나 경험주의(Experientialism)에서 인식론을 말할 때 확실성에 관한 증거를 입증하기 위해 온갖 이론과 경험을 들고 나온다. 그들이 어떤 규범을 현실에 적용할 때 참으로 하나님의 인격을 인식할 수 있는 실존(實存, Reality)이 존재하는가? 라는 문제를 제기해 보자. 지금까지 개혁파 신학에 의존하여 규범의 관점(Normative Perspective), 전제(Pre-supposition), 그리고 성경계시 등을 강조한 이유는 하나님에 관한 인격적 실존(Reality)을 인식하는 절대 원칙을 밝혀주기 위함이었다. 그들이 하나님을 인식하기 위해 합리주의와 경험주의를 아무리 완벽하게 제공한다 할지라도 거기에는 절대적 원리가 존재할 수가 없다. 즉 합리적 이론이나 경험적 과정을 통해 인간 스스로 하나님의 실존(Reality)을 전혀 인식할 수 없기 때문이다. 결국 하나님께서 내려주시는 윤리를 통해 실존적으로 하나님의 인격을 접할 때 하나님의 지식을 습득하게 된다. 인격적 하나님의 지식을 습득한다는 말은 하나님의 인식이 성경계시를 통해 확신 있는 인격적 교제관계로 들어간다는 뜻이다. 그 확실성은 우리에게 명령되어진 계명으로부터 내려오게 된다. 그 명령은 백분율을 향해 가는 과정에서의 가능성을 소멸해 버린다. 거기에는 "하라. 하지 말라."의 두 가지 명령밖에 없다. 그 명령은 행위에 대한 열매를 제시하고 있다. "하나님을 위해 행하고 하나님을 위해 행하지 말라."는 도덕 명령은 윤리의 절대적 전제이다. 문제는 인간이 그 행위언약에 100% 도달하지 못한다는 점이다. 그런데도 완전성과 확실성을 전제로 하는 이유는 무엇인가? 거기에는 실패한 행위언약을 위해 대신 100% 도덕률을 완성해줄 중보자가 계시기 때문이다. 이로 인하여 성도는 이 세상 어느 것도 끊을 수없는 강력한 확실성, 절대성, 그리고 안전성을 보장받게 된다. 그 보장은 성도가 계명을 현실적으로 완성할 수 없는 죄인인데도 불구하고 그리스도께서 중보자가 되시어 죄인을 대신하여 완성한 도덕률의 대가를 죄인에게 덮어 씌웠기 때문에 윤리의 미 완성자가 완성자로 여김을 받아 하나님과 교제를 나누게 된다. 십계명을 면밀하게 따져보면 모든 계명을 다 지키고 한 가지만 못 지킨다면 모든 계명을 범하게 된다(약2:10). 모든 계명은 연관성을 가지고 있기 때문이다. 도둑질 하는 자는 자기를 속이는 거짓이 그 심령 속에 깃들어 있다. 한 가지 계명 "속인다."는 문제는 전 계명과 연관을 가지고 있다. 이러한 문제를 세속철학과 타종교가 해결할 수 있다고 주장한다면 이는 자신뿐만 아니라 타인까지 속이는 2중의 범죄를 저지르는 꼴이 된다. 이러한 문제를 해결하기 위해 성경이 말씀하는 교리를 따져 볼 필요가 있다.

(1) 인간의 죄성

아담의 범죄 이후 "인간 모두가 범죄자로 태어나게 되었다."는 말은 범죄의 가능성이나 부분적인 죄의 실체를 논증함으로 실증될 수 있는 것이 아니다. 교육도, 훈련도, 도덕도, 윤리도, 그리고 강력한 종교적 수련도 인간의 자력으로 죄의 경향성을 전혀 억제할 수가 없다. 인간의 죄는 감히 우주론적 부패라고 말할 수밖에 없다. 행위언약을 어긴 인간으로 말미암아 자연이 가시덤불과 엉겅퀴(thistles)를 발하게 되었다. 인간의 근본적인 죄악은 하나님을 반항한 죄이다. 그 죄는 하나님과 인간 사이의 질서를 산산 조각나게 만들었다. 그 죄는 만물의 질서를 파괴해 버렸다. 자연이 인간을 반항하는 수준으로 떨어져 버렸다. 아무리 인간이 죄에서 벗어나려고 발버둥 쳐도 죄의 옥쇄는 인간을 더욱 조여오고 있다. 하나님과의 관계에서 인간은 하나님께 충성을 맹세해도 충성할 수 없고 성경을 하나님 말씀으로 인식해도 말씀을 실천하는 데는 너무나 거리가 먼 곳에 서 있다.

웨스트민스터 신앙고백서 제 6장 2절에 "인간은 본래의 의(義, Righteousness)를 잃게 되었고, 하나님과 교통도 끊어지게 되고(창3:6-8, 롬3:23), 죄로 말미암아 죽게 되고(창2:17), 영육의 모든 기능들이 전적으로 더럽혀졌다(딛1:15, 창6:5, 렘17:9, 롬3:10-18)."라고 말하고 있다. 4절에는 "인간은 이 부패로 말미암아 선을 행하고자 하는 마음을 가질 수 없으며, 행할 능력도 없고, 선한 것이 사람의 마음속에 전혀 없으며(롬5:6, 8:7), 전적으로 악을 행하는 성향만이 존재함으로 이로부터 나오는 모든 실제적인 죄가 나오게 되어 있다(약1:14-15, 엡2:3, 마15:19)."라고 말하고 있다. 6절에는 "모든 죄는 율법에 대한 위반이며 그 죄의 성질은 죄인에게 죄책(Condemnation)을 가져오게 한다. 이러한 죄책으로 말미암아 죄인은 하나님의 진노와 율법의 저주를 받게 되어 사망을 당하되 영적이며 육체적으로 영원한 형벌을 받게 된다(롬6:23, 엡4:18, 롬8:2, 애3:29, 마25:41, 살후1:9)."라고 기록되어 있다. "그러나 참 신앙의 깊은 은혜를 깨닫고 하나님의 명령을 실천하려고 몸부림치는 성도라 할지라도 인간의 심령 속에 부패의 잔재들이 남아 있어 계속적이고 화해될 수 없는 영적 전쟁이 일어나고 있다(빌3:12, 롬7:18-23, 갈5:17, 벧전2:11)."라고 13장 2절에 말하고 있다. 또한 동 신앙고백 17장 3절에는 "성도들은 사탄과 이 세상의 시험을 받아 그들 안에 남아 있는 죄의 부패한 요소가 깊이 퍼지고 그들을 보호해 주는 은혜의 방편들을 무시함으로 중한 죄에 빠질 수 있으며 그리고 얼마동안 그 죄 가운데 거하기도 한다(마26:70-74, 시51:14). 이로 인하여 그들은 하나님의 분노를 사며(사64:5-9) 성령님을 근심하게 하고(엡4:30), 그들이 받은바 은혜와 위로를 상실하게 되고(시

51:8, 계2:4), 그들의 마음이 강퍅해 지고(사63:17, 마6:52), 양심의 상처를 받으며(시32:3-4), 남을 해치거나 중상하여(삼하12:14), 일시적인 심판을 자초하게 된다(시89:31-32, 고전 11:32)."라고 기록되어 있다.

우리가 전혀 범죄 하지 아니한다고 할지라도 구원의 확신이 조성되는 것은 아니다. 그 범죄 하지 아니한다는 말은 겉으로만 나타나는 범법자가 아니라는 말이다. 구원의 조성은 하나님과 밀접한 인격적 교제가 이루어짐과 더불어 항상 회개와 믿음을 증진시키는 가운데 확신이 더해지는 것이다. 그 확신은 고난과 시련을 동반하게 된다. 또한 구원의 확신이 있어야 하늘나라에 들어가는 것은 아니다. 하늘나라에 들어가는 백성은 하나님의 예정에 의해 결정된다. 선택받은 백성은 천상의 교회 즉 하나님 나라의 일원이 되기로 작정되어 있기 때문에 천국에 들어가게 되어 있다. 그 구원은 하나님만 아시는 영역에 속한다. 아무리 희미한 신앙을 가지고 있다고 할지라도 누구든지 하나님의 백성으로 선택받은 사람은 하늘나라의 일원이 되기에 충분하다. 그러나 우리가 신앙생활 하는 가운데 구원의 확신이 필요한 이유가 있다. 부모를 겨우 알아볼 정도의 인격을 가지고 있는 어린아이를 보고 부모에게 효도하라는 강요를 할 수는 없다. 하나님을 아버지로 모시고 사는 성도는 그가 섬기는 영적 아버지에 대해 확신 있는 인격적 관계를 유지해야 충성된 신앙생활을 할 수 있다. 우리의 삶은 삼위일체 하나님을 섬기는 생활을 통해 기쁨을 누리고, 그분으로 더불어 위로를 받고, 그리고 그분만을 영화롭게 할 때 인생의 최고의 기쁨과 삶의 목적을 인식하게 된다.

(2) 확실성(Certainty)과 개연성(Probability)

우리가 성경을 개연성(Probability)으로 보느냐? 아니면 세속철학이나 과학적 개념을 확실성(Certainty)으로 보느냐? 반대로 성경을 확실성(Certainty)으로 보느냐? 세속철학이나 과학적 개념을 개연성(Probability)으로 보느냐? 의 문제로 많은 논쟁이 제기된다. 예수님을 구세주로 신앙하는 기독교인은 성경의 확실성(Certainty)을 들고 나올 것은 당연한 이치이다. 그러나 세속주의 철학을 신뢰하는 불신자들은 성경을 개연성(Probability)으로 받아들이는 것까지도 거절한다. 그 원인은 신앙과 불신앙의 차이라고 간단하게 대답할 수 있다. 그렇다. 신앙과 불신앙의 차이이다. 그러나 하나님에 관한 인식론에 들어가면 서로가 하나님의 존재에 있어서는 공통분포를 찾으려고 하면서 성경계시를 신앙하는 일에 대해서는 전혀 공통분포를 형성하지 못하게 된다. 더 나아가 성경계시의 문제에 들어가 성도들이 **성령님의 감동으로 기록된 책이 성경이라고** 말하면서 성경을 하나님의 말씀으로 신앙해야 된다고 말하면 세속주의 철학자들이나 타 종교인들은 대단히 거부감을 드러낸다.

우리 기독교인들 즉 예수 그리스도를 구세주로 믿고 성경을 하나님의 말씀으로 믿는 기독교인들은 성경계시에 대한 완전한 영감을 강조할지언정 결코 개연성(Probability)을 말할 수 없다. 성경을 하나님의 말씀으로 믿게 하시는 배후자는 인간의 의지를 마음대로 사용하시는 성령님이시기 때문이다. 문제는 성령님의 인격을 사진기로 찍어 보여줄 수 없다는 점이다. 성령님께서 행하시는 구원사역은 신비적 결합(Mystical Union)으로 기독교인 각자의 인격을 성령님의 뜻대로 응용하시는 주관적 사역에 근거를 두고 있다. 그러나 그 주관적 사역은 사실상 하나님의 예정인 객관적 사역에 의존하여 구속을 적용하는 작업이다. 하나님의 예정, 예수님의 구속사역, 그리고 섭리 등은 객관적 사역으로 이미 정해진 설계도이다.

성경을 신앙하는데 있어 왜 의문이 일어나는가? 그 이유는 인간의 심령 속에 성경을 개연성(Probability)으로 보는 사악한 기질이 뿌리박혀 있기 때문이다. 그 개연성(Probability)은 필연(Necessity)을 무시하고 가정(Assumption)을 우선으로 한다. 한 가지 예를 들면 "아담이 범죄 하지 아니하고 에덴동산에서 살아 있었다면...."하는 가정(Assumption)을 추적하면 아담의 범죄는 필연적으로 나타나게 되어 있다는 사건을 부정하게 된다. 창세전에 하나님께서는 이미 예정과 함께 모든 것을 알고 계셨다. 자유주의자들이나 세속 철학에서는 언제나 인간의 삶에 있어 개연성(Probability)을 우선으로 한다. 나아가 하나님의 존재에 관한 문제에 들어가서도 개연성(Probability)을 우선으로 한다. 그렇다면 우리 기독교인들은 모든 삶에 있어 전혀 개연성(Probability)을 무시하는 삶을 사는 것인가? 그것은 아니다. 이유는 하나님의 작정을 믿고 있지만 그 작정이 나에게 어떠한 형태로 나타날 것인가? 를 무지한 인간이 알 수 없기 때문에 주님의 뜻을 믿고 모든 일을 진행하게 된다. 여기에서 기독교인들의 개연성(Probability)과 비 기독교인들의 개연성(Probability)의 차이가 나타난다. 불신자들은 그 개연성(Probability)을 원인과 결과(Cause and Effect)나 숙명론(Fatalism)으로 규정한다. 그러나 기독교인들은 그 결과가 내가 원하는 정 반대 방향으로 결론이 날지라도 하나님의 뜻으로 받아들이기 때문에 미래에 대한 개연성(Probability)을 나의 주관에 의존하지 않고 객관적 하나님의 사역에 의존하고 있다. 이때 성도들은 마음의 위안을 얻게 된다. 기독교인은 개연성(Probability)에 대해 어떤 일의 성취가 내가 원하는 대로 될 것을 믿고 일하지만 그 결과에 대해서는 하나님의 뜻으로 수용한다. 또한 모든 일들이 내가 원하지 않은 대로 성취될 것을 바라는 자는 없을 것이다. 어떤 결과가 나타나든지 그 결과를 하나님의 뜻으로 받아들인다. 이러한 개연성(Probability)에 대한 자세는 하나님의 주권적 섭리를 인식하는 자의 것이다. 자신이 계획한 대로 될 것을 믿고 실행에 옮기지만 그대로 안 될 경우 하나님의 섭리를 수용하게 된다. 자신이 가장 옳다고 여기고 계획한 일을 실행에 옮겨 반드시 자신의 계획대로 성공할 것이라고 믿었으나 실패할 경우 거기에는 하나님의 뜻이 작용했다는 것을 생각할 수밖에 없다.

기독교인의 입장에서나 비기독교인의 입장에서나 미래의 결과에 관하여 개연성(Probability)은 항상 열려 있다. 그러나 하나님의 입장에서는 개연성(Probability)이 존재할 수가 없다. 그 이유는 하나님께서는 과거와 현재와 미래를 지배하시어 모든 것을 예정하시고, 모든 것을 아시고, 그리고 모든 것을 다스리시기 때문이다. 역사를 주관하시는 하나님께서는 종말의 계획을 시원론(始原論, Basis of Beginning)에 기초하여 이미 창세전에 결정해 놓으신 대로 집행해 나가신다. 하나님에 대해서나 성경계시에 대해서 **상대적 객관성**을 찾으려 하면 개연성(Probability)이 대두될 수밖에 없다. 그러나 성경계시와 하나님에 관한 교리는 **절대적 객관성**의 확실성을 말해야 합당한 주장이다. 만약 믿음에 있어 성령사역의 문제나 그리스도의 인격에 관한 문제에 있어 개연성(Probability)을 주장하게 되면 하나님의 전지전능(全知全能, Omniscience and Omnipotence)

의 사역을 부정할 수밖에 없다. 그러므로 성경을 하나님의 말씀으로 신앙하지 못하고 개연성(Probability)을 논한다는 것은 이미 처음부터 전제가 잘못되어 있다. 예수님께서는 스스로 자신에 대한 가능성, 과거에 대한 의심, 그리고 미래에 대한 개연성(Probability)을 단 한 번도 언급한 적이 없다. 그러므로 예수 그리스도께서 명령하신 교훈은 절대만 성립된다. 예수님께서 스스로 절대를 주장하셨다. "나는 하나님의 아들 예수 그리스도가 될 수 있다."라는 가능성을 말씀한 적이 없다. 어려서부터(12세 때 예루살렘 성전에서 양친이 예수님을 잃어버림) 육신의 어머니를 향하여 책망하듯이 "내가 내 아버지 집에 있어야 될 줄을 알지 못하셨나이까?" 하셨으나 그 부모가 깨닫지 못하였다. 이것이 우리에게 가르쳐준 성경의 말씀이다.

3위의 하나님에게는 인식의 개연성(Probability)을 적용할 수가 없다. 인간의 인식론에 있어서는 지식의 절대가 적용될 수 없으므로 항상 개연성(Probability)이 전제가 된다. 3위의 하나님께서는 모든 것을 완전하게 아시고, 모든 것을 아실뿐만 아니라, 모든 것을 그분의 뜻대로 집행하시는 전능자이시기 때문에 절대성만 적용된다. 또한 모든 것을 계획하시고, 계획하신대로 집행하시고, 그리고 계획하신대로 그분의 목적을 이루신다. 그 계획은 전체적이며, 구체적이며, 그리고 인격적이다. 그 계획안에서 하나님의 자녀로 선택 받은 성도는 불변의 사랑을 받고 있으니 너무나 안심되고 그 구원은 반석이신 하나님으로부터 나오게 된다는 것을 확신하게 된다. 아.... 찬양을 받으실 나의 아버지 하나님! 내가 그분의 자녀로 택함 받아 그분의 백성이 되었으니 감격할 뿐이옵니다.

3. 상황적 규범

상황적 규범은 시공간의 사건에 기초를 두는 지식의 규범이다. 우리의 지식이 만물의 실체와 조화를 이룰 때 그 지식을 상황적 규범으로 정의할 수 있다. 과학적 규범이나 사건의 규범은 시공간의 상황에 따라 지식의 근원을 찾아간다. 그런데 성경이 증명하고 있는 시공간에서 일어난 사건의 규범을 불신자들은 지식의 근원으로부터 배제하려는 의도를 서슴없이 드러내고 있다. 성경이 증거 하는 모든 기적의 사건은 시공간 세계에서 일어난 진리의 규범이다. 그 기적의 사건은 공상세계의 이야기 거리가 아니다. 사진기로 찍을 수 있고 영상으로 찍어 볼 수 있는 실체적 사건들이다. 사건을 통한 상황적 진리로서 규범을 전해주고 있다. 성경에 기록된 모든 사건들은, 기적을 포함하여, 종말에 심판주로 오실 예수님의 재림과 새 하늘과 새 땅을 예증하는 규범이다.

1) 시공간의 사건들과 규범들(Facts and Norms)

시공간 세계에서 어떤 사건이 일어났을 때 사건 자체만을 가지고 인식의 규범을 정할 수는 없다. 시공간 세계에서 일어나는 모든 사건은 원인, 과정, 그리고 결과가 사건 속에 잠재해 있다. 이는 역사를 헤겔(Hegel)처럼 정(thesis), 반(antithesis), 그리고 합(synthesis)의 과정으로 볼 수 없는 이유이다. 그것은 무식한 세속철학자들이 시공간의 사건을 원인과 결과(Cause and Effect)로만 보는 역사관이다. 우리가 세속주의 철학자들이 정하는 방법에 따라 어떤 사건의 규범을 정하려고 하면 상황적으로 전혀 맞지 않은 일들이 수없이 일어나고 있다는 것을 알 수 있다. 어떤 사건은 똑같은 원인과 과정이 적용 되었는데도 불구하고 전혀 다른 결과가 나타난 경우를 볼 수 있다. 심지어 같은 시간에 한 사건이 발생했는데도 각자 전혀 다른 결과를 체험하기도 한다. 이런 경우 우리는 어떻게 사건들에 대한 규범을 정할 수 있단 말인가? 한 예를 들어 보자. 비행기 사고로 수많은 사람이 몰살당할 때 소수의 무리가 살아남은 경우 그 사건에 대한 규범을 어떻게 정해야 하는가? 단순하게 "어떤 사람은 운이 없고 어떤 사람은 운이 있다." 라고 결론 지어 버릴 수 있는 문제인가? 이런 경우 일괄적으로 그 사건에 대한 규범을 정할 수는 있는 문제는 아니다.

여기에서 우리는 성경에서 말씀하고 있는 사건에 대한 **하나님의 경륜**(Ad-ministration)을 말하지 아니할 수 없다. 하나님께서는 모든 사건에 직접 개입하고 계신다는 말이다. 성경에 나타난 역사적 사건은 "사건 그 자체(Brute Facts)"만을 우리에게 전달해 주기 위해 기록된 것은 아니다. 사건 속에 숨어있는 하나님의 의지가 포함되어 있다는 것을 말씀하고 있다. 성경에 나타난 사실계시는 설명계시를 증명해 준다는 사실을 이미 언급했다. 또한 설명계시는 사실계시를 해석해 준다는 것도 이미 언급했다. 사실계시와 설명계시는 전혀 분리될 수 없는 계시의 양태이다. 세속철학이나 타 종교에서는 시공간의 사건들을 규범(Norm)들로부터 분리하려고 갖가지 방법을 동원한다. 형상(Form)과 질료(Matter)를 말하는 플라톤(Platon)과 아리스토텔레스(Aristotle)가 그랬다. 철학에서 합리주의(Rationalism)와 경험주의(Experientialism)의 대립이 그랬고 당위(Ought)를 현존(is)으로부터 분리하려는 흄이 그랬다.[430] 그러나 성경은 사건과 교리에 대한 규범을 일치 선상에 두고 말씀하고 있다. 시공간 속에 나타난 사건 그 자체(Brute Facts)는 설명계시를 통해 하나님의 의지를 규범지어주고 있다. 하나님으로부터 정의된 규범은 불변이다. 그러나 시공간 세계에 나타난 여러 가지 사건은 각자의 인격, 환경, 그리고 조건에 따라 나타나는 모양이 다르다. 성령님께서는 객관적인 역사 속에서 일방적으로 구속사역을 적용하지 않으신다. 즉 인간의 자유의지를 살려 주는 방법을 통해 가장 합당하게 사용하신다. 바울을 감동시킨 성령님께서는 다른 사도들에게도 똑같은 방법으로 감동시키거나 적용하시지 않으신다. 그 사도들이 처하고 있는 입지에 따라 구속을 적용하신다. 그러나 어떤 형태로 성령님의 감화를 받았든지 기독교인은 하나님께서 정해주신 십계명을 신앙생활의 법칙으로 알고 순종하는 일은 일치되는 진리의 규범이다.

2) 신앙의 규범으로서 증거

기독교인은 모든 신앙의 규범이 오직 성경이라는 원칙을 벗어날 수 없다. 성경은 단순하게 하늘나라에 가는 길만을 안내하는 안내서 정도로 생각해서는 안 된다. 하나님께서는 오직 예수 그리스도 십자가를 통한 구원만을 알도록 우리에게 성경을 기록하여 손에 쥐어주신 것만도 아니다. 성경에는 신론 중심의 우주관, 일반 생활 윤리와 도덕론, 만물에 관한 계획과 집행, 그리고 자연과 역사에 관한 사건을 통해 하나님에 관한 많은 지식을 알 수 있도록 기록되어 있다. 성령님께서는 자연을 통해 하나님의 통치, 보존, 그리고 섭리를 깨닫도록 피조 세계의 사건들과 자연이 하나님에게 굴복하는 사역들을 상세하게 기록해 주셨다. 성경이

---

430) Ibid, p.140.

계시로 보여주고 있는 깊이와 넓이는 우리의 측량을 벗어나 있다.

성경이 증거하고 있는 십계명의 규범을 윤리와 도덕적인 요소로만 생각해서는 안 된다. 만물에 관한 명령의지가 담겨져 있다. 십계명은 아담이 파기한 도덕률을 구체화 하여 재 선포하고 있다. 행위언약의 구체적인 명령의지이다. 그 도덕률의 파기는 인류의 영원한 형벌은 물론 만물이 인간을 반항하는 원인이 되었다. 그 행위언약의 완성은 언약의 중보자인 예수 그리스도 하나님의 아들 만왕의 왕 이외에는 아무도 실행할 수 없다. 행위언약의 대표자는 실패한 인간이다. 십계명의 중보자인 모세 역시 가나안 땅을 들어가지 못했다. 은혜언약의 중보자 예수님께서는 첫째 아담의 실패를 완성하신 분이다. 즉 십계명이 명하는 능동적 순종(Active Obedience)을 완성하신 분이다. 그러므로 십계명을 윤리와 도덕론에 한정하여 규범을 정하게 되면 기독교를 저급한 종교로 전락시키게 만든다. 십계명을 완성하신 예수님의 능동적 순종(Active Obedience)은 새로운 우주적 구원을 완성하는 근원이다. 그 순종은 종말의 사건까지 연결된다. 하나님에 관한 인식은 성경이 말씀하는 규범으로서 증거의 범위 안에서 가능한 것이다. 증거의 범위라는 말은 성경이 가는데 까지 가고 성경이 멈추는데서 멈추는 것을 말한다. 성경말씀의 규범과 증거의 범위는 차이를 둘 수가 없다. 성경말씀이 우주론적 교리를 명시하는 범위와 동일하게 증거의 범위 역시 우주론적 역사성을 명시하고 있다.

3) 규범의 범위와 개연성(Probability)

성경이 말씀하는 규범은 우주론적 범위를 명시하고 있다. 그렇다면 개연성(Probability)에 있어서도 성경의 규범에 맞는 유신론적 우주관이 명시되어야 한다고 주장할 수 있다. 그런데 인간은 극심한 자기 아집주의에 매달려 살아가고 있기 때문에 유신론적 우주관을 형성하지 못하면 하나님을 인식하는데 있어 항상 극단적인 주관주의적이며 지엽주의에 빠지게 된다. 그 결과 나타난 개념이 합리주의(Rationalism) 내지 경험주의(Experientialism)이다. 이러한 개념은 주관주의라는 작은 연못에서 허우적거리는 사상이다. 그러한 사상들은 항상 취사선택하여 자신의 입맛에 맞는 것들만을 취급하기 때문에 자기 아집주의 인식론에서 벗어나지 못하고 있다. 성경에 합당한 경험론을 말할 때 우리는 모세의 체험, 엘리아의 체험, 사도바울의 체험, 그리고 사도 베드로의 체험 모두를 체험할 수 있는 사람은 없다. 그러한 체험은 불가능하다. 성경적 체험이란 아주 작은 부분이라도 성경에 합당한 체험을 하게 되면 성경 전체를 하나님의 말씀으로 신앙하게 된다. 이는 하나님을 바로 인식하는 길이다. 그러므로 우리 신앙인들은 지엽주의를 벗어나 유신론적 세계관을 가지고 있는 개연성(Probability)을 소유하고 있는 신자이다.

(1) 증거와 성령님의 사역

성령님께서는 인간이 가지고 있는 인격은 물론 주위의 환경까지라도 그 분의 뜻대로 사용하신다. 성령님의 주관적 사역은 개인의 심령 속에 구속을 적용시키는 일이지만 그 사역은 성령님의 객관적 사역에 의존하고 있다. 성령님의 객관적 사역은 하나님의 아들 예수 그리스도께서 십자가에 죽으시고 부활하시고 승천하게 하시며, 역사를 주관하시고, 불신자들에게 까지 일반은총을 적용시켜 하나님의 교회를 돕는 일을 하게 하시며, 그리고 만물을 조화롭게 보존하시고 지배하시어 하나님 나라 확장에 보조적인 역할을 하도록 구체화시키는 사역을 말한다. 역사의 축은 교회이다. 그러나 성령님께서는 교회가 역사의 축이 되도록 모든 사회의 경제, 문화, 정치, 교육, 과학, 그리고 예술 등 모든 분야의 사역을 이끄시며 교회의 번영에 뒷받침이 되도록 모든 역사를 간섭하시고 이끌어 가시는 구체적 사역을 집행하고 계신다.

(2) 성령님의 사역과 말씀

개혁파 신학에서는 성령님께서 성도에게 구속을 적용하실 때 말씀과 성령의 사역을 필연적인 관계로 연관시키고 있다. 인격적인 성령님께서 말씀을 은혜의 방편으로 삼아 성도의 심령 속에 효과적인 소명을 일으키신다. 말씀으로 만물을 창조하시고, 말씀으로 아담과 언약을 맺으시고, 말씀으로 선지자들에게 하나님의 뜻을 전하시고, 그리고 예수님께서는 그 예언된 말씀에 따라 아버지의 뜻을 성취하셨고 아버지께서 말씀하신대로 그 말씀을 전해 주셨다. 하나님께서 세우신 구속의 계획을 살펴보면 역사 속에서 구속사역을 집행하시기 위해 예언이 먼저 전해지고 다음에 구속의 사역이 성취되었다. 그리고 설명계시의 말씀이 구속의 사역을 해석하고 있다. 동시에 사실계시는 설명계시를 증거 해줌으로 성경이 하나님의 말씀이라는 것을 확실하게 입증해 주었다. 예수님의 사역과 사도들의 사역에 있어서도 마찬가지였다. 기적과 더불어 설명계시인 하나님의 말씀이 전달되었다. 예수님께서 도마에게 나타나셨을 때 "그의 손과 옆구리를 만져보도록 하신 후에, 믿음 없는 자가 되지 말라(요20:27)."고 부활의 역사성과 그 역사에 대한 설명을 말씀을 통해 전해 주신 것이다.[431]

(3) 하나님의 사역은 성경해석의 내용을 전제한다.

성령님과 말씀이 오직 성도들의 구속 적용에만 사역하시는 영역에 해당되는가? 아니다. 우주 만물에도 적용된다. 자연을 찬양하는 시편들(시 8편, 19편, 29편, 65편, 104편)은 구속받은 백성들이 자연에 대하여 하나님을 찬양하는 내용이다. 성도들은 우주를 해석할 때 하나님의 통치를 인식하게 되는데 그 때 성령님의 감화로 말씀을 통해 하나님과 우주의 관계를 올바로 인식한다. 하나님과 인격적 교제로 들어가게 되면 여호와의 말씀을 주야로 묵상하며 그 말씀의 인도를 받으며 살아가게 된다.[432] 신자의 활동, 불신자의 활동, 그리고 만물의 형성과 움직임을 올바로 인식하기 위해서는 하나님의 말씀을 심령에 적용하는 내용으로부터 출발해야 한다. 하나님께서 작정하신 종말의 계획을 완성하기 위해 전 인류와 우주가 그 목적을 향해 계획의 성취라는 목적을 향해 가고 있다. 그 성취의 과정을 하나님의 말씀이 해석해 주고 있다. 성령님의 비췸을 받은 성도는 하나님의 말씀인 성경을 통해 우주의 활동과 인간들의 활동을 통치하는 하나님의 사역이 작용하고 있다는 것을 인식하게 된다. 아무리 작은 사건이라 할지라도 하나님의 말씀을 바로 인식할 때, 세속철학자들과 타 종교인들이 보기에는 부조리하게 보일지라도, 그 말씀이 합당하다는 것을 인식하게 된다.

---

431) Ibid, p.144.
432) Ibid, p.145.

우리가 기적의 사건을 해석할 때 너무 많은 것을 고심하고 그 기적에 대한 구체적인 시공간의 사건을 동영상으로 찍어서라도 탐지하려고 한다. 그것이 바로 인간이 하나님을 신뢰하지 못하는 사악성이다. 기적은 단순한 사건이다. 시간과 공간의 단축이나 연장에 불과하며, 자연적 현상을 축소 내지 연장하는 경우도 있고, 어떤 특수 사건에 대한 하나님의 비상섭리이다. 인간이 땅위에서 살고 있지만 사실 인간은 광활한 공간에 매달려 살아가고 있다. 기적을 과학에 기초하여 합리적으로 설명하면 지구가 광활한 공간에 매달려 공전하고 있다. 이것은 기적이 아닐 수 없다. 만물을 해석할 때 기적을 적용하면 모두가 기적이며 자연법칙을 적용하면 모두가 자연법칙에 의해 움직이며 생성하고 있다.

스스로 현명하다고 자부하는 무식한 자유주의자들은 예수님의 부활을 극명하게 반대하는 자들이다. 부활의 사건을 역사적으로 규명해 보면 어떤 과학과 철학을 동원하여 부정하려고 해도 불가능한 것으로 결론이 날 수밖에 없다. 고린도전서 15장의 부활에 관한 말씀은 구약과 신약의 전체적인 내용을 통해 설명하고 있다. 단순한 연역적 이론을 통해 전달된 진술이 아니다. 구약의 기적을 동반한 역사적 사건과 이스라엘 백성을 향해 계시된 계명과의 연관 선상에서 설명하고 있다. 구약의 모형론(Typology)은 예수님의 탄생, 율법에 순종, 십자가 위에서 죽으심, 부활, 그리고 승천을 구체적으로 나타내 보이고 있다. 너구나 예수님의 이름, 고난, 부활, 승천을 역사적 사건을 통해 구체적으로 예언하고 있다. 심지어 모세가 예수님을 예언하면서 "나와 같은 선지자를 보낸다(행3:22, 7:37)."고 말했으며 예수님 스스로 유대인들을 향하여 "내가 너희를 고소할까 생각하지 말라. 너희를 고소하는 이가 있으니 곧 모세라. 모세를 믿었으면 나를 믿었으리니 그가 내게 대하여 기록하였음이라(요5:45-46)." 라고 말씀하셨다. 또한 사도 바울이 고전도전서 15장에서 부활을 증거 하면서(15:3-14) 먼저 구약대로(성경대로) 죽었다가 다시 살아난 사건에 대해 증언하고 다음 사도들과 500여 형제들에게 보이신 산 증인들을 내세웠다. 그렇기 때문에 부활의 역사적 사건은 우리에게도 그 부활이 역사적 사건으로 임한다는 확실한 증거를 입증하고 있다. 그리고 고전도전서 15장 20절 이하에 보면 이 부활의 사건은 일시적이며 기형적으로 일어난 사건이 아니다. 구약의 최초의 사람 아담과 관계를 가지고 있다는 것을 설명하고 있다. "첫째 아담으로 말미암아 우리는 죽은 자들이나 부활의 첫 열매가 되신 둘째 아담 예수 그리스도 안에서 우리는 영원한 삶을 얻으리라."고 전하고 있다.

(4) 신앙의 증거

인격적인 삼위일체 하나님을 인식한다는 것은 지적 동의만을 의미하는 것이 아니다. 전인격적인 결단을 요구하며 전 인격이 신앙생활을 통해 그분으로 말미 암아 기뻐하며 그분에게만 영광을 돌릴 때 참된 하나님을 인식하게 된다. 그 인 식의 공작자는 오직 성령님이시다. 우리가 신앙이 강하다고 할 때 강한 논증을 요구하는 것만은 아니다. 신앙인은 신앙인을 생산해 낼 때 신앙이 강해지는 경우 가 많다. 물론 성도는 강력한 변증신학을 통해 성경교리를 옹호해야할 의무를 가 져야 한다. 그러나 한걸음 더 나아가 이교도적인 교리를 역공하여 불신자를 기독 교화 하는 문제가 변증신학의 또 다른 책무로 등장한다. 그 책무는 하나님의 인 격이 나의 인격 속에 들어와 나를 변화시키고 나의 변화를 통해 주위에 또 새로 운 신앙인을 생산하는 일이 참된 기독교 변증학의 임무로 나타나게 될 때가 많다.

III. 언약에 관한 인식론

하나님을 인식하는 일에 있어 불신자들에게 언약론을 설명하면 분명히 반발에 직면하게 될 것이다. 또한 신앙이 성숙하지 못한 신자들에게 언약론을 설명할 경우 이해시키기 힘든 부분이 있는 것이 사실이다. 언약론에 따라오는 질문은 "하나님께서는 독재자가 아닌가?" 인간의 의지를 전혀 고려하지 않고 일방적으로 언약론을 설정해 놓고 무조건 따르라고 하는 것은 하나님의 사랑, 자비, 그리고 긍휼과 전혀 맞지 않은 교리라는 것이다. 이런 무지한 사람들에게 반론을 제시한다면 "우리가 태어날 때 부모로부터 계약을 체결하는 서류를 받은 사람이 있는가? 그리고 우리를 키워주고 교육시켜 주어야 할 의무에 대해 부모와 자식 사이에 계약을 체결하는가?"라는 질문을 할 수 있다. 창조주 하나님께서는 육신의 부모가 자식을 낳아 길러주시는 절대적 주권을 가지고 있는 것보다 더한 절대적 주권을 가지고 인생들을 그 분의 의지대로 이끌어 가신다. 그 길이 가장 합당하고 객관적인 방법이기 때문이다. 어린 아이들은 부모의 품을 떠나 자력으로 건강하게 자라고 스스로를 교육할 수 없다. 한동안 일방적으로 부모의 인도와 가르침을 받으며 성장해야 한다. 마찬가지로 하나님께서 철부지 보다 못한 인생을 향해 상호 동의를 요하는 계약을 체결할 경우 사실상 계약의 체결이 불가능하게 된다. 사악하고 무지한 인간이 무엇을 어떻게 알고 하나님의 요구사항을 분별하여 계약에 동의하거나 거절할 수 있는가? 그러므로 언약론은 인생들을 섭리하시는 주권적 계약에 의존하여 규정할 수밖에 없다. 그것이 최선의 방법이다. 하나님의 주권적인 언약이기 때문에 인간이 반항할 수 없다. 그 언약의 방법 이상 더 좋은 방법으로 인생들을 다스리는 방법은 없다.

하나님을 인식하는데 있어 인격적 인식을 떠나서는 참된 하나님을 알 수 없다는 것을 수없이 강조해 왔다. 이 성경의 가르침은 너무나 중요한 교리이다. 그렇기 때문에 성경에는 하나님에 대한 여러 가지 방법으로 그분의 인격을 나타내 보이고 있으며 그 이름도 여러 가지로 표명해 주고 있다. 하나님의 이름들은 인격을 표시하고 있기 때문에 하나님의 이름을 더럽히는 것은 하나님의 인격을 모독하는 일이다. **주 여호와**라는 말은 의미 없이 부르는 것이 아니고 이스라엘 백성들과 언약을 맺을 때 **하나님 자신의 인격을** 나타내 보이고 있다(출3:13-15, 20:1). 또한 새 언약으로 예수 그리스도에게 주어진 이름으로 "주" 라는 말은 "신성, 왕, 그리고 다스리는 자" 등의 의미를 나타내 보이고 있다(사41:4, 44:6, 시135:13, 호12:4-9, 요4:26, 8:24, 6:48, 10:7-14, 15:1-5).

1. 언약의 주권성

주, 여호와, 하나님, 예수님, 임마누엘, 그리고 그리스도 등의 이름들은 모두 하나님의 주권을 표시하고 있다. **예수님**이란 뜻은 **"구원자"** 이며 **임마누엘**이란 뜻은 **"하나님이 함께 하신다."** 라는 뜻이며 **하나님**은 복수로 나타나 있는데 여러 가지 의미를 가지고 있다고 학자들은 말한다. **"3위1체를 표현한다."** 는 설도 있으며 **"능력이 무한하다."** 는 설도 있다. 어떻든 하나님의 주권을 표현하는 말임에 틀림없다. 그리스도는 **"기름부음을 받았다."** 는 뜻이며 구약의 3직인 선지자직, 왕직, 그리고 제사장직을 수행하는 자들을 기름부음 받은 직분 자들로 말하고 있다. 이 3직은 하나님으로부터 받은 직분이기 때문에 인간의 의지를 초월한다. 하나님으로부터 오는 이름과 직분은 모두 하나님의 단독적인 선언으로부터 시작된다. 인간의 동의를 필요로 하지 않는다. 전적인 주권주의 언약에 기초하고 있다. 부모와 자녀와의 관계 또는 구약에서 나타나는 주인과 종의 관계보다 더 일방적인 관계의 언약이다.

하나님과 그의 백성이 맺은 언약은 소유의 의미를 포함하고 있다. 하나님의 백성은 하나님의 소유물이다. 언약의 주인은 하나님이시며 그의 백성은 그 주인의 소유물이다. 그 소유물을 통치할 때는 언약의 법으로 통치하신다. 언약의 법인 계명에 순종하면 복을 주시고 거역하면 형벌을 주시는 하나님이다. 하나님의 인격은 언약의 법을 보면 쉽게 인식할 수 있다. 그 법의 저변에는 사랑이 동반되어 있다. 동시에 법을 통해 나타나는 형벌의 법칙이 적용된다. 언약에는 하나님의 깊은 은혜가 포함되어 있다. 계명 속에 나타나 있는 하나님의 인격은 계명을 지키는 자에게는 하나님께서 무한한 복을 주시는 동시에 계명을 어기는 자에게는 형벌을 가하시는 양면성을 보여주고 있다. 하나님께서는 은혜와 동시에 형벌을 시행하시는 인격을 보여주고 있다.

　행위언약에서 실패한 인간이 은혜언약 속으로 들어오는 것은 전혀 하나님의
은혜이다. 하나님의 백성은 은혜 안으로 들어와 인격적인 교제의 수단을 통해 주
어진 계명을 지킴으로 하나님과의 인격적인 사랑을 나누는 특권을 누리게 된다.
우상에 길들어져 있고 바로의 압제 밑에서 박해를 받았던 이스라엘 민족이 자력
으로 애굽을 탈출하는 일은 전혀 불가능 하였다. 오직 하나님의 능력만이 그들을
이끌고 나올 수 있었다. 그런 엄청난 은혜를 받았으므로 하나님의 품을 떠나지
말고 오직 하나님만을 사랑하라는 계명을 주신 것이다. 하나님께서는 조건 없이
은혜로 애굽을 탈출하게 하신 후 그의 백성과 사랑의 교제를 나누는 법을 내려 주
신 것이다. 그 법은 하나님의 사랑을 버리지 말고 영원한 교제를 나누는 길이다.
계명을 지키는 것이 하나님을 사랑하는 행위이다. 이스라엘 백성이 애굽을 탈출
해 나왔던 사건은 율법보다 하나님의 은혜가 먼저임을 성경은 말씀하고 있다(출
20:1-2). 그들이 애굽에서 율법을 잘 지켰기 때문에 탈출할 수 있었던 것이 아니
었다. 그렇다면 어떻게 아담의 행위언약 속에 하나님의 사랑이 포함되었느냐? 나
아가 어떻게 구약에서도 은혜가 먼저인가? 창세기 1장과 2장은 이미 행위언약을
맺기 이전에 인간에게 무한한 은혜의 터전을 마련하여 준 기록이다. 창조의 중심
이 인간이었음은 말할 것도 없고 하나님께서는 인간에게 만물을 다스리게 하시
고, 이름 짓게 하시고, 동산의 모든 실과를 마음대로 먹을 수 있게 하시고, 그리고
하나님과 평화의 교제를 나눌 수 있는 특권을 주신 것이다. 이 모든 은혜의 허락
은 행위언약의 예비과정이었다. 그러므로 모든 만물은 행위언약의 부수적 조건
들이었다. 행위언약으로부터의 타락은 모든 만물, 인간, 그리고 하나님과의 관계
를 무질서로 만들어 버렸다. 이 말은 인간은 하나님과 모든 만물과의 관계에 있어
중보적 사역을 상실해 버리고 말았다는 뜻이다. 그러므로 행위언약을 범한 아담
으로 말미암아 인간과 만물 사이가 무질서한 관계에 놓이게 된 것이다(사24:5).

2. 하나님의 초자연성과 내재성

　성경에서 말씀하는 언약관계는 하나님과 인간 사이에 있어 동등한 입장의 상

대성을 배제한다. 무식한 자유주의자들이나 세속 철학자들은 초자연적인 하나님을 역사 속으로 끌어내려 인간들과 상대적 위치에서 인식의 기준을 주장한다. 하나님께서는 처음 아담과 언약을 체결할 때 초자연적 위치에서 상대적이 아닌 절대자로서 아담을 상대했다. 거기에서 인간이 행복을 누리는 무한한 은혜의 장으로 들어오는 경로는 상대성을 떠나 초자연적 하나님의 절대적 명령에 순종하는 일이었다. 인간이 하나님의 언약 안에 거할 때 하나님께서는 그의 백성들과 깊은 인격적 교제의 관계를 형성하고 계신다. 그 관계는 인격적 하나님을 인식할 때 각자에게 내재적으로 하나님께서 계신다고 성경은 말씀하고 있다(빌2:13). 그러면서 초자연적으로 계신 하나님께서는 만물을 통치하시는 과정에 있어 그의 백성을 직접 간섭하시고 인도하고 계신다. 그러므로 인식론에 있어 우리가 백성으로서 인격적 하나님을 논증할 때는 내재적 하나님을 말하게 된다. 또한 만물을 간섭하시고 섭리하시는 하나님을 논증할 때는 초자연적 하나님을 말하게 된다. 우리의 인식위에 계시는 신적 작정의 하나님은 하늘에 계신 우리 아버지로서 초자연적 하나님이시다. 세속철학과 타 종교에서는 하나님의 초자연성과 내재성에 대해 수없는 논증을 계속해 왔다. 그러나 그들은 인격적인 하나님을 알 수 없기 때문에 전혀 결론을 내리지 못하고 있다. 그들은 초자연적 하나님을 언급할 때는 만유내재신론(Panentheism)으로 기울어지고 내재적 하나님을 언급할 때는 범신론(Pantheism)으로 기울어진다. 성경이 말씀하는 하나님은 인격적이지만 창조주이시며 창세전에 계획을 가지고 계시는 영원한 단일성(Unity)으로 존재하시는 삼위일체 하나님이시다. 영원한 단일성(Unity)이란 뜻은 영원한 하나(one)와 여럿(many)이 자체적으로 완전한 일치를 이루고 있다는 말이다. 창세 이전에 3위는 자족적인 단일성(Unity)을 가지고 계신 하나님이시며 절대적인 인격을 가지고 계시면서 개별적 복수성(Plurality)을 가지고 계셨다. 마찬가지로 시공간 세계에서도 하나님께서는 3위의 단일성(Unity)이 절대자로 계시면서 아버지, 아들, 그리고 성령님의 개별적 사역을 집행하신다.[433]

---

433) Cornelius Van Til, The Defense of the Faith, (Presbyterian and Reformed Publishing Co, New Jersey, 1980), p.25.에서 밴틸(Van Til) 박사는 하나님의 초자연성과 내재성에 있어 기독교의 실재론(Realism)을 논하면서 하나님의 인식론에 있어 삼위일체 하나님을 인식하지 못하고 하나님에 관한 인식을 아무리 주장해도 아무 소용이 없다고 말한다. 그 이유는 창세 이전의 삼위일체 하나님께서는 그 인격에 있어 통일성, 일치성, 그리고 다원

우리가 영원한 단일성(Unity)과 복수성(Plurality)을 숫자적 개념으로 생각해서는 안 된다. 삼위일체에 있어 숫자적 개념을 도입시키는 문제를 떠나 결속의 우주관(Concrete Universal)을 도입시키는 것이 타당하다고 본다. 삼위일체의 단일성(Unity)과 복수성(Plurality)에 관해 세속철학자들이나 타 종교에서는 그 의미를 간파할 수 없는 엄청난 난제에 부딪치게 된다. 여럿(Many)이라는 문제는 하나님의 인격에 있어 서로 관련을 맺고 있다. 단일성(Unity)과 복수성(Plurality)의 문제를 시공간 세계로 옮겨 생각하면 하나님께서 어떤 비존재(Non Being)를 설정해 놓으시고 하나님 자신을 그것과 비교하여 정의를 내리신 것이 아니다. 시공간 세계에서 하나님께서는 단일성(Unity)과 복수성(Plurality)에 있어 절대자로 존재하시며 일하신다. 즉 유일하신 하나님이시며 아버지, 아들, 그리고 성령의 이름으로 일하신다. 그러나 개별자들이 복수성(Plurality)으로 나타난다고 해서 절대성을 떠난 다른 하나의 단일성으로 나타나는 것이 아니다.[434]

우리가 초자연성(Supernatural)과 내재성(Immanent)을 세속철학의 관념으로 이해하려고 하면 하나님의 영원한 단일성(Unity)과 복수성(Plurality)을 이해할 수 없을 뿐 아니라 초월하신 하나님을 절대 타자(Absolute Other)로만 생각하여 영원한 하나님을 피조물과 무관한 숨겨진 하나님 또는 신비의 하나님으로만 생각하게 된다. 거기에는 신들(gods)의 개념만이 유추되어 인간이 하나님과의 언약적 관계를 유지할 수 없다는 관념이 정착해 버리고 만다. 또한 내재적 하나님을 규명하려고 할 때 세속철학자들이나 자유주의자들은 초자연적 하나님과 피조물인 만물과의 관계를 전혀 구별하지 못하고 역사 속에 묻혀버린 하나님을 생각하게 된다. 또한 19세기 자연주의 개념의 반동으로 나타난 초월주의(Transcendentalism)를 강조한 발트(Karl Barth)는 하나님의 존재를 시간과 공간(Time and Space)에서 인식할 수 없다는 방향으로 기울어져 버리고 만다.[435] 빌립이 하나님을 보여 달라고 할 때 예수님께서 "나를 본 자는 아버지를 보

성을 포함하고 있기 때문이다. 시공간 속에서 3위의 하나님께서 일하실 때도 통일성, 일치성, 그리고 다원적으로 작용하고 계신다고 주장한다.

434) Ibid, p.26.

435) John M. Frame, The Doctrine of the Knowledge of God, (Presbyterian and Reformed Publishing Co, New Jersey, 1987), p.14.

았다(요14:9)."라고 하신 말씀을 거절하는 결과를 초래한다. 그러므로 하나님의 초자연성(Supernatural)과 내재성(Immanent)을 올바로 인식하는 길은 교제의 하나님을 인식하는 길이다.

언약의 3대 요소는 구속언약, 행위언약, 그리고 은혜언약이다. 구속언약의 당사자는 하나님 아버지와 아들 예수님이다. 이 언약은 창세전 영원세계에서 체결되었다. 그 언약의 내용은 아버지는 구속을 예정하시고 아들은 구속을 성취하는 일이었다. 행위언약의 당사자는 하나님 아버지와 아담이었다. 이 언약은 하나님께서 만물을 창조하시고 난 후 맺은 언약이었다. 그 내용은 지키면 살고 어기면 죽는다는 것이었다. 은혜언약의 당사자는 하나님 아버지와 그의 백성들이다. 그 내용은 하나님은 우리의 아버지요 우리는 그의 백성이라는 내용이다. 하나님 아버지와 아들이 맺은 구속언약은 우리들 속에 계시는 하나님의 내재성(Immanent)을 배제한 언약이다. 아버지와 아들의 단독적이며 주권적인 언약이다. 행위언약의 당사자는 하나님과 인간들인데도 불구하고 하나님의 주권적 명령으로 "지키면 살고 어기면 죽는다."는 내용을 실행하도록 명하신 것이다. 은혜언약 역시 하나님의 주권적 사역으로 그의 백성을 기쁘신 뜻대로 선택하신 언약이다. 행위언약과 은혜언약은 하나님의 초자연성(Supernatural)과 내재성(Immanent)을 포함하고 있다.

우리가 하나님의 초자연성(Supernatural)과 내재성(Immanent)을 하나님 편과 인간 편으로 나누어 생각하면 초월하신 하나님은 언약의 주권자이시며 백성들은 언약을 지키고 순종해야할 내재성(Immanent)을 소유하고 있다. 성령님의 감동으로 예수님을 구세주로 고백하는 성도는 초자연적 하나님과 내 인격 속에 계시는 내재적 하나님을 동시에 인식하고 있다. 이러한 신앙고백은 신비적이지만 실질적인 인격적 교제를 말한다. 성경은 "아버지와 아들", "남편과 아내", "왕과 백성" 이라는 구체적인 예증을 통해 인격적인 관계를 교훈하고 있다. 하나님은 경외의 대상이다. 주권자의 하나님이시며, 무소부재(無所不在, Omnipresence)하시며, 전지전능(全知全能, Omniscience and Omnipotence)하시며, 만물을 창조하시고, 다스리시고, 보존하시고, 섭리하시는 분이시다. 그러면서 하나님은 나의 아버지이시다. 나의 기도를 들어주시고, 나의 길을 인도하시고, 나와 교제하시고, 일용할 양식을 주시고, 나의 삶을 간섭하시고, 양육하시는 분이시다.

하나님의 주권사상은 존재에 있어 절대 타자(Absolute Other)의 개념이나 우리와 관계없이 인간의 삶에 간섭하지 아니하고, 그리고 무한히 떨어져 홀로 존재하는 그런 하나님을 의미하는 것이 아니다. 세속철학이나 자유주의는 하나님의 통치적 개념을 배재한다. 그 원인은 주권주의의 신앙관을 내재주의와 분리하려는데 있다. 언약론을 이해하게 되면 하나님의 주권주의와 내재주의는 동반하고 있다는 것을 이해하게 된다. 임마누엘의 하나님께서는 하나님의 백성과 함께 계시면서 그들을 가장 선하고 올바른 방향으로 인도 하신다. 그러나 그 하나님께서는 그의 백성에게 때로는 매도 때리시며 때로는 싸매 주시며 그의 세우신 목표를 향해 그의 백성들을 이끌어 가시기 위해 그분의 주권을 뜻대로 행사하시는 분이시다. 하나님께서는 무지하고 패역한 그분의 백성을 살려두시며 이끌어 가시는 이유는 그분의 백성만을 위해서가 아니고 **하나님의 이름을 위하여** 그 사역을 집행하신다. 하나님께서 계획하신 작정, 과정, 그리고 목적은 서로가 불협화음이 없는 동일연장선(Cotermination)에서 진행되고 있다. 이는 하나님의 주권적 권위와 그분의 인격적 내재성이 전 우주와 모든 인생들에게 영향력을 행사하고 계심을 의미한다.

3. 하나님의 주권과 지식(知識)

하나님을 안다는 말은 광범위하고도 아주 깊은 논증을 요하는 문제이다. 기독교에서 하나님을 안다는 말은 그 존재만을 안다는 의미를 넘어 만물을 다스리는 인격을 인식하는 문제이다. 하나님의 존재를 부정하는 사람들도 위기에 처하면 하나님을 찾게 된다. 그렇다고 타 종교를 신봉하는 자들이 성경이 말씀하는 하나님을 안다고 말할 수 있는가? 그것은 아니다. 물론 기독교인들도 하나님에 대해 알고 있지만 구체적으로 하나님의 인격을 나열하라고 할 때 당황하거나 주저한다. 웨스트민스터(Westminster) 신앙고백 소(小, Shorter) 요리(要理,

Catechism) 문답 4문에 하나님은 어떤 분이십니까? 라는 질문에 "하나님께서는 스스로 계시는 영이신데 그 존재하심과 지혜와 거룩하심과 공의와 인자하심과 진실하심이 무한하시고 영원하시며 불변하십니다(요4:24, 출3:14, 시147:5, 계 4:8, 출34:6, 시90:2, 말3:6)."라고 대답하고 있다. 그렇다고 이 신앙고백의 진술이 성경에 나타나 있는 인격적인 하나님을 모두 묘사하고 있는 것은 아니다. 역사를 지배하고 계시는 하나님과 각자의 심령 속에 내재하고 계시는 하나님을 우리가 모두 다 표현하려고 하면 온 지구를 종이로 깔아 덮어 기록해도 부족할 것이다. 그러므로 우리는 하나님을 분명히 알고 있지만 하나님의 모든 인격을 알고 있다고 말할 수는 없다. 나는 분명히 나의 주님, 인격적인 삼위일체 하나님, 나의 구세주 그리스도, 그리고 나를 인도하신 하나님의 주권을 믿는다. 그러나 그분의 전지전능(全知全能, Omniscience and Omnipotence)과 무소부재(無所不在, Omnipresence)를 다 알 수는 없는 일이다. 인간이 소유하고 있는 하나님에 관한 지식의 한계가 있기 때문이다. 이에 대해 우리는 하나님에 관한 이해 가능한 부분과 불가능한 부분을 정리해 둘 필요가 있다.

1) 하나님에 관한 지식(Knowability)과 포괄적(包括的) 불가해성(不可解性, Incomprehensibility)

성경은 명시하고 있다. "사람은 하나님을 알만한 것이 저희 속에 보임이라(롬 1:19-20)"고 말씀하고 있다. 그러면서 "하나님을 알되 하나님을 영화롭게도 아니하고 감사하지도 아니한다."라고 말씀하고 있다. 이 성경구절은 하나님을 알되 깊이 모른다고 간단하게 생각할 수 있다. 그러나 성경이 말씀하는 내용을 자세히 살펴보면 하나님을 인격적으로 이해하는 가능성과 불가능성을 논증하고 있다는 것을 인지하게 된다. 세속철학이나 자유주의에서는 물론 하나님의 존재를 수없이 논증하고 있다. 물론 그 논증은 하나님의 존재를 전제하고 하는 말이다. 그러나 19세기와 20세기 자유주의자들은 하나님을 내재적(Immanent)으로 논증하기 위해 그들의 시간과 정력을 쏟아 부었다. 그러다 그 반동으로 발트(Barth)의 초월주의(Transcendentalism)가 탄생한 것이다. 하나님의 존재에 대해 피조물들도 그 존재의 증거를 나타내 보이고 있다. 문제는 그 하나님의 존재만을 논증하는 것을 넘어 인격적인 하나님과의 교제로 들어오느냐? 하는 것이다. 인격적인 교제로 들어오게 되면 하나님께 영광을 돌리는 생활과 감사의 생활로 변하게 된다(롬1:21). 그렇지 못할 경우 하나님의 영광을 썩어질 사람과, 금수와, 그리고 우상으로 바꾸어 버리고 만다(롬1:23). 그러므로 우리는 하나님의 지식에 대한 이해를 어느 정도의 수준에서 가능한지 아니면 불가능한 부분은 어느 정도인지 규정해야 할 것이다.

(1) 모든 사람은 하나님을 알고 있다.

하나님을 신앙하지 않는다고 말하는 사람들 즉 하나님이 없다고 주장하는 사람들은 거짓을 말하고 있다. 스스로 하나님을 모르는 체 할 뿐이다. 하나님의 존재에 대해서는 모든 사람들이 알 수 있도록 알려져 있다(롬1:21). 불가지론(不可知論, Agnosticism)자들은 하나님의 존재에 대해 인식론의 접근법이 잘 못되었기 때문에 존재에 관한 인식을 배재한다. 그것은 크게 두 가지로 나타난다. 하나는 성경이 가르치고 있는 인격적인 하나님을 인식하지 못하는 경우이다. 또 다른 하나는 합리적이며 과학적 방법을 통해 하나님을 증거할 수 없다는 입장이다. 인격적인 하나님의 인식은 성령님의 신비적 결합을 통해 가능하게 되는 것이므로 인식론에 있어 불신자들과 전혀 접촉점이 형성될 수 없다. 또한 합리적이며 과학적인 방법을 통해 하나님을 인식하려고 할 때 그들은 통할 수없는 속성(Incommunicable Attribute)에 의존하여 하나님을 찾아 헤매고 있기 때문에 인격적으로 접촉이 불가능한 존재를 가능한 존재로 인식하려는 억지를 부리는 격이 되고 만다. 결국 성경이 말씀하는 하나님과 합리주의가 말하는 하나님과의 사이에 인식론의 접촉점이 없으므로 인격적인 하나님의 인식에 도달하지 못하게 된다.

그럼에도 불구하고 하나님의 존재는 모든 사람들이 다 알 수는 있으나 인격적인 하나님을 아는 데는 신자들만 가능한 일이다. 그 이유는 하나님의 백성으로서의 언약 안에 있는 자들만 가족관계의 교제로 들어오기 때문이다. 그 교제는 생명의 교제를 나누기 때문에 감격이 넘치는 인격적 교류가 형성되어 있다. 교제의 관계에서 볼 때 신자들만 참 하나님을 알 수 있다고 단언하게 된다(요17:3, 마

11:27, 요1:14, 고전2:9-15, 고후3:18, 딤후1:12). 교제관계에서 말할 때 불신자들은 하나님을 모른다고 말할 수밖에 없다(고전1:21, 15:34. 갈4:8, 살전4:5, 딤후3:7, 딛1:16, 히3:10, 요일4:8).[436]

(2) 하나님 지식에 관한 인간의 한계

비기독교인들이 가지고 있는 한계점은 그들 스스로 죄인이란 개념을 생각하지 않고 산다는 점이다. 이러한 한계점에는 신자와 불신자의 차이가 하늘과 땅과의 사이보다 더 크다. 불신자들은 죄악이란 개념을 자신의 인격에 적용하는 것을 절대 거절한다. 그렇기 때문에 죄인의 본질을 모르고 있는 한 인격적 하나님의 인식은 불가능한 일이다. 불신자들이 말하는 진리, 선, 그리고 도덕은 사실상 인격적 하나님의 인식과는 전혀 무관한 주관적 관점에 머물러 있다. 신자라 할지라도 스스로의 선을 내 세우며 다른 신자와 비교하여 자신의 의를 내세워 남을 정죄하고 자신의 신앙을 높이 평가한 나머지 자신이 하나님을 더 잘 섬기고 있는 것으로 착각하는 경우가 허다하다. 참으로 하나님을 바로 아는 사람은 사람 사이의 비교의를 떠나 욥이 홀로 하나님 앞에 서 있는 모습으로 돌아가게 된다. 인간은 하나님을 아는 정도에 따라 자신을 알게 된다. 인간을 바로 안다는 것은 하나님을 바로 안다는 것과 통한다. 인간이 자신의 비참한 상태를 깊이 알수록 하나님을 깊이 알게 된다. 그러므로 인간은 하나님 앞에서 비참한 자신을 알 때 거룩한 삶을 추구하게 된다. 이러한 자체 모순적인 교훈은 성경에서 우리에게 수없이 말씀하고 있다. 그러므로 우리는 성도로서 윤리의 기준이 되는 율법을 자대로 삼아 남을 정죄하는 일에 극히 조심해야 한다.

인간은 지적 수준의 고하를 말론하고 자신을 우상화 하는 편견을 가지고 있다. 그 편견은 일생을 따라 다니며 자신을 괴롭히고 있다. 그 편견은 지식의 오류, 감성의 치우침, 그리고 잘못된 의지의 결단에 의해 일어난다. 많은 사람들이 상대방을 공격할 때 자신의 포악한 행동을 변호하여 말하기를 정의를 위해 싸운다고 주장한다. 그런 상상 밖의 편견을 가지고 있다는 것은 결코 우연의 이치로 생

---

436) Ibid, p.19.

각할 수 없다. 이러한 편견은 인간이 본질상 죄인으로 태여 났다는 것을 증명해 주고 있다. 이러한 편견은 만물을 해석하는데 까지 오류를 범하게 되며, 윤리를 결정하는데도 오류를 범하게 되며, 상대를 대하는 태도에서도 오류를 범하게 되며, 그리고 더욱이 하나님을 인식하는데 있어 오류를 범하게 된다.

하나님께서는 모든 만물과 인간의 본질을 정확하게 보여주시며 자신을 알려주고 계신다. 이 말은 하나님의 존재, 초자연성(Supernatural), 그리고 내재성(Immanence)에 관한 지식을 알려주고 계신다는 뜻이다. 그러나 구체적으로 "하나님의 존재와 나의 삶과 어떤 교제의 관계를 가지고 있느냐?" 하는 문제에 들어가면 기독교인이 아닌 경우 정확한 대답이 나올 수 없는 수렁에 빠지고 만다. 그것이 바로 하나님을 "인식할 수 없다(Incomprehensible)"는 말로 연결된다. 하나님 인식에 관한 불가해성(不可解性, Incomprehensibility)이란 말은 하나님이 알려질 수 없다는 말이 아니라 이미 알려져 있으나 인간의 지식이 너무 협소한 한계를 지니고 있기 때문에 하나님의 지식에 도달하지 못한다는 뜻이다. 하나님께서는 모든 만물을 알고 계시며, 예정하시고, 통치하시며, 그리고 섭리하시지만 인간은 그러한 지식에 전혀 도달할 수 없다는 말이다.

(3) 하나님 인식의 불연속성과 연속성(Discontinuities and Continuities)

하나님을 인식하는데 있어 성경이 말씀하는 내용과 인간이 생각하는 것과는 너무나 큰 차이점이 있다. 이 큰 차이는 인식의 불연속성(Discontinuities)을 말하고 있다. 이에 불연속성(Discontinuities)에 관한 문제들을 나열하면 다음과 같다.

A. 하나님의 생각은 창조주로서 영원에 관한 문제를 다루고 있다. 이에 반해 인간의 생각은 피조 된 세계의 제한적인 요소에 기본을 두고 주위 환경을 생각하고 있기 때문에 시공간의 제한된 환경 속에서 주위의 문제를 다루고 있다.

B. 하나님의 생각은 그 자체가 진리의 기준이 되며 절대성을 유지한다. 반면

에 인간은 스스로 진리를 절대화 할 수 있는 기준을 제시하지 못한다. 그렇기 때문에 인간들은 많은 자료를 통한 진리의 객관성을 형성하기 위해 수없는 노력을 기울여 왔다. 그러나 진리의 영역 주권으로 볼 때 진리는 하나님의 주권적 권위에 속하는데도 불구하고 인간은 진리의 기준을 세우기 위해 유동적인 사고를 대입시켜 또 다른 비 진리를 유발시키고 있다. 결국 하나님의 사고를 필요로 하여 진리의 기준을 세워야 한다는 것은 두말할 필요가 없다.

C. 하나님의 주권적인 요소 가운데 중요한 내용은 인간이 하나님께 영광과 존귀를 돌리는 일이다. 그러나 인간은 타락한 존재로 하나님을 멸시하여 하나님과의 언약관계에서 제 구실을 하지 못하고 있다. 이는 하나님께서 내려주시는 언약의 내용을 인간의 자력으로 수용할 수 없다는데 문제가 있다. 하나님께 영광을 돌려 드리는 문제는 성령님의 주권적 사역에 의해서만 가능한 일이다.

D. 그럼에도 불구하고 인간은 하나님의 주권적 언약관계를 떠나서는 존재할 수 없다. 이 주권적 언약 관계는 각자 하나님의 자녀로서 개인에게 적용되지만 우주적인 역사와의 관계에서 볼 때는 복수(우리)에게 적용되는 문제이다. 그러므로 인간은 물론 만물 역시 하나님께서 심판하실 역사의 종말을 향해 가고 있다.

E. 하나님께서는 스스로를 알고 계시며 스스로를 이해하고 계신다. 그러나 인간은 하나님의 지식에 의존하여 알려준 계시에 의해 부분적으로 하나님을 알 뿐이다. 인간의 지식은 외부로부터 유래되어 은혜의 열매에 의존할 뿐이다.[437]

F. 하나님께서 가지고 계신 지식과 인간이 가지고 있는 지식의 차이를 인식할 수 있도록 제시하는 원리는 성경밖에 없다. 성경이 제시하는 내용 이상의 것은 없다. 즉 인간은 창조의 실체와 종말의 실체를 알 수 없다. 인간은 오직 창조와 종말이 존재한다는 것을 알 뿐이다. 하나님의 지식과 인간의 지식을 동일하

---

437) Cornelius Van Til, Introduction to the Systematic Theology, (Prebyterian and Reformed Publishing Co, New Jersey), p.165. ; John Frame The Doctrine of the Knowledge of God, (Presbyterian and Reformed Publishing Company, New Jersey, 1987), p.23.

게 취급할 수 없다는 것은 질적이며 양적 차이를 두고 하는 말이다. 이는 하나님께서는 인간보다 더 많은 사실을 알고 계시며 모든 것을 속속들이 알고 계신다는 의미이다. [438]

G. 하나님께서는 너무나 많은 면에서 인간하고 지식적 차이가 있다. 하나님께서는 물질적 존재가 아니기 때문이다. 또한 하나님의 지식은 직관(Intuition)을 통해 얻어지는 지식이 아니며 논리적 추론의 과정을 통해 얻어지는 지식도 아니다. 하나님께서는 오류의 제한을 받는 분도 아니다. 하나님의 지식과 인간의 지식 사이에 존재하는 불연속성(Discontinuity)에 관한 논증은 지식의 양식(Mode)에 있어서의 차이라고 말할 수 있다.[439]

H. 하나님의 생각은 완전한 지혜를 구성하고 계시며 무질서한 것이 아니요 모든 지식의 일관성을 가지고 있다. 그럼에도 불구하고 인간의 논리로 생각할 때 진리에서 벗어난 것처럼 보이는 것이 있으며 하나님의 말씀인 성경을 계시로 믿

---

438) 하나님의 인식론에 있어 포괄적(包括的) 불가해성(不可解性, Incomprehensibility)의 문제와 구체적(具體的)인 불가해성(不可解性, Inapprehensibility)의 문제에 있어 Golden Clark 박사와 Van Til 박사의 견해 차이를 Frame 교수가 논평하여 분석하였다. Clark 박사는 기독교 변증학(Christian Apologetics)을 논할 때 합리적 논증을 우선으로 하는 신학자였기 때문에 Van Til 박사의 전제주의(Presuppositionalism) 개념을 부정적으로 생각하는 경향성을 나타내고 있다. 즉 Clark 박사는 "하나님 자신이 진리를 계시하는 것을 제외하면 인간이 하나님을 포괄적으로 이해할 수 없다."고 말했다. 그러나 Van Til 박사는 계시를 떠나서 하나님을 포괄적으로 이해할 수 없을뿐더러 알려질 수도 없는 존재라고 말했다. 결국 Clark 박사는 포괄적(包括的) 불가해성(不可解性)과 구체적(具體的) 불가해성(不可解性)을 구분 하는데 실패한 것으로 Van Til 박사는 결론지었다. Van Til 박사는 포괄적으로 하나님을 인식하는 데는 성경계시 외에 일반계시를 통해서도 하나님의 존재를 인식할 수 있다고 말했다. 로마서 1장 19-23을 참조하면 불신자들도 하나님을 알만한 요소를 가지고 있다. 그러나 구체적으로 들어가 은혜언약의 하나님이 되시는 삼위일체 하나님을 인격적으로 인식하는 문제에 있어서는 창세 전 예정론에 의존한 언약으로 말미암아 하나님을 아버지로 인식하게 된다고 결론지었다. 그런 의미에서 Frame 교수는 Van Til 박사의 생각은 대단히 놀라운 착상을 가지고 있다고 평했다.

439) 20세기 중반 미국 정통장로교회(Orthodox Presbyterian Church)에서 일어났던 하나님의 인식론에 있어 Clark 박사와 Van Til 박사의 논쟁은 상당히 길게 이어졌다. Clark 박사는 하나님의 지식과 인간의 지식은 양적 차이뿐만 아니라 모양에 있어서도 차이가 있다고 주장했다. 그러나 Van Til 박사는 인간이 하나님의 지식의 모양에 대해 어떤 것도 알 수 없다면 하나님의 존재에 대해 어떤 것도 알 수 없다고 말했다.

는 성도들도 그 진리를 체계화 시키는데 실패하는 경우가 많다. 그 깊이와 넓이를 이해하지 못하고 있기 때문에 모순된 진리로 받아들이는 경우가 허다하다.

하나님을 인식하는데 있어 불연속성(Discontinuity)이란 개념은 창조주 하나님과 피조 된 인간 사이에 사고의 차이가 있다는 말이다. 그런데 "그 근본적 차이를 어떻게 정확하게 매듭지을 수 있는가?"라는 문제에 들어가면 먼저 어느 정도의 차이점을 측정해 낼 수 있느냐?의 의문을 일으키게 된다. 피조물인 인간은 하나님께서 계시하신 범위 안에서만 사고의 차이점을 어느 정도 밝혀낼 수는 있다. 그러나 포괄적(包括的) 불가해성(不可解性, Incomprehensibility)의 개념은 하나님 자신에 관한 정의(Definition)에 해당되는 문제이다. 만일 하나님에 관한 포괄적(包括的) 불가해성(不可解性, Incomprehensibility)을 정의할 때 "하나님께서는 영원하시다, 무한성이다, 그리고 무소부재하시다."라고 말할 수 있다. 그러나 더 이상의 구체적인 설명을 원하면 하나님에 관한 구체적인 지식을 담을 수 없는 불연속성(Discontinuity)의 사고가 연속성(Continuity)의 범위를 침범하여 이해하기를 원하는 입장에 서게 된다. 즉 포괄적(包括的) 불가해성(不可解性, Incomprehensibility)의 문제를 구체적(具體的) 불가해성(不可解性, Inapprehensibility)의 문제로 이끌어 들여 해결하려는 우를 범하게 된다. 이러한 하나님의 인식에 있어 불연속성(Discontinuity)에 관한 견해는 미국 웨스트민스터(Westminster) 신학교 프레임(John Frame) 교수의 주장이다.[440] 개혁파 신학을 신봉하는 자이면 이러한 프레임(Frame) 교수의 주장에 동조하게 될 것이다.

이제 우리가 연속성(Continuity)에 관한 문제를 생각해 볼 차례이다. 연속성(Continuity)이란 의미는 하나님에 관한 인식에 있어 하나님의 생각과 인간의 생각의 공통점을 말한다. 즉 하나님의 생각과 인간의 생각이 교통하는 연장선상에 있다는 의미이다. 만약 하나님의 생각과 인간의 생각에 있어 공통점이 없다면 인간은 하나님을 의지할 수 있는 통로를 찾을 수 없게 된다. 하나님과의 관계에 있어서는 물론 모든 일에 회의주의에 빠지게 될 것이다. 하나님의 생각과

---

440) John Frame, The Doctrine of the Knowledge of God, (Presbyterian and Re-
formed Publishing Co. New Jersey, 1987), pp.22-25.

인간의 생각이 일치하는 곳에서는 무한한 소망을 찾아 나서게 한다. 이 연속성(Continuity)의 인식론은 오직 성경을 통해서 우리에게 계시하시는 하나님의 은혜를 인식함으로 오는 것이다. 다음과 같은 내용이 하나님의 인식에 관한 연속성을 말해주고 있다.

A. 하나님의 생각과 인간의 생각이 진리에 관한 공통된 기준을 가지고 있다. 그러나 공통된 기준 안에서 하나님께서 정해 주신 규범에 인간이 종속되어야 한다. 종속되기 위해서는 인간이 하나님의 규범을 인식해야 한다.

B. 어떤 사건에 대해 하나님의 생각과 인간의 생각이 일치되는 점이 있다. 즉 하나님의 사고와 인간의 사고는 동일한 목적을 향해 가고 있다는 말이다. 비록 불신자라 할지라도 모든 사건들이 인간의 의지로만 성취될 수 있다고 생각하지 않는다. 그것은 어떤 사건이 하나의 목적을 향해 하나님과 인간이 동류(Concurrence)로 흐르고 있다는 점을 말해준다. 밴틸(Van Til) 박사의 주장에 의하면 "부활의 사건에 대해 시공간적으로 하나님도 인간도 같은 사건을 인식하고 있었다."고 주장했다.

C. 믿음의 질에 있어 하나님의 것과 인간의 것이 진리에 속해 있다는 점이다. 차이점이 있다면 하나님께서는 믿음의 제공자요 인간은 수령하는 자이다. 진리를 유비적(劉備的, Analogical)으로 풀어 나갈 때 하나님의 것이 인간의 것으로 화하는 길은 믿음을 통한 교제의 공통분포가 형성되어야 가능하다.

D. 하나님의 속성은 인간의 속성에게 전달되어야 한다는 점이다. 만약 전달되는 공통적인 속성이 없으면 서로의 인격적인 교제에 따른 구원이 성립될 수 없다. 하나님의 전지전능(全知全能, Omniscience and Omnipotence)한 우주적 관념이 인간에게 전달되어야 한다. 그러나 구체적인 문제에 들어가 전지전능(全知全能, Omniscience and Omnipotence)에 대한 하나님의 영역을 인간이 침범하여 변경시키거나 조정할 수는 없다. 인간은 전지전능(全知全能, Omniscience and Omnipotence)의 구체적인 인식을 체험하는 영역으로 들어갈 수 없으나

그 관념만을 인식하는 한계 안에서 성경이 말씀하는 하나님의 권위에 순복하도록 명령하고 있다.

E. 하나님께서는 인간을 다스리는 영역뿐 아니라 모든 우주의 통치를 알고 계신다. 인간 역시 하나님께서 우주를 통치하고 계심을 알고 있다. 그러나 하나님께서는 계획, 과정, 그리고 종말에 관하여 전체적이며 구체적인 내용을 직접 관장하고 계신다. 여기에서 인간은 과정에 동참하면서 인간과 우주의 통치자가 하나님이시란 것을 알고 있다.

F. 인간은 하나님의 형상으로 창조되었기 때문에 본질적으로 신적 개념을 가지고 있다. 불신자라 할지라도 불신의 영역에서 추구하는 신의 개념을 가지고 있다. 불신자들은 참 하나님을 하나님으로 섬기지 못하기 때문에 신의 관념이 없는 것처럼 보일 뿐이다.

G. 이 세상의 모든 사람들과 모든 만물은 하나님으로부터 창조된 것들이다. 그러므로 이 세상의 모든 것들은 하나님의 소유물이다. 만물은 하나님의 통치아래 지배받으며 살아가고 있다. 이는 모든 인간과 만물 안에 하나님의 신적 요소가 깃들어 있다는 말이다.

우리가 하나님을 인식한다는 말은 사실상 하나님을 아버지로 모신다는 말이다. 만약 그렇지 못할 경우 아버지를 타인으로 매도해 버리는 일이 된다. 이 세상에 태어난 사람이 아버지가 존재한다는 것을 알면서 아버지를 앞에 두고도 아버지가 누구인지 알지 못하는 사람이 있다면 바로 하나님을 알지 못하는 사람과 비유된다. 그에게 생명을 주신 아버지를 직접 증명으로 보여 주는데도 그의 아버지를 알아 볼 수 없는 자와 같은 현상이다. 개혁파 신학에서는 하나님의 존재를 인간의 주체 속에서 해결하는 방법을 거절한다. 성경은 피조물인 인간이 자력으로 아버지로서의 하나님의 존재를 찾아낼 수 없다고 말씀한다. 그것은 하나님을 아버지로 신앙하게 하는 일은 오직 성령님의 인도에 의해서만 가능하다고 천명하고 있다.[441] 하나님의 인식을 인간의 의지에 의존하는 것은 인간을 스스로 하나님과 동등한 위치에 올려놓은 것이라 말할 수 있다. 불신자들, 타 종교인들, 그리고 세속주의 철학자들이 하나님의 존재를 안다는 말은 자신들의 아버지를 통해 탄생한 자신이 존재한다는 사실은 알지만 누가 참 아버지인가를 모르는 것과 마찬가지이다.

이러한 인식론의 차이는 엄청난 문제를 야기시키는 난제이다. 그것은 하나님의 생각과 인간의 생각이 너무나 큰 차이가 있기 때문이다. 그러나 앞의 장에서는 하나님의 생각과 인간의 생각에 있어 인식에 관한 연속성(Continuity)을 논증했다. 혹자는 **하나님과 인간의 사이를 정의하는 차이점과 공통점은** 인식의 영역에 있어 문제점이 있다고 지적할 수도 있을 것이다. 그 이유는 차이점과 공통점에 있어 "왜 인간은 하나님을 부분적으로만 알 수 있도록 창조 되었는가?" 라고 반문할 수도 있기 때문이다. 이제 문제가 될 수 있는 영역에 관한 논증을 제시해 보려고 한다.

(4) 하나님의 인식에 관한 영역

A. 인간은 하나님에 관한 인식에 대해 합당한 사고를 가지고 있는가? 밴틸(Van Til) 박사와 바빙크(Bavinck) 박사는 이 문제에 대해 부정적인 견해를 피력하고 있다. 그 이유는 우리가 하나님에 관한 인식에 있어 포괄적 불가해성(包括的 不可解性, Incomprehensibility)에 대한 합당한 사고를 소유하고 있는 존재가 아니라는 것이다. 그러나 인간이 하나님을 인식하기에 필요한 구체적 불가해성(具體的 不可解性, Inapprehensibility)의 지식을 전혀 소유하지 못한 존재도 아니라는 것이다.[442]

B. 우리는 하나님의 본질(Essence)을 알 수 없다. 칼빈(Calvin)은 "하나님의

---

441) Cornelius Van Til, The Defense of the Faith, (Presbyterian and Reformed Publishing Co, New Jersey, 1980), p.18.

442) John Frame, The Doctrine of the Knowledge of God, (Presbyterian and Reformed Publishing Co, New Jersey, 1987), pp.29-30

본질(Essence)을 알기위해 연구하는 것은 헛된 사색일 뿐이다. 따라서 인간은 하나님 가까이 접근하여 하나님의 본질에 순응함으로 오는 지식에 의해 아는 것으로 족하다."[443]라고 말했다. 여기에서 밴틸(Van Til) 박사가 첨가하여 설명한 것을 조심스럽게 살펴 볼 필요가 있다. 그는 "우리는 어떤 것에 대해서 어떤 것을 알고 있는 것이 있다. 비록 구체적으로 그것에 대한 깊은 것을 알지 못한다 할지라도 어떤 것이든지 부분적으로라도 알고 있는 것이 있다. 하나님의 본질(Essence)에 대한 지식도 마찬가지이다. 하나님의 본질(Essence)에 대한 지식도 기본적으로는 아는 것이 있다. 하나님을 아는데 있어 특별한 문제가 있는 것이 아니다." 라고 말했다. 또한 "우리가 이러한 논증을 접할 때 아주 조심해야 할 점이 있다. 하나님을 안다고 말할 때 인간의 자력으로 하나님의 본질(Essence)까지 속속들이 모두 다 알 수 있는 능력이 있는 것처럼 들리기 때문이다. 이성주의적 자유주의자들이나 세속 철학자들의 주장과 똑같은 생각을 가진 것처럼 들리기 때문이다."[444] 라고 말했다.

여기에서 우리가 깊이 사고해야 할 문제는 하나님의 본질(Essence)에 관한 것들이다. 이 문제는 본성(Nature)에 관한 것들과 다른 의미를 가지고 있다. 본질(Essence)에 관한 문제는 실재(Reality)에 관한 진수를 의미하고 있다. 그러나 본성(Nature)에 관한 문제는 자연적 성질을 말하고 있다. 우리는 본질(Essence)에 관한 문제를 본성(Nature)과 동일하게 봐서는 안 된다. 본질(Essence)에 대한 정의를 질적 특성(Quality)으로 말할 때 필수적인 질적 요소(Essential Quality)를 의미하는데 이에 대한 기준들을 프레임(John Frame) 교수가 제시하고 있는데 몇 가지를 간추려 보자.

첫째. 본질(Essence)적 특성이란 겉으로 드러난 것이 아니라 사물에 관한 가

---

443) Cornelius Van Til, Introduction to the Systematic Theology, p.183. ; H. Bavinck, The Doctrine of God, (Eerdmans Publishing Co, Grand Rapids, 1951), p.25. ; John Frame, The Doctrine of the Knowledge of God, (Presbyterian and Reformed Publishing Co, New Jersey, 1987), p.30.

444) John Frame, The Doctrine of the Knowledge of God, (Presbyterian and Reformed Publishing Co, New Jersey, 1987), p.30.

장 진정한(most real) 것으로 말할 수 있다.

둘째. 본질(Essence)적 특성이란 사물의 필수적인 존재를 말하는데 거기에는 속성이 함께 존재해야 한다. 삼각형은 각이 세 개가 필수적으로 존재하는 것을 전제로 하는 것과 마찬가지로 질적 특성은 그 특성에 따라 존재하는 속성이 함께 존재한다.

셋째. 본질(Essence)적 특성이란 사물의 형태가 정의되어지는 특징을 가지고 있다. 삼각형은 세 개의 측면이 있는데 삼각형에서 벗어나는 어떤 측면이 주어질 수 없는 것과 마찬가지이다.

넷째. 본질(Essence)적 특성은 우리가 그 어떤 사물을 이해하는데 중요한 요소로 작용한다. 삼각형을 이해하는데 세 개의 측면이 있다는 것은 이해의 가장 중요한 기본적 사실이라는 것과 마찬가지이다.[445]

불신자들, 세속 철학자들, 그리고 타 종교인들 모두가 하나님의 초자연적(Supernatural) 요소를 부정하면서 하나님의 존재를 주장하는 이들을 거의 없다. 그들 역시 하나님의 초자연적(Supernatural) 존재를 추상적으로 인정하면서 하나님의 존재를 말하고 있다. 그런데 그들 스스로 드러내는 모순점은 성경에 기록된 기적을 인식함에 있어서는 초자연적(Supernatural) 요소를 부정하려 든다. 그렇기 때문에 그들이 주장하는 초월성(Transcendence) 내지 초자연성(Supernatural)은 범신론(Pantheism)적이며 만유내재신론(Panentheism)적이다. 그저 애매하게 초월적으로 존재하는 하나님을 인식할 뿐이다. 인격적인 하나님을 신뢰하지 못하기 때문에 하나님을 아버지로 부를 수 없다. 기독교에서 주장하는 하나님의 인식론은 하나님의 속성(Attribute)의 인식이 바로 아버지의 인식론으로 연결된다. 하나님 아버지의 속성을 인식하는 것이 바로 하나님의 인격과 교제하는 인식으로 연결된다.[446]

---

445) Ibid, pp.30-31.

446) Ibid, p.31.에 John Frame 교수가 하나님 속성에 관한 내용을 다음과 같이 설명하고 있다. "하나님에 관한 필수적인 속성들은 동일하게 중요하다. 그 이유는 그 속성들이 서로 연관되어 있기 때문이다. 또한 속성들이 가지고 있는 제각기 다른 측면들은 하나님의 전체적인 존재를 나타내고 있기 때문이다. 우리의 입장에서 하나님을 이해하기 위해 어떤 속성이 가장 중요한가를 결정하는 일은 대단히 어려운 문제이다. 이는 본질(Essence)에 대한 전체적 사고를 일으키기 위해 우리의 주관적 생각을 요하게 된다. 즉 본질적인 것은 객관적 실재와 연

C. 우리가 하나님을 알되 하나님 자신을 아는가? 아니면 우리에게 관계된 하나님을 아는가? 의 문제에 있어 많은 신학자들은 **하나님 자신을**(God in Himself) 아는 일을 거부하는데 있어 너무나 완고한 자세를 유지하고 있다. 심지어는 19세기 위대한 개혁파 신학자 가운데 한 사람인 바빙크(H. Bavinck) 조차도 하나님 자신을 아는 문제에 대해 혼돈을 일으키고 있다. 그는 "우리는 하나님의 원래의 모습에 관한 지식이 없다."[447] 라고 말했다. 그러나 성경은 말씀하고 있다. 하나님과 인격적 교제로 들어가면 **하나님 자신을** 알 수 있다고 말씀하고 있다(골 1:10, 출6:7, 14:4, 왕상20:13, 시10:16, 잠2:3-5).

우리는 성경을 강조하면서도 성경이 말씀하고 있는 구체적인 언급에 너무 무관심하여 성경을 제쳐 놓고 우리의 생각대로 하나님에 관한 생각들을 마구 쏟아 놓을 때가 허다하다. 성경은 하나님의 인식에 관해 분명하게 말씀하고 있다. 성경은 하나님에 관해 초자연적(Supernatural) 요소와 내재적(Immanent) 요소를 총망라하여 세심하게 설명하고 있다. 그런데도 심지어 성경을 강조하는 신학자들 가운데 하나님에 관한 인식을 불가지론(不可知論, Agnosticism)으로 밀어 넣고 있는 사람들이 있다. 어떤 신학자들은 "하나님에 관한 지식은 계시를 통해 우리에게 오는데 인간의 의식, 이성, 그리고 상상을 통하여 인식이 되기 때문에 하나님에 관한 지식은 하나님의 참 모습 그대로가 아니라 오직 하나님 자신이 인간에게 나타내 보이시는 그 방법에 의해서만 알 수 있다."[448] 라고 주장한다. 그러나 우리가 성경에서 가르쳐 주는 하나님의 인식에 대한 문제를 일방적으로 한편만 생각해서는 안 된다는 점이다. 분명히 성경은 비록 불신자라도 하나님의 존재를 알 수 있다(롬1:19-23)라고 명시하고 있다. 이 문제는 다음과 같이 좀 더 구체적인 설명이 필요하다.

만약 우리가 성경의 가르침을 떠나 하나님의 인식에 관한 개념을 축소하게 되

관되어 있지만 그 본질(Essence)을 이해하는 데는 인간의 주관적 요소와 연관되어 있기 때문이다." 라고 말했다.

447) Ibid, p.32.

448) Ibid, p.32.

면 자칫 칸트(Kant)의 불가지론(不可知論, Agnosticism)에 가까운 이론으로 떨어질 가능성이 크다. 발트(Barth)의 초월주의(Transcendentalism) 요소를 제공한 칸트(I. Kant)는 "진리가 인간의 의식 속에 들어온 후에는 그 진리가 상대적으로 변해 버린다. 그리고 실재(Reality)는 인간 속에 영원히 감추어져 버린다."라고 말했다. 만약 우리가 하나님의 인식을 축소시켜 하나님께서 인간에게 보여주시는 초월적(Transcendental) 계시에 의해서만 인식이 가능하다고 강조하면 발트(Karl Barth)나 칸트(I. Kant)의 생각에 동조하는 자가 될 것이다. 그러나 우리는 그러한 비성경적인 생각을 수용할 수 없다. 성경은 불신자도 하나님의 존재는 인식하고 있으며 마찬가지로 신자도 하나님의 존재를 인식하고 있다고 말씀하고 있다. 그러나 불신자가 소유하고 있는 하나님에 관한 인식은 하나님을 알되 자신의 사욕을 위해 하나님을 이용하는 인식론이다. 성경은 하나님의 실재(Reality)에 관한 인간의 인식은 알려진 인식이며 하나님을 아는 지식이 인간의 이성에 의해 방해를 받는 것이 아님을 가르쳐 주고 있다. 분명히 성경은 "하나님을 알만한 것이 인간들 속에 보임이라(롬1:19)."라고 말씀하고 있다. 문제는 인간의 사악성이 하나님의 지식을 포악한 곳에 사용하고 있다는데 있다.

    D. 하나님께서 소유하고 계신 **사고의 내용**은 인간의 생각과 항상 차이가 있는가? 이 문제에 대해 일부는 동일한 것이 있고 일부는 차이가 있다고 말할 수 있다. **내용(Content)**이란 우리의 정신적 생각(Mental Images)과 관계를 가진다. 밴틸(Van Til) 박사는 "인간이 하나님은 영원하다."고 말할 때 하나님께서는 매우 나이가 많은 긴 시간의 존재로 생각하기 쉽다. 이는 영원이란 개념을 시간의 연장으로만 생각하기 때문이다. 그러나 하나님께서는 시공간을 초월(Supra-temporal)하여 존재하고 계신다.[449] 이것은 하나님의 영원에 관한 내용과 인간

---

449) 초월(Transcendence)이란 말은 시공간의 사건을 넘어 일어난 초자연적(Supernatural) 사건과 차이가 있는 단어이다. 발트(Barth)의 초월주의(Transcendentalism)는 시공간의 사건을 정체된 변증법(Static Dialectic)으로 해석하고 있다. 즉 성경에 나타난 기적의 사건을 시공간과 연관 시킬 필요 없이 현재의 주관적 인식에 초점을 두고 해석하는 입장이다. 그러나 성경에 나타난 기적의 사건은 분명히 시공간의 세계에서 일어난 객관적 사건이다. 그럼에도 불구하고 시공간의 자연적 개념으로 해석할 수 없는 실제적 사건이다. 여기서 시간을 초월(Supratemporal)하여 존재하신 하나님의 인격에 대한 개념은 시공간을 초월하신 영원한 하나님의 실체적 존재를 의미한다.

이 생각하는 내용의 차이이다.

또한 내용(Content)은 사고의 대상들에 관하여 하나님과 인간의 공통점을 야기 시킨다. 하나님과 인간은 사물들에 대한 동일한 생각을 가지고 있다. 나무가 존재한다는 것은 나무에 관한 하나님의 관점과 인간의 관점이 공통적 관점을 가지고 있다는 뜻이다. 나무가 자라고 사용되는 것에 대한 하나님의 생각과 인간의 생각이 공통점을 형성하고 있다는 말이다.

또한 내용(Content)은 하나님의 속성과 인간의 인식 사이에는 차이가 있다. 즉 하나님과 인간의 사고는 불연속성(Discontinuity)이 존재하고 있기 때문에 만물을 주관하시는 하나님의 사고는 질적으로 인간의 사고와 다르게 나타난다. 즉 하나님의 사고는 완전한 신적 요소를 소유하고 있는 반면 인간의 사고는 완전성의 요소가 배제되어 있기 때문에 차이가 나타날 수밖에 없다. 하나님께서는 만물을 창조하시고, 보존하시고, 다스리시며, 섭리하시는 내용(Content)을 소유하고 계신다. 그러나 인간은 그의 주체 속에 만물을 인식할 수 있는 내용만을 간직하고 있다. 그렇다면 하나님의 사고와 인간의 사고 사이에 질적 차이가 존재하는가? 라는 질문이 대두된다. 여기에서 밴틸(Van Til) 박사는 클락(Gordon Clark) 박사와의 차이점을 나타내면서 **질적 차이**를 강조하였다. 클락(Clark) 박사는 하나님의 생각과 인간의 생각 사이에는 양적 차이가 있는데 하나님께서는 인간이 아는 것보다 더 많은 것을 알고 계신다고 강조하였다.[450] 그러나 밴틸(Van Til) 박사는 하나님과 인간의 사이에는 양적 차이보다 질적 차이가 더 크게 존재한다고 강조하였다. 이 문제에 대해 프레임(Frame) 교수는 양적 차이냐? 질적 차이냐? 하는 문제는 시비할 수 없는 문제라고 규정하였다. 그 이유는 창조자와 피조물과의 관계는 항상 차이가 있기 때문이다. 질적이냐? 양적이냐? 의 차이를 표현하기 보다는 오히려 창조주와 피조물과의 관계를 분명히 하기 위해 언약적 용어인, 창조주와 피조물, 주님과 종, 그리고 아버지와 아들 등을 사용하는 것이 더 좋을 것이라고 주장하였다. 이러한 언약적 용어들은 하나님과 인간 사이에 있어 **"질적 차이를** 명확하게 구분하고 있기 때문이다." 라고 말함으로 처음에 언급한

---

450) Ibid, p.38.

질적이냐? 양적이냐? 의 개념을 넘어 언약적 입장을 강조하는 것처럼 보였으나 그 언약적 입장이 후에는 질적 차이를 강조하게 됨으로 결국에 가서는 밴틸(Van Til) 박사의 주장에 동조하고 있다.[451] 그러나 성경에 기록된 창조와 만물을 다스리는 하나님의 통치를 기록한 구약의 역사를 보면 하나님과 인간 사이에 있어 **질적 차이와 양적 차이가** 존재한다는 것을 알 수 있다.

양적으로 볼 때 하나님의 지식은 인간이 가지고 있는 지식과 비교할 수 없을 정도로 차이가 있다는 것은 당연한 이치이다. **질적으로** 볼 때도 역시 하나님께서는 인간이 가지고 있는 지식과 비교할 수 없을 정도로 정확하게 그리고 확실하게 모든 것을 알고 계신다. 문제는 **양적 비교와 질적 비교를** 신학적으로 어느 것이 옳다고 규정하기 곤란한 점이 있다는 것이다. 여기에서 프레임(John Frame) 교수는 하나님의 사고와 인간의 사고의 차이점을 언약론으로 규정하는 것이 적절하다고 주장하고 있다. 그런데 언약적 규정을 정밀하게 따져보면 질적 차이를 구분하는 원리라고 말할 수 있다. 언약 속에는 생명을 전제로 맺은 약속이 포함되어 있기 때문이다. 하나님의 포괄적 불가해성(Incomprehensibility)은 하나님의 주권사상을 강조한 말이라 할 수 있다. 하나님의 주권성은 역사적 진행에서뿐만 아니라 인간의 사고영역에서도 적용되어야 한다. 언약적 규정은 성경에서 말씀하는 내용이기 때문에 반드시 적용되어야 할 교리이다. 하나님의 사고는 주권적이기 때문에 피조물의 입장에 서있는 인간의 사고는 하나님의 사고와 반드시 구별되게 취급되어야 한다. 이것이 질적 차이이다. 그러나 창조와 시간 속에서 집행되는 역사를 보면 하나님의 무한하신 양적 지식을 인식할 수 있다. 인간의 이해를 넘어 하나님께서 존재하신다는 문제에 대해 인간의 사유에 기초한 내재성(Immanent)을 통해 하나님의 포괄적인 불가해성(Incomprehensibility)을 인식할 수 있다는 주장은 사실상 하나님의 존재에 대한 양적 인식의 침범이다. 그렇기 때문에 우리는 겸허한 자세로 하나님께서 창조와 언약을 통해 보여주신 하나님의 생각과 인간의 생각의 차이점을 깊이 고려하여 성경계시에 의한 하나님의 인식을 그 기준으로 삼아야 할 것이다.

---

451) Ibid, p.39.

2) 언약관계의 인식론

　　진정으로 하나님을 인식하는 길은 은혜언약 안으로 들어와 하나님의 백성이 되는 일이다. 하나님께서는 창세 전에 언약을 주권적으로 체결하셨다. 주권적이란 말은 독자성이나 강압적인 의미를 포함하는 것이 아니라 인간을 정확하게 아시고 인간에게 온전히 합당한 언약을 마련하시어 제공하셨다는 의미이다. 지혜가 부족한 인간의 의지가 포함되었으면 그 언약은 폐기되어야 할 것들로 넘쳐나 파행을 가져왔을 것이다. 이 은혜언약은 구속언약과 함께 행위언약과 관계를 형성하고 있다. 구속언약은 이미 은혜언약을 포함하고 있었고 행위언약은 은혜언약의 내용을 예표하고 있었다. 은혜언약 밖에 있는 자는 하나님을 알되 아버지로 알지 못하기 때문에 참된 하나님을 알지 못하는 신세이다. 그러므로 사악한 인간이 참된 하나님을 아는 지식은 언약관계에서만 가능하다. 참된 하나님을 바로 아는 길은 언약론을 바로 아는 길이다. 하나님을 안다는 것은 언약관계에서 언약의 내용에 순종하는 일과 연결된다. 아담의 언약을 재 선포한 모세의 언약은 하나님께서 명하신 언약의 내용에 순종할 것을 명령하고 있다. 그 모세의 언약에 대한 순종은 아담으로 하여금 "지키면 살고 어기면 죽는다."는 행위언약에 순종할 것을 명령한 내용과 동일하다. 그 순종을 통해 하나님을 실재적(Reality)으로 인식하게 된다. 지적 의식으로 하나님을 인식 하는 것뿐만 아니라 삶의 모든 영역에서 하나님을 인식하게 된다.

　　아담의 범죄는 인간의 자력으로 하나님과의 관계를 유지하는 통로를 막아버렸다. 이러한 통로의 차단은 단순한 하나님과 인간들과의 관계만을 파괴하는 선에서 끝난 것은 아니다. 행위언약은 구속언약은 물론 은혜언약과 관계를 형성하고 있었기 때문에 만물과의 관계를 형성하고 있었다. 행위언약의 주위환경(Atmosphere)은 창조가 끝난 후 안식의 문제와 만물에 대한 노동론까지 포함하고 있었다. 행위언약은 만물을 올바로 인식할 수 있도록 안내서의 역할을 하고 있었다. 행위언약은 하나님과 교제관계를 형성하는 최종적 가능자였으나 부수적 조건으로 만물을 올바로 이해하는 가능자 역할까지 포함하고 있었다. 창조의 중심이 아담이었으나 하나님께서는 만물을 완벽하게 창조하시고 다스리는 중보적 사역을 아담에게 위탁하신 것이다. 그러므로 행위언약 안에 존재하는 인간은 하나님과의 교제관계에 놓여 있었기 때문에 그분에 대한 올바른 인식이 형성되어 있었을 뿐만 아니라 만물에 대한 인식이 올바로 형성되어 있었다. 행위언약 안에 존재하는 인간은 하나님에 관한 인식과 만물에 관한 인식이 함께 그리고 질서 있게 존재하고 있었다. 만물을 주권적으로 다스려야 할 하나님의 의지는 대리자 아담에게 전수 되었는데 그 사역이 하나님의 주권에 합당하게 집행되었어야 했다. 아담이 하나님과 교제관계를 올바르게 유지할 때 자력으로 하나님에게 영광을 돌릴 수 있음과 동시에 하나님에 대한 올바른 인식이 유지되어 만물에 대한 올바른 인식으로 연결 되었다. 그러나 인간이 범죄 한 이후 하나님에 대한 인식과 만물에 대한 올바른 인식을 잃어버렸기 때문에 인간을 중보로 정해준 사역에 있어 피조물과 인간과의 관계는 무질서하게 변해버리고 말았다. 아담 이후 인류는 무질서한 투쟁의 삶을 사는 환경으로 전락해 버리고 말았다. 그러나 은혜언약 안으로 들어온 인간은 하나님의 가족이 되었기 때문에 피조 세계에 대한 올바른 인식은 물론 올바른 하나님의 인식을 되찾게 되어 만물을 통해서는 물론 만물을 다스리는 하나님의 다스림을 통해 노동 속에서 하나님의 주권적 인식을 점차 키워가는 입장에 서 있다.

(1) 주님으로서의 하나님

하나님을 안다는 것은 여호와 하나님을 주님으로 안다는 의미이다(출14:18, 왕상8:43, 대상28:6-9, 시83:18, 잠9:10, 사43:3, 렘9:23, 암5:8). 하나님께서 이스라엘 백성을 인도하실 때 하나님 여호와께서 주님이신 줄 알도록 하셨다. 이는 성경이 말씀하는 언약을 마음에 담아 두라는 내용이다.[452] 하나님께서는 인간

---

452) 미국 웨스트민스터(Westminster) 신학 교수였던 구약학 클라인(Meredith Kline) 교수의 저서 Treaty of the Great King(Grand Rapids, Eerdmans Publishing Co, 1963) 에 저술된 내용을 프레임(John Frame) 교수가 소개하고 있다. 그 내용은 주(Lord)에 관한 해설이다. 보다 더 큰 능력을 가진 왕이 자기보다 능력이 약한 왕을 다스리는 힛타이트(Hittite) 족속과 종주(宗主)협정(Suzerainty Treaties)을 맺을 때 계명을 사용했던 내용이 성경에 나타나고 있다(출20:1-17). 그 외에 신명기에도 같은 내용들이 나오는데 (1) 보다 더 큰 능력을 가진 왕의 신분을 가리키는 이름이 나오며 (2) 역사적 서술이 나타나는데 더 큰 능력을 가진 왕이 보다 더 능력이 작은 왕과의 관계에 대한 과거 역사적 서술이 나타나며 (3) 법률들이

이 생각하는 그 이상의 보다 더 위대하신 신성의 왕이시다. 그러므로 하나님을 알되 초자연적 하나님이신데도 불구하고 현세에서 우리를 다스리는 참된 왕으로 알아야 한다는 말이다. **주권적 다스림** 이라는 의미는 **"주"**라는 단어 속에 포함되어 있다. 이는 신성의 입장에서 다스림을 의미한다. 이 신성의 다스림은 각자의 인간들을 간섭하시고, 인도하시고, 그리고 보존하심을 넘어 만유의 왕으로서 통치를 포함하고 있다. 하나님께서는 그 본성(Nature)에 있어서(롬1:18-20), 그분의 사역에 있어서(시106:2-8, 마11:20, 고후12:12, 히2:4), 그리고 그분의 능력을 통해 우리에게 그분 자신을 알리고 계신다. 그날이 오면 그분의 다스림으로 인하여 종말의 심판대 앞에서 숨겨졌던 우리의 모든 행위와 만물이 드러나게 될 것이다.[453] 오직 그분의 은혜로 우리의 죄가 덮어져 영원한 평화를 누리게 된다.

아담의 행위언약을 통해 하나님을 인식하는 방법은 하나님의 명령에 순종하는 그 행위에 속해 있었다(창1:28, 2:16). 하나님의 명령을 인식하지 못하고 하나님을 인식한다는 것은 불가능한 일이다. 행위언약 안에서의 하나님의 인식은 타락하기 전 교제관계의 인식이다. 타락 이후 인간은 하나님과 교제관계가 끊어진 상태이지만 일반은총의 영향아래 하나님의 존재는 알고 있었다. 이로 미루어 볼 때 하나님을 반대한다는 불신자라 할지라도 인간은 하나님의 형상을 따라 태어났기 때문에 하나님에 관한 존재를 인식하게 된다. 만물에 관한 신비는 하나님의 존재를 인식하는 길로 연결된다. 하나님과의 교제관계를 구체화 하면 그의 백성들과 가장 가까이 계시며, 구체적으로 우리들의 삶을 지도하고 계시며, 그리고 이 세상 누구보다 더 친밀하게 간섭하고 계신다. 그분은 부모형제도 돌보아

나오는데 기본적인 언약관계를 형성하는 "사랑"이라는 말과 보다 더 낮은 위치에 있는 왕이 순종해야할 명령들이 자세하게 나타나고 있다. (4) 처벌의 조항으로 복종할 때 주어지는 복과 불복종할 때 주어지는 저주가 나온다. (5) 언약의 집행에 있어 서류를 사용하고, 계승을 정리하고, 그리고 진행한다. 십계명과 신명기에서 말씀하는 것은 "하나님께서는 위대한 임금이요, 이스라엘은 그 왕에게 속한 그릇이다."고 표현하고 있다.

클라인(M. Kline) 교수가 논증하고 있는 내용은 "십계명의 언약은 사실상 정경(正經, Canon)에 있어 원본의 부분이며 하나님께서는 부가하여 성경을 영감으로 주신 것이다."라는 주장이다. 성경은 이 정경의 원본에 추가하여 주의 이름을 정확하게 밝히고 있으며, 언약의 역사, 언약의 법규, 그리고 언약의 집행에 대하여 계속하여 설명하고 있다.

453) John Frame, The Doctrine of the Knowledge of God, (Presbyterian and Reformed Publishing Co, New Jersey, 1987), pp.40-41

줄 수 없는 일을 신비스럽게 돌보아 주시고 계신다. 그 결과 우리는 어떠한 경우에라도 친밀하고 세심한 하나님의 돌보심을 벗어날 수 없다. 우리는 하나님의 자녀로서 하나님을 분명히 알고 그의 명령안에 거하게 된다. 불신자들 역시 그분의 예정 가운데 그들의 모든 일반은총의 은사와 사역이 사용되고 있음에도 불구하고 그러한 일들이 자력에 의해서 행하여지는 것처럼 생각하고 있다. 그러나 그들은 애매하게 하나님을 말하고 있을 뿐 친밀한 아버지로서의 하나님을 모르고 그들의 삶과 무관한 하나님의 존재를 말할 뿐이다.

(2) 하나님에게 예속된 지식

하나님을 인식하는데 있어 언약이 포함하고 있는 하나님의 지식은 단순하게 "하나님과 우리의 관계" 만을 의미하는 것은 아니다. 그 언약은 주권적 언약이기 때문에 우리들의 삶을 구체적으로 간섭하시고 인도하시는 관계를 형성하고 있다. 하나님을 "주"로 안다는 것은 하나님에 관한 지식이 언약 속에 포함되어 있다는 것을 아는 일이다. 그렇지만 우리가 하나님의 지식을 모두 안다는 말이 아니다. 하나님에 관한 인간의 지식은 하나님의 권위 안에 존재하고 있다. 그렇기 때문에 하나님께서는 권위로 그분 자신을 우리에게 나타내 보이시는 방편이 있는데 그것이 바로 기록된 성경계시이다. 성경계시는 하나님 자신을 인간에게 수동적 입장에서 나타내 보이시는 방편이 아니다. 하나님께서 스스로 능동적으로 인간에게 나타내 보여주시는 방편이다. 능동적으로 나타내 보이신다는 의미는 인간이 스스로 하나님을 인식할 수 있도록 공작할 수 없다는 말이다. 하나님께서 인간들에게 자신을 스스로 나타내 보이실 뿐만 아니라 하나님을 알아 볼 수 있도록 하나님 스스로 인간에게 찾아 오셔서 영감을 통하여 알려 주시고 감동을 일으키도록 공작하시는 성령님의 작용에 의해 하나님을 인식하게 하신다는 의미이다.

인간의 타락은 자력으로 하나님께 영광을 돌릴 수 없는 지경으로 떨어지게 만들었다. 스스로 태어난 인간이 없고 스스로 자신의 종족을 선택하는 사람도 없다. 그러므로 인간은 하나님과의 관계에 있어 섭리적(Providential)으로 모든 것이 수동적이다. 인격적인 하나님을 아는 데는 수동적이기 때문에 절대적으로 보혜사의 공작에 의해서만 가능하다. 왜 우리가 영혼의 구원을 받은 것을 두고 오직 믿음으로, 그 구원은 전폭적인 하나님의 은혜, 그리고 구원은 하나님의 선물이라고 말하는가? 그 이유는 구원사역에 있어 인간의 의지를 필요로 하지 않고 있기 때문이다. 하나님 되시는 성령님께서 항거할 수 없는 은혜를 죄인의 심령 속에 적용하시기 때문이다. 인간은 구원 받기 이전에는 영적으로 죽은 상태이다. 죽은 인간은 자신의 의지를 발동할 수 없다. 그런데도 알미니안주의(Arminianism) 자들이나 웨슬리안주의(Wesleyanism) 자들은 인간의 의지작용이 구원에 동참하거나 거절할 수 있다는 무식한 주장을 하고 있다. 그들은 하나님의 은혜를 강조하면서 인간의 의지를 동반해야 한다는 모순된 주장을 하고 있다. 참된 하나님의 지식은 온전한 하나님의 은혜와 믿음이 전제 될 때 가능하다. 하나님을 인격적으로 깊이 알 수 있는 길은 하나님의 은혜를 더 깊이 알게 되고 회개를 더 깊이 체험하게 될 때 가능한 것이다. 이러한 은혜와 믿음은 신자로 하여금 하나님의 말씀에 더욱 순종하게 만든다. 하나님에게 더욱 순종하는 일은 인격적인 하나님을 깊이 있게 알아 간다는 뜻이다. 하나님을 아는 지식과 순종의 연관성은 비례적인 요소가 있다. 하나님의 말씀에 순종하는 일은 하나님을 알아가는 지식의 요소가 된다.

행위언약의 순종은 합리적 개념 내지 체험적 개념을 넘어 인격적 순종을 전제로 하는 문제이다. 합리적 개념이나 체험적 개념은 항상 주관적 요소를 배경에 깔고 있기 때문에 하나님과의 언약적 관계를 적용하는 문제로 들어가면 틈이 생길 수밖에 없다. 하나님께서는 우주와, 모든 인류와, 그리고 인간 개개인의 관계를 형성하여 단 한사람도 섭리의 밖에서 일할 수 없도록 역사를 이끌어 가시기 때문에 모든 사건과 모든 개개인의 인격 속에 하나님의 인격적 사역이 깊이 관여되어 있다. 그러므로 성도들은 순간적인 삶 속에서라도 하나님을 체험하고 인식하게 되지만 불신자들은 자신들과 함께 행해지고 있는 사건에 대해 하나님을 제외하고 해석을 시도하기 때문에 하나님 이외의 다른 철학들을 끌고 들어온다.

기독교적 하나님의 인식론을 논증하는 문제에 들어가면 하나님의 권위를 인식하는 지식이 하나님의 인식론으로 연결된다(고전1:-2:, 3:18-23, 약3:13-18). 세속철학이나 타종교에서 짜증나게 말하는 잡다한 논증들만 늘어놓은 자율적 인식론이 아니다. 잡다한 소리들을 제거할 수 있는 하나님 지식의 기준은 성경이다. 그 성경말씀은 우리의 실제 생활 속에서 인격화 되는 잣대이다. 여기에서 우리는 밴틸(Van Til) 박사의 성경에 대한 전제주의(Presuppositionalism)를 상고해 볼 필요가 있다. **전제(Presupposition)**라는 단어는 일반적 개념이나 논증에서 사용할 때 선험적으로 취해지는 이념을 말한다. 그러나 기독교인에 있어서의 **전제론**에 들어가면 어떤 경우를 막론하고 궁극적인 **전제**는 성경이어야 한다. 이점에 있어서는 밴틸(Van Til) 박사나 프레임(Frame) 교수의 입장이 동일하다. 하나님에 관한 다른 관념들은 성경의 **전제** 앞에 무용한 것들뿐이다. 기독교인이 성경을 하나님의 말씀으로 믿는다고 할 때, 즉 성경을 오류가 없는 하나님의 말씀으로 믿을 때, 그리스도의 신인양성, 삼위일체 하나님, 그리고 예정론에 대해 의문을 제기할 수가 없다. 이러한 교리에 대항해 모순을 드러내는 반쪽 칼빈주의나 반(反) 개혁파 신학을 주창하는 자들 가운데 자주 나타나는 이론은 그들 스스로 모순적인 생각을 표출하고 있는 있는데 그것은 바로 예수님을 구세주로 믿는 성도가 성령님의 주권적 사역을 거역하는 일이다. 즉 예정론을 반대하는 일이다. 인간의 전적 타락을 의심하는 일이다. 무조건적 선택을 의심하는 일이다. 예정된 자는 종국에 가서는 반드시 구원하시는 하나님의 사역을 부정하는 일이다. 인간의 의지를 앞세운 나머지 성경이 말씀하는 교리들을 반대하는 입장에 서서 신앙생활 하는 자들은 성경을 반신반의하는 절름발이 기독교인으로 간주할 수밖에 없다. 그들은 확신을 가지고 신앙생활을 하는 자들이 아니다. 하나님의 통치를 신앙하는 자들은 하나님께서 간악한 인간들에게 생명의 길을 열어 주시는 절대 명령으로 성경말씀을 신앙한다. 그것이 일관성 있는 신앙인이다.

(3) 하나님에 관한 지식과 하나님의 임재

우리가 자칫 잘못 생각하여 하나님에 관한 지식과 하나님의 임재를 별개의 요소로 생각하여 하나님을 아는 것과 하나님께서 행하시는 사역을 전혀 별개의 것으로 이해하려는 사람들을 종종 보게 된다. 그러나 우리가 성경을 자세히 살펴보면 하나님을 아는 것과 하나님의 임재는 사실상 동일선상에서 작용하고 있음을 알 수 있다. 출애굽기 3장 이후를 살펴보면 모세에게 나타난 하나님의 임재는 하나님을 아는 것과 동일한 요소로 작용하고 있음을 알 수 있다. 하나님께서는 모세에게 여러 가지 기적을 통하여 하나님 자신을 알리고 계셨다. 놀라운 기적을 체험한 모세였으나 그는 하나님을 아는 지식에 확신 있게 도달하지 못했기 때문에 계속하여 하나님에게 질문하는 내용은 "이스라엘 백성이 하나님에 관한 질문을 할 때 어떻게 대답할 수 있느냐?"이었다. 우리는 출애굽기에서 가르치고 있는 하나님에 관한 인식은 무엇인가? 하는 문제를 구체적으로 인출해 내야 한다. 하나님을 인식하는 일에 있어 하나님의 임재와 지식이 따로 존재하는 것이 아니고 사건을 통한 하나님의 임재는 하나님을 아는 지식과 연관을 가지게 되고 하나님을 아는 지식은 사건(Fact)을 동반하고 있다. 하나님께서는 모세에게 기적을 보여 주시면서 하나님이 어떤 분이신가? 를 언약관계에서 설명하고 계셨다 (출3:15-22). 아브라함의 언약을 반드시 성취시킨 것을 알려 주고 계셨다. 언약의 인식은 하나님에 관한 지식과 임재를 동시에 알 수 있는 실재(Reality)이다. 우리가 하나님을 안다고 말할 때 하나님의 인격, 하나님께서 행하신 사역, 언약을 통해 나타난 역사적 사건, 그리고 언약의 내용에 따라 이루어진 성취 등을 인식하고 신앙하게 된다.

언약관계에 있어 하나님의 인식론을 전체적으로 요약해 보자. 언약의 내용을 보면 먼저 하나님의 은혜로부터 시작된다. 행위언약의 전제는 하나님의 은혜이며 모세의 언약도 하나님의 은혜가 전제였다. 하나님은 먼저 인간에게 베풀 수 있는 모든 일반은총의 은혜를 선물로 내려 주시고 마지막 "지키면 살고 어기면 죽는다."는 특별은종에 관한 행위언약의 순종을 요구하신 것이다. 즉 평화로운 에덴을 주시고 만물의 이름을 짓게 하시고 다스리게 하신 후 선악과의 행위언약을 지키도록 명하신 것이다. 또한 이스라엘 백성을 조건 없이 이방나라로부터 이끌어 내시고 하나님과의 교제의 수단인 십계명을 허락하신 것이다. 그렇다면 구약과 신약을 통해 나타난 하나님의 깊고 넓은 은혜를 인간의 단순한 일방적 개념으로 구약은 율법이며 신약을 복음으로 규정하고 단편적인 하나님의 인식론을 주장하는 것은 언약의 연속성을 부정하는 결과를 가져오게 한다. 하나님의 언약은 창세전 구속언약으로부터 종말에 이루어질 하나님 나라에 이르기 까지 일치된 개념을 제시하고 있다. 제1 아담과 제2의 아담인 예수 그리스도와의 관계는 제1

아담의 행위언약은 깨어진 언약이었으나 제2 아담 예수 그리스도는 깨어진 언약을 다시 세우는 언약의 중보자였다. 예수님의 능동적 순종(Active Obedience)은 아담의 행위언약을 완성하신 사역이었다. 그러므로 하나님에 관한 인식은 하나님과 인간과의 관계를 언약적으로 아는데 기초하고 있다. 이 인식론은 은혜언약의 인식론인데 하나님의 백성이 되는 가족관계의 인식론이다. 하나님께서 우리의 아버지가 되는 가족 관계의 인식론이다. 죄로 말미암아 하나님과 원수가 되었던 우리가 하나님을 아버지로 모시게 되고 그분의 가족의 일원이 된 것을 인식하는 일이다.

하나님께서는 만물을 창조하시기 전에 그의 백성과 언약을 제정하셨다. 그 언약의 백성은 천상교회 즉 보이지 않는 교회(Invisible Church)의 구성원이었다. 일반은총의 세계에 나타나는 모든 만물과 정치, 경제, 사회, 문화, 교육, 과학, 예술, 그리고 우주의 활동은 하나님의 백성인 은혜언약 안에 들어온 구성원들의 단체인 교회를 보조하는 역할을 하면서 교회역사의 진행에 동참하고 있다. 주님께서는 종말을 예언하실 때 "천국 복음이 모든 민족에게 증언되기 위하여 온 세상에 전파되리니 그제야 끝이 오리라(마24:14)." 라고 말씀 하셨다. 교회론적으로 볼 때 예정된 하나님의 백성들이 한 사람도 빠짐없이 천상교회의 회원으로 가입될 때 종말이 온다는 말이다. 교회와 일반은총에 관계된 만물은 유기적 관계를 유지하면서 종말을 향해 가고 있다. 그 유기적 관계는 교회와 만물이 서로 같은 목적을 향해 진행하고 있다는 것을 의미한다. 특별은총에 속한 교회 즉 은혜언약 안에 있는 백성들은 일반은총에 속한 모든 수단들을 사용하여 하나님의 사역에 종사하고 있다. 또한 불신자 역시 일반은총에 속하여 하나님을 위해 일하고 있지만 종말에 가서는 하나님의 백성으로서 대우를 받지 못한다. 그러나 현세에서 불신앙의 입장에 서서 하나님의 사역을 돕고 있다. 심지어 범죄자의 마음을 사용하시는 하나님께서는 범죄자의 사역을 통해 교회가 복음을 전파하는 일에 사역하고 계신다. 악마의 사역까지도 인격적인 하나님의 계획과 통치 아래 움직이고 있으며 그 작동은 궁극적으로 교회 즉 하나님의 백성들의 모임을 위해 일하게 된다. 지상교회 즉 보이는 교회는 일반은총을 도구로 사용하여 지상에서 교회를 건설하고 있다. 종말이 오기까지 만물이 하나님의 통치아래 운행되고 있다. 그 운행은 교회를 통치하는 사역에 도움을 주고 있다.

한 사람의 역사는 만물의 역사는 물론 종말의 역사와 관계를 가지고 있다. 창세전의 하나님의 계획은 종말에 완성될 하나님 나라의 근원적인 원인을 제공하고 있다. 그렇기 때문에 하나님께서는 모든 인류의 형편과 모든 역사의 흐름을 다스리고 계실 뿐만 아니라 구체적인 간섭과 다스림을 스스로 정하시고 집행하시는 분이시다. 또한 전 인류의 역사와 우주의 움직임은 나 한사람의 역사와 유기적인 관계를 가지고 있다. 만물과 인류의 역사는 우리가 보기에 너무나 복잡하게 얽혀 있는 것처럼 보일지라도 하나님 앞에서는 단순한 집행에 불과하다. 그러므로 하나님만 전지전능(全知全能, Omniscience and Omnipotent)하시고 무소부재(無所不在, Omnipresent)라는 말이 그분에게만 해당된다. 나 개인 한사람의 역사가 잘못 결정지어지고 실행되어진다면 전 인류의 역사와 우주의 흐름이 깨어지게 된다. 성경은 만물에 관한 역사를 하나님의 주권으로 다스림을 천명하고 있다. 공중의 새도 하나님께서 기르시나니(마6:26) 하물며 인간의 생사화복은 물론 우주와 인류의 역사와 유기적 관계를 가지고 인간을 다스리시며 보호하지 않겠느냐?(마6:27-34) 이다. 그러한 세심한 하나님의 사역 가운데 나 자신이 그분의 백성에 예속되었다는 것은 전율을 느끼게 할 수 밖에 없다. 감히 무엄하게도 하나님의 은혜에 대해 인간의 자유를 내 세우는 무리들은 참으로 성경의 진리를 수용하는 자들인가? 반문하지 아니할 수가 없다. 나 개인 한 사람을 하나님의 백성으로 만들기 위해 하나님께서는 나의 모든 조상들과 인류와 만물을 관련시키고 있는 그분의 섭리를 생각하면 어떻게 눈물이 흐르지 아니하겠는가?

IV. 하나님에 관한 전제주의적(Presupposition-al) 인식론

하나님을 아는 지식을 규정하는데 있어 성경을 전제하는 인식론을 떠나서는 인격적인 참 하나님에 대한 지식을 습득할 수가 없다고 단언할 수밖에 없다. 그럼에도 불구하고 하나님에 관한 성경의 전제주의적(Presuppositional) 인식론을 주장하게 되면 혹자는 다른 합리주의(Rationalism)나 경험주의(Experientialism)를 무시하고 무조건적인 수용을 강요한다고 생각하는 사람들이 있을 것이다. 그러나 개혁파 신학이 주장하는 기독교 교리는 성경을 하나님의 말씀으로 믿는 곳으로부터 시작한다. 성경에 명백하게 나타나 있는 신론, 인간론, 기독론, 구원론, 교회론, 그리고 종말론은 성경의 부분적 발췌를 통해 형성된 교리가 아니다. 성경 전체를 우리 몸의 뼈대처럼 세분하여 구체적으로 체계화한 내용들이다. 이러한 기독교 교리는 변증신학에 있어 하나님의 존재론, 기독교 인식론, 그리고 기독교 윤리학을 필수적으로 동반하게 되어 있다. 위의 존재론, 인식론, 그리고 윤리학의 교리는 어느 하나를 등한시 할 수가 없다. 현대 지성인이라고 자부하는 철학자들 가운데 하나님의 인식론만을 강조하여 기독교를 저급하게 취급하는 무례한 자들을 자주 보게 된다. 우리는 그들에게 수준 높은 기독교 인식론을 바로 세워주어야 할 절대 절명의 사명을 느끼게 된다. 여기에서 밴틸(Van Til) 박사가 강조하고 있는 전제주의적(Presuppositional) 인식론이 기독교 변증학(Christian Apologetics)에 있어 필연적으로 요구되어야 한다는 점을 말해주고 있다. 다음과 같은 밴틸(Van Til) 박사의 주장에 귀를 기울여 보자.

우리는 성경으로부터 실재(Reality)의 본질에 대한 관점을 가지고 있는 우리의 개념을 취할 것을 강요받고 있다는 것을 감지해 왔다. 성경이 제시하고 있는 실재(Reality)에 관한 관념은 오직 성경의 권위에 의해서만 우리에게 받아들여 질 수 있는 것이다. 우리들이 제시해 온 존재에 관한 관념은 오직 성경에서만 발견될 수 있기 때문이다. 우리는 실재(Reality)에 있어 성경을 통해 우리에게 주어진 계시와 비교할 만한 것은 물론 성경계시의 표준으로 삼아 참고할 만한 어떤 영역도 가지지 못하고 있다.그러므로 모든 성경은 매우 중요하고 소중하게 취급될 수밖에 없다. 여기서 우리는 성경을 진리의 궁극적 표준으로 삼아야 한다.[454]

　　이러한 성경 우선주의 행보는 세속철학을 연구하는 대부분의 사람들에게는 자살을 강요하고 있다는 것은 말할 필요도 없다. 우리가 실재(Reality)의 본질과 지식의 본질을 탐구하는 것이 인간 스스로의 도움에 의해 형성될 수 있다는 말인가? 우리의 삶에 대한 해석을 권위에 의해 받아들이는 것은 오직 우리가 받아들일 수 있는 그 권위의 근거들을 탐구한 이후에 수용될 수 있는 것이다. 그러나 만약 우리 스스로 권위의 근거들을 결정해야 한다면 그것은 더 이상 권위에 대한 그 권위를 받아들이는 것이 아니다. 권위는 오직 그 권위가 권위임을 스스로 주장할 수 있는 권위를 가지고 있다는 것을 우리가 이미 수용하고 있을 때에만 우리에게 참된 권위가 될 수 있다. 그리고 우리는 그 권위의 본질을 미리 알고 있을 때에만 권위에 대한 인식이 가능한 것이다. 이와 같이 우리는 연구를 시작하는 시초부터 이미 당연한 것으로 받아들여진 어떤 존재에 대한 이론(Theory of Being)을 가지고 있다. 이러한 방법으로는 우리와 반대되는 주장을 공정한 이론으로 수납할 수 없는 입장이다.[455]

　　우리가 밴틸(Van Til) 박사의 전제주의(Presuppositionalism) 인식론을 받아들일 수밖에 없는 이유는 인간이 소유하고 있는 실재(Reslity)에 대한 관념을 신자나 불신자를 막론하고 이미 주어진 사건(Brute Fact)으로 간주해야 하기 때문이다. 인간이 태어나 성장하면서 자신의 존재와 부모의 존재를 계속 의심하면서 사는 사람은 없다. 그렇기 때문에 창조에 관한 원인과 그 원인의 원인을 밝혀내려고 하는 어리석은 일을 시도하는 철학자들은 스스로 모든 존재에 관하여 의심으로 일관하기 때문에 성경을 전제로 하는 권위를 스스로 파괴하는 일을 자행하고 있다. 성경계시를 반대하는 자들은 이미 주어진 권위를 무시하기 때문에 실

454) Cornelius Van Til, The Defence of the Faith, (Presbyterian and Reformed Publishing Co, New Jersey, 1980), p.32.

455) Ibid, p.32.

재(Reality)에 관한 문제를 자신들의 힘으로 해결하려 하다가 스스로 미궁으로 빠져버리고 만다. 권위로 말미암아 이미 주어진 실재(Reality)의 관념을 버리려고 애쓰기 때문에 스스로 무거운 짐을 지고 미해결의 번뇌 속으로 빠져들게 되어 버린다.

여기서 우리가 더불어 생각해야 할 것이 있다. 인식론적(Epistemological) 질문과 존재론적(Ontological) 질문의 관계를 어떻게 정립해야 하는가? 이다. 이러한 철학적 질문에 대해 에드거 싱어(Edgar A. Singer)의 주장에 대한 밴틸(Van Til) 박사의 해석에 귀를 기울일 필요가 있다.

싱어(Edgar Singer)는 "인식론적(Epistemological) 질문과 존재론적(Ontological) 질문은 상관관계 없이 제기될 수 있으며 또 그렇게 되어야 한다." 라고 주장했다. 그러나 밴틸(Van Til) 박사는 이에 대해 의문을 제기하고 나섰다. "만약 하나님께서 존재하신다는 전제아래 하나님께서 권위를 가지고 인간들에게 말씀 하실 수 있는 권리가 없다는 말인가? 지식의 문제와 존재의 문제를 분리하여 서로의 상관관계를 형성하지 않고 독립적으로 생각하는 것은 지식의 문제를 해결할 수 있는 가능성을 배제하는 것이 아니겠는가?" 라고 심도 있는 질문을 던졌다. 계속하여 밴틸(Van Til) 박사는 "만약 하나님의 존재가 성경에서 말씀하는 여러 증거들에 기초하여 발견된 것이라면 우리들이 가지고 있는 지식도 하나님께서 소유하고 계신 지식과 부합되기 때문에 참된 지식이 된다. 하나님께서 가르치시는 지식은 실재(Reality)와 상관관계를 가지고 있기 때문에 실재(Reality)와 지식에 관한 문제를 분리해서 생각하는 것은 객관적 중립상태를 말하는 것이 아니고 사실상 그리스도의 존재를 배제하는 것이다. 그리스도의 실재(Reality)와 지식은 절대적 상관관계를 가지고 있기 때문이다."[456] 라고 주장했다.

에덴동산에서 존재하고 있었던 아담과 해와는 그들의 존재와 더불어 하나님과 만물에 대한 지식을 가지고 있었다. 에덴이라는 장소는 하나님의 지식과, 사탄의 지식과, 그리고 아담과 해와의 지식이 서로 교차되며 대립되며 서로의 주

---

456) Ibid, p.33.

장을 피력하는 곳이었다. 행위언약을 지키는 문제에 있어 해와는 스스로 가지고 있었던 지식을 평가하고 결론을 내는데 있어 어려운 난관에 처하게 되었다. 그 이유는 하나님의 명령에 반항하는 마음이 일어났기 때문이었다. 해와는 당시에 옆에서 도움을 줄 수 있는 어느 피조물을 통해 마음을 결정할 수 있는 여건이 아니었다. 혼자 문제를 제기하고 결정해야 했다. 분명히 하나님께서는 "실과를 먹는 날에는 정녕 죽는다." 라고 말씀하셨는데 어느 누구와 논쟁할 수 있는 여건도 이루어지지 아니했었다. 하나님의 명령과 자신의 생각 사이에서 스스로 결정해야할 현안 문제가 등장한 것이었다. 그 현안 문제는 사실상 하나님의 편과 사탄의 편 사이에서 홀로 선택할 상황이었다. 영원한 전지전능의 존재인 하나님과 제한적 피조물인 사탄의 존재 사이에서 어떤 것을 택해야 하느냐? 의 문제에 봉착한 것이었다. 여기에서 사탄의 잘못된 지식이 해와의 생각 속으로 들어오게 되었다. 즉 사탄은 존재의 문제를 무시한 내용을 들고 나온 것이다. 그것이 지식의 문제를 희석시키는 결과를 드러낸 것이다. 즉 사탄의 속삭임은 "우리가 무엇을 아는가(What do we Know)?"를 무시하고 "우리가 어떻게 아는가(How do we know)?"에 초점을 맞추고 있었다. 사탄의 속삭임을 구체화 해 보자. 거기에는 금지된 과실을 먹게 될 경우 일어날 일에 대한 하나님의 명령과 사탄의 해석에 대해 해와는 중립적 위치에 서 있어야 할 것을 종용 당하고 있었다. 좀 더 지적해 보자. 해와는 지식의 문제를 해결함에 있어 존재의 문제를 무시하고 말았다. 즉 하나님의 전지전능(全知全能, Omniscience and Omnipotent)과 그에 따른 명령을 무시하고 나선 것이다. 해와는 자기가 가지고 있는 지식을 총 동원하여 여러 견해들을 참조하여 결론을 내야겠다고 생각했다. 그 결과 사탄의 말을 계속 듣고 분석하기에 이르렀다.[457]

우리는 하와의 행동 가운데 "우리가 무엇을 아는가(What do we know)?"의 문제를 회피한 것이 아니라는 것을 바로 알아야 한다. 그녀는 계속 존재의 문제를 무시한 지식의 문제로만 해결의 실마리를 찾으려 했다. 결국에 가서는 하나님의 존재를 그녀의 지식에 의해 부정하고 말았다. 동시에 해와는 우리가 어떻게 아는가(How do we know)?의 문제에 있어 실제적으로 분명한 입장을 취해 버

---

457) Ibid, p.34.

리고 말았다. 그것은 해와가 하나님의 실재(Reality)를 무시하고 우리가 독립적으로 지식에 의해 무엇인가 알 수 있다고 결론 지어버린 것이다. 이는 부모로부터 태어난 어린이가 부모의 도움을 받으면서도 부모의 실재(Reality)에 대한 의문을 계속 던지며 부모의 실재(Reality)를 자신의 지식으로 해결하려는 것과 같은 이치이다. 종국에 가서는 지식에 대한 권위를 자기 자신의 주관에 귀착 시키고 만 것이다.[458]

성경이 말씀하는 권위는 하나님의 계시의존주의 사상에 기초를 둔다. 성경계시는 중립적인 위치를 불허한다. 이것이냐? 저것이냐? 의 선택의 기로에서 어느하나를 택해야 한다. 그러므로 성경 말씀은 명령계시이다. 두 가지 가운데 하나를 택하라고 명령하신다. 우리가 두 가지 가운데 하나를 택할 때 "그것에 대한 심판자는 하나님이시다." 라고 성경은 말씀 하고 있다. 이 문제에 대해 접촉점을 찾아 중립적 위치(Neutral Position)를 찾으려 헤매게 되면 이미 그 때부터 인간은해와가 겪었던 것과 똑같은 과오를 범하게 된다. 인간은 사악하고도 더러운 죄에지배되어 있기 때문에 한편으로는 사탄의 기교를 방법론으로 택하고 또 다른 한편으로는 거룩한 하나님의 말씀을 재료로 하여 요리하려는 만행을 저지르고 있다. 그 결과는 스스로 파멸의 길을 자초하게 되어 있다. 해와와 똑같은 멸망의 길을 가게 된다. 그 중립적 위치(Neutral Position)는 반드시 하나님에게 반항을일으키는 전초전이 되고 거기로부터 시작되는 영적 전쟁은 종국에 가서는 하나님을 향해 반항의 죄를 범하게 된다.

1. 하나님에 관계된 지식

하나님의 실재(Reality)와 그분의 지식은 상관관계를 가지고 있다는 것을 이미 언급했다. 신자들은 전지전능하신 하나님을 인격적인 아버지로 모시고 살기때문에 우리가 믿는 하나님 아버지는 모든 것을 스스로 결정하시고 그분의 뜻대로 섭리하심을 믿는다. 그분의 뜻대로 섭리하신다는 말은 그분 자신을 입증하기위해 어떤 실재(Reality)를 증명해 보여줄 필요가 없다는 말이다. 나아가 자신에

---

458) Ibid, pp.34-35.

관한 실재(Reality)를 입증하기 위해 다른 실체를 비교 대조하여 인간들에게 보여줄 필요가 없다는 말이다. 이 세상의 모든 합리적인 이론과 과학적 증거를 동원하여 성경의 예언이 성취된 역사성을 아무리 부정하려고 해도 부정할 수 없는 것이 명백한 사실이다. 그렇다면 하나님께서 그분의 존재하심을 증명하기 위해 비존재(Non-Being)를 이끌어 들여 비교대조 한다는 것은 어불성설이다. 하나님의 실재(Reality)를 증명하기 위해 비존재를 대입시키는 일은 하나님의 전지전능(全知全能, Omniscience and Omnipotence)을 처음부터 무시하고 들어오는 불경죄를 범하는 처사이다. 하나님께서는 스스로 충족성을 가지고 계시기 때문에 이 세상의 모든 것을 다 아시는 자아의식을 포함하고 있다. 즉 하나님의 존재는 하나님의 자아의식과 동일 연장선상에 있다(God's being is coterminous with His self-consciousness). 하나님의 인격은 그분의 사역과 동일연장선상에 있고, 그분의 사역은 그분의 지식과 동일연장선상에 있고, 그리고 그분의 지식은 그분의 인격과 동일연장선상에 있다.[459]

이 동일연장선상(Coterminous)의 문제는 기독교 변증학(Christian Apologetics)에서 절대 강조되어야 할 아주 중요한 관점이다. 그 이유가 있다. 성경을 비평하려고 드는 문서설주의자들이나 괴팍한 이론으로 성경을 난도질하는 급진주의(Radicalism) 자들은 하나님의 존재를 말하면서 하나님의 의식은 시대의 변화에 따라 지배를 받는다고 말하기 때문이다. 이와 같은 당치도 않는 이론은 절대적인 하나님을 일시적인 시간에 구속시켜 시간 속에서 하나님을 인식하는 방법을 모색하는 얄팍한 수단이다. 이와 같이 괴상하고도 야릇한 이론들은 성경의 본질을 떠나 스스로 자신의 생각대로 하나님을 규정지으려는 음모로부터 시작한 수작들이다. 그와 같은 방법론은 20세기 후반 과정신학(Process Theology)에서 그 여파가 나타나 하나님을 시공간 속에 예속시켜 그분의 존재를 규명하려는 수작을 부리고 있었다.

알미니안주의(Arminianism)자인 왓슨(Watson)은 "하나님께 적용되는 시간의 존속기간(Duration)은 우리들이 생각하는 연장의 개념과 전혀 다른 것이

---

459) Ibid, p.35.

아니다. 그런데도 그것이 우리들로 하여금 우리가 생각하는 연장의 개념과 무엇인가 본질적으로 다른 것처럼 생각하게 만들고 있다. 즉 하나님께 적용되어 사용되고 있는 시간의 존속기간(Duration)이란 의미는 우리가 전혀 인식할 수도 이해할 수도 없는 별개의 것으로 느끼도록 강요되고 있다."라는 무식한 주장을 함으로 성경의 시간론과 전혀 다른 내용을 언급했다. 이러한 왓슨(Watson)의 괴상한 주장에 대해 우리는 어떻게 대답할 것인가? 왓슨(Watson)의 주장은 한마디로 영원의 역사와 시간 속에서의 역사를 구분하여 말씀하는 성경을 통째로 부정하고 있다. 그는 성경이 말씀하는 하나님의 자주성을 우리가 경험하고 있는 시공간의 세계로 끌어내리고 있다. 시공간의 변화를 하나님의 영원에 도입시켜 하나님을 제한적인 존재로 만들어 버렸다. 그러나 성경에서 말씀하는 신적작정(Decree)을 살펴보자. 우리가 의식할 수 없는 영원 속에서의 하나님께서는 이미 창조 이전에 그분의 실재(Reality와 모든 사건에 대한 설계도가 동반하고 있었다. 하나님의 영역에서 만물을 관찰하면 인식할 수 없는 것은 없다. 우리가 생각하는 비존재(Non-Being)라 할지라도 하나님 앞에서는 숨겨진 것이 없다. 이와 같은 하나님의 존재와 하나님의 의식을 동일 연장선으로 주장할 때만이 범신론(Pantheism), 만유내재신론(Panentheism), 급진주의(Radicalism), 과정신학(Process Theology), 그리고 세속철학 등이 말하는 잘못된 하나님의 인식론을 격파할 수 있다. 만약에 하나님의 존재와 의식이 동일연장선상(Coterminous)에서 구성되지 못했다면 하나님 자신이 스스로 의존적 존재가 되어야 한다. 그럴 경우 하나님의 의식은 일시적인 실재(Reality)에 의존하고 있는 존재가 되어 버리고 만다. 나아가 하나님의 존재 역시 시한부적 실재(Temporal Reality)에 의존적이 되어 버리고 만다.[460]

우리는 성경을 하나님의 기록된 계시로 받아들이면 당연히 하나님의 존재에 관한 일관성을 주장해야 한다. 그 일관성은 자아 독립적인 개념을 의미한다. 하나님의 인식은 종합적(Synthetical) 개념으로 귀결되는 것이 아니다. 하나님께서는 분석적(Analytical) 지식이 인식의 주체가 되어야 함을 보여주고 계신다. 분석적(Analytical)이라는 철학적 의미는 종합적(Synthetical) 지식과 구분되

---

460) Ibid, p.36.

는 개념인데 자아 독립의 개념을 의미한다. 변증신학으로 볼 때 하나님께서 분석적(Analytical)이며 자아 독립적이라는 개념은 인식의 주체가 어떤 다른 존재를 의존하여 지식을 취하는 개념을 거절하는 입장이다. 하나님께서는 자신을 아시되 어떤 것과 비교 대조하여 스스로를 아시는 것이 아니므로 하나님의 실재(Reality)는 하나님의 이성적 지식과 동일연장선(Coterminous)에 있고 하나님의 이성적 지식은 하나님의 실재(Reality)와 동일연장선(Coterminous)에 있다.

2. 우주에 관한 하나님의 지식

하나님께서 소유하고 계신 우주에 관한 지식은 이미 창조 이전에 그의 계획 안에 존재하고 있었다. 그 계획안에는 시공간 세계에서 일어날 모든 일을 포함하고 있었다. 그러나 우리가 여기서 유의할 점은 하나님께서 계획을 정하실 때 만물을 무(無)로부터 창조하는 설계도를 정해 놓았다는 점이다. 합리주의를 강조하는 이성주의 철학자 스피노자(Spinoza)는 이 문제를 그의 생각에서 제외하고 있었는데 "하나님과 우주를 포함하여 모든 실재(Reality)는 합리성과 일치한다."는 점을 강조하고 나섰다. 창조에 관한 사건(Fact)을 이성적 합리적으로 해결하려는 잘못을 범하고 있다. 여기서 우리는 스피노자(Spinoza)의 생각을 적용할 때 난제에 부딪치게 되는데 "하나님 자신의 의식은 분석적(Analytical)이며 자아 독립적 개념을 가지고 있다."라는 문제이다. 그리고 그는 하나님께서는 "어떤 비존재(Non Being)를 대비하여 그분의 존재를 인식하는 문제이다."라고 언급했다. 또한 "하나님 자신에 대한 실재(Reality)는 그분의 지식과 동일연장선(Coternminous)에 있다."라는 문제이다. 우리가 스피노자(Spinoza)의 생각에 잡착하여 잘못하면 "우주에 관한 하나님의 지식이 우주의 존재와 동일하다."라고 잘못 생각할 수 있다. 그러나 우리가 깊이 생각할 것은 신학의 범주를 다룰 때는 하나님의 영역과 인간을 포함한 모든 피조물의 영역을 구분해야 한다는 점이다. 개혁파 신학에서 강조하는 하나님의 주권 사상은 어느 경우를 막론하고 그분의 주권적 영역을 침범해서는 안 된다는 점을 명심해야 한다. 하나님의 실재(Reality)와 지식이 동일연장선(Coterminous)에 있다는 개념은 창조주 하나님의 위치에서 다루어야할 주제이다. 즉 창조주 하나님과 피조물인 우주의 존재와 명백하게 구분되어야 한다는 것이다. **우주에 관한 하나님의 지식을 다루는 문제에** 있어서는 실재(Reality)와 지식이 동일연장선(Coterminous)에 있다는 말이다. 그러나 **창조주 하나님과 피조물과의 관계에** 있어서는 주권적 영역을 구분해야 한다는 말이다.

만약에 어느 피조물의 요소가 하나님의 주권적 영역을 침범한다면 하나님의 시공간을 초월한 영원한 의식 속에 순간의 연속이 존재한다고 생각할 수밖에 없다. 이와 같은 시한부적 실재(Temporal Reality)를 영원에 대입시키는 생각은 영원의 하나님을 우주적 시간의 흐름을 통해 알 수 있는 분으로 착각하게 만든다. 그러나 우리는 성경을 자세히 살펴보아야 한다. 성경은 하나님의 의식 속에서의 시간을 순간의 연속성으로 말씀하고 있지 않다. 그러한 시간론은 무신론주의자들이 주장하는 이론이다. 이러한 주장은 사실상 하나님께서 말씀하는 영원의 개념으로부터 동떨어진 생각이며 인간이 영원이라는 관념을 시간의 연속성으로 유추한 개념이다. 그러나 우리가 알아야 할 점은 하나님의 영원이 순간을 이해하는 것을 표준으로 삼아야 한다. 인간은 스스로 일시적인 존재라는 것을 인식할 수밖에 없다. 역으로 생각하면 하나님만이 영원한 존재로 인식하고 있다는 것을 전제하고 있다. 비기독교적 사상에 포함된 세속철학, 타종교, 자유주의, 급진주의, 그리고 자연주의 사상은 실재(Reality)를 하나님과 전혀 상관없이 독립적인 존재로 생각하기 때문에 영원의 관념, 우주에 대한 해석, 그리고 만물에 관한 하나님의 지식을 하나님의 인격과 분리해서 논증하려고 한다. 그러나 그 논증은 허공을 치는 몸부림에 불과하다.

하나님의 존재가 그분의 인격, 지식, 그리고 동일연장선(Coterminous)에 있다고 주장한다면 피조세계에서도 영원성을 주장해야 한다. 하나님께서는 창조 이전에 만물에 대한 계획을 세우셨다면 창조된 세계에 대해 온전한 지식과 완전한 이해를 소유하고 있어야 한다. 하나님께서는 창세 전에 만물에 대한 온전한 계획을 세우실 때 이미 그 실질적인 존재를 다스리시고, 보존하시고, 그리고 섭리하시는 인격적인 사역을 포함하고 계셨다. 더불어 창조 이후의 만물에 관한 구체적 보살핌을 진행하고 계신다. 그렇기 때문에 우주에 관한 하나님의 지식은 창조 이전의 계획, 창조 이후의 진행, 그리고 종말에 있어서의 완성이 일치하게 나타나게 된다. 현세의 만물은 영원한 신적작정(Eternal Decree)의 논리적 순서에 의존하고 있으며 종말은 신적적정(Decree)의 완성으로 나타나게 된다.

3. 하나님에 관한 인간의 지식

하나님에 관한 인간의 지식은 하나님으로부터 유추적(類推的, Analogical)이어야 한다. 이 말은 하나님의 지식과 인간의 지식을 비교분석할 때 어느 쪽에 기준을 두어 표준을 삼을 것인가? 라는 문제에 있어 인간의 지식은 하나님의 지식으로부터 종속적이어야 한다는 말이다. 로마 교조주의(Catholicism), 알미니안(Arminian)주의, 그리고 웨슬리안(Wesleyan)주의 등은 두 가지 지식을 종속적으로 비교 대조하는 영역을 벗어나려는 어리석은 일을 자행하고 있다. 지식의 두 주인을 찾아 헤매고 있다는 말이다. 그들도 역시 인간의 지식은 하나님으로부터 유추(類推, Analogy)되어야 한다고 말은 하고 있다. 그러면서 한편으로는 그들이 주장하는 철학적 입장을 기독교 교리와 혼합시켜 하나님으로부터 절대적 지식의 유추(類推, Analogy)를 거절하고 스스로 또 다른 지식의 원천을 찾아 헤매고 있다. 그러나 개혁파 신학을 추구하는 자들은 모든 지식의 원천은 하나님이라고 단호하게 말하게 된다. 성경이 말씀하고 있기 때문이다.

우리가 지식을 말할 때 하나님의 지식은 완전히 참된 것이며 또한 완전히 객관적인 사실임을 확증할 수 있는가? 라는 질문이 생긴다. 이에 대해 우리는 하나님 자신에 관한 개념과 지식의 개념이 연관되어야 한다는 사실을 주장해야 한다. 하나님께서는 그분 자신에 대해 구체적으로 알고 계시며 또한 피조세계의 만물에 대한 지식을 구체적으로 소유하고 계신다. 그러므로 하나님께서는 인간에 대한 구체적인 지식과 만물에 대한 구체적인 지식을 존재론적(Ontological)으로 그리고 섭리적(Providential)으로 알고 계신다. 그러므로 우리가 활동하는 모든 영역은 물론 인간을 위해 창조된 모든 만물에 있어 우리의 외연(外延, Denotation)과 내포(內包, Connotation)가 하나님으로부터 유추된 것을 알아야 한다. 예정론을 거절하는 사람들은 외연(外延, Denotation)과 내포(內包, Connotation)에 관한 하나님의 지식을 말하면 알레르기 반응을 일으킨다. 그러나 우리가 분명히 알아야 할 것은 성경말씀에 우리의 생각을 고정하고 우리 자신의 비참한 상태를 점검해야 한다. 하나님께서는 분명히 우리가 출생하기 이전에 이미 어머니의 태에서부터 우리의 형편과 되어 질 일을 모두 정하시고, 아시고, 그리고 다스리시고 계셨다. 하나님께서는 우리가 태어나기 이전에 우리에 관한 모든 지식을 설명할 수 있게 처리해 두셨다는 말이다. 하나님께서는 우리들이 마음에 생각하는 것까지 모두 아시고 지배하고 계신다. 우리의 삶은 우연의 법칙에 의해 이루어지는 것이 아니고 오묘한 하나님의 계획에 의하여 시작되고 끝을 맺게 된다. 하나님의 지식은 피조물에 대한 구체적 섭리를 동반한다. 이 말의 의미를 건성으로 받아들여서는 안 된다. 간단하게 결론을 내리면 만물은 하나님으로부터 왔다가 하나님으로 돌아간다는 것이다. 하나님으로부터 주어진 인간의 지식을 우리 자신의 것으로 여기게 될 때 지식의 의미를 상실할 뿐 아니라 섭리적 신앙도 잃어버리게 된다. 인간은 하나님에 관한 올바른 지식과 섭리적 신앙이 없으면 시공간 세계에서 일어나는 모든 일들을 원인과 결과론이나 우연의 사건으로 해석하게 된다. 역사의 과정 속에서 일어나는 수많은 사건들은 인간이 해석할 수 없는 불가사의한 일들이 비일비재하다. 인간의 지식이 너무나 짧기 때문에 그러한 사건들을 이해할 수 없으며 부조리하게 보는 것이다. 그러나 거기에는 우리가 알 수 없는 하나님의 정하신 목적이 있다. 지나고 보면 부조리하게 보이는 사건 속에 하나님의 뜻이 작용한 것을 알게 된다. 인간의 생각에 불가사의하게 보이지만 하나님께서는 그분의 이름을 더럽히지 않도록 하기 위해 모든 역사를 그분의 뜻에 따라 집행하신 것이다.

인간은 하나님에 관한 지식을 전 포괄적으로(Comprehensively) 소유할 수 없다. 인간은 피조물로서 범죄 한 이후 모든 사건을 제한적으로 보기 때문이다. 피조물은 본질상 하나님의 전 포괄적 요소를 가질 수가 없다. 하나님의 형상을 받은 인간이지만 그 형상 자체가 하나님의 포괄성을 소유할 수 없는 질적 차이가 있다. 부분적인 요소를 소유할 뿐이다. 피조물인 모든 만물이 하나님을 나타내 보이고 있으나 그것들이 하나님의 모든 지식을 포괄적으로 나타내 보일 수 없는 것은 **각 피조물은 피조된 자체의 특성만을 가진 채로 창조되었기 때문이다.** 하나님께서 6일간 만물을 창조하실 때 종류에 따라 만물이 가져야 할 특성대로 창조하셨다. 인간은 아무리 많은 지식을 가졌다 해도 하나님의 지식에 도달 할 수가 없다. 그것은 인간이 행위언약 안에 있을 때에도 만물을 다스리는 중보적 역할을 행하고 있었으나 하나님께서 소유한 지식을 포괄적으로 취할 수 없었던 이유는 "지키면 살고 어기면 죽는다."는 언약의 내용 안에는 인간이 소유한 지식의 한계가 정해졌기 때문이다. 공교롭게도 사탄은 해와를 유혹하는 말이 "눈이 밝아져 하나님과 같이 되어 선악을 알 줄 하나님이 아심이라(창3:5)."라는 것이었다. 지식의 개념으로 볼 때 인간이 지식의 한계를 넘어 하나님의 수준까지 도달할 수 있다는 유혹을 배경에 깔고 있다. 인간의 지식이 하나님의 지식을 넘볼 수 없기 때문에 인간이 하나님의 지식을 침범하려고 하면 이미 죄악의 유혹에 넘어가고 있는 상태에 처하게 된다. 인간의 지식은 하나님의 지식을 닮은 것은 사실이다. 그러나 인간은 진리와 죄악을 완전히 분별하여 극복할 수 있는 전 포괄적인 지식을 소유하지 못하고 있다. 유혹에 넘어갈 가능성을 소유하고 있다. 인간은 행위언약 안에 있을 때에도 그랬었거니와 행위언약에서 떨어진 인간은 완전히 부패해져 자력으로는 전혀 하나님의 의에 도달할 수 없는 타락한 인간으로 전락해 버렸다. 비록 은혜언약 안에 들어온 인간이라 할지라도 성령님의 강권적인 사역에 의해서 하나님에 대한 지식을 일시적으로 그리고 부분적으로 감당할 수 있는 정도이다.

만일 우리가 삼위일체 하나님을 절대 타자(Absolute Other)로 규정할 때, 여기서 생각할 문제는, 하나님과 우리 인간 사이에 접촉점이 있어야 합리적인 관계가 형성된다는 점이다. 우리는 하나님의 계획에 의해 합당한 관계를 형성하게 되어 있다. 합당한 관계란 말은 창조의 중심이 인간이며 만물이 언약관계를 맺은 인간에게 보조역할을 하도록 창조되었다는 것이다. 이는 계획, 진행, 그리고 목적에 있어 논리적으로 종속적인 합리성을 포함하고 있다. 하나님의 설계, 역사적 진행, 그리고 목적의 완성은 결코 비합리성을 포함하지 않고 목적을 두고 일관성 있게 궁극적 완성을 위해 경륜을 집행해 가는 일이다.[461]

우리가 성경에 의존하여 궁극적 합리성을 믿는다는 의미는 앞으로 되어 질 모든 일들에 대한 포괄적인(Comprehensive) 하나님의 지식을 모두 소유하고 있

461) Ibid, p.41.

다는 말이 아니다. 그렇다고 우리는 궁극적 목적도 모르고 애매한 현실성 없는 가능성을 신앙하는 것도 아니다. 성경이 말씀하고 있는바 행위언약의 실패와 은혜언약의 성취는 구약의 아담과 이스라엘 역사를 통해 모형으로 예언됐고 또 그 예언이 역사적으로 완성되었다는 것을 이미 언급했다. 우리가 그 성경에 기록된 예언을 완전히 신앙한다고 해서 하나님의 전 포괄적인(Comprehensive) 지식을 다 안다는 말도 아니다. 이 문제는 불신자들의 인식론과 신자들의 인식론의 차이를 극열하게 나타내 보이고 있는데 불신자들은 역사적 예언의 사건 자체를 무시하고 있다. 개혁파 신학은 성경을 은혜의 방편으로 하여 성령님의 사역에 의해 인격적인 하나님을 아버지로 모시게 된다는 인식론을 주장한다. 그렇기 때문에 우리는 구약의 예언과 성취된 역사를 일치선상에 두고 보며 성경말씀에 관한 인식이 하나님의 인식으로 연결된다는 점을 주장한다. 개혁파 신학은 기독교 인식론에 있어 세속철학이나 타 종교와의 접촉점을 거절하기 때문에 불신자들이 주장하는 인식론을 반드시 구별하여 정리하고 있다. 그 구별은 사람이 하나님에 관한 지엽적인 지식을 통해 하나님에 관한 존재의 인식은 가능할지언정 포괄적인 지식을 가질 수 없다는 점을 단언한다. 이상하게도 범신론(Pantheism)이나 세속철학에 취해 있는 자들은 하나님에 관한 포괄적인(Comprehensive) 지식을 알지도 못하면서 아는 척하며 필요 없는 내용들을 나열하고 있다. 성경은 인간이 하나님에 관한 포괄적인 지식을 알 수 없다고 단언하고 있다. 성경은 인간이 하나님의 본체를 만나면 죽게 된다고 말씀하고 있다(출10:28). 하나님에 관한 포괄적인 인식론은 오직 하나님께만 존재하는 독자성을 소유하고 있다. 하나님만 완전하시기 때문에 포괄적인 지식이 그분에게만 존재한다.

4. 우주에 관한 인간의 지식

하나님에 관한 지식은 우주에 관한 지식을 결정지어 주는 요인이 된다. 우주의 범위는 인간들은 물론이고 인간의 주위에 존재하는 만물을 포함한 전체를 말한다. 우주에 관한 지식을 논증함에 있어 먼저 우리가 생각할 것은 우주에 관한 우리의 지식과 하나님에 관한 우리의 지식 가운데 어느 것이 우선되어야 하느냐? 이다. 인간이 자신을 아는 길은 주위환경과의 관계를 통해 알 수 있다는 주장은 단순히 경험적 관찰을 통해 얻어진다는 견해에 기초를 두고 있다. 이 말은 인간의 주위환경이 인간의 존재에 선행한다는 뜻이다. 언약관계에서 볼 때 아담의 창조 이전에 우주의 창조가 선행했다. 그 창조는 행위언약이 맺어지기 이전에 하나님 께서 만물을 창조하시어 인간에게 모든 것들을 지배할 수 있는 은혜를 베풀어 주심으로 주위 환경을 통해 하나님의 통치를 인식하도록 하셨다. 하나님과 교제관계 안에 있을 때 주위환경의 방편을 통해 하나님, 자연, 그리고 자신을 비교 분석할 수 있는 기회를 가지게 되었다. 행위언약 안에 존재했던 인간은 하나님의 존재를 교제의 관계에서 인격적으로 인식하고 있었으며 만물에 관한 인식은 하나님께서 선행적으로 창조하신 주위환경으로부터 얻어진 지식이었다. 그러므로 창조된 만물이 포함하고 있었던 아담의 주위환경은 인간의 존재보다 선행하고 있었다.

또한 하나님의 인격은 인간과의 교제 관계와 더불어 만물의 배경이 되신다. 하나님의 인격은 인간과의 교제 관계를 형성하는 존재를 말할 뿐만 아니라 만물을 지배, 보존, 그리고 섭리를 위해 그분의 뜻대로 사용하시는 주권적 원인이다. 인격을 소유하고 계신 하나님께서는 동시에 비인격적인 만물을 다스리고 섭리하시는 존재의 근원이었다. 만물이 비인격적이라 할지라도 하나님의 인격적인 뜻에 순종하여 유지되고 다스려지고 있다. 거기에는 인격적인 하나님의 지식과 통치가 작용하고 있기 때문이다. 그렇다면 인격적인 하나님과 교제관계를 형성하고 있는 인간이 만물에 관한 지식을 어느 정도 가지고 있느냐? 가 문제가 될 수가 있다. 비 기독교인들은 인간의 자력으로 만물에 관한 포괄적(Comprehensive) 지식을 가질 수 있다고 무례한 생각을 할 수 있다. 이는 단순한 논리로 무례한 상상을 하는 자들의 괴변이다. 하나님께서 창조의 사건을 시간적 나열을 통해 보여주신 이유는, 만물을 창조하시고 마지막으로 인간을 창조하시되 창조의 중심은 인간이었고, 만물의 질서는 인간의 행위언약의 실행에 의해 유지될 것을 예고하고 있었고, 또한 하나님의 뜻에 따라 되어 질 것을 미리 말씀하신 것이다. 그러나 단순한 논리적 질서를 따라 인간의 거만한 생각으로 하나님과 만물의 포괄적(Comprehensive) 진리를 소유할 수 있다고 생각하는 것은 세속철학이나 범신론주의자들이 말하는 어리석은 생각이다. 인간은 피조세계의 존재에 대한 하나님의 계획을 완전히 이해할 수 없으므로 우리의 눈앞에 나타난 만물을 완전히 이해할 수 없다. 다만 우리가 알 수 없지만 하나님께서는 피조세계에 대한 계획을 전혀 혼돈되거나 실수함이 없이 섭리(Providence)와 경륜(Administration)에 의해 시공간 세계에서 완전하게 진행시키시고 계신다는 것을 기독교인들은 믿고 있다.

아담이 타락 이전에 소유하고 있었던 우주에 관한 지식과 타락 이후의 지식은 동질성과 차이점이 있다. 동질성을 가지고 있다는 의미는 인간이 피조물로서 하나님과 만물에 관한 포괄적인 지식을 가질 수 없다는 의미를 포함하고 있다. 그럼에도 불구하고 범죄 하기 전에는 아담이 만물에 관한 포괄적인 지식(Comprehensive Knowledge)을 모두 소유할 수 없었지만 매우 광범위한 지식을 소유하고 있었다. 선악과에 관한 행위언약의 계획과 결과에 관한 지식이 완전하게 갖추어지지 못한 상태로 있었다. 그러나 범죄 이후의 인간은 하나님과 교제가 끊어졌기 때문에 하나님과 만물에 관해 인지의 지식(Apprehensive Knowledge) 까지도 상실한 상태로 전락했다. 즉 하나님께서는 어떤 분이시며, 나는 누구이며, 그리고 만물은 어떻게 존재하는가? 등등의 상태를 올바로 인지하지 못하고 하나님을 배반하며 살아가는 존재가 돼 버렸다. 하나님께서 남겨주신 일반은총의 지식을 약간 소유하고 있을 뿐이다. 이제 그리스도의 공로로 은혜언약에 들어오게 되면 하나님의 자녀가 되어 하나님과 만물에 대한 구체적 지식이 점점 증가해 가는 입장에 서게 된다. 하나님은 어떤 분이시며, 인간은 전적으로 타락한 존재이며, 그리고 만물은 하나님에 의해 창조되었다는 등등의 지식이 늘어가는 상태에 놓이게 된다. 즉 아담이 타락하기 이전의 상태로 돌아가는 동질성의 회복을 의미한다. 그러나 아직까지도 심령 속에 타락한 죄성이 남아 있기 때문에 완전한 포괄적 지식(Comprehensive Knowledge)에 도달할 수는 없다. 아담의 상태에까지는 완전히 회복할 수 없다. 이러한 상태가 지식의 차이점이다. 육신의 장막이 걷히고 하나님의 나라에 들어가면 모든 것을 알게 될 것이다.

하나님의 지식과 인간의 지식에 있어 동질성과 차이점은 어떤 모순이 존재하는 것처럼 보일 수도 있다. 이러한 모순처럼 보이는 문제를 타종교가들, 세속철학자들, 그리고 특히 자유주의 신학을 표방하는 자들은 사악한 일방적인 생각을 통해 하나님, 인간, 그리고 만물에 관한 지식을 잘못 평가하여 예정의 교리(Doc-trine of Predestination), 인간의 전적 부패(Total Depravity), 불가항력적인 은혜(Irresistible Grace), 무조건적 선택(Unconditional Selection), 하나님의 전지전능(Omniscience and Omnipotence), 예수님의 신인 양성과 하나님의 삼위일체 교리, 그리고 하나님의 주권적 섭리(Providence of Sovereignty) 등의 너무나 중요한 성경교리를 함부로 저버릴 뿐만 아니가 아무 근거도 없이 마구 비평하고 있다. 이러한 교리는 교회역사 선상에서 순교자들의 피 값으로 우리에게 주어진 고귀한 교훈들이다. 이렇게 중요한 교리가 모순처럼 보이는 것은 인간이 한없이 사악하다는 것을 말해주는 증거이다. 하나님의 사역은 오묘하기가 측량할 수 없어 하나님의 지식과 섭리적 사건을 단편적으로 평가할 수 없다. 300여 년간 로마 정부가 지상의 왕권을 주장하며 기독교를 간헐적으로 그리고 지속적으로 박해했으나 12사도를 중심으로 전파된 기독교가 로마를 지배하는 종교로 발돋움 할 것을 누가 측정이나 했겠는가? 하나님의 뜻은 아주 간악한 인간이 생각하는 정 반대의 방향으로부터 올 때가 너무나 많다. 세속철학자들이 기독교의 역사를 볼 때에는 불가사의(不可思議, Inscrutability)한 사건이 될수 있는 것들이 너무 많다. 그러나 하나님 편에서는 역사의 불가사의(不可思議, Inscrutability)가 없다. 이 세상의 모든 사건은 하나님의 깊고도 넓은 계획과 섭리로부터 발원되기 때문에 인간의 무지가 그 뜻을 헤아리지 못할 뿐이다. 인간이 보는 대로 모순된 지식과 역사의 상충성이 실제로 존재한다면 우주 선상에 존재하는 지식과 역사가 혼돈되어 온 세상이 뒤죽박죽되고 말 것이다. 그러나 인간이 보기에 상충된 지식과 역사는 여전히 존재하고 역사는 흘러가고 있다. 그것은 배후에 완전하신 하나님의 지식과 섭리가 작용하고 있다는 뜻이다.

지금까지 자유주의 신학에 대한 많은 문제점들을 지적해 왔으나 여기서 또 한 가지 알미니안주의(Arminianism)가 주장하는 창조론의 문제점을 지적해 보려고 한다. 개혁파 신학에서는 역사 선상에 일어나는 모든 사건들은 하나님의 계획에 의한 것들이라고 주장한다. 이에 대해 알미니안주의(Arminianism) 자들은 인간의 의지를 따라 역사 선상의 사건들을 해석하는데 있어 숙명론(宿命論, Fatalism)적으로 보는 경우가 있다. 창조된 모든 만물과 피조세계에서 일어나는 모든 사건들을 예정론에 근거할 수 없다는 주장을 강조하기 때문에 그들은 숙명론(宿命論, Fatalism)으로 말할 수밖에 없다. 즉 예정에 의한 창조냐? 아니면 창조된 만물을 숙명론(宿命論, Fatalism)으로 보느냐? 의 두 가지 견해가 나타난다. 만약 알미니안주의(Arminianism)로 기울어지게 되면 하나님의 계획과 인간의 활동은 물론 창조 된 세계의 역사적 흐름을 모순으로 보게 된다. 그렇기 때문에 그들은 예정론을 부정하여 창조된 세계의 역사를 숙명론(宿命論, Fatalism)으로 말할 수밖에 없다. 그러한 사상은 하나님의 지식과 인간의 지식과의 관계를 합리적 종속성으로 볼 수 없기 때문에 하나님의 경륜을 파괴하는 방향으로 생각할 수밖에 없다. 하나님 없이 인간의 지식을 강조하는 꼴이 된다. 자식이 아버지 없이 태어났다는 무식한 자의 주장이나 마찬가지이다. 주인 없는 역사를 주장하기 때문에 역사의 참 의미를 깨닫지 못하게 된다. 밴틸(Van Til) 박사의 주장대로라면 "사악한 인간들이 원하는 바에 따라 그들에게 주어지는 구원을 거절할 수 있는 권리가 있다고 한다면 하나님께서는 인간들을 구원하여 주실 것을 구하는 연약한 우리들의 기도를 응답하여 주실 수 없게 되는 무서운 결과를 가져온다."[462] 라는 말이다.

5. 범죄자의 위치에서의 하나님에 관한 지식

지금까지 우리는 주로 아담이 창조되었을 때 인간이 소유한 하나님에 관한 지식을 논증하는데 머물러 있었다. 이제 죄가 인간의 심령을 침입해 들어 온 후 어떤 변화가 일어났느냐? 하는 문제를 다루어야 할 때가 되었다. 먼저 하나님의 명령을 거역한 죄는 구체적으로 어떤 결과를 가져왔느냐? 의 상태를 논하여야 할 것이다. 인간이 스스로 범한 죄는 하나님과의 교제를 단절 시켜버리고 말았다. 그러나 이 단절은 하나님과의 형이상학적(形而上學的, Metaphysical) 의미를 말하는 것이 아니고 하나님과의 윤리적 단절을 말하는 것이다. "지키면 살고 어기면 죽는다."는 행위언약을 어긴 윤리적 결과로부터 오는 단절이다. 이러한 윤리적 단절은 창조주 하나님을 대항하는 피조물의 반역행위로서 윤리적 변화에 존재하고 있었기 때문에 갑작스럽게 찾아오는 실체변화가 아니다. 피조물로서의 존재

---

462) Ibid, p.46

를 넘어선 어떤 다른 실체적 변화가 아니다. 또한 윤리적 변화라는 의미는 인간의 의지작용에만 영향을 끼치게 하여 지적 요소와는 아무 상관이 없다는 말도 아니다. 아담이 범한 죄는 인간의 전인격에 영향을 주어 지, 정, 의의 변화를 야기시켜 윤리에 관한 전인적 변화를 가져왔다.[463]

하나님의 명령을 반역함으로 인하여 파생된 인간의 지식은 하나님과 만물에 관한 해석을 오역하게 만들었다. 인간이 하나님과 만물을 해석하는 저변에는 언제나 내적 우주관계의 **자족성**(自足性, Self Sufficiency)을 가정하고 있다. 이는 하나님을 전제로 하여 해석하지 않기 때문에 공공연하게 **하나님의 존재를 부정한다는 뜻이 아니다.** 또한 인간의 타락으로 인하여 **초자연적 하나님의 존재에 대한 인식을 완전히 부정한다는 뜻도 아니다.** 타락한 인간이 하나님의 존재를 부정하는 관점은 **자족적이신 하나님, 인격적이신 하나님, 그리고 스스로 존재하신 삼위일체 하나님을** 수용하지 않는다는 뜻이다. 거듭나지 못한 인간은 하나님과 인간이 동등한 위치에 놓여 있는 **상대적 존재만을** 인정하려고 한다. 온갖 종류의 대등한 상관성을 주장한다는 말이다. 즉 하나님이 아닌 유한한 범주들을 자족적인(Self Sufficient) 존재로 착각하는 우를 범하게 된다는 뜻이다. 여기에서 바로 지식에 대한 인식을 규정하는데 있어 불신자들과 신자들의 차이점이 나타나는데 불신자들은 하나님의 존재를 입으로는 부정하고 있으나 내적으로는 긍정하는 반대이론(Antithesis)을 나타내고 있다.[464] 그 이유는 창조주인 하나님과 피조물인 인간 사이에 절대적으로 존재해야할 질서의 문제를 혼동하고 있기 때문이다. 기독교인은 창조주를 예배할 절대 사명을 가지고 살아가며 불신자는 하나님을 절대적으로 섬기는 문제를 소멸시켜 버리고 모든 만물을 상대적으로 생각하고 있을 따름이다. 그 결과 불신자들은 피조물을 섬기면서 하나님의 존재를 말하고 있다. 창조주인 하나님을 상대적 위치로 끌어 내리고 있다.

기독교인들은 유신론적 차원을 절대적인 차원과 유추적(Analogical) 차원 두 가지를 생각하고 있다. 절대적인 차원은 하나님에 관한 해석이시며 유추적(An-

---

463) Ibid, p.46.
464) Ibid, p.47.

alogical) 차원은 하나님에 관한 해석을 기본으로 하여 인간이 만물을 재해석하는 것을 말한다. 그러므로 기독교인들이 생각하는 유신론적 해석은 하나님의 생각으로부터 유추적(Analogical)이어야 한다. 반대로 불신자들은 절대적인 하나님의 생각과 유추적인 인간의 생각을 뒤섞어 두 가지의 구분을 없애야 한다고 주장한다. 그 생각의 저변에는 하나님의 생각이 좀 더 포괄적일(Comprehensive) 수는 있지만 인간의 생각보다 더 절대적이거나 스스로의 자족성을 가지고 있는 완전한 존재가 아니라는 점을 주장하고 있다. 이러한 주장을 좀 더 분석해 보면 모든 존재, 즉 하나님을 포함하여 만물의 존재를 근본적으로 동등하게 여겨야 한다는 주장이다.[465] 절대적인 하나님의 존재를 상대적 대상으로 끌어내리려는 생각이다. 절대적인 하나님의 존재에 의해 인간의 존재를 분석하는 것이 아니고 창조주 하나님과 피조물인 인간을 하나의 동등한 차원에 두고 해석하자는 주장이다. 피조물인 인간이 창조주인 하나님의 사고를 따라 만물을 해석하는 것이 아니고 하나님과 동등한 위치에서 하나님의 사고를 인간의 위치에 끌어내려 하나님을 해석하는 것은 물론 만물을 해석하는데 있어서도 인간의 사고를 하나님과 동등한 위치에 두려고 한다. 불신자들은 인간의 사고가 하나님으로부터 오는 유추적(Analogical)인 것이 아니라 인간이 본래 부터 가지고 있는 독자적인 것이라고 우겨댄다. 그렇기 때문에 분명히 하나님은 자족하신 분이라고 성경이 말씀하고 있는데도 불구하고 "하나님은 어디로부터 왔는가?" 라는 얼토당토않은 질문을 하고 있다.

이제 우리는 하나님에 관한 인식을 성경 전제주의(Presuppositionalism)에 입각하여 총체적으로 결론을 내려야 할 차례이다. 불신자들은 하나님이 없다는 말을 서슴없이 토로하는데 그것은 거짓말이다. 극단적인 인생의 문제에 직면하게 되면 그들이 먼저 하나님을 찾는 것을 보게 된다. 그러한 현상은 인간의 표리부동한 사악성을 나타내고 있는 증거이다. 누구나 하나님의 존재를 거절하지 못한다. 그런 의미에서 무신론자라고 주장하는 그들의 생각 속에 함축되어 있는 요소들을 그들은 충분히 의식하지 못하고 있다. 그들은 하나님에 관한 포괄적(Comprehensive) 인식을 자신 스스로 설정해야 하기 때문에 성경이 제시하는

---

465) Ibid, p.47.

객관적인 하나님을 인식할 수가 없다. 하나님의 존재를 심령 깊은 곳에 숨겨두고 살기 때문에 그들은 결코 하나님을 공개적으로 객관적으로 인정하지 않고 있다. 그들은 시공간의 제한 속에 살고 있으면서 시공간을 초월하신 하나님을 거절하기 때문에 시공간을 창조하신 하나님을 의식적으로 무시하는 삶을 살고 있다. 그 결과 하나님에 대한 보편성을 전혀 인식하지 못하고 살아가고 있다. 그들은 극도로 제한적인 이념에 의지하여 살아가고 있기 때문에 우주의 지배자를 생각할 수 없어 보편적인 절대자를 주인으로 섬길 수 없는 불행한 인생의 길을 걸어가고 있다. 그러한 의미에서 다음과 같은 세 가지 인생의 유형을 나누어 생각해 볼 필요가 있다. 이 문제는 이미 간헐적으로 피력한 바 있으나 여기에서는 그 내용들을 종합적으로 정리하려고 한다.

첫째; 아담의 의식에 관한 문제이다. 처음 창조된 인간은 자력으로 하나님에게 영광을 돌릴 수 있는 위치에 있었다. 그러나 범죄의 가능성이 있는 존재였다. 그는 하나님과 완전한 인격적 교제 상태에 존재하고 있었다. 하나님과의 관계에 있어 정상적인 상태에 있었기 때문에 하나님을 반항하거나 만물과 질서를 유지하는데 있어 불화를 조성하지 않고 있었다. 그는 피조물로서 자연을 다스리는 중보적인 역할을 스스로 능력 있게 수행할 수 있었다. 하나님께서 맡겨 주신 사명을 감당할 수 있는 능력을 가지고 있었기 때문에 만물에 대한 해석을 올바로 유지하고 있었다. 그가 행해야 할 만물에 대한 해석을 하나님의 뜻에 어긋남이 없이 집행할 수 있었다. 동산을 지키고, 만물을 다스리고, 만물에 대한 이름을 짓고, 그리고 모든 실과를 먹으며 오직 동산 가운데 선악과를 금하는 생활로 평화를 누리며 살 수 있었다. 그는 만물을 재해석하는 문화명령을 하나님의 뜻에 맞게 수행할 수 있었다. 하나님과 자신은 물론 자신과 만물의 통일성에 관한 유기적 관계를 형성하고 있었다. 그러나 범죄의 가능성을 소유하고 있었다.

둘째; 타락한 인간 즉 중생하지 못한 자의 인식에 관한 문제이다. 전적 부패의 인간은 자력으로 하나님의 선에 도달할 수 없는 인간이다. 하나님과 교제가 단절된 인간이다. 행위언약에서 떨어진 인간이기 때문에 하나님과 올바른 윤리적 관계를 형성할 수 없는 존재로 전락해 버렸다. 타락한 인간의 의식은 하나님의 인격적 교제를 무시하는 원리를 근거로 하여 그들의 원리를 세워나간다. 실제로 인간이 창조된 자로서의 인격을 거절한다. 만물에 관한 하나님 중심의 해석을 거절하기 때문에 모든 일을 독단으로 결정한다. 그렇기 때문에 그들의 결과는 참담한 좌절을 맛볼 뿐이다. 이상한 것은 그들의 주장이 옳다고 우겨대며 나아가 기독교인들의 주장을 무시하고 박해하기까지 한다. 참으로 적반하장이다. 그런데도 하나님께서는 복음이 전해지기 위해 하나님의 뜻 가운데 포악한 정부와 핍박하는 자들을 섭리적으로 사용하신다. 예수님께서는 기독교가 박해를 당함으로 성장하며 복음전파가 퍼져 나갈 것까지 예언해 주셨다.

무신론 사상은 하나님의 존재를 무시하는 사상이라기보다 하나님 보다 자신을 더 우위에 두는 사상이 강하다고 말할 수 있다. 자신을 우상화하기 때문에 만물을 해석하는 통일성이 없는 사상이다. 하나님을 자신의 생각 밖에 두고 있기 때문에 통일성을 이루고 있는 하나님으로부터 멀리 떨어진 자아의존주의 사상에 머물러 있다. 그럼에도 불구하고 불신자들 사이에 그들이 주장하는 상대적인 선이 존재하고 있다. 그러나 그러한 상대적인 선은 유동적이며 상황적이기 때문에 전혀 통일성이 없다. 결국 파멸의 길을 자초하게 되어 있다. 그들은 또 다른 파멸을 방지하기 위해 상황에 따라 윤리를 바꿀 수밖에 없다. 그렇기 때문에 그들의 파멸은 윤리적인 것이며 형이상학적(形而上學的, Metaphysical)인 것이 아니다. 그러므로 악마의 세계에도 또한 지옥에도 어떤 체계가 존재하게 마련이다.

셋째; 구원받은 자 즉 중생한자의 인식에 관한 문제이다. 중생한 자는 행위언약의 타락으로부터 은혜언약으로 들어온 존재이다. 언약의 회복상태에 있는 자이다. 성령님의 공작에 의해 하나님께 영광을 돌릴 수 있는 상태에 있다. 그러나 아직도 원죄의 잔재가 남아 있어 지상에서 죄에 시달리고 있다. 성화되어 가는 상태에 있으나 완전한 성화는 이루어질 수 없다. 법적으로 하나님 앞에서 칭의(Justification)를 받은 것뿐이며 아직도 죄인의 실체를 벗어나지 못하고 있다. 오히려 자신의 타락을 깊이 인식하게 되어 성화 선상에서 하나님과의 관계회복을 위해 믿음과 회개를 두구로 삼아 죄에 대한 무한 투쟁을 계속하게 된다. 그 투쟁을 통해 오직 은혜로만 구원을 얻게 된다는 점을 더 깊이 깨달아 간다. 중생한 의식 가운데 하나님과의 통일성을 현세적으로 완전히 소유할 수는 없으나 하나님과의 관계를 회복하는 선상에서 통일성을 유지하고 있다. 중생한 인간은 칭의적인 면에서만 하나님과의 관계를 회복하였기 때문에 항상 죄의 유혹에 시달리고 있다. 이는 절대를 추구하면서 역시 상대적인 현실의 유혹에 휘말리고 있다는 뜻이다. 이러한 모순에 처한 중생한 인간은 절대적 선을 추구하면서 상대적인 악으로 인해 하나님의 원하는 일에 장애를 받고 있다(갈5:17). 이 장애의 사건들은 성도의 삶 속에 자주 드러나게 되어 행동으로 하나님을 욕되게 하며 타인을 해치는 일들이 자주 일어난다. 이러한 모순적인 사건들은 비 기독교인들로부터 조롱의 대상이 되어 성도 자신들이 심히도 괴로움을 당하기도 한다. 이러한 사건들은 성도를 스스로 책망하게 하며, 스스로 분하게 하며, 스스로 두렵게 하며, 자신을 벌하게 한다(고후7:11). 이러한 내적 투쟁은 자신과 하나님 외에는 누구도 감지할 수가 없는 외로운 여정이다. 그러나 그 투쟁이 깊어갈 때 오직 하나님의 은혜만이 나를 구원할 수 있다는 확신에 사로잡혀 감사가 터져 나오게 된다. 그때 성도는 "그리스도 예수 안에 있는 자에게는 결코 정죄함이 없나니 예수님 안에 있는 생명의 성령의 법이 죄와 사망의 법에서 너를 해방했다(롬8:1-2)."는 환호성을 외치게 된다.

구원받은 인간의 모습을 보통 사람의 입장에서 이해할 수 없다. 극단적인 양면성을 체험하는 그의 고뇌를 누가 이해할 수 있으랴? 죄를 범하면 안 된다는 것을 알면서도 범하게 되는 그 심령의 번민을 누가 이해할 수 있으랴? 죄를 범하지 아니하려고 발버둥 처도 범죄 할 수밖에 없는 추한 모습을 누가 이해할 수 있으랴? 하나님의 공의를 생각할 때는 두려움과 경외심으로 몸을 가누지 못하고 떨며 머리를 숙이고 오직 하나님의 긍휼만을 기다릴 수밖에 없다. 죄에 대한 부끄러움으로 절망의 늪에서 헤어 나오지 못하게 되는 감정에 휩싸이기도 한다. 가슴을 부여안고 갈 길을 알지 못하고 물 없는 광야에서 방황하는 양 한 마리가 되기도 한다. 아무도 그를 붙잡아 주는 사람도 없다. 오직 홀로 하나님과 씨름하게 된다. 홀로 회개의 길을 찾아야 한다. 비통한 심정을 끌어안고 아무도 몰래 하나님에게 자신의 죄를 고해야 한다. 아무리 회개해도 무거운 죄의 짐이 결코 그를 놓아주지 않을 것 같다. 온 영혼의 옷깃을 여미고 주님의 긍휼을 기다리며 자신의 죄를 토한다. 정말 뜻밖에도 주님은 너무나 쉽게 그리고 간단하게 그의 죄를 용서하신다. 너무나 무거운 짐이 사라져 믿어지지 않을 정도이다. 그러나 분명히 죄는 사해졌다. 누가 이 죄악을 용서하랴? 아무리 너그러운 사람이라도 이 죄를 용서할 사람은 이 땅위에서는 아무도 없을 것이다. 그런데 하나님! 완전 거룩하신 하나님! 율법의 흠이 없으신 하나님! 그분이 씻을 수 없는 나의 죄를 너무나 쉽게 용서하시다니... 이분이 바로 사랑의 하나님 은혜의 하나님이시다. 회개로 용서를 받게 될 때 나는 날개 없이 하늘을 날 수 있게 되었다. 하나님의 자비로 나를 덮어 하나님과 교제의 길이 열렸다. 회개한 후에는 하나님의 깊고 넓은 은혜와 사랑에 취해 감격을 가눌 수가 없어 눈물을 소낙비같이 쏟으며 기뻐 날뛰기까지 한다. 죽기까지 주님에게 충성하겠다고 각오를 다진다. 그러다가 또 다시 작은 유혹에 넘어가 큰 범죄에 빠져든다. 이것이 사악하고 가증한 인간의 본질이다.

이러한 두 가지 영역을 왕래하는 성도의 경험은 오래전 우리의 모범이 되었던 사도바울이 전해준 하나님의 율법과 사랑에 대한 체험이 바로 그것이다. 사도바울은 완전한 율법 앞에서 자신을 돌아보고 절규했다. 탄식했다. 자신은 망했다고 절망의 늪으로 빠져 들었다. 계명을 통하여 하나님의 거룩한 인격을 체험하였다. "율법이 거룩하고 계명도 거룩하고 의로우며 선하도다(롬7:12)."라고 외쳤다. 그리고 "계명이 이르매 죄는 살아나고 나는 죽었도다(롬7:9)"라고 자신을 향해 사망선고를 내렸다. 이 외침은 하나님의 계명이 자신을 비출 때 일어나는 갈등과 몸부림이었다. 또 다시 절규했다. "오호라 나는 곤고한 사람이로다. 누가 나를 이 사망의 몸에서 건져내랴(롬7:24)!" 이 몸부림, 절망, 그리고 말로 표현할 수 없는 절규는 이 세상 문제로 인해 오는 근심과 근본적으로 다른 것이다. 이 사망은 영원한 사망이기 때문에 다시 회복의 길이 없음을 실감하는 절규이다. 그런데 회복이 불가능한 절규가 하늘을 찌르는 환호로 바뀌는 은혜가 되었다. 사도바울은 로마서 8장으로 넘어와 환호성을 외치기 시작했다. 그 환호성의 근원은 하나님의 은혜로부터 온 것이다. "성령이 친히 우리의 영과 더불어 우리가 하나님의 자녀인 것을 증언하시나니(롬8:16)"라고 외치더니 "현재의 고난은 우리에게 나타날 영광과 족히 비교할 수 없도다(롬8:18)."라고 외쳤다. 이제 그는 은혜의 파도를 타고 하늘로 치솟아 오르는 독수리가 되었다.

이스라엘 백성을 향해 담대하게 책망하면서 여호와에게 돌아오라고 외치던 이사야 선지자는 하나님의 거룩한 영광이 온 땅에 충만한 모습(사:6:1-4)을 보고 그는 절규했다. "화로다. 나여 망하게 되었도다. 나는 입술이 부정한 사람이요, 나는 입술이 부정한 백성 중에 거주하면서 만군의 여호와이신 왕을 뵈었음이로다(사6:5)."라고 고백했다. 그러나 뒤이어 천사가 부젓가락으로 제단에서 숯불을 가지고 이사야에게 날아와서 그것을 이사야의 입술에 대면서 "보라 이것이 네 입에 닿았으니 네 악이 제하여졌고 네 죄가 사하여졌다(사6:6-7)."라고 전하였다. 참된 성도는 자신의 죄와 날마다 싸우며 끝없는 투쟁을 계속하는 사람이다. 그러나 수없는 실패와 좌절 가운데 하나님의 깊고 넓은 은혜를 한없이 누리는 이율배반적인 상황에 처하게 된다. 죄와 민감하게 싸우면 싸울수록 하나님의 은혜는 더 깊이 찾아오게 되며 죄로 인하여 좌절과 실패를 깊이 경험하면 할수록 하나님의 자비를 더욱 깊이 경험하게 된다. 이러한 이율배반을 경험하는 성도가 참된 성도라고 말하면 불신자들이 "그런 사람이 올바른 정신을 가진 사람이냐?"라고 반문할 것이다. 그러나 성경을 읽어보라고 우리는 담대하게 대답해야 한다. 오늘날의 성도들은 도덕적으로 다윗보다 못한 신앙생활을 하는 사람은 없다. 오늘날 성도들 모두가 도덕적으로 다윗보다 낫다는 말이다. 다윗은 충성된 신하의 아내를 취하고 나아가 그 신하를 전장에 내보내 죽게 하였다. 6계명과 7계명을 정면으로 범한 자였다. 그러나 왜 하나님께서 "다윗이 내 마음에 합한 자"라고 말씀하셨는가? 거기에는 숨김없이 자신의 죄를 하나님께 고한 회개의 사람 다윗이었기 때문이다. 사람 앞에서는 아무리 큰 죄라 할지라도 하나님 앞에서 회개하면 용서 못받을 죄가 없고 아무리 작은 죄라 할지라도 회개하지 아니하면 하나님께서는 용서하지 않으신다는 너무나 간단하고 평범한 진리로 보이지만 성도에게는 너무나 중대한 문제이며 심각한 문제로 대두된다.

지식의 문제에 있어 기독교인과 비기독교인이 추구하는 근본적인 차이는 하나님께서 정해 주신 절대주의적 객관성을 인식하는 문제에 달려 있다. 그 인식은 하나님의 주권사상을 수용하는 신앙이다. 상대적이며 유동적인 차이가 아니다. 이러한 원리적인 차이가 있음에도 불구하고 악인들 사이에 상대적인 선이 존재하며 선한 사람들 사이에도 상대적인 악이 존재하고 있다. 이와 같은 선과 악에 관한 상대성을 인식하지 못하고 성경적인 개혁파 신학의 입장을 온전히 말할 수 있겠는가? 이러한 문제에 있어 밴틸(Van Til) 박사는 자신을 비판하는 어떤 사람들이 위의 양면성을 주장할 필요가 없다고 말하는 주장에 대해 역공하기를 "바로 그들은 진정한 칼빈주의 개혁신학으로부터 이탈했다."[466]고 규정했다. 다음과 같이 선과 악에 대한 양면성을 논증해 보려고 한다.

참 하나님, 인격적인 하나님, 그리고 구원의 하나님을 인식하는 방법은 오직 성경계시 의존주의로 돌아와야 한다. 성경은 구원관에 관한 문제뿐 아니라 만물에 관한 인식, 시공간세계에 있어 역사에 관한 인식, 그리고 인간의 가장 저변에 자리 잡고 있는 죄악에 관한 인식을 바로 알게 하는 지침서이다. 선과 악, 구원과 형벌, 그리고 천국과 지옥이라는 양면성은 하나님의 뜻을 이루는 필수적인 요소이다. 하나님께서는 사탄을 사용하시어 그 뜻을 집행하시는 주권자이시다. 혹자는 "예수 그리스도, 또는 구원에 관한 설교이면 모두를 설교하게 된다."는 어처구니없는 말들을 생각 없이 쉽게 하고 있다. 그러한 생각이 바로 알미니안주의(Arminianism) 내지 웨슬리안주의(Wesleyanism) 사상으로부터 이어지는 오늘날의 지엽적 복음주의라는 것을 생각하지도 않았단 말인가? 그러한 생각은 성경말씀을 부분적으로 그리고 제한적으로 받아들이겠다는 말이다. 성경에서 가르치고 있는 신론, 인간론, 교회론, 그리고 종말론에 관한 교리는 무시하고 오직 기독론과 구원론만을 설교하겠다는 말이 된다. 교회의 타락은 아주 작은 부분의 교리적 오류에서부터 시작된다는 것을 모르는 처사이다. 튼튼한 교회는 성경대로 믿는 교회이다.

---

466) Ibid, p.50.

제 4 장

기독교 변증학의 방법론

　이미 제 2장 기독교 변증학과 세속철학의 역사를 통해 여러 가지 변증학의 방법론을 상당부분 언급했다. 이제 제4장에서는 변증학의 방법론에 대하여 좀 더 구체적인 내용을 발췌하고, 그 문제점들을 분석하고, 그리고 성경에 기초하여 어떻게 기독교를 바로 변증해야 하는가? 를 생각해 보려고 한다. 기독교 변증은 이미 모세, 선지자들, 그리고 사도들에 의해 강하게 제시되었다. 기독교 변증을 필요로 할 때는 상대적으로 공격과 방어가 제공될 때이다. 즉 기독교를 공격하는 상대가 나타날 때 기독교를 방어하면서 그들의 문제점을 지적함과 동시에 그들을 기독교인으로 변화시키는 작업이 요구된다. 모세는 주로 이스라엘 백성을 향해 하나님의 살아계심을 변증했다. 선지자들은 이스라엘 백성은 물론 이방인들에게 하나님의 실재(Reality)와 그분의 능력을 변호하는 일에 집중했다. 사도들은 유대인들, 이방인들, 그리고 로마정부를 향해 예수 그리스도가 하나님의 아들임을 변증하는 일에 집중했다.

　사도들이 세상을 떠난 후 신약교회는 헬라철학에 의해 사상적 공격을 받게 되었고 로마 정부로부터 정치적 박해가 가해졌고 유대주의로부터 종교적 핍박이 가해졌다. 이에 대한 교부들의 신학은 많은 변증학적 요소를 도입할 수밖에 없었다. 그러나 애석하게도 로마 정부의 사상적 배경인 헬라주의를 공격하기 위해 헬라주의 사상을 방법론으로 도입하는 우를 범하게 되는 경우가 수없이 나타나게 되었다. 이러한 방법론은 중세를 거쳐 19세기 보수주의 신학계에 이르기까지 고전적 변증학(Classical Apologetics)으로 둥지를 틀게 만들었다. 20세기에 들어와 성경에 의한 전제주의(Presuppositionalism) 기독교 변증학을 전개한 밴틸(Van Til) 박사에 의해 세속철학은 물론 타종교와의 공통분포의 형성을 격파한 변증학이 대두되었다. 19세기 이전까지의 고전주의적 변증학(Classical Apologetics)

은 헬라주의와 스콜라주의(Scholasticism)의 방법론을 도입해 온 이유는 교회사에 나타난 대로 갖가지 철학 사상이 교회에 침투해 들어왔기 때문이다. 우리가 주목할 문제는 정통주의 기독교 영역에서는 교리적으로 성경에 기초한 신학을 유지해 왔다는 점이다. 그런데도 불구하고 기독교 변증학 분야에서는 세속철학이나 이교도 사상을 막아내고 역공하여 기독교화 하기는 고사하고 교리학과는 다르게 변증학의 확실한 노선을 정하지 못하고 기독교 이외의 사상들과 타협의 노선을 걸어왔다는 점을 주목해야 할 것이다.

이제 그러한 방법론들을 열거한 후 문제점과 수정해야할 점들을 제시하고 성경적 기독교 변증학(Christian Apologetics)을 어떻게 확실하게 정립해야 할 것인가를 생각해 보려고 한다. 기독교 변증학(Christian Apologetics)의 방법론은 미국 달라스 신학교 조직신학 교수로 재직하였던 가이슬러(Norman Geisler) 교수가 주장하는 방법론의 순서를 참조하여 그 내용들을 피력하고 평가한 후 성경의 전제와 객관적 신앙고백의 입장을 정립하려고 한다. 가이슬러(Geisler)의 방법론을 탐구해 보면 다양하고 깊이 있게 각 종류별로 사상들을 분석하고 있다. 그러한 방법론 때문에 많은 사람들의 호응을 얻을 수 있다고 생각한다. 그러나 가이슬러(Geisler)는 아직도 19세기 이전의 고전적 변증학(Classical Apologetics)의 노선을 완전히 탈피하지 못하고 기독교 변증학(Christian Apologetics)과 세속철학의 내용을 비교 대조하는 면에 있어 정확한 관점을 간파하지 못하여 혼돈을 일으키는 점이 아쉬움으로 남아 있다. 그리고 20세기에 나타난 여러 가지 기독교 변증학(Christian Apologetics)의 내용들을 정확하게 비교 분석하는 일에 있어 성경과 객관적인 신앙고백을 규준으로 채택하지 못하고 있는 점들이 상당부분 발견되고 있다. 앞으로 가이슬러(Geisler)의 입장을 정리하고 비평하면서 여러가지 기독교 변증학의 노선을 정리함과 동시에 성경의 전제와 교회사적 신앙고백에 의한 변증학적 입장을 정립해 보려고 한다.

우리는 성경의 전제와 교회사적 신앙고백을 기독교 변증학(Christian Apologetics)의 잣대로 고수해야 한다. 그 성경 전제론은 밴틸(Van Til) 박사가 주장한 기독교 변증학의 입장이다. 그러나 밴틸(Van Til) 박사의 성경 전제주의

(Presuppositionalism)를 수용하지만 수정할 부분은 수정해 가면서, 보충할 부분은 보충해 가면서, 그리고 성경의 전제주의를 피력하려고 한다. 밴틸(Van Til) 박사의 전제주의(Presuppositionalism)는 때로 기독교 변증을 성경적으로 구체화 할 때 미진한 부분이 가끔 나타나기도 한다. 그 이유는 너무나 기독교 철학에 치우치는 경향성이 나타나기 때문이다. 그 결과 가이슬러(Geisler)는 밴틸(Van Til) 박사를 신앙주의(Fideism) 변증학자로 분류해 버렸다. 성경을 구체화하는 기독교 변증에 있어서는 프레임(Frame) 교수가 밴틸(Van Til) 박사보다 더 확실한 입장을 나타내 보이고 있다. 그러면서도 프레임(Frame) 교수는 강한 기독교 철학을 정립하는데 있어서는 밴틸(Van Til) 박사보다 약한 면을 보이고 있다. 즉 세속철학의 방법론을 도입하는 문제에 있어서는 밴틸(Van Til) 박사보다 넓게 수용하려는 의도를 나타내 보이고 있다. 그런데 한 가지 고려할 점이 있다고 생각되어 진다. 기독교 철학을 바로 정립하는 기초는 교회사적 신앙고백서이다. 교회사적 객관적 신앙고백서는 기독교를 변호하는데 있어 가장 중요한 교리를 표출하고 있다. 그러므로 우리는 기독교 변증학을 전개하는데 있어 철저한 성경 전제주의(Presuppositionalism)와 교회사가 고백한 객관적 신앙고백주의 입장을 고수하면서 세속 철학을 격파하는 기독교 변증학을 확고부동하게 세워나가야 할 것이다. 이제 성경의 전제와 교회사적 신앙고백주의에 기반을 둔 기독교 변증학(Christian Apologetics)의 방법론을 전개해 보려고 한다.

I. 불가지론(Agnosticism)

불가지론(Agnosticism)은 기독교 변증학에 등장할 수 없는 제목인데 가이슬러(Norman Geisler)가 이 문제를 들고 나온 것은 불가지론(Agnosticism)의 잘못된 점을 지적하여 기독교의 하나님을 변증하기 위한 목적으로 보인다. 불가지론(Agnosticism)은 사실상 하나님의 실재(Reality)를 입증하는 학문이 될 수 없다. 그러나 여기에서 불가지론(Agnosticism)을 택한 이유는 하나님에 대한 부정적인 요소를 드러내게 함으로 성경에서 말씀하는 하나님의 인격적인 존재를 인식시키기 위한 방법으로 유용하기 때문이라고 생각되어진다. 불가지론(Agnosticism)에 의하면 하나님의 존재와 본질은 알려져 있지 않다는 주장이라기보다 "하나님은 알려질 수 없는 존재다."라는 관점에 더 집중되어 있는 논증이다. 사실상 하나님의 존재에 관한 불가지론(Agnosticism)은 성립될 수 없다. 많은 사람들이 하나님께서 존재하지 않는다고 주장하면서 그들의 관념 속에서 또 생활 속에서 자신도 모르게 하나님을 부르고 또 찾고 있기 때문이다.

기독교인들 가운데에도 하나님의 인식론을 확실하게 정립하지 못한 이들이 수없이 많다는 것은 한국교회에만 해당된 문제가 아니라고 본다. 혹자는 인간이 하나님을 완전히 인식 할 수 없는 존재로 생각하여 그리스도를 믿는 문제와 별개의 것으로 취급하기도 한다. 그렇기 때문에 하나님의 존재에 대한 불가지론(Agnosticism)의 개념을 가진 기독교인들이 많다는데 놀라지 아니할 수가 없다. 또한 기독교인들과 비기독교인들이 생각하는 하나님의 존재에 대한 개념의 차이를 단순한 존재 자체의 인식에 한정을 두는 기독교인들도 너무 많다는 것 또한 이상한 일이다. 이러한 현상을 극복하기 위해 기독교적 하나님의 인식론을 성도들에게 구체적으로 전개할 필요를 느끼게 된다. 이미 상술한 대로 불신자들도 하나님의 존재는 인식하고 있으나 의도적으로 하나님의 존재를 부정하는 부류가 있고 양심적으로 하나님의 존재는 인정하나 기독교에서 주장하는 예수 그리스도를 구세주로 신앙하지 못하기 때문에 하나님의 존재를 부정하는 결과가 나타나게 되는 경우도 많다. 기독교인들이 불신자들을 향해 무조건 "하나님을 모르는 자들, 또는 하나님의 존재를 인식하지 못하는 자들" 이라고 몰아세울 것이 아니라 불가지론(Agnosticism)의 문제점을 지적하여 인격적인 삼위일체 하나님을 인식 하도록 하는데 초점을 맞추어 기독교 선교에 도움이 되도록 기독교 변증학 (Christian Apologetics)을 사용해야 할 것이다. 물론 기독교 변증학에 있어 하나님의 존재 인식이 가장 중요한 원리이다. 그러나 존재 인식 자체만을 논증하다가 기독교 변증학의 본질을 상실해서는 안 될 것이다. 기독교 변증학뿐만 아니라 모든 기독교 교리는 교회를 내적으로 튼튼하게 보존하며 외적으로 기독교 선교에 밑거름이 되어야 할 것은 두말할 필요가 없다.

1. 흄(David Hume)의 회의론(Skepticism)

불가지론(Agnosticism)이란 말은 헉슬리(Thomas. H. Huxley, 1825-1895)가 만들어 낸 단어이다. 영지주의(Gnosticism)를 반대한다는 의미이다.[467] 그러나 이미 헉슬리(Huxley) 보다 100여년 전에 앞서 흄(David Hume, 1711-1776)과 칸트(Immanuel Kant, 1724-1804)는 그들의 철학에서 불가지론(Agnosticism)을 시사하고 나섰다. 그 후로 많은 철학자들이 하나님에 대한 불가지론(Agnosticism)을 타당한 이론으로 수용했다. 칸트(Kant)는 원래 합리주의자였으나 흄(Hume)의 저서를 읽고 불가지론(Agnosticism)을 주창하는 주자로 등장하게 되었다. 칸트(Kant)의 철학서를 읽어보면 합리적 이론을 주창한 부분들이 많이 나타나는 것을 볼 수 있다. 그러므로 그의 철학은 처음에는 합리주의적 이성주의에 기초하여 그의 사상을 전개하였으나 후에는 불가지론(Agnosticism)으로 빠져버리고 말았다. 흄(David Hume)은 회의주의적 철학자였다. 그는 불가지론(Agnosticism)에 불씨를 일으킨 철학자이다. 이제 그의 사상을 점검해 보자.

흄(David Hume)은 명제 즉 제안(Proposition)을 통하여 감각적 경험을 중요하게 생각하는 철학자이다. 그런데 문제는 경험에 관한 회의론이다. "의미를

---

467) T. H. Huxley, Agnosticism and Christianity, (1889, in his Collected Essays, London, 1984, Vol. V) 의 책에서 영지주의(Gnosticism)에 반대한다는 의미에서 불가지론(Agnosticism)이란 말을 사용했다.

가지고 있는 명제들이 주어질 때 감각을 통해 경험으로 이어지게 되는데 그 감각들은 산만하게 분리되어 우리에게 경험으로 다가온다고 말했다. 원인과 결과(Cause and Effect)는 사람의 경험 속에서 사물에 대한 영구적인 결합을 관찰한 후에 정신에 의해 구성되는 것이다. 실제로 경험하는 모든 것들은 서로 연결되어 있지 않고 분리되어 있는 감각들이다. 우리 자신에 대해 알고 있는 감각은 연결성이 없는 감각이기 때문에 자신에 대한 직접적인 인식이 없다. 후천적 경험으로부터 알려진 것은 없으며 필연적인 관계도 없다."[468]고 주장했다. 이러한 흄의 감각적 경험에 관한 주장을 살펴보면 자아존재에 있어서도 회의론으로 귀결되고 있다. 이제 하나님의 인식론에서 그의 회의주의가 어떻게 나타나고 있는지 살펴보자.

흄(David Hume)은 주장하기를 "인과관계(Causality)는 습관에 기초한다."고 말했다. 이러한 그의 주장은 하나님의 인식에 대한 강한 회의를 나타내 보이고 있는 증거이다. 인과관계(Causality)가 습관에 기초한다는 주장은 만물의 원인이 되시는 하나님을 배제한다는 말이다. 흄(David Hume)은 "사건에 관한 모든 이론은 원인과 결과(Cause and Effect)에 관계되어 있다. 오직 그 원인과 결과(Cause and Effect)의 관계에 의해 우리의 기억과 감각의 증거를 넘어설 수 있다."[469] 라고 말함으로 원인과 결과에 대한 인식은 선험으로부터 오는 것을 배제하고 경험으로부터 오는 것을 강조하고 있다. 인과관계(Causality)라는 관념은 경험 속에서 영구적인 관찰이 선행된 이후에 정신 속에 나타나게 된다고 주장한다. 그러므로 우리는 인과관계(Causality)를 알 수 없다. 이 세계의 궁극적인 원인에 대한 인식이 없이는 가정된 하나님에 대해 불가지론(Agnosticism)의 상태에 놓이게 된다고 말함으로 하나님의 인식론에 있어 극단적인 회의론으로 빠져들고 말았다.

나아가 그는 유비(Analogy)에 의한 하나님의 지식은 아주 의심스럽다고 말

---

468) Norman Geisler, Christian Apologetics, (Baker Book House, Grand Rapids, Michigan, 1976), p.14.

469) David Hume, Inquiry, sec IV, pt. 2.

했다. 그의 저서 "자연종교에 관한 대화(Dialogues Concerning Natural Religion)" 라는 책에서 몇 가지 주장한 내용은 다음과 같다.

첫째, 차이점(Difference)에 있어, 인간의 발명품은 자연이 가지고 있는 것들과 다른 것처럼 우주의 원인은 인간의 지성과 다르다.

둘째, 유한성(Finite)에 있어, 원인에 의한 결과는 유한하므로 사람이 결과에 대하여 한 가지 합당한 원인을 유추해 낼 필요를 요구하는 것은 유한성이 존재한다는 의미이다.

셋째, 불완전(Imperfect)에 있어, 자연 속에는 불완전이 존재함으로 불완전하다.

넷째, 다수(Multiple)에 있어, 이 세상의 피조물들은 오랜 기간의 시험과 많은 신성의 협력을 통해 생산해낸 것처럼 보이기 때문에 다수를 나타내고 있다.

다섯째, 남성과 여성(Male and Female)에 있어, 남성과 여성은 인류의 종족을 유지하는 방법이기 때문에 남녀의 성이 존재한다.

여섯째, 신인동형론(Anthropomorphism)에 있어, 피조물들이 눈, 코, 그리고 입을 가지고 있기 때문에 신인동형론(Anthropomorphism)을 말하게 된다. 문제는 유신론자들이 이러한 신인동형론(Anthropomorphism)의 신성으로 유도되는 유비론(Analogy)을 인정하지 않기 때문에 우리는 이 세계의 어떠한 가정을 유발하는 본질에 대하여 회의론에 빠지게 된다.[470]

지금까지 흄(David Hume)의 회의주의를 요약했다. 이제 그 문제점을 지적해 보려고 한다. 그가 하나님의 존재 자체를 회의적으로 보는 관점은 많은 세속철학자들과 차이점을 드러내고 있다. 세속철학자들 대부분이 하나님의 존재에 대해서는 거의 회의적이지 않다. 그가 실재(Reality)에 대한 모든 판단을 무시하려는 회의적인 태도는 그 자체가 실재(Reality)에 대한 자멸적인 판단이다. 실재(Reality)는 언제나 실재(Reality)로 존재하기 때문이다. 흄(Hume)이 그의 입장에서 실재(Reality)를 인식하는 자체를 회의적으로 보는 것뿐이다. 실재(Reality)

---

470) Norman Geisler, Christian Apologetics, (Baker Book House, Grand Rapids, Michigan, 1976), p.15.

가 알려질 수 없다고 주장한다면 회의적 판단도 알려질 수 없는 것이므로 회의론 자체를 포기해야 할 것이다. 실재(Reality)에 대한 판단을 회의론으로 몰고 가는 것은 실재(Reality)가 존재하지 않는다는 의미가 아니다. 자신이 실재(Reality)에 대한 증명을 하지 못한다는 무식한 표현이다. 그는 심리적, 정신적, 그리고 인격적 문제가 있는 사람이다.

다음으로 의미 있는 진술들(Meaningful Statements)을 명제 즉 제안(Proposition)으로 규정하여 관념들(Ideas)과의 관계와 사건들과의 관계에 있어 어느 것도 아니라고 주장하고 있는데 대한 문제점이다. 이러한 제안들은 순수한 관념(Idea)과 무관하다고 주장한다. 그 이유는 그 제안(Propositions)들이 실재(Reality)에 대한 지식을 제공하지 못하고 있기 때문이라고 주장한다. 그러한 무식한 생각은 관념주의(Idealism) 철학과 실재론(Realism) 철학을 무너뜨리는 역할을 함으로 철학세계에서 조차도 사생아가 되어 버렸다. 더욱이 그의 회의론은 신학적으로 도저히 수용할 수 없는 주장을 했는데 그것은 하나님의 신적작정(Decree)에 의해 창조된 물질세계의 존재를 부정하는 결과를 초래하였다. 신학계에서 신적작정(Decree)과 피조세계에서 일어나는 모든 사건에 대해 인간의 자유의지를 강조하는 알미니안주의(Arminianism)나 성령님께서 죄인에게 구원을 적용할 때 신인협력설(神人協力說)을 강조하는 웨슬리안주의(Wesleyanism) 등은 영원세계에서의 하나님의 단일성(Unity)과 복수성(Plurality)을 부정하고 피조세계에서의 하나님의 단일성(unity)과 복수성(plurality)을 부정하는 사상이다. 만물은 영원세계에서 계획되어 있었던 하나님의 신적작정(Decree)에 의해 창조된 것들이다. 창조 자체를 우연으로 볼 수 없는 것은 계획에 의해 형성된 피조세계가 존재하기 때문이다. 무식한 세속철학자들은 관념주의(Idealism)를 잠재적(Potential) 이념으로 고집하여 우연성을 강조한다. 우연성은 분명한 원인을 제공하지 못하기 때문에 회의주의를 이끌고 나올 수밖에 없다.

다음으로 흄(Hume)은 모든 사건을 유기적으로 생각하지 않고 분리된 사건으로 해석하고 있는데 문제가 있다. 단순히 감각적 묶음으로 규정짓는 경험적 원자론(Empirical Atomism)을 주장한다. 모든 사건과 만물이 유기적 관계를 떠나서 분리되었다고 하면 연관성 있는 우주의 활동이 파괴되고 말 것이다. 인류의 모든 역사는 원인과 결과를 유추해 낼 수 없는 단편적인 사건으로 판명 나고 말 것이다. 이미 언급했듯이 나 개인 한 사람의 역사는 인류의 역사와 유기적 관계를 가지고 있으며 우주 만물의 질서와 관계를 가지고 있다. 창세 이전의 하나님의 설계도는 종말까지 모든 유기적 관계를 형성하고 있다.

2. 칸트(Immanuel Kant)의 불가지론(不可知論, Agnosticism)

원래 칸트(Kant)는 17세기부터 내려오는 이성에 기초한 합리주의를 철학의 원리로 삼고 있었다. 신의 존재에 대해 합리적 논증을 시도하는 입장이었다. 이는 플라톤(Platon)으로부터 시작한 헬라철학을 기반으로 하여 아퀴나스(Thomas Aquinas)를 거처 18세기까지 유지해 왔던 중세철학의 이성주의 노선이었다. 그러다가 흄(Hume)의 영향을 받은 칸트(I. Kant)는 신의 존재에 대한 중세철학의 노선에 반기를 든 대변혁을 일으키게 되었다. 즉 흄(Hume)의 회의주의가 칸트(I. Kant)의 불가지론(Agnosticism)을 탄생시킨 원흉이 되었다. 칸트(I. Kant)는 지식에 있어서는 합리주의적이고 선험적인 차원 즉 지식의 형태는 경험으로부터 독립적이라고 주장한 라이프니츠(Leibniz)의 입장을 따르고 있었다. 그러면서 한편으로는 경험주의자들이 주장하는 "모든 인식의 내용은 감각을 통해 나온다."라는 입장을 취했다.

칸트(Kant)는 실재(Reality)에 대한 인식의 불가능성을 주장했다. 그는 합리주의와 경험주의를 종합하여 두 가지 사상의 대립적인 문제를 해결하려고 했으나 그 결과는 불행하게도 불가지론(不可知論, Agnosticism)으로 떨어지고 말았다. 철학적으로 그럴 수밖에 없는 이유가 있다. "어떤 실체가 감각의 선험형식(Priori Forms)인 시간과 공간에 있어 이해의 범주(Categories of Understanding) 즉 단일성(Unity)과 인과율(Casuality)에 의해 구조를 갖추기 전까지 우리가 아무것도 알 수 없다면 우리는 존재 밖의 것을 전혀 알 수 없다."고 주장했기 때문이다. 이러한 주장은 어떤 실체에 대한 주위현상(Phenomena)만을 알 수 있으나 그 실체의 본질을 알 수 없다는 말이 된다. 칸트(Kant)는 말하기를 "실체에 대한 주위현상(Phenomena)만 알 수 있고 본체(Noumena)는 알 수 없다. 실재(Reality)의 세계와 우리의 인식 사이에는 건널 수 없는 거대한 심연이 존재하고 있기 때문이다. 우리는 실재(Reality)에 대한 불가지론(Agnosticism)의 상태에 머물러 있다. 우리가 아는 것은 거기에 그것이 있다는 것뿐이다. 거기에는 무엇이 있는지 알 수 없다. 거기에는 인간 이성에는 한계가 있기 때문이다."[471] 라고 말했다.

칸트(I. Kant)는 또한 인간이성의 이율배반을 들어 불가지론(Agnosticism)을 주장했다. 그의 주장은 지식과 존재 사이에는 건널 수 없는 심연이 있다는 주장이다. 즉 우리가 접하고 있는 이해의 범주(Categories of Understanding)와 실재(Reality)의 본질(Nature of Reality) 사이에는 건널 수 없는 심연이 있다. 우리가 일단 그 두 가지의 경계선을 넘어서게 되면 피할 수 없는 이율배반에 당면하게 된다. 즉 우리가 필연적인 감각의 형식(Forms of Sensation)이나 또한 이해의 범주(Categories of Understanding)를 취하여 그것을 실재(Reality)에 적용할 때 피할 수 없는 이율배반으로 빠져들게 된다.[472]고 말했다.

또한 칸트(Kant)는 시간에 관한 이율배반을 논증하고 있다. 시간이라는 감각 형식이 실재(Reality)에 적용될 때 이율배반이 존재한다는 주장이다. "이 세계가 시간에 있어 시작을 가지고 있었다면, 이 세계가 시작되기 전에 순간들의 무한이 경과했어야 했다. 그러나 순간들의 무한은 결코 완성될 수 없기 때문에 이러한 사건은 불가능한 일이다. 한편으로 만약 이 세계가 시간에 있어 시작을 가지고 있었다면 그 때에는 시간의 시작 이전에 시간이 있었음에 틀림없다. 그러나 이와 같은 사건 역시 불가능한 일이다. 이 세계가 시간의 선상에서 시작이 있었든지 없었든지 간에 이 두 가지가 동시에 일어난다는 사건은 불가능한 일이다. 그러므로 시간을 실재(Reality)에 적용하게 되면 필연적으로 모순에 빠지게 된다. 이 모순은 결

---

471) 그리스도교 대 사전, (기독교서회, 서울시 종로구, 1977), p.1014.

472) Immanuel Kant, The Critique of Pure Reason, Translated by Norman Kemp Smith, (St, Martin's Press, New York, 1965), p.393.

국 지식을 생산하지 못하게 됨으로 그 실재(Reality)는 불가지론(Agnosticism)이 되고 만다."[473] 는 주장이다.

칸트(Kant)는 또 한 가지 우연성(Contingency)에 관한 이율배반이 있다고 주장한다. "우리는 모든 것이 우연적이 아니라는 사실을 긍정적으로 가정해야 한다. 그렇지 않을 경우 우연성에 대한 어떤 근거나 조건도 존재하지 않을 것이기 때문이다. 반대로 모든 것은 필연성이 사물에는 적용되지 않고 사유에만 적용되기 때문에 우연적이어야 한다. 왜냐하면 어떤 일의 상태는 그 외의 것과 다르게 나타날 수도 있기 때문이다. 여기서 다시 생각할 것은 실재(Reality)가 우연적이 될 수도 없고 필연적이 될 수도 없다는 것이다. 이와 같은 자체모순을 피하는 길은 '오직 이성은 실재(Reality)를 알 수 없다'는 것을 깨닫는 것뿐이다."[474] 라고 주장했다. 즉 불가지론(Agnosticism)을 내 세우는 주장이다.

이러한 불가지론(Agnosticism)에 대한 칸트(I. Kant)의 문제점을 분석해 보자. 불가지론(Agnosticism)은 그 자체가 존재 불가능한 것이다. 인간은 이미 하나님의 형상으로 창조되었기 때문에 만물에 대한 부분적 지식을 가지고 태어났다. 불가지론(Agnosticism)은 스스로 자멸할 수밖에 없는 철학이다. 사실상 불신자들도 애매하게나마 하나님에 관한 의식을 가지고 있다는 사실은 실재(Reality)에 대한 불가지론(Agnosticism)이 성립될 수 없다는 것을 말해주고 있다. 실재(Reality)에 대해 알 수 없다는 주장은 자신을 의식하고 있으면서 사실상 자신의 존재를 부정한다는 말이다. 모든 사람들은 유한한 실재(Reality)에 대한 인식을 거절하지 못한다. 문제는 기독교인들이 주장하는 무한의 실재(Reality)에 대한 확신을 비기독교인들 모두가 다 가질 수 없기 때문에 서로의 차이점을 드러내고 있는 것뿐이다. 불신자들은 무한한 실재(Reality)에 대한 지식을 내적으로는 인정하면서 외적으로는 의도적으로 거절하고 있다. 이렇게 모순처럼 보이는 이유는 실재(Reality)에 대한 불가지론(Agnosticism)이 성립될 수 없다는 것을 말

---

473) Norman Geisler, Christian Apologetics, (Baker Book House, Grand Rapids, Michigan, 1976), p.16.

474) Ibid, p.17.

해주고 있기 때문이다. 불신자들도 유한한 실재(Reality)에 해당되는 지식을 인정하고 있다. 그들에게는 하나님에 관한 인격적 인식이 결여되어 있기 때문에 그들의 주장은 그들 세계에서 당연한 것으로 간주될 것이다. 그러나 단순한 하나님의 존재론에 들어가면 결국 기독교인이나 비 기독교인이나 실재(Reality)에 관한 인식은 공통점을 형성하고 있다. 다만 인격적인 삼위일체 하나님에 관한 인식에서 넘을 수 없는 장벽이 존재하고 있다.

칸트(I.Kant)는 단일성(Unity)과 인과율(Causality)을 논증할 때 사유가 실재(Reality)에 적용되지 못한다고 주장했다. 그 이유는 실재(Reality)의 범주(Category)에 대한 인간의 생각이 일치하지 못할 경우 실재(Reality)에 대한 어떤 대답도 얻어낼 수가 없기 때문이라고 주장한다. 그렇다면 시공간 세계에서 인간의 사유작용이 무용하다는 말로 연결된다. 나아가 창세전 하나님의 계획을 전폭적으로 부정하게 된다. 철학 세계에서 주장하는 원인과 결과(Cause and Effect)론까지 파괴시켜 버리고 있다. 그럴 경우 그의 불가지론(Agnosticism)은 만물에 대한 원인은 물론 현상세계에 나타난 만물까지 회의적으로 보고 있다. 성경말씀이 명백하게 전해주고 있는 창조와 종말을 거역하는 것은 말할 것도 없다.

그의 시간론에 대한 사상은 이교도적이다. 시간을 이율배반적으로 보기 때문에 이교도적이다. 창세 이전의 영원을 순간들의 무한으로 말하는 것이 이교도적이다. 시간의 연속성은 성경에서 말씀하는 영원의 개념이 아니다. 창세 전의 영원은 시간을 초월한 영원이다. 그렇기 때문에 칸트(I. Kant)는 영원과 시간을 분리하는데 실패했다. 시간은 하나님의 피조물이다. 공간 역시 하나님의 피조물이다. 창세이전의 영원 가운데 시공간을 초월한 삼위일체 하나님께서 존재하고 계셨다. 칸트(I. Kant)는 창세 이전의 영원과 창세 이후의 영원을 인식하지 못하고 있기 때문에 영원과 시간의 차이를 분리하는데 실패하고 말았다. 시간 이전의 영원을 순간들의 무한이 존재하고 있었다는 허황된 논증을 펼침과 동시에 아무 근거도 없이 스스로 순간을 영원으로 결정해 버리고 불가지론(Agnosticism)을 전개하고 있다. 그는 시간의 시작을 창세전의 영원과 구분을 짓지 못하고 있기 때문에 창세기에 나오는 태초의 개념과 요한복음 1장에 나오는 태초의 개념을 올바로 이해하지 못하는 가설적인 논증을 주장하고 있다. 결국 그는 창세전의 영원과 창조된 시간의 시작을 구분하는 것은 불가능하다고 결론지었다.

또한 칸트(I. Kant)가 단언한 이율배반에 대한 오류를 지적해 보자. 우선 원인과 결과(Cause and Effect)에 관한 예비적인 설명을 해야 그의 우연성(Contingency)에 대한 이율배반의 관점을 쉽게 이해할 수 있을 것이다. 창조된 만물은 결과론으로 말할 때 모든 피조물에는 원인이 있다는 것이 성경적이다. 그러나 칸트(Kant)처럼 원인의 원인을 궁극적으로 추리해 내려고 주장하는 것은 전혀 합당한 이치에 해당되지 않는다. 창조론에서 볼 때 모든 원인은 또 다른 원인의 원인을 요구하지 않는다. 현상 그 자체가 가지고 있는 원인이 그 원인이다. 그것이 바로 실현성(Actuality)의 원인이다. 모든 실현성(Actuality)은 무한한 원인이 있다고 주장할 때 무한한 원인이 존재해야 하며 존재의 원인은 무한이 될 것이다. 그러나 존재의 원인이 되는 무한의 원인을 추적하면 그 무한은 무한으로 이어져 원인을 밝혀낼 수 없는 무한으로 치닫게 된다. 그러므로 만물의 원인은 창조가 궁극적인 원인이다. 우리가 창조의 원인을 하나님으로 규정하고 있다는 것은 성경을 통해 알 수 있다. 그렇다면 성경이 말씀하지 않고 있는 하나님의 원인을 찾아 나서야 하는 무식한 요구는 하등의 논쟁의 가치가 없다. 유한한 만물의 원인은 무한이지만 그 무한의 원인은 밝혀낼 수가 없기 때문이다. 무한의 원인은 인격적인 삼위일체 하나님이시다. 유한한 만물은 원인을 필요로 하지만 무한한 존재에 대해 원인을 또 다른 원인에서 밝혀 낼 수 있는 방법은 없다. 모든 만물의 최종 원인은 삼위일체 하나님이시다.

이제 우연성(Contingency)의 이율배반에 대해 결론을 지을 때이다. 결론부터 말하면 칸트(I. Kant)가 말하는 이성의 이율배반에 관한 우연성(Contingency)의 이율배반은 완전히 실패한 철학개념이다. 우연성(Contingency)은 사실상 필연성이 상대적으로 존재해야 우연성(Contingency)의 존재를 입증할 수 있다. 그런데 문제는, 칸트(I, Kant)의 주장대로 말하면, 필연성이 존재의 실재(Reality)가 아니라 사유(Thought)와 명제(Proposition)에만 적용된다는 전혀 합리적으로도 맞지 않은 주장을 하고 있는데 이것이 바로 자멸적인 생각이다. 사유

(Thought)와 실재(Reality)는 필연적인 연관성을 유지하지 못하면 철학이 성립될 수 없 다.[475] 만물은 하나님의 작정에 의해 피조물로 나타난 결정체이다. 철학적 용어를 대입하면 하나님인 사유(Thought)가 전제되어야 실현성(Actuality)으로 나타나는 실재(Reality)가 존립할 수 있기 때문이다.

칸트(I. Kant)는 우연(Contingency)과 필연의 관계에서 해결할 수 없는 문제를 불가지론(Agnosticism)으로 치부해 버리는 우를 범하고 말았다. 이 세상의 시공간 세계에서 일어나는 모든 사건은 우연이냐? 필연이냐? 의 규범에 해당되는 것이 아니다. 모든 사건에 대한 원인은 하나님의 계획이고 그 과정과 결과 역시 하나님의 경륜에 달려있다. 이 문제를 철학적 용어를 사용하여 설명하자면 하나님의 의지인 잠재성(Potentiality)은 모든 피조물 세계에 나타나는 실현성(Actuality)의 원인이다. 잠재성(Potentiality)인 하나님의 신적작정(Decree)은 실현성(Actuality)인 모든 피조세계의 원인이다. 만물에 대한 계획인 신적작정(Decree)에 의해 우주가 창조되고, 다스려지고, 그리고 섭리되어져 가고 있다. 인식론에 있어 칸트(I. Kant)가 주장하는 우연성(Contingency)의 이율배반을 통해 불가지론(Agnosticism)을 유추해 낸다는 주장은 정말 일고의 가치도 없는 말장난이다. 이 세상에서 일어나는 불가사의(不可思議, Inscrutability)하게 보이는 모든 사건까지도 하나님의 의지가 작용하고 있다는 사실을 무시하는 불경스런 생각이다. 칸트(I. Kant)가 말하는 "실현성(Actuality)의 한계를 넘어서면 아무것도 알 수 없다." 라고 주장하는 그런 불가지론(Agnosticism)적인 생각은 실현성(Actuality)의 원인이 되는 모든 만물을 창조하시고 역사를 통치하시는 하나님의 의지를 멸절시키려는 생각에 불과하다.

칸트(I. Kant)의 자멸적인 주장이 또 있는데 "본체(Noumena)가 어디엔가 존재하지만 지금 현재의 모습은 아니다." 라는 이상하고도 야릇한 말을 하고 있는데 "지금 현재의 모습이 아니다."라는 말은 본체에 대해 아무것도 알 수 없다는 말이다. 아무것도 알지 못하면서 본체(Noumena)가 존재한다는 것을 안다는 것은 전혀 스스로 모순을 드러내는 말장난에 불과하다. 만약 우리의 눈앞에 나타

---

475) Ibid, p.26.

나지도 않은 어떤 물체에 대해 눈으로 보고 손으로 만질 수 있는 실체를 인식할 수 없는데도 불구하고 존재의 가능성과 불가능성을 말한다는 것은 전혀 앞뒤가 맞지 않는 주장이다. 눈으로 보고 손으로 만질 수 없는 어떤 실현성(Actuality)이 나타날 때 우리는 그것에 관한 시공간의 결정체와 흔적을 통해 그것의 실체를 추적하게 된다. 그 실체가 나타나기 이전의 원인을 추적하기 위해서이다. 사악한 인간의 생각으로 보아 불가사의(不可思議, Inscrutability)한 사건이 일어났을 때 거기에는 가증한 인간의 눈이 볼 수 없는 하나님의 섭리가 작용하고 있었다. 칸트(I. Kant)는 그러한 일에 대해 실현성(Actuality)의 배후에 우리가 알 수 없는 **근원이** 있다는 불가지론(Agnosticism)을 펼치고 있다. 이 말은 불가지론(Agnosticism)을 부정하는 불가지론(Agnosticism)을 주장하고 있는 것이다. "알 수 없는 근원이 있다." 는 불가지론(Agnosticism)을 주장하고 있다. 그러나 "근원을 알 수 없다."는 말은 근원을 모를 뿐이지 근원을 부정하는 말이 아니다. 그러므로 칸트(Kant) 역시 무엇인가 만물의 근원이 존재하고 있지만 우리가 모를 뿐이라는 불가지론(Agnosticism)을 주장하고 있다.

불가지론(Agnosticism)은 기독교 변증학(Christian Apologetics)의 한 제목으로 끼워 넣을 수 없는 주제이다. 아주 사특한 생각을 가지고 기독교를 혼동시키는 사상이기 때문이다. 개미보다 더 작은 미물이 코끼리를 향해 격투를 벌리자고 큰소리치는 격이다. 여기에 한 제목으로 끼워 넣을 수 있는 이유 한 가지를 말한다면 기독교인들이 불가지론(不可知論, Agnosticism)에 대한 인식을 통해 하나님의 존재, 신적작정(Decree), 그리고 만물에 대한 원인이 되는 인격적인 삼위일체 하나님을 바로 인식 하기위함이라고 말할 수 있다.

불가지론(Agnosticism)은 유한성을 주장한 분야와 무한성을 주장한 분야가 있다. 유한성을 주장하는 불가지론(Agnosticism)은 기독교에 큰 위협이 되지 못한다. 무한한 하나님을 주장하면서 우리의 인식은 유한하다고 말할 때 기독교와 상통하는 점이 있기 때문이다. 그러나 무한성에 대한 불가지론(Agnosticism)을 강조하는 칸트(I. Kant)의 이론과 기독교에서 주장하는 하나님에 관한 무한성과는 전혀 접합점이 없다. 그 이유는 칸트(Kant)가 실재(Reality)에 대한 인식을 부정하기 위해 실재(Reality) 자체에 대한 내적 지식만을 강조하기 때문이다. 성경적으로 역공하자면 칸트(Kant)는 창조에 관한 하나님과 피조세계의 지식을 무시하고 있다.[476] 그러므로 무한성을 주장한 불가지론(Agnosticism)은 스스로 자기 모순을 드러내는 독단주의적 이론에 불과하다. 문제는 실재(Reality)에 대한 인식이다. 만약 실재(Reality)에 대한 인식이 가능하다고 주장한다면 하나님의 실재(Reality)는 인격적 교제의 하나님을 인식하는 길로 연결되어야 한다. 오직 하나님께서 성도에게 성령님의 감동을 강권적으로 부여하실 때 실재(Reality)에 관한 인식이 교제를 통해 가능한 것이다. 불가지론(Agnosticism)은 불가한 이론이다.

문제는 칸트(Kant)가 불가지론(Agnosticism)에 대한 무한성을 주장하는데 있다. 이러한 주장은 실재(Reality)에 대한 인식을 전적으로 반대하는 입장으로 기울어져 있기 때문이다. 인간은 불완전하기 때문에 하나님의 인격을 전폭적으로 의지하는데 있어 항상 미숙한 부분을 가지고 살아가고 있다. 그러나 독단적이며, 아집을 일삼으며, 그리고 목이 곧은 자세로 하나님을 부정적으로만 그려내면서 하나님에 대한 불가지론(Agnosticism)을 주장하는 것은 자신을 우상화 한나머지 자멸의 길을 자초하는 결과를 가져올 것이다. 기독교인은 숨 쉬며 이 땅위에서 삶을 영위해 나가는 그 자체를 통해 하나님의 동행을 인식하고 있다. 시편4편 8절에는 "내가 평안히 눕고 자기도 하리니 나를 안전하게 거하게 하시는 이는 오직 여호와시다."라고 말씀하고 있다. 욥기에는 하나님의 주권 사상이 깊이 깃들어 있다(욥38:4, 7, 12-15, 16-18, 25-30, 39:5). 욥은 하나님께서 만물을 다스리고 인간의 모든 생사화복을 주관하시는 구체적인 하나님의 말씀 앞에 부복하였다. 그는 이제까지 깨닫지 못했던 구체적인 하나님의 간섭과 그의 통치 앞에 자신의 무지를 토로하였다(욥42:2-6). 우리는 이상한 유혹의 말로 호리는 불가지론(Agnosticism)의 철학에 대해 예민하고 냉철한 판단력을 통하여 쐐기를 치고 올바른 분별을 통해 하나님에게 자신을 굴복시켜 그에게만 영광을 돌려야 할 것이다.

---

476) Ibid, p.26.

II. 합리주의(Rationalism)

합리주의(Rationalism) 사상은 고대로 올라가면 헬라철학에 그 뿌리를 두고 있다. 그러나 헬라주의 사상 안에는 신비적 요소와 경험주의가 합리주의와 동거하고 있었다. 플라톤(Platon)으로부터 시작된 합리주의적 사상은 아리스토텔레스(Aristotle)로 이어지면서 이성주의를 불타오르게 했다. 이러한 헬라주의 철학 사상은 중세의 스콜라주의(Scholarstisim) 철학의 이성주의를 발전시키는데 결정적인 역할을 했다. 스콜라 철학을 살펴보면 가장 두드러지게 이성주의적 합리주의에 치우친 사상가는 스코투스(Duns Scotus)였다. 그는 인식론에 있어 아리스토텔레스(Aristotle)의 사상을 강하게 전수 받았기 때문에 합리주의(Rationalism)를 떠날 수가 없었다.

모든 신학과 철학을 이성적 합리주의(Rationalism)에 의존해 논증하려는 스콜라주의(Scholasticism)는 근대에 이르기까지 수많은 철학자들에게 매력인 사상으로 자리 잡아왔다. 로마 교조주의(Catholicism)의 이성주의 사상을 살펴보면 그 배경에는 스콜라주의(scholasticism)가 자리 잡고 있는 것을 알 수 있다. 이 스콜라주의(Scholasticism)는 근대에 들어와 이성주의의 꽃을 피웠던 17세기와 18세기의 사상적 밑거름이 되었다. 이미 제 2장에서 언급한 대로 데카르트(Descartes), 스피노자(Spinoza), 라이프니츠(Leibniz), 그리고 파스칼(Pascal) 등이 이성주의의 거성들로 떠올라 합리주의의 절정을 이루었다. 합리주의는 "우리 속에 인간 이성이 본유적 관념(Innate Idea)으로 자리 잡고 있기 때문에 인식론에 있어 선험적 능력을 가지고 있다는 것을 강조하여 진리는 인간 이성에 의해 알 수 있을 뿐만 아니라 논증이 가능하다."고 생각하는 사상이다.

이미 제2장에서 논증 한대로 인식론에 있어 합리주의(Rationalism)는 경험주의(Experientialism)와 대립되는 사상으로 이념 즉 정신을 중요하게 생각하고 있다. 합리주의에 대한 반작용으로 볼 수 있는 경험주의가 17세기 합리주의의 뒤를 따라 일어나게 되었는데 감각을 중요하게 생각하는 경험주의는 로크(John Locke), 버클리(George Berkeley), 흄(David Hume)에 의해 꽃을 피우고 있었다. 합리주의는 인식론에 있어 인간의 정신을 선험적으로 생각하고 있다. 반면에 경험주의는 경험을 통한 인식을 강조하기 때문에 후천적인 면을 강조하고 있다. 흄(Hume)의 철학에 있어서의 경험주의(Experientialism)는 회의주의(Skepticism)를 초래하게 되었는데 그 이유는 인과율(Causality)의 법칙을 부정적으로 비판하여 만물에 대한 원인과 결과(Cause and Effect)에 대한 법칙을 오리무중으로 만들어 버렸기 때문이다. 우리가 합리주의(Rationalism)를 바로 이해하기 위해서는 근대 철학자들의 주장을 살펴보아야 할 것이다. 이미 제 2장에서 개괄적인 내용을 발췌했으나 여기에서는 하나님의 존재 증명에 관한 합리주의 철학자들의 주장 점들을 구체적으로 간략하게 정리하여 성경과 교회사적 신앙고백을 중심으로 기독교를 변증하려고 한다.

1. 데카르트(René Descartes)의 합리주의

회의주의가 발아기에 접어들어 기지개를 켜려고 할 당시 데카르트(Descartes)는 합리주의(Rationalism)에 대한 강한 이론을 정립해야 할 생각을 하게 되었다. 그는 당시에 성행했던 기하학을 논리적 추론의 방법론으로 채택하기도 했다. 그 결과 그는 기하학적 인식론(Geometric Epistemology)을 탄생시켰다. 그의 주장은 "논증 가능한 결론에 도달하기 위해서는 의심의 여지가 없는 전제(Premises)나 자명원리(Axioms)가 있어야 하며 우리는 이러한 원리로부터 논리적으로 반박 불가능한 결론을 연역해 나가야 한다." 라고 주장했다. 문제는 어디서 이러한 아르키메데스(Archimedes)적인 자명원리들(Archimedean Axioms)을 찾아낼 수 있을까? 하는 점이었다. 당시 더 문제를 촉발한 것은 회의적 요소가 증가하는데 있었다. 그러나 데카르트(Descartes)는 매우 매혹적인 답변으로 사람들을 괴멸적인 합리주의 속으로 이끌고 들어왔다. 즉 **"나는 의심한다. 그러므로 나는 생각한다."**라는 답변을 한 것이다. 이 말은 자신의 회의개념을 생각의 개념에서 찾으려 하고 있다. 나아가 자신에 대한 존재의 개념을 생각의 개념으로부터 찾으려 하고 있다. 즉 "나는 의심한다(dubito)." 로부터 "나는 존재한다(cogito to sum)." 로 연결 시켰다.[477]

---

477) Ibid, p.30.

이러한 주장을 했던 데카르트(Descartes)의 생각에는 무슨 문제가 있었는지 좀 더 세심한 분석을 가할 필요가 있다. 피조세계에 나타난 만물과 인간의 육체에 관한 문제를 어떻게 취급했는가를 탐구할 필요가 있다. 지금까지 피조세계의 만물을 하나님의 통치사상에 기초하여 해석하지 아니하면 절대 올바른 관점이 도출 될 수 없다는 것을 수차 강조해 왔다. 그런데 데카르트(Descartes)는 말하기를 "마음은 생각하는 존재라는 것을 의심할 여지가 없다. 그러나 그 몸은 무엇인가? 그 몸은 마음의 연장선상에 있는 것이다(an extended thing). 이것은 의심할 여지가 없다. 감각은 우리를 속이고 우리는 우리의 몸과 물질적 세계에 대해 단지 꿈을 꾸고 있을 수도 있다. 아마도 참으로 악랄한 악마가 이 세계에 대해 나를 속이고 있는 것이다."[478] 라고 주장함으로 인간의 심령과 하나님께서 창조하신 만물에 대한 회의를 원색적으로 드러냈다. 즉 하나님의 존재와 하나님으로부터 창조 된 만물과, 자신의 마음과, 그리고 자신의 육체에 대한 것까지 회의로 일관하고 있다. 즉 회의적인 생각을 통해 자신의 존재를 증명하려는 의도이다. 즉 자신이 회의주의에 처해 있다는 것은 자신이 존재하고 있다는 것을 증명한다고 주장했다. 그는 그러한 괴변을 통하여 그 회의론을 어떻게 합리적으로 증명하느냐? 에 심혈을 기울이고 있었다. 데카르트(Descartes) 자신이 유일하게 존재를 확신하는 길은 그의 회의적인 정신을 통해 확인하는 일이었다. 그리고 그 정신을 통해 하나님의 존재를 증명하려고 들었다. 그러나 그 존재증명은 허구에 끝날 수밖에 없었다. 하나님의 존재증명은 오직 회의주의를 합리적으로 논증할 수 없기 때문이다.

데카르트(Descartes)의 하나님에 대한 합리주의적 존재증명은 회의적 사유로부터 시작한다. 그는 말하기를 "나는 의심한다. 그러나 내가 의심한다면 나는 불안전하다. 지식이 부족한 원인은 불완전하기 때문이다. 그러나 내가 불완전하다는 것을 안다면 완전의 지식을 가지고 있음에 틀림없다. 한 편으로 그것이 완전하지 못하다는 것을 나는 알지 못할 것이다. 그러나 완전에 관한 지식은 불완전의 마음으로부터 일어날 수 없는 것이다. 그것은 불완전한 자원이나 완전하다는 기초가 될 수 없기 때문이다. 그러므로 내가 가지고 있는 완전한 관념(Idea)

---

478) Ibid, p.30.

의 본원은 완전한 정신(하나님)임에 틀림없다."[479] 라고 말했다. 이러한 그의 역설(Paradox)은 사람의 마음을 매혹시키기에 충분하다. 상식적인 철학에 젖어있는 사람들은 그의 유혹적인 논리에 휩쓸려 들어 갈 수밖에 없다. 그러나 그의 결정적인 실수는 인간의 불완전한 정신으로부터 출발하여 완전한 정신(하나님)의 존재론까지 추리하는 논리상 맞지 않은 합리적인 연역법(Rational Deduction)을 사용하는데 있다.

그가 주장하는 논법의 비합리성을 분석하고 비판해 보자. 우리가 합리적 논법을 전개하는데 있어 어떤 원리가 다른 종류의 원리와 일치하기 위해서는 여러 가지 개념 가운데 단 하나의 원리적 공통 분포를 가지고 전체의 일치점을 찾을 수 없다는 것은 논리학적으로 증명된 바이다. 한 예를 들어 보자. 어떤 사람이 미국 이민을 가서 미국 시민이 되었다. 미국 헌법에 미국 시민이어야 대통령으로 출마 가능하다고 명시되어 있다. 또한 대통령이 될 수 있는 다른 공통분포가 있다. 오바마(Obama)가 소수 민족인 흑인이지만 미국 대통령이 되었기 때문에 나도 소수 민족(황색 인종)으로 대통령이 될 수 있다는 생각을 할 수 있다. 오바마(Obama)도 사람이고 나도 사람이다. 다 같은 사람이고 다 같은 미국 시민이다. 그리고 미국에서 오바마(Obama)도 소수민족에 속한 사람이고 나도 소수민족에 속한 사람이다. 다 같은 미국 시민이기 때문에 나도 미국 대통령이 될 수 있다는 생각을 할 수 있다. 그러나 그것은 논리적으로 틀린 이론이다. 이유는 단 한 두 가지 공통점만 생각하기 때문이다. 제2의, 제3의, 나아가 세부적인 공통점을 고려하지 않고 있기 때문이다. 미국 헌법이 제시하고 있는 전제적인 원리에 합당한 논리가 성립되어야 하는 것을 간과하고 있다. 미국 대통령에 출마할 수 있는 사람은 이민 가서 미국 시민이 된 사람은 불가하다는 법 조항이 들어 있다. 제1의 공통점을 명시하는 원리만 생각하면 이민자로 미국 시민이 된 사람이 대통령이 될 수 있다고 말할 수 있다. 그러나 제2의 공통분포인 미국에서 탄생한 시민권자만 대통령에 출마할 수 있다는 조항에서 결격 사유가 생기고 만다. 또한 제3의 제4의 공통분포를 비교해 보면 또 미국 대통령이 되는 길은 정치 분야의 연구와 정당 활동과 그 외의 세부적인 부분에 있어 전문적 노선을 따라 훈련을 쌓아

---

479) Ibid, p.31.

야 하며 지도력을 발휘할 수 있어야 한다. 단순한 한 두 가지 공통점을 가지고 있다고 해서 미국에서 누구나 대통령이 될 수 있는 법과 길이 주어진 것은 아니다. 많은 사람들이 간단한 논리로 "그는 사람이다. 나도 사람이다. 그러므로 그가 성공한 사람이 되었으니 나도 그와 같이 될 수 있다." 라는 말을 쉽게 한다. 물론 그와 같은 단순한 3단 논리는 단 하나의 범주를 비교 대조해 볼 때는 맞는 말이다. 그러나 제 2, 제 3의 범주로 들어가 공통점이 형성되지 아니하면 논리상 불가능한 요소가 나타난다.

가장 중요한 범주의 공통점은 하나님께서 허락하신 일반은총을 각자의 은사에 맞게 적용할 때 그와 같은 논리는 불가능하게 될 수밖에 없다. 과학 분야의 은사를 가지고 태어난 사람이 정치적 활동을 한다는 것은 사실상 불가능한 일이다. 또 한 가지 예를 들어보자. 한국 정치사에서 가장 승부사 기질이 강하다고 말할 수 있는 노무현 대통령의 정치적 성향을 따라 누구나 그와 같은 기질로 정치적 성공을 이룰 수 있다고 생각하겠는가? 더구나 승부사 기질이 강한 어느 사업가가 어떤 회사 경영분야에서 종사하고 있는데 그에게 대통령이 되라고 천거할 수 있겠는가? 과학 분야에서 승부사 기질이 아주 강한 에디슨(Edison)에게 미국 대통령이 되라고 어떤 사람이 천거 하겠는가? 모든 인간들에게는 서로가 넘을 수 없는 하나님께서 하락하신 일반은총의 영역이 주어져 있다. 더구나 하나님의 영역과 죄성을 가지고 있는 인간의 영역은 공통분포와 비 공통분포가 확실하게 구분되어 있다. 회의주의를 합리적으로 증명하려는 데카르트(Descartes)의 문제점은 죄악에 물들어 있는 불완전한 인간의 회의적인 인식론을 통해 완전한 하나님의 실재(Reality)를 해결하려는데 있다. 즉 불완전한 인간의 정신을 통해 완전한 인격을 소유하신 하나님의 존재를 입증하려는 우를 범하고 있다. 완전한 지식은 불완전한 정신으로부터 증명될 수가 없다. 인간이 자신의 불완전을 인식할 때는 하나님의 완전하신 거룩함을 인식하는 것과 연관되어 있다. 즉 자신이 죄인이라는 존재를 인식할 때 하나님의 거룩을 인식한다는 말이지 인간의 불완전한 요소를 통해 완전하신 하나님의 존재를 인식한다는 말은 어불성설이다. 불완전한 인식 또는 완전한 인식의 개념은 하나님 앞에서 자신의 죄를 깨닫는 문제하고는 근본적으로 다른 개념이다. 그 불완전의 인식은 자신이 죄인이라는 인식으로부터 시작되어야 한다. 완전한 지식과 불완전한 지식의 비교 대조를 통해 완전한 하나님의 인식으로 들어가는 것이 아니다. 죄인의 인식을 통해 하나님을 인식하는 것이다.

또한 데카르트(Descartes)가 증거 하는 하나님에 관한 지식은 안셈(Anselm)의 존재론적 논증(Ontological Argument)을 원리로 한 선험적 논증(Priori Argument)을 앞세우는데 문제가 있다. 그의 주장은 다음과 같다. "어떤 사물에 대한 필수적 요소는 그 사물로부터 벗어나 존재할 수가 없다. 예를 들면 삼각형은 세 개의 각을 가지고 있는데 세 개의 각이 형성되어 있지 못하면 삼각형이 아니다. 만약 어떤 것이 존재 한다면 그 이전에 하나의 필연적인 존재가 전제된다. 그러므로 하나님의 존재는 논리적으로 확언할 필요가 있다. 절대적으로 완전한 존재의 관념은 어떤 작은 완전성도 결여될 수가 없다. 만약 그렇다면 그 **관념 자체는** 절대적으로 완전하다는 것이 될 수가 없다. 그러나 관념과 달리 **존재 자체는** 절대적으로 완전한 존재의 관념에 있어 필연적인 요소이다. 어떠한 존재요소의 결여는 완전성에 있어서의 결여이다. 그러므로 절대적으로 완전한 존재는 존재하고 있음이 틀림없다. 만약에 존재가 없다면, 우리가 가지고 있는 관념은 절대적으로 완전한 존재가 되지 못할 것이다."[480] 라고 데카르트(Descartes)는 주장하고 있다.

데카르트(Descartes)는 인간의 인식 속에 잠재해 있는 하나님에 대한 **절대 완전 관념**으로부터 하나님의 완전한 존재를 찾아 올라가는 존재론적 증명(Ontological Argument)을 시도하는데 문제가 있다. 그것도 어떤 선험적(Priori) 사물에 대한 증명을 통해 하나님의 완전한 존재를 찾아가는 입장이다. 삼각형에 대한 인식을 예로 들고 있지만 창조적인 입장에서 보면 데카르트(Descartes)의 존재론적 논증이 처음부터 모순을 드러내고 있다. "삼각형이 세 개의 각을 가지고 있다." 라는 진술에 대해 우리가 생각할 것은 **삼각형**이 만들어 졌기 때문에 세 개의 각을 가지게 되었으며 삼각형이란 이름이 주어진 것이다. 여기서의 질문은 삼각형이란 이름을 통해 삼각형이란 감각이 우리의 인식 속에 들어온다는 말인가?

---

480) Ibid, p.31.

아니면 삼각형이란 이름이 주어지기 전에 삼각형의 존재를 인식할 수 있었단 말인가? 이다. 데카르트(Descartes)는 존재 이전에 필연적인 존재를 말하고 있으나 우리는 삼각형이란 이름이 주어지기 전에 삼각형이 존재 했으며 삼각형이라고 명명되어진 이름과 함께 우리의 인식 속에 삼각형이 들어온 것이다.

데카르트(Descartes)는 논리적 증명을 우선으로 하여 하나님의 존재를 증명하기 때문에 스스로 모순을 드러내고 있다. 그의 논리적 방법론은 단순한 제 1원리의 통일성만을 주장하는 3단 논법에 의존하고 있기 때문에 제2, 제3의 통일성의 원리로 들어가면 여러 가지 모순이 드러나게 된다. 그의 논리로는 전혀 인격적 하나님에 관한 증명에 도달할 수가 없다. 이미 제2, 또는 제3의 원리에 해당되는 통일성을 찾아 가면 완전한 하나님의 존재 증명에 모순이 생겨나게 된다. 그는 제1원리에만 해당되는 애매한 하나님의 존재론적 증명만을 말할 뿐이다. 하나님에 관한 절대적 인식은 인간 속에 잠재해 있는 관념(Idea)을 통해 알 수 있다는 주장에 불과하다. 이러한 주장은 다신론(Polytheism), 범신론(Pantheism), 이신론(理神論, Deism), 만유내재신론(Panentheism), 그리고 기타 종교는 물론 데카르트(Descartes)와 같은 세속철학자들도 얼마든지 그들 나름대로 같은 주장을 펼칠 수 있다. 이런 의미에서 볼 때 데카르트(Descartes)를 합리주의(Rationalism) 변증신학자들의 부류에 포함 시킬 수가 없다. 그런데도 가이슬러(Geisler)는 데카르트(Descartes)를 합리주의적 변증신학자들의 계열에 포함 시키고 있다. 물론 가이슬러(Geisler)가 합리주의적 신 존재 증명에 대한 문제점을 지적하고는 있으나 성경계시를 기반으로 합리주의를 주창한 개혁파 신학계열의 변증신학자인 골든 클락(Gordon Clark)을 데카르트(Descartes)와 같은 부류에 포함시킨 것은 변증신학의 분류를 잘못 정하고 있다는 증거이다.

2. 스피노자(Spinoza)의 합리주의

스피노자(Spinoza)의 합리주의적 신 존재 증명은 범신론적 입장의 그것과 흡사한 내용이다. 그러나 스피노자(Spinoza)의 방법론 적용은 데카르트(Descartes)의 그것보다 더 기하학적인 요소를 포함하고 있다. 데카르트(Descartes)

의 방법론 적용을 자세히 살펴보면 사람의 심리적 요소를 합리적으로 논증하려는 시도가 엿보인다. 그와 같은 시도는 선험적 존재론적 논증(Priori Ontological Argument)을 통해 완전성에 관한 신 존재증명을 시도하는 방법론이다. 한편 스피노자(Spinoza)의 출발점은 회의주의적 방법론을 적용하는 것을 배제하고 절대적 관념론의 적용으로부터 출발한다. 스피노자(Spinoza)는 "회의는 경험을 요구하는 심리적 요소가 인간 각자의 마음속에 잠재해 있기 때문에 모든 사람은 경험에 대한 각기 다른 인격을 가지고 있다. 각자의 다른 인격은 각자 다른 경험을 요구하게 된다. 각자의 다른 경험은 공통적인 규율이 되지 못한다. 이러한 무규율적인 경험에 따라 진리의 안내자를 찾을 수 없다. 무규율적인 요소들을 통해 사물의 참된 본질이나 성질을 획득할 수가 없다. 과학적인 추론조차도 간접적으로만 사물의 본질에 접근할 수 있다. 사물의 본질을 인식하기 위해서는 직접적이고 합리적인 통찰을 통해 그 본질에까지 나아가야 한다. 이러한 과정을 통해 정신은 자연세계와 결합될 수 있으며 오류의 피해로부터 벗어날 수 있다. 절대적으로 완전한 신의 관념을 가지고 관찰할 때에 하나님의 인식에 도달할 수 있다."[481]라고 주장하고 있다.

스피노자(Spinoza)는 하나님의 인식에 있어 합리적인 방법을 적용함으로 오류로부터 벗어날 것을 주장하고 있다. 그는 "우리는 그 오류의 원인을 찾아내야 하는데 인간의 정신은 단편적인 요소만을 제공하고 있다. 인간의 상상은 육체적인 감각 때문에 혼란으로 빠져 버리고 만다. 여기에서 인간의 상상력은 지나치게 추상적이며 일반적인 방향으로 빠져버리고 만다. 그리고 하나님이라는 완전한 관념과 함께 시작하는 일에 실패하고 만다. 기하학적 방법은 나약한 마음을 돕기 때문에 실수에 대한 개선이 된다. 또한 기하학적 방법은 특정인에게 속하지 않으며 증거 될 수 있는 결론을 양산해 내기 때문에 실수에 대한 개선이 된다. 더 나아가 완전한 관념을 가지고 있는 내적 성장은 혼란스러운 감각으로부터 분명한 관념과 구별할 수 있도록 도움을 주고 있다."[482] 라고 주장했다.

---

481) Spinoza, Ethics, pt. I, Propositional xi. ; Norman Geisler, Christian Apologetics, (Baker Book House, Grand Rapids, Michigan, 1976), p.32.
482) Norman Geisler, Christian Apologetics, (Baker Book House, Grand Rapids, Michigan, 1976), p.32.

스피노자(Spinoza)의 방법론을 하나님의 인식론에 적용할 때 몇 가지의 문제점 있는 결론에 도달하게 되는데 그 요점들은 다음과 같다.

첫째. 전통적인 존재론적 증명을 주장한 데카르트(Descartes)와는 반대로 하나님께서는 필연적이며 독립적으로 존재하는, 즉 본질적으로 홀로 존재하는 하나의 존재로 여겨져야 한다. 하나의 필연적인 존재는 그 존재가 존재하지 않을 이유를 설명할 수 있는 충분한 근거가 없다면 반드시 존재해야 한다. 결국 신의 비존재를 설명할 수 있는 충분한 이유는 없다. 그러므로 하나님은 반드시 존재한다.

둘째. 하나님에 관한 존재증명은 어떤 것이 반드시 존재한다는 확언과 함께 시작한다. 이와 같은 논증은 합리적으로 피할 수 없다. 모든 것은 그 존재로부터 하나의 원인을 가져야 하기 때문에 무한하지 않은 원인에 대한 확언을 말할 수가 없다. 어떤 유한한 존재이든 간에 그 존재의 원인이 무한하다는 것을 숨길 수가 없다.

이러한 스피노자(Spinoza]의 유신론 증명은 어떤 존재의 개체로부터 무한한 원인을 찾아가기 때문에 범신론(Pantheism)으로 떨어지고 만다. 각 개체로부터 하나의 무한한 실체를 소유한다고 주장하기 때문이다. 결과로서의 피조물은 원인이 되는 창조주와 마찬가지로 무한하다고 주장하여 유한한 피조물을 창조주 하나님과 동등하게 여김으로 만물의 개체 속에 신이 존재한다고 주장하는 범신론(Pantheism)으로 떨어질 수밖에 없다. 그러나 데카르트(Descartes)가 신의 존재를 합리적 논증을 통해 찾아 올라가는 방법을 주장하는데 반하여 스피노자(Spinoza)는 필연적인 신의 존재를 전제하고 있다는 점에 있어서는 다른 관점을 피력하고 있지만 합리성을 주장하는 점에 있어서는 동질성을 나타내고 있다. 그러나 "신의 존재를 증명할 수 없기 때문에 존재한다."는 주장은 합리적으로 들리지만 전혀 비합리적이다. 이는 인간의 의식 속에 들어있는 하나님의 존재의식을 표현하는 방법에 불과하다. 성경은 하나님의 존재에 대해 역사적으로, 논리적으로, 예언으로, 그리고 인격적으로 확실한 증명을 나타내 보이고 있다. 그러므로 하나님의 존재 증명에 대해서는 성경이 말씀하는 전제주의(Presuppositionalism) 논증으로부터 설명 되어져야 한다. 이는 후에 전제주의에서 설명하려고 한다.

3. 라이프니츠(Leibniz)의 합리주의

라이프니츠(Leibniz)는 합리주의자들의 최고 봉우리에 서서 근대 합리주의 사상에 가장 많은 영향을 끼쳤다. 데카르트(Descartes)의 방법론과는 달리 그는 단순히 관념의 선험적 분석을 기초로 삼지 않고 증명을 과학적 경험으로부터 발견한 것을 검토해 나가는 합리주의자였다. 그는 이 세계를 신에 의해 완전히 조화를 이루는 단자들(單子, Monads)의 집합으로 생각했다.[483] 그러나 라이프니츠(Leibniz)는 충족이유율(充足理由律, The Principle of Sufficient Reason)에 의해 신의 존재를 논하려고 시도했다.[484] 데카르트(Descartes)는 관념론적 합리주의를, 스피노자(Spinoza)는 완전한 관념론에 의존한 합리주의를, 그리고 라이프니츠(Leibniz)는 충족이유율(The Principle of Sufficient Reason)에 의한 하나님의 인식을 전개하고 있다.

라이프니츠((Leibniz)는 "인간의 정신 속에 충족이유율(The Principle of Sufficient Reason)에 의해 도출되지 않은 본유적인 원리들이 존재한다. 여기서 충족이유(Sufficient Reason)란 만물이 이유 없이 존재하는 것은 없다는 뜻이다. 즉 충족이유(Sufficient Reason)는 모든 명제들의 기반이며 분석적 분야에 있어서도 진리이다. 우리는 충족이유(Sufficient Reason)를 부정하는 작업에 있어서도 충족이유(Sufficient Reason)를 사용해야 한다. 그럴 때 어떤 사물에 대한 부정을 시도하는 가운데 그 사물을 긍정하게 된다."[485] 라고 주장했다.

---

483) Ibid, p.33(Leibniz, Monodology, pp.1-9).

484) 라이프니츠(Leibniz)는 최초로 충족이유율(Principle of Sufficient Reason)에 관한 철학을 제창하였다. 이에 관한 철학적 해석은 사물의 존재나 진리는 그것이 존재할 충분한 이유가 있어야 한다는 원리이다. 간단히 말하면 이유율(理由律, Sufficient Reason)이라고도 한다. 라이프니츠(Leibniz)는 모순율과 충족이유율을 논리학의 2대 원리로 삼았다. 그는 충분한 이유가 없으면 어떠한 사물도 성립될 수가 없으며 어떠한 판단도 진리가 될 수가 없다고 주장했다. "이러한 이유에 의하여 그러한 것들은 다른 것이 아니고 바로 그들 자신들이다." 라는 주장을 피력했다.

485) Norman Geisler, Christian Apologetics, (Baker Book House, Grand Rapids, Michigan, 1976), p.33.

라이프니츠(Leibniz)의 유신론적 논증은 존재론적 논증(Ontological Argu-ment)과 우주론적 논증(Cosmological Argument)을 통해 그의 합리성을 나타내 보이고 있다. "완전한 존재가 존재하는 것이 가능하다는 관념을 우리가 가지고 있다면 완전한 존재는 필연적이라는 관점을 강조함으로 존재론적 합리주의(Ontological Rationalism)를 논증하고 있다."[486] 절대자 하나님은 완전성의 가능에 대해 모순이 있을 수 없기 때문에 실제적으로 완전한 존재가 가능하다. 결국 완전한 절대적 존재는 존재할 수밖에 없다. 절대적으로 완전한 존재의 가능성이 필연적인 존재를 보장한다는 주장이다.

라이프니츠(Leibniz)가 신 존재 증명을 논증하는데 있어서의 우주론적 합리주의(Cosmological Rationalism)는 관찰된 전 우주의 변화를 통한 경험에 의해 신 존재 인식이 가능하다는 점을 강조하고 있다. 그러나 우주의 변화는 그 자체 속에 존재이유가 결여 되어 있다는 것을 내포하고 있다고 주장했다. 즉 만물이 변화 한다는 것은 그 자체 속에 충족이유(Sufficient Reason)가 결여되어 있다는 것을 말하고 있다. 모든 만물은 그 자체 안이든지 아니면 그 자체를 넘어 결여된 충족이유(Sufficient Reason)가 있다고 할지라도 그 이유는 분명히 존재하고 있다. 합리적으로 볼 때 존재하기 위한 충족이유율(充足理由律, Principle of Sufficient Reason)이 되는 우주 최초의 궁극적인 원인이 존재한다고 결론짓는 것이 필수적이라고 주장했다.

라이프니츠(Leibniz)의 합리주의(Rationalism)는 자신의 논리를 합리적으로 설명하기 위해 하나의 전제를 가정하고 부정과 긍정을 번갈라 가며 합리화를 전개하고 있다. 이러한 가정을 전제한 합리주의적 설명은 참된 합리주의가 될 수 없다. 그러한 논증의 사물에 대한 충족이유율(充足理由律, Principle of Sufficient Reason)은 "세계가 변한다는 점에 있어서는 그 자체 속에 충족이유율(充足理由律, Principle of Sufficient reason)이 존재하지 않고 있으며 반대로 자체 존재의 충족이유율(充足理由律, Principle of Sufficient Reason)이 세계를 초월하여 존재하여야 한다."고 말하는 것은 전혀 모순적인 말이다. 만물

---

486) Ibid, p.34.

을 다스리는 하나님께서는 만물에 대한 원인이며 충족이유(Sufficient Reason)이시며 세계가 변하는 과정은 물론 만물을 초월하여 존재하는 데까지 충족이유(Sufficient Reason)이다. 우리가 만물에 대한 충족이유(Sufficient Reason)를 신학적으로 논증한다면 하나님께서는 만물에 관한 계획을 창세전에 세우고 계셨으므로 만물위에 계시고, 만물을 지으시고, 만물을 다스리시고, 만물을 섭리하시고, 만물을 보존하시고, 그리고 만물의 원인이 되시기 때문에 종말의 만물을 심판하시는 분이시다. 이러한 신학적 논증을 합리적으로 설명하면 창조이전의 하나님의 계획은 종말이후의 성취에 이르기까지 어느 한 사건도 어김없이 일관되게 모든 예정된 대로 집행되어 간다. 모든 우주는 신적작정(Decree)에 의존하여 종속적인 합리성을 구성하고 있으며, 시간적 순서를 정해 놓고 있으며, 그리고 사건을 집행하는데 있어 시공간의 역사성을 증명하고 있다.

4. 클락(Gordon Clark)의 계시론적 합리주의

20세기에 들어와 고전적 변증학(Classical Apologetics)에서 벗어나 개혁파 신학을 주장하는 여러 변증학이 활발하게 전개되기 시작하였다. 그 가운데 미국 웨스트민스터(Westminster) 신학교를 설립한 메이첸(G. Machen) 박사로부터 기독교 변증학의 사상을 이어받아 동 신학교에서 교수했던 밴틸(Van Til) 박사가 제시한 성경 전제주의 변증학(Presuppositional Apologetics)이 그 축을 형성하고 있었다. 밴틸(Van Til)박사는 지금까지 내려온 스콜라주의(Scholasticism)에 기초를 둔 고전적인 기독교 변증학(Christian Apologetics)을 파헤쳐 비평하고 전제주의 기독교 변증학을 제시하여 신학계를 놀라게 했다. 특히 고전적 변증학(Classical Apologetics)에 메스를 가한 점이 더욱 신학계를 놀라게 했다. 나아가 헤겔(Hegel)의 변증법(Dialectics)을 변형시켜 정적 변증법(靜的 辨證法, Static Dialectic)을 통한 하나님의 실체를 증명하려고 했던 발트(Karl Barth)의 초월주의(Transcendentalism) 신학을 통렬하게 공격함으로 발트(Barth) 자신도 놀랄 정도의 충격을 신학계에 던져 주었다.

문제는 변증학적 노선을 정하는데 있어 계시론적 합리주의(Rationalism)를 주장하는 클락(Clark)을 17세기 이성주의 철학자들과 같은 부류에 진열 시킬 수 있느냐? 이다. 전혀 불가능하다고 생각한다. 여기서 가이슬러(Geisler)는 20세기 변증신학자 클락(Clark)을 17세기 합리주의 철학자들과 같은 부류로 분리한 것은 합리주의의 범주를 너무 확대하고 있는 것으로 생각된다. 교부들 시대로부터 19세기까지 전통을 이어온 고전적 변증학(Classical Apologetics)은 하나님의 존재를 증명하는 정도에 머물러 있었던 기독교 변증학(Christian Apologetics)에 불과했다. 20세기에 들어와 성경에 기반을 두고 합리주의의 근본원리(Axiom)를 제창하고 나선 클락(Clark)은 17세기 주관적 이성에 기초를 둔 합리주의자들과는 근본적으로 다른 합리주의를 제창하였다. 여기서 클락(Clark)의 관점과 반대의 입장에 서 있었던 버스웰(Oliver Buswell Jr.)은 변증학을 전개할 때에 성경계시에 나타난 사건(Fact)을 우선으로 채택하였다. 물론 위의 두 신학자들은 개혁파 신학의 영역에서 벗어나지 않고 있었다. 합리주의나 사건(Facts)을 전제로 하여 변증학을 전개하는 개념을 넘어 성경을 전제로 하여 변증학을 전개하는 구체적인 내용을 분석해 보자.

1) 전제의 필요성

스콜라주의(Scholasticism)에 기초를 둔 고전적 변증학(Classical Apologetics)은 20세기를 넘어서면서 기독교 변증에 실패를 선언하기에 이르렀다고 봐야 한다. 그 이유는 세속철학과 자유주의는 고전적 변증학(Classical Apologetics)의 개념으로 부터 벗어나 아예 비기독교적 신학과 철학을 전개하기에 이르렀기 때문이다. 그러한 사상은 신학이 없는 난장판 신학을 전개하고 있었다. 절제 없이 생각나는 대로 아무렇게나 말장난을 일삼아 신학이란 이름을 붙여도 아무 제재를 받지 않은 시대가 되었다. 근거 없는 이론을 마음대로 지껄이는 시대로 접어들었다. 신학은 원리와 전제에 대해 절대성을 필요로 한다. 특히 개혁파 신학의 변증학은 오직 성경이 말씀하는 경계선 안에 머물러야 한다. 성경의 경계선을 넘어 개인적 생각에 기초하여 줄기 없는 주관주의 철학을 적용하면 기독교 변증학으로서의 가치를 저버리게 된다. 20세기에 들어와 개혁파 신학의 변증학은 전환기를 맞이하게 되었는데 성경 전제주의 변증학(Presuppositional Apologetics)이 나타나게 되어 오랫동안 내려온 고전적 변증학(Classical Apologetics)의 노선을 탈피한 독자적인 길을 걷게 되었다.

17세기 이후 합리주의의 팽창으로 아무 전제적 근거도 없이 가상적 주제를 정하고 주관적 논리를 전개해 온 신학계가 20세기를 전후하여 스스로 기독교 변증을 포기하는 지경에 이르렀기 때문에 성경의 전제론이 변증학의 주제로 떠오를 수밖에 없는 지경이 이르렀다. 이에 클락(Clark)은 변증학의 방법론에 있어 합리주의를 주창하면서 몇 가지의 전제를 들고 나왔다.

첫째; 어떤 종류의 전제 또는 선험적 장비가 없이 철학적 건설은 불가능하다.
둘째; 세속주의 철학자들은 그들의 문제를 해결할 수 있는 전제들을 색출해 내지 못했다.
셋째; 적어도 어떤 이념을 위해 가설을 덧붙인다면 그것은 다른 전제들이 실패한 것을 보아왔기 때문에 계시가 우리들의 공리(公理)로 받아 들여져야 한다.[487]

위의 세 가지 주제를 제시하는 클락(Clark)의 변증신학을 점검해 보자. 그는 "계시가 증거나 추론이 없이, 즉 우리가 시인할 수 있는 진리로부터 연역(演繹, Deduction)됨이 없이, 참된 진리로 받아들여져야 한다는 사실이 제시되었을 때 비합리적으로 보일 수 있다."는 것을 인정하고 있다. 그럼에도 불구하고 근본원리(Axiom)의 본질을 마음에 깊이 새기게 될 때 이상할 것이 없다는 주장이다. 그 이유는 근본원리(Axiom)가 무엇이든지 또한 어떤 주제로 사용되든지 보다 더 원초적인 원리 이전의 원리로 연역될 수 없기 때문이다. 세속주의 철학자들은 근본원리(Axiom)의 기준이 없는 자신 스스로 근본원리(Axiom)를 선택한다. 그러나 그 근본원리(Axiom)는 근본원리(Axiom) 자체가 그 본질을 유지하는 한 일반 원리로 연역 되거나 입증될 수가 없다. 그러므로 성경이 명제를 유지하고 있는 계시적인 근본원리(Axiom)에 대한 질문은 "계시는 지식을 가능하게 만드는가? 계시는 가치와 윤리적인 규범을 확립시키는가? 계시는 정치에 관한 이론

---

487) Norman Geisler, Christian Apologetics, (Baker Book House, Grand Rapids, Michigan, 1976), p.37(Gordon Clark, Religion, Reason, and Revelation, p.41).

을 제공하는가? 그리고 이러한 모든 결정은 서로 일관성이 있는가?"이다. 간단히 말하면 "우리는 어떤 통일된 체계를 생산하는데 있어 그것의 계승에 의해 한 근본원리(Axiom)의 수용성을 판단할 수 있다."는 말이다. 논리적 일관성은 진리의 본질이며 논리적 모순은 오류의 핵심이다.[488] 라고 클락(Clark)은 주장했다.

2) 비모순적인 법칙에 관한 입장과 변증

클락(Clark)은 주장하기를 "모순적인 법칙을 부정하는 것은, 즉 모순의 법칙이 보편적인 진리를 확립하는데 실패했다는 것은, 세속철학이 몰락했다는 것을 의미한다."고 말했다. 그는 연이어 말하기를 "성경을 이해하는 가능성조차도 논리학을 전제로 한다."고 주장했다. 그러나 이것은 성경에서 선험적으로 분리된 논리학의 근본원리(Axiom)로 간주되어야 한다는 의미가 아니라고 말했다. 논리학은 성경 안에 깊이 간직되어 있으며 언어의 형식으로 표현된 하나님의 사상이라고 주장했다. 그런데 클락(Clark)은 성경을 이해하는데 본문이 의미하는 내용과 다르게 요한복음 1장1절의 말씀(λόγος)인 예수님의 인격을 논리(Logic)로 해석하는 우를 범하고 있다. 그는 "태초에 논리가 있었다(In the beginning, was Logic). 그 논리는 하나님과 함께 있었다(Logic was with God). 논리는 하나님이었다(Logic was God)."라는 식으로 해석할 것을 주문하였다. 이와 같은 주장은 말(Logic)이 하나님에 대한 표현이거나 사상이기 때문에 그렇게 해석해야 한다고 주장했다. 그러므로 모순율은 하나님보다 앞서거나 독립해 있는 근본원리(Axiom)로 생각해서는 안 된다는 주장이다. 만일 우리는 논리가 하나님의 생각에 의존적이라고 한다면 그것은 오직 하나님의 생각에 관해 특별한 의미에서 의존적이다. 하나님께서는 영원하시며 논리적으로 사유하지 않고서는 결코 존재하지 않기 때문이다. 그러므로 논리는 하나님의 정신적 활동으로 간주되어야 한다.[489]라고 주장했다.

3) 논리와 성경의 관계

---

488) Ibid, p.38.
489) Ibid, p.38.

클락(Gordon Clark)은 "합리주의를 중요하게 생각하는 세속철학이 하나님의 인식에 관한 문제를 해결하지 못했기 때문에 그 대안으로 성경이 제시되어야 한다. 우리는 성경과 논리의 관계를 예상해야 하는데 성경은 종이에 글자를 적어 놓은 것이 아니고 사상으로 구성되어 있기 때문에 성경은 하나님의 사상으로 보아야 한다. 성경은 논리적인 조직을 드러내고 있으며 성경은 모순율보다 근본원리(Axiom)로 선택 되어야 한다. 만약 하나님께서 성경과 분리된 하나의 근본원리(Axiom)로서만 존재하고 계셨다면 하나의 명칭에 불과했기 때문에 근본원리(Axiom)가 될 수가 없다. 그러므로 성경은 근본원리(Axiom)로 제시되어야 한다. 성경은 정확성과 내용을 제공하고 있다. 그것들이 없으면 근본원리(Axiom)는 무용한 것이다. 그러므로 하나님, 성경, 그리고 논리는 함께 매여 있다.[490]라고 주장했다.

클락(Clark)은 계속하여 주장하기를 모든 비기독교 세계관은 궁극적으로 자기모순을 가지고 있다. 회의론은 내적으로 자체 모순을 가지고 있기 때문에 자기 이론에 대해 스스로를 반대하고 있다. 진리에 관한 절차의 방식은 통일성과 일관성이 있어야 하며 각 입장이 함축하고 있는 내용은 최후에까지 추적되어야 한다. 그 추적은 귀류법(歸謬法, reductio ad absurdum)에[491] 의한 검증방법이 되어야 한다. 또한 어떤 두 가지의 주장 가운데 통일성이 갖추어진 것으로 보이는 것이 나타날 경우 우리는 그 중에 가장 포괄적 가능성이 있는 일관성을 위해 어느 한 가지를 선택해야 한다. 어떤 철학자도, 또한 어떤 주장도 완전한 체계를 제공할 수가 없기 때문에 해결할 수 없는 많은 문제를 처리할 수 있는 방법을 제시할 수 있다면 덜 회의적이고 덜 모순적인 사상을 선택해야 할 것이다. 이러한 주장을 클락(Clark)이 제시하는 이유는 "이것이 바로 성경 안에 있는 명제적인 관계를 가지고 있는 근본원리(Axiom)가 존재하기 때문이라고 말한다. 성경은 글로 표현된 하나님의 생각이며 하나님께서는 논리적이고 일관성 있게 사유를 나타내

---

490) Ibid, p.39.

491) 어떤 명제가 진리라는 것을 직접 증명하는 대신 부정하는 명제를 진리로 가정하고 두 명제를 서로 대조시킬 때 서로 모순에 귀결한다는 것을 이끌어내어 간접적으로 원(原) 명제가 진리가 되어야 한다는 것을 주장하는 추리 증명법이다. 이러한 논증법을 간접적 증명이라고도 명명한다.

고 계신다. 하나님의 사유에 있어 논리는 특별한 면을 가지고 있다. 궁극적으로 일관성 있는 구조는 궁극적으로 진리이다. 전능하다는 생각을 가지고 있을 때 그 구조가 궁극적으로 일관성이 있다는 것을 알 수 있기 때문에 유한한 생각을 가지고 있는 우리는 가장 일관성 있는 것들을 선택해야 한다. 성경의 체계는 그와 같다."[492] 라고 클락(Clark)은 주장했다.

5. 합리주의적 하나님의 인식론에 대한 비평

가이슬러(Geisler)가 합리주의적 기독교 변증학(Christian Apologetics)을 전개함에 있어 클락(Clark)을 데카르트(Descartes), 스피노자(Spinoza), 그리고 라이프니츠(Leibniz) 등과 같은 부류의 선상에 놓고 소개 하였다는데 놀라지 아니할 수 없다. 가이슬러(Geisler)가 클락(Clark)을 계시적 합리주의자로 지칭하였기 때문이다. 그러나 클락(Clark)은 17, 18세기 이성주의 철학자들과는 전혀 다른 성경의 합리주의를 주장한 개혁파 변증신학자로 명명할 수 있다. 17, 18세기 이성주의 철학자들을 변증신학자들이라고 말할 수 없는 것은 그들이 성경의 절대성을 부정하고 있기 때문에 변증신학의 울타리 속에 끌어 들이는 자체에 문제가 있다. 가이슬러(Geisler)가 고전적 변증학(Classical Apologetics)을 주장하는 합리주의 변증학을 17, 18세기 철학자들과 같은 범주 안에 예속시키고 있다는데 문제가 있다. 그는 또한 성경의 전제주의 변증학자 밴틸(Van Til) 박사를 신앙주의(Fideism)자로 몰아세운 것을 보아도 상대자의 신학에 대한 진단이나 평가가 허술하다는 것 외에는 더 말할 것이 없다. 여기에서 일단 가이슬러(Geisler)가 합리주의 변증학을 분석하여 범주를 정하는데 있어 방법론의 부적합성을 지적해 보려고 한다.

1) 합리주의의 부적합성

물론 가이슬러(Geisler) 역시 합리주의가 기독교 변증학의 방법론으로 채택

---

492) Norman Geisler, Christian Apologetics, (Baker Book House, Grand Rapids, Michigan, 1976), p.39.

되는 것이 부적절한 사상이라고 말하고 있다. 그러나 그는 합리주의에 관한 변증학적 입장을 분야별로 범주를 정하는데 실패했다. 철학에서 시도하는 합리적 유신론 증명을 기독교 변증학 안으로 끌고 들어온 것은 개혁파 신학이 주장하는 계시의존주의 사상에 기초한 성경의 전제주의(Presuppositionalism) 변증신학의 흐름에 역행하고 있다. 합리적 **유신론증명** 이라는 부류 안에는 여러 가지 많은 논증들이 산재해 있다. 각 분야별로 그 종류들을 분리해서 규정해야 한다. 19세기까지 유신론 증명의 변증신학은 거의가 고전적 변증학(Classical Apologetics)의 테두리 안에 고정되어 있었다. 그러나 19세기 이후 자유주의 신학의 범람으로 이름조차도 구별하기 어려운 신학의 이름이 우후죽순처럼 돋아나 정통신학을 도전해 옴으로 이에 대한 변증신학이, 유신론 증명을 넘어, 개혁파 신학을 변호하여 지적전도를 활성화하기 위해 난장판이 된 자유주의 신학을 역공할 수밖에 없는 처지에 놓이게 되었다. 이에 합리주의 변증학(Rational Apologetics)과 더불어 전제주의 변증학(Presuppositional Apologetics)이 생성되어 나오게 된 것이다. 합리주의 변증학 가운데는 고전적 변증학(Classical Apologetics)에 기초한 유신론 증명에만 초점을 맞춘 방법론이 있다. 한편으로 성경을 합리적으로 적용하는 방법론을 통하여 성경의 영감론, 그리스도의 인격론, 그리고 구원론 등을 증명하는 교리적 변증학이 있다. 여기서 우리는 가이슬러(Geisler)의 맹점을 발견하게 된다. 클락(Clark)의 저서를 살펴보면 분명히 그는 고전적 합리주의 변증신학을 주장하지 않고 있다. 성경의 합리주의를 주장하지만 성경의 영감론이나 그리스도의 인격론에 있어 정통주의를 따르고 있다. 그런데 가이슬러(Geisler)는 클락(Clark)을 세속철학에 기반을 둔 합리주의의 범주 속에 예속 시키고 있다.

(1) 사유와 실재의 관계

어떤 사유가 실재(Reality)로 전환되는 근거를 도출해 낼 때 논리적 합리성으로만 가능성을 유추해낼 수는 없다. 즉 가능성이 현실화 될 때 그 과정을 통해 구체화 될 수 있는 근거를 제공해야 한다. 즉 논리는 사물에 절대적 실현성을 제공하지 못한다는 말이다. 합당한 논리는 가능성만을 제공하는 것이지 절대적 실현성을 제공하는 것은 아니다. 실현성을 탐구할 때 논리가 우선이냐? 아니면 통계가 우선이냐? 아니면 실험이 우선이냐? 의 논란을 접하게 될 때 우리는 결정적인 해답을 끌어낼 수가 없다. 어떤 논리나, 통계나, 그리고 실험도 실체(창조된 사물)를 벗어날 수 없기 때문이다.

예를 들면 과학적으로 논리를 적용할 때 공기로부터 우리가 원하는 생물을 생산해 낼 수 있다는 가능성을 전개할 수 있다. 공기 중에는 갖가지 원소가 포함되어 있다. 소수의 원소를 가지고 있는 미생물을 만들기 위해 그 미생물이 가지고 있는 원소를 공기로부터 비율대로 뽑아 혼합하면 그 미생물이 나와야 한다. 그러나 실현 불가능하다. 미생물은 DNA를 가지고 있기 때문에 그것에 합당한 생성과정을 거쳐야 하는 필연적인 조건이 충족되어야 한다. 오늘날 유전공학(Generic Engineering)이 발달되어 줄기세포를 이용하여 병을 치료할 뿐만 아니라 똑같은 개체를 탄생시키는 복제까지 가능한 시대가 되었다. 그러나 그와 같은 작업은 본체로부터 추출된 DNA를 이용하는 범위 안에서만 가능한 일이다. 또 깊이 생각할 것이 있다. 사유가 실현화 된 사건은 철학적으로 잠재성(Potentiality)이 실현성(Actuality)으로 전환되었다고 말할 수 있다. 문제는 존재의 실현성이다. "나무가 존재하고 있다."라고 말할 때 존재 이전의 존재가 있었느냐? 아니면 존재 이전에 사유 즉 잠재적 근원(Potential Source)이 있었느냐? 의 문제에 들어가면 합리주의나 또 기타의 철학에서는 결론을 내지 못하고 헤매게 된다. 그들은 만물의 근원인 하나님을 창조주로 고백하지 못하기 때문이다. 물론 그들도 하나님이 존재한다고 강하게 주장하고 있다. 그러나 그 하나님은 나에게 어떤 하나님으로 존재하며 만물에 관해 어떤 역할을 하고 계시는 하나님인가? 라는 질문에는 정확한 대답을 내놓지 못하고 있다. 그러한 존재에 대한 논증은 합리적 논리로 입증이 불가능하기 때문이다. 창조는 논리적 증명으로 이해되는 것이 아니고 역사적 사건(Fact)을 인식하므로 이해되는 것이다. 그러므로 "인간이 존재한다."라는 문제를 논리적으로 입증이 불가능하며 사건을 인식하므로 입증이 되는 것이다. 그것은 오직 사건(Fact)의 실현을 현실적으로 받아들일 때 입증이 되는 것이다. 즉 실현 된 사건(Fact) 이전에 잠재성(Potentiality)이 존재하고 있었다는 것을 받아들일 때 존재에 대한 증명이 성립되는 것이다. 그 잠재성(Potentiality)은 하나님의 신적작정(Decree)이라는 대답 이외에는 어떤 것도 해답이 될 수가 없다. 하나님께서는 만물에 관한 계획을 가지고 계셨다. 그 계획대로 창조되었다.

(2) 합리성과 실재(Reality)의 관계

합리적 논리가 실재적으로 가능하게 적용되지 못할 때가 너무 많다. 이것이 바로 유신론 신 존재 증명에 있어 존재론적 증명(Ontological Argument)이 가져다 준 문제점이다. 이미 설명한 대로 인간이 가지고 있는 신의 관념으로부터 하나님을 찾아 올라가는 존재론적 증명(Ontological Argument)은 애매한 신 존재 증명을 말할 뿐 구체적으로 나와의 관계를 가지고 있는 하나님과의 인격적 존재를 증명함에 있어서는 명확한 해답을 내 놓지 못하고 있다. 그것이 바로 인간 이성에 기초한 합리주의적 유신론 신 증명의 맹점이다. 합리주의가 애매한 결론으로 종결지어질 때 사실상 합리주의의 논리는 사라지고 만다. 결국 그러한 유신론 증명은 논리적 정당성이 결여되고 논리적 필연성도 상실되어 버리게 된다. 존재론적 증명(Ontological Argument)은 사실 애매한 심리적 작용에 의한 유신론적 증명에 불과한 것인데 논리를 적용하여 혼동을 일으키고 있다.

좀 더 생각해 보자. 만약 존재하는 것을 부정하려고 할 때 우리는 그 존재의 부정을 생각하기 이전에 이미 우리 자신이 존재하고 있다는 것을 전제하고 있다. 인간이 존재하기 때문에 존재를 생각하고 있는 것이다. 그렇기 때문에 그 존재는 인간의 마음속에 심리적으로 신의 존재가 자리 잡고 있다는 것을 말해주고 있다. 그러나 그 존재의식은 은혜언약 속으로 들어온 구원받는 존재의식과는 다른 의식이다. 인간은 자력으로 그러한 존재의식을 논리적으로 완벽하게 논증하지 못하는 난점을 가지고 있다. 그러나 현실적으로는 신의 존재의식을 가지고 있다는 것을 말해야 할 그 무엇을 생각할 수밖에 없는 처지를 실감하게 된다. 이때 사람들은 합리적 논증을 시도하게 된다. 그 합리적 논증은 명확한 논증이 아니고 애매한 심리적 작용만을 진술하는 정도에 끝나게 된다. 그 이유는 하나님께서는 분명히 존재하고 계신다는 것을 인식하고 있으면서 그 존재의식을 정확하게 진술할 수 없는 딜레마에 빠져 있기 때문이다. 이것이 바로 합리성과 실재(Reality)와의 관계를 정확하게 입증하지 못하고 있는 존재론적 증명이다. 그래서 합리주의

자는 현실의 실재(Reality)에 나타나는 존재증명의 가능성에 대해 합리적으로 사유와 실재(Reality)를 일원화 할 수 없는 혼돈상태에 빠지게 된다. 그러므로 아무리 정확한 합리적 증명이라도 하나님의 존재를 인간의 의식을 통해 찾아가는 방법론은 정확하게 적용될 수 없는 이론이다. 하나님의 실재(Reality)를 합리적으로 증명할 수 있다고 주장하는 것은 허구에 지나지 않는다.

(3) 클락(Gordon Clark)의 계시론적 합리주의의 문제점

클락(Clark)은 성경의 근본원리(Axiom)를 주장하고 있다. 그가 주장하는 공리(公理) 즉 근본원리(Axiom)의 개념은 하나님을 증명하는데 있어 **성경을 기본원리로** 간주해야 한다는 사상이다. 그의 기독교 변증학적 개념을 혹자는 성경의 전제주의(Presuppositionalism)와 거의 같은 개념으로 인식할 수 있다고 말한다. 즉 가이슬러(Geisler)는 클락(Clark)이 주장하는 성경의 근본원리(Axiom)를 전제적 개념으로 취급하고 있다. 그러나 클락(Clark)의 기독교 변증학(Christian Apologetics)은 밴틸(Van Til) 박사가 주장하는 성경의 전제주의(Presuppositionalism)와 큰 차이가 있다. 클락(Clark)의 근본원리(Axiom) 개념을 자세히 분석해 보면 성경의 근본원리(Axiom)를 합리적으로 분석하여 결론을 얻어내려는 방법론이다. 합리적 방법으로 증명이 불가능한 기적의 사건(Fact)이나 이스라엘의 역사적 사건을 합리적으로 해석할 수 있는가? 라는 논증에 대해서는 해답을 내 놓을 수 없는 입장이다. 그런데 가이슬러(Geisler)는 클락(Clark)의 변증학적 입장을 성경에 기초한 **합리주의적 전제주의자로** 규정하려는 경향성을 보이고 있다. 이는 **성경의 전제주의** 개념을 이해하지 못하고 하는 말이다. 성경계시를 전제로 할 때 사실상 합리주의적 전제주의는 성립될 수 없다. 성경을 전제로 하는 기독교 변증학은 합리주의뿐만 아니라 사건(Fact)에 포함된 모든 역사를 전제로 해야 되기 때문이다.

가이슬러(Geisler)는 클락(Clark)을 전제주의자로 보고 있지만 사실상 클락의 합리주의에 기반을 둔 성경의 전제주의(Presuppositionalism)는 성립될 수 없는 변증신학이다. 그런 의미에서 가이슬러(Geisler)의 평가는 잘못된 평가이다. 오직 합리주의적 논리에 있어 성경의 근본원리(Axiom)를 추구하게 되면 성경의 부분적인 전제를 말하고 있을 뿐이다. 그 외의 성경에 나타난 여러 가지 사건, 인물, 역사, 기적, 하나님의 주권적 경륜에 관한 모든 내용을 기독교 변증학의 전제로 간주할 수 없기 때문이다. 그러나 가이슬러(Geisler)가 17세기 합리주의자들의 논리적 연역법을 성경의 전제주의에 견주어 보고 문제가 있다는 판단은 정확한 진단이라고 생각된다. 17세기 합리주의는 완전한 합리성을 유추해 낼 수 없다고 진단했다. 그 이유는 합리적 전제가 애매하기 때문이라는 정확한 진단을 내렸다. 즉 17세기 철학자들은 주관주의적 가설을 전제로 들고 나왔기 때문이다. 그렇기 때문에 성경이 가설을 퇴치시킬 수 있는 정확한 전제가 되어야 한다는 주장이다. 즉 성경이 완전한 합리주의의 근본원리(Axiom)가 되어야 한다는 주장이다. 그러나 합리적 전제주의(Presuppositionalism)는 성경이 합리주의적 논리에 한해서 근본원리(Axiom)가 된다는 것뿐 성경의 모든 내용을 기독교 변증학(Christian Apologetics)의 전제로 취하는 계시주의가 아니다. 합리주의의 제1원리가 되는 근본원리(Axiom)를 올바로 정하지 못했던 17세기 이후 철학자들의 합리주의는 비합리적이라고 가이슬러(Geisler)는 지적하고 있다. 이러한 지적도 합당하게 보인다. 그러나 가이슬러(Geisler)의 입장은 고전적 변증학(Classical Apologetics)을 곁들인 합리주의적 변증학을 선호하고 있는 것으로 보인다. 그 이유는 성경의 전제주의를 올바로 이해하기 못하고 있기 때문이며 클락(Clark)의 주장과 17세기 이후 철학자들의 주장은 분명히 다른 부류의 합리주의인데도 불구하고 같은 부류의 합리주의로 묶어 생각하고 있기 때문이다.

III. 신앙주의(Fideism)

신앙주의(Fideism)는 합리적 추론의 방법론을 거절하는가? 애매한 신앙주의자들은 간단하게 생각하여 "그렇다." 라고 대답하는 경우들이 있다. 혹자는 주장하기를 경험주의 철학은 회의론에 빠지게 되고 합리주의 철학은 전제론을 상실하게 되어 신앙주의(Fideism)가 변증학에 있어 가장 합당한 인식론(Epistemology)에 해당된다고 말할 것이다. 그러나 신앙주의(Fideism)를 경험주의 철학이나 합리주의 철학과 유비적(Analogical) 관계를 대조하여 추적해 보면 전혀 그렇지 않다는 것을 발견하게 된다. 이해할 수 없는 인식에 대해 우리는 무조건 믿을 수는 없기 때문에 유비적(Analogy) 관계를 분석해 보아야 한다. 하나님을 인식하는데 있어 경험주의(Empiricism)는 실존주의(Existentialism)를[493] 동반한다. 그러나 경험주의(Empiricism) 자체가 실존주의(Existentialism)는 아니다. 실존주의(Existentialism)를 종교적 인식론에 대입시켜 유비관계를 대조해 보면 초월주의(Transcendentalism)와 관계를 가진다. 그러나 이 초월주의(Transcendentalism)는 초자연주의(Supernaturalism)와 비슷하게 생각 되지만 다른 개념의 의미를 가지고 있다.[494]

실존주의(Existentialism)는 철학적 개념이다. 신학적 개념이 아니다. 그러나 시공간을 넘어선 인식론(Epistemology)에 있어서는 초월주의(Transcen-

---

493) 실존주의적(Existential) 인식론(Epistemology)은 우리가 실존(實存)을 접하게 될 때 주관적 해석을 우선으로 하는 입장이다. 헤겔(Hegel)의 객관적 사상을 배격하고 주관적 실존을 추구한 실존주의자 키엘케골(Kierkegaard)은 실존은 객관성이 아닌 주관성이라고 주장하였다.

494) 초월주의(超越主義)는 일명 초절주의(超絶主義)라고도 하는데 내재(內在, Immanence)와 반대되는 말로 그 인식론(Epistemology)은 의식으로부터 독립되어 있다는 뜻이며 대상(對象)이 인식작용에 의해 정립되는 것이 아니라 자립적 인식작용에 의해 정립되는 것을 말한다. 통상적으로 시공간을 넘어 실체에 대한 주관적 인식을 뜻한다. 칸트(I. Kant)는 가능적 경험을 넘어선 인식으로 규정하였다. 그는 감성적 직관의 대상이 될 수 없는 초 감성적인 것 즉 우리의 경험으로부터 독립되어 그 자신 스스로 존재함을 뜻하였다. 한편 초자연주의(Supernaturalism)는 자연주의 또는 이성주의에 반대되는 개념으로 합리적 방법으로 설명할 수 없는 초이성적 실재를 뜻하는데 엄밀한 의미에서는 기독교적 용어로 시공간의 제한을 넘어 일어난 사건을 의미한다.

dentalism)와 공통점을 형성하고 있다. 나아가 시공간을 넘어선다는 개념에 있어서는 초자연주의(Supernaturalism)와 공통점을 형성하고 있다. 주관적 인식에 기반은 두고 기적을 통한 만남을 매개로 하여 하나님의 인식을 주장하는 점에 있어서는 초월주의와 초자연주의가 부분적인 공통점을 형성하고 있다. 이성주의적 주관주의와 체험주의적 주관주의는 대칭관계에 있지만 주관주의라는 관점에 있어서는 공통점을 형성하고 있다. 우리가 신앙주의(Fideism)를 규정할 때 주관적 관점이라는 일방적인 기준에 의해 인식론을 규정하여 단편적인 범주에 예속시킬 수는 없다. 성경을 잣대로 삼아 인식론을 객관적이며 주관적인 일치점에 의존해야 할 것이다. 가이슬러(Geisler)가 신앙주의(Fideism)의 범주(Category)를 정하는데 있어 철학적 인식론과 기독교적 인식론 사이의 공통분포를 형성하여 단순논리로 결론을 지어버렸다. 그는 철학적 회의주의(Skepticism) 또는 불가지론(Agnosticism)과 기독교적 신앙주의(Fideism) 등은 서로 편안하게 양립할 수 있다.[495] 라고 말함으로 인식론에 있어 큰 오류를 범하고 있다. 즉 이성적 합리주의를 벗어난 실존주의(Existentialism), 초월주의(Transcendentalism), 신비적 경험주의, 그리고 미신적 초자연주의(Supernaturalism)까지 총망라하여 만남을 매개로 하여 하나님과의 직접적인 인식을 경험하는 모든 부류들을 신앙주의(Fideism)로 결정해 버렸다. 이는 자칫 잘못하면 이교도적인 인식론까지 신앙주의(Fideism)로 끌어 들일 수 있는 위험천만한 주장이 아닐 수 없다. 이제 그 실체를 벗겨보자.

1. 신앙주의에 대한 가이슬러(Geisler)의 견해

가이슬러(Geisler)는 터툴리안(Tertullian)을 신앙주의(Fideism)자로 규정하였다. 가이슬러(Geisler)는 터툴리안(Tertullian)의 신학적 배경의 내용을 모르고 규정한 것임에 틀림없다. 터툴리안(Tertullian)은 인간의 이성을 앞세운 헬라주의 철학사상을 대항해 성경에 기초한 신앙고백주의자였다. 그 내용은 "나는 불합리하기 때문에 믿는다. 정말로 아덴이 예루살렘과 함께할 것이 무엇인

---

495) Norman Geisler, Christian Apologetics, (Baker Book House, Grand Rapids, Michigan, 1976), p.47.

가? 아카데미와 교회와의 사이에 무슨 일치점이 있는가?" 라고 외쳤다. 가이슬러(Geisler)는 이러한 외침을 보고 파스칼(Pascal)이 주장한 하나님을 신앙하는 입장과 상당부분 일치한 것으로 생각하고 있음에 틀림없다. 분명히 터툴리안(Tertullian)은 헬라주의적 합리주의와 기독교 교리의 혼합을 거절하는 입장에서 말한 것이었다. 그가 성경교리를 확립한 교서들은 교회사에 남을 만한 것들이 많다. 특히 그의 삼위일체론은 고대신조와 일치를 이루고 있기 때문에 교회사에서 정통주의 신앙고백을 정립하는데 많은 공헌을 한 인물로 지칭되고 있다. 터툴리안(Tertullian)은 분명코 헬라주의와 접촉점을 배제하고 신앙고백주의를 강조하고 있는 것이 틀림없는데 이 말을 구체적으로 분석해 보면 터툴리안(Tertullian)은 아리스토텔레스(Aristotle)가 철학의 범주에서 배제한 신비적 헬라주의와 무관한 신앙고백주의를 강조하고 있다는 점이다. 신앙이라는 단어 하나로 말미암아 구체적인 신앙사상을 구분하지 못하고 세속철학과 신학을 마구잡이로 섞어 하나님의 인식론에 있어 큰 혼동을 가져오게 만든 가이슬러(Geisler)의 생각을 세밀하게 짚어볼 필요가 있다.

2. 신앙주의에 대한 파스칼(Blaise Pascal, 1623-1662)의 견해

파스칼(Pascal)은 처음 데카르트(Descartes)의 합리주의에 취해 있었다. 그러다 점점 이신론(理神論, Deism)으로 빠져 들었다. 나아가 인간이성을 신뢰하여 하나님의 계시를 부정하는 경향으로 기울어졌다. 그러다가 또 다시 이성에 대한 신뢰를 저버리게 되었다. "이성은 기하학적(Geometric)이며 수학적(Mathematical) 생각이라"고 말했다. 그러면서 신앙에 있어서는 믿음을 강조했다. 그는 과학에 있어 최초의 원리는 증명될 수 없다고 말했다. 성경에서 가르치고 있는 원죄라는 개념은 "인간은 죄인이며 하나님은 숨어있다는 사실을 알려준다."[496] 라고 말했다. 파스칼(Pascal)은 "이성은 진정으로 자신의 기능을 위해 가슴(heart)에 의존해야 한다. 그 가슴은 모든 사물을 부분적으로 바라보는 관점과는 반대로 공동의 관점으로(Synoptically) 바라보는 사람의 직관적(Intuitive)

---

496) Ibid, p.48.

중심이다. 최초의 원리에 대한 인식조차도 직관적(Intuitive)이며 우리의 이성은 이러한 직관들을 신뢰해야 하며 모든 논증을 그 최초의 원리에 근거해야 한다."[497] 라고 주장했다.

여기서 문제가 된 파스칼(Pascal)의 인식론을 분석 비평해 보자. 그 문제점은 과학에 있어 최초의 원리는 논증될 수가 없다는데 대한 관점이다. 이러한 생각은 이성과 신앙이 대립되는 것을 상정하고 있기 때문에 일어나는 현상이다. 또한 단일성(Unity)으로부터 기원된 우주의 원리를 창조의 원리와 과학적 원리로 분리하여 생각하고 있다. 그러나 오늘날 과학의 영역에서 창조의 원리를 제1의 원리로 생각하지 않으면 인식론을 해결할 수 없다. 하나님에 대한 인식과 만물에 대한 인식은 서로가 연관성을 가지고 있기 때문이다. 우리가 만물의 인식을 올바로 하기 위해서는 하나님의 인식과 연관하여 상고해야 된다는 것이 성경의 가르침이다(욥41:1-34, 시66:1-7, 시68:33-35, 시73:14-17). 인식의 본래적 원인을 하나님으로부터 추구해야 한다. 파스칼(Pascal)은 만물의 원리 즉 제1의 원리가 되는 최초의 원리를 인식하는데 있어 과학적 인식의 입장에 서서 불가지론(Agnosticism)을 취하고 있다. 그렇기 때문에 하나님은 알려지지 않고 숨겨진 분으로 규정하고 있다. 성경은 우리에게 하나님을 충분히 알 수 있도록 알려주시고 계신다고 욥기, 시편, 그리고 로마서에 말씀하고 있다. 또한 하나님께서는 하나님의 통할 수 있는 속성(Communicable Attribute)으로 우리에게 그분의 거룩, 사랑, 공의, 자비, 그리고 만물을 통치하시고 섭리하심을 알려주시고 계신다. 파스칼(Pascal)은 성경이 말씀하고 있는 **드러난 하나님에 관한 인식론을** 부정하여 **숨겨진 하나님으로** 간주하고 있다. 그 이유는 하나님을 기하학적이며 수학적 인식의 구조 속에 가두어 버렸기 때문이다. 그러면서 반대급부로 일어난 믿음을 강조하고 있다.

파스칼(Pascal)의 문제점을 좀 더 탐구해 보자. 그는 "가슴은 그 자체 안에 이성이 모르는 근거들을 가지고 있다. 그 가슴은 모든 지식의 절대적인 기반이다. 가슴은 추리적으로나 추상적으로가 아니고 직관적(直觀的, Intuitive)으로 전체

---

497) Ibid, p.48.

적으로 아는 길이다. 하나님을 경험하는 것은 가슴이지 이성이 아니다. 이성은 가슴에 복종해야 한다. 복종은 참된 기독교를 형성하는데 있어 이성을 사용하는 방편이다. 기독교가 이성에 반대되는 것이 아니다. 그러나 이성만으로 결코 하나님을 발견하지 못한다. 이유는 하나님을 경험하는 것은 이성이 아니라 가슴이기 때문이다. 그 가슴은 신앙이다. 하나님은 이성에 의해서가 아니라 가슴에 의해 느껴진다. 그리고 이 신앙은 하나님의 선물이다. 신앙이 이성에 의한 추론의 선물이라고 말하는 것을 믿어서는 안 된다. 인간이 하나님에게 도달하는 길을 추론하려는 것은 무익하다. 그 신앙은 겸손, 복종, 그리고 영감(Inspiration)에 의해 일어난다. 그러므로 인간은 성경에 계시된 하나님의 권위에 복종해야 한다. 하나님으로부터 직관(Intuition)에 의해 신앙을 얻게 된 사람은 하나님에 관한 합당한 인식을 하는 사람이다."[498] 라고 주장하였다.

또한 파스칼(Pascal)은 "믿음은 증거하고는 다른 것이다. 믿음에 있어 한편은 인간의 것이며 다른 한편은 하나님의 선물인데 하나님 자신을 인간의 마음속에 넣어주는 것이 신앙이다. 때로는 증거가 도구이지만 믿음은 가슴 속에 있으며 이것은 인간으로 하여금 '나는 알고 있다(scio)'고 말하게 하지 않고 '나는 믿는다(credo)'라고 말하게 한다. 여기서 증거는 인간의 가슴속에 신앙을 넣어주는 도구이다. 참된 종교는 인간의 오만과 죄를 치료하는 것이다. 이런 면에서 그리스도만이 기독교의 증거가 된다. 왜냐하면 그리스도 안에서 우리는 하나님을 증거하고 도덕과 교리를 가르치기 때문이다. 그리고 예수 그리스도 없이 하나님을 아는 것은 불가능할 뿐만 아니라 안다고 해도 아무 소용이 없다. 기독교 진리를 증거 하는데 있어 기적적인 기독교 역사, 높은 도덕적 주준, 그리고 진리는 증거로서 영구성과 확장에 호소하고 있다. 그러나 오직 보기를 원하는 자에게는 충분한 빛이 있고 반대성향을 가지고 있는 자에게는 많은 어두움이 있기 때문에 절대적으로 확신할 수 있는 증거는 아무것도 없다. 받아들일 수 있고 거절할 수 있는 결정은 믿음에 의해 이루어진다."[499] 라고 말했다.

---

498) Ibid, pp.48-49.
499) Ibid, p.49.

파스칼(Pascal)의 문제점을 지적할 단계이다. 신앙에 관한 파스칼(Pascal)의 문제점은 신앙 자체를 성경에서 벗어난 주관적 관점으로 해결하려고 한다. 이성을 거절하면서 이성적 생각으로 신앙의 문제를 해결하려는 우를 범하고 있다. 하나님의 아들 예수 그리스도를 신앙의 대상으로 말하지 않고 하나님을 아는 증거자로 말하고 있다. 이는 신앙으로 구원받는 문제에 있어 인격적인 3위를 적용할 때, 하나님 아버지와 예수 그리스도, 주 예수 그리스도와 아버지 하나님, 그리고 아버지와 아들과 성령의 관계를 무시하는 주관주의에 의존하고 있다. 한마디로 삼위일체 하나님의 구원사역을 거절하고 있다. 신앙이라는 문제를 하나님의 뜻에 의존하지 않고 주관적 이성에 의해 독단적으로 결정한 것이다. 성경에서 말씀하는 신앙주의가 아니다. 신앙을 받아들이고 거절하는 것은 인간의 자유의지에 달려 있는 것이 아니라 하나님의 예정에 달려 있는 것이다. 신앙의 수납과 거절은 인격적인 삼위일체 하나님의 사역에 의해 성사되는 것이지 인간의 주관적 요소나 의지에 의해 결정되는 것이 아니다. 파스칼(Pascal)은 신앙이 하나님의 선물이라고 말하면서 구원받을 자를 창세 전에 예정하시고 그 예정된 자를 시공간 세계에서 2천년 전 예수님께서 예정대로 완성하신 구속을 성령님께서 적용함으로 신앙이 형성되는 성경의 교리를 거절하고 있다.

그리고 개혁파 신학에서는 하나님을 아는 것과 믿는 것의 연관성을 주장하고 있다. 성경은 하나님을 아는 것에 대하여 인격적 교제관계를 전제하기 때문에 아는 것과 믿음을 분리의 관계로 말씀하지 않고 동반관계로 말씀하고 있다. 또한 성경은 기독교의 본질을 증거 함에 있어 기적적인 역사나 높은 도덕적인 수준만을 정점으로 삼고 있는 것이 아니라 성령의 사역이 하나님의 말씀을 은혜의 방편으로 사용하여 인격적인 교제를 일으켜야 된다고 말씀하고 있다. 파스칼(Pascal)은 신앙의 교리를 주장하는데 있어 일관성이 없고 동서남북을 헤매고 있다. 보기를 원하는 자와 반대하는 자에 대해서는 인간의 의지를 강조하면서 또 다른 한편으로는 받아들일 수 있고 거절할 수 있는 결정은 믿음에 의해 이루어진다는 모순적인 주장을 하고 있다. 믿음은 인간의 의지에서 생겨난 것이 아니고 전혀 하나님의 선물이기 때문에 "보기를 원하느냐? 반대하느냐?"에 대한 인간의 의지가 우선되는 것이 아니다. 인간의 의지는 수납과 거절의 근본 원인이 아니다. 오직 성령님께서 인간의 자유의지를 그분의 뜻대로 사용하신 과정에 따라 믿음이 결정된다. 또한 믿음은 예수 그리스도를 구세주로 수납하는 도구이지 믿음 그 자체가 결정의 요소가 아니다.

가이슬러(Geisler)가 이러한 파스칼(Pascal)의 주장을 신앙주의(Fideism)로 생각하고 있다는데 문제가 있다. 현대 자유주의 계열의 신학자들을 탐구해 보면 하나님, 예수님, 성령님, 믿음, 구원 등을 수없이 말하고 있지만 전혀 성경말씀이 의도하는 내용과 거리가 먼 주장을 마구 쏟아내고 있다. 마찬가지로 파스칼(Pascal)이 믿음을 말했다고 해서 그를 신앙주의자(Fideist)로 규정할 수가 있느냐? 에 대해서는 깊이 고려할 문제이다. 파스칼(Pascal)의 주장을 아무리 살펴보아도 성경교리에 합당한 신앙주의(Fideism)를 찾을 수가 없다. 신앙이라는 말을 합리주의적 관점에서 논증하고 있다. 그런데도 가이슬러(Geisler)는 그를 신앙주의(Fideism)자의 한 사람으로 분류하고 있으니 기독교 변증신학에 있어 무엇인가 노선을 바로 알지 못하고 있는 것이 아닌가? 하는 의구심을 버릴 수가 없다. 도리어 기독교 변증학에 혼동된 사상을 주입시키고 있다고 여겨진다.

3. 키엘케골(Kierkegaard)의 실존주의적 신앙주의

수학적(Mathematical)이며 기하학적(Geometric)인 합리주의(Rationalism)의 개념으로 실존주의(Existentialism)를 이해 한다는 것은 불가능한 일이다. 그러므로 수학적인 합리주의와 실존주의(Existentialism)는 대립적 사상이라고 말할 수 있다. 그런 의미에서 데카르트(Descartes)와 파스칼(Pascal)은 이성주의 개념으로 볼 때는 같은 부류의 철학자들로 볼 수 있지만 그들의 합리주의 사상을 세분해 보면 전자(前者)는 수학적 이성주의자이며 후자(後者)는 감성적 이성주의자라고 말할 수 있다. 19세기에 들어와 헤겔(Hegel)은 참된 명제들(True Propositions)을 중요하게 생각하여 논리적 변증법(辨證法, Dialectic)[500]을 전

---

500) 변증법(Dialectics)은 변증학(辨證學, Apologetics)과 다른 의미를 가지고 있는 학문의 개념이다. 또한 변증학은 변증법적 신학(Dialektische Theologie)하고도 또 다른 의미를 말하는 학문의 개념이다. 변증법은 아리스토텔레스(Aristotle)가 그 시조라 말할 수 있다. 근대에 들어와 칸트(Kant)를 거쳐 헤겔(Hegel)에 이르러 역사적 발전과정의 변증법이 제창되었다.

개 하였으나 키엘케골(Kierkegaard)은 각자의 인격 속에 자리 잡고 있는 실재(Reality)에 관심을 두었다. 헤겔(Hegel)은 객관주의 철학을 제창하였으나 키엘케골(Kierkegaard)은 주관주의 철학을 제창하였다. 문제는 가이슬러(Geisler)가 주관주의 철학의 개념을 신앙주의(Fideism)의 부류에 편입 시켰다는 데 있다. 물론 신앙은 성령님의 주관적 적용에 의해 이루어진다. 그러나 철학적 사고의 주관주의는 이미 언급한 대로 실존주의(Existentialism), 초월주의(Transcendentalism), 그리고 감성주의에 의존한 제한적 요소를 두고 하는 말이다. 개혁파 신학에서 주장하는 성령님의 주관적 사역은 구속을 적용하는데 있어서는 죄인의 심령 속에 주관적으로 적용하지만 성령님의 주권적 입장에서 볼 때는 사실상 객관적 사역에 의한 주관적 사역이다. 이제 키엘케골(Kierkegaard)의 생각을 탐구하고 분석해 보자.

1) 키엘케골(Kierkegaard)이 주장하는 종교관의 3단계

키엘케골(Kierkegaard)이 종교관의 3단계를 주장하고 있지만 사실상 그는 인생의 삶에 있어 3단계를 말함으로 종교관은 하나의 마지막 단계인 부수적인 조건으로 개입시키고 있다. 즉 **심미적인(Aesthetic) 단계, 윤리적인 단계, 그리고**

이 변증법은 모순을 통한 대립이 합(合, Synthesis)을 도출해 낸다는 관념주의(Idealism) 철학이다. 그런 의미에서 변증법(Dialectics)은 변증학(Apologetics)이 아니다. 변증학은 기독교 교리를 방어한다(The Defence of the Faith)는 의미를 가지고 있다. 타종교나 세속 철학의 침투를 막고 역공하여 기독교만 절대 종교이며, 기독교에만 구원이 존재 한다는 사실을 밝혀, 기독교의 우위성은 물론 기독교만 불변의 진리를 소유하고 있다는 절대성을 변호한다는 의미를 가지고 있다. 기독교인들 가운데에서도 변증학(Apologetics)과 변증법적 신학(Dialektische Theologie)을 혼동하는 이들이 많은데 그 의미는 확연히 다른 개념이다. 변증법적 신학은 발트(Karl Barth)가 시발점이 된 신정통주의(Neo Orthodoxianism), 위기신학(Theologie der Krisis), 그리고 초월주의(Trascendentalism), 등으로 불리어 지고 있다. 이러한 사상적 배경에는 헤겔(Hegel)의 역사주의 변증법을 실존주의(Existentialism)적인 정체된 변증법(Static Dialectics)으로 변용하여 하나님과 인간과의 주관적 만남을 강조하는 신학이 자리 잡고 있다. 정체된 변증법(Static Dialectics)은 역사의 흐름을 주장하는 헤겔주의를 거절하여 정(正, Thesis)과 반(反, Antithesis)이 합(合, Synthesis)으로 도출 되지 아니하고 정(Thesis)과 반(Antithesis)이 그 자리에서 무한한 마찰을 통해 어느 한쪽인가 결정에 이르게 된다는 이론이다. 이러한 이론은 하나님과 인간사이의 무한한 마찰을 통한 만남의 신학으로 등장하게 되었다. 이 이론이 바로 초월주의(Transcendentalism)를 기반으로 형성된 발트(Barth)의 신정통주의(Neo-Orthodoxianism) 신학이다.

종교적인 단계를 말하고 있다. 이러한 단계는 보다 더 높은 수준인 종교적인 단계로 올라갈 때에 낮은 단계는 파괴되지 않고 단지 뒤로 밀려 나간다는 주장이다. 심미적인 삶과 윤리적 삶의 차이는 감정과 결단에 의해 형성된다. 즉 자기 중심의 삶에서 규율중심의 삶으로 이전되는 것을 말한다.[501] 윤리적인 단계로 나아가게 되면 낮은 단계의 삶으로부터 더 높은 단계의 삶으로 나아가게 된다. 다시 말하면 방관자로부터 참여자로 나아가게 되고 심사숙고의 단계로부터 참여자의 단계로 나아가게 된다. 이는 지적인 삶보다는 의지적인 삶을 추구하게 된다는 주장이다.

이와 같은 키엘케골(Kierkegaard)의 의미 없는 논증을 좀 더 탐구해 보자. 그는 말하기를 "인간의 삶은 윤리적인 삶이 최종적 목적이 될 수 없다. 한 걸음 더 진보한 것에 불과하다. 종교적인 차원으로 옮아가야 한다. 종교적 차원은 하나님께서 그의 율법을 초월한 것과 같이 윤리적인 차원을 초월한다. 윤리적인 단계에서는 생(life) 즉 삶의 의무(a lifetime duty)를 선택하지만 종교적인 차원에서는 하나님을 선택한다. 결국 종교적인 차원에서는 영원에 초점을 맞추게 된다. 윤리적인 인간은 도덕적인 법에 삶의 초점을 맞추지만 종교인은 도덕법칙을 제시한 분에게 궁극적 반응을 일으킨다. 우리의 중심이 종교적인 단계로 이동할 때는 객관적이고 명제적인 입장을 떠나 주관적이고 인간적인 영역으로 들어간다. 즉 우리는 본질적인 것으로부터 실존적(Existential)인 것으로 옮겨간다. 도덕률은 '살인하지 말라.' 라고 명하고 있지만 하나님께서는 아브라함에게 '네가 사랑하는 외아들 이삭을 바치라(창22:2).'고 말씀했다. 이와 같은 예는 아브라함이 윤리적 단계를 목적으로 삼고 살 때는 이성의 단계에서 머물게 되지만 신앙의 단계로 전진할 때는 그의 이성에서 벗어나 실존적(Existential)인 위치로 올라서게 되었다. 이는 아브라함의 실존적(Existential)인 개별자는 윤리적인 보편자보다 더 높은 위치를 말해준다. 이와 같은 종교적인 신앙 활동에 있어 아브라함은 윤리적인 단계를 넘어 보다 더 높은 목적을 소유했다."[502] 라고 말했다.

---

501) Norman Geisler, Christian Apologetics (Baker Book House, Grand Rapids, Michigan, 1976), p.50.

502) Ibid, pp.50-51.

위에 진술된 키엘케골(Kierkegaard)의 주관적 실존주의(Existentialism) 사상은 하나님의 말씀인 성경은 물론 하나님의 주권적 사역을 무시하고 인간의 주체의식을 한없이 고조시키고 있다. 신앙의 변화는 심미적 단계에서 종교적 단계로 올라가는 하나의 사다리 식의 전진은 타 종교나 로마 카톨릭주의 사상이다. 성경에서 말씀하는 신앙적 변화는 감성, 지성, 의지, 그리고 윤리 모두가 전체적인 인격적 변화를 동반해야 한다. 심미적 감성에서 윤리적 의지로 계단을 밟아 올라가는 신앙의 전진 단계가 아니다. 신앙은 윤리와 감성을 동반하여 점진적이며 전인격적인 성화의 성숙을 만들어 가는 진전이지 단계를 통한 진전이 아니다. 아무리 성숙한 신앙을 가져도 인간이 가지고 있는 죄악 된 본질은 이 땅에서 완전히 소멸되지 못한다. 그렇기 때문에 성도는 성화의 과정에서 단계적이라기보다 때로는 타락의 늪에 깊이 빠지기도 하며 다시 회복하는 일을 수없이 반복한다. 신앙인은 스스로 죄악이 가득한 본질을 가지고 있다는 것을 통감하며, 동시에 하나님과 교제의 관계를 지속 하며, 그리고 회개와 신앙을 통해 성화의 길을 가고 있는 과정에 있다.

또 케엘케골(Kierkegaard)의 문제점은 윤리적 단계를 이성에 머물고 있는 단계로 규정하고 신앙의 단계를 실존주의(Existentialism)에 머물고 있는 단계로 규정한 점이다. 윤리적 단계 즉 이성적 단계는 보다 더 낮은 단계인 보편적인 단계로 보고 있다. 그리고 종교적인 단계는 보다 더 높은 단계 즉 영원의 단계로서 개별자로서의 위치로 보고 있다. 이러한 키엘케골(Kierkegaard)의 생각은 신앙세계의 깊고 넓은 우주적 관계를 무시한 아주 단순하고 저급한 실존적 위치에 머물러 있는 정도이다. 그것은 인간이 추구하는 종교적 주체를 주관적 위치에 일방적으로 정착시켜 그 위치를 스스로 한없이 끌어 올려 제왕이 되는 실존주의(Existentialism)의 영역을 건설해 놓고 있는 정도이다. 성경은 객관적 하나님의 사역과 주관적 성령님의 사역을 말씀하고 있다. 그러므로 객관적 하나님의 사역을 무시하고 개별자를 왕으로 삼고 있는 실존주의(Existentialism) 철학은 하나님의 객관적 사역을 무시한 인간의 아집을 우상으로 섬기는 사상이다. 만물에 관하여, 모든 인간의 삶에 관하여, 그리고 구원에 관하여 하나님께서는 먼저 창세전에 객관적 설계도를 작성하시고 그 설계도에 따라 역사를 객관적으로 집행해 오시고 다스려 왔다. 우리의 구원도 이미 객관적으로 설계된 계획에 따라 성령님께서 주관적으로 적용하시고 계신다. 여기에서 우리는 실존주의적 개별주의를 신앙에 대입시킬 경우 하나님의 객관적 계획과 시공간 세계에서 사역하시는 하나님의 복수성(Plurality)을 무시하는 결과를 초래하게 된다. 시공간 세계에서 이루어지는 모든 사건은 우연한 원인에 의해 결과가 초래되지 않기 때문에 신앙은 하나님의 객관적 사역인 계획을 원인으로 하여 성령님께서 주관적으로 적용하시는 사역다. 그런데도 키엘케골(Kierkegaard)은 객관적 사역을 무시한 주관적 사역을 강조하여 모든 종교적 실체와 인식을 실존주의(Existentialism)에 맞추고 있다. 더구나 객관의 개념과 윤리적 개념의 관계를 정립하지 못하고 가장 저급한 단계로서의 삶을 윤리에다 억지로 꿰어 맞추고 있다. 성경에서 주장하는 윤리는 언약(Covenant)의 윤리이기 때문에 어느 윤리보다 객관적이고 최고의 선(Summum Bonum)을 추구하는 인격적 교제의 윤리이다. 기독교에서 주장하는 종교관은 윤리, 도덕, 의지적 결단, 그리고 하나님을 향한 인격적 결단 등을 관계적으로 이해할 수 있는 주제이지 단계적으로 이해할 수 있는 주제가 아니다.

그러므로 케엘케골(Kierkegaard)은 하나님의 인격과 도덕률에 대한 관계설정에 있어 완전히 실패한 논증을 펼치고 있다. 십계명은 하나님의 인격이 어떤 분인가를 정확하게 보여주는 도덕률이다. 이성에 머물 수밖에 없는 윤리의 기준으로만 규정할 수 없다. 그렇게 되면 사실상 타종교와 기독교와의 차이는 전혀 없다. 십계명은 성도와 하나님과의 교제의 수단이기 때문에 그 도덕률을 순종하려 할 때 하나님의 거룩함을 알 수 있게 된다. 최고의 선(Summum Bonum)에 대한 기준이 십계명이며 가장 사악한 존재가 인간이라는 것을 알게 된다. 그러므로 십계명은 죄를 깨닫는 수단이 된다. 구원의 종교인 기독교를 아는 길은 십계명을 통해 하나님의 거룩함을 아는 일과 연관이 되어있다. 나아가 십계명은 깊은 신앙인이 되는 길잡이이다. 십계명이 요구하는 윤리는, 케엘케골(Kierkegaard)이 말하는 것처럼, 이성적 객관주의 관념으로부터의 단계적 관계를 형성 하는 도덕률이 아니다. 최고의 선(Summum Bonum)을 인식하게 하는 십계명은 하나님을 인식하는 절대 중요한 윤리이다. 기독교 신앙을 추구하는 윤리적 변화는 윤리적 변화에만 머물러 있는 것이 아니다. 성화 과정에 있는 성도는 윤리, 이성, 그리고 하나님을 향한 성향의 변화를 다 함께 교차적으로 동반하고 있다. 키엘케골(Kierkegaard)이 말하는 높은 단계의 주관적 변화는 십계명의 윤리, 성령님의 객관적 사역, 그리고 하나님과의 교제관계를 무시하는 주장이다.

2) 키엘케골(Kierkegaard)의 종교에 관한 진리의 본질

키엘케골(Kierkegaard)은 종교적인 문제를 윤리적 단계와 함께 합리적 문제를 개입시키고 있다. 그는 과학적이며 철학적인 진리는 결코 하나님에게 도달할 수가 없기 때문이라고 말한다. 이 관점은 그에게 있어 후에 자연종교와 초자연종교를 나누는데 중요한 이슈로 등장하게 되었다. "자연종교는 타종교를 말하고 초자연종교는 기독교를 말한다. 전자(前者)는 내재적인(Immanent) 요소를 가진 하나님을 말하는데 하나님에 대한 인간의 일반적인 개념에 의존하는 수평적 Horizontal) 존재론을 말하고 후자(後者)는 수직적(Vertical) 존재론에 의거한 초월적(Transcendental) 하나님을 말하는데 하나님의 존재는 그리스도에 대한 신앙인의 요구에 의존한다."[503]고 말했다.

키엘케골(Kierkegaard)의 언어적 유희를 인용해 보자. 그는 "종교적이거나 실존적인 진리는 비인격적이 아니라 인격적이어야 하며 우리가 알고 있는 것이 아니라 우리가 살아가야할 그 어떤 것이다. 객관적인 진리는 우리가 붙잡는 것이지만 종교적인 진리는 우리를 붙잡는 어떤 것을 말한다. 종교적인 진리는 전유(專有)되기 때문에 계명에 의해 발견된다. 이 진리는 주체성을 의미한다. 기독교가 관계하는 것은 주체성이며 기독교는 객관적으로 절대 어떤 존재도 갖지 않는다."[504] 라고 단언했다.

이러한 키엘케골(Kierkegaard)의 종교론은 현미경적 눈으로 관찰하지 아니

---

503) Ibid, p.51.

504) 키엘케골(Kierkegaard)이 주장하는 객관적인 진리는 기독교에서 말하는 객관적인 하나님의 작정과 주권적 사역을 말하는 것이 아니며 또한 일반 과학에서 말하는 객관적 증거를 진리로 받아들이는 입장도 아니다. 그는 과학적인 면과 철학적인 면의 배경이 되는 이성 모두를 통합하여 객관적 진리로 규정하고 있다.

하면 흡사 기독교 교리로 오해하기 쉽다. 그러나 그 사상의 배경을 면밀히 따져 보면 기독교 사상에서 완전히 벗어난 자기 실존적 종교론에 머물고 있다. 그의 종교 분리법은 아주 저급한 자기 상상에서 나온 것이며 성경의 교리와는 전혀 무관한 것이다. 종교적 관점에서 볼 때 기독교 외에 다른 종교를 기독교와 대비하는 그 자체가 종교론에 있어 잘못을 범하고 있다. 개혁파 신학에서의 종교 비교론은 오직 기독교 변증학(Christian Apologetics)의 입장에서 다루어야 할 문제이다. 기독교에다 다른 종교를 상대적으로 대비하는 것은 사실상 우상을 끌어들이는 행동이다. 또한 "기독교는 어떤 존재도 갖지 않는다."는 주장은 하나님의 객관적 주권주의 사상을 완전히 무시한 기독교 파괴주의에 해당된다. 하나님께서는 만물에 대한 계획, 진행, 그리고 종말에 관한 모든 것을 간섭하시고 다스리고 계신다. 그런데 그는 "객관적으로 기독교는 어떤 존재도 갖지 않는다."[505] 라고 말했다. 이 주장의 배경에는 오직 기독교를 주관주의(Subjectivity)에 한정 시키겠다는 말이다. 삼위일체 하나님의 객관적 사역을 배제하겠다는 말이다. 하나님의 객관사역인 신적작정, 창조, 섭리, 그리고 계획대로 이루어질 시공간 세계에서의 역사적 심판을 배제한다는 말이다.

3) 키엘케골(Kierkegaard)이 말하는 믿음의 본질과 이성

키엘케골(Kierkegaard)은 신앙을 정의할 때 오직 주관적 실존주의(Existentialism)에 기반을 두고 있다. 그는 "신앙이란 객관적 명제들에 대한 동의가 아니며 한 인격인 그리스도를 통해 하나님에 대한 주관적 복종이다. 그것은 하나님에 대한 개인적인 외로운 활동이다. 그것은 이성이나 객관적인 안내자 없이 실행되는 의지의 활동이다. 이성은 신앙과의 관계에 있어 부정적이며 변증법적(Dialectical)인 역할만을 행한다. 이성은 기독교 진리가 역설적이라는 것을 이해하도록 한다. 인간의 근본적인 문제는 인간이 하나님의 계시에 관해 무지한 것이 아니고 사람의 생명 안으로 계시를 주입하는데 무관심한 것이다. 원죄란 사람이 진리를 아는 능력을 방해하는 것이다. 사람은 진리 안에 존재하지 않고는 진리를

---

505) Norman Geisler, Christian Apologetics, (Baker Book House, Grand Rapids, Michigan, 1976), p.51.

알 수 없다. 또한 하나님께서 사람을 진리 안에 두지 아니하시면 그 진리 안에 존재할 수가 없다. 인간 이성과 하나님의 계시와의 차이점은 소크라테스(Socrates)와 그리스도를 비교 대조한 것과 같다.[506] 소크라테스적인 지혜는 과거의 회고에 의해 안으로부터 진리를 생산해 내는 반면에 하나님의 계시는 미래에 대한 기대에 의해 밖으로부터 진리를 생산해 낸다. 즉 인간의 진리는 내재적(Immanent)이며 현인으로부터 나오지만 하나님의 진리는 초월적(Transcendental)이며 인간의 모습을 가진 하나님 즉 그리스도에 의해 중재된다. 인간이성의 진리는 합리적이지만 하나님의 계시진리는 역설적이다."[507] 라고 설파했다.

키엘케골(Kierkegaard)은 하나님의 객관적인 존재에 대해 회의주의(Skepticism) 내지 불가지론(Agnosticism)을 주장하고 있다. 그러면서 계시진리를 피력하는데 있어 모순을 드러내 보이고 있다. 즉 계시진리를 말할 때 필연적으로 따라오는 것이 하나님에 대한 존재 인식인데 하나님의 존재에 대해 불가지론(Agnosticism)을 말하면서 계시에 관한 진리를 주장한다는 것은 객관적 계시의 본질을 호도하든지 아니면 그 계시의 내용을 무시하고 있다는 뜻이다. 그렇기 때문에 그는 종교적인(기독교적인) 진리에 대한 어떤 객관적인 역사나 합리적인 검증을 할 수 없다고 규정하고 있다. 그는 "진리는 주관적이고 인격적이어서 가혹한 검증이 뒤따라 와야 하는데 그것은 진리에 대한 복종이며 그 진리 안에 머무는 것이다. 진리에 대한 가장 확실한 검증은 고통에 처하는 것이다. 이것이 바로 하나님은 이성에 의해 알려질 수 없고 신앙에 의해 실존적으로는 알려질 수 있다는 주장이다. 진리는 주관적으로 접근하게 되는 것이다. 이것이 바로 이성이 아닌 신앙으로만 진리에 도달하는 길이다"는 주장을 내 세우고 있다. 키엘케골(Kierkegaard)은 주관주의를 강조한 나머지 신앙은 객관적 명제들에 대한 동의가 아니라고 주장했다. 이것은 삼위일체 하나님, 그분의 통치사역, 그리고 하나님의 말씀인 성경의 영감설을 배제한다는 의미이다. 완전히 이교도적이다.

---

506) Norman Geisler, Christian Apologetics, (Baker Book House, Grand Rapids, Michigan, 1976), p.52(Kierkegaard, Philosophical Fragments, Chapter 2).

507) Ibid, p.52.

또한 그는 말하기를 "하나님은 스스로 알려지지 아니하며 그리스도 안에서도 알려지지 않고 있다. 하나님의 현존은 암시적으로 나타날 뿐이다. 알려질 수 없는 하나님의 역설적인 계시는 이성에 의해 알려질 수 없다. 사람의 응답은 하나님에 의해 주어진 믿음의 도약에 의해 주어진다. 하나님의 존재는 합리적으로 확실하지 않으며 경험적으로도 명백하지 않다. 그리스도에 대한 경험적 증거는 단지 이례적이고 초라한 인간이 살다가 죽었다는 것을 말해주는 것에 불과하다. 인간은 하나님에 대해 합리적으로 증거 할 수도 없고 이해할 수도 없다. 우리가 할 수 있는 최상의 일은 언제나 그에게 도달하는데 낙오되는 초월자의 방향에 따라 밀접한 본질들을 투영(Project)하는 것이다."[508] 라고 말했다. 나아가 그는 더욱 참된 신앙주의와는 아주 거리가 먼 말장난을 늘어놓았는데 "하나님의 존재는 자연으로부터 입증될 수가 없다. 그 이유는 자연이 신앙인들에게는 하나님을 추정하게 만들며 불신자들에게는 하나님을 의심하게 만들기 때문이다. 하나님께서 존재하지 않으신다면 증명하기 불가능하지만 하나님께서 존재하신다면 그 존재증명을 시도한다는 것도 어리석은 일이다. 더욱이 우리가 하나님의 존재를 증명할 수 있다고 할지라도 그 증명은 우리에게는 적절하지 않은 것이다."[509] 라고 주장했다. 이제 키엘케골(Kierkegaard)의 문제점을 분석해 보자.

4) 키엘케골(Kierkegaard)의 사상에 대한 문제점

이제 스스로 모순은 드러내고 있는 키엘케골(Kierkegaard)의 주관주의적 실존주의(Existentialism)를 파헤쳐 보자. 계시의 객관성을 무시한 주관주의는 결국 하나님의 올바른 인식에 도달하지 못하는 불가지론(不可知論, Agnosticism)으로 빠져들게 된다. 또한 그리스도의 사역에 대한 객관성, 성령사역에 대한 객관성, 그리고 하나님께서 만물을 다스리시는 객관성을 배제하기 때문에 그의 신에 대한 인식 자체가 무용지물이 될 수밖에 없다. 그 이유는 하나님 인식에 대한 정확한 안내서인 성경을 무시하기 때문이다. 그렇기 때문에 키에케골(Kierke-

---

508) Ibid, p.52.

509) Norman Geisler, Christian Apologetics, (Baker Book House, Grand Rapids, Michigan, 1976), p.53(Kierkegaard Philosophical Fragments, p.49).

gaard)의 신앙주의는 모순의 신앙으로 떨어지고 만다. 주관적 자기 투쟁으로부터 신앙을 찾아야 한다고 주장하기 때문에 이성적 인식론을 무시하게 된다. 하나님께서는 자신을 계시하시어 인간에게 인식시키는 방법은 일방적인 이성이나 주관적 감성만을 사용하지 않으시고 성령님에 의한 전인격적인 인식에 기초하고 있다. 키엘케골(Kierkegaard)이 진리에 대한 인식을 역설적으로 보는 것은 그가 생각하는 독선적 합리주의가 잠재해 있기 때문이다. 성경계시는 인간의 합리적, 감성적, 이성적, 그리고 주관적 개념을 지배하는 객관적 사역과 초자연적 사역을 포함 하고 있다. 단편적 개념으로 이해할 수 없는 내용들이 엮어져 있다. 즉 이성으로 볼 때 불합리한 것들이 수없이 나타난다. 또한 주관적 실존주의(Existentialism)에 의해서는 계시의 역사성과 예언의 성취를 이해할 수 없다. 그러므로 성경은 초자연성과 더불어 시공간의 역사성을 나타내고 있으며, 예언의 성취를 역사적으로 증명하고 있으며, 그리고 하나님의 실제적 인격이 눈으로 볼 수 있고 손으로 만질 수 있는 인간의 모습으로 나타난 예수 그리스도께서 시공간에 존재하고 있었다. 이러한 신비적이며 실제적인 역사성을 단순한 이성이나 실존주의(Existentialism)로 이해하려 드는 무모한 짓은 계란으로 바위를 치려는 것보다 더 어리석은 생각이다.

키엘케골(Kierkegaard)의 원죄론을 보면 인간의 전적 부패를 거절하고 있다. 그는 "사람이 진리를 아는 능력을 방해하는 것이 원죄다."라고 정의 하였다. 참으로 사람을 미혹하는 말이다. 성경의 원죄론은 하나님과의 언약관계에서 문제를 풀어가야 한다. 하나의 독백에 의해 심리적 판단을 하여 가정설을 설정하는 것으로 원죄를 해결하려 드는 것은 악마의 속삭임이다. 성경은 본질적으로 인간이 자력으로 하나님의 선을 할 수 없는 전적 부패를 선언하고 있다(롬3:10-13). 이는 하나님과 인간의 교제관계가 완전히 단절된 상태를 말하는데 이 교제관계의 단절은 로마 교조주의(Catholicism)가 주장하는 인간을 고장 난 존재로 보는 것이나 키엘케골(Kierkegaard)이 주장하는 인간의 능력을 방해하는 것이 원죄라고 말하는 정도의 저급한 수준의 것이 아니다. 그들이 주장하는 죄의 개념은 인간이 원죄를 가지고 있다는 성경의 교리를 부정하는 것 외에는 아무것도 아니다.

키엘케골(Kierkegaard)이 계시진리를 역설적으로 보는 이유는 자신이 생각하는 합리적 개념으로 성경을 이해할 수 없었기 때문이다. 그 생각의 배후에는 실존주의(Existentialism)가 자리 잡고 있었기 때문이다. 진리를 합리적으로 이해할 수 없다는 말은 실존적 인식론(Epistemology)을 강조하기 위함이다. 그러나 그 실존적(Existential) 인식론은 객관적 요소를 배제하였기 때문에 계시론적 인식론을 수용할 수 없게 되어 있다. 성경계시를 인식하게 하는 실체는 성령님이시다. 합리적으로도 실존적으로도 불가능한 인식의 범위를 능가한 인격적인 성령하나님께서 인식하게 하셔야만 가능하다. 성령님의 인도를 벗어난 사람은 아무리 합리적인 사람이라 할지라도 철학적 합리성을 통해 성경에 기록된 합리성을 이해할 수 없다. 또한 아무리 감성과 실존의 개념이 강한 사람이라도 성령님의 비추임이 없이는 성경에 기록된 사실계시를 인식할 수 없다. 성경계시를 하나님의 말씀으로 신앙하는 기독교인은 성경에 나타난 설명계시와 사실계시를 연관시켜 이해하고 있다. 합리적 개념이나 실존적 개념의 입장에서 역설적으로 보일지라도 하나님께서 보여주시는 계시의 객관성과 성령님에 의한 주관적 적용을 수용하기 때문에 신자는 성경을 하나님의 말씀으로 믿게 된다. 그런데도 키엘케골(Kierkegard)은 하나님의 인식론(Epistemology)을 주관적 실존주의(Existialism)에 기반을 두고 있기 때문에 고통(Suffering)이라는 주관적 체험에 의해 하나님을 알 수 있다는 비 성경적인 생각을 피력하고 있다. 그가 주장한 고통에 관한 문제는 **극심한 실존적 방황을** 통해 심령의 고뇌를 겪은 산물을 지칭하고 있다. 물론 성도들이 고통을 통해 신앙의 훈련을 받아야 함을 성경이 말씀하고 있다. 그러나 성경은 키엘케골(Kierkegaard)의 주장과 전혀 다른 의미를 말씀하고 있다. 성도가 하나님과의 교제 관계에서 신앙의 훈련으로서의 고통을 말씀하는 성경의 내용은 실존적 주관주의(Existential Subjectivism)에 의한 고통의 내용과 전혀 그 의미가 다르다. 키엘케골(Kierkegaard)이 주장한 고통에 관한 문제는 하나님의 경륜에 의한 훈련의 방편으로서의 고통이 아니고 로마 카톨릭이나 이교도들이 고난의 행군을 통해 하나님에게 더 가까이 접근할 수 있다는 주장과 상통한 생각을 가지고 있다.

또한 우리가 주시할 점은 키엘케골(Kierkegaard)의 기독론이다. 기독론은 이교도나 적그리스도의 사상을 분별하는 가장 기본이 되는 교리이다. 2천년 교회사가 지켜온 기독론은 **"예수 그리스도를 누구라 하느냐?"**의 교리에 기초하고 있다. 즉 그분은 완전한 하나님이요 완전한 인간인 2성1인격(二性一人格)을 소유하신 하나님의 독생자이시다. 예수 그리스도는 완전한 하나님의 본체가 시간과 공간에 존재하신 신성이요 우리와 성정이 똑 같은 인간이지만 죄가 없으신 분이시다. 그럼에도 불구하고 키엘케골(Kierkegaard)은 예수님을 극단적으로 비하시키고 있다. 그는 예수님을 보고 "초라한 인간이 살다가 죽어갔다."고 평가 절하했다. 사악한 인간의 본질을 바탕에 두고 예수님을 평가하고 있다. 이러한 생각 때문에 그는 그리스도 안에는 하나님이 알려지지 않았다고 주장하였다. 하나님의 아들 되신 예수 그리스도의 신성과 인성을 부정하고 있다. 우리가 신앙으로 고백하는 가장 기초가 되고 가장 중요한 2성1인격(二性一人格)의 기독론을 배격하고 있다.

또한 키엘케골(Kierkegaard)은 자연을 다스리는 하나님의 통치를 인식하지 못하고 있다. 즉 일반은총론에 관한 하나님의 인식론(Epistemology)을 거절하고 있다. 욥기와 시편을 읽어보면 만물을 다스리는 하나님의 오묘한 섭리를 통해 하나님의 존재는 물론 그분의 사역을 감지할 수 있는데도 그는 자연을 다스리시는 하나님의 사역을 거역하고 있다. 이러한 생각은 실존적 개념으로 하나님의 존재를 추적하고 있기 때문이다. 이러한 생각은 칸트(I. Kant)로부터 내려오는 불가지론(Agnosticism)이 실존주의(Existentialism)로 이어졌기 때문이다. 칸트(I. Kant)는 헬라주의의 영향을 받아 내려온 중세의 스콜라주의(Scholasticism) 인식론의 방향을 바꾸어 놓은 철학자이다. 칸트(I. Kant) 역시 스콜라주의적(Scholastic) 합리주의를 선호하고 있었고 철학의 방법론 역시 그것으로부터 시작하였다. 그러나 그가 하나님의 존재에 대한 회의론으로 기울어져 불가지론(不可知論, Agnosticism)으로 떨어진 이유는 중세철학의 합리주의에 대한 의심을 품기 시작한 것이 원인이었다. 이러한 칸트(Kant)의 사상이 실존주의(實存主義, Existentialism)에 영향을 끼치게 되고 후에는 사신신학에 까지 영향을 끼치게 되었다.

자연을 통해 하나님을 인식하는 문제에 있어 신자나 불신자나 다 같이 존재 인식에 관해서는 공통분포를 형성하고 있다. 그러나 신자는 자연을 통한 하나님의 오묘한 통치와 섭리를 인식하고 있으며 우주만물은 하나님의 주권사역과 하나님 나라의 완성을 위한 보조역할을 하고 있다는 것을 깊이 인식하고 있다. 불신자들은 만물을 통해 신의 존재를 인식하고 있으나 하나님의 나라에 관한 섭리적 신앙을 깨달을 수 없으며 하나님의 존재 인식에 대해서도 기독교인이 자기고 있는 인식론과 비교하여 그 깊이와 넓이가 전혀 다르다. 일반은총의 영역에서 사역하시는 성령님은 불신자나 신자나 동등하게 객관적으로 그 은사를 적용하시지만 구속적용에 있어서는 오직 창세전에 구원 받기로 택함 받은 자들에게만 효과 있게 공작하신다. 키엘케골(Kierkegard)이 자연세계에서 사역하시는 하나님을 거역한 원인은 특별은총의 영역에서 성령님의 주관적 구속 적용의 사역과 일반은총의 영역에서 주권적으로 만물을 다스리는 객관적 사역의 개념을 인식하지 못한 결과이다.

4. 칼 발트(Karl Barth)의 신앙주의

여기서 생각할 문제점은 가이슬러(Geisler)가 발트(Barth)를 키엘케골(Kierkegaard)과 같은 부류의 신앙주의자(Fideist)로 분류했다는 점이다. 키엘케골(Kierkegaard)의 실존주의(Existentialism)와 발트(Barth)의 초월주의(Transcendentalism)는 수직주의(Verticalism)에 기반을 둔 주관주의적 관점에 있어서는 동질성을 가지고 있으나 신앙주의(Fideism)의 관점에서는 서로 다른 면이 있다. 실존주의(Existentialism)의 직관(Intuition)을 통한 주관적 인식과 초월주의(Transcendentalism)의 하나님에 대한 주관적 인식이 수직적이라는 점에 있어서는 서로 공통점을 가지고 있으나 신앙주의(Fideism)라는 관점에서 양자를 분석해 보면 실존주의(Existentialism)와 초월주의(Transcendentalism)는 서로 다른 관점을 소유하고 있다. 주관주의적 인식론(Epistemology)에 있어서 서로가 공통적인 관점을 소유하고 있다고 해서 신앙주의(Fideism)의 관점에서도 공통점을 소유하고 있다는 주장을 할 수는 없다. 실존주의(Existentialism)는 심리적 개념에 기초를 둔 직관(Tuition)을 통한 주관적 인식론이다. 초월주의

(Transcendentalism)는 말씀을 매개로 하여 하나님과 직접 만남을 인식의 기본으로 하는 주관적 인식론이다.

19세기의 극단적인 자연주의는 유럽의 교회를 피폐의 도가니 속으로 몰아넣었다. 혜성처럼 나타난 발트(Barth)는 초월주의(超越主義, Transcendentalism) 신학을 통해 새로운 회오리를 일으켰다. 자연주의에 대한 반동이 새로운 신학의 발판을 일으킨 것이다. 발트(Barth)의 로마서 주석(1919년 출판)이 말씀의 신학을 강조하였으나 그 주석은 초월주의적(Transcendental) 말씀주의를 강조한 내용이다. 철학적 개념인 실존주의(Existentialism)를 강조한 키엘케골(Kierkegaard)의 사상과 신학이 접목이 되어 말씀의 옷을 입은 초월주의(Transcendentalism)로 둔갑하였다. 성경을 하나님의 말씀 자체로 말하는 것이 아니고 증거로서의 말씀을 주장하는 입장이다. 즉 성경이 증거의 역할을 할 때는 하나님의 말씀이 되지만 그렇지 못할 때는 한갓 종이 위에 글자로 남게 된다고 주장하였다. 발트(Barth)는 이 세상의 어떤 것도 하나님의 계시와 동일시 될 수 없다고 주장하였다. 그러므로 육신으로 오신 예수님도 성경도 계시와 동일시 될 수 없다. 하나님은 오직 절대 타자(Other)로 존재하고 계신다고 주장했다. 이러한 주장은 19세기 자연주의를 공격한 점에 있어서는 정통주의적 요소를 포함하고 있는 것처럼 보이지만 초월주의적(Transcendental) 관점을 강조한 점에 있어서는 정통주의 신학을 벗어나 버리고 말았다. 그 결과 신정통주의(Neo Orthodoxy)를 탄생시켰다.

1) 급진주의적 신론 사상과 발트(Barth)의 초월주의(超越主義)

1920년대 이전까지 발트(Barth)는 키엘케골(Kierkegaard)의 실존주의(Existentialism) 사상에 깊이 몰입되어 있었다. 발트(Barth)는 19세기에 여러 신학교를 전전하면서 공부했으나 마음에 만족을 느끼지 못했다. 그러다가 키엘케골(Kierkegaard)의 사상에 물들어 가고 있었다. 그리고 후에 개혁파 신학자로 볼 수 있는 헵(Heppe)의 사상을 접하게 되었다. 또한 발트(Barth)는 안셈(Anselm)을 연구하는 가운데 "하나님은 계시에 의해 알려질 수 있다." 는 이론을 수용하게 되었다. 발트(Barth)는 그의 계시론을 다음과 같이 논증하고 있다. "존재론적 논증(Ontological Argument)은 이성적 증거로서의 감각을 만들지 않지만 '나는 이해하기 위해 믿는다.' 는 신앙의 확증이 있다. 우리가 일단 계시에 의해 하나님을 알게 되면 존재론적인 논증은 의미를 가지게 되고 우리는 신앙에 의해 유비적으로(Analogously) 하나님을 이해하게 된다."[510]고 주장했다.

1927년 발트(Barth)가 교의학을 펴낼 때 그의 신학이 초기 실존주의(Existentialism)의 영향에서 벗어나 성경계시를 보는 관점이 달라져 가고 있었다. 즉 말씀의 신학이 여러 형태로 나타나기 시작하였다. 그는 "계시는 삼위일체 하나님의 활동이기 때문에 인간에게는 하나님의 대한 지식이다. 아버지는 그의 객관적 실재(Objective Reality)인 그의 아들과 주관적 실재(Subjective Reality)인 성령님을 통해 계시되어지며 성경은 이러한 계시에 대한 기록이며 증거이다."[511]라고 말했다. 상당히 정통주의적인 발상으로 보인다. 그런데 발트(Barth)는 하나님의 말씀을 여러 가지 형태로 표현하였다. 즉 성경은 그리스도에 대한 언어적 증거라는 점에서 하나님을 계시하는 2차적인 증거이다. 하나님께서 성경을 통해 말씀하신다는 점에서는 하나님의 말씀이다. 우리는 성경이 하나님의 말씀이라는 사실을 어떤 객관적인 증거를 가지고는 인식하지 못한다. 우리는 우리 자신의 경험 밖으로 나갈 수 없는 것과 마찬가지로 하나님의 계시 바깥에 서 있을 수 없다는 등의 주장을 들고 나왔다. 우리는 성경이 우리에게 말하도록 허용해야 한다고 주장했다. 이러한 주장은 성경이 가지고 있는 객관적 계시관을 무시하고 성경을 주관적 인식론의 도구로 만들어 버렸다. 즉 성경을 초월주의적(Transcendental) 인식론의 수단으로 만들어 버린 것이다.

2) 자연주의와 대립된 발트(Barth)의 신학

발트(Barth)가 초기에는 키엘케골(Kierkegaard)의 영향아래 실존주의(Ex-

---

510) Norman Geisler, Christian Apologetics, (Baker Book House, Grand Rapids, Michigan, 1976). p.54.

511) Ibid, p.54(Karl Barth, Church Dogmatics).

istentialism)적 요소를 강하게 피력하였으나 후기에는 말씀의 신학을 전개하면서 성경을 초월주의(超越主義, Transcendental)의 도구로 변질시키기 시작했다. 이러한 그의 변화 과정은 19세기 자연주의에 대한 반발이 그 원인이었다. 시공간 세계에서 초자연적 요소를 배제하려는 19세기 신학에 대한 반발 때문에 실존주의(Existentialism)의로부터 초월주의(Transcendentalism) 신학으로의 변화 과정을 거친 것이다. 그의 자연주의에 대한 반발이 성경에 기록된 객관적 역사관을 주관화 시키려는 생각으로 기울어져 가고 있었다. 만약 자연주의 신학을 인정하게 되면 하나님의 계시를 받아들일 수 없는 요소가 인간의 의식 속에 잠재해 있다고 간주하였다. 성경은 시공간 세계에서의 역사성과 시공간을 초월한 초자연주의(Supernaturalism)가 동반하여 계시로 보여주고 있는데도 불구하고 초월성(超越性, Transcendental)을 그의 계시관의 중심사상으로 자리 잡게 하고 있었다. 성경에 기록된 기적의 역사는 분명히 시공간 세계에서 일어난 역사이면서 초자연적 역사이다. 그런데도 발트(Barth)는 성경에 기록된 초자연적 역사를 시공간 세계에서 일어난 객관적 사건으로 간주하기보다 주관적 관점으로 해석하려는 초월주의(Transcendentalism) 역사관에 강조점을 두는 경향성으로 기울어져 버리고 말았다.

한편으로 발트(Barth)는 인간의 타락에 있어서는 정통성을 유지하는 신학을 전개했다. 그러나 하나님과 인간 사이의 **관계회복**을 말할 때는 **언약론**(Doctrine of Covenant)에 근거를 두기 보다는 초월주의적(Transcendental) 성령님의 사역에 의한 **창조적 접촉점**을 강조하고 나섰다. 즉 성령님의 사역에 의한 구원은 창조적인 사역인데 그 사역은 추월주의적으로 일어난다는 주장이다. 발트(Barth)는 "인간은 전적으로 타락한 존재이다. 인간 속에 있는 하나님의 형상은 죄로 말미암아 완전히 파괴되었다. 자력으로 그 형상을 회복할 능력을 상실했다. 수정할 능력도 없다. 하나님과 교제할 자력을 완전히 상실했다. 하나님을 위해 영광을 돌려 드릴 수 있는 인간의 능력은 완전히 상실되었다. 그럼에도 불구하고 하나님과 인간 사이에 만남과 교제할 수 있는 어떤 접촉점이 있다면 하나님 자신이 스스로, 어떤 방법으로도 아니고 또한 어느 정해진 길도 아닌, 형식요인(Formal Factor)의 존재에 의해 제공될 수 있는 만남과 교제의 접촉점을 창조했음에 틀림없다."[512]라고 주장했다. 여기 **형식요인의 존재는** 초월적인 하나님 또는 성령님을 가리키고 있다. 이러한 주장은 하나님과 인간과의 **접촉점을** 강조한 초월주의(Transcendentalism)를 강조한 것인데 "접촉점을 창조한 이는 성령님이다."라고 주장하고 있다. 이러한 발트(Barth)의 신학은 성경에 기록된 객관적 역사를 무시하는 결과를 초래하고 말았다. 성경에는 분명히 초자연적 사건이 시공간 세계에서 사진기로 찍을 수 있는 객관적 사건으로 기록되어 있다. 즉 성경에 기록된 초자연적 사건은 분명히 시공간을 초월한 사건인데도 시공간 속에서 일어난 사건이다.

가이슬러(Geisler)가 파스칼(Pascal), 키엘케골(Kierkegaard), 그리고 발트(Barth)를 같은 신앙주의(Fideism) 선상에 놓고 공통점을 찾으려 한 것은 기독교 변증학(Christian Apologetics)의 입장에서 볼 때 전혀 이해할 수 없는 분리로 볼 수밖에 없다. 파스칼(Pascal)의 철학은 신앙주의(Fideism)와는 상관없는 합리주의 철학자인 데카르트(Descartes)의 사상을 기반으로 하여 감성주의적 경험론을 강조하였다. 또한 키엘케골(Kierkegaard)은 신앙의 문제를 주관적 실존주의(Existentialism)에 의존하여 해결하는 철학자이다. 발트(Barth)는 성경의 객관적 역사관(Historie)을 무시하고 주관적 역사관(Geschichte)에 기초를 둔 초월주의(Transcendentalism)를 강조한 신학자이다. 어떻게 이들이 같은 사상의 부류에 속할 수 있는가? 단지 그들은 주관주의적 관점에 있어 공통점을 가지고 있을 뿐이다. 신앙주의(Fideism)의 범주 안에서 동반할 수 있는 가능성은 전혀 불가한 입장이다. 신앙이라는 공통점은 성경이 제시하는 범위 내에서 찾아야 한다. 그럼에도 불구하고 위에 소개된 세 사람은 그러한 공통점이 나타나지 않고 있다. 공통점이라 말할 수 있는 것은 오직 하나님의 존재에 대한 인식론에 있어 주관적 관점만을 피력하고 있을 뿐이다. 그것은 신앙주의(Fideism)의 공통점이라 말할 수 없다. 가이슬러(Geisler)가 더 큰 오류를 범하고 있는 것은 성경 전제주의(Presuppositionalism) 변증신학자인 밴틸(Van Til) 박사를 위에 소개된 사람들과 함께 신앙주의(Fideism) 범주 안에 포함시켰다는 점이다. 그는 밴틸(Van Til) 박사를 강력한 개혁신학자로 보고 계시주의 전제주의(Presuppo-

---

512) Ibid, p.55(Karl Barth, Nein p.89).

sitionalism) 변증신학자로 말하면서 계시적 신앙주의(Revelational Fideism) 변증신학자로 지칭하고 있다. 가이슬러(Geisler)는 그렇게 지칭한 이유를 방법론적인 입장에서 분류했기 때문이라고 말한다. 어느 정도 합당한 것 같은 주장으로 생각할 수도 있으나 신학은 정확한 범주(Category)가 정해져 있다는 것을 생각하지 아니할 수가 없다. 특히 개혁파 신학은 정확한 범주(Category)를 규명해야 하며 또한 그에 따라오는 언어적 규명을 명확하게 명시해야 한다. 이제 그가 밴틸(Van Til) 박사를 어떻게 소개하고 있는가를 알아보자.

5. 밴틸(Cornelius Van Til) 박사는 신앙주의자인가?

가이슬러(Geisler)는 신앙주의(Fideism)의 의미를 개혁파 신학의 영역 안에서 규정하지 않고 비개혁파 신학의 영역까지 포함하여 그 범위를 넓혀서 생각하고 있다. 즉 개혁파 신학의 규범에 대한 범위를 고려하지 않고 있다. 그런 연유로 인하여 밴틸(Van Til) 박사를 신앙주의(Fideism)의 범주 안에 포함시킨 잘못을 범하고 있다. 그러면서 한편으로는 밴틸(Van Til) 박사를 강력한 개혁파 신학자로, 성경주의 신학자로, 그리고 기독교 변증학적으로는 절대 계시론적 전제주의(Presuppositionalism) 변증신학자로 평가하고 있다. 가이슬러(Geisler)가 이러한 모순적인 평가를 내린 기준은 "방법론적인 입장을 적용시키기 위함이다."[513] 라고 스스로 말하고 있다. 우리가 생각할 것은 방법론적 우선주의는 신학의 본질을 흐리게 할 수 있다는 것을 명심해야 한다. 건축을 할 때 기초가 튼튼하지 못하면 건축물 자체가 흔들리는 것은 두말할 필요가 없다. 아무리 방법론이 좋아도 우선적으로 신학의 기본적 교리가 정확해야 한다는 것이 개혁파 신학의 요점이다. 문제는 밴틸(Van Til) 박사의 기독교 변증학(Christian Apologetics)은 가이슬러(Geisler)가 신앙주의자들로 소개한 철학자들의 사상은 물론 발트(Barth)의 신학과 공통분포를 형성할 수 있는 사상적 접촉점이 없다는 점이다. 밴틸(Van Til) 박사의 기독교 변증학을 자세히 살펴보면 그는 오직 성경과 교회사적 신앙고백 이외의 어떤 사상도 인격적인 구원의 하나님을 바로 인식하거나

---

513) Norman Geisler, Christian Apologetics, (Baker Book House, Grand Rapids, Michigan, 1976), p.56.

믿는데 도움이 되지 않는다고 규정하고 있다. 그는 역사적으로 내려온 철학과 발트(Barth)의 초월주의(Transcendentalism)를 성경에 기초하여 강력하게 비평하고 있다. 그는 하나님을 극진히 공경하는 마음으로 성경이 말씀하는 교리를 철저히 지키기 위해 애쓰는 신학자이다. 가이슬러(Geisler)가 밴틸(Van Til) 박사를 실존주의(Existentialism) 철학자들과 위기신학(Crisis Theology)을 들고 나온 발트(Barth)를 같은 부류로 분리하여 자리매김한 것은 아무리 생각해도 이해할 수 없다.

1) 밴틸(Van Til) 박사의 성경 전제주의

밴틸(Van Til) 박사 스스로 "삶에 대한 나의 모든 해석을 내가 취하는 절대 권위인 계시로서 그 자원은 성경으로부터 더욱 진솔하게 출발한다."라고 수차 그의 저서에서 말했다. 또한 "성경이 하나님에 대해 말씀하는 것과 우주에 대한 계시는 성경 그 자체가 보여주는 권위로 볼 때 어떤 것도 의심할 여지가 없이 참이라고 믿는다. 한 사람이 자신의 전제를 인정하고 다른 사람들의 전제들을 끄집어내는 일은 모든 주장이, 사건의 본질에 있어, 순환이론(Circular Reasoning)[514]의 존재를 유지하는 것이다. 그 이유는 성경이 하나님의 말씀으로 진리라는 것을 우리에게 보여주는 것은 출발점, 방법, 그리고 결론이 항상 서로 연관되어 있기 때문이다. 우리는 전제들을 피할 수가 없다. 비기독교인들도 기독교인들과 마찬가지로 전제를 가지고 있다. 그런데도 전제가 다르기 때문에 그들은 서로 반대의 입장에 서 있다. 터툴리안(Tertullian)이 행했던 것과 똑같이 기독교인들은 비기독교인들이 가지고 있는 반대의 원리에 대항해 논쟁을 벌려야 한다. 기독교인들이 가지고 있는 유일한 증거는 진리를 밝혀주는 성경을 가지고 있다는 사실이다. 그 진리가 전제되지 아니하면 어떤 것도 입증할 가능성을 잃어버리게 된다는 사

---

514) 순환이론을 일명 순환논증(循環論證)이라고도 하는데 밝혀 나가야 할 그 논증 자체를 근거로 삼는 논증을 말한다. 예로 [하나님의 말씀은 진리다.] 라고 말할 때 순환이론의 적용방법은 [성경에 기록된 내용은 하나님의 말씀이다.] [성경이 하나님의 말씀이라는 것은 성경에 기록되어 있다.] [그러므로 성경이 하나님의 말씀이라는 것은 진리이다.] 라고 적용하는 것이다. 즉 그 문장 속에 들어 있는 "하나님의 말씀" "성경말씀" 그리고 "진리"라는 내용들을 사용하여 자체 논증을 순환적으로 적용하여 진리를 증명하는 방법이다.

실이다."515) 라고 주장했다.

그런데 가이슬러(Geisler)가 밴틸(Van Til) 박사의 성경 전제주의(Presup-positionalism)를 평가한 내용을 보면 밴틸(Van Til) 박사의 신학을 정확하게 간파하고 그 내용을 확실하게 요약하여 설명하고 있다. 그런데도 밴틸(Van Til) 박사를 신앙주의자(Fideist)로 지칭하고 있는데 대해 의구심을 품지 아니할 수가 없다. 이 문제는 앞으로 다음 단원에서 더 세밀하게 분석하여 설명해 보려고 한다.

2) 밴틸(Van Til) 박사의 만물에 관한 기독교 유신론주의

밴틸(Van Til) 박사는 이 세상에서 일어나는 모든 사건들(Facts)은 기독교적 세계관을 떠나서는 아무 의미가 없다고 주장한다. "기독교의 하나님이라는 전제가 없이는 우리는 단 한가지의 사건도 올바르게 해석할 수가 없다. 하나님 없는 사건은 전혀 무의미한 사건(Brute Fact)이다. 그 사건들은 서로에 대해 어떤 이해 가능한 관계를 가질 수 없다. 우리는 기독교 유신론적인 사건이 아니고서는 어떤 사건도 의미가 없다. 우리가 만일 어떤 사건을 비기독교적인 가설(Hypothe-sis)에 의해 그것을 해석하려고 한다면 그것은 무의미한 사건이라는 것이 드러날 것이며 그 무의미한 사건은 이해가 불가능하다는 것을 우리는 다시금 되풀이하여 발견하게 된다. 하나님께서 우주에 관한 존재의 원인이 아니었다면 어떤 과학적인 사고의 가능성도 없었을 것이다. 유신론을 떠난 사건들은 전적으로 서로의 관계성을 상실하게 된다. 그러나 비기독교인 과학자들은 기독교를 모르지만, 결코 할 수도 없고, 그들 자신들의 방법을 결코 지속적으로 적용하지 않고, 하나님께서 창조하신 전제 안에서 주어진 주제들을 연구하게 됨으로 일반은총의 진리를 발견하고 개발하게 된다. 역시 그들은 하나님의 세계에서 살고 있기 때문에 완전히

---

515) Cornelius Van Til, The Defence of the Faith, (Presbyterian and Reformed Pub-lishing Co, New Jersey, 1980), p.118. and Cornelius Van Til, "My Credo," Ch, 5, in Jerusalem and Athens, p.258. ; Norman Geisler, Christian Apologetics, (Baker Book House, Grand Rapids, Michigan, 1976), p.56.

하나님의 진리를 피할 수 없다."[516] 라고 주장했다. 이러한 밴틸(Van Til) 박사의 주장은 역사적 교회가 주장한 개혁파 신학의 본질인 하나님의 주권사상을 강조하는 내용이다. 어거스틴(Augustine)과 칼빈(Calvin)이 주장한 만물은 물론 악마까지도 하나님의 주권 안에서 하나님을 위해 일하고 있다는 사상과 일치한다.

3) 밴틸(Van Til) 박사의 공통분포 부정론

밴틸(Van Til) 박사는 다음과 같이 단언하고 있다. "기독교인들이 비 기독교인들과 공통분포를 형성할 수 있는 분야는 오직 그들 모두가 하나의 형상으로 창조 받아 하나님의 세계에 살고 있다는 것뿐이다. 그 외에 어떤 다른 공통된 관념이나 방법론은 없다. 비기독교인들은 기독교인들과 이 세계에서 서로 접근을 하면서 살고 있으나 다른 관점을 가지고 있다. 우리 기독교인들은 비 기독교인들과 함께 공통점을 소유하고 세상을 살아가고 있으나 공통된 세계관을 가지고 있는 것은 아니다. 우리는 비기독교인들과의 접촉점(Point of Contact)은 하나님의 형상(Imago Dei)이다. 그러나 이 문제에 대한 접촉점(Point of Contact)은 공통영역에서 대립의 관점을 형성하고 있다. 그 이유는 만약에 기독교인이 자연인의 구조와 머리를 맞대는 점이 없다면 자연인 안에 있는 신성의 감각과 접촉점이 없을 것이기 때문이다. 따라서 인간의 타락과 죄는 불가피하게 갈등을 불러온다."[517] 라고 주장했다. 이러한 밴틸(Van Til) 박사의 주장은 기독교인이나 비기독교인이나 일반은총의 세계에서 자연인으로 존재할 때는 공통점이 있으나 하나님에 관한 서로의 세계관을 점검해 보면 공통분포가 없다는 말이다.

4) 밴틸(Van Til) 박사가 주장하는 죄론

밴틸(Van Til) 박사는 인간의 전적 부패를 강조한다. 그는 "비기독교인들 역

---

516) Cornelius Van Til, The Defence of the Faith, (Presbyterian and Reformed Publishing Co, New Jersey, 1980), pp.11,69,86,120 ; Norman Geisler, Christian Apologetics, (Baker Book House, Grand Rapids, Michigan, 1976), p.57.

517) Cornelius Van Til, The Defence of the Faith, (Presbyterian and Reformed Publishing Co, New Jersey, 1980), p. 116.

시 하나님의 존재를 알고 있다. 모든 사람은 그들의 심령 속에 하나님께서 살아 계셔서 활동하고 계심을 부정할 수 없기 때문에 무신론자는 아무도 없다. 그러나 비 기독교인들이 하나님을 부정할 수 없는데도 하나님의 존재에 관한 인식을 억지로 억누르고 있다. 그것은 신자와 불신자 사이에 진정한 중립적 공통분포(Common Ground)가 없다는 것이 그 이유이다. 죄인은 그가 사용하는 방법에 대한 자율적인 통제가 언제나 부패된 상태이다. 이 세상의 모든 분야에서 무슨 일을 하든지 논리의 기본법칙 까지도 진리를 발견할 수 있는 하나님의 계시로부터 벗어나 있기 때문에 올바로 사용되어질 수가 없다. 그런데도 부패한 인간은 그렇게 될 수밖에 없는 위치로 전락해 버리고 말았다. 그 이유는 유한한 존재로서 우리는, 그와 같은 논리에 의해, 실재(Reality)가 틀림없이 그렇게 되어야 한다거나 또는 그렇게 될 수가 없다거나, 말을 할 수가 없기 때문이다. 이것이 바로 고전적인 변증학(Classical Apologetics)이 실패할 수밖에 없는 이유이다. 왜냐하면 어떤 사건으로부터 시작하여 하나님에 이르기까지 기독교에 의존하지 않고 가설(Hypothesis)에 의해 주어진 주제를 논증한다는 것은 불가능하고 기독교 유신론적인 기반이 아닌 어떤 기반 위에서 사건과 논리와 어떤 연결도 가능하게 할 수 없기 때문이다."[518] 라고 강조했다. 이와 같은 밴틸(Van Til) 박사의 논증은 인간이 아무리 선을 행하려고 해도 본질적으로 죄의 경향성으로 기울어져 버렸다는 것을 증명하고 있다.

5) 밴틸(Van Til) 박사의 합리성과 역사성

논리적 합리성에 의한 증거냐? 사건(Fact)에 의한 증거냐? 의 문제에 있어 하나님을 인식하려는 인간의 자율성은 완전 무능력하다고 밴틸(Van Til) 박사는 강조하고 있는가? 결코 그렇지는 않다. 문제는 역사적으로 논증 되어온 고전적 변증학(Classical Apologetics)이 하나님의 존재와 더불어 기독교 진리를 증명하기 위해 올바로 사용되었다고 말하면 그것이 잘못된 것이라는데 있다. 왜냐하면

---

518) Cornelius Van Til, "My Credo" C, 5, in Jerusalem and Athens, p.258 ; Norman Geisler, Christian Apologetics, (Baker Book House, Grand Rapids, Michigan 1976), p.57.

참 진리인 부활과 같은 역사적 사건의 전제를 떠나서는 기독교를 증명한다는 것은 전혀 그 의미가 없기 때문이다. 마찬가지로 합리적인 유신론적 변증신학은 성경의 존재론적 삼위일체의 절대적 전제(Absolute Presupposition)의 구조 속에 근거 있는 위치를 점하고 있다. 유신론자들이 주장하는 논증 가운데 하나님의 존재에 대한 가능성을 가진 능력을 비교 대조할 때 우리는 하나님 존재의 절대적인 확실성을 전제해야 한다. 기독교는 하나님의 존재에 대한 절대 확실한 증거와 기독교 유신론에 관한 절대적 진리를 가지고 있다. 밴틸(Van Til) 박사는 물론 고전적 변증학(Classical Apologetics)에서 말하는 유신론 논증을 거부하지는 않았으나 성경교리는 그러한 변증신학과 타협되지 않았다는 것을 공식화하기를 주장하고 있다.[519] 고 가이슬러(Geisler)는 평가하고 있다.

가이슬러(Geisler)가 왜 밴틸(Van Til) 박사를 신앙주의(Fideisim) 변증신학자로 규정했는가? 거기에는 다음과 같은 관점이 개입되어 있기 때문이다. 고전적 변증학(Classical Apologetics)은 세속 철학에서 주장하는 유신론 증명과 접촉점을 형성하고 있다. 그러나 밴틸(Van Til) 박사는 고전적 변증학(Classical Apologetics)과 성경 전제주의 변증학(Presuppositional Apologetics)을 명확하게 구분하여 공식화하기를 주장하고 있다. 그런데 가이슬러(Geisler)는 그러한 밴틸(Van Til) 박사의 기독교 변증학을 신앙주의(Fideism)로 규정해 버렸다. 그 저변에는 밴틸(Van Til)박사가 계시 전제주의(Presuppositionalism)를 성경의 순환논증(循環論證, Circular Reasoning)으로 해석하려는 의도에 대해 일방적 신앙주의(Fideism)로 규정하려는 단순논리가 가이슬러(Geisler)의 생각 속에 깔려있기 때문이다. 즉 "성경은 순환적 추론 과정을 통해 성경말씀이 진리라는 관점을 스스로를 옹호하는 권위를 가지고 있다. 그 권위 아래 신앙생활을 통해 진리를 추론하여 내는 것이다."라고 주장하는 밴틸(Van Til) 박사의 견해를 신앙주의(Fideism)로 규정한 것이다. 밴틸(Van Til) 박사는 성경에 기록되어 있는 하나님에 관한 설명계시와 사건계시에 대하여 기독교가 진리라는 전제 아래 신앙을 통해 받아들이지 않고서는 어떤 의미나 객관성을 절대적으로 가질 수가

---

519) Norman Geisler, Christian Apologetics, (Baker Book House, Grand Rapids, Michigan, 1976), p.58.

없다고 주장했다. 그러나 밴틸(Van Til)박사가 신앙을 통해서만 기독교의 객관성을 인식할 수 있다는 입장의 기독교 변증학을 생각하고 있었는지는 미지수이다. 다만 가이슬러(Geisler)가 그렇게 규정하고 있는 것이다.

밴틸(Van Til) 박사의 기독교 윤리학을 읽어보면 계시의 전제와 함께 실천적 신앙주의(Fideism)를 강하게 내포하고 있다는 느낌을 받을 수도 있다. 만약 그러한 느낌 때문에 밴틸(Van Til) 박사를 신앙주의자(Fideist)로 규정 한다면 그의 신학을 깊이 있게 탐구하지 못한 결과로 볼 수밖에 없다. 우리가 밴틸(Van Til) 박사의 윤리학을 깊이 탐구해 보면 언약론(Covenant Theology)에 기초하고 있는 하나님의 인식론이 전체적 흐름이라는 것을 알게 된다. 이는 성경계시를 인간의 자력으로 실천하려는 신앙의 발로에 의해 하나님의 인식론으로 연결 된다는 주장이 아니다. 창세 전 영원의 세계에서 하나님의 단일성(Unity)에 입각하여 그의 백성과 언약이 체결된 기반에 의해 시공간 세계에서 일어나는 복수성(Plurality)을 통해 하나님의 인식론이 형성된다고 주장한다. 그런 의미에서 가이슬러(Geisler)가 밴틸(Van Til)박사를 신앙주의자(Fideist)로 규정한 것은 신학적 오해 또는 그 깊이를 이해하지 못하고 있음에 틀림없다. 가이슬러(Geisler)는 밴틸(Van Til) 박사를 평가할 때 "성경을 하나님의 계시로 인정할 수 있는 방법은 순환이론(循環理論, Circular Reasoning)의 추론을 통하여 성경 자체가 스스로를 옹호하는 권위를 가지고 있다. 기독교인이 그 권위에 복종하는 신앙생활을 통하여 참된 진리를 인식하게 된다. 여기에서 기독교가 전제되는 진리를 신앙주의(Fideism)로 수용하지 않고서는 절대적 타당성과 그 의미를 상실하게 된다."[520] 라고 평가했다. 이러한 가이슬러(Geisler)의 평가는 확실히 밴틸(Van Til) 박사의 기독교 변증학을 정확하게 이해하지 못하고 있음에 틀림없다. 밴틸(Van Til) 박사의 전제주의(Presuppositionalism)는 순환이론(循環理論, Circular Reasoning), 윤리, 그리고 신앙이라는 방편 등을 수단으로 하여 성경계시에 관한 인식론(Epistemology)을 주장한 내용이 아니다. 밴틸(Van Til) 박사의 순환이론(循環理論, Circular Reasoning)은 "성경이 하나님의 말씀으로서 그 자체가 진리이다." 라는 주장이다. 밴틸(Van Til) 박사는 "성경은 하나님에 대해 말씀하고

---

520) Ibid, p.58.

있는 내용 그 **자체의 권위에** 입각하여 하나님께서 실체로 존재하고 계시고 전 우주를 주관하고 계신다고 말씀하고 있다. 성경은 하나님께서 우주를 초월하여 계신다는 사실과 그분의 계획대로 이 세상에서 일어나는 모든 일을 주관하고 계신다는 사실을 사람들이 믿을 것을 요구하고 계신다."[521] 라고 주장했다. 그런 의미에서 신앙이라는 방편을 통해 성경에서 주장하는 하나님을 인식하는 것이 **성경전제주의라는** 가이슬러(Geisler)의 평가는 확실히 잘못된 것이다.

이러한 밴틸(Van Til) 박사의 주장을 신앙주의(Fideism)로 잘못 이해해서는 안 되는 이유는 성경이 전제적으로 인간에게 요구하는 사항에 대하여 정확한 규명이 있어야 하기 때문이다. 그렇다면 신앙이라는 개념을 어떻게 규명할 것인가? 믿음은 구원을 인식하는 방편이다. 믿음 자체가 하나님 인식의 근원이 아니다. 그러므로 성경이 요구하고 있는 모든 윤리적 문제, 신앙에 관한 원리, 그리고 기타의 교리들은 그 자체가 하나님에 관한 인식론이 아니다. 하나님을 인식하는 방편들이다. 구원을 위해 필요한 방편들이다. 성경 자체가 인격이 아니고 하나님을 아는 방편이다. 성령님께서는 하나님의 인격이다. 우리의 의지가 신학적인 주제들을 탐구하여 하나님의 인식에 도달하는 것이 아니다. 성령님께서 그러한 주제들을 방편으로 삼아 우리의 심령을 감화 감동 시킬 때 구원에 동참하게 되며 인격적인 하나님을 인식하게 된다. 성경이 말씀하는 윤리적 실천의 행함 그 자체가 하나님의 인식을 제공하는 것이 아니다. 성경말씀은 하나님을 인식하는데 대한 원리를 제공하고 있다. 그 말씀대로 하나님이 인식되어 진다는 것이 성경계시에 대한 전제주의(Presuppositionalism)이다. 그렇기 때문에 성경계시가 전제적(Presuppositional)이라는 말은 모든 신앙과 기독교 윤리의 지침서라는 의미이다.

성경계시가 가르치고 있는 하나님의 인식은 신자의 영역과 불신자의 영역을 명백하게 구분하여 말씀하고 있다. 신자는 성령님의 감동으로 그리스도를 구세주로 인식하여 삼위일체 하나님의 인식론으로 들어가게 된다. 불신자는 일반은총의 영역에서 하나님의 존재만을 인식할 수는 있지만 구원의 하나님을 알지 못

---

521) Cornelius Van Til, The Defence of the Faith, (Presbyterian and Reformed Publishing Co. New Jersey, 1980), p195.

한다는 것이 성경에서 말씀하는 인식론이다. 성경계시를 전제로 하여 하나님을 인식한다는 말은 어떠한 다른 방편을 개입시킬 수 없다는 뜻이다. 성경계시는 윤리, 구원에 관한 교리, 그리고 하나님의 인격적 사역 등을 제시하고 있다. 성경에서 말씀하고 있는 신앙주의(Fideism)의 개념은 믿음은 구원을 얻는 방편이라는 말씀이다. 그러므로 가이슬러(Geisler)가 말한 신앙주의(Fideism)의 인식론은 밴틸(Van Til) 박사가 말하는 성경계시의 전제주의(Presuppositionalism)와 다른 개념이다. 밴틸(Van Til) 박사가 주장하는 전제주의(Presuppositionalism)는 성경이 하나님을 인식하는 전제적 방편이라는 말이며 믿음도 그 가운데 하나의 방편으로 포함되어 있다는 주장이다. 그러나 성령님의 공작은 말씀을 도구로 하여 구원을 깨닫게 하며 신자가 성경을 하나님의 말씀으로 인식하게 만든다는 점에 있어 성경계시 전제주의이다. 성령사역에 관한 교리도 성경에서 말씀하고 있기 때문에 성경을 통해 그 내용을 알 수 있다.

가이슬러(Geisler)가 밴틸(Van Til) 박사를 포함하여 지금까지 소개한 철학자들과 신학자들의 신앙주의(Fideism) 변증학의 방법론을 몇 가지를 요약하여 다음 단락에서 소개하고 있다. 그는 성경이 말씀하는 신앙주의(Fideism)에 관한 구체적인 분석이 없이 단순하게 하나님에 대한 관념적(Ideal)이며 실존주의적(Existential)인 인식론(Epistemology)에만 의지하여 신앙주의(Fideism)를 말하고 있다. 심지어 밴틸(Van Til) 박사를 성경계시에 의한 전제주의자(Presuppositionalist)로 말하면서 신앙주의자(Fideist)로 규정한 것은 너무 부분적인 면을 부각시킨 일방적인 평가라 아니할 수가 없다. 신앙주의(Fideism)에 대한 가이슬러(Geisler)의 평가를 소개하면 다음과 같다.

첫째, 신앙만이 하나님에게 이르는 길이다. 하나님에 대한 진리를 인식하는 유일한 길은 신앙을 통해서 이루어진다는 것은 신앙주의자들(Fideists)의 거의 모두 일치한 견해이다. 인간 이성에 의해 하나님을 인식할 수 없다. 인간 이성은, 스스로 애매하지 않다고 생각할 때는, 자주 하나님에 관한 지식을 방해한다.

둘째, 만약 진리가 존재할 때는 순전히 합리적이거나 객관적인 영역에서만 발견되는 것은 아니다. 종교적인 진리는 객관적인 기반이나 성격을 가지고 있지 않을 때가 있다. 객관적 요소를 넘어 주관적이며 인격적일 때가 있다.

셋째, 증거와 이성은 하나님을 향해 가는 길에 있어 명백하게 관점을 제시하지 못한다. 역으로 사람은 이성에 의한 균형 또는 역설의 상태에 놓이게 된다. 그리고 하나님의 존재에 대한 근거 있는 분명한 증거를 제시하지 못한다.

넷째, 진리에 대한 검증은 합리적(Rational)이 아니고 실존적(Existential)이다. 진리는 하나님에게 복종함으로 사람의 삶 가운데 인격적으로 검증되는 것이지 인간이성에 의해 검증되는 것이 아니다.

다섯째, 하나님의 계시뿐만 아니라 그분의 은혜는 모든 진리의 근원이다. 진리는 위로부터 내려온다. 만약에 사람이 자연적인 이성에 의해 하나님을 알 수 있다면 하나님의 은혜는 거절될 것이며 인간의 공로가 하나님을 아는 지식의 수단으로 자리 잡을 것이다.[522]

기독교 변증학에 있어 가이슬러(Geisler)가 주장한 위의 신앙주의(Fideism)에 대한 문제점을 몇 가지 지적해 보려고 한다.

첫째, 신앙만이 하나님을 인식하는 길이라고 정의한 내용이다. 성령님께서는 이성도 신앙도 인식론의 도구로 사용하신다는 것을 부정하고 있다. 그는 철학적 입장과 신학적 입장을 구분하지 않고 신앙만이 하나님을 인식하는 실존적(Existential) 수단이라고 말하는데 문제가 있다. 더구나 신자와 불신자 사이에 하나님에 관한 인식이 다르다는 것을 언급하지 않고 있다는 것은 신앙주의(Fideism)의 인식론을 정의하는데 있어서 초월주의(Trascendentalism)와 철학적 실존주의(Existentialism)를 구분하지 못하고 있다는 증거이다. 즉 신앙주의(Fideism)의 인식론을 **하나님과 인간 사이에 실존주의적(Existential) 접촉에** 한정하고 있다는 점이다. 그렇기 때문에 성경계시에 의한 전제주의(Presuppositionalism)를 주장하고 있는 밴틸(Van Til) 박사까지도 신앙주의자(Fideist)로 매도해 버린 오류를 범하고 있다. 즉 밴틸(Van Til) 박사의 성경 전제주의(Presuppositionalism)를 "성경대로 믿는 하나님의 인식론을 주장했다."고 해서 신앙주의자

---

522) Norman Geisler, Christian Apologetics, (Baker Book House, Grand Rapids, Michigan, 1976, pp.58-59.

(Fideist)로 규정한 것이다. 이는 성경전제주의 기독교 변증학을 전혀 이해하지 못한 우매함을 드러내고 있다. 밴틸(Van Til) 박사의 성경 전제주의(Presuppo-sitionalism) 변증학은 성경 신앙(Bible Believing)의 개념과 다른 내용이다. 성경전제주의는 하나님을 인식하고 증명하는데 있어 성경 이외의 다른 사상을 방법론으로 채택하지 말자는 주장이다. 이 말은 성경을 하나님의 말씀으로 믿어 하나님을 인식하는 내용과 오직 **성경을 전제로 한 하나님의 인식론을** 주장한다는 내용은 다른 의미를 가지고 있다는 뜻이다. 그러나 가이슬러(Geisler)가 말하는 신앙주의(Fideism)라는 개념은 하나님과의 교류를 지칭하고 있다. 그 교류의 방법이 성경의 신앙에 의존한다는 개념이다. 가이슬러(Geisler)는 **오직 성경을 전제로 한 하나님의 인식론을** 무시하고 성경을 신앙함으로 그 믿음을 통해 하나님과 교류할 수 있다는 데에 중점을 두고 있다. 성경전제 인식론은 신앙뿐 아니라 삼위일체론, 우주론, 그리고 예정론 등 수많은 교리를 전제적으로 제시하고 있다. 그러므로 성경 전제론은 신앙 이상의 인식론을 포함하고 있다.

밴틸(Van Til) 박사가 논증하고 있는 성경계시 전제주의(Presuppositional-ism) 변증학은 신자와 불신자의 차이, 전제와 신앙의 신학적 정의, 그리고 인식론에 있어 하나님과 인간과의 위치 등에 관한 분명한 입장을 피력하고 있다. 즉 신자는 삼위일체 하나님을 인격적으로 인식하여 언약적 교제관계를 형성하고 있으나 불신자는 확실한 전제가 없는 신의 존재를 인식하는 정도에 머물러 있다고 말한다. 또한 인간은 자력으로 믿음을 일으킬 수도 없고 하나님께서는 구원받기로 선택된 자에게 성령님을 통해 믿음을 방편으로 하여 구원의 주 예수 그리스도를 인식하게 하되 성경을 은혜의 수단으로 삼아 그리스도의 구속을 적용하신다는 주장이다. 믿음도 성경 계시의 전제를 넘어 교리적 정의의 한 가지 이상의 것이 될 수 없다. 믿음은 인간의 자발적인 의도에 의해 성립 될 수 없다. 성경의 전제는 믿음의 교리를 규정해 준다. 믿음은 하나님의 은혜를 접하게 하는 방편이다. 그러므로 신앙주의(Fideism)에 의해 하나님을 인식한다는 주장은 전제라는 개념보다 방편이라는 개념이 앞서는 주관주의에 한정된 견해이다. 하나님의 관한 인식론에 있어 성경 자체가 전제(Presupposition)를 말씀하고 있다.

하나님을 인식하는데 있어 하나님께서는 주권적 사역을 절대적으로 행사하신다. 인간은 그 주권적 사역에 있어 전적으로 피동적 입장에 서있다. 신앙도 하나님의 주권적 계획에 의해 각자에게 구원의 방편으로 공급되어 진다. 인간의 주관주의에 의존한 일방적 신앙주의(Fideism)에 의거한 하나님의 인식론은 하나님의 주권적 입장에서 볼 때 성경의 전제주의(Presuppositionalism) 개념을 배제한다. 예정에 따라 하나님의 백성을 선택하시고 섭리하시는 가운데 각자에게 주어지는 신앙도 예정된 설계도에 의해 집행되어 진다. 죄인에게 신앙이 심어지기 이전에 예정이라는 하나님의 숨겨진 의지 가운데 각자의 믿음을 집행할 경륜이 포함되어 있었다.

둘째, 가이슬러(Geisler)는 예정이라는 객관적 계획보다 주관적 인식론에 의존하여 신앙주의(Fideism)의 방법론을 선호하고 있다. 그는 "진리에 도달하는 길은 오직 주관주의적 신앙주의(Fideism)에 의존해야 한다."고 주장한다. 객관적 예정과 그 예정에 의한 주관주의적 적용에 대해 회의적 의도를 내포내고 있다. 그의 신앙주의(Fideism)가 주장하는 변증학적 입장은 예정이 아닌 합리주의적 신앙주의를 객관화 시키려는 의도를 나타내 보이고 있다. 이는 알미니안주의(Arminianism)적 요소를 내포하고 있다는 증거이다. 아무리 다양하고 정확한 영역을 포함하고 있는 합리주의라 할지라도 성경이 말씀하는 절대적 객관성애 도달할 수가 없다. 어떠한 신앙인도 성경에 기록된 모든 내용을 총망라하여 신앙적 체험을 한 사람은 없다. 그리 할지라도 그 총제적인 체험은 절대주의적 체험은 아니다. 그러므로 인간의 의지에 따라서 형성된 합리주의나 체험주의 즉 신앙의 경험주의는 결국 주관주의에 떨어지게 되며 절대적 객관주의에 도달하지 못한다. 개혁파에서 강조하는 하나님을 아는 길은 계시론적 입장이다. 그 계시는 바로 하나님의 말씀인 성경이다. 성경의 전제를 통해 하나님을 인식하는 것이다. 객관화된 사건을 주관적으로 인식하는 것이다. 예수님께서 시공간 가운데 완성하신 객관적 구속사역의 의(Righteousness)는 이미 하나님의 예정 가운데 객관적으로 계획된 의(Righteousness)에 따라 성취된 것이다. 그러므로 예수님의 사역은 구약에 예언된 대로 때가 차매 오시었고(갈4:4-5) 예언대로 태어나시고 십자가에 죽으셨고(사7:14, 53:1-12), 예언대로 부활 하셨다(마26:32).

만약 우리가 주관주의만을 강조할 때는 철학에서 말하는 실존주의(Existen-tialism)로 기울어져 버리게 되고 극단적인 신앙주의(Fideism)만을 강조할 때는 체험주의로 기울어져 버리게 된다. 그러한 주관주의를 탈피하기 위해서는 혹자들은 객관성 있는 합리주의를 택할 수밖에 없다고 말한다. 그러나 그들은 그 합리주의를 객관주의로 잘 못 인식하고 있다. 또한 합리주의도 인간의 지적인 의지에 의존하고 있기 때문에 결국 주관주의로 떨어지게 된다. 그러므로 성경계시를 떠난 하나님의 인식론은 종국에 가서는 합리주의냐? 아니면 경험주의냐? 하는 주관적 인식론 가운데 어느 한쪽으로 기울어져 버리게 된다. 객관주의에 기초한 주관주의를 소유할 수 있는 길은 오직 성경계시에 의한 전제 안에서만 가능하다. 그리고 성경을 올바로 신앙하기 위해서는 역사교회가 고백한 객관적 신앙고백을 제2의 기준문서로 수용해야 한다.

셋째, 가이슬러(Geisler)가 말하고 있는 신앙주의(Fideism)는 하나님의 존재에 대한 증명으로서 신앙주의를 강조하고 있다. 이는 위에서 말하고 있는 둘째 논증에 관한 내용인데 역사적으로 내려온 고전적 변증학(Classical Apologetics)인 이성주의적 신 존재증명에 대한 반동의 형태로 신앙주의(Fideism)를 말하고 있다. 그 고전적 변증학(Classical Apologetics)은 19세기 말경에 실존주의적(Existential) 개념에 의해 도전을 받았다. 즉 합리주의에 대한 반발의 형태로 주관주의적 신앙주의(Fideism)가 형성된 것이다. 그러나 성경이 말씀하는 신앙은 구원을 얻는 전 인격적인 결단을 요하는 것이지 이성주의이냐? 아니면 실존적 경험주의이냐? 의 입장에서 어느 한쪽의 일방적 개념으로 규명될 수 있는 교리가 아니다. 성경의 전제에 입각한 계시론적 변증학의 입장에서 볼 때는 이성적(Rational) 합리주의, 실존적(Existential) 주관주의, 또는 초월주의(Transcen-dentalism)도 객관적 변증학이라 말할 수 없다. 다만 부분적인 하나님의 인식론이라 말할 수밖에 없다. 더구나 신앙주의(Fideism)는 성령의 사역에 관한 구원론에서 다루어야 할 교리의 범주에 해당한 문제이다. 가이슬러(Geisler)가 신앙주의(Fideism)에 대한 평가를 잘못하고 있는 것이 사실이다.

넷째, 가이슬러(Geisler)의 평가에 의하면 신앙주의(Fideism)는 진리에 대한 검증을 실존적(Existential) 개념에 의존하고 있다. 이는 각 개인의 신앙적 경험에 의존하는 인식론이다. 개인적 경험을 신앙의 개념으로 연관시키고 있다. 그 결과 비모순율 또는 역설적(逆說的, Paradoxical)인 것처럼 보이는 성경의 원리까지도, 사실상 모순이 아닌데도 혹자들은 모순으로 규정하고 있지만, 신앙적인 체험에다 변증학의 방법론을 강조 하여 진리 검증의 주된 원리로 사용하고 있다. 이러한 주장은 사실상 성경 완전 영감설을 부정하게 만든다. 강한 초월주의적(Transcendental) 체험을 신앙주의(Fideism)의 기반으로 삼을 경우 성경 완전 영감설을 부정하는 방향으로 흘러가기 때문이다. 궁극적으로는 성경계시의 전제보다 주관적 체험을 우선으로 하여 하나님을 인식하는데 있어 성경은 하나의 부분적 도구로 전락하게 만든다.

다섯째, 신앙주의(Fideism)는 하나님의 인식론에 있어, 신학적으로 구원론에 해당되는 주제이기 때문에, 애매한 입장을 표출할 수밖에 없는데. 가이슬러(Geisler)는 하나님의 인식론에 그 범주(Category)를 정해 두고 있다. 또한 주관주의적 실존주의(Existentialism)와 초월주의(Transcendentalism)를 하나님 인식의 방법론으로 주장하는 한편 하나님의 계시와 그에 따른 수긍도 하나의 인식원리로 간주하고 있다. 또한 자연인이 하나님의 존재인식 안으로 들어올 수 있는 방법을 거절하는 우를 범하고 있다. 분명히 즉 "자연인이 이성을 통해 하나님을 알 수 있다면 하나님의 은혜는 거절 된다."는 잘못된 주장을 피력하고 있다. 가이슬러(Geisler)는 신앙주의(Fideism)에 관하여 "하나님의 인식을 실존주의(Existentialism) 내지 초월주의(Transcendental)를 신앙주의(Fideism)와 연관 시키고 있다."는 점을 피력하고 있다. 이러한 신앙주의(Fideism)는 모든 객관성과 주관성을 극복하고 있는 성경계시의 전제주의 인식론을 거부하는 결과를 가져오게 한다. 가이슬러(Geisler)가 신앙주의(Fideism)에 관한 변증학적 방법론을 잘못 인식하고 있는 내용을 재평가해야 할 것이다.

6. 신앙주의에 대한 가이슬러(Geisler)의 견해

가이슬러(Geisler)가 밴틸(Van Til) 박사의 전제주의(Presuppositionalism)를 부분적으로는 어느 정도 정확하게 평가하고 있다. 문제는 전제주의(Pre-suppositionalism) 변증학을 신앙주의(Fideism)의 범주 안에 포함시켰다는데 있다. 그 이유는 성경에 대한 전제주의(Presuppositionalism)를 실존주의(Ex-istentialism) 또는 초월주의(Transcendentalism) 요소와 공통분포를 형성하고 있다는 잘못된 인식이 있었기 때문이다. 그 공통분포는 하나님의 인식론에 있어 주관주의적 요소를 찾아내려고 했기 때문이다. 그러나 이미 언급한대로 전제주의(Presuppositionalism)와 초월주의(Transcendentalism)는 계시관에 있어 근본적으로 다른 관점을 가지고 있다. 그런데 가이슬러(Geisler)는 "신앙주의는 기독교 생활과 진리를 이해하는데 상당한 기여를 한 것은 사실이지만 유신론적인 진리나 기독교적 세계관을 확립하는데 있어서는 전혀 부적절하다."[523] 라고 평가를 내리고 있다. 그의 평가를 정리해 보자.

1) 신앙주의(Fideism)의 긍정적 기여

가이슬러(Geisler)는 "신앙주의(Fideism)는 합리주의를 매우 강하게 반대하는 기치를 들고 있다. 기독교 유신론이 주장하는 초자연적(Supernatural) 하나님을 합리적인 개념에 의해 논증할 수 없기 때문에 신앙주의(Fideism)는 데카르트(Descartes), 스피노자(Spinoza), 그리고 라이프니츠(Leibniz) 등의 합리주의자들이 주장하는 기하학적이며 연역적인 신 존재 증명을 막아낼 수 있기 때문이라는 평가를 내렸다. 나아가 하나님을 향한 인간의 신앙은 하나님께서는 어떤 분이신가? 라는 사실(Fact)에 기초하고 있기 때문에 하나님의 존재는 논리적 증거에 의해 입증될 수 있는 문제가 아니다. 하나님에 대한 신앙의 근거는 하나님 자신이 되어야 한다. 이것을 부정하는 것은 하나님 자신을 대신하여 하나님에 대한 논리적 증거를 개입 시키는 결과를 가져온다. 하나님을 향한 인간의 추리가 신앙의 대상인 하나님을 대신하는 결과를 초래한다. 합리적인 논증은 하나님에 대한 신앙을 강요할 수 없다. 성령님의 사역에 대한 신앙인의 반응만이 그리스도에 대한 인격적인 화답이 된다. 역사적인 증거도 그리스도를 인식하는데

---

523) Ibid, p.59.

도움이 되지 못한다. 신앙은 순수한 주관적 인격의 접합에서 이루어진다."[524] 라고 주장했다.

나아가 가이슬러(Geisler)는 "신앙은 지적인 것 이상이며 의지적인 것에 대한 이해이다. 신앙은 단순한 지적 동의를 넘어 가슴으로부터 나오는 하나님의 사명을 인식하는 것이다. 하나님의 존재를 믿는다는 것은 어떤 진리에 대한 단순한 동의를 넘어 전인격적 결단을 포함하고 있다. 종교적인 진리는 한 인격인 하나님에 대한 결단이기 때문이다. 종교적인 진리는 본질적으로 심오한 인격으로부터 인식되어야 한다. 만일 하나님이 존재하지 않는다면 기적들은 가능하지 못할 것이다. 기적의 사건은 하나님의 존재를 전제하고 있다. 하나님의 존재를 증거 하기 위해 기적이 일어난다."[525] 라고 주장했다.

또한 "복음주의에서 강조하는 인간의 죄는, 신앙주의자들에 의하면, 하나님에 대한 반응에 있어 반역적인 영향을 끼친다. 즉 죄인은 하나님을 사랑하고 섬기는 일에 전혀 무지하고 부족한 존재이다. 죄인이 선택한 일들은 전혀 하나님의 영광에 도달하지 못한다. 비 기독교인들은 기독교인들과 전혀 다른 전제를 가지고 살고 있으며 전혀 다른 세계관을 가지고 살고 있다. 기독교인들과 비기독교인들의 전제가 다른 이유는 서로가 전혀 다른 세계관을 가지고 있기 때문이다. 거기에는 죄의 영향 아래 있느냐? 아니면 죄의 영향 밖에 있느냐? 의 문제로 귀결된다. 인간의 죄는 그들이 행하는 생활 영역에 있어 전혀 예기치 않은 다른 영향을 끼치게 된다."[526] 라고 주장했다.

가이슬러(Geisler)가 신앙주의(Fideism)에 대한 긍정적 기여를 잘못 판단하고 있음에 틀림없다. 그 이유는 개혁파 신학에서 말하는 이성과 신앙에 대한 관계를 올바로 인식하지 못하고 있기 때문이다. 다시 말하건대 하나님을 인식하는 문제에 있어 성령님께서는 이성과 신앙을 그 분의 뜻에 따라 인식의 방편으로 사

---

524) Ibid, p.60.
525) Ibid, p.60.
526) Ibid, p.61.

용하고 계신다. 믿음은 하나님을 의지하는 수단이며 이성은 하나님을 이해하는 수단이다. 또한 가이슬러(Geisler)의 잘못된 판단은 하나님을 인식하는데 있어 인격적 결단에 관한 문제이다. 그는 믿음만이 인격적 결단의 수단으로 생각하고 있다는데 문제점이 있다. 인격적 결단을 내리는데 있어 지, 정, 의는 물론 신앙도 그 수단으로 작용한다는 것이 성경의 가르침이다(골1:9, 요3:12, 20:25, 27, 29). 가이슬러(Geisler)가 하나님을 인식하는데 있어 신앙만이 인격적 결단의 수단으로 간주한 것은 바로 실존주의(Existentialism)와 신앙주의(Fideism)를 동일선상에 두고 생각하기 때문이다.

2) 신앙주의(Fideism)의 부정적 기여

가이슬러(Geisler)가 신앙주의(Fideism)를 비판하는데 있어 상당 부분 모순점을 잘 지적하고 있다. 그런데도 그는 신앙주의(Fideism)가 하나님에 관한 진리를 검증하는 데는 결정적으로 부적절하다는 모순된 주장을 하고 있다. 그 이유는 신앙주의자들은 하나님의 존재론과 인식론(Epistemology)을 혼동하고 있기 때문이라고 말한다. 그들은 하나님을 아는 것(Knowing)의 질서와 존재(Being)의 질서를 구분하는데 실패하고 있다는 것이다. "기독교인들이 하나님께서 존재한다고 말하는 것은 당연한 이치이다. 그러나 그 존재에 대해 아는 바가 없다면 문제가 있는 것이다. 문제는 일방적으로 믿음을 주장하는 주관주의는 하나님을 신앙하는 점에 있어서는 옳은 생각이지만 신앙의 이론적 근거를 무시하는 것은 잘못이다. 이해가 불가능하면 무조건 믿으라는 주장은 하나님의 존재가 입증될 수 있는 원리를 무시하는 처사이다."[527] 라고 주장한 가이슬러(Geisler)의 말은 상당 부분 일리가 있다. 다음 단락에 나타난 그의 진술을 보자.

가이슬러(Geisler)는 말하기를 "신앙주의(Fideism)는 하나님께서 존재하고 있다는 믿음과 하나님을 믿는 믿음의 차이를 명확하게 구분하는데 실패하고 있다. 하나님께서 존재한다는 믿음에 대해 여러 가지 첨가할 것이 있다. 그 믿음은 단순히 추상적이거나 지적 요소에서 끝나는 것이 아니고 인격적이고 실존적(Ex-

---

527) Ibid, p.61.

istential)이어야 한다. 하나님의 존재를 믿을 만한 방법론이 없다면 그의 존재에 대한 신뢰와 신앙은 불가능한 것이다. 우리는 하나님에 관한 실존적(Existential) 경험을 가지기 전에 참된 신앙의 대상을 알고 있다는 증거를 가지고 있어야 한다. 하나님을 신앙하는 확신을 가지기 이전에 진리의 하나님이 존재한다는 것을 믿을 만한 이유 있는 근거를 제시해야 한다. 믿음만을 강조할 때 혹자는 믿음의 기반이 되는 근거는 어디에 두어야 하는가를 무시하는 경향이 있다. 하나님의 존재를 믿는 것은 지적인 문제이며 합리적인 논증이 있어야 한다. 그러나 하나님을 믿는다는 것은 객관적인 진리 검증이 없는 하나의 실존적인(Existential) 문제이다. 신앙주의(Fideism)는 실존적인(Existential) 문제에 있어서는 옳은 관점을 가지고 있으나 성경이 하나님의 말씀이라는 검증의 필요성을 무시해 버리는 경향성을 가지고 있다. 신앙주의(Fideism)는 인격적 실존을 강조하여 이론적 제안을 무시하거나 아예 거절하기까지 한다."[528] 라고 주장했다.

또한 "신앙주의(Fideism)는 진리를 주장하는데 합리적인 요소가 부족하여 논리적 주장을 펼치지 못하게 된다. 그렇게 되면 자기의 입장을 확실하게 표명하지 못하게 되어 주관적 심리상태로 떨어지고 만다. 만약 신앙주의(Fideism)가 하나님의 진리를 주장할 경우 진리 검증을 받아야 하는데 검증에 대한 기준의 제공이 애매해진다. 그러므로 신앙주의(Fideism)를 주장하는 자는 그가 가지고 있는 믿음에 대해 주관적 정당성만을 주장할 수밖에 없다. 만약에 그가 정당화 되지 못한 근거를 제공할 경우 믿음에 대한 지식을 갖추지 못하고 있다는 결론에 도달하게 된다. 그 때는 그가 가지고 있는 믿음은 정당성 있는 신앙주의가 못된다. 결론적으로 말하면 신앙주의(Fideism)는 진리에 대한 올바른 주장이 되어야 하며 그렇지 못할 경우 자멸의 길을 가게 되는 것이다."[529] 라고 가이슬러(Geisler)는 주장했다.

이제 개혁파 신학의 입장에서 가이슬러(Geisler)의 신앙주의에 대한 총체적인 평가를 내리고 비평을 가해야 할 차례다. 이는 합리주의와 대조해서 결론을

---

528) Ibid, p.62.
529) Ibid, pp.63-64.

내려야 할 것으로 본다. 하나님을 인식하는 문제에 있어 밴틸(Van Til) 박사는 일방적인 신앙주의(Fideism)를 강조하지 않았다. 성경이 말씀하는 합리성은 합리적 개념으로 이해하여야 하며 성경이 말씀하는 사건(Fact)은 그 사건이 보여주는 인식에 의해 이해하여야 한다고 강조하였다. 가이슬러(Geisler)는 밴틸(Van Til) 박사의 전제주의(Presuppositionalism)를 이해하지 못하고 있다. 그 이유는 성경 전제주의(Presuppositionalism)를 실존주의적(Existential) 믿음주의(Fideism)로 규정해 버린 잘못된 판단에 기인하고 있기 때문이다. 합리주의는 인간의 이성을 통해 하나님을 인식할 수 있다는 입장이다. 그러나 실존주의(Existentialism)와 초월주의(Transcendentalism)는 경험 또는 체험을 통해 하나님을 인식하는데 초점을 맞추는 입장이다. 많은 헬라주의 철학자들, 중세의 아퀴나스(Thomas Aquinas), 그리고 18세기 이성주의에 기반을 둔 고전주의 변증학자(Classical Apologist)인 버틀러(Butler) 감독 등은 합리적 기반위에 주관적 이성에 기초하여 하나님의 인식을 시도하였다.

반면에 경험이나 체험주의에 기초를 둔 하나님의 인식론을 주장한 부류가 있는데 철학적으로는 실존주의(Existentialism) 요소를 가지고 있는 키엘케골(Kierkegaard)이나 하이데거(Heidegger)가 이에 속한다. 문제는 이러한 철학자들을 신앙주의(Fideism)의 범주에 포함시킬 수 없는데도 가이슬러(Geisler)가 신앙주의(Fideism)의 부류에 포함시킨 것은 변증신학의 범주(Category)를 올바로 구분 짓지 못하는 우를 범하고 있다는 증거이다. 그는 신앙주의(Fideism)라는 개념을 개혁파 교리학의 구원론에서 **"믿음은 구원을 얻는 방편"**으로 규정하는 것을 이해하지 못하고 있음에 틀림없다. 하나님과 만남을 시도하여 실재(Reality)의 인식론을 주장하는 실존주의(Existentialism)와 초월주의(Transcendental-ism)를 신앙주의(Fideism)의 부류에 포함시켰기 때문이다. 만남의 접촉점을 강조하는 신학자는 발트(Barth)인데 그는 실존주의(Existentialism) 철학자들과 공통점을 가지고 있다. 즉 실재(Reality)에 있어 실존주의(Existentialism)와 발트(Barth)의 초월주의(Transcendentalism)는 주관적 인식론의 입장으로 볼 때 공통 분포를 형성하고 있다.

개혁파 신학에서는 하나님의 인식론을 계시주의에 기반을 두고 있다. 그 계시주의는 성경을 하나님의 말씀으로 신앙하는 사상이다. 성경을 통한 하나님의 인식론을 강조한다. 이 계시주의는 합리적 주관주의, 체험적 주관주의, 합리성을 말하는 수평적(Horizontal) 객관주의, 그리고 수직적(Vertical) 경험주의 등을 완전히 극복할 수 있는 객관주의와 주관주의 모두를 극복할 수 있는 객관적 계시주의에 의한 하나님의 인식론을 강조하는 입장이다. 그러나 개혁파 신학이 주장하는 객관적 계시주의는 구원론에 있어 성령님에 의한 주관적 적용을 강조한다. 객관적 계시인 하나님의 말씀과 인격적 사역자인 성령님의 공작을 인식의 기반으로 한다. 밴틸(Van Til) 박사는 이러한 개혁파 신학이 강조하는 성경이 말씀하는 객관성과 구원사역의 주관적 인식론을 명확하게 피력하고 있다.[530] 문제는 가이슬러(Geisler)가 하나님의 인식론을 단순하게 생각하여 성경계시를 하나님의 말씀으로 믿게 될 때 신앙으로 하나님의 인식이 가능 하다고 주장한 점이다. 그러나 신학을 논할 때 범주(Category)와 내용을 정확하게 정립하는 것은 너무나 중요한 부분에 속하는 것이 개혁파 신학의 강조점이다. 이성과 신앙의 관계에 있어 상호간의 기능적 역할을 강조할지언정 어느 것은 버리고 어느 것은 택할 수 있는 내용이 아니다. 그런 의미에서 **신앙에 관한 주제는** 하나님의 인식론에서 다루기보다 **구원에 관한 주제에서** 다루어야 개혁파 신학의 입장을 정확하게 이해할 수가 있다. 개혁파 신학의 본원이 되는 신앙고백서를 탐구해 보자.

웨스트민스터(Westminster) 신앙고백서 24장 "구원 얻는 믿음에 관하여"
제 1항. 믿음의 은혜는 택함 받은 자로 능히 믿어 저희의 심령을 구원하게 하는 것인데 이것은 그리스도의 성령이 저희 마음속에 일으키신 역사요 보통 말씀의 전도로 말미암아 이루어지며 또한 그와 아울러 성례의 집행과 기도로 더 커지고 강화되는 것이다.
제 2항. 이 믿음으로 말미암아 신자는 말씀에 계시된 것은 무엇이나 참된 것으로 믿는데, 그 이유는 성경에서 친히 말씀하시는 하나님의 권위 때문이다. 그는 성경에 있는 매 구절을 따라 구별되게 행동하여 명령에는 순종하고, 경고에는

---

530) Cornelius, Van Til, The Defence of the Faith, (Presbyterian and Reformed Publishing Co, New Jersey, 1980), pp.8.18-19.

떨며, 현세와 내세를 위한 하나님의 약속들을 즐겁게 받아들인다. 그러나 구원적인 믿음의 중요한 행위는 오직 그리스도만 받아 영접하고 의지하여 의롭다 하심과, 거룩하다 하심과, 영생을 은혜언약의 힘으로 받으려 하는 것이다.

이 신앙고백서에는 신앙에 관한 성경의 내용을 정확하게 정의하고 있다. 이 신앙고백의 내용을 좀 더 구체화 할 필요가 있다. 신앙은 그리스도를 구세주로 받아들이는 수단(The Means of Grace)이다. 신앙은 하나님의 선물이며 이 선물은 하나님의 은혜이다. 하나님의 은혜는 구원 얻는 방편이다. 은혜로 말미암아 구원이 이루어지는데 믿음을 수단으로 하여 우리의 공로를 요구하지 않고 오직 하나님께서 주신 선물이 바로 구원이다(히10:39, 엡1:17, 2:8, 롬1:17, 10:17). 그런 의미에서 **신앙이라는** 말은 포괄적으로 다양하게 쓰이고 있으나 신학적으로는 구원에 관한 범주(Category)에 해당되는 말이다. 그런 의미에서 **신앙이라는 신학적인 용어를** 규명할 때는 고백서의 규정을 따라야 할 것이다.

다음으로 성경의 전제주의(Presuppositionalism)에 대한 신학적 규정에 관한 문제를 논증해야 할 것이다. 밴틸(Van Til) 박사가 주장한 전제주의(Presuppositionalism)의 논증을 보면 가끔 애매한 부분이 나타나는 느낌을 받을 때가 있다. 그 이유는 기독교 철학에 기초하여 기독교 변증학을 전개하고 있기 때문이다. 그러나 우리는 성경을 전제로 하여 하나님을 인식한다는 그의 주장을 전적으로 동의하고 수납해야 할 것이다. 그가 논증하고 있는 애매한 부분이란 하나님의 인식론에 있어 불신자와 신자가 주장하는 차이점을 구체적으로 설명하는데 있어 그 내용을 구분하기 힘들 때가 있다. 또한 일반은총의 영역에 있어서의 하나님의 존재인식과 특별은총의 영역에 있어서의 하나님의 존재인식이 다르게 나타나는데 대한 차이점을 애매하게 진술하고 있는 경우를 종종 보게 된다. 그러나 그의 성경 전제주의 변증학(Presuppositional Apologetics)은 장장 2천년이라는 교회사를 통해 내려온 고전적 변증학(Classical Apologetics)을 단숨에 깨트려 버린 쾌거를 올렸다. 상당수의 신학자들이 전제주의(Presuppositionalism)를 평가할 때 조건과 근거 없이 일방적 신앙주의(Fideism) 사상을 가지고 합리주의, 증거주의, 그리고 경험주의 등을 무시하는 입장이라고 주장하기도 한다. 그러나 그들은 전제주의 변증학(Presuppositional Apologetics)의 개념을 전혀 이해하지 못하는 공허한 주장들을 늘어놓는 사람들이다. 밴틸(Van Til) 박사는 이 모든 주장들을 넘어 가장 확실한 성경적 근거를 기반으로 하여 타 종교와 세속 철학을 역공하고 있다.

성경을 전제로 하는 기독교 변증학(Christian Apologetics)이란 합리성, 구원의 실재(Reality), 그리고 지식의 원리 등을 무시하고 우리가 성경의 내용을 이해할 수 없을지라도 마구잡이로 성경에 나타난 교리들을 수용하라는 주장이 아니다. 성경은 모든 합리적 내용(사34:16), 하나님의 존재와 구원에 관한 실재(요14:10-11, 16-16, 26, 행2:17-21, 빌2:13), 모든 자연 과학과 지식의 근원(욥28:23-26, 잠1:7, 호4:6), 그리고 만물의 기원(창1:1-31, 히1:2-3) 등을 확실하게 교훈하고 있기 때문에 기독교 변증학에 있어 성경 이외의 어떤 논증도 개입시키는 것이 무익할 뿐 아니라 도리어 시비 거리만 발생 시키는 것이다. 성경이 가르치고 있는 인간이 가져야 할 모든 지식은, 일반은총의 세계에 있어서도 마찬가지로, 성경이 교훈하는 곳에서부터 시작하여 성경이 교훈하는 곳으로 귀착되어야 한다는 말이다. 모든 것이 하나님으로부터 와서 하나님께로 돌아가기 때문에 우리는 무슨 일을 하든지 성경에 의해 하나님을 변호하고, 복음을 전하고, 그리고 영혼의 옷깃을 여미고 하나님의 영광을 위해 전력 질주해야 할 것이다.

IV. 경험주의(Experientialism)

철학 세계에서 말하는 심리적 경험주의를 기독교 변증학(Christian Apologetics)에 접목시키는 경우를 종종 보게 되는데 이는 기독교적 경험주의와 전혀 다른 부류의 내용을 억지로 접목시키는 격이 된다. 역사적으로 경험을 이성에 기초하여 호소하는 부분도 많이 나타나고 있다. 또한 실존주의(Existentialism)는 심리적 경험주의와 공통분포를 형성할 수 있는 강한 심리적 주관주의(Subjectivism)를 배경에 깔고 있다. 그런데도 불구하고 철학적 경험주의와 기독교적 경험주의는 큰 차이가 있다. 철학적 경험주의는 파스칼(Pascal)을 위시하여 심리적 경험을 합리적으로 논증하는 경향성을 보이고 있으며 신학적 경험주의는 발트(Barth)를 위시하여 초월적 만남을 강조하는 경향성을 지니고 있다. 철학적 경험주의는 주로 개인적으로 나타나는 심리적 반응을 스스로 검증하는 성격을 띠고 있다. 그러나 기독교적 경험주의는 신앙적 체험에다 초점을 맞추어 신비주의와 경건주의(Pietism)적 요소를 부분적으로 혼합한 경향성을 보이기도 한다.

신앙주의(Fideism) 요소를 강조하는 부류 가운데 "기독교는 체험주의에 따라 상존한다." 라는 당치도 않는 주장을 내 세우는 사람들을 볼 수 있다. 물론 기독교인들은 그리스도를 하나님의 아들로 신앙하는데 있어 갖가지 체험을 하게 된다. 그러나 그 체험은 개인적 주관에 한하여 일어나기 때문에 기독교를 대변할 수 있는 전체적 요소를 모두 포함하고 있는 것은 아니다. 어느 기독교인이든지 성경에 기록된 다양한 체험 모두를 가지고 있는 신자는 없기 때문이다. 개인이 가지고 있는 체험은 극히 지엽적인 부분이다. 그러나 그 지엽적인 체험이 성경을 신앙하는데 결정적인 역할을 하는 것을 부인할 수 없다. 작은 체험은 성경 전체를 신앙하는 동기(Motive)가 된다. 그러나 개인적으로 경험하는 주관적 체험을 전체적 체험으로 확대시키게 되면 성경이 가르치고 있는 내용의 극히 적은 부분을 전체적 개념으로 규정하는 오류를 범하게 된다. 여기에서 경험주의에 대한 문제점들을 분석해 보자.

1. 경험주의에 대한 해설

이미 언급한 대로 철학세계에서 말하는 심리적 경험과 기독교적 체험 사이에는 관념론에 관한 내용뿐만 아니라 실존적 차이가 있다는 것을 언급했다. 우선 철학적 입장을 증명하기 위해 경험이라는 말로 표현하고 기독교적 입장을 증명하기 위해 체험이라는 말로 표현하고자 한다. 똑같이 반복되는 언급인데 가이슬러(Geisler)는 철학적 경험주의와 기독교적 체험주의를 같은 범주 안에 포함시키고 있다는데 문제가 있다. 또한 같은 기독교를 신봉하는 부류에서도 체험을 진리의 검증으로 생각하는 방향이 제각이 다르게 나타나기도 한다. 체험을 신앙의 자원(Source)으로 생각하는 부류가 있는가 하면 신앙을 유지하게 하는 가장 중요한 근거로 생각하는 부류가 있다. 어떤 부류에서는 체험을 은혜의 수단으로 생각하는 경우도 있다. 이제 그 주장한 내용들을 철학적 개념은 물론 신학적 개념까지 망라하여 가이슬러(Geisler)가 지적한 내용에 의해 한 사람씩 점검해 보자.

1) 플로티누스(Plotinus)의 신비적 요소

플로티누스(Plotinus, 204-269)는 플라톤(Platon)의 이데아 철학에 신비주의를 첨가하여 신플라톤주의(Neo Platonism) 철학을 제창한 사람이다. 그렇기 때문에 그의 철학은 합리주의와 신비주의를 포함한 양 날개를 가지고 있었다. 이러한 사상은 서구의 철학뿐 아니라 동양의 신비주의와도 인연을 맺을 수 있는 여건을 마련하게 되었다. 이러한 사상은 후에 기독교 신비주의, 헤겔주의(Hegelian), 실존주의(Existentialism), 그리고 많은 분야의 서양철학과 기독교 사상에도 영향을 끼치게 되었다. 그가 신의 인식론에 있어 직관적(直觀的, Intuitive) 경험을 주창한 것은 신비주의에 많은 영향을 끼치게 된 원인이 되었다.

(1) 범신론(Pantheism) 내지 만유내재신론(Panentheism)의 신비주의

플라톤(Plato)의 이데아(Idea)론은 이미 범신론적이며 만유내재신론의 요소를 내포하고 있었다는 것을 언급했다. 플라톤(Plato)이 만물에 대한 이데아

(Idea)를 신의 개념으로 해석하기 위해 합리적 증명이라는 방법론을 적용 했지만 만물 속에 깃들어 있는 신의 개념은 범신론(Pantheism) 내지 만유내재신론(Panentheism)의 개념을 넘어설 수 없는 늪에 빠져 버렸다. 그 이유는 플라톤(Plato)의 이데아(Idea) 개념에 신비적인 요소를 첨가하여 신을 초월주의적 직관(Transcendental Intuition)의 개념으로 귀결시켜 버렸기 때문이다. 이는 신에 대한 지식이 비인지적 직관(Non Cognitive Intuition)으로 종결되어버린 것이었다. 그 이유는 신에 대한 인식을 합리적으로 해결하려고 할 때 이원론을 넘어서 일원론으로 들어가야 한다는 주장 때문이었다. 즉 하나님과 세계를 이원론으로 분리하는 이념을 넘어 하나님과 통일 될 수 있는 초월적(Transcendental) 경험이 이루어져야 한다는 뜻이다.

플로티누스(Plotinus)에게 있어 "신이란 모든 지식과 존재를 넘어선 단일자(the One)를 지칭하는 말이다. 즉 신은 지식, 인격, 그리고 존재에 있어 무(無)로 통한다. 신은 절대적 단일성(Unity)으로 구성되어 있다. 이 단일성(Unity)은 씨가 꽃이 되듯이 정신(Nous)으로 퍼지게 되어 있으며 이 정신은 다른 정신과 다른 영혼들 속으로 퍼지게 되어 있다. 우주에는 최상의 정신으로부터 최하의 질료에 이르기까지 전체적 위계질서가 있다. 인식하는 자와 인식되어지는 자의 이중성이 없는 유일한 절대 단일성(Unity)은 알려질 수도 없고 알려지지도 않은 단일자(the One)이다. 그러므로 정신(Nous)은 모든 것의 최선이고 질료는 모든 것의 최악이다. 신은 모든 선과 모든 존재뿐만 아니라 모든 지식을 초월한다. 정신(Nous)은 무엇이 아니라는 것을 알 수 없고 오직 존재만 알려질 수 있는 실재(Reality)이다. 단일자(the One)는 모든 진술의 내용을 넘어 진리 안에 있다. 우리가 단일자(the One)에 대해 진술한 내용들은 단일자(the One)로부터 나오는 사물에 대한 것뿐이다. 신은 선과 존재의 근원이다. 단일자(the One)는 선, 존재, 그리고 지식도 소유하지 않는다. 단일자(the One)는 모든 것이 되지만 그 모든 것들 중의 어느 하나도 아니다. 만물의 근원은 만물이 아니고 단일자(the One)는 초월적인 의미에서 만물이다."[531] 라는 무질서한 주장을 피력했다.

---

531) Norman Geisler, Christian Apologetics, (Baker Book House, Grand Rapids, Michigan, 1976), pp.66-67.

플로티누스(Plotinus)는 신의 존재증명에 있어 초월주의(Trascendental-ism)와 만물의 존재를 연관시켜 단일자(the One)를 말하고 있다. 신이라는 절대적 단일자(the One)는 이 세상 만물을 초월한 정신(Nous)의 개념이라고 말한다. 이는 플라톤(Plato)의 이데아(Idea) 개념으로부터 유추된 신의 관념이다. 그러므로 플로티누스(Plotinus)는 정신(Nous)의 개념을 초월의 개념과 연관시키고 있다. 결론적으로 말하면 만물의 초월정신이 바로 신이라는 주장이다. 이러한 이교도적 신의 관념은 인격적인 하나님을 거절하여 신을 하나의 이상적(Ideal) 개념에다 고정시켜 버리고 말았다. 그렇기 때문에 이러한 신관은 구원의 하나님, 교제의 하나님, 그리고 아바 아버지의 하나님이 될 수 없는 범신론(Pantheism) 내지 만유내재신론(Panentheism)으로 떨어져 버리고 만다. 더욱이 그의 단일자(the One), 만물의 초월정신(Nous), 그리고 단일성(Unity)에 관한 그의 주장은 창조주와 피조물 관계의 질서를 파괴한 범신론(Pantheism) 사상이다.

(2) 신비적인 직관(Intuition)이나 연합에 의한 경험론

플로티누스(Plotinus)는 신을 묘사할 수 없다고 말한다. 그렇다면 우리가 신을 아는 방법이 없는가? 라는 질문이 나올 수밖에 없다. 이 문제에 대한 그의 답변은 "신은 글자의 진술을 통해 알려질 수가 없는 존재이므로 오직 신비적인 직관(Intuition)이나 연합에 의해 인식되어져야 한다. 이러한 인식은 감각적인 것으로부터 지적인 것으로 옮아감에 따라 실현되는 첫째 연합이 있는데 그것이 바로 정신(Nous)과의 연합이다. 여기서 우리의 정신(Nous)은 최고의 정신(Nous)에 흡수된다. 그리고 우리의 사유들은 그 최고의 사유 안에서 궁극적 기반을 찾아낸다. 또한 지고자(The Supreme)를 지적으로 알 수 없으므로 지적 성취의 초월을 경험하기 갈망하는 사람은 지식에 관한 모든 요소를 떨쳐 버림으로 지고자(the Supreme)를 알게 된다. 왜냐하면 단일자(The One)에 대한 인식은 과학이나 순수 사유에 의해서 이루어지는 것이 아니고 과학보다 우위에 있는 지고자인 단일자(The One)의 임재를 통해 우리에게 접근 되어야 하는데 우리는 과학 즉 철학을 넘어 지고자(The Supreme)와의 연합에서 물러서면 안 된다. 우리는 그 지고자(The Supreme)의 존재와 연합해야 하며 또 그 속에 침투되어 하나가 되어야 한다."[532] 라고 주장했다.

플로티누스(Plotinus)는 연이어 주장하기를 "이러한 표현 불가능한 신에 대한 경험은 강요될 수 없으며 단순히 준비될 수밖에 없다. 그 준비라는 개념은 경험을 뒤 따라가는 것이 아니고 자신을 미래의 전망에 맞추어, 우리의 눈이 지평선 위에 나타나는 해를 기다리는 것처럼, 신에 대한 출현을 침착하게 기다리는 것이다. 만약 우리가 이러한 장면을 즐거움으로 만나지 못할 경우 즉 정화된 상태에서 일어나지 않고, 단일자(The One)로부터 분리된 어떤 것을 자신의 속에 간직하고 우리가 그 단일자(The One)와 완전히 연합되지 않고 있다면, 우리는 우리 외에 어느 누구도 비난하지 말아야 하며 또한 모든 것으로부터 자신을 분리시킴으로 순수해 지려고 노력해야 한다. 요약하면 그러한 경험은 알려질 수도 표현될 수도 없다. 그 경험은 우리가 절대적으로 단독 자(The Alone)와 하나가 될 때 일어나는 초월적 존재에 대한 자기 증거의 의식이다. 그는 단일 자(The One)와 함께 한 경험이 그 자체의 증거이다. 그 경험에 적용할 수 있는 이성이나 증거는 전혀 없으며 필요하지도 않다."[533] 라고 주장했다.

위에 진술된 플로티누스(Plotinus)의 신비주의적 경험주의(Experientialism)는 부분적으로 세속철학의 범주 안에 예속시킬 수는 있을지언정 결코 기독교적 경험주의의 범주 안에 포함시킬 수 있는 개념이 아니다. 세속철학의 양대 산맥 가운데 합리주의(Rationalism) 외에 한쪽을 차지하고 있는 실존주의적(Existential) 경험주의(Experientialism)는 신의 신비적 요소를 존재론의 주제로 삼고 있다. 경험주의에서는 합리주의적 요소가 필연적으로 요구될 때도 경험주의에 의존하여 논증을 전개한다. 그렇기 때문에 플로티누스(Plotinus)는 의도적으로 합리주의적 요소를 배제하려고 든다. 플로티누스(Plotinus)의 신비주의는 정신(Nous)과 질료(Matter)를 말할 때 합리적 이론을 배경으로 논증을 해야 함에도 불구하고 결론에 가서는 신비주의적 경험주의를 강조하고 있다. 이는 억지주장이 아닐 수 없다. 우리가 모든 철학, 과학, 신학, 예술, 그리고 그 외의 모든 학

---

532) Ibid, pp.67-68.
533) Ibid, p.68.

문을 전개할 때는 사건(fact), 논리(logic), 통계학(statistic), 실험(experiment) 등을 동원하여 결론을 유추해 낸다. 특히 신학에 있어 창조에 관한 문제를 논증할 때 창조세계에 나타난 역사적 사건을 범신론(Pantheism)이나 만유내재신론(Panentheism)의 개념으로 다룰 수 없는 이유는 모든 피조물은 인격적인 하나님의 사역에 의해 창조되었기 때문이다. 모든 만물은 하나님의 의지에 따라 질서 있게 진행되고 있으며 그 의지의 목적에 부합하도록 통치되어 가고 있다. 이는 만물이 인격적인 하나님의 뜻에 복종하고 있다는 증거이다. 비인격적인 범신론주의(Pantheism)나 만유내재신론주의(Panentheism)는 아무리 신비주의적 경험을 주장한다 해도 역사를 주관하시는 하나님의 사역과 무관한 것이기 때문에 자아 의존적 감성에 치우친 신비적 경험에 의한 신의 존재론일 뿐이다.

가이슬러(Geisler)가 기독교 체험주의와 전혀 무관한 플로티누스(Plotinus)의 신비적 요소를 기독교 변증학에 편입시켜 독자들로 하여금 혼란을 가중시킨 이유를 알 수가 없다. 사실상 기독교 체험주의는 철학적 경험주의와 부분적으로 동질성을 가지고 있지만 하나님의 인격적 인식론에 들어가면 전혀 다른 개념으로 이해해야 한다. 세속철학의 경험론은 삼위일체 인격적인 하나님의 인식론하고는 아무 상관이 없는 주관적 감성에 의해 스스로 결정한 신의 인식론으로 귀착된다. 그러나 기독교적 체험주의는 신비적 요소를 매개로 하여 인격적인 하나님과 접촉을 시도한다. 그러나 기독교적 체험주의의 문제점은 성경계시를 우선적으로 취하지 않고 있다는 점이다. 그렇기 때문에 기독교 체험주의는 발트(Barth)의 초월주의(Transcendentalism) 내지 기적을 매개로 하는 기독교 신비주의자들의 이념을 지칭하는 개념이다.

2천년의 교회사를 살펴보면 기독교에 세속 철학의 사고를 가미할 때 교리적 타락을 불러왔고, 이어 윤리와 도덕적 타락을 불러왔고, 결국에 가서는 교회가 제도적 즉 정치적 타락으로 떨어져 세상의 풍습과 짝을 이루게 되었다. 아직도 기독교의 역사적 신앙고백에 대해 무지하고 무관심한 자들은 빨리 역사적 신앙고백을 지키기 위해 성경에 의한 기독교 변증학을 답습하고 세속철학을 끌어들이는 영적 간음 상태에서 빨리 헤어 나와야 교회가 순수한 교리를 유지하게 되고 우리

자손 수천 대까지 이 귀한 복음을 물려주어 정결한 교회를 지킬 수 있을 것이다.

2. 슐라이어마허(Schleiermacher)의 절대의존감정

19세기 신학을 타락의 늪으로 몰아넣은 주범자 두 사람이 있다면 헤겔(He-gel)과 슐라이어마허(Schleiermacher)이다. 헤겔(Hegel)은 역사주의에 기초한 객관주의적 관념론주의(Idealism)자이며 슐라이어마허(Schleiermacher)는 감성에 기초한 주관주의적 경험주의자이다. 그러나 슐라이어마허(Schleiermach-er)는 초자연주의에 기초한 신비적 경험을 배제하고 심리적 종교관을 강조한 사람이다. 그것이 바로 절대의존감정(Feeling of Absolute Dependence)의 이론이다. 그의 주장은 종교인이 되었든지 아니 되었든지 모든 사람들은 의존감정을 가지고 있다고 말했다. 문제는 이교도들도 가지고 있는 일반적인 종교적 감정을 주장하는 부류의 사람들을 기독교 체험주의 사람들과 같은 부류에 포함시킬 수가 있는가? 이다. 이에 대해 기독교적 체험주의를 말하는 사람들은, 비록 성경계시를 우선으로 하는 입장을 무시할 지라도, 개인적 신비주의 체험을 통해 인격적인 삼위일체 하나님의 인식에 도달하게 된다는 점을 강조하고 있다. 이는 절대 의존 감정의 개념과 다른 체험주의이다.

1) 경험이 모든 종교의 근원이다.

슐라이어마허(Schleiermacher)가 주장하는 종교적 경험론은 플로티누스(Plotinus)의 신비적 경험주의하고는 다른 양상을 나타내 보이고 있다. 그는 "인간은 임의대로 생각하는 일반적인 개념으로서 종교를 거절한다. 그런 일반적인 개념의 종교관은 조개껍질만을 보고 속의 알을 거절하는 행위이다."[534]라고 말했다. 이 언급은 당시에 합리주의가 대세를 이루고 있을 때 철학세계에 바람을 일으킨 사건으로 회자되었다. 즉 상식 선상에서 생각하는 종교(기독교)의 개념인 수평주의를 거절하고 나온 것이다. 절대의존 감정(Feeling of Absolute Depen-dence)에 의한 경험주의적 수직주의 종교관을 들고 나온 것이다. 외부로부터 유

---

534) Ibid, p.69.

입되는 종교 관념을 내적 감정과 성향에 고정시킬 것을 강조하고 나온 것이다.[535]

슐라이어마허(Schleiermacher)는 외부로부터 들어오는 즉 역사적 정통주의 개혁파 신학이 추구하는 계시적인 종교관 또는 교리적인 종교관을 거절하였다. 그는 주장하기를 "교리는 단지 종교의 메아리에 불과하다. 참된 종교는 무한하고 영원한 것에 관한 직접적인 감정이다. 종교란 절대자에 대한 내적 감각이므로 종교에 대한 외적 표현들의 검증에 의해서 이해될 수 있는 것이 아니고 우리 자신들의 내적 연구에 의해 이해될 수 있는 것이다. 종교에 관한 내적 상태와 외적 진술 사이의 비교는 그 의미에 초점을 맞추는 데에는 도움이 될 것이다. 종교는 경험에 뿌리를 두고 있으며 신앙고백서들은 단지 그 경험의 표현에 불과하다. 경험은 감정이며 신앙고백서는 형식이다. 신에 대한 경험이 기본적인 실재(Reality)이지만 종교적 사유(Thinking)는 실재(Reality)에 대한 후기의 반응이다."[536] 라고 했다. 이러한 주장은 개혁파 신학이 강조하는 **신앙고백주의**를 파괴하는 사상이다. 개혁파 신앙고백주의는 전 인격적인 결단을 통해 인격적인 하나님에게 자신을 위탁할 것을 강조한다. 감성뿐 아니라 지적이며 의지적인 요소까지 하나님의 뜻에 순응하는 신앙의 결단이다.

슐라이어마허(Scheiermacher)는 주장하기를 "종교적 감정은 윤리학적 생활의 진로와 과학적 사유(Thinking)의 진로를 넘어선 감정의 진로인데 그것은 단순한 감정의 진로가 아니고 모두(the All)라는 대상에 전폭적으로 의존하는 존재의 감정이다. 다시 말하면 윤리학은 행동의 진로이고 과학은 지식의 진로인데 반하여 종교는 자신이 의지하는 존재 또는 감각의 진로이다. 종교는 특수한 윤리행위에 영향을 미치지 않는다. 그러나 윤리는 종교가 그의 삶에 접목되는 내적인 통일성으로부터 전체적인 행동이 흘러나온다는 의미에서 인간의 행위방식에 영향을 미친다. 그러므로 인간은 종교로부터 아무것도 하지 않은 반면에 종교와 함께 모든 것을 행해야 한다. 마찬가지 방법으로 종교는 직접적이 아니라 간

---

535) Friedrich Schleiermacher, On Religion; Speeches to Its Cultural Despisers, trans by John Oman, (New York, Harper Torchbooks, 1958), p.18.

536) Norman Geisler, Christian Apologetics, (Baker Book House, Grand Rapids, Michigan, 1976), p.69.

접적으로 과학에 영향을 미친다. 이유는 경건은 무식한 지식(Knowledge)에 대해 추정(Presumption)을 제거하기 때문이다. 그러므로 윤리는 실천적인 영역에 작용하고 과학은 지적인 영역에 작용하지만 종교는 직관적인 영역에 작용한다."[537] 라고 말했다.

이러한 슐라이어마허(Scheiermacher)의 주장은 기독교 윤리와 종교적 감정에 대해 무지함을 드러내고 있다. 기독교 윤리는 하나님에게 전인격적인 순종을 요하는 언약에 기초하고 있다. 한갓 감성이나 지적인 개념에 제한을 두는 윤리가 아니다. 순종을 전제로 하는 하나님과 맺은 언약은 전인격과 삶에 이르기까지 나아가 종말의 역사에 이르기 까지 영향을 끼치는 윤리이다. 또한 종교를 직관적인 영역에 한정하는 것은 기독교에서는 용납될 수 없는 주장이다. 이는 기독교를 하나의 감성에 한정시켜버리는 저급한 수준의 종교관이다. 타 종교에서 전혀 찾아볼 수 없는 전인격적 결단과 더불어 과거, 현재, 그리고 미래에 대한 생명의 보장을 확증하는 종교가 기독교이다.

2) 종교적 직관의 본질

슐라이어마허(Schleiermacher)는 "종교를 이해하는 길은 경험의 뿌리로부터 직관(直觀, Intuition)의 검토에 의한 것이어야 한다. 왜냐하면 우리가 일단 직관(Intuition)에 대해 생각하기 시작하면 우리는 이미 그것으로부터 분리되기 때문이다. 종교경험은 순간적으로 너무 빨리 지나가기 때문에 그 경험이 나타나는 순간 이미 사라지고 만다. 종교는 경험되어질 수 있지만 역시 표현되어 질 수 없는 것이다."[538] 라고 주장했다. 계속하여 슐라이어마허(Schleiermacher)는 "종교의 본질은 세계를 수단으로 하여 영혼에 대한 하나님의 공작으로부터 맺어지는 경건에 대한 감정이다. 이 감정은 보편적인 것이지만 이 감정의 표현에 의해 나타나는 사람들의 개념은 종교적 경험 그 자체와는 거리가 멀다. 그 이유는

---

537) Friedrich Schleiermacher, On Religion; Speeches to Its Cultural Despisers, trans by John Oman, (New York, Harper Torchbooks, 1958), pp.1-18. p.59.

538) Norman Geisler, Christian Apologetics, (Baker Book House, Grand Rapids, Michigan, 1976), p.70.

어떤 기록도 진술되어 있는 직관하고는 동등하지 않기 때문이다. 이것이 바로 종교가 기계적인 방법인 암기식(Learned by Rote)으로 습득될 수 없는 이유이다. 종교적인 방법은 가르쳐질 수 없고 쥐어져야 한다. 종교의 감정은 사물의 본질을 느끼는 것이 아니라 사물이 우리에게 작용하는 것이다. 종교적 감정은 사물이나 그 본질에 도달하지 못한다. 우리는 단지 무한에 관한 다양한 형태의 끊임없는 작용이 우리에게 오는 것을 느낄 뿐이다. 종교는 끊임없이 다양한 형태 가운데 어느 하나에게, 개별적으로 고립되어 있는 상태에서, 복종함으로 형성되는 것이 아니고 각 분야별로 형성하고 있는 전체(the Whole)에게 복종하는 것이다. 종교에 관한 총체는 가장 높은 연합 안에서 우리를 움직이는 모두는 하나라는 것을 느끼는 것이며, 어떤 단일적이고 특별한 것은 이 연합의 수단에 의해 하나 됨이 가능하다는 것을 느끼는 것이며, 그리고 우리의 존재와 삶은 하나님 안에서와 하나님을 통해 사는 삶을 느끼는 것이다. 여기서 신비주의는 종교적 직관(Intuition)의 본질이 아니다. 종교적으로 진실한 사람들은 신비적인 특성을 가지고 있지만 신비주의자는 내적으로 변화되어 그 변화를 넘어가는 법을 알지 못하고 있다. 인간은 내면에서 하나의 명확한 감정이 되는 접촉을 이주시켜서 그의 삶과 존재의 내적 통일성으로 끌어 올리는 것이다. 종교생활은 이러한 과정을 항상 재생시키는 그 이상의 어떤 것도 아니다."[539] 라고 주장하였다.

숄라이어마허(Schleiermacher)의 종교관은 직관(Intuition)에 의한 순간적 종교경험을 주축으로 하여 나타난 감성주의이다. 이러한 경험주의(Experientialism)는 기독교에서 말하는 만질 수 있고 볼 수 있는 시공간의 역사적 종교관을 거절한다. 그의 종교 경험주의는 순간을 강조함으로 객관적 진술을 할 수 없다는 결론에 도달한다. 혼자만의 감성적 경험을 종교라는 상자 속에 가두어 독백(獨白, Monology)하는 상태를 진술하고 있는 것뿐이다. 객관적 역사관을 보여주고 있는 기독교의 입장에서 볼 때 황당한 이론이다. 예수님께서 이 땅에 오셔서 구속사역을 완성하신 일은 시공간 세계에서의 객관적 사역이다. 이 사역에 의해 하나님의 백성들이 구원에 동참하게 된다.

---

539) Friedrich Schleiermacher, On Religion, Speeches to Its Cultural Despisers, trans by John Oman (New York, Harper Torchbooks, 1958), pp.58.

3) 종교적 직관의 공통성과 보편성

슐라이어마허(Scheiermacher)는 종교에 대한 정의를 구원론이나 하나님의 절대통치와 상관없는 인류 공동체의 인도주의 정신에 입각하여 규정하고 있다. 그는 "기본적인 종교경험은 모든 사람들에게 똑같은 것이지만 종교적인 조직은 개인적인 인격에 이르기까지 무수하게 다양성으로 형성되어 있다. 이러한 다양성은 종교의 완전한 명시를 위해 필요하다. 신에게 관계된 진로가 오직 하나만 있는 것이 아닌 것과 마찬가지로 모든 사람의 보편적인 공동의 종교는 없다. 그러나 전체(the Whole)의 연합을 통하지 않고서는 개인을 위한 공동 종교의 존재 가능성은 아무것도 없다. 더욱이 종교는 관념들(Ideas)에 의해 구성되는 것이 아니기 때문에 진리와 거짓의 개념은 적용되지 아니한다. 모든 종교는 형상에 관한 무한한 다양성 안에서 선하고 참되다. 우리는 이러한 모든 감정과 신앙을 함께 모으려는 시도를 할 필요는 없다. 도리어 감정과 신앙을 가지지 못한 사람들을 위해 모든 사물의 본래적 연합에 대한 경험을 개방하면 충분하다. 이러한 점에서 종교는 다른 곳에서 발견할 수 없는 여러 가지 측면에 대한 수용능력이다. 과학, 도덕성, 그리고 철학은 제한되고 좁지만 종교는 좁은 정신과 일방적 입장과 철천지원수다."[540]라고 주장했다.

계속하여 그는 "종교의 목표는 세계정신(the World-Spirit)에 대한 사랑이다. 이 세계정신은 인간의 사랑을 통하여 수납된다. 이러한 사랑을 갈망하는 것이 종교의 본질이다. 그래서 종교에 있어 최선을 발견하기 위해서는 우리는 우리가 가장 사랑하는 곳으로 들어가야 한다. 각자에 대한 각 개인 안에서 발견되어야 할 인간은 무한자(the Infinite)의 한 계시이다. 그러나 각자는 전체(the Whole)의 부분으로서 심사숙고 되어져야 하는데, 그 이유는 전체(the Whole)의 면전에서 각 개인의 이기주의는 겸손 가운데 사라져야 하기 때문이다. 우리는 모두(the All)에 의존함으로 말미암아 그들 자신들의 존재를 의존함으로부터 자유롭게 되어 진 자들과 함께 교제 안에 있는 전체(the Whole)에 관한 직관을 가지고 있다. 그러나 각 사람은 인류의 대요(大要, Compendium)이므로 그는 그가 영원한 자

---

540) Ibid, pp.53-56.

(the Infinite)를[541] 발견해 온 자와 같은 순수하고 책망할 것이 없는 사랑으로 그 자신을 사랑할 수 있다."[542] 라고 말했다.

나아가 슐라이어마허(Schleiermacher)는 "종교적인 직관은 종류에 있어서 다른 감정과 다른 것이 아니다. 도리어 종교적인 직관은 모든 다른 감정들의 총체이다. 종교적 직관은 자연 안에서는 쉽게 발견되지 않지만 우리 자신 안에서 보다 더 쉽게 발견되어 자연에 전달되는 하나의 감정이다. 우주는 우리의 내적 생활에서 스스로를 드러내며 물질세계는 이러한 방법으로 영의 세계를 이해할 수 있다. 우주의 이러한 내부의 감정은 우리를 전체가 되도록 하며 연합되도록 한다. 교리는 이러한 감성에 반응한 결과로서 형성된 것이지만 그 교리들은 단지 절대적 감정에 관한 일반적인 표현일 뿐이다. 교리는 종교적 생활을 위해 필연적인 것이 아니며 그 종교생활의 의사전달에 있어 거의 도움이 되지 않는다. 종교적인 사람이 되기 위해서는 이러한 감정을 의식할 필요가 있다. 그것은 그저 어떤 감정이 아니라 그 사람의 모든 존재(Whole-Being)가 전체(the Whole)에 관계된 감정이다. 하나님께서는 우리의 독립적인 감정 안에 임재하기 위한 종교의 필수 요건이다. 그러나 이것은 단순히 이 감정에 대한 반영이 되는 하나님의 관념과 혼동해서는 안 된다. 여기에서 모호한 신비주의에 만족하는 사람들은 하나님을 범신론(Pantheism)으로 생각하는 사람들이 있다. 그러나 사유에 있어 확실한 정의를 찾는 사람들은 일반적으로 하나님을 유신론의 관점으로 보게 된다. 물론 범신론주의자들이나 유신론주의자들 모두 같은 종교적 직관(Intuition)에 기초를 두고 있다. 그 기초는 아주 중요한 요소이다. 반종교주의는 의식 속에서 하나님을 가질 수가 없다. 그것은 하나님을 인격적으로 또는 비인격적으로 보는데 달려있다."[543]고 주장하였다.

---

541) 이 단락(Paragraph)에 나타난 the Whole, the Infinite, the All, 그리고 the World-Spirit 등을 대문자로 사용하여 표시하고 있는 것은 만물의 총체 또는 전 우주를 신의 실체로 표현하고 있다는 뜻이다.

542) Friedrich Schleiermacher, On Religion, Speeches to Its Cultural Despisers, translated by John Oman, (New York, Harper, Torchbooks, 1958), pp.65-74.

543) Ibid, pp.87-101.

여기서 절대의존감정(Feeling of Absolute Dependence)에 대하여 가이슬러(Geisler)가 요약한 내용을 살펴볼 필요가 있다. 가이슬러(Geisler)는 "전체(the Whole)와 관계된 감각은 그가 모두(the All)와 동일하다는 인식을 가진 그 사람의 의식 수준에 해당된다. 개인은 그의 존재를 위해 전적으로 하나님에게 의존하여 서있다. 그것은 절대의존에 관한 느낌의 관계이다. 인간 편에서 일어나는 어떤 생각이나 행동이 자기 자신에게 일어날 수 있는 사건에 관한 근본적인 감각을 바꿀 수는 없다. 이와 같이 종교의 핵심은 깊이 자리 잡고 있는 유한성의 감정에 대한 직관(Intuition)에 있는 것이다. 어떤 묘사도 종교적 직관(Intuition)을 대신할 수 없으며 어떤 이성적 과정도 종교적 직관(Intuition)을 양산해낼 수 없다. 진리와 거짓은 개념적이고 경험적이기 때문에 이러한 감정에 적용되지 않는다. 감정은 그 사람 자신의 의식 속에 나타남으로 인해 증명되는 것이다. 다른 어떤 증거도 불가능하다. 왜냐하면 그것은 단지 잡힐 수는 있지만 그대로 가르쳐 질 수는 없기 때문이다."[544] 라고 주장했다. 이러한 가이슬러(Geisler)의 주장은 교회사적 신앙고백주의와는 상관없는 종교적 직관을 비평한 정도에서 머물고 있다.

그러나 우리는 기독교 신앙고백주의 입장에서 슐라이어마허(Schleiermacher)의 절대의존감정(Feeling of Absolute Dependence)의 사상은 무엇인가? 를 구체적으로 파헤쳐 봐야 한다. 절대의존감정(Feeling of Absolute Dependence)의 사상에 의거하여 교회사적 신앙고백의 교리를 무시하는 것은 기독교 자체를 거역하는 행위이다. 절대의존감정(Feeling of Absolute Dependence)은 종교의 느낌을 심리적 개념으로 표현하고 있다고 말하지만 그 감정 자체도 이교도적이며 범신론(Pantheism)적이다. 또한 그 느낌은 한편으로 다신교적 만유내재신론(Panentheism)을 배경에 깔고 있다. 슐라이어마허(Schleiermacher)의 종교관은 합리적으로도 경험론적으로도 어느 것도 기독교 입장에서 이해될 수 있는 주장을 전개하지 못하고 있다. 몇 가지 내용들을 발췌하여 비평해 보자.

---

544) Norman Geisler, Christian Apologetics, (Baker Book House Grand Rapids, Michigan, 1976), p.72.

A. 그는 종교관을 내적 경험에만 한정하고 있다. 더구나 그 내적 경험은 감정적 성향을 외부와 차단하여 고정시킬 것을 강조한다. 그 결과 신앙고백의 교리적 정립을 배타적으로 생각하게 된다. 오직 종교의 이념을 내적 감정에만 얽아매는 자세로 일관하고 있다. 지적이며 의지적 인격을 배격한다. 그리고 외적 사역에 해당되는 하나님의 통치사역을 거절한다. 이러한 내적 응고주의는 기독교 이외의 일반 종교에서도 용납될 수 없는 괴팍스런 내재주의(Immanent) 철학이다. 모든 종교는 윤리와 신비적 요소를 내포하고 있다. 그러나 그러한 종교들은 인격적 교제와 역사적 사건에 기반을 두고 형성된 기독교의 언약론(Covenant)과 다른 윤리이념이나 역사관을 가지고 있기 때문에 참된 종교로서 역할을 할 수가 없다. 더구나 오직 내적 감정으로부터 일어난 절대의존감정(Feeling of Absolute Dependence)을 어떻게 종교화 할 수 있는가에 대해서는 자기도취에 매달려 애매한 이론을 내세울 뿐 스스로 모순을 나타내고 있다. 그러한 내적 절대의존 감정(Feeling of Absolute)을 종교화 하는 아집 때문에 고백의 교리를 적대시하는 방향으로 나타나게 된다. 우리가 하나님을 바로 아는 길은 위로부터 내리는 계시로부터 생겨난다. 하나님을 아는 길과 더불어 인간의 본질을 바로 알 수 있는 길은 기록된 계시인 성경으로부터 생겨난다. 이것을 가르쳐 주는 내용이 바로 **신앙고백주의 교리이다. 교회사적 신앙고백은 가장 객관성 있는 교리이다.** 교리적 기준이 없이 신의 존재를 내적 절대의존 감정에 의한 인식에 의존한다면 내가 악마의 경험을 절대화 한다고 해서 그 악마가 하나님이 될 수 있는가? 그러한 절대를 말한다면 절대의존감정(Feeling of Absolute Dependence)이 절대가 될 수 없기 때문에 신의 인식론이 될 수 없으며 오직 절대적으로 창세 전에 계획한 하나님의 의지를 따라 이루어진 객관적 사역이 주관적으로 우리에게 임할 때 참된 하나님의 인식으로 연결된다. 성경은 교리로 점철되어 있으며 그 교리는 나타난 하나님의 의지로서 절대적 객관성을 종말까지 유지하고 있다. 또한 숨겨진 하나님의 의지 역시 하나님의 주권적인 절대적 사역에 해당되기 때문에 하나님에 대한 우리의 인식은 이미 객관적으로 형성된 하나님의 의지로부터 성령님의 사역에 의해 이루어지는 것이다.

B. 슐라이어마허(Schleiermacher)의 절대의존감정(Feeling of Absolute

Dependence)은 사실상 종교적 문제로 규정할 수 없는 주제이다. 이 절대의존 감정(Feeling of Absolute Dependence)은 발트(Barth)가 주장한 위기신학 (Crisis Theology)의 전초전이었다. "종교경험은 순간적으로 빨리 지나가기 때문에 그 경험 자체를 표현할 수 없다."라고 주장한 내용이 바로 그것이다. 발트 (Barth)는 말씀이 임할 그 때만 하나님의 말씀으로 인식된다고 주장한다. 그 순간이 지나가면 하나님의 말씀으로서의 역할이 사라지게 된다고 말한다. 즉 말씀의 객관적 사역을 주관적 순간에 초점을 맞추고 있다. 그 순간을 위기로 보고 있다. 슐라이어마허(Schleiermacher)의 순간적 의존감정 대신 발트(Barth)는 순간적 말씀의 인식을 대입시키고 있다. 슐라이어마허(Schleiermacher)의 종교적 절대의존감정(Feeling of Absolute Dependant)이론은 경건한 감정의 개념을 기초로 하고 있다. 그러면서 또 한편으로는 종교경험과 감정이 완전히 일치하는 것으로 여기지 않고 있다. 이는 스스로 모순을 드러내고 있다는 증거이다. 종교의 정의를 감정의 개념으로 몰고 가는 것 자체가 문제이다. 물론 일반 종교에서도 윤리, 이성, 의지, 그리고 도덕뿐 아니라 감성적 요소를 포함하고 있다. 오직 그들의 문제점은 하나님의 존재, 인격성, 그리고 주권적 사역과는 전혀 거리가 먼 신의 존재에 관한 인식론을 주장하고 있을 뿐이다. 하물며 슐라이어마허(Schleiermacher)가 주장한 종교론은 단 한 가지 절대의존감정(Feeling of Absolute Dependence)에 관한 경험만을 종교의 인식론으로 말하고 있으므로 이는 아주 저급한 감성의 종교를 주장하고 있다. 그것도 주관주의에만 의존한 내적 감성을 말할 뿐이다. 그렇기 때문에 합리주의를 배격할 수밖에 없는 주장을 내 세우고 있다. 그 결과 성경과 교회사적 교리인 신앙고백과는 전혀 무관한 종교론을 말할 뿐이다. 그의 종교의존감정은 합리주의적 신 존재 증명을 배격하면서 한편으로 절대의존감정(Feeling of Absolute Dependence)을 합리적으로 증명하려는 억지를 부리고 있다. 그렇기 때문에 일방적인 감성에 의한 판단이 종교적 정의를 규명하지 못한다. 지, 정, 그리고 의지 이 모든 것들이 성경에 기초하여 우리를 인도하는 성령님의 공작에 의해 인격적 삼위일체 하나님을 인식하고 그의 영원한 교제 안에 들어와 하나님의 자녀로서의 삶을 살아가는 것이 참된 하나님을 인식하는 길이다.

C. 슐라이어마허(Schleiermacher)는 하나님의 존재를 만유내재신론(Panentheism)의 개념에 입각하여 해석하려고 한다. 전체(the Whole), 세계정신(the World-Spirit), 그리고 무한자(the Infinite)의 개념은 우주와 신의 관계를 연관시켜 신의 존재인식으로 들어가는 사상이다. 이러한 논증은 신에 대한 절대의존감정(Feeling of Absolute Dependence)의 관념을 만유내재신론(Panentheism)의 보편적 신의 존재와 연관 시키는 방법론이다. 만물 자체를 신의 존재 개념과 연관시키고 있다. 즉 만물의 개념을 피조물의 개념으로 관주하지 않는다는 말이다. 만물 자체가 신의 개념 안에 존재하고 있다는 주장은 만물이 하나님의 계획에 의해 창조되었다는 것을 부정한다는 생각이다. 그렇다고 이신론(理神論, Deism)이 주장하는 것처럼 우주가 자율적으로 움직인다는 합리적 논증도 아니다. 넓고 깊은 하나님의 방대하고 심오한 존재와 인격을 너무나 좁은 직관적 의존감정(Intuitional Feeling of Dependence)에 묶어두려는 저급한 생각이다.

20세기까지 교회역사가 양산해 낸 기독교 변증학은 괴팍스런 세속철학과 접촉점을 만들려는 몸부림을 계속해 온 회색주의이다. 그러한 현상이 20세기 신학자인 가이슬러(Geisler)에게도 여전히 잔재로 남아있다. 어떻게 슐라이어마허(Schleiermacher)와 같은 이교도적 신의 존재론을 피력하는 자를 하나님에 대한 경험주의자로 분류할 수 있는지 의심을 떨칠 수가 없다. 20세기를 넘어와서 아직도 고전적 변증학(Classical Apologetics)에 심취되어 세속철학은 물론 타종교와의 접촉을 시도하여 기독교를 타락의 늪으로 이끌고 가려는 회색주의 불순분자들이 기세를 부리는 모습은 참신한 기독교인들의 가슴을 도려내는 역할을 하고 있다.

3. 경험주의의 요점과 문제점

세속철학의 경험주의와 종교적 체험주의는 전혀 다른 관점으로 평가해야 함에도 불구하고 가이슬러(Geisler)가 이 두 가지의 논증을 동일한 선상에 두고 일치를 시도하는 작업은 큰 오류를 범하는 일이다. 종교적 체험주의는 거의 언급이 없고 세속철학의 경험주의를 종교적 체험주의로 대치하고 있다. 종교적 체험주의는 이미 언급한 바와 같이 매개를 통한 하나님과의 만남을 주장한 발트주의 (Barthianism)적 관념으로부터 기인한다. 이적이나 기타의 신비적 매개를 통하여 하나님을 인식하는 체험주의를 말한다. 그러한 체험주의는 성경계시를 우선으로 하지 않고 자신의 신비적 체험을 우선으로 하기 때문에 객관적인 하나님의 계시를 차선으로 생각하게 된다. 한편 세속 철학세계에서 주장하는 경험론은 그 다양성을 이 지면에 다 열거하기 힘들 정도이다. 그러나 가이슬러(Geisler)가, 그가 주장하는 견해는 아니지만, 소개한 세속철학의 경험주의 몇 가지 요점을 점검해 보면 다음과 같다.

첫째, 진리는 1차적으로 경험된다. 그 이유는 인간이 신과 직접 접촉을 시도하기 때문이다. 그러나 그 표현은 2차적으로 나타난다. 하나님에 대한 1차적인 인식이 없으면 어느 누구도 하나님의 진리를 가질 수 있다고 주장할 수 없다.[545]

둘째, 경험은 종교의 진리를 증명하기 위한 최후의 선언이다. 진리를 결정하는데 경험보다 더 궁극적인 기준은 없다. 관념, 원리, 그리고 명제는 경험의 토대 위에 세워지지 아니하면 실패로 끝난다.[546]

셋째, 종교적 경험은 종국적으로 자기 증명에 의존한다. 종교적 경험이 실제적으로 진정한 진리로서 타당성이 부여될 수 있는 어떤 외적인 근거는 없다. 신의 거룩함에 대한 경험은 자족적이다. 종교경험의 순수성은 외적 증거나 합리적 주장에 의존하지 않고 종교경험 그 자체의 본질 속에 있다.[547]

넷째, 경험주의에서의 신의 실재(Reality)는 현실적으로 묘사 될 수 없다. 신은 발원될 수 있으나 완전한 표현은 불가능하다. 신의 존재는 문자적으로 표현될 수가 없다. 신은 현실적으로 사유될 수 없고 느낄 수만 있다.[548]

우선 여기에서 철학적 경험주의에 대한 문제점을 지적해 보려고 한다. 철학적 경험주의는 정통주의 신학의 입장에서 볼 때 기독교적 체험주의와 전혀 다른 형

---

545) Ibid, p.76.

546) Ibid, p.76.

547) Ibid, p.76.

548) Ibid, p.76.

태의 경험적 요소를 주장하고 있다. 그런데도 일부 이상한 사람들이 종교라는 이름을 대입시켜 양쪽의 공통분포를 찾으려는데 문제가 있다. 그리고 그러한 심리적 경험을 **종교경험**이라고 억지주장을 하고 있다. 더 나아가 그 경험이 전폭적인 주관적 경험인데도 진리적 경험으로 정의하는 오류를 범하고 있다. 진리는 객관성과 주관성의 동일 선상에서 정의 되어야 한다. 예를 들면 "지구가 태양을 공전한다."는 객관적인 진리를 개인의 주관적 경험이 없다고 부정할 수 없다. 더구나 세속철학에서 진리에 대한 주관적 경험을 1차적으로 의식해야 2차적 표현이 가능하다는 주장은 객관적 진리를 무시한 자기 아집주의의 주장이다. 기독교적 입장에서 체험이 우선이냐? 아니면 외적 즉 교리적 표현이 우선이냐? 하는 문제에 있어 시간적 순서를 정하는 것은 의미가 없다. 논리적 순서로 볼 때 하나님의 계획이 모든 시공간의 사건에 우선하고 있기 때문이다. 절대의존감정(Feeling of Absolute Dependance)을 말하는 철학에서 개인의 경험을 모든 진술의 우선으로 삼는다는 것은 객관적 진리 검증 자체를 거절하는 불경죄를 범하는 것이다. 모든 진리의 타당성을 개인의 주관적 경험에 의존하고 있기 때문에 보편타당성의 진리와 특별히 개혁파 신학에서 강조하는 객관적 진리인 성경계시와 객관적 신앙고백을 무시하는 자기 감성주의 이외의 어떤 것도 진리로 인정하지 못하는 스스로의 함정에 빠져버리고 만다. 즉 객관적 진리의 존재를 입증하기가 불가능하기 때문에 진리를 거절하는 결과를 초래한다.

세속철학 세계에서 논증하는 경험론은, 그것도 개인주의적 경험에 의한 절대의존감정의 경험론이, 절대적 객관적 진리로 규정될 수 없다. 그 이유는 어떤 경험이든지 개인적 경험 그 자체가 개인적 경험의 영역을 벗어날 수 없기 때문이다. 그러므로 인간이 개인적으로 느끼는 감정적 경험은 편견을 유발할 수밖에 없다. 심지어 기독교적 체험의 영역에 들어와서도 성경계시를 앞지르는 신비주의적 경험을 배제하는 이유는 그 체험에 포함되어 있는 주관적 편견이 객관적 신앙고백을 벗어날 경우 개인의 인식에 의존하고 있기 때문이다. 그렇기 때문에 개인적 체험이 성경계시의 전제 안에서 성립되어야 한다. 체험은 객관에 의존한 체험이어야 한다는 말이다. 그 체험은 성경적 입장에서 해석되어야 한다. 그러므로 세속철학의 입장에서 관찰된 경험은 확고부동한 객관적 절대성을 기반으로 하는 진리검증의 표준이 없을 뿐만 아니라 개인적 절대의존 감정(Feeling of Absolute Dependence)과 같은 경험은 외적으로 표출될 수 있는 교리도 없기 때문에 진리를 증명하는 방편이 될 수 없다.

개인적으로 경험하는 세속주의 철학적 사고는 외적으로 해석할 수 있는 신빙성에 하자가 있다. 여러 사람이 한가지의 실물을 두고 똑같은 경험을 했다고 해서 그들 모두가 똑같은 해석을 할 수 있는 것도 아니다. 어떤 경우에도 그 경험은 경험 자체를 객관적으로 해석하는 데는 부족한 점이 나타나기 마련이다. 심지어 객관적 결론을 얻어야 실행 단계에 들어가는 과학이나 의학에서도 수많은 실험을 통한 결론이 적용단계에 들어가서는 조건에 따라 전혀 다른 결과가 나타나는 경우가 허다하다. 아무리 많은 임상실험을 거치더라도 모든 사람으로부터 똑같은 효과를 기대할 수 없는 것이 의학이다. 심지어 세속철학에서 말하는 경험이, 그것도 개인적 경험이, 더구나 감정에 기초한 경험이, 많은 사람들이 인식할 수 있는 해석의 공통점을 유발할 수 있다는 것은 상상할 수도 없는 주장이다. 똑같은 시공간의 현상세계에서 나타나는 사건을 두고도 해석의 차이점은 분분하게 드러난다. 심지어 같은 시공간에서 같은 사건을 통하여 여러 사람들이 기독교적 체험을 접할 때 각기 다른 해석을 내놓은 예가 성경에서도 나타나고 있다. 요한복음 12장 28-29절을 보면 하늘의 음성을 듣고 "어떤 무리는 천둥이 울었다, 또 어떤 무리는 천사가 말하였다." 라고 기록되어 있다. 그러므로 어떠한 경우에든지 개인적 경험은 사건 자체에 대한 정확한 해석을 객관적으로 내놓을 수 없다. 해석 자체가 주관적 관점에 의존하기 때문이다. 결국 개인이 주장하고 있는 경험은 서로 다른 해석을 내놓게 된다는 말이다.

한 가지 교리적 문제를 예를 들어 설명해 보자. 개혁파 신학에서 주장하는 회심(Conversion)을 성경적으로 말한다면 회개와 신앙의 요소를 기반으로 하여 성령님의 사역에 의해 자신의 죄를 미워하고, 슬퍼하며, 하나님을 향한 방향전환이며, 우리의 성향(Habitus)과 행동(Actus)이 하나님을 더욱 의지하고 은혜를 더하는 교제 관계로 깊이 들어가는 경우이다. 비기독교인들은 그러한 경험을 전혀 이해하지 못하고 있다. 자연주의 심리학자들은 "자신의 생활 방식에 대한 욕

구불만을 억제함으로서 야기되는 잠재의식의 폭발로 간주하고 있다."[549] 라고 말한다. 또 다른 예를 들면 기독교인들이 경험하고 있는 **기적은** 자연적인 시공간의 사건을 넘어선 특별한 사건으로 인식하고 있다. 그러므로 자연적 현상학을 통해 그 기적을 해석하려는 시도는 전혀 엉뚱한 결론을 도출해 내게 된다. 즉 인간의 환상설, 심리적 기현상, 그리고 우연의 일치 등의 의미 없는 이론을 동원하여 기적의 사건을 왜곡하려 든다. 그런데 우리가 생각할 것이 있다. 죄인의 회심은 전혀 기적의 사건이다. **기적은** 기자의 입장에서 볼 때 현상적으로 시공간을 초월한 사건이기 때문에 기현상의 사건이다. 죄의 종으로 죽었던 사람이 하나님의 자녀의 신분으로 변하여 새 생명을 얻은 사건은 기적중의 기적이다. 그 기적은 심령의 변화를 통해 나타난다. 죽은 사람이 살아나는 기적이다. 그 심령의 변화과정을 기자가 취재할 수가 없다. 오직 성령님만이 그 기적을 집행하시는 분이기 때문에 취재가 불가능하다. 변화의 결과만이 인식될 따름이다. 그런데 문제는 그 심령의 변화과정이 영상으로 찍혀지지 않기 때문에 자연주의자들은 회심의 상태에 있는 기독교인들의 변화를 전적으로 무시한다. 범신론주의자들, 실용주의자들, 그리고 자연주의자들은 죄에 대하여 "심리적으로 느끼는 환상의 고통이나 도덕정신의 오류" 라고 규정하고 있다. 이 얼마나 당치도 않은 생각을 하고 있는가? 이러한 현상은 기독교인들이 가지고 있는 회심의 경험과 비기독교인들이 경험하고 있는 의존감정에 의한 신의 인식은 너무나 큰 차이가 있다. 비 기독교인들이 경험하는 하나님의 인식은 성경에서 말씀하는 하나님의 속성 (Attribute)을 인식하는 것과는 하등의 관계가 없는 인식론이기 때문에 회심을 통한 하나님의 인격적 교제와 전혀 상관이 없는 경험이다. 협소한 자아의 인식을 통해 환상적인 일시적 의존감정에 취해 자기 마음대로 하나님을 그려놓고 하나님의 실존을 경험했다고 스스로의 오류를 나타내고 있다.

과학이나 의학과는 달리 세속철학이 말하는 감성적 경험은 객관성이 없는 자아의식에 의존한 인식론에 기인하고 있기 때문에 그 자체의 정의(Definition)는 아무런 의미를 제공하지 못한다. 그 인식론은 어떤 구조도 없고 형식도 없다. 하나의 단편적인 순간적 감성에 대한 설명에 불과하다. 절대적이며 객관적 근원이

---

549) Ibid, p.78.

없다. 감성적 경험을 논리적으로 묘사하기 위해서는 결국 경험의 내용을 가감하여 진술할 수밖에 없다. 기독교 내에서 극단적 체험주의자들의 주장도 마찬가지이다. 그들의 체험은 언제나 자기 의존적 경험을 통해 하나님에게 상달하는 주관성이 우선되므로 자기 스스로에 의해 스스로를 해석하는 구조에 빠지고 만다. 그 구조는 여러 가지 방법론을 적용하는데 있어 매우 위험한 요소들을 동반한다. 그 이유는 객관적이며 절대의존적인 성경계시를 무시하고 자기 체험주의를 우선으로 하려는 의도가 항상 그의 심령 가운데 자리 잡고 있기 때문이다. 그 방법론들은 절대의존감정(Feeling of Absolute Dependence), 실존적 만남(Existential Encounter), 그리고 초월주의적 인식(Transcendental Recognition) 등이다. 그들 역시 때로는 성경계시를 중요하게 생각한다고 주장한다. 그러나 그들의 심령을 표현하는 교리적 흐름은 다른 방향을 찾아가고 있다. 그것은 세속철학에 기반은 둔 경험적이든 기독교에서 말하는 체험적이든 일관성이 없다는 증거이다. 기독교는 체험주의라고 쉽게 언급해 버리는 말들을 혹자들의 고백을 통해 수없이 들어온 말이다. 참으로 위험한 말이다. 성경은 많은 체험을 우리에게 전해 주고 있다. 혹자들은 초자연적 사건을 경험한 것만을 체험으로 간주하고 있다. 그러나 기독교적 체험은 기적의 요소는 물론 일상생활에서 일어나는 모든 일들까지 포함하고 있다. 그러므로 성경은 시공간을 넘어선 사건을 접하는 것만으로 기독교적 체험으로 간주하지 않고 있다. 일상생활의 모든 영역을 하나님의 간섭으로 받아들이는 체험을 말씀하고 있다. 날마다 숨 쉬고, 일하고, 평안히 자고, 그리고 잠에서 깨어나는 사건들을 하나님의 사역에 기초하고 있음을 받아들이고 있다. 그것이 바로 아주 귀한 체험이다(시 4:8). 거기에는 우주를 보전하고 계시는 하나님, 만물을 다스리시는 하나님, 그리고 만물은 나 개인의 존재와 깊은 역사적 관계를 가지고 있기 때문이다. 그것을 알고 믿는 성도는 아주 귀한 체험 속에서 살아가고 있다.

V. 증거주의(Evidentialism)

기독교가 생명의 종교라는 것을 증거 할 수 있는 여러 가지 충분한 입증을 가지고 있다. 먼저 기독교는 역사적 종교라는 점이다. 기독교는 수평적(Horizontal) 윤리만을 주장하는 종교가 아니며 수직적(Vertical) 신비주의만을 강조하여 인격적인 신앙의 대상이 없는 미신적 종교도 아니다. 수직적이며 수평적 언약에 기반을 둔 윤리를 통해 하나님과의 인격적 교제를 형성하는 종교이며 시공간의 역사를 통해 예언을 실현화한 종교이다. 그 예언의 역사는 예수님의 탄생, 율법 아래 순종, 십자가의 죽음, 부활, 그리고 재림 등의 사건을 확증하는 증거이다. 그 역사적 사건은 우연에 의한 사건이 아니고 계획에 의한 사건이다. 그 계획에 따라 인간들에게 미리 예언을 기록하게 하심으로 하나님의 뜻을 알리고 있었다. 그것이 증거이다. 나아가 기독교만이 참된 종교임을 증명하기 위해 또 다른 방향들이 제시되고 있다. 그것은 자연세계를 통한 현재, 미래, 그리고 종말론적인 증거에 의존하고 있다. 그 증거주의를 점검해 보자.

1. 증거주의에 대한 견해들

20세기에 들어와 현대 변증신학자들은 성경에 나타난 역사적 사건에 대해 어떻게 그 증거들을 확실하게 입증하느냐? 의 문제에 많은 연구를 하고 있다고 생각되어 진다. 그 이유는 19세기 자연주의로 인하여 제기된 성경의 고등비평 때문이다. 그 내용은 창세로부터 종말까지의 성경에 기록된 사건들 즉 아담의 역사, 노아의 역사, 모세의 율법과 이스라엘 백성이 경험한 기적의 사건, 엘리야의 예언과 기적의 사건들, 이사야의 예언들, 그 외에 선지자들의 예언들, 그리고 예수님의 탄생으로부터 십자가의 죽음, 부활, 승천, 그리고 재림 등에 관한 역사적 사건들과 겸하여 성경의 예언들을 어떻게 입증할 것인가? 이다.

1) 과거 증거에 대한 도드(C.H. Dodd)의 역사적 접근법

도드(Dodd)의 역사주의는 신론 중심의 역사관이 아니고 기독론 중심의 역사관이다. 즉 하나님의 주권적 의지에 의해 다스려지는 역사관이 아니고 역사의 중심을 예수님에게 맞추고 있다. 예수님으로부터 과거를 돌아보고 미래를 내다보는 역사에 초점을 맞추고 있다. 더구나 그는 성경이 말씀하는 시공간의 사건을 하나의 묘사로 간주하여 의미부여에 초점을 맞추고 있다. 19세기 신학계에서는 역사적 예수에 대한 논쟁이 끊임없이 대두되었다. 도드(Dodd)는 19세기 신학계에 나타난 역사적 연구에 대한 관점들을 거의 분별하지 않고 수용하는 입장이었다. 그러면서 "기독교의 역사는 믿음으로 시작해서 믿음으로 끝난다."라는 모순된 주장을 함으로 신앙에 대한 주관적 개념에 초점을 맞추고 있다.

도드(Dodd)는 주장하기를 "다른 종교와 다르게 기독교는 역사적 사실과 관계를 가지고 있다. 왜냐하면 기독교는 하나님께서 실제적 행동으로 자신을 계시하신 사건들이 인간을 구원하기 위해 형성된 확언에 의존하기 때문이다. 신약성경의 복음서에 나타난 사건과 교훈은 과거의 이야기가 아니고 현재 우리에게 일어나고 있는 복음과 같은 내용들이다."[550] 라고 말하고 있다. 그러나 이러한 언급을 자세히 살펴볼 필요가 있다. 그의 주장은 성경이 밝혀주고 있는 과거, 현재, 그리고 미래에 대하여 일치된 역사관을 강조하는 내용이 아니다. 즉 성경이 말씀하는 과거의 사건을 시공간 세계에서 일어난 사건으로 보고 현재와 미래의 역사적 사건과 연관시켜 일관성 있게 해석하는 입장이 아니다. 복음서에 나타난 역사적 사건을 하나의 묘사로 인정하고 그 묘사를 현재 우리에게 주어지는 복음과 연관되게 해석하자는 입장이다.

도드(Dodd)의 역사주의는 신비주의적 요소와 자연주의적 요소 양쪽 모두에 대립되는 신학을 말하고 있다. 그는 "신비주의는 자연세계를 거절하고 인간의 내적 요소에 집중하고 있으며 자연종교는 외부세계를 신성의 매개체로 삼고 있다. 그러나 기독교의 역사주의는 자연 속에 있는 하나님의 계시를 거부하거나 인간의 심령 속에서 일하시는 하나님을 거부하는 것이 아니고 영원한 하나님께서 역사 가운데 계시하고 있다."[551] 라고 주장했다. 이러한 주장에 대해 도드(Dodd)가

---

550) C. H. Dodd, History and the Gospel, (Hodder and Stoughton, 1938), pp.11-12.
551) Ibid, pp.15,18.

진술한 문장 자체를 보고 그의 사상을 쉽게 간파하기 어렵다. 그 이유는 역사가 운데 계시하시는 하나님을 강고하고 있기 때문이다. 그러나 그 내용을 세분하여 살펴보면 하나님의 과거, 현재, 그리고 미래에 대한 역사적 계시에 대한 일치성과 주권성을 찾아보기 어렵다. 다음에 그가 주장한 내용을 분석해 보면 도드(Dodd) 의 문제점이 확실하게 드러나게 될 것이다.

(1) 역사의 의미

도드(Dodd)는 역사가 가지고 있는 의미만을 분석하는데 집중하여 역사적 사건에 대해서는 관심을 두지 않고 있다. 그러나 우리는 성경이 말씀하는 역사관을 살펴보아야 한다. 성경은 일어난 사건에 대한 의미만을 우리에게 보여주는 역사관을 말씀하고 있지 않다. 도드(Dodd)는 시공간 사건의 역사를 무시하고 있다. 그가 주장한 의미의 역사관을 깊이 생각해 보아야 한다. 역사를 두 가지 개념으로 분석할 수 있다. 하나는 사건의 역사(Historie)이다. 즉 시공간 세계에서 일어나는 사건인데 보고 만질 수 있는 역사를 말한다. 영상으로 촬영할 수 있는 역사를 말한다. 이 역사는 개인은 물론 공적인 관심을 일으키는 사건의 기록에 의존한다. 또 다른 한편으로는 해석의 역사(Geschichte)이다. 일어난 사건의 원인과 결과에 대한 의미를 해석하는 역사를 말한다. 그러므로 역사는 단순한 시공간의 사건에다 중점을 두기보다 역사가 가지고 있는 참된 의미를 올바로 해석해야 한다는 것이 도드(Dodd)가 주장하는 역사관이다. 의미 있는 말로 들릴 수 있다. 즉 역사 속에 계시된 하나님을 말할 때 일어난 시공간의 사건만을 역사로 보기보다는 그 사건이 가지고 있는 의미를 구체적으로 하나님의 뜻에 맞도록 해석하는 것이 성경이 말씀하는 역사관이다.[552] 라는 주장이다.

도드(Dodd)는 "인간의 감정이나 정신적 상태는 사건들을 볼 때 상대성을 우선으로 한다. 그러나 사건의 의미는 개인적 생활이나 어떤 결정적인 경험에 의해 일반적인 의미 이상의 강도를 가지게 된다. 그러므로 우리는 역사적인 기독교를 올바르게 해석하려고 할 때 역사는 단순하게 시간적인 연속의 사건으로 또는 시

---

552) Ibid, pp.19-21.

간 속에서의 우연적인 사건으로 부각되어 있지 않고 독특한 일련의 사건들과 연관되어 있다는 것을 알 수 있다. 이러한 특별한 사건들은 일상적으로 보일지라도 특별한 해석의 강조점이 깃들어 있다는 사실을 간과해서는 안 된다. 그러므로 이러한 특별한 사건들을 발췌하여 보면 역사 자체의 본질과 어긋난 것들이 아님을 알 수 있다. 오히려 그 특별한 사건들은 역사를 이해하는데 아주 적합한 하나의 범주가 되기 때문이다. 어떤 특별한 사건들은 다른 사건들보다 더 의미가 있기 때문에 그 사건은 그 사건과 관계된 전체에 특별한 성격을 부여하고 있다. 창세기로부터 신약교회의 출현에 이르기까지 성경에 기록된 일련의 사건들은 예수님의 탄생, 죽음, 부활, 그리고 승천에 이르기까지 연관성을 가지고 있으며 나아가 역사의 궁극적 실체가 일련의 사건들 속에 계시되고 있다. 이러한 일련의 사건들에 관한 가치평가는 외부로부터 주어진 것이 아니라 역사 그 자체의 전체를 의미하는 부분이다."[553] 라고 주장했다.

여기에서 도드(Dodd)가 말하는 역사관은 외부로부터 주어진 역사 즉 하나님의 주권적 역사를 부정하고 역사 그 자체가 가지고 있는 부분적인 역사의 의미를 전체적으로 확대하여 해석하는 역사관이다. 성경에서는 만물에 관한 전체적인 역사가 부분적인 역사와 관계를 가지며 부분적인 역사는 우주론적인 역사와 관계를 가지고 있다는 것을 말씀하고 있다. 그리고 부분적인 작은 역사라 할지라도 우연의 사건이 없으며 원인이 없는 의미만을 묘사하는 역사도 없다는 것을 주지하고 있다.

(2) 성스러운 역사에 관한 중심 되는 사건들

도드(Dodd)가 위에서 논증하고 있는 역사적 의미의 내용을 보고 혹자는 아주 성경적이라고 생각할 수도 있을 것이다. 그러나 그가 구성한 양식비평(Form Criticism)의 역사관을 살펴보면 신론에 의한 하나님의 주권적 역사관을 무시하고 철저하게 현세에 적용하는 기독론중심의 역사관을 주장하고 있다는 것을 알 수 있다. 거기에다 19세기 자연주의 역사관을 개입시키고 있다. 그가 참된 역

---

553) C. H. Dodd, History and the Gospel, (Hodder and Stoughton, 1938), p.22.

사관이라고 인정하고 있는 것은 나사렛 예수에 관해 한정된 사건들이다. 나아가 예수님의 죽음과 부활의 사건에 내포되어 있는 해석에만 역사적 의미를 부여하고 있다. 도드(Dodd)는 부활의 사건이 시공간 세계에서 어떻게 일어났는지를 확실하게 알 수 없지만 예수님의 생애와 그의 가르침에 대한 모든 묘사 속에 그 의미가 내포되어 있다고 주장했다. 이러한 주장은 나사렛 예수의 부활사건이 역사적으로 일어난 시공간 세계의 사건보다 부활의 의미를 묘사하는 해석에 초점을 맞추고 있다. 즉 보고 만질 수 있는 사건의 역사(Historie)보다 해석의 역사(Geschichte)에 초점을 맞추고 있다. 그는 "우리는 부활이 발생한 것을 정확하게 진술할 수 없다고 해도 역사적인 한 사건으로 남아있다. 그러므로 부활의 사건은 그 안에 고유한 의미를 가지고 있다. 예수님의 부활 사건이 논증될 수는 없지만 그렇다고 터무니없는 것도 아니다."[554] 라는 아리송한 주장이 바로 시공간의 역사를 무시한 해석의 역사만을 강조한 것이다.

(3) 성스러운 역사와 세속 역사와의 관계

도드(Dodd)에 의하면 "시간 안에서 일어나는 사건들의 전체적인 승계는 인간정신의 자발성이 외부의 사건들과 함께 서로 상호작용을 일으킴으로 일어나는 것이 역사 그 자체이다. 이러한 사건들의 승계에 관한 부분이 성경에 기록되어 있다. 이 기록의 부분이 세속 역사에 관한 증거자료이다. 이집트, 아시리아, 바벨론, 페르시아, 그리고 로마의 기록들과도 일치된다. 그러나 그 기록된 사건들은 사람과 더불어 하나님께서 취급하는 역사로서 성경에 나타나 있고 예수님께서 이 땅에 오시고, 죽으시고, 부활하시고 그리고 승천하심과 관계된 종말적 사건에 의해 해석되어지고 있다. 그것이 바로 성경의 역사인데 성스러운 역사(Heilsgeschichte) 또는 구속사(Redemptive History)이다. 그러나 이러한 성스러운 역사와 세속역사가 같은 사건으로 우리의 마음에 들어와 간직되는 것이 매우 중요하다. 그 사건들은 동일하다. 그러나 그 사건들은 두 가지로 구분되는 연계(連繫, Series)를 지니고 있다. 제왕적 연계성을 가지고 있는 세속역사는 기

---

554) Norman Geisler, Christian Apologetics, (Baker Book House, Grand Rapids, 1976), p.85.

록되어진 모든 시대를 넘어 확대되며 아직도 지속되고 있다. 이러한 연계는 물리적 원인이든 심리적 원인이든 시간의 승계는 물론 영향을 미치는 원인의 작용에 의해 연결되어 있다."[555] 라고 말했다.

도드(Dodd)의 구속사관을 점검하여 보면 하나님의 신적작정(Decree)에 의존한 역사를 뒤로하고 일반 역사와 성경에 기록된 역사를 예수님의 십자가의 죽으심, 부활, 그리고 승천에 관계하여 해석하는 역사관이다. 즉 예수님의 부활 승천의 사건은 창세 전 예정에 의해 시공간에서 성취된 역사임을 부정하는 역사관이다. 이 역사관은 기독론 중심의 성스러운 역사(Heilsgeschichte) 즉 **구속사(Redemptive History)로** 명명되어지고 있다.

(4) 구속사(Heilsgeschichte)의 의미

한국교회에서 구속사(Heilsgeschichte, Redemptive History)라는 말이 유행처럼 떠돌아다니고 있다. 그런데 이 단어의 의미를 정확하게 파악하지 못하고 마구잡이로 사용하고 있다는데 문제가 있다. 창세 이후 하나님께서 시공간을 통해 사역하신 사건을 연대적 순서에 따라 기록한 역사를 구속사(Redemptive History)로 잘못 인식하고 있는 사람들이 많다. 그러나 도드(Dodd)가 주장한 구속사의 의미는 시공간의 사건에 초점을 두지 않고 예수님께서 십자가에 죽으시고 부활하신 사건을 묘사하는데 강조점을 두어 그 의미를 도출해 내는 것을 구속사로 보고 있다. 즉 부활과 승천의 사건을 시공간의 사건에다 초점을 두지 않고 그 사건의 의미 부여의 역사에 초점을 두고 있다. 성경이 주장하는 시공간의 역사를 중요시하기보다 의미의 역사를 동일선상에 두고 생각하는 역사관이 아니다.

일반 역사의 불확실성은 사람들로 하여금 종교적 의미로 여기는 신비적 요소 내지 만유 내재적 요소에 그들의 심령을 기울이게 만든다. 그러나 기독교인들은 부활의 사건을 구속적인 의미로 수용하여 또 다른 계열의 역사로 분류하여 생각한다. 그러나 우리가 깊이 있게 생각할 것은 성경이 말씀하고 있는 사건들을 어

---

555) Ibid, p.86.

떻게 올바른 역사관으로 정의하느냐? 이다. 만물을 다스리는 하나님의 사역은 하나님 스스로 만물에 관한 계획을 창세 전에 정하시고, 창조하시고, 그리고 정하신대로 섭리하시기 때문에 모든 역사의 궁극적 원인과 종결은 하나님께서 세우신 작정에 포함되어 있다. 이는 성경이 말씀하는 신적작정의 역사관이다. 그럼에도 불구하고 도드(Dodd)는 주장하기를 "전 모든 역사는 최후의 성스러운 역사(Sacred History) 즉 구속사(Heilsgechichte)의 해석에 의존해야 한다. 역사에 있어 신적 의미의 우주론적 원리는 진정한 **시작과 종말을 포함한 신화적인 도식** 안에 신구약 성경의 역사를 자리 잡게 함으로 기독교 신학에서 상징적으로 표현하게 되었다."[556]라고 말하고 있다.

도드(Dodd)는 위에 언급한 역사관에 있어 크게 잘못된 구속사(Heils-gechichte)를 주장하고 있는데 그 내용을 분석하면 다음과 같다. "창조와 마지막 심판은 모든 역사가 단 하나의 목적론적 진리에 관한 **상징적인 서술이다.** 그러므로 창조의 역사(상징적인 역사가 아니고 시공간에서 이루어진 사건역사인 Historie의 역사)는 시간이 연계된 시작을 가지고 있는 문자적이고 과학적인 진술로 받아들일 수 없다. 즉 시간은 시작이 없다는 것을 반대하는 것과 마찬가지로 아예 생각할 수도 없다. 타락의 기사도 인간이 하나님의 뜻을 거역하였다는 내용에 대해 문자적이고도 역사적인 진술로 받아들일 수가 없다. 창조와 타락에 관한 모든 기사는 구속과 계시의 예비 과정으로서 시공간의 역사 속에서 일어나는 모든 것을 상징적으로 묘사하고 있는 것이다. 그리고 최후의 심판은 하나의 신화인데 큰 투쟁을 통한 최종적인 해결을 상징적으로 진술한 것이다. 만약 우리가 종말을 시간 속에서 일어나는 사건들의 연계가 언제인가 끝날 것이라는 내용에 대해 문자적으로 취급한다거나 사건적인 역사가 아닌데도 역사처럼(Quasi-History) 취급한다면 매우 어려운 문제가 발생한다. 또한 인간이 이 땅 위에서 죽어 없어지거나 대 격변으로 지구 자체가 소멸되기 전에 역사 선상에서 선이 악과 싸워 결국 승리할 것이라는 예언의 신화를 받아들일 수 없는 극심한 난제가 발생한다. 그러므로 기독교는 하나님의 목적과 모든 역사의 관계를 최후 심판에 의한 상징으로서 '실현된 종말(Realized Eschatology)'론으로 말하고 있는 것이다. 그 내용은

---

556) C. H. Dodd. History of the Gospel, (Hodder and Stoughton, 1938), p.117.

산자와 죽은 자인 모든 세대의 인류를 포함하고 있다. 모든 역사는 도래할 예수님의 죽음과 부활의 신적 목적의 성취 안에서 이해된다. 그것이 바로 내적 역사의 표현(Intra-Historical Expression)이다."[557] 라고 주장하였다.

계속하여 도드(Dodd)는 시공간 세계에서 집행되는 하나님의 주권적 역사관으로부터 벗어난 논증을 계속하고 있다. "역사는 구속과 계시의 한 과정으로서 하나님 안에서 시작과 종말 모두를 가지고 있다. 시작은 시공간의 한 사건이 아니고 종말도 시공간의 한 사건이 아니다. 시작은 하나님의 목적이고 종말은 하나님의 목적 성취이다. 이 둘 사이에 그리스도의 죽음과 부활이라는 역사의 정점을 이루는 성스러운 역사(Heilsgeschichte)가 놓여 있다. 이는 그 사건 안에서 신적인 의미가 계시됨으로 말미암아 그들이 심판을 받기 위하여 예수 그리스도의 죽음과 부활의 내용 안으로 모든 역사적 운동을 가져오기 위한 교회의 임무이다. 그리고 이 신적인 심판은 단순한 선고나 의사 표시가 아니고 십자가와 부활에서 나타난 역사적인 행동이다."[558] 라고 주장하였다.

분명히 성경은 창세 기사를 통해 시공간의 창조를 말씀하고 있다. 도드(Dodd)가 시작과 종말에 대한 시공간의 사건을 무시하고 목적론으로 말하게 되면 사실상 창조와 예수님의 재림은 시공간의 사건으로 볼 때 전혀 무가치한 공상에 그쳤다고 말 수밖에 없다. 그렇기 때문에 도드(Dodd)는 역사적 종말론을 실현된 현재의 목적론적 종말관으로 말할 수밖에 없다. 창세의 실재(Reality)와 종말의 실재(Reality)를 시공간적으로 설정하지 않고 목적론적인 의미만을 강조하는 공상적인 생각에 그치고 있다. 그리스도의 죽음과 부활이 시공간의 사건인 창조와 종말과 연장선상에 있다는 것을 부정하는 논증에 불과하다. 그리스도의 부활을 시공간의 사건으로 받아들이지 않고 의미 있는 목적론으로 받아들일 때 성경에 기록된 모든 시공간의 사건이 하나의 공상적인 의미만 부여한다는 주장이다. 즉 기독교는 시공간의 역사적 사건에 의하여 계시가 주어지고 더불어 설명계시가 주

---

557) Ibid, pp.115-117.
558) Norman Geisler, Christian Apologetics, (Baker Book House, Grand Rapids, Michigan, 1976), p.87.

어지는 것을 부정하는 사이비적 종말론을 주장하는 종교로 전락하고 만다. 더욱이 모든 시공간의 사건들은 창세 전 삼위일체 하나님의 단일성(Unity)에 의해 설계된 작품이다. 예수님의 십자가와 부활도 역시 이 설계도 안에 포함되어 있었다. 그러므로 모든 역사는 신적작정(Decree)에 의거한 시공간의 사건들로 구성되어 있다. 예수님의 부활은 시공간의 사건이지 실현화된 상징을 말하는 것이 아니다. 그러므로 창세 전의 설계도는 모든 시공간 사건의 원인이다.

(5) 역사에 관한 변증학적 의미

도드(Dodd)는 그리스도의 생애에 관한 어떤 사건들을 역사적으로 명확하게 결정지을 수 있다는 묘한 말을 하고 있다. "이러한 사건들은 역사적인 방법에 의해 공적으로 또는 역사적으로 검증이 가능하다는 주장이다. 그 중심적인 사건은 나사렛 예수님께서 죽은 자 가운데서 다시 살아났다는 사실이다. 이 사실은 예수님의 동시대의 해석과 어긋나지 않는다. 이러한 해석들은 임의적인 것이 아니다. 그 해석은 그 사건들 자체로부터 나온다. 왜냐하면 어떤 사건들은 다른 것들보다 더 의미가 있기 때문이다. 그리고 이러한 성스러운 사건들은 **역사에서 가장 의미 있는 것으로 현저하게 드러나기 때문이다.** 우리는 이러한 열쇠가 되는 성스러운 사건들에 의한 모든 역사에 그 의미를 부여할 수 있다. 그것은 사건의 연계로부터 나타나는 명확한 의미가 없는 것이 세상 역사이기 때문이다. 따라서 기독교에서 일어난 사건들은 역사적으로 발견 될 수 있으며 누구나 이 사실에 근거해서 모든 인간의 역사와 인간의 운명에 관한 진리를 결정할 수 있다. 그것은 바로 역사적 증거가 되는 예수님의 십자가와 부활인데 이는 인간의 생활과 세상의 관점에 대한 진리를 위한 기반과 검증이다. 과거의 역사로부터의 증거는 현재와 미래에 있어 진리를 위한 기반과 검증이다. 그렇기 때문에 도드(Dodd)의 관점은 역사적 증거주의의 표본이다."[559]라고 가이슬러(Geisler)는 도드(Dodd)의 주장을 인용하였다.

(6) 도드(Dodd)가 주장한 역사관의 문제점

---

559) Ibid, p.88.

A. 도드(Dodd)는 역사를 기독론 중심으로 해석하고 있다. 그 기독론 중심의 해석은 그리스도에 대한 의미부여(Geschichte)의 해석이지 사건 중심의 해석이 아니다. 그 해석의 방법이 바로 구속사(Heilsgeschichte)의 역사관이다. 그것은 예수 그리스도께서 십자가에서 죽으시고 부활하신 사건을 시공간의 범위 안에서 이루어진 사건으로 받아들이는 것보다 부활이라는 의미에 역사적 관점을 두고 있다. 그 의미를 수용해야할 이유는 부활의 개념이 거룩하기 때문이라는 주장이다. 즉 기독교의 역사는 거룩의 역사로 점철되어 있다. 그 가운데 가장 고귀한 거룩의 역사는 그리스도의 죽음과 부활이다. 그러므로 기독교의 역사를 해석함에 있어 부활이 해석의 중심이 되어야 한다고 강조하고 있다. 기독교의 역사관을 정립하는데 있어 신적작정(Decree) 중심의 객관주의적 역사개념에 본질을 두기보다 기독론 중심의 의미 해석에 역사의 기초를 두고 있다.

우리가 신앙고백서를 볼 때 기독론 중심의 주관적 신앙고백과 신론 중심의 객관적 신앙고백서를 깊이 있게 구분해 볼 필요가 있다. 그 이유는 기독론 중심의 신앙고백은 주관성이 강하기 때문에 교회가 그 신앙고백을 선호할 때 타락의 속도가 빠르기 때문이다. 바로 종교개혁 이후 독일 교회가 그것을 증명하고 있다. 독일교회들은 주로 루터 신앙고백과 하이델베르그(Heidelberg) 신앙고백에 기초를 둔 교회관을 형성하고 있다. 그러나 영국의 교회는 웨스트민스터(Westminster) 신앙고백을 중심으로, 화란의 교회는 벨직(Belgic) 신앙고백 중심으로, 교회관을 형성하고 있다. 하이델베르그(Heidelberg) 신앙고백은 인간론, 기독론, 그리고 구원론 중심으로 구성되어 있다. 그 신앙고백 자체로 볼 때는 성경에 전혀 어긋남이 없다. 그러나 웨스트민스터(Westminster) 신앙고백이나 벨직(Belgic) 신앙고백을 보면 신론부터 인간론, 기독론, 구원론, 교회론, 종말론, 그리고 교회의 정치와 힘의 왕국인 국가론까지 성경 전체를 교리적으로 정립한 신앙고백서이다.

더구나 기독론 중심의 역사해석에 있어 예수 그리스도께서 십자가에서 죽으시고 부활하신 구속을 완성한 시공간의 사건을 의미로만 받아들이는 해석의 역사관(Geschichte)은 성경이 말씀하는 보고 만질 수 있는 역사관과 거리가 먼 역사관이다. 이러한 사상은 19세기 자연주의의 반발로부터 파생된 역사관인데 시공간 세계에서 일어난 초자연적 사건을 배제 하고 의미로만 해석하려는 사상이다. 이는 하이델베르그(Heidelberg) 신앙고백에서 말하는 예수 그리스도를 구세주로 고백하는 기독론과 전혀 다른 기독론 중심의 역사관이다. 하이델베르그(Heidelberg) 신앙고백서는 기독론 중심의 신앙고백을 성경대로 하고 있다. 도드(Dodd)의 기독론 중심의 역사관은 시공간 세계에서 일어났던 초자연적 요소를 빼버린 부활사건에 관한 의미만을 수용하는 기독론 중심의 역사관이다. 의미만을 수용한다는 말은 부활 자체를 믿지 아니할 지라도 부활의 의미가 현실적으로 적용되는 것을 말한다. 이러한 역사관은 시공간 세계에서 일어난 사건을 배재하고 있다. 성경의 역사관은 시공간 세계에서의 사건(Fact)에 의한 역사를 말한다. 즉 부활의 사건이 시공간 세계에서 성취됨이 없이 부활을 말할 수 없다. 성경에 나타난 수많은 기적의 사건들은 시공간 세계에서 일어났기 때문에 영상으로 찍을 수 있는 역사이다. 초월주의적(Transcendental) 공상의 세계에서 일어난 사건이 아니고 보고 만질 수 있는 사건들이면서 시공간의 법칙을 넘어선 기적의 사건들이다. 그렇기 때문에 성경에 기록된 역사를 바로 해석하기 위해서는 성경에 나타난 어떤 사건이든지 시공간의 사건에 해당되는 의미를 하나님께서 말씀하시는 계시의 입장에서 이해해야 한다. 성령님의 감화를 받은 사람은 그 의미를 알게 된다.

B. 구속사(Heilsgeschichte)에 관한 문제이다. 20세기에 들어와 난장판 신학이 구미의 교회를 휩쓸고 있을 때 전혀 상상을 초월한 괴팍스런 제목을 들고 나와 신학이라고 야단법석인 사건들이 수없이 나타났다. 그 가운데 하나가 구속사(Heilsgeschichte)인데 이 역사주의는 이미 언급한 대로 기독론 중심의 역사관을 강조하고 있다. 시간의 원근법(遠近法, Prospective of Time)을 창세 이전 하나님의 신적작정(Decree)에 두지 않고 시공간 세계에 존재하신 그리스도 중심으로 과거의 시간을 돌아보고 미래의 시간을 내다보는 관점에 두고 있다. 이러한 구속사(Heilsgeschichte)의 역사관은 도드(Dodd)를 중심으로 활발하게 일어났는데 발트(Barth)신학 계열에 속한 독일의 자유주의 신학자 오스카 쿨만(Oscar Cullmann)이 그리스도와 시간(Christ and Time)이라는 저술을 발간하여 기독

론 중심의 역사관을 더욱 발전 시켰다. 신론중심의 신적작정(Decree)에 관한 역사해석을 배제 하였다. 이 역사관은 창조로부터 종말에 이르기까지 일반 역사 속에 거룩한 역사가 흐르고 있는데 그 역사의 중심인물이 예수 그리스도라는 주장이다. 기독론 중심의 역사관을 가지고 볼 때 전혀 틀린 말이 아니다. 그러나 신적작정(Decree) 중심의 역사관을 가지고 보면 예수님께서 행하신 구속에 관한 성스러운 역사는 하나님의 아들 예수님께서 제정하신 것이 아니고 하나님 아버지께서 제정하신 예정(Predestination)에 기초한 역사이기 때문에 기독론 중심의 구속사(Heilsgeschichte)를 강조한 역사관이 문제가 되는 것이다.

구속언약은 창세 이전에 하나님 아버지와 아들 예수님과의 약속이다. 그러므로 예수님께서는 아버지의 계획에 따라 거룩한 구속사역을 집행하신 것이다. 예수님께서는 아버지의 뜻에 따라 주어진 사명을 완성하는 것이 아들로서의 사역이다(요4:34, 10:37-38). 또한 아버지 하나님께서 정하신대로 구속사역을 완성하실 것을 구약에 예언 하였으며 아들 하나님께서는 정해진 대로 그의 사역을 완성할 임무가 주어진 것이다(마26:52-54). 예수님의 사역은 아버지의 계획에 따라 하나님 아버지의 공의를 만족하게 하는 순종의 사역이었다. 하나님께서는 창세이전에 만물에 대한 계획과 예수님께서 행하실 구속 사역에 관한 계획을 예정하여 놓으셨다. 창조와 종말 사이에 일어날 모든 역사는 창세 전의 계획에 의해 집행되는 것들이다. 그러므로 이 세상의 모든 사건은 신적작정의 계획을 벗어나 일어나는 일이 없다. 심지어 예수님의 부활 역시 하나님의 계획에 의해 집행 된 사건이다. 그렇다면 시간의 원근법(遠近法, Prospective of Time)을 통해 예수님을 중심으로 과거를 해석하고 미래를 해석할 수 있는 역사관이 성경적으로 옳은가? 이에 대한 대답은 당연히 틀린 것이다. 참된 시간의 원근법(遠近法, Prospective of Time)에 의한 역사관은 하나님께서 계획을 세우시고 그 계획에 따라 시간을 창조하시고, 그 계획에 따라 시공간의 사건을 다스리시고 섭리하시고, 그 계획에 따라 예수 그리스도께서 십자가에 죽으시고 부활하시고, 그리고 그 계획에 따라 그리스도로 하여금 종말의 심판을 집행하게 하시는 역사를 말한다. 미래의 종말은 그리스도로 말미암아 해석되는 것이 아니고 하나님의 계획인 시원적(始原的, Basis of Beginning) 설계도에 따라 집행되는 사건으로 해석되어야 한다. 예수 그리스도께서는 하나님 아버지의 뜻에 따라 이 땅에 육신을 취하시고 비하(Humiliation)의 신분으로 오셔서, 율법아래 순종하시고, 십자가에 죽으시고, 부활하시고, 승천하시고, 그리고 재림의 주로 오셔서 모든 사람을 심판하실 것이다. 우리는 자유주의에서 떠들어 대는 구속사(Heilsgeschichte)에 관한 개념을 잘 못 이해하여 성경에 나오는 창세기로부터 계시록까지의 기독론 중심의 사건들을 나열하는 것이 기독교의 구속역사(Redemptive History)로 생각하는 오류를 범해서는 안 된다. 진정한 구속사(Heilsgeschichte)를 말하려면 신적작정(Decree)의 교리에 기초한 시간의 원근법(Prospective of Time)을 적용해야 한다.

2. 자연세계에서의 현재 증거에 대한 논증

증거는 과거의 역사에만 한정된 것이 아니다. 그런데 한편으로 현재 존재하는 자연세계 가운데 나타난 증거를 통해 하나님의 존재를 논증하려는 부류들이 있다. 특히 어떤 변증신학자들은 하나님 존재에 관해 도움이 되는 증거를 확보하기 위해 현재에 존재하는 자연을 향해 호소하는 일들을 자주 시행하고 있다. 자연 속에 존재하고 있는 증거는 성경에 대한 외적 증거로 말할 수 있는데 성경의 증거와 비교 대조할 때 깊이 있게 조심하여 다루어야 할 문제이다. 이러한 외적증거는 과거 헬라철학으로부터 중세 스콜라주의(Scholasticism)를 거쳐 오늘날까지 잔재로 남아있는 고전적 변증학Classical Apologetics)의 중요한 자료이다. 그러므로 이러한 고전적 변증학(Classical Apologetics)은 주로 합리주의적 이성에 의해 하나님의 존재를 증명하는데 중점을 두고 있다.

1) 페일리(William Paley, 1743-1805)의 시계공 증명법

하나님의 존재를 증명하는데 있어 자연에 대한 호소는 주로 목적론적 증명(Ontological Argument)에 의존하고 있다. 이 논증은 고대 헬라철학으로부터 인정되어 왔다. 근대에 들어와서는 페일리(Paley)에 의해 구체적으로 정립된 논증이라 볼 수 있다. 그는 시계공의 예를 들어 이 논증을 설명하고 있다. "만약 어떤 사람이 길거리에서 시계를 하나 발견했다면 반드시 그 시계를 만든 사람이 있을 것이라는 추론을 하게 된다. 그렇다면 만약에 어떤 사람이 자연 세계에 나타난 여러 가지 복잡한 디자인에 관한 원인을 연구한다고 할 때 페일리(Paley)는 전세계를 설계한 설계자가 있을 것이라는 결론을 내린 것이다. 왜냐하면 하나의 시계는 모든 부품이 복잡한 계열에 의해 시간을 지키도록 조립되어 있다. 각 부품은 시간을 지킬 수 있는 목적을 두고 만들어졌다. 마찬가지로 자연의 세계는 목적에 대한 여러 가지의 수단을 가지고 있는데 그 수단에 따른 수많은 적용의 성질을 가지고 있다. 그것은 하나의 시계가 만들어지기 까지 시계공이 필요한 것처럼 자연 세계 역시 위대한 설계자를 필요로 하고 있다."[560]는 주장이다.

그런데 밀(John Stuart Mill, 1806-1873)은 페일리(Paley)의 논증 가운데 중요한 약점이 있다는 것을 지적하고 나섰다. 페일리(Paley)의 논증은 결과의 유사성이 원인의 유사성을 내포하고 있다는 가정 위에 세워졌다는 것이다. 이러한 유추적 분석에 관해서는 비유사성이 더 클 때 논증이 더 약해진다는 주장이다. 그리고 페일리(Paley)의 논증을 더 약하게 만드는 주목할 만한 비유사성이 있다는 주장이다. 즉 우리는 시계를 만드는 사람에 의해 시계가 만들어진 것을 이미 이전의 경험에 의해 알고 있기 때문에 시계를 만든 사람을 시계가 암시하고 있다는 것이다. 이는 유추적 분석에 경험론을 첨가시키고 있다는 것을 실증으로 나타내 주는 것이 시계라는 것이다. 마찬가지로 동물이 소변 대변을 보는 것을 우리가 볼 수 없었다면 소변이나 대변이 동물에 의해 주어진 것을 알지 못했을 것이다. 그러나 밀(Mill)은 여기에서 또 다시 연역적인 동의방법에 기초해서 자연으로부터 신이 논증될 수 있다고 생각했다. 나아가 밀(Mill)은 신의 존재를 논증하는데 귀납적(Inductive)이며 연역적(Deductive)인 방법은 물론 경험론까지 동원하여 증명하고 있다.[561] 위와 같은 논증들은 신적작정(Decree)의 교리에서 볼 때

560) Norman Geisler, Christian Apologetics, (Baker Book House, 1976), pp.88-89(William Paley, Natural Theology, pp.1-3).

561) John Stuart Mill, Three Essays on Religion, pp.167-175. 의 내용을 가이슬러(Geisler)가 그의 저서 Christian Apologetics, (Baker Book House, Grand Rapids, 1976), p.89.에 요약 정리했는데 위의 내용만 보고는 페일리(Paley)의 주장과 밀(Mill)이 주장한 차이점을 쉽게 간파하기 어렵다. 그래서 그들의 철학적 요점을 정리해 둘 필요가 있다. 페일리(Paley)는 단순논리에 의한 합리주의적 신 존재 증명을 시도한 철학자이다. 그는 피조물의

아주 저급한 논리적 장난에 불과한 것들이다. 신적작정의 교리는 창조주는 하나님 아버지요 역사의 완성자도 하나님 아버지라는 것을 확언하고 있기 때문에 시계공의 비유는 하등의 불필요한 논증에 불과하다. 신적작정의 교리는 원인과 결과의 주체가 정확하다. 비교 대조의 개념으로 해결할 수 있는 주제가 아니다. 즉 원인의 유사성과 결과의 유사성의 비교론이 성립되지 않는 교리이다. 신적작정은 원인과 결과가 정확하게 구분되어 있으며 한편으로는 통일성을 유지하고 있는 교리이다. 즉 신적작정의 교리는 한 분이신 삼위일체 하나님께서 창조와 종말에 대한 원인이시며 창세전에 예정하신 계획은 변함없이 종말에 성취되는 통일성을 유지하고 있다는 것을 교훈하고 있다.

2) 목적론적 진화(Teleological Evolution)

증거 없는 허망한 가정설(假定設, Hypothesis)을 토대로 한 다윈(Darwin)의 진화론이 나오기까지는 영국의 이신론(理神論, Deism)과 더불어 19세기 자연주의가 진화론의 전초전 역할을 하고 있었다. 구체적 증거를 무시하고 아무렇게나 자신의 이론을 주장하면 그것이 하나의 논증이 되어 버리는 논리의 무풍지대가 열린 것이다. 이러한 시대적 배경은 바로 자연과학의 근거를 무시한 진화론을 발생하게 만들었다. 다윈(Darwin)의 진화론과 함께 우연의 적용양태(Modus Operandi)를 제공한 가정설(Hypothesis)은 근대주의적 사고를 소유하고 있는 사람들에게 기존의 주장을 폐기시키는데 많은 설득력을 행사하게 되었다.

영국의 철학자 테일러(Alfred Edward Taylor, 1869-1945)는 목적론적인 진화론을 지지하고 나섰다. 그는 특별히 자신의 주장을 강하게 피력하는 철학자가 아니었기 때문에 당시 시대의 아들로서 진화론의 영향을 벗어날 수 없었다. 그

통일성과 적응성에 근거하여 계획 이론의 증명으로부터 목적론적 증명을 발전 시켰다. 그러나 이 논증이 합리주의자들의 결론을 이끌어 내지 못했으며 그의 유추적 논증은 천편일률적이어서 복잡한 사상과 완전한 유기체를 연결 짓지 못하는 논증이다. 그것이 바로 시계공의 예증이다. 이에 반해 밀(Mill)은 귀납적(Inductive) 논리학과 연역적(Deductive) 논리학을 체계적으로 적응한 철학자로 유명하다. 그의 논리학적 입장에서 볼 때 페일리(Paley)의 주장은 전혀 이해될 수 없었을 것이다.

는 자연이 예측 가능한 기획을 드러낸다고 주장했는데 그것은 설명되어지지 않는 우연의 진화(Chance Evolution)론이 아닌 예측 가능한 기획의 진화론이라는 것이다. 예를 들면 신체가 산소를 필요로 하는 것은 산소를 공급하는 체내의 기관을 싸고 있는 막(Membrane; 산소의 요구를 알려주는 기관)에 의해 예측 될 수 있다는 주장이다. 어떤 곤충들은 자라나는 유충들의 식욕을 예측함으로 그들의 식량으로 쓸 수 있을 알을 저장한다. 이러한 일들은 모든 자연을 통하여 계속되고 있다. 전자(Electron)들이 움직일 수 있는 길은 무한하므로 자연의 진행되는 계획이 단지 물리적 법칙으로만 설명될 수 없을 뿐만 아니라 전자(Electron)들은 건강하든지 건강하지 못하든지 유기체를 보존하는 진행의 계획에 따라 변함없이 운동하고 있다. 자연에서 진행의 계획이 없다면 생명은 살아남을 수 없다. 요약하면, 생명의 자연적인 발달에 있어 질서를 가지고 있다는 증거는 하나님의 존재를 증거 하는 것이다.[562] 라고 주장했다.

이러한 테일러(Taylor)의 주장은 자연의 진행법칙을 통한 하나님의 인식론이다. 그러나 그 법칙에 나타난 두 가지의 문제점이 있다. 하나는 진화적 법칙이고 또 하나는 목적론적 법칙이다. 테일러(Tayler)가 주장하는 진화의 법칙은 다윈(Darwin)이 주장하는 우연의 적용양태(Modus Operandi)의 법칙과는 다른 양상을 나타내고 있다. 그는 자연의 목적론적 진화론(Teleological Evolution)을 주장하였다. 즉 우연의 진화(Chance Evolution)론이 아닌 예측할 수 있는 기획(Anticipatory Design)에 의한 진화론을 주장하고 나섰다. 그는 예측할 수 있는 물리적 법칙을 이용하여 진화론을 설명하고 있지만 이 세상의 모든 생물의 진행은 과거에 존재했던 자원으로부터 생명 보존의 원칙을 떠나 목적만을 향해 변화되거나 진행되는 법은 없는 것을 간과한 이론이었다. 원래 보존되어진 **DNA는 생물의 생존 보존의 법칙**을 이어갈지언정 변화의 법칙을 이어가지 않고 있다. 오늘날 자연주의 진화론자들도 자연도태의 법칙은 존재할지언정 진화의 법칙은 존재하지 않고 있다[563] 고 주장한다.

---

562) Alfred Edward Taylor, Does God Exist? Chap 4 ; Norman Geisler, Christian Apol-ogetics, (Baker book House, Grand Rapids, Michigan, 1976), p.90.

563) Julian Huxley, Evolution in Action, pp.45-46. 의 내용을 요약하면 "자연도태를 불가피하게 만드는 생명체의 특성 때문에 도태가 일어난다."는 말이 된다.

다음으로 진화에 의한 목적론적 인식론이 문제이다. 물론 하나님의 신적작정 (Decree) 안에는 종말을 바라보는 목적론이 포함되어 있다. 그러나 그 목적론은 창세 이전에 치밀한 하나님의 계획을 기반으로 하고 있다. 진화를 기반으로 하는 목적론하고는 근본적인 차이가 있다. 목적론적 진화론은 원인에 관한 정확한 논증을 성립시킬 수 없음으로 이론의 가치를 부여할 수 없다. 결과는 원인을 추적하게 만든다. 목적론적 진화론은 광활한 우주의 원인을 무시하려는 의도를 포함하고 있다. 자연 질서로부터 유추한 하나님에 관한 인식론은 미래의 목적론을 방법론으로 하여 하나님과 만물에 관한 원인을 밝혀내려는 시도이다. 이러한 방법론은 독안에 든 쥐가 우주의 세계를 알기 위해 독안을 뒤지고 있는 현상과 똑 같은 일이다. 아주 작은 부분을 기초삼아 방대한 우주의 원인을 인식하는 방법론이다. 사실 우주의 원인은 하나님이신데 그렇다면 목적론적 진화론을 통해 하나님을 인식할 수 있다는 말인가? 전혀 불가능한 일이다. 원인을 배제하고 목적을 추리한다는 말은 가정설(Hypothesis)에 의한 목적론을 주장하는 이론이다. 그러므로 현존하고 있는 만물은 원인과 목적에 있어 연관성을 가지고 있다. 즉 우주에 관한 원인으로서 하나님의 계획은 목적으로서 종말에 가서 완성된다. 우리는 지금은 희미하지만 그때 가서 얼굴과 얼굴을 대할 때 확실히 알게 될 것이다. 희미하지만 창세전의 계획에 의해 피조세계에 나타난 자연의 목적론적 진행과정을 통해 미래에 완성될 종말을 확실하게 알 수 있다. 그 지식은 희미한 것이 아니다. 성경은 예언된 과거의 역사에 의해 미래의 역사를 확증하고 있기 때문이다.

3) 버틀러 감독(Bishop Butler)의 자연주의 유추론

이미 설명한 바와 같이 18세기 버틀러(Joseph Butler)의 기독교 변증학은 고전주의 변증학(Classical Apologetics)으로 중세의 스콜라주의(Scholasticism) 노선을 벗어나지 못하였다. 페일리(Paley)의 주장이 나오기 이전에 종교에 관한 유추론(Analogy of Religion)을 펴낸 버틀러(Butler)는 자연 질서의 증거를 통해 기독교 변증학(Christian Apologetics)을 전개하려는 후예들에게 그 자료를 제공한 셈이 되었다. 18세기 계몽주의 사상이 유럽을 휩쓸고 있을 때 버틀러(Butler)의 기독교 변증학(Christian Apologetics)은 대단한 각광을 받았다. 심지어 비관론주의 철학자였던 흄(David Hume) 조차도 버틀러(Butler)의 기독교 변증학(Christian Apologetics)을 칭찬할 정도였다. 그 이유는 18세기 계몽주의(啓蒙主義, Enlightenment)와 경험주의(經驗主義, Experientialism)가 어우러져 주관주의 철학이 꽃을 피울 수 있는 전초전을 벌리고 있었기 때문이었다. 이러한 시대의 아들인 버틀러(Butler)는 그의 변증학적 방법론으로 귀납적(Inductive)이면서 경험론적(Experiential) 입장을 취하고 있었다. 그의 기독교 변증학(Christian Apologetics)은 이성주의를 선호하는 기독교인이라면 동의할 수밖에 없는 고전적 변증학(Classical Apologetics)의 입장에 서 있었기 때문이다.

버틀러(Butler)는 자연의 유비(Analogy)에 의해 하나님께서 세상을 지배하시고 계신다는 것과 미래에 생명이 존재하고 있을 것이라는 것을 알 수 있다고 말했다. 이러한 불멸성(不滅性, Immortality)에 대한 버틀러(Butler)의 논증은 그의 접근법의 원리를 제공하고 있다. 자연은 각기 다르지만 완전한 상태에서 많은 피조물이 살고 있다는 것을 우리에게 보여주기 때문이라고 주장했다. 정말로 우리가 이생의 삶을 넘어 다른 위치에서 살게 된다는 교리는 자연 세계로부터 많은 유비(Analogy)를 나타내 보여주고 있기 때문이라고 말했다. 더욱이 거기에는 사후에 인간의 인격성에 관한 지속성과 잘 맞는 본질적 운동량(Natural Momentum)이 존재하고 있다. 잠잘 때의 무 활동이 잠을 자고 난 후 사람의 의식과 연결 되는 것을 내포하고 있는 것처럼 죽음이 모든 것을 끝내 버린다고 믿을 만한 이유는 없다. 사람이 유년기로부터 노년기까지 같은 인격성을 유지하면서 삶을 살아가듯이 죽음을 통해서도 그 인격성을 유지하지 못할 것이라고 믿을 만한 근거는 없다.[564] 라고 주장하였다.

이처럼 버틀러(Butler)의 애매한 논리적 주장은 당시 철학적 상황으로 볼 때 일시적으로 사람의 마음을 흔들어 놓을 수 있는 여건이 형성되어 있었다. 그런데 문제는 그의 유비론(Analogy)이다. 자연과 자연과의 유비론(劉備論, Analogy)

---

564) Norman Geisler, Christian Apologetics, (Baker Book House, Grand Rapids, Michigan, 1976), p.91.

을 통해 하나님의 통치뿐만 아니라 내세를 알 수 있다는 주장은 지나친 유비론(Analogy)이다. 자연의 유비적 개념을 통해서 자연과 인격적인 삼위일체 하나님과의 유사성을 찾을 수가 없기 때문이다. 유비론(劉備論, Analogy) 즉 유추(類推)이론은 어느 특수한 경우와 다른 특수한 경우를 비교 대조하여 원하는 결론을 이끌어 내는 것인데 이러한 유비론(Analogy)은 주로 사물의 관계에 있어 유사성의 의미를 찾아내는 이론이다. 이러한 유비론(Analogy)은 연역적(Deductive) 논증이나 귀납적(Inductive) 논증과는 차이가 있다. 두 개의 특별한 사물이 동질성을 가지고 있을 때 이 동질성을 통하여 한쪽에 나타난 성질을 다른 한쪽에도 가지고 있을 것으로 추정하는 이론이다. 그렇기 때문에 자연을 통해 하나님의 인격을 유추해 낸다는 것은 추론의 비약을 나타낸 이론으로 밖에 볼 수 없다. 가능한 추론은 하나님의 존재이다. 자연의 신비로움을 통해 하나님의 존재는 말할 수 있다.

한 가지 공식의 예를 들어 설명하면 A는 c,d,e다, B도 c,d,e면서 F이다. 그런고로 A는 F이다 라는 논리를 적용해 보자. 그런데 이때 공통적인 성질과 추리되는 성질은 서로 본질적으로 그리고 동질적으로 같은 부류에 속해야 한다. 여기서 논리상 문제가 되는 것은 B에 관한 A와 F 사이의 유비(Analogy)가 형성되느냐? 하는 문제이다. 그러므로 이 논지의 결론은 개연적(蓋然的)이다. 유비(Analogy)가 형성될 수 있는 분야는 c,d,e이다. A가 F라는 추리는 불가능하다. 그러므로 자연과 하나님의 인격과의 유비는 인격적인 분야를 추리해 낼 수 없다는 결론이다. 자연 속에 들어있는 신비를 통해 하나님 존재의 신비는 유추해 낼 수 있다. 그 이유는 만물의 원인이 인격적인 하나님이시기 때문이다. 삼위일체 하나님의 인격은 알 수 없다는 것이 결론이다. 하나님의 인격과 자연과는 유비관계가 형성될 수 없기 때문이다. 그러므로 버틀러(Butler)의 유비론(劉備論, Anology)을 통해 인격적인 삼위일체 하나님을 추리해 낼 수 없다.

이미 논리학에 있어 유비적(Analogy) 논법의 문제점을 지적한 바 있다. 그것은 비록 제1원인끼리 같은 동질성을 가지고 있을지라도 제2의 원인끼리도 같은 동질성을 가지고 있지 아니하면 서로의 공통점을 형성할 수 있는 동질성을 유추해 낼 수 없다는 말이다. 특별히 자연세계에서는 모든 생물이 자체의 특성을 나타내는 DNA를 가지고 있기 때문에 제1원인이 되는 **같은 속성과** 제2의 원인이 되는 **같은 과의** 공통적인 DNA를 가지고 있지 아니하면 제1원인의 **동질성** 때문에 제2의 **같은 과로** 전이될 될 수 있는 진화가 불가능하다. 즉 호박 나무에 소나무를 접목할지라도 어떤 열매를 얻을 수 없다. 즉 같은 **속성인** 식물이지만 호박나무와 소나무는 전혀 **과가** 다르기 때문에 어떤 열매를 얻을 수 없다. 그러므로 자연과 자연의 유비(Analogy)를 통해 인격적인 하나님을 인식한다는 논리는 전혀 유비적 관점에 맞지 않은 이론이다. 창조주로서 만물을 통치하시는 주권자인 하나님과 피조물인 아주 제한적인 인간이 피조물인 자연을 유추하여 하나님의 주권과 내세의 인식론을 논증한다는 그 자체가 하나님의 권위를 우롱하는 일이다. 인격적인 삼위일체 하나님과 자연은 유비적 관계가 성립될 수 없다. 자연의 존재를 통해 유비적(Analogical)으로 하나님을 인식할 수 있다는 것은 오직 하나님의 존재만을 인식할 수는 있을 것이다. 그 존재 인식은 하나님의 인격을 의미하는 것이 아니므로 범신론(Pantheism), 만유내재신론(Panentheism), 그리고 잡다한 신의 존재를 말할 뿐이다. 그것도 자연의 유비적(Analogical) 논증을 통해서라기보다 단순한 목적론적(Teleological), 우주론적(Cosmological), 그리고 존재론적(Ontological) 논증을 통해 신의 존재를 애매하게 말할 뿐이다. 인격적인 삼위일체 하나님의 통치와 우리가 누릴 내세의 영생을 인식하는 길은 창조주와 피조물인 인간과의 언약적인 관계 인식이 죄인의 심령 속에 정립되어야 한다. 그 인식을 일으키는 분은 성령님이시다. 그 성령님은 죄인의 심령 속에 예수 그리스도를 구세주로 인식하게 하시고 하나님을 아버지로 인식하게 하신다. 그것이 바로 만물을 다스리시는 인격의 하나님을 인식하는 유일한 길이다.

여기서 우리가 또 생각할 문제가 있다. 버틀러(Butler)의 유비론(Analogy)은 세속 철학과 기독교 교리가 혼합된 신 존재 증명에 기초한 기독교 변증학(Christian Apologetics)이라는 것을 절대로 염두에 둘 필요가 있다. 신 존재 증명 자체가 기독교 변증학(Christian Apologetics) 모두를 대변할 수 없다는 것을 밴틸(Van Til) 박사는 그의 변증신학에서 강하게 피력하고 있다. 인격적인 삼위일체 하나님을 합리주의적 입장에서 증명한다는 그 자체가 문제가 있는 논증이라는 주장이다. 성경에서 밝히 보여주는 하나님은 하나님께서 인식하게 함으로 우리가 그분을 인식하는 것이다. 즉 성령님으로 말미암아 하나님께서 주관하시는 인격적인 교류를 통해 우리가 하나님을 인식하는 것이다. 버틀러(Butler)가 활동하던 당시에 다른 철학자들이 상당수 그의 신 존재 인식론을 비평하고 나온 것은 그의 애매하고도 성립 불가능한 유비론(Analogy)을 들고 나왔기 때문이라고 생각되어진다. 하나님을 인식한다는 문제는 아주 간단하면서 아주 깊은 의미가 깃들어 있다. 성경이 말씀하고 있는 하나님의 인식론은 이 세상의 어떤 신 존재 증명보다 깊은 인격적 교제를 구체적으로 제시하고 있다. 이미 논증한대로 **예수그리스도는 나의 구세주시요, 성령님은 나의 보혜사이시며, 하나님은 나의 아버지라는 교제관계를 인식하는** 일이다.

3. 미래 증거에 대한 논증

신비주의자들은 내적 경험으로 자연주의자들은 외적 경험으로 인식론을 소개하고 있지만 힉(John Hick, 1922-2012)은 종말론적 논증을 통해 하나님의 인식론을 주장하고 나섰다. 특이하게 그는 미래의 종말론적인 논증으로 하나님의 존재를 증명하는 사람이었다. 하나님을 믿는 것이 내세에서 하나님을 만나는 경험을 할 수 있기 때문에 죽음을 통해 하나님의 존재를 증명한다는 주장이다. 하나님에 대한 믿음은 현세에서나 내세에서나 연속성을 가지고 있기 때문에 하나님의 존재를 속일 수 없다는 주장이다. 즉 인간이 죽음 이후의 내세를 생각하고 있다는 것은 하나님의 존재를 증명한다는 주장이다.

힉(Hick)은 주장하기를 "현세와 내세는 서로 연관되어 있다. 그 연관성은 이성적인 회의주의를 극복하고 우리를 확신 있는 기독교 신앙인으로 만든다. 이 확신은 우리의 신앙경험으로 보아 계시에서 나타나고 있다. 또한 하나님께서 자신을 인간 예수님으로 나타내신 것처럼 하나님께서는 우리와 연합을 통해 나타나신다. 우리들이 성육신에 호소함으로 예수님을 만나게 될 때 어떻게 하나님을 만날 수 있는가? 라고 예측되는 비평에 대하여 '예수 그리스도는 하나님의 지식이다.' 라는 발트(Barth)와 같은 주장을 생각하게 된다. 기독교인들이 중요하게 생각하는 인생의 목적은 궁극적으로 자기완성과 더불어 앞으로 누릴 영생이다. 신앙으로 이것을 경험하는 자는 하나님을 족히 인식할 수 있다. 결론적으로 요약하면 인식론의 방법에 있어 비록 종말론적 방법론이 기독교 유신론을 지금 당장 정립하지 못한다고 할지라도 어느 날인가 종말에 가서는 하나님의 존재가 증명될 것이다. 동시에 적어도 기독교가 진리라는 것을 믿기에 가능할 것이다."[565] 라고 애매한 말을 하였다.

힉(Hick)이 주장한 종말론적 인식론(Epistemology)은 기독교에서 강조하는 과거의 역사성을 고려하지 않은 애매한 미래의 가능성을 추적하는 논증이다. 그리고 그 애매한 논증은 실존적(Existential) 인식론(Epistemology)에 의존하고 있다. 과거의 역사에 기초하지 않고 현재상태의 존재로부터 미래의 종말을 추적하는 경우 종말의 역사를 정확하게 추적할 수가 없게 된다. 기독교의 역사성은 과거, 현재, 그리고 미래의 일치된 사건역사를 강조하고 있다. 구약에서 이스라엘 국가를 형성한 역사는 과거의 아브라함, 이삭, 야곱, 그리고 다윗의 역사를 기초로 하고 있고 그 역사는 창조의 역사를 기초로 하고 있다. 그 창조의 역사는 종말의 역사와 일치된 계획의 역사에 기초하고 있다. 그러므로 현재의 역사는 애매한 종말적 관념을 배경으로 해석하는 하나님의 인식론에 기초를 둔 역사가 아니다. 특별히 성경의 역사는 객관적 역사와 함께 예언을 통해 미래를 정확하게 예측하고 있다. 그 예언의 내용도 주관적 관점을 넘어 객관적 역사에 의존하여 예언하고 있기 때문에 성취된 예언은 과거, 현재, 그리고 미래의 역사를 포함하고 있다. 발트(Barth)나 힉(Hick)은 이러한 역사관을 무시하고 현재의 실존적(Existential) 관점에만 초점을 두고 있기 때문에 기독교 역사관을 객관적으로 이해하고 있는데 실패하고 있다.

4. 증거주의(Evidentialism)의 문제점과 평가

증거주의(Evidentialism)는 역사성에 기반을 둔 경험과 실험에 의해 평가된 논증이다. 또한 역사적 증거주의는 역사에 대한 주관적 개념에 의해 그 해석의 의

---

565) Norman Geisler, Christian Apologetics, (Baker Book House, Grand Rapids, Michigan, 1976), p.93(John Hick, The Existence of God, p.273).

미를 부여한다. 성경의 객관적 역사에 기초한 역사주의가 아니다. 진리가 사실에 기초해야 한다고 강조하지만 그 진리의 검증은 경험과 실험에 의한 검증이기 때문에 정확한 객관성을 무효화시키고 있다. 주관적 역사주의에 의거한 증거주의는 사건과 해석의 차이를 극복할 수 있는 안전장치가 마련되어 있지 않다. 성경은 기적의 사건과 기적에 대한 해석의 차이를 두지 아니한다. 그러므로 예수님의 인격과 기적의 사역은 서로 일치선상에서 이해되어야 한다. 요나가 큰 물고기 배속에서 3일 만에 살아나온 기적은 예수님께서 3일 만에 무덤에서 부활한 사건을 예표하고 있다. 그 기적을 다른 의미로 해석하거나 상징적으로 해석함을 불허한다. 그럼에도 불구하고 증거주의(Evidentialism)는 객관적인 역사성을 회피하고 있다. 더구나 증거주의에서는 공개적인 유신론 증명이라고 스스로를 평가하고 있다. 주관주의 경험을 배제하는 것처럼 들릴 수 있다. 그러나 그들이 주장하는 객관성은 참된 객관성을 지시해 주는 성경의 역사성을 떠나 주관적 인식에 기초를 둔 공통분포의 객관성을 주장하기 때문에 결국 주관주의로 회귀하고 만다. 이 말은 그 사건들이 인지되는 주관적 세계관의 맥락에 의지하여 그 맥락 속에서만 궁극적 객관성의 의미를 내포하고 있다는 뜻이다. 따라서 예수님의 부활과 같은 사건이 그들의 증거주의에 부응되게 하려면 앞뒤가 모순된다. 부활의 사건은 이미 하나님의 계획 속에 포함되어 있었고 부활 이전에 이미 예언으로 증거가 나타났다. 부활의 사건을 증거를 위해 일어난 관점으로만 보게 되면 계획에 의한 우주론적인 섭리적 사건과 무관하게 일어난 역사이다. 하나님께서 인간이 되신 사건은 이미 창조와 우주론적 종말과 관계를 가질 수밖에 없는 사건이며 예수님의 인격론과 연관된다. 그 인격은 창세의 역사와 종말의 역사를 지배하는 근원이다. 단순한 부활 사건 하나만을 가지고 유신론 증명을 강조한다면 이는 너무 부분적인 논증에 불과하다. 부활의 사건은 창세전 계획은 물론 과거의 역사와 미래에 도래할 하나님 나라와 관계하고 있기 때문이다(고전15:20-28, 44-58).

역사적 증거주의(Evidentialism)는 성경이 말씀하는 역사적 본래의 의미를 포함할 수가 없다. 그 증거주의는 역사의 근본원인을 밝혀내는 일을 무시한다. 아무리 작은 사건이라 할지라도 모든 역사는 우연을 배제할 수 없다. 그렇기 때문에 인간이 보기에 우연한 사건이라 할지라도 거기에는 전 우주와 관계를 가지고 있는 신적작정(Decree)이 작용하고 있다. 하나님의 뜻을 모르면 결국 역사의 해석을 바로 할 수 없게 된다는 말이다. 예수님의 동정녀 탄생과 부활 사건은 자연주의(Naturalism) 관점으로 볼 때 해석이 불가능하다. 분명히 역사적 사건인데 과학적으로 해석이 불가능하다. 그러나 하나님의 예정(Predestination)을 이해하면 나무나 쉽게 해석된다. 그 사건들은 오래전부터 구약에 예언되었기 때문이다. 그것도 역사적 사건을 통해 예언되었기 때문에 어떤 과학적 증거를 통해서도 반증을 댈 수가 없다. 따라서 증거주의 입장에서 성경에 기록된 모든 역사의 본질적인 의미를 해석하려고 시도하면 어려움을 겪을 수밖에 없다. 모든 역사적 사건은 하나님께서 미리 정하신 뜻에 따라 발생하기 때문이다. 그러므로 참된 역사의 의미는 사건 자체에서 찾기 보다는 하나님의 통치적 개념에서 찾아내야 한다. 사건에 대한 올바른 의미는 과학적 방법이나 원인과 결과론(Cause and Effect)을 통해 정확하게 밝혀낼 수 있는 것이 아니다. 이 세상에서 자주 볼 수 있는 불가사의(不可思議)한 사건도, 예상치 못한 역사적 변수도, 그리고 우리가 볼 때 비정상적으로 일어난 일들도 그 모든 사건들은 하나님의 계획안에 포함되었던 것들이 시공간의 역사 속에서 일어난 것들이다. 그렇기 때문에 역사해석은 하나님의 작정을 배제하고 현재의 사건에 기초하여 미래를 예측한다는 것은 매우 위험한 일이라 아니할 수가 없다.

증거주의(Evidentialism)에 속한 기독교 변증신학자들이 시공간 세계의 역사를 증거로 하여 유신론 증명에 심혈을 기울였으나 성경에 기록된 사건을 해석하는데 있어 적절한 방법을 찾아내는 데는 미흡할 수밖에 없다. 그 이유는 역사의 사건이 가지고 있는 성경적 의미와 역사를 해석하는 과학적 방법을 포함하여 세속 철학적 방법을 동원하여 역사의 의미를 해석하려는 두 영역 사이에는 전혀 접촉점을 찾을 수 없는 틈이 존재하고 있기 때문이다. 사건이 올바른 사건으로 해석되기 위해서는 사건 자체에 호소하는 방법론이 전혀 도움이 되지 못하는 경우가 허다하다. 그 사건 속에는 하나님의 숨은 뜻이 존재하고 있기 때문이다. 그러므로 하나님을 배재하고 사건 자체를 통해 과거를 해석하거나, 미래를 예측하거나, 그리고 유신론 증명을 시도하는 경우 해석 자체가 모순을 드러내고 있을 뿐이다.

또한 하나님을 증거 하기 위해 세속철학의 세계에서 자연 질서에 호소하는 경우를 종종 보게 된다. 자연 질서를 통해 역사를 관찰하면 신비적 요소를 발견하게 됨으로 하나님의 존재를 증명할 수 있다는 주장이다. 이신론(理神論, Deism)적 사상을 배경에 깔고 있는 페일리(Paley)나 버틀러(Butler)는 자연의 질서를 논리적으로 설명할 때 이러한 유추적 방법을 통해 유신론 증명을 밝혀낼 수 있다고 말한다. 그러나 이러한 시도는 사실상 악순환의 연속이다. 그 이유는 기독교 역사관이 논리적으로 유추적 증명에 합당하지 않은 경우가 허다하기 때문이다. 기독교 역사관과 자연 질서와 공동보조를 맞추기 위해서는 어느 한쪽이 무너져야 한다. 모세가 광야에서 뱀을 들어 올려 수많은 이스라엘 백성이 그 뱀을 처다 보고 생명을 건진 사건은 자연적 역사의 개념으로 볼 때 악순환의 연속이다. 요한복음 3장14절에 "모세가 광야에서 뱀을 든 것 같이 **인자도 들려야 하리니 이는 저를 믿는 자마다 영생을 얻게 하려 하심이라.**"라는 말씀은 광야에서 뱀을 든 사건이 그것으로 끝나지 않고 예수님께서 십자가 위에 들린 사건까지 연관되어 있는데 자연주의 입장에서 볼 때 악순환으로 나타난다. 그러나 성경은 하나님의 작정과 시공간의 사건이 악순환 되지 않고 하나님의 뜻에 의해 일어난 아주 일관된 역사를 나타내 보이고 있다. 그러나 자연의 질서에 기초를 둔 합리성을 주장하는 역사관을 통해 광야의 사건과 십자가의 사건을 볼 때는 악순환의 연속이다. 자연의 질서만을 놓고 볼 때 그것들의 신비함과 무한한 힘의 작용에 대하여 과학적으로 원인을 규명할 수가 없다. 오직 과학적 방법으로 자연의 현상을 증명할 수는 있으나 그 원인을 규명한다는 것은 불가능하다. 거기서 단순하게 유신론 증명을 말할 수는 있으나 기독교 역사관을 대입하여 추론하면 악순환의 연속이 나타난다. 즉 자연의 신비와 무한한 힘의 작용을 대입하여 광야에서 구리 뱀의 사건과 십자가에서 달려 돌아가신 후 3일 만에 부활하신 예수님의 사건을 설명할 길이 없다. 더욱더 깊이 생각할 것은 범신론(汎神論, Pantheism)이나 만유내재신론(萬有內在神論, Panentheism)의 개념은 자연의 질서를 설명할 수 없는 신비적 유신론주의이다. 역사의 계획, 자연의 질서, 그리고 종말에 있어 예수님의 도래는 오직 성경 안에서만 찾아 볼 수 있는 확실한 역사관이다. 하나님의 신적적정(Decree)은 만물을 창조하실 것을 창세 전에 계획하시고 창조하신 후 그 계획대로 만물을 주관하신 후 계획에 따라 종말이 임할 설계도이다. 그 가운데 예수 그리스도와,

천사와, 그리고 인간의 구원에 있어 믿을 자와 믿지 아니할 자를 쌍방으로 예정하시고 종말에 이르러 심판하실 설계도가 예정론(Predestination)이다. 모든 만물과 우주의 역사는 이 설계도에 따라 운영되며 이 설계도에 따라 종말이 올 것이다. 이것이 개혁파 신학이 주장해온 하나님의 주권사상이다.

증거지상주의는 진리가 객관적이고 공적이어야 한다고 주장한다. 그런데 그 주장은 객관적 사건을 통해서만 진리검증을 해야 한다고 말한다. 즉 해석의 역사관을 사건 자체에서만 찾아내야 한다고 말한다. 듣기에는 맞는 말로 여겨진다. 그러나 역사는 어떤 사건에 관한 시공간의 입증을 통해서만 참된 역사를 규명할 수가 없다. 역사는 일어나게 된 원인과 그 원인에 의해 일어난 사건과 그 사건을 통해 객관적이며 주관적 해석이 요구되기 때문이다. 아무리 증거주의를 통해 올바른 역사관을 논증한다고 해도 성경이 말씀하고 있는 절대성에 의거한 객관적인 역사관과 일치할 수가 없다. 성경은 창세전의 계획과, 그 계획에 의한 시공간의 사건과, 그리고 그 시공간의 사건에 의한 미래의 하나님 나라에 관한 예언을 통해 일어날 일치된 역사를 말씀하고 있기 때문이다.

VI. 실용주의(Pragmatism)

20세기에 들어와 실용주의(實用主義, Pragmatism)가 기승을 부리게 된 배경에는 20세기 초엽까지의 유신론 증명에 있어 수많은 검증의 실패를 거듭한 결과가 그 원인이었다. 합리주의적(Rational) 유신론 증명이나 경험론적(Experiential) 유신론 증명은 공상 세계에서 떠도는 인식론(Epistemology)으로 치부되어 버렸다. 그 인식론(Epistemology)은 하나님 중심사상을 피폐시켜 버렸다. 제1차 세계대전, 사상의 갈등, 그리고 국가 간의 극한 대립은 인격적인 하나님에 대해 생각할 수 있는 여유를 지워버렸다. 여기에서 인간의 삶이 무엇인가? 라는 질문이 대두되었다. 진리는 논리적 모순이 없어야 된다거나 경험적으로 합당한 실체가 도출되어야 한다는 생각을 지워 버리게 만들었다. 이러한 생각이 실용주의를 양산해 내게 되었는데 그 이념은 신실한 생활을 통해 진리를 발견할 수 있다는 주장이다.

실용주의(Pragmatism)는 미국에서 생겨나 20세기 중반 철학세계는 물론 신학계와 교육계에 이르기까지 막대한 영향을 끼쳤다. 그 영향력은 후에 미국의 사회와 교육계의 타락을 불러오는 원초가 되었다. 칸트(Kant)는 그의 순수이성 비판(Critique of Pure Reason)을 통해 어떤 행위의 부수적인 신념을 말할 때 실용적이라는 말을 사용했다. 그러나 신학계에서의 실용적이라는 의미는 세속철학이나 교육계에서 말하는 것과 상당한 차이를 나타내 보이고 있다. 현대신학(Contemporary Theology)에 들어와 실용주의(Pragmatism)라는 의미는 예수님을 영적 메시아의 위치로부터 도덕적 모범을 수행하는 자로 변질시켜 기독교를 도덕종교로 격하시켜 버렸다. 예수님을 도덕적 모범의 실천주의자에 초점을 맞추어 기독교를 실용주의(Pragmatism) 종교로 지칭하고 있다.

1. 퍼스(Charles S. Peirce, 1839-1914)의 실용적 의미

퍼스(Peirce)는 예수님의 도덕적인 실천적 모범에 중점을 둔 실용주의(Pragmatism) 보다는 신 인식에 있어 실용주의적 의미에 중점을 두었다. 그는 실용적 의미를 진리의 검증으로 말하는 관점에는 크게 관심을 두지 아니했다. 즉 실용적이라는 철학적 의미를 더 중요하게 생각했다. 예수님을 도덕적 실천주의자에 초점을 맞추는 것과는 차이점을 나타내 보이고 있는데 다음과 같이 실용적 의미의 4가지 방법론을 통하여 그 의미를 설명하고 있다.

1) 신념에 대한 4가지 방법

(1) 자신의 관점과 사회적 압박: 사람이 삶을 영위해 나가는데 있어 자신의 관점에 대한 변화를 일으킬 수 있는 모든 견해로부터 자신의 생각을 조직적으로 간직하고 있을 때 지속성을 유지하는 방법은 명백하다. 자신의 견해를 조직적으로 간직함으로 그 사람이 마음의 만족과 안정을 가지고 있음에도 불구하고 실천에 들어가 실행에 옮겨지는 기반을 형성하는 데는 불가능한 경우가 허다하다. 사회적인 압박이 그것을 반대하기 때문이다. 그 이유는 타인들의 생각이 그가 제시한 관점과 다른 견해를 가지고 있기 때문이다. 혼자서 생각할 때는 자신의 생각이 합당하게 여겨지지만 공동체에는 부적절한 경우가 허다하다[566] 고 퍼스(Peirce)는 주장했다.

(2) 중세 귀족정치의 우월성과 문제점: 중세 사회는 교황제도의 귀족정치 때문에 개인의 신념을 무시하는 권위주의 제도가 실행되었다. 비록 퍼스(Peirce)는 지속성을 유지하는 방법에 대해 각자의 생각이 정신적으로나 도덕적으로 아주 탁월한 방법이라고 스스로 인정하고 있을지라도 그는 그것을 실행하는데 한계를 가지고 있는 것으로 간주했다. 그 이유는 그러한 제도는 모든 각자의 주제가 주어질 때 의견조절이 불가능하기 때문이라는 것이다. 중세의 귀족정치 제도는 소수에게만 의견을 개진할 수 있는 자유가 허용되고 대다수 사람들에게는 의견의 불일치를 야기 시키게 되었다.[567] 는 주장이다.

---

566) Norman Geisler, Christian Apologetics, (Baker Book House, Grand Rapids, 1976), p.102.

567) Ibid, p.102.

(3) 이성주의의 우월성과 문제점: 신념을 확정하는 선험적(Priori) 방법은 이성의 일치를 어떻게 보느냐에 있다. 이 방법은 우리가 주시하였던 어떤 다른 방법보다 이성의 관점으로부터 보다 더 지적이므로 관심을 기울일 만하다고 퍼스(Peirce)는 주장하였다. 그러나 그것이 실패한 이유는 너무나 명백하다. 그것은 어떤 것을 탐구함에 있어 흥미의 발달과 함께 만들어졌기 때문이다. 그래서 오늘날은 흔들릴 수 없는 관점이 내일은 시대에 뒤 떨어진 것이 되어 버리고 만다.[568] 는 주장이다.

(4) 진리에 대한 검증으로서 과학적 방법과 경험의 비교: 단지 과학적 방법은 신념을 확증하기 위해 충분하다. 과학적 방법의 근본적인 논지들은 정해진 법칙에 따라 우리의 감각에 영향을 끼치는 "실재들(Realities)의 실체(Real Thing)가" 있다는 것을 증명해준다. 그러나 우리는 감각에 대한 법칙의 이점을 취함으로 실체들(Real Things)이 어떻게 존재하는가를 확인할 수 있다. 더욱이 만약 어떤 사람이 충분한 이성과 경험을 풍부하게 소유하고 있다고 하면 하나의 진리를 소유하고 있다는 결론으로 인도될 것이다.[569] 라고 주장했다.

이에 대하여 퍼스(Peirce)가 제공한 증거는 네 가지가 있다.
첫째, 조사의 탐구가 이론적 주장을 증명할 수 없다고 할지라도 다른 모든 경우와 마찬가지로 필연적으로 일어나는 실질적 사건에 관하여는 의심의 여지가 없다.
둘째, 어느 누구도 실재들(Realities)이 존재한다는 것은 의심할 여지가 없다. 왜냐하면 만약 그가 실재(Reality)를 의심 했다면 그 의심은 만족의 자료가 되지

---

568) Ibid, p.102.

569) Ibid, p.102. 에 기록된 실재들(Realities)과 실체(Real Thing)의 차이를 철학적 의미에서 올바로 이해하지 못하면 혼돈을 가져올 수 있다. 이 문제에 대해 철학사전의 내용들을 요약 정리해 보면, 실재(Reality)의 개념은 철학적 의미에서 존재의 개념을 보다 더 높은 차원에서 의미와 가치를 부여하는 의미이다. 실재(Reality)는 대상으로 주어지는 것이 아니라 역사적 이며 주체적 인간의 독자적인 생존의 사실이며 대상인식의 전제가 있기 전의 가장 근원적인 존재 사실을 말한다. 그러나 실체(Real Thing 또는 Substance)는 과학적 개념으로 생성하고 멸하는 변화의 현상에 대하여 상주적(常住的), 불변적(不變的), 자기동일적(自己同一的), 그리고 실질적(實質的) 본체(本體)를 가리키는 말이다.

못하기 때문이다. 또한 의심은 항상 하나의 제안이 정해지기 위해서는 어떤 하나의 실재(Reality)를 전제(Presuppose)하는 두 제안 사이의 대립을 양산해 내기 때문이다.

셋째, 사람들은 수많은 것들에 관한 과학적 방법을 사용하는데 있어 어떻게 적용하는가의 방법을 모를 때는 그 사용하는 일을 멈추게 된다.

넷째, 방법론의 경험은 의심으로 이끌고 가지는 않는다. 그러나 반대로 과학적 탐구는 견해를 정착 시키는 방법에 있어서는 가장 경이적인 승리를 소유하고 있다. 그런데 옳고 그른 것을 제시하는 방법은 위의 4가지 방법 가운데 하나뿐이다. 만약 내가 지속성 있는 방법론을 채용한다고 할 때, 내가 이것을 해야 할 필요성이 있다고 생각하는 것은 무엇이든지, 다른 모든 영향력이 있는 것으로부터 내 자신의 견해를 접어야 한다. 즉 위의 방법론 가운데 하나를 택하여 해답을 얻고자 하면 다른 것들은 배제해야 한다는 말이다.[570] 그러면 우리가 실용주의(Pragmatism)를 통해 어떻게 신의 개념을 명료화시킬 것인가? 다음의 단원에서 그 논증을 살펴보자.

2) 신(神) 개념의 명료성

퍼스(Peirce)는 어떤 일반적인 사람들은 마치 하나님이 존재하는 것처럼 행동하는 것이 자연적으로 일어나는 현상이라고 주장한다. 이러한 현상은 단순히 그가 가지고 있었던 맹목적인 신념에 대한 실용적인 명료성을 나타내는 것이라는 주장이다. 즉 어떤 사람들에게 "신의 실재(Reality)를 믿느냐?" 라는 질문을 하면 "그렇다." 라고 대답한다. 그리고 신의 실재(Reality)에 관한 신념은 완전히 발견할 수 없는 것으로 생각하는 우리세대에 살고 있는 대부분의 과학자들을 포함해서 거의 모든 사람들은 사실상 실용적 관점에서는 신의 실재(Reality)를 믿고 있다. 실용주의(Pragmatism)를 말하는 자에게 신이란 말의 의미가 무엇이냐고 질문하면 문자적으로 설명하기가 불가능하기 때문에 정신적으로 유사한 것들을 비교하여 신을 의미한다고 말할 뿐이다. 그러나 하나님에 관한 인간의 지식은, 솔

---

570) Norman Geisler, Christian Apologetics (Baker Book House, Grand Rapids, 1976) pp.102-103.

직히 말하면, 보다 더 부정적이다. 그 이유는 과학의 발전이, 자연의 과정이 무엇인지를 우리에게 예언하도록 하는 것은, 우리가 하나님의 사상에 관하여 어떤 생각도 할 수 없음에도 불구하고, 자연 속에 있었던 신에 관한 사상의 한 가지 파편을 잡을 수 있는 것이다.[571] 라고 퍼스(Peirce)는 말했다.

연이어 퍼스(Peirce)는 주장하기를 "신과 같은 존재가 정말로 실재하는가? 그렇지 않은가? 하는 문제에 있어 유일한 해답으로 인도하는 안내는 모든 불가지론(Agnosticism)적 과학자들과 우주를 깊이 있고 심각하게 생각하는 모든 사람들을 다소 압도하는 열정적인 사랑의 능력에 놓여 있다. 그러나 이 모든 것에 있어 과학적이든지 실존적이든지 논증이 될 수 있는 것은 별것이 아닌데, 그 사람 자신의 본능에 호소하는 그 힘과 비교해 볼 때 그 논증의 힘은 아주 미미한 것도 되지 못하고, 그것은 실체를 그림자와 비교 대조하여 논증하는 것에 불과하다. 그러므로 하나님의 개념은 직접적인 경험으로부터 오는 것이다. 하나님에 관하여 당신의 눈을 열고 인식기관인 당신의 심장을 열면 하나님을 볼 것이다."[572] 라고 말했다. 이러한 퍼스(Peirce)의 주장은 아무 근거도 없이 홀로 하나님에 대한 심리적 독백(Monologue)에 취한 나머지 나타난 자기충족적인 현상에 불과하다.

3) 퍼스(Peirce)의 실용적 신(神) 인식의 문제점

이제 우리가 퍼스(Peirce)의 실용적인 신 인식에 관한 문제점을 분석해야 할 시점에 이르렀다. 퍼스(Peirce)가 신 인식의 명료성을 강조하지만 사실상 신의 애매한 주관주의만을 강조하고 있다. 그가 주장하는 신 인식의 개념은 과학적 논증과 실존적 논증이 아닌 신을 향한 인간의 내적 사랑의 열정에 기초하고 있다. 또한 그 사랑의 열정은 과학적 논증과 실존적 논증을 압도하는 능력으로 나타날 때의 경험에 의한 신의 인식이다. 이러한 인식론은 실존적으로 나타나는 인식론뿐 아니라 그 외의 존재론적 인식론은 물론 도덕론적 인식론까지 포함하고 있다.

---

571) "Concept of God" in Philosophical Writings of Peirce, Ch 28, ed. (Justus Buchler, New York, Dover Publications Inc, 1955), p.104.

572) Ibid, p.104.

그 인식론은 주관적 경험에 의한 것이기 때문에 인간이 본질적으로 가지고 있는 주체적 관념에 의한 하나님의 인식이므로 경험상 나타나는 실용성을 의미하고 있다. 객관적 인격에 의존한 하나님의 인식론 하고는 거리가 먼 인식론이다. 퍼스(Peirce)가 말하는 실용적인 신 인식의 내용은 인간의 본능(Instinct)에 호소함으로 범신론이(Pantheism)나 만유내재신론(Panentheism)까지도 포함 하고 있다. 한편 그는 예수님을 도덕적 모범을 행하신 종교가로 받아들이고 있다. 이러한 경우 신인양성(神人兩性)을 가진 하나님의 아들로서 구세주 되시는 예수 그리스도를 믿는 기독교를 격하시켜 도덕종교의 한 범주 속에 포함시키고 있다.

우리가 하나님을 인식하는 문제를, 누차 강조하지만, 성경이 말씀하는 객관성에 기초하여야 한다는 간단한 진리를 너무나 쉽게 생각하는 경우가 있다. 성경 말씀은 잣대와 같은 객관성을 보여주고 있다. 한편으로 성령님은 각 개인의 인격에 따라 인격적 적용을 통하여 삼위일체 하나님을 인식하게 하신다. 그러나 성경에서 말씀하는 하나님의 인식은 깊고 다양한 내용을 포함하고 있다. 그 인식은 하나님께서 존재하신다는 단순한 개념을 넘어 구원의 절대성, 3위의 하나님을 인식하는 문제, 하나님 아버지의 섭리, 그리고 주세주로서의 그리스도를 인식하는 문제 등등의 수많은 교리를 포함할 뿐 아니라 그 교리적 내용이 포함하고 있는 의미 역시 매우 깊고 넓다. 그리고 하나님 아버지를 인식하는 과정은 창세전에 하나님께서 그의 백성을 선택하시고 성령님께서 구속을 적용하시는 절차 속에서 이루어진다. 우리가 이 문제를 주관적으로 생각할 때는 각자 스스로 하나님을 인식하는 것처럼 느끼게 된다. 그러나 그 인식이 인간 편에서 주관적으로 느껴지는 이유는 객관적인 하나님의 계획이 정해져 있을지라도 성령님께서 구속을 주관적으로 적용하는 사역이기 때문이다. 깊고도 넓은 하나님의 오묘한 섭리는 "우리가 선물로 받은 영생"이라는 배경에 무수한 하나님의 계획과, 사건들과, 주위의 배경들이 잠재되어 있다. 하나님께서는 한 사람의 성도를 구원하기 위해 시공간의 사건들, 주위의 환경, 그리고 인물까지 동원하고 계신다. 인격적 구원의 하나님을 인식하는 배경에는 하나님의 주권에 의한 통치와 섭리를 포함하고 있다. 그 섭리와 통치는 하나님의 원격 원인(Remote Cause)의 작용을 배경으로 하고 있기 때문에 인간은 사건을 경험한 후에 하나님께서 간섭하신 내용을 인식하게 된다. 예수님의 사역은 예수님 스스로 자의적 의지에 의하여 이루어진 것이 아니고 하나님의 계획에 의해 이루어진 것을 성경 말씀이 증명하고 있다(요5:19, 마26:47-56). 인간은 사악하고 단편적인 면만을 고집하는 편협주의에 사로 잡혀 있기 때문에 현실 세계에서 자신에게 닥치는 불리한 면을 결국에 가서는 하나님을 비방하는데 사용하고 있다. 사악한 인간은 하나님의 깊고 오묘한 뜻을 어떻게 알리요! 수없는 고난과 한없는 눈물이 그대를 덮은 후에 그 뜻을 알 수 있단 말인가?

2. 제임스(William James, 1842-1910)의 실용적 진리검증

미국태생인 제임스(James)는 다방면에서 천재적인 소질을 가지고 그의 학문을 펼치었다. 하버드(Harvard) 대학에서 화학, 해부학, 그리고 인간 생리학을 공부하고 또 의학을 공부하였다. 동 대학 교수로 재직하면서 심리학을 연구하였으며 더불어 철학과 종교윤리학을 연구 하였고 미국 심리 실험실 창설자로 알려지기도 했다. 그는 인간성에 관한 연구를 종교와 연관지었다. 그 결과 인간의 경험주의적 태도로부터 종교적 체험을 분석하는 종교심리학 연구가가 되었다. 나아가 종교 체험을 초월하는 신앙의 의지에 의해 종교를 설명할 수 있다고 말하면서 믿으려는 의지의 열정이 진리를 창조 한다고 주장했다. 이러한 그가 주장하는 의지론은 상대주의, 다원주의(多元主義, Pluralism), 그리고 반주지주의(主知主義)의 입장을 취했는데 그것이 바로 실용주의적 방법론이다. 제임스(James)는 우리가 이해할 수 없는 갖가지 이상한 논리를 심리학적으로 설파하고 있다. 그의 방법론을 소개하면 다음과 같다.

1) 종교 경험의 해설

제임스(James)는 종교적 경험을 두 가지 유형으로 설명하고 있다. "한 번 태어난 것"과 "두 번 태어난 것"으로 설명하고 있다. 한 번 태어난 것은 낙관적인(Optimistic) 관점이고 두 번 태어난 것은 염세주의적인(Pessimistic) 관점이다. 첫 번째 것은 건강한 정신이고 두 번째 것은 병든 영혼이다. 첫 번째 것은 조화의 감각과 함께 태어난 것이고 두 번째 것은 내적 불협화음을 가지고 태어난 것이다. 전자의 것은 행복인데 그것은 신의 증거이고 후자의 것은 불행인데 그것은 인간이 신을 필요로 함을 명백하게 드러내는 것이다. 이는 행복이든 불행이든 어느 곳에 처하든지 한번 태어난 인간은 신과의 연속성을 가지고 있다. 아무리 나쁜 환경에 처할지라도 인간은 환경에 적응이 잘 안 되는 것뿐이고 병든 영혼은 자연적으로 치유될 수 있다. 그러나 두 번째 태어난 인간은 자신만을 위한 초자연적 도움을 요구하고 있는 사악성에 기초하고 있다. 그 사악성은 인간의 필수적인 감각인데 이는 하나님과의 불연속성이다.[573] 라고 주장했다.

나아가 제임스(James)는 회심의 두 가지 특성을 말하고 있는데 하나는 점진적인 것과 하나는 급격한(Sudden) 것으로 묘사하고 있다. 이 두 가지 특성들은 첫째, 개인의 인격에 미치는 세력에 관한 습관적 중심을 변화시키는 것이고 둘째, 한사람의 생활 구성이 다른 체계에 의해 손상되어지거나 대체되어지는 것이다. 이러한 회심의 변화는 주로 청소년기에 일어나게 되는데 그 시간은 일생에 걸쳐 약 1/5에 해당된다. 이러한 경험의 증상들은 후에 회심에 대해 행복하고 평안한 감각으로 정말 인도될 수 있는가? 라는 걱정 때문에 일어나는 불안전성의 감각이다. 급격한 회심의 특성들은 다음과 같이 나타나는데; 첫째, 승화(昇華)로부터 잠재의식의 잠복기를 거쳐 둘째, 자동이라고 부를 수 있는 잠재의식으로부터 사고의 분출이 따라오게 되고 셋째, 승화(昇華)에 관한 잠재의식의 저장고가 크면 클수록, 점진적인 것에 대해 급진적인 회심이 더욱 급하게 일어나게 된다. 그러나 넷째로, **자연적인 회심과**, 요나단 에드워드(Jonathan Edwards)가 그의 유명한 종교적 감동(Religious Affection)이란 책에서 묘사한대로, **초자연적인 회심을** 주장하였는데, 이 둘의 심리학적 분별의 차이점은 없다. 제임스(James) 역시 회심에 있어 하나님의 사역을 부정하지는 않았지만 신적 활동의 길로서 잠재의식으로 통하는 길을 여는 문을 닫아버리고 말았다.[574] 라고 주장했다.

제임스(James)는 종교 경험에 있어 주관적이며 객관적인 요소를 모두 인정하

---

573) Norman Geisler, Christian Apologetics, (Baker Book House, Grand Rapids, Michigan1976), p.105.

574) William James, Varieties of Religious Experience, Lectures 9-10.

고 있다. 즉 "주관적인 요소는 감정적인 면을 말하는데; 첫째, 가시적으로 볼 수 있는 세계는 더 넓은 영적 세계로부터 주체가 되는 관점을 이끌어 내고 있다. 둘째, 더 높은 세계와 연합되고 조화의 관계를 형성하고 있는 감각은 우리의 진리이다. 셋째, 이러한 더 높은 세계의 정신을 동반하는 기도나 내적 교통을 양산하는 감각은 현상세계 안에 영향을 끼친다. 위의 세 가지 신념에 관한 영향력은 다음과 같은 두 가지 요소를 제공하는데 그것은 서정적 황홀감이나 어떤 진실함과 영웅에 대한 갈망을 명백하게 드러내는 생에 대한 새로운 열정과 또한 타인을 향한 사랑과 자신의 심령 속에 평화를 갈망하는 열정과 안정의 보장을 제공한다. 반면에 종교경험의 객관적인 면 즉 지적인 면에 있어서는 두 가지 요소를 필요로 한다. 첫째; 일반적으로 가는 길이 우리에게는 무엇인가 잘못 가고 있다는 감각이 있으며 둘째; 더 높은 능력과 합당한 연결을 조성함으로 이러한 잘못 가고 있는 곳으로부터 구원을 받을 수 있다는 신념이다. 이것은 모든 종교경험에 있어 최소한의 인식내용이다."[575] 라고 말했다.

제임스(James)는 종교경험의 두 가지 측면을 재론하여 설명하고 있다. 즉 "이쪽 편(Hither Side)과 저쪽 편(Thither Side)이 있다고 말했다. 이쪽 편(Hither Side)은 우리 자신의 의식 자체에 대한 잠재의식의 연속성과 일치된다. 그것은 **신에 의하여** 라는 수단으로 심리학적 진술의 편(Side)을 말하는데 사람의 인격적 잠재의식의 영역에서 발견되어진다. 그러나 저쪽 편(Thither Side) 또는 위의 편(Higher Side)은 직접적인 과학적 탐구에 의해 주관화 될 수 없다는 것을 가정하고 있다. 그 주관성은 하나의 과신(過信, Over-Belief)이 될 것이라고 추측하고 있다. 그러나 제임스(James)는 사람이 실제적으로 검증을 받을 수 있는 신 즉 **이 세상의 것 이상(this more)**에 대하여 가정설(假定說, Hypothesis)을 제정할 수 있다."[576] 라고 주장했다.

제임스(James)의 가정설(Hypothesis)에 의한 종교경험론은 합리주의적 규범(Norm)이나 사실적 실체의 근원이 없는 제멋대로의 개인적 표출에 불과한 논

---

575) Ibid. Lectures 20.

576) Ibid, Lectures 20,

증이다. 신에 대한 경험론도 세속철학의 개념이나 타종교의 개념과 상관없이 자신의 의견을 개진하고 있는 정도에 끝나고 있다. 문제는 혼자만의 이론을 너무나 두서없이 설파하고 있어서 그가 말하고자 하는 진의를 파악조차 할 수 없다는데 있다. 결국 의미 없는 말장난에 끝나는 논증에 불과하다. 성경은 원인, 과정, 그리고 결과에 대해 정확한 근거를 말씀하고 있다. 창세기부터 요한 계시록까지 질서 있고 일치된 사건과 교리를 말씀하고 있다.

2) 믿으려는 의지

제임스(James)는 종교경험을 말할 때 **믿으려는 의지에** 관한 것은 개인적이고 실천적인 기초위에 있다고 주장했다. 제임스(James)가 주장하는 가정설(Hypothesis)은 말 그대로 가정설(Hypothesis)인데 살아 있는 것도 죽어 있는 것도 존재한다는 의미이다. "살아 있는 가정설(Hypothesis)이란 실질적인 가능성이며 하나의 설(說, Theory)이 제시된 사람에게는 실제적 가능성으로서 호소력을 지니고 있다는 주장이다. 그리고 그 가정설(Hypothesis)로부터 감당할 수 없을 정도로 행동하려는 의욕이 생성 될 때는 생명력의 최대치를 형성하게 되는 믿음이 나오게 된다. 이미 앞에서 언급한 두 가지 가정설(Hypothesis)을 판단할 때 그 판단은 하나의 취사선택이라고 말할 수 있다. 그 선택은 살아있는 것이나 죽어 있는 것이나, 강제적이거나 무시할 수 있는 것이나, 그리고 중요한 것이거나 하찮은 것이 될 것이다. 그리고 진정한 선택은 우리의 목적을 위해 강요되고 중요한 것이 될 때에 형성된다. 강요된 선택이란 선택할 수밖에 없는 완전한 선언에 기초하고 있는 것을 말한다. 마지막 생각할 것은 중요한 선택을 할 경우 이해관계를 중요하게 생각하지 않고 사소한 일에 결정이 바뀔 수 있는 특별한 기회에 의존하지 않는 선택을 하는 것을 말한다. 과학은 사소한 일에 있어 선택을 하도록 강요되고 있다. 그러나 종교는 강요되고(Forced), 살아있고(Living), 비상한(Momentous) 선택이어야 한다."[577]고 주장했다.

---

577) William James, "The will to believe" in Essays in Pragmatism, ed. (Alburey Castell, New york, Hafner Publishing Co. 1968), pp.88-89.

제임스(James)는 강조하기를 "우리의 열심 있는 의지적인 본질은 우리가 가지고 있는 모든 확신의 뿌리에 놓여 있다."고 했다. 과학자들도 "우리는 진리를 소유하기를 원한다. 우리가 행하는 실험, 연구, 그리고 토론이 계속적으로 진리를 향하여 보다 더 확고부동한 위치에 놓이게 할 수 있다는 것을 믿고 싶어 한다. 그리고 대체적으로 우리는 우리가 사용하는 방법 이외의 사실과 이론을 불신한다."라고 말했다. 제임스(James)는 계속 강조하여 말하기를 "우리가 지적인 바탕 위에서 결정할 수 없는 것을 진정으로 선택해야 할 때는 우리의 열정적인 본질에 의해 언제나 합법적으로 뿐만 아니라 제안된 것들 사이의 선택을 결정해야만 한다."라고 결론지었다. 왜냐하면 그러한 상황 아래서 무엇인가 결정하지 말고 질문을 열어 놓으라고 말하는 것 자체가 "예" 또는 "아니요"를 결정하는 것과 같이 열정에 의한 결정을 내려야 하기 때문이다. 나아가 제임스(James)는 순수하게 지적인 기반 위에 종교적인 질문을 자리 잡도록 하는 방법은 없다고 말했다. "객관적인 증거나 확실성은 함께 가기에는 의심할 수 없는 너무 좋은 신념이다. 그러나 달빛 어린 곳에서 그리고 꿈이 도달한 행성 위에서 발견한 것은 어디로 가버렸는가? 참으로 진정으로 진리가 되는 구체적인 검증은 일치점이 없다. 여러 견해들의 모순된 정리는 객관적인 증거와 절대적인 확실성을 요구하고 있기 때문이다." [578] 라고 주장했다.

제임스(James)는 계속하여 주장하기를 "물론 우리는 진리를 얻게 될 때나 잃게 될 때나 둘 사이의 선택이 중요하지 않을 때는 진리를 얻을 수 있는 기회를 놓칠 수도 있지만 때로는 우리 자신을 잘 못 믿고 있는 것을 옹호하기도 한다. 객관적인 증거가 나타날 때까지 우리의 마음을 결정하지 못함으로 과학적인 증거에 대한 회의론에 빠지는 것이 대부분이다. 그러나 종교적이고 도덕적인 질문이 피부로 느낄 수 있는 해결점이 없다는 관점에다 그들 자신들을 드러내기도 한다. 물론 도덕적인 신념을 소유하고 있느냐? 아니면 소유하고 있지 않느냐? 하는 문제는 전적으로 우리의 의지에 달려 있다. 왜냐하면 자신의 심장이 도덕적인 진리의 세계를 원하지 않는다면 자신의 머리는 확실히 그것을 믿지 못하게 될 것이기 때문이다. 도덕적인 회의주의는 지적인 회의주의처럼 합리적 논리에 따라 반박

---

578) Ibid, pp.90-98.

될 수도 증명될 수도 없기 때문이다. 그리고 종교적인 회의주의자는 우연하게 생기는 과오보다 진리에 대한 모험을 시행하는 손실이 더 좋다고 생각한다."[579] 라는 혼란스러운 주장을 했다.

종교적 회의주의자들을 향해 제임스(James)는 "내가 가지고 있는 본성에 당신의 소화기(消火器)를 놓아둠으로 인하여 내가 승리의 편에서 삶을 살아감으로 내가 나의 유일한 기회를 상실하는 것을 원치 않는다."라는 괴상한 말을 했다. 그는 계속하여 종교에 대하여 "최선의 것은 보다 더 영원한 것이다. 만약 우리가 그 종교를 진리라고 최초로 확증한 것 보다는 지금이 더 낮은 것이어야 한다."라는 이해할 수 없는 말을 했다. 이러한 주장에 대하여 그는 "종교가 제안한 것을 나 혼자 선택해야 할 독특한 기회가 제공 된다는 관점에서 볼 때 그 선택은 중요한 의미를 가지고 있다. 그리고 종교라는 것은 종교를 믿으려는 모든 사람들에게 살아 있는 선택이란 뜻이다. 또한 종교가 거짓이라면 종교를 선택할 때 실수를 피할 수 있음에도 불구하고 객관적으로 불신을 선택하는 것과 같이, 만약 그 종교가 진실함에도 불구하고 잘못된 선택이 주어질 때는 선을 잃어버리기 때문에 회의주의로 빠져들어 종교적 다툼의 길을 벗어날 수 없음으로, 사실상 종교는 강요된 선택이다. 우리의 의지를 유혹하기에 넘치도록 생기 있는 어떤 가정설(Hypothesis)이 있을 지라도 인간은 위험을 무릅쓰고 믿을 권리가 있다. 그리고 어떤 진실이 실제로 존재하는 경우 우리의 인식을 절대적으로 방해하는 어떤 규칙은 비합리적인 규칙이다. 왜냐하면 예비적인 신앙이 실제 사실로 존재하지 않은 경우 그 사실은 결코 나타날 수 없기 때문이다. 그러나 신념은 행동에 의해 측정되기 때문에, 우리가 진리라고 믿는 종교를 금지시키는 사람들은, 우리가 그 믿음에 따라 취할 행동을 필연적으로 금지시키게 된다. 종교를 신앙하는 대부분의 방어는 그 종교에 의한 행동에 달려있다."[580] 라고 횡설수설하는 말들을 늘어놓았다.

제임스(James)의 주장을 평가하고 비평하면 그의 실용주의(Pragmatism) 종교관은 오로지 자연주의적 가정설(Hypothesis)을 실용주의(Pragmatism)와 분

---

579) Ibid, pp.101-106.
580) Ibid, pp.105-108.

리하여 그의 심리적 독백을 토로하고 있다. 그가 주장하는 실용주의(Pragma-
tism) 종교관은 믿음을 가진 자들의 신앙과 차이점이 없다는 것을 강조하고 나섰
다. 그리고 수년 후에 저술한 종교 경험에 관한 그의 저서에서 종교는 차이를 만
들지 않는다는 논증을 제공하고 있다.

3) 인간생활에서 종교의 가치와 열매

제임스(James)는 종교의 가치를 결정하는데 있어 다음과 같은 주장을 내세운
다. 종교의 가치판단은 그 종교의 근원이나 뿌리로부터 결정되는 것이 아니고 그
종교의 결과나 열매로부터 결정되어져야 할 것을 주문하고 있다. 성도다운 거룩
함의 특성은 내적이든지 외적이든지 양자 모두 뛰어난 요소를 가지고 있다. 종교
인은 마음속으로 다음과 같은 현상을 간직하게 된다.

(1) 이 세상의 이기적 관심보다 보다 더 넓은 이상적인 생활 가운데 존재하
고 있다는 만족스런 감정,
(2) 이 세상의 이상적인 능력과 자신과의 사이에서 지속적인 친숙함을 가
지는 감각,
(3) 우리 자신을 한정하는 곳으로 빠져드는 것과 마찬가지로 자유와 의기
양양함에 대한 광폭적인 감각,
(4) 그리고 우리들 감정의 중심에 대한 변화가 다른 것들과 더불어 사랑과
화합을 일으키는 것들이다.

다음으로 종교인은 외적으로 다음과 같은 현상을 나타낸다고 주장했다.
(1) 자신의 굴복이 자신의 만족으로 되어가는 금욕주의,
(2) 인내와 강직함으로 인하여 새로운 달성에 대한 확대로 말미암은 강한
영혼의 확립,
(3) 우리들 감정 중심의 변화로부터 야기된 순수성이나 정신적인 민감성,
(4) 같은 변화가 인간들은 물론 모든 피조물에 대하여 유연성을 점증하게

하는 자비 등이다.[581]

제임스(James)가 주장한 하등의 가치가 없는 위의 내용들을 분석해 보면 내적이며 외적인 여러 가지 그의 주장들은 심리적으로 실천적인 상식과 경험적인 방법에 의하여 그의 마음대로 기준도 없이 종교를 검증한 것인데 그가 주장한 검증의 결론은 역사 선상에서 종교가 어떤 탁월한 장소에 간직되어 있다는 주장이다. "조화적 개념으로 볼 때 거룩한 그룹은 질적으로 세상의 행복지수에 대하여 절대 필수적인 존재라는 것이다. 위대한 성자들은 당대의 당면한 문제에 대하여 성공한 자들이다. 그보다 못한 성자들은 적어도 진리에 대한 전달자이며, 선구자들이며, 그리고 보다 더 세속적인 질서에 대하여 선한 누룩이다. 우리가 할 수만 있다면 성자가 되도록 노력해야 할 것이다."[582] 라고 말했다. 지금까지 제임스(James)가 논증한 **실용주의적 종교경험론을** 분석해 보면 기독교를 신봉하는 신앙인으로서는 하등의 의미가 없는 무가치한 말들을 복잡하게 늘어놓은 정도에서 끝나고 있다.

4) 진리에 대한 실용적인 검증

제임스(James)는 실용주의를 강조하는 데 있어 그의 저서 종교경험의 다양성(Varieties of Religion Experience, 1902)이라는 저술을 통해 "넘치는 신념은 과학적으로 증명될 수 없으나 종교적 신앙에 있어 실용적이고 경험적인 기초는 아주 설득력이 있어, 과학적인 논리가 진리로 영입되는데 대하여 거부권을 행사하려는 인간의 충동이, 그럴듯한 구실이 없다는 것을 알게 될 것이다."[583] 라고 주장했다. 그는 계속하여 "종교에 대하여 이렇게 철저한 실용주의를 강조하는 관점은 상식적인 사람들에 의해 과정(Course)의 문제로 다루어지게 된다."[584]고 말했다. 그러나 그 후 제임스(James)는 "실용주의(Pragmatism, 1907)" 란 논문

---

581) Ibid, pp.11-15.
582) William James, Mentor Paperback, p.280.
583) Ibid, pp.385, 390, 391.
584) Ibid, pp.390,391.

을 발표하면서 진리의 이념에 관해 다음과 같이 설명하였다. "진리의 이념은 우리가 동화될 수 있고, 유효하다고 인정하게 되고, 확증할 수 있고, 그리고 증명 가능한 것들이다. 그 이념은 본질적으로 진실한 것이므로 거짓이 아니기 때문에 자연히 진리가 된다. 그 진리는 이념을 발생 시킨다. 상식적인 수준에서 진리는 귀중한 인도자이다. 그러나 우리는 각각의 다른 진리를 이용한다. 한편으로는 어떤 한 사람에 의해 구체적으로 증명된 진리는 전체적인 특별한 구조의 기둥이 된다. 증명은 직접적이거나 간접적이거나 모든 진리의 과정은 필연적으로 어느 누구의 이념을 모방했을지라도 어떤 장소에서 직접 감지할 수 있는 경험을 증명하는 방향으로 나아가야 한다. 진리란, 권리가 우리의 행동방식에서 적절한 것처럼, 우리의 사고방식에서는 유일하게 적절한 것이다."[585] 라고 주장했다. 또한 삶과 신의 존재에 관하여 "개연성을 가지고 있는 진리에 대한 실용주의적 유일한 검증은 우리를 이끄는 길에서 최선의 역할을 하는 것이고 훌륭한 삶을 살아가는 모든 부분에 있어 적절한 것이다. 만약 신학적 이념이 이러한 검증을 해야 한다면, 특히 신에 대한 관념이 이것을 증명해야 한다면, 실용주의는 어떻게 신의 존재를 부인하는 것이 될 수 있는가?"[586] 라고 반문했다.

실용주의(Pragmatism) 방법론은 예정론(Predestination)이나 신적작정(Decree)에 의해 만물을 다스리는 하나님의 절대개념을 무시하고 있다. 즉 이러한 방법론은 일원론적 우주론보다는 제임스(James)가 주장하는 다원론적 우주론에 굴복하는 입장이다. 그것은 선택에 의한 필연적인 구원의 낙관주의 또는 궁극적으로 멸망에 처하게 된다는 유기론의 입장과 상관없이 만인 구원론의 입장이다.[587] 그러나 정통적인 유신론주의는 초인적(Superhuman) 요소 보다 도리

---

585) William James, Pragmatism and Other Essays, (New York, Washington Square Press, Inc, 1963), pp. 89, 90, 92, 95, 96.

586) William James, Pragmatism, "What Pragmatism Means," p.38.

587) 이 문장의 내용은 예정론에 있어 정통주의 개혁파 신학이 주장하는 예정론에 있어 쌍방예정을 부정하는 입장이다. 이 문장을 그대로 옮기면 James a pluralistic universe was melioristic rather than either optimistic of inevitable salvation or pessimistically resigned to ultimate doom이다. 즉 제임스의 다원론은 하나님의 주권주의에 해당되는 예정론인 선택과 유기를 거절하는 입장이다.

어 유한한(Finite) 하나님을 연루시키는 실용주의(Pragmatism)나 만인 구원론의 유신론주의가 아니다. 그러나 최후의 분석에서 실용주의(Pragmatism)는 교리적 해답을 뒤로 미루어야 하는 입장이다. 그 이유는 종교의 형태는 긴 여정에서 볼 때 아직까지 어떤 것이 최선의 것인지 우리가 확실히 알지 못하기 때문이다.[588] 라는 것이 실용주의(Pragmatism) 방법론의 입장이다.

3. 복음주의적 변증학에 있어 실용주의적 요소

정통주의 변증학에 있어 우리가 고려해야 할 것은 실용주의적 요소를 배제하느냐? 아니면 포함 시키느냐? 의 문제이다. 실용주의(Pragmatism)를 포함시켜야 한다는 입장에서는 "그들의 열매로 그들을 알리라(마7:20)."는 예수님의 말씀은 실용주의(Pragmatism)를 포함하고 있다는 주장이다. 뒤이어 마태복음 7장21절에는 "나더러 주여! 주여! 하는 자마다 천국에 들어갈 것이 아니요 다만 하늘에 계신 내 아버지의 뜻대로 행하는 자라야 들어가리라."는 말씀은 강력한 실용주의(Pragmatism)를 의미하는 것으로 보인다는 주장이다. 또한 아퀴나스(Thomas Aquinas)는 "어떤 것이 그렇게 되는데 있어 적절하고 유용하게 될 때는 다른 사람이 말한 것을 믿게 된다. 따라서 우리도 우리가 믿는 대가로서 영원한 삶을 약속 받았기 때문에 하나님이 말씀하는 것을 믿게 된다."[589] 라고 주장했다.

그러나 일부 현대 기독교인들은 쉐이퍼(Francis Schaeffer)가 주장한 내용보다 더 실용적인 요소에 관심을 기울이고 있다. 진리에 대한 어떤 종류의 실용적인 검증에 대하여 그리고 사려 깊은 철학적 후퇴에 대하여 보다 더 관심을 기울이고 있다. 쉐이퍼(Schaeffer)는 "우리는 그것이 진리라는 것을 어떻게 알 수 있는가? 라는 제목에서 이론은 비모순적이어야 하고 질문이 나타나는 현상에 대해 해답을 주어야 한다. 그리고 우리는 우리의 이론과 더불어 일관성 있게 살 수

---

588) William James, Pragmatism, "Pragmatism and Religion," pp. 125, 129, 131, 132.

589) Thomas Aquinas, Summa Theologia, XIV, I, replay.

있어야 한다."라고 주장했다. 그 한 가지 예로 "유물론과 같은 비기독교적 관점이 기초적 삶의 기준에 있어서는 맞는 말이지만 다음에 따라오는 삶의 기준에 있어 단순히 기계적 개념으로 살 수 없는 것이 인간이다. 그와 같이 비기독교인의 거짓된 관점에 대한 중대한 요소는, 기독교의 진리가 우리의 삶에 있어 적절함과 또 경험적인 증거에 따라 합당한 일인데도 불구하고, 기독교의 진리가 현대인의 삶에 있어 부적합하다는 주장이다."590) 라고 말했다.

쉐이퍼(Schaeffer)는 주장하기를 "한 종류의 광범위한 경험의 목적론적 논증에 관한 생각을 피력함으로 그 자신의 관점을 보여주고 있다. 그는 어느 누구도 순수한 유물론적 기회 철학(Chance Philosophy)에 의해 실제로 삶을 영위해 나갈 수 없다. 유물론적 생활 방법에 몰두한 후 우연히 그의 화판에 그림을 담았던 폴록(Jackson Pollock)은 자살했다. 폴록(Pollock)은 그가 기회철학의 삶을 살려고 무익한 노력을 시도했기 때문에 자살했다. 즉 목적론적 삶이 없었다는 것이 부당함을 증명하였다. 삶과 목적이 일치되려면 그의 목적이 계획되어야 하고 개인적인 우주관이 성립되어야 한다."591) 라고 말했다. 이것이 바로 쉐이퍼(Shaeffer)가 주장하는 광범위한 경험론적 목적론적 논증이다. 그런데 가이슬러(Geisler)는 이러한 실용적 경험은 진리임을 증명한다."592) 라고 쉐이퍼(Shaeffer)를 평했다.

4. 실용주의 검증의 부분에 따라 나타난 공통적 특성

실용주의자들(Pragmatists)은 합리주의자들이나 경험주의자들과 마찬가지로 진리에 대한 검증과 결과가 다양하게 나타난 여러 가지 관점들을 인정하고 있다. 어떤 사람들은 유신론자로 나타나며 또 어떤 사람들은 무신론자로 나타난다. 그러나 결론의 차이가 어떻게 나타나든 실용적인 검증 자체의 본질에는 중심 되

---

590) Francis Schaeffer, The God Who Is There, pp.109-111.

591) Norman Geisler, Christian Apologetics, (Baker Book House, Grand Rapids, Michigan, 1976). p.111.

592) Ibid, p. 111.

는 합일점이 있다. 가이슬러(Geisler)는 다음과 같이 그 공통적 특성들을 요약하였다.

첫째, 가장 중요한 것은 진리검증에 대한 이론의 기초가 인간의 경험에 의존해야 하는 신념이다. 이러한 입장이 살아 유지될 수 있는가? 경험이 사람들의 삶 가운데 사용될 수 있는가? 인간의 경험이 현금과 같은 가치가 있는가? 이 문제에 있어 실용주의자들 가운데에서도 진리에 대한 이론의 근원과 본질에 대해서 이견들이 있다. 일부는 진리의 원리를 감각 경험으로 부터 얻을 수 있다고 주장하고 있으며 또한 일부는 하나님의 계시로부터 얻을 수 있다고 주장한다. 그러나 검증은 같다. 인간의 삶에 있어 이 이론의 결과가 무엇인가라는 해답을 이끌어 내는 검증의 방법은 동일한데 비하여 실용주의(Pragmatism)는 **경험에 의한 검증이** 결정적이다.[593] 라는 주장이다.

둘째, 제임스(James)에 의해 제시된 실용주의(Pragmatism)는 현재 진리로 규정되어 있는 것들이 장래 일에 있어서는 다른 개념들에 의해 진리로 특정 지어지게 된다. 가정설(Hypothesis)의 진리를 결정짓는 것은 현재의 개별적인 경험이 아니라 영구적이고 장기간의 경험에 의해 이루어진다. 장기간에 걸친 우리의 경험은 종교가 가정설(Hypothesis)에 의한 것인지 아닌지의 진실을 판단할 것이다. 그러나 진리는 먼 미래에 우리의 경험을 통해 교정되고 부당한 것을 거절하도록 해야 한다.[594]는 주장이다.

셋째, 실용주의(Pragmatism)는 그 검증의 절대적인 결과를 거부한다. 즉 진리에 대한 모든 결론은 절대적이거나 최종적인 것에 도달하지 못한다. 지식은 항상 점진적이며 그렇지 않으면 과정적(Processional)이다. 어떤 관점은 다른 것보다 더 넓게 결정을 하지만 어떤 관점은 보편적으로 또는 최종적으로 아무것도 결론에 도달하지 못하는 것도 있다.[595]

593) Ibid, p.111.

594) Ibid, p.111.

595) Ibid, p.111.

5. 진리 검증에 대한 실용주의의 평가와 문제점

모든 사람들은 진리 검증에 있어 이성주의에 기초한 합리적인 인식 이면에 실용적인 인식에 대해 매력을 느끼고 있다. 실용주의(Pragmatism)는 구체적 명확성을 내세우기 때문이다. 또한 추성적인 가능성을 삶의 구체적 현장의 경험 속으로 이끌고 들어오기 때문이라고 말한다. 경험은 합리성이 가지고 있는 불가능을 구체적으로 인식하게 하는 근원이 되기 때문이다. 기독교의 관점에서 볼 때 진리에 대한 인식을 이론적 개념보다 신앙적 체험에 더 큰 비중을 두고 하는 말이다. 선교의 개념으로 볼 때 복음주의적 실용주의(Pragmatism)는 신자들의 윤리적 도덕적 희생이 기독교의 진리를 증거 하는 기둥이라는 주장이다. 물론 예수 그리스도의 삶과 순교자들의 삶은 불신자들을 기독교인으로 전환시키는데 기둥의 역할을 한다. 그러나 우리가 그러한 희생적인 삶의 근원이 무엇이가를 깊이 고려해야 할 문제가 있다고 본다. 즉 복음주의적 실용주의(Pragmatism)의 입장에서 보는 희생정신과 순교적 신앙정신은 성경이 말씀하는 희생정신과 순교적 신앙정신을 비교하여 볼 때 차이가 있다는 것을 강조해야 할 것이다. 좀 더 구체적인 내용을 살펴보자.

1) 실용주의의 긍정적인 공헌

실용주의(Pragmatism)는 공상적인 이론이나 형식적인 합리주의를 확산 시키는 일에 있어 제동장치 역할을 한다. 열매 없이 허공을 치는 기독교 합리주의를 방어하는 역할을 하고 있다. 즉 탁상적인 이론에 반(反)하여 실제적인 삶을 강조한다. 교리적 이념을 기독교의 근원으로만 평가하는 기독교 사상보다 결과에 관점을 두고 기독교를 우선으로 삼고 있다. 실용주의(Pragmatism)라 함은 어떤 사고에 멈추어 있는 것 보다 행동에 의한 결과를 더 중요시 한다. 즉 진리는 추상적인 사고에 그치는 것이 아니라 구체적인 영역에 있어 진리를 응용하는 실행에 있다는 점을 강조한다.

진리 특히 종교적인 진리는 궁극적으로 개인적인 경험을 통해 확인시켜주는 작업을 한다. 그것은 종교적 확신으로 연결되는 기초가 된다. 도저히 합리적으로 결론에 도달할 수 없는 사건의 과정을 경험함으로 사실을 증명하는 실제적 증거를 보여준다. 그러므로 종교적 진리는 종국에 가서는 인간의 삶을 변화시켜야 참된 종교라 할 수 있다. 그 변화된 삶은 또 다른 사람의 삶에 적용되어야 한다. 진리의 열매는 오직 변화된 삶의 적용에서 시작되며, 진행되며, 그리고 결론지어진다. 어떤 진리가 실제적으로 존재하는데도 불구하고 합리적으로 증명이 불가능한 것들이 너무 많다. 예로 "불이 뜨겁다."는 것은 가까이 가 보아야 안다. 뜨거운 사건에 대한 진리가 존재하지만 먼 곳에서는 불의 뜨거움을 알 수 없다. 유한한 인간은 합리성을 주장할 때는 오직 자기 자신만이 알고 있는 한계 내에서 이론을 성립시키고 있기 때문에 때로는 객관성 있는 진리를 거절한다. 그럴 때 실용적 경험은 자신의 주장을 꺾게 되고 중요한 진리를 검증하는 역할을 하게 된다. 교리적 진리에 대해 이해할 수 없는 영역을 뛰어 넘을 수 있는 진리검증이 바로 실용적 경험이라는 주장이다.

실용주의자(Pragmatists)들은 실존주의(Existentialism)자들이 주장하는 것처럼 실용주의(Pragmatism)가 개별적으로 진리를 인식하는 길을 열어주는 역할을 한다고 생각한다. 인간의 삶에 있어 진리를 적용시키고 이해하는 과정은 순수한 합리적 개념으로는 부족하다고 생각한다. 합리주의적 생각을 넘어 믿으려는 의지를 일으키는 실체는 실용적 적용에서 찾을 수 있다. "말을 물가로 끌고 갈수는 있으나 물을 마시게 할 수는 없다."는 의미를 상기해야 한다는 주장이다. 합리적 이론은 물을 마시게 하기에는 부족한 진리 검증이라는 말이다. 우리가 하나님께서 존재한다는 것을 합리적으로 증명할 수 있을 지라도 마음으로 하나님을 믿도록 하는 일은 하나님의 존재증명으로만 가능한 것은 아니다. 종교경험은 신앙에 있어 필수적이다.[596) 이것이 실용주의가 주장하는 강점이다.

2) 진리에 관한 실용주의적 주장에 대한 비판

실용주의(Pragmatism)가 진리를 검증하는데 있어 명확하고도 훌륭한 방법

---

596) Ibid, p.113.

론으로 대두 되지만 성경이 가르치는 진리를 확증하는 데까지 미치지 못하는 점이 많다. 즉 실용주의(Pragmatism)를 방법론으로 채용해 볼 때 진리에 대한 입증을 하는데 있어 너무나 많은 한계점이 있다는 것을 알 수 있다. 정통 개혁파 신학에서 볼 때 실용주의(Pragmatism)는 아주 협소한 부분적인 진리 검증의 요소로 등장한다. 다음과 같이 그 문제점들을 지적해 보려고 한다.

첫째, 행동의 열매는 진리를 나타내는 절대적 결과라고 규정지을 수 없다. 그 이유는 행동으로 나타나는 작용은 불확실하고 불충분한 결과로 나타날 때가 많기 때문이다. 모든 행동의 결과는 원인, 과정, 그리고 결과가 일치되게 성취되는 것은 아니기 때문이다. 선하게 보이는 행동은 반드시 진리하고 말할 수 없으며 더욱이 하나님의 섭리적 입장에서 보면 비도덕적인 행동이 반드시 악이라고 단정할 수 없기 때문이다. 결과론적으로 볼 때 선한 행동은 악의 열매로 얻어질 수도 있기 때문이다. 어떤 결과가 형성되었을지라도 선악의 평가는 전혀 우리의 기대와는 다르게 나타나는 예가 허다하다. 특히 하나님의 주권적 입장에서 보면 선이 악으로 둔갑되는 경우가 너무나 많다. 그리고 진리는 사건이 완성에 도달한 후에도 그 규정이 정해지지 않고 미궁에 빠지는 경우가 많다. 그 이유는 숨겨진 하나님의 의지가 시공간 세계에서 결론나지 않고 종말이 온 후에 나타날 사건들이 있기 때문이다. 그러므로 실용주의(Pragmatism)는 진리를 규정할 때 섭리적 원인을 무시하고 결과에 따라 나타나는 것만을 고려하고 있기 때문에 결과만을 보고 진리인가? 비 진리인가? 를 규정하는 것은 그 한계를 나타내 보일 수밖에 없다.

둘째, 진리는 원인이나 결과와 무관하게 나타날 수도 있기 때문에 실용주의적 관점으로 진리를 규정하는 것은 아주 지엽적인 요소에 근거를 두게 된다. 어떤 사람은 10%의 노력으로 20%의 유익을 얻는 사람이 있고 어떤 사람은 50%의 노력으로 10%의 유익밖에 얻지 못하는 사람이 있다. 그렇다면 많은 유익을 얻은 사람은 선이고 적은 유익을 얻은 사람은 악이 될 수 있는가? 그 평가는 진리의 기준이 될 수 없다. 우리가 일상생활에서 실용적 결과가 나타났을 때 우연적으로 보이는 결과도 있고 나쁜 과정이 좋은 결과를 나타낼 때도 있다. 심지어 자신이 소유하고 있는 믿음에 따라 어떤 행동이 나타났을 때 그 믿음은 진리라는 증거를 정확하게 나타낼 수는 없는 것들이 있다. 우리는 과정을 무시한 결과만을 가지고 진리라고 말할 수 없는 일들이 수없이 벌어지고 있다. 주인 없는 집에 꼭 들어가야 할 일이 생겼을 때, 또 주인의 허락 없이 들어가도 될 때, 문을 부수고 들어가면 그 침입이 올바른 행동인가? 라는 평가를 내리게 될 때 침입자의 입장에서는 진리라고 말할 수 있으나 주인의 입장에서는 화가 될 수 있다. 그러므로 진리는 우리가 기대한 내용하고는 전혀 반대의 입장에서 그 결과가 나타나는 일들이 허다하다. 때로는 원칙대로 사는 삶이 평범한 사람들에게 극심한 화를 불러 오기도 한다. 그것은 세금을 정직하게 납부하여 기업이 망하는 경우, 물건을 살 때 소비자가 요구하는 금액대로 지불하여 손해 보는 경우, 그리고 정직한 대로 말을 하여 남의 흠을 전달하는 경우 서로간의 불화를 일으키는 일들이 수없이 일상생활에서 벌어지고 있다. 그렇다면 실용주의(Pragmatism) 자체를 통해 진리를 검증할 수 있다는 것은 불가능 하다는 말이 된다. 선한 결과는 그 결과만 선하게 나타나고 진리가 아닐 수도 있기 때문이다.

셋째, 진리의 규정이 우선이냐? 편리한 것이 우선이냐? 의 문제가 우리의 일상생활에서 크게 대두된다. 문제는 실용적인 측면에서 볼 때 편리한 것이 우선이지 실용적인 요소로부터 파생되는 결론이 우선이 아니라는 점이다. 그런 의미에서 실용주의적 경험을 통해 진리를 입증한다는 것은 오히려 비판의 대상으로 분류되어질 수 있다. 실용주의적 경험주의는 이기주의적 편리주의를 생산해 내고 있다. 한편 실용주의적 이기주의는 항상 이기주의적 편리주의에 기초하고 있기 때문에 진리의 검증에 대한 원인도 기준도 될 수가 없다.

넷째, 제임스(James)가 주장한 바에 의하면 "우리가 경험할 수 없는 긴 시간의 결과를 안다는 것은 불가능하다."는 것을 인정했다. 즉 인간이 수천 년의 역사를 짧은 경험을 통해 정확하게 평가할 수 있는 역량은 없다는 말이다. 종교적 입장에서 볼 때 지금까지 긴 세월을 거쳐 내려온 범신론(Pantheism)이 인류에게 훌륭한 일을 했는가? 그 범신론(Pantheism)이 진리의 종교로 등장 했는가? 의 구심을 던질 수밖에 없다. 그런데도 아직까지 많은 사람들이 범신론(Pantheism)에 취해 있다. 특히 비 기독교인들이 그러한 이질적인 신 존재 증명에 취해 있다.

분명히 알 수 있는 것은 범신론(Pantheism)에 기울어질수록 거기에 예속된 사람들은 진리와 먼 거리에 있다는 점이다. 그것은 오히려 실용주의적으로 볼 때 비기독교에 속한 국가나 민족들은 일반은총으로부터 주어지는 문화의 혜택을 누리지 못하고 있다. 기독교가 부흥하는 국가에서는 문화와 경제의 발전도 병행되어 부흥하고 있다. 이러한 현상은 실용주의적으로 증명되어 지기보다 하나님의 계명에 복종함으로 얻어지는 복으로 증명되어지고 있다. 때로는 실용주의(Pragmatism)는 신앙의 확실성을 희석시키는 악습을 습관화 하도록 만드는 역할을 하고 있다. 현실의 경험을 통해 얻은 결과는 하나님을 신앙하고 천국을 소망하는데 거침이 되기도 한다. 현실의 복을 하나님의 진리를 증거 하는 표증으로 삼고 하늘나라의 소망을 차선으로 생각할 경우 예수 그리스도에 대한 신앙을 감소시키는 요인이 된다. 하나님의 섭리는 진리를 나타내는데 있어 실용적 검증을 초월하고 있다. 실용적 검증으로 볼 때 전혀 합당하지 못한 결과라 할지라도 하나님을 입증하며 성경의 진리를 정확하게 입증하는 결과가 나타날 때가 허다하다. 하나님의 섭리(Providence)는 인간이 생각하는 전혀 반대 방향에서 오는 사건들이 많기 때문이다. 진리는 인간이 기대하는 기준에 의해서만 나타는 현상이 아니기 때문이다. 실용주의(Pragmatism) 개념으로 예수님께서 십자가 위에서 죽으신 사건을 해석하면 그 사건은 진리가 될 수 없다.

그러므로 실용주의적 이론에 비추어 진리를 검증하게 되면 그 나타난 결과는 큰 차이가 있다. 기독교인들 가운데 혹자들은 진리를 검증하기 위해 경험적 결과를 기반으로 하여 기독교를 변증 하려는 부류가 있다. 성경을 전체적으로, 교리적으로, 그리고 본문중심(Textualism)에 의한 객관적 기독교 진리 검증을 떠나 주관적 생활의 체험을 통해 기독교를 변증하려는 시도이다. 그들의 주장은 "기독교인의 체험은 확실한 증거의 표본이다. 기독교는 생활이다. 열매로 그들을 알게 된다. 기독교인의 삶이 비기독교인을 인도하게 된다." 등등이다. 옳은 말이다. 그러나 전체적이며 성경이 말씀하는 우주적이며 객관적인 신앙고백을 떠나 도덕주의적 실용주의적인 검증을 택하는 기독교 변증은 객관성이 없고 편협적인 변증에 불과하다. 왜냐하면 그것은 실용주의(Pragmatism)로부터 파생되는 세계관의 입장을 택하기 때문에 하나님의 주권신앙을 대항하는 결과를 가져올 수밖에 없다. 이러한 사상은 기독교 진리를 바로 세우는데 불합리한 상대주의, 불합리한 아집주의적 신앙주의, 그리고 혼자만의 경험주의로 빠지게 된다. 개인의 학적 표출이나, 개인의 주관적 신앙 체험이나, 그리고 객관성이 없는 주관적 도덕주의는 아무리 훌륭하게 보이는 경험에서 기인되어도 성경을 변호하는 진리 검증에는 오히려 편파적인 요소가 허다하게 나타날 수밖에 없다.

VII. 결합주의(Combinationalism)

지금까지 신구약 교회의 역사를 통해 기독교 이외에 어떤 종교를 막론하고 자기들의 종교가 영생의 진리를 소유하고 있다는 것을 입증할 수 있는 종교는 없다는 것을 논증하였다. 오직 성경에 기초한 역사적 신앙고백주의를 주장 해 온 정통주의 기독교는 영생의 종교를 고수해 왔으며 입증하고 있다. 기독교 변증학(Christian Apologetics)의 방법론에 있어 불가지론(Agnosticism)으로부터 실용주의(Pragmatism)까지 논증했으나 어느 것 하나 기독교를 제대로 변증하는데 있어 합당한 주장을 유추해 낼 수 없다는 것을 알았다. 이러한 현상은 합리주의적 객관주의(Objectivism), 주관적 경험주의(Experientialism), 자연을 통한 증거주의(Evidentialism), 그리고 철학적 실존주의(Existentialism) 등 모든 논증들은 역사교회의 객관적 신앙고백과는 거리가 먼 주관적 생각들을 피력하는 정도에 그치고 있다. 합리주의적 객관주의(Objectivism)조차도 결국에 가서는 객관성 없는 이성주의적 주관주의로 떨어져 버리게 된다. 세속철학, 자유주의, 그리고 인간이성을 도입한 복음주의 세계에서는 **절대적 객관성인 성경과 교회 역사가 고백한 객관적 신앙고백주의를 무시해 버리기 때문에** 아무리 기독교를 올바로 변증하려고 시도해도 정통주의 개혁파 신학에 입각한 기독교 변증학이 성립될 수 없었다. 그들의 사상은 자체적으로 모순을 가지고 있기 때문이다. 진리를 주관적으로 적용함에 있어서도 객관사역에 기초를 둔 성령님의 주관적 적용을 무시하고 있기 때문에 신앙고백주의 기독교 변증학(Christian Apologetics)을 수용할 수 있다는 사실은 상식 밖의 일로 간주되었다. 그들 스스로가 모순을 드러낼 뿐 아니라 나아가 기독교 진리 검증에 실패한 것들을 드러낼 뿐이다. 더이상하고 아리송한 것은 갈수록 이상한 말장난으로 기독교 진리를 검증한다는 명목으로 사람들을 혼동 속으로 몰아넣고 있다. 그들이 주장하는 진리검증의 방법론은 적합성, 실존적 적용, 이성적 이해, 그리고 열매에 해당하는 결과 등을 나열하고 있다. 그러나 그들 스스로 만족할 만한 진리 검증에 실패하고 있다는 것을 스스로 실토할 수밖에 없다. 그 결과 결합주의를 말하고 있다. 한편으로 보면 결합주의만이 가장 합리적이며 종합적인 기독교 변증학으로 보이게 된다. 그러나 모서리가 튀어나온 돌들이 모여 짝이 맞는 건축물의 기초를 튼튼하게 세울 수 있다는 모순 논리를 말할 뿐이다. 잘못된 원리들을 모아 결합시키면 모서리들끼리 마찰을 일으켜 더 큰 모순으로 빠져들게 되고 말 것이다. 자유주의자들 사이에서 일어나는 사상적 다툼이나 세속 철학세계에서의 이념적 다툼은 그들 속에서 생겨난 마찰을 구체적으로 대변하고 있다. 여기에서 결합주의가 내세우는 변증학적 방법론이 무엇인가를 살펴보자.

1. 결합주의(Combinationalism)의 전제적 방법론

우선 우리가 알아야 할 것은 결합주의(Combinationalism)는 다양한 인식론을 내포하고 있다. 서로들 간의 이견(異見)이 나타날 경우 논리적이거나 합리적인 연관성을 배제하고 상대의 이견(異見)을 인정한다. 기독교 진리에 대한 인식론에 있어 나의 견해와 전혀 다른 경우가 나타날지라도 서로 다른 견해를 인정해야 한다는 주장이다. 이는 신앙고백주의 개념으로 볼 때 전혀 인정할 수 없는 사상이다. 기독교의 진리 검증은 절대성을 추구해야 하기 때문에 성경과 교회사적 신앙고백주의를 최우선으로 해야 한다. 그러므로 성경을 하나님의 말씀으로 고백하는 기독교인은 하나님의 말씀을 불신하는 자와 이견(異見)이 드러나게 될 때 합일점을 이룰 수가 없다는 점을 당연하게 생각한다. 기독교 진리를 검증하기 위해 결합주의를 강조한다면 더더욱 진리검증에 모순 덩어리를 유발하게 될 것이 틀림없다. 앞으로 람세이(Ramsey), 페레(Ferre), 그리고 카넬(Carnell) 등이 주장하는 관점들을 살펴보면 심리적 요소, 세속철학, 그리고 타종교의 내용들을 뒤섞어 마구잡이식으로 하나님의 실체를 논증하고 있다는 것을 알 수 있다. 성경을 하나님의 말씀으로 신앙하는 자는 전혀 이해 할 수 없는 언어들의 잔치를 벌여 놓은 느낌을 받게 될 것이다. 그들은 여러 가지 논증을 늘어놓고 있지만 핵심적인 기독교의 관점을 이끌어 낼 수 없는 잡다한 말들만 나열하고 있다. 그 내용들을 살펴보자.

1) 종교적 모델의 검증

증거주의(Evidentialism)자들은 자기 스스로 인식하는 증거를 분석하는 일에 있어서는 기독교에 대한 명백한 진리검증이 된다고 주장 한다. 그러나 그 증거를 분석하기 위해서는 경험적 사실 자체만으로는 스스로 자기의 경험을 해석해 낼 수 없다. 존재하는 그대로의 사건은, 기독교라는 관점에 있어, 아무런 의미를 가지고 있지 않기 때문이다. 어떤 사건의 사실들은 의미가 주어지는 구조 속에 있을 때만 그 사건의 사실 속에 포함되어 있는 의미를 전달하는 것이다. 개혁파 신학에서는 "역사는 사건의 사실(Historie)과 그 사건의 의미(Geschichte)가 포함되어 있을 때만이 참된 증거를 보여준다."고 말한다. 도드(C. H. Dodd)는 말하기를 "사건의 역사에 의미를 부여해 주는 틀을 제공해 주는 것은 기독교적 신화나 모델(Model)이라고 주장하면 허구를 나타내 보인 것뿐이다."[597]라고 주장했다. 그러나 이러한 주장은 사람의 이성이나 경험에 의해 결론을 얻으려는 객관주의를 찾다가 스스로 미궁에 빠져 버린 허무맹랑한 생각을 드러낼 뿐이다.

(1) 람세이(Ian Ramsey)의 조건적 발생 모델

람세이(Ramsey)는 문제에 접근하는 방법으로 역사적 접근보다 경험적 접근에 관심을 기울이고 있다. 즉 종교 경험이 무엇인지를 밝혀내려고 한다. 그가 주장하는 경험적 접근법은 "식별-위탁상황(Discernment-Commitment Situation)"의 방법론이다. 식별이나 상황은 "얼음이 깨질 때" 또는 "햇빛이 비추일 때" 갑자기 생성되는 일반적인 경험이다. 또 한 예를 들면 "재판관이 판결을 내리려 할 때나 상대자들이 오랫동안 헤어져 있었다가 사랑하는 사람이란 것을 알았을 때 서로의 눈이 마주치게 된다. 그 때 위탁상황은 전적인 반응을 일으키게 된다."는 방법론이다. 칸트(Kant)는 주장하기를 "의무를 위한 의무, 또는 조국을 위한 애국자의 조국애" 등과 같은 위탁 상황이 우리 주위에 있다고 말한다. 또한 학문에 있어 수학이나 우주의 분야에 있어 취미에 대한 위탁이 있다. 그러나 종교적인 반응은 전체 우주에 대한 전적인 위탁이라고 말한다.[598]

---

597) Norman Geisler, Christian Apologetics, (Baker Book House, Grand Rapids, Michigan, 1976). p.118.

598) Ian Ramsey, Religious Language, pp.20-55 ; Norman Geisler, Christian Apologetics, (Baker Book House, Grand Rapids, 1976), p.118.

나아가 람세이(Ramsey)는 성경의 영감설을 부정하는 논지를 피력하고 있다. 그는 "여러 모형들이나 수식어귀들은 종교적 깨우침을 자극하는데 익숙하다."라고 말했다. 람세이(Ramsey)가 말하는 모델(Model)이라는 의미는 드러난 모형을 말하는 것이지 회화적(Picture) 모형이 아니라는 것이다. 그 이유는 종교적인 모형은 신을 서술하지 않고 단지 종교적인 식견을 일깨울 뿐이기 때문이다. 예를 들면 우리가 신을 최고의 사랑으로 말할 때 묘사적인 심리에 있어 단언을 내리지 않는다. 단언을 내리기보다 오히려 종교적인 식견과 사명을 일깨우기 위해 최고의 조건에 의한 사랑이라는 모형을 수식하는 일뿐이다. 그리고 이러한 모형들로 인하여 가족적인 닮은꼴을 건설하는 일에 집중한다. 이로 인하여 많은 종교적 모형을 접촉함으로 우리는 거대한 종교적 모델을 만들 수 있게 된다. 그렇기 때문에 신이란 단어는 우리의 모든 자아의식을 통합하는 길을 제공하는 것처럼 종교 경험에 대해서도 우리 모두를 일깨우는 통합적인 술어로 "나" 라는 단어가 제공되고 있다.[599] 고 말한다.

　　더욱이 신이라는 모델에 관한 충분성은 람세이(Ramsey)가 말하는 경험적 적합성에 의해 검증될 수 있다. 그것들은 다음과 같다.

　　첫째, 어떤 경우에든지 모형들은 현상들(Phenomena)들과 조화되어야 한다. 그러한 조화의 현상들은 현시에 대한 통찰력이 나타나는 순간에 일어나야만 한다.

　　둘째, 신학에 있어서 한 모델(Model)은 증명될 수 있는 연역적(Deductive) 추론의 가능성으로 유지되거나 실패되는 것이 아니다. 그것은 오히려 현상에 관하여 가장 가능성이 넓은 범위를 극복한 견고성에 의해서든지 가장 불합리하지 않은 이질적인 현상을 합병할 수 있는 가능성에 의해 판단되는 것이다. 이러한 신의 모형은 출석을 부를 때 "예, 아니오." 라고 대답하는 것보다 "장화 또는 구두" 둘 중 어느 한쪽을 맞추어 대답하는 것이 더 올바른 일이 될 것이다. 다시 말해서 종교적인 언어에 관한 진리는 경험적으로 머물게 되든지 경험적으로 검증

---

599) Norman Geisler, Christian Apologetics, (Baker Book House, Grand Rapids, Michigan, 1976), p118(Ian Ramsey, Prospect for Metaphysics, pp.153-164, 174).

되어져야 한다. 예를 들면 "사랑하는 아버지의 행동에 적합한 우주와 사람의 경험에 관한 어떤 것이 틀림없이 존재하고 있다."[600] 는 말이다. 그것은 바로 종교적 진리에 관한 엄격한 검증은 없으나 경험적 확증은 존재한다는 뜻이다. 그리고 하나님에 관한 모델(Model)을 향해 지속적으로 연합될 수 있는 경험의 범위가 넓으면 넓을수록 그 모델(Model)은 더 좋은 것이다. 요약하면 기독교 유신론적 모델(Model)의 진리는 모든 인간경험의 범위를 넘어 그 경험적 적합성에 의해 판단되는 것이다.[601]

위와 같은 람세이(Ramsey)의 **현상학적 모델이론은** 성경이나 교회사적 신앙고백서와는 전혀 무관한 인간의 심리를 통해 주위환경에 따라 나타나는 심리학적 현상학에 기초한 것들에 불과하다. 다음에 또 다른 페레(Ferre)의 현상학을 살펴보자.

(2) 페레(Frederick Ferre)의 형이상학적 모델

페레(Ferre)는 종교적인 언어에 관하여 이의를 제기하고 있다. 그가 주장하는 종교적인 언어는 전적으로 인지불가능 한 것이 되어서는 안 된다고 주장한다. 그래서 그런지 기독교인으로서는 도저히 이해할 수 없는 이상한 언어를 나열하여 성경의 관점과 거리가 먼 이론들을 쏟아 내놓고 있다. 그는 종교언어에 대한 인식과 진리를 제공할 수 있는 모델(Model)이 있다는 것을 믿고 있다. 그는 인식론상의 선명성이나 해석에 의해 제공되는 이론에 대한 해답을 제공하는 모델(Model)이 전제적으로 존재한다는 것을 확정하고 있다. 그 모델(Model)은 이론에 관한 논리적 형태에 적합한 것이 잘 알려져 있다는 뜻이다. "그 모델(Model)들은 그들의 형태(Type), 범위(Scope), 그리고 상태(Status)에 의해 판단된다. 형태(Type)는 구체성의 정도를 말하는데 그림으로 구성될 수 있는 능력을 말하며, 범위(Scope)란 포괄성에 관한 모델(Model)의 정도를 말하는데 얼마나 많은 실재(Reality)가 나타내려는 의미를 포함하고 있느냐? 를 말한다. 그리고 모델

600) Ibid, p.119(Ramsey, Models and Mystery, p.16).
601) Ibid, p.119.

(Model)의 상태(Status)는 상태에 속한 속성이 얼마나 중요한가를 지시하고 있다. 즉 그것이 하찮은 것인가? 아니면 아주 귀중한 것인가? 이다."[602]라고 주장했다.

종교적인 모델(Model)은 다음과 같이 네 가지 요인에 의해 특성지어진다고 주장한다.

첫째, 과학적 모델(Model)에 비교할 때 종교적 모델(Model)은 실재(Reality)와 관찰자(Observer) 사이의 분리를 성취시키지 못한다.

둘째, 과학적 모델들(Models)은 단지 좀 더 도움이 되거나 아니면 덜 도움이 되는 정도인데 비해 종교적 모델들(Models)은 진리라는 문제로부터 분리될 수가 없다.

셋째, 종교적 모델들(Models)은 과학적 모델들(Models)이 행하는 것보다 사실들(Facts)에 관한 다른 종류의 경향성을 끌어 들인다. 유신론주의에 있어 사실들(Facts)은 인격, 의지, 목적, 그리고 사랑과 같은 특성에 의해 구성된다. 그리고 기독교에 있어 사실들(Facts)은 창조, 자신을 버림, 그리고 예수그리스도의 인격적 사랑 등이 사실들(Facts)의 중심을 이루고 있다.

넷째, 신학에 있어, 즉 신학적 이론에 있어, 모델들(Models)은 다른 인식의 범위와 연관성을 가지고 있다. 그러므로 그 모델들(Models)이 때로는 변화를 가져오지만 높은 단계의 모델들(Models)은 변화에 대한 강한 거부감을 나타내기도 한다.[603]

높은 단계의 종교적 모델들(Models)은 형이상학적(Metaphysical)으로 나타나는데, 그것은 우주의 궁극적 특성들을 표현하고 있다. 유신론적 모델(Model)은 성경으로부터 얻어진 이념위에 건설된다. 그리고 기독교인들은 이 모델들(Models)과 함께하고 있는 모든 포괄적인 구조를 구성하여 유신론적 모델(Model)에 대한 진리의 귀속이나 다른 모든 지식의 영역을 통합 할 수 있는 자

---

602) Frederick Ferre, Basic Modern Philosophy of Religion, pp.373 f, and "Mapping the Logic of Models in Science and Theology" in the Christian Scholar, XLVI, 1963, pp.13 f.

603) Frederick Ferre, Language, Logic and God, pp.36, 164.

료들의 연합을 주장하고 있다.[604] 그러나 전문적인 언급을 시도할 경우 우리는 유신론적인 모델(Model) 그 자체의 진리를 검증할 수는 없으나 오직 인류가 경험하는 전 영역에 유신론적 모델(Model)을 적용함으로서 얻어지는 종합적인 진리를 검증할 수는 있는 것이다. 여기 사물에 관한 총체적인 설명의 세 가지가 분명히 있는데;

첫째, 성경의 이념으로부터 얻어진 것으로 널리 알려진 형이상학적 모델이나 상징,

둘째, 한 인식론적 방법으로 이러한 상징을 표현하려고 시도하는 명제들의 추세, 그리고

셋째, 종교적인 언어 놀이를 구성하는 인식론과 비인식론적인 기능의 모든 범위의 세 단계가 있는데, 셋째 단계는 직접 평가될 수 없고, 첫 번째 단계는 예지의 단계에서 머물게 되고, 둘째 단계만이 진리에 대한 실현 가능한 검증으로 등장하게 된다. 이 둘째 단계의 명제들은 두 가지를 행하게 되는데: 기본적인 모델(Model)을 설명하고 다음으로 셋째 단계의 총체에 대한 구조를 제공한다.[605] 나아가 페레(Ferre)는 유신론적인 모델(Model)의 진리를 위해 다음과 같은 5가지 검증을 제공하고 있다.

첫째, 열쇠가 되는 내용 가운데 서로 모순이 되는 것으로부터 일관성을 유지하거나 또는 해방되는 것,

둘째, 지식의 모든 본체를 일원화 시키는데 있어 내적 결합성 또는 외적 일관성을 확장 시키는 일,

셋째, 개인적 경험에 대한 적응성 또는 관계성,

넷째, 모든 영역의 감정과 지각에 대한 적합성 또는 적응성, 그리고

다섯째, 인간 경험에 관한 총체적 주위환경에 대처하기 위한 도구로서 효과 또는 유용성 등이다.[606]

---

604) Norman Geisler, Christian Apologetics, (Baker Book House, Grand Rapids, Michigan, 1976), p.120.

605) Kent Bendall and Frederick Ferre, Exploring the Logic of Faith, pp.165-166.

606) Ibid, pp. 166 f.

위에 진술된 종교 모델(Model)론은 심리학적, 과학적, 그리고 철학적 관점에서 의미 있는 어떤 관점도 찾을 수 없는 혼자만의 독백을 하고 있을 뿐이다. 잡동사니의 말장난을 늘어놓은 것에 불과하다. 여기에서 페레(Ferre)가 주장한 유신론적 모델(Model)에 관한 실험의 적용은 아래와 같이 진술된 내용인데 문제점을 가지고 있다고 가이슬러(Geisler)가 지적하고 있다. 페레(Ferre)가 주장한 내용은 다음과 같다.

첫째, 기독교가 과거에는 유효한 종교이었으나 미래에 있어 그 효과에 대해서는 의심의 여지가 있다.

둘째, 사랑과 숭상의 종교적 적용에 대해서는 의심의 여지가 없으나 그것은 오직 아주 최소한의 검증으로 나타난 것뿐이다.

셋째, 기독교는 적합성에 관한 매우 복합적인 검증을 명료하게 잘 인정하고 있다.

넷째, 확실히 드러난 모순이 기독교에서 증명되지 않았지만 문제를 줄이기 위해 제안된 해결점들이 보편적인 인정을 얻지 못한 상태이다.

다섯째, 기독교에는 확실한 내적 일관성이 있으나 다른 지식의 본질과 통하는 외적 일관성은 명백하지 않다.[607]

가이슬러(Geisler)가 페레(Ferre)의 문제점들을 다음과 같이 지적한 것은 상당한 설득력을 말해주고 있다. 페레(Ferre)의 이론에 의하면 "성경은 어떤 잘못된 경험에 관한 진술을 포함하고 있다. 즉 여호수아를 위해 태양이 멈추었다고 주장한 구절은 독자로 하여금 오해를 불러일으킬 수가 있다. 여호수아가 태양의 상징이 되기 때문이다. 이에 반(反)하여 가이슬러(Geisler)는 모든 사람들이 결론을 얻어내기 위한 전제는 임시적이며 가설적이다. 그러나 하나님으로부터 위탁받은 사명은 어떤 형태의 삶에 있어서든지 필수적이기 때문에 우리는 종교적 모델(Model)로부터 가장 적합한 종교적 구조를 일으킴으로 보이는 것에 기초를 둔 우리들 신앙의 도약(Leap)을 형성해야 한다."[608] 라고 말했다. 그러나 개혁파 신

607) Ibid, pp.153f, 172f.
608) Norman Geisler, Christian Apologetics, (Baker Book House, Grand Rapids Mich-

학에서 볼 때 이러한 보이는 것에 기초를 둔 신앙의 도약(Leap) 이론은 섭리주의 신앙에 어긋나는 현상론(Phenomena)에 불과하다.

2) 카넬(Edward J. Carnell)의 성경 모델에 대한 검증이론

카넬(Carnell)은 신복음주의 신학자로서 창조적인 결합주의(Combination-alism) 입장을 취하고 있는 자들 중의 한 사람이다. 물론 그는 성경의 권위를 믿는 자이며 성경에 나타난 삼위일체 하나님을 신앙하는 사람이다. 그러나 그의 유신론적 변증신학은 삼위일체 하나님의 모델(Model)로부터 시작하고 있다. 그는 처음부터 이러한 모델(Model)의 출발점으로부터 체계적인 일관성의 호칭을 기반으로 하여 방법론의 결합주의(Combinationalism)에 의한 기독교 체계의 진리 검증을 선호하는 사람이었다.

(1) 진리에 대한 다른 검증을 거절

카넬(Carnell)은 진리를 재점검한 후에 견해가 다르게 나타난 검증은 버려야 된다는 입장을 다음과 같이 말하고 있다.

첫째, 본능(Instincts)은 진리에 대한 검증이 될 수 없다. 그 이유는 종(Species)에 대하여 합법적으로 타고난 본질과 얻어지는 것 사이를 구분할 수 없기 때문이다. 오직 마음만이 그것을 구분할 수 있다.

둘째, 관습 역시 진리를 위해 합당한 검증이 못된다. 왜냐하면 관습은 좋은 것도 있고 나쁜 것도 있으며 진리도 있고 악도 있기 때문이다. 어떤 것은 진리가 되던지 악이 되던지 관습을 넘어 존재하고 있기 때문에 관습 그 자체의 근거를 검증해야 한다.

셋째, 마찬가지로 전통은 처음부터 한 그룹에 의해 전해져 내려온 것보다 더 규범적인 실체를 가지고 있는 관습인데도 전체적인 전통으로서는 불충분하다. 그 이유는 실존에 있어 많은 전통과 필수적인 요건에 따라 너무나 많은 모순된 것들이 포함되어 있어 단지 정신 병원에서나 그런 것들이 정당화 될 수 있기 때

---

igan, 1976), p.121.

문이다.

넷째, 여론, 또는 국가의 일치된 견해가 진리에 대한 검증으로서 실패한 이유는 모든 사람들이 한때는 이 세계가 우주의 중심이라고 믿었다. 하나의 명제는 모든 사람들이 신뢰할 수 있는 가치가 있다는 정도로 진리가 되는 것이지만 모든 사람들에 의해 믿게 되는 것이 진리라는 것은 뒤 따라오지 않는 것이다.

다섯째, 인간의 감정은 완전하지 못할 뿐만 아니라 그 감정을 인도할 이성이 없기 때문에 그 감정은 무책임한 것이다.

여섯째, 감각적 지각은 카넬(Carnell)에 의해 거절되고 있는데 그 이유는 그 지각이 기껏해야 진리에 대한 자료는 될지언정 진리의 정의(Definition)가 된다거나 검증될 수 있는 것이 아니기 때문이다. 우리의 감각은 우리를 속이고 있기 때문이다.

일곱째, 직관(Intuition)은 진리를 검증하지 못할 뿐 아니라 그 직관(Intuition)은 잘못된 직관(Intuition)을 조사할 수 없다. 거기에다 잘못된 직관(Intuition)이 많이 존재하고 있는 것이 더 큰문제이다.

여덟째, 실재(Reality)에 대한 이념의 일치는 진리에 대한 검증이 될 수 없다. 그 이유는 만약에 실재(Reality)가 특별한 이념주의를 형성하고 있다면 어떻게 그 실재(Reality)의 이념과 우리의 마음의 이념을 비교할 수 있는가? 우리의 이념이 그와 같다면 피아노를 우리의 마음속으로 가져와 볼 수 있단 말인가?

아홉째, 실용주의(Pragmatism)는 역시 접합하지 못하다. 순수한 실용주의(Pragmatism) 근저에는 질료냐(Matter)? 정신이냐(Spirit)? 의 문제에 있어 가장 높은 궁극적인 물질주의와 유신론적 관점에 대한 반대개념을 구분할 수 있는 방법이 없기 때문이다. 더욱이 실용주의자는 그의 이론이 미래의 경험에 의해 입증될 수 있는 유익을 기대할 수 없다. 왜냐하면 실용주의자는 세계의 질서를 믿을 수 있는 근거를 가지고 있지 못하기 때문이다.[609] 라고 카넬(Carnell)은 다양한 주장을 내 세웠다.

결론적으로 카넬(Carnell)은 진리에 대한 검증에 있어 연역적(Deductive) 증

---

609) Edward J, Carnell, Introduction to Christian Apologetics, (Eerdmans Publishing Company, Grand Rapids, Michigan, 1948), pp.48-53, 105.

거는 적합한 논증이 아니라는 것을 주장하고 있다. 그 이유는 실재(Reality)는 단순한 형식논리에 의해 연결될 수 있는 것이 아니기 때문이다. 즉 진리에 대한 논리적 증거는 삶에 관한 사건들이 구체적으로 그림이 그려질 때 까지는 실체화된 진리 속으로 들어갈 수 없기 때문이다. 그리고 귀납적(Inductive) 증거는 진리에 대한 검증으로서 근거가 없다고 주장한다. 왜냐하면 귀납적(Inductive) 논증은 가능성 이상이 일어날 수 없으며 하나의 전제(Premise)가 오직 자아 증거의 전제에 대한 필연적인 함축성이 나타날 때에는 증명될 수 있으나 그것이 모순으로 나타날 때에는 증거의 실패를 가져오기 때문이다.[610] 라고 주장하였다.

(2) 체계적인 일관성은 진리에 대해 합당한 검증이다.

역사 선상에서 발견된 모든 것은 하나의 가능성이며 반면에 논리로 인하여 우리가 발견한 모든 것은 형식적인 정당성일 뿐이다. 그러므로 우리가 그것들이 일치하게 결론에 도달할 때까지는 완전한 진리를 소유할 수가 없다. 진리는 모든 경험에 의하여 합당하게 구조화 된 의미를 갖추어야 한다. 완전한 일관성은 항상 두 가지 기본적인 요소를 포함하고 있다. 그것은 형식적인 정당성을 제공하는 모순의 법칙과 또한 실물의 정당성을 제공하는 역사 선상의 구체적인 사건들이다. 그 이유는 형식적인 정당성이 없이 우리가 진리의 보편성과 필연성을 소유할 수가 없으며 실물의 타당성 없이 우리가 살고 있는 이 세상에 대하여 관련성을 소유할 수가 없기 때문이다.[611] 라고 가이슬러(Geisler)는 주장하였다.

여기서 카넬(Carnell)이 주장하는 **체계적인 일관성에** 대하여 몇 가지 요소를 주장하고 있는데 그것들은 다음과 같다.

첫째, 수평적(Horizontal) 자가 일관성이라는 것이 있는데, 그것은 주체가 되는 모순의 법칙을, 모든 입장의 주된 가정설(Hypothesis)이 형식논리의 법칙을 조화롭게 만들어 서로 깊은 연관성을 이룩하는 것이다.

---

610) Ibid, p.122.

611) Norman Geisler, Christian Apologetics, (Baker Book House, Grand Rapids, Michigan, 1976), p.122.

둘째, 사건의 수직적(Vertical)인 적합성이 있음에 틀림없다. 이것은 일관성을 말하는 인간의 역사에 있어 바위들, 뼈들, 그리고 식물들의 실체로 구체적인 사건들의 해석을 포함하고 있다. 카넬(Carnell)은 외적 경험으로서 역사와, 내적 경험으로서 사람의 이성과 도덕적 경험을 모두 포함하여 두 가지를 관찰하고 있다.

셋째, 카넬(Carnell)이 또 다른 것을 발전시킨 것이 있는데 그것은 최후의 관점으로 "지식의 세 번째 방법론"이라고 부르는 것이다. 이 방법론은 모든 지식은 익히 아는 것이나 추론에 의존하여 증명되는 것이 아니라고 주장한다. 즉 어떤 지식은 도덕적 자아 인식으로부터 온다.[612] 고 주장하고 있다.

가이슬러(Geisler)는 위에 카넬(Carnell)이 주장한 내용을 다음과 같이 평가하고 있다. "카넬(Carnell)은 도덕적 자아 수납이나 도덕적 책임에 의한 지식을 인격적 청렴과 연결시켜 말하고 있다. 그러므로 카넬(Carnell)이 말하는 세 번째 방법은 키엘케골(Kierkegaard)로부터 잠정적으로 유추해낸 것이므로 우리는 그것을 실존적인 관련성의 검증이라고 부르게 된다. 카넬(Carnell)의 기독교 변증학의 내용을 간단하게 요약하면 진리를 검증하는 세 가지 요점이 있는데 그것은 **일관성, 결합성, 그리고 실존적 관련성이다.** 또는 두 번째 범주인 결합성이 내적인 것과 외적인 것으로 다시 나누어질 수 있으므로 실제로는 **논리적 일관성, 내재적인 개인적 결합성, 외적인 경험적인 적합성, 그리고 실존적인 관련성** 네 가지가 존재한다. 이러한 관점에서 볼 때 페레(Ferre)와 카넬(Carnell) 사이에는 명시할만한 유사성이 있다. 그러나 카넬(Carnell)에 의한 검증이 적용되기만 하면 그의 결론은 페레(Ferre)의 것과는 명백하게 다르게 구별된다."[613] 라고 주장했다.

(3) 체계적인 일관성에 의한 기독교의 검증

카넬(Carnell)은 주장하기를 어떤 세상의 관점에서 볼 때 체계적인 일관성

---

612) Edward John Carnell, Christian Commitment An Apologetics, (New York, The Macmillan Company, 1957), pp.22. 29.

613) Norman Geisler, Christian Apologetics, (Baker Book House, Grand Rapids, Michigan, 1976), pp.122-123.

이 이성적인 개연성(Probability)을 넘어 일어날 수 없다는 이유를 말하고 있다.

첫째, 기독교의 특수한 사건이 개연성(Probability)을 넘어 일어날 수 없다는 주장은 시공간의 역사적 사건에 기초하고 있다는 의미인데 그것은 아주 자연적인 현상에 의존한 것이며 기하학적(Geometrical) 확실성으로 증명될 수 있는 것이 아니다.

둘째, 기독교는 그 진리를 어떤 규범에 의해 증명할 수 없다. 기독교는 도덕률의 가치관에 기초를 두고 있다는 것이 그 이유이다. 그리고 가치관은 인격적 관점을 가지고 있으며 더 이상의 호소할 바탕이 없다는 것을 인식하는 것이다. "당신은 말을 물가로 이끌고 갈 수는 있으나 물을 먹일 수는 없다."는 것과 같은 이치이다. 그러므로 당신은 사람을 그리스도에게로 인도할 수는 있으나 그를 그리스도를 믿을 수 있도록 만들 수는 없다. 그러나 사람은 기하학적(Geometrical)으로 설명 할 수는 없지만 한 명제가 결합성이 있다는 확증으로부터 성장하는 도덕률의 확신은 얻을 수 있다는 주장이다. 그리고 카넬(Carnell)은 "도덕률의 확신에 의하여 주어진 하나의 의미 모형(Meaning-Pattern)의 진리에 관하여 확신이 되도록 우리에게 원인을 일으키는 증거에 관한 강렬한 인식을 넘어 행동하도록 하는 것을 의미한다."[614]고 말하고 있다.

카넬(Carnell)은 마음에 있어 증명의 개연성(Probability)과 도덕률의 확실성에 관한 이해와 더불어 기독교에 대한 그의 검증을 적용하려고 한다. 그는 출발점들에 대하여 체계적인 분석과 함께 검증적용을 시도한다. 그 이유는 기독교의 출발점이 방법론과 결론 두 가지 모두를 지배한다고 믿기 때문이다. 철학은 스위치 없는 철로와 같기 때문이라는 견해를 선호하기 때문이다. 사람이 한번 주어진 방향에 위탁되면 그 결과는 결정된 것으로 말하기 때문이라는 것을 이유로 들고 있다. 여기에서 카넬(Carnell)은 세 가지 가능한 출발점을 보이고 있다.

첫째, 미성년으로부터 성인에 이르기까지 사람이 수용할 수 있는 출발점이나 자연적 조건이 있기 때문에 검증의 내용을 거절하는 이유가 있다. 그것은 모

---

614) Edward Carnell, Introduction to Christian Apologetics, (Eerdmans Publishing Company, Grand Rapids, Michigan, 1948), pp.113-117.

든 사람에게 공통적인 요소로 인하여 취소되어 버리기 때문에 이유 없이 거절하게 된다.

둘째, 우리의 경험에 대한 존재와 의미를 주는 논리적 출발점이나 협력 관계를 형성하는 최후의 목적도 역시 거절되고 있다. 그 이유는 모든 논리적인 최후의 목적이 검증되어야 하는데 탈레스(Thales)의 물(Thales' Water), 플라톤의 선(Plato's Good), 그리고 기독교의 삼위일체 사이는 근본적인 차이점이 있기 때문이다.

셋째, 공통적 관점의 출발점이 필요한 이유가 있는데 그것은 질문에 대한 대답으로서 "논리적 출발점을 어떻게 증명할 수 있느냐?"[615] 이다.

카넬(Carnell)은 위에 제시한 세 가지의 가능한 공통적 출발점을 상정하고 있다.

첫째, 카넬(Carnell)은 내적으로 말로 표현할 수 없는 경험이든지 하나님에게 몰입된 신비적인 경험으로 압도되고 형언할 수 없는 영혼의 실재(Reality)에 대한 직접적인 확신을 가져오는 현상을 언급하고 있는데 "우리는 이것은 넘어 지나쳐야 한다."고 말하고 있다. 그 이유는 "진리가 체계적인 일관성을 유지하며 통할 수 있는 명제로 표현되어야 하기 때문이다. 그러나 이것은 신비적 개념에 있어서는 불가능한 것이다."[616] 라고 주장한다.

둘째, 카넬(Carnell)은 외적으로 말할 수 있는 경험은 거절된다고 말한다. 이유가 있는데 감각은 불변의 진리를 제공하는 무능력 때문에 아리스토텔레스(Aristotle)이든 아퀴나스(Aquinas)이든 거절 되어야 한다. 진리는 물과 마찬가지로 그 근원 이상을 넘어 더 높이 올라가지 못한다. 아퀴나스(Aquinas)는 하나님을 증명하는 여러 가지의 시도가 무익하다고 논증하고 있는데 그 이유는 "만약 진리가 보편적이고 필요 불가결한 것이라면 감각적 인지의 분석으로부터 유추 될 수 없다. 유추될 수 없다는 이유가 있는데 변화는 오직 변화로부터 오기 때문이다."[617] 라고 주장하고 있다.

---

615) Ibid, pp.123-125.

616) Ibid, p.125.

617) Ibid, p.126.

셋째, 진리는 우리에게 출발점으로서 내적으로 표현할 수 있는 경험을 남겨두고 있는데 그것은 보편적이며 필수적인 원리들이다. 그것들은 감각적 인지에 관해 독립적인 것들이다. 그 이유는 체계에 관한 진리를 검증하기 위해 우리는 말로 표현할 수 있는 유능한 어떤 불변의 원리를 영혼 속에 간직하도록 해야 하기 때문이다.[618] 라고 주장하고 있다.

카넬(Carnell)은 주장하기를 "경험주의가 가지고 있는 문제점에 대한 유일한 대안은 일종의 기독교적 합리주의가 될 것이다. 어거스틴(Augustine)이 가르친 것과 마찬가지로 창조주로부터 자연적으로 부여받는 마음이 우리가 탐구하는 진리, 선, 그리고 미를 만드는 기본적인 것들에 대한 즉각적인 인식을 즐거워하는 원인이다. 왜냐하면 진, 선, 그리고 미를 의미 있게 말하려면 우리는 표준을 가져야 한다. 그러나 우주적이며 필연적인 기준은 감각기능의 변화에 있어 다른 외부로부터 발견되어져야 한다."라고 말했다. 한편으로는 "만약 정신이 본질적으로 신념의 소유 안에 있지 않다면, 우리가 한 가지 사물이 진리와 밀착되어 있다는 것을 어떻게 알 수 있는가? 그리고 우리가 역사의 흐름의 외부에다 무엇인가 선에 관한 우리의 이론을 정박시키지 않고 오늘의 선한 것이 내일의 선한 것이 될 것이라고 어떻게 확신 있게 말할 수 있는가? 간단히 말하자면 하나님께서 우리에게 말씀하지 않는데 지혜롭게 행동하기 위해 모든 실재(Reality)의 특성을 우리가 알 수 있단 말인가? 그렇기 때문에 계시는 우리의 영이 잘되기 위해 절대적으로 필요한 조건이다. 인간은 오직 빛 가운데서 빛을 볼 수 있다. 모든 진리는 하나님 안에서 존재하는 진리에 관한 영혼으로부터의 반응이다. 이 계시는 자연적인 것과 또한 특별한 것 두 가지다. 그러나 특별계시가 제공하는 자료는 자연계시의 부족한 자료를 충족하기 위해 필요한 것이다. 그 이유는 사람의 지성은 하나님으로부터의 특별계시 없이는 삶의 철학을 완성하는데 있어 무능하기 때문이다. 우리의 죄악에 사로잡힌 심령은 하나님에 관한 자연의 증거를 평가절하 할뿐만 아니라 나아가 우리가 확실한 소리를 발해야 하는 이유는 수평적으로 자기모순을 범하지 않고 수직적으로는 사건을 합당하게 정립하는 실재(Reality)에 관한 이론

---

618) Ibid, p.139.

안으로 우리를 인도하는 것이 필요하다."[619]고 말했다.

　　카넬(Carnell)은 일반계시에 대해 칼빈(Calvin)의 주장에 동조하고 있다. 그는 "일반계시를 통해 하나님에 대한 경외심을 일으키게 된다. 우리는 그 일반계시를 통해 미래의 삶에 대한 소망을 일깨우고 자극을 일으키기도 한다. 그런데도 불구하고 인간은 사악하여, 하나님께서 그분의 작품인 피조물들을 통해 소망에 대해 명확한 설명을 해주고 계심에도 불구하고, 인간의 어리석음이 이러한 명백한 증거에 너무 부주의 하여 우리는 그것들로부터 아무런 이득을 이끌어 내지 못하고 있다."는 칼빈의 주장을 인용하여 일반은총은 하나님의 지식에 대한 형식적인 설명이 아니며 세심한 증명임을 재삼 상기시켜 주고 있다고 말했다. 즉 이러한 전제를 무시하고 우리의 경험에 의해 하나님을 이해할 수 있는 방법은 없다. 그러나 일반 계시는 비록 하나님을 인식하는데 도움이 될 지라도 우리에게 구원의 지식을 가져오는 일에는 불충분하다.[620]고 말하고 있다.

　　나아가 카넬(Carnell)은 특별계시인 성경에 관한 논증을 다음과 같이 논증하고 있다. 기독교인은 성경에서 하나님 자신을 계시한 대 전제에 의존하여 움직인다. 즉 기독교인은 성경이라는 66권의 모든 전체적인 정경에 의존하여 신앙생활을 한다. 그 정경은 어떤 다른 주장과 마찬가지로 수평적으로(Horizontally) 스스로 일관성이 있고 수직적으로(Vertically) 사건에 적합한 함축적 구조 안에서 결론지어질 때 증명될 수 있다는 점을 강조했다. 그러나 카넬(Carnell)이 한 가지 강조하는 점이 있는데 "특별계시(Special Revelation) 때문에 자연계시(Natural Revelation)를 버리게 될 때, 조심해야 할 것은, 인식론에 있어 분기점을 형성하는 것이 아니다."라고 주장했다. 즉 특별계시(Special Revelation)와 일반계시(General Revelation)는 서로 동반되어 하나님의 인식에 협조해야 된다는 말이다. 우리의 믿음 때문에 이성을 포기하지 않아야 한다고 강조한다. 즉 오히려 우리는 일반은총(Common Grace)을 통해 이미 우리가 가지고 있는 믿

) Edward Carnell, Introduction to Christian Apologetics, (Eerdmans Publishing Co, Grand Rapids, Michigan, 1948), pp.152-157.

620) Norman Geisler, Christian Apologetics, (Baker Book House, Grand Rapids, Michigan, 1976), p.125.

제 4 장　기독교 변증학의 방법론　753

음을 강화시키려고 노력해야 한다. 왜냐하면 믿음이란 증거의 충분성에 있어 영혼의 안식처이기 때문이다. 성경은 우리에게 보다 많은 증거를 제공하기 위해 필요한 것이다. 성경은 특별계시가 가지고 있는 사건(Fact)의 실체와 필연성 모두를 변호하고 있다. 어떤 설득력 있는 철학적 논증도 계시의 가능성을 배제하는데 소개될 수 없다. 왜냐하면 사람은 하나님께서 그분 자신을 계시한 것을 알뿐만 아니라 모든 것을 내려다보시며 자취를 따라 간섭하시고 계신다는 것을 알게 된다. 우리가 실재(Reality)에 관한 모든 사건들을 검증한 후에, 어떤 작은 하나의 사건이라도 바로 그 자체가 계시가 될 수 있다는 사실을 점검해 보면, 하나님께서 만물을 다스리고 계신다는 것을 알 수 있다.[621]라고 주장하였다.

2. 결합주의(Combinationalism)의 본질적인 주장들

결합주의의 주장들을 살펴보면 결합될 수 없는 서로 다른 관점들이 존재하고 있다는 것을 알 수 있다. 그런데도 불구하고 그 주장들을 억지로 맞추어 공통점을 형성하려 하고 있다. 그와 같은 서로 다른 관점들이 상존하고 있다는 것은 다른 관점에 해당하는 정도에 따라 비례적으로 또는 반비례적으로 기독교를 변증하는데 있어 결점을 가지고 있다는 말이다. 즉 결합주의 이전에 열거한 여러 가지 종류의 기독교 변증학(Christian Apologetics)에 관한 관점들은 각자 스스로 결점을 가지고 있다는 것을 나타내 보이고 있다는 말이 된다. 그러한 결점을 보완하기 위해 결합주의를 강조한 변증학이 나타나게 되었다. 그러나 이러한 기독교 변증은 오히려 더 혼란을 가중시키고 있다. 결합주의는 스스로 혼돈을 야기 시키는 자체 모순을 드러내고 있기 때문이다. 예로 논리주의에 기초한 하나님에 대한 논증과 경험주의에 기초한 하나님에 대한 논증은 서로 동의할 수 없는 경계선을 유지하고 있다. 또한 증거주의와 신앙주의 사이에도 역시 동의할 수 없는 경계선이 존재하고 있다. 절대적인 하나님의 존재를 논증함에 있어서는 절대적 인식론이 전제 되어야 한다. 논리주의와 경험주의는 서로의 경계선을 유지하고 있는 한 절대적인 하나님을 논증하는데 있어 서로의 모순만을 드러낼 수밖에 없다. 신앙

---

621) Edward Carnell, Introduction to Christian Apologetics, (Eerdmans Publishing Company, Grand Rapids, Michigan, 1948), pp.175-178, 190.

주의와 증거주의도 마찬가지이다.

또한 결합주의는 유비적(Analogical) 관계형성을 통해 공통분포를 형성하여 하나님의 존재증명에 관한 공통 분포(Common Ground)를 형성하려고 한다. 그러나 거기에는 자체 모순을 해결할 수 없는 문제가 도사리고 있다. 그 이유는 절대적 하나님의 존재를 증명하는데 있어 절대적 객관성을 유지하는 논증이 성립될 수 없기 때문이다. 결합주의의 객관성은 절대주의에 관한 객관성을 성립시킬 수 없다. 성경은 하나님의 절대성을 전제로 하여 하나님과 그의 백성 사이의 언약을 체결하셨다고 말씀하고 있다. 성경은 하나님의 존재, 인격적 삼위일체 하나님, 예수 그리스도의 2성 1인격, 그리스도의 죽음과 부활, 그리고 영원한 하늘 나라 등의 교리에 대해 어떤 경우에든지 절대적 불변의 진리를 말씀하고 있다. 어떤 이론이나 경험도 이 전제를 변경시키거나 넘어설 수 없다. 그러므로 우리는 이러한 절대주의에 의한 객관성을 근거로 하여 기독교를 변증해야 한다. 그럼에도 불구하고 결합주의는 여러 가지 세속철학의 개념까지라도 끌어들여 성경의 절대주의를 넘어선 객관성을 구성하여 기독교를 변증하려는 우매한 일을 획책하고 있다. 가이슬러(Geisler) 역시 이러한 문제점들을 지적하고 있다. 그가 지적한 몇 가지의 주장을 참고하여 결합주의의 문제점들을 분석해 보자.

1) 논리적이며 경험적인 검증의 불일치성

결합주의(Combinationalism)는 논리적인 면과 경험적인 면이 서로 동의할 수 있는 일관성과 적합성에 있어 진리를 검증할 수 없다는데 동의한다. 논리와 경험은 전제, 과정, 그리고 결과가 다르게 나타날 수밖에 없는 경우가 허다하기 때문이다. 한 가지 예를 들어 보자. 우리는 모든 만물이 우주에 존재하는 원소로 형성돼 있다는 것을 알고 있다. 이는 상식적인 문제이다. 그렇다면 간단한 원소로 형성돼 있는 생물을 만들기 위해 공기 중에 있는 원소를 추출하여 그 생물이 가지고 있는 원소의 비율로 배합했을 때 똑 같은 생물이 태생되어 나올 수 있는가? 라는 질문을 던지게 된다. 그러나 그러한 질문에 대한 해답은 불가능하다는 것을 알게 되는데 그것은 실험을 해보면 분명히 나타난다. 그러한 실험을 통해 알 수 있는 것은 모든 생물은 그 생물만 가지고 있는 유전적 DNA가 존재하고 있기 때문에 그러한 실험을 통해 생물이 발생할 수 없다는 길을 알려주고 있다. 심지어 인간은 피를 수혈할 때도 O 형의 피를 가지고 있는 사람은 A형이나 AB 형의 피를 받을 수 없다. 논리적으로 말할 때 사람의 피를 사람이 받는데 왜 어떤 사람의 피는 수혈이 가능하고 어떤 사람의 피는 불가능 하느냐? 고 묻는다면 혈액형이 다르기 때문이라는 실제적 사건을 가지고 설명할 수밖에 없다. 그리고 그 원인을 설명하려면 실험적이며 경험적 사건에 의존하여 나타난 결과를 토대로 하여 증명하게 된다. 그러므로 우리가 진리를 증명할 때 사건의 결과와 논리와의 차이점을 어떻게 일치시킬 수 있는가? 이는 영원한 숙제로 남게 된다. 이제 종교적 관념으로 들어가 보자. 하나님과의 관계에 있어 수직적(Vertical) 관계를 논리적으로 설명할 수 있는가? 창조를 논리화 할 수 있는가? 예수님의 부활사건을 논리화 할 수 있는가? 이를 증명하기 위해서는 시공간의 사건을 실체적으로 설명하는 길밖에 없다. 즉 박물관에 안치되어 있는 예수님의 얼굴을 덮었던 수건의 혈액형을 검사한 결과 AB 형인 마리아의 혈액형만 발견되고 예수님의 혈액형은 도저히 발견할 수가 없었다. 이는 예수님의 피는 죄성을 가진 인간의 혈육을 취하지 않았다는 사실을 증명하고 있다. 이러한 증명을 세계가 놀랄 정도로 많은 매스컴들이 다투어 발표하였다. 그러나 이러한 증명은 논리로 성립되는 것이 아니고 실험을 통해 즉 시공간 세계에서 일어난 사건을 보여줌으로 증명이 성립된다. 그러나 우리가 교리학을 정립할 때는 성경에 나타난 역사적 사건을 유비적(Analogical)이며, 귀납적(Inductive)이며, 그리고 연역적(Deductive)인 방법으로 조직화 할 수 있는 것이 못된다. 교리학은 성경에 기록된 사건계시와 설명계시를 조화롭게 그리고 질서있게 고백주의 개념으로 정립하여 독자들로 하여금 인식하게 만들어야 되는 것이다.

2) 결합주의의 전제(Presupposition)에 대한 문제점

결합주의(Combinationalism)자들은 출발점에 있어 전제적 문제점을 안고 있다. 기독교 변증학(Christian Apologetics)은 하나님의 존재를 증명하는 일에 있어 자기 합리화로 객관적 논증을 완성할 수 없다. 전제에 있어 결합주의

(Combinationalism)의 출발점은 중립적이거나 자연적이 되지 못한다. 사람은 그가 시작한 그 노선에서 끝을 맺게 되는 습성이 있다. 만약 출발점이 중립적이거나 자연적이라면 그것들은 적어도 정당화 된 전제를 가지고 있어야 한다.[622] 그런데 우리가 깊이 생각할 것은 순수이성은 존재하지 않는 다는 것을 알아야 한다. 그렇기 때문에 칸트(Kant)의 철학은 출발점부터 가정설(Hypothesis)을 전제로 하고 있다는 말이 된다. 가정설(Hypothesis)이기 때문에 전제가 틀리거나 없는 것이다. 또한 구조를 갖추지 않은 감각경험도 존재하지 않는다는 것을 말하고 있다. 즉 중간 상태(Neutral Position)의 순수 이성은 없다는 말이며 구조를 갖추지 않은 감각 경험도 없다는 말이다. 이는 순수이성(純粹理性, Pure Reason)에 있어 필연적인 시발점이 없으며 구조를 갖추지 않은 감각경험이 없다는 말이다. 형식만 갖춘 논리는 공허할 뿐만 아니라 감각경험은 의미 있는 구조를 필요로 한다는 말이다. 그러므로 순수이성(純粹理性, Pure Reason)과 감각경험은 자체적으로 전제가 될 수 없다. 인간이 가지고 있는 이성과 감각경험은 인간 스스로 생성해 낼 수 없다. 이미 창조주 하나님으로부터 부여 받은 것이기 때문에 인간 이성과 감각경험의 전제는 하나님에 의한 피조물이며 이성과 감각 그 자체가 전제가 될 수 없다.

3) 결합주의(Combinationalism)에 있어 경험론에 대한 문제점

경험은 경험 그 차제가 진리를 증명하는데 전체적이며 근원적인 해결을 완성할 수 없다. 경험은 진리를 밝혀내는데 있어 하나의 과정에 불과하다. 그렇기 때문에 과학적 경험은 진리를 밝혀내는데 과정으로서 큰 역할을 담당하고 있지만 진리의 본질을 밝혀내는 데는 한계를 가지고 있다. 경험은 자기 스스로를 해석해 내지 못하고 오직 의미를 부여하기 위해 보조적 역할을 할 따름이다. 과학은 과거와 현재에 관한 재 변형을 기초로 삼고 있다. 그러므로 무(無)로부터의 본질을 발명해 낸다는 것은 불가능한 일이다. 과학적 경험은 진리의 본질을 증명하는데 있어 과정으로 등장하는 것뿐이다. 과학 이외의 모든 경험도 마찬가지이다. 우주

---

622) Norman Geisler, Christian Apologetics, (Baker Book House, Grand Rapids, Michigan, 1976), p.126.

가 존재하기 때문에 천문학이 성립되는 것이며 천문학이 우주를 새로 만들어 내거나 천체의 구조를 새로 변형시킬 수 없다. 그러므로 과학이라는 경험론은 우주를 전제하지 않고는 어떤 원리를 밝혀낼 수 없다. "지구가 해를 돌고 있다."는 지동설은 과거에는 진리가 아니었다. 그런데도 불구하고 지구는 해를 돌고 있었다. 이럴 때 진리를 어떻게 규정할 것인가? 진리는 변하는 것인가? 중세 이전에는 해가 지구를 돌고 있었다는 논설이 진리로 통했다. 그러므로 경험에 의한 진리 증명은 한갓 지엽적인 부분에 속하는 것뿐이다. 과학적 경험에 의한 증명이 올바른 진리로 인정되기 위해서는 창조주 하나님께서 만물을 창조하신 실체를 전제하지 않고서 성립될 수 없다.

4) 과학에 있어 가정설(Hypothesis)의 문제점

이제 3)번의 **과학적 경험의 문제점을** 이해하는데 있어 과학이라는 가정설(Hypothesis)의 문제점을 바로 직시해야 할 단계이다. 많은 사람들이 과학은 언제나 실물을 전제로 하여 확실한 근거를 찾아낸다고 생각한다. 그러나 과학은 언제나 가정설(Hypothesis)을 전제로 하여 사실에 접근한다. 그 가정설(Hypothesis)이 실험이라는 경험을 통해 실체화 될 때에 과학이 성립된다. 그렇다면 과학이라는 경험은 우선적으로 가정설(Hypothesis)을 전제로 하는 진리검증이다. 에디슨(Edison)이 전기를 발명한 것은 전기의 원리가 지구상에 존재하고 있었기 때문에 실험을 통한 변형된 기술을 응용하여 전기를 만들어낸 것이다. 그렇다면 전기는 창조된 만물 안에 이미 존재하고 있었다는 말이다. 나아가 과학이 창조된 만물을 어떻게 입증할 것인가? 즉 전기의 존재를 어떻게 입증할 것인가? 또한 전기의 존재뿐 아니라 왜 전기가 존재했는가? 최초의 전기가 어떻게 존재했는가? 를 입증할 수 있는가? 그것을 입증하기 어려운 것이 바로 과학의 문제점이다. 이 말은 창조를 과학적으로 증명하는 것은 경험적으로 불가능하다는 뜻이다.

5) 결합주의(Combinationalism)가 기독교 변증학에 공헌한 점

아무리 합리적이며 경험적인 요소를 수없이 동원할 지라도 성경의 교리와 동

떨어진 기독교 변증은 한계를 가지고 있다. 단편적인 변증의 한계를 극복하기 위해 결합주의를 내 세운 것은 나름대로의 고심한 노력을 엿볼 수 있다. 그 노력을 칭찬할만하지만 그것도 결국 세속철학의 원리를 사용한 주관적 한계를 벗어나지 못한 논증이다. 그러나 다음의 몇 가지 공헌한 점을 전개해 보자.

첫째, 해석의 골격이나 형이상학적 모형에 대해 필연적인 수긍은 하나의 중요한 통찰력이 된다. 사건들은 스스로를 위해 말하지 않는다. 마찬가지로 진리는 사건들 안에만 존재하지 않는다. 사건 속에는 첨가된 의미를 포함하고 있는데 진리에 대한 기본은 될 수 있다. 그리고 그 의미는 사건으로부터 자연적으로 일어나는 것이 아니다. 도리어 그 의미는 외부로부터 그 사건에 예속되어 있는 것이다. 그것은 의미를 가지고 있는 사건 안에 세계적 관점이나 골격을 전제하고 있다. 다른 말로 말하면 그 사건 자체만을 통째로 해석하게 되면 사건은 벌거벗은 채로 남아있게 되고 의미 없는 사건으로 남아있게 된다. 사건들과 경험은 의미에 대한 기초가 된다. 그러나 사건의 자료만으로는 의미가 주어졌다고 말할 수가 없다. 궁극적인 진리를 주장하도록 가능하게 만들기 이전에 우리는 우주에 관한 형이상학적 모형을 전제해야 한다.[623]

위에 가이슬러(Geisler)가 주장한 내용은 의미심장하다. 사건은 사건 자체가 진리를 증명하지 못할 때가 있기 때문에 사건이 포함하고 있는 의미를 간파해야 진리를 증명할 수 있다는 말이다. 그 진리는 깊은 경험으로부터 나오게 되는데 사건이 포함하고 있는 진리를 간파하기 위해서는 사건을 해석하는 골격과 형이상학적 모델이 필요하다는 주장이다. 그러나 우리가 깊이 생각할 문제는 사건에 포함되어 있는 의미를 파악해야 되는데 그 궁극적인 의미는 사건에 대한 하나님의 섭리이다. 사건이 포함하고 있는 하나님의 뜻은 세속철학의 개념에 기초한 형이상학적 개념으로 이해되는 것이 아니다. 하나님께서 계획하신 신적작정에 의한 경륜(Administration)을 이해하지 못하면 사건에 대한 본질을 해석하는 것은 불가능하다. 합리적으로 해석이 불가능한 사건에 대해 반대급부로 경험을 통해 진리를 찾아내려고 하면 그 경험이 주관적으로 적용될 때 그 적용 역시 해석의 불가

---

623) Ibid, p.127.

능을 접하게 될 수밖에 없다. 주관적 경험도 인간의 의지에 따라 한계가 있기 때문이다. 하나님의 오묘한 뜻은 사람이 보기에 불합리하지만 그 사건을 통해 또는 우리의 기대하는 것과는 정 반대 방향으로부터 오는 경우가 허다하기 때문이다.

둘째, 우리가 진리를 증명할 때 단순논리를 통해 실체를 규정하려면 그 개념조차 밝혀낼 수가 없는 경우가 있다. 복잡한 우주적인 진리를 단순한 일차원적 원리로 해결할 수 없기 때문이다. 우주적 진리는 거기에 상응하는 포괄적인 개념을 통해 진리를 입증해야 한다. 합리적, 경험적, 그리고 실존적인(Existential) 요소들을 포함하고 있는 세계관의 진리를 검증하기 위해서는 단순한 합리적 요소 하나만을 선택하거나 경험주의적 요소 하나만을 선택하는 것은 아주 협소하고 부적합한 검증 방법이다. 그런 의미에서 페레(Ferre)와 카넬(Carnell) 모두가 기독교 진리를 체계적으로 그리고 전체적으로 검증할 필요성을 알고 있다고 봐야 할 것이다. 그들은 "기독교를 정확히 검증하기 위해 합리적, 경험적, 그리고 실존적 요소들 모두가 필요하다는 것을 인지하고 있다. 그러므로 진리문제에 있어 기독교를 올바로 인식하기 위해 여러 가지 관점을 결합한다는 것은 한편으로는 가치 있는 일로 보인다. 왜냐하면 진리 그 자체가 제안된 진술에 대하여 공식적으로 제한성을 가지고 있을지라도 세계관(Weltanschauung)에 있어 논의되고 있는 실재(Reality)와 차원(次元, Dimension)의 영역은 제안된 명제들이나 진술들에 대한 제한을 받지 않기 때문이다. 몇 가지 예를 들자면 감정, 태도, 덕, 그리고 상호 인격적인 관계 등은 완전한 세계관에 비추어 볼 때 부분적인 명칭에 불과하며 만약 우리가 전체적인 체계의 진리를 평가하려고 할 때는 반드시 부분적인 진술들을 완전한 세계관과 비교 대조하여 설명해야 한다. 가치와 생존에 관한 문제는 비록 완전하지 못하거나 진리에 대한 적합한 검증이 이루어지지 못했을지라도 진리로부터 갈라질 수가 없는 것이다."[624] 라고 주장했다.

가이슬러(Geisler)는 위의 논증을 통해 진리를 검증하는데 있어 단순논리와 우주론적 개념의 차이를 의미 있게 분석하고 있다. 세속철학, 윤리주의, 그리고 도덕주의 개념으로 우주론적인 입장의 하나님을 인식하고 분석한다는 것은 불

---

624) Ibid, p.127-128.

가능하다는 것을 간파하고 있다. 그러므로 전체적이며 우주론적인 하나님의 존재뿐 아니라 그분의 인격을 인식하기 위해서는 단편적인 이념에 의한 검증이 불가능하다는 주장이다. 옳은 주장이다. 그러나 우리가 생각할 점이 있다. 성경과 역사적 신앙고백주의 입장에서 볼 때 이 주장 또한 문제점을 가지고 있다. 교회사를 통해 역사적으로 고백한 신앙고백에 나타난 신적작정(Decree)론을 탐구해 보면 하나님의 인격, 우주의 창조와 종말, 역사 선상에서 일어나는 시공간의 사건, 사건의 발생과 원인, 사건의 의미, 종말에 관한 시원적(Basis of Beginning) 입장, 창세전 하나님의 존재, 만물에 관한 보존, 만물을 다스리고 섭리하시는 하나님의 주권, 그리고 종말 이후의 하나님의 통치 등에 관한 포괄적이고 구체적인 내용들은 세속철학에 의존하여 결합주의적 개념으로 검증될 수 없는 교리이다. 단편적인 합리성을 통해 또는 경험을 통해 하나님에 대한 진리를 검증한다는 것은 참으로 편협한 방법이지만 결합주의(Combitionationalism)를 통해 하나님에 대한 진리를 검증한다는 것 역시 한계가 있다. 기독교인들도 사건들 속에 포함된 하나님의 신적작정(Decree)에 관한 구체적인 내용을 모두 인식하지 못하는 것은 사실이다. 그러나 사악한 인간이 이해할 수 없는 사건에 대해 하나님의 사역을 무시하는 일은 더욱 사악한 일이다. 이해할 수 없는 사건에 대해서 인간은 자신의 무능함을 깨닫고 하나님의 깊은 뜻이 들어 있다는 것을 인식해야 한다. 사악한 인간이 미련하기 때문에 사건의 의미를 모두 깨닫지 못하는 것뿐이지 모든 사건들은 하나님의 뜻 가운에 일어나고 있기 때문에 의미를 담고 있다. 우리가 인식하지 못하는 사건은 오히려 하나님의 깊은 뜻이 들어 있는 신비가 포함되어 있다는 것을 알게 해준다.

그리고 페레(Ferre)와 카넬(Carnell)에 대한 신학적 문제점을 지적하지 아니할 수가 없다. 페레(Ferre)는 유신론적 모델(Model)이론을 진리검증의 방법론으로 택하고 있다. 그의 모델(Model) 이론은 과학적 방법의 모델(Model), 자연적 방법의 모델(Model), 그리고 철학적 방법의 모델(Model), 그리고 형이상학적(Metaphysical) 유신론주의 모델(Model)을 통해 유신론주의의 진리를 밝혀낸다는 주장이다. 이러한 모델(Model) 이론은 하나님의 존재론에 한정된 유신론주의 논증에 불과하다. 성령사역에 의한 인격적 적용을 무시한 사상이다. 모델

(Model) 이론은 각 특성대로 창조된 만물과 각자의 다른 인격을 가지고 태어난 사람들에게 모델(Model) 즉 하나의 본보기를 통해 유신론 증명을 대입 시킨다는 논증이다. 이러한 논증은 유신론 모델(Model)이라는 단순하고 깊은 통찰력이 없는 이론을 통해 성경이 말씀하는 전 우주론적인 삼위일체 하나님의 통치를 인식하려는 무모한 이론에 불과하다. 더구나 형이상학적Metaphysical) 유신론주의 모델(Model) 이론은 하나님의 전지전능(Omniscience and Omnipotence)과 무소부재(Omnipresence)의 진리를 아주 협소한 모델(Model)이라는 본보기에 제한시키는 철학적 한계를 말하는 것뿐이다. 진리를 아는 길은 모델(Model)의 이론에 근거하여 알 수 있는 것이 아니고 예수 그리스도를 인격적으로 알고 하나님의 말씀인 성경을 이해하는데 있다. 형이상학(Metaphysics)[625]에 관한 철학의 개념과 유신론주의 사상의 접촉점을 통해서 진리를 알 수 없다. 그러므로 이 유신론주의 모델(Model)이론은 진리의 기준이 될 수 없다.

카넬(Carnell)의 신복음주의 변증신학은 창조적인 결합주의 사상에 집약되어 있다. 그는 삼위일체와 성경의 권위를 믿었으나 하나님의 존재증명에 있어서는 모델(Model)이론을 주장했다. 즉 삼위일체와 성경의 모델(Model) 이론의 검증을 통해 기독교 변증학(Christian Apologetics)을 성립시킨다는 주장이다. 그가 주장한 모델(Model)의 검증이론은 수평적 일관성, 사건에 대한 수직적 적합성, 그리고 도덕적 자아인식에 의한 검증을 증명의 방법으로 내 세우고 있다. 그러나 개혁파 신학에서 보는 삼위일체와 성경의 영감설은 어떤 모델(Model)에 의해 진리를 검증하는 방법론을 용납할 수 없는 입장이다. 카넬(Carnell)이 주장하는 삼위일체와 성경의 영감설에 관한 모델(Model) 이론은 제한된 본보기를 통하

---

625) 형이상학(形而上學)이라는 개념은 헬라어의 뒤(meta)라는 말과 자연학(physika)이라는 말이 합하여 다른 경험적인 학문들과 달리 자연을 인식하는 상태를 넘어서는 인식을 말한다. 형이상학에 관한 수많은 이론이 발표 되었는데 형이상학 서설(形而上學 敍說, Discours de metaphysique)을 저술한 라이프니츠(Leibniz)에 의해 구체화되었으며 실재(Reality)에 대한 형식을 논증한 형이상학적 논리학(形而上學的 論理學, Metaphysical Logic), 현상세계의 배후에 존재하는 실재(Reality)의 세계를 근거로 하여 예술의 본질을 설명하는 형이상학적 미학(美學, Aesthetics), 자연현상을 단순한 기계적 운동으로 보는 형이상학적 유물론(唯物論, Materialism), 윤리의 원리는 형이상학으로부터 나온다는 형이상학적 윤리학(倫理學, Ethics), 그리고 스피노자(Spinoza)에 의해 제안된 우주에서는 물질과 마음과 육체가 조화롭게 발전한다는 형이상학적 평행론(平行論, Parallelism) 등이 나타났다.

여 진리를 찾아낼 수 있다는 말이다. 삼위일체와 성경의 영감설은 기독교 교리의 원리이지 제한적 요소를 말하는 모델(Model)이론에 의거하여 증명될 수 있는 교리가 아니다. 더구나 성경의 진리를 수평적 일관성, 수직적 적합성, 그리고 도덕적 자아인식에 의해 광범위하고도 심오한 성경의 진리를 밝혀낼 수 있는 것이 아니다. 모델(Model)이론을 통해 논증하려는 시도는 그 자체가 협소한 분야를 말하고 있다. 성경은 형이상학적, 역사적 증명, 실재(Reality), 그리고 합리성 등 모든 이념과 과학적 방법을 넘어 전 우주적 실체(Substance)를 증명하고 있다. 모델(Model)이론은 협소한 논증에다 방대한 하나님의 말씀을 억지로 끼워 넣으려는 방법론에 불과하다,

셋째, 가이슬러(Geisler)가 주장하기를 "결합주의는 종합적이고, 체계적이며, 그리고 일관성이 있는 진리의 검증방법으로 등장시킬 수 있다. 합리적 방법으로만 진리 검증에 매달릴 경우 예수 그리스도의 부활 사건을 진리로 입증할 수 있는 방법이 없다. 즉 예수 그리스도의 부활 사건을 기적이라고 규정할 경우 **기적을 시공간의 사건** 자체로 봐야 한다. 논리적 방법으로 시공간의 사건을 증명할수 없기 때문이다. 부활은 하나님의 단독적인 시공간의 사역이며 인간의 합리적 인식을 필요로 하지 않는다. 또한 자연주의에서는 하나님의 기적적 사역을 받아들이지 못하는 입장이다. 자연주의에서는 보고 만질 수 있는 시공간의 사건에 중심을 두고 역사를 해석하기 때문에 시공간을 초월한 기적을 해석할 수 있는 방법이 없다. 또한 사건에 대한 합리주의적 해석방법은 시공간 세계에서 일어나는 교통사고나 사람들의 움직임을 통해 일어나는 모든 일들에 관한 인물, 장소, 시간, 주위환경, 그리고 사건의 원인 등을 실체화 하여 증명하는 방법이 동원될 수밖에 없다."[626] 라고 말했다.

가이슬러(Geisler)가 주장한 위의 "셋째"번 논증은 개혁파 신학에서도 받아들이는 의미 있는 주장이다. 그러나 이제 우리가 깊이 생각해 볼 것은 **결합주의**가 정말 하나님의 진리를 검증 하는데 있어 합당한 방법론으로 통용될 수 있는가?

---

626) Norman Geisler, Christian Apologetics, (Baker Book House, Grand Rapids, Michigan, 1976), p.128.

이다. 결론은 "아니다." 이다. 가이슬러(Geisler)가 지적한 대로 "종합적, 체계적, 그리고 일관성 있는 범위 안에서는 검증방법이 될 수 있다."고 말할 수 있다. 그러나 그 검증방법은 성경 신앙고백주의의 관점에서 보면 일관성이 없는 제한적인 검증이 될 수밖에 없다. 이 세상에서 일어나는 수많은 가정설(Hypothesis)에 의존한 논리와 불가사의(不可思議, Incomprehensible)하게 보이는 사건들을 아주 제한적인 결합주의에 한정하여 진리를 검증한다는 것은 한계를 드러내는 방법론에 불과하다. 원인과 결과론에서 볼 때의 역사의 절대변수, 기적 같은 일들 아니 실제로 일어나는 기적, 그리고 이론적으로 전혀 예상 밖의 기이한 일들을 서로의 모순을 가지고 있는 결합주의에 의한 방법론을 통하여 진리를 검증할 수 있다는 것은 불가능한 일이다.

3. 결합주의의 문제점

기독교 변증학(Christian Apologetics)은 성경에 기록된 모든 내용을 전제적(專制的)으로 신앙하는 일로부터 시작된다. 그리고 성경의 내용을 신앙하는 신학적 교과서는 교회사적 신앙고백서이다. 하나님의 존재를 변증하기 위해서는 하나님께서 말씀하신 성경의 기록을 무시하게 되면 기독교 변증학(Christian Apologetics)이 성립될 수 없다. 기타의 종교에서도 그들이 가지고 있는 경전을 신봉하고 있다. 그러나 기독교를 제외하고 타 종교의 경전은 하나님의 계시에 의한 시공간의 역사적 사건을 근거로 하여 기록된 교리들이 아니다. 그런데도 불구하고 타 종교인들은 그들의 경전을 절대화 하고 있다. 그러나 기독교는 하나님의 계시에 의한 시공간의 역사적 사건을 근거로 하여 기록된 성경을 소유하고 있다. 그리고 그 기록된 내용을 교리에 의해 설명해 주고 있다. 성경에 기록된 사건, 특히 부활을 위시하여 여러 가지 기적의 사건들은, 주권적 사역자인 삼위일체 하나님에 의해 성취되어진 실체들이다. 그런데도 불구하고 세속철학자들이나 타 종교인들은 이 시공간의 역사적 사건을 무시하려 든다. 분명히 역사적 사건인데도 반대자들은 의문을 던지고 있다. 그 의문은 불신자들에게 진리를 증명할 때 세속철학자들이 인정하는 한도 내에서만 진리가 진리로 등장하도록 만든다. 그러므로 합리적이든, 경험적이든, 그리고 결합주의이든 세속철학의 방법론은 교회사적 신앙고백주의 기독교 변증에 도달할 수 없다. 즉 합리적으로 성경에 기록된 기적을 완벽하게 증명할 수 없고 경험으로도 성경의 방대한 교리를 증명할 수 없다. 부활의 기적을 신앙하는 성도는 부활을 경험했기 때문에 믿는다고 주장하기보다 성경의 기록을 하나님의 말씀으로 믿기 때문에 부활 신앙을 소유하게 되는 것이다. 그러나 그 부활의 신앙은 결합주의적 방법론(Combinational Methodology)을 통해서 일어나는 것이 아니고 오직 성령님의 사역에 의해 일어나게 된다. 성경에 기록된 기적을 위시하여 모든 하나님의 사역은 역사적 사실로 성취되었다는 것을 주시해야 한다. 결합주의가 성경에 기록된 사건과 교리를 증명할 수 있는 방법은 없다.

결합주의(Combinationalism)는 합리주의(Rationalism), 실존주의(Existentialism), 경험주의(Experientialism), 그리고 증거주의(Evidentialism) 가운데 어느 것도 합당하게 선택할 수 있는 방법론이 될 수 없기 때문에 하나님의 존재와 하나님께서 나타내 보이시는 진리를 검증할 수가 없다. 여러 가지 부적합한 재료들을 동원하여 얽어맨 구멍 난 바구니와 같은 방법론이다. 즉 일부는 실, 또 일부는 철사, 그리고 일부는 또 다른 대나무를 재로로 엮어 만든 바구니를 가장 유용하게 쓸 수 있다고 생각하는 사람과 같은 것이다.[627] 새 부대와 헌 부대를 질서 없이 마구 섞어 엮어놓은 부대에다 아주 질이 좋은 포도주를 담아 두려는 어리석을 생각을 하는 것과 같다. 그런데도 불구하고 결합주의는 서로의 장점만을 택하여 진리 검증을 위한 전체적이며 체계적인 구성 요건을 갖추어 진리검증에 사용할 수 있다고 주장하는 사람들이 있다. 그러나 결합주의 내에서 서로의 상충된 부분이 드러날 때는 부적합한 재료들을 섞어 만든 바구니와 같이 오히려 문제점만을 노출시키게 될 것이다. 즉 다음과 같이 말할 수 있을 것이다. 합리주의와 경험주의는 서로 상충된 개념을 노출하게 된다. 혹자는 합리주의의 부족한 점을 경험주의가 보충하여 해결할 수 있다고 생각할 것이다. 그러나 철학적 관념을 자세히 살펴보면 이 둘의 사상은 서로의 문제점을 보완하기보다 오히려 상충된 부분을 명백하게 드러내고 있다. 사실 역사적으로 이 둘의 사상은 서로 반동적으로 교차된 이념을 전수해 왔다. 즉 합리주의의 반동은 경험주의를 양산해 냈

---

627) Ibid, p,129.

고 경험주의의 반동은 합리주의를 양산해 냈다. 서로의 상충된 부분을 보충하는 사상이 아니었다. 17세기 이후 이성주의 철학은 18세기 계몽주의(啓蒙主義, Enlightenment)를 발전시켜 왔으나 후에 그 반동은 경험주의를 낳게 만들었다. 19세기 슐라이어마허(Schleiermacher)의 절대 의존 감정(Feeling of Absolute Dependence)의 사상은 후에 키엘케골(Kierkegaard)과 하이데거(Heidegger)가 주장한 실존주의(實存主義, Existentialism)의 아버지가 된 철학이 이를 증명하고 있다. 그러므로 합리주의적으로 진리를 검증하는 문제는 실증주의(實證主義, Positivism)에 의해 부족한 부분을 보충하였으나 성경을 진리로 검증하는 문제에 있어 완성된 합리주의를 정립하지 못하고 있다. 그 이유는 합리주의에 의한 진리검증의 실패를 경험적 검증을 통해 확실한 증거를 제시해 주지 못했기 때문이다. 사건주의(Factualism)나 경험주의(Experientialism)에 의존하여 해석의 구조를 바꾼다고 해서 하나님에 대한 검증의 모델(Model)이 수정되는 것이 아니다. 합리주의 역시 이론의 원리를 변경시키거나 방법론을 전환시킨다고 해서 새로운 진리 검증의 모델이 나타날 수가 없다. 결합주의는 진리검증에 있어 가장 객관적인 표준을 마련하기 위해 교육지책을 이끌어 낸 것뿐이다. 그러나 이 세상에 존재하는 모든 합리성, 경험, 그리고 실존주의(Existentialism)는 지엽적인 상대주의를 말할 뿐 절대성을 갖춘 객관적 진리를 표출할 수 없는 철학이다.

인간은 항상 객관적인 진리검증을 생각하고 있으나 객관적인 표준과 방법론을 무시해 버리는 사악한 경향성을 가지고 있다. 절대적 진리는 인식론에 있어 절대로부터 인식이 추출되어야 한다. 그렇기 때문에 성경은 진리를 인식시키는 절대 사역자 성령님을 강조하고 있다. "성령님이 아니고는 예수님을 구세주로 고백할 수 없다(마12:31-32, 고전12:3)."라고 강조하고 있다. 예수님께서는 복음을 말씀하실 때 가능성과 가정을 언급한 적이 없다. 항상 절대 명령으로 말씀했다. 그렇기 때문에 기독교 교리는 전인격적인 신앙고백이어야 진리를 인식할 수 있다. 전인격적인 신앙고백은 절대를 요구하고 있다. 신앙고백은 객관적인 절대자에 대한 인격적 교제로부터 발원된다. 신앙고백은 일관성 있는 인격의 결단을 요구하며 진리에 대한 절대적 신뢰를 전제하고 있다. 동시에 시공간, 인격, 사건, 그리고 이유 등에 대한 실체적 조건을 형성하고 있다. 그렇기 때문에 예수님께서는 제자들을 향해 "너희는 나를 누구라 하느냐?" 라고 인격적 실체에 대한 질문을 하셨다. "주는 그리스도시오 살아계신 하나님의 아들"이라는 신앙고백은 예수님의 인격, 그분의 사역, 그분의 존재, 그분의 근원, 그리고 그 분의 능력 등을 포함한 구체적인 요소를 포함하고 있다. 그 신앙고백은 절대자에 대한 절대적 신뢰를 나타내 보이고 있다. 모든 기독교인들은 이러한 신앙고백을 정당하게 받아들일 뿐 아니라 절대 불변의 진리로 고수하고 있다. 그 절대주의를 공동화 하는 객관성을 유지하고 있는 교리가 신앙고백서이다. 그러므로 기독교의 진리는 절대주의에 기초한 객관주의를 추구하고 있다. 그 교리는 신앙고백의 공통성을 강조한다. 상대주의의 공통성을 배제하고 절대주의의 공통성을 강조한다.

합리주의의 부족한 점을 경험주의가 보충함으로 진리를 증명할 수 있다는 주장은 허위로 판명 나게 되어 있다. 그 이유는 아주 지엽적인 요소를 가지고 있는 합리주의가 요구되는 곳에서만 그 이론이 적용될 뿐 경험이나 실존적인 요소가 요구 되는 곳에서는 전혀 무용할 뿐 아니라 오히려 반동적인 요소로 작용하기 때문이다. 또한 경험주의의 적합성은 너무 다양하고 구체화 된 만물에 관한 사건들에 대해 적용 불가능한 부분이 너무 많기 때문에 진리 검증의 수단으로서는 전혀 의미가 없다. 가이슬러(Geisler)가 주장한 바에 따르면 "체계 속에 존재하는 사건이 가지고 있는 참된 의미는 사건 그 자체에서 발견되는 것이 아니라 그 주어진 세계의 관점에 의해 모형화 되거나 병합되어진 방법에 의해 발견될 수 있는 것이다."[628] 라는 언급을 깊이 생각해 볼 필요가 있다. 해석을 첨가하자면 우주 가운데 일어난 사건과 또 일어날 사건은 사건 그 자체가 의미를 가지고 있는 것이라기보다 사건 배후에 또 다른 의미가 주어지는 요소가 존재하고 있다는 말이다. 신적작정(Decree)에서 볼 때 하나님의 계획에 의해 섭리적 요소가 시공간 세계에서 적용이 될 때 하나님의 뜻이 포함되어 있다는 말이다. 그러므로 이 세상의 모든 세속 철학을 다 동원해도 일어난 사건 속에 포함된 의미를 온전히 해석할 수 있는 방법론은 없다는 말이다.

그러므로 결합주의(Combinationalism)는 진리검증에 실패한 여러 방법론

---

628) Ibid, p.130.

들 때문에 올바른 진리를 해석하기 위해 발버둥 친 나머지 일시적으로 서로의 양해를 통해 얻어진 하나의 일시적 봉합에 불과한 개념이다. 하나님을 올바로 증명할 수 있는 객관적 진리검증의 방법론이 아니다. 그러한 생각은 오히려 진리에 대한 흠집을 내는 방법론에 불과하다. 오직 결합주의는 일방통행을 주장하는 합리주의, 경험주의, 그리고 증거주의에 대한 경고의 역할은 할 수 있다. 절대적 진리를 추구하는 성경과 객관적 신앙고백의 입장에서 보면 결합주의는 합리주의, 경험주의, 그리고 증거주의 등의 다양한 문제점들을 보완하기 위해 혼합한 검증 방법으로 정의할 수 있다. 그러나 그러한 결합을 통해 여러 가지 허점을 도출하게 된다. 구멍 난 도가니는 그 구멍이 하나가 되었든 두 개가 되었든 물이 새기는 마찬가지이다. 진리는 완전을 그리고 절대를 영구히 소유하고 있어야 한다. 먹을 수 있는 맑은 물에 아주 미세한 색깔을 띠는 잉크 물이 첨가되었기 때문에 약간의 물은 마실 수 있고 많은 잉크물이 첨가되어 진한 색깔로 나타난 물은 전혀 마실 수 없다고 말하는 자가 있는가? 누구든지 미세한 잉크 색깔을 띠는 물이나 진한 색깔을 띠는 물이나 다 마실 수 없다고 말하는 것이 상식이 아닌가? 하나님과 세계에 관한 진리는 진리검증에 있어 99%를 요구하는 것이 아니다. 또한 약간의 가정을 요구하는 것도 아니다. 오직 완전성을 요구하고 있을 뿐이다. 성경의 진리는 "예" "아니요"의 대답을 요구한다(마5:37, 10:34-39). 그러나 인간의 속성은 사악한 습성을 버릴 수 없기 때문에 정결을 추구하면서도 항상 죄악의 유혹으로 하나님 앞에서 미숙을 드러낼 수밖에 없다. 범죄의 늪에 빠져 헤어 나오지 못할 때가 허다하다. 그러나 신자는 칭의(Justification)에 있어서 100% 무죄의 선고를 받았으나 한편 성화(Sanctification)에 있어서 완전하지 못하다. 주님 앞에 설 때에 완전 성화가 이루어진다. 이 세상에서는 항상 회개와 더불어 하나님의 은혜를 덧입고 살아간다. 성도는 완전을 향하여 부단한 노력을 경주할 뿐이다.

VIII. 기독교 변증학의 방법론들에 대한 성경적 답변

인간의 주관적 세속철학의 개념에 의한 인격적인 하나님의 존재증명은 물론 여러 가지 방법론을 통해 진리검증을 시도해 보아도 정당한 결론에 도달할 수 없다는 것이 증명되었다. 그와 같은 기독교 변증학(Christian Apologetics)의 방법론은 인간의 지성적 또는 경험적 한계를 드러내는 결과만 초래하였다. 문제는 그 한계가 기독교에서 주장하는 성경의 절대성과 접촉점 내지 공통 분포를 형성할 수 있느냐? 의 문제로 귀착된다. 그 문제에 대한 대답은 "불가능하다."라고 말할 수밖에 없다. 그 이유는 성경에 기록된 신론, 인간론, 기독론, 구원론, 교회론, 종말론에 관한 교리를 인식하는 길은 오직 성령님의 사역에 의해 성취되어지는 것이기 때문이다. 성령님에 의한 인격적 삼위일체 하나님에 관한 인식이 형성되지 못하면 성경교리에 관한 인식이 불가능하게 될 수밖에 없다. 이 문제에 대하여 예수님 스스로 말씀하신 것뿐만 아니라, 그리고 성경의 많은 곳에서, 성령님의 감동이 없이 기독교의 본질이 되는 예수 그리스도를 구세주로 인식할 수 없다고 천명하고 있다(마12:31-32, 요14:17, 26, 15:26, 16:7, 13, 행1:3-4, 고전 12:3). 이러한 성경말씀의 가르침은 교회의 역사가 신앙고백을 통해서도 분명하게 보여주고 있다. "예수님을 누구라 하느냐?"의 질문에 대해 베드로는 "주는 그리스도시오 살아계신 하나님의 아들이다."라는 신앙고백은 우리의 육신을 통해 알 수 없으며 오직 하늘에 계신 하나님께서 인식하게 하신 것이라고 예수님께서 직접 말씀하신 것이다(마16:16-17). 또한 베드로는 오순절 다락방에서 일어난 성령님의 강권적인 역사를 체험하고 그로부터 성령 충만한 삶을 살아가면서 서슬이 퍼렇게 돋아있는 로마의 권위 앞에서 오직 예수 그리스도를 증거 하다가 순교의 제물이 되었다. 사도 바울의 체험 역시 명백하다. 어느 누구도 감당할 수 없을 만큼 유대주의 율법에 빠져 있었던 그가 기독교인들을 체포하여 예루살렘으로 끌고 오기 위해 다메섹으로 가던 도중에 성령님의 강력한 역사를 통해 예수 그리스도를 만나고(행9:1-9) 그 후로부터 그는 수많은 박해와, 위협과, 매 맞음과, 헐벗음과, 굶주림과, 그리고 투옥되는 일을 당하면서도(고전 11:23-27) **주 예수 그리스도는 구세주요 만왕의 왕 되신다는 증거를 그치지 아니했다.** 2천년동안 교회사를 통해 나타난 순교자들의 고백은 동일하게 주 예수 그리스도에 대한 신앙으로 하늘나라를 소망하는 삶을 살았다.

　이러한 성령님의 사역에 대해 비 기독교인들은 기독교인들을 향해 일방적 주장이라고 말하고 있다. 그러나 우리가 반드시 알아야 할 것은 "어느 쪽이 비 진리에 입각한 일방적 주장이냐?" 하는 문제이다. 인간의 주관적 관점에 의해 이성적이며 경험적으로 이해될 수 없기 때문에 어떤 내용과 사건이 진리에서 배제될 수 있는가? 사악한 인간은 자신의 인식 밖의 이론과 사건을 무시하는 사악한 아집을 가지고 있다. 16세기 이전에는 인간의 몸속에서 일어나고 있었던 혈액순환을 몰랐다. 몰랐기 때문에 혈액순환이 일어나지 않았다는 주장이 진리로 판명될 수 없다. 성령님의 비추임을 받지 않은 사람들은 그분의 인격을 모르기 때문에 기독교 진리가 진을 치고 있는 성벽 밖에서 스스로 서성거리며 성벽 안에서 일어나고 있는 사건을 모르고 있다. 그렇기 때문에 기독교를 비진리라고 규정할 수 있는가?

　일반은총의 영역에서 성령님의 사역은 정치, 경제, 역사, 사회, 문화, 예술, 교육, 그리고 자연의 동력을 통해 하나님의 진리를 증거하고 있다. 비기독교인들은 특별은총의 영역에서 성령님의 은혜를 깨닫지 못하기 때문에 일반은총을 통해 하나님의 진리가 증거 되고 있는 사실을 감지하지 못하고 있다. 성령님의 주관적 구속적용을 입은 성도들은 일반은총은 물론 특별은총의 영역에 속한 성령님의 객관사역까지도 깊이 인식하게 된다. 만물을 다스리는 성령님의 사역, 성경을 기록하게 하신 성령님의 사역, 그리고 교회를 다스리시는 성령님의 사역 모두를 인식하고 있다. 성령님의 주관적 사역에 대한 인식은 객관사역의 인식으로 연결된다. 즉 모든 사건은 만물을 다스리시며, 보존하시며, 그리고 통치하시는 하나님의 주권에 의해 진행되어진다는 것을 인식함으로 하나님의 객관사역에 대한 깊은 은혜를 깨닫게 된다. 그러나 불신자들은 하나님께서 나타내 보여주시는 은혜가 너무 큰데도 불구하고 인간에게 주어진 은혜를 전혀 인식할 수 없다는데 문제가 있다. 성도들은 성령님의 사역에 의해 역사 선상에서 객관적으로 완성된 그리스도의 구속사역을 주관적으로 인식함으로 인하여 하나님께서 만물을 지배하시고 섭리하심으로 말미암아 모든 일들이 하나님의 뜻에 따라 일어나고 있음을 깨닫고 있다. 성령님에 의해 형성된 그리스도에 대한 주관적 인식은 예수 그리스도께서 완성하신 역사 선상의 객관적 사역의 인식으로 연결된다. 나아가 일반 역사를 지배해온 일반은총의 세계에서 일하시는 성령님의 사역을 바로 인식하고 자연의 비추임을 통한 하나님의 은혜에 감사하고 있다.

성령 사역에 의한 그리스도에 대한 인식은 비 기독교인과 기독교인의 인식론(認識論, Epistemology)을 갈라놓는 원인이 된다. 신자와 불신자 사이의 인식론(認識論, Epistemology)에 있어 어떤 차이가 있는가? 라는 문제로 들어가면 서로가 자기들의 주장을 일방적으로 옳다고 말할 것은 당연하다. 그러나 우리가 주시할 것은 역사적, 과학적, 논리적, 그리고 경험적 증명에 있어 어떤 증거가 도출되느냐? 의 문제들이다. 그러한 문제들을 탐구해 보면 확실히 기독교가 객관적으로 진리라는 것을 명확하게 증명하고 있다. 비기독교인들이 기독교를 비진리라고 주장하는 이유는 자신들도 명확한 증거를 댈 수 없는 애매하고도 근거 없는 전제를 세워놓고 스스로 그 전제의 함정에 에 빠져 들고 있기 때문이다. 비기독교인들이 기독교가 진리인가? 아닌가? 라는 것을 탐구하기 위해 많은 연구를 거듭할 경우 기독교가 세속철학이나 타 종교들 보다 훨씬 더 진리적이라는 것을 입증하고도 기독교를 절대종교로 신앙하지 못하는 경우는 철학의 역사를 보아서도 알 수 있다. 그런데도 불구하고 기독교를 신앙하지 못하는 이유는 바로 성령님의 사역이 그들의 심령 속에서 사역하지 않고 있기 때문이다. 왜 역사적으로 성경에 기록된 사건을 탐구하고 기독교의 진리를 검증하고 난 후 그 진리의 근원을 밝혀내고도 예수 그리스도를 신앙하지 못하는 이유가 무엇인가? 거기에는 바로 그 불신자의 심령에 성령님의 감동이 없기 때문이다. 성경으로 돌아가 보자. 도마가 예수님을 따라다니면서 하나님의 아들로서 예수님의 모든 사역을 눈으로 보고 확인했을 것임에 틀림없다. 그런데도 불구하고 부활하신 예수님을 구세주로 인식하지 못했다. 부활 후에 예수님의 옆구리 창자국과 손의 못 자국을 만져보고 난 후 그가 신앙을 고백했다. 그가 예수님을 따라다니면서 그분의 사역을 체험하고도 구세주로 신앙을 고백할 수 없었던 것은 성령님께서 그의 마음을 감동시키지 않으셨기 때문이다. 예수님의 몸을 만져 볼 때 성령님께서 구세주 예수 그리스도를 인식하도록 감동시키신 것이다.

개혁파 신학에서는 예수 그리스도를 구세주로 인식하는 문제에 있어 "구원론과 성령사역의 교리"를 동일선상에서 다루고 있다. 그 **성령사역의 교리는 구원론으로** 말하고 있다. 2천년 전 예수 그리스도께서 완성하신 구속은 오직 성령님의 주관적 사역에 의해서만 예정된 하나님의 백성에게 적용되는 사역이다. 성령님께서는 구속을 하나님의 백성에게 적용하실 때 말씀을 도구로 사용하신다. 은혜의 방편에 있어 성령님께서 사용하는 도구는 말씀이다. 아무리 세속철학을 동원하여 성경을 연구할지라도 성령님의 사역이 동반되지 않고 성경을 하나님의 말씀으로 이해할 수 있다는 것은 언어도단(言語道斷)이다. 우리가 이러한 주장을 강하게 피력할 때 불신자들이나 세속철학자들은 우리를 보고 "성경교리 몰입주의 내지 독단주의" 라고 속단할 것이다. 그러나 우리는 기독교가 걸어온 역사와 성경이 말씀하고 있는 내용을 주시해 볼 필요가 있다.

과학적 인식론(Epistemology)은 합리주의(合理主義), 경험주의(經驗主義), 그리고 증거주의(證據主義)를 포함한다. 그러나 여기서 말하고자 하는 합리주의는 이성주의(Rationalism)와 논리주의(Logicalism)를 포함하는 진리증명에 초점을 맞추고 있다. 또한 과학적 분야에서 말하는 경험주의는 철학분야에서 말하는 실존주의(實存主義, Existentialism)적 요소를 배제한 진리증명을 말한다. 과학적 입장에서는 증거주의(證據主義)를 우선으로 하는 경향성이 강하다. 철학적 분야에서 말하는 합리주의(Rationalism)는 과학적 인식론의 기반이 없을 때 실존주의(Existentialism)가 파고 들어올 수 있는 여유를 만들어 준다. 그것은 시공간의 사건에 기초한 합리주의적 경험을 배제하기 때문이다. 과학적 인식론은 100% 합리주의 또는 100% 경험주의에 기초한 인식론이 성립될 수 없다. 그 이유는 증거주의를 우선으로 하기 때문이다. 한 가지 실증을 들어 보자. 주먹크기만한 돌덩어리가 물건을 떠받드는 아무 도구도 없이 공중에 떠 있다고 생각하는 과학자는 없을 것이다. 그런데 왜 지구는 공중에 떠 있으면서 시간의 오차 없이 스스로 태양을 중심으로 공전과 자전을 진행하고 있는가? 라는 질문을 하면 그것은 당연하게 만유인력 때문이라고 대답할 것이다. 그렇다면 만유인력이 근원적으로 어떻게 형성 되었느냐? 고 물으면 합리적으로 어떻게 대답할 것인가? 또는 경험적으로 어떻게 대답할 것인가? 이 문제에 대한 과학자의 대답은 당황할 수밖에 없다. 증거주의 입장에서 만유인력의 근원을 말할 수밖에 없는데 오직 증거로 내 놓을 수밖에 없는 근거는 태양과 지구이며 지구가 돌고 있다는 증거밖에 없다. 기독교인의 대답은 당연하게 만유인력은 하나님의 창조물이라고 말할 것이다. 하나님의 창조를 인식하는 사람은 먼저 성령님의 사역에 의해 예수 그리스도를 구세주로 인식한 후 하나님을 아버지로 인식할 뿐 아니라 하나님 아버지께서 만물을 창조하심으로 그 창조 안에 만유인력이 포함되어 있다는 것을 인식하게 된다. 이러한 인식은 과학적 합리주의, 과학적 경험주의, 그리고 과학적 증거주의로부터 인식되어지는 것이 아니다. 과학적 인식은 지구는 만유인력에 의해 공전과 자전을 한다는 인식 안에 머물러 있으며 돌은 공중에 떠 있지 못하고 땅에 떨어진다는 인식 안에 머물러 있다. 만유인력 때문에 돌이 땅에 떨어지게 된다는 것을 인식하지만 왜 지구는 공중에 떠 있는가? 라는 질문도 만유인력으로 해석되어질 수밖에 없다. 과학적 설명에 의하면 만유인력이 최종적인 증거이다. 만유인력의 원인을 증거 할 수 있는 근거를 내놓지 못하고 있다. 만유인력의 최종 원인은 창조론으로 해결될 수밖에 없다.

합리주의의 기본적 원칙을 차지하고 있는 수학의 법칙은 1+1=2이다. 이 법칙은 합리적 개념으로 인식되어진다. 그러나 경험에 의해서는 이 법칙이 틀린 경우가 있다. 즉 자갈 한 되+모래 한 되는 2라는 대답이 안 나온다. 임신한 어머니를 두고 한 사람으로 인식하느냐? 두 사람으로 인식하느냐? 의 경우는 인식하는 주체자의 주관에 따라 한 사람도 될 수 있고 두 사람도 될 수 있다. 그러나 하나님의 인식론으로 들어가 보자. 하나님은 이미 창세전에 뱃속의 아이는 물론 그 어머니까지 각 인격을 정하시고 인식하고 계셨다. 이것이 바로 하나님 중심의 인식론과 세속주의 인식론의 차이점이다. 성경말씀에 만물을 창조하시고, 다스리시고, 그리고 섭리하시는 하나님의 인격에 대해 기록된 내용을 구체적으로 인식해야 할 필요성이 바로 여기에 있다. 삼위일체 하나님에 관한 인격적 인식론은 현세를 사는 우리의 생활과 연결된 인식론이며 하늘나라의 소망과 연결된 인격적 인식론이다. 즉 창세전에 정해진 하나님의 예정은 우리가 살고 있는 현세의 생활과 연결되어 있고 현재 우리의 생활은 미래에 일어날 사후의 소망과 연결되어 있다.

기독교를 변증 하는데 있어 기독교 변증학(Christian Apologetics)이냐? 또는 신앙의 변호(The Defence of the Faith)냐? 의 문제에 있어 어느 쪽이 더 정확한 표현인가? 라는 질문을 혹자로부터 가끔 받게 된다. 위의 두 가지 주제는 같은 뿌리를 형성하고 있으나 약간의 인식의 차이가 있어 보인다. 기독교 변증학(Christian Apologetics)의 개념은 세속철학과 타 종교를 기독교와 대비하여 기독교 하나님의 인격적 존재와 절대성을 논증하는 학문이라면 신앙의 변호(The Defence of the Faith)는 세속철학과 타 종교에 대항하여 기독교를 방어하는 학문으로 생각하는 경향이 있다. 기독교 변증학(Christian Apologetics)은 보다 더 철학적 요소를 포함하고 있다는 느낌을 받는다. 즉 기독교 철학에 기반을 두고 세속철학 또는 타종교를 비교 대조하여 기독교를 변증하는 학문적 표현이라고 말할 수 있다. 그러나 신앙의 변호(The Defence of the Faith)는 성경의 전제주의(Presuppositionalism)가 강하다는 느낌을 받는다. 성경의 교리를 통해 타 종교나 세속주의 철학을 반격하여 기독교의 절대성을 변호하는 작업이라고 말할 수 있다.

기독교를 변증하는 일에 있어 단순하게 하나님의 존재론만을 논증하는 것은 아주 협소한 범위를 다루는 기독교 변증학(Christian Apologetics)이라고 말할 수 있다. 하나님의 존재론은 세속철학이나 타종교에서도 수없이 다루고 있기 때문에 하나님의 존재론만을 기독교 변증학의 학문으로 다루게 되면 기독교가 이방 종교나 유신론적 세속철학과 공통 분포를 형성하는 방향으로 기울어지게 된다. 기독교에서만 하나님의 인격론과 사역론을 정확하게 정의할 수 있다. 이 말은 인격적 하나님께서 역사를 다스리는 교리를 다룬다는 뜻이다. 기독교의 유신론 사상은 하나님의 존재는 물론 그분의 인격론, 사역론, 인간의 타락, 그리고 중보자 예수 그리스도를 통해 인간을 구원하는 안내를 확실하게 제시하고 있다. 하나님의 존재는 그의 존재 자체를 통해 아는 것보다 그의 인격을 통해 아는 것이 기독교 유신론주의 사상이며, 더불어 그분의 사역을 인식하는 것이 참 하나님을 아는 길이며, 그리고 하나님의 구속사역을 인식하여야 성경에서 말씀하는 하나님을 정확하게 알 수 있게 된다. 이와 같은 인식은 계시론적 입장에서 증명되어지는 하나님을 인식하는 것인데 성경에 기록된 계시에 의해 올바른 인식이 이루어진다. 즉 세속철학과 접촉점을 만들어 하나님의 존재를 증명하려고 여러 가지 논증을 제시해 온 고전적 변증학(Classsical Apologetics)은 세속철학이 주장하는 하나님의 존재론과 공통분포를 형성해 왔다는 것을 누차 언급하였다. 고전적 변증학(Classical Apologetics)의 뿌리를 형성한 알렉산드리아(Alexandria) 교부들은 이미 헬라철학을 도입하였으며 중세 로마 교조주의(Catholicism)가 그 뒤를 이어받아 스콜라주의(Scholasticism)를 형성하고 있었다. 그러므로 고전적 변증학(Classical Apologetics)은 회색주의 기독교 변증학(Christian Apologetics)이 될 수밖에 없다.

개혁파 신학에서 주장하는 기독교 변증학(Christian Apologetics)은 하나님의 존재증명으로부터 시작하는 변증신학이 아니다. 예수 그리스도는 그의 백성들을 구원하시는 구세주이시며, 하나님께서는 인간을 창조하신 분이시며, 그리고 만물을 다스리시고 섭리하시는 전제로부터 시작하여 기독교 근본 교리의 변호하는 학문이다. 세속철학을 선호하는 사람들은 개혁파 신학을 선호하는 자들을 향해 무지하고 저돌적인 전제를 내세운다고 말할 것이다. 그러나 성경을 자세히 살펴보면 하나님께서 창세기로부터 계시록 마지막까지, 절대적 권위에 의해 계시해 주신 내용이 기록되어 있다는 것을 알 수 있다. 그러나 그 권위는 그의 백성들을 억누르는 독재성을 말하고 있지 않다. 성경은 인간이 상상할 수 없는 깊고 넓은 인격을 가지고 우리에게 닥아 오신 하나님을 알려주고 있다. 이 사랑을 깨달아 아는 사람은 성령님에 감동된 사람이다. 밴틸(Van Til) 박사 역시 같은 주장을 하고 있는데 "성도들은 하나님의 말씀을 그들의 심령 속에 받아들이는데 있어 성령님의 내적 사역에 의해 말씀을 수납하게 된다. 그러므로 개혁파 신학의 참된 변증학은 성경을 통하여 절대적 권위로 말씀하시는 삼위일체 하나님 성부와,

성자와, 그리고 성령님을 처음부터 전제로 해야 한다."[629] 라고 강조하고 있다.

그렇다면 밴틸(Van Til) 박사의 주장에 동조하여 우리도 성경의 전제 아래에서만 변증학이 성립될 수 있다고 주장하게 되면 혹자들은, 특히 로마 교조주의(Catholicism)나 알미니안(Arminian) 주의에 입각하여 인간의 자유의지를 주장하는 자들은, 인간이 어떤 이론도 성립시킬 수가 없기 때문에 합리적 논증은 사장되어져야 한다는 말인가? 라고 반문할 것이다. 그러나 단언하건대 오히려 그와는 반대현상이 대두되고 있다. 로마 교조주의(Catholicism) 신학의 뼈대를 형성해 온 스콜라주의(Scholasticism)가 성경에서 말씀하는 하나님에 관해 올바른 변증학을 성립시킬 수 있는가? 를 묻고 싶다. 오히려 혼란만 가중시킨, 즉 기독교도 아니고 이교도도 아닌, 하나님의 존재론만을 수없이 진술하다가 스스로 그로기 상태로 빠져들 수밖에 없다는 것은 분명한 사실이다. 또한 근대 신학은 물론 현대 신학에 이르러 성경의 전제주의(Presuppositionalism)를 무시한 하나님의 존재만을 논증하다가 무신론주의, 사신신학, 그리고 급진주의까지 등장하게 된 원인은 성경 이외의 무익하고도 잡다한 신들에 관한 주장들을 해왔기 때문이다. 인간의 이성을 통해 하나님을 찾아 올라가는 신 존재 증명은 인격적인 삼위일체 하나님을 증명할 수가 없다는 것을 실제적으로 반증해 주고 있다.

단언하건대 기독교의 변증은 절대주의로부터 시작되어야 하는데 그 절대주의는 성경이 말씀하고 있는 전제로부터 시작되어야 한다. 그리고 그 성경을 교리적으로 설명하고 있는 객관적 신학의 표출은 교회사적 신앙고백에 의존해야 한다. 성경이 하나님의 말씀이라고 인식하는 사람은 오직 성령님의 감동에 의해서만 이루어지는 전제적 인식을 그 심령 속에 품고 있다. 복음이라고 말하면서 이상야릇한 논리를 앞세워 철학적 말장난을 도입하는 경우 하나님의 말씀과 성령님의 연관성을 무시하려 든다. 그렇기 때문에 성경이 말씀하는 내용을 성도가 합리적으로 수납해야 한다는 말은, 논리적으로는 물론, 성령사역의 관점에서 볼 때 맞는 말이 아니다. 우리의 인격을 무시한 비합리적인 성령님의 사역에 의해 성경을 하

---

629) Cornelius Van Til, The Defence of the Faith, (Presbyterian and Reformed Publishing Co, Phillipsburg, New Jersey, 1980), p.179.

나님의 말씀으로 받아들일 수 없기 때문이다. 성령님께서는 인격적으로 우리와 접촉하고 계신다. 성령님의 사역이 없이 어떻게 하나님께서 천지를 창조하셨다는 것을 믿을 수 있는가? 우리가 현재 눈으로 볼 수 없고 만질 수 없는 2천년 전 예수 그리스도를 시공간 속에 계신 완전한 신성과 죄가 없으신 완전한 인성을 가진 하나님의 아들이라는 것을 어떻게 인식할 수 있는가? 내 자력적인 이성을 통해 알 수 있단 말인가? 그것은 오직 성령님을 통해 기록된 하나님의 말씀인 성경을 성령님의 사역에 의해 깨닫게 됨으로 가능한 것이다. 인간이 가지고 있는 지적 요소는 주어진 원인 없이 만물에 관한 실재(Reality)를 인식할 수 있는 기능으로 작용할 수 없다. 한 가지 질문을 하자면 "나무가 소를 어떻게 이해할 수 있는가? 또한 소가 들판에 널려있는 풀을 어떻게 이해할 수 있는가?" 인간의 인지 능력으로 규정해 보자. 나무나 들풀은 땅에서 그들이 필요한 물과 갖가지 영양분을 공급받아 자란 후에 실체(Substance)로 우리에게 인식되어진다. 소는 나무 잎과 풀을 뜯어 먹어 자기 몸을 살찌운 동물의 실체(Substance)로 우리에게 인식되어진다. 그렇다면 소, 나무, 그리고 들풀이 인간을 어떻게 인식하고 있는가? 이러한 질문은 성립될 수 없는 인식론에 관한 질문이다. 즉 인간이 어떻게 소, 나무, 그리고 들풀을 인식하고 있는가? 라고 묻는 것이 올바른 질문이다. 세속철학의 개념으로 소나 식물이 인간을 어떻게 인식하고 있는가? 를 연구한다고 해서 올바른 해답을 얻을 수 있다고 생각하는 사람을 없을 것이다. 그러나 성경은 우리에게 창조의 질서를 통해 정확한 해답을 주고 있다. 인식론은 인간의 지식을 포함하고 있다. 인간의 지식은 창조주 하나님으로부터 부여 받은 것이다. 하나님은 권위로 인간에게 명령하셨다. 그 권위는 인간에게 엄청난 능력을 부여하는 명령이었다. 모든 만물을 다스리고 이름 짓게 하라는 명령이었다. 거기에는 만물을 인식할 수 있는 지식이 포함되어 있었다. 일반은총의 세계에서 인간이 만물을 인식하는 지적 요소는 이미 창조로 인하여 하나님으로부터 부여받은 중요한 선물이다. 그러므로 만물에 관한 인식은 전지전능하신 하나님으로부터 인간이 그 능력을 부여받은 것이며 그 인식능력은 일반은총의 세계에서의 노동을 위해 사용할 수 있도록 베푸신 하나님의 은혜이다.

그러나 우리가 분명히 알아야 할 것은 특별은총에 관한 인식론은 일반은총의 세계에서의 그것과 다른 요소가 있다. 그것은 피조세계에 나타난 질서와는 다른 특별한 영역이다. 하나님께서는 창세전에 선택된 자와 유기된 자를 미리 정하시고 피조세계에서 일어나는 모든 일들을 동원하여 그의 예정을 이루어 가신다. 그 예정은 오직 그의 선택된 백성들과 유기된(Reprobation) 자들에 대하여 사역하시는 하나님의 특별한 결정이다. 이 교리도 성경의 전제를 무시한 로마 교조주의(Catholicism)나 알미니안주의(Arminianism)를 신봉하는 자들은 전혀 이해할 수 없는 허공의 북소리로 들릴 것이다. 하나님께서 천상의 교회 즉 하나님 나라의 백성들을 구원하기 위해 우주에 산재해 있는 모든 자연을 동원하여 보조물로 사용하고 계신다고 말하면 그들은 우리를 향해 숙명론적 비이성주의자들이라고 공박할 것이다. 그러나 우리가 하나님의 말씀인 성경의 전제를 따른다고 하면 성경이 말씀하고 있는 내용을 삼가 그대로 신앙해야 할 것이다(창2:15-17, 3:17-19, 욥40:20-24, 41:1-34, 시19:1-6, 44:1-8, 68:15-18, 롬1:18-24).

이제 우리가 심각하게 생각할 것은 성경의 전제론(Presuppositionalism)과 기독교 변증학(Christian Apologetics)의 방법론을 어떻게 조화 있게 전개해 나가느냐? 이다. 또한 일반은총의 세계에서 인간이 사용하는 문화명령의 요소와 하나님의 특별은총과의 관계를 어떻게 정립해야 하는가? 이다. 중세의 스콜라주의(Scholasticism)는 일반은총의 개념을 개혁파 신학이 생각하는 일반은총의 교리와는 전혀 별개의 분야로 보고 있었다. 이에 비개혁파 기독교인들은 아직도 스콜라주의(Scholasticism)적 일반은총의 개념을 버리지 못하고 있기 때문에 이 문제를 세분하여 조직적으로 다루어야 성경이 말씀하는 특별은총의 전제적 개념을 바로 인식할 수 있을 것으로 본다. 그리고 기독교 변증학(Christian Apologetics)의 방법론과 전제주의(Presuppositionalism)와의 관계를 정확하게 다루어야 왜 성경의 전제에 의한 기독교 변증학이 올바른가 하는 것을 알게 될 것이다.

I. 일반은총에 관한 문제점

우리가 일반은총(Common Grace)을 올바로 이해하지 못하면 자연이나 문화를 죄악시 하는 개념으로 생각하여 이원론(二原論, Dualism)에 빠지기 쉽다. 이는 초대교회 이교도들이 그러한 형태를 띠고 있었다. 초대교회 이단인 **그노시스**(Gnosticism) 파는 헬라어의 "지식 (그노시스, γνωσίς)"에서 유래된 말인데 기독교 교리에다 헬라철학과 동양의 세계관을 절충한 종교관을 주장했다. 예수 그리스도께서 죄악 세상에 들어올 수 없다는 그럴듯한 논리로 육체적 탄생을 부정하였다. 영의 세계와 물질세계의 존재를 나누어 물질세계를 죄악시하여 하나님의 창조를 부인하였다. 이는 영지주의(靈智主義) 사상에 기초를 둔 이단종파로서 믿음으로 구원을 얻는 것이 아니라 영적 지식을 통하여 물질의 속박에서 벗어나 하나님의 세계로 들어가는 것이 구원이라고 주장하였다.

그노시스(Gnosticism)주의의 뒤를 이어 나타난 말시온(Marcionism) 파는 그노시스(Gnosticism) 사상과 비슷한 점이 있었는데 물질을 죄악시하여 **금욕주의를** 강조하는 이단종파였다. 하나님과 **데미우르고스(Demiourgos)를**[630] 분리하여 하나님은 영의 세계를 다스리고 **데미우르고스(Demiourgos)는** 물질의 세계를 다스린다는 그노시스파의 사상을 전수 받은 분파였다. 하나님께서 물질세계를 창조하지 아니하셨고 데미우르고스(Demiourgos)가 물질세계를 만들었다고 주장했다. 2세기에 들어와 몬타누스(Montanus) 파는 금욕을 성도의 미덕으로 생각하여 금식이나 고행을 장려함으로 물질에 대한 적극적 사용을 거절하였다. 그들은 성경의 계명에 신앙생활의 금욕적 규칙을 첨가하여 지키도록 강요하였다.

일반은총(Common Grace)에 관한 신학적 주제를 확실하게 기초를 놓은

---

630) 데미우르고스(Demiourgos)라는 말은 영지주의(Gnosticism)에서 조물주를 가리키는 말로 통용되었다. 헬라어의 본뜻은 "공작자"라는 의미를 가리킨다. 영지주의(Gnosticism)에서는 최고의 신과 분리하여 타락한 신의 존재를 인정한 조물주를 가리키는 말이었다. 물질세계와 육체적 세계를 창조한 조물주를 데미우르고스(Demiourgos)로 칭하였다. 이 조물주는 최고의 신보다 열등한 신적 존재를 가리키는 말이다.

학자는 말할 것도 없이 칼빈(Calvin)이다. 물론 어거스틴(Augustine)도 일반 은총에 대한 언급을 했으나 부분적이었고 칼빈(Calvin)이 체계적이며 광범위 하게 기초를 놓았다고 볼 수 있다. 그런데도 불구하고 17세기 이후 이성주의 (Rationalism), 18세기 계몽주의(Enlightenment), 그리고 19세기 자연주의 (Naturalism)를 거쳐 오면서 개혁파 신학은 일반은총의 개발에 역점을 두지 못 하였다. 17세기 프랜시스 튜레틴(Francis Turretin) 18세기 아키발드 알렉산 더(Archibald Alexander) 등은 개혁파 정통주의 교리학을 사수하는데 역점을 두다 보니 일반은총을 개발할 여유가 없었다. 그 후 19세기 말부터 로버트 댑니 (Robert Dabney), 클라스 스킬더(Klaas Schilder), 그리고 아브라함 카이퍼 (Abraham Kuyper) 등에 의해 일반 은총에 관한 획기적인 발전을 보았으며 20 세기에 들어와 최고의 변증신학자 밴틸(Cornelius Van Til) 박사에 의해 총체적 인 일반은총론을 정립하게 되었다.

우리가 고려할 점은 로마 교조주의(Catholicism)가 주장하는 자연신학이 개 혁파 신학에서 주장하는 일반은총(Common Grace)의 교리와 상통하는 점이 있 느냐? 의 문제이다. 로마 교조주의(Catholicism)가 가르치는 자연신학 그 자체 만을 독립시켜 놓고 볼 때 일반은총을 말하고 있는 것처럼 보이기도 한다. 그러 나 로마 교조주의(Catholicism)의 근간을 이루고 있는 스콜라주의(Scholosti-cism) 신학은 근본적으로 성경의 전제를 무시하고 합리적 이성주의의 입장에 서 서 자연주의적 신학과 접목을 시도하고 있기 때문에 사실상 개혁파 신학이 주장 하는 일반은총의 교리와는 전혀 상통하는 점이 없다. 문제는 기독교인들이 비 기 독교인들과의 접촉점(Point of Contact)을 형성하기 위해, 즉 그들과 공통분포 (Common Ground)를 형성하기 위해, 일반은총이 필요한가? 이다. 조금 더 추 리해 보면 하나님을 인식하는 문제에 있어 신자와 불신자 사이에 일반은총을 매 개로 하여 공통분포를 형성할 수 있느냐? 이다. 즉 신자와 불신자 사이에 일반은 총을 통한 하나님의 인식에 관한 접촉점이 형성되느냐? 이다. 이 문제에 대해 카 이퍼(Abraham Kuyper)는 아주 부정적인 견해를 나타내 보이고 있다. 그 이유 는 신자와 불신자와의 사이에는 특별은총의 영역에 있어 영적으로 전혀 다른 영 역에 속하여 있기 때문이라고 주장한다. 서로가 일반은총의 영역에서 공통분포를 형성하는 영역에 속해 있다고 할지라도, 같은 액체인데도 물과 기름처럼 다른 역할을 하는 것과 같이, 신자들과 불신자들은 영적으로 전혀 다른 종류의 신분을 가지고 있기 때문에 일반은총에 관한 인식이 근본적으로 다르게 나타난다는 주장이다. 불신자들은 창조에 관한 인식이 완전히 결여 되어 있기 때문에 일반은총을 해석하는 그 자체에 잘못된 견해를 가지고 있다고 말한다. 스콜라주의(Scholasticism)의 일반은총에 관한 문제점이 바로 이 문제에 있다. 스콜라주의(Scholasticism)는 일반은총을 대할 때 구원 받은 신자의 개념과 불신자의 개념을 구분하지 않고 자연신학을 적용하고 있기 때문에 특별은총의 영역과 일반은총의 영역을 전혀 구분하지 못하고 있다. 이제 그 문제를 논증하려고 한다.

1. 하나님에 관한 존재인식

모든 사람들은 하나님에 관한 인식을 가지고 있는데 그 존재 자체에 있어서만 공통분포를 형성하고 있다. 이 존재인식은 인격적인 삼위일체 하나님의 인식하고는 전혀 다른 개념이다. 애매하게라도 누구나 하나님의 존재를 부지(不知) 불식(不識) 간에 인식하고 있다는 것은 공통인식에 속한다. 인간은 누구나 자신도 모르게 신에 관한 인식을 나타내고 있다. 문제는 하나님을 알되 바른 하나님을 알지 못하기 때문에, 그들이 신에 대한 관념을 논할 때, 스스로 무신론을 주장하게 된다. 그들은 스스로 무신론자임을 자처하지만 위기를 당할 때, 기이한 현상을 볼 때, 그리고 불가사의(不可思議)한 일을 만날 때 신을 찾게 된다. 그러면서 평상시에는 스스로 무신론자임을 자처하고 있다. 이러한 현상을 보고 기독교인들만 유신론자들이며 비기독교인들은 무신론자들이라고 말하는 것은 잘못이다. 이러한 유신론적 무신론자들에 대해 성경은 정확하게 지적하고 있는데 "하나님을 알만한 것이 그들 속에 나타내 보이셨는데....하나님을 알되 그들의 마음이 허망하여지고 어두워졌나니....마음의 정욕대로 더러움에 버려 두사 합당하지 못한 일을 행하게 하셨다(롬1:19-28)." 라고 말씀하고 있다. 그들은 하나님을 오직 존재론적(Ontological) 입장에서 애매하게 인식하고 있으나 인격적인 삼위일체 하나님을 인식하지 못하고 있기 때문에 그들 스스로 하나님을 향해 반항적인 요소를 나타내 보이고 있지만 그들 마음속에는 신에 대한 존재 인식이 뿌리박혀 있다.

불신자가 스스로 무신론자라고 말하지만 막다른 진퇴양난의 입장에 처하게 될 때 신을 찾는 것은 인간이 본질적으로 하나님의 형상으로 창조되었다는 것을 증명해 주고 있기 때문이다. 이는 인간이 태어날 때부터 가지고 있는 하나님에 관한 **타고난 지식이** 존재한다는 증거이다. 이러한 타고난 지식은 관념주의 철학에서 말하는 것과는 차이가 있다. 인간의 창조적 입장에서 말하는 **타고난 지식은** 하나님의 형상을 가지고 태어난 인간을 두고 하는 말이다. 하나님으로부터 창조된 인간은 태어날 때 누구나 가지고 있는 신에 대한 본질적인 요소가 있는데 위험할 때 신을 찾는 인간의 본질과 또는 미래를 향해 중대한 결정을 할 때 신을 찾는 인간의 본성 같은 것을 의미한다. 그러나 관념주의 철학에서 말하는 **타고난 지식은** 자율적 인간을 두고 하는 말이다. 인간이 태어날 때부터 자율성을 가지고 태어났다고 주장하는 철학적 관념은 창조적 입장에서 타고난 지식의 개념과는 전혀 다른 차원의 것이다. 칼빈(Calvin)은 창조된 인간이 가지고 있는 모든 지식을 **타고난 지식**(Innate Knowledge)으로 말하고 있다. 이러한 사상은 성경에 선지자들과 사도들이 기록한 인간에 관한 본질을 논증하는 내용과 상통하는 내용이다. 성경은 인간을 논할 때 하나님을 전제하고 인간의 본질을 논하고 있다. 거기에는 하나님의 본체와 창조를 전제하고 있다(창2:7-8, 15-25, 시8:1-9, 14:1-5, 53:-4, 롬1:19-29). 하나님께서는 인간에게 그분의 창조사역과 섭리사역을 증거 하여 주고 계신다. 이성을 가지고 있는 인간은 이 증거를 피할 수가 없다. 그런데 문제는 하나님의 백성으로 선택받지 못한 사람들은 삼위일체 하나님의 인격을 모르고 있기 때문에 하나님을 인식하지 못하고 있는 것처럼 행동하고 있다. 그러나 그들은 하나님의 심판대 앞에 설 때에 삼위일체 하나님을 체험하게 될 것이다. 문제는 그 체험이 형벌로 다가온다는 사실이다. 불신자라 할지라도 이 세상의 시공간 세계에 살면서 하나님의 계시를 접하고 있다. 그러나 그들은 성령님의 감동이 없기 때문에 계시의 은혜를 전혀 모르고 있다.

인간은 아무리 타락한 도덕과 윤리의 영역 안에서 살고 있다고 해도 나름대로의 도덕률을 가지고 있다. 이는 인간이 하나님과 행위언약(Moral Rule)을 맺을 때 이성과 윤리가 포함된 언약을 맺었기 때문이다. 그 이성과 윤리는 인간이 그의 의지대로 사용할 수 있도록 허용적(Permissive)으로 주어져 있었다. 인간의 자유의지에 따라 선악과를 범하고 안 범하고 하는 문제는 전적으로 인간의 이성과 의지에 따라 결정하도록 창조되었다. 그러나 생명을 전제로 한 행위언약(Moral Rule)은 "지키면 살고 어기면 죽는다."는 명령이었기 때문에 결과에 대한 책임은 인간이 져야 할 문제였다. 그 행위언약 안에는 만물을 다스리는 능력, 만물의 이름을 짓는 능력, 그리고 하나님과 교제관계를 유지할 수 있는 능력이 포함되어 있었다. 행위언약에서 타락한 인간은 그 능력을 잃어버리고 말았다. 그러므로 하나님의 존재만을 알고 있다고 해서 범죄하기 이전의 요소들을 소유하고 있는 것은 아니다. 인간은 처음부터 하나님과의 언약관계(Relationship of Covenant) 안에 존재하고 있었기 때문에 언약(Covenant)의 내용을 모르면 하나님을 모르는 길에 서있게 되어있다. 그러므로 타락한 인간은 하나님에 관한 존재의 관념을 가지고 있으면서도 존재의 실재(Reality)에 대해서는 전혀 무관한 것처럼 살아가고 있다. 그러한 삶이 바로 파괴적인 삶이다. 숨을 쉬고 살아가는 동안은 범죄의 안개 속을 지나면서 앞을 가리는 안개의 원인을 알지 못하고 살아가고 있다. 그러한 삶은 생의 종말을 맞이할 때 구체적으로 하나님의 실체를 형벌의 위치에서 만나게 된다. 그 때 하나님의 실체는 영원한 멸망의 길을 빠져 나가지 못하게 하는 심판주로 닥아 오게 된다. 하늘의 만상이 그 길을 막을 수 없고 이 땅위의 모든 산의 숲과 바다의 모든 물이 그 심판을 막을 수 없는 때가 그때이다.

불신자들의 죄의식은 신자들과 확연히 다르다. 죄의식의 개념은 하나님을 아는 척도이다. 불신자들의 죄의식은 자율주의(自律主義), 타율주의(他律主義), 그리고 무율법주의(無律法主義) 등의 기준에다 기초를 두고 있다. 사실 그러한 개념들은 언약(Covenant)의 입장에서 볼 때 윤리적 혼란만 가중시키는 생각들에 불과하다. 그들 스스로 정해둔 기준을 자랑할지라도 참된 하나님을 아는 지식이 포함되어 있지 않기 때문이다. 그러한 기준들은 죄를 죄로 인정할 수 있는 어떤 규정이 되지 못한다. 죄를 죄로 인지하지 못하는 규정들이기 때문에 하나님을 알 수 있는 지식들을 배제하며 그 결과 하나님의 도덕률(Moral Rule)을 파괴하는 기준들이 되고 만다.

인간은 하나님에 관한 공통적인 지식을 가지고 있는데 그것은 아담이 창조함을 받을 때 하나님과 관계를 맺었던 지식이다. 또한 인간이 소유하고 있는 자연에 관한 지식은 신자를 막론하고 불신자들 까지 공동으로 공유하고 사는 지식이다. 신자와 불신자 모두 자연을 다스리고, 응용하고, 그리고 과학적 적용을 통해 문화명령(Cultural Mandate)을 수행하는 일에 있어서 서로 공통점을 형성하고 있다. 그러나 신자와 불신자가 하나님에 관한 인식을 근본적으로 다르게 표출하는 결정적인 요소는 도덕률에 대한 언약으로부터 발생 한다. 비록 신자나 불신자가 다함께 하나님을 말한다고 해도 거기에는 언약의 인식이 삶과 죽음의 관계를 갈라놓는 결정적 요인이 되고 있기 때문에 우리에게는 삶의 길로 인도하는 은혜의 안내자가 바로 하나님이시다. 이 은혜의 중보자(Mediator)는 하나님께서 인간이 되신 예수 그리스도뿐이다. 이러한 중보자의 인식은 참 하나님과의 교제이냐? 아니면 단절이냐? 의 문제를 결정하는 근원적인 요인이다.

신자와 불신자사이에 언약의 인식론에 있어 접촉점(Point of Contact)이 불가능한 근본적인 이유가 있다. 언약론을 통한 하나님을 인식하는 문제에 있어 밴틸(Van Til) 박사는 은혜언약 안에 있는 신자들의 영역과 일반은총 안에 있는 모든 사람들의 영역을 구체적으로 구분하여 설명하지 못함으로 모두가 같은 하나님을 인식하고 있는 것처럼 들리는 언급을 하고 있다. 즉 "모든 사람들은 공통적인 하나님에 관한 지식을 가지고 있다. 왜냐하면 사람들의 인종은 한 피로 만들어졌기 때문이다. 하나님 앞에서 인간은 하나의 연합체로 서 있다. 초자연적 계시에 의하여 아담 안에서 하나님과 함께 모든 사람들이 직면하고 있는 것을 전제하며 창조라는 특수사역에 의해 하나님과 직면하고 있는 모든 인류는 상관관계를 형성하고 있다. 그런데도 신자들이 불신자들에게 하나님의 말씀을 전할 때 부정적일 수도 있으며 또한 실제로 그렇게 나타난다. 그럼에도 불구하고 그들은 하나님의 말씀에 대한 합법성을 인정한다. 그렇기 때문에 무신론자는 존재하지 않는다. 형이상학적으로 볼 때 신자와 불신자 모두가 공통적으로 사물을 소유하고 있다. 사람이면 누구나 하나님은 한 분 뿐이라고 알고 있다. 사람들은 누구나 하나님을 알 수 있는 어떤 능력을 가지고 있는 것이 아니고 실제로 그분을 알고 있다."[631]라고 말하고 있다. 이러한 밴틸(Van Til) 박사의 주장은 신자나 불신자나

---

631) Cornelius Van Til, The Defence of the Faith, (Presbyterian and Reformed Pub-

하나님의 인식에 있어 동일한 관점을 소유하고 있는 것처럼 느껴진다. 언약의 인식론에 있어 구체적인 차이점을 언급하지 않고 있다.

우리가 여기서 밴틸(Van Til) 박사의 관점을 세분하여 볼 필요가 있다. 신자와 불신자가 가지고 있는 신에 관한 인식이라는 개념 안에서 공통점을 가지고 있다고 생각하는 것은 잘못이다. 은혜언약 안에 있는 인간과 은혜언약 밖의 인간은 인격적인 하나님을 대하는데 있어 현세뿐 아니라 사후에 있어서도 본질적인 차이가 있다. 그렇다면 불신자들은 신에 대한 관념이 없이 무신론 사상을 가지고 생활하게 되는가? 라는 의심을 품을 수 있다. 그것은 아니다. 아무리 무신론자라고 스스로 강조할지라도 신에 대한 절대적 무신론주의자는 아무도 없다. 모든 사람들은 양심을 말하며 주어진 전통과 사회의 법을 따라 살고 있다. 그들의 전통과 법의 배후에는 신의 관념이 깃들어 있다. 미국의 헌법전문에는 하나님에 관한 사상이 포함되어 있다. 한국의 헌법에는 홍익인간에 관한 사상이 포함되어 있다. 모두 다 종교적 의미를 가지고 있다. 문제는 기독교적이냐? 아니면 비기독교적이냐? 의 문제이다. 종교적 개념으로만 생각할 때 모든 사람들은 비 기독교인들을 포함하여 하나님에 관한 공통적인 인식을 가지고 있다. 그러나 언약론(Covenant Theory)으로 볼 때 신자와 불신자 사이에는 반드시 구분해야 할 차이점이 있다. 언약 안에 있는 자의 하나님에 관한 인식과 언약 밖에 있는 자의 하나님에 관한 인식에는 공통점과 차이점이 명백하게 존재하고 있다. 언약 안에 있는 자는 구세주 예수 그리스도로 말미암아 인격적인 삼위일체 하나님을 인식함과 동시에 만물을 지배하시고 섭리하시는 하나님의 주권신앙을 소유하고 있다. 그러나 언약 밖에 있는 자는 만물에 관한 하나님의 주권을 인식할지라도 언약 안으로 들어오는 문이 되는 예수 그리스도를 구제주로 인식하지 못하기 때문에 인격적인 삼위일체 하나님을 인식할 수가 없다.

일반은총(Common Grace)의 개념으로 볼 때 모든 사람들은 하나님의 뜻 밖에 거주하는 자는 없다는 의미에서 공통점을 가지고 있다. 또한 하나님의 존재만을 인식하고 있다는 점에 있어서도 공통점을 가지고 있다. 근본주의적(Fun-

---

lishing Co, Phillipsburg, New Jersey, 1980), p.153.

damental) 이원론주의(Dualism)자들, 로마 교조주의(Catholicism)를 신봉하는 자들, 그리고 인간의 의지를 강조하는 복음주의 자들은 모든 사람들과 자연이 하나님의 주권 아래 진행되고 있다는 사실을 부인하려 든다. 그들은 모든 사람들과 자연이 하나님과 대치되는 악에 의해 지배되고 있다는 다른 영역 주권을 강조한다. 그러나 하나님께서는 악한 세력을 허용적으로 사용하시어 하나의 주권 아래 만물을 다스려 가고 계신다. 악령들이 하나님에 관하여 너무도 잘 알고 있다. 그러나 하나님의 허용에 의해 그 악한 세력이 움직이고 있다. 그러므로 이 땅위에 존재하는 모든 사람들과 자연은 하나님에 대한 절대적 반대세력으로 존재할수 없다. 만약 신자와 불신자 사이에 있어 일반은총(Common Grace)의 영역 안에서 공통분포의 지식이 없다면 국가, 사회, 문화, 예술, 교육, 그리고 과학의 개념에 있어 공동보조를 맞추어 가는 사회질서를 형성할 수 없을 것이다. 하나님의 주권적 다스림은 불신자들의 세계와 신자들의 세계인 두 영역을 조화 있게 이끌어 가고 계신다. 즉 선택(Selection)과 유기(Reprobation)는 두 영역이지만 하나님의 주권적 입장에서 보면 한 영역 안에 속해 있다. 그런 의미에서 유기된 영역도 하나님의 뜻을 이루는 부분을 담당하고 있다. 불신자들이 하나님을 반항하지만 자신도 모르게 하나님의 사역에 동참하고 있다. 개혁파 신학이 주장하는 하나님의 통치사상은 선택된 영역만을 다스리는 일방적인 개념이 아니다. 악한 세력이 하나님을 반항할지라도 그분의 능력과 지혜로 악의 영역을 아버지의 뜻대로 사용하시어 섭리를 성취해 나가고 계신다. 그렇기 때문에 신자와 불신자가 함께 살고 있는 국가와 사회가 발전하고 영적으로 다른 영역에 속해 있으면서 서로 협력관계를 형성해 나가고 있다.

그런데 이러한 시공간에서 벌어지는 현실 세계의 역사는 현재의 과정에만 한정하여 하나님의 주권을 정의할 수 있는 것이 아니다. 하나님의 통치는 창세 전의 하나님의 계획도, 시공간 세계에서의 경륜(經綸, Stewardship, οἰκονομία)도, 그리고 재림 이후의 영원한 천국을 다스리는 것을 포함한다. 창세 전의 아버지의 사역은 영원세계에서의 사역이었다. 거기에서 하나님 아버지께서는 만물에 관한 설계도를 구성하셨다. 그 설계도대로 만물을 창조하셨기 때문에 신자는 물론, 불신자, 그리고 모든 자연까지도 하나님의 섭리를 벗어나 스스로 존재하거나 역사의 영역 밖에서 활동하는 일은 없다. 그리고 종말은 창조 이전의 하나님의 설계도에 의해 완성되어진다. 그 완성은 시공간의 연장선상에서 이루어지지만 시공간의 역사적 종말을 고하고 새 하늘과 새 땅을 형성하여 새로운 통치세계로 들어가게 된다. 그 통치의 세계는 창세이전의 영원한 계획을 완성하는 세계이다. 그러므로 하나님의 통치는 창세 이전에서 종말 이후까지 연속적으로 연계된 세계이다.

2. 로마 교조주의(Catholicism)의 자연신학

로마 교조주의(Catholicism)는 중세의 스콜라주의(Scholasticism)에 기반을 둔 신학이기 때문에 자연주의가 주류를 이루고 있다. 거기에는 올바른 기독론적 인식의 신학이 형성되어 있지 않다. 올바른 기독론적 인식이란 히브리서에 나타나 있는 그리스도의 단번에 드린 제사를 의미하는데 그 백성을 위하여 십자가에 죽으심으로 단번에 드려진 제사의 성취를 말한다. 그런데 로마 교조주의(Catholicism)는 그리스도를 말하면서 그리스도의 완성된 구속사역을 거절한다. 이러한 거절은 멜기세덱의 제사장과 예수 그리스도, 새 언약의 대 제사장 예수 그리스도, 언약의 피를 통한 제사, 그리고 그리스도의 단 한 번의 제사(히7장-10장)를 희석시키는 신학이다. 로마 교조주의(Catholicism)가 주장하는 예전주의(禮典主義)는 그리스도께서 단번에 드린 제사를 명쾌하게 규명하지 못하고 있다. 그 신학은 그리스도를 통한 통치, 그의 백성을 구원하시는 아버지의 예정, 그리고 종말에 이루어질 우주론적 구원관에 있어 오점을 남기고 있다. 그러므로 로마 교조주의(Catholicism)가 주장하는 신학은 신적작정(Decree)이 포함하고 있는 모든 만물을 포괄할 뿐 아니라 통일성 있게 다스리며 구원과 관계된 그리스도의 사역에 기초를 둔 하나님 사역의 통일성을 배제한다. 로마 교조주의(Catholicism)가 주장하는 자연주의는 신적작정(Decree)의 통일성을 배제하고 있기 때문에 오직 인간의 주관으로부터 발흥된 합리주의적 이성주의 개념에서의 통일성을 말할 뿐이다. 이러한 합리주의적 통일성은 헬라철학의 기초를 놓은 아리스토텔레스(Aristotle)의 합리적 통일성을 원리로 삼고 있는 신학이다. 이러한 통일성은 하나님의 작정에서 볼 때 불연속성의 원리에 불과한 부분적인 통일성이다. 즉 로마 교조주의(Catholicism)가 생각하는 합리적 통일성은 실질적으로 창조주와 피조물 사이의 구별을 정확하게 정의하지 못하고 있다.

아리스토텔레스(Aristotle)의 합리적 통일성이란 "모든 지식은 전체에 관한 것이다. 모든 지식은 하나님과 사람의 양자 안에서 그 자체를 드러내는 존재의 정체를 어느 정도 측정할 수 있는 가정(Hypothesis)에 기초하고 있다."는 의미이다. 만일 우리가 예수 그리스도에 대한 인식을 이러한 원리에 적용시킨다면 예수 그리스도는 보편적 개념으로 인식 되어져야 할 분이다. 그렇다면 예수 그리스도는 실재(Reality)에 있어 유일의 원리가 실지로 감소되어져야 한다. 이 문제에 대해 카이퍼(Abraham. Kuyper)는 주장하기를 "기독교는 우연의 사건이 아니며, 단순한 회복의 개념이 아니며, 그리고 자연에 대한 보충적인 종교가 아니다. 그리고 자연과 초자연은, 즉 피조된 것과 구원적인 것들은 단지 서로에 있어 단계적으로 구분될 뿐이다."[632] 라고 말했다. 그러나 우리는 이미 언급한 대로 일반은총(Common Grace)에서의 하나님에 관한 인식과 특별은총에서의 하나님에 관한 인식을, 즉 불신자가 인식하는 하나님과 신자가 인식하는 하나님의 관계를 명확하게 구분하여 설명해야 한다. 종말에 가서는 선택받은 자와 유기된 자의 위치가 전혀 다른 입장에 설 것이기 때문에 신자나 불신자가 가지고 있는 하나님에 관한 인식론을 정확하게 구분하지 아니하면 오해를 낳게 될 수밖에 없다. 불신자가 아무리 하나님에 관한 존재를 확실하게 인식하고 있다고 할지라도 인격적인 삼위일체 하나님을 인식하지 못하면 종말에 가서 택함 받은 자는 하나님 아버지와 영원한 교제관계에서 만날 것이며 유기된 자는 영원한 형벌로 들어갈 것이기 때문이다.

밴틸(Van Til) 박사는 로마 교조주의(Catholicism)에서 주장하는 연속성(Continuity)과 불연속성(Discontinuity)을 좀 더 세밀하게 이해하려면 좀 더 연구할 필요가 있다고 말하였다. "즉 연속성(Continuity)과 불연속성(Discontinuity)의 원리는 서로 상관관계로 취급되어져야 한다. 그리고 이 두 가지는 학문으로서의 통일성에 있어 서로 상관관계로 취급되어질 때, 인간적이든지 아니면 신적이든지, 전체로서 실재(Reality)와 더불어 **사고의 동일성에 관한 잊어버**

---

632) Ibid, p.156.

린 관념(receding idea of the identity of thought)을 포함하고 있다. 이 관념은 실재(Reality)에 있어 전혀 불연속적이기 때문에 사라져 버리게 된다. 만약 이러한 관념이 실재(Reality)에 있어 나타나게 된다면 그 때 모든 탐구되어진 사건들은 하나의 추상적 공백의 존재 안에서 그들의 개체적 요소를 잃어버리고 말 것이기 때문에 합리적 통일성이 사라져 버리고 말 것이다. 이러한 관념은 실재화(實在化, Realized) 될 수가 없다. 이에 대한 이성은 불연속성(Discontinuity)이며 개체성의 원리가 인용된다는 것은 총체적으로 볼 때 비이성적인 것이 되고 만다. 다른 말로 하면 탐구해야할 사건들은 어느 조직의 한 부분을 형성할 수 없기 때문에 불연속성(Discontinuity)으로 끝나게 된다. 아무도 그것들의 본질이 무엇인지 알 수 없으므로 그 본질을 말한다는 것은 무의미한 것이다. 어느 누구도 하나의 사건이라도 찾아낼 수가 없으며 어떤 방법으로든지 다른 사건들과 다르다는 것을 알지 못한다."[633]고 말하고 있다.

더하여 밴틸(Van Til) 박사는 다음과 같은 주장을 펼치고 있다. "물론 로마 카톨릭이 가지고 있는 신학에서 아리스토텔레스(Aristotle)의 철학을 받아들이고 있지만 한편으로는 하나님께서 인간을 창조하셨다고 가르치는 모순을 범하고 있다. 그러면서 또 다른 한편으로는 자연계시의 영역에서 말하는 세속철학의 개념들을 고수하고 있다. 이러한 분야에 있어 로마 교조주의(Catholicism)는 '이성에 관한 합당한 자율성'을 강조하고 있다. 로마 교조주의(Catholicism)는 그들의 신학을 자연계시의 영역 안에서 이성에 관한 자율성의 개념에 억지로 맞추어 나가고 있다. 그러므로 그 전체적인 결론은 합리적인 통일성에 관해 지적이거나 또는 합리적 이론에 맞는 철학이 되지 못한다는 것을 말해주고 있다. 그러므로 로마 교조주의(Catholicism)는 현대주의 사상에 도전할 어떤 개념도 가지고 있지 못한다."[634]는 것을 말하고 있다.

이제 밴틸(Van Til) 박사가 지적한 바에 따라 로마 교조주의(Catholicism)가 주장하고 있는 자연주의 신학을 발췌하여 분석하고 비평해 보자. 로마 교조주

---

633) Ibid, p.156.
634) Ibid, p.156.

의(Catholicism)가 주장하는 자연신학에 관한 내용을 분석하고 비평하기 위해서는 칼빈(Calvin)의 신학을 기초로 하여 기독교 변증에 심혈을 기울여야 할 것이다. 칼빈(Calvin)은 당시 로마 교조주의(Catholicism)에 대한 예리한 분석과 비평을 가할 때 범인으로서는 생각할 수 없는 논증을 수없이 제시하였다. 우리가 현대사상에 대한 개념을 바로 안다는 것은 아주 중요하다. 현대의 철학사상은 중세의 스콜라주의(Scholasticism)의 연장선상에 있으며 스콜라주의(Scholasticism) 사상은 헬라주의 철학의 연장선상에 놓여있다는 것을 누차 강조하였다. 현대 사상을 구체화 해 보면 보다 세심하고 철저하게 헬라사상을 발전시킨 것이라 말할 수 있다. 이 말은 헬라철학을 각자의 기호에 따라 주관화시켜 자기 나름대로 전개했다는 말이 된다. 그러나 현대철학의 주관적 사상과 고대 헬라철학의 사상 사이에는 방법론 적용에 있어 큰 차이가 있는 것이 사실이다. 또한 기독교적 입장에서 볼 때 이들의 사상들은 모두 인간 이성으로부터 발원된 주관적 사상에 불과하다. 그들이 주장하는 객관주의는 인간이성을 통일성 없이 짜깁기하여 부분적인 합리성을 전체적인 것으로 잘못 알고 말할 뿐이다.

칸트(Kant)의 철학은 통일성을 말하는데 있어 주관적인 입장에서의 합리적 개념과 경험적 개념을 통일되도록 설정하여 과학적 개념의 통일성으로 이끌고 가려고 한다. 그러나 이러한 개념은 인간의 타락으로 말미암아 하나님께서 인간에게 주신 만물을 다스리는 우주적 개념에서 벗어난 곡해에 기초를 두고 있기 때문에 통일적 논증이 성립될 수 없다. 인간이 그토록 강조하는 자율성의 테두리 안에 머물러 있는 과학적 통일성은 극히 부분적인 통일성을 소유하고 있을 뿐 전체적이며 우주적인 통일성을 밝혀낼 수가 없다. 인간의 타락성은 항상 사건(Fact)과 사물(Material)에 대한 일방적 곡해를 일삼고 있기 때문에 그들이 주장하는 철학적 의미는 항상 하나님을 거역하는 생각으로 가득 차있다. 인간들 사이의 의견 대립은 자기만이 옳다는 궤변주의자들 때문에 일어난다. 인간의 고루한 생각은 역사적으로 흘러 내려온 철학적 사고 가운데 깊이 뿌리 내리고 있다. 철학의 역사는 수 천 년 동안 반동에 반동을 거듭해 왔으나 현대주의 철학 역시 헬라철학과 일맥상통하는 사상을 드러낼 뿐 전체적이며 우주적인 새로운 이념을 발굴해 내지 못하고 있다.

플라톤(Platon)의 수직주의 개념이 아리스토텔레스(Aristotle)로 넘어와서는 반동적으로 수평주의 개념을 드러냈다고 볼 수 있으나 만물을 창조하신 하나님의 우주적 개념에서 볼 때는 하나의 큰 대양 속에서 서로 부딪치는 부분적인 작은 파도에 해당되는 정도를 개발한 철학에 불과하다. 만물에 작용하는 수많은 원리는 수직주의(Verticalism) 또는 수평주의(Horizontalism)라는 협소하고 단순한 철학으로 정의될 수 없기 때문이다. 신에 관한 연구에 관심을 집중했던 헬라철학이 현대에 넘어와서는 인간에 관한 연구에 깊은 관심을 가지게 되었다. 그러나 인간을 정의할 때 하나님을 전제하지 않고 인간의 본질을 알 수 없다. 인간은 비록 불신자라 할지라도 하나님의 뜻 가운데 태어나 일반은총의 분야에서 하나님께서 위탁하신 사명을 다하다가 그 사명이 끝나면 그의 생명도 끝나게 된다. 인간을 정의할 때 인간이 스스로 자체적 분석을 통해 본질을 알아낸다는 것은 불가능한 일이다. 그럼에도 불구하고 현대철학은 인간의 본질을 알아내기 위해 온갖 방법을 동원하여 탐구하고 있다. 심리학이 발달된 이유도 여기에 있다. 그러나 인간은 하나님을 전제하지 않고 그 본질을 알 수 있는 길은 없다.

인간에 대한 근본적인 정의는 하나님과의 관계에서 일반은총론의 인식을 동반해야 한다. 개혁파 신학자들 간에도 일반은총론에 관한 견해의 차이가 있다. 극우적인 복음주의자들은 일반은총론에 관한 성령님의 사역을 감소시키려는 의지를 나타내기도 한다. 로마 교조주의(Catholicism)는 현대 자연주의자들의 철학과 같은 노선을 걷고 있기 때문에 일반은총론에 관한 신학이 결여되어 있다. 그렇기 때문에 자연계시를 통한 성령님의 사역을 밝혀 낼 수가 없다. 결국 만물을 다스리는 하나님의 주권사역을 무시하게 된다. 비록 불신자라 할지라도 각자의 사명을 가지고 타고난 은사가 주어져 있는데 그 은사를 사용하는 능력은 일반은총(Common Grace)에서 성령님의 사역에 기인하고 있다. 칼빈(Calvin)은 일반은총에 있어 성령님의 사역을 설명하여 말하기를 "하나님께서 창조하시고, 창조하신 만물을 보존하시고, 그리고 다스리시는 활동을 보여주심으로 우리는 일반은총에 관한 하나님의 뜻을 알게 된다. 또한 하나님의 초자연적 계시가 아담에게 주어졌을 때 그것은 평범한 것이었다. 타락하기 이전이었으므로 그 계시는 아담에게 아주 자연적이며 정상적이었다."[635] 라고 말했다. 아담의 타락 이후에는 성령님의 특별사역으로 인하여 선택된 백성에게 구속이 적용된다. 그러나 로마 교조주의(Catholicism)는 자연적인 사람을 하나님과 동등한 위치에 두고 동일한 존재에 참여하는 것으로 말하고 있다. 인간이 하나님과 동일한 존재의 입장에서 하나님의 사역에 참여하는 것은 사실상 비존재에 접근해 있다는 말이 된다.

그렇기 때문에 칼빈(Calvin)이 주장하고 있는 구속의 교리를 바로 이해해야 한다. 그리고 이에 반하여 로마 교조주의(Catholicism)가 주장하는 구속의 문제는 어떤 것인가를 바로 이해해야 한다. 이 문제에 있어 칼빈(Calvin)은 하나님 창조주와 피조물인 인간과의 관계를 먼저 설정하여 인간은 창조주 하나님으로부터 은총을 받은 피조물의 입장에서 인식론을 논증할 것을 주장하고 있다. 인간은 하나님의 무한한 은혜를 모르고 자기의식에 의존하여 하나님을 반항하는 범죄의 인간이라고 성경은 규정하고 있다. 아담은 하나님의 뜻에 따라 인류의 대표자로 이미 선정된 자이다. 그러므로 대표자 한 사람의 범죄는 모든 사람의 범죄를 포함하고 있다(롬5:12). 한 사람의 행위언약의 파괴는 모든 사람들이 언약을 파괴한 것을 포함하고 있다. 그러나 로마 교조주의(Catholicism)는 이러한 언약의 교리를 부정하고 있다. 즉 죄는 고장난 상태인데 인간을 부분적으로 문제가 있는 존재로 보고 있다. 그렇기 때문에 인간이 비존재로 빠져들어 갈 수 있다고 생각한다. 칼빈(Calvin)의 주장에 의하면 죄는 윤리적인 개념을 포함하고 있다고 말한다. 그러나 로마 교조주의(Catholicism)는 인간의 본질적인 죄를 축소시켜 일종의 형이상학적(Metaphysical) 결핍으로 생각하고 있다.

인간의 의지를 강조하는 복음주의 신학에서는 개혁파 신학과 다른 관점을 피력하고 있는데 바로 인간의 죄론에 관한 문제이다. 죄에 관한 문제는 인간의 생활 속에서 실제적이며 구체적으로 나타난다. 그런데도 인간의 이성을 강조하는 복음주의 신학에서는 죄의 문제를 형이상학적(Metaphysical)으로 해결하려는 경향성을 나타내 보이고 있다. 즉 인간의 죄를 부분적인 결점으로 생각하고 있기 때문에 전적부패(Total Depravity)의 개념을 무시하려 든다. 이러한 인간의

---

635) Ibid, p.157.

의지를 강조하는 교회의 흐름은 인간의 능력을 적극적 방향으로 전환 시키려는 경향성으로 나타난다. 인간의 능동성을 강조하면 할수록 죄성을 약화시켜 인간이 형이상학적(Metaphysical)으로 우수하다는 점을 강조하게 된다. 특히 적극적 사고방식을 강조하는 복음주의 자들은 일반 대중 심리요법(Pop Psychology)의 적용을 통하여 인간의지의 강력한 기대감을 불러일으켜 심리적으로 일시적 안정감을 가지도록 유도한다. 그러나 하나님 앞에 선 인간은 자신의 비참한 상태를 깊이 깨닫게 될 때 자기 부정을 통한 하나님의 은혜를 더욱 갈망하게 됨으로 자신에 대한 올바른 판단을 결정하게 된다. 하나님 앞에서 죄를 깨닫게 되는 것은 자기 자신을 비하시키는 일이 아니다. 오히려 자기 자신의 정확한 본질을 깨닫게 되는 일이다.

이러한 죄를 깨닫는 일은 일반은총의 은사를 무시하는 것과는 다른 개념이다. 로마 교조주의(Catholicism)나 인간의 의지를 강조하는 복음주의는 죄의 문제와 일반은총에 관한 문제를 혼돈하여 그 의미를 잘못 해석하는 경우가 허다하다. 죄의 문제를 해결하는 길은 오직 특별은총의 영역에 해당되는 문제이다. 아무리 일반은총의 영역에서 큰 역량을 가지고 있는 사람이라 할지라도 그 능력이 특별은총의 영역에 영향을 끼칠 수 없다. 우리가 "하나님의 능력에 의해 적극적인 사고방식을 가지고 자신이 목표한 성공을 이루어야 한다." 라고 말할 때 그 언급이 성경에서 가르치고 있는 죄의 문제와 일반은총의 영역에서 노력을 통해 자신이 원하는 목표를 달성하는 문제의 사이에서 성경적인 정의를 올바로 이끌어 낼 수 있는가? 인간이 타락한 이후 노동의 현장은 생에 대한 투쟁의 장소로 변했다. 그렇기 때문에 삶의 투쟁은 죄를 범할 수 있는 기회의 장소로 변했다. 어떤 의미에서 자아중심의 극단적인 적극적 사고방식은 죄를 범하는 통로가 된다. 그 이유는 물질적 요소는 범죄를 동반하는 일이 허다하기 때문이다. 이 세상에서의 성공은 물질적 요소를 동반하지 않고는 거의 불가능하기 때문이다. 그렇기 때문에 로마 교조주의(Catholicism)나 인간의 의지를 강조하는 복음주의는 피조세계를 주관하시는 하나님의 섭리를 부정하는 신학을 말하게 되어 있다. 피조세계는 하나님과 의존적 관계에서 운행되고 있다. 독자적 진행 과정에 놓여있지 않다. 인간 역시 창조함을 받은 존재로 인격적 실체이다. 그렇기 때문에 인간의 의지는 하나님의 허용적(Permissive) 입장에서 볼 때는 자율적이지만 섭리적(Providence)으로 볼 때는 의존적이다. 그러므로 인간의 의지를 하나님의 뜻에 의존하지 않고 인간의 적극적 사고를 통해 인간이 원하는 성취를 강조할 때 결국은 하나님의 뜻을 무시하는 사상으로 전환될 수 있다.

우리가 깊이 생각할 것은 인간이 죄를 범했다고 해서 일반은총의 모든 능력까지 다 파괴되어 버린 것은 아니다. 인간이 자연을 통째로 다스리고 모든 만물을 이름 짓도록 하신 범죄하기 이전의 능력은 상실했다 할지라도 인간이 스스로 행해야 할 본질적인 일반은총의 사명은 그대로 남아 있다. 타락 이후 자연을 다스리는 중보자로서의 인간의 역할은 인간과 자연 사이에 엉겅퀴(Thorns and Thistles)를 형성하는 사이로 변했다(창3:18). 그러므로 일반은총의 능력을 특별은총과 연관시켜 인간의 자율성을 통해 하나님께서 공작하시는 구원을 스스로 거절할 수도 있고 수납할 수도 있다는 성경에 근거 없는 논증을 펼치는 로마 교조주의(Catholicism), 알미니안주의(Arminianism), 그리고 현대 인간의 의지를 강조하는 복음주의 등의 주장은 개혁파 신학이 강조하는 인간의 전적타락(Total Depravity)의 교리와 공통분포를 형성할 수 없다. 인간의 인격에 포함되어 있는 형이상학적(Metaphysical) 요소는 사고하는 이성, 느끼는 감정, 그리고 결단하는 의지들을 포함하고 있다. 비록 불신자라 할지라도 이러한 형이상학적(Metaphysical) 요소들은 신자와 마찬가지로 동일하게 소유하고 있다.

로마 교조주의(Catholicism)나 인간의 의지를 강조하는 복음주의에서는 구속론을 말할 때 부분적으로 형이상학적(Metaphysical) 요소를 첨가하고 있다. 이러한 사상은 인간이 타락하기 이전에 자연적인 요소들이 인간의 심령 속에 비존재로 향하는 경향성을 가지고 있다는 것을 주장하는 입장이다. 그 자연적인 요소는 초자연적인 요소를 필요로 한다는 말이 된다. 그 초자연적인 요소는 인간의 존재를 한 단계 높이는 것으로 간주하게 만든다는 주장이다. 그들의 주장에 의하면 자연적인 요소들이 비존재로 빠져 들어가는 것이 실제로 가능하다는 말이다. 그러므로 **구속(Redemption)**이라는 의미는 유한한 존재가 비존재로 떨어지는 경향에 대항하는 반작용의 대리자 역할을 하는 초자연적인 사건을 말하고 있다. 이러한 인간의 의지를 강조하는 로마 교조주의(Catholicism)는 하나님의 정확한 계획에 의해 시공간 세계에서 창조가 이루어지고 또 구속사역이 이루어지는 예정론의 교리를 파괴하는 이론이다. 그러므로 개혁파 신학의 구속의 교리는 우연한 사건이 아니며 인위적 요소에 기초를 둔 윤리적인 사건도 아니다. 우리가 자연과 은혜(The Natural and Grace)를 생각할 때 종교개혁자들이 주장하는 사고방식은 신적작정(Decree)의 교리로 귀착된다. 그러나 로마 교조주의(Catholicism)나 인간의 의지를 강조하는 복음주의 자들은 만물의 원인과 구속에 관한 결정사항을 인간의 의지에 맞추고 있기 때문에 유한한 존재가 초자연적 존재로 변할 수 있다는 주장을 내포하고 있다.

여기에서 우리는 개혁파 신학이 주장하는 일반은총론의 개념을 특별은총론과 따로 생각해야 하지만 하나님의 주권적 입장에 있어서는 일원화(Unification)된 통치적 개념으로 생각해야 할 것이다. 로마 교조주의(Catholicism)나 인간의 의지를 강조하는 복음주의 입장은 특별은총의 개념을 정의하는데 있어 인간의 존재를 초자연적 단계로 높이는 정도로 생각하고 있다. 그 결과 그들은 특별은총 (Special Grace)과 일반은총(Common Grace)의 개념을 아주 애매하게 생각하고 있기 때문에 일반은총에 있어서 인간의 자발적인 의지가 특별은총의 사역에 일조를 하는 것으로 생각하고 있다. 그렇기 때문에 특별은총과 일반은총에 대한 하나님의 작정 가운데 영역주권을 구분함에 있어 혼동을 가져오게 한다. 그들은 일반은총이 특별은총을 얻는, 즉 구원 얻는데 있어 형이상학적(Metaphysical) 차이만 가지고 있는 것으로 생각하고 있다. 이러한 사상은 인간의 의지가, 즉 일반은총의 요소가 특별은총에 참여하는 역할을 하는 자율성을 가지고 있다는 생각으로부터 기인된 것이다. 특별은총의 단계에 참여하는 하나의 차원(Dimension)이 존재한다는 뜻이다. 이는 성령님의 단독적이며 주권적 구속사역의 적용을 무시하는 생각이다. 일반은총의 영역에 속한 인간의 자율성에 의해 성령님의 주권적 사역이 인간의 의지에 따라 좌우될 수 있다는 전혀 비성경적인 생각을 하고 있다. 그렇기 때문에 로마 교조주의(Catholicism), 알미니안주의(Arminianism), 그리고 웨슬리안주의(Wesleyanism)에서는 선택(Selection)과 유기(Reprobation)를 부정하는 만인 구원설을 말할 수밖에 없는 이유가 여기에 있다. 이러한 주장은 구원의 은혜가 모든 사람들에게 가능성 또는 균등하게 다가오는 것이며 하나님의 주권에 의해 결정적이며 목적론으로 주어진다는 예정론을 부정하는 이론이다. 그들의 목적론은 궁극적 가능성으로 말하기 때문에 하나님의 의지에 의한 계획의 유일성과 시원론적(始原論的, Basis of Beginning) 입장에 근거를 둔 종말론적 목적론을 흐리게 만들어 버린다. 하나님께서는 창조를 결행하시고 만물을 다스리시고 보전하시는 한 어떠한 경우에도 유한한 존재가 비존재로 떨어지는 경향성을 용납하지 않고 계신다.

로마 교조주의(Catholicism)나 인간의 의지를 강조하는 복음주의는 복음을 적용하는 성령님의 사역의 교리를 일관성 있게 논증하지 못한다. 인간의 의지에 따라 성령님의 사역에 의한 복음의 적용이 제한을 받게 된다면 성경이 말씀하는 일관성 있는 성령사역의 교리가 무너지게 된다. 성령사역의 교리는 창세기부터 요한 계시록까지 복음의 적용에 있어 동일하기 때문에 인간의 의지를 강조할 경우 복음적용의 제한성을 말할 수밖에 없다. 성령사역에 의한 복음의 적용은 아버지 하나님께서 예정하신대로 일관성 있게 적용되지만 성령님께서는 복음을 받아들이는 자의 인격을 성령님의 의지대로 사용하신다. 여기서 일관성 있는 적용이란 말은 아버지 하나님의 정하신 계획에 따라 성령님께서 사역하신다는 의미이다. 그렇기 때문에 성경은 인간의 의지에 의해 성령님의 사역이 좌우되는 일이 없다고 말씀하고 있다(마22:43, 눅4:1, 요7:39, 16:13, 행1:8, 6:10, 롬8:16, 고전12:3, 엡1:13, 벧전1:12). 성령님의 구원에 관한 적용사역은 인간의 의지에 의해 제한을 받을 수 없다는 말이다. 하나님의 계획으로 정해진 사역이 변경되거나 보충되는 것이 아니다. 그러므로 계명에 의한 윤리적 개념은 언약에 기초하고 있기 때문에 형이상학적(Metaphysical) 개념으로 변하는 것이 아니며 정해진 계명은 영구적으로 종말이 올 때까지 존속되는 언약이다.

개혁파 신학에서 주장하는 구원의 은총은 전체적으로 언약적 윤리가 배경에 뒷받침 하고 있다. 이러한 윤리적 개념을 인식하기 위해 형이상학(形而上學, Metaphysical)적으로 논증을 전개한다면 하나님께서는 만물을 통치하시며 섭리하신다는 전제를 제하여 버릴 수 있다는 말이 성립된다. 하나님의 통치와 섭리는 추상적인 철학이나 가능성을 말하는 조건들을 배제한다. 현실 세계에 나타난 사건들은 이미 원인적으로 하나님께서 세워둔 설계도가 시공간 세계에 드러난 실체들이다. 그 실체는 하나님께서 그의 뜻을 드러내 보이는 설계도를 우리가 직면하고 있는 것들이다. 인간이 범죄 하였을 때는 하나님께서 나타내 보이신 언약에 대항하였기 때문에 타락했다. 언약에 대항했다는 말은 하나님과 인간의 존재에 있어 결함이 있었다거나 언약이 희미해져 인식에 문제가 있었다는 말이 아니다. 하나님께서 인간에게 보여주신 언약은 완벽한 것이었고 인간을 보조하기 위해 창조된 만물 역시 전혀 결함이 없었다. 그러나 죄가 세상에 들어온 것은 하나님의 허용적(Permissive) 계획에 의해 인간이 범한 죄의 결과로 이루어진 것이다. 그리고 하나님께서는 죄를 벌하시는 사역을 통해 그분의 뜻을 성취하시고 계신다.

3. 개혁파 신학자들의 견해

일반은총(Common Grace)에 관하여 개혁파 신학자들 간에 여러 가지 의견들이 오가고 있다. 일반은총에 관한 학설을 저술한 학자들 가운데 우리는 아브라함 카이퍼(Abraham Kuyper)의 주장을 가볍게 취급해서는 안 된다고 생각한다. 카이퍼(Kuyper)의 일반 은총론은 방대하고 또 깊이 있는 내용들로 열거되어 있다. 그럼에도 불구하고 상당수 학자들이 그것도 스스로 개혁파 신학자라고 자처하는 이들이 카이퍼(Kuyper)의 일반은총론을 평가 절하 내지 무시하는 경향을 나타내 보이고 있다. 특히 리델보스(S. J. Ridderbos)는 일반은총(Common Grace)에 있어 자연주의를 강조하는 로마 교조주의(Catholicism)와 개혁파 신학의 주장을 비교 대조하여 의미 있게 구분하는 것을 반대하고 있으며 밴틸(Van Til) 박사의 일반은총론까지 비판하고 있다. 우리가 생각할 것은 만약 특별은총(Special Grace)의 교리에 있어 개혁파 신학이 주장하는 입장과 동일한 신학을 주장할지라도 일반은총론과 특별은총론의 관계를 정확한 교리적 위치에서 확정하지 못하면 로마 교조주의(Catholicism)가 주장하는 자연주의 내지 인간의 의지를 강조하는 복음주의와의 공통 분포(Common Ground)를 형성하게 된다는 것을 주시해야 할 것이다.

이제 우리가 일반은총론에 관하여 카이퍼(Kuyper)가 타고난 지식(Innate Knowledge)과 공통적 개념(Common Notions)을 다루는데 있어 "로마 교조주의(Catholicism)가 주장하는 자연주의 신학에 대해 명확한 해답을 주고 있다는데 대해서는 의심의 여지가 있다."고 밴틸(Van Til) 박사는 말하고 있다. 밴틸(Van Til)박사는 "물론 카이퍼(Kuyper) 역시 자연신학은 성령님의 빛 아래 자연을 해석하는 것이라고 말하고 있으나, 때때로 그는 해석되지 않은 본래의 사건(Brute Fact)과 추상적 보편들의 개념을 채용하고 있다. 이 문제는 칼빈(Calvin)이 '타고난 지식(Innate Knowledge)은 하나님께서 인간을 창조하신 맥락에서 찾아야 한다.'고 말한 것을 고려해야 한다고 본다. 물론 카이퍼(Kuyer)나 바빙크(Bavinck)도 이러한 관점에 동의하고 있다. 그들 역시 인간이 가지고 있는 타고난 지식(Innate Knowledge)의 개념과 획득된 지식의 개념을 구별하고 있다. 그러면서 그들은 한편으로 비기독교인의 불연속성(Discontinuity)의 원리와 연속성(Continuity)의 원리를 채용하고 있다. 이러한 원리적 적용은 신성의 감각(Sensus Deitatis)에 기초를 두지 않고 불신자와 신자 사이의 공통적 개념들을 찾으려 하는 시도로 보이게 한다. 이러한 시도는 자율적 인간의 개념에 기초한 입장으로부터 사건(Fact)과 논리(Logic)가 나타내는 관념사이의 차이점을 무시한다. 그리고 존재론적(Ontological) 삼위일체의 하나님의 개념에 기초를 둔 입장으로부터 일어난 사건(Fact)과 논리(Logic)의 관념으로부터 나타나는 차이점을 무시한다. 그러나 자율적 인간의 관념에 기초를 두고 사건(Fact)을 보는 관점은 매우 비이성적인 사고를 유발하게 된다. 한편으로는 인간을 자율적인 존재로 보는 견해에 기초를 둔 논리적 개념 역시 하나님과 인간사이의 구분을 두지 않고 그 전체를 포괄적 체제로 생각하고 있다."[636] 라고 주장했다.

개혁파 신학은 항상 역사적 정통성에 기초를 둔 객관적 신앙고백을 바탕으로 하여 기독교 철학을 강조하고 있다. 그런 의미에서 일반은총론(Common Grace)에 있어 칼빈(Calvin)의 주장을 따르는 카이퍼(A. Kuyper)나 바빙크(H. Bavinck)의 주장을 무시해서는 안 될 것이다. 물론 카이퍼(A. Kuyper)나 바빙크(Bavinck)도 일반은총과 특별은총 사이의 명확한 구분에 대해 일부 애매한 점

---

636) Ibid, p.163.

이 있지만 본질적으로 칼빈(Calvin)의 입장과 큰 차이가 있는 것은 아니다. 이들은 자연주의적 요소를 배제하는 입장에서는 칼빈(Calvin)과 같은 노선을 취하고 있다. 그 이유는 자연주의에 기초를 둔 로마 교조주의(Catholicism)나 인간의 의지를 강조하는 복음주의는 인간의 자율적인 요소에 기초를 두고 있기 때문이다. 만약에 우리가 로마 교조주의(Catholicism)나 인간의 의지를 강조하는 복음주의의 공통적 개념들(Common Notions)을 받아들이게 되면 기독교만 가지고 있어야 할 유일성을 포기하게 되고 말 것이다. 이 경우 자연인인 인간 자신이 성령님을 의존하지 않고 하나님의 말씀인 성경을 해석할 권능을 스스로 소유하게 됨으로 하나님의 절대 주권을 운행하시는 성령님의 사역을 뒤로 돌리는 결과를 가져오게 된다. 사건은 사건 그 자체가 비이성적 개념을 포함하고 있으며 사건을 해석하는 인간의 이성은 절대성을 인수 받을 수 없기 때문에 비정상적 이성이 개입될 수밖에 없다. 자연인이 성경에 기록된 모든 사건들을 성령의 도움이 없이 올바로 해석할 수 있는 사람은 없다. 창조 받은 자연인은 창조 받은 본래의 위치에서 타락하였기 때문에 오직 자신만을 옳게 생각하는 사악한 자세가 고정적으로 정착되어 있기 때문이다. 그럼에도 불구하고 인간은 자연인 자체로서 자신들을 옳게 생각하고 있다. 본질적으로 인간은 스스로를 이성적이라고 생각하는 그 자체가 비이성적이다. 인간은 객관적이며 절대적 이성을 유지할 수 없기 때문에 오직 부분적으로 이성을 사용하고 있을 뿐이다.

리델보스(S. J. Ridderbos)는 개혁파 신학의 일반은총론을 회의적으로 보고 있다. 그는 로마 카톨릭 교회가 일반은총(Common Grace)의 교리를 가르치지 않고 있는 반면에 개혁파 신학에서는 그 교리를 가르치고 있다는 데서 차이점을 찾으려 하고 있다. 그러나 전적으로 타락한 인간이 가지고 있는 **지식에 관한 문제를** 다룰 때 로마 교조주의(Catholicism)와 개혁파 신학의 차이점은 바로 일반은총의 교리를 가르치느냐? 안 가르치느냐? 에 있는 것이 아니라 이 교리를 어떻게 다루고 적용하는가? 에 따라 그 차이점을 두어야 할 것이다.

한편으로 리델보스(Ridderbos)는 다음과 같이 로마 교조주의(Catholicism)와 개혁파 신학 사이의 질적 차이가 있음을 주장한다. 로마 교조주의(Catholicism)는 인간이 가지고 있는 자연적 지식을 창조론적 교리나 일반은총의 교리로 취급하지 않고 있다. 인간이 가지고 있는 자연적 지식을 단순히 자연적 개념으로만 치부해 버린다. 그러므로 로마 교조주의(Catholicism)의 자연주의적 개념은 창조된 인간이 일반은총의 능력을 받아 자연을 다스리는 중보적 역할을 수행하는 개념으로부터 벗어나 버렸다. 그리고 하나님과의 관계에 있어서는 전적 타락(Total Depravity)의 교리를 배제하고 있다. 자연인의 위치와 타락의 교리를 혼동하고 있다. 즉 자연인을 죄인으로 명명하는 입장은 죄로 말미암아 상처를 받은 정도의 개념으로 생각하고 있다. 그것은 타락한 인간이 하나님과의 교제가 완전히 단절된 것이 아니라는 주장이다. 자연인 스스로 고장 난 자신을 고칠 수 있다는 주장이다.

그러나 개혁파 신학에서는 인간의 전적 타락의 교리를 주장한다. 이 타락의 교리는 하나님과의 교제의 단절을 의미한다. 자연인 자력으로 하나님과의 교제를 회복할 수 없다는 주장이다. 자연인 스스로 삼위일체 하나님과의 인격적 교제를 회복할 수 없다. 그러나 개혁파 신학 이외의 영역에서는 일반은총(Common Grace)의 위치에서 하나님의 존재만을 아는 지식을 특별은총과 연관시키려는 우를 범하고 있다. 즉 "성경과 신앙고백의 가르침대로 인간 속에 하나님에 관한 어떤 지식이 잔존한다면, 그것은 하나님께서 그것을 통하여 인간의 타락된 성품을 억제하시는 바, 일반은총의 견지에서 설명되어져야 할 것이다."[637]라고 말할 수 있다. 이는 하나님에 관한 일반은총의 지식 가운데 하나님을 아는 지식이 포함되어 있는가? 라는 의문을 일으키게 한다. 이에 대한 대답은 한 마디로 결정하기보다 여러 가지 신학적인 문제를 비교 대조하여 결론을 내야 하는 문제이다. 이에 대한 해답을 얻기 위해 일반은총 가운데 하나님에 관한 지식이 자연에 관한 의식 속에 내포되어 있는가? 라는 질문이 먼저 주어져야 할 것이다. 이에 관한 대답은 삼위일체 하나님과의 인격적인 교제에 관한 인식이 아닌 일반은총의 지식 가운데에는 하나님의 존재만을 알 수 있는 인식이 포함되어 있다고 말할 수

---

637) Cornelious Van Til, The Defence of the Faith, (Presbyterian and Reformed Publishing Co, Phillipsburg, New Jersey, 1980), p.165 ; Rondom Het Gemene-Gratie-Probleem, Kampen, 1949, p.40.

있다. 하나님의 인식에 관한 일반은총(Common Grace) 안에서 주어진 지식이라고 말할 수 있다.

일반은총(Common Grace)을 취급하는데 있어 하나님에 관한 인식론을 어떻게 정의 하느냐에 관하여 리델보스(Ridderbos)는 로마 교조주의(Catholicism)와 개혁파 신학의 차이점을 밝혀내는데 애매한 입장을 보이고 있다. 즉 인간의 **전적타락과 일반은총의** 두 가지 교리를 합성체의 개념으로 인식하게 됨으로 질적인 차이를 밝혀내는데 희미한 입장을 나타내 보이고 있다. 리델보스(Ridderbos)는 인간의 **전적 타락과 일반은총** 두 가지 교리를 로마 교조주의(Catholicism)와 개혁파 신학이 본질적으로 차이가 없는 내용을 말하고 있는 것으로 생각하고 있다. 로마 교조주의(Catholicism)는 인간의 타락을 고장 난 존재 정도로 생각하고 있기 때문에 제대로 만들어진 부품만 교체하여 새로 끼어 넣으면 인간은 제 구실을 할 수 있다고 생각한다. 칼빈(Calvin)을 위시하여 개혁파 신학을 신봉하는 이들은 이와 같이 허황된 주장을 성경에 어긋난 신학이라고 생각한다. 아마 현대 자유주의 신학이나 인간의 의지를 강조하는 복음주의 신학에서는 인간의 전적 타락을 희석시키려는 생각을 수용함으로 유한한 존재가 비존재(Non Being)로 떨어지는 경향성이 있다고 말할 것이다. 그런데 리델보스(Ridderbos)는 "일반은총(Common Grace)으로 인한 하나님에 관한 자연적 지식과 도덕성이 인간의 인식 속에서 사라지지 않고 남아있다."라고 주장한다. 나아가 그는 "일반은총의 제한적인 힘을 제하여 버리면 일반계시 가운데에서 조차 하나님의 음성이 완전히 침묵하게 되었을 것이다."[638] 라고 강조하고 있다. 다음 단락에서 그의 주장을 관찰하여 보자.

위에 진술된 리델보스(Ridderbos)의 주장은 상당한 일리가 있어 보인다. 그러나 여기에서 우리가 생각할 수 있는 것은 자연인이 가지고 있는 하나님에 관한 인식이 일반계시를 통해 어떻게 표출되느냐? 이다. 또한 인간의 의식가운데 하나님에 관한 인식이 전혀 일어나지 않는다면 인간 속에 들어있는 하나님에 관한 계

---

638) Cornelious Van Til, The Defence of the Faith, (Presbyterian and Reformed Publishing Co, Phillipsburg New Jersey, 1980), p.165.

시의 비췸이 완전히 침묵할 수 있는가? 이다. 일단 일반은총(Common Grace)의 영역 안에 존재하는 인간은 어떤 형태로든지 하나님에 관한 존재의 지식을 추구하고 있으며 하나님의 계명을 떠난 사람일지라도 나름대로의 도덕성을 가지고 있다. 이는 인간이 본질적으로 하나님의 존재를 인식하고 있다는 말로 연결된다. 그러나 신자와 불신자는 하나님을 향한 신앙의 표출이 다르다. 삼위일체 하나님을 인격적으로 수용하는 신자와 일반계시를 통해 하나님의 존재만을 인식하는 불신자는 교제관계에서 하나님의 인식이 다르게 표출된다.

그런데 밴틸(Van Til) 박사 역시 택정함을 받은 자가 특별은총(Special Grace)의 영역에서 삼위일체 하나님을 교제의 관계로 인식하는 문제와 유기(Reprobation)된 자가 일반은총(Common Grace)의 영역에서 하나님의 존재만을 인식하는데 있어 구체적인 구분을 짓는데 명확한 논증을 내놓지 않음으로 모든 사람이 하나님을 인식하는 문제에 있어 공통분포를 형성하고 있는 것처럼 느끼게 만들고 있다. 그는 일반은총의 개념을 다음과 같이 말하고 있다. "일반은총(Common Grace)은 하나님께서 피조 된 인간을 향해 베푸신 자비로운 행위이다. 인간이 하나님을 대적하여 범죄 했을지라도 자신들의 죄악 된 길에서 떠나 회개하고 돌이킬 수 있도록 인간에게 베푸신 하나님의 선물이 일반은총(Common Grace)이다. 죄인들의 심령 속에 자리 잡고 있는 타락된 죄악의 원리에 따라 살게 되는 것을 막기 위해 일반은총을 허락하시어 국가와 사회를 위해 작은 선행이라도 할 수 있도록 길을 열어 놓은 것이다. 하나님께서는 그의 뜻을 수행하시기 위해 인간을 사용하시어 사역하신다. 그의 영광을 나타내시려는 뜻을 수행하기 위해 유기(Reprobation)된 자들의 일반은총을 사용하시어 심판의 날까지 계획하신 일을 성취하신다. 그러므로 지옥에는 일반은총(Common Grace)이 존재하지 않는다."[639] 라고 말했다.

물론 하나님께서는 그분의 뜻을 수행하기 위해 신자는 물론 불신자가 일반은총의 영역에서 사역하는 분야와 만물까지 동원하시는 하나님이시다. 그러나 성경은 택정함 받은 자로서 하나님에게 쓰임을 받는 용도와 목적이 유기(Repro-

---

639) Ibid, p.165.

bation)된 자의 그것들과 차이를 말씀하고 있으며 만물도 하나님을 증거하고 있다(삼상19:1-24, 시19:1-6, 사48:9-22)고 말씀하고 있다. 택정함을 받은 자는 하나님께 회개하고 영광을 돌림으로 하나님의 정하신 뜻을 수행하고 있으며 유기(Reprobation)된 자는 하나님과 무관한 삶을 살고 있지만 그들의 일반은총(Common Grace)의 사역을 통해 하나님의 정하신 뜻을 수행하고 있다. 행악자들은 자신들 스스로 자신들을 찬양하면서 하나님의 존재를 시인하고 있다. 그러나 그러한 행위는 하나님의 존재를 알되 하나님께 영광 돌리는 것이 무엇인지 알지 못함으로 그들의 행위가 종국에 가서는 하나님을 반항하는 결과를 가져오게 된다. 그들이 일반은총의 영역에서 선을 행하지만 이미 하나님께서 창세 전에 유기(Reprobation)시킨 자들이므로 회개하고 돌이킬 수 있는 길은 없다. 불신자들이 일반은총의 선을 행하는 목적은 특별은총을 받은 하나님의 백성들을 돕는 보조적인 역할을 하기 위해서이다. 그들은 하나님의 백성으로서 선택받은 자들이 아니다. 만물도 하나님의 교회를 보조하기 위해 존재하고 있다. 하나님의 교회를 유지하며 발전시켜 나가는데 있어 보조적인 역할을 하고 있다. 불신자들이나 만물은 하나님의 영광을 드러내는 역할을 하고 있을 뿐 아니라 하나님의 존재를 인식하고 있으나 하나님의 자녀로서 하나님과의 교제관계를 형성하지 못하고 있다. 즉 은혜언약 안에 속한 하나님의 백성이 아니라는 말이다.

리델보스(Redderbos) 역시 불신자나 만물이 하나님을 증거하고 있다는 사실은 시인하고 있다. 그러나 그는 "일반계시가 일반은총(Common Grace)으로부터 유예 되어야 한다(must be suspended)." 고 주장한다. 즉 일반계시는 일반은총으로부터 제외되어야 한다는 말이다. 일반계시와 일반은총의 관계를 따로 생각하는 경향성을 나타내 보이고 있다. 유기(Reprobation)된 죄인들은 일반은총을 받지 못한 자들이라는 경향성을 풍기고 있다. 즉 그들에게는 하나님께서 허락하신 일반은총이 억제되어 있다는 경향성을 나타내 보이고 있다. 일반은총(Common Grace)이라는 단편적인 교리를 통해 볼 때 불신자들은 택함 받은 신자들 보다 일반은총의 역량이 억제되어 있다는 말이다. 그러나 밴틸(Van Til) 박사는 일반은총의 은혜는 신자나 불신자를 막론하고 모두가 하나님의 존재를 인식할 수 있는 공통 분포를 가지고 있다고 생각한다. 여기서 밴틸(Van Til) 박사는 리델보스(Ridderbos)를 향해 "제한적 즉 이성적 피조물들이 비존재의 영역으로 떨어져 버릴 수 있다." 는 주장을 하게 된다고 비평하고 있다. 밴틸(Van Til) 박사는 인간이 비존재의 영역으로 떨어질 경우 어떤 인식의 관념이 인간을 지배하는가에 대하여 다음과 같은 주장을 피력하고 있다.

"인간이 비존재(Non Being)로 떨어짐으로부터 스스로를 지키기 위해서는 일반적인 섭리에 나타나 있는 억제의 힘이 필요하다. 이 억제의 힘은 어떤 사건의 본질에 있어 특성상 윤리적인 것이 아니다. 그것은 인간 속에 있는 죄악 된 원리의 사역을 억제하려는 의도가 아니다. 그것은 창조의 잠재력이 빛으로 드러나기 위한 수단이 아니다. 그것은 특성상 단순히 형이상학적(Metaphysical)이다. 형이상학을 탐구해 볼 때 억제하는 힘이 없다면 사탄과 버려진 자들이 하나님의 심판을 피해 도망할 수 있을 것이다. 즉 그 억제하는 힘이 더 이상 존재하지 않기 때문에 도망할 수 있다는 말이다. 그러므로 죄는 힘(force)이다. 그 힘이 억제되지 않는다면 유한한 이성적 피조물 그 자체로 빠져들 것이다. 죄는 더 이상 하나님의 뜻을 거역하는 하나님의 피조물의 분야 위에 독단적으로 윤리적 반대편에 있는 것이 아니다. 왜냐하면 죄는 인간이 자기 자신의 존재를 파괴하고 그와 함께 하나님의 계시까지 파괴하고 있으며 인간 속에 있는 자율의 척도를 전제하기 때문이다. 그렇지 않다면 왜 하나님께서 죄가 세상에 들어온 후에 창조된 실재(Reality)를 유지하기 위해 한 능력(Force)을 집어넣어야 할 필요가 있겠는가?" [640] 라고 강조하고 있다.

위에 논증하고 있는 내용을 분석해볼 때 밴틸(Van Til)박사가 리델보스(Ridderbos)를 비평하고 있는 요점은 시공간의 역사 속에서 시행되는 일반은총(Common Grace)의 사역이 사후에까지 연결 되느냐? 이다. 밴틸(Van Til) 박사는 주장하기를 비록 일반은총의 사역이 많은 범위에 그 영향력을 행사하지만 사후에까지 영향을 끼쳐 일반계시를 유지시키는 것은 아니다. 일반은총의 사역은 역사 속에서 아주 각자에 따라 다양한 기질을 발휘하여 능력 있게 나타난다.

---

640) Ibid, p.166.

그러나 일단 시공간의 역사가 끝나고 예수님께서 재림하시면 더 이상 일반은총의 사역은 계속되지 못한다고 강조하는 내용이다. 그러나 리델보스(Ridderbos)는 일반은총(Common Grace)의 형이상학적(Metaphysical) 억제력이 사후에까지 그 영향력을 행사하는 것으로 이해된다고 밴틸(Van Til) 박사는 언급하고 있다.

이러한 밴틸(Van Til) 박사의 견해는 전적타락의 교리와 일반은총(Common Grace)의 교리를 이해하는데 있어 리델보스(Ridderbos)가 로마 교조주의(Catholicism)와 일맥상통하고 있다는 생각이다. 종교개혁의 교리를 정립하는데 있어 비록 로마 교조주의(Catholicism)가 주장하는 교리 가운데 성경에 부합한 신앙고백이 있다면 우리는 그 신앙고백을 버릴 수 없으며 또한 버려서도 안 된다. 그러나 개혁파 신학이 주장하는 교리와 로마 교조주의(Catholicism)와 약간의 상이점을 무시하고 공통점이 있다고 해서 그러한 신학적 차이가 나타나는 견해를 무마하고 접촉점을 찾으려 할 때 후에 교회에 나타날 엄청난 피해를 고려해야 할 것이다. 큰 건축물이 무너질 때 주춧돌과 기둥부터 무너지는 징조를 보이는 것이 아니라 벽에 금이 가고 창문이 삐걱거리는 현상은 건축물의 내부가 무너지고 있다는 징조를 나타내고 있다는 뜻이다. 그럴 때 벽에 나타난 금을 때우고 창문을 새것으로 갈아 끼운다고 무너져가는 건축물의 주춧돌과 기둥이 새것으로 바꾸어지는 것은 아니다. 밴틸(Van Til) 박사의 이러한 건축물의 비유는 리델보스(Ridderbos)가 주장하는 일반은총론이 로마 교조주의(Catholicism)가 주장하는 존재의 유비(Analogy of Being) 사상과 일맥상통하는 면이 있기 때문이라고 말한다. 실제로 존재의 유비(Analogy of Being)는 선택(Selection)과 유기(Reprobation)의 교리를 인정할 수 없는 개념이다. 칼빈(Calvin)을 위시하여 개혁파에서 강조해온 예정론의 신학은 "창조된 인간은 창세 전에 구원 얻도록 선택된 자들과 저주아래 버림받은 자들로 정해졌다." 는 쌍방예정을 신앙고백으로 받아들이고 있다. 인간은 누구든지 이 두 부류의 존재 안에 속하게 되어 있다. 이는 창세전 이미 결정된 사건이기 때문에 존재의 유비(Analogy of Being)에 의해 인간의 범죄와 윤리를 규정할 수 없는 성경 교리이다.

이 문제를 좀 더 구체적으로 설명해 보자. 인간론의 문제와 구원의 문제는 계시적 성격이 전제 되어야 근본적인 해결점을 찾아낼 수 있다. 즉 특별은총(Special Grace)의 윤리적 성격은 계시가 전제되어야 인식될 수 있다. 예수 그리스도께서 이 땅에 죄인을 구원하려 오신 것은 형이상학적(Metaphysical) 위치를 차지하거나 변형시키기 위해 오신 것인가? 절대 아니다. 죄는 무엇인가? 이는 전적으로 하나님에 대한 윤리적 적대감이다. 그렇다면 예수 그리스도의 하신 일이 무엇인가? 그리스도의 사역은 하나님 아버지의 계획하신 뜻을 수행하시는 일이다. 창세 전에 세우신 하나님의 계획은 시공간의 역사 선상에서 반드시 수행되어져야 하기 때문에 예수 그리스도의 사역은 계획에 의한 의의 완성이다. 이는 설계도에 의해 행하여진 필요 불가결의 의이다. 그렇다면 이러한 특별은총(Special Grace)의 교리와 일반은총(Common Grace)과의 관계를 어떻게 설정할 것인가? 그것은 계시 의존사상을 통해서 일반은총의 윤리적 성격을 정의해야 한다. 성경이 계시하고 있는 일반은총에 관한 윤리적 성격이 바로 정립되어야 함과 동시에 특별은총과 연관성을 가진 윤리적 성격이 바로 정립되어야 한다. 즉 일반은총은 물론 특별은총 역시 하나님 앞에서 철저하게 성경에 따라 윤리적으로 해석되어져야 올바른 해석이 이루어진다는 말이다.

일반은총(Common Grace)에 있어 윤리적 개념이란 개인에게 주어진 직업의 사명을 통해 특별은총(Special Grace)을 성취시키기 위해 부수적 역할을 수행하는 원리이다. 특별은총에 있어 윤리적 개념이란 "지키면 살고 어기면 죽는다."는 도덕률을 수행하지 못한 인간의 죄를 해결해 주는 하나님의 자비로운 행위이다. 이 두 가지 은총은 하나님과 죄인과의 윤리적 관계를 형성하고 있다. 그 관계는 하나님 편의 요구와 인간편의 응답이 존재한다. 인간이 하나님의 형상으로 창조되었다는 의미는 실질적으로 하나님에 관한 지식을 소유하고 있다는 말이다. 그런데 인간이 하나님을 반항하여 범죄 하였다는 의미는 하나님을 향해 윤리적 반역을 행하였다는 말이다. 사탄은 하나님께서 명하신 윤리에 대해 인간이 절대적 반항을 행하도록 유도한 것이다. 그 결과 하나님께서 원하시는 윤리적 요구에 대항해서 대립관계를 형성하게 되었다. 인간이 자연을 다스리고, 모든 만물을 이름 짓고, 그리고 동산의 실과를 마음대로 먹을 수 있는 행복한 일반은총의 영역을 유지할 수 있기 위해서는 하나님과 대립적인 관계를 형성하는 특별은총의 윤리를 지켜야 했다. 일반은총의 영역에서 자연이 인간에게 순종하는 관계를 형성하는 길은 특별은총의 영역에서 하나님에게 순종하는 관계를 형성해야 하는 일에 달려있다. 여기서 특별은총은 하나님과 본질적인 윤리적 관계에 놓여있고 일반은총은 부수적인 윤리적 관계에 놓여있다는 것을 말해주고 있다.

그렇다면 하나님과 인간사이의 윤리적 관계가 교제의 위치에서 대립적 위치로 변해버린 전적 타락의 교리가 어떤 것인가를 살펴봐야 할 것이다. 만약 하나님과 인간 사이에 윤리적 관계가 존재하지 않는다면 하나님과 인간과의 관계에서 공통적이며 동등한 관념들이 존재한다는 말이 된다. 이는 하나님의 절대적 윤리가 존재할 수 없으며 인간이 순종을 전제로 맺은 생명의 언약이 존재할 수가 없다는 말이 된다. 거기에는 일반은총(Common Grace)의 영역에서 아담이 만물을 다스리는 중보자 역할이 존재하지 못한다는 말이 된다. 거기에는 하나님께서 인간에게 내리신 명령이 성립될 수 없다는 말이 된다. 오늘날 우리가 누리고 있는 일반은총의 사역이 사라져 버리고 인간은 짐승의 감각을 가지고 사는 존재로 떨어져 버리고 말 것이다. 개개인이 가지고 있는 자기 직업과 사역을 통해 사회를 형성할 수도 없을 것이며 사회의 공적 관념이 없기 때문에 국가의 형성이나, 과학적 동참이나, 그리고 경제적 분배도 있을 수가 없을 것이다. 인간들 사이의 윤리적 규정도 존재할 수 없으며 사회계약설에 의한 국가의 법을 집행 할 수도 없을 것이다.

그러므로 특별은총(Special Grace)과 일반은총(Common Grace)의 관계는 서로 필연적인 명령에 대한 순종을 전제로 필연적인 관계를 형성하고 있다. 특별은총은 도덕률에 순종하라는 윤리를 형성하고 있으며 일반은총을 문화명령을 준행하라는 윤리를 형성하고 있다. 이 두 가지 명령을 바로 수행하는 윤리적 관계는 특별은총을 통해 영원한 생명을 보장 받고 일반은총을 통해서는 만물을 다스리며, 보존하며, 그리고 이름들을 지어 줌으로 만물에 관한 중보사역을 감당하는 역할을 보장받게 되는 것이다. 이러한 두 가지 은총론을 시공간의 사건으로 보아야 하는 이유가 있다. 만약 불트만(Rudolf Bultmann)처럼 에덴동산의 사건을 비신화론(Demythologization)으로 볼 경우 우연의 세계에서 주어지는 실재(Reality)에 대한 논리(Logic)는 사건적 의미를 도출해 낼 수 없다는 결론에 도달할 것이 분명하다. 즉 우연의 세계 속에서 논리(Logic)가 실재(Reality)에 대해 아무런 의미가 없다는 말이 된다. 거기에는 하나님과 인간사이의 윤리가 존재하지 않기 때문이다.

타락한 인간은 윤리를 생각할 때 하나님과 관계된 도덕률을 고려하지 않고 있다. 자기 생각대로의 윤리에 입각하여 율법주의, 자율주의, 그리고 타율주의에 기초하여 스스로 윤리적 원리를 정하여 자연인으로서 합리적인 입장을 피력하고 있다. 자연인으로서 가정설(Hypothesis)을 세워놓고 그 가정설(Hypothesis)을 모든 윤리의 원리로 착각하고 자기만의 도덕률을 적용하고 있다. 그렇지만 그들도 하나님의 뜻을 수행하고 있다. 일반은총의 영역에서 자신들이 세워 놓은 윤리에 따라 최선을 다하여 그들의 직업에 종사하고 있다. 그들은 스스로 하나님의 영광을 위해 일한다고 생각하지 않고 사회 정의, 국가에 충성, 가정과 후손을 위해, 그리고 산업의 발전을 위해 일한다는 생각을 가지고 열심을 다하고 있다. 그러나 그러한 일은 종국적으로는 하나님의 뜻을 완성해 나가는 역할을 하게 된다. 그러한 일들이 하나님 나라를 확장 시키는데 보조적인 역할을 하기 때문이다. 이러한 불신자들이 일반은총의 영역에서 열심을 다해 일을 하는데 있어 삼위일체 하나님과의 교제를 제외하고는 그들 모두가 심리적으로나 형이상학적으로 그들에게 주어진 도덕률을 공유하고 있다. 그러나 한편으로는 삼위일체 하나님을 인식하는 문제에 있어서는 신자와 불신자 사이에 어떤 것도 공유적(Communicable) 인식이 존재하지 않는다. 그러나 역사의 종말을 향해 가는 목적론적 입장에서는 신자나 불신자나 할 것 없이 하나님께서 정해 놓으신 하나의 목적을 향해 자기의 사명을 다하고 있다. 하나의 목적을 향해 가지만 불신자와 신자의 차이는 인격적 삼위일체 하나님을 인식하는 문제에 있어 접촉점을 형성할 수 없는 틈이 존재하고 있다. 신자는 자신이 행하고 있는 일들이 하나님께서 정해 놓으신 목적과 하나님을 위해 영광을 돌려야 할 일이라는 것을 인식하고 있으나 불신자들을 자신의 의지에 의해 모든 것들이 진행되고 있다고 생각한다. 불신자들의 행로도 하나님의 섭리 안에서 움직이고 있으나 그들은 하나님의 뜻을 인식하지 못하고 모든 일을 스스로의 결정에 의해 행하고 있다고 생각한다. 그러나 모든 인간의 생사화복과 사역은 종말의 완성이 이루어질 때까지 버려둔 채로 존재하는 것이 아니기 때문에 일반은총의 사역을 집행하고 계시는 성령님께서는 모든 만물에 이르기까지 하나님의 뜻을 수행하는 사역을 집행하고 계신다. 오래 참으시는 하나님께서는 그의 목적을 수행하시기 위해 악한 자들에게도 일반은총의 은혜를 베푸시고 기다리시며 그분의 뜻대로 만물을 이끌어 가시기 위해 경륜을 집행하신다.

하나님께서 자연인을 사용하시는데 있어 일반은총의 제한적이며 부분적 원리를 확대하여 특별은총의 원리에까지 적용할 수 없다. 일반은총을 이해하는데 있어 만물을 다스리시며, 보존하시며, 그리고 섭리하시는 개념을 절대적 개념으로 이해해야 할 것이다. 여기서 절대적이라는 의미는 "사탄은 자연인들에게 속한 것이며 또한 하나님에게 적대적이다(엡2:2)." 라는 이원론의 원리로 인하여 만물을 다스리시며 사탄도 하나님의 뜻 안에서 움직인다는(욥1:6-2:13) 섭리론을 부정해서는 안 된다는 말이다. 부분적인 영역으로 보면 하나님과 사탄은 서로 대적관계에 놓여 있다. 영역의 개념으로 볼 때 서로 대적하는 양편을 생각하게 되는데 하나님과 성도들이 한 편이며 사탄과 불신자들이 다른 한편으로 생각되어 지는 것은 당연한 이치이다. 양편으로 생각할 때 사탄과 불신자들은 하나님을 대항하는 적대감을 가지고 있다. 영적 전쟁을 계속하고 있다. 하나님의 교회를 핍박하고 하나님의 계획을 파괴하려고 한다. 그러나 역사가 진행되는 동안 자연인은 자신의 행동에 대해 인식의 출처를 철저하게 밝혀내지 못하고 있다. 자신의 행동에 대한 자의식을 분별하지 못하고 있다. 즉 자신이 이 땅에서 삶을 영위해 나가는데 있어 그 원인이 어디에 있으며, 누구에 의해 인도되고 있으며, 그리고 어느 목적을 위해 삶을 살아가고 있다는 것을 알지 못한다. 하나님에 관한 인식을 가지고 있으면서도 하나님을 알지 못하는 행동을 하고 있다. 그 이유는 하나님에 관한 잘 못된 인식이 그의 생각 속에 자리 잡고 있기 때문이다. 그러다가 위급한 때를 당하거나 진퇴양난의 처지에 접하게 되면 애매하게 하나님을 찾는 정도에 그치고 있다. 그것은 참된 하나님의 지식이 잘못된 자율의 원리에 의해 억압되고 있기 때문이다. 자율의 원리는 하나님께서 일반은총을 통해 허락하신 원리이지만 특별은총에 의한 인격적인 삼위일체 하나님을 인식하지 못하고 있기 때문에 스스로 하나님께서 계시지 않는다는 말을 쉽게 내놓고 있다. 그것은 종국적으로 하나님에 관한 부분적 개념을 벗어나지 못하여 전체적인 하나님의 주권인식에 도달하지 못한 결과이다.

리델보스(Ridderbos)는 하나님에 대한 자연인의 생각과 도덕성에 관해 애매모호한 입장을 피력하고 있다. 그것은 자연인이 소유하고 있는 하나님에 관한 인식의 애매모호함 때문이다. 즉 일반은총(Common Grace)을 통해 나타나는 하나님의 인식론이 원인이 되어 내적 갈등을 일으키기 때문이라고 말하고 있다. 그 인식론의 원인에 있어 인간 속에 있는 하나님의 형상으로부터 나오는 공통적 관념들과 자율의 사상으로부터 나오는 공통적 관념들을 구분하는 것이 잘못된 규정이라는 생각이다. 그러나 개혁파 신학의 입장에서 볼 때 리델보스(Ridderbos)는 인간의 자율성이 하나님의 진리에 대항하는 심각성을 무시하는 경향성으로 빠져들고 있다. 여기에서 밴틸(Van Til) 박사는 두 가지 문제점을 지적하고 있는데 불신자들이 생각하고 있는 것은, 인간의 자율성이 문명의 발전에 공헌하고 있다는 생각이 하나이고, 또 다른 하나는 유신론적 증명에 관하여 신자들의 관점을 이해할 수 없는 문제가 있다고 말한다. 불신자들이 문명의 발전에 크게 공헌한 것은 신자들의 그것과 아무런 차이가 없다는 주장이다. 카이퍼(A. Kuyper)가 말한 대로 "중생한 자들이나 그렇지 못한 자들 모두 다 같은 자율성을 가지고 자기에게 주어진 일반은총의 직업에 종사함으로 외형적인 영역과 형식논리(形式論理, Formal Logic)[641] 에 있어 분리되거나 고려될 필요가 없다."[642] 는 주장이다. 이 말은 신자와 불신자 모두 일반은총의 인식론에 있어 공통점을 가지고 있다는 말이다.

---

641) 형식논리(形式論理 Formal Logic)는 변증법적 논리학(辨證法的 論理學, Dialectical Logic)과 인식논리학(認識論理學 Epistemological Logic)을 포함하는 논리학의 전체를 말하지만 좁은 의미로는 사고(思考)의 올바른 법칙을 연구하는 학문을 말한다. 형식논리학은 추리작용을 중요하게 생각하는데 연역법(Deductive) 추리와 귀납법(Inductive) 추리로 구분하여 논리학을 전개한다. 이러한 두 가지 원리를 공통적으로 중요하게 생각하는 것이 추리에 의한 논리이다.

642) Cornelius Van Til, The Defence of the Faith, (Presbyterian and Reformed Publishing Co, Philipsburg, New Jersey, 1980, p.170.

우리가 인식론에 있어 불신자와 신자사이의 공통점을 말할 때 속죄와 구속 적용에 관한 윤리적인 문제에 있어서는 공통점이 일어날 수 없지만 형이상학적(Metaphysical)인 문제에 있어서는 공통점이 일어나게 된다. 좀 더 설명하자면 죄가 하나님과 인간 사이의 윤리적 소원(疎遠, Alienation)관계를 형성하는 원인이었다면 구속은 하나님과 인간 사이의 윤리적 회복의 원인이다. 그러나 논리적 추론이나 과학적 측량에 관한 문제는 신자와 불신자 사이에 동일한 작용을 경험하고 있음에 틀림없다. 하나님과의 구속적 관계를 가지고 있는 사람이나 못가지고 있는 사람이나 상관없이 모든 사람들은 자연적 재능들을 똑 같이 사용할 수 있다. 그런데 우리가 객관적으로 볼 때 기독교 국가가 비기독교 국가보다 더 과학적 풍요를 누리고 또 기독교인들이 비기독교인들 보다 더 일반은총에 있어 재능을 가지고 있는 것으로 나타나는 것을 볼 수 있는 이유는 무엇인가? 거기에는 하나님께서 그분의 나라인 교회를 위해 일반은총을 풍부하게 사용할 요건을 성도들에게 마련하여 주셨기 때문이다. 그것은 당연한 이치이다. 성도들은 하나님께 영광을 돌리기를 원하는 삶을 살아가기 때문이다. 기독교 국가는 선교하기 위해 경제적 우위를 차지하고 있어야 한다. 그 국가에 속한 국민들은 다른 나라의 비기독교인들 보다 뛰어난 일반은총의 재능을 가지고 있어야 과학과 경제를 발전시킬 수 있으며 부요한 국가의 경제를 통해 잉여 산물을 가지고 선교할 수 있기 때문이다. 기독교 국가에 속한 비 기독교인들이 과학과 경제를 발전시키는 탁월한 능력을 가지고 있다면 하나님께서는 그들의 능력을 사용하시어 국가를 발전시키시고 그 국가를 통해 교회를 발전시키고 그 교회는 선교분야에 능력을 발휘하게 된다. 또한 기독교가 중심이 된 국가의 발전은 기독교인들이 일반은총에 있어 중요한 몫을 담당하고 있는 경우가 대부분이다. 그 이유는 기독교 가정은 신앙생활을 통해 올바른 교육을 정착시키는 역할을 하며 마약, 술, 그리고 담배 등의 해로운 음식을 멀리하므로 자연적으로 그 자녀들은 명석한 머리를 가지고 태어나게 된다. 그러므로 기독교를 중심으로 성장한 국가들은 윤리와 도덕적인 면에서는 물론이고 과학적이며 경제적 문제에 있어서도 비기독교인들 보다 뛰어난 재능과 경영능력을 발휘하고 있다. 이는 전체적인 면에서 확률적으로 그렇다는 말이다. 그러나 개인적으로 볼 때 일반은총 분야에서 비기독교인이 기독교인 보다 더 뛰어난 재능을 발휘하는 경우도 많은 것이 사실이다.

밴틸(Van Til) 박사의 논증을 보자. 기독교인과 비기독교인 사이에 존재하는 총체적 대립(All-Inclusive Antithesis)관계는 없는 것인가? 만일 기독교인들이나 비기독교인들이나 모두 하나님께서 허락하신 은혜의 선물들을 동일하게 사용할 수 있는 자연적인 능력을 가지고 있다면 그러한 대립이 가능할 것이다. 그 이유는 어떤 주제를 두고 기독교인과 비기독교인 사이의 논쟁이 벌어질 경우 우주에 존재하는 모든 사건들을 다 포함하여 설명해야 대립이 해소되기 때문이다. 만일 어떤 논쟁이 **모든 사건들을** 포함하지 않는다면 그것은 **어떤 사건의 부분을** 포함하지 않는다는 말이다. 만일 어떤 한 가지 사건이 인간의 자율적인 가정설(Hypothesis)에 기초하여 올바로 해석될 수 있다면 모든 사건들이 다 해석될 수 있다는 말이다. 만일 기독교인이 기독교가 진리라는 것을 불신자에게 객관적으로 보여줄 수 있거나 기독교가 진리임을 반대하는 자들이 그들의 잘못된 주장 때문에 기독교를 배격하고 있다는 것을 보여줄 수 있다면 모든 사건들이 올바로 해석될 것이다. 이러한 일들이 어느 장소에서만 행하여진다는 것은 그 외의 어떤 장소에서 행하여지지 않고 있다는 뜻이다. 즉 기독교가 객관적으로 불신자들에게 보여 질수 없지만 비 기독교인들의 기독교에 대한 잘못된 해석이 인식된다면 우주에 존재하는 모든 사건들을 올바로 해석할 수 있다는 뜻이다.[643]

밴틸(Van Til) 박사가 위에 언급한 내용을 분석해 보면 우주에 존재하는 사건들을 해석하는 일에 있어 신자와 불신자 사이에는 넘을 수 없는 경계선을 가지고 있다는 말이다. 그 넘을 수 없는 선은 기독교를 어떻게 해석하는가에 따라 결정된다는 말이다. 그러면서 일반은총에 관해서는 공통점을 가지고 있다는 말이다. 창조된 인간의 본질만을 생각할 때는 누구나 하나님 앞에서 다 같은 인식론이 존재하는데 그것은 일반은총에 관한 인식론이다. 기독교인은 물론 비기독교인이라 할지라도 그들의 주위에 존재하는 우주에 대한 인식과 해석에 있어 다 같은 공통분포를 형성하고 있다. 그러나 불신자들은 자신들의 자율성에 의해 일반은총의 영역에 종사해 왔기 때문에 종말에 이르러 그들이 생각해 왔던 이성주의, 경험주의, 또는 그들이 강조해온 자연주의 등이 하나님의 목적인 영광을 위하는 일과는 하등의 상관이 없었다는 것을 알게 될 것이다. 그들의 노력이 하나님과 관계된 언

---

643) Ibid, p.171.

약의 윤리와 아무 상관이 없었다는 것을 인정하게 될 것이다. 그러나 하나님 편에서는 하나님 자신의 계획대로 우주에 존재하는 모든 것들을 사용하시어 종말에 이르러 그분의 영광을 위한 목적을 달성 하게 된다.

총체적이며 결론적으로 우리가 일반은총론(Common Grace)에 관하여 개신교 내에서 일어난 오류를 바로 잡아야 할 필요가 있다고 본다. 먼저 일반은총론에 관한 오해를 불식시키기 전에 예정론에 관한 오해를 바로 잡아야 할 것으로 본다. 그것은 일방예정과 쌍방예정(Both Predestination)에 관한 문제이다. 이 문제를 기초부터 올바로 이해해야 특별은총(Special Grace)과 일반은총(Common Grace)에 관한 이해의 오류에 빠지지 않게 된다. 발트(Karl Barth)는 이중적 예정론(Double Predestination)을 강조함으로 종국에 가서는 만인 구원설로 빠지게 되어 사실상 예정론을 부정하고 있다. 즉 만인을 구원하기로 예정하고 또 거기서 인간의 자유의지에 따라 구원받을 자와 버림받을 자를 예정했다고 주장함으로 예정에 관한 애매모호한 입장을 드러내고 있다.[644] 또한 오늘날 인간이성을 강조하는 복음주의자들은 상당수가 일방예정을 강조하고 있다. 즉 아담으로 인하여 모든 사람이 범죄 했기 때문에 온 인류는 죄로 인하여 사망의 형벌을 받도록 결정되었다. 자연적으로 태어난 인간은 모두 사망의 형벌을 받을 수밖에 없는 운명에 처하게 되었다. 이들 가운에 창세전에 **하나님의 백성으로 선택 받은 자들만 구속함을 받도록 예정되었다는 것이** 그들이 주장하는 일방예정의 교리이다. 즉 유기된 자들은 예정에 포함되지 아니하고 하나님의 백성으로 택함을 받은 자들만이 예정에 포함된 자들이라는 주장이다.

---

644) Karl Barth, Church Dogmatics, The Doctrine of the Word of God, Vol I, (Edinburgh, T. & T. CLARK, 1980), pp.457-537, 발트는 여기에서 하나님의 말씀으로서의 성경(Scripture as the Word of God)을 강조하고 있으나 하나님의 객관적 말씀으로서의 계시된 성경 자체에 관점을 두지 아니하고 신적 계시에 대한 증거로서의 성경(Scripture as a Witness to Divine Revelation)을 강조하고 있다. 신학적 깊이를 생각하지 않고 발트(Barth)의 성경관을 무심코 받아들이게 되면 정체된 변증법(Static Dialectic)에 의한 실존주의(Existentialism)적 입장에서 성경말씀이 순간적으로 심령속에 증거로서 적용될 때만 하나님의 말씀이 된다(Scripture is holy and the Word of God, because a witness to divine revelation)는 방향으로 빠져들게 된다. 이는 하나님의 말씀이 실존적(Existential)으로 주관에 따라 가부(可否)가 결정된다는 위험한 사상이다. 하나님의 말씀으로서의 성경관은 주관적 입장을 떠나 언제나 객관적인 계시라는 사상을 배제하고 있다.

이러한 일방예정은 전 우주와 사탄의 세계에 대한 하나님의 주권적 다스림을 멀리하는 경향성으로 흘러 이원론(二元論, Dualism)에 빠지도록 하는 덫의 역할을 하고 있다. 이러한 주장은 일반은총에 속한 실체를 죄악시 하거나 무시하는 경향성을 나타내고 있다. 즉 세상의 영역과 하나님의 영역을 극단적으로 분리하여 죄악의 영역과 거룩한 하나님의 영역이 전혀 분리되어 존재하고 있는 것처럼 인식하게 만든다. 우리의 생활 자체를 죄악 된 삶으로 간주하게 만든다. 그러면서 일반은총을 통하여 형성된 음식, 의복, 그리고 각종 과학적 혜택을 사용하는 데는 아무런 거부감을 느끼지 않는 이중적인 요소를 나타내 보이고 있다. 무엇인가 스스로의 모순을 인식하지 못하고 있다. 이러한 인식은 이미 초대교회는 물론 중세에 나타난 여러 이교도들 속에 일반은총에 관한 실체를 세속으로 규정하고 **속세주의를 멀리하려는** 개념이 깃들어 있었다. 오늘날 **세상이라는 개념** 자체를 죄악시 하는 기독교인들이 있다. 그들은 시한부적 종말론을 강조하여 일반노동을 무시하는 경향성을 강하게 드러내고 있다. 특히 19세기에 들어와 미국의 달비(Darby)와 스코필드(Scofield)의해 강하게 제기 되었던 세대 분할주의 전천년설(Dispensationalism)은 계시록을 시한부적 종말론으로 해석하여 일시적 적응을 시도하였다. 일시적 적응은 역사적 종말론에 있어 예수님께서 재림하시는 시기를 맞추는 해석에 초점을 맞추고 있다. 이들은 교회 밖의 세상을 죄악시 하여 일반은총의 영역을 무시하면서 자신의 육신적 생활은 호화로움을 영위하는 2중적인 모습을 보여주는 자들이 많았다. 즉 생각으로는 물질에 대한 일반은총의 사명을 전혀 간과해 버리고 실제 육신적 생활은 호화로움을 추구하는 일을 자행하였다.

20세기를 넘어와 근본주의(Fundamentalism) 안에 이러한 사상이 깃들어 물질세계를 죄악시 하는 경향성을 나타내 보이고 있었다. 이러한 이원론(二元論, Dualism)주의에 대한 반동은 물질의 풍요를 추구하는 세력으로 나타났다. 하나님의 복이 임하는 표증은 물질의 복, 건강의 복, 그리고 영예와 세상에서의 출세로 나타나는데 이러한 이원론(二元論, Dualism)은 하나님의 복을 현실주의에다 초점을 맞추게 한다. 번영주의 신앙은 일반은총에 대한 사명이 결여되어 있기 때문에 현세에 대한 실리주의로 떨어져 가난할 때의 참된 하나님의 은혜를 망각하게 만들어 물질 만능주의를 선호하게 만든다. 무엇을 가지고 있느냐? 에 따라 그 사람의 신앙의 척도를 측정하려는 범죄에 빠지게 한다. 궁핍이 가져다주는 하나님의 은혜를 모르고 비굴한 자세의 신앙을 가지게 만든다. 무엇인가 얻으려고 기웃거리는 신앙인의 거지 형세를 취하게 만든다. 번영주의 신앙에서 패배한 자는 사탄을 이기지 못한 무능력의 신앙인으로 치부된다. 그와 반대로 일반은총의 무용론주의자들은 번영 자체를 죄악시 하는 경향성을 나타내 보이고 있다. 그 이유는 물질을 죄악시하기 때문이다. 하나님께서 만드신 만물을 죄 짓는 육신의 개념으로 해석하기 때문에 물질 자체를 죄악시 하는 신앙의 자세이다. 사탄이 물질세계를 지배하는 것으로 보고 있다. 사탄은 하나님과 대적된 관계에 있기 때문에 물질을 탐하는 일은 사탄의 유혹에 빠져드는 것으로 보고 있다. 그러나 하나님께서는 그 사탄도 그분의 영광을 위해 뜻대로 사용하신다. 물질을 죄악시 하는 일은 영지주의(Gnosticism) 관념에서 생각하는 이원론(Dualism)에 빠지게 한다.

물론 사탄의 세계를 보면(욥1:13-2:13) 사탄이 욥을 시험할 때 물질과 건강을 통해 그를 공격했다. 그러나 하나님의 통치세계에서 볼 때 사탄도 하나님의 주권 하에서 움직였으며 하나님께서 허용한 범위를 넘어서 활동할 수 없었다. 그리고 사탄의 사역은 항상 하나님을 반역하는 일에 집중되지만 결국은 하나님의 일을 하는 자이다(욥1:5-12, 2:1-7). 만물이 하나님의 주권 하에 진행되고 있기 때문에 하나님의 허용 가운데 하나님의 사명을 수행하고 있다. 그러나 사탄은 하나님을 반항하는 일을 하면서 하나님의 사역을 수행하고 있으며 성도는 하나님께 영광을 돌리는 일을 하면서 하나님의 사역을 수행하고 있다. 그런 의미에서 우리가 우주의 역사를 볼 때 모든 역사와 만물을 하나님의 주권사상에 의해 일원론(一元論, Monism)으로 봐야 한다. 일원론(一元論, Monism)이란 말은 하나님과 사탄의 동질성을 말하는 것이 아니고 하나님의 주권적 개념으로 볼 때 만물이나, 사탄이나, 그리고 그의 백성들 모두가 하나의 통치아래 진행되고 있다는 말이다.

만약 이원론(二元論, Dualism)의 입장에서 일반은총의 의미를 정의하면 하나님과 그의 백성 이외의 모든 존재는 사탄의 세계 즉 죄악의 세계로 규정해야 할 것이다. 우리가 일반은총론에 있어 성령님의 사역을 논증할 때 하나님의 쌍방예정을 정확히 알아야 일원론(一元論, Monism)의 입장에서의 하나님의 주권 사상을 바로 이해할 수 있다. 쌍방예정(Both Predestination)은 창세전에 선택 (Selection)된 자와 유기(Reprobation)된 자들, 즉 양쪽(Both) 모두를 한쪽은 구원 받기로 다른 한쪽은 버리기로 결정했다는 교리이다. 이는 성경이 말씀하고 있다(롬9:4-29, 엡1:4-6, 마13:10-17). 선택된 자는 하나님의 백성으로서 하나님을 섬기며 영광 돌리는 일로 그의 사명을 다한 후에 종말을 맞이하여 상을 받게 되도록, 불신자는 하나님을 거역하는 일로 그의 사명을 다한 후에 종말을 맞이하여 형벌을 받게 되도록 예정된 것을 말한다. 그리고 만물을 바로 해석하고 사용하는 일은 신자이건 불신자이건 간에 공통점을 가지고 과학과 경제를 발전시켜 하나님의 사명을 이룩하는 일에 협력관계를 유지하게 된다. 그러므로 일반은총을 주신 하나님의 목적은 그 은총을 통하여 영광을 받기 위함이다. 하나님께서는 영광을 받으시기 위해 인간으로 하여금 자연을 사용할 수 있게 하신 것이다. 하나님의 주권적 입장에서 볼 때 성령님께서는 신자나 불신자나 다 같이 일반은총을 사용할 수 있도록 그들의 심령 속에서 사역하고 계신다. 만물을 통치하시고 운행하시는 성령님의 사역은 모든 인간들의 심령 속에 깃들어 사역하고 계신다.

일부 복음주의자들은 예정론을 강조하면서 또 한편으로는 성령님의 사역을 강조하지만 쌍방예정(Both Predestination)과 일반은총에 있어 성령님의 사역을 성경대로 신앙하는 문제에 오류를 범하는 경우를 자주 보게 된다. 그들은 일방예정론에 머물러 있기 때문에 특별은총의 분야에 있어 선택 받은 자들에게만 사역하시는 성령님을 강조하는 경향성을 나타내 보이고 있다. 그러나 쌍방예정 (Both Predestination)을 신봉하는 개혁파 신학에서는 일반은총의 영역에서 사역하시는 성령님에 대해 신자들과 불신자들의 차이점을 강하게 주장하지 않고 있다. 신자들은 물론 불신자 모두 일반은총의 영역에서 자신의 사역을 감당할 때 일반은총의 성령님께서는 모든 사람들의 심령 속에서 하나님의 뜻을 이루어 드리도록 사역하고 계신다. 그러나 불신자들은 자신들의 사역이 어떻게 하여 하나님의 뜻을 이루어 드리는지 자각하지 못하고 있다. 일반노동을 통해 하나님께 영광을 돌린다는 것을 자각하고 있는 자들은 특별은총의 영역 안에 있는 하나님의 백성들이다.

이제 우리가 쌍방예정(Both Predestination)과 성경이 말씀하는 전제주의 (前提主義, Presuppositionalism)를 연관시켜 일반은총론을 논해야 할 단계이다. 하나님께서 창조 이전에 만물을 어떻게 창조하시고, 통치하시고, 보존하시고, 섭리하실 것인가를 설계하시었다. 이는 신적적정(Decree)의 교리이다. 또한 하나님께서는 구원에 관한 계획을 설립하시었다. 이것이 예정(Predestination)의 교리이다. 이 구원에 관한 계획은 예수 그리스도, 인간, 그리고 천사에 해당된다. 신적작정(Decree)에 관한 하나님의 계획은 일반은총(Common Grace)을 포함하고 있다. 그러나 예정(Predestination)에 관한 계획은 특별은총(Special Grace)을 포함하고 있다. 이러한 교리를 인식하기 위해서는 성경의 전제 (Presupposition)를 배제할 수가 없다. 전제(前提, Presupposition) 없이 신적작정, 예정, 그리고 일반은총에 관한 성령님의 사역을 올바로 이해 한다는 것은 불가능한 일이다

그러므로 먼저 예정에 있어 쌍방예정(Both Predestination)을 정확하게 이해하여야 예정론(Predestination)과 신적작정(Decree)의 교리를 이해하게 된다. 신적작정(Decree)의 교리를 이해하게 되면 일반은총(Common Grace)에 관한 하나님의 주권사상을 바로 이해하게 된다. 그리고 일반은총에 관한 기독교인과 비기독교인의 인식이 다르다는 것을 이해하게 된다. 나아가 구원받은 성도는 일반은총을 통한 노동관이 하나님의 영광을 위해 사용되어져야 한다는 것을 인식하게 된다. 그러나 일방예정론 자들이나 인간의 자유의지를 강조하는 복음주의 자들은 일반은총의 세계를 죄악시 하거나 하나님의 주권적 사역을 배제하는 경우가 다반사이다. 불신자들은 자아의식에 의존하여 일반은총의 영역에서 일하고 있기 때문에 배후에 하나님께서 주신 일반은총을 통해 삶을 영위해 나가고 있는 것을 인식하지 못하고 있다. 쌍방예정(Both Predestination)을 신봉하는 개혁파 신앙인들은 자신이 하나님의 예정에 근거하여 구원의 은혜를 누리게 되었다고 믿을 뿐만 아니라 일반은총의 모든 영역에 있어서도 하나님의 뜻이 작용하고 있다는 섭리를 믿는다. 개혁파 신앙인들은 특별은총의 사역과 일반은총의 사역이 다 같은 하나님의 주권적 은혜 안에 속해 있다는 것을 인식하고 있다. 특별은총(Special Grace)과 일반은총(Common Grace)의 사역은 명분상 나누

어져 있으나 하나님의 영광을 위해서는 일원론(一元論, Monism)으로 인식하고 있기 때문에 노동론으로 들어가면 모든 사역이 하나님의 영광을 위해 존재한다는 것을 깊이 인식하고 있다.

우리가 일반은총(Common Grace)의 노동론에서 깊이 생각할 것은 인간들의 모든 삶이 하나님으로부터 와서 하나님에게로 돌아간다는 사실이다. 모든 일반은총의 근원이 하나님의 주권에 달려있다는 말이다. **우리가 일용한 양식을 주시옵소서** 라고 기도할 때 우리가 고백하는 신앙의 바탕에는 우리의 삶이 하나님의 주권에 달려있다는 자세가 구체화되어 있지 않고는 그러한 기도를 할 수가 없다. 이러한 신앙의 자세는 예정론에 있어 쌍방예정(Both Predestination)을 신봉하는 자들이 고백하는 교리이다. 참된 신앙인은 특별한 사건을 통해 하나님의 구속을 그 성도의 심령 속에 적용할 때만 회개하는 믿음을 가지고 사는 자가 아니고 모든 생활 영역에서 아주 미세한 일에 임할지라도 하나님의 뜻에 합당하게 살기 위해 간단없는 노력을 기울이며 깊이 회개하는 자이다. 그런 의미에서 하나님의 주권적 사역에서 볼 때 일반은총은 그 범위에 있어 성도의 생활 영역에 미치지 아니한 부분이 없다. 정치, 경제, 과학, 교육, 그리고 문화의 발전이 기독교적 유신론의 바탕위에서 형성될 때, 그것도 쌍방예정론(Both Predestination)을 신봉하는 기독교 사상의 바탕위에서 형성될 때, 일반은총을 통해 더욱 하나님께 영광을 돌리게 된다. 왜 불신자들은 일반은총론을 인식하지 못하고 자율적인 의지에 따라 일반노동에 종사하는가? 그 대답은 간단하다. 구원의 주 예수님을 신앙하지 못하고 있기 때문이다. 그렇다면 같은 기독교인으로서 왜 어떤 사람들은 일반은총론에 대한 무시 내지 무용론을 주장하여 이원론(二元論, Dualism)에 빠지게 되는가? 그 대답은 **쌍방예정론(Both Predestination)과 일반은총론의 관계를 올바로 정립하지 못하고 있기 때문이라고 말할 수 있다. 좀 더 부언하여 설명하면 특별은총(Special Grace)과 일반은총(Common Grace)에 관한 하나님의 주권사상을 일원론(一元論, Monism)로 이해하지 못하고 있기 때문이라고 말할 수 있을 것이다.**

특별은총(Special Grace)과 일반은총(Common Grace)을 말할 때 성령님

의 사역을 먼저 인식하는 것이 중요한 관점이다. 신자나 불신자의 심령 속에서 사역하시는 성령님을 단편적으로 규정할 수가 없다. 기독교인이 성령님의 사역에 의해 구속을 적용 받을 때 성령님께서는 각자의 인격이나 주위환경을 사용하시기 때문에 일방적으로 또는 단편적으로 성령사역의 범위와 내용을 규정할 수가 없다. "은사는 여러 가지나 성령은 같고(고전12:4)"라는 말씀은 그 깊은 의미가 있다. 신자는 예수님께서 완성하신 구속사역을 적용 받았기 때문에 특별은총을 인식하는데 있어 불신자와 전혀 다른 전제적 개념이 그 심령 속에 작용하고 있다. 기독교인은 심령 속에서 사역하시는 주관적 성령님의 사역에 의해 구속 적용과 함께 일반은총에 대한 사명을 인식하게 되는데 하나님의 영광을 위해 일해야 한다는 노동을 인식하게 된다. 그러나 비기독교인은 하나님께 영광을 올려 드리는 사역을 전혀 인식하지 못하고 노동을 하나의 자기 수익의 수단으로만 생각하고 있다. 그러나 불신자라 할지라도 하나님의 주권과 목적론적으로 볼 때 그도 하나님의 영광을 위해서 일하고 있다. 불신자들은 하나님을 말하지만 자연주의 철학의 개념이 그들 심령의 저변에 깔려 있기 때문에 자신들의 노동이 하나님의 영광과 관계가 없다고 생각한다. 심지어 인간의 의지를 강조하는 복음주의자들도 그렇게 생각하는 경향이 많은 것은 놀라지 아니할 수가 없다. 하나님께서 스스로의 영광을 위해 일반은총의 세계에서 그들을 사용하신 후 정한 때가 되면 유기(Reprobation)된 자로서의 위치에서 형벌 받도록 정해두신 것이다. 이는 전제론적(Presuppositional) 입장에서 쌍방예정(Both Predestination), 특별은총(Special Grace)과 일반은총(Common Grace), 그리고 성령사역의 교리를 **선택(Selection)과 유기(Reprobation)의** 입장에서 논한다면 기독교인과 비기독교인 사이에 공통분포 즉 접촉점이 전혀 형성될 수 없다는 말이다.

4. 블록 하우스(Block House)의 방법론

우리가 개혁파 신학을 정립할 때 구조적으로(Systematically) 신학의 전체적인 개념의 연관성이 없이 의미가 다른 단락(Paragraph)을 구성하여 단편적이며 일방적인 주장을 펼칠 수 없다. 신학의 각 분야가 연관성이 없는 블록 하우스(Block House)의 단락을 형성할 수가 없다는 말이다. 특히 성경의 교리를 논함에 있어 각각의 주제는 각기 그 주제에 해당하는 의미를 가지고 있으나 전체적인 개념과 연관성을 가져야 한다는 말이다. 이론신학과 실천신학의 무연관성 내지 우선주의를 강조할 경우 블록 하우스(Block House)의 신학을 만들어 버리게 된다. 신학교육은 현장 목회에 적용되어야 한다. 신학교육은 하나의 과정으로만 받아들이고 실천목회에 들어가 전혀 다른 방법론을 적용하여야 할 경우 이론신학과 실천 신학은 블록 하우스(Block House)를 형성하여 신학교육의 무연관성으로 인한 괴리를 형성하게 된다. 조직신학 분야에서는 교리. 변증학, 그리고 윤리학이 서로의 끊을 수 없는 연관성을 가져야 한다. 성경의 전체적인 뼈대를 학문화한 교리학을 기초로 하여 세속철학이나 타 종교를 역공하여 지적 전도의 역할을 하는 기독교 변증학을 형성해야 하며 다음으로 교리학에 대한 실천적 원리를 규정하는 윤리학을 형성하는 것이 개혁파 조직신학의 분야이다.

성경이 말씀하는 전제적(Presuppositional) 입장에서 볼 때 로마 교조주의(Catholicism), 알미니안주의(Arminianism), 그 외에 인간이성을 강조하는 복음주의는 근본적으로 기독교를 변증하는 방법론이 개혁파 신학과 다르다. 로마 교조주의(Catholicism)나 알미니안주의(Arminianism)가 주장하는 유신론 증명은 사실상 인격적 삼위일체 하나님을 증명하는 일에 있어 실패할 수밖에 없는 방법론을 채택하고 있다. 그러한 방법론은 결국 비기독교인들에게 올바로 복음을 전하는데 실패만 거듭하게 될 것이다. 그 이유는 그들이 비기독교인들에게 접근하는 유신론적 기독교 변증학은 순수한 성경의 진리에서 떠난 것이기 때문에 복음을 전하는데 있어 인격적 삼위일체 하나님에 대한 확증을 나타내지 못하고 있다. 우리가 개혁파 신학을 다룰 때 신론, 인간론, 기독론, 구원론, 교회론, 종말론, 그리고 실천적 적용을 따로 분리하여 생각할 수가 없다. 성경에서 말씀하고 있는 유신론 증명은 인격적인 교제관계를 명시하고 있기 때문에 예수 그리스도의 인식은 하나님 아버지의 인식으로 연결되어야 한다는 것을 절대화 하고 있다. 그러나 중세의 스콜라주의(Scholasticism)에 기초를 둔 로마 교조주의(Catholicism)나 인간의 자유의지를 강조하는 알미니안주의(Arminianism)는 하나님의 유신론 증명과 기독론에 있어 인격론을 연관성 있게 다루지 못하고 있다. 그들의 신학은 성경계시 의존주의 개념에서 떠나 있기 때문에 하나님의 존재론이나 그리스도의 인격론을 인간의 이성에게 의존하고 있다.

신학이 자유주의로 변질 될수록 블록 하우스(Block House)의 개념이 강해진다. 역시 같은 개념을 가지고 있는 로마 교조주의(Catholicism)도 강한 블록 하우스(Block House)를 형성하고 있다. 로마 카톨릭의 스콜라주의(Scholasticism)와 예전주의(Ritualism)는 교의신학과 실천목회와의 연관성을 거절하고 있다. 간단하게 설명하면 불신자에게 그리스도를 구세주로 소개할 때 신학의 개념이 바로 전도에 적용되어야 함에도 불구하고 로마 교조주의(Catholicism)나 자유주의 신학은 교의신학(敎義神學, Doctrinal Theology)의 실천적 적용이 형성되지 않고 있다. 그러므로 개혁파 신학이 강조하는 신조(信條, Catechism)는 신앙고백으로부터 유추되기 때문에 이론신학과 실천 신학의 연관성을 형성하고 있다. 우리가 "예수 그리스도는 누구인가? 왜 예수님은 십자가 위에서 죽으시고 부활하셨는가? 그 사건이 역사적 사실인가?" 라는 불신자들의 물음에 대하여 창조 이전에 하나님께서 예정하심과 종말 후에 우리의 영원한 하늘나라에 관한 일치성을 연관되게 대답해 주어야 한다. 이러한 교리는 단순한 한 가지 역사적 사건이 성경에 기록된 것으로 보일지라도 창세 이전의 영원한 계획과 종말 이후에 일어날 영원의 사건과 관계를 가지고 있다는 것을 인식해야 한다. 그러므로 기독교 유신론 사상은 전 우주론적인 역사성을 말하고 있다. 즉 기독교의 역사성은 과거, 현재, 그리고 미래를 모든 포함하고 있다. 이 땅에서 일어난 과거와 현재의 실제적 사건은 미래에 일어날 사건과 연관성을 가지고 있는 하나님의 통치에 의해 일어난 사건들이다.

블록 하우스(Block House)의 신학은 현실의 관점만을 강조하는 구조악, 정치신학, 그리고 사회 복음주의(Missio Dei)가 주류를 이루고 있다. 이는 급진신학(Radical Theology)이기 때문에 하나님의 예정과 종말의 재림을 무시하는 현실에서의 투쟁주의 개념만을 강조할 뿐 신학에 있어 교리와 실천의 연관성을 구성하는 교회의 신학과 벽을 형성하고 있다. 또 한편으로는 피안의 세계만을 강조하는 도피주의가 교회의 신학과 벽을 형성하고 있다. 즉 이원론(二元論, Dualism)을 인간의 심령 속에 뿌리 내리게 함으로 현실 속에서 도피성을 만들게 하고 있다. 급진신학(Radical Theology)은 역사교회의 고백주의 신학과 블록 하우스 (Block House)를 만들고 있으며 도피주의는 하나님께서 내려주신 일반은총의 세계와 블록 하우스(Block House)를 만들고 있다. 또 한편으로는 현실세계에서 역경을 타개하는 적극적 사고방식을 강조하여 하나님의 섭리주의와 벽을 만드는 번영신학(Prosperous Theology)은 또 다른 블록 하우스(Block House) 신학을 형성하고 있다. 일반은총의 세계와 특별은총의 세계와의 조화를 형성하지 못하는 급진주의(Radicalism), 도피주의(Escapism), 그리고 번영신학(Prosperous Theology)은 모두가 블록 하우스(Block House) 신학이다.

심지어는 보수주의 또는 개혁파 신학을 주창하는 부류에서조차 블록 하우스 (Block House) 신학을 조장하는 형태가 나타나고 있다. 그 주장은 "목회에 성공하기 위해서는 신학교육의 내용을 버려야 한다." 라는 주장이다. 거기에는 이론과 실천의 차이를 말한다고 하면 이해가 될 수 있으나 실제 목회 현장에서 신앙고백서 교육을 무시하고 목회 적용 방법론을 강조하는 경우 이론신학과 실천신학의 블록 하우스(Block House)를 형성하게 될 것이다. 교회에서 신앙고백서를 가르치지 않게 되면 교회의 기초가 무너지게 된다. 성경을 뼈대 있게 구성하여 이해시키는 지침서가 신앙고백서이다. 이 신앙고백서는 모세, 선지자들, 그리고 사도들로 이어지는 신앙고백이기 때문에 죽은 자가 다시 살아나 우리에게 복음을 전한다 해도 우리는 모세, 선지자들, 그리고 사도들이 성경에 기록한 복음을 들어야 하늘나라에 들어갈 수 있다는 것을 성경이 말씀하고 있다.(눅16:29-31). 그렇기 때문에 고백주의 신학은 예수님 재림 때까지 지속되어야 하는 신학이다. 고백주의 신학이 실천 목회로 이어져야 하며 그렇게 될 때 블록 하우스(Block House) 신학을 방어하게 된다.

삼위일체 하나님을 유신론으로 전제하지 않고 성경의 교리와 이 세상에서 일어나는 모든 사건들을 블록 하우스(Block House) 방법으로 이해할 수 있는 길은 없다. 그 이유는 원인, 과정, 그리고 결과를 단순한 목적론에 비추어 연관성 있게 결론을 유추해 낼 수 없기 때문이다. 관념론적 논리학자들의 주장에 따르면 각 개체마다 그 개체에 해당되는 진리의 체계를 따로 형성해야 그 개체를 이해하게 된다고 말한다. 그 개체마다 진리체계를 형성하지 못하고 있다면 그 개체의 진리를 인식하기 위해 한 체계를 따로 떼어 내어 구분하는 방법이 없다. 즉 블록 하우스 (Block House)의 방법론에 문제가 발생하게 된다는 말이다. 모든 만물이 존재하는 각 개체마다 진리의 체계를 따로 가지고 있다면 만물의 유기체적 조직은 산산조각나 흩어지고 말 것이다. 우리가 명심할 것은 세속 철학이 아무리 유신론주의에 관해 강조점을 주장한다고 할지라도 삼위일체 하나님의 신적작정론(Decree)을 멀리 하는 한 블록 하우스(Block House)를 형성할 수밖에 없다. 이는 만물이 전체적 구조에 의존하고 있는 창조와 섭리를 거역할 수 없다는 말이 된다.

개혁파 신학이 주장하는 기독교 변증학(Christian Apologetics)은 사건과 사물의 개체를 정의함에 있어 그 개체만을 합리적으로 정의하려고 하지 않는다. 전체를 전제로 수용하지 않고 개체를 정의하는 것은 아무 의미가 없기 때문이다. 그렇다고 해서 개체가 가지고 있는 의미와 목적을 도외시한다는 말이 아니다. 개체와 전체를 연관시켜 이해해야 한다는 말이다. 개체는 포괄적(Comprehensive)으로 전체와 관계를 형성하고 있어야 하며 그 포괄적(Comprehensive) 관계의 형성은 삼위일체 하나님에게로 귀착되어야 한다는 말이다. 만물에 관한 집합적 판단은 한 집단 내부의 포괄적(Comprehensive) 관계를 형성하고 있다는 것을 의미한다. 만물의 집단적 관계를 형성하는 근원적인 원인이 삼위일체 하나님이다. 그러므로 현재 존재하고 있는 만물에 대해 "존재냐? 무 존재냐?" 라고 질문하는 것은 어리석은 짓이다. 손에 들고 있는 사과를 보고 내 손에 "사과가 존재하느냐? 존재하지 않느냐?"를 묻는 것과 같다. 파르메니데스(Parmenides)는 "존재냐? 무 존재냐?" 하는 문제는 사람이 얼마나 존재에 대하여 일관성 있게 주장하느냐? 에 따라 해답이 결정 된다는 무식한 말을 했다. 이는 인간 이성을 강조하는 합리주의자들의 말일 뿐이다. 이러한 주장은 개별적인 역사적 사건에 대해 존재의 의미를 부정하는 결과를 초래하게 된다.

반대로 또 다른 합리주의자들이 주장하기를, 아무리 일관성 있는 합리주의를 강조한 다 할지라도, 논리적 서술을 수단으로 하여 개별화를 추구함에 있어, 그 서술이 결코 정당화 될 수 없다는 주장이다. 라이프니츠(Leibniz)가 의문을 제기한 내용이 있는데 "하나님의 절대적 속성들을 완전하게 분석해 낼 수 있는가?" 에 대한 주장이 그것이다. 그는 개별체가 변화하는 것 즉 궁극적으로 변화하는 것들에 대한 실체적 존재를 용인해야 한다고 주장했다. 이 실체적 존재를 용인한다는 것은 인간의 이성적 논리체계를 이루는 합리주의를 포기한다는 말이다. 개혁파 신학에서 주장하는 삼위일체 하나님을 신앙하게 되면 인간 이성의 합리주의가 형성되기 이전에 이미 하나님의 계획 속에 만물에 관한 지식을 담을 존재가 형성되었다는 실체를 용인하게 된다는 말이다. 즉 개별주의적 논리체계를 포기할 때 실제로 존재할 수 있는 개별성을 인정하게 된다는 말이다. 그러므로 개혁파 신학의 기독교 변증학(Christian Apologetics)은 역사적 사건이 가지고 있는 개별성을 주장함과 동시에 전체를 총괄하는 절대적 체계에 대한 개념도 주장해야 한다. 물론 개혁파 변증학은 이성의 영역에서 다루어지는 진리 체계를 무시하지 않는다. 동시에 사건이 가지고 있는 진리의 체계도 무시하지 않는다. 사건이 가지고 있는 진리를 입증하기 위해서는 이성이 가지고 있는 진리의 체계를 사용해야 할 때도 있기 때문이다.

문제는 또 대두된다. 기독교의 진리를 입증하는데 있어 사건 또는 이성의 진리체계를 인간의 이성에 기초하여 아무리 잘 조화 있게 증명한다 할지라도 그 증명이 올바른 것인가? 라는 문제에 직면하게 될 때 "아니요." 라는 대답이 나올 수밖에 없다. 기독교 진리를 증명하는 문제에 있어 신자와 불신자 간에 논쟁거리가 일어나게 되면 해결할 수 없는 불화를 일으킬 수밖에 없다. 그 이유는 성경을 하나님의 말씀으로 신앙하는 문제에 들어가게 될 때 거기에는 성령님의 사역이 필수적으로 개입되어야 하기 때문이다. 신자만이 성령님의 감화를 통해 성령님에 의해 기록된 성경을 하나님의 말씀으로 신앙하기 때문이다. 그 성령님의 감화를 통해 성경에 기록된 내용을 개별적으로 이해하지만 그 개별적 이해를 통해 전체적이며 섭리적인 하나님의 실체를 인식하게 된다. 포괄적(Comprehensive) 하나님의 인식으로 들어가기 위해서는 개별적인 역사적 사건을 인식해야 된다는 말이다. 성경에 기록된 역사적 사건은 인간의 이성으로 인식이 불가능한 개별적 사건임에도 불구하고 성령님의 감화로 인식이 될 때 하나님께서 섭리하시는 포괄적(Comprehensive)이며 우주적(Cosmological)인 사건을 인식하게 되는 것이다. 그러므로 우리 주위에 일어나는 작은 사건을 하나님의 뜻에 의해 일어난 사건으로 인식하게 되는 것은 우주를 통치하시고 섭리하시는 하나님의 신적작정(Decree)을 인식하게 되는 길이다. 이러한 신적작정(Decree)에 관한 인식은 블록 하우스(Block House)에 기반을 형성하고 있는 세속철학, 로마 교조주의(Catholicism), 그리고 인간의 의지를 강조하는 복음주의 등의 신학에서는 불가능한 인식론이 될 수밖에 없다. 즉 하늘에 계신 하나님께서는 초자연적 존재일 뿐 아니라 우리의 심령 속에서 사역하고 계시는 인격적인 교제의 삼위일체 하나님이시기 때문이다.

그러므로 개혁파 신학의 변증신학은 초자연적 하나님께서 그분의 뜻을 시공간의 역사 속에서 성취시키시는 연속성을 강조한다. 즉 신적적정(Decree)의 교리는 단절되는 역사관의 불연속성(Discontinuity)을 배제한다. 하나님께서 모든 만물을 지배하고 계시기 때문에 우리가 인격적인 하나님을 의지할 때 우주에 관한 신적작정(Decree)의 연속성(Continuity)을 인식하게 된다. 아무리 논리적 합리주의를 강조할지라도 불연속성의 원리는 블록 하우스(Block House)를 형성하고 있기 때문에 피조물 전체가 하나님의 섭리에 순응하는 것을 부정하고 만다. 개혁파 신학의 변증학은 스스로 완전하신 하나님께서 만물을 다스리실 역사에 관한 계획을 적용하시는 연속성(Continuity)을 강조하고 있다. 즉 신적작정(Decree)의 연속성(Continuity)은 하나님의 계획이 시공간의 역사 속에서 적용되는 교리를 강조한다. 이러한 연속성(Continuity)의 원리는 섭리의 합리성을 유지하고 있다. 계획이 역사 가운데 어김없이 적용되는 합리성을 유지하고 있다. 그러나 불신자들은 이러한 연속성(Continuity)을 합리적으로 이해하려고 시도하면 섭리주의와 정 반대의 입장에 설 수밖에 없다. 그 이유는 연속성(Continuity)의 원리를 블록 하우스(Block House)의 개념으로 이해하려고 하기 때문이다. 단편적이며 제한적인 블록 하우스(Block House)의 개념을 전체적이며 우주적인 하나님의 연속성(Continuity)을 이해할 수 없기 때문이다. 그러나 우리가 생각할 것이 한 가지 있는데 신적작정(Decree)론으로 볼지라도 개별적으로 일어나는 개체적 사건들이 때로는 전체적 개념으로 이해 될 수 없는 문제가 있다. 개별적 사건은 개별적으로 적용되는 하나님의 섭리가 있기 때문이다. 여기서 우리가 주의할 점은 개별적 사건이 개별적 존재로서 독단적인 의미를 가지고 있다는 말이 아니다. 개별적 사건이 전체적인 하나님의 신적작정(Decree)과 관계를 가질 때 올바른 해석을 통해 하나님의 뜻을 알려주고 있다는 의미이다. 그러나 그 개체가 가지고 있는 지식은 그 개체로 끝나는 것이 아니고 전 우주의 전체적인 지식과 연관성을 가지고 있다.

하나님께서는 공중의 새도 기르시고 계시며 들풀도 입히시고 계신다(마6:26-28). 공중의 새나 들풀이 어떤 지식을 가지고 있는지 우리는 깊이 생각해 보지도 않고 정말 하찮은 피조물로 쉽게 생각해 온 것이 사실이다. 그러나 작은 미물이라도 하나님께서 기르시고 돌보시는 이유를 단순한 그 미물만을 위한 것으로 생각할 수 없다. 작은 미물이 전 우주적 섭리와 관계를 가지고 있다는 말이다. 들풀이 자라게 되면 초식동물이 서식하게 되고 그 동물들과 풀들은 인간에게 여러 가지 자원을 제공할 뿐 아니라 음식물까지 제공하고 있어 우리가 삶을 유지하는 재료가 된다. 이 세상에 존재하는 물, 불, 그리고 모든 자연은 인간에게 유용한 자원이 된다. 그러므로 문화명령(Cultural Mandate)을 받은 인간은 이 땅위에 존재하는 모든 자원을 동원하여 하나님께 영광을 돌리는 일에 매진해야 한다. 하나님께 영광을 돌리는 사역은 두 가지 원리 즉 만물의 연속성(Continuity)의 원리와 불연속성(Discontinuity)의 원리를 기독교 변증학의 입장에서 바로 이해하여야 한다. 박테리아를 블록 하우스(Block House)의 개념인 불연속성(Discontinuity)의 입장에서 보면 그 자체로서는 인간에게 병을 유발하는 원인이 된다. 그러나 박테리아로부터 인간의 병을 치료하는 약품을 개발하고 있다. 그런 의미에서 개체적 존재만을 두고 모두 나쁜 존재로 규정할 수 없다. 그러므로 기독교의 입장에서는 불연속성(Discontinuity)의 원리와 연속성(Continuity)의 원리를 전체적 개념의 전제에 입각하여 기독교 변증학(Christian Apologetics)을 취급해야 한다.

그러나 개혁파 신학에 일치되는 기독교 변증학(Christian Apologetics)을 정립하는 일은 단순한 것 같지만 생각보다 단순한 문제가 아니다. 그 이유는 개혁파 신학을 질투하는 수많은 회색주의 신학자들이 주위에 무수히 도사리고 있어서 개혁파 변증신학의 물을 흐려 놓았기 때문이다. 로마 교조주의(Catholicism)

를 비롯하여 알미니안주의(Arminianism) 그리고 인간의 의지를 강조하는 복음주의는 개혁파 신학의 변증학을 수용할 수 없는 신학들이다. 개혁파 신학의 변증학은 아주 단순하고 이해하기 쉽다. 기독론에 있어 예수 그리스도를 절대적 구세주로 신앙하면 되고 신론에 있어 삼위일체 하나님의 주권주의 신앙을 소유하면 된다. 이처럼 단순한 교리를 성경이 가르쳐 주고 있는데도 세속철학을 개입시키면 그때부터 기독교를 변증함에 있어 혼란에 혼란을 가중시키게 되고 나중에는 기독교 변증학이 세속철학으로 기울어져 버리고 만다. 그렇게 될 때 신학적 블록 하우스(Block House)의 개념을 형성하게 되고 삼위일체 하나님을 인식하는데 혼란을 가중시키게 된다. 개혁파 신학만이 개체적 블록 하우스(Block House)의 개념을 하나님의 통치에 입각하여 해결할 수 있고 전체적 개념을 하나님의 주권사상에 입각하여 해석할 수 있다. 하나님의 주권적 섭리는 만물의 개체와 더불어 모든 사람 각자 각자에 해당되는 뜻을 알려 주고 있다. 삼위일체 하나님께서는 만물과 모든 사람들을 창세전에 설계하신 작정에 의존하여 우주론적으로 다스려 나가고 계신다. 개별적 원리가 되는 불연속성(Discontinuity)의 원리와 전체적 원리가 되는 연속성(Continuity)의 원리를 개체적이며 전체적으로 다스리며 섭리해 나가고 계신다.

역사적 사건에 있어서도 마찬가지이다. 역사 선상에서 일어나는 제반 사건들은 하나님 편에서는 불가사의(不可思議)한 일이 하나도 없다. 우리의 이성적 개념으로 볼 때 불가사의(不可思議)하게 보일 뿐이다. 하찮은 사건 하나하나가 전체적인 사건과 연관되어 있다. 하나님께서는 전체적 일들을 우주적으로 이끌고 가시면서 그 가운데서 일어나는 작은 사건들을 모두 간섭하시며 다스려 나가신다. 관념론(觀念論, Idealism)에 기초를 둔 역사 철학이나, 절대의존감정(Feeling of Absolute Dependence)에 기초를 둔 주관주의 철학이나, 그리고 시공간의 객관적 사건을 무시하는 실존주의(實存主義, Existentialism) 철학은 블록 하우스(Block House) 방법론의 개체주의만을 강조하고 있기 때문에 신적작정(神的作定, Decree)의 교리를 이해할 수 없다. 그러한 철학들은 진리의 일치성, 절대성, 그리고 객관적 통일성을 주장할 수 없다. 궁극적으로는 개체만을 주장하는 원자론(原子論)에 빠지고 만다. 그렇게 될 수밖에 없는 원인은 아담의 범죄로 인하여 인간의 지식이 한계점에 처해 있기 때문이다. 범죄 하기 이전 에덴에서의 아담은 블록 하우스(Block House)의 개념에 있어 개체적이며 전체적인 내용 모두를 이해하고 있었다. 그 이해는 만물의 불연속성(Discontinuity)과 연속성 (Continuity) 모두를 연관성 있게 보고 있었다. 그러나 아담의 타락은 아담 자신이 하나님과 단절된 상태로 떨어져 버렸기 때문에 만물을 통일성 있게 이해하는 위치를 잃어버리고 말았다. 모든 세속철학자들이 하나님의 절대성, 자존성, 무오성, 편재성, 그리고 주권성 등을 밝혀내려고 여러 가지 수단을 동원하지만 불연속성(Discontinuity) 내지 연속성(Continuity)의 관계를 이해하지 못하고 있다.

세속철학자들이 주장하는 하나님에 관한 정의는 사탄이 아담을 유혹하였던 이론과 같은 주장을 늘어놓고 있다. 사탄은 "죽을까 하노라" 라는 가정설(Hypothesis)을 말함으로 하나님의 작정과 시간 속에서 일어날 성취의 일관성을 혼동시키고 있다. 하나님의 계획대로 절대 오차 없이 역사 속에서 성취되어질 예언의 실체를 흐리게 만들고 있다. 세속철학에서는 가정설(Hypothesis)을 통해 추리된 결론을 수용하는 우를 범하고 있다. 그러한 불합리한 생각을 합리적이라고 받아들이도록 유혹하여 범죄를 행하도록 인간의 생각을 자극함으로 하나님의 말씀을 거역하게 만들고 있다. 근거가 없는 가정설(Hypothesis)을 통해 연역적(演繹的, Deductive) 추리를 이끌어 냄으로 악마의 속삭임에 깊이 빠져들게 만들고 있다. 즉 불합리한 경험주의(Experientialism)와 실증주의(Positivism)를 통해 원자론(原子論)으로 떨어져 버리게 만들고 있다.

이제 우리가 비기독교적 원자론(原子論, Atomistic Character)의 방법론에 관한 구체적인 생각을 파헤쳐야 할 처지에 와 있다. 이 문제에 대해서는 밴틸 (Van Til) 박사의 주장을 도입할 필요가 있다. 그는 다음과 같이 주장하고 있다. "구조에 관한 우리의 개념은 한정된 생각으로 차 있다. 그 생각은 단지 이상적 (Idea)인 관념뿐이다. 더군다나 그것은 영원히 존재하고 있음에 틀림없는데 하나의 이상(Ideal)에 불과하다. 만약에 그 이상(Ideal)을 실재(Reality)로 변하게 할 경우 과학적인 요소는 파괴되고 말 것이다. 그 이상들(Ideals)이 실재(Reality)로 변하는 경우 각 사건(Fact)의 개체성이 분쇄되고 말 것이다. 그럴 경우 사건

(Fact)에 대한 주체적 개체를 알 수 없게 된다. 비기독교적 과학의 방법론을 적용할 때 어떤 사건(Fact)이 그 사건(Fact) 속에 있는 본질을 알게 하려면 그 사건(Fact)이 구조의 한 부분이 되어 그 구조 속에서 그 사건이 알려지게 될 것을 필연적으로 요구하게 된다. 이러한 관점으로 볼 때 기독교에서 주장하는 하나님의 계획에 의한 기독교적 구조를 그들은 전혀 무시하고 있기 때문에 사건(Fact)의 본질을 인식하는 길은 오직 인간의 지식에 의존할 수밖에 없다. 그러므로 사람이 어떤 사건(Fact)에 관한 구조를 추리하여 안다는 것은 사실상 불가능한 일이다. 그 이유는 인간의 추론은 사건(Fact)과 실재(Reality)와의 연관성에 대하여 비합리적인 요소를 소유하고 있기 때문이다. 시공간의 제약을 받고 있는 존재는 개별적 개념을 가지고 있는데 사물들에 관한 개별적 개념이란 그 개념만이 가지고 있는 사건 자체에 관한 사건(de facto)의 성질을 띠고 있다. 그렇기 때문에 시공간에 존재하는 사건(de facto)은 단독적으로 그 명제(Proposition)를 가지고 있다. 이러한 명제(Proposition)는 인간의 추론적 사고에 의해 논리적으로 필연적 관계를 성립시킬 수가 없다. 이러한 실재(Reality)는 나타난 현상(Appearance) 속에서는 발견되지 않는 조화를 포함하고 있으면서 직관(直觀, Intuition)으로 존재하고 있다."[645] 라고 말했다.

위에 언급되고 있는 밴틸(Van Til) 박사의 주장은 사건과 추리적 논리의 관계를 통해 구조 자체를 파악하는데 있어 아무 의미가 없다는 말이다. 사건은 직관(直觀, Intuition)을 통해 인식의 길이 열리게 되며 구조 속에 존재하는 사물에 관한 인식은 논리적 추리로 불가능하다는 말이다. 창조의 구조를 추리적 논리로 설명할 수 없다는 말이다. 보이는 기능은 직관(直觀, Intuition)에 속한 것이다. 사물을 볼 때 볼 수 있는 그 사물에 대한 기능을 추리적 논리로 설명할 수 없다는 말이다. 우리는 오직 사물의 실체와, 보는 눈의 작용과, 그리고 보게 됨으로 나타나는 사실을 말할 뿐이다. 이 문제를 하나님에 대한 관념을 도입하여 생각해 보자. 인간은 필연성에 의존하여 추론에 의한 논리적 방법으로 사물에 관한 인식을 추리해 내기 위해 버둥대고 있다. 하나님께서 만물을 창조하셨다는 말씀

---

645) Cornelius Van Til, The Defence of the Faith, (Presbyterian and Reformed Publishing Co, Phillipsburg, New Jersey, 1980), p.120.

은 하나님 자신께서 모든 것을 알고 계신다는 뜻이다. 이 말씀은 하나님께서 만물과 사건적(de facto) 관계를 맺고 계신다는 뜻이다. 이는 인간이 가지고 있는 이성과의 관계를 구체화 하지 않고 계신다는 뜻이다. 역으로 생각하면 개체의 원자론(原子論)에 머물러 있는 인간은 직관적(Intuitively)으로 만물을 파악하고 계시는 하나님에 대해서는 전혀 알 수가 없다는 말이 된다. 인간은 단지 그 원자론(原子論)의 인식론에 의해 개별적인 사물과 역사적 사실만을 이해할 수 있다는 말이다. 나아가 밴틸(Van Til) 박사는 주장하기를 "아리스토텔레스(Aristotle) 이래 스콜라주의(Scholasticism) 철학자들은 개별적인 사실만을 알 수 있다고 말하는 자들이다. 이러한 관점에서 볼 때 사물에 대한 직관적(Intuitive) 파악은 개체적인 존재의 원인에 대해서는 아무 것도 알 수가 없다는 말이다. 그러므로 아리스토텔레스(Aristotle)의 철학에 의해 인격적인 삼위일체 하나님을 알 수 있는 길은 없으며 그러한 철학에 의해 하나님과 교제의 관계를 형성하는 길도 알 수가 없다."[646] 라고 단언했다.

위의 논증을 통하여 우리는 세속철학이나 타 종교와의 주장들을 기독교와 서로 비교 대조하고 그 공통점을 찾아낸 후 올바른 하나님의 인식을 정의하는 것은 불가능 하다는 것을 알 수 있다. 그 결정적인 요인은 바로 삼위일체 하나님과 인격적인 교제의 문제로 귀착된다. 어떠한 경우에도 세속철학이나 타 종교에서는 아버지로서의 하나님, 구세주로서 아들의 하나님, 구속을 적용하시는 성령의 하나님을 고백적으로 신봉할 수가 없기 때문이다. 그러므로 하나님의 인식에 대하여 오직 기독교만 올바른 지식을 가지고 있으며 타 종교와 세속철학의 사상을 분쇄할 수 있는 교리를 가지고 있다. 세속 철학과 타 종교는 그 교리들 자체가 진리가 되지 못하는 모순을 가지고 있기 때문에 사실상 그들의 교리를 비교하여 자신들의 하나님을 변증하는 교리를 성립시키려고 할 때 집안싸움만 일으키게 된다. 그들이 기독교를 공격할 수 있는 원리는 단 한 가지 공통분포에 관한 문제이다. 그들은 모든 종교와 세속철학의 공통분포를 주장한다. 그러나 그들이 주장하는 공통분포는 절대성이 결여된 모순적이며 부분적인 내용들만 지저분하게 나열해 놓고 있기 때문에 영원성, 생명력, 하나님의 본질, 교제의 하나님, 그리고 천

---

646) Ibid, p.121.

국의 영원성 등을 모조리 제거한 상태이다. 그들이 진리를 말한다 할지라도 진리를 말할 수 없는 진리를 늘어놓고 있을 뿐이다. 그러므로 그들의 주장은 항상 추론적 사고방식을 적용할 때는 합리주의적 연역법(演繹法, Deductive) 내지 귀납법(歸納法, Inductive)에 기초한 논증을 앞세운다. 만약 이러한 논증에 맞지 아니할 경우 실험주의(Experimentalism), 증거주의(Evidentialism), 경험주의(Experientialism), 또는 실존주의(實存主義, Existentialism) 철학에 기초한 하나님에 관한 논증을 제시하기도 한다. 이러한 시도들은 혼란만 일으키는 파생적 결과를 낳게 한다. 그것들이 바로 불가지론(不可知論, Agnosticism), 절대의존감정(絶對依存感情, Feeling of Absolute Dependence), 나아가 급진주의(急進主義, Radicalism) 신학으로 나타나게 만드는 원인을 제공하고 있다. 더불어 이러한 사상들은 하나님의 존재를 증명 한다고 말하지만 깊은 내용에 들어가면 비합리주의와 회의주의를 불러오는 원인을 제공하고 있다.

우리는 성경을 자세히 살펴보아야 한다. 성경은 개별자에 관한 지식을 구체적으로 제시하고 있으며 체계에 관한 실제적인 직관(直觀, Intuition)을 제시하고 있다. 즉 성경이 말씀하는 하나님은 상상의 세계에서 머물고 있는 존재가 아니고 인간과 지적이며, 감성적이며, 그리고 이지적으로 교류를 하시는 분이다. 그러므로 기독교인은 인격적 하나님의 형상(Imago Dei)을 통해 하나님과 교통이 가능한 공유적 속성(共有的, Communicable Attribute)을 소유하고 있다. 개체적인 지식을 소유하는 것이 직관적인 지식의 체계를 소유함에 있어 전혀 장애가 되지 않는다는 뜻이다. 하나님을 안다는 전제는 인간이 소유하고 있는 많은 지식의 전제가 된다는 말이다. 그러므로 인간의 지식 체계는 하나님에 관한 지식체계의 복사본이다.

우리가 블록 하우스(Block House)의 방법론에 대하여 결론적으로 생각할 것이 있다. 로마 교조주의(Catholicism), 알미니안주의(Arminianism), 그리고 인간의 의지를 강조하는 복음주의는 개체와 집합에 관한 구체적인 문제에 들어가면 하나님의 주권적 사상이 결여되어 있기 때문에 비기독교 사상과 공통분포를 형성하는 접촉점(Point of Contact)을 찾으려 노력하고 있다. 그러한 시도는 결국에 가서는 비기독교 사상인 원자론(原子論)에 빠지고 만다. 그들의 시발점은 성경이 말씀하는 유신론에서 사건들을 파악하려고 하는 것이 아니기 때문에 세속철학과 접촉점을 찾으려는 생각의 영역을 찾아가고 있다. 그 결과 기독교 유신론이 말하는 절대주의 신적작정(Decree)론을 거부해 버리고 만다. 그들이 주장하는 개별주의에 대한 관점은 항상 전체적 종합에 관한 관점과 상관없이 개별 자체로부터 진리를 찾아내려는 무모한 생각에 머물고 있다. 그러한 시도는 하나님의 우주적 섭리아래 개별적 사건을 다스리시는 통치적 사역을 거절하는 결과를 낳게 한다. 그러한 시도는 기독교적 진리와 상관없는 입장을 고수하면서 진리를 찾아내려는 모순적인 행위이다. 그러한 시도는 사건을 해석하는 방법론이 원자론적 방법론에 한정되어 있기 때문에 자연주의적 원자론의 방법론과 공통분포를 형성하고 있을 뿐이다. 개혁파 신학의 기독교 변증학(Christian Apologetics)은 만물들을 해석함에 있어 크고 작은 모든 사건들에 대해 하나님의 뜻과 관계하여 해석하기 때문에 자연주의와 공통분포를 형성하려는 로마 교조주의(Catholicism)와 인간의 의지를 강조하는 복음주의와는 접촉점을 형성하는 일을 거절한다. 로마 교조주의(Catholicism)와 인간이성을 강조하는 복음주의는 올바른 기독교 변증학을 성립시킬 수가 없는 이유가 바로 세속철학에 응전하여 비기독교적 사상을 멸절시킬 수 있는 힘을 상실하였기 때문에 종국에 가서는 세속철학의 제물이 되어버리기 때문이다. 성경이 말씀하는 전제를 흐리게 만들어 애매모호한 교리를 전파하는 잡동사니 유신론주의를 말할 뿐이다. 그들의 신학은 흙탕물이 침범하여 아무리 노력해도 마실 수 없는 오염된 물과 같다. 세속철학의 제물이 되어 버리고 만다. 중요한 기독교 교리를 전제적으로 수용하지 않고 있기 때문에 그들의 신학 속에는 씻어낼 수 없는 더러운 이끼가 끼어있는데도 깨끗한 물로 시원하게 씻어낼 수 있다는 허황된 사고에 사로잡혀 있다. 그러한 단편적 사고는 종국에 가서는 신학적 타락을 몰고와 교회의 타락을 주도하는 역할을 하게 된다.

밴틸(Van Til) 박사는 전제주의(前提主義, Presuppositionalism)에 관한 블록 하우스(Block House)의 입장에 대하여 다음과 같이 설파하고 있다. "하나님의 신적작정(Decree)에 입각한 만물의 통치, 보전, 그리고 섭리라는 막강한 적군의 요새를 공략하기 위해 그들은 소수 몇 명밖에 안 되는 병사들을 뿔뿔이 흩어지게 하여 파병하는 것과 같은 무모한 일을 감행하고 있는 것이 바로 개체를 인식함으로 방대한 하나님의 신적작정(Decree)을 이해하려는 시도이다. 만약 전제(Presupposition)에 입각한 방법을 사용하지 않고 독자적인 내재주의(Immanent) 범주에 의한 해석방법 또는 자족적인 하나님의 개념을 해석하는 방법에 있어 그들이 가지고 있는 중심사상들의 차이점을 함께 엮어 낼 수 있는 방법은 불가능하다. 그러나 전제주의(Presuppositionalism) 사상에 바탕을 두고 있는 개혁파 변증신학자는 양자 간의 사상적 차이점을 해결할 뿐만 아니라 그러한 일을 할 수 있도록 요구하고 있다."[647] 라고 주장하고 있다. 결론적으로 전체와 개체를 모두 포함하고 있는 하나님의 작정에 관한 인식은 세속철학이나 타종교에서 주장하는 개체의 관념을 통해서는 불가능하다는 말이다. 그 전체와 개체를 모두 인식하는 길은 오직 성경이 말씀하고 있는 신적작정(Decree)을 인식하는 전제로 돌아가야 한다는 말이다.

---

647) Ibid, p.122.

II. 기독교 변증학에 있어 접촉점(Point of Con-tact)

접촉점(Point of Contact)의 문제를 심도 있게 다룬 최초의 변증 신학자는 밴틸(Van Til) 박사이다. 이 문제는 신자와 불신자 사이에 공통 분포가 형성되어 있느냐? 의 문제이다. 좀 더 구체적으로 말하면 "신자들이 불신자들에게 기독교에 관한 복음을 설명할 때 불신자의 마음에 접촉점을 만들 수 있는 공통분포가 형성되어 있느냐?"이다. 이 문제는 기독교 진리를 신자는 잘 알고 있지만 불신자는 알지 못하는 입장에 있는데 불신자가 신자의 영역을 이해할 수 있는 공통분포를 형성하는 영역이 존재해야 하느냐? 이다. 또한 불신자가 자신의 입장에서 기독교를 이해하지 못하지만 기독교를 접촉할 수 있는 지식의 방법론을 통해 누구나 인식할 수 있는 공통분포를 적용하기만 하면 기독교를 이해할 수 있는 입장으로 돌아설 수 있는가?[648] 라는 의문이 제기되는 문제이다.

밴틸(Van Til) 박사는 위에서 제기된 접촉점의 문제에 대해 처음부터 단호하게 긍정적인 대답을 얻을 수 없다고 주장하고 있다. "접촉점의 문제는 기독교의 진리를 이해시키는데 있어 즉 기독교를 설명하는 지적 전도의 방법론을 채용하는데 있어 신자와 불신자와의 사이에 공통분포가 형성되어 있지 않다. 양자 간에 접촉점을 형성할 수 없다고 주장한 이유는 어떤 대상을 인식하기 위해서는 알고 있는 그 사람뿐만 아니라 그가 알고 있는 것에 대한 해석이 필요하기 때문이다. 알고 있는 주체로서의 인간의 마음은 그가 얻은 지식에다 더 제공되어 질 수 있는 요소를 구성하고 있기 때문이다. 인간의 본질로 말할 것 같으면 신자와 불신자 사이의 동의가 없으면 공통분포를 형성하는 지식을 찾아낸다는 것은 전혀 불가능한 일이다. 즉 실제로 공통분포는 일어날 수가 없다는 말이다. 그러므로 기독교인으로서 변증신학자의 자세에 입각해서 불신자들에게 전도를 한다고 가정할 때 불신자들은 전혀 다른 종류의 사람들이라는 것을 알아야 한다. 즉 의사와 환자의 관점이 다른 것과 같다. 환자는 별로 큰 병이 아닌 것으로 생각하여 약 좀 먹으면 괜찮을 것으로 생각하고 있으나 의사는 당장 수술을 하지 않으면 안 될 중

---

648) Ibid, p.67.

한 병을 진단해 낸 것이다. 마찬가지로 불신자들은 자신들의 처한 형편을 전혀 깨닫지 못하고 있다. 기독교는 모든 인간의 경험과 주위에 일어나는 일들에 관해 인생들이 필요로 하는 확실한 생명의 빛을 보여주고 있다."⁶⁴⁹⁾ 라고 주장하고 있다.

이 문제를 좀 더 구체적으로 분석해 볼 필요가 있다. 신자와 불신자 사이에 접촉점이 전혀 없다고 단정적으로 정의할 때 요한복음 4장에 나오는 예수님과 사마리아 여인과의 대화에서 공통분포는 전혀 존재하지 못했단 말인가? 라는 문제가 발생한다. 예수님께서 복음을 전달하실 때 사마리아 여인과의 접촉점은 생수에 관한 문제로부터 시작하고 있다. 일반은총의 개념으로만 볼 때 우물물은 신자나 불신자나 양쪽 모두가 접촉점을 형성하는 물질임에 틀림없다. 그러나 예수님께서 우물물을 인용하여 영원한 생명수를 설명하실 때 우물물과 영생의 물과의 관계를 형성하는 물의 개념을 인식하는 요인이 무엇인가? 라는 문제가 발생한다. 피상적으로 생각할 때 우물물은 신자와 불신자 사이에 공통분포를 형성하는 매개물로 생각하기 쉽다. 그렇기 때문에 예수님께서 우물물을 영생수로 설명하실 때 물에 대한 인식의 개념이 복음으로 전이(Transfer) 되었다는 생각을 하기 쉽다. 그러나 여기서 우리가 깊이 생각할 것은 복음을 인식하게 하는 전제(Presupposition)를 잘못 이해하면 복음에 대한 인식작용의 사역자가 따로 존재한다는 것을 지나쳐 버리기 쉽다. 복음을 인식하는 데는 성령님께서 절대 사역자로 등장해야 가능하다. 이것이 바로 복음을 인식하게 하는 전제(Presupposition)이다. 아무리 생수에 대해 정확한 설명을 할지라도 성령님의 사역이 작용하지 아니하였다면 사마리아 여인은 예수님께서 말씀하시는 영생수의 개념을 이해할 수 없다. 사마리아 여인이 영생수를 인식한 원인은 예수님께서 우물물에 대한 설명을 잘 전달 하셨기 때문이라고 말할 수 있지만 그 영생수에 대한 성령님의 사역이 전제적으로 작용했기 때문이라고 말해야 옳은 주장이다. 복음의 인식에 있어 전제적으로 볼 때 신자와 불신자 사이에 접촉접 즉 공통분포가 없다는 말이다. 복음을 인식하는 데는 성령님께서 말씀을 사용하시어 우리에게 인식하게 함으로 가능한 것이다.

---

649) Ibid, p.68.

1. 로마 교조주의(Roman Catholicism)

지금까지 로마 교조주의(Catholicism)와 인간의 의지를 주장하는 복음주의에 포함된 알미니안주의(Arminianism), 웨슬리안주의(Wesleyanism) 등의 모든 비 개혁파 신학들을 회색주의 변증신학을 유지해 왔다. 한편 그들의 교리적 입장을 개혁파 신학의 거울을 통해 세심하게 분석해 보면 그들 스스로 제각기 다른 신학의 입장을 고수하고 있지만 인간 이성을 강조하는 부분에 있어서 공통분포를 형성하고 있다. 회색주의가 주장하는 공통분포는 성경을 하나님의 말씀으로 수납한다고 말하면서 성경의 영감론에 들어가면 부분적 영감설(靈感說, Partial Inspiration) 또는 동력적 영감설(Dynamic Inspiration)을 강조하는 경향성을 나타내고 있다. 그들은 신론에 있어 하나님의 주권신앙에 기초한 신적작정(Decree)의 교리와 구원에 관한 쌍방예정(Both Predestination)을 거절하며, 인간의 전적 부패를 약화시켜 인간의 의지를 강조하며, 그리고 기독론에 있어 예수 그리스도를 구세주로 말하면서 예정된 그의 백성을 위한 아버지의 계획에 의한 그리스도의 사역을 거절한다. 구원론에 있어 예수님께서 완성하신 구속 사역을 예정된 백성들에게 적용하는 사역은 오직 성령의 공작에 의해서만 이루어진다는 것을 거절하여 인간의 의지에 의해 구원을 쟁취하기도 하며 거절하기도 한다고 강조하며, 교회론에 있어 천상의 교회 즉 불가견 교회(Invisible Church)와 지상의 교회 즉 가견 교회(Visible Church)를 혼동하여 교회밖에도 구원이 있다고 말하며, 그리고 종말론에 있어 하늘나라의 개념을 예수님의 재림과 연관시킬 때 개인적 종말론과 역사적 종말론에 관한 교리를 정립하지 못하고 시한부 종말론을 강조하거나 재림을 통한 우주적 종말의 개념을 무시하고 개인적 구원의 개념만을 강조하는 경향성을 나타내기도 한다.

위에 진술된 교리들은 아주 중요한 주제들이다. 이 교리들은 역사교회를 통해 성경대로의 신앙고백을 주제별로 정리한 내용들이다. 회색주의를 통해 약간의 불순물이 들어와 작은 부분을 부패하게 만들 경우 결국에 가서는 기독교 교리 전체가 썩어버리고 만다는 역사교회의 증명을 간과해서는 안 된다. 오늘날 인간의 의지를 강조하는 복음주의는 사실상 그 뿌리가 로마 교조주의(Catholicism)

와 공통분포를 형성하고 있다는 사실을 알 수 있다. 로마 교조주의(Roman Ca-tholicism)는 교리의 전반적인 면에서 흑색주의에 가까운 회색주의를 추구하고 있는데 그 이유는 동양의 신비주의를 첨가한 스콜라주의(Scholasticism)에 깊이 빠져버렸기 때문이다.

그러나 종교개혁 이후 로마 교조주의(Catholicism)와 인간이성을 강조하는 복음주의자들의 차이점은 사제주의(Sacerdotalism)냐? 복음주의(Evangelical-ism)냐? 로 나타났다. 워필드(B. B. Warfield)의 주장에 의하면 이 둘 사이의 관계된 주제는 "하나님의 구원공작에 관한 직접성"에 있다고 말했다. 로마 카톨릭에서는 사제 제도의 교리를 고수함에 있어 "은혜가 교회의 사역을 통하여 전달되고 있다."고 주장한다. 그 외에는 전달 방법이 없다는 주장이다. 그러나 한편으로 복음주의자들은 오직 일관성 있는 초자연주의적 개념을 주장하고 있는데 "한 영혼이 구원 얻는 길은 하나님과 개인의 영혼 사이에 어떤 중보적 역할이 필요한 것이 아니고 한 영혼의 구원은 오직 하나님으로부터 직접적인 은혜를 통해 성취된다."는 주장이다. 여기에서 개신교주의(Protestantism)와 복음주의(Evan-gelicalism)는 정확하게 **동일한 의미를 가진 지정(Synonymous Designation)**이 아닐지라도 서로가 동일 연장선상(Coterminous)에 있는 것이다.[650] 라고 워필드(Benjamin B. Warfield)는 말하고 있다.

연이어 우리가 생각할 것은 개신교 내에서 주장하는 구원론에 관한 교리들의 차이점은 무엇인가? 하는 문제이다. 이 문제는 칼빈(Calvin)이 주장하는 쌍방예정론에 기초한 구원론을 정립하는 교리와 다르게 복음주의 자들이 만인구원설을 주장하는 데서부터 시비가 생겨나고 있다. 우리가 구원을 논할 때 칼빈주의 자이건 인간의 의지를 강조하는 복음주의자이건 상관없이 구원은 믿음으로 성립된다는 것을 강조한다. 그 다음 믿음으로 구원 얻는 것은 전적으로 하나님의 은혜라고 주장하는 교리도 동일하다. 하나님의 은혜를 강조하는데 까지는 칼빈주의 자나 인간의 의지를 강조하는 복음주의 자나 동일한 교리의 입장에 서 있다. 그러

---

650) Benjamin. B. Warfield, Plan of Salvation, (Grand Rapids, Michigan, 1935), p.111.

나 그 다음부터 달라진다. 하나님의 은혜를 수납하는데 인간의 자유의지가 동반되느냐? 안되느냐? 의 문제에 들어가면 칼빈주의와 기타 만인구원론의 복음주의와 교리적 입장이 갈라지게 된다. 인간의 의지가 동반 된 은혜주의를 강조하게 되면 거기에는 쌍방예정론이 들어갈 틈이 없어진다. 여기에서 또 한 가지 생각할 것은 애매한 칼빈주의 즉 일관성이 없는 칼빈주의자들은 일방예정을 강조하게 된다. 우리는 성경을 오류 없는 하나님의 말씀으로 신앙하는 이상 성경말씀이 주장하는 쌍방예정에 대한 의심이나 불신의 생각을 가질 수가 없다. 우리의 구원은 창세전에 하나님 아버지와 아들 예수님과의 사이에 구속언약을 맺었기 때문에, 하나님 아버지와 백성 된 자녀들과 은혜언약을 맺었기 때문에, 그리고 예수님의 공로가 시공간 세계에서 우리에게 효과적으로 구속이 적용된다. 은혜언약의 내용은 하나님은 우리의 아버지이시며 우리는 그의 가족 즉 백성이다. 예수님은 인류를 구원하시기 위해 이 땅에 오신 것이 아니고 예정된 그의 백성을 구하려 오셨다. 이 선택은 쌍방으로 어떤 자는 구원하기로 예정되어 있고 어떤 자는 버리기로 예정되어 있었다(엡1:4-6, 롬9:6-26, 마13:11-15, 요15:16, 갈1:15, 사49:1-3, 시89:3-4). 칼빈주의와 인간의 의지를 강조하는 복음주의와의 차이점은 믿음으로 구원 얻는데 그 구원은 전혀 하나님의 은혜라는데 까지는 차이점이 없다. 그러나 인간이 그 은혜를 수용하는데 있어 인간의 의지가 개입 되느냐? 안 되느냐? 로 들어가면 명백한 차이점이 드러난다. 인간의 의지를 강조하는 복음주의 자들은 인간의 의지로 구원의 은혜를 수용할 수도 있고 거절할 수도 있다는 비성경적인 교리를 주장한다. 또한 일관성이 결여된 칼빈주의 자들은 일방예정을 선호하기 때문에 정통 개혁파에서 주장하는 쌍방예정에 대해 거부감을 표출하고 있다. 인간은 도덕률에서 타락했기 때문에 모두가 형벌을 받을 수밖에 없으나 하나님께서는 구원할 백성들만을 구원하기로 예정했다는 주장이다. 예정론에서 버리기로 예정한 하나님의 계획을 무시하고 있다. 성경을 오류 없는 하나님의 말씀으로 믿는 개혁파 신학에서는 구원받을 자는 구원하기로 예정되어 있고 버림받을 자는 버리기로 예정되어 있다는 쌍방예정을 신앙하고 있기 때문에 구원하기로 예정된 자는 인간의 의지로 하나님의 은혜를 거절할 수도 또는 수용할 수 없다는 입장을 고수한다.

그러므로 인류를 구원하러 오셨다는 보편 구원론적 복음주의와 예정된 사람들만 구원하려 오셨다는 개별주의적 구원론의 차이점이 크게 나타나고 있다는 점을 인식해야 한다. 그러므로 보편론적 구원론이 주장하는 교리는 성경과 배치되는 구원론이다. 그리고 보편론적 구원론은 성경의 교리를 통해 볼 때 자체 모순을 내포하고 있다. 영혼을 구원하는데 하나님의 능력 즉 성령의 능력을 강조하고 있으나 인간의 의지에 따라 능력이 부여되기도 하고 안 되기도 한다는 주장이다. 구원의 능력이 하나님으로 부터 온다고 말하면서 성령님의 사역이 인간의 의지에 의해 좌우된다는 모순을 말하고 있다. 물론 하나님께서는 우리들에게 인간의 의지를 발동시키기 위해 말씀에 순종하라는 명령의지가 성경에 많이 나타난다. 그러나 개혁파 신앙인들은 그러한 내용을 말씀 그대로 수용하되 원인과 결과를 하나님의 뜻에 의존하고 있다. 하나님의 명령과 예정에 관한 조화를 말하고 있다. 그러나 인간의 의지를 강조하는 복음주의 자들은 인간의 노력과 의지에 따라 하나님의 의지가 저하 되거나 강하게 발동하는 것으로 주장하고 있다. 이는 성령님께서는 인간의 의지까지 동원하여 하나님의 뜻에 따라 구원을 적용한다는 성경적 교리와 대치되는 주장이다.

개인에게 적용되는 구속은 인간의 자유의지에 따라 개인의 주관적 인격의 결단으로 결정되는 것이 아니다. 인간은 본래 영적으로 죽은 상태의 존재이다. 영적 새 생명으로 거듭나야 구원받은 사람이다. 거듭남 즉 중생(重生, Regeneration)은 위로부터 태어나다(is born from above or receive birth from above)라는 요한복음 3장 3절의 헬라어를 참고해 보면 구원은 하나님의 주권적 사역에 의존하고 있다는 것을 알 수 있다. 이는 수동태로 말씀하고 있으므로 중생(重生, Regeneration)은 성령님의 단독적 사역으로 이루어진다는 것을 말하고 있다. 로마 교조주의(Catholicism)의 예전주의(Ritualism)는 인간의 의지를 강조하면서 성찬의 초자연성을 주장한 나머지 화체설(Transubstantiation)로 연관시키는 잘못된 초자연성을 강조하고 있다. 그러나 개혁파 신학의 구원론에서는 구원의 초자연성을 전혀 성령님의 신비적 사역에 의존하고 있다. 성령님의 사역을 신비적 결합(Mystical Union)으로 말하고 있다. "바람이 임의로 불되 어디서 오며 어디로 가는지 모른다(요3:8)."는 말씀은 성령님의 신비적 사역을 지칭하고 있다. 결국 이 문제는 언약론(Covenant Theory)에서 볼 때 구원론을 삼위일체론으로 다루어야 한다는 말이 된다. 언약론(Covenant Theory)은 구원의 계획, 과정, 그리고 목적이 일치하게 집행됨을 강조한다. 창세전에 하나님께서는 삼위일체로 동일하게 존재하고 계셨다. 삼위일체 하나님께서는 그의 백성과 언약을 맺으셨다. 언약에 있어 3위는 경세적(Economical)으로 사역하신다. 아버지 하나님께서는 구원을 계획하시고, 아들 하나님께서는 그 계획에 따라 구속을 완성하시고, 그리고 성령 하나님께는 아들 하나님께서 완성하신 구속을 선택된 백성들에게 적용하시는 사역을 하신다. 경세적(Economical) 3위의 하나님께서는 창세전에 계획하신 사역대로 전혀 오차 없이 즉 언약대로 구속을 하나님의 백성들에게 적용하신다.

여기서 우리가 깊이 생각할 문제가 있다. 세계교회 협의회인 WCC(World Council of Church)라는 사이비 기독교 단체에 의해 촉발된 로마 카톨릭과 개신교와의 직제연합 문제가 대두되고 있는 이때 로마 교조주의(Catholicism)가 얼마나 사특한 교리를 주장하고 있는지 주의 깊게 살펴보아야 한다. 로마 카톨릭 교회는 철저하게 변질된 기독교이다. 웨스트민스터(Westminster) 신앙고백서 25장 교회론에서 로마 카톨릭 교회의 교황을 적그리스도로 명명하고 있다.[651] 기독교의 탈을 쓴 이리의 모습이다. 로마 교조주의(Catholicism)가 주장하는 교리는 아주 작은 어느 한 부분만을 비성경적으로 강조하는 정도에 그치고 있지 않다. 성경의 너무 많은 부분을 날조하고 변질시킨 사악한 악행을 자행해 왔다. 그들의 교조주의(Catholicism) 때문에 수많은 신실한 신앙인들이 죽임을 당하고, 고문당하고, 그리고 재산을 수탈당해 왔다. 바티칸에서 발행한 그들의 신조(Catechism of the Catholic Church)만 해도 800쪽에 달하며 2,865항목에 해당하는 비성경적 교리를 엮어냈다.[652] 그러므로 로마 교조주의(Catholicism)

---

651) Westminster 신앙고백 교회론 25장 6절에 "교회의 머리는 예수 그리스도 주님 한 분분이시다. 로마의 교황은 결코 교회의 머리가 될 수 없을 뿐만 아니라 그는 적그리스도요 죄의 사람이요 멸망의 자식이요 교회에서 자기를 스스로 높여 그리스도와 범사에 일컫는 하나님을 대적하는 자이다."라고 고백 되어있다.

652) Catechism of the Catholic Church, Libreria Deitrice Vaticana, (The Wanderer Press, St. Paul, Minnesota, 1994).

는 성경의 너무 많은 부분을 그들 마음대로 난도질하여 허구에 찬 이교도 사상을 주입 시켜 하나님이란 이름을 도용해 엮어놓았다.

　로마 카톨릭 교회의 출발점은 항상 인간론에서 비성경적인 요소가 등장한다. 인간의 전적 타락을 말하지 않고 "본질에 있어 선의 요소를 그대로 간직하고 있다."라고 주장하며 그저 고장 난 존재로 말하고 있다. 이러한 주장은 창조함을 받은 인간이 하나님을 거역하는 죄를 범하고 전적타락(Total Depravity)의 존재로 떨어져 버린 비참한 상태의 인간을 미화하는 우를 범하는 일이다. 이는 타락 이전의 원의(原義 Original Righteousness)와 타락 이후의 전적타락(Total Depravity)의 개념을 혼동시키고 있다. 로마 교조주의(Catholicism)에서는 범죄의 인간은 약간의 형질 변화만을 가져온 것이라고 주장한다. 성경은 "창조된 상태의 인간은 자력으로 하나님께 영광을 돌릴 수 있는 자질을 갖추고 있었다. 그러나 범죄의 가능성을 가지고 있었다."라고 말씀하고 있다. 이러한 가르침에 대항하여 로마 교조주의(Catholicism)는 인간이 창조함을 받았을 때 이미 악의 씨앗이 인간의 심령 속에 존재하고 있었다는 주장을 하고 있다.

　그렇다면 우리가 로마 카톨릭의 입장에서 그들의 교리를 통하여 불신자에게 어떻게 전도할 것인가? 에 대하여 생각하지 아니할 수가 없다. 로마 카톨릭의 입장에서 불신자를 어떻게 보아야 하는가? "로마 교조주의(Catholicism)는 인간의 의지와 이성이 손상되지 않은 상태로 존재한다고 주장한다. 이는 불신자라 할지라도 자신의 의지와 이성이 하나님을 대항하지 않은 완전한 상태로 존재한다는 의미이다. 즉 자연인이 그의 인식은 물론 행동을 옮기는 일에 있어 죄악에 물들지 않고 자신의 의지로 선을 행할 수 있는 능력이 있다고 보는 것이다. 그렇다면 인간에게는 외부로부터 주어지는 전폭적인 하나님의 은혜가 필요하지 않고 스스로 구원을 이루어 갈 수 있다는 말이 된다. 하나님의 은혜가 필요하지 않기 때문에 자신과 세계를 바로 이해할 수 있으며 자력으로 하나님께 영광을 돌릴 수 있다는 말이 된다. 이는 성경의 계시를 통해 인간의 사악한 본성을 비추어 볼 필요도 없으며 성령님의 사역을 통한 심령의 거듭남을 인간의 의지에 의해 거절할 수 있다는 말이 된다. 이 말은 자연인에게 예수 그리스도를 전파할 경우 구원에 관한 지식은 한갓 부가적 은혜로 끝나게 되고 만다는 주장이다. 그리스도의 구속 사역은 부가적 지식으로 제시될 수밖에 없다. 이러한 부질없는 생각은 "인간이 본질적 의가 완전히 상실되지 않는 상태에 놓여 있는데 단순하게 거기에 하나님의 형상이 부가적으로 더해지는 것이다."[653] 라고 말할 수밖에 없다.

찰스 하지(Charles Hodge)는 인간의 심령에 대하여 성경이 말씀하고 있는 내용을 다음과 같이 정의하고 있다. "인간이 생각하고, 느끼고, 결단하고, 그리고 행동하는 것이 인간의 마음으로부터 시작된다. 그러므로 인간의 마음이 자아이며 영혼이다. 그것은 전인격의 변화를 내포하고 있다. 그러므로 새로운 심령은 새로운 자아이다. 그 심령은 새로운 사람이다. 마음으로부터 모든 의식, 자발적인 의지, 그리고 도덕률의 실천이 진행된다. 그러므로 마음의 변화는 인간의 성품을 결정하게 하고 실행하게 한다. 우리가 중생(Regeneration)을 논함에 있어 성경은 '영원한 생명은 지식을 일으키지만 죄악에 치우친 마음은 눈먼 장님이며 어두움에 처한 존재다.' 라고 말씀하고 있다. 죄악의 상태로부터 거룩한 상태로 이전된다는 것은 어두움으로부터 빛으로 이전된다는 말이다. 그 인간은 새로운 지식으로 들어오게 되는데 그 지식은 중생(Regeneration)의 영향 아래로 들어오게 된다. 중생(Regeneration)은 회심을 동반하여 예수 그리스도의 계시에 의한 영향 아래 들어오게 된다. 그러므로 불신자들은 하나님의 아들, 구원의 주, 그리고 예수 그리스도를 거절함으로 이 세상의 잡신들에 홀려 눈이 멀어져 가고 있다.[654] 복음주의적 교리에 의하면 전 인격적 심령은 중생(Regeneration)의 지배를 받게 된다. 그것은 감정을 떠나 지적요소만을 의미하는 것이 아니고 지적요소를 떠나 감정적 요소만을 의미하는 것도 아니다. 감정적 요소나 지적요소보다 더 넓은 범위를 포함하고 있다. 그것은 변화된 전인적 개념을 말한다. 중생(Regeneration)이란 올바른 지식만큼 올바른 감정을 포함한 인격체를 말하며 단편적으로 올바른 지식의 영향 아래 있는 것만도 아니며 올바른 감정의 영향 아래 있는 것만도 아니다. 의지와의 관계도 마찬가지이다. 전 영혼의 중생

---

653) Cornelius Van Til, The Defence of the Faith, Presbyterian and Reformed Publishing Co, New Jersey, 1980, p.72-73.
654) Charles Hodge, Systematic Theology, Vol II, p.35.

(Regeneration)에 영향을 끼치는 인격은 서로가 분리할 수 없는 관계를 형성하고 있다."[655] 라고 강조했다.

그렇다면 우리가 로마 교조주의(Catholicism)나 인간이성을 강조하는 복음주의 신학을 기독교 변증학적 입장에서 어떻게 평가할 것인가? 이 문제는 그들이 주장하는 지식이 불신자들과 접촉점을 형성할 수 있느냐? 의 문제로 귀착된다. 우선 결론부터 말하자면 그들은 아주 비성경적인 주장을 펼치고 있기 때문에 단호하게 불신자들과 공통분포(Common Ground)를 형성하고 있다고 말해야 한다. 그들은 하나님을 전제하지 않고도 인간의 지식을 통해 자신과 이 세상의 모든 사물을 이해할 수 있다고 주장하는 사람들의 견해에 동의하고 있다. 그러면서도 그들은 이 세상 사람들을 그리스도에게 인도할 수 있는 길을 모색하고 있다고 말한다. 이것이 바로 개혁파 신학이 주장하는 변증 신학과의 차이점이다. 개혁파 신학에서는 "오직 자기 자신을 이해하고 만물을 이해하는 인식작용은 오직 하나님께서 인식하게 하시는 인식작용에 의해서만 가능하다."고 주장한다. 개혁파 신학은 논리적으로 또한 심리적으로 볼 때 인간의 자아 속에서 인식되는 하나님에 관한 인식작용이 인간 스스로의 인식 작용보다 앞선다고 주장한다. 이 말은 궁극적 인식작용이 어디로 귀결 되느냐를 의미하고 있다. 자신과 만물을 올바로 해석하는 궁극적 인식작용은 완전한 존재론적 3위1체(Ontological Trinity) 안에서만 가능하다는 말이다. 삼위일체 하나님께서는 창세전에 예정하신 그 뜻대로 만물을 관장하시며 섭리하시고 계시는 사역을 인간의 심령 속에 적용하는 사역까지 담당하고 계신다. 그러므로 인간의 의식작용이 본질상 하나님으로부터 출발해야 하나님과 만물에 관한 올바른 해석을 내릴 수 있게 된다. 자신과 만물에 관한 올바른 해석은 궁극적으로 하나님에 관한 인식으로부터 시작된다는 뜻이다.[656]

이제 사악하고 비 성경적인 로마 교조주의Catholicism)가 역사적으로 단 하나밖에 없는 생명을 분토처럼 버리며 교회 역사를 통해 형성된 신앙고백을 지켜

---

655) Ibid, p.36.

656) Cornelius Van Til, The Defence of the Faith, Presbyterian and Reformed Publishing Co, New Jersey, 1980. p.77.

제 5 장 전제주의와 기독교 변증학 843

온 순교자들의 피 값을 말살시키기 위해 조작해낸 그들의 악의적인 음모들을 지적해 보자.

1) 칭의의 교리를 선행주의로 바꾸고 있다.

"오직 의인은 믿음으로 살리라(롬1:16-17, 롬3:28, 갈3:26, 엡2:8-9, 딛3:5)"는 성경의 가르침을 정면으로 거역하고 있다. 이러한 로마 교조주의(Catholicism)의 주장은 언약 관계에서 주어진 도덕률의 실천을 강조하는 종교개혁의 이념하고 다른 개념이다. 로마 교조주의(Catholicism)가 강조하는 공로주의는 성례(Sacraments)를 포함하여 로마교회가 명하는 선행을 실천할 것을 강조하고 있다. 즉 교회가 정하는 성례(Sacraments)와 그에 따른 공의회의 교령(教令)을 통해 구원을 얻을 수 있다고 주장한다. 그들이 정한 성례는 7가지 의식인데 이 성례에 참여하는 자가 구원을 성취해가는 자로 간주하고 있다.[657] 그러므로 로마 교조주의(Catholicism)가 강조하는 선행은 공로주의에 집착되어 있다. 선행 자체로 구원에 동참하는 개념이 아니고 선행을 통한 공로(功勞)를 쌓음으로 구원을 성취해 간다는 주장이다. 그들이 주장하는 이유가 있다. 성도가 **구원의 확신을** 말하는 것은 자만의 죄를 범하는 것이라고 규정하고 있기 때문이다.[658] 이는 성도들에게 지속적인 행위를 강요함으로 금품을 수탈하려는 의도가 숨어 있다는 것을 알 수 있다. 그렇기 때문에 그들의 사악한 음모는 죄의 경중(Degree)에 따라 죄 사함의 경중(Degree)이 결정된다고 주장한 데서 그 실체가 드러나고 있다. 그러므로 죄의 평가도 경중(Degree)에 따라 결정되어야 한다고 주장한다. 즉 영원히 죽을 수 있는 죄가 있고 작은 죄 즉 용서받을 수 있는 죄가 있다는 허황된 주장을 하고 있다.[659] 그러므로 그들은 주기도문을 통해 기도할 때도 우리들의 죄가

---

657) 로마교 교회헌장 제14항 제 1편에 구원에 관한 선행을 강조하고 있으며, Council of Trent, DS 1604 제 2편 #11291에 성례가 구원의 필수 조건이라고 말하고 있으며, Council of Trent, DS 1604, #1113에 7가지 성례인 세례(Baptism), 견신례(Confirmation), 성체성사인 성찬(Eucharist), 고해성사(Penance), 병자성사(Anointing of the Sick), 신품성사(Holy Orders), 혼인성사(Matrimony) 들을 주장하고 있다.

658) Council of Trent, DS 1604, 제 3편 #2092

659) Council of Trent, DS 1604, 제3편 #1861, #1862, #1014, #1033, #1035, #1037.

아닌 "우리들의 큰 죄를 사하여 주시옵소서." 라는 부분에 강조점을 두고 있다.

이러한 공로주의(功勞主義)는 교회를 통해서 구원을 받을 수 있다는 칙령이다. 교회 구원론은 보편적 보조수단인 그들의 교회 즉 그리스도의 보편적 교회인 카톨릭 교회를 통해 구원의 모든 충족에 도달할 수 있다고 주장한다.[660] 여기서 그들은 세례와 성찬에 대한 비성경적인 주장을 교묘하고도 미혹하는 말로 성도들을 꾀어 사제(Sacerdocy)의 권위를 내 세우고 있다. 사제(Sacerdocy)들이 행하는 성례(Sacraments)는 구원에 절대 필요한 요소라고 주장한다. 즉 세례는 죄에서 해방되는 절대 요소라는 주장이다.[661] 성령님의 사역에 의해 구원이 이루어진다는 성경 말씀의 교리를 교묘하게 피하기 위해 그들은 성찬을 명명하기를 성체성사(Eucharist)라고 주장하는데 그 이유는 이 성사를 통해 실제로 죄악으로부터 성도를 보호해 준다고 가르치고 있다. 여기에는 성도들을 위험하고도 무서운 함정에 빠지게 하는 음모가 들어있는데 그것이 바로 화체설(Transubstantiation)이다. 즉 "성찬은 성도를 그리스도와 실제로 결합시킬 뿐만 아니라 죄인의 실제적 죄를 정화하고 또 죄를 범하지 않도록 해준다."는 교리를 가르치고 있다. 성령님으로 말미암아 구원받은 성도가 성례에 참여함으로 그 성례는 은혜의 수단(Means of Grace)이라고 가르치는 성경의 말씀을 가소롭게 여기는 작태이다(요1:12, 고전1:17, 행16:30-33, 18:8, 12-13, 엡1:13). 은혜의 수단(Means of Grace)이라는 의미에서 성찬은 칼빈의 주장에 의하면 성령님의 임재설을 말함이 성경적이 될 것이다. 그 이유는 떡과 포도주가 "로마 카톨릭이 말 한 대로 예수님의 피와 살이 실체로 변한다." 라고 주장할 때 그것은 불가능한 실체변화(Transubstantiation)이기 때문이다(요6:49-58, 고전11:23-29). 더욱더 가소로운 것은 성체성사(Eucharist)가 죽은 자들에게도 도움이 된다고 가르치는 곳에 있다. 그리스도인들이 죽을 때 완전히 성화 되지 못하고 죽은 성도들을 위해 살아있는 자가 그리스도의 빛과 평화를 위해 성체성사(Eucharist)를 행해야 한

---

660) 제2 바티칸 공의회 일치 교령 3항 제1편 #816, 교회 헌장 14항 제1편 #846, 48항 제1편 #824, 선교 교령 6항 제1편 #830.

661) Council of Trent, DS 1604, 제2편 #1257, 제2편 #1212-1213, #1263.

다고 가르친다.[662] 이러한 허무맹랑하고, 허황 되고, 미혹하는 말로 성도들을 유혹하여 영적 혼돈의 이리떼 속으로 몰아넣고 있는 그들의 사악함을 우리는 성경을 통해 분명하게 규명해 교리적으로 확고부동한 자세를 취해야 한다. 성경은 분명하게 말씀하고 있다. 각 사람은 자신의 죄를 각자 자신이 진술할 것이며(롬 14:12), 사람이 한번 죽은 후에는 심판만이 존재한다(히9:27)고 말씀하고 있으며, 그리고 그리스도를 믿지 않으면 믿지 않은 그 사람이 진노를 받을 것을 말씀하고 있다(요3:36).

2) 성경의 권위 위에 존재하는 교황

로마 교조주의(Catholicism)는 성경을 해석하는 교회의 궁극적 권위를 성경 자체에 의존하지 않고 베드로의 후계자인 주교들에게 주어졌다고 강조하고 있다. 1994년 출판 카톨릭 교회 교리 문답서에 "기록된 하나님의 말씀이나 전해지는 하나님의 말씀에 대한 유전적 해석의 임무는 예수 그리스도의 이름으로 권위를 행사하는 살아있는 교회의 교도권에만 맡겨져 있다.[663]고 기록되어 있다. 즉 로마 카톨릭 교회 초대 교황인 베드로의 후계자와 일치선상에 있는 주교들에게 맡겨져 있다."[664] 라고 선언하고 있다. 또한 로마 교조주의(Catholicism)가 강조하는 성경해석의 임무는 오직 교황과 주교들에게만 주어져 있다고 주장하고 있다.[665] 로마 교조주의(Catholicism)는 교황의 오류가 없다고 주장한다. 그들은 "그리스도가 교회에서 신앙의 순수성을 지키기 위해 교회가 무오류성에 참여하도록 원하셨다. 그러므로 신앙에 대한 감성으로 **하느님**의 백성은 교회의 살아있는 교도권의 지도를 받아 탈선함이 없이 신앙을 지킨다."[666] 라는 유혹의 말을 하고 있다. 이어서 "그러므로 교황은 직무상 무오류성을 향유한다. 이러한 무오

---

662) Council of Trent, DS 1604, 제2편 #1371, #1689.

663) 계시 헌장 10항.

664) Council of Trent, DS 1604, 제1편 #85.

665) Council of Trent, DS 1604, 제1편 #100.

666) 교회 헌장 12항, 계시 헌장 10항, Council of Trent, DS 1604, 제1편 #889.

류성은 **하느님** 계시 유산의 범위와 동등하게 그리고 광범위하게 미친다."667) 라는 성경에서 전혀 근거를 찾을 수 없는 말을 하고 있다. 더욱더 사특한 주장을 하는 것은 성경의 정경인 신약 27권과 구약 39권 외에 토빗기, 유딧기, 마카베오기 상하권, 지혜서, 집회서, 그리고 바룩서 등을 정경과 동등하게 취급하고 있다.

로마 카톨릭 교회는 교황의 권위를 높이기 위해 교묘하게 교회의 권위를 도용하는 죄를 범하고 있다. 카톨릭 교회는 교회가 죄를 용서한다고 가르치고 있다. 여기서 말하고 있는 교회의 대표는 그들의 교조주의(Catholicism)가 주장하고 있는 주교와 사제(Sacerdocy)를 지칭하고 있다.668) 또한 교황의 권위를 높이는 방법으로 베드로를 초대 교황으로 삼고 있다. 교황은 베드로의 승계 직이라고 주장한다.669) 그렇기 때문에 카톨릭 교회는 자기들의 교회만 단 하나의 참된 교회(The one true Church)라고 주장한다.670) 그들은 교황을 그리스도의 대표자로 간주하고 있다. 이는 전 세계에 산재해 있는 모든 우주적 교회의 주권을 행사하는 자가 바로 교황이라는 주장이다.671)

성경은 분명히 하나님 한 분 외에는 인간의 죄를 사할 수 있는 자가 없다고 가르치고 있다(막2:7, 엡4:23, 골3:13, 히4:16, 대하6:21, 7:14, 시25:18, 32:5, 51:2-4, 86:5, 103:2-3). 더구나 성경이 말씀하고 있는 교회의 머리는 그리스도이지 카톨릭 교회의 교황이 아니다. 하나님의 교회라는 의미를 단수로 볼 때 각처에서 하나님의 이름을 부르며 구원받은 자를 두고 하는 말이다(엡4:15, 5:2, 5:25, 고전1:2). 교회의 머리 되신 그리스도께서는 세계 각처에 흩어져 지체된 성도들을 다스리고 계신다(골1:18, 엡1:22, 4:15). 오직 삼위일체 하나님이신 그리스도만 우주적 교회의 머리되심을 밝히 말씀하고 있다(마23:9, 요4:26, 14:16, 16:13, 고전2:1, 고전2:12-13, 행10:25-26, 엡1:20-23, 빌2:6-7, 13).

---

667) 교회 헌장 25항, Council of Trent, DS 1604, 제1편 #891.

668) Council of Trent, DS 1604, 제1편 #9821, #896, 제2편 #1448, #1461.

669) Council of Trent, DS 1604, 제1편 #816,

670) Council of Trent, DS 1604, 제1편 #811, #817, 830.

671) 교회 헌장 22항, 주교 교령 2:9항, Council of Trent, DS 1604, 제1편 #882, #891, #937.

모든 종교는 경전을 중요하게 생각하고 그 결정에 따라 모든 교리와 신앙생활 양식이 정해진다. 특별히 기독교는 계시종교이기 때문에 성경에 대한 절대적 신앙을 소유하지 아니하면 기독교가 파괴되고 만다. 성경의 권위 위에 교황의 권위를 두는 것은 기독교를 말살하는 공작이다. 하나님의 말씀은 처음부터 참되며, 의로운 명령들이 영원히 지속되고, 보존되고, 또 그렇게 되어야 하며(시119:160), 아버지의 말씀은 진리이며(요일17:17), 성경 말씀을 가감하면 재앙을 더하며 생명책에서 제할 것이며(계22:18-19), 천사라도 이 복음 외에 다른 것을 전하면 저주를 받을 것이며(갈1:9), 하나님 말씀은 순수함으로 말씀 외에 더하지 말 것이며(잠30:5-6), 성경을 절대 사적으로 해석할 수 없는 것은 거룩한 성령님의 감동으로 기록된 것이기 때문이며(벧후1:21), 성경은 구원에 이르도록 하는 지혜가 있으며(딤후3:15), 성경을 모르면 인간의 전통을 따르게 되기 때문에(마15:3, 22:29, 골2:8), 하나님을 사랑하는 자는 하나님의 말씀을 지켜야 할 것을 성경이 요구하고 있다(요14:23-24).

성경해석은 성경을 통해 해석되어 져야할 것을 교회 역사가 고백적으로 증명하고 있다(롬15:4, 사34:16).[672] 성경 위에 사악한 인간의 권위를 올려놓고 정경으로 정해진 하나님의 말씀을 교황이 마음대로 가감하는 행위는 하나님으로부터 계시된 성경을 가감하는 불경죄를 범하는 일이다(마5:17-20, 계22:7, 10-13). 로마 카톨릭은 사악하고 교활한 인간의 죄성을 거룩으로 둔갑시켜 순진한 성도들을 유혹하여 금품을 탈취하는 교황 밑에 성경의 권위를 붙들어 매어 놓고 있다. 성경은 말씀하고 있다. 모든 사람이 죄를 범하여 하나님의 영광에 이르지 못하며(롬3:23), 이 세상에는 의인이 한 사람도 없으며(롬3:10), 베드로는 자신의 죄를 고백하며 주님을 향해 "나를 떠나소서(눅5:8)."라고 말했으며, 오직 하나님만 완전한 분이라고 성경은 말씀하고 있다(요4:24, 시50:1-2, 90:2, 약1:7, 출3:14, 욥11:7-9, 시147:5, 계15:4).

3) 성례(Sacraments)의 문제

---

672) Westminster 신앙고백서 제1장 9절.

로마 교조주의(Catholicism)는 어린아이의 구원은 오직 유아 세례만 받으면 구원이 성립된다고 가르치고 있다.[673] 이는 구원의 근원이 되는 구속 언약과 은혜 언약을 배제한 사특한 교리이다. 결국 예정론을 반대하는 가르침이다. 성찬에 있어 로마 교조주의(Catholicism)가 주장하는 화체설(Transubstantiation)은 떡과 포도주가 죄인의 몸에 들어가면 실제로 예수님의 몸과 피로 변한다는 성경에 근거 없는 교리를 가르치고 있다.[674] 이러한 주장을 확대해 카톨릭 교회에서는 미사를 행할 때마다 십자가에서 피 흘려 행하신 그리스도의 사역이 현실화되고 있다고 주장한다.[675] 이는 단 한 번으로 드려진 예수 그리스도의 제사를(히 10:11-14) 완성된 제사로 수납하지 않고 있다는 증거이다. 아직도 매년 드려진 구약의 제사를 신약시대의 교회에서 행하고 있다는 말이다. 그러므로 예수님의 희생 제사와 미사를 동일하게 간주하고 있다는 말이 성립된다.[676]

연이어 그들이 아주 사악하고 가증한 교리를 가르치고 있는 것들이 있는데 성인들에게 기도할 것(Praying to Saints), 사제에게 고해성사 할 것(Confessing sins to Priest), 그리고 면제부(Indulgences)에 관한 것들이다. 하나님에게 직접 기도하는 것보다 성인들에게 기도할 것을 강조하고 있다. 성인들은 하늘나라에서 중보(Intercession) 역할을 담당하고 있기 때문에 성인들에게 기도해야 한다고 가르친다.[677] 로마 교조주의(Catholicism)의 기도는 사제(Sacerdocy)에게 죄를 고백하는 고해성사(Confessing sins to Priest)를 강요하고 있다. 그 고백은 세례 받은 후 죄를 범할 경우 그 죄를 사제(Sacerdocy)에게 고백하라고 강요하는데 참회할 때 사제(Sacerdocy)가 고해성사를 통해 그 죄를 사해 준다고 가르친다.[678] 우리가 분노할 수밖에 없는 것은 로마 교조주의(Catholicism)는 면제부를 통해 살아있는 자가 구원받는 것은 물론 연옥에 있는 자들까지도 죄를 용

---

673) Council of Trent, DS 1604, 제2편 #250, #2352.

674) Council of Trent, DS 1604, 제2편 #1376, #1331, #1377

675) Council of Trent, DS 1604, 제2편 #1364-1367,

676) Council of Trent, DS 1604, 제2편 #1367.

677) Council of Trent, DS 1604, 제1편 #828, 제4편 #2638, 교회 헌장 40:48-51.

678) Council of Trent, DS 1604, 제2편 #1493, #1456, #1424, #1495, DS 1542, 제2편 1446, 교회 헌법 제989조, DS 1683, 1708조 제2편 #1457.

서받을 수 있다는 망측한 교리를 강요하고 있기[679] 때문이다.

성경이 가르치는 유아 세례는 구원을 받기 위해 행하는 예식이 아니며 또는 자아 인식에 따라 구원받은 신앙고백에 의해 실행하는 예식이 아니다. 오직 성경에서 가르치는 언약에 따라 세례를 베푸는 예식이다. 구약의 할례는 신약의 세례와 관계를 가지고 있다. 아브라함의 집안에 속한 남자아이들은 종의 아들이라도 모두 할례를 받았고 모세가 이스라엘 백성을 이끌고 애굽을 탈출할 때도 어느 가족에 속했느냐에 상관없이 탈출한 무리에 속한 남자아이들은 모두 할례를 받았다. 그러므로 "하나님은 우리의 아버지요 우리는 그의 가족, 즉 백성이라"는 언약에 의해 세례가 집행되어야 한다. 어린아이가 세례를 받기만 하면 구원 얻을 수 있다는 주장은 전혀 언약론과 배치된다(창17:2-14, 행8:12, 18:8).

성경이 말씀하는 성찬에 대하여 우리는 떡과 포도주를 올바로 해석하기 위해서는 성경의 정확한 의미를 깊이 있게 고려해야 한다. 사실 보고 느끼는데 대한 기준은 애매하고 불완전한 것인데도 인간은 거기에 기준을 두고 판단하려는 어리석은 짓을 행하고 있다. **떡과 포도주를** 예수님께서 상징적 의미로 **살과 피로** 말씀하고 있기 때문에(요6:33-35, 6:53-54) 그 물질들이 우리의 몸속으로 들어가 실체화(Transubstantial) 되어 예수님의 살과 피로 전환되는 것인가? 그것이 아니다. "아들을 보고 영생을 얻는다."는 말씀에 의지하여 믿음(요6:40)으로 구원받은 자가 하나님 자녀의 자격으로 성찬을 받아야 함을 의미한다. 예수님께서 "받아먹으라."고 하신 말씀은 떡과 포도주를 예수님의 살과 피를 상징하여 받아먹는다는 의미이며 "주님을 기억하여 이를 행하라(고전 11:23-25)."고 하신 부탁(주님을 기억하고 성찬을 행함)에 기초를 두고 성찬을 실행한다. 이를 행하는 데는 믿음이 있어야 떡과 포도주를 예수님의 살과 피의 형태로 받을 수 있다.

개신교에서 가르치고 있는 만인 제사직은 "모든 믿는 자는 스스로의 죄를 하나님 앞에 직접 가지고 나아가 회개함으로 용서받을 수 있다."는 교리이다. 이 땅위에서 어떤 사람도 각자의 죄를 대신하여 중보자 역할을 하거나, 사해 주는 권

---

679) Council of Trent, DS 1604, 제2편 #172, #1498, #1471, #1479.

리를 가지거나, 그리고 대신 고해성사를 할 수 있는 사람은 아무도 없다. 그 이유는 간단하다. 성경은 모든 사람이 죄를 범했으며 믿는 자 모두는 죄 사함은 받은 자들이며 다른 사람의 죄를 사할 수 있는 권리나 능력이 없다고 말씀하고 있기 때문이다(롬1:7, 고전1:1-3, 엡3:8, 유1:14, 행9:13, 롬8:12, 고후1:10, 고전6:1). 성도들은 교회 안에서 오직 직분에 관한 기능(Function)의 차이가 있을 뿐이며 죄를 사해 줄 수 있는 사람은 아무도 없다(엡4:11). 그리고 성경은 분명히 우리의 죄를 오직 하나님께만 고백하고 사함을 받도록 명시하고 있다(시32:5, 51:2-3, 130:1-4, 막2:7, 행8:18-22, 딤전2:5, 요일1:9, 히10:19).

카톨릭 교회에서 면죄부(Indulgences)를 악용하여 헌금을 수탈하고 재산을 탈취할 뿐만 아니라 그들에게 복종하지 아니할 경우 범죄를 조작하여 순진한 성도들을 무참하게 고문하고 죽이는 일을 감행하였다. 거룩한 하나님의 이름으로 일류 역사에 씻을 수 없는 추악한 폭력의 자취를 교회에 남겨 놓았다. 돈을 주고 영혼을 살 수 있다고 가르치는 사악한 행위를 서슴없이 행한 것이다. 감히 인간이 하나님을 대신하여 죄를 사해 준다는 엄청난 불경죄를 범하고 있었다. 성경은 단호하게 말씀하고 있다. 오직 예수 그리스도만 인간의 죄를 대신 사해 주시는 완전한 하나님이시며 완전한 인간이심을 말씀하고 있다(빌2:6-7). 예수 그리스도만 인간의 죄를 대신 지시고 아버지 하나님에게 스스로 제물이 되어 제사를 드린 것이다. 각자 개인이 자신의 죄를 가지고 하나님에게 나아갈 때 오직 예수님만 우리의 죄를 감당하신 대제사장이 되신 것을 믿음으로 받으면 죄 사함을 얻게 된다. 그러므로 어떤 사람이라 할지라도 타인을 위한 면제부(Indulgence)를 발행할 수가 없다(롬6:23, 10:9, 고전15:3, 엡2:8-10, 딛3:5-6, 약1:15, 히5:7-10, 8:1-4, 10:10).

4) 마리아에 대한 로마 교조주의(Catholicism)의 문제점

극히 사악하고 파렴치한 교리를 가르치는 로마 교조주의(Catholicism) 가운데 하나가 마리아 숭배 사상이다. 그 가운데 교활한 3가지 교리가 있는데 그것은 마리아 중보설, 마리아 처녀설, 마리아 여왕설이다. 이러한 허무맹랑하고, 허황

되고, 그리고 호리는 말로 순진한 성도들을 속여 우리와 똑같은 성정을 가진 마리아를 섬기도록 강요하고 있다. 마리아 상을 만들어 거기에 절하며 섬기도록 하는 우상의 처소를 마련해 놓고 있다. 그들이 만들어 놓은 교회의 장식은 우상의 원초가 되어 버렸다. 그들은 제2계명을 삭제하고 제10계명을 둘로 만들어 버렸다. 성경의 아주 중요한 부분인 10계명을 조작하고 변질시켜 하나님의 말씀을 허무는 죄를 범하고 있다. "계명 중에 지극히 작은 것 하나라도 버리고 가르치는 일(마5:19)을" 금하는 죄를 범하고 있다.

(1) 마리아 중보설(中保說)

십계명까지 변질시킬 수밖에 없는 이유는 바로 마리아 숭배설 때문이다. 마리아상을 만들어 섬기도록 강요하는 배경에는 마리아 중보론(Theory of Mediator)이라는 악마적인 교리가 도사리고 있기 때문이다. 로마 교조주의(Catholicism)는 예수님 외에 또 다른 구원자 마리아가 있다고 주장한다. 예수님의 어머니 마리아는 인류를 구원 하는데 있어 중보자(Intercessor)로서 하늘에 올라간 후에도 우리의 영원한 구원을 위해 은혜를 더하여 주는 일을 한다고 가르친다.[680] 연이어 주장하기를 예수님 외에 또 다른 중보자가 있는데 그가 바로 마리아다. 그들이 마리아를 동정녀로 믿는 이유는 마리아가 변호자, 보조자, 협조자, 그리고 중재자로 생각하고 있기 때문이다.[681] 이러한 중보설로 인하여 하나님 외에 또 다른 기도 응답자 마리아가 있다고 가르친다. 그러므로 기도의 중보자인 마리아에게 기도할 것을 가르치고 있는데 "우리는 마리아에게 우리를 위해 기도해 주시기를 요청함으로 우리가 불쌍한 죄인임을 깨달으며 또한 지극히 거룩한 분, 자비의 어머니에게 호소한다... 마리아는 우리가 죽을 때도 함께 계셔 주실 것이며 우리가 저 세상으로 건너가는 시간에 우리의 어머니로서 우리를 맞아들여 천국에 계신 아드님 예수님에게 우리를 인도해 주시기를 비는 바이다."[682] 라는 사특한 내용으로 기도할 것을 강조한다.

---

680) Council of Trent, DS 1604, 제1편 #968 #969 #964.

681) 교회헌장, 62항, Council of Trent, DS 1604, 제1편 #969.

682) Council of Trent, DS 1604, 제1편 #971 제4편 #2677.

(2) 마리아 처녀설

또 다른 사악한 교리를 가르치고 있는데 그것은 마리아 처녀설이다. 마리아는 평생 처녀로 지냈다고 주장한다.[683] 처녀설을 강조하기 위해 그들은 교활하게 성경을 변질시켜 말하기를 마리아는 태어나는 순간부터 구원을 받은 사람이며 그녀는 평생 죄를 짓지 아니했다고 가르치고 있다.[684] 이 교리는 마리아를 중보자로 조작하는데 뒷받침을 하기 위한 가증하고도 사특한 짜깁기를 하여 꿰어 맞춘 이론이다. 로마 카톨릭 교회는 주장하기를 처녀는 마리아가 가지고 있는 거룩함의 근원이라고 가르치고 있다.

(3) 마리아 여왕설

다음으로 마리아 여왕설이다. 이 망측한 교리는 마리아를 **천지의 여왕**으로 지칭하여 만왕의 왕 주 예수님을 망령되게 일컬어 하나님의 영광을 욕되게 하고 있다. 그들의 망측한 교리는 "동정녀가 지상 생활을 마친 후에 영혼과 육신이 천상의 영광으로 나아가는 부르심을 받아 주님으로부터 천지의 여왕(Queen over all things)으로 추대를 받았다."[685] 라고 가르치고 있다.

이 땅 위의 많은 이교도 사상이 있으나 장기적인 역사를 가지고 수많은 사람들의 생명을 빼앗고 서민들의 귀한 재산을 착취한 아주 극악한 이교도 단체가 바로 로마 카톨릭이다. 성경은 분명하게 명시하고 있는데도 사람들의 영적 귀와 눈을 멀게 하고 사악한 교리로 미혹하고 있는 로마 교조주의(Catholicism) 가운데 하나가 마리아의 여왕설이다. 그 여왕설은 중보론으로 연결되고 그 중보론은 마리아 숭배설로 연결되고 그 숭배설은 마리아 상을 만들어 우상을 섬기도록 강요하고 있다. 마리아 여왕설은 2중 중보론을 조작하는 기반을 만들었다. 성경은 말씀하고 있다. 예수님 외에 어떤 사람도 중보자는 없으며 무죄한 자는 없다고 강

---

683) Council of Trent, DS 1604, 제1편 #510 #499 교회 헌장 52항.

684) Council of Trent, DS 1604, 제1편 #491 #494 #508 #722 전례 헌장 103.

685) Council of Trent, DS 1604, 제1편 #966.

조하고 있다(롬3:10-12, 3:23, 갈3:22). 성경은 분명히 말씀하고 있다. 마리아도 인간이라고 말씀하고 있다. 또 마리아 자신이 구세주를 필요로 하고 있음을 깨닫고 있었다(눅1:46-47, 마12:48-50, 눅11:27-28, 요2:1-5).

또한 성경이 말씀하는 마리아는 분명히 야고보와 요한과 그 외의 형제들을 낳아 키웠다(마13:55, 막6:3, 갈1:19, 마28:1). 성경 말씀은 마리아의 거룩성을 전면 부정하고 있다. 마리아 역시 인간이기 때문에 우리의 기도를 들어주는 중보자가 아니다(눅1:48, 계15:4, 레11:44, 시99:3-9, 사6:3, 43:15, 48:11, 벧전1:15-16). 또한 성경이 말씀하는 중보자는 오직 한 분이신데 우리의 유일한 변호자이신 예수님 뿐이시다(롬8:27-34, 엡2:18, 3:11-12, 고전2:2, 요일2:1, 히13:6, 딤전2:5, 히7:25, 9:15, 9:24). 로마 교조주의(Catholicism)가 주장한 대로 말하면 성경이 말씀하는 중보자 이외에 또 다른 중보자가 존재한다는 말이다.

마리아 여왕설은 예수님에게 기도하는 기도의 대상을 마리아에게로 돌리는 사악한 교리이다. 마리아 여왕설은 중보론으로 연결되며 이러한 여왕설은 사실상 이방 민족이 여성 신을 섬기는 이교도 사상(렘44:17)을 교회에 끌고 들어온 것이다. 만왕의 왕은 삼위일체 하나님 한 분 뿐이시다. 그분만이 높임을 받아야 할 것을 성경은 말씀하고 있다(시18:46, 21:13, 29:11, 46:10, 47:9, 57:5, 사33:5, 빌2:9-10, 벧전4:11, 계5:12).

지금까지 로마 교조주의(Catholicism)에 대한 교리적 문제점을 중요한 부분만 파헤쳐 보았다. 그 외에 수많은 이교도 사상이 들어와 있는데 거기에는 동방의 이교도 사상과 헬라의 이교도 사상이 상상외로 깊이 파고 들어온 것을 볼 수 있다. 그러나 로마 교조주의(Catholicism)의 결정적인 신학적 문제는 중세의 스콜라주의(Scholasticism)를 뿌리 깊게 안착시키고 있다는 데 그 원인이 있다. 극단적 합리주의는 그 반동으로 신비적 요소를 끌고 들어오게 되어있다. 로마 교조주의(Catholicism)의 합리주의가 신비주의와 공존할 수 있었던 것은 바로 그 반동적 요소를 다 같이 받아들이고 있었기 때문이다. 이는 성경에 의한 신앙고백의 기준을 떠난 신학을 추구하고 있었기 때문이다.

2. 인간의 의지를 내세우는 복음주의

복음주의는 여러 갈래의 신학적 입장을 표출하는 분야로 나누어져 있다. 로마 교조주의(Catholicism)는 개혁파 신학과 너무나 큰 차이가 드러나기 때문에 인간의 의지를 주장하는 복음주의와는 다른 차원에서 다루어야 한다. 고대 신조와 종교개혁 신조의 입장에서 로마 교조주의(Catholicism)를 비추어 볼 때 전혀 이교도적이라고 말할 수밖에 없다. 개혁파 신학과 공통분포가 거의 없다는 말이다. 그러나 종교개혁 이후 여러 복음주의 신학을 살펴보면 부분적으로는 개혁파 신학과 공통분포를 형성하고 있다는 것을 알 수 있다. 그러나 인간의 의지에 기초를 두고 있는 회색주의적 복음주의는 구원론과 기독론에 있어서는 개혁파 신학과 공통분포를 형성하고 있을지라도 그리스도의 사역과 우리에게 적용되는 구원의 근원이 예정론에 기초하고 있는가? 하는 부분에 들어가면 근본적인 차이를 발견하게 된다. 인간의 의지를 주장하는 복음주의자들은 복음이 적용되는 시공간 세계의 사건에다 강조점을 둔다. 즉 예수님의 율법을 완성하신 능동적 순종(Active Obedience)과 스스로 희생의 제물이 되어 십자가 위해서 제사를 완성하신 수동적 순종(Passive Obedience)의 사건들을 창세 전의 계획과 따로 분리해서 생각하려고 한다. 또한 각 개인에게 구속을 적용하시는 성령님의 사역도 인간의 의지에 따라 구원의 은혜를 수용할 수도 있고 거절할 수도 있다는 방향으로 몰고 가기 때문에 창세 전에 예정된 백성에게 성령님의 인치심을 통하여 구속을 적용한다는 관점으로부터 멀리하려고 한다.

개혁파 신학은 한 사람의 구속 적용의 사건이 창세 전의 영원한 언약과 관계가 있으며 예수님 재림 이후의 하나님 나라의 완성과도 관계가 있는 연속성의 신학을 강조한다. 창세 전의 영원과 창세 이후의 영원은 서로 연속성의 관계가 있다. 영원과 영원 사이에 잠시 진행되고 있는 시간의 역사는 아무리 작은 사건이라 할지라도 영원 전의 계획에 기초하여 재림 이후의 영원으로 이어지는 우주적 섭리와 관계가 있다. 그러므로 각 개인의 구속 적용은 창세전에 계획된 영원의 사건과 관계가 있고 종말이 이루어진 이후의 영원의 사건과 관계를 가진다. 이 문제에 대하여 워필드(B.B. Warfield)는 말하기를 "칼빈주의에 기초를 두지 않은 다른 개신교 복음주의 자들은 복음을 받아들이는 데 있어 개개인이 최종적인 결정권을 행사할 수 있다는 부분을 강조하기 위해 하나님의 사역을 보편주의적 구원관의 관점에서 관찰하려고 애쓰고 있다."[686]고 말했다. 인간의 의지를 강조하는 복음주의 자들은 **하나님의 은혜를 말하면서 전폭적으로 하나님을 의지하는 은혜의 예정론을 배격한다.** 이는 스스로 모순을 드러내는 비성경적 교리이다.

　　종교개혁 이후 우후죽순처럼 일어난 여러 가지 교리들을 살펴보면 성경을 보는 관점이 나름대로 의미가 있는 것처럼 보이기도 한다. 그러나 성경의 교리를 논할 때 우리는 주의 깊게 고려해야 할 점이 있다. 그것은 바로 교회의 역사를 통해 고백한 정통주의 신앙고백을 교리학의 기준으로 삼아야 한다는 점이다. 현대교회를 통해 종말론을 살펴볼 때 많은 사람들이 계시록 강해에 극심한 정력과 시간을 투자하고 있다. 요한 계시록의 강조점은 개인적 종말을 잘 준비하라는 주님의 간곡한 권면인데도 많은 사람들이 역사적 종말을 점치는 일에 정성을 쏟아 붓고 있다. 즉 재림의 때를 맞추기 위해 혈안이 되어있다. 그런데 문제는 계시록을 강해하는 모든 사람들이 다 하나님 말씀인 성경대로 종말론을 풀이한다고 강조한다. 그런데 해석한 내용이 제각각 다 다르다. 성경 말씀 한 구절을 가지고 제각각 다르게 해석 한다는 것은 많은 사람들이 틀리게 해석한다는 말이다. 어떤 자는 성경을 하나님의 말씀으로 신앙할 것을 강조한 나머지 기계적 영감(Mechanical Inspiration)에 기초하여 문자주의적 해석으로부터 헤어 나오지 못해 성경이 말씀하는 의미에서 떠나 엉뚱한 방향으로 해석하는 경우를 자주 보게 된다. 성경을 기계적으로 영감 되었다고 강조하여 계시록을 세대주의적(Dispensational) 관점으로 재림의 날짜를 계산하고 있는 경우이다. 예수님도 재림의 날짜를 알려주지 않았는데도 오늘날 많은 사람들이 예수님보다 더 위대한 사람들이 되어 재림의 날짜를 맞추려 하고 있다.

　　인간의 의지를 강조하는 복음주의자들 사이에도 많은 차이가 있는데 구원론에 있어 신인협력설(神人協力說)이 가장 많은 지지를 받고 있다. 그러나 이는 칼

---

686) Benjamin B. Warfield, Plan of Salvation, (Eerdmans Publishing Company, Grand Rapids, 1935), p.111.

빈주의에서 주장하는 인간의 전적 부패(Total Depravity)와 제한적 속죄(Limited Atonement)와 불가항력적인 은혜(Irresistible Grace)의 교리와 반대되는 주장이다. 구원의 과정은 예정(Predestination)에다 근거를 두고 착오 없이 그리고 변경 없이 집행되는 성령님의 사역이므로 인간의 의지뿐 아니라 주위의 모든 환경까지도 하나님의 뜻대로 사용하시어 구속을 적용하신다. 구원론에 있어 아무리 성령님의 사역을 강조하고 하나님의 은혜를 강조할지라도 성령님의 사역과 인간의 의지와의 협력 관계를 주장하는 것은 결국 로마 교조주의(Catholicism)와 인간의 의지를 강조하는 복음주의와 서로 접촉점(Point of Contact)을 형성하고 있다는 말이다.

인간 이성을 강조하는 복음주의 자들의 신학적 관점을 자세히 살펴보면 신론에 있어서는 하나님의 주권을 약화시키고 있으며 동시에 인간론에 있어서는 인간의 전적 타락(Total Depravity)을 강조하지 않고 인간의 의지에 의한 구속의 수납을 강조하고 있다. 그 결과 구원론에 있어서도 하나님의 전폭적 은혜를 저하시켜 하나님의 은혜에다 인간의 노력을 첨가하고 있다. 기독론에서도 예수 그리스도께서 행하신 구속사역이 인간을 사랑한 동정애로부터 시작되었다는 것을 강조하고 있다. 예수님의 의가 사랑의 의(義, Righteousness)이지 계획의 의(Righteousness)가 아니라는 방향으로 흘러가게 만든다. 인간의 의지를 강조하는 복음주의는 로마 교조주의(Catholicism)와 마찬가지로 하나님의 의지를 강조하는 것 보다 인간의 의지를 강조하는 면에서 동질성을 나타내고 있다. 교리적 근본문제로 들어가면 둘 다 자연주의를 표방하는 신학으로 빠져버리고 만다. 여기에서 자연주의라는 의미는 만물에 대한 해석에 있어 하나님을 전제하지 않고 인간의 인식론을 앞세운다는 말이다. 그렇기 때문에 인간의 의지를 강조하는 복음주의 자들 가운데 일부 개신교에 속해 있는 무리들이 로마 카톨릭과 내통할 수밖에 없는 신학적 요소를 내포하고 있다. 오늘날 여러 개신교 교단들이 전혀 이루어질 수 없는 로마 카톨릭과 직제연합 운동을 하는 것은 바로 이러한 교리적 접촉점을 형성하고 있기 때문이라고 결론지을 수밖에 없다.

3. 지속성이 모자라는 약한 칼빈주의

이 문제를 다루기 위해 신학의 객관성이 전제되어야 할 것을 미리 말해 둔다. 이유는 어떤 분은 개혁파 신학에 상당히 못 미치는 분을 철저한 개혁파 신학자로 간주하고 있으며 심지어 칼빈(Calvin)의 사상을 배격하고 있는 자를 철저한 칼빈주의 자라고 강조하는 자들을 보고 아연실색할 때가 종종 있기 때문이다. 개혁파 신학은 정통성을 유지하고 있다. 그 정통성은 역사적 교회가 신앙고백을 어떻게 간직해 오고 발전시켜 왔느냐에 따라 결정된다. 한 개인의 신앙고백이 교회사적으로 객관적인 검증절차도 없이 절대화되는 것은 금물이다. 오늘날 요한 계시록 강해가 봇물 쏟아지듯 밀려오고 있다. 그 강해가 정통성 있는 신앙고백주의 단체로부터 공개적 검증을 받았느냐? 하는 문제로 귀결되어야 한다. 저마다 하나님의 말씀이라고 강조하고 또 그 강해 자들을 따르는 무리들이 그와 같은 강해를 절대화 하고 있다. 그런데도 역사적 신앙고백주의에 비추어 보면 무리한 해석이 수없이 나타나는 것을 볼 수 있다. 정통주의 개혁파 신학은 역사적 교회의 객관적 신앙고백을 신학의 기준으로 삼고 있다. 그 기준을 무시하고 각 개인의 생각에 따라 합당하게 여겨지기 때문에 개혁파 신학이라고 확증하는 것은 대단히 위험한 생각이다.

개혁파 신학은 신학의 출발점과 결론의 연속성을 강조한다. 부분적 신학에 기초한 개인의 학적 표출에 강조점을 두게 되면 성경을 전체화하거나 객관화하는 데 문제점이 드러나게 된다. 20세기에 들어와 근본주의 5대 교리가 보주주의 신학에 있어 중요한 역할을 한 것은 사실이나 성경의 부분적 강조점으로 말미암아 20세기 중반에 들어와 신복음주의로 빠져버리고 지금 21세기를 넘어와서 미국의 근본주의(Fundamentalism) 신학이 거의 자취를 감추어 버린 사실은 그 역사적 의미가 크다. 그러나 17세기 이후 이성주의(理性主義, Rationalism)가 신학계에 침투한 원인으로 18세기 계몽주의(啓蒙主義, Enlightenment)가 판을 치게 되고, 그 연속선상에서 19세기 자연주의(自然主義, Naturalism)가 구미 지역을 휩쓸었으며, 그리고 20세기 난장판 신학이 회오리칠 때도 개혁파 신학은 흔들림 없이 고백주의 정통의 광맥을 이어왔다. 거기에는 이유가 있다. 개혁파 신학만이 성경 전체를 객관적으로 그리고 고백적으로 정립한 신학이기 때문이다.

기독교 변증학(Christian Apologetics)에서 반드시 지켜야 할 노선이 있는데 그것이 바로 성경을 전제로 하는 신앙고백주의 노선이다. 우리가 웨스트민스터(Westminster) 신앙고백을 신봉하는 이유는 고대신조를 비롯하여 종교개혁 신조를 총망라하여 가장 성경에 가깝게 고백한 신앙고백서이기 때문이다. 기독교 변증학(Christian Apologetics)은 성경의 어느 부분만을 강조하여 변호하는 학문에서 끝나는 것이 아니다. 어떤 핵심만을 강조하려는 것도 아니다. 기독교를 변호하기 위해서는 세속철학의 맹점과 타 종교의 우매함을 지적하여 맹신하는 자들을 돌이켜 기독교인으로 만들어야 함은 물론 기독교 교리의 작은 부분까지라도 구체화하여 전체적이며 객관적으로 조직하여 고백주의 신학을 구성해야 한다. 이 고백주의 신학을 통해 기독교의 절대적 객관성을 변호하는 것이 기독교 변증학(Christian Apologetics)이다.

밴틸(Van Til) 박사가 말하는 톱날의 예는 아주 깊은 설득력을 지니고 있다. "톱은 그 자체가 하나의 도구에 불과하다. 그렇기 때문에 그 톱은 스스로 움직이거나 일을 할 수가 없다. 그 톱이 움직여 물건을 바로 자르거나 못 자르거나 하는 일은 전혀 그 톱을 움직이는 사람에 달려있다. 마찬가지로 인간이 가지고 있는 이성은 그 인격체에 속한 하나의 도구에 지나지 않는다. 그 이성을 사용하는 인격체는 두 가지가 있는데 한쪽은 기독교인이고 다른 한쪽은 비기독교인이다. 만일 기독교인이라면 그 인격은 중생한 사람이기 때문에 인격적 변화를 받은 새로운 사람이다. 기독교인의 인격적 향방은 비기독교인과 다르게 작용하고 있다. 그 향방은 사물을 판단하는데 위에 존재하고 계시는 분의 위치를 무시하거나 자기 스스로 높은 위치에 서려고 하지 않고 하나님의 권위에 복종하며 만족을 얻는 생활을 하게 된다. 그 인격은 하나님의 은혜로 인하여 거듭나 있기 때문에 하나님의 계시 앞에서 자신을 비추어 보며 그 계시에 따라 자신이 해석되기를 원하는 자리로 찾아가게 된다. 반대로 하나님을 모르며 거듭나지 않고 자신의 이성에 의존하여 삶을 살아가는 불신자는 모든 사물의 판단 영역으로부터 성경 말씀을 제거해 버리기 때문에 기독교를 이해하고 판단하기에 불가능한 종교로 치부해 버리고 만다.

이러한 부류의 사람들에 대해 개혁파 신학을 추구해 온 모든 기독교인들은 지속성 있게 말하기를 자연인의 이성은 아주 협소하고 불안정한 개념으로 구성되어 있기 때문에 그들의 도덕적 본성이 무엇이며, 악이 무엇이며, 그리고 선이 무엇인지를 스스로 결정할 수 있다고 생각하는 것은 성경이 말씀하는 특정인은총론주의(Particularism)를[687] 부정하는 것이라고 규정하고 있다. 여기에서 신인협력(神人協力)설을 주장하는 사람들이나 구원을 수납하는 데 있어 인간 이성의 인지능력을 강조하는 사람들은 그리스도를 받아들이기 이전부터 이성을 올바로 사용하게 되면 그리스도에 대한 인식을 가능하게 한다고 강조한다. 이것은 펠라기우스주의(Pelagianism)로부터 이어지는 알미니안주의(Arminianism) 사상이다. 그들의 주장은 인간의 이성을 앞세우기 때문에 하나님께서는 객관적으로 구원을 성취시켰을 뿐 실제로 개개인을 구원하는 일과는 상관이 없다고 주장한다."[688] 이러한 주장은 사실상 인격적인 성령님사역의 주권성을 무시하는 논증이다.

접촉점(Point of Contact)에 대하여 또 한 가지 생각해 볼 것이 있다. 그것은 인간론에 있어 상태론(State of Human)이다. 접촉점(Point of Contact)에 대한 어려운 문제가 대두되는데 창조된 인간의 본질(Essence)과 범죄 한 후 인간의 본성(Nature)을 어떻게 규정하느냐? 이다. 많은 개혁파 신학자들도 이 문제에 있어 명확한 구분을 짓지 않고 있다. 하지(Charles Hodge)를 비롯하여 개혁파 신학을 추구한다는 상당수의 신학자들이 "처음 창조 받은 상태의 인간 그대로의 본질(Essence)이 인간의 공동의식(Common Consciousness) 가운데 활동적으로 움직이고 있는 것 같이" 말하고 있다. 물론 앞에서 수차 논증한 바대로 일반은총의 개념에서 볼 때 신자와 불신자 사이에 분리할 수 없는 접촉점(Point of

---

687) 특정인은총론주의(Particularism)라는 개념은 예정론에 있어 하나님께서 사랑할 자는 사랑하시기로 예정하시고 사랑하지 아니할 자는 사랑하지 않기로 결정한 것을 말한다. 사랑할 자는 선택된 자로 하나님의 은총을 입을 수밖에 없는 자이다. 하나님께서는 두 부류를 창세 전에 미리 정하시고, 즉 쌍방으로 예정하시고 주권적으로 만물을 다스리며 인간의 모든 행사를 주관 하신다. 예정론에 있어 선택받은 자는 하나님의 은총을 받은 자로서 특정인에 속한 것이다(롬9:11-13). 그들만이 삼위일체 인격적인 하나님을 인식할 수 있도록 결정되어 있고 버리기로 결정된 자들은 인격적인 교제의 하나님을 알 수 없도록 결정되었다.

688) Cornelius Van Til, The Defence of the Faith, (Presbyterian and Reformed Publishing Co, New Jersey, 1980), p.82.

Contact)이 있다는 것은 부인할 수 없다. 누구나 식사를 해야 하고, 잠자고, 그리고 일을 해야 하는 가운데 하나님께서 허락하신 물질을 사용해야 한다는 것은 기독교인건 비 기독교인이건 부인할 수 없는 공통점을 가지고 있다. 그러나 "궁극적인 원인과 목적론적인 결과를 어디서 찾아야 하는가?"하는 문제에 들어가면 인격적인 하나님을 인식하는 문제에 있어 인간의 본성(Nature)이 신자와 불신자 모두의 공동의식(Common Conscience) 가운데 함께 같은 상태로 존재한다는 주장을 할 수는 없다. 즉 일반은총을 통하여 인격적인 하나님을 인식할 수 있다는 문제에 있어 신자와 불신자의 인식이 갈라질 수밖에 없다.

왜 그렇게 갈라질 수밖에 없는가? 일반적으로 말할 때 신자와 불신자 사이의 생각이 서로 다르기 때문이라고 상식 선상에서 쉽게 결론을 내 버리고 말지만 궁극적 원인은 선택(Selection)과 유기(Reprobation)의 경계선이 철벽보다 더 강하게 진이 쳐져 있기 때문이다. 하지(Charles Hodge) 박사는 이 문제를 명쾌하게 규정하지 못하고 있다. 우리가 규정지어야 할 것은 첫째, 창조된 위치에서의 인간, 그다음 타락한 인간, 그리고 마지막으로 중생한 위치에서의 인간을 정확하게 구분해야 한다. 이미 인간의 3가지 구체적인 구분과 그에 대한 설명을 논증하였기 때문에 여기서는 범죄한 인간과 중생한 인간의 상태를 비교하고 접촉점에 관한 문제를 논증하려고 한다. 로마서 7장 7절 이하에 나타난 바울의 영적 투쟁은 이미 믿은 후에 두 가지 질적 상태의 인간이 심령 속에서 다투고 있다는 것을 설명하는 내용이다. 본문에 나타난 인간은 중생했으나 아직도 죄의 잔재가 그의 속에 남아 있다는 것을 말씀하고 있다. 육신에 속하여 죄 아래 팔린 인간이 계명을 통해 그의 본성(Nature)을 비추어 보고 있다. 이는 중생 했으나 아직도 죄를 범하고 있는 상태의 인간이다. 그러나 중생한 인간은 칭의(稱義)적으로 새사람이 되어 있어 하나님의 계명을 따라가기를 원하는 방향 전환이 되어있는 상태이다.[689] 하지(Charles Hodge)는 이러한 옛 사람과 새 사람의 관계를 정확하게 구분하지 못하고 있는데 로마서 7장에 대한 그의 해석은 "죄인이 어떤 문제에 대해 바른 판단을 할 수 있는 것을 기대하면서 죄인의 마음속에 일어나는 갈등을 해소하려는 것은 로마서 7장의 관점에서 볼 때 모순적인 주장이다." 라고 말한다. 이

---

689) Ibid, p.83,

러한 하지(Charles Hodge)의 관점은 개혁파 신학이 주장하는 중생하지 못한 죄인의 상태와 칭의(稱義)를 받은 후 중생한 상태의 입장을 애매하게 구분하고 있기 때문에 로마 교조주의(Catholicism)나 인간의 의지를 내세우는 복음주의와 공통점을 형성하는 입장을 동조하게 만들고 있다.[690] 이렇게 되면 중생하지 못한 인간이라도 중생한 인간과 동등하게, 이성을 가지고 있는 사람이라면 누구나, 하나님과 만물에 대한 인식을 올바로 소유할 수 있다고 간주하게 된다.

우리가 고려해야 할 것은 "자연인들은 그들이 생각하는 수준에서 하나님과 만물에 관한 정의를 절대화하고 있다."는 점이다. 이 말은 사실상 초자연적 계획인 신적작정(Decree)의 관점으로 하나님과 만물을 인식할 수 없다는 말로 해석해야 한다. 그럼에도 불구하고 불신자들은 자연인의 관점으로 형성된 울타리를 정하여 놓고 어떤 모순율을 직면할지라도 자신들의 울타리를 헐지 않고 있다. 자신의 이성에 의한 판단을 최고의 잣대로 정해 놓고 있기 때문에 그 잣대를 넘어선 하나님의 창조, 통치, 예수님의 육신을 취하심(Incarnation), 부활, 승천, 그리고 섭리를 한갓 신화로 생각하는 수준이다. 이러한 비 신앙적 자연인은 철학적으로나 종교적으로 모순율이 닥쳐와도 또 다른 모순율을 적용하여 정당화시키는 우를 범하고 있다. 이러한 자연인이 모순율을 적용하면서 스스로 자기 합리화를 주장하는데 이는 실상 자기 혼돈에 빠지고 있다는 증거이다. 그 혼돈은 성경이 말씀하는 이적에 관한 기록을 신화 내지 이야기로 치부해 버리는 데서 그 증거가 나타나고 있다. 우리가 불신자와 공통분포를 형성하려고 한다면 신자와 불신자 사이를 가로막고 있는 이성적이며, 직관적(Intuitional)이며, 그리고 추상적인 관점들을 허물어야 한다. 성경이 말씀하는 구체적인 접촉점(Point of Contact)을 만들어야 기독교 교리를 이해할 수 있다. 기독교를 설명하기 위해 우리가 상대하는 모든 사람들은 집단적이 아니고 개개인으로 죄인들을 상대해야 할 때가 더 중요하다. 개개인이라는 개념은 기독교를 반대하는데 있어 사상적으로 집단적이 될 수 없다는 말이다. 하나님과 만물에 관한 집단적인 공통의식이 없다는 말이다. 기독교는 교회사를 통해 내려오는 공통적인 신앙고백이 형성되어 있다. 이에 반하여 세속철학은 시대마다 자기들의 소리를 내고 있으나 그 시대가 지나면 그

---

690) Ibid, p,83.

들의 사상이 쓰레기로 변질되어 버리고 말았다. 그렇기 때문에 개혁파 신학에 기초를 둔 변증학자는 세속철학의 개념이나 개인적 학적 표출을 집단적 인식의 교리로 받아들일 수가 없다.

이제까지 우리가 접촉점(Point of Contact)에 관한 구체적인 관점을 어떻게 정의해야 하는가? 정말로 복음을 전하기 위한 접촉점(Point of Contact)이 없는가? 또한 불신자들과 접촉점(Point of Contact)이 없다면 우리는 정말 복음을 전할 때 어떤 방법을 채택해야 하는가? 그리고 어떤 접촉점(Point of Contact)을 만들어 그들에게 복음을 전해야 하는가? 라는 등등의 질문에 관한 문제를 살펴보았다. 우리가 보통 생각하기를 반드시 접촉점(Point of Contact)이 일어나야 불신자들이 복음을 받아들일 수 있는 기회를 얻게 된다고 생각할 것이다. 무엇인가 진리를 알기 위해서는 진리에 가까운 징검다리가 있어야 가능하다고 생각하게 된다. 만약 어떤 사람이 들을 수도 없고, 볼 수도 없고, 그리고 말할 수도 없다면 그 사람에게 영화를 보여주거나 글을 읽어 줄지라도 어떤 내용인지 전혀 알려줄 수 있는 방법이 없다고 생각하는 것은 당연하다. 그렇기 때문에 진리를 알기 위해서는 접촉점(Point of Contact)을 일으킬 수 있는 방법론이 필요하다고 생각할 수밖에 없다.

일반은총(Common Grace)에 관한 접촉점(Point of Contact)을 논증함에 있어 모두가 기독교인이든지 비기독교인이든지 공통분포를 가지고 있다고 단언할 것이다. 즉 누구나 인간은 먹고, 일하고, 그리고 삶을 영위해 나가는 범위 안에 존재하기 때문이다. 기독교인이나 비기독교인이나 먹고, 일하고, 그리고 삶을 영위해 나가는데 대한 공통적 인식을 가지고 있기 때문이다. 또한 생각할 것은 많은 비기독교인들은 기독교인들이 주장하는 초자연적 요소를 전혀 무시하는 것도 아니다. 예수님께서도 요한복음 4장에서 사마리아 여인에게 **생수에** 관하여 설명하실 때 샘물을 통해 접촉점을 만들어 말씀하신 것이 아니겠는가? 또한 마태복음 25장에서 **천국에** 관하여 설명하실 때 달란트 비유를 통해 접촉점을 만들어 말씀하신 것이 아닌가? 그러므로 비기독교인들도 접촉점(Point of Contact)이 될 수 있는 약간의 초자연적 요소를 애매하게라도 그들의 관념 속에 가지고 있다는 말이 된다. 그렇다면 인간 이성을 강조하는 복음주의 자들은 그런 관념을 통하여 접촉점(Point of Contact)을 만들어 기독교의 초자연적 요소를 받아들일 수 있는 통로를 만들 수 있다고 생각할 것이다.

위에 진술된 여러 가지 의문점에 대하여 개혁파 변증학이 어떻게 대답을 해야 할 것인가? 성경이 말씀하는 진리의 비타협성의 기준으로 말하면 기독교인 이외의 모든 사람들은 접촉점(Point of Contact)의 외각에 존재한다고 정의할 수밖에 없다는 말인가? 심지어 "네 집안의 식구가 원수라(마10:34-39)"고 말씀하시고 "예수님께서 세상에 오신 것은 화평을 주려 오신 것이 아니고 검을 주려 오셨다(마10:34)." 라고 말씀하신 것은 무엇을 뜻하는가? 그런데도 예수님께서 한편으로 "화평케 하는 자는 복이 있다(마5:9)."라고 말씀하신 것은 무엇을 뜻하는가? 이러한 예민한 문제들을 해결하기 위해서는 신학적인 규정을 깊이 고려해야할 것이다. 성경 말씀이라고 강조하면서 단편적으로 일방통행으로 해석할 수 있는 것이 아니다. 그렇기 때문에 개혁파 신학에서 강조하는 것이 바로 교회사를 통한 객관적인 신앙고백에 따라 신학을 정립해야 한다는 주장이다. 성경을 전체적으로, 고백론으로, 그리고 각 주제별로 구조를 따라 본문(Text)에 의존하여 해석해야 한다는 말이다. 개혁파 신학에서는 성경을 해석할 때 본문(Text)을 기초하여 해석해야 한다. 그러나 교리적 흐름을 배제하는 본문(Text) 중심이 아니다. 더욱이 상황에 맞는 주제만을 해석의 기초로 삼지 않는다. 그리고 그 본문이 가지고 있는 의미를 통해 성경 전체의 교리를 비추어 본다. 거기에다 성경이 말씀하는 역사적 배경, 문화적 배경, 그리고 기타 자연의 배경과 이방 종족들의 배경까지 참조하여 성경이 말씀하는 본뜻을 찾아내야 한다.

그런데 로마 교조주의(Catholicism)나 인간의 의지를 강조하는 복음주의에서는 성경의 내용을 교리적으로 그리고 전체적으로 다루지 못하고 있다. 특히 구조적인(Systematic) 면에서 전체적으로 다루지 못하고 있다. 비록 그들이 전체적으로 다룬다고 주장할 지라도 접촉점(Point of Contact)에 있어서는 세속철학에서 주장하는 관점과 공통분포를 찾아 헤매고 있을 뿐만 아니라 성경의 교리를 구조적인 면과 전체적인 면을 체계화하지 못하고 부분적 내용들을 골라 부분적으로 성경을 짜집기 하고 있다. 그 결과 본문(Text)이 가지고 있는 세부적인 뜻을 올바로 해석하지 못하고 있다. 예를 들면 로마 교조주의(Catholicism)에서는 삼위일체 교리를 받아들이고 있으나 은혜의 수용에 있어 성령님의 단독 사역을 거절하고 행위에 의한 공로주의를 강조함으로 사실상 삼위일체 교리를 신앙하는데 오류를 범하고 있을 뿐만 아니라 예수 그리스도의 중보사역에 마리아 중보설을 첨가하여 그리스도의 중보론에 있어 결정적인 흠집을 가하고 있다. 더욱이 마리아 중보적 교리와 성례에 있어 이교도적인 요소가 주류를 이루고 있다. 인간의 의지를 강조하는 복음주의에서는 예정론에 있어 선택과 유기에 관하여 성경이 말씀하고 있는 쌍방예정을 거절하고 있기 때문에 기타의 사상들과 접촉점(Point of Contact)을 주장한 나머지 "인간의 전적부패를 고지식하게 주장하거나 하나님의 주권을 일방적으로 강조하게 될 때 그 복음은 귀머거리에게 말하는 것과 장님에게 글을 보여주는 것과 같은 것이다."라고 주장한다. 우리가 이성적으로 생각할 때 옳은 말처럼 들린다. 그러나 이러한 이성적 관념은 인간의 인식을 넘어선 성령님의 사역을 거절하는 결과를 초래하는 결정적인 오류를 범하고 있다. 여기서 이성적 관념으로 생각한다는 말은 사실상 종국에 가서는 삼위일체 교리를 거절한다는 말로 통한다. 이에 덩달아 인간의 이성을 강조하는 복음주의 자들은 역시 그 배경에 스콜라주의적(Scholastic) 관념을 깔고 있다. 그러므로 그들은 자연 계시를 통해 기록된 계시인 하나님의 말씀을 이해할 수 있다는 억지 주장을 전개하고 있다.

개혁파 신학의 구원론은 성령사역의 교리이다. 성령론 따로 구원론 따로 나눌 수 있는 교리학이 아니다. 칼빈(Calvin)이 그의 기독교 강요에서 강조하는 구원에 관한 교리는 "성령님의 사역이 없이는 어떤 경우에도 성경을 하나님의 말씀으로 받아들일 수 없고 예수 그리스도를 구세주로 받아들일 수 없다."[691] 라고 강조

---

691) Calvin's Institutes, Book III, 에서 예수 그리스도의 은혜를 받는 길, Chapter. I, 에 우리가 그리스도의 은혜의 유익을 말함에 있어 구원의 은혜는 "비밀스런 성령님의 사역에 의해서(by the secret working of the Spirit)" 이루어짐을 강조하고 나아가 신앙, 중생, 회개, 칭의, 구원의 확신, 그리고 선행 등을 논한 후 성령님께서 이러한 구원 사역을 집행하시는 근원은 영원한 하나님의 예정이라는 것을 강조하고 선택받은 자들에게 구속을 적용함을 강조하고 있다.

하고 있다. 위와 같이 간단명료하게 정의할 때 칼빈주의를 반대하는 사람들은 접촉점이 없는 일방적인 주장이라고 말할 것이 틀림없다. 그리고 그들은 장황하게 이성적인 논리를 늘어놓게 된다. 그렇다면 일반은총의 이해력을 가지고 특별은총의 영역을 이해할 수 있는 능력을 보유하고 있느냐? 라는 질문에 들어가면 우리가 실제로 복음을 전하고 받아들이는 경험에 따르면 "그것이 아니다." 라는 대답이 나올 수밖에 없다. 복음을 받아들이는 성도들의 체험을 구체화 해보면 오직 복음은 성경 말씀대로 순수하게 전해질 때 성령님의 사역이 그들의 심령 속에 구원을 적용하시어 예수 그리스도를 구세주로 받아들이게 된다는 것을 알 수 있다. 이 문제는 사람의 지적 수준, 감정적 척도, 그리고 의지의 강약에 전혀 관계가 없이 성령님께서 사역하시는 것을 볼 수 있다. 그런 의미에서 구원 사역에 있어 신자와 불신자 사이의 접촉점(Point of contact)은 성립될 수 없다. 특별은총의 영역인 은혜언약 안으로 들어오도록 예정된 사람이라 할지라도 성령님께서 그에게 구원을 적용하시기 이전에는 아직 일반은총의 영역에만 머물러 있는 존재이다. 개혁파 신학에서는 구원론에 있어 은혜의 방편(Means of Grace)인 말씀, 기도, 성례를 강조한다. 그러나 그 은혜의 방편(Means of Grace)은 성령님의 사역이 없이는 전혀 그 자체로 사역을 할 수 없다. 성령님은 하나님의 인격이지만 은혜의 방편은 인격이 될 수 없다. 중생하지 못한 사람은 살아있으나 죽은 상태의 존재이다. 죽은 상태의 존재가 무슨 접촉점(Point of Contact)이 필요한가? 오직 새 생명을 불어 넣어주는 생명의 호흡이 필요할 뿐이다. 그 생명의 호흡을 넣어주는 사역자가 바로 제3의 인격자이신 하나님 성령님이시다. 개혁파 신학에서 접촉점(Point of Contact)을 말할 수 있는 분야는 성령님께서 사용하시는 은혜의 방편들에 한정하여 말할 수밖에 없다. 자연인이 가지고 있는 일반은총 세계에서의 어떤 이성이나 의지를 통해 하나님의 특별은총을 이해하는 것은 불가능한 일이다.

만약 인간이 초자연적 비침의 근원이 되는 성령님의 사역이 없이 그리고 은혜의 방편이 되는 성경 말씀이 없이 자율적 요소를 통해 교제의 하나님을 알 수 있다면 초자연적 계시가 필요 없다는 말이 당연하다. 이는 인간이 절대적 진리를 스스로 소유하고 있다는 말이 되기 때문이다. 자신의 의지를 수단으로 하여 자력으로 하나님의 진리를 인식할 수 있다는 말이 된다. 인간이 자력으로 진리를 터득할 수 있다면 만물의 법칙을 온전히 이해할 수 있는 범죄 하기 전 아담의 위치로 돌아가야 한다는 말이다. 이는 역사 선상에서 일어나는 수많은 사건들을 완전히 이해한다는 말이 된다. 나아가 깊은 신비의 세계까지 모두 이해하게 된다는 말이 된다. 자연에 관한 모든 법칙을 이해할 뿐만 아니라 하나님과 단절될 수 없는 교제의 관계를 유지하고 있다는 말이다.

여기에서 우리는 밴틸(Van Til) 박사가 동굴의 비유를 비평하고 있는 점에 귀를 기울일 필요가 있다. "플라톤(Plato)이 논증한 동굴에 거주하는 사람들의 비유를 로마 교조주의(Catholicism)가 채용하고 있다. 동굴의 비유는 빛에 거하고 있는 자신의 구조적 가치에 의하면 반쪽의 어두움에 처해 있는 상태이다. 동굴 밖에서 빛에 거하고 있는 사람이 동굴 안에서 어두움에 처한 사람을 향해 나오라고 소리치고 있기 때문에 그러한 상태는 비록 계시가 그에게 필요하다고 생각되어 질지라도 그 계시는 어떠한 선함도 그에게 제공할 수 없을 것이다. 만약 계시가 그에게 다가온다면 그 계시는 우연한 사건으로 동굴 속에 거주하는 자의 한 사람에게 진리로서 다가와야만 할 것이다. 또한 그 외의 어떤 사람은 우연적으로 동굴 속에 있는 거주자의 위치에서 해방을 맞이하게 될 것이다. 그것은 초자연적 계시가 필요 없는 위치에서의 해방이다. 그는 스스로 모든 진리에 도달할 수 있는 잠재력을 가지고 있기 때문이다."692) 라고 논증했다.

플라톤(Plato)이 주장한 동굴에 거주한 사람들의 비유는 인간론에 있어 두 가지 문제점을 가지고 있다는 것을 밴틸(Van Til) 박사는 암시하고 있다. 첫째는 인간의 자율성을 강조하고 있으며 또 하나는 하나님의 계획에 의한 주권을 배격하고 있다. 진리를 깨닫는 일에 있어 일반 계시를 통해 나타나는 진리는 항상 유동적이다. 천문학이 발달되지 않았을 때는 지구가 둥글다는 주장은 비진리였다. 지금은 반대로 진리이다. 그러나 창조에 있어 하나님께서 우주를 만드셨다는 사실은 처음부터 종말까지 진리로 통한다. 진리의 불변성이다. 인간의 자율성에 의해 진리를 발견한다는 것은, 즉 동굴로부터 해방된다는 것은, 자연주의적 입장에서

---

692) Cornelius, Van Til, The Defence of the Faith, (Presbyterian and Reformed Publishing Co, New Jersey, 1980), p.89-90.

의 가능성을 말하고 있을 뿐이다. 계시주의적 입장에서 진리를 발견할 수 있는 길은 불가능한 일이다. 여기서 우리는 복음을 말하면서 인간의 자율성을 가미시킨 알미니안주의(Arminianism)와 웨슬리안주의(Wesleyanism)의 회색주의는 로마 교조주의(Catholicism)와 어떤 관계를 유지하기 원하는가를 고려해 보아야 한다. 그들은 흑색주의 요소를 더욱 짙게 나타내는 로마 교조주의(Catholicism)와 접촉점Point of Contact)을 형성하려 한다. 개혁파 교리를 신봉하는 자들은 색깔이 분명할 때 신학적 구분이 쉽다고 생각한다. 복음을 말하면서 비 개혁파 신학을 먼 곳으로부터 조용하게 끌고 들어오는 경우 교회의 뿌리를 허무는 일이 벌어진다는 생각이다. 우리는 흑색이 포함된 회색을 극히 조심해야 하는 이유가 여기에 있다. 일반적으로 교리적 작은 문제를 무심코 지나쳐 버리는 인간의 속성 때문에 참된 교회를 무너뜨리는 회색주의는 종국에 가서는 동산을 허는 사악한 여우의 길잡이가 된다는 사실을 간과해서는 안 된다.

특별히 한국교회 안에 물질주의와 실리주의가 팽배해 감으로 로마 카톨릭의 권위주의를 닮아가고 있는 이때 교회사가 규정한 교리를 따르고 적용하는 것이 얼마나 중요한가? 통탄할 일은 바람몰이 방식 이단 규정으로 인하여 정통주의 교리를 따르는 신실한 목회자들이 극심한 상처를 받고 어느 곳에 가서 호소할 길도 없이 속앓이로 인하여 단명에 하늘나라로 올라간 이들도 있다. 한국교회의 교리적 난잡은 말할 수 없을 정도의 불균형을 형성하고 있다. 번영주의 팽배로 인하여 내가 하나님 앞에서 어떤 신앙인이 되느냐의 문제보다 내가 무엇을 가지고 있느냐에 신앙의 척도가 규정되고 있다. 과거 한국교회의 순교적 신앙은 이미 사라진 지가 오래되었다. 성경과 거리가 먼 교리를 마구잡이로 가르쳐도 가진 것이 많으면 존경을 받는 시대가 되었다. 이교도 교리를 가르쳐도 가진 것이 많으면 정통으로 인정받는 시대가 되었다. 기이한 현상은 정치적 또는 감정적으로 적대관계에 있는 교회 목회자를 괘씸죄로 찍어 본인을 소환하거나 교리적 점검도 하지 않고 이교도 주의자로 정죄하는 2천년 교회사에 없는 일이 벌어지고 있다. 더욱 희한한 일은 정통 개혁파 신학과 상관없는 소수가 모여 이단 대책 사설 단체를 만들어 정통주의 신앙고백서의 규범을 무시한 채 이단 사냥을 하고 있다. 그 결과 이교도 사상의 소유자가 올바른 교회사적 신앙고백의 교리를 강조하는 자를 이단으로 정죄하는 기상천외한 모순이 벌어지고 있다.

제도적으로 장로주의 제도를 따르는 교회는 반드시 교회 안에서 개혁파 신앙고백서를 가르쳐야 한다. 그런데도 신앙고백서를 폄하(貶下)하는 운동이 벌어지고 있다. 그들의 그럴듯하게 들리는 이상하고 괴팍한 논리는 성경은 하나님의 말씀이고 교리는 사람이 만든 것이므로 신앙고백서는 필요 없다는 주장이다. 그렇다면 성경의 저자 문제를 파헤쳐 보자. 성경을 글자로 옮긴 자가 누구인가? 사람이 아닌가? 하나님을 창조주로 그리고 만물을 섭리하시는 분으로 믿는다면 그런 무식한 말을 함부로 할 수 있는 말인가? 개혁파 신학은 줄기의 신학이며, 순교적 고백의 신학이며, 그리고 족보를 이어온 신학이다. 그 고백주의는 정통을 이어온 신학이다.

정작 우리는 싸워야 할 이교도들에 대해서는 너무나 교리적 무장을 갖추지 못하고 있다. 이단들은 쇠뇌 공작을 통해 그들의 밀실 교육을 철저하게 단계적으로 시행하고 있다. 그런데도 기성교회에서는 신앙고백서 한편 제대로 교육하지 않고 있으면서 이단 방어책을 마련한다고 야단법석이다. 가장 정확한 영적 무장을 할 수 있는 무기는 신앙고백서이다. 무장 안 된 병사들이 어떻게 전쟁에서 이길 수 있다는 말인가? 성경은 말씀하고 있다. 영적 무장을 빈틈없이 갖출 것을 명하고 있다. 하나님의 전신 갑주(全身甲冑)를 취할 것을 명하고 있다. 그 전신 갑주는 진리의 허리띠, 의의 흉배, 복음의 신, 믿음의 방패, 구원의 투구 그리고 성령의 검 곧 말씀 위에 기도를 더할 것을 명하고 있다(엡6:13-18). 성경 교리의 교육이 안 될 때 이런 무장이 가능하겠는가? 만약 통일교, 여호와 증인, 그리고 신천지 같은 무리들이 공개적 교리논쟁에 뛰어들 때 우리의 평신도들은 그들의 사특한 교리를 충분히 방어할 수 있는가? 그들을 역공해 참된 기독교인으로 만들기 위해서는 고백서 교육에 심혈을 기울여야 할 것이다. 평신도들이 고백서를 교육받지 못함으로 얼마나 많은 성도들이 이교도들의 유혹에 넘어가고 있는가를 깊이 고려해야 할 것이다. 고백서를 교육하지 않으면서 이교도에게 넘어가지 말라고 강조하는 것은 자체 모순을 범하는 일이다.

4. 접촉점에 관한 개혁파 신학의 입장

지금까지 일관되게 주장해온 기독교 변증학은 개혁파 신학이 주장하는 성경의 전제에 의한 역사적 신앙고백주의 교리에 기초를 두고 있다는 것을 논증해 왔다. 너무나 아쉬운 것은 정통 보수를 말하면서 교리적 내용을 구체적으로 적용하는 데는 거리를 두고 있는 현재 한국교회의 현상은 우리로 하여금 고백주의 신학을 왜곡되게 적용하는 중세교회로 되돌아가는 느낌을 받게 한다. 이는 신앙의 이중적 잣대를 가지고 현실 적용에 몰두해 있는 교회들이 로마 카톨릭으로 돌아가는 상황이다. 그럼에도 불구하고 성경만이 하나님을 아는 접촉점(Point of Contact)의 원리라는 것을 강조하게 되면 듣는 귀를 닫아 버리는 현세의 교회이다. 분명한 것은 개혁파 변증신학이 주장하는 하나님 인식의 접촉점(Point of Contact)은 오직 기록된 계시인 성경이라는 주장을 명백하게 인식해야 할 것이다. 기록된 계시로서의 성경은 하나님을 인식하는 데 있어 특별은총(Special Grace)에 대한 절대 무지(Absolute Ignorance)의 딜레마 아니면 절대 전지(Absolute Omniscience)에 대한 무지의 딜레마로부터 탈출할 수 있는 유일한 길이다. 인간은 삼위일체 하나님을 알지 못하면 특별은총에 대한 절대 무지((Absolute Ignorance) 속으로 빠져들게 되어있고 그 무지는 주권적 하나님의 절대 전지(Absolute Omniscience)의 무지 속으로 빠져들게 되어있다. 그러므로 기록된 계시인 성경만이 위의 두 가지 딜레마에서 탈출할 수 있는 유일한 길이다.

인간의 무지는 하나님께서 "만물을 창조하셨다."는 것을 알지 못하는데 그 뿌리를 두고 있다. 만물의 창조를 신앙하지 못하면 모든 주위환경에 대한 해석이 근시안(近視眼)적으로 끝나고 만다. 기독교인의 창조신앙은 우주적이며 원시안(遠視眼)적인 눈을 가지고 주위환경을 해석한다. 그러면서 주위환경에 대한 구체적이며 세심한 이해력을 가지고 접근한다. 여기에서 창조와 더불어 또 한 가지 생각할 것은 특별은총과 관련된 하나님의 백성에 관한 언약(Covenant)이다. 하나님께서 인간을 역사 선상의 존재로 창조하실 때 하나님께서는 인간에게 일반은총의 세계에서 만물을 해석하고 다스리는 사명을 부여하셨다. 또 하나의 중요한 언약은 도덕률에 관한 언약이다. 이는 "지키면 살고 어기면 죽는다."는 생명에 관한 언약이다. 순종을 조건으로 맺은 언약은 생명을 전제로 맺은 도덕률의 언약이다. 죄를 범한 죄인은 언약에서 떨어진 존재로부터 신분의 회복을 받아 은혜 언약안으로 들어온 백성은 하나님, 만물, 그리고 주위환경을 올바로 이해하는 지식을키워가게 된다. 자연 계시의 언약 안에 있는 인간이 하나님으로부터 위임받은 만물에 대한 해석과 다스림은 도덕률의 언약 파괴와 더불어 상실되어 버리고 정녕죽을 수밖에 없는 제한적 삶을 유지하며 살아가고 있을 뿐이다.

자연 계시는 인간이 범죄 한 이후 종말이 완성될 때까지 미완성의 존재로 남아 있다. 언약의 주체는 하나님과 인간이 생명을 전제로 맺은 도덕률의 언약이다. 자연 계시는 도덕률의 언약을 보조하는 역할을 하고 있다. 그러면서 자연 계시의 언약과 도덕률의 언약은 서로 보완하며 종말의 완성을 향해 오차 없이 하나님의 뜻을 수행해 나가고 있다. 그렇기 때문에 오직 하나님을 바로 아는 성도만이 영원 세계를 바로 이해하게 되며 시공간 세계의 역사를 바로 이해하게 된다. 비록 인간이 하나님의 진리를 빠짐없이 모두 알 수 없다 할지라도 성도는 영원한 생명, 만물의 흐름, 그리고 역사의 종말을 정확하게 인식하고 있다. 창조된 인간은 본질적으로 하나님과 교제의 관계에 있었기 때문에 만물을 이해하는데 부분적 가능성만을 부여받은 존재로 창조된 것이 아니었다. 만물을 다스리고 해석하는 능력까지 부여 받았으며 창조주 하나님과 생명의 교제를 나누고 있었다. 인간은 타락으로 말미암아 생명의 언약인 도덕률의 언약은 완전히 파괴되고 비참한 상태의 위치로 떨어져 버리고 말았다. 이 비참한 상태는 자연 계시를 올바로 인식하지 못하는 지경에 까지 떨어져 버리고 말았다.

그러나 하나님에 관한 존재 인식은 만물을 통해서도 가능하게 나타난다. 하나님의 존재 인식은 인간의 이성과 감각을 통해서도 가능하게 나타난다. 자연으로부터 오는 인식은 물론 인간이 가지고 있는 내적 인식을 통해서도 하나님의 존재인식이 드러나게 되어있다. 인간이 경험으로부터 얻는 질료(質料, Matter)는 경험의 자료들을 꼭 정리해 줄 형상(形象, Form)을 필요로 하는 것은 아니다. 그러나 인간이 경험을 통해 얻은 질료(質料, Matter)는 분명한 것이 있다. 그것은 바로 하나님께서 사물들로 하여금 그렇게 나타나도록 섭리하시는 가운데 인간들이 알 수 있도록 조명해 주시는 것이다. 인간은 주변의 사물들을 인식하지 않고 자신을 인식할 수 없다. 만물과 인간은 서로 언약 관계로 연결되어 있기 때문에 그렇다. 그 언약 관계란 어떤 의미를 가지고 있는가? 언약 관계는 하나님과의 교제 관계로 연결된다. 인간은 하나님께서 위탁하신 모든 만물을 사용하고 다스리며 자신을 바쳐 그분의 영광을 위해 삶을 이어가지 아니하면 하나님, 자신, 그리고 만물에 관한 바른 인식이 성립될 수 없다. 인간의 의식은 시공간 속에서 일어나는 인식에 기초를 둔다. 시공간 속에서 존재하는 만물에 관한 인식은 역사의 배후에서 계획을 실행에 옮기는 하나님의 섭리와 밀접한 관계가 있다. 그러므로 올바른 역사를 인식한다는 것은 자기 자신을 인식하는 것이며 하나님의 뜻을 인식한다는 말이다. 자기 자신을 올바로 인식하는 일은 바로 하나님을 인식하는 길로 인도되는 것이다. 하나님을 바로 인식한다는 것은 하나님의 존재만을 인식하는 것뿐만 아니라 하나님과 교제 관계를 인식함으로 자기 자신을 바로 아는 것이며 역사를 바로 인식하는 것이다.[693]

만약 우리가 자연인이 소유하고 있는 진리에 대한 능력을 올바로 이해하려고 하면 인간이 창조 받은 위치에서 범죄 하기 이전에 하나님, 인간, 그리고 만물 사이에 어떠한 접촉점을 형성하고 있었는가를 먼저 분석함으로 그 가능성이 밝혀진다고 생각된다. 물론 사도 바울은 자연인이 하나님의 존재를 알 수 있다고 정의하고 있다(롬1:19-21). 문제는 인간이 하나님을 알되 하나님을 영화롭게 하지 못한다고 정의한 것이다. 하나님을 영화롭게 하지 못하는 가장 근본적인 이유는 참 하나님이 되시는 인격적 삼위일체 하나님을 알지 못하기 때문이다. 그러므로 어떤 사람이 하나님의 존재 자체를 부정하였다면 그것은 하나의 변명에 불과하다. 문제는 하나님과의 인격적 접촉점이 형성되지 못하고 있는 것이 하나님의 존재를 부정하는 원인이다. 교제 관계에서 떠난 인간은 하나님의 주권신앙이 들어갈 틈이 없으므로 하나님에 대한 인식을 억지로 거절하도록 만들고 있다. 그러므로 자연적 방법으로 태어난 인간은 만물에 대한 인식과 시공간 세계에서 일어나는 역사에 대한 인식을 우연 또는 원인과 결과의 사건으로 볼 수밖에 없다. 그렇게 될 수밖에 없는 이유는 자연인은 사탄의 노예가 되어 죄의 종노릇을 하고 있기 때

---

693) Ibid, p.91.

문이다. 사탄이 하와를 유혹할 때 인간이 가지고 있는 자의식(自意識, Self-Consciousness)이 하나님에게 의존되어 있다는 것을 무디게 만들었다. 이성이 자연인의 의식으로부터 형성되었다는 것을 믿도록 유도하고 있었다. 그 사탄의 거짓말은 인간의 자의식(自意識, Self-Consciousness)이 하나님의 주권에 속하지 않고 자연적으로 태생 된 시공간 속의 사건이라고 둘러대고 있는 것이었다.

이러한 사탄의 주장을 깊이 파헤쳐 봐야 한다. 이러한 사탄의 주장이 이성적 합리주의로 전환될 때는 소위 우리가 말하는 철학, 합리주의, 논리학, 그리고 자연과학 등의 학문적 규정으로 나타나기도 한다. 그러면 이러한 학문적 규정이 하나님의 주권과 반대되는 입장인가? 라는 의견이 제시될 것이다. 그것은 아니다. 우주 가운데 일어나는 작은 것 하나라도 하나님의 섭리에 속해 있다는 것을 믿는다면 모든 학문의 원리가 어디로 부터 발생하며 그 근원은 무엇인가의 규명에 따라 그 정의가 달라진다. 기이한 현상이나 역사의 절대 변수와 같은 사건 모두가 하나님의 주권에 속해 있다면 모든 학문의 원리가 하나님의 의지에 의해 형성되었다는 것은 두말할 필요가 없지 않은가? 이 세상의 모든 학문은 개연성의 가정(Hypothesis of Probability)으로부터 파생되는 것이다. 가정(Hypothesis)은 결국 인간의 자의식(自意識, Self Consciousness)으로부터 파생되는 것이다. 그러므로 그 근원은 하나님의 주권주의가 아니고 인간의 이성을 강조하는 곳으로부터 발생 된다. 결국 아담과 해와가 유혹을 받을 때 인간이 결단해야 할 뿌리는 하나님의 의지를 벗어나 인간 스스로의 의지라고 속삭였던 것이다. 사탄의 유혹은 시공간 속에서 생겨난 만물과 일어나야 할 모든 일들에 대해 하나님과 무관하다고 주장함으로 하나님 없이 스스로 일을 결정해 나가면 만물과 모든 사건을 인식할 수 있다고 속이는데 있다. 그런 의미에서 로마 교조주의(Catholicism)나 인간의 의지를 주장하는 복음주의는, 심지어 일방 예정론을 주장하는 기독교인들까지도, 인간이 격고 있는 모든 문제된 사건들과 주위에 일어나고 있는 개연성의 가정설(Hypothesis of Probability)을 범죄의 결과로 생각하지 않고 있다. 다분히 이신론(理神論, Deism)의 개념을 가지고 있으면서도 그 원인과 결과에 대한 분석조차 꺼리고 있다. 이신론(理神論, Deism)은 하나님께서 만물을 주관하시는 통치, 보존, 그리고 섭리를 부정하기 때문에 진리가 하나님으로부터 기인된다는 개념을 흐리게 만들고 있다. 그 결과 인간은 진리를 알 수 있다는 개념을 넘어 진리를 소유하고 있다는 입장을 취하기까지 하고 있다.

사도들과 어거스틴(Augustine), 그리고 칼빈(Calvin)을 위시하여 개혁파 신학을 신봉하는 자들은 인간론에 있어 타락 이전의 인간, 타락 이후의 인간, 그리고 구원받은 인간을 상대적으로 구분하고 있다. 이러한 인간론의 인식이 희미하게 되면 인간을 규정하는 일에 있어 죄인을 의인으로 만드는 기회를 제공하게 된다. 이 세 가지 인간의 상대적 위치는 하나님과의 관계에 있어 인간의 상대적 변화를 인식하게 하는 척도이다. 세속철학에서는 인간의 본질을 단 한 가지의 척도를 가지고 수많은 방향에서 규정하려고 시도했으나 제마다 다른 견해를 주장함으로 그 규정 자체가 미지의 세계에서 방황하고 있을 뿐이다. 그 한 가지의 척도란 의미는 인간의 **지적의지(知的意志)**인데 이를 통한 하나님, 자아, 그리고 만물에 관한 인식론을 스스로 정하는 것을 말한다. 수많은 방향에서의 규정이란 지적의지(知的意志)의 가능성으로부터 불가지론(不可知論, Agnosticism)에 이르기까지 인간들이 자신의 뜻에 따라 인식론을 논증하는 것들이다. 이러한 다양한 생각들은 모두가 자신의 주관적 관점에서만 인식론을 논하고 있기 때문에 객관적인 인식의 척도는 아예 생각할 수도 없다. 그들은 대(對) 하나님과의 관계 (Toward God), 대(對) 자신을 향한 스스로의 관계(Toward Him(her)self), 그리고 대(對) 만물과의 관계(Toward Universe)를 올바로 정립할 수 없기 때문에 언제나 자신을 스스로 규정하는 문제에 있어 불화를 일으킬 수밖에 없다. 그 결과 그들은 전혀 창조 받은 인간의 상태, 범죄한 인간의 상태, 그리고 구원받은 인간의 상태를 규정할 수 있는 능력을 상실한 입장에서 인간을 논증하려는 무엄한 일은 행하고 있다.

그러므로 불신자들이 하나님의 존재를 인정한다고 해서 세속철학과 성경이 말씀하는 기독교와 접촉점(Point of Contact)이 형성될 수 있다고 생각하는 것은 또 다른 무식의 범죄 속으로 빠져들게 만든다. 세속철학에서는 하나님의 존재를 말하지만 그들 스스로 생각해내어 정확한 안내자가 없이 수많은 방향에서 하나님에 관한 인식론을 논증하는 길을 찾아 나서고 있다. 길 잃은 산속을 헤매는 자들의 형편과 같다. 그들은 자연인 스스로 하나님과 인간을 알기 위해 길도 모르는 산길을 헤매는 자들이다. 우리는 성경이라는 정확한 안내서를 가지고 길을 찾아가는 자들이다. 이러한 논증은 결국 일반인과 기독교인 특히 개혁파 신학을 신봉하는 자들과의 사이에 접촉점(Point of Contact)이 형성될 수 없다는 주장이다. 만약 우리가 불신자에게 전도할 때 이러한 차이점을 깨닫지 못하고 접촉점(Point of Contact)을 인정하게 된다면 종국에 가서는 하나님의 계시인 성경 말씀에 신뢰를 보낼 수 없다는 말이 된다. 구원을 죄인의 심령 속에 공작하시는 하나님의 인격인 성령님과 말할 수 없이 사악한 인간의 인격 사이에 접촉점을 형성할 수 있는 유일한 수단은 성경 말씀이다. 하나님과 죄인 양쪽을 연결할 수 있는 고리는 하나님의 성령으로 기록된 계시 즉 인간이 읽을 수 있는 글자로 된 성경 말씀 이외에는 어떤 접촉점도 없다. 그 접촉점을 통해 삼위일체 하나님을 인식하게 공작하시는 분은 성령님이시다. 전도는 하나님의 말씀인 성경을 설파하는 작업이지 세속철학과 성경 말씀을 섞어 하나님의 말씀이라고 전하는 작업이 아니다. 전혀 먹을 수 없는 썩은 잡물과 사람이 먹는 불고기 백반을 섞어 맛있는 음식이라고 제공하는 자들의 억지 논증을 들이대는 작업이 아니다. 세속철학과 접촉점(Point of Contact)을 만들어 전도하겠다는 말은 사실상 전도에 있어 성령님의 사역을 거역한다는 말이다. 어이없게도 말씀과 세속철학과의 접촉점(Point of Contact)을 찾아 헤매면서 전도한다는 자들을 볼 때마다 생각나는 것은 "이 일을 어찌할까? 통곡할진저!" 이다.

불신자들에 관하여 좀 더 세부적으로 생각할 점이 있다. 불신자에게 복음을 전할 때 복음을 수납하도록 만들기 위해서 자연인의 심령으로부터 접촉점(Point of Contact)이 일어나야 한다는 것은 당연한 이치이다. 불신자라 할지라도 인간이 누구나 가지고 있는 양심 속에는 하나님과의 언약에 접촉할 수 있는 연결고리를 가지고 있다. 문제는 불신자들 즉 선택되지 못한 자들은 이 연결고리를 다른 방향으로 표출하고 있다는 점이다. 불신자들이 양심, 정직, 그리고 선한 일들을 강조하는 것을 보면 신자의 입장에서 이해할 수 없는 말들로 들릴 수밖에 없다. 어떤 비 기독교인들은 "예수 믿는 자들의 삶이 깨끗하지 못하다. 차라리 나는 믿지 않고 사는 것이 더 선하다." 라는 말들을 거침없이 하고 있다. 이러한 주장을 분석해 보면 창조함을 받은 인간은 도덕률의 언약을 부여받는 존재라는 것을 간접적으로 추적할 수 있다. 문제는 그들의 심령 속에 은혜 언약의 개념이 없으므로 인간의 부패와 하나님의 극진한 자비를 인식하지 못하기 때문에 그런 불합리한 말들을 쉽게 쏟아내고 있다. 그러한 말들은 그들 심령의 저변으로부터 인간이 하나님과의 언약을 파괴한 존재임을 스스로 드러내고 있다는 증거이다. 그러한 증거는 은혜 언약 안에 들어오지 못한 결과 그런 말들을 쏟아내고 있는 것이다.

성경이 말씀하고 있는 접촉점(Point of Contact)에 관한 내용은 무엇인가? 성경은 말씀하고 있다. 신자이건 불신자이건 구분 없이 인간은 누구나 하나님의 형상을 가지고 있다고 말씀하고 있다. 인간은 모두가 하나님의 형상으로 창조함 받았다고 말씀하고 있다. 그러므로 인간에게는 누구나 하나님께서 내려주신 법이 그 심령 속에 새겨져 있다. 하나님의 형상과 하나님의 법이 인간의 심령 속에 존재한다는 말은 하나님의 존재에 관하여 접촉점을 형성하고 있다는 말이다. 그렇다면 하나님의 형상은 물론 하나님의 법과 접촉점(Point of Contact)을 일으킬 수 있는 정거장이 어디에 있는가? 이 문제는 교회사를 통해 수많은 논쟁거리로 등장했다. 그 정거장은 너무나 쉽게 찾을 수 있고 너무나 많이 우리 주위에 널려 있다. 그럼에도 불구하고 하나님의 은혜언약 안에 들어온 신자들까지도 이 정거장을 외면하려고 애쓰는 광경이 나타난다. 이러한 일들은 억지로 하나님과의 접촉점을 거절하려고 애쓰는 무모한 일들이다. 진리를 알지니 진리가 너희를 자유롭게 하는 접촉점이 어디에 있는가? 쉽게 읽을 수 있는 하나님의 법은 어디에 있는가? 하나님의 형상을 찾을 수 있는 접촉의 정거장은 어디에 있는가? **하나님의 형상을 알려주는 성경, 하나님의 법을 알려주는 성경, 진리를 알려주는 성경, 그리고 인간이 가지고 있는 하나님에 관한 인식을 적나라하게 알려주는 안내서는 성경이다. 이 성경이 바로 접촉점의 정거장이다.** 그러므로 우리는 불신자에게 복음을 설명할 때 성경을 소개하는 것일 뿐 그의 심령을 변화시키는 분은 바로 성령님이시라는 것을 알아야 한다.

5. 기독교 변증학의 본질

우리가 기독교 변증학(Christian Apologetics)을 다룰 때 접촉점(Point of Contact)의 문제는 방법론에 속한다고 말할 수 있다. 그러나 그 방법론을 통해 기독교의 본질을 규정할 수 있는 정의는 아니다. 그런 의미에서 이제 기독교 변증학의 본질을 캐내야 할 시점에 와 있다. 기독교 변증학의 본질은 **이성과 신앙에** 관한 문제를 방법론으로 취하여 신자와 불신자와의 대화를 통해 성경을 하나님의 말씀으로 증거 하는 일이다. 이 문제는 간단하게 생각할 수 있다. 그러나 기독교가 세속철학은 물론 타 종교와 혼합주의를 형성할 때 성경을 신앙하는 기독교인들은 그들과 피나는 투쟁을 전개해 온 역사가 바로 신앙고백주의를 양산해 낸 교리사이다. 혼합주의는 사상적 논쟁에서 그치지 않고 기독교인들을 증오하게 되고 그 증오는 살인과 물질의 강탈로 이어졌다. 이는 기독교와 사탄의 전쟁이었다. 기독교가 세속철학이나 타 종교와의 야합을 형성하게 되면 이는 빛이 어두움과 동맹을 맺은 종교가 된다. 이 땅위에는 영적으로 오직 두 영역만 존재한다. 누차 강조하였듯이 중간 상태의 영적 공통분포(Common Ground)는 없다. 그러므로 우리 개혁파 신앙을 추구하는 자들은 언제나 영적 전사로 살아야 한다. 전사는 무장을 해제하고 살 수 없다. 그런데 이 전사는 힘과 혈의 싸움이 아니라고 성경은 말씀하고 있다. 세상 주관자들과 악의 영들에 대한 영적 싸움이라고 말씀하고 있다(엡6:10-13). 참으로 어려운 싸움은 선으로 악을 이기는 일이다(롬12:21). 이는 나를 미워하는 자를 사랑하지 않고는 할 수 없는 일이다. 죽기보다 더 어려운 일이다. 담대하게 나서서 이 일을 할 수 있다고 말할 수 있는 자가 누구인가?

그런데 우리가 접촉점(Point of Contact)의 문제를 생각해 보면, 기독교 변증학(Christian Apologetics)의 논증을 펼치다 보면, 약간의 신학적 차이점으로 인해 사랑의 복음을 전하는 사명을 저버리고 너무나 쉽게 타인과 원수가 되어 버리는 경우를 자주 경험하게 된다. 특별히 보수주의자들 가운데 타인에 대한 정죄 의식이 팽배해 있는 이유는 계명을 통해 자신을 점검하기보다 타인을 공격하는 무기로 사용하기 때문이다. 우리는 인간의 사악하고 포악한 죄악을 지적하면서도 한편으로는 불신자들에게 사랑으로 기독교의 진리를 전해야 할 책임이 있다. 이러한 양쪽 날을 어떻게 사용해야 할까? 하는 문제가 우리의 숙제이다. 하나님을 거역한 인간의 반역죄를 반드시 지적해야 하며, 예수 그리스도의 극진한 은혜의 십자가를 전해야 하며, 그리고 하늘나라의 복음을 전해야 할 때는 영혼을 사랑하는 불타는 용광로와 같은 마음으로 죄인들에게 다가가야 할 것이다. 율법과 복음, 정죄와 용서, 그리고 공의와 사랑은 역설(逆說, Paradox)적인 교리들로 나타난다. 그러나 하나님께서는 자녀를 사랑하기 때문에 그들에게 매를 때리신다. 복음을 깨닫기 위해 율법이 몽학선생(蒙學先生, Tutor)으로 다가온다. 무죄한 예수님께서는 대신 정죄를 받으셨기 때문에 죄인인 우리가 용서함을 받았다. 양날의 칼과 같은 이러한 역설적(Paradoxical)인 내용은 인간들의 세계에서는 이해하기 어려운 문제로 대두된다. 개혁파 신학에서 주장하는 기독교 변증학(Christian Apologetics)은 이러한 역설(逆說, Paradox)을 바로 이해하는 데서부터 시작한다. 하나님의 말씀을 변호하는 원리에 있어 말씀 이외의 것을 용납하지 아니하기 때문에 "오직 하나님을 사랑하되 생명을 다하여 사랑하고 이웃을 내 몸과 같이 사랑하라."는 계명을 준수하기 위해 날마다 회개하는 삶을 살아가는 것이 기독교인의 자세이다. 죄인을 사랑하되 율법을 폐기하는 사랑이 되어서는 안 된다. 이웃을 내 몸과 같이 사랑하되 성경 말씀을 떠나 사랑하는 사랑은 용납될 수 없다. 복음을 전할 때는 칼끝과 같이 예리한 성경 교리를 적용해야 한다. 세속철학과 접촉점이 없는 예리한 개혁파 변증학만이 복음을 전하는 데 유능한 효과를 발휘할 수 있다. 오직 개혁파 신학만이 양날의 칼을 가지고 있는 기독교 변증학(Christian Apologetics)이다.

1) 기독교 변증학에 있어 이성의 위치

먼저 우리가 생각할 것은 중생한 자와 중생하지 못한 자의 사이에는 이성의 작용에 있어 넘을 수 없는 장벽이 가로놓여 있다는 것을 염두에 두어야 한다. 즉 중생하지 못한 이성이 중생한 이성에 대하여 판단하거나 또는 분석할 수 있는 능력을 소유할 수가 없다. 그 이유는 판단의 기준이 되는 하나님의 계시인 성경을 이해하지 못하고 있기 때문이다. 기독교 변증학에 있어 모든 판단의 기준은 성경을 신앙 하느냐? 그리고 어떻게 신앙 하느냐?의 문제로부터 시작한다. 성경은 단호하게 자연인을 전적으로 부패한 존재로 규정하고 있다. 그런데도 부패한 자연인은 자신들의 무식한 책임을 기독교인들에게 전가하고 있다. 그 이유는 이미 아담의 죄성을 가지고 태어났기 때문이다. 아담의 죄성을 전가 받은 인간은 자신은 물론 타인에 대한 판단능력을 상실했음에도 불구하고 기독교인들을 판단하고 있다. 보이지 않은 장님이 밝은 눈을 가진 자를 판단하고 있다. 우리는 기독교인이 된 이상 기독교를 옹호하는 변증가가 되어야 한다. 기독교인이 소유하고 있는 이성은 비 기독교인이 소유하고 있는 이성과 질적인 차이가 있다. 기독교인은 인격적인 하나님의 인식이 자연인 속에 들어와 있는 상태이다. 죄인의 인식과 하나님의 인식이 공존한 상태이다. 그렇기 때문에 하나님과의 인격적 교제가 없는 자연인 상태의 인식하고 근본적인 차이가 있다.

여기에서 우리는 기독교인 즉 하나님을 인식하고 있는 사람의 상태와 비기독교인 즉 하나님을 인식하지 못한 사람의 상태를 비교 대조하여 그 차이점을 밝혀 볼 필요가 있다.

(1) 실재(Reality)의 본질에 있어 기독교인과 비기독교인의 사이에 다른 전제가 존재한다. 즉 기독교인은 자족하신(Self-Contained) 하나님과 우주에 대한 하나님의 계획을 전제하고 있다. 그러나 비기독교인은 혼돈과 태고의 밤(Chaos and Old Night)을 전제하고 있다.[694]

(2) 유한한 존재로서 어느 누구도 논리적 법칙에 의존하여 실재(Reality)가 무엇인가를 규정할 수가 없다. 기독교인들은 이것을 알고 있기 때문에 사건들을 관찰하고 난 후에 성경에 계시된 하나님의 뜻을 적용하여 자아 의식적 복종을 따라 논리적으로 그 사건들을 정리한다. 나아가 비 기독교인들도 이것을 알고 있기 때문에 지속적으로 다음과 같은 불가능을 찾아 나선다.

부정적으로, 실재(Reality)는 전혀 이성적으로 구성된 것이 아니기 때문에 기독교인들의 주장은 진리가 될 수 없다. 이는 사건(Facts)에 관한 개념이 혼돈과 태고의 밤(Chaos and Old Night)으로부터 튀어나온 것을 포함하고 있다는 뜻

---

694) Ibid, p.216.

이다.[695]

긍정적으로 주장할 수 있는 것은, 실재(Reality)는 이성적으로 구성되어 있다는 것을 추정하며 논리적 고안에 대해서는 대답을 쏟아 붓게 한다. 이는 어떤 우주적 마음이나 신은 인간에 의해 조작되어진 범주들에 의한 개념 속에 포함되어 있다.[696]

(3) 기독교인 또는 비기독교인 각자가 자기들의 주장이 자기의 경험적 사건들과 일치한다고 주장한다. 기독교인들의 주장은 사건(Facts)들에 대한 그들의 경험은 만물을 성경의 전제(Presupposition)에 입각하여 해석하기 때문인데 자연의 일치성은 물론 그 일치성에 대한 지식은 하나님의 계획에 기초하고 있다고 주장한다. 기독교인은 그가 경험하는 통일성이 하나님의 절대적 일관성으로부터 유추된 것으로 간주하고 있다. 비기독교인 역시 사건들(Facts)을 자연주의적 전제(Presupposition)에 의해 해석하고 있다. 그런데도 그 전제들 가운데 비합리성을 가지고 있는 것이 있다. 즉 어떤 사건(Fact)이 다른 사건들(Facts)과는 전혀 다른 성격을 나타내고 있는 것이 있다. 이 사건으로 말미암아 혼돈과 태고의 밤(Chaos and Old Night)이 연출된다. 이러한 불합리성은 비 기독교인들에 의해 조작된 논리를 양산하게 된다. 특별한 성격을 가지고 있는 사건(Fact)이 다른 평범한 사건(Fact)의 성격이 소유하고 있는 논리(Logic)로 전환되고 만다. 즉 비기독교인은 극단적 불확실주의(Equivocism)와 극단적 확실주의(Univocism) 사이의 균형을 잡아보려는 억지를 부리고 있다. 그러나 그러한 무모한 작업은 결코 명확한 결론을 유출해 낼 수 없다.[697] 명확한 결론을 유출해 낼 수 없다는 말은 모든 시공간 세계에서의 역사는 절대 변수를 내포하고 있다는 말이다. 그러나 하나님 편에서는 역사의 절대 변수가 없다. 그렇기 때문에 성경에 기록된 기적을 비 기독교인들은 불확실주의(Equivocism)로 몰고 갈 것이다. 즉 비 기독교인들은 확실주의(Univocism)로 결론을 유출해 낼 수 없다는 주장이 제기될 수

---

695) Ibid, p.216.
696) Ibid, p.216.
697) Ibid, p.217.

880 기독교 변증학 (Christian Apologetics)

밖에 없다.

(4) 기독교인과 비기독교인 모두가 자기들의 입장이 논리적 요구에 합당하다고 주장한다. 기독교인의 주장은 인간이 조작하고 있는 논리를 성경으로부터 배운 교훈에 입각하여 해석함으로 하나님을 전제(Presupposition)하여 논리화하고 있다. 그의 주장은 자연이 인간에게 복종하도록 창조되었으며 인간은 물론 모든 자연이 하나님의 계획에 따라 지배되도록 창조되었다는 것을 주장한다. 그의 논리는 실재(Reality)와 맞물려 있지만 가능성을 억제할 수 있다는 주장은 하지 않는다. 비기독교인들 역시 논리를 주장하지만 기독교인들이 납득할 수 있는 의미를 부여하지 못하고 있다. 비기독교인은 사건들(Facts)이 가지고 있는 비합리성의 전제에 따라 논증이 변할 수 있다면 논리의 타당성이 존재할 수 없다고 말할 것이다. 인간이 조작하는 논리의 궁극적 성격은 사건들(Facts)과 관계해야할 연결성을 상실하고 있다는 말을 하게 된다.[698]

(5) 기독교인이나 비기독교인이나 모두가 악에 관한 문제를 언급할 때 자기들의 양심과 자신이 처한 입장이 일치한다고 주장한다. 기독교인들의 주장은 그들이 경험한 도덕의식을 전제하여 해석하고 있다. 기독교인은 만물의 심판자는 틀림없이 의로우시다는 것을 알고 있기 때문이다. 모든 사건, 악, 그리고 죄의 문제는 성경으로부터 그 의미를 찾아 해결하려고 한다. 인간의 양심은 성경이 말씀하는 내용으로부터 그 의미를 찾아내야 한다고 주장한다. 그러나 비기독교인은 양심에 관한 주장을 펼치고 있지만 자신이 생각하는 스스로의 양심을 궁극적 기준으로 생각하고 있다. 그들이 주장하는 악은 실재(Reality)와 부합된 것이 아니다. 형이상학적이다. 자신들이 선하다고 생각하는 것은 단지 자기 나름대로 선을 주장하는 제안에 불과하다.[699]

우리는 양심의 문제를 다룰 때 타율주의(他律主義), 자율주의(自律主義), 그리고 율법주의(律法主義)적 개념에서 벗어나야 한다. 그렇다고 기독교인은 무율법

---

698) Ibid, p.217.
699) Ibid, p.218.

주의(無律法主義) 자들이나 율법(律法) 폐기론(廢棄論) 자들이 아니다. 성도의 양심을 오직 하나님의 말씀인 율법에 기준 하여 하나님으로부터 나오는 선한 양심이어야 한다. 그렇기 때문에 성도의 삶을 살아가는 기준은 신율주의(神律主義)가 되어야 한다.

자연주의적 인간이 내세우는 논리적 인식론이 절름발이식 인식론이 될 수밖에 없는 것은 사건(Fact)에 대한 논리를 전개하는 데 있어 합리적 설명이 불가능하기 때문이다. 고전적 변증학(Classical Apologetics)이 기독교 변증학(Christian Apologetics)을 전개할 때 스콜라주의(Scholasticism)에 기반을 두고 있기 때문에 성경에 기록된 역사적 사건을 정확하게 그리고 일관성 있게, 논리적으로, 그리고 전체적으로 변증할 수가 없다. 그 이유는 스콜라주의(Scholasticism)에 기초를 둔 합리주의적 변증 신학은 이성적 논리를 강조하기 때문에 성경이 말씀하고 있는 내용 즉 사건(Fact)과 사건(Fact) 이전의 창조와 섭리에 대한 신적 작정(Decree)에 관한 내용들을 스콜라주의(Scholasticism)적 개념으로 해결할 수가 없다. 기독교 변증학이란 성경 말씀을 100% 신앙하는 데서부터 시작되어야 한다. 여기에서 우리는 가장 기본이 되는 "주는 그리스도시요 살아계신 하나님의 아들입니다." 라는 신앙고백으로부터 시작하여 성경 신앙을 변증하는 원리로 들어가야 올바른 기독교 변증학을 성립시킬 수 있다. 나아가 성경이 말씀하는 **유신론 증명은 오직 삼위일체 유일하신 한 분의 하나님만을** 증거 하는데 있다.

왜 제1계명과 제2계명에서 다른 신을 섬기는 일을 강하게 금하고 있는가? 라는 문제에 들어가면 인격적인 하나님께서는 인격이 없는 존재를 섬기는 인간의 사악한 모습을 극히 싫어하시기 때문이다. 그러므로 아무리 세속철학에서 논리적으로 완벽한 유신론 증명을 논증했다 할지라도 그 증명은 신뢰할만한 증명이 될 수 없다. 논리적 증명이 불가능할 때는 인간의 사악한 습성 때문에 우상을 끌어들일 수밖에 없다. 하나님께서는 극히 싫어하시는 제1계명과 제2계명이 금하는 명령을 범할 경우 용서할 수 없는 투기가 일어나게 된다.

기독교를 변증하는 데 있어 로마 교조주의(Catholicism)나 인간의 의지를 강조하는 복음주의에서는 이성이 중요한 위치를 차지하고 있다. 복음을 수납하는 일에 있어 성령님의 주권적 사역보다 인간 이성의 역할을 중요하게 생각한다. 개혁파 신학에서는 이성보다 하나님의 주권적 사역을 우선으로 생각하기 때문에 이성이 성령님에 의해 사용되는 것을 강조하고 있다. 그러나 우리가 생각할 것은 알미니안주의(Arminianism)적 이성주의를 통해 전해지는 복음 전도를 아무 효험이 없다고 무조건 적대시해야만 하는가? 그것은 아니다. 하나님께서는 어떠한 방법도 그분의 뜻대로 만물을 사용하시고 계시기 때문에 그들이 전하는 복음 전도의 방법도 일정한 효과가 있는 것은 사실이다. 심지어 사도 바울은 다툼으로 할지라도 복음이 전해지는 것은 하나님께서 하시는 사역으로 알고 복음전파 자체를 기뻐하였다(빌1:17-18). 하나님께서는 마귀를 통해서도 복음을 전파하는 능력을 가지고 계시기 때문이다. 그러나 우리가 생각할 것은 좀 더 깊은 신학적 관점을 정립해야 할 필요가 있다. 만일 우리가 이성을 앞세우게 되면 복음 전도나 교회 생활에서 나타나는 이성주의의 불합리성을 극복할 길이 없다는 점이다. 각자의 이성적 생각이 맞지 아니할 때 하나님의 주권적 신앙생활이 숙련되지 아니하여 회의에 빠지게 된다. 우리가 하나님의 주권적 신앙을 올바로 가질 때 말씀에 순종하게 되고, 그의 뜻을 바로 알게 되어 참된 신앙인이 되고, 그리고 깊은 신앙생활 즉 좀 더 성화되고 성숙한 신앙생활을 할 수 있다. 이는 숙명주의(宿命主義, Fatalism)가 아니다. 목적이 있고 의미가 있는 신앙의 삶을 살게 된다. 개혁파 신학을 신봉하는 자는 무슨 일을 당하든지 그 일속에 잠재되어 있는 하나님의 뜻을 찾아내어 거기서 진리를 발견하고 하나님으로 말미암아 기뻐하며 그분에게만 영광을 돌리게 된다. 그러나 섭리적인 신앙을 일방적으로 강조하여 만물을 다스리시는 하나님의 뜻이 개인의 자유의지를 무시하는 방향으로 생각할 수 있는 것은 아니다. 또한 우리의 삶에 대한 계획과 목적을, 만물에 대한 하나님의 계획 때문에, 통째로 팽개쳐도 된다는 말이 아니다. 만물을 다스리시는 하나님의 뜻은 인간의 이성까지 사용하시고 계시지만 우리는 성경 말씀이 주장하는 대로의 복음을 전하기 위해 치밀한 계획과 전략을 동원해야 한다. 그러기 위해 기독교 변증학(Christian Apologetics)을 칼날처럼 갈고 닦아야 한다.

2) 하나님의 말씀인 성경과 인간의 이성

이제 우리는 하나님의 말씀인 성경을 인간의 이성을 통해 이해할 수 있느냐? 에 문제를 집중해야 한다. 흑색주의는 처음부터 성경을 하나님의 말씀으로 수납하지 않고 성경에 대한 의심부터 품고 나온다. 여기에서 회색주의의 주장이 합당한 이론처럼 느껴지는데, 즉 이성적 방법론을 통해 성경을 이해할 수 있다는 생각을 가지고 접촉점(Point of Contact)을 형성하려고 여러 가지 회유적인 방법을 모색한다는 점이다. 그런데 회색주의의 유혹에도 불구하고 흑색주의자들은 전혀 성경을 하나님의 말씀으로 받아들일 수 없다고 필연적으로 우겨댄다. "어떻게 예수 그리스도가 죽었다가 다시 살아날 수 있는가?" "말도 되지 않은 사건이다." 라고 힘주어 말할 것이다. 여기에서 회색주의자들은 흔히 세속철학에서 말하는 우연의 법칙을 이끌어 들이기도 하며 역사의 변수를 예화로 채용하기도 한다. 그러나 이러한 예증은 회유적인 언어의 장난에 불과하며 오히려 불신자들의 반발을 일으킬 뿐 성경을 하나님의 말씀으로 수납하도록 하는 데는 전혀 도움이 되지 않는다. 그 결과 인간의 의지를 강조하는 복음주의 자들은 하나님의 말씀을 믿지 못하는 세속철학자들의 사상을 방법론으로 사용하는 방향으로 기울어져 버리고 만다. 그럴 수밖에 없는 것은 흑색주의자들의 환심을 사기 위해 어쩔 수 없이 흑색주의 사상을 끌어들였기 때문이다. 이러한 일로 인하여 회색주의가 결국에 가서는 흑색주의의 고집 때문에 같은 통속으로 기울어져 버리고 만다.

그러므로 개혁파 신학이 주장하는 백색주의 전도방법은 성경이 말씀하는 내용 그 자체를 그대로 전할 수밖에 없다. 여기서 의문점은 과연 전혀 접촉점(Point of Contact)이 없는데도 불구하고 흑색주의를 고집하는 불신자들이나 세속철학자들이 어떻게 복음을 받아들일 수 있는가? 하는 문제이다. 단단하게 철갑처럼 굳어있는 흑색주의자들의 심령을 뚫고 들어갈 수 있는 검이 있는가? 이러한 물음에 회색주의는 심한 번뇌에 빠져 스스로 자멸의 길을 택할 수밖에 없는데 지속적으로 더 깊은 회색주의를 추구하다가 결국 흑색주의로 기울어져 버리고 만다는 점이다. 한편으로 백색주의자들은 백색주의 방법론을 채택할 수밖에 없게 된다. 그것은 간단없이 성경에서 말씀하는 전신갑주를 입는 문제에 해당한다. 성령의 검 곧 하나님의 말씀에 의지하여 복음을 전파하는 일이다. 성령님에 의해 기록된 하나님의 말씀은 성령님의 감동으로만 이해가 되기 때문에 하나님의 말씀을 이해하도록 성령님에 의지하여 성경의 교리를 가감 없이 전파하는 것뿐이다. 아무리 철갑처럼 단단한 심령이라도 성령님의 감동을 받으면 그 벽은 뚫리고 만다. 성령님을 의지하지 않고 인간의 간교한 이성을 동원하여 깊고 오묘한 하나님의 말씀을 전하려는 마음이 얼마나 사악한 일인가? 그것이 회색주의자들의 무모한 시도이다.

흑색주의자는 성경 말씀을 이해하지 못하기 때문에 자신의 생각을 절대화하고 있다. 반면에 회색주의자는 자신의 생각이 양쪽을 접촉시키는 공통분포(Common Ground)를 형성하고 있다는 사고에 얽매여 있기 때문에 넓은 아량을 가지고 있다고 생각한다. 한편 백색주의자는 오직 진리인 성경 말씀을 성령님의 감동으로 이해할 수 있다고 생각하고 있다. 이런 현상이 벌어지고 있을 때 흑색주의자는 기독교를 무시하는 정도를 넘어 기독교인들을 바보 취급하기까지 한다. 그리고 핍박한다. 이상한 것은 흑색주의자들이 타 종교에 대해서는 아량을 베푸는 마음을 가지고 상대하면서 기독교에 대해서는 과도하게 부정적 관점을 가지고 조롱하며 핍박을 가한다. 그렇게밖에 할 수없는 이유는 영적 상태가 극단적인 대치 관계에 있기 때문이다. 이때 회색주의자는 백색주의에 귀를 기울이기보다 흑색주의자에 관심을 두며 환심을 사려고 노력하는데 이것이 문제이다. 하나님의 말씀과 자연주의 생각이 공통분포를 형성할 수 있다는 확신에 차 있다. 그러나 막상 불신자들이 기독교로 회심하는 일에는 오히려 백색주의 자들로부터 복음을 듣고 회심하는 비율이 훨씬 높다는 것을 알아야 한다. 회색주의자들의 전도 방법에 의한 복음의 열매가 어느 정도 맺어지는 것은 사실이다. 그들은 무식하게 행하는 것 같이 보이는 백색주의자들보다 회색주의자들의 열매가 훨씬 적은 데 대한 의구심을 갖기도 한다. 그 의구심은 더 강렬한 접촉점(Point of Contact)을 만드는 방향으로 이끌려 들어간다. 여기에서 의구심으로부터 벗어나 백색주의로 변하는 부류가 있으나 반대로 많은 부류가 흑색주의로 변질되어간다.

2천년 교회사는 변증학적으로 백색주의에서 회색주의로 회색주의에서 흑색주의로 변질되어가는 역사를 반복하여 왔다. 그리고 다시 흑색주의에서 백색주의로 회복하는 과정을 겪어 왔다. 개혁파 신학은 항상 회색주의로 기울어져 가는 입장에서 벗어나 백색주의를 추구하는 방향으로 그 노선을 지켜 왔다. 모든 이성은 물론 감정과 의지도 하나님의 말씀인 성경의 권위에 굴복되어야 한다는 입장을 유지해 왔다. 교회사를 볼 때 흑색주의가 무너질 때는 백색주의가 기독교 사상의 중심으로 떠올랐다. 회색주의가 흑색주의 사상을 점령한 예는 없었다. 백색주의가 타락할 때 회색주의가 점점 성행하기 시작하였다. 그리고 그 회색주의는 점점 흑색주의로 변질되어 갔다. 극단적인 기독교의 타락은 반동적으로 백색주의를 생성하게 만들었다. 그런 의미에서 로마 교조주의(Catholicism)는 흑색주의가 많은 부분을 점령하고 있는 회색주의라고 말할 수 있다. 개신교 교파들 가운데 알미니안주의(Arminianism) 내지 웨슬리안주의(Wesleyanism)를 추구하는 자들은 회색주의자들이라고 말할 수 있다. 그러나 그 외의 많은 교파들 가운데 백색주의를 주장하면서 회색주의를 포함하고 있는 부류들이 있다. 칼빈주의 즉 개혁파 신학에 도달하지 못하는 보수주의자들이 있다. 겉으로 보기에는 백색주의로 보인다. 그런데 교리적으로 깊이 들어가 보면 희게 보이는 회색주의라는 것을 알 수 있다. 말로는 개혁파 신학을 강조하지만 성경의 해석론 내지 역사적 교회가 고백한 신앙고백주의 입장으로 들어가면 인간의 의지를 강조하는 복음적 요소가 많다는 것을 알 수 있다.

3) 하나님의 존재 인식과 이성의 역할

흑색주의자들은 삼위일체 하나님의 인격을 증명하고 있는 성경 말씀을 접할 때 그들의 이성을 통하여 성경의 말씀 자체를 신앙하는 것은 고사하고 무시하며 조롱하려 든다. 그 이유는 그들의 이성과 경험에 합당하지 않기 때문이다. 가장 큰 반발 중의 하나가 "하나님의 주권적 선택에 의해 어떤 사람들은 구원 얻도록 예정되어 있고 어떤 사람들은 버림받도록 예정되어 있다."는 내용이다. 이 내용을 이성적 주장 또는 경험적 주장에 의해 해석하려 든다고 생각해 보자. 그들 스스로 예정론을 이성적 개념과 경험적 개념으로 해석하려 들 것이다. 그 이해가 가능한 일인가? 이는 절대 불가능한 일이라고 단언한다. 그러한 해석은 결국에 가서는 성경이 말씀하는 **예정이라는 전제에** 막혀 해석이 불가능하게 된다. 이러한 논증은 창조와 종말을 말씀하고 있는 성경의 교리를 믿을 수 없는 내용으로 변질시키고 있다는 증거이다. 그러한 변질은 흑색주의 개념으로 이끌려 들어갈 수밖에 없다. 예정론을 부정하는 입장은 회색주의나 흑색주의나 다 같은 공통분포(Common Ground)를 형성하고 있다. 복음을 전할 때 성령님의 사역 50% 인간의 의지 50%가 합하여 죄인이 거듭날 수 있다고 생각하는가? 아니다. 이 수 많은 사람들 가운데 예정된 하나님의 백성이 누구인줄 모르기 때문에 우리는 100% 성령님의 사역을 의지하고 하나님의 말씀을 전해야 확신 있는 전도가 된다. 자신의 이성을 50% 의지하고 복음을 전하게 되면 얼마나 불안한 전도가 될 것인가? 인간은 본질적으로 사악하고 포악하기 때문에 어떤 일이든지 자신에게 맞지 아니하면 당장 하나님을 원망하기 일쑤다. 오직 복음을 전할 때는 성공 실패를 성령님의 사역에 의지하고 전도해야 한다. 예정된 자는 "때가 차매 예수님이 오신 것처럼" 때가 되면 성령님께서 택한 백성의 심령에 구속을 적용하시기 때문이다.

우리가 칼빈주의의 5대 강령[700] 가운데 제 4항 불가항력적인 은혜(Irresistible Grace)에 관한 교리가 나오는데, 성령님께서 죄인에게 구원을 적용하시는데 있어, 하나님의 선택으로 인하여 인간의 의지가 그 은혜를 절대 항거할 수 없다는 것을 말해주고 있다. 그럼에도 불구하고 인간의 의지를 강조하는 복음주의자들은, 심지어는 스스로 개혁파 신학을 신봉한다고 강조하는 상당수의 기독교인들까지도 신인협력(神人協力)설을 쉽게 그리고 간단없이 받아들이고 있다. 그들이 칼빈주의 5대 강령을 알면서 그러한 주장을 하는지 아니면 모르고 하는지 알 길이 없으나 개혁파 신학을 혼돈스럽게 만들 정도로 신인협력(神人協力)설에 대한 확신을 강조하고 있다. 이 5대 교리를 통해서 우리가 확고부동하게 성경의

---

700) 칼빈주의 5대 강요는 원래 보에트너(Loraine Boetner) 저서 "예정론에 관한 개혁파 교리(The Reformed Doctrine of Predestination)"라는 저서에 세밀하게 소개되어 있다. 인간의 의지를 강조하는 알미니안주의(Arminianism)와 반대되는 개념으로 1.인간의 전적 부패(Total Depravity) 2.무조건적 선택(Unconditional Selection) 3.제한적 속죄 (Limited Atonement) 4.불가항력적 은혜(Irresistible Grace) 5.성도의 견인(Perseverance of Saints)이다. 이 5대 교리는 인간의 의지와 상관없이 하나님의 주권에 의해 타락한 인간을 그분의 뜻대로 선택하시어 구원받을 자들에게 구속을 적용하시며 한번 선택한 자들에게는 결코 구원을 돌이키지 않고 반드시 구원하신다는 성경의 교리를 정리한 내용이다.

교리를 정립할 필요가 있는데 인간의 이성이 성령님에 의해 지배당할 때만 참다운 이성의 역할을 할 수 있다는 점을 강조해야 한다. 죄인의 심령에 구속이 적용될 때 이성이 무용하다는 주장이 아니다. 이성이 하나님에게 사로잡혀 올바른 이성의 역할을 해야 한다는 주장이다.

이성주의(理性主義, Rationalism) 철학이나 경험주의(經驗主義, Experientialism) 내지 실존주의(實存主義, Existentialism) 철학은 인간의 합리주의와 인간의 경험에 기초하고 있는 자연인의 관념으로부터 하나님의 존재 인식을 찾아 헤매고 있다. 이러한 존재 인식론은 흑색주의 자들이 주장하는 존재 인식론(Epistemology)이다. 그 인식론(Epistemology)은 전제(Presupposition) 없이 비결정론(Indeterminism)에 기초한 하나님의 존재 인식으로부터 하나님을 찾아가고 있다. 아니면 처음부터 자신이 하나님에 대한 존재 인식을 객관성 없이 애매한 주관적 개념에 기초하여 스스로 결정론(Determinism)의 입장에 서서 하나님을 찾아가는 입장이다. 이러한 주장들은 결코 극복할 수 없는 신에 대한 미지의 세계를 찾아 헤매게 된다. 이성주의자들이나 이성과 반대되는 개념을 주장하는 실존주의(Existentialism)나 경험주의(Experientialism)를 추구하는 자들 양쪽 모두는 주관주의적 개념에 기초하여 하나님의 존재를 찾아 헤매고 있다. 그들이 찾아 헤매는 하나님의 존재는 인격적인 삼위일체 하나님이 아니기 때문에 언제나 불안전한 존재론에 끝나고 만다. 시공간의 역사 속에서 일어난 구약의 기적의 사건이나 예수 그리스도의 부활 사건은 보고 만질 수 있는 역사적 사건인데도 그들은 전혀 받아들이지 않고 있다.

지금 21세기에 들어와 고고학(考古學, Archeology)은 물론, 생명공학(生命工學, Generic Engineering), 그리고 컴퓨터 전자공학(Electronic Engineering)이 발달하여 과학적 방법론에 의해 예수님의 부활이 역사적으로 증명되고 있는 시대이다. 이런 부활에 관한 과학적 증명이 이성주의(理性主義, Rationalism)자들이나 경험주의(經驗主義, Experientialism) 내지 실존주의(實存主義, Existentialism)자들에게 어떻게 적용될 수 있는가? 이성과 경험을 주장하는 그들의 입장에서 생각하면 과학적으로 부활을 증명하게 되면 시공간 세계에서 일어난 예수 그리스도의 육체적 부활을 신앙해야만 된다는 점이다. 그러나 그 이치는 보기 좋게 빗나가게 될 때가 있다. 보고 만질 수 있는 경험을 통해서도 성령님의 사역이 없이는 부활의 사건을 불신하기 때문이다. 도마가 예수님의 손과 옆구리를 만져 볼 때 성령님께서 그로 하여금 믿을 수 있도록 신앙을 불어 넣어준 것이다. 어떤 경우라도 성령님의 사역에 의해 예수 그리스도의 구속을 적용하는 일이 없이는 이성과 경험으로는 부활의 신앙을 받아들일 수 없다. 결국 이성과 경험이 성령님에 사로 잡혀야 된다. 인간의 불가항력적 은혜(不可抗力的 Irresistible Grace)가 적용되어야 한다.

그렇다면 우리가 한 가지 더 생각할 것이 있다. 일반계시에 있어 이성의 위치는 어떻게 정의되어야 하는가? 의 문제이다. 여기서 먼저 생각할 것은 백색주의자와 회색주의자 사이에는 어떤 차이점이 있는가? 의 문제이다. 또한 흑색주의자와 함께 백색주의자가 만물을 대하는 자세는 모두 같다고 말할 수 있는가? 의 문제이다. 우리가 짚고 넘어가야 할 것은 흑색주의자가 만물의 신비를 보고 하나님의 존재를 인식하고 감탄하는 공통분포를 형성하고 있기 때문에 칼빈주의 5대 강령에서 가르치는 교리를 수용하고 백색주의자와 동질성을 소유한 신앙의 자세로 하나님께 찬양과 영광을 돌릴 수 있다고 생각하는가? 의 문제이다. 이에 대한 대답은 간단하다. "아니요."라고 대답할 수밖에 없다. 그 이유는 일반은총의 영역에서 신자와 불신자가 서로가 공통분포를 형성하고 있을지라도 칼빈주의 5대 강령을 성경의 교리로 믿고 신앙의 원리로 수용할 수 있는 원리는 오직 백색주의 뿐이기 때문이다.

여기서 우리가 예수님의 가르침을 탐구해 보자. 예수님께서는 아버지 하나님께서 사역하신 **창조의 역사나 만물에 관한 섭리를 통해 하나님 아버지에게** 나아오도록 인도하지 아니하셨다. 먼저 **"너희는 나를 누구라 하느냐?"**의(마16:16-17) 질문으로부터 시작하여 **"나로 말미암지 않고는 아버지에게 나아갈 수 없다(**요8:19, 14:6-7).**"**라고 **아버지 하나님**에게 나아오는 길을 예수님 자신을 통해 열어 주셨다. 또 한 가지 예수 그리스도에 대한 인식론이다. **"예수 그리스도가 누구인가?"** 라는 질문에 **"주는 그리스도시요 살아계신 하나님의 아들이다."** 라는 대답이 자신의 이성에 의하여 가능한 것인가? 아니다. 예수님께서는 정확하게 **"이를 알게 한 이는 혈육이 아니오, 내 아버지시라(마16:17)."** 고 말씀하셨다. 또한 **"성령으로 아니하고는 누구든지 예수를 주시라 할 수 없다."** 라고 고린도전서 12장 3절에 단언하고 있다. 그렇기 때문에 예수 그리스도에 대한 신앙고백은 전혀 인간의 이성에 의존하지 않고 오직 **성령 하나님**에 의해 이루어진다. 회색주의자는 성령 하나님에 의해 이루어질 수 있는 절대적 사건이 신인협력설에 의해 구원이 가능하다는 기대감에 차 있기 때문에 흑색주의자를 설득하기 위해 온갖 수단을 동원하여 접촉점(Point of Contact)을 찾아 헤매다가 스스로 흑색주의에 빠져들고 만다. 그렇게 될 수밖에 없는 것은 성령님의 사역에 의존하여 복음을 전함으로 흑색주의자가 불가항력적인 은혜(Irresistible Grace)로 거듭나게 되는 교리를 저버리고 우주의 법칙, 자연에 관한 신비, 그리고 만물의 조화 등을 통하여 하나님의 존재를 설명함으로 불신자를 그리스도에게로 인도하려 들기 때문이다. 그러나 흑색주의자는 회색주의자의 설명을 들을 때 두 가지 양상이 나타난다.

하나는 흑색주의자가 말하기를 "그런 신의 존재는 나도 아는 바인데 왜 그런 설명을 장구하게 하느냐?" 이다. "나는 하나님의 존재를 믿기 때문에 유신론자이다. 나도 종교를 가지고 있기 때문에 하나님의 존재를 인정한다. 그러므로 예수 그리스도가 하나님 또는 구세주라는 등의 언급을 하지 않았으면 좋겠다."는 등등의 말을 계속할 것이다. 또 하나는 "나는 무신론자이다. 왜 만물을 통해 하나님의 존재를 설명하려고 하느냐? 자연법칙은 자연법칙이지 그 법칙들이 하나님의 존재와 무슨 상관이 있느냐?" 라고 아예 신의 존재까지도 거절하고 말 것이다. 그러나 그러한 사람들은 하나님의 존재까지 부정하지만 사실은 그들 자신들의 마음속에 하나님의 실상을 아무도 모르게 그려보는 사람들이다. 실제상으로 그들의 마음속 깊은 곳을 탐지해 보면 하나님의 존재를 거역하는 사람들은 없다. 문제는 하나님을 알고도 그들의 마음속에 하나님 두기를 싫어하기 때문에 하나님의 존재를 부정하게 된다(로1:28). 결국 회색주의자는 흑색주의 자로부터 냉대를 당하고도 계속 공통분포를 형성하기 위해 더 간사한 방법으로 흑색주의자에 접근하다가 자신도 모르게 흑색주의자에 물들어가게 된다. 회색주의 입장에서는 흑색주의의 문제점을 지적하고 잘못된 점을 다그치는 일을 할 수 없기 때문에 본의가 아닐지라도 흑색주의자의 생각을 일부 받아들일 수밖에 없다. 그렇게 되면 백색주의 기독교인으로부터 공격을 당할 수밖에 없게 된다. 여기서 백색주의자와 회색주의자는 돌아올 수 없는 루비콘 강을 건너고 만다. 그리고 결국 회색주의자와 흑색주의자는 같은 배를 탈 수밖에 없게 된다.

백색주의자는 종교개혁의 전통을 이어온 길이 아무리 외로울지라도 모세, 선지자들, 사도들, 그리고 피를 바쳐 양산해 낸 신앙고백주의를 고수해야 할 것을 더욱 뼈저리게 느끼게 된다. 회색주의 전도방법이 얼마나 어리석었던가를 깨달았기 때문이다. 기독교를 변증하는데 있어 고전적 변증학(Classical Apologetics)의 방법론이 바로 회색주의 변증학이기 때문에 기독교를 변호하는 데 문제점이 있다는 것을 알게 될 것이다. 회색주의 변증학의 방법론은 계시론적(성경계시) 입장에서의 하나님에 관한 인식론을 거절하고 이성주의적 신의 존재론과 접촉점(Point of Contact)을 형성하려고 한다. 하나님의 존재론에 있어 흑색주의자와의 타협은 결국 신적작정(Decree)이 가르치는 하나님의 계획과 섭리를 이성주의적 신의 존재론과 혼합하여 협상을 이끌어 내겠다는 생각이다. 이러한 타협의 시도는 이 세상에서 일어나는 모든 사건이 궁극적 원인이 되는 하나님으로부터 시작 된다는 성경의 가르침을 배제하려고 한다. 하나님의 자존성, 영원성, 그리고 무소부재(Omni-presence)와 이 세상에서 일어나는 모든 사건들에 관한 명확한 정의를 모르고 하나님의 존재를 말하고 있다. 18세기에 일어난 이신론(理神論, Deism)의 철학으로 기울어지는 경향성을 나타내게 된다. 이러한 종류의 철학은 회색주의 변증학에서 자주 나타나는 하나님의 작정과 자연의 법칙 사이를 명료하게 구분을 내리지 못하고 절충점을 찾으려 한다.

결론적으로 죄인의 심령 속에 구속을 적용하는 사역에 있어 하나님의 전폭적인 은혜에 인간의 의지가 협력해야 한다는 회색주의자의 생각은 우리를 더욱 혼돈의 도가니 속으로 이끌고 들어가는 교묘한 속삭임에 불과하다. 회색주의자는 구속의 언약을 실천하는 도덕률 언약의 집행과 만물에 관한 우주적 사건들을 통치하시고 섭리하시는 신적작정(Decree)의 집행과의 관계를 명확하게 구분하여 정의를 내리지 못하고 있다. 이러한 불이해성이 인간론으로 이어질 때 회색주의

자나 흑색주의자는 인간의 본성이 하나님의 형상으로 창조된 피조물로서 도덕률에 의한 언약 관계에 매여 있다는 개념보다 인간 스스로 자유롭거나 궁극적인 존재의 개념으로 치부해 버리고 있다. 예정 안에 선택(Selection)과 유기(Reprobation)가 정해져 있는데 이는 언약과 관계를 가진다. 이 구원에 관한 언약을 실행하시기 위해 하나님께서는 만물을 언약의 보조적 역할을 할 수 있도록 계획을 세우시고 창조하셨다. 언약 안에 있는 백성은 하나님으로부터 구속함을 받게 되는 백성을 말한다. 이 언약 안에 있는 백성은 인간의 의지가 성령님의 강권적인 능력에 의해 지배당하여 그의 심령 속에서 구원이 성립된다. 그렇기 때문에 문화명령 속에서 활동하는 인간의 의지가 구속을 적용하시는 성령님의 단독 사역에 동참할 수가 없다. 인간의 의지와 언약에 따라 구속을 적용하시는 성령님의 사역은 절충점을 형성할 수 없다. 아쉽게도 이러한 절충적 기독교 변증학이 많은 기독교인들의 생각을 지배하고 있다는데 놀라지 아니할 수가 없다.

결론

지금까지 논증해 온 기독교 변증학(Christian Apologetics)을 한마디로 요약해 보면 성경의 객관주의(Objectivism)에 기반을 둔 기독교 변증학(Christian Apologetics)라고 규정할 수 있다. 객관주의(Objectivism)라는 의미는 **성경과 교회사적 신앙고백을** 기본으로 하여 기독교를 변증하는 내용이다. 좀 더 부언하자면, 이미 서언에서 언급한 내용이지만, **기독교의 절대적 객관성은 성경과 역사적 교회가 고백한 신앙고백서에서 찾아야 한다는 주장이다.**

기독교 변증학(Christian Apologetics)을 논증해 오면서 부분적으로 "왜 기독교만 절대적인 종교인가?" 라는 기독교 험증학(Christian Evidences)을 첨가하여 논증하였다. 그 이유는 기독교 변증학(Christian Apologetics)과 기독교 험증학(Christian Evidences)은 서로 밀접한 관계를 가지고 있는 학문이기 때문이다. 기독교 변증학은 영적 전쟁을 지적으로 수행하는 학문이다. 방어의 역할에 있어서는 하나님의 말씀인 성경과 교회사가 고백한 역사적 신앙고백을 지키는 사역이며 공격에 있어서는 반기독교적인 사상을 역공하여 지적 전도에 공헌하는 학문이다. 세속철학 또는 타 종교와 논쟁이 일어날 때 그들의 맹점을 파고들어 기독교 교리를 심어주는 역할을 하는 학문이다. 이 학문이 성립되기 위해서는 우선적으로 성경을 전제한 교리학이 정립되어야 한다. 신학 서론(성경의 영감론)부터 종말론까지 확실하게 교리학을 정립한 후 여러 가지 세속철학과 타 종교의 사상들을 탐구하여 교리사적 신앙고백주의의 입장에서 그들의 잘못된 종교관들을 역공하여 기독교의 우위성과 절대성을 확립시켜 주어 불신자들을 기독교인으로 교화하는 사역을 뒷받침하는 학문이다.

제1장에서는 교회사적으로 고백 된 신앙고백에 의해 정립된 교리학을 기본으로 하여 기독교 변증학(Christian Apologetics)의 원리를 논증하였다. 제2장에서는 고대 철학으로부터 현대 급진신학(Radicalism)에 이르기까지 하나님의 존

재만을 증명하려는 세속철학과 소위 인간 이성을 강조하는 회색주의 변증신학은 물론 자유주의 신학의 문제점들을 지적하고 분석하여 성경의 전제주의(Presuppositionalism)와 교회사적 개혁파 교리학의 원리가 되는 신앙고백주의 입장에서 기독교의 절대주의적 객관성을 변증하였다. 제3장에서는 하나님에 관한 지식의 발원은 인간의 이성, 경험, 그리고 자력에 의한 윤리로부터 일어나는 것이 아니고 하나님에 관한 지식의 실제적 규범이 되는 언약(Covenant)을 인식하는 것이 하나님을 올바로 아는 전제적 인식론이라는 것을 논증하였다. 제4장에서는 여러 가지 변증학의 방법론을 나열함과 동시에 성경의 전제에 의존한 전제주의 변증학(Presuppositional Apologetics)을 통하여 교회사적 신앙고백에 기초한 기독교 변증학이 가장 합당한 방법론임을 증명함과 동시에 밴틸(Van Til) 박사의 전제주의 변증학(Presuppositional Apologetics)을 소개하고 불신자와 신자 사이에 나타난 하나님에 관한 인식론의 차이점을 보충 설명하였다. 동시에 프레임(John Frame) 교수의 기독교 변증학을 소개하고 기독교 철학의 부족한 점을 보충하였다. 제5장에서는 성경의 전제주의(Presuppositionalism)와 교회사적 신앙고백에 의한 기독교 변증학(Christian Apologetics)이 가장 명확한 답변이라는 것을 증명함과 동시에 회색주의가 주장하는 접촉점(Point of Contact)의 문제점들을 지적하고 개혁파 신학이 주장하는 성경과 교회사적 신앙고백에 기초한 기독교 변증학(Christian Apologetics)을 바로 세울 것을 강조하였다.

성경의 뼈대가 되는 교리학은 웨스트민스터(Westminster) 신앙고백서에 잘 정리되어 있다. 이 고백서는 성경을 전체적으로 구조적으로 이해하도록 정리되어 있다. 특히 비성경적 주장이나 이교도들의 주장을 격파하는 데 아주 유용하게 사용할 수 있도록 정리되어 있다. 이 신앙고백서는 2천년 교회사의 신앙고백을 통해 내려온 고백서의 총 집합체라고 해도 과언이 아니다. 역사적 교회의 신앙고백서들을 총체적으로 정리한 것이기 때문에 뛰어난 객관성을 유지하고 있는 고백서이다. 소위 우리가 말하는 교리학(教理學) 또는 조직신학(組織神學)은 웨스트민스터(Westminster) 신앙고백서의 학문적 해석이다. 학문적 해석이라는 말은 조직적으로 구체화 된 교리적 내용을 통해 성경을 더 깊이 이해할 수 있도록 설명하고 있으며 비성경적인 주장들을 격파할 수 있도록 교리적으로 체계화했다는 뜻이다.

기독교 변증학(Christian Apologetics)에 있어 교의신학(Dogmatic Theology)으로 무장된 기독교인이 불신자, 세속철학에 빠진 자, 그리고 타 종교에 빠져 있는 자들과 영적 전쟁이 벌어졌을 때 대두되는 두 가지 큰 이슈가 있다. 하나는 하나님의 존재론과 또 다른 하나는 기독교의 절대성에 관한 문제이다. 이미 본론에서 수없이 강조하고 증명한 대로 하나님의 존재는 존재(Being) 자체를 증명하는 것이 성경에서 말씀하는 하나님의 존재를 증명하는 것이 아니다. 참 하나님을 인식하는 일은 하나님과 나와의 인격적 실재(實在, Reality)를 인식하는 것이다. 이 인식은 오직 **성령님의 사역에 의해 예수 그리스도를 구세주로 영접하는 자 그 이름을 믿는 자 에게** 삼위일체 하나님과 인격적 교류가 형성되므로 일어나는 것이다.

중요한 것은 기독교의 절대성이다. 우리가 기독교의 절대성을 주장할 때 주관적 확신과 함께 객관적 증명 즉 역사적 증명이 동반되어야 한다. 성경에 기록된 역사적 사건들(Facts)은 시공간의 증명을 통해 객관적으로 볼 수 있고 만질 수 있게 증명되었으며 성령님의 사역에 의해 주관적으로 인식할 수 있게 된다. 이 역사적 증거는 불신자들의 반대에 직면할 때 그들의 입을 막는 역할을 한다. 예수 그리스도의 부활의 사건은 구약의 예언대로 성취된 사건이었고 당시 예수님과 함께 기거했던 사도들이 보고, 만지고, 믿었던 시공간의 사건이었다. 그 시공간의 사건은 구약의 시공간의 역사를 통해 예언되었다. 그리고 이스라엘 국가의 역사를 통해 예수님을 예언한 실체이다. 예수 그리스도의 부활의 사건은 분명 시공간에서의 역사적(Historie) 사건이었다. 이 부활의 사건을 신앙하는 데는 성령님의 주권적이며 주관적 사역에 의해 가능하게 된다. 신앙이 깊어가는 요인은 하나님의 주권신앙이다. 그 주권신앙은 예정론(Predestination)을 인식하는 데로부터 일어난다. 이 예정론은 구원에 대한 하나님의 주권적 교리이다. 이 주권적 교리가 기독교의 절대주의를 대변한다. 하나님의 주권적 교리는 하나님 뜻대로 그분의 백성을 구원하시고 인도하시는 사역에 의존하고 있다. 또한 주권적 교리는 만물을 창조하시고, 통치하시고, 그리고 종말이 올 때까지 보존하시는 사역을 포함한다. 하나님의 백성을 인도하심과 만물을 통치하심의 사역이 예수님의 재림을 통해 영원한 왕국이 완성된다. 거기에는 우리의 영원한 집이 마련되어 있다. 거기에는 아픔도, 슬픔도, 미움도, 그리고 다툼도 없이 평화의 통치만 존재한다.

아...하나님의 은혜여! 감당할 수 없는 하나님의 은혜여! 내가 지고 있는 죄의 짐은 나의 심장의 피를 멈추려고 해도 나를 덮고 있는 하나님의 은혜는 이 짐을 단숨에 걷어치우고 나를 옭아매고 있는 죄악의 사슬을 끊어 버렸다. 측량할 수 없는 하나님의 은혜, 갚을 수 없는 하나님의 은혜, 그리고 감당할 수 없는 하나님의 은혜를 어떻게 보답할까?

참고문헌(Bibliography)

Alexander, Archibald. Evidence of the Authority, Inspiration and Canonical Authority of the Holy Scriptures, Presbyterian Board of Publication, 1836.

Aquinas, Thomas. Summa Theologia, XIV. I.

Augustine, St. De Libero Arbitrio II, ii, 6.

_____, De Ordine II, C. IX, N, 26.

_____, De Trinitate XIII, 3, 4.

_____, The City of God, Image Book Edition, Fathers of the Church Inc, 1958.

_____, The Confessions, Printed in the United States of America Copyright, 1996 by Whitaker House, New Kensington, PA.

_____, The Confessions, Translated and Annotated by J.G. Pilkington, New York, Boni and Liveright, 1927.

Barth, Karl. Church Dogmatics(The Doctrine of the Word of God), Volume I, Edinburgh, T.&T. CLARK, 1980.

Bendol, Kent and Ferre, Frederick. Exploring the logic of Faith.

Berkhof, Louis. Systematic Theology, Eermans Publishing Company, Grand Rapids, Michigan, 1977.

Brown, Colin. Philosophy & Christian Faith, Inter Varsity Press, Downers Grove, Illinois, 1968.

Bultmann, Rudolf. New Testament and Mythology in Kerygma and Myth, London, 1953.

Butler, Joseph. Analogy of Religion.

Calvin, John. Institutes of Christian Religion, Edited by John T. Mcneill, Philadelphia, The Westminster Press, Book I, Chapter IV.

_____, Book I, Chapter V.

_____, Book I, Chapter XV.

_____, Book I, Chapter XVI.

_____, Book III, Chapter I.

_____, Book IV, Chapter XX.

Carnell, Edward John. An Introduction to Christian Apologetics, WM. B. Eerdmans Publishing Company, Grand Rapids, Michigan, 1948.

_____, Christian Commitment An Apologetics, New York, The Macmillan Co, 1957.

Catechism of the Catholic Church, Liberia Deitrice Vaticana, The Wanderer Press, St. Paul, Minnesota, 1994.

Clark, Gordon. Religion, Reason, and Revelation.

Council of Trent of Roman Catholicism, 1604.

Darwin, Charles. The Origin of Species, Everyman's Library, 1959.

Dodd, C. H. History and Gospel, Hodder and Stoughton, 1938.

Dulles, Avery. Theological Resources, A History of Apologetics, Corpus of New York, 1971.

Schaeffer, Francis. The God Who Is There.

Ferre, Frederick. Basic Modern Philosophy of Religion and Mapping the Logic of Models in Science and Theology in the Christian Scholar, XI VI, 1963.

_____, Language, "Logic and God."

Fewerbach, Ludwing. The Essence of Religion in Samtliche Werke VII.

Forell, George W. The Protestant Faith, Prentice-Hall Inc, Inglewood Cliffs, New Jersey, 1960.

Frame, John M. Apologetics to the Glory of God, Presbyterian and Reformed Publishing Co, New Jersey, 1994.

_____, The Doctrine of the Knowledge of God, Presbyterian and Reformed Publishing Co, New Jersey, 1987.

Geisler, Norman. Christian Apologetics, Baker Book House, Grand Rapids, Michigan, 1976.

Geisler Norman & Winfried Corduan, Philosophy of Religion, Wipf and Stock Publishers, 2003.

Hanna, Mark. Crucial Questions in Apologetics, Baker Book House, 1981.

Hegel, Friedrich. The Philosophy of Religion II.

Hick, John. The Existence of God.

Hodge, Charles. Systematic Theology, Volume I, Eerdmans Publishing Company, Grand Rapids, 1979.

_____, Volume II. Grand Rapids, 1979.

Huxley, T. H. Agnosticism and Christianity, 1889. In his collected Essays,

Volume V, London, 1984.

Huxley, Julian. Evolution in Action.

James, William. Mentor Paperback.

_____, Pragmatism and Other Essays, New York, Washington Square Press, Inc, 1963.

_____, Pragmatism "Pragmatism and Religion".

_____, Pragmatism "What Pragmatism Means".

_____, "The will to believe" in Essays in Pragmatism Alburey Castell, New York, Hafner Publishing Co, 1968.

_____, Varieties of Religious Experience, Lectures 9-10.

Justin, Martyr. First Apology.

Kant, Immanuel. Critique of Practical Reason.

_____, Critique of Pure Reason, Translated by Norman Kemp Smith, St. Martin's Press, New York, 1965.

_____, Religion within the Limits of Reason Alone.

_____, Transcendental Analytic.

Kierkegaard, Soren. Philosophical Fragments.

_____, Journals of Kierkegaar's Dairy, 1850.

Kline, Meredith. Treaty of the Great King, Grand Rapids, Eerdmans Publishing Co.1963.

Kraeling, E. G. The Old Testament Since the Reformation, Lutterworth Press, 1955.

Leibniz. Monodology

Linsdsay, Thomas M. A History of the Reformation, Volume II, Edinburg T & T Clark.

Luther's World of Thought, p.45.

Marx, Karl. Economical and Philosophical Manuscripts, 1844.

Marden M. George. Fandamentalism and American Culture, Oxford University Press, 1980.

Mill, John Stuart, Three Essays on Religion.

Morris, Henry M. Evolution and the Modern Christian, Bakers Book House, Grand Rapids, Michigan, 1981.

Paley, William. Natural Theology.

Peirce, Charles Sanders, "Concept of God" in Philosophical Wrings of Peirce, Justus Buchler, New York, Dover Publications Inc, 1955.

Ramsey, Ian. Models and Mystery.

_____, Project for Metaphysics.

_____, Religious Language.

Ridderbos, N. H. Is there a Conflict between Genesis Ch I and Natural Science? Eerdmans Publishing Co, Grand Rapids, Michigan, 1957.

Richardson, Alan. Christian Apologetics, New york and London, Harper & Brothers, 1947.

Rondom Het Gemene-Gretie-Problem, Campen.

Schaff, Philip. History of the Christian Church, Volume VII, WM. B. Eerdmans Publishing Company, Grand Rapids Publishing Company, 1987.

_____, Volume VIII, Modern Christianity.

Schleiermacher, Friedrich. On Religion; Speeches to Its Cultural Despisers, Translation John Oman, New York, Harper Torchbooks, 1958.

_____, The Christian Faith.

Schweitzer, Albert. The Quest of the Historical Jesus, A Critical Study of its Progress from Reimarus to Wrede, Translated by W. Montgomery, Black, 1954.

Spinoza. Ethics, pt. I, Propositional xi.

Sproul, R. C, John Gersner, Arthor Lindsley. Classical Apologetics, Academic Books, Grand Rapids, Zondervan Publishing House, 1984.

Stumpf, Samuel Enoch. Philosophy History & Problems, Mcgraw-Hill Book Co, New York, 1983.

Swenson, D. F. and Lowrie, W. Philosophical Fragments, 1844. Concluding Unscientific Postscript, 1846.

Tayler, Alfred Edward. Does God Exist? Ch IV.

The Athanasian Creed, Schaff, Creeds, II, 66.

Turretin, Alexander, Institutio Theologiae Elencticae.

Van Til, Cornelius. A Christian Theory of Knowledge, Presbyterian and Reformed Publishing Co. New Jersey, 1969.

_____, Christianity and Barthianism, Presbyterian and Reformed Publishing Co, New Jersey, 1977.

_____, Introduction to the Systematic Theology, ...

_____, "My Credo," C, 5, in Jerusalem and Athens.

_____, The Defence of the Faith, Presbyterian and Reformed Publishing

Company, New Jersey, 1980.

_____, Bavinck, Herman. The Doctrine of God, Eerdmans Publishing Company, Grand Rapids, 1951.

Voltaire, H. N. Brailsford, 1963.

Warfield, Benjamin B. Plane of Salvation, Eerdmans Publishing Company, Grand Rapids, Michigan, 1935.

Westminster Confession with Explanatory Notes, by James Benjamin Green, Collins+ World, 1976.

_____, Larger Catechism.

_____, Shorter Catechism.

You are the light of the World, Geneve, Switzerland, World Council of Churches, 1980.

그리스도교 대사전, 대한기독교서회, 서울 종로구 종로 2가, 삼화인쇄주식회사, 1977.

기독교대백과사전, 제5권, 제9권, 제12권, 기독교문사, 서울 종로구, 1984.

김의환 전집, 기독교회사, 총신대학교 출판부, 서울 사당동, 1998.

_____, 현대신학개설(現代神學槪說), 개혁주의신생협회, 서울 서대문구 충정로, 1998.

김진수, 신학해설사전, 생명의말씀사, 서울, 1984.

박아론, 기독교 변증학(왜 우리는 기독교를 믿는가?), 서울, 세종문화사, 1981.

박형룡, 박형룡 박사 전작전집, XI 권, 변증학, 한국기독교 교육연구원, 1981년.

세계사상교양전집, 제 2권 종교철학, 에밀 브루너(Emil Brunner)저 윤성범 역, 서울시 종로구 을지문화사, 1963.

세계철학 대사전, 교육출판공사, 대영서림, 서울시 종로구 종로 5가, 1985.

조석만, 기독교신학서설, 대한신학대학원 대학교, 경기도 안양, 2009.

철학대사전, 학원사, 서울 영등포구 양평동, 1974

색인(Index)

인 명

가이슬러(Norman Geisler) 52, 53,
    585, 586, 606, 612, 616, 617,
    620, 621, 623, 624, 628, 629,
    640, 644, 645, 646, 647, 650,
    651, 652, 653, 654, 655, 656,
    657, 658, 659, 660, 661, 662,
    663, 668, 672, 679, 682, 683,
    696, 731, 745, 748, 749, 759,
    760, 763, 764,
걸스트너(John Gerstner) 46, 501,
고가르텐(Friedrich Gogarten) 436,
    437, 439,
군켈(Hermann Gunkel) 446,
그레고리 I세(Gregory I) 214, 246,
김의환 452,

녹스(John Knox) 277, 298,
니체(Friedrich W. Nietzsche) 33,
    37, 379, 380, 381, 402,

다마센(John Damascene) 237,
다윈(Charles Darwin) 37, 375,
    386, 417, 446, 702,

달비(John Darby) 814,
댑니(Robert Dabney) 780,
데오필루스(Theophilus) 78,
데카르트(Rene Decartes) 36, 52,
    56, 68, 115, 116, 117, 218,
    302, 303, 304, 306, 323, 479,
    600, 601, 602, 604, 605, 606,
    608, 609, 616, 624, 628, 644,
    659,
도드(C. H. Dodd) 688, 689, 690,
    691, 692, 693, 694, 695, 696,
    697, 698, 740,
라이프니츠(Gottfried Leibniz) 36,
    52, 56, 218, 302, 308, 592,
    600, 609, 610, 616, 659, 823,
람세이(Ian Ramsey) 739, 740, 741,
    742,
레닌(Lenin) 377,
레싱(G. E. Lessing) 36, 328, 332,
    400,
레이마루스(H. S. Reimarus) 332,
    333, 349, 400, 405,
로빈슨(John Robinson) 307, 308,
로스(Curtis Kee Laws) 447,
로크(John Locke) 36, 56, 73, 115,
    117, 250, 315, 316, 317, 320,
    348, 600,
롸일(John C, Ryle) 448,
루소(Rousseau) 36, 328, 329,

흄(David Hume) 36, 56, 115, 116, 117, 319, 320, 322, 348, 456, 588, 589, 590, 591, 600, 601, 705, 706,

힉(John Hick) 708, 709,

주 제

가견교회(Visible Church) 836,

가설, 가정설(Hypothesis), 64, 70, 82, 83, 85, 86, 111, 112, 113, 115, 117, 127, 180, 239, 310, 339, 387, 391, 393, 394, 395, 450, 469, 485, 517, 647, 649, 702, 704, 722, 723, 725, 731, 748, 757, 758, 764, 788, 808, 812, 828, 873,

가현설(Docetism) 203,

개신교주의(Protestantism) 837.

개연성(Potentiality) 72, 224, 325, 326, 349, 370, 516, 517, 518, 519, 522, 523, 706, 750, 873,

개혁파(교리) 신학(Reformed Theology) 12, 23, 31, 39, 41, 42, 44, 47, 48, 52, 53, 57, 61, 90, 93, 97, 119, 120, 121, 122, 124, 130, 133, 134, 136, 149, 155, 162, 165, 186, 226, 282,

313, 375, 411, 440, 444, 451, 452, 461, 464, 627, 660, 662, 674, 775, 796, 797, 798, 800, 819, 821, 823, 825, 826, 832, 839, 855, 858, 865, 868, 870, 884, 886, 894,

객관주의(Objectivism)적 14, 166, 180, 188, 189, 349, 421, 425, 426, 738, 893,

견인(Perseverance) 151, 152, 457, 458,

결신(潔身) 171,

결정론(Determinism) 473, 888,

결합주의(Combinationalism) 738, 739, 746, 754, 755, 756, 757, 758, 761, 763, 764, 765, 767,

경건주의(Pietism) 423, 667,

경륜(Administration) 307, 324, 520, 573, 759, 786,

경세적(Economical) 삼위일체(Trinity) 68, 94, 134, 137, 145, 213, 840,

경중(Degree) 844,

경험주의(Empiricism) 36, 60, 179, 335, 469, 481, 482, 484, 485, 487, 490, 491, 494, 507, 511, 513, 521, 522, 559, 600, 601, 622, 657, 667, 668, 671, 673, 682, 705, 714, 738,

203, 236, 779,
그레코 로마(Greco Roman) 문화
  235, 236,
근대 신학(Modern Theology) 444,
근본원리(Axiom) 613, 615, 620,
  621,
근본주의(Fundamentalism) 48, 59,
  158, 440, 446, 447, 448, 449,
  450, 451, 453, 786, 814, 858,
근접원인(Proximate Cause) 96, 97,
  98, 99, 105, 152, 304,
금욕주의 779,
급진주의 신학(Radicalism) 38, 185,
  221, 224, 434, 438, 439, 445,
  564, 565, 821, 822, 831, 893,
기계론적 법칙(Mechanical Laws)
  80, 81, 309,
기계적 영감설(Mechanical Inspira-
  tion) 125, 856,
기념설(Commemoration) 286,
기하학적 인식론(Geometric Episte-
  mology) 601,
기하학적 합리주의(Geometric Ra-
  tionalism) 628,

난장판 신학 439,
나치주의(Nazism) 436,
낙관주의(Optimism) 720,
낭만주의(Romanticism) 481,

내연, 내포(Connotation) 131, 252,
  568,
내재주의(Immanence) 35, 49, 110,
  111, 135, 175, 306, 307, 308,
  310, 324, 329, 361, 362, 417,
  433, 446, 529, 532, 534, 537,
  546, 549, 633, 635, 680, 833,
논리주의(Logicism) 61, 321, 772,
놀기 신학 439,
누스, 물(物, Nous) 241, 248, 249,
  252, 253, 256,
능동적 순종(Active Obedience) 88,
  147, 522, 557, 855,
니케아(Nicaea) 신조 41, 144,
니케아 콘스탄티노플(Nicaea Con-
  stantinople) 신조 41,

다신론(Polytheism) 606,
다양성(Diversity) 134, 135, 136,
다원론(多元論) 178,
다원주의(Pluralism) 22, 38, 112,
  409, 439, 504, 505, 720,
단순성(Simplicitatis) 134,
다이나믹 모나키안 주의(Dynamic
  Monarchianism) 203,
단일성, 유일성(Unity) 62, 81, 134,
  135, 140, 243, 257, 331, 482,
  483, 484, 495, 530, 531, 591,
  592, 595, 651, 669, 670, 696,

일신교(Monotheism) 320,
일원론(一元論) 178, 815, 816, 818,

자명원리(Archimedean) Axioms)
    601,
자연계시(Natural Revelation) 753,
자연신론(自然神論) 414,
자연신학(自然神學) 335,
자연주의(Naturalism) 23, 37, 174,
    185, 302, 314, 711, 780, 858,
자유의지(Free Will) 97,
자유주의(Liberalism) 138, 444,
자율주의(自律主義) 783, 808, 881,
자족성(Self Sufficiency) 576, 879,
자존성(Aseity) 131, 139, 353,
잔센주의(Jansenism) 310,
잠재성(Potentiality) 183, 184, 591,
    597, 618,
재세례파(Anabaptist) 276,
적용양태(Modus Operandi) 702,
    703,
전가(轉嫁) 171,
전이(Transfer) 835,
전자공학(Electronic Engineering)
    888,
전적 타락(Total Depravity) 17, 85,
    141, 142, 313, 466, 481, 574,
    792, 794, 800, 841, 857,
전제정치(Despotism) 360, 364,

전제(주의)전제론(Presupposition-
    alism) 23, 43, 44, 59, 62, 63,
    67, 90, 91, 92, 93, 101, 106,
    108, 118, 205, 206, 416, 422,
    501, 502, 503, 504, 506, 511,
    513, 555, 559, 560, 577, 584,
    586, 601, 608, 620, 621, 644,
    645, 647, 650, 651, 652, 653,
    654, 655, 656, 659, 663, 665,
    717, 748, 756, 776, 778, 817,
    819, 820, 832, 833, 835, 880,
    881, 888, 894,
전제주의 변증학(Presupposition-
    al Apologetics) 55, 60, 611,
    612, 617, 774, 894,
전지전능(Omniscience and Om-
    nipotence) 48, 225, 244, 307,
    459, 511, 518, 532, 534, 541,
    558, 562, 564, 574, 762,
전체주의(Totalism) 259,
전 천년설(Pre-Millenarianism) 156,
    157, 160, 162, 449, 451, 814,
전통(주의)적(Traditional) 25, 46,
    47, 49, 50, 90, 117, 205, 325,
    353, 411, 452,
절대의존감정(絶對依存感情) 36, 316,
    352, 354, 355, 357, 358, 359,
    402, 445, 481, 673, 679, 680,
    681, 682, 684, 685, 687, 766,

지 명